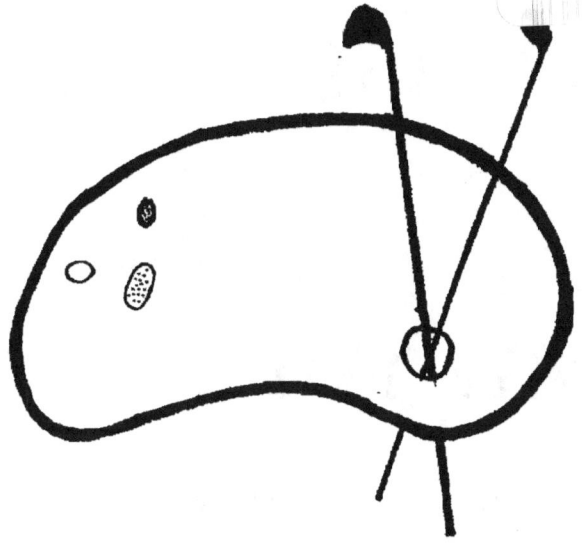

ORIGINAL EN COULEUR
NF Z 43-120-8

Le BL de 1541

réédité avec une introduction et des notes
sur nos anciennes liturgies locales

PAR

M. L'ABBÉ V. DUBARAT

AUMÔNIER DU LYCÉE DE PAU

PAU
Librairie-Éditeur
Rue Saint-Louis, 6.

PARIS
Librairie-Éditeur
Rue Bonaparte, 82.

B 1414

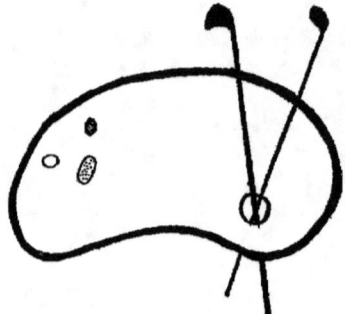

ORIGINAL EN COULEUR
NF Z 43-120-8

Le Bréviaire de Lescar
de 1541.

SANCTAE. ROMANAE. ECCLESIAE.

OMNIVM. ECCLESIARVM. MATRI. ET. MAGISTRAE.

QVAE. PRIMITIVOS. APOSTOLORVM. RITVS.

FIDELITER.

RETINVIT. ALIOS. INSTITVIT. OMNES. RENOVAVIT.

FELICITER.

FORMVLIS. QVIDEM. VARIIS. SED. DOGMATE. SALVO. ET. INCONCVSSO.

SANCTISSIMIS. IN. CATHEDRA. PETRI. PRAESVLANTIBVS.

OLIM.

GELASIO. CELESTINO. GREGORIO. MAGNO.

GREGORIO. SEPTIMO. PIO. QVINTO.

NOSTRA. VERO. AETATE.

GREGORIO. DECIMO. SEXTO. PIO. NONO.

ET. NOSTRO. QVEM. DEVS. SERVET. INCOLVMEM.

LEONE.

CVI. LAVS. ET. HONOR. PERENNIS.

HOC. DE. NOSTRA. LITVRGIA. OPVS. HVMILE.

QVAE. ANTIQVITVS. IN. AVSCITANA. VIGVIT. PROVINCIA.

PRESERTIM. IN. BAIONENSI. LASCVRRENSI. OLORONENSI.

ECCLESIIS.

DEDICAT. VOVET. OFFERT.

SACERDOS. INDIGNVS.

V. D.

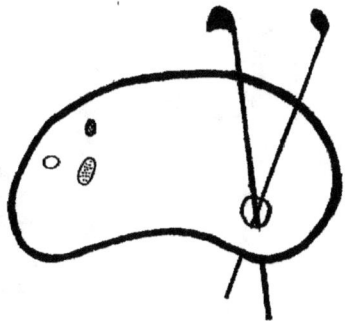

ORIGINAL EN COULEUR
NF Z 43-120-8

Le Bréviaire de 1541

réédité avec une introduction et des notes
sur nos anciennes liturgies locales

PAR

M. L'ABBÉ V. DUBARAT

AUMÔNIER DU LYCÉE DE PAU

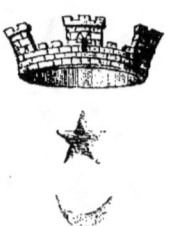

PAU
Libraire-Éditeur
Rue Saint-Louis, 6.

PARIS
Libraire-Éditeur
Rue Bonaparte, 82.

1891

Titre de l'édition originale
du Bréviaire de Lescar de 1541.

LISTE DES SOUSCRIPTEURS

S. G. Mgr JAUFFRET, évêque de Bayonne.
S. G. Mgr DUCELLIER, archevêque de Besançon.
S. G. Mgr COEURET-VARIN, évêque d'Agen.
S. G. Mgr DELANNOY, évêque d'Aire et de Dax.
Mgr HAUTCOEUR, chancelier de l'Université Catholique de Lille.
Mgr CHAMBOURDON, protonotaire apostolique.
M. l'abbé ABADIE, supérieur du Petit Séminaire de Larressore.
M. l'abbé D'ABBADIE, Urrugne.
M. l'abbé ADOUE, curé-doyen, Accous.
M. l'abbé ALTHABE, curé, Ordiarp.
M. l'abbé AMBROISE, chapelain à St-Louis-des-Français, Rome.
Le R. P. ARBELBIDE, supér des Missionnaires, Hasparren.
Les Archives Départementales des Basses-Pyrénées.
M. le Baron A. D'ARISTE, ancien député, Lescar.
M. CHARLES D'ARISTE, Paris.
M. l'abbé BACQUÉ, curé, Lahontan.
M. l'abbé BADENAS, curé, Bedous.
M. l'abbé BARREAU, curé, L'Hôpital-d'Orion.
M. HILARION BARTHETY, secrétaire de la Société des Sciences, Lettres et Arts de Pau.

M. l'abbé BATCAVE, curé-doyen, Nay.
M. Louis BATCAVE, avocat, Orthez.
M. LÉOPOLD BAUBY, avocat, Orthez.
M. le PRINCE DE BÉARN, Pau.
M. le Comte ARSIEU DE BÉARN, Clères (Seine-Inférieure).
M. NOEL BÉDOURA, chanoine honoraire, Pau.
M. l'abbé BÉGUÉ, curé, Lées-Athas.
M. l'abbé BELSAGUY, curé-doyen, St-Jean-Pied-de-Port.
M. BÉNAC, supérieur des Missionnaires aux Jacobins, Auch (Gers).
M. l'abbé BERDOY, curé, Jasses.
M. l'abbé BERGERET, curé, Sévignac.
M. BERNADOU, Bayonne.
M. BESSIÈRES, Montégut (Haute-Garonne).
M. l'abbé BEDOU, curé, Aressy.
Bibliothèque du Collège de l'Immaculée-Conception, Pau.
Bibliothèque du Collège de Mauléon.
Bibliothèque de l'Évêché d'Aire.
Bibliothèque du Grand Séminaire d'Aire.
Bibliothèque de l'Évêché de Bayonne.
Bibliothèque du Grand Séminaire de Bayonne.
Bibliothèque du Petit Séminaire de Larressore.
Bibliothèque du Petit Séminaire d'Oloron.

Bibliothèque des RR. PP. Bénédictins de l'abbaye de N.-D. de Bel-Loc, Urt.
Bibliothèque des RR. PP. Bénédictins de l'abbaye de Solesmes (Sarthe).
Bibliothèque des RR. PP. Jésuites, Pau.
Bibliothèque de la Ville de Bayonne.
Bibliothèque de la Ville de Pau.
M. l'abbé BIDACHE, Pau.
M. l'abbé BIDÉGARAY, curé-doyen, St-Palais.
M. J.-F. BLADÉ, correspondant de l'Institut, Agen (Lot-et-Gar.)
BODLEIAN LIBRARY, Oxford, Angleterre.
M. l'abbé BONNECAZE, vicaire à St-Martin, Pau.
M. l'abbé BORDELONGUE, curé, Denguin.
M. l'abbé BUREU, curé, Lasclaveries.
M. l'abbé CAMPO, Lescar.
M. Henry CAMY, Pau.
M. l'abbé CANTON, curé, Simacourbe.
M. l'abbé CANTON, vicaire, Lescar.
M. l'abbé CAPDEVIELLE.
M. l'abbé CARRÈRE, vicaire de St-Jacques, Pau.
M. l'abbé DE CARSALADE DU PONT, chanoine, secrétaire de l'archevêché d'Auch.
M. l'abbé CASSOU, directeur au Grand Séminaire, Bayonne.
M. Amaury de CAZANOVE, Sallespisse.
M. l'abbé CAZAUBON, curé, St-Castin.
M. l'abbé Léopold CAZENAVE, Paris.
M. l'abbé CHAGÉ, curé, Bénéjacq.
M. Joseph CHESNELONG, Orthez.
M. l'abbé CHIGUÉ, curé, Serres-Ste-Marie.
M. l'abbé CINQUALBRES, curé, Poey.
Le Conseil de Fabrique de Lescar.
Le Conseil Municipal de Lescar (5 exemplaires).
M. l'abbé COUSTE, curé, Arros.
M. l'abbé Léonce COUTURE, doyen de la Faculté libre de Toulouse.
M. l'abbé DAGUERRE, curé, Eaux-Bonnes.
M. l'abbé DARBELIT, curé, Beuste.
M. l'abbé DAUSSAT, curé, Araux.
Mme DAVANT, Pau.
M. le Dr DEJEANNE, Bagnères (Hautes-Pyrénées).
M. Arnaud DÉTROYAT, Bayonne.
M. l'abbé DIRASSEN, curé, Auriac.
M. Edward Spencer DODGSON, Paris.
M. l'abbé DE DOMECQ, aumônier de la Préservation, Pau.
M. l'abbé DOP, curé, Itxassou.
M. l'abbé DOUAIS, professeur d'histoire ecclésiastique à la Faculté catholique de Toulouse.
M. DUCOM, Monlezun (Gers).
M. de DUFAU de MALUQUER, juge, Sarlat.
M. l'abbé DUFAU, curé, Carrère.
M. DURAND, conseiller général du canton de Lescar, Bougarber.
M. l'abbé DUTOUR, curé, Juilles (Gers).
M. le Comte ESTÈVE, Pau.
M. l'abbé ESTREM, vicaire, St-Martin de Pau.
M. l'abbé ETCHANDY, curé, Préchacq-Josbaigt.
Le T. R. P. ETCHÉCOPAR, supérieur général de N.-D. de Bétharram.
M. l'abbé ETCHÉCOPAR, curé, Musculdy.
Le R. P. FLORENCE, à N.-D. du Refuge, Anglet.
M. l'abbé FOURSANS, curé, Louvigny.
M. l'abbé GIEURE, aumônier des Ursulines, St-Sever-sur-l'Adour (Landes).
M. l'abbé GRACY, vicaire, St-Jean-Pied-de-Port.
M. l'abbé GRANGÉ, curé, Siros.
M. l'abbé GUICHARNAUD, curé, Bugnein.
M. l'abbé GUICHEMANS, curé, St-Médard.
M. l'abbé GUILLAMET, curé, St-Pé d'Oloron.
Mme HACHETTE, Pau.
M. l'abbé HAGET, curé, Audaux.
M. l'abbé HARISTOY, membre correspondant de la Société historique de Gascogne, curé de Cibourre.
M. l'abbé HÉGUY, vicaire, Ustaritz.
M. Léon HIRIART, bibliothécaire-archiviste, Bayonne.
M. l'abbé HIRIGOYEN, professeur au Petit Séminaire de Larressore.
M. l'abbé HOURCADE, directeur au Grand Séminaire, Bayonne.
M. l'abbé INCHAUSPÉ, Vicaire-Général honoraire.
M. Maxime JACOB, avocat, Pau.
M. l'abbé JOSEPH, supérieur du Grand Séminaire, Bayonne.
M. l'abbé LABAIG, curé, Momas.
M. l'abbé LACAZE, économe au Collège de l'Immaculée-Conception, Pau.
M. Louis LACAZE, président de la Société des Sciences, Lettres et Arts de Pau.

M. l'abbé LACOARRET, curé, St-Martin de Salies.
M. l'abbé LACOSTE, curé, Louvie-Soubiron.
M. l'abbé LACOURRÈGES, Lescar.
M. l'abbé LAFOURCADE, vicaire de St-Jacques, Pau.
M. l'abbé LAHERRÈRE, directeur de l'École de l'Enfant-Jésus, Pau.
M. G. de LAILHACAR, Paris.
M. l'abbé LAMAZOU, curé-doyen, Lagor.
Le R. P. LAMAZOU, supérieur de N.-D. de Sarrance.
M. l'abbé LAMAZOU, curé, Ousse.
M. l'abbé LAMICQ, curé-doyen, Lasseube.
M. LAMOTTE d'INCAMPS, ancien Conseiller général des Basses-Pyrénées, Pau.
M. l'abbé LAPEYRÈRE, curé, St-Etienne de Bayonne.
M. l'abbé LAPLACE, curé, Igon.
M. l'abbé LAPUYADE, curé, Moumour.
M. l'abbé LARRE, vicaire, Biarritz.
M. le Dr LARRIEU, Montfort-l'Amaury (Seine-et-Oise).
M. l'abbé LARROUY, professeur au Collège de l'Immaculée-Conception, Pau.
M. Ernest LASSERRE, avocat, Pau.
M. Henry LASSERRE, avocat, Pau.
M. l'abbé LAURENT, curé, Bellocq.
Le Dr WICKHAM LEGG, Green Street, Londres (Angleterre).
M. l'abbé LESTRADE, vicaire, Ogeu.
M. l'abbé LISLE, curé, Bonnut.
M. l'abbé LOUBANÉ, curé, St-Jean-Poudge.
Le R. P. LULLIER, supérieur du Collège St-Louis-de-Gonzague, Bayonne.
M. l'abbé DE MADAUNE, vicaire à St-Séverin, Paris.
M. l'abbé MARQUE, curé, Montaut.
Mme DE MARTÈNE, Pau.
M. l'abbé MÉDEBIELLE, vicaire de St-Jacques, Pau.
M. MIGNON, de la Congrégation de la Mission, Dax.
Mme MONTAUBRIC, Lescar.
M. le Dr R. DE MUSGRAVE-CLAY, Pau.
M. Ramon DE MUXICA, Pau.
M. l'abbé Patrick O'QUIN, Pau.
M. James PARKER, Oxford, Angleterre.
M. Amédée DE PAUL, Conseiller général, Morlàas.
M. Auguste PÉCOUL, archiviste-paléographe, Paris.
M. l'abbé PÉDEBOY, curé, Pardies de Nay.
M. l'abbé PÉDELABORDE, professeur au Petit Séminaire d'Oloron.
M. l'abbé PEDEUPÉ, curé, Eaux-Chaudes.
M. l'abbé PELLISSON, directeur au Grand Séminaire, Bayonne.
M. PÉMARTIN, supérieur du Berceau-de-St-Vincent-de-Paul, Pouy (Landes).
M. Alphonse PICARD, libraire, Paris.
M. Auguste PICARD, archiviste-paléographe, Paris.
M. l'abbé PÊTRE, curé, Gan.
M. Adrien PLANTÉ, ancien député, maire d'Orthez.
M. l'abbé PON, directeur au Grand Séminaire, Bayonne.
M. l'abbé PORTES, aumônier des Religieuses de Marie-Réparatrice, Pau.
M. QUÉVREUX, Bourdettes-Arros.
M. le Comte DE REVERSEAUX, Pau.
M. l'abbé SAGARDOY, vicaire de la Cathédrale, Bayonne.
M. F. DE SAINT-JAYME, avoué, St-Palais.
M. l'abbé SAINTE-MARIE, directeur au Grand Séminaire, Bayonne.
M. le Président FRANÇOIS-SAINT-MAUR, Pau.
M. l'abbé SALENAVE, curé, Cardesse.
M. le Baron DE SALETTES, Denguin.
M. l'abbé SARRALANGUE, vicaire, Guiche.
M. l'abbé Henri SAUVÉ, Maître des Cérémonies de la Cathédrale, Laval (Mayenne).
LA SOCIÉTÉ DES SCIENCES, LETTRES ET ARTS DE PAU.
M. l'abbé SOTIÉ, curé, Labastide-Cézéracq.
M. l'abbé SOUVERBIELLE, aumônier du Sacré-Cœur, Pau.
M. l'abbé TERRÈS, curé-doyen, Lescar.
M. l'abbé THÉAS, vicaire à St-Jacques, Pau.
M. Jacques TROUILH, Lescar.
UNIVERSITY LIBRARY, Cambridge (Angleterre).
M. l'abbé VERNIÈRES, supérieur de la Mission, Dax.
Le R. P. VIGNEAU, supérieur, Collège de Moncade, Orthez.
M. l'abbé VIGNERTE, archiviste de la Société Ramond, Bagnères (Hautes-Pyrénées).
Le R. P. VIGNOLLES, supérieur du Petit Séminaire d'Oloron.
M. Charles VIGUERIE, Pau.
M. l'abbé VOLY, curé, Castetnau-Camblong.
Le Rd WERWORTH-WEBSTER, Sare.
Mme WICKEL D'UHALT.
M. YTURBIDE, avocat, Bayonne.

I

I

LESCAR. — SON ORIGINE. — BENEHARNUM. — LA CATHÉDRALE. — MOSAÏQUES ET INSCRIPTIONS.

ESCAR est aujourd'hui une petite ville d'environ 1800 habitants, située à 7 kil. à l'ouest de Pau, l'ancienne capitale du Béarn. Comme la cité de Henri IV, elle a sa Place Royale d'où l'on contemple un des plus beaux panoramas qui soient au monde. On se trouve en face d'une vaste plaine s'étendant au midi, à plusieurs kilomètres, couverte de prairies fertiles, de champs, de gras pâturages, et traversée par une route bordée de ces grands peupliers qui ombragent les principales voies de communication. Dans le lointain, c'est un rideau formé de coteaux, de collines et de bois : les flancs peu abruptes des monticules sont entrecoupés de vallons et de petites forêts verdoyantes ; au fond de l'horizon se projettent sur le ciel bleu les crêtes Pyrénéennes, le Pic du Midi d'Ossau, le Pic d'Anie, le Pic de Ger, s'étageant en cimes arrondies et en pointes couvertes de neige qui dessinent une riche dentelure d'éblouissante blancheur. A diverses heures du jour, dans la plaine spacieuse, une buée intense semble courir le long des peupliers : c'est le chemin de fer qui va de Toulouse à Bayonne et lance en passant ses notes stridentes ; elles se répandent au loin et vont se confondre dans les mille bruits de la vallée, avec le murmure des eaux du Gave et les mugissements des troupeaux descendus de la montagne.

Tout près, sur la droite de la Place Royale, c'est la basse-ville avec son église de St-Julien et ses vieux souvenirs : cité antique, ensevelie depuis neuf siècles dans un profond oubli. Çà et là, sur les pentes raides, des vignes étalent leurs pampres au soleil levant ; une montée sinueuse et pénible mène à la ville nouvelle, bâtie par Guillaume Sanche, vers 981, et agrandie par ses successeurs, les ducs de Gascogne, les princes de Béarn et de Foix.

Lescar est assis sur la hauteur, comme une citadelle. Baignées par la grande lumière, ses maisons blanches et coquettes ont un air de fête qui plaît de loin aux voyageurs et aux touristes emportés sur les ailes rapides de la vapeur. Lescar ! c'était jadis le donjon qui commandait la plaine et se faisait redouter. Des pans de murs, attachés aux flancs escarpés et aux bords des ravins, le fort de l'Esquirette, ses herses, ses portes cintrées aux gonds immenses, les *castéras* semés alentour, quelques restes de vieux remparts et des vestiges nombreux de voies romaines, tout atteste la grandeur de son passé et la puissance du peuple qui autrefois y établit son séjour. De récentes découvertes viennent de confirmer l'importance présumée de cette ville en des temps reculés : après les pièces de monnaie et les médailles, des fouilles faites dans le quartier de St-Michel [1], aux mois de juillet et août 1886, ont mis à jour des substructions considérables, et les restes d'une habitation romaine, riche villa dont le sol était encore pavé de fort belles mosaïques [2].

On le voit donc, tout nous rappelle à Lescar la plus haute antiquité. Nos historiens béarnais, et en particulier Marca, le plus célèbre, se sont occupés de cette ville et n'ont pas hésité, pour la plupart, à dire qu'elle s'élève sur l'emplacement de Beneharnum [3].

Cette cité « civitas Benearnensium » mentionnée dans la Notice des Provinces et l'Itinéraire d'Antonin, dans les Conciles d'Agde (506), de Macon (585) et aussi par Grégoire de Tours [4], était comprise dans la Novempopulanie ou IIIe Aquitaine. La ville fut absolument détruite, vers 841, lorsque les Normands se jetèrent sur nos contrées méridionales et mirent tout à feu et à sang, ne laissant pas subsister pierre sur pierre. Les siècles suivants furent un temps de désolation et de deuil ; les noms de quelques villes ne survécurent même pas à leur ruine.

Ce n'est qu'au Xe siècle, sous Guillaume Sanche, duc de Gascogne, que la vieille cité commença une nouvelle existence. La vallée « nébuleuse » fut abandonnée ; le triste souvenir du passé disait assez combien la basse-ville était exposée aux coups de l'ennemi. Lescar s'éleva désormais sur les hauteurs de Beneharnum.

D'où vint cette dénomination jusqu'alors inconnue ? Marca nous dit bien, dans son *Histoire de Béarn*, que ce nom a pour origine *Lascourre*, lieu arrosé par de nombreuses sources ; mais il expose son sentiment, sinon en termes plus scientifiques, du moins avec une certaine naïveté ingénieuse, dans une lettre adressée au chanoine Bordenave qui l'a reproduite en ces termes dans son ouvrage sur l'*Estat des Eglises Cathédrales et Collégiales* : « L'autheur des leçons qui sont en l'Office de sainct Julian, premier évesque de Lascar, dans l'ancien Bréviaire, a bien recogneu, dit-il, que la dénomination de Lascar estoit récente et différente de l'ancienne, quoy qu'il ait erré en l'explication. Car il dit en la leçon que cette ville, *antiquitus* NOVELLA *vocabatur*. J'oserois asseurer que, dans le Mémorial d'où il tiroit des instructions, le nom de cette Cité estoit un peu corrompu, et qu'au lieu de *Civitas Benarna*, l'escrivain ignorant avoit substitué *Civitas Benama* ou *Benava* par une erreur de plume fort aisée : d'où l'autheur des leçons a pris occasion de tourner ce mot *Benava* en *Novella*, rendant avec un mot latin d'un *Be Nava*, gascon ou béarnois. Que si l'on presse à demander la raison de ce dernier nom de Lascar, on pourroit répondre avec apparence que Sanche le Restaurateur auroit voulu appeler ce lieu *Lascar*, ou comme qui diroit : *Tu l'as car*, pour tesmoigner l'affection particulière qu'il avoit pour cette ville..... Laquelle opinion peut encore estre favorisée par l'inscription du sceau de ladite ville, qui porte ces mots : *Car-las* ou *Las-car*. On pourroit aussi répondre fort probablement que l'endroit de la forest où la petite chapelle de saint Jean-Baptiste estoit bastie se nommoit *Lascar* ou *Lascourre*, ou bien *Lascourre*, un petit béarnois signifiant un petit ruisseau ou destour d'eau, tel que nous le voyons en la ville de Lascar ; et que de là, sans autre mystère, le fondateur prit occasion de donner le nom du lieu à sa ville, comme les Romains *ab Aquis* ont nommé *Aquas* les villes d'Acqs en Gascogne et Aix en Provence. Ce qui se confirme puissamment par l'inscription qui se trouve sur le tombeau de Guido, évesque de Lascar, et qui fut gravée peu d'années après le restablissement de la ville, sçavoir l'an mil [cent] quarante où cet évesque est intitulé *Episcopus Lascurrensis*. Et partout ailleurs les évesques se nomment *Episcopi Lascurenses*. Et le vieux censuel nomme cette ville *Lascurris*, qui semble avoir été mis en analogie latine de la diction béarnoise *Lascourre*. Il est vray néanmoins que dans un acte de l'an mil cent septante et quatre retenu à Camfranc en Espagne, je trouve qu'un Sanche, évesque, signe en ces termes : *Sancius episcopus de Lascarre*. De sorte que je pense qu'on peut escrire indifféremment

---

1. — *Recherches archéologiques à Lescar*, p. M. Barthety. Discussion complète sur St-Michel. *Bulletin de la Société des Sciences, Lettres et Arts de Pau*, 1886-1887, p. 13.
2. — V. le rapport remarquable du regretté M. André Gorse sur les fouilles exécutées à Lescar. *Bulletin*, ibid., p. 1.
3. — La savante dissertation de Marca se trouve dans son *Histoire de Béarn*, p. 261.
4. — *Histor. Franc.*, Lib. 9, c. 7.

Lascarium et *Lascariensis* ou bien *Lascurra* ou *Lascurrum* et *Lascurrensis* [1]. » Ainsi tombe, ajoute le docte et prolixe chanoine Bordenave, « l'opinion cantabrique de ceux qui veulent faire descendre la cité de Lascar du mot basque *Ascar* qui signifie *Castrum*, un fort [2] ». Il pense que ce nom se tire plutôt de la solitude éloignée où se trouvait la chapelle primitive de saint Jean-Baptiste « le lieu de laquelle s'appeloit *Lescar* pour estre séparée, retirée et *à l'escart* » et où plus tard s'éleva la ville actuelle « non en la vallée nébuleuse, ainsi qu'elle estoit auparavant, mais au plus haut... estant ce lieu le premier salué du soleil par l'agréable splendeur de ses rayons et le dernier privé de la lumière céleste ». Enfin il ajoute que de son temps (1642) la forme *Lascarium* et *Lascariensis* était « seule en practique » dans le diocèse, depuis qu'elle avait été adoptée par l'évêque Henri de Salettes, comme l'observe ailleurs Marca [3].

Ainsi s'exprime Bordenave dans des pages que nous avons dû forcément abréger. Ces étymologies, plus ou moins bizarres, ne sont guère dignes d'une discussion, et nous laissons au lecteur le soin de choisir celle qui sera le plus de son goût.

C'est sous ce nom que l'antique Beneharnum suivra de nouvelles destinées. Lescar brillera de longs siècles et fournira une suite de grands et illustres pontifes à l'Eglise. Ses armes exprimeront sa force et sa gloire : elles seront *de gueules à une étoile à cinq rais d'or placée au-dessus d'un croissant montant d'argent ; le tout sommé d'une couronne murale.*

S'il n'y a guère plus à Lescar que des ruines et le souvenir des splendeurs passées, il reste encore cependant un monument digne de toute notre admiration ; nous voulons parler de la cathédrale.

Bâtie vers le xe siècle, grâce aux largesses de Sanche, duc de Gascogne, et de ses successeurs, elle fut l'œuvre de grands artistes, aujourd'hui inconnus, inspirés par une idée profondément chrétienne. C'est une véritable jouissance de contempler dans cet édifice l'harmonie des lignes, ses belles et majestueuses proportions, les chapiteaux historiés, avec leurs scènes bibliques admirablement fouillées, d'un goût si pur et si délicat. La cathédrale mesure 61 mètres de long sur 22[m],50 de large ; les voûtes, supportées par douze piliers, n'écrasent pas la nef, comme dans beaucoup d'églises romanes ; elle est d'une ornementation sobre et sévère ; c'est le plein-cintre dans toute la simplicité grandiose des siècles de foi.

Jadis et jusqu'à la Révolution, l'intérieur n'offrait pas absolument la disposition actuelle. L'autel était adossé au mur de l'abside principale ; le chœur des chanoines se trouvait à peu près en face de la chaire ; dans l'espace vide se plaçaient les fidèles [4]. Le chœur était fermé par des boiseries qui furent renouvelées au xviie siècle et que la hache révolutionnaire a fort heureusement respectées. M. André Gorse, enlevé aux choses de l'art par une mort prématurée, nous a laissé une excellente étude sur ces deux séries de bas-reliefs décorant les stalles de l'ancien chapitre [5]. A chaque stalle correspond un sujet ; les figures sont au nombre de trente-quatre : dix-sept de chaque côté, et à l'extrémité, deux figures, l'une d'ange, l'autre de vierge agenouillée. Voici les noms des personnages représentés dans ces boiseries ; nous avons conservé les bizarreries d'orthographe, même l'F renversée dans l'inscription de *Ste Confesse*.

A droite : N. DAME DOVLEVSE. — S. MICHEL. — S. IEAN-BPTISTE. — S. IVLIEIAN. — S. GALATOIRE. — S. MARTIN. — S. CATHERINE. — S. CONEESSE. — S. CHRISTINE. — S. FOY. — S. ORENS. — S. GERONS. — S. LAVRENS. — S. GREGOIRE. — S. AMBROISE. — S. HIEROME. — S. AVGVSTIN.

A gauche : JÉSUS-CHRIST. — S. PIERRE. — S. PAVL. — S. ANDRE. — S. PHILIPPE. — S. BARTHELEMI. — S. IACQVES. — S. IEAN. — S. THOMAS. — S. IACQVES. — S. TADEE. — S. SIMON. — S. MATHIAS. — S. IEAN. — S. LVC. — S. MARC. — S. MATHIEV.

---

1. — *L'Estat des Eglises cathédrales et collégiales...* par Jean de Bordenave, chanoine de Lescar, Paris, veuve Mathurin Du Puis, MDCXLIII, in-fol., p. 66.
2. — Le mot *ascar* est un adjectif, non un substantif, qui signifie *fort, vigoureux*.
3. — *Histoire de Béarn*, p. 45.
4. — « L'autel de Lescar n'est pas dans le chœur ; il en est séparé par un intervalle où le peuple se place pour entendre le service divin et la prédication ; après quoi vient le sanctuaire où est l'autel avec le trône épiscopal à côté. » *Procès de 1765 de Mgr de Noé*.
5. — *Les Caron. Une famille de sculpteurs abbevillois en Béarn aux xviie et xviiie siècles*, par M. André Gorse. *Bulletin de la Société de Pau*, 1887-1888, p. 145. Nous devons la planche qui accompagne notre travail à la bienveillance de Mme A. Gorse.

IV

Ainsi, d'un côté, N. S., les apôtres et les évangélistes ; de l'autre, les quatre docteurs de l'Eglise latine, les saints et saintes (excepté Ste Quitterie) auxquels étaient dédiés les oratoires de Lescar (St Michel, St Jean-Baptiste, St Julien, St Martin, Ste Catherine et Ste Confesse), trois noms en grande vénération dans la province ecclésiastique, Ste Foy, St Orens, St Girons, et aussi St Laurent, le célèbre martyr, Ste Christine, patronne d'un grand hôpital sur les frontières de l'Aragon, détruit pendant le protestantisme,

INTÉRIEUR DE LA CATHÉDRALE DE LESCAR
d'après une vieille gravure.
(Communication de M. Barthety.)

ORIGINAL EN COULEUR
NF Z 43-120-8

V

et dont les biens avaient été donnés en grande partie par le pape Paul V et le roi Henri IV aux Barnabites, qui eurent au XVIIᵉ siècle leur principale résidence à Lescar; enfin N.-D. des Sept Douleurs. C'est cette seconde série, plus curieuse au point de vue local, que représente notre gravure. Chacun des saints porte ses attributs. Les sculpteurs Caron n'ont pas créé des figures « du style classique et conventionnel. Ce sont

Stalles du chœur de la cathédrale de Lescar.
(Sculptures des Caron d'Abbeville, XVIIᵉ siècle.)

plutôt de larges ébauches, au moins dans plusieurs parties, mais on sent partout, non la maladresse de l'ouvrier tâtonnant gauchement son travail, mais la hardiesse de l'artiste qui vise dans l'épannelage un type voulu et bien vivant que chaque coup de ciseau souligne et accentue. Les parties où se complaît d'ordinaire le savoir-faire du praticien trahissent même parfois une certaine inhabileté ou des négligences voulues.

comme les chevelures notamment et les draperies; ces dernières, largement traitées, à grands coups de ciseau par larges méplats, rappellent d'une manière frappante les draperies du peintre Theotocopuli, *El Greco*... Les têtes n'ont aucune prétention à la noblesse, et quelques-unes sont franchement laides. Il y a même certaines physionomies d'évêques qui sembleraient être une satire... D'autres, celle de St Taddée, par exemple, sont d'un grand et fier caractère, quoique restant dans la donnée réaliste qui domine toute l'œuvre[1] ».

Les vitraux de la cathédrale, tous modernes, ne sont pas d'une richesse vraiment artistique. Dans le sanctuaire, nous trouvons une mosaïque, naguère restaurée, et qui remonte à une très haute antiquité.

Elle fut découverte au mois de mars 1838, lorsqu'on déplaça les stalles du chœur; elle devint l'objet de nombreuses études que M. Barthety résume et discute dans son excellent travail sur la *Mosaïque de la cathédrale de Lescar*[2]. Comme le remarque cet auteur, elle nous reporte à l'époque où Gui était évêque de Lescar, c'est-à-dire au XIIᵉ siècle. Du temps de Marca, en 1640, la mosaïque était bien visible; d'après lui, Gui fit paver le chœur de la cathédrale « à la mosaïque de marqueterie de marbre de diverses couleurs, qui était chargée de ses armes, à sçavoir de deux cerfs[3] » et peut-être « d'une rosace aux mille couleurs » d'après M. Lallier[4]. Le *Gallia christiana* ne fait que copier à ce sujet notre historien béarnais. Nous devons à l'obligeance de M. Barthety les dessins de la mosaïque, telle qu'elle était au moment de sa découverte en 1838. Ces mêmes gravures ont servi aux illustrations du magnifique ouvrage de M. Gerspach, « *La Mosaïque* ».

EMPLACEMENT DE L'AUTEL

où étaient jadis,

d'après MARCA,

les armes de Gui, évêque de Lescar,

« à sçavoir deux cerfs »

et peut-être aussi

une « *rosace aux mille couleurs* »

d'après une tradition récente.

Les scènes figurées dans la mosaïque sont étranges et parfois grotesques. Du côté droit, un chasseur perce de sa lance la hure d'un sanglier, et plus loin, en sens inverse, deux tigres (ou deux chiens) s'acharnent sur un bouc; çà et là, des oiseaux semblent guetter une proie. Du côté gauche, un chasseur nègre, à la jambe de bois, tend son arc pour lancer un trait; derrière lui, un âne à la queue duquel est attachée une

---

1. — A. Gorse, *op. cit*, p. 148.
2. — *La Mosaïque de la cathédrale de Lescar* (Basses-Pyrénées), par Hilarion Barthety, secrétaire de la *Société des Sciences, Lettres et Arts de Pau*. Bulletin de Pau, 1886-1887.
3. — *Histoire de Béarn*, p. 459.
4. — *Bains des Pyrénées*, par Justin Lallier, 1858, p. 10.

bête féroce sans doute, à la langue pendante ; au-dessous, sur quatre lignes, une inscription incomplète.

De 1838 à 1886, la mosaïque a subi de déplorables mutilations. Enfin une restauration récente, confiée à M. Facchina, l'auteur de très belles mosaïques du Grand-Opéra, de l'Ecole des Beaux-Arts et du Trocadéro, permettra d'admirer désormais ce spécimen de l'art ancien. On a ainsi complété l'inscription tronquée :

DOMINVS GVIDO — EPISCOPVS LASCV — RENSIS HOC FIERI F — ECIT PAVIMENTVM

On a relié les deux fragments de la vieille mosaïque par une bordure, dessinée, d'après le pavement gallo-romain du Pont d'Oly de Jurançon, par M. Laffolye, architecte du gouvernement. Elle se trouve derrière l'autel, sur une longueur de plusieurs mètres ; nous en donnons ici une reproduction partielle.

Inutile de discuter la question d'origine de la mosaïque de la cathédrale. On croit qu'elle a été transportée au sanctuaire, sous l'évêque Gui, vers 1141. Les figures et les personnages renversés le prouveraient. Mais le travail est-il roman ? est-il gallo-romain ? *Adhuc sub judice lis est.* Chaque opinion a de bons défenseurs ; mais comme l'a dit spirituellement M. Laffolye : « Il semble que plus on a écrit, moins la lumière s'est faite [1]. »

Le souvenir de l'évêque Gui ou Guido ne s'est pas conservé seulement dans l'inscription de la mosaïque ; les siècles ont encore épargné, par un hasard providentiel, si l'on peut le dire, la pierre sépulcrale de son tombeau. Voici comment s'exprime Marca à ce sujet : « Ce bon prélat, estant comblé de la gloire de ses belles actions, mourut au mois de may, l'an MCXLI, ainsi que tesmoigne l'inscription de la pierre qui fut mise sur son tombeau. Il sentit les effects de la fureur des troupes du comte de Montgomeri ; ces violateurs des choses sainctes ayans fouillé dans le sépulchre de ce prélat, dont le corps tout entier fondit et fut réduit en poudres entre les mains de ces impies, comme abhorrant leur sacrilège : de sorte qu'il ne leur resta autre despouille que son anneau épiscopal. Ils enlevèrent sa tombe et la firent servir pour revestir le gazon qui estoit à l'entour d'un ormeau qui est sur la place publique, au devant de la cathédrale, où cette pierre a demeuré inconnue, et les enfonceures des lettres de l'inscription remplies de terre jusques à l'année 1620. En ce temps, Messire Jean de Salete, évesque de Lascar,.... considérant cette pierre à l'entour de l'ormeau, fut accompagné de ce bonheur que de recognoistre par l'inscription celui de ses prédécesseurs qui avoit pris plus de peine pour l'avancement de la foi et de son église cathédrale. C'est pourquoi, il la retira de ce lieu d'infamie et la fit honorablement enchasser dans la muraille de la chapelle St Galactoire (que l'on a transportée depuis au cloistre), voulant que l'érection nouvelle de cette pierre, qui témoignoit auparavant de la mort de Gui, témoignast maintenant le restablissement de son nom, et d'une autre vie parmi les hommes, et servist en même temps de trophée aux glorieuses actions de nostre auguste et invincible roi Louis XIII, qui, voulant asseurer à perpétuité l'exécution de son édict, vint à Pau et mit en pleine liberté l'Eglise et les consciences des catholiques, qui avoient gémi jusqu'alors, sous le pesant joug des ordonnances de la Reine Jeanne son ayeule [2]. »

On voit encore sur la façade méridionale de la cathédrale, à l'endroit même où étaient le cloître et la chapelle de St Galactoire, l'inscription commémorative de Jean de Salettes, et, au-dessous, la pierre tombale de Gui. Nous donnons ici la teneur de ces deux documents lapidaires. Le premier n'est guère rédigé dans un style remarquable ; on n'y trouve pas la concision, la brièveté des belles inscriptions antiques. Nous n'avons pas cru devoir le traduire ; ce n'est que le développement de la citation de Marca. L'autre est un simple fragment, précieux surtout à cause de la date, que le temps, ni les iconoclastes, n'ont pu effacer.

1. — *Étude supplémentaire sur la mosaïque*, par H. Barthety, *Bulletin de Pau*, 1887.
2. — Marca, *Histoire de Béarn*, p. 459.

La cathédrale de Lescar était le St Denis des vicomtes de Béarn, rois de Navarre. On a beaucoup discuté sur l'emplacement de leurs tombeaux. Des fouilles faites en 1818[1] ont amené la découverte de quelques ossements enveloppés dans des étoffes précieuses. Un renseignement peu connu nous est donné sur cette question par l'avocat Labourt dans la préface historique de ses Commentaires sur les Fors de Béarn; il s'exprime en ces termes : « Catherine (d'Albret) est enterrée, ainsi que Jean d'Albret, son mari, dans l'église cathédrale de Lescar, sous une même tombe qui est élevée à l'entrée du sanctuaire, ainsi qu'appert d'un ancien titre qui est aux archives du chapitre de Lescar : *ante altare Beatæ Mariæ in capite chori.* »

Pour compléter cette trop rapide étude sur l'ancienne cathédrale de Lescar, il faudrait encore parler des nombreuses pierres tombales qui servaient de dallage jusqu'à ce que de magnifiques carreaux de Maubeuge fussent venus les remplacer. De belles sculptures et de touchantes épitaphes ont heureusement échappé au vandalisme révolutionnaire. Il n'y a qu'à faire des vœux pour que M. Barthety livre à la publicité l'album qu'il prépare depuis longtemps.

Que de souvenirs en effet n'évoquent-elles pas, ces pierres foulées aux pieds des générations qui se succèdent? Ces quelques mots, à demi effacés, sont comme un écho incessant du passé, et ces formules, toujours un peu tristes, sont l'histoire abrégée de tout un pays.

Rappelons en finissant nos vieilles cloches. L'une d'elles, *Marie*, consacrée en 1628 par Mgr de Salettes, vient d'être refondue. Le 19 octobre 1890 une nouvelle consécration lui a associé une jeune compagne, *Joséphine-Jeanne-Galactoire*, et toutes deux uniront leurs voix à celle de 1763 qui se souvient encore, seule! du vieux Lescar....

POSTERITATI.

RELIGIOSISSIMI GVIDONIS EPĪ LAS
CARĒ LOCVLV HIC FRVSTRA QVÆ
RES SEPVLCRV̄ HABET ILLE QVIDEM
IN HAC ÆDE SACRA, SED HOMINV̄ NŌ
VETVSTATIS INIVRIA FACTV̄, VT SIT IG
NORABILE NĀ CIPPV̄ HVC LAPIDEV̄
QVINQVAGITA AB HĪC ANNIS CONTRA
IVS FASQ TRĀSTVLERĀT AD ORNI
MVNIĒDV̄ CESPITITIV̄ AGGEREM
PRÆ FORIB' HVIVS BASILICÆ MA
IORIS QVI DOLEBĀT ILLV̄ VMQVĀ
EGISSE VITĀ TAMĒ REVER ET ILLV̄
IOĀNES DE SA'LETE IN SEDE LASCA
RĒSI SVCCESSOR HV̄C LOCV̄ ILLI
STVDIOSE DEDIT ET GVIDONIS
NOMĒ INTERMORTV̄W FAMÆ RES
TITVIT VT SAXV̄ QVOD ĀTEA MOR
TV̄ NV̄C QVASI VITÆ RESTITVTV̄
TESTARETVR AÑO X͞PI. M.D.C.XX.
QVO GLORIOSĪS LVDOVICI XIII REX
CHRISTIANIS. ET DN̄S BEARNI PALV̄
ADVENIT BLĀDÆQ AVCTORITATIS
IVSTITIA RELIGIONĒ ET BONA ECCLE
SIÆ RESTAVRAVIT SICQ EPOCHÆ LV
DOVICI NOVÆQ ÆRÆ LIBERTATIS
ECCLESIASTICÆ CONDENDÆ OC
CASIONEM PRÆBVIT.
LAVS DEO VIRGINIQVE MATRI

```
... MAI OBIIT DOMPNVS GVIDO VENERABILIS MEMOR ...
... CVRRENSIS EP̄S AÑO MILLESIMO QVADRAGESIMO PR ...
... PACTA XI CŌCVRRENTES DVO ERA MILLESIMA CLXX ...
... AB INCARNATIONE DNI                    INDICCIO
```

1. — *Monographie de Notre-Dame de Lescar*, par M. Laplace, p. 146. Les inscriptions sont empruntées à cet ouvrage.

II

Commencements du Christianisme dans nos contrées. — L'Apostolicité des Églises des Gaules. — St Léonce, St Julien, St Galactoire. — Discussion critique de leurs vieilles légendes. — Leurs Reliques. — Etendue de l'ancien diocèse de Lescar. — Ses Évêques.

n des meilleurs arguments de Marca pour prouver que Lescar est l'antique Benebarnum se tire de ce fait que les évêchés ne furent établis aux premiers siècles que dans les *cités*. Or Lescar possédait seul un siège épiscopal, entre les villes qui se disputaient l'honneur d'avoir été la capitale des *Benearni* ; de plus, les saints pontifes que l'on y vénérait étaient les évêques de Benebarnum. Il n'y avait donc que le nom de la ville qui eût changé et Lescar était sur l'emplacement de l'antique oppidum gaulois.

C'est ici le lieu de se demander à quelle époque l'Evangile commença à être prêché dans notre pays : question des plus difficiles, des plus controversées, et sur laquelle la science historique est loin d'avoir dit le dernier mot. Il ne s'agit de rien moins, en effet, que de l'*Apostolicité des Eglises des Gaules*. On nous saura gré d'exposer ici les solutions contraires.

Toutefois avant de donner les arguments de l'école historique et ceux de l'école dite légendaire, il faut bien poser l'état de la question. En réalité, il ne s'agit pas de se demander si la foi a été connue, pratiquée individuellement dans les Gaules aux premiers siècles. Le sentiment chrétien suffit pour nous persuader que notre pays n'a pas dû être entièrement négligé dans le partage de la *bonne nouvelle* : mais la difficulté, le point fondamental consiste à savoir si tel ou tel évêque missionnaire a été réellement un apôtre, le disciple ou l'envoyé d'un apôtre, et si cette prédication a été la base d'une hiérarchie ecclésiastique régulièrement constituée [1].

I. Opinion favorable a l'Apostolicité de nos Eglises. — Le texte le plus ancien sur lequel se basent les défenseurs de cette thèse est emprunté à St Paul (2 Timot., c. 4, 10). « *Crescens [abiit] in Galliam.* » L'édition de la Bible, révisée par le Concile de Trente, n'admet pas cette leçon et adopte celle de *Galatiam*. Pour cela, le débat n'est pas clos. Dans une lettre à Henri de Valois [2], Marca, alors archevêque de Toulouse, se plaignait amèrement au xviie siècle de ce que des Français osassent refuser à leur pays la gloire d'avoir été évangélisé par les disciples des apôtres ; il ajoute, en interprétant le texte de St Paul, que si St Jean Chrysostome, Théodoret et St Ambroise avaient lu *Galatiam* et non *Galliam*, St Epiphane, plus ancien, et plus près par conséquent des sources véritables, assure que c'est se tromper que de lire *Galatiam* ; Eusèbe, au ve siècle,

---

1. — *L'Etablissement du Christianisme et les origines des églises de France*, par D. Chamard. Rev. des quest. hist., 1873. p. 129.
2. — *Epistola ad clarissimum virum Henricum Valesium, de tempore quo primum in Galliis suscepta est Christi fides*. Parmi les opuscules du 4e vol. *De concordia sacerdotii et imperii*. — Acta SS. au 30 juin, fête de St Martial.

lisait aussi *Galliam*. St Epiphane surenchérit encore, lorsqu'il affirme que St Luc, disciple de St Paul, et l'un des 70, alla dans la Gaule : « Idque ipse primum in Dalmatia, *Gallia*, et Italia, ac Macedonia præstitit, sed in *Gallia præ ceteris*. » Marca prétend que St Paul lui-même, au dire de plusieurs auteurs grecs et de St Jérôme, St Philippe, d'après Isidore de Séville et Ussérius, seraient venus dans les Gaules. Les traditions antiques, les martyrologes de Bède, d'Usuard, d'Adon, confirment cette opinion. Une lettre du pape St Zozime, envoyée en 417 à l'archevêque d'Arles, assure que St Trophime, disciple de St Pierre, aurait été envoyé en cette ville d'où la foi se serait répandue dans toutes les Gaules. « *Ad quam [Arelatensem urbem] primum ex hac Sede Trophimus, summus antistes, ex cujus fonte totæ Galliæ fidei rivulos acceperunt, directus est.* » Ce témoignage d'un pape n'est-il pas préférable à celui de Grégoire de Tours, pour assigner l'époque où vécut St Trophime ? Est-ce qu'un concile provincial de Vienne ne la fixe pas au temps de St Pierre ? La querelle célèbre des églises de Vienne et d'Arles, tout au commencement du v⁰ siècle, donne un grand poids à cette opinion. Si Vienne l'emporta un moment, les Papes reconnurent cependant l'origine apostolique de l'église d'Arles. Ajoutez le témoignage de St Cyprien qui, dans une lettre au pape St Etienne, vers l'année 256, reproche à Marcien, évêque d'Arles, de favoriser l'hérésie des Novatiens. Or, si Marcien était alors le Pontife de cette église, il faut que St Trophime, son fondateur, l'ait précédé, et soit, quoi qu'en dise Grégoire de Tours, contemporain des apôtres. Enfin, le martyrologe d'Adon dit au 29 décembre : « Apud Arelatem, natalis sancti Trophimi, episcopi et confessoris, *discipuli Apostolorum Petri et Pauli*. » Et ailleurs : « Natalis sancti Trophimi, de quo scribit Apostolus ad Timotheum : *Trophimum autem reliqui infirmum Mileti*. » Le martyrologe publié par Rosweyde, et dont se servait l'Eglise Romaine, s'exprime ainsi le 22 mars : « Narbonnæ, sancti Pauli episcopi, *discipuli apostolorum*. » Pour ce qui regarde St Martial, les vieux martyrologes marquent simplement qu'il fut évêque de Limoges « *eum Lemovicæ fuisse episcopum* ». Mais les actes de sa vie attestent qu'il fut un des soixante-dix disciples, envoyé par St Pierre en Aquitaine. Un concile de Limoges soutint cette tradition en 1034. L'époque où vint St Denis de Paris est vivement discutée par les savants. Fortunat, évêque de Poitiers et contemporain de Grégoire de Tours, la reporte au temps du pape Clément qui envoya l'Aréopagite dans les Gaules. Cette opinion fut adoptée par les évêques des Gaules en 824, dans une lettre au pape Eugène.

Quant au texte de Sulpice Sévère, où il est dit que la religion chrétienne fut introduite bien plus tard dans les Gaules « *Dei religione trans Alpes serius susceptâ* », il faut l'entendre par rapport à l'Italie et à l'Orient, où la foi fut d'abord prêchée. Grégoire de Tours se trompe manifestement, lorsqu'il prétend que sept évêques furent envoyés dans le même temps en Gaule, sous le consulat de Dèce, vers 250. St Irénée parle de l'église des Celtes, plus de soixante ans auparavant, et Tertullien déclare, trente ans avant Dèce, que la foi est professée dans les différentes nations de la Gaule. Grégoire de Tours s'est basé sur les Actes de la Vie de St Saturnin ; mais il n'y est nulle part fait mention des six autres pontifes. Grégoire a ajouté ces noms, d'après une tradition erronée.

A quelle époque remontait la mission de St Saturnin de Toulouse ? On n'en était pas d'accord même du temps de Grégoire de Tours. Celui-ci relate deux opinions, l'une la fixant aux temps apostoliques, l'autre au consulat de Dèce, vers 250. Marca adopte la première opinion. (On doit se souvenir qu'il était archevêque de Toulouse.)

Il faut, toujours d'après notre historien béarnais, se rappeler la parole si vraie de Tertullien qui affirme que les provinces des Gaules étaient imprégnées de la foi depuis les premiers temps. L'Aquitaine fut éclairée par St Martial de Limoges, et la Novempopulanie par St Saturnin. *Aquitanica [provincia exculta fuit] a Martiale Lemovicensi... atque etiam a Saturnino in Novempopulania quæ pars erat Aquitaniæ.* « Aussi, je supplie nos amis, ajoute Marca, de rendre à l'Eglise Gallicane l'honneur qui lui est dû et que, provoqué, j'ai essayé de défendre. Il est un peu amoindri par le dédain qu'on affecte pour nos anciennes origines... J'ai pensé cependant qu'il faut non pas les rejeter, mais les soutenir, car nos opinions ont été jadis acceptées par l'Eglise Romaine et par le monde entier ; nous n'avons pas besoin d'user de procédés condamnables et nous appuyer sur des monuments faux ou inventés pour ceux qui veulent à tout prix revendiquer ou confirmer l'antiquité de leurs origines chrétiennes. *Amicos nostros obtestor, ut boni consulant, quæ, licet aliena ab eorum sententia, dixi provocatus, tuendæ veritatis desiderio, ad restituendam Ecclesiæ Gallicanæ majestatem, aliquo pacto imminutam ex depressa originis illius vetustate... Quare non evertendas, sed retinendas putavi, quæ vero nituntur, traditiones nostras, præcipue quum in Ecclesia Romana ac toto in orbe Christiano jam olim receptæ fuerint ; adeo ut non egeamus prava illa diligentia quam adhibuerunt illi, qui etiam falsis atque confictis sub nomine veterum auctorum monumentis, vetustatem christianæ religionis sibi arrogare videntur, vel etiam receptam confirmare.* »

Tel était l'état de la science historique au XVIIe siècle, lorsque Launoy et son école contestèrent l'Apostolicité des Eglises des Gaules. Nous avons choisi à dessein, pour exposer le sentiment qui lui est favorable, notre historien béarnais, l'un des plus savants hommes de son temps. Il a vaillamment soutenu la cause des origines apostoliques, et a été un des plus brillants champions de l'école dite légendaire.

Au XIXe siècle, tous s'appuient sur les mêmes arguments. Les traditions particulières de nos diocèses, les légendes des Bollandistes et de quelques manuscrits, jadis inconnus, mieux étudiés et interprétés, sont venues au secours de cette opinion respectable. Les travaux de M. le chanoine Arbellot, de Limoges, sur St Martial, de Mgr Cirot de la Ville, sur Ste Véronique, de M. Ravenez sur beaucoup d'Eglises de France[1], de M. Faillon sur Ste Madeleine, de Dom Chamard, de Mgr Freppel sur St Irénée, on peut même dire une certaine approbation accordée par Rome à la tradition favorable à St Denis l'Aréopagite, ont donné du crédit à l'opinion que nous venons d'exposer. Néanmoins toutes les objections ne sont pas résolues.

II. Opinion contraire a l'Apostolicité des Églises des Gaules. — Jusqu'au XVIIe siècle, nos églises de France n'hésitèrent pas à faire remonter leur origine aux temps apostoliques. Alors parurent le chanoine Descordes qui, dans ses travaux sur St Martial, essaya de prouver que la mission de Dieu doit être reportée au IIIe siècle seulement, et le trop fameux Launoy, le *dénicheur de saints*, qui rejeta, comme fabuleuses et apocryphes, toutes les vieilles légendes touchant l'Apostolicité de nos églises. Sous ses étendards se rangèrent Ellies du Pin, Tillemont, Baillet, D. Ruinart, Fleury, Longueval ; les protestations de Marca, de du Saussay, de Noël Alexandre, ne purent prévaloir à cette heure. Les nouveaux bréviaires n'osèrent plus guère mettre en avant nos antiques traditions françaises.

Les défenseurs de cette opinion s'appuient principalement sur deux textes de Sulpice Sévère et de Grégoire de Tours. Sulpice Sévère s'exprime ainsi : « Après Adrien, sous le gouvernement d'Antonin le pieux, les Eglises furent en paix. Ensuite, sous Aurélien, fils d'Antonin (177), eut lieu la cinquième persécution et alors, *pour la première fois*, il y eut des martyrs dans les Gaules, *la religion de Dieu ayant pénétré plus tard au delà des Alpes. — Post Adrianum, Antonino Pio imperante, pax Ecclesiis fuit. Sub Aurelio deinde, Antonini filio, persecutio quinta agitata; ac tunc primum intra Gallias martyria visa, serius trans Alpes Dei religione suscepta*[2]. » D'autre part, Grégoire de Tours n'est pas moins formel : « Du temps de Dèce, sept personnages, ordonnés évêques, furent envoyés dans les Gaules pour prêcher l'Evangile, comme le raconte l'histoire du martyre de St Saturnin. Car elle dit : « Sous le consulat de Dèce et de Gratus, comme on s'en souvient par une tradition fidèle, la ville de Toulouse commença à avoir St Saturnin pour évêque. Voici donc ceux qui furent envoyés : l'évêque Gatien à Tours, Trophime à Arles, Paul à Narbonne, Saturnin à Toulouse, Denys à Paris, Austremoine à Clermont, Martial à Limoges. — *Hujus [Decii] tempore, septem viri episcopi ordinati ad predicandum in Gallias missi sunt, sicut historia passionis sancti matyris Saturnini denarrat. Ait enim : « Sub Decio et Grato consulibus, sicut fideli recordatione retinetur, primum ac summum Tolosana civitas sanctum Saturninum habere cœperat sacerdotem. » Hi ergo missi sunt : Turonicis, Gatianus episcopus ; Arelatensibus, Trophimus episcopus ; Narbonæ, Paulus episcopus ; Tolosæ, Saturninus episcopus ; Parisiacis, Dionysius episcopus ; Arvernis, Stremonius episcopus ; Lemovicinis, Martialis est destinatus episcopus*[3]. »

Le consulat de Dèce et de Gratus concordant avec l'année 250, on concluait de ce dernier texte que nos églises ne remontaient qu'à la seconde moitié du IIIe siècle.

On en est venu alors à discuter l'autorité de Sulpice Sévère et de Grégoire de Tours. Etaient-ils bien renseignés ? Les auteurs contraires à l'Apostolicité prétendent que nos deux historiens travaillaient certainement sur les documents originaux. Leurs adversaires ne manquent pas de réponses. Ces textes eux-mêmes, disent-ils, sont très discutables et peu précis.

De nos jours la discussion s'est ravivée. En vérité, on peut être excellent catholique et adopter l'une ou l'autre de ces thèses. L'Académie des Inscriptions et Belles-Lettres traite un peu dédaigneusement l'opinion favorable à l'Apostolicité de nos églises : « Ces thèses, disait M. Paulin Paris, le 12 novembre 1858, pourraient ne paraître qu'un *inconsenant jeu d'esprit*, si depuis quelques années elles n'avaient été présentées avec une certaine apparence d'autorité. Votre commission déclare que les moyens d'argumentation employés

---

1. — *Congrès scientifique de France*, Session de Bordeaux, 1862, t. I, p. 331. *Essai sur les Origines religieuses de Bordeaux*, etc. D. Guéranger dans ses *Institutions liturgiques (passim)*, M. l'abbé Cahours de Nantes, dans ses Etudes sur St Clair, l'abbé Darras soutiennent la même thèse. Il y aurait une bibliographie intéressante à faire sur cette question.
2. — Sulp. Sev., *Chron.*, II. 32.
3. — *Hist. Franc.*, I. 28.

ici ne sont pas à son usage ¹. » Pour elle, c'est « un étrange retour aux opinions du xɪᵉ siècle ». Il faut pardonner cette boutade à l'Académie ; elle est peu crédule et n'admet que des textes incontestables. Un des hommes les plus compétents aujourd'hui sur la critique historique, M. l'abbé L. Duchesne, membre de l'Institut, professeur à l'École supérieure de théologie de Paris, a traité la question — trop sommairement, à notre avis — dans son beau livre des *Origines chrétiennes* ². Après avoir discuté et écarté les témoignages historiques de Sulpice Sévère et de Grégoire de Tours, peu sûrs d'ordinaire pour les faits éloignés, il examine les traditions locales et prétend qu'en réalité « aucune des traditions de ce genre ne peut s'autoriser d'un document certain au ɪxᵉ siècle ; quelques-unes, et des plus célèbres, ne peuvent être constatées avant le xɪᵉ, le xɪɪᵉ, le xɪɪɪᵉ siècles. Quand on songe aux tristes périodes que l'Église a eu à traverser en Gaule, avant et après les premiers rois Carlovingiens, à la décadence absolue des lettres et surtout de l'histoire, à l'affaiblissement de la discipline dans les églises, et même dans les monastères au vɪɪᵉ siècle, au vɪɪɪᵉ, au ɪxᵉ et au xᵉ, on est déjà tenté de soupçonner fortement des récits qui sortent — trop ces ténèbres...... Les récits apocryphes se sont mêlés aux histoires vraies dans les livres liturgiques ; beaucoup d'entre eux figurent encore dans le bréviaire romain ³. Mais il est bien entendu que l'Église n'entend nullement en être responsable et qu'elle laisse à l'histoire toute liberté de discerner dans ces textes, devenus vénérables par un long usage religieux, ce qui est de bon aloi et ce qui ne l'est pas. Du reste, sans entrer plus avant dans la genèse des légendes en question, on peut leur opposer à toutes un argument très grave : c'est qu'elles ont été ignorées de St Irénée, de Sulpice Sévère et de Grégoire de Tours... Il n'est pas possible d'objecter que les origines apostoliques en question ont pu échapper à St Irénée et à Sulpice Sévère. Le premier était trop voisin des événements, le second trop instruit et trop curieux d'histoire pour que des traditions ecclésiastiques de cette importance leur soient restées inconnues, si elles avaient existé de leur temps.

» Mais c'est surtout le silence de St Grégoire de Tours qui est étonnant. Grégoire est né dans une noble famille gallo-romaine ; il est apparenté avec toutes les notabilités ecclésiastiques de la Gaule. Son éducation s'est faite auprès de son oncle, l'évêque de Clermont, Gallus, et de son successeur Avitus. Il devint lui-même évêque de Tours et fut toute sa vie un des personnages les plus considérables de l'empire Franc. Avant et après son élévation à l'épiscopat, il voyagea sans cesse par toute la Gaule. Dans ses voyages, rien n'excitait son intérêt comme les sanctuaires des saints et les récits que l'on conservait autour de leurs tombeaux... Ce n'est pas lui qui eût fait difficulté d'admettre des choses aussi édifiantes, si on les lui eût racontées... Il le montre assez en racontant, par exemple, l'histoire de la dame de Bazas qui assista à la décollation de St Jean-Baptiste, recueillit son sang dans une ampoule, et revint aussitôt en Gaule où elle bâtit une église en l'honneur du Précurseur. Les impossibilités d'un tel récit, qui arrêteraient un enfant, n'existaient pas pour un esprit cultivé du sixième siècle. Et pourtant Grégoire de Tours n'a rien su de ces histoires si glorieuses... Il dit très positivement que St Gatien et St Stremonius, les premiers évêques de Tours et de Clermont, dont il ait connaissance, ne sont pas antérieurs au milieu du troisième siècle. Qu'il ait eu raison ou qu'il ait eu tort dans cette attribution chronologique, il reste toujours certain que la tradition locale, consciencieusement interrogée, ne lui fournissait pas de date plus ancienne que le temps de Dèce, ni d'origine plus glorieuse que la simple mission du siège apostolique. Cet argument est si décisif contre les légendes en question, que leurs partisans en ont senti la force et cherché par tous les moyens imaginables à antidater les documents où elles ont laissé leur empreinte. Mais cette insistance est inutile. Aucun des efforts tentés dans cette direction n'a sérieusement abouti... Où étaient donc ces souvenirs au temps de St Irénée, de Sulpice Sévère, de Grégoire de Tours et de l'éditeur franc du martyrologe [de St Jérôme au vɪɪᵉ siècle] ?... On pourra louer ou blâmer les sentiments et les procédés qui les ont mis plus tard au jour. Cela n'importe pas ici. Ce qui importe, c'est de constater que cette apparition est trop tardive, trop isolée des souvenirs antérieurs pour n'être pas suspecte.

» Après avoir écarté ainsi et le témoignage de Grégoire sur les sept missionnaires du ɪɪɪᵉ siècle et les légendes postérieures sur une évangélisation apostolique, il ne nous reste plus qu'à reconnaître notre ignorance sur la date et les circonstances des premières prédications du christianisme en notre pays. L'histoire commence aux martyrs de Lyon [177]. St Pothin est le premier évêque gallo-romain dont le nom se soit conservé. Ce n'est pas à dire qu'il soit le plus ancien évêque des Gaules, ou que ce pays n'ait pas

---

1. — Ravenez, *Congrès scientifique de France* ; Bordeaux, 1861, p. 334.
2. — *Les Origines chrétiennes*. Leçons d'histoire professées à l'École supérieure de théologie de Paris, par M. l'abbé L. Duchesne. Blanc-Pascal, rue de l'Estrapade, 27, Paris, tome 2, p. 454.
3. — On sait que Léon XIII a fait modifier quelques légendes historiques, le 2 juillet 1883.

reçu la lumière de l'Evangile dès le temps des apôtres. Autre chose sont les faits connus, autre chose les faits réels. Le christianisme doit être aussi ancien en Gaule que dans les pays de situation géographique analogue, l'Afrique par exemple. Mais nous ignorons ses débuts en Gaule, comme en Afrique. L'église de Carthage est assurément une église bien importante ; néanmoins ses origines sont inconnues ; on en peut dire à peu près autant de l'église d'Alexandrie. Si le sentiment de piété nationale qui s'est attaché pendant quelques siècles aux légendes apostoliques — sentiment respectable à coup sûr, et qu'on ne prétend point ici tourner en ridicule — si ce sentiment se trouve froissé par la nécessité de renoncer à de brillantes illusions, il trouvera de quoi se consoler par le rapprochement entre la condition de la Gaule et celle des grandes chrétientés de l'Afrique et de l'Egypte. »

Cette citation est bien longue ; mais elle est capitale pour les questions que nous allons traiter. En voici une autre, empruntée au P. de Smedt, de la Cie de Jésus, président des Bollandistes : « Sans vouloir nous prononcer ici sur la question, encore si débattue, de l'Apostolicité des églises de France, nous nous permettrons une observation qu'il nous semble important de ne pas perdre de vue ; c'est que, si les principes énoncés dans cette étude méritent quelque considération, il ne suffit pas, pour établir la certitude d'une aussi antique origine, de montrer qu'il existe dans ces églises une tradition remontant au VIIIe, ou même au VIIe ou au VIe siècles, pour se continuer ensuite à travers le moyen âge. Et surtout, nous ne voyons pas à quel titre certains écrivains modernes se croient permis d'ériger l'objet d'une pareille tradition en vérité catholique, et de ranger parmi les rationalistes, tous ceux qui ne partagent pas leur intrépide assurance à affirmer la vérité. De tels excès de langage sont regrettables à tous égards, et c'est compromettre une thèse, fût-elle excellente d'ailleurs, que de vouloir la défendre avec des armes de cette trempe. Du reste, la vraie science ne se laisse pas effrayer par ces gros mots ; elle demande des preuves concluantes. Jusque-là, elle se garde bien d'affirmer ou de nier ; elle suspend son jugement et continue ses recherches [1]. » Ailleurs le même savant, je crois, avoue que la question n'a pas fait un pas ; les arguments sont les mêmes depuis le XVIIe siècle, et les auteurs, qui sont légion, se copient simplement. « *(Auctores) quorum est legio, quos si legeris, tandem reperies omnes omnino coctam toties recoquere crambem.* » Ni d'un côté, ni de l'autre, la vérité ne brille pas assez pour emporter l'assentiment d'un esprit judicieux : « *Existimare licet neutra ex parte tantam affulgere veritatem ut prudentis judicis assensum firmiter inclinet* [2]. »

Nous acceptons très volontiers ces conclusions ; elles émanent d'une autorité que personne ne saurait récuser. Nous ajouterons une simple réflexion sur le plus ou moins de créance que méritent les traditions anciennes. Si elles sont purement locales, ou même nationales, et qu'elles ne s'appuient sur aucun texte précis et incontestable, on peut les suspecter ; si la tradition est universelle et surtout adoptée, dans les questions religieuses, par l'Église romaine, il vaut mieux la suivre, quoiqu'il n'y ait pas de certitude absolue. Un seul exemple fera comprendre notre pensée. Jusqu'à ces derniers temps, le fait de la translation du corps de St Jacques le Majeur à Compostelle, en Galice, a été vivement contesté. On peut même dire, après avoir lu les Bollandistes, que la négative était soutenue avec beaucoup de probabilité par Tillemont. Question bien grave cependant ! Est-ce que, depuis de longs siècles, les peuples n'allaient pas en pèlerinage au tombeau de l'Apôtre vénéré ? Les traditions de toutes les chrétientés, unanimes, très affirmatives, n'étaient donc qu'un leurre et une illusion ? Et bien que l'objet du culte fût un saint véritable, n'y avait-il pas, qu'on nous pardonne cette manière de parler, une sorte de superstition à honorer un prétendu tombeau et des reliques apocryphes ? Mais ni Rome, ni l'Espagne, ni Compostelle, ni les traditions catholiques, ne cédèrent en face des objections d'une critique hardie. On fit naguère des fouilles dans la cathédrale de Compostelle où se trouvaient, disait-on, les corps de St Jacques et de ses compagnons, Athanase et Théodore. En effet, Dieu bénit la confiance du peuple espagnol ; trois corps saints furent découverts à une grande profondeur, et reconnus, après de minutieuses discussions ordonnées par le Souverain Pontife, pour les corps de St Jacques et de ses disciples, le 24 juillet 1884 [3]. Le pape Léon XIII annonça cet événement considérable à l'univers entier, le 1er novembre suivant. Ici la tradition a eu raison contre la critique. Disons enfin que Rome ne patronne absolument aucune opinion. Elle a approuvé deux offices de St Saturnin : à Toulouse, on place sa mission vers le IIIe siècle ; à Auch, vers le Ier. Cette question ne sera pas tranchée par des textes, mais par des monuments lapidaires.

---

1. — *Principes de la critique historique*, par le P. Ch. de Smedt, S. J., Bollandiste. Paris, Palmé, 1883, in-12, p. 221. Dans cette page, le savant jésuite vise M. l'abbé Darras, dont l'*Histoire de l'Église* a été faite avec d'excellentes idées, mais dont l'esprit scientifique et critique laisse malheureusement beaucoup à désirer.
2. — *Acta SS.*, 1er nov., St Austremoine, p. 23.
3. — V. les actes concernant la découverte du corps de St Jacques. *Acta SS.*, 1er vol. de novembre, p. 1.

Ces principes posés, nous pouvons aborder le problème des origines chrétiennes de notre pays.

Le texte le plus ancien qui fasse mention du christianisme parmi nous est en réalité la suscription de St Julien, évêque de Lescar, au concile d'Orange en 441 : « *Sanctus Julianus cujus subscriptio inter patres Arausicani concilii conspicua est* [1]. » Cette présence d'un évêque de Béarn, dans une assemblée de prélats qui se tint loin de son pays, prouve et l'organisation définitive du diocèse et la tranquillité relative dont jouissait à ce moment la religion dans nos contrées. St Julien est regardé, à juste titre, comme le fondateur de l'église de Lescar ; il n'est donc pas inutile d'établir les titres qui lui donnent droit à la vénération des fidèles. Qui nous l'a envoyé ? D'où vient-il ? Combien de temps dura son épiscopat ? Que sont devenus ses restes mortels ? Tout autant de questions qu'il nous faut essayer de résoudre.

Nous trouvons d'abord nos principaux éléments de discussion dans la légende du vieux bréviaire de Lescar, qui s'exprime sur St Julien à peu près en ces termes : « Dans la ville de Trèves était un très saint homme, du nom de Léonce, évêque de cette cité, lequel, sachant les Gaules adonnées au culte des démons, s'adressa au B. Julien qui l'assistait et l'envoya dans ces contrées. » Cette légende se complète par celle de St Léonce, où il est dit que ce vénérable évêque le destina au Béarn : « *Pias venerabilis Leontii aures offendit rumor... quod patria Bearnica evangelium Christi, quamvis quandoque disseminatum nondùm imbiberat... illuc prefatum Julianum quam citius destinavit...* » Reste donc à savoir ce qu'était St Léonce et de quel droit il pouvait envoyer un évêque missionnaire dans nos contrées.

I. St Léonce. — D'après ce récit, St Léonce, évêque de Trèves, destina Julien au peuple de *Benearnum*. Il paraît au premier abord difficile d'admettre qu'à de telles distances des relations fussent assez bien établies pour que, des frontières de la Germanie, un évêque s'inquiétât de l'abandon où se trouvaient les âmes en Béarn. Mais l'étonnement cessera quelque peu, lorsqu'on saura que Trèves était, au IV° siècle, la métropole des Gaules, le siège où ressortissaient la plupart des affaires civiles, et qu'ainsi son évêque pouvait être mis au courant de l'état du christianisme dans les pays les plus éloignés, chargé qu'il était de pourvoir à son établissement et à sa conservation. Mais cette explication ne suffit pas. On peut se demander encore si Léonce n'avait pas un motif tout particulier d'aimer notre lointain pays. Les diptyques du diocèse de Trèves [2] font mention, vers 358, du temps de l'évêque Paulin, d'un prêtre du nom de Léonce « issu d'une illustre famille d'Aquitaine », et qui fut évêque de cette ville, d'après les travaux les plus récents [3], entre les années 399 et 447. Ainsi des relations de famille unissaient Léonce à nos contrées, la Novempopulanie faisant partie de la troisième Aquitaine. Marca pense de même [4]. Sans doute il se trompe lorsqu'il affirme que les Mémoires de l'ancien bréviaire « adjoutent que Leontius estoit natif des quartiers de deçà, c'est-à-dire d'Aquitaine » ; mais il croit que l'évêque de Trèves « estoit issu de l'illustre maison des Léonces... qui donnèrent des évesques à la ville de Bourdeaux... de sorte que Leontius de Trèves, estant Bourdelois d'origine, fut encore convié par ce voisinage d'avoir soin de la religion en Béarn ». Voilà tout autant d'explications qui donnent à la légende une certaine vraisemblance ; mais l'esprit n'est pas encore satisfait. Mgr Cirot de la Ville dit que « dès l'origine, l'Aquitaine a été liée aux régions belges et allemandes par l'apostolat de St Martial... Les relations de l'Aquitaine avec les provinces rhénanes se continuent de siècle en siècle. Chacun de ces pays échange avec l'autre ses évêques et ses saints [5] ». St Agrèce, évêque de Trèves (322), était Aquitain, Maximin, son successeur, était de Poitiers ; St Paulin (354) était aussi Aquitain. On le voit, les impossibilités disparaissent de plus en plus. La probabilité devient plus grande encore, lorsqu'on voit que *St Léonce l'Ancien, mort vers 420, avait exercé les fonctions épiscopales à Trèves, avant de monter sur le siège de Bordeaux* [6].

Cette dernière donnée historique va singulièrement nous servir pour identifier notre St Léonce. La critique se perd, en effet, à vouloir fixer ici une date certaine ; la légende ne connaît pas la chronologie. Tous les auteurs faisant venir St Julien de Trèves fixent, comme limite extrême de son arrivée à Benearnum, l'an 407, parce que cette même année Trèves tomba sous les coups des Vandales qui la détruisirent et obligèrent Rome à établir à Arles le centre des affaires religieuses pour les Gaules. Léonce n'aurait pas pu, dans ce cas, envoyer plus tard son disciple dans nos contrées. Mais si l'on admet que St Léonce fut d'abord

---

1. — *Martyrol. Gallic.*
2. — *Propre* du diocèse de Trèves.
3. — Marx, *Histoire de l'Archevêché de Trèves.* Les Bollandistes mettent aussi Léonce l'Ancien, à cette époque (V. 21 août). Le *Gallia* n'en parle pas avant 641.
4. — *Histoire de Béarn,* p. 70.
5. — *Congrès scientifique de France,* Bordeaux, 1861, tom. I, p. 88 et suiv.
6. — *Ibid.*, p. 90. *Église de Trèves,* par l'abbé Schmidt.

évêque de Trèves — d'où il partit, soit à cause de l'irruption des Vandales, soit pour tout autre motif — et qu'il vint siéger à Bordeaux avant 420, tout s'explique bien naturellement. St Léonce est à Bordeaux; il a avec lui le diacre Julien de Trèves; à portée du Béarn, il sait que l'idolâtrie y règne; et mû d'une sainte pitié, il y envoie son disciple pour prêcher l'Évangile. Ainsi comprend-on plus facilement l'épiscopat de St Julien qui se prolonge jusqu'après 441, date du Concile d'Orange où il assiste. On peut donc admettre que St Léonce vint de Trèves à Bordeaux, entre les années 407 et 420, et qu'il envoya dans cet intervalle St Julien à Beneharnum. La légende de St Léonce devient alors plus intelligible et plus acceptable.

Celle-ci dit encore que, désireux de faire un pèlerinage à St Jacques de Compostelle et de voir son disciple, le vénérable vieillard vint en Béarn. Ce pèlerinage à St Jacques est une pieuse fantaisie du légendaire qui intervertit un peu grossièrement les époques. Cette dévotion commença tout au plus à la fin du IXe siècle.

Ces confusions dans les légendes ne sont pas rares. Les auteurs de ces récits voulaient donner de l'éclat à leurs héros; ils attribuaient volontiers à un saint les miracles accomplis par d'autres. Le merveilleux, ajouté ou inventé au profit d'une église, semblait lui donner un plus grand lustre. La couleur locale est absente de ces légendes; les époques y sont confondues, et s'il est parfois facile de reconnaître l'erreur, il ne l'est pas de démêler la vérité. « La tâche du critique, comme dit Mgr Freppel, consiste précisément à distinguer la réalité de la fiction, en dégageant l'élément traditionnel du voile poétique dont l'imagination et la crédulité ont fini par l'envelopper [1]. »

Or, ici, comment l'auteur de la légende de St Léonce pouvait-il expliquer le voyage de cet évêque, de Trèves à Beneharnum? De son temps, on n'entreprenait sans doute de longues courses que pour aller aux tombeaux des Apôtres et de St Jacques; Lescar étant sur la route de Compostelle, il n'y avait qu'à imaginer un pèlerinage; de cette sorte, le séjour de St Léonce en Béarn paraît tout naturel. Si cet évêque était à Bordeaux, nous comprenons, nous, sans grande explication, que Léonce vint visiter parfois son disciple. Autre chose : voici qu'au retour de Compostelle, St Léonce est censé mourir à Beneharnum où il est enseveli, au milieu d'un grand concours de peuple et dans l'éclat des miracles les plus prodigieux. La critique se trouve bien embarrassée. On assigne au moins quatre sépultures à St Léonce l'Ancien : Ste-Marie des Martyrs à Trèves [2], Bordeaux [3], St Léonce de Rhodez [4], et enfin Beneharnum. L'étude complète des Actes des saints nous donnerait probablement la clef de ces énigmes. Une réflexion générale peut cependant expliquer cette variété d'opinions. St Léonce dut jouir d'un grand renom de sainteté; à ce titre c'était une gloire d'avoir été évangélisé par cet apôtre; ses voyages avaient laissé en divers lieux le souvenir de ses vertus. De là à le faire mourir dans une de ses pérégrinations, il n'y avait pas loin. Nos vieux chroniqueurs n'ont pas hésité, — sauf aux églises de Bordeaux et de Trèves à défendre leurs vénérables traditions. Ainsi s'explique peut-être l'absence, même au XVIe siècle, de toute relique de ce saint prélat dans notre cité.

L'église de Lescar peut à bon droit se glorifier de ses origines. Si — ce dont nous ne doutons pas — le christianisme existait dans nos contrées avant l'épiscopat de St Julien, elle doit cependant remercier Dieu d'avoir associé ses destinées à celles des célèbres églises de Trèves et de Bordeaux.

Reste maintenant à parler des commencements du christianisme dans le Béarn et même dans le diocèse actuel de Bayonne.

Nous admettons comme thèse très probable, sinon certaine, la mission de St Julien à Beneharnum dans l'intervalle des années 407 à 420 environ. S'ensuit-il que le christianisme n'eût pas encore pénétré dans nos contrées? A n'envisager que la seule légende de St Léonce, elle nous apprend que l'Evangile avait été prêché inutilement aux peuples de Béarn : « *Evangelium Christi, quamvis quandoque ibi disseminatum, nondum imbiberat.* »

Mais à quelle époque le christianisme fit-il son apparition parmi nous? Qu'on se rappelle la question de l'Apostolicité des Eglises des Gaules. Si l'on veut que St Martial et St Saturnin, en particulier, aient été envoyés dans notre pays par St Pierre ou au moins par le pape St Clément, il faut admettre que nos contrées

---

1. — *St Irénée*, p. 87. Bray et Retaux, Paris. Édition de 1886.
2. — *Propre* de Trèves.
3. — *Gallia Christiana* et Bréviaires de Bordeaux, *Acta SS.*, 21 août, Ed. Palmé, p. 462.
4. — Voici la leçon que nous trouvons dans le Bréviaire Gallican de Vabres, publié par Mgr de la Chapelle en 1752. On sera frappé des ressemblances de cette légende avec la nôtre : « Leontius, cognomento senior, nobilissimo genere in Aquitania natus, temporibus Arcadii et filiorum ejus, in re militari claruit. At sedatis Hispaniarum tumultibus ad vitæ magis Deo hærentis studia conversus, obeunte extremum diem sancto Amando Burdigalensi episcopo coruscus jam multarum virtutum splendoribus, hanc ad sedem, quantumvis renitens, evectus est. Quo officio perfecto cum decore functus, aucto multis incrementis grege dominico, placida morte in eo qui est vera vita, obdormivit in territorio Ruthenensi, in quo extat celebris ecclesia et monasterium Ordinis sancti Benedicti sub ejus patrocinio constructum. »

furent illuminées du don de la foi dès les temps apostoliques. En effet, d'après certains auteurs [1], St Martial a prêché à Limoges d'abord, puis *en Aquitaine*, chez les Celtes, et jusque dans la Gaule Belgique. Pour ce qui est de St Saturnin, son culte a été en grand honneur dans les diocèses d'Oloron, de Lescar, de Bayonne, de Dax et d'Aire [2]. Ce saint aurait même traversé notre pays en allant d'Espagne à Toulouse [3]. Son passage s'est évidemment manifesté par la prédication de l'Evangile. S'il faut en croire l'opinion d'un auteur peu sérieux, Dom Aurélien des Célestins, de l'Ordre de St Benoît, dans sa *Gaule Catacombaire*, Léonce et Julien de Lescar, ainsi que Léon de Bayonne, furent, ou des disciples de N. S., ou des missionnaires envoyés par St Pierre, ou tout au moins par St Clément, ou encore des compagnons de ces hommes de Dieu [4]. C'est le sentiment, nullement raisonné, des *Petits Bollandistes*, qui disent de la légende de St Julien « qu'il s'en dégage assez de lumières pour la faire remonter aux temps apostoliques ».

Mais si l'on veut s'en tenir au sentiment de Baronius et au texte du martyrologe romain, il faut fixer la mission de St Saturnin au temps de Dèce, vers 250. Le premier évêque de Toulouse aurait fait rayonner alors la foi dans nos contrées méridionales, et ainsi le christianisme aurait pénétré chez nous au IIIe siècle. Autre indice précieux : l'épiscopat de St Vincent de Xaintes à Dax, au IIIe ou au IVe siècles, nous donne lieu de croire que les pays avoisinants avaient aussi reçu la bonne nouvelle. Cette conclusion est plus scientifique assurément que celle qui remonte aux temps apostoliques ; elle a pour base des dates assez précises. Il n'y a pas de saint dans la province auquel on assigne une époque antérieure au IIIe siècle. L'absence de documents ne nous permet pas d'être plus affirmatif.

Examinons à présent l'ancienne légende de St Julien.

II. St Julien. — « Après la Résurrection glorieuse de Notre Seigneur et son admirable Ascension — *post Domini Nostri J. C. gloriosam Resurrectionem ejusque ad cœlos mirabilem Ascensionem* — dans la cité de Trèves, il y eut un homme d'une grande sainteté du nom de Léonce. » Tel est le début de la première leçon du bréviaire ; ce récit est un peu extraordinaire, et s'il fallait l'admettre, au sens strict, l'Apostolicité de notre église serait prouvée. Mais ce texte n'a pas une aussi grande portée ; on le trouve à peu près dans les mêmes termes à la légende de St Saturnin de Toulouse... On le voit dans les vieux bréviaires [5] de Bourges, de Toulouse, de Limoges, d'Auch, de Condom et de Lescar : « *Post Salvatoris Domini in cœlo ascensum* » et surtout dans les Actes de ce saint publiés par Dom Ruinart : « *Post corporeum Salvatoris Domini Christi adventum.* » On lit les mêmes expressions dans la Vie de St Austremoine de Clermont : « *Post gloriosam igitur Domini nostri Ascensionem.* » Le calque est évident ; il y a eu un premier récit que de nombreux hagiographes se sont approprié ; ces ressemblances qu'on trouve sans cesse dans les auteurs diminuent de beaucoup leur autorité aux yeux de toute saine critique. Enfin, cette formule a été peut-être empruntée au Pape St Léon, dont l'homélie se trouve en ces termes dans la 4e leçon de l'office de l'Ascension que nous récitons aujourd'hui : « *Post beatam et gloriosam Resurrectionem D. N. J. C.* »

La suite de la légende n'offre pas d'abord de particularité remarquable. On n'y raconte que la sainteté agissante de Léonce et le discours qu'il adresse à Julien pour l'exciter au salut des âmes. Le disciple acquiesce au désir de l'évêque de Trèves et prenant avec lui deux compagnons, les prêtres Austrilien et Alpinien [6], il se met en marche et se hâte. Par malheur, Austrilien vient à mourir ; Julien retourne sur ses pas et raconte le triste événement à St Léonce qui lui donne son bâton pastoral avec lequel il ressuscite son compagnon de voyage. Les coïncidences entre la légende de St-Martial [7], publiée par D. Ruinart, et celle de St Julien sont extrêmement frappantes.

Nos lecteurs en jugeront par les textes conférés ensemble, encore nos citations sont-elles bien courtes.

---

1. — Marca, dans sa lettre à Henri de Valois. — Arbellot, *Dissertation sur l'Apostolat de St Martial et sur l'antiquité des Églises de France*, in-8. Lecoffre, Paris, 1855.
2. — Notes sur le culte de St Saturnin dans les diocèses d'Aire et de Bayonne. Chez nous, St Saturnin était honoré à Gensane-d'Orsanco, Charritte-de-Haut, Arhan-Lacarry, Jouers, Buzy, Meyracq, Espelungue, Abidos, Louvie de Jurançon, Sadirac : quinze églises lui sont dédiées dans le diocèse d'Aire, treize dans celui d'Agen, sept dans celui d'Auch (Articles du P. Labat et de M. Menjoulet). *Revue de Gascogne*, 1875, pp. 522 et 576.
3. — *Rev. de Gasc.*, ibid.
4. — Ibid.
5. — Ravenez, *Congrès de Bordeaux*, p. 383.
6. — Le bréviaire de Vabres, 1752, et notre bréviaire de Lescar désignent les compagnons de St Martial sous les mêmes noms Alpinien et Austrilien.
7. — *Les Bollandistes*, Ed. Palmé, 30 juin, p. 491. Le préambule, les raisons qui décident St Pierre à envoyer St Martial dans les Gaules, la description de ces contrées, sous la puissance des démons, tout cela est d'une ressemblance frappante dans les deux légendes, p. 508, n° 11 des *Acta SS*.

LÉGENDE DE ST JULIEN.	LÉGENDE DE ST MARTIAL.
Contigit autem ut unus ex ejus comitibus, prefatus videlicet Austrilianus, migraret a sæculo... Reversus denique B. Julianus... juxta viri Dei sermonem, tetigit corpus defuncti baculo quem manu tenebat.	*Martialis, in itinere mortuum Austriclianum, apud Elsam vicum, accepto Petri baculo, suscitat.*

Que faut-il conclure de ces ressemblances ? Que St Julien est un mythe ? un personnage fictif ? Nullement. L'hagiographe a voulu donner du relief à son église ; et comme St Martial était un des saints les plus en vue de la Gaule méridionale, il y avait quelque gloire à montrer un patron qui lui fût comparable par l'éclat de ses miracles. Mgr Freppel a précisément sur ces légendes une page que nous sommes heureux de citer : « Les auteurs de ces pièces y ont transporté ce qu'on lisait ailleurs. Permettez-moi d'insister sur ces procédés pour vous donner une idée de ces compositions dont le fond est historique, mais qui dans les détails, ne méritent pas toujours une égale confiance. Ainsi, dans les anciens Actes de St Front de Périgueux et de St Georges du Velay, on lisait que le premier de ces deux missionnaires ressuscita son compagnon par l'attouchement du bâton de St Pierre. Comme l'Ecriture Sainte rapporte que le prophète Elisée remit son bâton à Giezi, son serviteur, pour opérer un prodige analogue, le fait n'a rien d'incroyable en soi ; mais voici qu'on le retrouve avec les mêmes circonstances dans la légende de St Martial de Limoges, dans celles de St Euchaire de Trèves et de St Clément de Metz, etc. Que conclure de cette identité de récits ? C'est que les légendaires, pour donner de l'éclat à leurs héros, ont attribué à plusieurs saints le fait d'un seul... On aurait donc tort de confondre [ce défaut] avec le mensonge ou l'imposture préméditée : non, c'est la poésie religieuse qui se joue dans le merveilleux avec une complaisance toute naïve. »

Signalons encore des ressemblances incontestables dans le récit du martyre de Valériana de Lescar et de Valérie de Limoges, toutes deux immolées par leurs fiancés païens, à cause de leur attachement à la foi.

LÉGENDE DE ST JULIEN.	LÉGENDE DE ST MARTIAL.
Predicta igitur Valeriana... ejus nuptias repudiavit, nolens gentili, cum esset christiana, in conjugio jungi. Cernens autem hoc gentilis sacrilegus, irâ commotus, sponsam suam interemit.	*Valeria se virginem Deo consecrat ; at cum ejus sponsus Stephanus... Lemovicum venisset, Valeria jam Christo desponsata nuptias renuit, et Stephani jussu capite plectitur.*

Remarquons ici que l'hagiographe reconnaît à St Julien le plus grand des privilèges que Dieu ait accordés à ses saints : le pouvoir de ressusciter les morts « *mortuorum resurrectio maxime predicatur* ». C'était donner au peuple une grande idée de sa puissance. Mais il fallait en outre imprimer à ces prodiges un caractère purement local. C'est pour cela que nous voyons le bienheureux se jeter au devant des Sarrasins, défendre la cité, et éteindre les flammes qui menaçaient la ville.

A ce propos, Marca et tous les auteurs qui se sont occupés de notre saint font voir l'anachronisme évident de ce récit. St Julien était évêque en 441. Or, les Sarrasins n'ont franchi nos frontières, sous la conduite d'Abdérame, qu'en 732 environ. Il faut dire donc ou que notre légendaire confond les Sarrasins avec les Vandales qui ravagèrent la Novempopulanie, vers 407, ou qu'il y eut, au VIIIe siècle, un autre évêque du nom de Julien, ce qui n'est pas probable, comme nous allons le voir.

Autre anachronisme : du temps d'Ebroin, maire du palais, Lupus, duc des Gascons, fit comparaître en sa présence le bienheureux Julien et le jeta dans les fers. Or, Ebroin était maire du Palais, sous Thierry II et Clotaire II, rois de France (660-681). Y a-t-il eu encore un Pontife, du nom de Julien, qui ait ainsi souffert des sévices et de la prison ? Marca le croirait assez. Le *Gallia Christiana*, n'ayant pas bien lu notre historien béarnais, prolonge l'épiscopat du prétendu Julien II, depuis Ebroin jusqu'en 732, époque de l'invasion des Sarrasins. Certes l'annaliste doit être bien réservé dans ses affirmations ; ce que nous savons, c'est qu'en 673, il y avait un évêque de Beneharnum, du nom de *Salvius*, qui figure, avec plusieurs évêques de la Novempopulanie, dans un Concile de Bordeaux [1] et nous pouvons dire qu'il n'y eut pas de Julien II.

---

1. — *Revue de Gascogne*, 1889, p. 655. Excellent article du savant M. Léonce Couture. — *Ibid.* 1889, p. 145. — Marca, *Histoire de Béarn*, p. 70. — Pour la citation de Mgr Freppel, V. *S. Irénée* (loc. cit.).

En effet, toutes ces hypothèses sont parfaitement inutiles. Le texte du bréviaire de Lescar a été encore plus ou moins emprunté à un très ancien manuscrit relatant les miracles de St Martial [1]. Qu'on lise plutôt.

Légende de St Julien.	Légende de St Martial.
In illo tempore. Ebroinus, comes palatii... erat plenus omni malicia, iniquitate... tunc surrexit quidam iniquus, nomine Lupus.	*Quodam tempore, cum Ebroinus, comes palatii, omnes nequitias seu iniquitates quæ universa terra fiebant [puniret]... tunc surrexit puer unus, nomine Lupus.*

Vient ensuite le récit de l'invasion normande, tirée d'un manuscrit du xive siècle, que le légendaire de Lescar a transformée en irruption de Sarrasins. Les miracles se ressemblent de part et d'autre : guérisons de sourds, d'aveugles, de muets. Celui de la femme, qui rejette un serpent qu'elle avait avalé, est à noter [2].

Légende de St Julien.	Légende de St Martial.
B. quoque Julianus, mulierem quamdam, quæ serpentem habebat in corpore, reddidit sanam, et, ejecto ab ea serpente, saluti donavit.	*Mulier... bibit nesciens et serpentem... cepit ægrotare gravissime. Quæ beatissimi viri... basilicam adiit, ubi... commotis visceribus, serpentem evomuit.*

L'histoire n'est pas facile à écrire, en face de ces textes interpolés ou pris manifestement dans diverses Vies de Saints. Il ne reste plus qu'un squelette ; le prestige a disparu avec les récits merveilleux dont la critique impitoyable dépouille nos vieux héros. Toutefois, même après ce travail de dissection, si nous pouvons ainsi parler, l'office de St Julien a encore de belles pages. Les antiennes, les répons et quelques leçons nous racontent ses vertus, l'apparition de N. S. au bienheureux, les paroles que le Sauveur lui adressa, et enfin le souvenir de son glorieux tombeau.

Les Bollandistes ne connaissaient que par ouï-dire, ou par les travaux de Marca, le vénérable bréviaire de 1541. Aussi sont-ils fort peu explicites sur St Julien de Lescar. Ils ne font que traduire notre grand historien béarnais [3]. Le *Gallia Christiana* n'en dit pas davantage ; seulement il n'admet qu'un second évêque du nom de Julien. Décidément, il faut, croyons-nous, renoncer à l'identification de ces évêques, inventés à plaisir [4]. M. l'abbé Laplace, dans son *Homélie sur St Julien, premier évêque de Lescar* [5], a, en partie, démêlé le vrai du faux de la légende. Ce travail d'analyse est encore plus fouillé dans son excellente *Monographie de Notre-Dame de Lescar*, où l'on trouve in-extenso les offices de St Léonce, de St Julien et de St Galactoire. Mais on peut regretter que, dans la légende de St Julien, cet auteur ait supprimé certaines interpolations évidentes et des passages apocryphes. La publication d'un texte doit toujours être intégrale.

Le Martyrologe Gallican parle de St Julien comme d'un illustre confesseur, dont le nom se trouve inscrit parmi ceux des évêques qui assistèrent au Concile d'Orange en 441 : « *Successerat autem gloriosus hic athleta et antistes Galactorius sancto Juliano eximio confessori, primoque sedis illius episcopo, cujus subscriptio inter patres Arausicani Concilii conspicua est. Nomen cujus, officio quoque ecclesiastico, ab ipsa Lascurrensi ecclesia, sacris annuis excultum fuit. Memoria autem viget in ecclesia ipsi illic dicata in suburbiis hodieque insignis.* »

Enfin, le Bréviaire Bayonnais de 1753 avait ces deux leçons sur St Julien :

Die xxi Augusti. In Festo sancti Juliani, episcopi. Semiduplex.

— Lectio II. *Ex Gall. Christ et Hist. Benearn., Petri de Marca, l. 1.*

In antiquo Ecclesiæ Benearnensis Breviario, legitur sanctum Julianum, Trevirensis Ecclesiæ diaconum, a Leontio, antistite Trevirensi, consecratum episcopum, missum fuisse ad Benearnenses, ut eos ab idolorum

---

[1]. — *Acta SS.*, 30 juin, p. 568, n° 14. Mss. du viie au ixe siècle.
[2]. — *Acta SS.*, p. 567, n° 5. Très vieux mss.
[3]. — *Acta SS.*, 21 août, p. 44.
[4]. — *Gallia Christ.*, Ed. Palmé, tome I, col. 1985 et 1286.
[5]. — In-8° de 51 p. Pau, Vignancour, 1857. Ouvrage accompagné de nombreuses notes.

cultu ad Christi fidem adduceret. Plura suadent monumenta. Leontium, ut in veteri eodem Breviario habetur, Aquitanum fuisse et ex illustribus proceribus ortum. Quapropter mirum non est Pontificem illum Trevirensem, de popularium suorum idolatriæ deditorum salute sollicitum, ad eos verbi Dei direxisse præconem ex urbe Trevirensi, quæ tunc erat sedes præfecti Prætorii Galliarum et quasi totius Galliæ Metropolis, ut a sancto Athanasio in Apologia nuncupatur.

— Lectio III. Benearnum (quod hodie nomen est provinciæ, fuit olim civitas) appulit Julianus, verboque et exemplo quibus miraculorum fulgor accessit, totam Christo peperit gentem, cujus primus est episcopus. Floruit initio quinti seculi. Qua sedebat ætate, circa annum quadringentesimum septimum, Vandali Gallias ingressi, Trevirensem urbem diruerunt, et per totam effusi Galliam, usque ad Novempopulaniam pervenerunt, nec Benearno eorum furor pepercit. Extat in suburbio ecclesia sub sancti Juliani titulo dedicata, quæ publici monumentum est cultus, quo antiquitus ejus memoria celebrata est.

Oratio. Deus, qui, per ministerium sancti Juliani Pontificis, populum non credentem in lumen supernæ claritatis transferre dignatus es, ipso pro nobis intercedente, concede, ut per semitas quas docuit, coronam gloriæ, assequi mereamur. Per Dominum. —

Tels sont les principaux documents écrits qui nous restent sur St Julien. Nous n'avons pas reproduit les textes des Bollandistes, du *Gallia Christiana*, et de Marca, parce qu'il est facile de les trouver. Nous en avons cependant parlé assez souvent pour savoir ce qu'on doit en penser. Tous viennent plus ou moins de la légende de notre vieux Bréviaire, citée par Marca.

Observons cependant que le premier et incontestable texte historique, concernant St Julien, est celui du Concile d'Orange, 441. C'est la seule date qui fixe l'épiscopat de ce Pontife ; nous ne savons pas l'époque de sa mort. Les Mémoires, dont parle Marca, et qui peut-être auraient pu nous renseigner, furent détruits avec *les livres anciens qui disaient l'histoire de St Galactoire*[1].

Il est hors de doute que St Julien mourut après l'an 441. Nous croyons aussi qu'il finit ses jours à Benebarnum ; un seul texte justifie notre opinion. Une antienne du 3ᵉ Nocturne disait dans l'ancien office : « *Lascurrensium multitudo,* FUGIENS AD SEPULCRUM PRÆSULIS, *tulerunt sudarium ejus contra ignem.* » Il y avait donc à Benebarnum le tombeau de St Julien ; or, comme il n'existait pas de fête de la Translation de son corps, nous devons en conclure que le bienheureux mourut au milieu des siens. La mention de ce tombeau est à remarquer ; elle nous fournira bientôt matière à une très importante conclusion.

Si l'on demande où était ce monument vénérable, nous répondrons qu'il existait dans l'antique sanctuaire, consacré à St Julien, à la basse ville. Sans doute, du temps de cet évêque, il y avait une église ; mais le vocable en fut modifié à la mort du bienheureux, et on la dédia, selon l'usage généralement en vigueur dans l'univers chrétien, à la gloire de son fondateur ou de son premier pasteur. Ce fut, jusqu'à l'invasion des Normands, la cathédrale de la cité. Lorsque ces barbares du Nord la détruisirent, une nouvelle église s'éleva dans la haute ville, sous le vocable de Notre-Dame ; celle de St Julien fut rebâtie dans le style roman, et elle subsista sous cette forme, jusqu'au protestantisme, qui la renversa de fond en comble, vers 1569. Des fouilles faites en 1780[2] confirment ces données.

On sait que les ducs de Gascogne, d'après Marca, y furent ensevelis. Un des plus célèbres, le restaurateur de Benebarnum, le fondateur de Lescar, Guillaume-Sanche, y eut son tombeau, dès 1032, près de la porte de St Julien : « *Sepultus est supra ostium Beati Juliani.* »

L'église rebâtie après les troubles du protestantisme, en 1620, subsiste encore ; l'ancienne « s'étendait depuis les murs du clocher actuel à l'ouest, jusqu'auprès de la maison Ardentis (Baequé-Lucy) à l'est[3] », nous dit M. Barthety dans son *Etude sur St Galactoire*.

Il était juste qu'un temple fût ainsi élevé en l'honneur de celui qui avait établi le siège épiscopal de Benebarnum. Nos vieilles antiennes chantent sa gloire : « *Mirabilia ordinavit in Lascurris ecclesia,* SEDEM IBI ERIGENDO, *ad Dei magnalia.* » Le peuple fidèle l'appelait son patron : « *O princeps gloriosissime, Juliane, noster* PATRONE », et encore : « *Salve præsul, vera salvatio, Juliane, nostra protectio.* » C'était enfin le pasteur et le chef des Béarnais : « *Pastor et dux Bearnensium* », leur Pontife et leur Docteur : « *Sacerdos et Pontifex... doctor optime*[4]. »

---

1. — *Étude historique sur St Galactoire, évêque de Lescar*, par H. Barthety. Pau, Ribaut, MDCCCLXXVIII, in-12, p. 25.
2. — *Ibid.*, p. 34.
3. — *Ib.*, p. 36.
4. — Antiennes diverses de l'office de St Julien.

Mais, chose étonnante! St Julien n'était pas le patron principal de Lescar, du moins avant le protestantisme. C'était St Galactoire, et nous le prouverons. Dans le bréviaire de 1541, St Julien figure aux suffrages, toujours après St Galactoire. Pourquoi cela? Parce que, sans doute, on n'honorait ni son tombeau, ni ses reliques, tandis que l'on possédait, dans une châsse d'or et d'argent, celles du second évêque de Beneharnum. Depuis la restauration du culte, après le protestantisme, St Julien passe toujours dans la liturgie avant St Galactoire. C'est encore aujourd'hui la fête patronale de la basse-ville à Lescar.

Le culte de St Julien s'étendit dans plusieurs paroisses du Béarn, tandis que les autres saints patrons de nos trois anciens diocèses n'eurent qu'un culte très limité. Ainsi St Léon n'est honoré qu'à Bayonne et à Anglet, St Grat à Ste-Marie-d'Oloron et à Etsaut, St Galactoire, nulle part. Les paroisses érigées sous le vocable de St Julien de Lescar, ou bien placées sous sa protection spéciale, étaient Accous, Arros, Aste-Béon, Bosdarros, Boueilho, Bournos, Lescar, Lucgarrier, Serres-Castet, Tadousse [1].

Ces hommages publics rendus à St Julien pourraient faire croire qu'on en possédait jadis les reliques. Ont-elles été détruites? Le souvenir du lieu où elles reposent s'est-il absolument perdu? Peut-on espérer de les retrouver? Autant de questions que nous allons examiner brièvement.

Admettons d'abord, comme un fait certain, que puisqu'il y avait à Lescar, d'après le bréviaire de 1541, le tombeau de St Julien, il renfermait, au moins en partie, ses restes sacrés. Or, ces reliques n'ont pu guère être détruites qu'à des époques d'immenses désastres pour notre Béarn: pendant l'invasion normande ou sous le protestantisme.

L'ancien cartulaire de Lescar dit que la horde des Normands détruisit les corps des saints: « *Corpora sanctorum quæ invenit, destruxit* [2]. » Le silence des documents et du bréviaire, l'absence de tout culte à l'égard des reliques de St Julien, pourraient nous faire croire qu'elles furent dispersées et détruites dans ce cataclysme. Peut-être aussi perdit-on le souvenir de ce tombeau. Et c'est à notre avis la raison pour laquelle St Julien n'était qu'un patron secondaire dans la liturgie du moyen âge, jusqu'au XVIIe siècle. Les reliques n'étaient certainement pas honorées au commencement du protestantisme, en 1563. Et c'est pour cela que M. Barthety a pu dire: « Rien dans les écrits historiques, ni dans la tradition, n'a rappelé la conservation en un lieu quelconque des reliques du premier fondateur de la religion en Béarn [3]. »

Pour nous, nous croyons qu'une partie des reliques de St Julien peuvent exister encore et que leur découverte n'exigerait peut-être pas de grandes recherches.

En effet, le tombeau de St Julien se trouvait dans l'église primitive de Lescar. Il était honoré avant l'invasion normande: « *Multitudo fugiens ad sepulcrum* »; les barbares passèrent et mirent tout à feu et à sang. Lorsqu'on rebâtit un temple à St Julien, on n'eut pas le soin de rechercher les reliques du bienheureux Pontife. Ainsi ne furent-elles plus l'objet d'un culte populaire. Le souvenir de l'évêque ne disparut pas; mais celui de ses reliques ne fut plus en honneur. Et alors, par la suite des temps, l'oubli complet se fit sur le corps du vénéré Pasteur.

Mais voici qu'en 1780 des fouilles pratiquées à l'église St-Julien amenèrent la découverte de trois reliquaires. Laissons ici la parole à M. Barthety qui a consigné cet événement considérable dans son excellente Etude, très substantielle et pleine de faits, sur St Galactoire: « Le 21 juin 1780, M. Brettevillois [curé de St-Julien] fit fouiller dans le cimetière de son église, du côté de la maison Ardentis et le long du mur, qui borde l'allée de sa maison, sur la même ligne que l'église. On découvrit, à deux ou trois pieds du sol, les murs de l'ancienne église St-Julien dont le sanctuaire, près le mur de l'allée, formait la figure ronde d'une coupole, avec deux chapelles collatérales, aussi en coupole, à peu près comme la cathédrale. Au milieu de la grande coupole du sanctuaire se trouvaient les fondements du maître-autel bien symétrisé. *On découvrit dans le massif dudit maître-autel trois petits coffres en marbre*, que M. le curé soupçonna être des reliquaires. Il fit prier MM. les grands vicaires de s'y transporter pour voir faire l'ouverture de ces reliquaires. En conséquence, MM. d'Arblade, de Lacomme, théologal, de Lamarque et Dupuy, vicaires-généraux, M. Costadoat, secrétaire de l'évêque, M. Petrus, jurat, et des témoins, accompagnés de plus de 400 personnes se rendirent sur les lieux. On fit l'ouverture des dites boîtes. Celle du milieu, plus élevée de quatre pouces (0,108 mill.) que les deux autres, se trouva contenir une urne en terre dans laquelle il y avait des cendres et des restes de linge. Ce coffre avait deux pieds quatre pouces de longueur (0,758 mill.), un pied trois pouces de largeur (0,406 mill.) et un pied cinq pouces de hauteur (0,460 mill.). Il était hermétiquement fermé d'un

---

1. — Les paroisses basques d'Ahaxe, Ascarat, Beyrie, St-Palais, Ossès sont aussi dédiées à un St Julien, évêque, qui n'est pas, croyons-nous, le patron de Lescar. *Notes pour servir à l'hagiographie des B.-P.*, par Raymond, Congrès de Pau, 1873, p. 187.
2. — Marca, p. 38.
3. — *Etude sur St Galactoire*, p. 37.

beau couvercle de pierre. Le coffre ou reliquaire de la droite, vers le midi, contenoit des os de personnes artistement arrangés dans le coffre et bien sains, sans gerçure ni pourriture ; ces os étoient fort gros et sembloient frais. Le coffre avoit deux pieds de longueur (0,650 mill.), un pied dix pouces et quart de largeur (0,602 mill.) et un pied trois pouces un tiers de hauteur (0,415 mill.). Le troisième coffre ou reliquaire de la gauche, vers le nord, avoit deux pieds de longueur (0,650 mill.), un pied deux pouces de largeur (0,379 mill.) et un pied neuf pouces et quart de profondeur (0,575 mill.). Il contenoit aussi des os, et on observa qu'il y avoit des parties de tête avec toutes les dents blanches et saines. *On présuma que ces reliques étoient du corps de St Julien, puisqu'elles avoient été placées dans des boîtes, sous le massif du maître-autel d'une église qui lui avait été dédiée.* MM. les vicaires-généraux dressèrent un procès-verbal pour constater ces faits et firent déposer ces reliques dans un coffre à la sacristie dont ils prirent la clef, *et ordonnèrent qu'elles seroient placées sous le marchepied de l'autel actuel de l'église*, avec défense de leur rendre aucun culte jusqu'à plus amples renseignements [1]. » Le 29 novembre de la même année, Mgr Marc-Antoine de Noé, dernier évêque de Lescar, publia une ordonnance dont nous extrayons les passages suivants : « Il sera planté une croix dans le cimetière et *dans le même endroit où l'on a découvert des urnes qui contiennent des ossements qu'on présume être des reliques*..... Nous permettons [à la confrérie des agonisants] de prendre les moyens convenables pour la construction d'une chapelle qui lui sera propre et *dans laquelle seront inhumés les ossements trouvés dans le maître-autel de l'ancienne église St-Julien*. Et à tout événement, nous autorisons les futurs confrères à se faire concéder l'usage de l'une des chapelles subsistantes dans ladite église. »

Nous appelons l'attention du lecteur sur les membres de phrase que nous avons soulignés à dessein. Le Mémoire a bien raison, lorsqu'il dit : « On présuma que ces reliques étaient du corps de St Julien », et le motif qu'il en donne est excellent : « puisqu'elles avaient été placées sous le massif du maître-autel d'une église qui lui avait été dédiée ». C'est en effet un principe admis, en archéologie sacrée, que les reliques des saints patrons étaient déposées sous le maître-autel. Et c'est, d'après ce principe, qu'en 1879, le cardinal Paya y Ricos, archevêque de Compostelle, fit exécuter des fouilles pour retrouver le corps de St Jacques. Les Bollandistes rappellent et confirment ce principe dans les Actes de St Athanase et de St Théodore : « *Considerare oportet* SEMPER ET UBIQUE RELIQUIAS AC CORPORA SANCTORUM TUTELARIUM POSITA FUISSE SUB ALTARI PRINCIPALI [2]. » Ainsi, d'après les données les plus certaines, les reliques trouvées en 1780 étaient celles de St Julien. M. Barthety ne serait pas éloigné de croire que ce pourraient être celles de St Galactoire, cachées de 1563 à 1569, pendant les premiers troubles du protestantisme. Mais cette hypothèse ne supporte pas trop la critique, car, dans un temps de panique, on n'a guère le loisir ni de creuser dans les massifs de maçonnerie, ni de faire trois « coffrets » de marbre. Pourquoi d'ailleurs choisir une cachette, précisément dans le maître-autel de St-Julien, église qui risquait à tout moment d'être visitée, saccagée, livrée aux flammes, comme elle le fut effectivement quelques années après ? Est-ce que les huguenots n'avaient pas la « spécialité » de fouiller les sépultures et de violer les tombeaux [3] ?

Au reste, comme, dans une question si grave, il convient de ne pas trop s'avancer, nous nous en remettons volontiers aux décisions de l'autorité ecclésiastique compétente. Nous faisons simplement le vœu que l'on pratique des fouilles, sous le marchepied de l'église actuelle, et même ailleurs, à l'emplacement des anciennes chapelles, jusqu'à la découverte des trois reliquaires de marbre. Leurs caractères archéologiques nous diront s'ils remontent à une époque très reculée. On pourrait alors saisir la S. C. des Rites de cette question, si importante pour notre diocèse ; il est très probable qu'elle nous autoriserait à rendre un culte public à ces ossements vénérables ; elle ne nous permettrait pas, sans doute, de les attribuer d'une manière positive à St Julien, mais nous célébrerions au moins une fête des « saints de Lescar ».

Parlons maintenant de St Galactoire.

1. — *Étude sur St Galactoire*, p. 34.
2. — *Acta SS.*, 1ᵉʳ novembre, p. 2.
3. — Les reliques étaient déposées dans le tombeau du maître-autel, le jour de la dédicace de l'église. Cette fête se célébrait ensuite toutes les années, sous le nom de *Dedicatio*, ou plus souvent de *Translatio reliquarum*. M. l'abbé L. Duchesne a décrit dans les *Origines du culte*, p. 389, les cérémonies de la translation des reliques, d'après les rites Romain et Gallican. Il nous montre l'évêque qui « dépose les reliques sur une patène recouverte d'un linge, enveloppe le tout d'un voile de soie et la procession se met en route pour l'église à consacrer..... Pendant que le chœur chante une antiphone, il se dépouille de sa planète et s'avance tout seul vers l'autel où il dépose les *sanctuaria*. Avant de fermer la cavité (sépulcre, confession) il y fait des onctions de chrême aux quatre coins, à l'intérieur. Puis il place et scelle la pierre du tombeau, récite une oraison et fait encore des onctions sur la pierre, au milieu et aux quatre coins ». Les reliques étaient généralement déposées dans une boîte en métal précieux. V. de Rossi, *Bull.*, 1872, pl. X-XII ; de Laurière, *Bullet. monumental*, t. LIV (1888). Notes sur deux reliquaires. Ceux de Lescar étaient en marbre ; leur découverte serait précieuse à plusieurs points de vue.

Saint Julien et saint Galactoire
Premiers évêques de Lescar (Beneharnum).
Stalles du chœur sculptées par les Garon d'Abbeville, XVIIᵉ siècle.

III. St Galactoire. — C'est le premier évêque dont l'histoire fasse mention, après St Julien. Il ne paraît qu'une fois, en 506, dans un Concile d'Agde, lequel eut pour objet de reconnaître l'autorité du Pape, la juridiction des métropolitains, le célibat des prêtres, et d'établir la communion des fidèles en certains jours de l'année. Notre évêque signa : « *Galactorius, episcopus de Benarno*[1]. » Il est bon d'observer que cette réunion d'évêques fut autorisée par Alaric, roi des Wisigoths, qui occupait en souverain toute la Gaule méridionale, de l'Océan à la Méditerranée. On peut conclure de ce fait que tout Arien qu'il était, il ne fut pas trop hostile à l'expansion du catholicisme ; à plus forte raison n'était-il pas un tyran persécuteur.

La légende de St Galactoire n'offre pas les mêmes caractères que celle de St Julien. Elle est plus historique, moins calquée sur les actes de saints illustres ; elle présente cependant des aspects fabuleux, quelque chose d'apocryphe et de peu naturel : c'est plutôt le soldat que l'évêque martyr qui apparaît dans ce récit. Il y a un bruit de glaives, un cliquetis d'armes, le choc des armées en présence. J'ose dire que le légendaire vivait dans un siècle de combats et dans un temps où les évêques se commettaient sur les champs de bataille, peut-être à l'époque de Gui de Lescar, prélat guerrier du xiiᵉ siècle, ou pendant les croisades. D'ailleurs, il n'était pas grand clerc, car il confond les Vandales avec les Goths[2]. Ces derniers, paraît-il, venaient de la Scythie ; ce sont les « anciens » qui le lui ont dit, et aussi les écrits de St Isidore et de Papias. Sans doute, St Isidore était contemporain des invasions des Goths ; mais Papias, un grammairien du xiᵉ siècle, quelle autorité peut-il avoir ? Nous voyons encore dans la légende figurer les Vascons, dont les armées combattent courageusement contre les barbares ; assurément ce récit sent la fable, car, tout au commencement du vie siècle, la Gaule méridionale jouissait d'une grande tranquillité sous le gouvernement d'Alaric. La guerre ne s'allumera que plus tard entre ce prince et Clovis.

On ne peut donc pas accepter la légende qui nous montre les Goths venant tous les ans, à travers la Méditerranée, sur de nombreux bâtiments, et débarquant à Mimizan, petite ville située dans l'ancien diocèse de Bordeaux, aujourd'hui dans celui d'Aire. Ni les Goths, ni les Wisigoths ne furent un peuple maritime ; et le légendaire a transporté ici une description qui s'applique très bien aux futures invasions normandes.

Nous n'admettons pas davantage les conjectures de Marca, d'après lequel St Galactoire « fut défait par les ennemis, avant qu'il peust joindre l'armée de Clovis, auquel il menoit quelques compagnies levées dans le Béarn[3] ». Il répugne, en effet, d'admettre qu'un saint, qui avait eu à se louer d'Alaric, l'ait payé de la trahison et de la félonie. De plus, tout le pays étant occupé militairement par les Wisigoths, on ne voit pas comment St Galactoire eût pu lever une armée, ou même quelques compagnies. Il y a là des impossibilités qui nous laissent perplexe.

On pourrait trouver une explication plus plausible du martyre de St Galactoire. C'était un évêque, un pasteur des âmes, un missionnaire. Son zèle ne se bornait pas à son diocèse. Il allait, de concert avec les évêques de la Novempopulanie et de la deuxième Aquitaine, prêcher au loin le règne de Jésus-Christ. Vers 507, il était à Mimizan, appelé peut-être par son collègue de Bordeaux, qui avait assisté aussi au Concile d'Agde en 506. Ils voulaient ensemble établir la discipline réglée par les canons. C'est alors que Clovis et Alaric en vinrent aux mains ; Alaric fut défait et tué à la bataille de Vouillé (507). L'arianisme était vaincu ; le catholicisme triomphait. Lorsque les barbares battaient en retraite vers les Pyrénées, éperdus et pleins de rage, ils trouvèrent sur leur route le saint évêque et le mirent à mort en haine de la foi ; l'Arien se vengeait ainsi de sa fuite honteuse. Nous croyons que cette explication est plus acceptable et ne contredit pas le fond de la légende. Si l'on veut autrement que St Galactoire ait été mis à mort par des pirates et non par les Goths, il faut fixer la date de son martyre beaucoup au delà de l'année 507.

Tout cela est bien plus admissible que le récit du légendaire, d'après lequel St Galactoire, revêtu de ses

---

1. — Marca, p. 67.
2. — V. Marca, p. 57, § 3. Comparez le récit de l'invasion des Vandales avec le texte de la troisième leçon de St Galactoire.
3. — Marca, p. 69. L'amitié fidèle de St Galactoire pour Clovis a été naguère rappelée dans un beau tableau, comme on peut le voir dans les lignes suivantes : « M. Barthety fait part à la Société d'une piquante découverte qu'il vient de faire et qui lui a paru offrir pour notre pays de Béarn un intérêt tout particulier. Dans une frise du Panthéon de Paris, peinte, il y a quelques années, par M. Joseph Blanc, se trouve un fragment représentant le « Triomphe de Clovis », dans lequel l'artiste a fait figurer, au nombre des personnages qui composaient la scène, Galactoire, évêque de Lescar (Benebarnum), en lui donnant les traits d'un des hommes politiques de nos jours, M. Clémenceau. M. Barthety met sous les yeux de l'assemblée une gravure, tirée du *Monde illustré* (nᵒ de novembre 1881), qui reproduit le « Triomphe de Clovis », avec l'indication des portraits tracés par le peintre pour la plupart des personnages représentés. A la suite de cette communication, qui excite la curiosité générale, quelques membres expriment l'avis que des renseignements devraient être demandés à M. Joseph Blanc pour connaître les documents dont il s'est inspiré, en ce qui concerne l'évêque St Galactoire, considéré comme un frère d'armes de Clovis. M. Barthety, qui a déjà écrit deux notices sur ce prélat béarnais, tâchera de recueillir ces informations. » Extrait du procès-verbal de la séance du 25 mars 1890, à propos d'un article : « *St Galactoire au Panthéon.* » *Bulletin de la Société des Sciences, Lettres et Arts de Pau.*

ornements pontificaux, prenant la croix après la messe et la communion, excite les siens et les conduit à la bataille. C'est le temps des croisades préfiguré, pour ainsi dire, ce n'est pas la vérité historique. Et remarquez bien que pour lui donner toutes les gloires du soldat, notre annaliste fait mourir le saint évêque au milieu de ses troupes, et non dans une vulgaire prison : « *Inter catervas Christicolarum, pro fidei et patriæ defensione certantium..... Deo holocaustum obtulit... certamine in agone legitime consummato.* » Les Goths sont vaincus ; les fidèles cherchent leur pasteur parmi les morts ; son corps est couvert de blessures, sa tête est séparée du tronc : pieuses reliques que l'on transporte à Lescar, où on les déposa dans un autel qui lui fut spécialement dédié : « *Ibique in altari sedis, sibi specialiter dedicando, honorifice condiderunt.* » Il y est honoré, vénéré, célébré comme patron, évêque et martyr.

Toutefois, nous ne croyons pas que le corps de St Galactoire fut immédiatement transporté de Mimizan à Lescar[1]. Plus tard, les Normands n'auraient pas manqué de jeter aux vents les cendres du saint Pontife. En supposant qu'on ait eu la précaution de cacher pendant quelque temps, sur les lieux mêmes, ces reliques, elles durent être portées à la cathédrale primitive, bien après le martyre de cet évêque. En effet, Lescar célébrait deux fêtes en l'honneur de St Galactoire : le jour de sa mort et le jour de la translation de ses reliques. Or, nous ne pensons pas qu'on aurait établi deux solennités distinctes, le 5 janvier et le 27 juillet, si la translation du corps s'était faite, comme le dit la légende, à la suite du combat où le prélat fut tué.

Ainsi St Galactoire fut martyrisé par les ennemis de la foi, en un moment de grands troubles ; son corps fut conservé en un lieu sûr par la Providence et porté, longtemps après, à Lescar, à une époque de calme et de tranquillité.

L'office de la Translation des reliques semble nous donner raison. Les diverses leçons ne nous apprennent guère rien de nouveau sur notre saint. Elles nous disent cependant que beaucoup d'écrivains anciens avaient rédigé les actes de sa vie et de son martyre : « *Abunde authenticis scripturis antiquiores patefacere non omiserunt, qui sancti hujus vitam et actus diffusius recenserant.* » Ces vieux mémoires n'existent plus. La sixième leçon dit positivement que la translation des reliques est récente et qu'on en a conservé le souvenir par une fête : « *Hujus translationis et tumulationis* NOVISSIMÆ, *hodie ideo celebris dies agitur.* » Certes, d'après ce texte, la translation des reliques aurait eu lieu longtemps après l'invasion normande du IXe siècle.

Telles sont les conjectures que nous a suggérées l'examen de la vieille légende de St Galactoire. Nous pourrions maintenant insister sur certaines expressions. Par exemple, le nom même de notre saint a subi depuis le XVIe siècle une réelle déformation. On disait alors Galectoire et non Galactoire ; Lascar et non Lescar. Nous y voyons le mot « *villagia* » qui depuis a passé dans la langue française « village ». Le saint commande : « *primipilarius* » ; c'est une sorte de maréchal-de-camp : « *campi ductor* » (qu'on se rappelle le Cid *campeador*), un athlète invincible, « *athleta armatus* ». Mais passons outre ; nous consacrerons un chapitre spécial à ce qui pourrait s'appeler le côté littéraire des leçons et des antiennes de nos offices.

La légende de St Galactoire ne nous paraît pas aussi ancienne que celle de St Julien. Nous avons dans cette dernière remarqué des récits empruntés à certains manuscrits du VIIe et du VIIIe siècles. Ici, la mention de Papias nous reporte bien au XIe. Un argument non moins décisif est l'oraison de Vêpres : *Deus, pro cujus Ecclesia*, qui n'est autre que celle de St Thomas de Cantorbéry que nous récitons encore. L'office de St Galactoire a donc été composé après le martyre de St Thomas, lequel eut lieu en 1170.

Une remarque curieuse et que nous avons déjà faite, c'est que St Galactoire était jadis, avant le XVIIe siècle, le patron *principal* de Lescar. Nous le soupçonnions, en voyant dans les *Suffrages* des saints, le nom de St Galactoire précéder toujours celui de St Julien. Une lecture, tant soit peu attentive, de l'office de notre martyr, confirme ce sentiment. La preuve se tire de cette strophe de l'hymne de Vêpres :

> *Præsul et Pater Patriæ,*
> *Miles athleta strenuus,*
> *Lascurrensis Ecclesiæ*
> PATRONUS UT PRÆCIPUUS.

Les termes ne sauraient être plus explicites. On peut donner de cette anomalie plusieurs raisons plausibles : les deux fêtes célébrées en l'honneur de St Galactoire, la personnification de la patrie en cet évêque, soldat et martyr, enfin le culte public rendu à ses restes mortels.

---

1. — On ne fait plus à Mimizan, depuis longtemps, aucune fête en l'honneur de St Galactoire. On voit seulement dans l'église un tableau qui rappelle son martyre.

En effet, Lescar possédait les reliques du saint Pontife. Que sont-elles devenues ?

Nous ne pouvons mieux faire ici que de nous laisser guider par M. H. Barthety qui a très bien traité la question, dans un travail sur le *Calvinisme de Béarn*[1], et dans son *Etude historique sur St Galactoire*. Nous résumerons ces deux ouvrages, en nous contentant d'y ajouter quelques courtes réflexions.

En 1563, Jeanne d'Albret, désirant faire la Cène dans la cathédrale de Lescar, envoya des commissaires pour en enlever tout ce qui rappelait « l'idolâtrie des papistes ». Le poète Fondeville, qui avait certainement consulté les vieilles archives, détruites en 1787, nous a laissé l'intéressant récit des spoliations sacrilèges commises par la reine hérétique.

Les commissaires chargés de cette triste besogne étaient le président de Salettes, le conseiller Lavigne, et un prémontré apostat, Etchart, le plus sectaire d'entre eux. Ils permirent au chapitre d'emporter tout ce qu'il y avait d'ornements sacrés, corporaux, patènes, calices « avec la châsse, faite d'or et d'argent, où était sur l'autel, placé comme un trésor, le corps du glorieux et saint Galactoire, avec les livres anciens qui disaient son histoire et celle de St Julien, avec les grands miracles que firent ces saints pendant leur vie. La châsse fut donc descendue du maître-autel par quatre prêtres, forts et adroits ».

« .... *Lou sendic poudoure recacta*
Sustout lous courpouraus, patènes et calicis
Et tout so de sacrat per lous sants sacrificis
Dap la capse tabé, heyte d'argent et d'aur,
Oun ère sus l'auta, barrat coum u thesaur,
Lou cors deu glorious et gran sant Galatori,

Dab lous libes antiexs qui disèn soun histori
Et la de sant Juliaa, dab lous miracles grans
Qui hen, tant que biscoun, aquets abesques sants.
Deu mage auta hou dounc debarade la capse
Per quoate caperaas, gens de force et d'escapse[2]. »

Ainsi, en 1563, tous les objets sacrés furent remis en lieu sûr. Mais, en 1569, le parti catholique revint au pouvoir après l'expédition de Terride ; malheureusement celui-ci, vaincu à Navarrenx et à Orthez, laissa le Béarn à la merci des soldats de Montgomery ; ils détruisirent tout ce qui rappelait l'ancien culte ; les ornements, qui avaient été portés à la cathédrale de Lescar, furent livrés aux flammes. Les reliques de St Galactoire subirent-elles le même sort ? Plusieurs historiens l'affirment, mais ils ne fournissent pas de témoignages contemporains, ce qui affaiblit de beaucoup leur autorité. Le *Gallia Christiana* assure que les ossements vénérés de St Galactoire furent brûlés par les soldats de Montgomery : « *Corpus ejus summa veneratione colebatur in cathedrali, usque ad annum 1569, quo sacra ejus ossa sunt combusta, et direpta est, qua tegebantur, teca a militibus comitis Montisgomerici, novatorum ducis.* » Le chanoine Bordenave renvoie, pour ce qui regarde le protestantisme, au second volume de l'*Histoire de Béarn* de Marca, lequel n'a jamais paru. Poeydavant rapporte les traditions communément reçues, lorsqu'il dit : « La cathédrale de Lescar avait repris, pendant le séjour de Terride dans le Béarn, une partie des ornements et des biens dont elle avait été dépouillée. L'armée de Montgomery en fit le principal sujet de ses déprédations sacrilèges. *La châsse de St Galactoire, évêque de cette église, où on la conservait, fut enlevée, ses reliques réduites en cendres*[3]. »

Marca est aussi explicite. Les reliques de St Galactoire « ont esté honorablement conservées jusqu'en 1569, que la châsse fut enlevée par le commandement du comte de Montgomery et les ossemens bruslés ». Ce témoignage est d'un grand poids. Les Bollandistes expriment la même opinion et ne parlent pas autrement que le *Gallia Christiana*. Fondeville (1633-1705) est absolument muet sur cet acte de fanatisme.

De ce silence et de ce que les reliques avaient été enlevées en 1563, M. Barthety conclut : « Tout fait croire cependant qu'elles ne furent pas rapportées par la suite dans la cathédrale de Notre-Dame. Sans doute elles avaient été placées, au plus vite, en lieu sûr. » La châsse « faite d'or et d'argent » existait encore en 1568, puisque, le 9 juillet de cette année, Barbaste et Hespérien décident qu'ils supplieront Jeanne d'Albret de « bailler la lettre que Mgr de Lescar [Louis d'Albret] lui a envoyée touchant la capse de St Galactoire, afin que par ce moyen on puisse poursuivre que lad. capse soit rendue[4] ». Les reliques étaient-elles renfermées dans la châsse ? Nous n'en savons absolument rien. M. Barthety hasarde cette conjecture : « Ne serait-il pas possible que le syndic du chapitre et les autres prêtres, demeurés fermes

---

1. — *Calvinisme de Béarn*, poème béarnais de Jean-Henri Fondeville, par H. Barthety et L. Soulice. Pau, Ribaut, 1880, in-8°.
2. — *Étude sur St Galactoire*, p. 22. *Calvinisme*, p. 114.
3. — *Histoire des troubles survenus en Béarn dans le XVIe et la moitié du XVIIe siècles*, par l'abbé Poeydavant. Pau, Tonnet, 1819, t. I, p. 397.
4. — *Étude sur St Galactoire*, p. 30.

dans leur foi, eussent retiré les restes de St Galactoire de la châsse pour n'abandonner que ce dernier objet à l'évêque apostat, Louis d'Albret, et sauver les reliques en les confiant au maître-autel de l'église St Julien[1] ? » Ainsi, l'un des coffrets en marbre, découverts en 1780, contiendrait les restes du martyr. Nous ne le croyons pas, et nous en avons dit plus haut les raisons. Nous ne nions pas cependant la possibilité de la conservation des reliques de St Galactoire dans quelque lieu secret où la Providence les fera peut-être un jour découvrir.

Ce qui nous porte à ne pas rejeter absolument cette opinion, quoique nous la croyions peu probable, c'est d'abord le silence du chanoine Bordenave qui devait savoir la tradition à ce sujet. L'argument est négatif et sans grande force, mais on peut l'invoquer. Disons cependant que, pour ce qui regarde le protestantisme, Bordenave renvoie à Marca, qui était sans doute plus explicite. C'est ensuite l'existence, en 1620, d'un oratoire consacré à St Galactoire. Il se trouvait adossé à la façade méridionale de la cathédrale; dans son abside fut placée l'inscription tumulaire de Gui par l'illustre évêque Jean de Salettes : « *Johannes de Salette episcopus tumbam* INTRA ABSIDEM MURI SACELLI SANCTI GALACTORII *honorificentius collocari curavit*[2]. » Marca dit la même chose[3]. Jean de Salettes prit la pierre tombale de Gui « et la fit honorablement enchâsser dans la muraille de la chapelle St-Galactoire (que l'on a transportée depuis au cloître)». Ce dernier membre de phrase est favorable à notre hypothèse. Pourquoi transporter une chapelle, briser les vieilles traditions, établir un oratoire spécial à l'écart, en l'honneur d'un saint, si l'on n'y rendait pas un culte à ses reliques ? Une statue, un petit autel dans la cathédrale, aurait autrement tout aussi bien conservé sa mémoire glorieuse. Qui sait même si l'on ne confia pas aux murs de la cathédrale, au-dessous ou près de l'inscription de Gui, le dépôt sacré de ces reliques, comme on le fit à Oloron, précisément à la même époque, pour les reliques de St Grat, découvertes par un hasard providentiel en 1710[4] ? Voici notre conclusion : nous pensons que le corps de St Galactoire a été livré aux flammes, et nous basons notre opinion principalement sur le texte si précis de Marca. Néanmoins, comme il y a un faible doute provenant du récit de Fondeville, la question est assez grave pour mériter qu'on l'élucide par quelques fouilles et de nouvelles recherches.

Le Martyrologe Gallican de du Saussay contient cette Notice sur St Galactoire : « *Natalis sancti Galactorii, episcopi de Benarno, alias Lascurrensis, et martyris. Qui synodo Agathensi præsens, sanctitas ibi leges syngrapha sua signavit : at officium sanctificationis animarum, quod multa cum fidelitate obierat, in morte pro lege et grege fortiter tolerata, ipso prætioso cruore fortiter effuso, consummavit. Corpus ejus omni veneratione in cathedrali ecclesia tandiu observatum fuit, quandiu ibi viguit tradita ab illo et obsignata orthodoxæ fidei doctrina. Sed corrupta novissime his temporibus per perfidiæ Calvinianæ disseminatores populi credulitate, eversoque sincero Dei cultu, excidit quoque tanti pontificis veneratio, et ex ecclesia, de domo orationis in speluncam latronum conversa, ejectis sacris ejus pignoribus ac direptis, memoria quoque ab incolarum notitia pene evanuit : quæ in tabulis antiquis annotata, officio etiam proprio, quotannis in solemnitate natalis ejus celebratur*[5]. »

Le Bréviaire Auscitain-Bayonnais de 1753 n'avait pas d'office propre de St Galactoire. A la date du 4 janvier, le *Kalendarium* indique ainsi sa fête : *S. Galactorii, episcopi Lascurrensis et martyris. Semiduplex.* Obiit anno *507. Cum commemoratione S. Faustæ, virg. et mart.*

Il nous reste à dire maintenant quelle était l'étendue du diocèse de Lescar.

L'ANCIEN DIOCÈSE DE LESCAR. — Sous la domination romaine, la Novempopulanie ou troisième Aquitaine était formée de douze cités et de neuf peuples. Dans chaque cité fut ordinairement établi un évêché, au moins à partir du IVe siècle. Le diocèse de Lescar était circonscrit dans la *Civitas Benarnensium* et comprenait cinq principaux centres ou bourgs : *pagi Benarnensis, Lupiniacensis* (Louvigny), *Silvestrensis* (Soubestre), *Larvallensis* (Larbaig), ceux de *Batbielle* et du *Vicbilh*[6]. Depuis le Xe siècle et le moyen âge jusqu'à la Révolution, le *pagus* est le siège d'un archidiacre; on compte plusieurs archiprêtrés : Castétis, Aubin, Loubieng, Maslacq, Monein, Pardies de Monein, Boeil, Lembeye, Anoye, Simacourbe, Thèze. Au siècle dernier cependant, quelques-uns de ces chefs-lieux, Castétis, Loubieng, Monein et Thèze avaient perdu le rang d'archiprêtré. Le curé de St-Julien de Lescar prenait le titre singulier d'*archiprêtre de la chambre*. Il y avait aussi en 1789 un archiprêtré à Arthez, Mont, Sault et Serres-Castets. On comptait dans le diocèse deux cent

---

1. — *Étude sur St-Galactoire*, p. 38.
2. — *Gallia*, tom. I, col. 1286.
3. — *Histoire de Béarn*, p. 160.
4. — V. au ch. XI.
5. — Appendice de l'*Homélie de St Julien*, par M. l'abbé Laplace.
6. — *Dictionnaire topographique* de Raymond, p. 4. — *Adresse du clergé de l'ancien diocèse de Lescar*, p. 42.

cinquante paroisses environ. St-Pé et son célèbre monastère avaient été enlevés à Lescar et rattachés à l'évêché de Tarbes vers 1080 par Centulle IV, vicomte de Béarn [1]. Les points extrêmes du diocèse au nord, vers le diocèse d'Aire, étaient Castagnos, Peyre, Philondenx, Portet ; à l'ouest, vers le diocèse de Tarbes, Moncaup, Peyrelongue, Barzun, Bétharram ; au sud, vers le diocèse d'Oloron, Bruges, Cardesse ; à l'ouest, vers le diocèse de Dax, l'Hôpital-d'Orion, Ste-Suzanne, Départ et Sault.

Pendant plusieurs siècles, l'évêché de Lescar resplendit d'un éclat tout particulier à cause des Vicomtes de Béarn, plus tard rois de Navarre et comtes de Foix, qui faisaient leur résidence habituelle à Morlaas et à Pau ; même lorsqu'ils demeuraient à Orthez, dépendance de l'ancien évêché de Dax, les souverains de Béarn avaient de fréquentes relations avec nos évêques qui furent assez souvent leurs lieutenants généraux dans la Vicomté. Ceux de Lescar présidaient de droit l'assemblée des Etats de Béarn, jusqu'en 1789.

Environ soixante évêques connus se sont succédé sur le siège de St Julien. Quatre d'entre eux, Pierre de Foix (1405-1422), Pierre de Foix le Jeune (1433-1453), Amanieu d'Albret (1513-1515), Georges d'Armagnac (1555) furent honorés de la pourpre romaine. Le dernier, Marc-Antoine de Noé (1763) obtint en septembre 1792 un passeport, signé du maire de Lescar [2], pour se retirer à St Sébastien en Espagne. Il y resta quelque temps et passa ensuite en Angleterre. En 1801, il donna sa démission et fut appelé, en avril 1802, par le premier Consul, au siège de Troyes ; il y mourut quelques mois après son arrivée, le 22 septembre, au moment où il venait d'être présenté pour le cardinalat [3].

Il a été question à plusieurs reprises, dans ces derniers temps, de faire revivre un peu la gloire de ce siège disparu. Les Pasteurs de l'église de Bayonne ont essayé d'unir à leur titre celui d'évêque de Lescar. Il est juste en effet que des souvenirs si grandioses ne périssent pas entièrement.

Oui, il y a encore dans ces ruines majestueuses, dans cette belle cathédrale romane, dans ces mille objets antiques arrachés aux secrets de la terre par d'infatigables travailleurs, il y a une voix qui parle et fait tressaillir fièrement tout cœur patriotique. Allez à Lescar, surtout aux jours des fêtes religieuses ; entrez dans le temple du Seigneur ; un autel étincelant de lumières, de magnifiques draperies jetées gracieusement à l'entour du sanctuaire et réfléctant l'éclat de mille feux, les riches ornements d'or et de soie, brillantes parures des cérémonies saintes, l'ostensoir enchâssé de perles précieuses et d'éblouissantes pierreries, l'harmonie des voix humaines s'unissant aux accords de puissantes orgues, qu'est-ce que tout cela, sinon la revendication solennelle et incessante d'un passé qu'on ne saurait renier ? Le prêtre éminent que la Providence a mis à la tête de cette paroisse, en le laissant comme le successeur des Pontifes ensevelis sous les dalles sacrées, M. l'abbé Terrès, curé-doyen de Lescar, n'a jamais rien négligé pour conserver à son peuple un patrimoine de grandes, de nobles, de saintes traditions. C'est lui qui le premier a rédigé une *Adresse* à Mgr Ducellier, afin de renouer, entre les églises de Bayonne et de Lescar, des liens et plus doux et plus forts !

Il y disait : « Le clergé de l'ancien diocèse de Lescar désire ardemment que Votre Grandeur fasse revivre les traditions de cet antique siège..... Un simple coup d'œil jeté sur les Pontifes de Lescar, si remarquables par leurs vertus et par leurs talents, sur l'influence qu'ils exercèrent, sur les événements auxquels ils furent mêlés, sur les luttes qu'ils affrontèrent avec héroïsme contre les erreurs et les hérésies de leur époque, sur la Cathédrale, monument impérissable de leur constante sollicitude, suffit pour nous remplir d'admiration et justifier notre désir d'arracher à l'oubli le riche héritage de souvenirs que nous ont légué nos Pères dans la Foi. »

Ni Mgr Ducellier, transféré au siège de Besançon, ni le doux et saint Mgr Fleury, qui ne fit que passer parmi nous, n'ont pu voir s'accomplir des espérances si chères à leurs cœurs. Mgr Jauffret sera-t-il plus heureux dans ses démarches et ses efforts seront-ils couronnés d'un meilleur succès ? Nous le souhaitons vivement.

Puissent les vœux si légitimes d'un pasteur bien-aimé se réaliser bientôt, et apprendre au monde chrétien un nom trop oublié et qui ne fut pas sans gloire !

Nous allons donner maintenant la liste des anciens évêques de Lescar, d'après le *Gallia Christiana* et les documents les plus récents.

---

1. — Marca, p. 455.
2. — Arch. révol. des B.-P., Série Q. Docum. non classé. *Pétition de Jacques-Roger Noé, de Charlotte-Roger Noé et de Dominique Noé de Viala (Gers), tendant de faire rayer Marc-Antoine Noé ci-devant, évêque, de la liste des émigrés.*
3. — *Éloge de M. A. de Noé, ancien évêque de Lescar, mort évêque de Troyes et désigné cardinal*, par Luce de Lancival. Paris. Imprimerie de Gillé, in-8° de 64 p., 1805.

ÉVÊQUES DE LESCAR

St Julien, confesseur....................		407	
St Galactoire, martyr...................		507	
Savin [1]................................		585	
Salvius.................................		673	
ÉVÊQUES DE GASCOGNE { Gombaud........................	977	982	
Arsius		982	
Raymond le Vieux..............	1020	1059	
Grégoire........................	1059	1072	
Bernard de Bas	1072	1080	
Sanche.................................	1095	1110	
Guido..................................	1115	1141	
Raymond d'Assat........................	1141	1154	
Robert de St-Jean.......................		1165	
Odon...................................		1168	
Guillaume..............................		1170	
Sanche Aner............................	1170	1201	
Bertrand...............................		1201	
Arsius	1201	1213	
Raymond de Bénac......................	1214	1220	
A. (Amanieu)...........................		1221	
Sanche.................................	1232	1247	
Bertrand de la Mothe....................	1247	1268	
Arnaud de Morlanne....................	1286	1292	
Raymond Arnaud Ogier.................	1293	1301	
Arnaud d'Arbr.s........................	1301	1317	
Guillaume Arnaud......................		1321	
Raymond d'Andoins....................	1326	1347	
Arnaud-Guillaume d'Andoins...........	1352	1362	
Bernard................................			1362
Odon..................................		1363	1401
Jean...................................			1402
Pierre de Foix, le Vieux, cardinal........		1405	1422
Jean [2]................................		1422	1425
Arnaud de Salin........................		1426	1427
Arnaud d'Abadie.......................		1428	1432
Pierre de Foix, le Jeune, cardinal........		1433	1453
Jean de Lévi............................		1453	1478
Robert d'Espinay.......................		1480	1491
Boniface Perruzi.......................		1495	....
Amanieu d'Albret, cardinal.............		1513	1515
Jean de la Salle.........................		1519	...,
Paul de Béarn..........................		1527	1533
Jacques de Foix........................		1535	1553
Jean de Capdeville.....................		1554	1555
Georges d'Armagnac, cardinal.........		1555	1556
Louis d'Albret.........................		1556	1569
Jean Jagot.............................		....	....
N. Calvet..............................		....	1609
Jean Pierre d'Abadie....................		1599	1609
Jean de Salettes........................		1609	1632
Jean-Henri de Salettes..................		1632	1658
Jean Du Haut de Salies.................		1658	1681
Dominique d'Esclaux de Mesplès.......		1681	1719
Martin de Lacassaigne.................		1719	1729
Hardouin de Chalons..................		1729	1762
Marc-Antoine de Noé..................		1763	1801

1. — Nous avons supprimé les évêques du nom de Julien, d'après nos remarques critiques.
2. — Transféré à Couserans. *Rev. de Gascogne*, 1888. « *Documents épiscopaux sur l'évêché de Couserans* » par M. Dounis. Arnaud de Salin fut peut-être aussi évêque de cette ville. *Ibid.*

III

L'ANCIEN CHAPITRE DE LESCAR. — IL EST SOUMIS A LA RÈGLE DE ST AUGUSTIN, 1101. — BULLE DE PAUL III. — SÉCULARISATION DES CHANOINES RÉGULIERS EN 1537.— LE PROTESTANTISME. — RÉORGANISATION DU CULTE. — STATUTS DE 1627.

Dans les premiers siècles de l'Eglise, les prêtres, les diacres et les clercs vivaient en commun avec l'évêque dont ils étaient les conseillers et les coopérateurs dans la charge des âmes et le gouvernement du diocèse. Les uns demeuraient toujours auprès de l'évêque, les autres étaient envoyés aux églises particulières. Lorsque le nombre des fidèles s'accrut, les prêtres furent soumis à la résidence ; quelques-uns restèrent avec l'évêque au service de l'église principale. Ces derniers formèrent, au VIIIe siècle environ, les chapitres cathédraux. A cette époque, les conciles obligèrent les clercs à vivre, autant que possible, en commun, surtout dans la ville épiscopale ; l'évêque et ses prêtres ne formaient qu'une famille ; ils s'édifiaient mutuellement, passaient leur vie à psalmodier au chœur les louanges de Dieu et à étudier les écrits des Pères et des Docteurs.

Il en fut ainsi certainement à Lescar, dès les premiers siècles ; St Galactoire avait dû établir dans son diocèse la discipline réglée par le concile d'Agde, en 506, et dont quelques canons avaient précisément pour objet la réforme des clercs. Autour de lui et de ses successeurs se groupa un clergé modèle qui constitua un jour le chapitre de la cathédrale.

Cependant, avec le cours des âges, la régularité primitive s'affaiblit. On se trouvait au XIe siècle ; le Béarn était gouverné par Gaston IV, duc de Gascogne, qui avait brillamment fait son devoir en Terre-Sainte. A son retour, il fut affligé de voir le misérable spectacle d'un clergé infidèle. Il conseilla à l'évêque de Lescar d'établir parmi les clercs de sa cathédrale « l'ordre canonique suivant la règle de St Augustin qui commença d'estre recherchée en ce temps et introduite en plusieurs églises cathédrales de la chrétienté sous le nom de chanoines réguliers, c'est-à-dire de clercs réguliers... Ils sont appelés *canonici*, comme enrollés aux canons et en la matricule des églises et en outre sujets aux canons et lois ecclésiastiques et par ce regard sont opposés aux moines et réguliers qui ne sont incorporés au canon ou registres des églises, mais sont sujets à la discipline monastique, appelée règle... De sorte que, joignant ces deux professions en la personne des clercs de St Augustin, on les a qualifiés dès le commencement *Canonici regulares*[1] ».

La règle de St Augustin est célèbre dans les annales de l'Eglise ; elle a été embrassée par de grands Ordres religieux et son observation a beaucoup contribué à leurs merveilleux développements. Il ne sera pas hors de propos d'en dire ici quelques mots, d'autant plus qu'ils expliqueront très bien certains offices de notre antique Bréviaire de Lescar.

---

1. — Marca, p. 373. D'après D. Guéranger, *Instit. lit.*, t. 1, p. 245. « L'institution des chanoines, vivant sous une règle desservant l'Eglise cathédrale, observant la vie commune, la pauvreté religieuse et le vœu d'obéissance à l'archidiacre, remonte à St Chrodegand, évêque de Metz, » vers 760.

Voici dans quelles circonstances St Augustin composa cette règle. Ayant fondé un monastère de femmes, il en confia la direction à sa sœur qui avait renoncé au monde à la mort de son mari. Après elle, Félicité, la plus ancienne des religieuses, fut choisie pour lui succéder ; mais quelques dissidentes semèrent le trouble dans la communauté. A cette occasion, St Augustin écrivit deux lettres où il donne les meilleurs conseils et expose les devoirs des religieuses. Cela formait un corps de règles monastiques excellentes ; elles furent adoptées plus tard par tous les Ordres religieux qui prirent le nom de « chanoines réguliers ». Cette règle se trouve dans la 109ᵉ ou 111ᵉ lettre des éditions de St Augustin. Nous l'avons naguère publiée et traduite en français, d'après un vieux manuscrit de Roncevaux [1].

Chez nous, la plupart des chapitres adoptèrent cette règle ; nous en avons des preuves certaines pour les chapitres d'Auch, de Lescar, d'Oloron, de Tarbes et de St-Saturnin de Toulouse. Un historien de Roncevaux, M. Sarasa, nous rappelle l'union qui existait entre les chanoines de la célèbre collégiale et ceux de Bayonne, de Lescar et d'Auch [2]. On s'explique ainsi pourquoi nos chanoines de Lescar appellent St Augustin leur « père » et célèbrent en son honneur plusieurs fêtes chaque année ; c'est sans doute aussi la raison pour laquelle ils vivaient intimement avec le chapitre de la métropole de Toulouse.

C'est en 1101 que, de l'avis d'Amat, archevêque de Bordeaux et légat du St-Siège, de Raymond, archevêque d'Auch, et d'Odon, évêque d'Oloron, le chapitre de Lescar fut soumis par l'évêque Sanche à la règle de St Augustin. On peut voir dans Marca [3] tout ce que fit ce prélat pour obliger les chanoines à vivre d'une vie régulière et édifiante ; ils n'eurent pas à se soucier des intérêts de la terre. Des biens nombreux devaient pourvoir à tous leurs besoins.

« *Anno millesimo C primo... domno ac reverendissimo Sancio existente presule, regnante venerabili Gastone, Bearnensium vicecomite, atque admonente, tunc noviter reverso a Jerosolimitana expeditione cum magno honore, ejus uxore Talesa favente modisque omnibus adjuvante, canonicus ordo jam penitus in Lascurrensi ecclesia destitutus, auxilio et consilio prædictorum... secundum regulam et ordinem B. Augustini prædicta in ecclesia restitutus est...* » Une autre charte complète la précédente. « *... Sancius, Lascurr. episcopus, divini amoris igne succensus... regulares canonicos instituit ; prius namque irregulariter et sine aliqua regulæ districtione vivebant... Et ut nullam sollicitudinem atque necessitatem, victus scilicet et vestitus, sub regulari disciplina existentes paterentur, hos honores ab hominibus bonis ecclesiæ B. Mariæ datos, et partim per eundem episcopum adquisitos, illis assensit et firmavit...* »

Ainsi l'évêque et les chanoines vécurent dès lors en communauté ; des maisons et des cellules établies le long des cloîtres situés près de la place actuelle, contre la façade méridionale de la cathédrale [4], leur servaient de logement : prières, études, repas, tout se faisait sous la surveillance et d'après les ordres du prieur, élu par le corps des chanoines et appelé « *Prior claustralis* ». Ceux-ci faisaient les trois vœux de pauvreté, d'obéissance et de chasteté : c'étaient de véritables religieux. Leur nombre ne fut pas d'abord déterminé. Les largesses de l'évêque Sanche s'accrurent, lorsqu'il vit le chapitre régulier augmenter « *videns multiplicari conventum canonicorum* ». Plus tard, l'évêque Gui obtint une bulle de confirmation du Pape Pascal II, en 1115 [5].

Il y eut un moment où l'évêque et le chapitre furent en désaccord au sujet de la nomination aux bénéfices et de la correction des chanoines. L'évêque prétendait, en tant que chef, avoir le droit de réprimande et, au besoin, de répression. Une transaction intervint en 1473, entre Jean de Lévi et le chapitre ; il fut établi que le prélat n'aurait qu'une voix dans la collation des bénéfices ; il jouirait d'une seule portion canoniale, et non de deux, s'il assistait aux offices ; la correction des fautes légères était dévolue au prieur claustral, mais non celle des fautes graves où il y aurait scandale, effusion de sang, sévices atroces ; le chapitre devait avoir soin d'établir une prison au cloître pour les cas extraordinaires. Le Pape Sixte IV, désireux de voir la paix et la concorde régner entre personnes ecclésiastiques, « *pacem et concordiam inter personas ecclesiasticas vigere cupientes* » approuva cette transaction, le 3 juillet de la même année [6]. L'analyse de ce document nous apprend qu'il y avait des chanoines qui n'étaient pas tenus à la résidence : par exemple, Bernard-Guillaume de Larre, prieur de Serres-Castet, Bernard d'Abbadie, prieur de Laroin,

---

1. — *Roncevaux. Etude historique. Bulletin de la Société de Pau*, 1889, p. 306.
2. — *Reseña histórica*, p. 67.
3. — *Histoire de Béarn*, pp. 373 et 375.
4. — Le cloître perdit sa destination primitive et devint un lieu « public et profane » le 4 avril 1722. *Recueil de pièces sur le procès entre Mgr de Noé et le chapitre*. In-fol. Biblioth. de Pau.
5. — Marca, p. 383.
6. — Communication de M. Barthéty. Original.

Arnaud de Casamajor, prieur d'Assat, et sans doute d'autres encore; on remarque aussi qu'ils se partageaient les distributions, comme les chanoines ordinaires. La règle primitive était donc mitigée. Il faut dire pourtant que pareil fait se retrouvait à Roncevaux; les chanoines vivaient en communauté, lorsqu'ils étaient dans la collégiale; mais leurs statuts les autorisaient à sortir du couvent pour veiller sur ses intérêts dans les *Commanderies* ou *Prieurés* nombreux qu'il possédait.

Le chapitre de Lescar vécut ainsi sous la règle de St Augustin pendant 436 ans (1101-1537). Toutefois si les chanoines du XVIe siècle portaient l'habit sanctifié par leurs prédécesseurs, ils n'avaient plus ni l'esprit de leur patron, ni la ferveur des premiers jours. Ils demandèrent en effet à être sécularisés et obtinrent du pape Paul III, le 15 avril 1537, une bulle qui nous fait connaître dans quel relâchement le chapitre était tombé. Nous allons résumer cet acte pontifical qui a une importance exceptionnelle pour notre église.

Le Pape énumère d'abord les motifs généraux de sécularisation : la différence des temps, le salut des âmes, la demande des Princes, des causes raisonnables, qui militent en faveur des églises, des personnes et de l'accroissement du culte divin. Après ce préambule, Paul III s'exprime à peu près en ces termes : Le roi Henri et Marguerite [1], reine de Navarre, Jacques de Foix, évêque de Lescar, et le chapitre de *l'Ordre de St Augustin*, lui ont fait savoir que la ville épiscopale est située en Béarn, territoire de peu d'étendue, dans la province ecclésiastique d'Auch, non loin des Pyrénées et sur les bords d'un grand fleuve; l'église dédiée à la B. V. M., est célèbre et munie d'ornements magnifiques; lorsqu'elle menaçait ruine, les princes et les comtes de Foix, dont plusieurs ont voulu y être ensevelis, l'ont relevée. Il y a un évêque « séculier » dont la dignité est prééminente et qui a le droit de collation dans plusieurs paroisses; les chanoines, en vertu de statuts, d'indults et de privilèges, doivent être nobles ou gradués, *pour veiller à la garde du corps de St Galactoire, ancien évêque de Lescar, qui, dans les temps les plus reculés, mourut pour la foi, en combattant contre les Goths barbares*. La mense capitulaire est distincte de celle de l'évêque; la première dignité est l'archidiaconé de Saubestre; il y a aussi la sacristie, avec charge d'âmes, la precentorie [2], l'*ouvrerie* (fabrique), deux prébendes dites de la Torche et de Ste Catherine; quatorze chanoines portant l'habit, la haste en lin, le rochet et le surplis de l'Ordre, vivent jour et nuit dans les cloîtres; six prêtres, quatre enfants de chœur, vêtus de rouge, leur maître et d'autres prébendiers pourvoient au culte divin. Les prieurs d'Assat, de St-Julien, de St-Faust ont des vicaires perpétuels; les bénéfices sont donnés par le chapitre, d'après un antique usage. Il nomme aux curés de Caresse (dans le diocèse de Dax), de Poey, d'Idron, de Laroin et d'Arthez. Les chanoines ont droit à une distribution, s'ils assistent aux offices; et les six prêtres ont chacun une portion canoniale. L'évêque est obligé de nourrir les quatre enfants de chœur et leur maître de chant... Mais par la suite, du consentement de l'évêque et avec l'autorisation du St-Siège, les chanoines habitant séparément et dans des maisons particulières « separatim et in eorum propriis domibus » voulurent disposer de leurs biens, s'en tenir à la discipline plus large introduite dans l'Ordre, « eam quam relaxatam invenerunt » et jouir des avantages accordés aux autres cathédrales et églises séculières; entre eux et les autres chanoines, il n'y avait de différence que dans l'habit « inter eos et canonicos seculares, nisi in aliquali distinctione habitus differentia considerari possit »; l'oubli et la violation des règles était un danger pour le salut de leurs âmes; la régularité n'était plus qu'une ombre ou qu'un rêve « quasi umbra vel somnium »; cela faisait tourner la religion plutôt en ridicule qu'on ne la relevait. Il valait donc mieux assimiler ce chapitre aux autres, lui accorder des biens, et supprimer les dignités établies. Il acquerrait plus de prestige, si ses membres étaient nobles, savants, puissants; ils seraient tenus à la résidence et jouiraient de revenus suffisants. C'est pourquoi, dit la bulle, Henri et Marguerite, souverains du pays, leur ont accordé les bénéfices mentionnés plus haut, Caresse, ainsi que 500 ducats; ils ont supplié le Pape de supprimer toute dignité ancienne et de remettre le chapitre en l'état séculier.

A cet effet, pour le bien des âmes et l'honneur du culte divin, Paul III défèra aux vœux de l'évêque Jacques de Foix et du chapitre, exprimés par Pierre de Bordenave, clerc du diocèse d'Oloron, leur procureur. Les bénéfices relevant des prieurés de St-Julien, d'Assat, de Ger, de Serres-Castet, de St-Faust et d'Arthez sont sécularisés à perpétuité; les chanoines ne seront plus regardés comme réguliers, les dignités d'archidiacre, d'infirmier, et de sacriste sont abolies « ac statum regularem ipsius ecclesiæ in statum canonicorum, presbiterorum et clericorum secularium immutamus et illum ad statum sæcularem reducimus ». Les chanoines ne sont plus astreints aux obligations des membres de l'Ordre régulier de St Augustin; mais ils pourront se conformer pour l'habit, les cérémonies, le rite et les choses de la vie, aux chanoines séculiers de l'église

---

1. — Marguerite de Valois, sœur de François Ier, roi de France, épouse de Henri II, vicomte de Béarn, roi de Navarre.
2. — *Précenteur* « le maître ou gouverneur du chant qui préside au chœur ». Bordenave, p. 563. *L'Estat des Églises*.

métropolitaine de Toulouse « *sæcularibus canonicis metropolitanæ Tholosanæ* » et des autres cathédrales. Les chanoines et les prêtres de cette église peuvent réciter les heures canoniques du jour et de la nuit, la messe et les autres offices divins, selon l'usage antique, le rite et la coutume de Lescar. « *Ipsique canonici et alii ejusdem ecclesiæ ministri horas canonicas diurnas et nocturnas ac missas et alia divina officia secundum antiquum usum et morem ipsius ecclesiæ Lascurrensis dicere et recitare... poterunt.* » Ils peuvent aussi tester, avoir des revenus, et en user. Ils nommeront aux prieurés des vicaires amovibles *ad nutum*. Le chapitre aura le droit de choisir son « prélat », c'est-à-dire son premier dignitaire, et d'élire, comme par le passé, l'évêque de Lescar, qu'il pourra prendre dans son sein ou ailleurs, pourvu qu'il soit *persona grata* au roi, Henri de Navarre, et à ses successeurs. L'évêque nommera deux fois de suite aux canonicats, l'hebdomadier aura le troisième tour ; le candidat devra être noble et gradué. Le plus ancien des chanoines aura juridiction civile et criminelle sur les autres et punira avec le concours du chapitre ; celui-ci sera exempt, et, dans les appels, *il s'adressera au métropolitain d'Auch et non à l'évêque de Lescar*. Le chapitre pourra établir tels statuts qu'il voudra, tant pour la célébration du culte divin et des offices que pour la réception des confrères « *tam quoad divinum cultum et celebrationem divinorum officiorum quam super receptione personarum* » ; il aura le droit de renouveler ses statuts, s'il le juge à propos. — L'abbé de Sauvelade ou les officiaux d'Oloron et de Tarbes étaient chargés de fulminer le document pontifical [1].

Envoyée le 14 février 1537, la bulle ne fut en réalité publiée que le 23 mai 1539 par Guillaume d'Ambille, official de Gérard Roussel, évêque d'Oloron. Cependant le privilège de l'exemption, spécifié en faveur des chanoines, dût souffrir des difficultés. Il paraît qu'ils y renoncèrent par une délibération spéciale [2] et que le Pape homologua ce nouveau Concordat par un bref du 7 août 1540. Deux siècles plus tard, cette même question souleva de grands conflits entre le chapitre et Mgr de Noé. Un procès qui dura cinq ans (28 janvier 1765 — 20 mars 1770) débouta les chanoines de leurs prétentions et confirma la juridiction de l'évêque sur le chapitre de la cathédrale.

Nos lecteurs ont compris l'importance de la bulle du pape Paul III que nous venons d'analyser. On a vu que le chapitre pouvait se conformer « pour les cérémonies et les rites, à l'usage de la cathédrale *de Toulouse* ». On pouvait imiter l'exemple des autres cathédrales, mais le Pape indiquait de préférence celle de Toulouse ; sans doute, la supplique du chapitre avait désigné au Souverain-Pontife cette église, comme modèle à suivre ; et cela explique encore, en outre d'autres raisons, le culte que l'on rendait chez nous à St Saturnin, premier évêque de cette ville. Enfin — chose grave à considérer ici — le Pape ne modifie pas la liturgie ancienne. Il autorise au contraire le chapitre à réciter les heures, à dire la messe, et à célébrer les offices divins, selon l'antique usage et coutume de l'église de Lescar. Rome n'aime guère à innover. Dix ans plus tard, en 1549, une bulle de Jules III sécularisa le chapitre d'Auch, tout en l'autorisant à conserver ses livres liturgiques : « *Secundum antiquum usum, ritum, et morem dictæ ecclesiæ Auscitanæ* » ou à adopter ceux de l'Église Romaine « *vel Romanæ, si voluerint* [3] ».

Aussi au moment où Jacques de Foix, évêque de Lescar, fit imprimer le bréviaire de son diocèse, il conserva les offices tels qu'ils existaient de temps immémorial ; il ne lui enleva même pas la physionomie monacale, pour ainsi parler, qui convenait si bien à des chanoines réguliers de St Augustin.

On arriva bientôt en Béarn aux bouleversements sanglants du protestantisme. Dès 1563, la reine Jeanne d'Albret fit enlever de la cathédrale de Lescar tout ce qui rappelait le culte catholique. Les chanoines restèrent pour la plupart fidèles à leur devoir. Trois sur quinze, Vitrina, Fenario, Furcata, apostasièrent [4]. En 1569, Tarride rétablit un instant le catholicisme ; mais la vengeance de Montgomery, commandant des troupes protestantes, fut effroyable. Tout périt sous le fer ou le feu. D'après un vieux Mémoire [3] « il n'y eut que deux chanoines qui évitèrent la rage de ceste furie, l'un s'estant sauvé en Espaigne et l'autre en la ville de Tholoso, et tous les autres furent inhumainement massacrés ou pendus ». Il y a là, croyons-nous, quelque exagération. On lit ailleurs [6] que plusieurs « chanoines s'étaient réfugiés à Roncevaux » avec leurs titres, qui furent ainsi conservés. Ce qu'il y a de bien certain, c'est que l'on en voit quelques-uns se réunir à

---

1. — Communication de M. Louis Batcave d'Orthez. L'original est incomplet. D'après l'archiviste du Vatican, consulté au siècle dernier, cette bulle de sécularisation n'aurait pas été conservée dans les registres pontificaux. *Procès de Mgr de Noé.* 5ᵉ Mém., p. 19.
2. — *Procès de Noé.*
3. — *Revue de Gascogne*, Canéto, 1861.
4. — Bordenave, *Estat des Églises*, p. 147.
5. — Arch. B.-P., G. 229.
6. — *Procès de Noé*, 4ᵉ Mém., p. 34.

Louvigny, petit village de la Chalosse, dans la sénéchaussée des Lannes, appartenant au diocèse de Lescar pour le spirituel, mais faisant, hors du Béarn, partie du royaume de France. Ils y restèrent au moins de 1569 à 1603.

L'évêque Louis d'Albret avait trahi tous ses devoirs et mourut dans l'imbécillité, en 1570. Il eut peut-être pour successeurs Jean Jagot et un certain Calvet ; mais leurs noms ne figurent pas dans des documents incontestables ; Arnaud de Costedoat, curé de Fichous, prend alors le titre de « vicaire général de l'évêque de Lescar », sans le nommer [1].

Certes, pendant ces tristes années, le chapitre dut avoir grand'peine à se recruter. Régulièrement les chanoines étaient élus par l'évêque et par le chapitre. Dans les troubles, ils obtenaient une « signature » du Pape et se faisaient installer, comme tels, dans les pauvres stalles de Louvigny. Ainsi furent reçus Valentin de Lacoste et Jean de Marca, le 5 avril 1516, Jean de Salettes — un futur évêque de Lescar — et Arnaud de Luger, le 13 du même mois [2]. Ils devaient réciter les heures de l'office divin et remplir leurs fonctions de chanoines, comme nous l'atteste un document authentique de nos archives départementales [3] où il est dit, le 20 avril 1596, que Jean de Salettes, Arnaud de Luger et Jean de Maumas, chanoines de Lescar, avaient seuls « exercé le service divin » dans l'église St-Martin de Louvigny, tandis que Martin de Lagardère « qui n'était ni prêtre, ni dans les ordres » n'avait pas rempli son devoir. Ainsi il n'y eut pas d'interruption dans la récitation publique de l'office pendant les plus mauvais temps dans le diocèse de Lescar ; et c'est pour cela que nous insistons sur ce phénomène, un peu extraordinaire, de la perpétuité de notre chapitre, en pays étranger. — Le chapitre d'Oloron se retira, alors également, dans la ville de Mauléon.

Vinrent des jours plus heureux. Henri IV voulut rétablir la paix religieuse dans le Béarn qui l'avait vu naître. Il donna, le 15 avril 1599, un édit favorable au catholicisme, portant rétablissement du culte dans plusieurs lieux expressément désignés. En même temps, il élevait sur le siège épiscopal de Lescar, Jean-Pierre d'Abadie, de Maslacq. Celui-ci réunit le chapitre, le 18 décembre 1603, et après avoir rappelé un récent arrêt du Parlement de Bordeaux qui permettait aux chanoines de faire le « service divin » et de réciter les « heures canoniales » à Louvigny, jusqu'à ce qu'il plût au Roi de rétablir en Béarn la religion catholique, il fit remarquer avec raison que le culte était autorisé par le souverain en plusieurs endroits ; en conséquence, il les priait de transporter provisoirement la célébration des offices du chœur dans un lieu plus commode ; le chapitre adopta la proposition, mais le document n'indique pas l'église où l'on se réunirait désormais [4].

En tout cas, ce ne fut pas encore dans la cathédrale de Lescar. Elle était au pouvoir des prétendus réformés qui ne voulaient pas céder la place. Il fallut des démarches réitérées de Jean-Pierre d'Abadie, appuyé par ses collègues du clergé de France, pour obtenir enfin du roi Henri IV la restitution de ce vénérable sanctuaire à ses anciens possesseurs. Voici la teneur des lettres-patentes [5] — qui n'ont jamais été publiées — portant « rétablissement de l'évêque et chapitre de Lescar en lad. ville » :

« Henry, par la grâce de Dieu, roy de France et de Navarre, seigneur souverain de Béarn, à tous ceux qui ces présentes lettres verront, salut. Par notre édit de l'année mil cinq cens quatre-vingts-dix et neuf, nous aurions rétably le sieur évêque de Lescar en son diocèse seulement, pour n'avoir le bien de nos affaires peu permettre un plus ample rétablissement. Et parce que nous avons toujours désiré de...... et remettre autant qu'il nous seroit possible l'Église catholique, apostolique, romaine, en nostredit païs, en son premier lustre et splendeur, et que les évêques et chapitres ne peuvent convenablement à leurs charges faire le service divin hors leurs églises cathédrales ; considérant d'ailleurs les remontrances qui nous auroient été sur ce faites par nostre cher et bien-amé Gratian de Caplane, chanoine et député du chapitre de lad. église de Lescar. A ces causes, savoir faisons que n'ayant rien sy cher, ny en plus grande recommandation que l'honneur et gloire de Dieu et avancement de l'Église catholique, de l'avis de nostre conseil et de nostre certaine science, pleine puissance, et authorité souveraine, avons dit et déclaré, disons et déclarons, voulons et nous plaist que led. sieur évêque, chanoines et chapitre, soient remis et restablis, comme nous les remettons et restablissons par ces présentes en lad. église cathédralle Notre-Dame de Lescar, ensemble en leurs maisons canonicalles, apartenances d'icelles, pour y célébrer le service divin et y faire toutes autres fonctions concernant leurs charges, avec les mêmes priviléges, franchises, libertés et prérogatives que leurs prédécesseurs, après que par un préalable, il aura esté baillé à frais communs à ceux de la religion prétendue réformée un

---

1. — Arch. B.-P., E. 1986.
2. — Arch. B.-P., E. 1986, ff. 293 et 295.
3. — E. 1986, f. 296.
4. — Arch. B.-P., G. 269.
5. — Arch. B.-P., G. 329. Copie assez récente, où il manque deux mots.

lieu propre et convenable, pour y faire l'exercice de leur dite religion. Sy donnons en mandement à nos amés et féaux, les gens de nostre conseil ordinaire et cour souveraine à Pau, que ces présentes ils fassent lire, publier et registrer, et le contenu en icelles garder et observer et en faire jouir... led. sieur évêque de Lescar, chanoines et chapitre pleinement et paisiblement, cessant et faisant cesser tous troubles et empêchemens à ce contraire. Car tel est nostre plaisir. En témoin de quoy, nous avons signé ces présentes, de nostre propre main, et à icelles fait mestre nostre seel. Donné à Paris, le cinquiesme jour de mars, l'an de grâce mil six cens neuf. Signé. HENRY. Et par le Roy, Loménie. »

La prise de possession des maisons canoniales fut faite par le chanoine Jean de Marca ; Mgr de Salettes fut installé dans sa cathédrale, par M. de Dupont, conseiller, qui le tint par la main, l'introduisit dans l'église, lui fit ouvrir et fermer les portes, sonner la cloche et parcourir l'intérieur. Il lui en donna la possession réelle et, en sa personne, aux chanoines, « tellement, est-il dit, que lesd. seigneur évêque et chanoines en demeureront vrais maîtres et possesseurs [1] ». — Reste à parler des *Statuts* rédigés par le chanoine Bordenave.

En 1643, celui-ci publia un gros volume in-folio, ainsi intitulé : *L'Estat des Eglises cathédrales et collégiales, où il est amplement traitté de l'institution des chapitres et chanoines*[2]. Ce n'est autre chose que le commentaire très prolixe de la première partie des statuts qu'il mit près de dix-sept ans à expliquer. Il avait été chargé de recueillir les réglements primitifs et de les accommoder aux temps nouveaux. Il composa alors un corps de statuts sous ce titre : « *Statuta Venerabilis Capituli ecclesiæ cathedralis Beatæ Mariæ Lascariensis. Per reverendissimum in Christo Patrem et Dominum Joannem de Salette, episcopum Lascariensem, cum dominis canonicis dictæ ecclesiæ capitulariter edita. Anno salutis 1627. Sedente Urbano VIII, Pontifice*, etc. » On remarquera pourtant à la fin une date différente (peut-être est-ce une faute d'impression) : « *Actum Lascarii in aula capitulari, anno Domini 1637, die vero 3 mensis Augusti.* »

Les Statuts sont divisés en trois parties : 1° De la foi et du culte divin ; 2° Des chanoines et des qualités qui leur sont nécessaires ; 3° Des biens du chapitre. La première partie seule a été expliquée par Bordenave.

Cet énorme commentaire renferme les détails les plus curieux et les plus intéressants sur l'église de Lescar. Nous y puiserons de nombreux renseignements sur le Bréviaire de 1541 et les motifs qui le firent supprimer, sur les fêtes et les patrons, sur le nombre des chanoines — 16, plus celui que l'on appelait « *supernumeralis* », nommé par le Roi — sur les événements qui accompagnèrent le rétablissement du catholicisme en Béarn, en 1620, etc.

Bordenave n'hésite pas à dire que « tous les chanoines doivent garder les présents statuts »[3]. En réalité, ceux-ci étaient-ils obligatoires et furent-ils dans la suite invoqués, à titre de preuve, dans les litiges et les procès ? Nous pouvons affirmer que, s'ils eurent quelque autorité, ce ne fut que pendant peu de temps. Divers documents nous apprennent que ces statuts, d'abord acceptés, furent ensuite rejetés[4] par une délibération qui était « dans les registres du chapitre » de l'année 1646. On voit dans un mémoire que les anciens statuts étaient de 1401, et qu'ils furent renouvelés en 1627 et en 1724[5].

Toutefois, si les statuts du chanoine Bordenave étaient contestés, au sujet des bénéfices, des droits et des préséances, ils n'en sont pas moins précieux pour connaître un grand nombre d'usages du passé. Nous citerons encore, à titre de document précieux, le procès qui eut lieu, du 28 janvier 1765 au 20 mars 1770, entre Mgr de Noé et le chapitre de Lescar, au sujet de l'exemption dont prétendaient jouir les chanoines, par suite de la bulle de sécularisation de Paul III. Le fait qui motiva ce grave procès fut la manière dont l'évêque portait la crosse en traversant le chœur de l'église. Il la levait — signe de juridiction — au lieu de l'incliner ; de plus le chapitre s'opposait à ce que Mgr « prononçât en chantant les paroles de la bénédiction épiscopale après les sermons, sans préjudice à lui de la donner à voix basse ». Ce conflit donna lieu à beaucoup de requêtes, de productions, de réponses, de mémoires imprimés ; on y trouve de nombreux détails sur la liturgie du diocèse de Lescar pendant les trois derniers siècles. Nous avons déjà dit qu'un arrêt du Parlement de Pau accorda pleinement raison à Mgr de Noé. Encore quelques années, et une Révolution, inouïe dans les fastes de l'histoire, brisera dans la France chrétienne un état de choses qui durait depuis près de quinze cents ans. L'Église sera rendue à sa pauvreté primitive ; les chapitres ne seront plus qu'un corps respectable, mais amoindri, sans richesses et sans privilèges. Il y aura une moindre puissance, mais aussi de moindres misères : le Christ saura protéger l'Église dans ses nouvelles destinées.

---

1. — *Procès Noé*, 4ᵉ mém., p. 43.
2. — V. nos *Études d'histoire locale et religieuse*. Ribaut, 1889, p. 1, sur Jean de Bordenave.
3. — *Estat des Églises*, p. 86.
4. — *Procès de Noé*, 3ᵉ Mém., p. 22.
5. — *Mémoire pour le sieur de Marsilhon, prêtre, contre le syndic du chapitre de Lescar*. Pau, Vignancour, 1768, p. 9 et 10.

IV

DE LA LITURGIE EN GÉNÉRAL. — ORIGINE ET SUPPRESSION DE L'ANTIQUE LITURGIE GALLICANE. — DE L'OFFICE DIVIN. — PHASES DIVERSES DE LA LITURGIE ROMAINE-FRANÇAISE JUSQU'AU XVIIe SIÈCLE. — MANUSCRITS ET LIVRES LITURGIQUES DES ANCIENS DIOCÈSES DE BAYONNE, DE DAX (ORTHEZ, SALIES, SAUVETERRE, ST-PALAIS), D'OLORON ET DE LESCAR. — LE GRADUEL DE BAYONNE DU XVe SIÈCLE AVEC SES CURIEUX *Glória in excelsis, Agnus Dei*, ET PROSES EN L'HONNEUR DE LA STE VIERGE. — TABLEAU DE CHŒUR DE LA CATHÉDRALE DE BAYONNE. — TEXTES LITURGIQUES LATINS ET GASCONS INÉDITS, TIRÉS D'UN LIVRE D'OBITS. — CALENDRIER. — BRÉVIAIRE BAYONNAIS AVEC LA VIEILLE LÉGENDE DE ST LÉON. — STATUTS SYNODAUX DE 1534. — ANALYSE DE CE LIVRE PRÉCIEUX. — DIOCÈSE DE DAX : UNE BOUTIQUE DE LIVRES D'ÉGLISE A ORTHEZ AU XVIe SIÈCLE. — DIOCÈSE D'OLORON. — MANUSCRITS PERDUS. — LE BRÉVIAIRE DE 1525. — DIOCÈSE DE LESCAR. — MANUSCRITS ET MISSEL DE 1496. — ANALYSE DU *Liber constitutionum Ecclesie et diocesis Lascurrensis*, 1552.

Le devoir le plus important des chanoines consistait à célébrer les louanges de Dieu par la récitation et la psalmodie des saints offices : prier devait être leur occupation habituelle. Il en était de même de tout clerc engagé dans les ordres sacrés ou possesseur d'un bénéfice ecclésiastique ; cette prière publique et sociale, l'une des formes les plus brillantes du culte extérieur, faisait partie de la *Liturgie* sacrée. Celle-ci peut se définir en effet : « L'ensemble des symboles, des chants et des actes, au moyen desquels l'Église exprime et manifeste sa religion envers Dieu[1]. » En d'autres termes, confesser publiquement sa foi, prier et louer Dieu, tel est l'objet de la liturgie.

On comprend déjà que chaque fidèle ne saurait déterminer, au gré de son caprice, ces formules de la prière publique. Il y a une autorité chargée de fixer une règle. La liturgie deviendra plus complexe avec les modifications apportées par les siècles ; dans son vaste ensemble, elle forme aujourd'hui une science profonde, dont les arts, la sculpture, la musique, l'architecture, la peinture sont tributaires, et à qui ils empruntent de magnifiques inspirations.

Si l'on remonte aux origines du christianisme, on voit que, dès les premiers jours, il y avait un code (tous les livres du Nouveau Testament) et des formules déterminées pour l'administration des sacrements. Les Apôtres étaient les « dispensateurs des mystères de Dieu », *dispensatores mysteriorum Dei*[2]. Aussi le

---

1. — *Institutions liturgiques*, par le R. P. D. Prosper Guéranger, 1re édition. Le Mans, 1847, t. 1, p. 1.
2. — *I Corint.*, IV, 1.

Concile de Trente n'hésite-t-il pas à attribuer une origine apostolique « aux bénédictions mystiques, aux cierges allumés, aux habits sacrés et, en général, à tous les détails propres à relever la majesté du grand sacrifice » de la messe [1]. L'illustre docteur St Augustin établit l'axiome fameux à la lumière duquel on peut étudier les questions, toujours si difficiles, des origines primitives : « *Quod universa tenet Ecclesia, nec conciliis institutum, sed semper retentum, nonnisi auctoritate apostolica traditum, rectissime creditur* [2]. »

Mais si les Apôtres ont institué les formes liturgiques universelles, ils ont aussi adapté au génie particulier des nations évangélisées certains rites, variables de leur nature. Et c'est de là très certainement que sortent les anciennes liturgies de l'Orient et de l'Occident.

Il faut donc admettre que, tout au commencement, les Apôtres durent introduire ou autoriser des formules diverses. Mais bientôt après, lorsque le siège de Pierre fut établi à Rome, c'est à cette source unique et sacrée que les évêques puisèrent tout leur enseignement. Ce n'est pas sur une tradition vague, flottante, incertaine, que nous nous appuyons, pour affirmer cette vérité, mais sur un document incontestable : « *Quis enim nesciat*, écrivait le pape St Innocent en 416, *aut non advertat, id quod, a principe apostolorum Petro Romanæ Ecclesiæ traditum est, ac nunc usque custoditur, ab omnibus debere servari, nec superduci aut introduci aliquid quod auctoritatem non habeat, aut aliunde accipere videatur exemplum? Præsertim cum sit manifestum in omnem Italiam, Galliam, Hispanias, Africam atque Siciliam, insulasque interjacentes, nullum instituisse ecclesias, nisi eos quos venerabilis apostolus Petrus aut ejus successores constituerunt sacerdotes* [3] ? »

On s'est demandé si les formules primitives étaient écrites, ou bien si elles se transmettaient de vive voix. Tout le monde connaît la loi du secret des mystères qui liait les chrétiens. Pouvait-on espérer qu'en des temps de persécutions continuelles les livres sacrés échappassent toujours aux recherches des tyrans ? Doit-on d'autre part recourir à une intervention incessante de Dieu, qui, par un miracle étonnant, aurait sauvé ces formules mystérieuses de l'atteinte des persécuteurs ? L'un et l'autre système ont été soutenus par de graves auteurs. Le savant P. Lebrun prétend qu'avant le Ve siècle, il n'y avait pas de liturgie écrite. Muratori soutient le contraire [4] et nous sommes de ce dernier sentiment. Il est probable que, dans les temps de paix, ces formules étaient soigneusement conservées dans l'*archivium* de l'Église. Aux heures difficiles, il devait y avoir des cachettes pour les livres liturgiques. Quoi qu'il en soit, il est certain que la liturgie se produit au grand jour au Ve siècle, dans les écrits de St Célestin, de St Léon-le-Grand et de St Gélase [5].

Nous voici arrivés à l'époque où les formes apparaissent en divers lieux avec un caractère bien tranché. Il y eut les liturgies Ambrosienne (à Milan), Africaine, Gothique (ou, plus tard, Mozarabe, du nom par lequel on désignait les chrétiens sous la domination des Maures), Britannique et *Gallicane*. Nous allons nous occuper spécialement de la dernière.

Le domaine de la liturgie gallicane comprenait, au IVe siècle, l'Espagne, la Gaule, la Bretagne, et même la Haute-Italie. Le rit romain pur ne subsistait, d'après l'abbé Duchesne, que dans la Basse-Italie et l'Afrique [6].

Cette liturgie avait des caractères trop différents de l'usage romain pour en être issue. On a tout lieu de la juger de provenance orientale. Les documents, qui existent encore, le prouvent surabondamment. Ici se place la question assez difficile de ses origines.

D. Guéranger, dans son admirable ouvrage des *Institutions liturgiques*, n'hésite guère à faire remonter la liturgie gallicane au IIe siècle, parce que St Pothin et St Irénée, apôtres de Lyon, vinrent de l'Asie, aussi bien que St Saturnin, apôtre de Toulouse. Les églises des Gaules étant filles de l'Orient, leur liturgie ne pouvait pas ne pas l'être [7].

Au contraire, le savant abbé Duchesne prétend, dans son *Étude sur la Liturgie latine avant Charlemagne*, que « son importation et sa propagation en Occident ne peuvent être placées au IIe siècle ; nous sommes ici, dit-il, en présence d'un fait accompli au plus tôt vers le milieu du IVe [8] ». Il croit à l'identité des rites ambrosien et gallican. Plusieurs faits viennent à l'appui de ses conjectures. Le rayonnement de cette

---

1. — Conc. Trid., Sess. XXII, c. v.
2. — De bapt. contra Donat., l. IV, c. 24.
3. — *Origines du culte chrétien. Étude sur la liturgie latine avant Charlemagne*, par l'abbé L. Duchesne, membre de l'Institut, Paris, Thorin, 1889, page 82.
4. — D. Guéranger, *Inst. lit.*, t. I, p. 141.
5. — *Ibid.*, p. 145.
6. — Duchesne. *Origines du culte*, p. 83.
7. — *Inst. lit.*, t. I, p. 204.
8. — *Origines*, p. 86. L'éminent professeur avait soutenu la même opinion au Congrès scientifique international des catholiques de Paris, en 1889. *Origines de la Liturgie Gallicane*, t. 2, p. 387 et suiv.

liturgie dans la plus grande partie du monde partait alors, non de Lyon, qui n'avait aucune importance, mais de Milan, qui « était la résidence impériale officielle, la capitale de l'empire d'Occident », depuis Dioclétien. En ce moment, cette ville avait pour évêque un Cappadocien, Auxence, arien sans doute, mais qui n'avait introduit ni des nouveautés, ni son hérésie dans les formules importées d'Orient. Enfin Milan était même un centre religieux. Il semble que le clergé occidental reconnaissait une double hégémonie « sans préjudice, bien entendu, du siège apostolique » : le pape et l'évêque de cette cité. Conciles et Pontifes s'adressaient à la fois à Rome et à Milan. Les Papes sentirent cette influence — qui pouvait devenir néfaste — et la brisèrent bientôt en créant d'autres métropoles : Aquilée, Ravennes, Arles, avec son vicariat, vers 410.

Ces deux opinions ont quelque chose de vrai et peuvent se concilier. Évidemment, le disciple de St Polycarpe de Smyrne, St Pothin, avait apporté à Lyon des formes orientales qui se perpétuèrent dans son église. Il n'est pas impossible que ce rit ait gagné la Haute-Italie, s'y soit implanté et devint florissant aux beaux jours de la ville impériale de Milan. Mais un facteur, qu'on néglige peut-être trop dans cette question, n'est autre chose que les invasions barbares qui, elles aussi, vont contribuer à la diffusion des usages orientaux. Les Goths et les Wisigoths n'étaient-ils pas imprégnés d'arianisme et leurs évêques ne se servaient-ils pas de formules asiatiques ? Le catholicisme sépara facilement l'ivraie du bon grain et, en sauvant le fond, put garder la forme étrangère. Voilà comment se compléta sans doute et se répandit en diverses contrées la liturgie gallicane[1].

Ainsi, nous n'admettons pas que la liturgie gallicane soit exclusivement issue des livres de Milan. L'Empereur Charles le Chauve écrivant au clergé de Ravenne disait : Jusqu'au temps de notre aïeul Pépin, les églises gallicanes ont célébré des offices autres que ceux de Rome ET DE MILAN. « *Usque ad tempora abavi nostri Pipini, Gallicanæ ecclesiæ, aliter quam Romana vel* MEDIOLANENSIS *ecclesia, divina celebrabant officia.* » Ce texte est cité dans son bel ouvrage : *Rerum liturgicarum, etc.*, par le cardinal Bona, qui, tout en consacrant le chapitre XII du Ier livre à la liturgie gallicane, ne tranche pas la question d'origine.

D'après lui, et même d'après tous les auteurs, la liturgie gallicane (ou gothique, disent quelques-uns) passa des provinces méridionales de la France en Espagne, où elle s'implanta profondément et y prit le nom de liturgie Mozarabe. Les documents qui subsistent encore de ces antiques formules sont identiques entre eux, quant à la substance. Ce qui différenciait principalement l'usage gallican du romain, c'est que dans la messe gallicane on insérait les *Passiones martyrum* au milieu des oraisons. Le cardinal Bona a prouvé par la publication de textes gallicans et mozarabes leur origine commune.

Comme le missel gothique et le missel gallican ne sont guère que l'expression fidèle de la liturgie gallicane, nous donnons ici, d'après un auteur du XVIIe siècle, l'ordre de la messe, telle qu'elle se célébrait en France jusqu'au VIIIe siècle : « Quand le prêtre était arrivé à l'autel, dit-il, la première chose qu'il faisoit étoit d'annoncer la fête par une espèce d'introït, qui a assez de rapport avec le *Gaudeamus*, dont on se sert quelquefois dans le missel romain, c'est-à-dire qu'on exhorte les fidèles à prendre part à la solennité qu'on célèbre. Il y a des collectes propres à chaque messe, deux épîtres dont la première est tirée de l'Ancien Testament, la seconde du Nouveau. La première était lue ordinairement par un lecteur, celle du Nouveau par un sous-diacre ; on lisait aussi, au commencement de la messe, les actes du saint dont on faisait la fête ; le diacre chantait l'évangile ; puis suivoient l'offrande, la secrète, la préface qui étoit toujours propre à chaque messe et qui changeoit tous les jours, le canon, la fraction de l'hostie, l'oraison dominicale, la communion et les dernières oraisons. Le canon est beaucoup plus court que le grégorien ; il change à chaque messe.

» Dans le missel gothique, l'introït est appelé *præfatio*, c'est-à-dire préparation à l'office, comme notre préface est une introduction au canon ; puis on lisait la prophétie, et la prière qui la suit est appelée *collectio post prophetiam* ; a collecte qui se dit après l'offrande est appelée *collectio post nomina*, parce qu'on nommait à l'autel ceux qui étaient venus à l'offrande, comme aussi les fidèles se donnaient le baiser de paix, et l'on disait ensuite une oraison que l'on appelle *collectio ad pacem*. La préface est précédée de ces exhortations *Sursum corda, Gratias*, etc., et elle commence toujours par *Vere dignum et justum est nos tibi gratias agere, Domine sancte, Pater omnipotens, æterne Deus*, puis suit ce qui convient au jour. A la fin, on dit *Sanctus* trois fois. Le canon est appelé *collectio post Sanctus* et est fort court et propre chaque jour ; l'oraison qui suit le canon est intitulée *collectio post secreta*. Avant l'oraison dominicale, il y a une petite préface qui marque que c'est pour obéir au précepte de Jésus-Christ qu'on ose dire cette prière, après laquelle il y a *Libera nos ab omni malo*, et cette prière, comme toutes les autres, change presque à chaque messe. Ensuite,

---

1. — La liturgie gallicane ne diffère pas sensiblement de la liturgie gothique et même quelques auteurs les confondent souvent.

on bénit le peuple par plusieurs prières qui sont aussi propres à chaque fois qu'on dit la messe, puis la communion et une prière qui est nommée *collectio post communionem*. La préface est appelée *contestatio missæ* et le canon, *mysterium* [1]. » Dans la messe gallicane, la préface s'appelle aussi *inlatio*.

Mabillon a fait un ouvrage spécial intitulé : *De liturgia gallicana* (1685) ; il en étudie les rares monuments et nous la montre dans sa beauté vénérable. Elle était en effet majestueuse et imposante ; elle aimait l'emploi des orgues, des flûtes, des trompettes, et les chants sacrés dans les cérémonies [2]. N'oublions pas surtout qu'elle fut éminemment catholique, jusqu'au jour où elle disparut.

M. l'abbé Duchesne énumère, parmi les principaux livres gallicans qui existent encore, le *Missale gothicum* du Vatican, le *Missale gallicanum vetus*, du même dépôt, les messes publiées par M. Mone en 1850, le Lectionnaire de Luxeuil, les Lettres de St Germain de Paris, le Missel de Stowe en Irlande, le *Sacramentarium* (ou plutôt *Missale*) *gallicanum*, de Mabillon, trouvé à Bobbio en Italie [3]. On sera étonné de ne pas y voir, non plus d'ailleurs que dans les livres primitifs de la liturgie romaine, de *bréviaires* pour la récitation de l'office divin.

A quelle époque remonte donc l'usage de la prière publique au chœur ?

La coutume pieuse s'établit de bonne heure de consacrer à la prière privée « les derniers instants de la nuit, le temps qui s'écoule entre le chant du coq et le lever du jour, puis, à la fin de la journée, l'heure mélancolique où le soleil disparaît, où l'ombre se fait, où il faut allumer les lampes de la maison. C'étaient là les prières fondamentales, universellement en usage, la prière du matin et celle du soir, matines et vêpres. Dans la journée, certains moments étaient indiqués soit par la Bible, soit par la tradition juive, soit même par l'usage de la vie ordinaire et civile [4] », soit enfin, par certains faits mémorables, consignés dans les Actes des Apôtres, par exemple au jour de la descente du St-Esprit, etc. C'est toujours la prière privée. Les Pères latins, et en particulier Tertullien [5], mentionnent les heures de prières à Tierce, Sexte et None. Et Pline le Jeune, l'an 104, rappelle, dans une lettre adressée à Trajan, les hymnes que chantaient alternativement les chrétiens : « *Essent soliti stato die ante lucem convenire carmenque Christo, quasi Deo, dicere secum invicem* [6]. » Cependant ces documents ne sont pas très affirmatifs et prêtent à divers sens. On n'y voit pas établi en règles fixes ce que nous appelons aujourd'hui l'office divin. Au IVe siècle pourtant, les tribus monastiques s'assujettirent à une prière commune et régulière. Les fidèles aimaient à assister à ces pieuses psalmodies, et le clergé séculier dut insensiblement accepter la continuation de ce service religieux. « L'obligation de l'office est un legs de l'ascétisme au clergé [7]. » Toutefois l'organisation précise de ces offices fut très variable et, jusqu'au IXe siècle, en Occident, il n'y eut guère d'uniformité. Ajoutons même que, d'après l'abbé Duchesne, « à Rome, jusqu'au IXe siècle au moins, les hymnes étaient inconnues ; on s'en tenait pour le chant aux psaumes et aux autres cantiques bibliques ».

Cette coutume de réciter en commun les louanges de Dieu devint générale et s'accommoda aux diverses liturgies. Elle fut assurément, bien qu'il n'en reste aucun vestige, une des formes de la liturgie gallicane.

Cependant, le Siège Apostolique désirait ramener à l'unité toutes les églises. Le pape St Célestin, écrivant en 422 aux évêques des Gaules, leur disait que la prière devait exprimer et fixer les croyances de la foi : « *Legem credendi lex statuat supplicandi* [8]. » Des tentatives d'unité furent dès lors essayées en divers endroits, en particulier au Concile de Milève (416) et à celui d'Agde (506) où assistaient St Galactoire, de Bencharnum, et St Grat, d'Oloron : « Comme il convient, dit ce dernier synode, que l'ordre de l'Eglise soit également gardé par tous, il faut, ainsi qu'on le fait en tous lieux, qu'après les antiennes, les collectes soient récitées en leur rang par les évêques ou par les prêtres [9]. » Toutefois, jusqu'au VIIIe siècle, les Pontifes Romains furent impuissants à imposer leur volonté aux églises des Gaules. Dieu voulut se servir pour ce grand œuvre du concours de Pépin-le-Bref.

L'Italie étant la proie des Lombards, le roi de France invita le pape St Etienne à venir se réfugier dans

---

1. — *Les anciennes liturgies*, par M. [Grancolas]. Paris, de Nully, 1697, p. 345. V. les textes dans le card. Bona, *Rer. liturg.*, l. 1, c. XII. — Duchesne : *Orig. du culte : La messe gallicane*, p. 180. — Mabillon : *De lit. Gall.*, etc. — Lebrun : *Explication de la Messe*, t. 2, pp. 241-248.
2. — *Inst. liturg.*, t. 1, p. 205.
3. — *Orig. du culte*, Duchesne, p. 143 et suiv.
4. — *Ibid.*, p. 431.
5. — *Ibid.*, p. 432 ; *Inst. lit.*, p. 48.
6. — *Inst. lit.*, t. 1, p. 51.
7. — *Orig. du culte*, Duchesne, p. 436.
8. — *Inst. lit.*, t. 1, p. 130.
9. — *Ibid.*, p. 132. *Labb. Conc.*

ses Etats. St Chrodegand, évêque de Metz, alla à Rome, pour convier sans doute le pontife. Il fut frappé de la majesté des offices romains, et, revenu dans son diocèse, il remplaça ses vieux livres par cette liturgie grandiose [1]. Le pape Etienne, s'étant rendu en France en 754, ne put qu'encourager cette réforme et sollicita Pépin d'introduire dans tout son royaume la liturgie romaine, à l'exclusion de la gallicane. Le prince accéda au désir du saint pontife et supprima cette dernière par un décret, perdu aujourd'hui, mais mentionné dans l'*Admonitio generalis*, publiée par Charlemagne en 789 : « *Ut cantum Romanum pleniter discant et ordinabiliter per nocturnale vel gradale officium peragatur, secundum quod beatæ memoriæ genitor noster Pippinus rex decertavit ut fieret, quando Gallicanum tulit, ob unanimitatem apostolicæ sedis et sanctæ Dei Ecclesiæ pacificam concordiam* [2]. » Cet acte de souveraine autorité, porté par Pépin et confirmé par Charlemagne, sauva l'Eglise des Gaules et la releva. A la mort du grand empereur, la liturgie romaine régnait partout, excepté peut-être en Espagne et à Milan, où subsistent encore, dans quelques églises, des rites vénérables par leur haute antiquité.

Dès lors, tout l'Occident adopta la liturgie corrigée par le pape St Grégoire-le-Grand (604). Et désormais, à quelques modifications près, l'Eglise Romaine maintiendra sans cesse les rites établis par cet admirable pontife. Les évêques eux-mêmes, consacrés à Rome, devaient jurer « de célébrer toujours les divins offices suivant le rit romain [3] ».

Néanmoins, il ne fut pas possible de supprimer absolument tous les usages gallicans ; il en resta quelques débris qui se fondirent dans la liturgie romaine et subsistèrent, sous le nom de *Romain-Français* jusqu'à la fin du XVIᵉ siècle. « Ainsi, nous signalerons, avec Grancolas et le P. Lebrun, comme des pratiques de la liturgie gallicane, dans l'office divin, l'usage de répéter l'Invitatoire en entier, les versets du psaume XCIV, d'ajouter un Répons après la IXᵉ leçon de Matines, de dire *Gloria Patri* à la fin de chaque Répons des Nocturnes, et de répéter les troisième, sixième et neuvième de ces Répons, dans les principales fêtes ; de dire un verset appelé *Sacerdotal* entre Matines et Laudes ; de ne dire qu'une Antienne à Vêpres, quand il n'y en a pas de propres tirées des psaumes ; de dire les psaumes de la Férie aux premières Vêpres des fêtes solennelles, de chanter un Répons à Vêpres [4], de suspendre le St Sacrement au-dessus de l'autel, dans un vase, ordinairement en forme de colombe, d'aller en procession aux fonts baptismaux après vêpres, le jour de Pâques, etc. Nous ne croyons pas que ces usages soient en vigueur aujourd'hui, sauf peut-être quelques-uns encore à Paris et à Lyon.

Hâtons-nous d'en finir avec l'histoire de la liturgie ancienne. Sous Louis-le-Débonnaire, un diacre de Metz, du nom d'Amalaire, fondit les antiphonaires français et romain dans son ouvrage *de Ordine Antiphonarii*, et fut le véritable créateur de la liturgie *Romaine-Française*, que notre pays adopta insensiblement. Cependant, on suivait encore partout les offices, un peu longs, réglés par St Grégoire-le-Grand. Quatre siècles plus tard, Hildebrand monta sur le siège de St Pierre, sous le nom de Grégoire VII ; il simplifia la liturgie et l'office divin pour la Cour Romaine. On ne tarda pas à accepter cette réforme à Rome et en Italie. L'Ordre de St François, fondé en 1210, adopta cet office et le corrigea légèrement (1249) ; cet Ordre s'étant répandu en Europe porta partout et fit connaître les usages romains, qui furent accueillis avec faveur. On peut dire qu'il serait difficile de préciser « la forme complète de l'office avant cette réduction, mais depuis lors, il est resté, à peu de choses près, ce qu'il était à la fin du onzième siècle [5] ».

Nous voici en plein moyen âge. Chaque diocèse observe une liturgie romaine, un peu mixte, où se rangent les offices des saints locaux et régionaux. C'est donc, depuis cette époque, qu'il convient d'étudier les rares documents qui existent encore et de surprendre les rites en usage chez nous jusqu'au XVIIᵉ siècle.

Un travail, que nous ne pouvons faire ici, mais qui serait bien intéressant, consisterait à établir les dates, au moins approximatives, des vocables de nos églises. Cette étude hagiographique nous montrerait l'établissement du culte des saints dans notre pays. Elle expliquerait même bien des points très obscurs des anciennes légendes. Les traditions écrites ou orales sur les pèlerinages et les lieux de dévotion nous renseigneraient ensuite très particulièrement sur la foi et la piété de nos pères. Enfin, après avoir recueilli tous les témoignages de la croyance populaire, il faudrait rechercher avec soin et examiner les monuments de la prière publique, c'est-à-dire les divers livres d'église usités en Béarn, dans les diocèses d'Oloron, de Tarbes, d'Aire, de Dax, de Lescar, de Bayonne et même dans toute la province d'Auch.

---

1. — *Inst. lit.*, p. 245.
2. — *Orig. du culte*, p. 99. — *Inst. lit.*, t. 1, p. 247.
3. — *Ibid.*, p. 183. On aura remarqué que les mots *rit* et *rite* s'emploient indifféremment.
4. — *Inst. lit.*, t. 1, p. 286.
5. — *Ibid.*, p. 294.

Mais nous devons nous borner et par malheur nos documents ne sont pas bien nombreux.

A peine avons-nous besoin de rappeler la richesse artistique de certains livres d'église et de bréviaires, conservés encore dans nos bibliothèques publiques, ou qui sont l'ornement de collections particulières. Nos archives départementales des Basses-Pyrénées font mention dans le testament (1395-98) de *Blanche de Navarre*, seconde femme de Philippe de Valois, roi de France, du « bréviaire qui fu au roy St Loys, lequel l'ange lui apporta en la chartre, quand il fut pris des ennemys de la foy et fut à Mons. le roy Philippe, son filz ainsné, qui mourut en Aragon... et depuis est venu de hoir en hoir de la lignée Mons. saint Loys et le nous donna nostre frère, le roy de Navarre », du « psaltier où saint Loys aprint », du « bréviaire, le meilleur qui fut à la royne Jehanne de Bourgoigne », d'un « livre où est le psaltier et oroisons et fut à Blanche de Longchamps », d'un « bréviaire qui fut à Jehanne de Navarre, de Longchamps, lequel nous avons fait estoffer », des « Heures de N.-D. où nous disons tous les jours nos heures », d'un « bréviaire à l'usage de Rome, qui fut acheté à Paris, et est la couverture brodée sur satarin ynde à or et à perles, et est d'un côté l'Annunciation et d'autre le crucifix », d'un « livre où sont les euvangiles des quatre euvangélistes », d'un « messel escript en françois », d'un « psaltier qui a les fermoirs, l'un de France et l'autre de Champaigne », d'un « livre où est la vie des Pères, le dialogue de saint Gringoire et son pastoral », d'un « bréviaire qui fut à Jehanne de France, nostre fille, où elle aprint [1] ». Nous citons ce testament, à titre de curiosité, parce qu'il a trait un peu à notre pays, la Navarre étant gouvernée jadis par nos vicomtes de Béarn. Nous n'ignorons pas d'ailleurs que le terme de bréviaire signifiait aussi bien un livre d'église, un « paroissien », comme l'on dit aujourd'hui, qu'un manuel d'office pour le clergé. Pour la même raison, rappelons l'Inventaire des meubles et effets laissés par Anne d'Armagnac, dame d'Albret (17 décembre 1472), où l'on voit « un petit bréviaire historié, couvert de cuir rouge — un bréviaire historié à lettres d'or et d'azur — un petit bréviaire — les matines de N.-D., avec les évangiles et les heures du St Esprit [2] », etc.

A présent nous allons étudier les vrais documents liturgiques des anciens diocèses enclavés aujourd'hui, en tout ou en partie, dans celui de Bayonne.

I. DIOCÈSE DE BAYONNE. — L'ancien diocèse de Bayonne comprenait, en France, le Labourd, les vallées de Cize, d'Arberoue, d'Ossès et de Baïgorry, et, en Espagne, les vallées de Bastan, de Lérin, depuis Fontarabie jusqu'à St-Sébastien ; nos évêques eurent une juridiction incontestée sur ces pays espagnols jusqu'en 1566. Le 30 avril de cette année, le pape St Pie V, à la demande de Philippe II, détacha cette partie du diocèse de Bayonne et l'attribua aux évêques de Pampelune et de Calahorra. On comprend ainsi que, jusqu'à la fin du XVIe siècle, le bréviaire et les autres livres d'église bayonnais furent seuls usités dans ces contrées. Il est donc probable qu'en fouillant les bibliothèques poudreuses du nord de l'Espagne on y trouvera quelque monument de notre rite oublié.

La bibliothèque de la ville de Bayonne a pu sauver de l'incendie, qui naguère a consumé une partie de ses précieuses archives, un manuscrit liturgique très important, le seul qui nous reste de nos anciens diocèses. Il est sommairement décrit dans le *Catalogue général des Manuscrits de France*, publié par le gouvernement en 1888 : « 1 (3521). Graduel à l'usage de l'Eglise de Bayonne. On lit en tête au fol. 1 : « In die sancti Leonis martiris officium. » Incomplet de la fin « ... voce Domino in excelsis » XVe siècle. Parchemin. 24 feuillets. 335 sur 260 millim. Lettres de forme. Rel. moderne en veau, aux armes de Bayonne [3]. »

Nous allons compléter l'analyse de ce précieux manuscrit et en reproduire quelques documents, inédits jusqu'à ce jour.

De grandes portées rouges avec des notes noires, très bien formées, nous donnent en plusieurs endroits le plain-chant du moyen âge.

(*Fol. 1 r°.*) Titre rouge. IN DIE SANCTI LEONIS MARTIRIS. *Officium* [4]. Et erit tanquam lignum. *E*, belle majuscule rouge. *Ps.* Beatus vir. Gloria. *B*, petite capitale noire à trois figures humaines. Les lettres capitales se différencient toujours de la sorte : rouges et noires, les premières plus grandes en général. *Lectio Epist. B. Pauli ad Rom.* Fratres. Sic autem predicavi. *Tractus*.

---

1. — Arch. B.-P., E. 525.
2. — Arch. B.-P., E. 74.
3. — Départements, t. IX, p. 79.
4. — Ce terme d'*Officium* est à noter. Il signifie *Introït*. On le trouve dans la messe Mozarabe et dans les missels des Chartreux, des Carmes et des Dominicains. Lebrun, *Cérém. de la Messe*, t. 2, p. 309.

      Hujus prece fugiunt   Ad præsulis solium
      Horridi serpentes ;   Leo sublimatus,
      Pristinam recipiunt   Pravorum consortium
      Sanitatem gentes ;   Non est inmitatus.

Desiderium anime ejus, etc. *(Huic tractui desunt duo versus, qui cantantur in magno graduali cum eo, deinde sequitur prosa.)*

Offertorium. — Populi gentilium   *Communio.* — Dum cecidit gladio
     Quare fremuerunt,   Caput benedictum,
     Qui in Dei Filium   Fons manat e medio
     Per hunc crediderunt ?   Terre cui dat ictum [1].

Nous avons à dessein disposé en hémistiches le Trait, l'Offertoire et la Communion. C'est une preuve de l'antiquité de cette Messe, car on sait que « les Frères-Mineurs ajoutèrent au *Propre* du bréviaire les offices des saints... composés en prose cadencée et rimée [2] ». C'est une des richesses littéraires du XIIIe et du XIVe siècle.

(Fol. III *v°.)* — I<small>N</small> C<small>OMMEMORATIONE UNIUS</small> M<small>ARTIRIS</small>. *Officium*. Letabitur justus in Domino. ℣. Exaudi, Deus, orationem, cum deprecor : *Lectio Lib. Sapientie :* Beatus vir qui in sapientia. — Vitam peciit et tribuisti. ℣. Posuisti, Domine, in capite ejus. Ce verset est répété trois fois dans le trait.

(Fol. VI *r°.)* — I<small>N</small> A<small>NNUNTIATIONE</small> B<small>EATE</small> M<small>ARIE</small>. *Officium*. Rorate celi desuper. Celi enarrant. Gloria. *Lectio Esaie prophete.* In diebus illis. Tollite, portas, principes. ℣. Quis ascendet in montem Domini. *Tract*. Ave, Maria, gratia plena... tecum. *Offert*. Ave... ventris tui. *Commun*. Ecce virgo concipiet.

(Fol. VIII *v°.)* — I<small>N DIE</small> A<small>SSUMPTIONIS</small> B<small>EATE</small> M<small>ARIE</small> V<small>IRGINIS</small>. — Gaudeamus omnes... de cujus Assumptione gaudent angeli et colaudant Filium Dei. ℣. Gaudent angeli et exultant arcangeli, letantur justi et congratulantur omnes sancti. Gloria. ℟. Propter veritatem. Audi, filia... Alleluia. ℣. Assumpta est Maria in celum, gaudent angeli. *Offert.* Offerentur regi virgines. Dilexisti justiciam.

(Fol. XI *r°.)* — I<small>N</small> N<small>ATIVITATE</small> B<small>EATE</small> M<small>ARIE</small> V<small>IRGINIS</small>. *Officium*. Gaudeamus. ℟. Benedicta et venerabilis. ℣. Virgo, Dei Genitrix, quem totus... Allel. ℣. Nativitas gloriose Virginis. *Offert*. Felix namque es. *Commun*. Beata viscera. ℣. Conceptio tua, Dei Genitrix, Virgo, gaudium attulit.

(Fol. XIV *r°.)* — I<small>N</small> P<small>URIFICATIONE</small> B<small>EATE</small> M<small>ARIE</small> V<small>IRGINIS</small>. *Officium.* Suscepimus, Deus, misericordiam in medio templi. ℣. Magnus Dominus et laudabilis nimis. ℟. Suscepimus, Deus. ℣. Sicut audivimus, ita et vidimus. ℣. Post partum, Virgo inviolata. *Tractus.* Diffusa est. *Offert.* Diffusa est gratia. *Commun.* Responsum accepit Simeon.

(Fol. XVI *r°.)* — *Gloria in excelsis Deo*, noté.

(Fol. XVIII *r°.)* — Autre *Gloria* très curieux : « Gloria in excelsis Deo, et in terra pax hominibus bone voluntatis. Laudamus te. Benedicimus te. Adoramus te. Glorificamus te. Gratias agimus tibi propter magnam gloriam tuam. Domine, Deus rex celestis, Deus Pater omnipotens. Domine, Fili Unigenite, Jesu Christe. Spiritus et alme orphanorum Paraclete. Domine Deus, Agnus Dei, Filius Patris, primogenitus Marie Virginis Matris. Qui tollis peccata mundi, miserere nobis. Qui tollis peccata mundi, suscipe deprecationem nostram. Ad Marie gloriam. Qui sedes ad dexteram Patris, miserere nobis. Quoniam tu solus sanctus, Mariam sanctificans. Tu solus Dominus, Mariam gubernans. Tu solus Altissimus, Mariam coronans, Jesu Christe, cum Sancto Spiritu in gloria Dei Patris. Amen [3]. »

(Fol. XIX *v°.)* — *Gloria in excelsis*, ordinaire. — *(Fol.* XXI *r° et v°.)* — Deux *Sanctus*.

(Fol. XXII *r°.)* — *Prosa*. Ave, verum Corpus, natum de Maria Virgine. Cujus latus perforatum vero fluxit sanguine. Esto nobis pregustatum, mortis in examine. O dulcis. O pie. O Fili Marie. Osanna in excelsis.

(Fol. XXII *v°.)* — *Agnus Dei*. A la troisième fois : « Agnus Dei qui tollis peccata mundi. Gloriosa spes reorum, Virgo, mores instrue. O Maria, fons ortorum, jugi stillans diflue. Miserere nobis. Agnus Dei. Super

---

1. — V. cette messe, sauf la prose et les oraisons, dans l'*Histoire de St Léon*, par M. Menjoulet, p. 234.
2. — *Instit. lit.*, t. I, p. 538.
3. — Nous avons eu la bonne fortune de retrouver ce texte absolument identique dans Grancolas, *Les anciennes liturgies* : « Josse Clictou, dit-il, *lib.* 3, *Elucidat.*, rapporte d'autres [additions au *Gloria*], qui sont dans plusieurs missels du XIVe et du XVe siècle pour les fêtes de la Vierge... (et il cite notre texte). Le pape Nicolas V défendit qu'on chantât dans sa chapelle ces additions, comme le rapporte Paris Crassus, au ch. 67 de son cérémonial du Pape, p. 569. » Le cardinal Bona le cite aussi, lib II, c. IV, par. 11. C'est ce qu'on appelle des *tropes* ou interpolations de textes liturgiques. Celui-ci n'est pas indiqué dans l'*Histoire de la Poésie liturgique* — un livre d'or — de M. Léon Gautier. Tropes du Gloria, p. 249. — V. plus loin, ch. VI.

choris Angelorum assumpta es, Maria, et a Xro collocata fuisti alta sede. Miserere nobis. Agnus Dei. Virgo dulcis, aure pia preces nostras suscipe, ut possimus sine fine tecum requiescere, dona nobis pacem. » Nous n'avons nulle part trouvé un semblable *Agnus Dei*.

(Fol. xxiv r°.) — Encore une Prose en l'honneur de Marie : « Te laudant agmina, jugiter celica. Sol, luna, sidera, humus, et maria. Supera et intima, que regis tua potentia, nostra dilue contagia. O Dei clementia, refove nos tua gratia, redimis morte quos propria. Pande superna, rex nobis alme, spes qui es nostra salus eterna, parsque vera. O quam beata est celi vita que carens meta fruitur, cuncta per secula. Illuc tuum plasma, o Jhu magne, tendere presta. Innumera namque capere queat ut tua dona. Atque jocunda jubilet voce Domino, in excelsis. » — Ainsi l'on chantait aux messes de la Ste Vierge un *Gloria in excelsis* et un *Agnus Dei* particuliers, en l'honneur de Marie.

On remarquera que le Graduel manuscrit contient *six* messes, très incomplètes d'ailleurs. Cet usage de réunir des compositions musicales, au nombre de six, est, paraît-il, assez fréquent [1].

Un autre document, très important pour la liturgie bayonnaise, est le tableau du chœur de la Cathédrale (xv° siècle), contenant le règlement des offices pour le chapitre. Son intérêt exceptionnel nous oblige à le reproduire en entier, bien que nous l'ayons déjà publié ailleurs [2].

« Hec est tabula in choro cathedralis ecclesie Bayone posita, per nos Salvatum Dibarssoro, jurium licenciatum, locum tenentem particularem domini sennescalli Landarum in sede Bayone, comissarium a curia Parlamenti Burdegale ad executandum certum arrestum, [datum per] curiam, ad requestam domini procuratoris generalis regis, contra canonicos et prebendarios, sive capellanos, prefate ecclesie prolatum, deputatum, declarans quo tempore, per quod tempus, et qualiter, dicti canonici et prebendarii, sive capellani, debeant divinis officiis interesse ut quotidianas distributiones, talibus officiis dedicatas, sive ordinatas, lucrari valeant, juxta sacra decreta et arrestum predictum.

» Et primo, qui in matutinis, ante finem psalmi *Venite exultemus*, non interfuerit, et ibidem usque ad finem inclusive non permanserit, pro absente censeatur. Item qui in horis Prime, Tertie, Sexte, None, Vesperarum et Completorii, ante finem primi psalmi, non interfuerit, et ibidem usque ad finem non permanserit, pro absente censeatur. Item qui in missa, in choro, aut in alio loco, in quo officium celebratur, ante ultimum *Kyri eleyson* non interfuerit, et ibidem usque ad finem non permanserit, pro absente censeatur, nisi forte, temporibus predictis, necessitate cogente, ac petita et obtenta a [superiori] licentia, discedere oporteat : quo casu pro presente reputabitur. Item et si in aliis temporibus, quam in horis canonicis, missis aut processionibus, dentur alique distributiones, in ecclesia predicta, vel extra, servabitur consuetudo, que nunc servatur inter beneficiatos dicte ecclesie, in dictis distributionibus lucrandis. Item et cum canonici et prebendarii, sive capellani predicti, divinis interessentes, psallendi gratia, ibidem conveniant, muta aut clausa labia tenere non debent, sed omnes, saltem psallere scientes, in psalmis, hymnis et canticis, Deo alacriter modulentur. Ceteri vero in candelabris luminibus accensis tenendis, et aliis causis in choro et officium honeste et devote dicendum et celebrandum necessariis exercendis inserviant, sub pena perditionis distributionum illius hore vel officii. Nullus canonicorum aut prebendariorum, sive capellanorum, legat aut dicat privatum officium in choro, dum hore ibi in comuni cantantur, sub pena amissionis distributionum illius hore. Item quicumque in ecclesia predicta beneficiatus, divinorum officiorum tempore, per ecclesiam, vel foris, circa eam, puta in atrio ecclesie, claustris aut platea publica, ecclesie contigua, deambulando aut cum aliis colloquendo, vagari visus fuerit, non solum illius hore, sed totius presentiam dici ipso facto amittat. Et scriba, ad scribendum presentes et absentes divinis deputatus, teneatur talem, sub pena perjurii et admende, pro absente in omnibus horis dicti dici scribere. Item si semel correctus non destiterit, per mensem, distributionibus careat ; et si pertinatia exegerit, graviori pene subjaceat. Item et cum canonici et prebendarii in choro fuerint, gravitatem servent quam locus et officium exigunt ; non insimul aut cum aliis confabulantes, seu loquentes vana, prophana et inhonesta, intermiscendo colloquia, sub amissionis distributionum illius hore in qua excesserint, vel alia majori, prout transgretionis gravitas exegerit, pena. Item et quotienscumque scriba, ad scribendum sive punctuandum canonicos ac prebendarios dicte ecclesie divinis interessentes deputatus et in posterum deputandus, mutabitur, novus scriba tenebitur jurare supra quatuor Dei sancta evangelia, in manibus domini episcopi Bayone, vel ejus vicarii, in capitulari loco, canonicis et prebendariis ibidem congregatis, vocato procuratore regio in sennescallia Landarum, aut ejus substituto in ecclesia Bayone, quod non punctuabit, aut pro presentibus scribet aliquos canonicos aut prebendarios, nisi illos qui interfuerint divinis, tempore, et per-

---

1. — *Bulletin de la Langue*, 1855-1856, p. 43.
2. — *Études d'histoire locale et religieuse*, p. 24.

tempus, et taliter, quibus supra, sub pena perjurii et quinquaginta marcarum argenti, domino regi nostro applicandarum. *M. de Naguille*, graff. [1]. »

Un autre document liturgique manuscrit, absolument inédit jusqu'à ce jour, est le livre des fondations et des obits de la Cathédrale, institués pendant les 70 premières années du xvi° siècle. Il est entièrement rédigé en gascon et débute par ce long préambule : « IN NOMINE DOMINI. AMEN. En lo present libi son per escriut. las fondations et servicis. qui se fen tot au lon de l'an. en la glise cathedrale de nostre Dame de Baione. Et aussi toutes les charges. qui lad. eglise es tingut portar et pagar. chascun an. Es. assaver tant misses votives. qui se diseran empres maties que aussi plusors aniversaris. qui se diseran pendent tout l'an losquoaus aniversaris. los clavers de le companhie tant. de messenhors de canonges. que de prebenders seran tingutz de pagar. Et asso es assaver. tant au senhor canonge qui celebrera aquet atau aniversari. aura son celary sigont que disera la fondation de quet personatge qui aura fondat lod. atau aniversari. tant aussi los ministres. diague et subdiague. profes. los chantres qui feran le chautrerie aus obsequis. qui se diseran dedens l'encor. l'escriban. le benedite. los segrestanx. lo bedeu. lo manobre. et plusors autres charges. qui le glise porte tout au long de l'an. en ensuyvant les volentatz deus fondatours. et bienfactours deus qui an feyt lasd. fondations.

» Las distributions. de les festes. tant de obsequis que aniversaris. losquoaus se disent tout au lon de l'an. en lad. eglise. tant aussi. toutes les festes qui se goadainhen a les quoate hores deu jor. et en queinhe sorte se goadainhen. Es assaver a les premeres. vespres. et landeman au matin a matines. et a le misse maio. et a les segontes. vespres.

» Et nota. que les festes qui le companhie de le glise aperan festes communes. son les festes. quant no valen que III l. 9 s. com es la feste de sancte ✠ de septembre. et aussi d'autres en y a que valen VI l. 9 s. et d'autres que valen VII l. 9 s. et d'autres qui valen IIII^{te} l. Et toutes aqueres festes. le companhie les aperan festes communes. lesquoaus festes se goadainhen au capito de chascunes vespres. à matines a le fin de le terse lecson. es. assaver quant sera jorn feriat. Et quant sera feste de IX lec. se goadainhen a l'avangelii demorant tout jor à l'encor sinon aven leyau descenuse. de qui a le fin de matines. Item. a le misse maio a l'epistole ou a l'avangeli sigont que les fondations diseran. Et los ℟. de mors. aneran dise tout jorn a le fin de chascune. hore sigont que las fondations en diseran. tant empres vespres. matines. que aussi aus autres servicis. Et aussi y a plusors autres fondations que los ℟. de quetz se diseran dedens l'encor. tant empres prime. que a vespres an temps deu quoaresme que aussi a totes hores deu jor. Lo jor de St Miquen de septembre. lo jorn de sancta Martha que autres jorns.

» JHS. MA. JOSEPH. Assi de jus s'en sec per memorandum. les festes de quoate hores. fondades per la intention deu Reverent Pay en Diu Monssenhor Mossen Bertran de Lehet, abesque de Baione qui fo [2]. Et notatz. los messenhors que aquestes festes. de quoate hores se goadainhen en autre sorte que non fen les autres festes communes. en l'autre fulhe escrute. mas aquestes festes se goadainhen en le sorte que s'en sec. Es assaver le vespre de nostre Dame de septembre la distribution de quere. se goadeinhera au segont psalme de vespres. demorant a l'encor de qui a le fin de completes inclusive. Et a matines se goadeinhera a le fin deu ters psalme. demorant tout jorn de qui a le fin de matines. A le misse maio. se goadeinhera. a le fin deu darrer Kirie. incluse la procession. et demorant tout jorn dedans l'encor de qui a le fin de le misse scie dite. Et a les segontes vespres. lad. distribution se goadeinhera anchi que es estat dit au segont psalme de vespres. Et a le fin de chascun servici. diseran ung ℟. de mors. *Qui Lazarum*. ou autre qui plaira aus messenhors dedens les jaunes. sus lo monument qui lod. de Lehet es ensepelit [3]..... »

Donc, il y a des services funèbres ou *fêtes communes*, ainsi appelées, parce que les distributions y sont de médiocre valeur, et d'autres dites *fêtes de quatre Heures* où les distributions se font quatre fois dans le même jour.

Nous allons à présent mentionner les dates des fondations, afin d'établir, sinon le calendrier complet, du moins un certain nombre de fêtes célébrées dans le diocèse de Bayonne, à cette époque.

On sera sans doute bien aise de lire le texte gascon ; nous avons supprimé les services et les obits, et conservé seulement les indications de jours.

Genye (Janvier). Lo jorn de capdan — de Epiphania Domini — de St Mor — de St Anthoni — de St Fabian et St Sebastian — de St Visens — de le Conversion St Pau.

---

1. — Arch. B.-P., G. 82 *bis*.
2. — Augier Bertrand de Lahet fut évêque de Bayonne de 1504 à 1519.
3. — Arch. B.-P., G. 55.

Feure (Février). Lo jorn de nostre Dame de Feure — de St Blasii — de Ste Agatha — l'octave de St Blasi — de Cathedra Sancti Petri — de St Mathias.

Mars. Lo jorn de St Leon — los chis dimengens deu quoaresme — St Gregori — lo jorn de St Joseph — de nostre Dame de mars — de Pasco — de Quasimodo — de St Jorge — de St Marc — de St Pe martyr.

May. Lo jorn de St Phelip et St Jacme — de Sancte ✠ de may — de St Johan Porte latine — de St Miqueu de may — de Ste Qitheri — de St Urban — de le Ascension — Penthecoste — los tres jorns de Penthecoste — de le Trinitat.

Jun (Juin). Lo jorn de Corpore Christi — l'octave de Corpore Christi — de St Barnabe — de St Johan Babtiste — de St Eloy — de St Pe et St Pau — de St Marsau (Martial).

Juilh (Juillet). L'octave St Johan Babtiste — lo jorn de Sancta Helizabeth — l'octave de St Pe St Pau — lo jorn de septem fratrum — de le Magdelene — de St Jacme — de Sancta Anna — de Sancta Martha.

Agost (Août). Lo jorn de Vincla Sancti Petri — de Inventione Sancti Stephani — de St Domenge (Dominique) — de St Laurens — de nostre Dame d'Agost — de St Roch, confessor layc[1] — l'octave de nostre Dame — de St Berthomieu (Barthelemi) — de St Augustin — de Decollatione Sancti Johannis.

Septembre. Lo jorn de nostre Dame de Septembre — de Sancte ✠ de septembre — de St Mathiu — de St Miqueu de septembre — de St Jeronim.

Octobre. Lo jorn de St Frances — de St Denis — de St Odoart (Édouard) regis Angli — de St Luc — de St Simon et Jude.

Novembre. Lo jorn de toutz Sanctz — landeman de toutz Sanctz — de St Martin — de St Clemens — de Sancta Katherina — de St Andriu.

Decembre. L'octave de Sancta Katherina — lo jorn de Sancta Barbe — de St Nicolau — de nostre Dame de la Conception — de Sancta Eulalie — de Sancta Luci — de St Thomas — de Nadau — de St Stephen — de St Johan l'evangeliste — deus Innocens — de St Thomas de Canterbury — de St Silbestri.

Maintenant si nous examinons le cérémonial des obits et des anniversaires, nous voyons que l'office des morts ne diffère pas sensiblement de celui que nous faisons aujourd'hui.

On dit aux messes de *Requiem*, les ℟. *Libera me*, *Qui Lazarum*, ou *Ne recorderis*. A matines, l'Invitatoire *Regem cui*; aux anniversaires, on chante, avant l'évangile, la prose *Dies iræ*; l'absoute se fait souvent sur le tombeau, au chant du *Libera*. Le service est de trois ou de neuf leçons, avec ou sans litanies, le matin ou le soir, entre les petites heures, avant ou après vêpres. Certains jours, on disait après matines, une messe votive, par exemple, celle de la Vierge : *Salve, sancta Parens*, ou celle du Jeudi-Saint, *de Cena Domini*, avec l'Introït : *Nos autem gloriari*; et, après la messe, avait lieu une procession autour des cloîtres, ou dans la ville ; elle se terminait par l'absoute sur la tombe du défunt ou dans une chapelle. On trouve pour le 3 mai, fête de la Sainte Croix, un service où il faut chanter : *O crux, ave, spes unica*, le verset : *Dicite in nationibus*, avec l'oraison : *Solita, quæsumus, Domine.* — Tantôt on dit la messe votive d'un martyr, *Letabitur justus*, ou l'Introït *Suscepimus, Deus* ; tantôt on chante les antiennes *Ave, Regina celorum*, ou *Salve, Regina*, et aussi les *Gaude*, chants en l'honneur de la Vierge. — Parlons maintenant de quelques solennités particulières.

Voici l'ordre des cérémonies pour la veille et le jour de la Fête-Dieu : « *Nota.* Le vespre de Corpore Christi, no si disera aniversaris en le glise de nostre Dame. Ny aussi lo jorn de l'octave. A causa de le solemnpnitat de lad. feste. Et anchi es estat ordenat et restat per los messeinhors de le glise.

» *Corpus Christi.* Item lo jorn de Corpore Christi. feste a hore de none. empres mi jorn per feu mossen Berthomiu de Navau. canonge de nostre Dame qui fo. Lad. feste. se. goadainh. a le fin deu premer psalme. et empres. dite none. discran ung ℟. de mors dedens lo cor. Vau led. feste en vilhete π 1.

» Et lod. jorn de Corpore Christi. comensen les festes et servicis. qui se fen per la intention de monseinhor meste *Sauvat de Pomers* conseilher. et president des requestes. en la suprema court de Parlement de *Bourdeaux.* lo quoau servici dure per toute l'octave. incluse la procession. et le misse maior deu jorn de l'octave. Lod. servici se fey. durant toute l'octave. en le sorte ed maneyre que s'en see.

» Es assaver lo jorn de Corpore Christi sus lo vespre. enter les sept hores. et mye. ou environ. los segrestans. seran tingutz. de anar sonar le cloche. le quoau an acostumat de sonar los gaudes chascun dissabte. le quoau soneran per l'espaci de ung ters de hore. ou environ. Et cependent que le cloche sonera. los seinhors de canonges. et prebenders. se assembleran dedens lo cor. Et un seinhor canonge se anera preparar davant lo St Cors de Diu per lo portar davant l'autar maio. Ensemble dus prebenders. per portar los pavilhon. Et los segrestanx vailheran, los candelès d'argent ensemble. los torchos alucatz. et aussi

---

[1]. Arch. B.-P., G. 55, f. CXLIII, r.

porteran. los enceyssers. et auchi que seran preparatz davant le sacre. Los meisseinhors sourtiran de l'encor en procession, cantan le hymne *Pange lingua* ou *Sacris solempniis* jusques a le capere de St Pe. ons repause le sacre. et de là en fore. passeran per davant les caperes. de le. Magdelene. St Martin. Sancte Catherine. St Jacme. Sancte Anne. Et hentreran per le porte de davant. benent deu cor. Et lod. canonge pausera lo Corpus Christi sus l'autar. Et finide l'impne. lo cor cantera. lo ℟. *Homo quidam fecit cenam.* Deinde. se disera lo versus *Panem de celo*, etc. Et lod. canonge disera la orason *Deus, qui nobis sub sacramento.* Et a le fin de quere. *Dominus vobiscum.* Et dus prebenders diseran. *Benedicamus Domino.* Et la orason acabade. lo canonge prenera lo Corpus Christi. et comensera l'antiphone. *O sacrum convivium.* le quoau se cantera jusques a le fin. Et cependent lo canonge se birera devert lo poble. Et bailhera la benediction. ab Corpus Christi. Et despuihs sourtira per le mediche porte. Et passera per davant lo crucifice. portan lo Corpus Christi. Et lo retournera a le capera de St Pe. Et aquo feyt. los segrestanx. soneran le cloche. com es acostumat sonar l'*Ave Maria* [1]. empres los gaudes. Et en aqueste sorte se continuera toute led. octave. Et chascun jorn empres que scie acabat lod. servici. losd. canonges. et prebenders. aneran disc. ung ℟. de mors. sus le sepulture deud. de Pomers. a le claustre anant a man senestre quasi aupres là ont se tien le court de l'officiau. Chascun servici vau en villette seinq ss. bord [2]. »

On remarquera surtout le *Benedicamus* et l'oraison qui se disent après le *Deus qui nobis sub sacramento*, et l'antienne *O sacrum convivium* que l'on chante pendant la bénédiction du St-Sacrement. Nous voyons dans le même document que, le lendemain de la fête, on dit deux messes, entre six et sept heures, l'une de la Ste Vierge. l'autre de *Requiem.* Le mardi après, se fait l'anniversaire de Marotine d'Arreche et de son père ; après l'office, on va au cloître « devert la dance macabre sus lor munument ». Il est ailleurs question d'une tombe vis-à-vis de « Nostre-Dame de *Recumbance* ou de *Gaudence*». Pendant la semaine sainte, à Ténèbres, il y avait des distributions, mais pas de Répons pour les morts à la fin.

Aux services qui se font le jour de l'Assomption, on chante le *Sub tuum presidium* et la prose *Ab hac familia.* La messe du jour est *Gaudeamus omnes.*

Dans les enterrements, on chante le répons *Redemptor* et la prose *Summe Deus.* Si un confrère veut être enterré dans une autre église. il faudra faire dire pour lui, le lendemain des funérailles, la messe de la confrérie *Salve, sancta Parens*, avec le ℟. *Redemptor meus vivit*, les trois ℟. *Rogamus te, Domine*, et le *Libera*[3].

Enfin dans un manuscrit de la même époque [4] nous voyons classer les fêtes sous le titre de fêtes doubles ou « *collabiles* [5] » et de féries. — Les missels et les bréviaires peuvent seuls nous donner de plus amples renseignements.

M. Jules Balasque cite dans ses *Etudes historiques sur la ville de Bayonne* « un exemplaire du *vieux Bréviaire* du diocèse, manuscrit sur parchemin, contenant une Vie de St Léon rédigée en latin », acheté à Bayonne par Martinez de Isasti, auteur du *Compendio historial de Guipuscoa.* Notre historien bayonnais a traduit en français la légende de St Léon, d'après ce bréviaire. Nous voyons qu'elle est composée de neuf leçons et qu'elle est tout à fait dans le goût des bréviaires romains-français. Aux fêtes principales, comme nous le verrons dans le bréviaire de Lescar, toutes les leçons étaient historiques. Nous allons reproduire cette vieille légende de St Léon, rappelant ce que nous avons dit ailleurs [6], à savoir qu'elle se trouve aussi dans les Bollandistes. Il est probable que la grande légende du même Saint, dont nous avons publié la traduction (de René Benoit, v. 1570), dans le *Bulletin catholique du diocèse de Bayonne*, en mars 1886, se lisait *au chœur* par les chanoines, car la VIIe leçon est précédée de l'évangile du Missel : *Qui vos audit.* Nous ne connaissons pas chez nous d'exemple de pareil fait. Ordinairement l'office de chœur était comme l'office privé, et de même longueur, excepté lorsque le bréviaire de Quignonez fut autorisé.

Petite Légende ou Leçons de l'ancien Bréviaire bayonnais du XVIe siècle.

LECTIO I. — Gloriosi martyris Leonis, fratres carissimi, natalem celebrantes, cum totius vite et conversationis ejus insignia difficile esset verbis exprimere, passionis saltem sue modum et causam succinctis sermo-

---

1. — L'*Angelus.*
2. — Arch. B.-P., G 55, fol. 114 et 115.
3. — *Ibid.*, fol. 153, 156 et *Etudes d'histoire locale et relig.*, p. 86.
4. — Arch. B.-P., G 56, ff. 11 et 12.
5. — Pour *colibiles.*
6. — *Bulletin catholique du diocèse de Bayonne*, mars 1886. *Etudes d'histoire locale*, tom. 2, p. 1.

nibus audiamus. Fuit igitur vir beatus, sacrarum paginarum titulis decoratus, divina revelatione, sacrique Romane curie concilii approbatione, ad archiepiscopatus Rothomagensis civitatis celsitudinem sublimatus, qui post paucos dies, propria sede derelicta, de mandato sacri apostolici collegii, versus Hispaniam, ad predicandum populo gentilium christiane fidei documentum, profectus est.

Lectio II. — Primum accedens in loco qui dicitur Faverio, verbum Domini seminans, totum populum ad Christi cultum revocavit. Deinde ad villam, que dicitur Baiona, rediens, que tunc ab infidelibus piratis possidebatur, falsis idolis serviendo; vespere facto, cum ad dictam villam applicuisset, foribus jam clausis, ingredi non voluit, sed extra, totam noctem exspectavit.

Lectio III. — Mane autem facto, quidam de villa egredientes cognoverunt dictum beatum, cum fratribus suis Philippo et Gervasio, a sua secta alienos, et mirati sunt quia malorum incursus et ferarum et serpentum pericula ipsa nocte evascrunt, et referentes quod homines extra civitatem invenerant, probi homines dicte ville, honesto habitu, ex parte comitatus civitatis, ante dictum sanctum exiverunt. Qui statim, cum audissent verbum evangelice predicationis, credere ceperunt et ipse cum eis dictam villam ingrediens, locum congruum in medio ville, ad declarandam salutem populi, parari jussit in nomine Dei Jesu Christi.

Lectio IV. — Predicavit itaque vir sanctus tribus diebus : et divina favente gratia, populum ad fidem Christi convertit, qui una voce clamaverunt : Non aliam legem volumus, nisi istam quam exhibet Leo sanctus ; et statim idola subvertentes, exstruxerunt ecclesiam ad nutum viri sancti, in honore beate Virginis Marie et sacra unda baptismatis baptisantur per doctrinam dicti sancti.

Lectio V. — Quo facto, ad loca nemorosa ulterius gradiens, oves perditas, scilicet infideles, longo tempore quesivit, jamque bonus negotiator thesaurum infinitum lucratus est. Iterum ad villam Baione divina dispositione reversus est, hesitans ne quid devium vel lubricum in populo inveniret.

Lectio VI. — Erant autem prope villam pirate, in cavernis habitantes, qui quadam die, cum more solito villam ingredi properarent, a civibus catholicis turpiter ejiciuntur, qui, de conversione civium admirantes, nimium indignati et furore succensi, quesiverunt dictum virum sanctum.

Lectio VII. — Fugientes autem pirate de civitate, viderunt B. Leonem cum duobus suis germanis de sua predicatione revertentem : et irruentes in eos, post diversa vulnera, caput beati viri funesto gladio amputarunt. Sed quanto fortius impulsus est ut caderet, tanto firmius stare perhibetur, et caput suum propriis manibus erigens, usque ad locum, ubi primo predicaverat, ante portam civitatis, viriliter asportavit ; et illud, quasi victimam holocausti, more justi Abel, Deo devote obtulit, dicens : Hic est locus vere prædicationis ; hunc elegi, in quo, favente Deo, requiescam.

Lectio VIII. — Quo etiam, fratres B. Leonis, qui cum eo venerant, viso miraculo, pre horrore perterriti, fugientes recesserunt. Que omnia aspiciens, agricultor quidam operans in vineis, cum clamore valido retulit populo civitatis ; populus vero contra prefatos homicidas exiverunt, et invenerunt fontem pulcherrimum in loco, ubi caput sanctissimum cecidit, noviter divinitus emanatum, de quo adhuc hodie totius civitatis populus adaquatur.

Lectio IX. — Invenientes itaque acephalum corpus beati martyris, et caput supra petram positum, multa fuerunt perturbatione commoti, gravis doloris aculeo cordibus sauciati, viso quod amabilis pastor, precipuus defensor eorum, pro ipsorum salvatione mortem non metuerat incurrere tam crudelem, in honore Dei et ipsius corporis sancti, plebs catholica civitatis ecclesiam ibi exstruxerunt, et corpus sanctum conditum honorifice sepelierunt, per cujus merita, plurima fiunt miracula : mulieres in puerperio, invocantes dictum sanctum, periculo liberantur ; naute in periculis marinis et inimicorum potestatibus, illesi servantur ; animalia quoque in ipsius custodia commendata, a luporum morsibus, infirmitatibus variis, eripiuntur, et alia innumera, prestante Jesu Christo[1]. »

Les Bollandistes appellent cette légende « perbrevem », très courte, en comparaison de la grande. Ils indiquent encore des Vies historiques de St Léon, mais ils ne croient pas qu'il y eut d'autres légendes pour l'office divin « præter duas hasce Mss. vitas, serie lectionum in officio ecclesiastico recitandarum digestas[2]. » Il est regrettable que l'ancien bréviaire se soit perdu ; les antiennes devaient y être formées de la belle prose rimée du XIII° siècle.

Le premier livre imprimé où l'on trouve quelques renseignements sur la liturgie, en usage dans le diocèse

---

1. — *Acta SS.*, 1er mars. *Histoire de St Léon*, par Menjoulet, p. 229.
2. — *Ibid.*, *Acta SS.*

de Bayonne, est un rarissime ouvrage contenant les Statuts synodaux publiés par l'évêque Étienne Ponchier[1], le 11 juin 1533. Un exemplaire existe à la Bibliothèque Nationale de Paris, sous la cote *B. 27.911*. Nous allons en donner le titre complet et une analyse assez détaillée.

Ce volume forme un petit in-4° carré ; recouvert de basane usée, il a bien quelques pages détachées, mais toutes s'y trouvent au complet et forment XLVIII fol. à longues lignes. Le frontispice est dans le style de la Renaissance. C'est une sorte d'encadrement composé de deux colonnes entourées de banderolles en spirales, et sur lesquelles va se poser une corniche ornée de volutes gracieuses. A l'intérieur le titre se détache en lettres gothiques.

C Statuta synodalia ‖ Baion. diocesis autoritate Reveredi i Xpo ‖ patris dni dni Stephani de Ponchier dei ‖ et sancte sedis aplice gratia Baion. Episcopi ‖ die undecima mensis Junii anno domini ‖ millesimo quigetesimo trigesimo tertio ‖ edita et publicata. ‖

ARMES DE PONCHIER

Un écu chargé d'un chevron, accompagné de trois coquilles, deux en chef, une en pointe, une tête humaine à l'angle intérieur du chevron, le tout surmonté d'une mitre à dextre et d'une crosse à senestre.

Le verso du dernier feuillet présente le même encadrement avec un sujet au milieu : l'Assomption entourée d'anges et de rayons (sans doute parce que la cathédrale de Bayonne est sous ce vocable). Le nom de l'imprimeur, *Colomiès*, de Toulouse, se lit à la fin de la table.

Cet ouvrage est entièrement imprimé en caractères gothiques ; la mise en page est bien ordonnée, et l'impression, toute en noir, se détachant claire et nette, permet une lecture facile et courante. Des majuscules, peu nombreuses, mais gracieusement ornées, se voient au commencement de chaque chapitre. Les abréviations n'y sont pas très fréquentes. Tous les folios sont encadrés ; le titre principal est en tête du chapitre et les divisions se trouvent dans la petite colonnade de gauche.

Au verso du premier folio, on lit une lettre du vicaire général Thibaut Bonfletus, adressée au clergé de Bayonne. Elle est conçue en ces termes :

C *Theobaldus Bonfletus jurium licen. Baionen. generalis vicarius insigni clero Baionen. S*[2].

« Hoc efficit celi aspectus : aut regionis mores : et vivendi diversitas, vel aliud nescio quid viri ecclesiastici : ut unaqueque provincia et dioccsis suo proprio sensu abundet. Hic factum est : ut preter generales canonicas et civiles sanctiones : quibus fere universus orbis regitur et moderatur. homines propria que et sibi ipsis statuant non tam personis. quam rebus et locis convenientia. Habent enim Athenienses. habent et Lacedemonienses. habet et unaqueque diocesis suas leges : quinimo eas habent fullones : sartores : pharmacopole : bibliopole : lanifici : carnifici : pistores : fabri et ceteri id hominum genus[3]. Quibuscumque privatis localibus legibus hucusque caruit vestra diocesis, que cum sit in tribus regnis sita, Francie videlicet, Hispanie, et Navarre, propter linguarum varietatem et morum diversitatem, synodalibus statutis maxime indigere videbatur. Absurdum est enim unam et eamdem diocesim sibi ipsi esse dissimilem, et membra, id est parrochiales, ecclesie capiti, id est ecclesie cathedrali, in cerimoniis, ritibus, et sacramentorum solennitatibus non convenire. Multorum persuasionibus inductus sum et tandem precibus victus, ut vobis statuta quedam synodalia, vestre diocesi propria, componerem, quibus diocesis, hucusque divisa et sibi ipsa repugnans, una esset et simplex. Et quamvis operis difficultas et librorum penuria ab hoc instituto me deterrerent, in hoc tamen negotio, non minus vobis utili quam necessario, non peperci labori, satisfaciendo saltem in parte precibus et amicorum votis. Quodsi quid ea occasione vos mihi debere existimatis, id solum Dno meo Reverendo episcopo vestro, viro episcopatu digno, debetis, cui longe majora debeo. Nonnihil etiam optimo jure debetur egregio et doctissimo viro Domino Donciondo, in Navarre partibus generali vicario, cujus ope et consilio nonnunquam sum usus. Negari etiam non potest quin plurimum debeatur circumspectis et

---

1. — Il était neveu d'Étienne Ponchier, évêque de Paris, 1503, nommé à l'archevêché de Sens en 1519. Celui-ci eut pour successeur François de Ponchier (ou *Poncher*), qui fut enfermé à Vincennes par François Ier et y mourut en 1532. Les *Statuta synodalia* d'Étienne Ponchier, de Paris, sont célèbres ; il serait curieux de les comparer avec les nôtres.
2. — *S. [alutem]*. On comprend les abréviations du titre ; nous compléterons celles qui se trouvent dans le corps du texte.
3. — Jusqu'ici nous avions donné la ponctuation originale. La copie ne la reproduit plus.

scientificis viris, a vobis ad hec statuta, in generali synodo, vobis cursim lecta, diligentius videnda et legenda deputatis, qui cum summa diligentia ea legerunt et relegerunt, laudaverunt et approbaverunt, quandoque nonnihil addendo, nonnunquam etiam detrahendo et mitigando, prout melius, quam ego qui alienigena sum, cognoscentes ritus, mores et consuetudines diocesis, et quam facile aut non facile a vobis reciperentur. Superest ut hec dicta statuta, eo animo quo vobis offeruntur, recipiatis, diligenter legatis, diligentius discatis, et diligentissime faciatis. In quibus, judicio nostro, omnia reperietis, tam sacre Theologie, quam sacris Pontificum et Imperatorum constitutionibus consona, et naturali rationi non repugnantia, que vobis non modicam (nisi fallor) afferre poterunt opem. Imprimis ad honestius vivendum, gregem vobis commissum instruendum, et in suo ovili, id est, intra divinorum preceptorum cancellos et limites continendum, et errantes oves, si que sint, ut forte sunt, ad ovile revocandum, si modo in his constitutionibus perdiscendis, eam quam debetis et optamus, adhibueritis diligentiam. Valete in Christo, fratres charissimi. »

Vient ensuite une lettre de félicitations, adressée à l'auteur des Statuts par un certain J. Boerius, qui ne décline ni ses titres, ni ses qualités.

Jo. Boerius, T. B., Baionensi generali vicario, sacrarum litterarum et utriusque censure viro meritissimo.

« Nemo unquam dubitavit vir doctissime, et ornatissime, quantum Baionensis clerus, quinimo plebs ipsa tota tibi, vel potius episcopo debeat, qui talem eis prefecerit virum, ob statuta dico synodalia, non minori labore quam industria et studio, in publicum emissa. Hujus rei facio judices qui sacras litteras et jus utrumque profitentur, qui omnia intelligent esse juris et rationis, etiamsi canonum et legum capita subticeantur. Non dubito ea fore omnibus gratissima et ab omnibus amplectenda et deosculanda, in quibus multa tam pie et religiose statuuntur. Nihil in eis precipitur, quod non sit agendum, etiamsi non preciperetur. Et nihil in eis prohibetur a quo non esset abstinendum, etiamsi non esset prohibitum. Nihil est igitur, vir amantissime, quod verearis ea statim publicare. (Non est enim opus ut nonum premantur in annum.) Solent autem qui opus aliquod in publicum emittunt, illud alicui magne gravitatis et potestatis viro dedicare, cujus clipeo et auctoritate a morsu et dente invidorum et oblatrantium liberetur. Habes, vir humanissime, Baionensem clerum, non tibi malevolum, (cui hoc opus dedicasti) qui, lividis et obstrepentibus, si forte sint, ora statim obtundet, obturabit. — Vale, et curam tue valetudinis habe. »

C'est ici que commencent, à proprement parler, les Statuts synodaux. Nous en citerons la convocation générale, le règlement et la table des matières. Tout un chapitre, celui de l'observation des fêtes, concerne notre liturgie locale.

De Convocatione Synodi. (fol. III.)

I. Quoniam, prioribus temporibus, non fuit, in nostra diocesi, consuetum et observatum, singulis annis, sanctam celebrare synodum, sicut fere fit in omnibus aliis diocesibus, idcirco, ut in futurum nullus ignorare possit qualiter se debeat habere in sancto synodo, statuimus quod, die synodi, omnes qui, tam de jure quam consuetudine, tenentur comparere (si celebretur synodus et vocentur), apparebunt, nisi justo et legitimo impedimento fuerint detenti, vel nisi a jure aut a nobis fuerit dispensatum, quibus casibus, mittent suos vicarios qui de hujusmodi impedimento, medio juramento, faciant fidem. Et singulis annis celebrabitur dicta synodus, feria III post tertiam Dominicam Dominice Resurrectionis, in qua cantatur evangelium : *Modicum et jam non videbitis me.*

II. Die synodi, hora septima, mane, comparebunt omnes, in habitu decenti, in pretorio nostro, aut alio loco per nos deputato, ubi omnes, per ordinem, alta et intelligibili voce, a graffario aut alio a nobis ad hoc deputato, singillatim vocabuntur, et contra absentes dabitur contumacia, que poterit, usque ad diem octavum immediate sequentem purgari.

III. Deinde post talem vocationem, omnes in ecclesia comparebunt, hora octava, induti superliciis, missam audituri, qua dicta, diaconus (accepta prius benedictione) leget in pulpito evangelium : *Ego sum Pastor bonus* ; quo lecto, statim fiat concio verbis latinis ad clerum, deinde duo incipiant hymnum : *Veni Creator*, et qui preest synodo, dicit versiculum : *Emitte Spiritum tuum*, etc., cum oratione : *Deus qui corda fidelium*. Deinde fiat processio per claustra aut urbem, cantando letaniam, et in reditu processionis, dicatur pro defunctis psalmus *De profundis*, cum versiculis et orationibus ad devotionem presidentis ; si episcopus presit, faciet solemnem benedictionem.

IV. Hora prima post meridiem, comparebunt omnes in loco designato, ad tractandum de agendis, ubi qui preerit synodo, exponet clero ea que agenda sunt. Similiter rectores, aut eorum vicarii, poterunt informare episcopum aut ejus vicarium, datis articulis, de his que in suis parrochiis sunt necessaria, et reformatione et correctione indigent, ut tempore visitationis, aut alias, ut juris erit et rationis, provideatur.

V. In qualibet synodo, legetur et exponetur aliqua pars statutorum synodalium, arbitrio presidentis, maxime articulorum quibus frequentius contravenietur.

VI. Die Dominica precedente synodum, inquirent diligenter rectores, aut eorum vicarii, si sint aliqui infirmi in suis parrochiis, et eos, etiam non requisiti, visitabunt. Et deputabunt aliquem sacerdotem idoneum, virum probum, qui eis absentibus possit et valeat periculis et casibus occurrentibus providere, quem populo nuntiabunt, ut sciat populus quem querere debeat, occurrente necessitate. Idem observent quoties eos aliquo proficisci contigerit.

VII. Venientes ad synodum, tam eundo quam redeundo, honeste et modeste se habeant, honesta querant hospitia, in quibus sobrie vivant, et in omnibus ita prudenter se habeant, ut laicis non sint scandalo.

Alors se succèdent les divers chapitres des Statuts. Il y a là des détails très curieux et très intéressants que nous ne pouvons même pas indiquer. Immédiatement après les ordonnances sur l'observation des fêtes, se trouve l'avertissement suivant :

☙ Statuimus, et precipiendo mandamus, quod omnes et singuli presbyteri et quelibet fabrica hujus nostre diocesis, teneantur habere hunc librum harum constitutionum, post duos menses a die publicationis et notificationis, per nos vel de mandato nostro, facte. Et hoc sub pena duarum librarum turonensium fisco nostro applicandarum.

☙ Finis.

Vient enfin le procès-verbal de la tenue du Synode : « Anno Domini millesimo quingentesimo tricesimo tertio, die vigesima octava mensis maii, in generali synodo, per discretum et scientificum virum, magistrum Theobaldum Bonflete, utriusque juris licenc., generalem vicarium Baionensem, celebrata fuerunt hec statuta, coram clero debite et legitime congregato, cursim et summarie lecta. Qui quidem clerus, audita eorumdem statutorum lectura, deputavit ex eisdem nonnullos discretos et scientificos viros, ad ea diligentius legenda et videnda, cum potestate addendi, diminuendi, et mutandi, prout eis bonum et equum videretur, promittentes in manibus magistrorum Johannis de Lesparre, curiarum vicarii et officialis Baionensis, graffarii, et Jacobi Auber in jure baccalarii, notariorum publicorum, stipulante procuratore fiscali magistro Michaele de Lisarague, juris baccalario, et rectore d'Ascain, se habere et perpetuo ratum, stabile, et firmum habiturum quidquid, per dictos deputatos, in hac re arrestatum et conclusum fuerit. Qui quidem deputati, die undecima mensis sequentis, postquam predicta statutata viderunt, et cum summa diligentia legerunt, eadem laudando approbaverunt, et publicando, voluerunt, consenserunt, et determinaverunt in presentia prefatorum notariorum et plurium testium. In cujus rei testimonium, fidem et robur premissorum, signis suis manualibus harum constitutionum originale signaverunt.

☙ Deputati fuerunt a toto clero discreti et scientifici viri magistri.
  ☙ A capitulo Baionensi.
☙ Johannes de Lenda, juris baccalarius, rector sancti Leonis [1] et Baionensis canonicus.
☙ Joannes de Mondaco, similiter jurium baccalarius, officialis et canonicus Baionensis.
  ☙ Ex archipresbyteratu Laburdi.
☙ Stephanus de Sanctis, Sancti Spiritus canonicus [2], de Ahetze et Nerbone rector et curatus.
☙ Martinus Darquie, jurium baccalarius, rector de Ustaritz.
☙ Johannes de Harenboro, rector Sti Stephani.
☙ Petrus d'Ibusti, commendator de Bono loco [3] et rector sancti Martini de Garro.
  ☙ De archipresbyteratu Fontisrabidi [4].
☙ Johannes de Ierobi, juris baccalarius, de Renteria vicarius perpetuus.

---

1. — Paroisse St-Léon d'Anglet.
2. — St-Esprit de Bayonne avait une collégiale fondée par Louis XI, en 1483, avec un chapitre de treize chanoines. *Nerbone*, pour Arbonne.
3. — Bonloc, près Hasparren ; commanderie dépendante de Roncevaux.
4. — Fontarrabie en Espagne.

→ L ←

(Michael de Ambulo, di Dyarsun ¹ vicarius perpetuus.
(Ex ea parte que est in regno Navarre.
(Dominus Donciondo, juris licenciatus, in dicto regno generalis vicarius.
(Bertrandus de Chaparre, rector sancti Michaelis veteris ².

Voici maintenant la table des matières :

Tabula Titulorum. (Fol. XLVIII.)

(De convocatione synodi	Fº. III.		(De reliquiarum veneratione, confratriis, et eorum questoribus ³	Fº. XXXII.
De sacramentis in genere	IIII.			
De baptismo	V.		De fabrice ecclesiarum syndici[s] seu clavigeris	XXXIII.
De sacramento Confirmationis et Ordinis	VIII.		De sententia excommunicationis	XXXIIII.
De sacramento Penitentie	X.			
De sacramento Eucharistie	XV.		De testamentis et ab intestato successoribus	XXXVII.
De sacramento Matrimonii	XVIII.		De sepulturis	XXXIX.
De Extrema Unctione	XXV.			
De vita et honestate clericorum	XXVI.		De proponendis populo per rectores	XL.
De ecclesiis, cimiteriis et eorum immunitate	XXIX.		De festorum observatione ⁴	XLIII.

Impressum Tholose per magistrum Jacobum Colomies.

Nous avons dit plus haut qu'au verso de la dernière page, on voit l'Assomption de la Sainte Vierge.

Il serait à souhaiter qu'on réimprimât, en partie, ce livre, vénérable mémorial de nos pieuses et vieilles coutumes ⁵. C'est un précieux monument ecclésiastique et le plus ancien qui subsiste de notre pays.

Le même prélat, Etienne de Ponchier, fit imprimer pour le diocèse de Bayonne, en 1543 (n. s.) un nouveau missel que le *Gallia Christiana* cite en ces termes : « *Anno 1543, Missale ad usum Ecclesiæ Baionæ typis mandari curavit* ⁶. » On croyait jusqu'ici que ce livre d'église n'existait plus. On verra dans un chapitre spécial, consacré entièrement à cet inestimable trésor, comment nous l'avons découvert à la Bibliothèque Mazarine de Paris. Ainsi sommes-nous parvenu à reconstituer en quelque sorte la physionomie de notre antique liturgie.

DIOCÈSE DE DAX EN BÉARN. — L'ancien diocèse de Dax comprenait une portion du diocèse actuel de Bayonne, à savoir le canton d'Orthez en partie, Salies, Sauveterre, St-Palais, le pays de Mixe et l'Ostabarret. Il s'étendait même en Soule jusqu'au XIᵉ siècle. Le clergé de ce pays récitait l'office de « *l'Ordi* » de Dax. Ce terme d'*Ordi* est la traduction béarnaise du latin *Ordo*, c'est-à-dire l'*Ordre* ou le *Rituel*. D. Guéranger, M. l'abbé Duchesne, et les liturgistes se servent souvent de cette expression. Aujourd'hui nous appelons communément *Ordo* le règlement pour les offices de l'année.

Le plus ancien livre liturgique du diocèse de Dax est le bréviaire manuscrit du XIVᵉ siècle que l'on conserve encore à la bibliothèque du Grand Séminaire d'Aire. Ce serait un louable travail d'en publier au moins la partie historique. Nous n'avons pas eu le loisir de l'étudier ; nous savons seulement que les offices des saints y sont rares et courts. A propos de Quitterie, la grande sainte aturine, la vieille légende n'est pas très explicite. Il est fort probable que cet office se récitait, sauf peut-être de bien légères modifications, jusqu'à la fin du XVIᵉ siècle.

Ce devait être aussi un manuscrit, le missel vendu, le 12 mai 1488, à Labastide Villefranque, par Pascal

---

1. — Oyarçun dans le Guipuscoa.
2. — St-Michel, canton de St-Jean-Pied-de-Port.
3. — On lit à ce sujet : « Questores igitur confratriarum et cenalium reliquiarum, qui plerumque, gratia questus tantum, et non ob honorem Dei aut religionem, parochias circuiunt, non recipiantur, sub pretextu quarumcumque bullarum, litterarum, privilegiorum, nisi prius ostenderint litteras nostras. » Et s'ils enfreignent ces prescriptions, leur châtiment doit être très sévère : « gravissime puniantur ». Dans l'original, la table n'est pas sur deux colonnes.
4. — V. au ch. X : Des fêtes de précepte.
5. — On trouve de nombreux Statuts synodaux au XVIᵉ siècle, de 1530 à 1560 : p. ex. ceux d'Oloron, v. 1530, sous Jacques de Foix, de Bayonne, 1533, de Lescar, 1555, de Rodez, 1553.
6. — Edit. l'aîné, t. 1, col. 1320.

de Naymet, archiprêtre de Rivière-Gave et prébendier de St-Pierre d'Orthez, aux marguilliers de St-Pé de St-Dos-Juzon, pour une somme d'argent que nous ne pouvons pas connaître — l'acte notarié étant déchiré précisément à l'endroit où le prix était indiqué — « per la some de... bordales et sept ss. jacques, comptan detz ss. jacques per casquun franc, et aquetz a cause et per rason de vendition de *ung libe missau aperat mixtom*[1] ». Cette dernière expression est à remarquer : Qu'appelait-on un Missel *mixte* ? Nous croyons que c'était celui qui contenait autre chose que la messe ; c'est sans doute le sens que donne le Jésuite Lesleus à son édition du Missel mozarabe publié sous ce titre : « Missale *mixtum*, secundum regulam beati Isidori, dictum Mozarabes, prefatione, notis et appendice, ab Alexandro Lesleo S. J. sacerdote, ornatum. Romæ 1755 [2] ».

Le diocèse de Dax avait fait imprimer un missel et un bréviaire, tout au commencement du xvie siècle, et peut-être avant, car nous avons trouvé un marchand de ces livres, établi à Orthez, dès 1506. Cette particularité, vraiment curieuse, a échappé à la sagacité de M. Louis Lacaze, qui a publié un ouvrage si complet et si remarquable, sur les *Imprimeurs et Libraires en Béarn*.

Il y avait en effet à Orthez, rue des Palhotes, un marchand, du nom de Brunet d'Estis ou d'Astis. Il faisait le commerce en gros des draps, de la laine, de la mercerie, de la toile, du « pastel » et.... des livres d'église. Il va faire lui-même ses emplettes en Espagne, à Pampelune, à Bilbao, à Valladolid, à Médina del Campo, où avait lieu une grande foire ; il expédie ses marchandises à Toulouse, à Bayonne, à Laval. Ses envois pour cette dernière ville étaient dirigés sur la Rochelle où Michel le Mercier, négociant, les faisait prendre.

Brunet d'Astis tenait boutique et écoulait ses livres. Il y en avait pour tous les goûts, manuscrits et imprimés, sur papier ou en parchemin. Il avait pris à son service un relieur, Arnaud de Ponsaa, qui avait, lui aussi, une petite libraire et tenait en dépôt des livres qu'il essayait de vendre. Le 26 août 1506, Brunet lui confia vingt missels imprimés, du diocèse de Dax, « bint missaus de molle [3] de l'ordi d'Acx », dont dix-sept sur papier et trois sur parchemin, ces derniers reliés, avec couverture rouge, et les autres brochés. Ponsaa devait les vendre, ceux de parchemin, 9 écus pièce, et les autres, un écu. Il s'engage à remettre les livres ou l'argent ; et Brunet à payer 5 sous pour chaque reliure. Voici le contrat passé à Orthez entre les deux commerçants : « Sapien toutz los qui la presente veyran que jo Arnaud de Ponsaa, d'Ortes, confesse tener en garde et comana, deu senher Brunet d'Estis, marchand d'Ortes, bint missaus de molle de l'ordi d'Acx, los detz et set de paper et los tres de pergami ; los de pergami son religatz, cobertz de roge, et los detz et set de paper son blancz, sentz religar. Et asso per los y bender, se puixs, los de pergami a nau scutz pesse, et los de paper à ung scut pesse ; losquoans susd. missaus de pergami et de paper los y prometi tornar, quant los bolera, o l'argent qui salhira de quetz, au pretz susd., en me retornan la presente cedulé. Et si aixi era que quant et los bolosse los de paper, que si n'y abe de religatz, sera tengut de me pagar sinc ss. per la religadure de cascun qui sera religat. Et per que so de si es vertat, lo n'ey feyt la presente scripture et signade de ma propria maa. A Ortes, lo xxvi de agost mil sinc centz et seixs. *Arnaud de Ponsaa. Vertat es* [4]. »

Brunet d'Astis mourut vers 1525, et Arnaud de Ponsaa, libraire-relieur, le suivit peu de temps après dans la tombe. Brunet avait un fils aîné qui, emporté par la peste — épidémie régnante alors à Orthez, — ne put recueillir la succession. Le cadet, Arnaud d'Astis, établi à Lescar, ne voulut accepter que sous bénéfice d'inventaire. D'autre part, Arnaud Ponsaa avait tout laissé à sa femme, Catherine de Balansun. Il y eut donc reddition de comptes entre les héritiers ; il fallut procéder à un inventaire. Dans un acte du 22 mai 1528, Arnaud d'Astis déclare que son père était un « gros marchand », et qu'il avait une honorable position. Il raconte les motifs qui ont retardé la liquidation de ses affaires. Le 4 avril 1529, la veuve Ponsaa parle de vingt missels confiés jadis à son mari ; celui-ci, huit jours avant sa mort, lui déclara qu'il en avait vendu un certain nombre ; elle s'offrait à en donner le prix convenu et à rendre les autres ; depuis longtemps déjà, elle avait proposé vingt écus à Arnaud d'Astis. Elle avoua aussi que son mari, relieur par état, avait reçu une certaine quantité de missels, 23 ou 24 ans auparavant : « Pot haver xxiii o xxiiii ans que lod. de Ponsaa, marit de lad. Cathaline, qui ere *religaire*, prenco augune quantitat de missaus. » Le 18 du même

---

1. — Arch. B. P., E. 1191, f. 282. « Missale mixtum, ubi ni fallor, præter ea quæ ad Missam spectant, alia occurunt. *Missale plenum*, in quo evangelia et epistolæ *plenitor* continentur. » Du Cange. Le P. Lebrun (t. 1, apres la Préface) donne une définition qui concorde bien avec cette dernière : « On appelait, dit-il, *Missel plénier* celui qui contenait non seulement ce que disoit le prêtre, mais aussi ce qui étoit dit par le diacre et le soudiacre et par le chœur. Ces sortes de Missels étoient nécessaires pour les messes basses, et présentement tous les Missels qu'on imprime sont des Missels pléniers. »
2. — *Inst. lit.*, t. 1, p. 206.
3. — *Lettres de moulle, molle* : caractères d'imprimerie. V. *Dictionnaire Béarnais* de Lespy.
4. — Arch. B. P., E. 904, original sur papier. Toutes les pièces sur cette question sont dans la même liasse.

mois, on trouva chez le relieur un certain nombre de missels, encore à vendre : « certan nombre de libes missaus ». L'inventaire d'Arnaud d'Astis nous apprend qu'il y avait en ce moment, dans le comptoir de la boutique de son père, *soixante* bréviaires et plusieurs missels avec la Vie des Saints, la *Vita Christi*, et d'autres livres. C'était une grande librairie pour l'époque. « Item dixe hy have... ung condador fentz lo quoal have sixante berbiariis et plusors auguns missaus... plusors lettres missibes et autres papers et la vite deus santz, la *Vita Christi* et autres libiis. »

Nous croyons cependant que B. d'Astis ne vendait pas que des livres liturgiques de Dax. La proximité du diocèse de Lescar (Départ en était) devait lui fournir une bonne clientèle. Nous verrons que notre bréviaire de 1541 fut acheté à Orthez.

On peut se demander où Brunet d'Astis faisait de si grands achats de livres d'église. Il avait bien des relations avec Toulouse où les imprimeurs étaient alors assez nombreux. Mais l'histoire de l'imprimerie de cette ville est muette sur le missel et le bréviaire de Dax. Les voyages répétés de notre marchand orthésien en Espagne font supposer que ces livres étaient imprimés dans ce pays. On verra bientôt que le missel de Lescar de 1495 fut imprimé à Pampelune. Aussi pensons-nous que, parmi les incunables des grandes bibliothèques du nord de l'Espagne, on trouvera un jour des ouvrages qui ont trait à nos contrées méridionales. Les mêmes documents relatifs à Brunet d'Astis nous apprennent d'ailleurs qu'il avait des affaires avec les libraires d'outre-monts. « Pluus per ung arossy (?) grisor qui crompe de ung *librayre de Medina*, costa vint ducats. » Toute recherche bibliographique, surtout pour les premiers temps, sera donc incomplète, si l'on n'étudie pas l'établissement et les progrès de l'imprimerie en Espagne, au moins jusqu'à la seconde moitié du XVIe siècle. Nous finirons cette étude sur les livres de Dax en mentionnant un « ancien » bréviaire, indiqué par le *Gallia Christiana*, et qui n'est autre sans doute que celui dont nous venons de parler : « Breviarium antiquum Aquense notat... Gratianum [episcopum, 506] totum se convertisse ad instaurandam B. Vincentii œdem[1]. »

DIOCÈSE DE TARBES. — La ville de Pontacq et quelques paroisses frontières faisaient jadis partie du diocèse de Tarbes, et, à ce titre, nous aurions voulu incidemment parler de la vieille liturgie Bigorraise. Malheureusement, nous n'avons rien découvert, sur ce sujet. Nous ferons remarquer néanmoins que le Bréviaire de Lescar parle de St Fauste et de St Savin, toujours honorés dans le diocèse de Tarbes.

DIOCÈSE D'OLORON. — Le texte le plus ancien que nous ayons trouvé sur les livres d'église, dans le diocèse d'Oloron, est une requête faite par Arnaud, curé de Lucq, qui, en 1363, demande aux *voisins* de la paroisse, d'acheter un missel et un livre d'heures : « libes ab de dizer las ores et la misse [2] ».

M. Menjoulet a reproduit dans sa Chronique d'Oloron un testament du 27 septembre 1422, conservé aux archives départementales, dans lequel P. de Faurie, curé de Préchac-Navarrenx, donne le catalogue de sa bibliothèque. C'est un document trop curieux pour que nous ne le donnions pas en entier : « 1° Lo *Breviaro*, scriut de sa man, on no ha sauteri (le psautier), valen 15 floris [3] ; 2° Un *Breviaro de l'ordre de sen Stephe*.... (sans doute St Étienne de Toulouse) valen 4 floris ; 3° Une *Bibla* petita, tota complida, valen 10 fl. ; 4° Las *Flos deus sants*, 2 peces (2 volumes) qui valen 10 floris ; 5° Un *libe de sermoos*, deu comu deu santz, on ha trop beras ave marias... 3 fl. ; 6° Une *expositio de Evangelis Dominicales*, ligada ab las *distinctios de Bankeras*, 5 fl. ; 7° V floris feytz presta sober las *Expositios d'epistolas Dominicales* qui son deu Cornant de sancta Maria ; 8° Item thiey de fray l'abat d'Ori las *Ystorias scolastices* : sian lo tornades francamentz ; 9° Item thiey de Moss. Arnaud Guilhem de Garos un libe de *sermoos* sentoraus, scriut en pergami, per 5 fl. de 9 s. ; 10° *Tractat de la missé* que le fray Bernard... que sie tornat tot franc ; car io lo trobe sur l'autar de Prexac-de-là (Josbaigt) ; 11° Una *lectura de doctrinau*, scriuta de sa man, valen 5 fl. ; 12° Una *lectura de trectatz*, ligada ab auta obra, 3 fl. ; 13° Una *lectura deu compot*, ligada ab lo *libe de las confessios*, ab tres o quatre *obretas*, 6 fl. ; 14° Item *Bonaventure*, 3 fl. ; 15° Item, lo *libe d'orguen*, qui thiey Arnaud de Casanova, prebender, 5 fl. ; 16° Item, thiey tres o quoate *panfletz* deu prebender d'Ori per la soma de 11 fl. ; 17° Item d'autres libcrots de *gramayre* et *logica* et *autres libes*, ques trobaran en son hostau de Preshac [4]. »

M. Menjoulet nous dit encore qu'en 1525 Jacques de Foix, alors évêque d'Oloron, « fit imprimer un

---

1. — *Gall. Christ.*, tom. 1, éd. Palmé, col. 1038.
2. — Arch. B.-P., E. 1500, f. 7.
3. — L'écu valait ordinairement dix-huit sous et le florin était la moitié d'un écu (*Le Livre des Syndics des États de Béarn*, par L. Cadier. Paris. Champion, 1889, p. 88). On le voit ici même au n° 9.
4. — *Chronique d'Oloron*, t. 1, p. 513.

bréviaire où se trouvait un office particulier en l'honneur de St Grat [1] ». Nous avons puisé de plus amples renseignements sur ce précieux ouvrage dans un Mémoire fait à l'occasion d'un procès qui eut lieu, de 1712 à 1725, entre Mgr Joseph de Révol, évêque d'Oloron, et son chapitre, au sujet d'un nouvel office de St Grat. Nous y lisons ces paroles : « L'Église d'Oloron avoit anciennement un bréviaire particulier DONT IL RESTE ENCORE QUELQUE EXEMPLAIRE, imprimé à Lyon en 1525, par l'ordre de Jacques de Foix, alors évêque ; et elle prit dans les suites le bréviaire Romain réformé par le pape Pie V en 1568. L'office de St Grat, patron du diocèse, se trouve dans l'ancien bréviaire ; il n'est point dans le bréviaire Romain, et on ne sçait pas comment cet office étoit récité, depuis le changement du bréviaire jusqu'en 1691. » Le vieux bréviaire d'Oloron portait ce titre :

Breviarium secundum ritum insignis Ecclesię Oloronensis in suum ordinem et ad debitam formam redactum, jussu et authoritate Reverendi in Christo Patris Domini Jacobi de Fuxo, eiusdem Ecclesie episcopi, quam accuratissime fieri potuit, cum novis Rubricis et cum fideli emendatione. Ad laudem Dei et honorem gloriose Virginis Marie totiusque Ecclesię celestis [2].

Que sont devenus les exemplaires de ce bréviaire d'un prix inestimable ? Sont-ils à jamais perdus ? ou gisent-ils dans la poussière de quelque bibliothèque, dans les recoins de greniers abandonnés ? Nous prions nos vénérés confrères de le rechercher avec soin. Quelle bonne fortune, si on pouvait le découvrir !

DIOCÈSE DE LESCAR. — Le 22 janvier 1485, Arnaud de Marque, de Lescar, habitant à Gelos, donne à Guillaume-Arnaud de Marque, son neveu, un bréviaire en parchemin « ung berbiari de pargami [3] ». Deux ans après, le 15 avril 1487, Pées de Sus, curé de Bougarber, déclare devoir à Bertrand de Cloos, curé d'Aussevielle, une somme de 16 écus, à 18 sols l'écu, dont 13 pour la vente qui lui avait été faite d'un bréviaire neuf complet « los XIII scuts per vendition de un breviari complet nau [4] ». Un acte plus curieux est le testament de Pélegrin d'Aroque, qui avait résigné la prébende de Puyau à Jurançon, pour accepter celle de N.-D. à St-Martin de Pau. Il déclare, le 18 avril 1490, qu'il doit 22 florins à son ancien bénéfice de Jurançon ; il laisse le bréviaire qui lui appartient, à titre de paiement et « d'ornement » pour ladite prébende. Il souhaite que ce livre reste à perpétuité à Jurançon, sauf par le prébendier — mais non l'actuel, Jean de Tisnées, qu'il ne veut pas mettre en possession du bréviaire, et *pour cause*, — à prier Dieu pour le repos de son âme. Que cependant si le prébendier, Jean du Tisnées, donne pour caution Menauton, son frère, et que celui-ci promette de rendre à la mort de Jean, le bréviaire, ou une somme de 25 écus, afin d'en acheter un semblable, pour le service de la prébende, le testateur consent à ce que le bénéficier actuel s'en serve. Il veut aussi que son petit missel manuscrit revienne à la même prébende et que son petit bréviaire ordinaire soit affecté au culte divin dans l'église de Pau : « Item dixo et ordena lod. testayre que, per pagar lo qui se trobara degut a lad. prebende [de Puyau] per lod. testayre sie pres lo *berbiari*, qui es son propi, et sie de la prebende tant per losd. XXII fl. cum per ornament de lad. prebende, loquoau volo sie per james de lad. prebende, per que lo prebender qui per temps sera, et no lo que a present es, sie thiencut de pregar Diu per lod. Moss. Pelegri, car no intem lod. testayre, binque lod. berbiari en las mas de Moss. Joan deus Tisnees a present prebender et per cause. Empero dixo et bolo lod. testayre si lod. Joan done fermanse Mton deus Tisnees, son fray, de tornar et restituir principalement. lod. berbiari a la fin et desses deud. Moss. Joan,

---

1. — *Chronique d'Oloron*, t. 2, p. 38.
2. — Arch. du G. Séminaire d'Auch. Procès sur St Grat. 15e Mémoire, pp. 1 et 3.
Nos recherches n'ont pas abouti à nous faire retrouver le Bréviaire d'Oloron de 1525 ; mais elles nous ont donné la preuve de son extrême rareté. Un des plus savants bibliographes lyonnais, M. Claudin, libraire-expert, lauréat de l'Institut, nous écrivait : « Le bréviaire d'Oloron est un livre d'une insigne rareté que je n'ai jamais rencontré dans mes recherches... Lyon a imprimé plusieurs bréviaires à cette époque (1525). Les imprimeurs Lescuyer, Myt, Simon Vincent, et autres, en ont imprimé pour la région et pour des diocèses du Midi. » D'autre part, nous devons à l'obligeance de M. Baudrier, un érudit bien connu à Lyon, la note suivante : « Je viens de parcourir la liste des ouvrages imprimés par Olivier Arnoullet, Pomarel, et surtout D. de Harsy, qui sont les principaux imprimeurs de bréviaires à cette date et n'ai rien trouvé. Harsy a imprimé une trentaine de bréviaires ou de missels dont plusieurs à l'usage des évêchés du midi de la France. » Il ajoute que c'est un « rarissime volume » digne d'être recherché avec soin.
3. — Arch. B.-P., E. 1972, f. 67 v.
4. — Arch. B.-P., E. 1930, f. 168 r.

o bint et sine escutz per aquet et crompe de ung semblant berbiari, per lo servicii de lad. prebende o prebender... Item dixo que abe *un petit missau scriut en paper*, volo et ordena lod. testayre fosse au servicii de lad. prebende et prebender. Item volo que *l'ordinari petit*, qui es son propi, sie au service de Diu et de la gleysa de Pau [1]. » Tant de précautions prouvent que le bréviaire de vingt-cinq écus était bien précieux ; jusqu'à présent nous n'en avons pas vu d'aussi haut coté.

Un fait qui nous intéresse encore davantage, c'est l'impression d'un Missel de Lescar, à Pampelune, en 1496, par ordre de l'évêque Boniface Peruzzi. Le *Gallia Christiana* nous le dit en ces termes : « *Ejus mandato Missale hujus ecclesiæ fuit impressum Pomplonæ anno 1496* [2]. » Des recherches actives dans les bibliothèques espagnoles amèneront peut-être un jour sa découverte.

C'est sans doute ce livre qui est mentionné dans un acte du 27 octobre 1518. Jean du Piper, prêtre de Nay, déclare par testament que, sur une somme de 7 florins à lui due par Jean de Laborde, il a reçu un Missel imprimé, selon le rit de Lescar, valant 2 écus : « A recebut lod. testayre en deduction de la d. somme ung missau de molle de l'ordi de Lescar, et asso per rason de dus escutz [3] ».

Il faut attendre encore trente ans avant de voir paraître un livre traitant de choses religieuses et liturgiques. C'est en 1552 que furent publiées par l'évêque Jacques de Foix les fameuses Constitutions synodales du diocèse de Lescar. Cet ouvrage est si important que nous allons en donner une ample analyse à nos lecteurs.

On ne connaît de ce rarissime livre que trois exemplaires : l'un qui a passé de la bibliothèque de Firmin Didot au *British Museum*, l'autre, à la bibliothèque Ste Geneviève à Paris, et le troisième, incomplet, à la bibliothèque de Pau. En voici le titre : *Liber* || *constitutionum Ecclesie et* || *Diocesis Lascurrensis nuper impressus Pali* || *per Joannem de Vingles et* || *Henricum Piper* || M. D. L. II. || Inutile d'en décrire le titre puisque, grâce à l'obligeance de M. Louis Lacaze, nous pouvons insérer ici le curieux frontispice qui a paru déjà dans son beau livre sur *les Imprimeurs et les Libraires en Béarn*.

Imprimé par Jean de Vingles et Henri Poivre, ce volume est un petit in-4° en caractères gothiques — en noir — grandes lettres ornées — de 88 fol. non chiff., du moins à en juger par l'exemplaire incomplet de la bibliothèque de Pau.

Après le titre, vient immédiatement l'ensemble des matières contenues dans l'ouvrage (fol. 2 r°).

❡ **Constitutiones synodales Ecclesie et Diocesis Lascurrensis** per illustrem ac reverendum patrem Dominum Ja || cobum de Fuxo Lascurren. epm. nuper || edite correcte ac aucte quibus || subiunguntur et adiiciuntur de novo sequentia. ||

❡ Primo articuli fidei per universitatem Parisien. editi.
❡ Secundo decem precepta decalogi.
❡ Tertio tractatus uberrimus de septem sacramentis Ecclesie.
❡ Quarto tractatus de sacerdotio.
❡ Quinto tractatus de blasphemia.
❡ Sexto de et super perpetua conservatione fundationum ac dotium, prebendarum, capellaniarum, omniumque beneficiorum et bonorum Ecclesiasticorum una cum pluribus aliis constitutionibus novis valde utilibus et necessariis non solum curatis quinetiam omnibus presbiteris ac clericis ad sacerdotium aspirare capientibus que non erant in constitutionibus predecessorum.

Puis (fol. 2 v°) l'ordonnance de l'évêque Jacques de Foix :

« Ad cathedralis Ecclesie Lascurrensis regimen nobis (quanquam immeritis), superna dispositione concessum, considerantes, propter lapsum primorum parentum, naturam humanam a Deo gratie auxilio destitutam, deservire sensualitati et proclivam ad malum esse, ex quo morum subversio frequenter in clero et populo obrepsit et, nisi extirpentur vitia, virtutes inserantur, corrigantur excessus, moresque reformentur, et qui aliquando fuerunt oves errantes, fiant lux in Domino et baculo pastorali Petri navicula prospere naviget. Hec sane, felicis recordationis, predecessores nostri, Lascurrenses episcopi, prudenter attendentes, pastorum

---

1. — Arch. B.-P., E. 1976, f. 30 v.
2. — Tom. I. col. 1297.
3. — E 1720, f. I, 162 r.

officio debite satisfaciendo, deformatorum reformationi providendo, constitutiones ac sanctiones, negotiis imminentibus consonas, promulgarunt et ediderunt.

» Nos itaque, Jacobus de Fuxo, miseratione divina episcopus Lascurrensis, sanctorum Patrum ac majorum nostrorum actus imitari volentes, ut boni more pastoris, gregi quietem preparemus, et ne sanguis nostrorum subditorum de nostris manibus requiratur, quedam ex predecessorum nostrorum votis ordinata sequentes, quedam vero reformantes, et alia in melius commutantes, addentes, et ordinantes infra scriptas

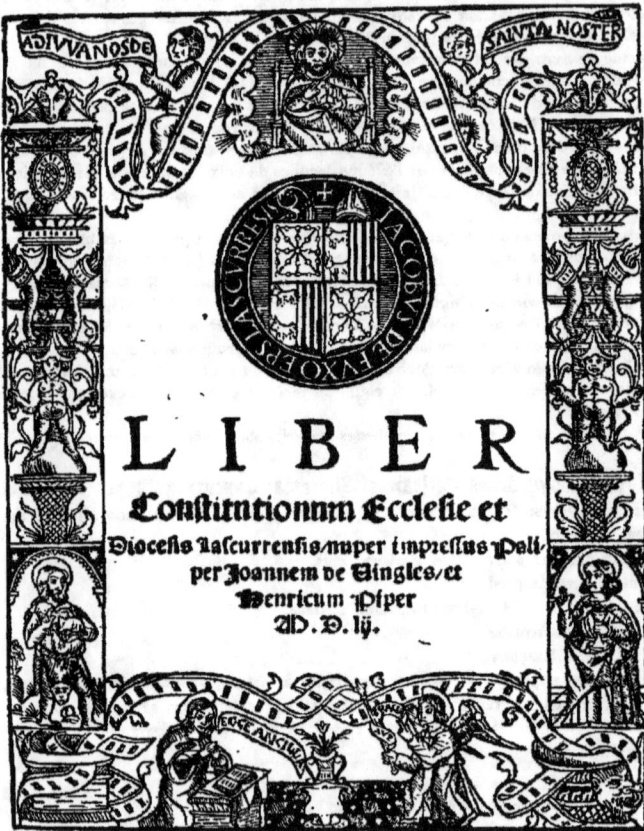

FRONTISPICE DU *Liber Constitutionum Ecclesie et Diocesis Lascurrensis.*
(Communication de M. Louis Lacaze.)

constitutiones, totius cleri matura deliberatione consilii, duximus componendas et in lucem edendas, ut christiana religio nostre diocesis bonorum exemplo ecclesiasticorum majoribus ac salutaribus proficiat incrementis : quare omnes et singulos Canonicos, Abbates, Archidiaconos, Precentores, Sacristas, Priores, Prepositos, Decanos, Archipresbiteros, Rectores, Beneficiatos, Presbiteros, Clericos, et alios Christifideles nostre diocesis Lascurrensis, quos subinserte constitutiones respective tangunt, in Domino requirimus et orthamur, et nichilominus in virtute sancte obedientie districte precipiendo mandamus, quathenus omnes et singulas constitutiones hujus nostre sacre synodi supplici affectu suscipientes, teneatis, compleatis, et inviolabiliter servetis, et ubi et quando opus fuerit, ab aliis observari faciatis et mandetis, nullas alias, preter has que in hoc volumine continentur, recepturi, sub censuris et penis in eisdem contentis, sperantes, ex eorum observantia, centuplam mercedem et tandem vita perfrui sempiterna. »

Nous ne pouvons même pas résumer cet ouvrage considérable; mais on en aura une idée bien suffisante par la très longue table de chapitres qu'il renferme :

⁋ De fide catholica et pertinentibus ad eandem [1]	f. 3 r°.
De duodecim articulis fidei	f. 3 v°.
De septem peccatis mortalibus	f. 5 v°.
De superbia	f. 5 v°.
De avaricia	f. 5 v°.
De luxuria	f. 6 r°.
De ira	f. 6 r°.
De gula	f. 6 v°.
De invidia	f. 6 v°.
De accidia	f. 6 v°.
Sequuntur decem precepta cum quadam summaria explicatione ad cognoscendum, ubi, quando et qualiter transgredimur velut infra	f. 7 r°.
De sacramentis in genere	f. 11 v°.
De baptismo	f. 12 v°.
Cui comittendum sit chrisma	f. 15 r°.
De sacramento confirmationis	f. 15 r°.
De sacramento ordinis	f. 16 r°.
De sacramento penitentie	f. 17 r°.
De sacramento eucharistie	f. 21 v°.
De matrimonio	f. 25 v°.
De extrema unctione	f. 28 r°.
De convocatione synodi	f. 29 r°.
De vita et honestate clericorum	f. 30 v°.
De sacerdotio et presbiterorum statu, moribus et vita	f. 34 r°.
De puerorum oppressione satis assidua	f. 46 r°.
De blasphemia	f. 47 r°.
Ne rectores alienas parrochias administrandas suscipiant, nec proprias committant sine literis	f. 58 v°.
De dotibus beneficiorum conservandis	f. 59 r°.
Ut nullus accipiat possessionem sine titulo in forma	f. 60 r°.
Ut omnes beneficiati fidem faciant de titulis	f. 60 r°.
Ut plurales doceant de dispensationibus	f. 60 v°.
Ut non fraudentur servicio destinato beneficia	f. 60 v°.
De clericis non residentibus revocandis	f. 61 r°.
De sacerdotum et altarium ornamentis ac aliis vasis honeste tenendis	f. 61 v°.
Ut rectores instruant populum	f. 62 r°.
Audiant missas parrochiales parrochiani	f. 62 v°.
Nullus teneat alium civiliter tantum obligatum, naturali obligatione submota	f. 63 r°.
De sacerdotibus frequenter non celebrantibus	f. 63 r°.
De presbiterorum exterorum presentatione	f. 63 r°.
De confessionibus curatorum et sacerdotum	f. 63 v°.
De publice penitentibus	f. 64 r°.
De infirmorum visitatione facienda	f. 64 r°.
De cessatione a divinis propter clericos captos vel portitores literarum curie nostre	f. 64 r°.
De sacris ordinibus recipiendis	f. 64 v°.
De matrimonio et bannis edendis	f. 65 r°.
De excommunicatis ad aliquem honorem non promovendis	f. 67 v°.
De his qui steterunt per annum in excommunicatione	f. 68 r°.
De his qui trahunt clericos vel religiosos coram judice seculari	f. 68 r°.
De occupantibus et invadentibus bona Ecclesie mobilia vel immobilia	f. 68 r°.
De impedientibus ecclesiasticam jurisdictionem	f. 68 v°.
De decimis diligenter petendis	f. 69 r°.
Ut referant delicta rectores	f. 69 r°.
De concubinariis tam publicis quam aliis	f. 69 v°.
De perjuriis et pejuris	f. 70 v°.
De falsis testibus	f. 70 v°.

1. — Chaque tête de chapitre est précédée du signe ⁋. L'original donne la table en pleines lignes. Le foliotage a été fait à la main dans l'exemplaire de Pau. La table manque.

De his qui falsant sigillum vel literas curie nostre episcopalis Lascurrensis............	f. 71 r°.
Sublatio abusuum qui solent committi visitando............	f. 71 r°.
De signo salutationis Marie Virginis	f. 71 v°.
De solemnitatibus deffunctorum...	f. 72 r°.
De die Veneris sancta solemniter colenda............	f. 72 v°.
De testamentis............	f. 73 r°.
De sepulturis............	f. 74 r°.
De vigiliis intra ecclesiam prohibitis	f. 76 r°.
De usurariis............	f. 77 r°.
De sententia excommunicationis..	f. 77 r°.
De contumacia exequenda........	f. 79 r°.
De ornamentis Ecclesie non alienandis............	f. 79 v°.
De questoribus et confratriis......	f. 79 v°.
Ne laici secularia negocia tractent intra ecclesiam............	f. 80 r°.
Ne confratres sumant refectionem intra ecclesiam nec alia negotia ibidem tractent............	f. 80 r°.
Non recipiantur ad predicandum nisi missi............	f. 80 v°.
Ut administratores bonorum Ecclesie reddant rationem............	f. 81 r°.
Ut quelibet ecclesia habeat librum.	f. 81 r°.
Nullus audiat confessiones sine casibus episcopalibus............	f. 81 v°.
Abstineant omnes a carnibus et aliis ab Ecclesia prohibitis......	f. 82 r°.
Ne rectores locent fructus saltem manuales laicis............	f. 82 v°.
Ut pie voluntates deffunctorum exequantur............	f. 83 r°.
De ecclesiarum reparatione.......	f. 83 v°.
Ne laici cancellos et sancta sanctorum occupent............	f. 84 r°.
Provisio super modo et forma exequendi literas nostras............	f. 84 v°.
Super omissis hic habeatur recursus ad stillos et ordinationes curie nostre............	f. 85 r°.
Sequuntur dies festi hujus diocesis de precepto colendi............	f. 86 v°.
Oratio devotissima preparatoria ad contritionem, a diversis excerpta doctoribus, que primo Deo ab omnibus fieri debet et deinde sacerdoti in forma debita.......	f. 88 v°.

Entre la table des fêtes et la prière se trouve (fol. 87, r°) le procès-verbal de la tenue du synode en ces termes :

« Anno Domini millesimo quingentesimo quinquagesimo primo, die vero XXI. mensis aprilis, intra aulam episcopalem Lascurrensem, celebrata synodo generali visisque saltem summarie et cursim hujus statutis et constitutionibus per clerum ibidem adunatum et legitime congregatum ad fines parcendis maioribus laboribus et sumptibus : domini Archipresbiteri, Rectores et Vicarii ibidem congregati, deputaverunt et constituerunt procuratores et syndicos specialiter deputatos, vice et nomine totius cleri, ad videndum, legendum, audiendum, publicandum et approbandum predictas constitutiones ac ordinationes, videlicet honorabiles viros dominos Archipresbiteros de Camera, Vallis Veteris, de Albino, de Lamvidia, d'Anoya, de Pardies [1] necnon venerabiles dominos de Barsuno, rectorem de Argelossio, Bertrandum de Forpelato, officialem et rectorem de Arsaco, Joannem de Cola, rectorem de Monenhio, Joannem de Palo, vicarium de Maslaco [2], et plures alios, instrumento retento de premissis per dominum Bernardum de Riono, notarium ordinis Lascurrensis, et vice secretarium quondam et ibidem in crastinum die XXI. mensis, de mandato honorabilium virorum dominorum Ludovici de Abbatia et Joannis de Capiteville [3], vicariorum generalium, illustris et reverendi patris et domini domini Jacobi de Fuxo, miseratione divina episcopi Lascurrensis, tunc absentis, presentes constitutiones fuerunt de verbo ad verbum alta et intelligibili voce presentibus et assistentibus nominibus, quibus supra predictis deputatis, correcte, lecte, publicate, voce et organo mei notarii et secretarii infrascripti ac per omnes supra dictos unanimiter approbate et acceptate *per dictos deputatos* [4], presentibus ibidem domino Joanne de Viridariis, presbitero de Mendossa, Joanne de Bordanova de Meritenhio, Joanne de Castro de Vivento et Petro de Podio de Atossio [5]. Et me, Guilhermo de Fabro, notario apostolico et secretario, qui requisitus hinc inde hunc actum et instrumentum lectionis, correctionis, publicationis et

---

1. — Archiprêtres de la Chambre (curé de St-Julien), du Vic-Bilh, d'Aubin, de Lembeye, d'Anoye, de Pardies (de Monein).
2. — Curés d'Argelos, d'Arzacq, de Monein et le vicaire de Maslacq.
3. — Jean de Capdeville succéda à Jacques de Foix sur le siège de Lescar, 1554-1555.
4. — Ces mots ont été effacés à l'encre dans l'original, sans doute comme une répétition vicieuse.
5. — Curés ou prêtres de Mendousse, de Méritein, de Viven et d'Atos.

acceptationis retinui et in hanc formam redegi, meoque signo autentico signavi in fidem omnium et singulorum premissorum. Sic signatum, *G. de Fabro.* »

Nous trouvons encore mention de livres d'église du diocèse de Lescar dans l'inventaire de Jean de Caixo, de Nay, fait après sa mort, le 8 avril 1559 : « Item dus libes de epistolles et evangelis [1] — Item *ung petit missalot de pergami,* fentz lo qual ha ung testament de maeste Jacques Ferrer, pintre — Item unas *horas spanholes* — Item unas *horas scriutes de ma de pargami* — Item autres *hores petites carrades.* » Et le 25 mai 1560, Arnaud de Forcade, prêtre de Bocil, laisse un missel et d'autres livres : « *Ung missau,* ung libe aperat *Floret,* ung libe comensant *Rationale divinorum officiorum,* et autre petit librot comensan *Sermones septem doctissimi viri sacre theologie* [2]. »

Malheureusement, nous n'avons guère pu donner jusqu'ici que de sèches nomenclatures. Ces anciens monuments ont disparu. C'est le sort ordinaire de tout ce qui est d'un usage commun et journalier. La Providence n'a pas permis cependant que cette antiquité vénérable ne fût absolument pour nous qu'un simple et vide souvenir ; elle a voulu, en sauvant quelques précieux vestiges des vieilles formules, prouver que la prière des jours présents est, ou à peu près, celle d'autrefois. Voici le moment de parler du Bréviaire de Lescar de 1541 et du Missel de Bayonne de 1543.

Si l'un est le sujet principal de tout notre travail, l'autre va nous fournir la matière du chapitre le plus intéressant de cette Introduction.

Commençons par le Bréviaire de Lescar. Il est, dans l'ordre chronologique, plus ancien que le Missel de Bayonne.

1. — C'étaient des missels *pléniers,* par opposition au *mixtum* dont nous avons parlé plus haut.
2. — Arch. B.-P., E. 1732, ff. 250 v. et 401 r.

V

LE BRÉVIAIRE DE LESCAR DE 1541. — DESCRIPTION DE CET EXEMPLAIRE *unique*. — L'IMPRIMEUR JACQUES COLOMIÈS DE TOULOUSE. — L'ÉVÊQUE JACQUES DE FOIX.

Un savant illustre, M. Léopold Delisle, n'hésite pas à dire dans son « Instruction pour la rédaction d'un Inventaire des Incunables » que les livres liturgiques sont *une catégorie d'incunables infiniment précieux, parce qu'ils abondent en révélations sur différents points d'histoire locale.* Et il ajoute : *On ne saurait rechercher avec trop de précision l'origine des livres de liturgie locale.* C'est ce que nous avons déjà commencé de faire en indiquant les missels et les bréviaires mentionnés dans l'Inventaire de nos Archives départementales. Nous allons compléter ce travail dans l'examen minutieux du Bréviaire de Lescar de 1541.

Cet ouvrage n'était pas jusqu'à ce jour tout à fait inconnu, ni des historiens, ni des bibliographes. Marca le cite à propos des légendes de St Julien et de St Galactoire[1], le chanoine Bordenave aussi dans son *Estat des églises cathédrales*[2], le *Gallia Christiana* dans ses notices sur les saints évêques de Lescar[3], les Bollandistes dans leurs *Acta Sanctorum*, au 21 août, M. l'abbé Canéto et M. Bladé dans la *Revue de Gascogne*[4], M. l'abbé Laplace dans sa *Monographie de Notre-Dame de Lescar* — celui-ci en a même reproduit *in extenso* certaines légendes, ignorées jusqu'alors[5], — enfin M. Louis Lacaze dans ses *Imprimeurs et libraires en Béarn*.

Voici ce qu'en dit l'érudit bibliographe : « L'édition des *Fors* de 1552 fut le premier livre imprimé à Pau, et nous ajouterons qu'il le fut par les soins de Jean de Vingles et d'Henry Poyvre.

» Avant eux cependant, Jacques de Colomiès, imprimeur de Toulouse, avait envoyé à *Lescar* des ouvriers pour imprimer le *Bréviaire de l'Eglise de Lescar*, au sujet duquel la *Revue de Gascogne* (1863, p. 409, note 1) s'exprime en ces termes : « Cette vénérable relique, dont nous avons un exemplaire sous les yeux, porte en signature à sa 577e et avant dernière page, le nom de Jacques de Colomiès, imprimeur de Toulouse, qui nous apprend que son Bréviaire, *imprimé à Lescar*, pour la gloire de Dieu et de la très sainte Vierge, sa Mère, s'est heureusement terminé l'an de l'Incarnation MDXLI avec l'autorisation d'Illustrissime et Révérendissime Seigneur et Père en J.-C., Jacques de Foix, évêque de ce diocèse ..... »

1. — *Histoire de Béarn*, p. 69.
2. — P. 181.
3. — *Gall. Christ.*, t. I, col. 1285. Ed. Palmé.
4. — *Rev. de Gasc.*, 1861, p. 7, *Note.* 1863, p. 409.
5. — P. 201.

» Toutefois nous ne ferons remonter la nomenclature des imprimeurs du Béarn qu'à Jean de Vingles et Henry Poyvre, car, d'une part, l'impression du *Bréviaire de Lescar* par un imprimeur de Toulouse, qui a exercé dans cette ville sans interruption pendant de longues années, ne nous permet pas de le revendiquer pour notre région, bien qu'il ait opéré à Lescar. »

Nous regrettons que notre Président de la *Société des Sciences, Lettres et Arts de Pau* n'ait pas pu examiner de *visu* et à loisir le Bréviaire de Lescar de 1541. Il aurait sans doute donné de bonnes pages à la description bibliographique de ce rarissime volume. Aurait-il absolument maintenu ses conclusions ? Nous en doutons. Le premier chapitre de son Histoire des *Imprimeurs et Libraires en Béarn* eût été consacré au Bréviaire lescarien et à son imprimeur. Les raisons qu'il apporte pour éliminer Colomiès s'appliquent fort bien, ce nous semble, à Vingles et à Poyvre. Qu'étaient ces deux derniers ? Des libraires « nomades », comme le remarque notre savant auteur lui-même. Il reste de leur passage parmi nous les *Fors* et le *Liber constitutionum*, ouvrages très remarquables pour l'époque et qui font honneur à leurs presses. Est-ce une raison pour faire « remonter à 1552 l'introduction de l'imprimerie non seulement à Pau, mais en Béarn » ? Nous préférerions la faire dater de 1541, année où fut imprimé notre Bréviaire.

Au reste, tout ceci est plutôt une querelle de mots qu'autre chose. En réalité, M. Lacaze s'occupe tout d'abord, mais trop succinctement et parce qu'il n'avait pas le Bréviaire de 1541 sous la main, il s'occupe, dis-je, de ce mémorable ouvrage et donne à son sujet les détails qu'il avait pu recueillir. La citation de la *Revue de Gascogne* était empruntée à un article de M. l'abbé Canéto, vicaire général d'Auch. Ce savant ecclésiastique étant mort, à qui devait-on s'adresser pour avoir des renseignements précis sur ce qu'il appelait la « vénérable relique » ? Nous savons à combien de portes il nous a fallu frapper avant de découvrir l'heureux possesseur du trésor. Des bibliophiles émérites, à Auch même, ne savaient plus ce qu'était devenu le volume si amoureusement décrit par M. Canéto. C'est le pur hasard qui nous l'a fait trouver et voici comment : Nous étions étonné de voir que le culte de *Ste Confesse*, une des plus anciennes patronnes de Lescar, n'était pas rappelé dans le nouveau *Propre provincial Auscitain* qui se préparait. Une petite Étude sur cette vierge oubliée la ferait connaître et peut-être honorer de nouveau. A une demande de renseignements que nous adressâmes à M. l'abbé Léonce Couture, l'éminent professeur nous répondit par l'offre gracieuse du Bréviaire de Lescar de 1541. Telle est l'origine bien simple du travail considérable que nous publions aujourd'hui.

Il le tenait précisément de M. Canéto, lui-même, et il l'a déposé depuis à la bibliothèque provinciale et diocésaine de l'archevêché d'Auch. Nous sommes heureux de remercier ici publiquement le doyen si estimé de la Faculté libre de Toulouse d'avoir bien voulu nous communiquer ce précieux monument.

Ce livre, respectable par son antiquité, n'est pas sans doute, en toute rigueur du terme, un *incunable*, puisqu'on est convenu de ne donner ce nom qu'aux livres imprimés avant l'année 1501 ; mais il n'en est pas moins un spécimen rarissime et d'une acquisition assurément impossible, car c'est jusqu'à présent *un exemplaire* UNIQUE. A ce seul point de vue, il méritait les honneurs d'une réimpression.

Notre exemplaire est très complet, quoiqu'il se soit ressenti de l'outrage des ans — plus de trois siècles se sont écoulés depuis 1541 ! — et de fréquents contacts journaliers.

Sa parure extérieure n'est guère décorative. Une reliure en cuir gauffré, informe et déchiquetée, subsiste encore et recouvre les plats du livre ; le dos est à nu et laisse voir un point fort, noueux, et de solides nervures.

Le dessin de la reliure n'est pas riche, autant du moins qu'on peut en juger. Chaque couverture est chargée d'un panneau rectangulaire de haut en bas, vide au milieu, bordé de rinceaux, de bouquets de fleurs, de quelques légers motifs représentant une sorte de *M* surmontée d'une main. Dans la bordure droite du plat supérieur, on voit une figure humaine qui ressemble beaucoup à un soleil entouré de rayons. La tranche rouge n'a plus qu'une ombre de couleur.

Ce Bréviaire est ce que nous appelons un *Totum*, parce qu'il contient les offices des quatre saisons ; il mesure 15 cent. de haut sur 10 de large et 7 d'épaisseur.

En l'ouvrant, on lit sur la page blanche collée à la couverture un numérotage assez récent, de peu d'importance sans doute, et qui n'a pour nous aucune signification : N° *105*. Sur le feuillet de garde une note à moitié effacée, illisible, contemporaine du livre et écrite par l'acheteur : « Sum... EMPTUS HORTHEZII an. [m. d.] xcv (?) *solo nato* (?) J. DE SENEY [1]. » Nous appelons l'attention de nos lecteurs sur le lieu d'achat : *Orthez*. Il existait donc dans cette ville un dépôt de livres et un libraire. Celui-ci avait-il succédé à Brunet d'Astis ou à Ponsaà ? Au verso, en travers et vis-à-vis le titre, un des derniers possesseurs affirme ses droits de propriétaire en grosses capitales : CE LIVRE APARTIENT *a moy Bordanaue*. Nous ne trouvons pas d'autres notes manuscrites.

1. — La maison de Seney a donné en Béarn, depuis le XVIe siècle, de nombreux personnages à l'Eglise et à la magistrature.

Le format est d'un petit in-8°, de 151 × 101 mm. Le papier, solide et de bonne trame, est vergé, d'une couleur blanche tirant au jaune, avec quelques mouillures qui trop souvent maculent les pages. Le filigrane est multiple : une sorte d'écusson à trois croix de Malte peu précises, dans le feuillet blanc de garde ; une espèce de chapeau rond, au fol. lxxvj des Heures ; — deux demies *s* en face et en sens contraire, fol. xxvj ; un vase quelconque à double anse surélévée, fol. xxvij du Propre du Temps ; — une main ouverte, aux longs doigts, et portant manchettes, figure, en entier ou en partie, aux fol. ccj, cciij, ccvj, ccvitj, ccix, ccxij, ccxiij, ccxvj, du Propre des Saints. Le papier provenait sans doute de fabriques différentes.

Voici maintenant la description détaillée de notre exemplaire :

(Fol. 1 r°.) ℭ *Breviarium ad usum Ecclesie* || *Lascurren̄. Auctoritate illustris ac Reuerēdi in xp̄o* || *patris dn̄i Jacobi de Fuxo, eiusdem sedis ep̄i in lu-* || *cem prodijt. M. D. xlj.* || — Le titre est rouge et noir ; au-dessous, ces armes : *Écartelé 1 et 4 de Navarre, 3 et 4 de Foix-Béarn, l'écu surmonté d'une crosse et d'une mitre.*

(Fol. 1 v°, non chiffré.) CALENDRIER, commençant ainsi : *Januarius*, et se continuant jusqu'à la fin du fol. 8, v°. Ces folios ne sont pas chiffrés. Le fol. 2 recto porte la signature ¶ij., le fol. 3 recto, la signature ¶iij., le fol. 4 recto, ¶iiij.

(Fol. 9 r° non chiffré.) On y voit ce titre : *Generales Rubrice*, et cette signature ✠. Depuis le fol. 9 v°, ce titre courant, au haut des pages : *Regule*. Fol. 10 r°, signature ✠ij. et aux deux fol. r° suivants, ✠iij. ✠iiij. Le foliotage non chiffré cesse au fol. 14 v°. Au fol. 15 r° commence la pagination imprimée.

(Fol. 1 chiffré. HEURES ET PSAUTIER.) Pagination : *fo. j*. Titre : *Dn̄ica ad matutinas*, avec signature *a*. Cette partie se termine au verso du fol. 102, y compris le calendrier et les Rubriques, portant la pagination *fo. lxxxvitj* ; c'est la dernière page du cahier *l*.

FRONTISPICE DU BRÉVIAIRE DE LESCAR DE 1541.

(Fol. 1 chiffré, PROPRE DU TEMPS.) Le fol. 103 du volume porte une pagination nouvelle, chiffrée comme la partie précédente, ainsi marquée *Fo. j.* Titre : *Dn̄ica prima aduetus* et signature *m*. Le Propre du Temps se termine au fol. 302 r° portant la pagination *fo. cc.* Au verso ce fol. est blanc. *fo. lxxij* pour *lxii.* Les folios *cxc. cxcj. cxcij.* sont paginés par erreur *xc. xcj. xcij*.

(Fol. 1 chiffré. PROPRE DES SAINTS.) Le fol. 303 du livre porte encore une nouvelle pagination, chiffrée ainsi : *fo. j.* avec la signature *M*. Pour titre : *Saturnini ep̄i et martyr*. ¶ *Incipit sanctorale sc̄m* || *ordine eccl'ie Lascurren̄*.... La pagination manque au *fo. lx* ; elle porte par erreur *cxlo.* au lieu de *cxlvj.* et *clxiiij.* au lieu de *clxvj*. Cette partie se termine au folio 552 v° avec la pagination *fo. ccl.* et la signature *ovij*

qui se trouve au recto ; pas de pagination au verso. Le tout se termine ainsi : ¶ *finis sanctoralis.*, et au-dessous un petit bois ovale représentant la Descente du Saint-Esprit sur la Sainte-Vierge et sur les Apôtres avec cette inscription :

Virginis intacte cum veneris ante figuram,
Pretereundo, cave ne sileatur Ave.

(Fol. 553, non chiffré. Commun des Saints.) Plus de pagination marquée jusqu'à la fin du volume. Titre : *In communi euangelistarum*; et puis : ¶ *Incipit commune san* || *ctorum. In natali euãgeli* || *starum. Ad vesperas. Cp̃m.*; signature *xx*. Cette partie comprend 28 feuillets non paginés avec les signatures *xx-rriiij*.

Au fol. 580 r°, signature *rriiij* et souscription de l'imprimeur en ces termes : ¶ *Ad dei laude vginisqʒ* || *deipare absolutum fuit.* || *Breuiariũ* *psens in urbe* || *Lascurreñ. opera Jacobi* || *Colomies. Calcographi* || *Tolosani. Anno incarna* || *tĩois salutifere. q̃ngentesi* || *mo. xlj. supra Millesimũ.* (Le lecteur suppléera partout aux abréviations de l'original.)

Au fol. 580 v°, *Errata*, avec cette indication : ¶ *Qui facile errores q̃ sunt in Breuiario emẽdare voluerit* || *p̃nti vtaͬ indice.* Et au bas, ¶ *finis.* Viennent, tout à la fin, quatre pages intitulées, la première, *feria. vj. in cena dñi.*, et les autres, *Sabbato scto pasche.* avec la pagination *fo. cxvj. fo. cxvij.* et la signature *Aiiij*; elles paraissent être un carton fait pour remplacer les feuillets correspondants au *Propre du Temps*; en réalité, ces feuillets, sans doute fautifs, ont été enlevés et conservés à dessein par le relieur. En effet, une rubrique, au bas du fol. *cxvj.* verso, porte : « Pater noster, *sub silencio*. Ps. Miserere *genibus flexis*. scilicet extra chorum. » Ce dernier

membre de phrase, qui se trouve au premier feuillet v°, 1ʳᵉ col., à la fin du volume, a été supprimé dans le texte rectifié. Enfin, une autre preuve décisive que les feuillets de la fin ne sont pas un carton, mais des pages fautives, se tire de ce fait que la pagination qui, dans tout l'ouvrage, est indiquée par le terme abrégé : *fo.*, se trouve remplacée par cette autre *fol.*, dans les quatre pages réimprimées et intercalées, dans le Propre du Temps, au lieu du texte défectueux. Les feuillets détachés, mais conservés à la fin du volume, portent la pagination ordinaire *fo*.

En résumé, le Bréviaire de Lescar se compose de six parties comprenant :

1° Frontispice et calendrier, sur longues lignes, non chiff., signature ¶	8 feuillets.
2° Rubriques générales ou Règles, sur deux colonnes non chiff., signature ✠	6
3° Heures et Psautier, sur deux colonnes avec pagination et signatures *a-l*	88
4° Propre du Temps, sur deux colonnes, pagination, signatures *m-z-A-L*	200
5° Propre des Saints, sur deux colonnes, fol. paginés avec les signatures *M-Z-aa-vv*	250
6° Commun des Saints, Office de la Sainte Vierge, etc., sur deux colonnes, non chiff., signatures *xx-zz-rr*	28
En tout	580 feuillets.

Les deux premières parties sont sur format in-4°, *pontuseaux en travers*, ainsi que les feuilles *oo, pp,* de la cinquième partie, et les dernières du volume ; tout le reste est sur format in-8°. Cette différence vient de ce que le papier n'était pas d'égale dimension ou ne sortait pas de la même fabrique. Il y a 29 lignes à la colonne dans les bonnes pages.

Lettres ornées. B, la panse supérieure renfermant une croix formée de 5 points, et l'inférieure une tige à trois feuilles ; une branche en bordure à droite *fo. j.* v°. — C, avec une croix de Malte mal formée, cantonnée de quatre losanges pleins et allongés *fo. v.* verso. — C, chargé d'un vase à deux goulots en sens inverse et d'une anse en forme de cœur ; à l'intérieur du vase, trois losanges l'un sur l'autre, celui du milieu accosté de deux arcs de cercle et de deux losanges extérieurs, *fo. vij.* verso, et *fol. j.* r° du Commun des Saints. — D, type ordinaire, la panse encadrant une figure humaine, *Rubr.* et *fo. xx. xxxviij. lxxj.* v°. — D, orné d'une pensée *fo. ix.* recto, *xlj.* recto, *xxlij.* verso, *xxx.* verso, *lxx.* recto. — L, avec une branche placée en travers, *fo. xix.* r°. — S, accosté à droite et à gauche de deux branches posées en sens contraire, *fo. xliiij.* r°. — E, avec deux branches entrelacées et entourant la barre intérieure horizontale de cette lettre, *fo. liij.* r°.

Toutes les lettres ornées, sont imprimées en noir, et avec de grands caractères ; les autres capitales, plus petites, sont aussi en gothique et toujours en rouge.

Ainsi, l'impression est en rouge et noir, avec caractères gothiques différents ; antiennes, versets et répons sont imprimés sur corps plus petit que celui du calendrier, des rubriques, des psaumes et des leçons. Dans son ensemble, ce livre est bien une œuvre d'habile « calcographe », comme s'appelle lui-même l'imprimeur Jacques Colomiès.

Celui-ci était de Toulouse ; il y acquit de la célébrité par le bon goût et le fini des œuvres typographiques sorties de ses presses.

Le Dr Desbarreaux-Bernard a fait dans une excellente étude l'histoire de l'*Etablissement de l'imprimerie dans la province du Languedoc*[1]. Il a raconté les débuts de cet art à Toulouse en 1476 et rédigé le *Catalogue des incunables*[2] de la bibliothèque de cette ville ; notre imprimeur Jacques Colomiès et sa famille n'y sont pas oubliés. Pendant deux siècles ce nom se perpétuera avec sa marque typographique sur les livres de Toulouse « la savante ».

Jacques Colomiès paraît, comme imprimeur, non en 1500, comme le croyait La Caille, mais vers 1512[3]. Il semble qu'il se soit, dès le commencement, adonné à la spécialité des livres d'église. Nous citerons par exemple ses éditions du Missel d'Agen, 1531[4], des *Statuta synodalia* de Bayonne, vers 1534, du Bréviaire de Lescar, 1541, de l'Ordinaire ou Rituel de Saint-Etienne de Toulouse, 1553, de l'Ordinaire de Narbonne, 1534, du Missel d'Auch, 1555[5], etc.

De 1512 à 1594, M. de Castelnau cite *soixante-six* ouvrages sortis de cette imprimerie. D'autre part, Jean de La Caille affirme que les Colomiès ont *toujours* exercé leur industrie à Toulouse. Il ne connaissait pas le grand travail fait à Lescar. Il est même vraisemblable que J. Colomiès a été le premier imprimeur qui ait paru dans nos contrées.

Le Bréviaire porte Lescar pour lieu d'impression : *Absolutum fuit breviarium presens in* URBE LASCURRENSI, *opera Jacobi Colomies* : « Achevé à Lescar, par les soins de Jacques Colomiès. » S'ensuit-il que cet imprimeur soit venu travailler lui-même dans cette ville ? Pour peu que l'on connaisse l'histoire de l'imprimerie, on sait qu'en dehors des grandes villes, il n'y avait pas de presses. Au besoin, les imprimeurs se transportaient avec leur matériel dans les petites localités ; ils y envoyaient souvent leurs ouvriers, à moins que l'importance du travail ne réclamât leurs soins personnels. Ainsi disait-on, en 1581, de Rabier, imprimeur à Montauban, et plus tard à Orthez, qu'il pouvait « tenir une presse en divers lieux et icelle faire servir par des serviteurs sans se bouger... *comme d'autrefois s'est faict que des imprimeurs de Lyon ont tenu presse dans Tholose et en Espaigne aussi, qu'ils faisoient servir par des maîtres-valets*[6]. » On a remarqué que les impressions liturgiques ont surtout été faites par des typographes ambulants[7]. Et c'est pour cela sans doute qu'ils sont si précieux pour les renseignements de l'histoire locale. M. L. Delisle a donc amplement raison d'en recommander l'étude.

Les premiers livres imprimés dans notre pays sortirent donc des presses d'imprimeurs « nomades ». M. Louis Lacaze l'a démontré avec surabondance de preuves dans son beau travail sur les *Imprimeurs et libraires en Béarn*. Ainsi parurent les *Fors et Costumas de Bearn*, en 1552, et le *Liber constitutionum Ecclesie et Diocesis Lascurrensis*, de la même année, où l'on trouve de si précieux renseignements liturgiques sur les fêtes chômées. Jean Vingles et Henry Poyvre imprimèrent ces deux ouvrages. Ils ·inrent de Toulouse ; mais il y a des raisons pour croire que Vingles était d'une famille d'imprimeurs célèbres de Lyon.

Peut-être est-ce le même qui faisait à Pampelune les gravures sur bois d'un livre intitulé : *Arte sublissima*

---

1. — Toulouse. Edouard Privat, 1875. In-8°.
2. — Toulouse. Privat, 1878. Grand in-8°. V. aussi sur l'imprimerie toulousaine, Castellane, *Mémoire de la Soc. archéol. de Toulouse*, t. v, 28-82.
3. — Desbarreaux, *Histoire*, p. 336.
4. — *Histoire de l'imprimerie en Agenais*, p. I. Andrieu. Agen, J. Michel et Médan, 1886, p. 26. — *Revue de Gascogne*, 1862, p. 380.
5. — La bibliothèque du Grand Séminaire d'Auch possède deux magnifiques missels, incunables, de 1491 et 1495, imprimés à Toulouse et à Pavie, et la ville, un bréviaire de 1531. V. *Rev. de Gasc.*, 1884, p. 391, où se trouve la description du missel imprimé à Pavie en 1495 par François Girardingo. — La même *Revue*, 1863, p. 63, donne ainsi le titre du missel auscitain de 1491 : *Liber missalis ad usam ecclesie metropolitane beate Marie. Auxis, ducta et impensa nobilis viri Hagonis de Cossio mercatoris Tolosani*. In-fol. Il est semblable pour le fond à celui de 1495, petit in-4°, imprimé à Pavie. C'est le cardinal de la Trémouille qui fit imprimer le missel de 1491. Ce missel fut réimprimé plus tard, vers 1555, par *Jacques Colomiès*, notre imprimeur lescarien ; le cardinal de Tournon avait chargé de ce soin Scriban, chanoine d'Auch. M. Canéto, *Rev. de Gasc.*, 1870, p. 84, décrit le bréviaire conservé à la bibliothèque d'Auch : « un fort in-18, imprimé noir et rouge, avec initiales grises, vignettes et dessins pieux. Il a pour titre : *Breviarium metropolitane ad usum insignis ecclesie beate Marie Auxis novissime impressum industria Claudi Garnier chalcotypi*. Comme hommage au cardinal F. de Clermont-Lodève, l'imprimeur avait mis au-dessous du titre le distique suivant :

Salve cardinea fulgens, Francisce, tiara
Cujus purpuream fulget in orbe caput.

6. — *Les Imprim. et Libr. en Béarn*, in-8°, Pau, Ribaut, 1885, p. 33.
7. — *Rev. de Gasc.*, 1862, p. 383.

por loquoal se enseña a escrivir perfectamente por Juan de Yciar Vizcagno. Imprimio se en Çaragoça eu casa de Pedro Bernuz. 1550. Petit in-4°, fig. Texte entouré de bordures gravées par J. de Yciar et J. VINGLES [1].

Ce dernier était-il le futur imprimeur de Lescar ? Ainsi Jean de Vingles serait venu d'Espagne. Nous n'insistons sur ce point que pour rappeler à nos lecteurs ce que nous avons dit plus haut, à savoir que beaucoup de livres, touchant nos contrées, ont dû être imprimés de l'autre côté des Pyrénées, à cause des fréquentes relations établies à cette époque entre les deux pays. Nous avons vu Brunet d'Orthez avoir affaire aux libraires espagnols.

Revenons à Jacques Colomiès. M. Lacaze croit qu'il « avait envoyé à Lescar des ouvriers pour imprimer le Bréviaire » de cette église [2]. Cette opinion est d'autant plus probable, que son importante maison de Toulouse réclamait sa présence habituelle dans cette ville. Néanmoins, nous n'avons aucune difficulté à admettre qu'il surveilla, par intervalles et en personne, le grand travail que lui confia l'évêque de Lescar.

Colomiès n'a pas mis de marque sur son œuvre ; il s'est contenté de la signer de son nom. Nous avons eu sous la main plusieurs ouvrages sortis des presses des Colomiès, et nous nous sommes assuré que ces imprimeurs mettaient souvent aux titres de leurs livres des gravures indiquant le sujet de l'ouvrage plutôt que leur propre marque. Nous avons trouvé cependant la marque de Jacques Colomiès dans un livre de *Controverses*, cité par Brunet [3] ; nous sommes heureux de la donner ici.

MARQUE DE L'IMPRIMEUR JACQUES COLOMIÈS
d'après le *Manuel du Libraire* de Brunet, t. II, p. 251.
ARMES PARLANTES : *deux colombiers*.

Au-dessous de cette marque typographique se lisent les vers suivants, imprimés en caractères gothiques :

Dedans Tholose : imprimé entierement
Est-il ce liure : sachez nouuellement
Par maistre Jacques : Colomiès surnommé
Maistre imprimeur : Libraire bien famé

Lequel se tient : Et demeure deuant
Les Saturnines : Jonains veut connzet
Jan Mil. cccc trente et quatre a bon compte
Du moys Janvier .xxx. sans mescompte.

Plus généralement, la marque des Colomiès est celle-ci : une Minerve guerrière, assise au pied d'une colonne carrée, en face d'un cartouche chargé d'une figure humaine, le bras droit accoudé sur un écu aux armes de Toulouse, à la main gauche une enseigne déployée avec cette devise : *Palladium Tolosanum*.

Jacques Colomiès était mort en 1566, car sa veuve tient imprimerie à cette date. Nous trouvons ensuite Arnaud et Jacques, 1571, Raymond et veuve Jacques Colomiès, 1605-1630, Arnaud, 1631-69, Jacques, 1651, veuve d'Arnaud, 1676, Guillaume-Louis, 1689 [4].

Reste à faire connaître l'évêque qui ordonna l'impression du Bréviaire de Lescar : Jacques de Foix. Ce prélat appartenait à une branche collatérale des comtes de Foix, par son père, Corboran. Abbé de Saint-Volusien et de La Reule, puis évêque d'Oloron en 1521, il fit imprimer un bréviaire de ce diocèse en 1525, révisa les anciens statuts synodaux en 1529, devint chancelier de Béarn à la mort de Pierre de Biaix [5], ensuite évêque de Lescar, et lieutenant-général du roi en 1534. Il ne fut pas cardinal, comme on l'a dit ; néanmoins, il eut une grande influence sur toutes les affaires de son temps, dans l'Eglise et dans l'Etat. Le prestige de

---

1. — Catalogue de livres, Porquet, Paris, 1883, n° 87.
2. — *Les Imprimeurs et Libraires en Béarn*, in-8°, Pau, Ribaut, 1885, p. 33.
3. — *Manuel du Libraire*, 5° édit., t. II, p. 251. Ces vers sont sur une seule colonne.
4. — Un Colomiès figure comme chanoine de Bayonne, en 1570 (Arch. B.-P., G. 56, f. 38). Etait-il de la même famille ?
5. — Arch. B.-P., E. 434.

son nom ne s'est pas affaibli avec les siècles ; Jacques de Foix demeure, malgré quelques ombres, une grande figure de l'épiscopat béarnais au XVIe siècle. Il a bien mérité de l'Eglise en faisant éditer les bréviaires de 1525 et de 1541, et les statuts synodaux de 1529 et de 1552. Il mourut en 1554, et fit son testament le 16 octobre de la même année [1]. Ses armes portaient : *Ecartelé, 1 et 4 d'or à 3 pals de gueules, 2 et 3 de Béarn.* Les chaînes de Navarre ont été ajoutées au frontispice de notre Bréviaire, sans doute parce que Jacques de Foix était de la maison régnante et qu'il possédait la chancellerie de Navarre.

Le *Gallia Christiana* le mentionne brièvement, dans son catalogue des évêques d'Oloron, en ces termes :

« XLI. [1521] JACOBUS. *Jacobus Fuxius, quem alii Johannem appellant, cessione Johannis Salviati, factus est episcopus anno 1521. Anno 1525, signatur in charta sancti Vincentii Lucensis. Adhuc preerat anno 1534.* »

Nous pouvons ajouter qu'il fut élu par le chapitre d'Oloron, sur la renonciation du cardinal Salviati, neveu par sa mère de Léon X, et pourvu de ce siège par son oncle avec l'assentiment de François Ier. Il paraît que Jacques de Foix dut lui servir sur l'évêché d'Oloron une pension de 250 ducats. Il créa aussi, en 1525, sur les instances du pays de Soule, une chancellerie ecclésiastique à Mauléon, où elle fut maintenue, sauf de 1695 à 1710, jusqu'à la Révolution. Transféré à Lescar en 1534, Jacques de Foix gouverna cette église pendant 20 ans. Voici la notice que lui consacre le *Gallia Christiana* :

« XXXIX. JACOBUS. *Jacobus de Fuxo, abbas Sti. Volusiani et Regulæ, Henrici regis Navarræ cancellarius, saffectus videtur fuisse Paulo [de Bearno, alias de Fuxo]. Anno 1537, canonici majoris ecclesiæ, ex regularibus facti sunt seculares, auctoritate Pauli papæ III. Anno 1540, Jacobus de Foix, episcopus Lascurrensis, mandato (procurationem appellant) accepto a rege reginaque Navarræ, una cum Francisco Olivario et Johanne Jacobo de Mesme, prorœtore civili apud Parisios, tractavit de pactis matrimonii inter principissam Navarræ et ducem Cliviæ, apud Anetum, die 16 Julii anni ejusdem. Constitutiones synodales correxit et auxit anno 1551.* [Attigit an. 1553 quo, die 23 Julii, testis fuit tabularum matrimonii inter Johannam de Fuxo, suam neptem, et Hermannum de Gontaut.] »

1. — Arch. de Lescar, FF. 1.

VI

Le Bréviaire de Lescar considéré au point de vue liturgique et littéraire. — Offices rimés du moyen age. — Tropes, Hymnes, Proses et Poésie liturgique.

e Bréviaire de Lescar de 1541 donne l'idée la plus complète de cette vieille liturgie romaine-française qui précéda la réforme de St Pie V en 1568. Il est un spécimen de ce rit qu'on appela aussi le *Vieux Parisien*, rit éminemment catholique, approuvé par le Saint-Siège, et dont les Dominicains ont seuls su conserver les traditions. Encore aujourd'hui, ils récitent les belles antiennes, les répons et les versets, faits de cette poésie rimée, savante et cadencée du xiiie siècle. Etablis en France, au couvent de la rue Saint-Jacques, par St Louis, ils adoptèrent les usages liturgiques de leur temps et particulièrement ceux de l'église de Paris. Leur bréviaire, rédigé en 1253 par un religieux qui fut depuis général de l'Ordre, Humbert de Romans, doit être consulté par ceux qui veulent connaître l'uniformité de prières qui existe entre le Romain ancien et le Romain actuel ; tout ce qui, dans le très curieux bréviaire Dominicain, est ajouté à l'ancien Romain se retrouve dans le Parisien du xiiie siècle. Il est donc, dans son ensemble, et sauf les offices régionaux et locaux puisés à différentes sources, semblable pour la forme à celui de Lescar.

Ajoutons, à la louange des Dominicains, qu'ils ont voulu donner à leurs saints nouveaux des offices qui paraissent inspirés par les idées pieuses et enthousiastes du moyen âge. Il y a, dans leurs prières publiques, un accent de triomphe et de gloire qui sied bien à l'éclat de leur belle robe blanche et qui contraste avec la naïveté, l'attitude simple et les chants modestes de l'Ordre des Frères-Mineurs [1].

L'ordre des offices est le même dans les bréviaires romain, dominicain, et lescarien. Toutefois, celui des Dominicains, du moins l'actuel, a rejeté à la fin, les psaumes pénitentiaux, les litanies et l'office des défunts, lesquels se trouvent, dans le nôtre, immédiatement après les Complies et avant le Propre du Temps. Les hymnes des petites heures et des dimanches de l'Avent, du Carême, de Noël, de Pâques, de la Pentecôte, sont les mêmes ; s'il y a de très légères et presque imperceptibles différences, elles sont plutôt en faveur du Bréviaire de Lescar, qui a toujours reproduit le texte du vieux romain. Nous n'en donnerons qu'une preuve : dans l'hymne *Conditor alme siderum*, pour l'Avent, le second vers de la 4e strophe est dans le bréviaire dominicain (des éditions modernes) Genu curvantur omnia, tandis que le Bréviaire de Lescar et le vieux romain disent : Genu flectuntur omnia. Nous n'avons pas pu comparer le bréviaire romain pur, avant la réforme de St Pie V, en 1568, avec celui de Lescar ; néanmoins, nous pouvons affirmer que nos hymnes principales sont tirées de l'hymnaire romain, à en juger d'après une édition des *Hymni ecclesiastici* de Gryphe, 1543 [2], que nous avons sous les yeux. Il est impossible d'être plus en communion avec l'Eglise Romaine qu'on ne l'était dans le diocèse de Lescar, au moins pour la prière publique. Une ressemblance qu'il faut aussi noter

---

1. — *Instit. liturg.*, t. i, p. 333.
2. — *Psalmorum liber. Apud Seb. Gryphium, Lugduni, 1543*. In 8o, p. 655.

entre les bréviaires dominicain et lescarien, c'est que tous deux, dans les litanies des saints, invoquent St Denys, patron de Paris, et ses compagnons. Les traditions françaises y sont évidentes.

En résumé, le Bréviaire de Lescar est à peu près l'ancien bréviaire romain, d'avant la réformation de 1568. Ils ne se distinguent que par les offices des saints ; l'Ordre des Frères-Prêcheurs, les églises de Rome et les divers diocèses avaient en effet, en dehors de parties communes, le culte des saints qui leur étaient spécialement chers.

Observons néanmoins que nos bréviaires français, le dominicain y compris, conservèrent pieusement quelques formules et des usages gallicans, remontant au delà de Charlemagne et de Pépin : par exemple l'unique antienne des vêpres *Super psalmos*, les six ou neuf répons et parfois une prose après le 3e nocturne des fêtes solennelles, etc. C'était peu de chose en comparaison des bouleversements que vont tenter les XVIIe et XVIIIe siècles.

Il arrive assez souvent (disons toujours) que dans les grandes fêtes, la vigile se confonde avec les premières vêpres ; à présent il n'en est pas ainsi. Les offices étaient solennels, doubles, semi-doubles, simples, du dimanche ou de la férie. Il y avait les dimanches historiques, *Dominica historiata* ; on y disait des leçons tirées de l'Ancien Testament. Les légendes des saints formaient trois ou six leçons [1] ; les leçons du troisième nocturne, sauf en de rares solennités où la légende se poursuivait, étaient ordinairement empruntées aux Saints-Pères. N'oublions pas de dire que notre légendaire ne se souciait pas toujours de finir le récit de la vie des saints. Il en laissait même parfois trop à deviner. L'auteur du Bréviaire d'Agen de 1525, Bilhonis, en agissait de la sorte [2]. Quelquefois aussi la légende se prolongeait pendant toute une octave. Souvent les leçons étaient très courtes, particulièrement dans ce dernier cas.

A part de légers défauts, avouons que l'ancien office ecclésiastique était réellement beau. Le bréviaire romain actuel nous a conservé quelques précieux souvenirs de l'antique prière. Lisez surtout les antiennes, les répons et les versets des offices de St Laurent, de Ste Agathe, de Ste Agnès, de Ste Cécile, et vous aurez un faible aperçu de la magnificence de notre vieille liturgie. C'est une idée fausse et contradictoire, en cette matière, de prétendre n'employer dans les offices divins que des paroles de l'Ecriture Sainte. Le XVIIe siècle eut là tort grave, contre lequel proteste toute la tradition ecclésiastique.

Nous ne disons pas que le choix des leçons historiques soit toujours judicieux ; il s'en faut de beaucoup. La critique n'existait pas ; l'imprimerie arriva bien tard, et, même alors, pendant longtemps, les livres, rares et chers, ne permettaient pas de contrôle sérieux. On vivait de vieilles légendes et de pieux souvenirs ; il n'en faut pas demander davantage à des siècles qui ne discutaient pas. Une fois ou autre, notre auteur se hasarde à la description. Ainsi le trop court récit où il nous montre Paris, resserré d'abord dans la Cité, se dilatant ensuite dans une enceinte plus large, et devenant une ville vaste et plus spacieuse (9 octobre). Il y a une apparence de critique dans cette phrase de la légende des Sts Quirice et Julite (16 juin) : « *Historia Quirici et Julitæ, matris suæ, inter apocryphas ponitur ; ideo quæ apocrypha videntur, resecabuntur, et historia abbreviabitur.* » On voit aussi une ombre de discussion historique au sujet de l'existence du pape St Lin (26 novembre). En revanche, il y a beaucoup de récits qui ressemblent à ceux de la « Légende dorée » du B. Jacques de Voragine. Quelques-uns sont bien invraisemblables, comme ceux où l'on prédit la naissance de St Remi (1er octobre) et celle de St Géraud (13 octobre).

Mais il y a toujours profit à exhumer ces vieux récits. On mesure par là et bien vite la différence des époques et les manifestations diverses de la foi. Jadis, comme aujourd'hui d'ailleurs, le peuple croyait à la protection efficace de St Roch contre la peste « *a languore epidemiæ* » (16 août) ; il allait au tombeau de Ste Quitterie demander un remède et la guérison contre la morsure des chiens enragés « *a morsu rabido* » (22 mai) ; il implorait Ste Apollonie pour conjurer ou faire cesser les douleurs atroces des maux de dents « *a dolore dentium* » (9 février). St Antoine était invoqué dans la fièvre « *morbidus ignis* » appelée « mal de St Antoine », et Ste Barbe, contre la foudre. Il est bon de rappeler ces dévotions et ces pratiques de nos pères.

Si le côté historique est faible et trop souvent peu appréciable dans nos vieux bréviaires, il n'en est pas de même de la partie littéraire. Ce qui caractérise leurs prières liturgiques et les rend extrêmement curieuses, c'est le rythme savant, gracieux, parfois tourmenté, des hymnes, des antiennes, des répons et des versets, dans les grands offices. Une chose domine dans ces compositions poétiques et littéraires, c'est l'*assonance* : répétition et uniformité de sons à la fin de plusieurs membres de phrase. La psalmodie y gagnait en légèreté et en vigueur ; on chante en effet avec plus d'accord et d'entrain, lorsque l'oreille est

---

1. — Notre bréviaire n'a jamais d'office de 12 leçons.
2. — *Des livres liturgiques de l'église d'Agen*, par M. Adolphe Magen. Agen, 1861, p. 22.

charmée par la cadence et la rime ; la mémoire n'a pas grand effort à faire pour retenir des formules sonores, et le cœur est, ce semble, plus heureux, quand l'intelligence n'éprouve pas de fatigue.

Nous ne pouvons pas trop insister sur des cas particuliers d'assonances et de rimes. Il faudrait parcourir presque tous les principaux offices, où les antiennes se composent de vers métriques et rhytmiques. Prenons par exemple les offices de nos saints locaux. Le répons des premières vêpres de St Galactoire se décompose ainsi :

Sanctus Galectorius,
Præsul Lascurrensis,
Orabat devotius,

Manibus protensis,
Dum sævit acerbius
Rex Vandalensis.

L'antienne de *Magnificat* est aussi en prose rimée mais d'un style un peu obscur et subtil :

Beatus Galectorius,
Cum corona victoriæ,
Præsul, martyr egregius,
Suscepit thronum gloriæ,

Cum Magis trino munere,
Protestans verbis, opere,
Deum Regem in homine,
Jesu nato de Virgine.

Nous ne nous attarderons pas en citations. Les antiennes des Nocturnes dans l'office de St Galactoire offrent cette particularité curieuse qu'elles sont rimées et qu'elles finissent par les mots du psaume à réciter. La première est ainsi formée :

Beatus Galectorius,
Vir fortis, norma morum,

NON ABIIT, UT IMPIUS,
IN VIA PECCATORUM.

Et le psaume commence : *Beatus vir qui non abiit in consilio impiorum.* C'est un exemple rare, il est vrai, mais que l'on rencontre dans l'office de St Bertrand (16 octobre) aux antiennes de Laudes, et aussi dans celui de St Grat, au Bréviaire d'Oloron de 1525.

L'office de St Julien n'offre pas autant de variété. Il ressemble même par certains répons à celui du Commun actuel des confesseurs pontifes, des docteurs, etc., mais on y trouve encore le style rimé :

INVITATORIUM : *Omnes proni mente pia assistamus pariter,*
Referentes laudes Deo in jubilo uniter.
Qui nobis dedit patronum Julianum signiter
Qui convertit Lascarrenses et patriam dulciter.

Qu'on lise aussi l'antienne de *Benedictus*, on y trouvera quatre membres de phrase rimés.

Mais aucun office n'est aussi remarquable, à ce point de vue, que celui de St Bertrand de Comminges (16 octobre). On y trouve à la fois la rime, la mesure, l'assonance. Par exemple, ces deux vers léonins de l'antienne de vêpres :

Cantica Bertrandi festiva cadit anni,
Laudibus exultet cælum mundusque resultet.

Voici au premier répons du premier Nocturne un tercet léonin monorime en vers hexamètres :

O quam glorifica Bertrandus luce coruscat,
Et quam magnifica plebs ejus laude resultat !
Nos prece mirifica Deus ejus in astra coronat.

En étudiant ces vers, on trouve trois rimes en *ifica*, trois assonances en *us*, deux en *e*, et trois en *at*.

Ces tours de force poétiques ont fait croire que ces offices étaient formés de fragments de poèmes aujourd'hui perdus ; mais il n'est pas nécessaire de recourir à cette hypothèse, surtout quand ces richesses et ces fantaisies gracieuses sont ainsi prodiguées avec la plus grande facilité. Les offices de l'Assomption (15 août) et de la Nativité (8 septembre) contiennent de nombreux hexamètres rimés. Nous trouvons la rime jusque dans le vers de l'inscription qui termine le Propre des Saints : « *Cave ne sileatur Ave.* »

L'imagination de nos pieux poètes se permettait aussi parfois des jeux de mots, comme celui-ci : « *Adoremus Christum... cujus fide virgo Fides* » (Ste Foy, 6 octobre), ou cet autre ; « *Flos in floris tempore ad locum floris mittitur, sic de floris corpore gloriose concipitur* », ou « *Jesu flos, flos Maria, verque tempus floris, flos Nazareth patria, plena sunt decoris* » (21 novembre, Présentation, ant. du IIIe noct.). Cela est exquis. Nous n'aimons pas autant cette invocation : « *Memores memorum laudate Deum* » (8 nov.), ni l'antienne du *Magnificat* de l'Annonciation, où tous les mots, sauf le premier, commencent par une *m* : « *Ave, magnifica misericordiæ Mater, magnum majestate magnificans mundissima mente, Maria melliflua, miseratio miserorum, memento, mitissima, memorandæ Matris memorum.* » On peut citer dans le même goût cette antienne de la Visitation : « *Qui a verbis salutantem se resalutare non potuit, spiritu exultante recognovit.* » Et cette phrase encore : « *Recessit* (Benedictus) *scienter nescius et sapienter indoctus* » ; et enfin cette autre : « *Et sic firmus Petrus in petra fidei, petra demum passionis allisus, ad petram Christum, digne laureando, ascendit* » (29 avril).

Disons aussi quelques mots des chants et des mélodies primitives. On sait que, dès les premiers siècles, les chrétiens passaient les nuits et les jours à chanter des psaumes et des hymnes. Les Grecs avaient de toute antiquité imaginé des poésies en l'honneur des dieux : « *Apud Græcos profanos, hymnus accipitur pro carmine aliave metrica oratione, in honorem Numinis directa* [1]. » Nous n'avons pas à nous appesantir sur ce sujet ; il nous suffit de savoir que St Hilaire, St Ambroise, St Fortunat, St Grégoire-le-Grand, se sont exercés à enrichir l'office divin d'hymnes magnifiques et célèbres que l'Église chante encore aujourd'hui.

Toutefois, lorsque les liturgies diverses se partagèrent le monde, chaque pays, chaque diocèse même, voulut avoir ses chants particuliers et honorer en des prières spéciales les saints qui l'avait illustré par la prédication, l'effusion du sang ou leurs admirables vertus. Aussi, dès les temps les plus reculés, mais surtout depuis St Grégoire-le-Grand, chaque église commença-t-elle à avoir ses chants distincts [2]. C'est surtout au moyen âge que les poètes se donnèrent libre carrière. Un auteur du XVIIIe siècle a dit avec raison : « Dans les anciens livres d'église, on ne trouvait presque que des vers iambiques à quatre pieds, des saphiques, des asclépiades et peu d'autre mesure. La multitude de vers iambiques à quatre pieds a des chants si multiples et si variés qu'on n'aurait pas dû en inventer d'autres, mais seulement choisir les meilleurs et les réformer... Les anciens chants des vers iambiques sont pour la plupart réguliers comme « *A solis ortu cardine. Audi, benigne Conditor. Vexilla regis prodeunt* [3]... »

L'abbé Poisson et l'abbé Le Beuf avaient en vue principalement le chant d'église, lorsqu'ils écrivirent sur l'hymnologie sacrée. De nos jours, M. Léon Gautier, membre de l'Institut, a publié un livre excellent sur *l'Histoire de la poésie liturgique au moyen âge*. Espérons que le volume annoncé sur les Proses suivra bientôt celui qu'a été donné sur les Tropes en 1886. Nous allons emprunter à cette Etude si complète des notions absolument nécessaires pour quiconque veut connaître notre vieille liturgie.

Distinguons tout d'abord les tropes d'avec les hymnes proprement dites. Un trope est l'*interpolation d'un texte liturgique*. Nous en avons vu plusieurs exemples dans les *Gloria* et les *Agnus* extraits du Graduel manuscrit de la bibliothèque de Bayonne, et insérés dans notre chapitre IV. Le trope est un mot grec qui primitivement avait le sens de terme musical, de « mode », de « mélodie », de chant. Fortunat a dit :

Reddebantque suos pendula saxa TROPOS.

Aussi appelait-on de ce nom une suite de notes ; d'où l'expression de *tropes sans paroles* donnée à ces mélodies. Lorsque le moine de Saint-Gall, Tutilon, qui mourut dans le premier quart du Xe siècle, adapta des paroles à ces tropes, ce genre eut de nombreuses, de trop nombreuses imitations. Des manuscrits entiers sont consacrés à cette pseudo-liturgie : on les appelle des *tropaires* et leurs auteurs des *tropistes*. A vrai dire, les Proses de Notker furent les premiers tropes, et « la Prose n'est, en effet, que le trope du dernier alleluia du Graduel ». Aussi donne-t-on assez souvent, aux phrases intercalées dans les morceaux liturgiques, indifféremment les noms de *tropi* et de *prosulæ*. Ajoutons qu'après un très sérieux examen des tropaires connus, M. Léon Gautier a pu conclure que, « sauf deux ou trois, tous sont monastiques ». L'usage des tropes a persisté jusqu'au XVIe siècle ; et sous le pontificat de Paul III, on en trouve dans un missel romain, imprimé à Lyon, quelques-uns au *Kyrie*, au *Sanctus* et à l'*Agnus Dei*. Mais une rubrique nous apprend que c'était affaire de dévotion et que Rome ne les avait pas adoptés : « *Sequuntur devota*

---

1. — Dictionnaire de Plain-Chant, au mot *Hymne*. Migne.
2. — V. sur cette question le magnifique ouvrage : *Les Mélodies Grégoriennes d'après la tradition*, par le R. P. Dom Joseph Pothier, de Solesmes. Tournay, Desclée, 1880, in-8° ; et les travaux du *Congrès d'Arezzo*, en 1882. V. le *Musica Sacra* de M. Aloys Kunck de cette année.
3. — Poisson, *Traité du chant grégorien*, pp. 132, 135.

verba super Kyrie eleyson, Sanctus et Agnus Dei, ibi ob nonnullorum sacerdotum pascendam devotionem posita, *licet non sint de ordinario Romanæ Ecclesiæ.* » Rome sauva la liturgie [1].

On remarquera que les tropes sont tour à tour en prose et en vers ; d'autres affectent une certaine uniformité dans les finales pour le plaisir de l'oreille. C'est ici le lieu de dire quelques mots de l'assonance, de la rime, et enfin des hymnes.

L'assonance est l'identité de sons « qui atteint seulement la voyelle de la dernière syllabe, *sans qu'on ait à tenir compte de la consonne ou des consonnes* [2] *suivantes* ». Voici, par exemple, des vers assonancés :

*O Pater excels*E
*Sincera mente colend*E.

La rime embrasse davantage : « C'est une consonance qui atteint non seulement toute la dernière syllabe, mais encore la voyelle de la pénultième syllabe et *tout ce qui suit cette syllabe* [3]. » Exemple de vers rimés :

Vis cessare METUM.
*Sed mortis sentio l*ETUM.

En compulsant les « Rouleaux des morts », registres sur lesquels les abbés faisaient inscrire les noms des défunts, avec des réflexions en prose et en vers, *datés du jour même du décès*, M. Léon Gautier a trouvé l'origine de la rime pour nos textes liturgiques. Il la place entre les années 1070 et 1095 environ, en tout cas dans le dernier tiers du XIe siècle [4].

Il y aurait beaucoup à dire sur la métrique employée par les poètes du moyen âge : l'hexamètre dans les plus anciens tropes en vers, des distiques, des iambiques dimètres, avec de nombreuses licences, et en particulier celle de considérer, comme une longue, une brève en césure. Plus on avance dans cette époque, plus on voit de « vers rythmés appartenant au sytème iambique ou asclépiadien, aux dérivés du *septenarius trochaïque*, ou à vingt autres combinaisons rythmiques. Quelques hexamètres apparaissent çà et là. Tout a pris un autre aspect [5] ».

Ces compositions sont d'une valeur médiocre ; mais, comme l'a dit excellemment M. Léon Gautier, « si le style est peu relevé, les doctrines en sont hautes. Ces pauvres vers sont pleins de *sursum*, et nous avons eu la joie fort vive de n'y jamais rencontrer une idée vile ou fausse ». Dans ces tropes et ces vers, joyeux et pieux à la fois, « c'est le cœur qui parlait, et il était plein [6] ».

Reconnaissons que les hymnes de notre Bréviaire de Lescar ne sont pas d'un grand style. La préoccupation de la rime ne laissait pas au poète la liberté de se perdre dans l'harmonie de la phrase et l'ampleur des périodes. Aussi nos hymnes visent-elles en général à la sonorité, si l'on peut s'exprimer ainsi, au plaisir de l'oreille, plutôt qu'à la magnificence de la pensée. Et toutefois l'idée n'est jamais vulgaire. Prenons par exemple l'hymne de St Galactoire à vêpres. Nous y trouvons une mesure syllabique, comme dans notre poésie française, et surtout le retour bien marqué des rimes.

Virtus patens prodigiis,   *Præsul et Pater patriæ,*
Luce coruscat clarius,   *Miles athleta strenuus,*
Christum sequens vestigiis   *Lascurrensis Ecclesiæ*
Beatus Galectorius.   *Patronus ut præcipuus.*

Ce n'est pas une poésie savante, mais populaire ; dans ces temps de foi, on chantait avec plus d'entrain ces petits vers rimés et expressifs. L'Église ne refusait pas de se mettre à la portée de ses enfants, de s'accommoder au goût de l'époque, et, tout en conservant la gravité du culte, d'adopter des formules aisées que le vulgaire pût apprendre vite et chanter dans nos saintes assemblées.

Nous voyons que notre pays de Béarn s'était plié aux usages répandus en France. La poésie et l'hymnologie romaine-française est toute créée sur un même type de simplicité et de grâce faciles.

---

1. — *Histoire de la Poésie liturgique.* Voir sur tout ce paragraphe, pp. 1, 21, 29, 51, 53, 57, 58, 138, 141, 149 et suivantes jusqu'à 154.
2. — *Ibid.*, p. 154.
3. — *Ibid.*, p. 152.
4. — *Histoire de la poésie liturgique*, par L. Gautier. Palmé et Picard, 1886, p. 170.
5. — *Ibid.*, p. 75.
6. — *Ibid.*, p. 7. Voir aussi la *Poésie religieuse dans les cloîtres*, du même auteur, 1887.

Le Bréviaire lescarien est-il riche en hymnes locales et propres ? Nous ne le croyons pas. St Julien, le fondateur de notre église, n'a pas même été doté d'hymnes particulières. Son office est très solennel et avec octave ; néanmoins, toutes les hymnes sont prises du Commun des confesseurs pontifes. St Galactoire a une hymne à Vêpres : *Virtus patens prodigiis*, une autre à Matines : *In cælestis ærario* ; mais on n'en trouve ni à Laudes, ni aux secondes Vêpres. Les plus beaux offices de Lescar, ceux de Ste Quittérie, de Ste Foy, de St Bertrand, sont privés de ces prières poétiques qui rehaussent admirablement, dans d'autres bréviaires, la majesté des offices romains-français. Nous ne disons pas cependant que les hymnes y soient peu nombreuses. On en trouve, au contraire, dans toutes les grandes solennités de Notre-Seigneur et de la Sainte Vierge, aux fêtes de St Augustin, de St Jérôme, de Ste Madeleine, des SS. Pierre et Paul, etc. Mais si elles offrent aujourd'hui de l'inédit à la plupart des lecteurs, elles ne sont pas toutes inconnues des liturgistes et des hymnologues : ce sont, pour la plupart, des hymnes romaines ou des poésies empruntées à des bréviaires français des xve et xvie siècles.

Nous ne voulons pas terminer ces remarques sans parler un peu des *Proses*, bien que nous en ayons dit quelque chose en traitant des tropes.

En soi, la Prose est « un discours libre qui n'est pas comme les vers. Et l'on a eu raison d'appeler ainsi ces hymnes qui, la plupart, ont été faites d'un style fort libre, quoique rimées [1] ». On ne les voit apparaître qu'au ixe siècle dans la messe, où elles prennent le nom de *Séquences*, parce qu'elles viennent ordinairement après l'Alleluia. Notker, moine de Saint-Gall, est regardé comme leur premier auteur, vers 880, mais St Cyprien en parle dans la *Vie de St Césaire*. Peu à peu, elles se multiplièrent dans les missels, mais avec tant de négligence qu'on a loué les Chartreux et les Cisterciens de n'en avoir jamais chanté. L'Eglise Romaine n'en admit d'abord que quatre : *Victimæ Paschali*, à Pâques ; *Veni, Sancte Spiritus*, à la Pentecôte ; *Lauda, Sion*, à la Fête-Dieu ; *Dies iræ*, à la messe des morts. Remarquons bien que ces proses ne se disaient qu'à la messe. Nous n'en trouvons pas aux Heures, pendant l'office divin. A ce point de vue, le Bréviaire de Lescar est extrêmement remarquable, car il contient quatre proses, toutes entre Matines et Laudes, après la 9e leçon, aux fêtes de l'Immaculée Conception, des SS. Pierre et Paul, de l'Assomption et de St Augustin. Nous dirons ailleurs que la prose de St Augustin (28 août), *Deposcens pro concesso sibi perpetim premio*, dont tous les membres de phrase riment en o, est d'un style bien lourd. Les proses n'ont pas, toujours, la grâce et le charme harmonieux des hymnes, parce qu'elles négligent plus souvent que celles-ci leur métrique spéciale. Néanmoins, la prose est une des formes, j'allais dire poétiques, de notre vieille liturgie. On a vu plus haut quelques-uns de ces documents religieux reproduits de notre précieux Missel bayonnais de 1543. Un jour peut-être, aurons-nous le plaisir de publier les proses qui sont contenues dans le Missel de Lescar de 1496. Malheureusement, jusqu'à présent, toutes nos recherches à ce sujet ont été infructueuses.

Quant aux formes grammaticales du Bréviaire de 1541 ce sont celles que l'on rencontre dans les livres de cette époque ; ainsi vous trouverez *assis* pour *adsis*, *ammonere* pour *admonere*, *ortus* pour *hortus*, *ve* pour *væ*, *Tartharus* pour *Tartarus*; les terminaisons en *tio*, écrites avec un *c* ou un *t*, et aussi *conscio* pour *concio*, *jocondas* pour *jucundas*, *quatinus*, *prothinus*, *cathecaminus*, *diutinus* pour *diuturnus*, *scalor* pour *squalor*, *Ilarius*, *Grysogonus* ; *tentus*, participe passé de *teneo*, est très fréquent ; *diachonus* fait à l'accusatif pluriel *diachones*, et *diachonium* mis pour *diaconatus*. La forme *Parisius*, invariable dans les chartes, se lit dans la légende de St Denys. En résumé, une orthographe souvent peu réglée, capricieuse, des termes de basse latinité ou barbares, témoignent de l'antiquité de ces récits. Il y aurait une longue catégorie de mots à étudier, mots forgés au besoin pour exprimer des sentiments nouveaux. Voici *cunctipotens* pour *omnipotens*, *agie*, terme grec, pour *sancte*, dans l'hymne *Conditor alme* ; *floccipendens* (office de St Roch), *stelligeratus* (St Julien), *previator*, *falsiloquos*, *dulcesceret*, *mundicordem* (St Augustin), *circa octodorum itinere* (St Maurice), *almificus* (St Saturnin), *igneantur*, *furciferos*, *troclea*, *sabulam* (St Crépin), *reicula*(?), *gannula* (St Savin), *Ingenitus*, *obiatus* (St Brice), *protopræsul*, *equidicus* (St Saturnin), *omnitenens* (Ste Catherine), *predictrix*, *dulcifluus*, *exoratrix*, *apostola*, *prenunciatrix Usiæ* (Ste Madeleine), *lexatus*, *theotica* (St Joseph), *theotota*, *victoriosus*, *debriatus*, *martyrisari*, *deica*, *inflorata*, *lucinabit*, *veterator* (Satan), *veterna*, *parvissimus* (15 janvier), etc., etc.

Ne cherchons ni les tournures vicieuses, ni les expressions peu latines, comme celle-ci : « *cultus ejus [sanctæ Fidis] et incessus ejus nunciabant* DE FORIS », ni les phrases peu harmonieuses ; on en trouve qui

---

1. — Lebrun, *Explication des prières et cérémonies de la Messe*, t. 1, p. 210. Cet ouvrage excellent, d'un très bon esprit, est trop peu connu. C'est souvent la contre-partie du *naturalisme* adopté par D. Claude de Vert dans son *Explication simple, littérale et historique des cérémonies de l'Eglise*, 1706.

sont presque inintelligibles, par exemple, l'antienne de *Benedictus*, le jour de St Augustin : *Laudibus magnis te, Deus, in magni pontificis benedici constat dignum Augustini meritis*, etc., etc. Le besoin de la rime engendre trop souvent l'obscurité.

Ces réserves faites, il n'y a qu'à admirer la splendeur et la magnificence de nos anciens offices. Il est probable que cet antique Bréviaire pouvait bénéficier du privilège accordé par St Pie V à ceux qui avaient 200 ans d'existence. Si le protestantisme n'avait pas affligé notre malheureux pays, peut-être aurait-il été conservé, sans interruption, par les évêques de Lescar, jusqu'au siècle dernier. Mais nous verrons bientôt que la difficulté de s'en procurer des exemplaires, au xviie siècle, le fit abandonner, vers 1635.

N'oublions pas de dire, en terminant ce chapitre, que, dans plusieurs diocèses de France, un retour réel s'est fait aux vieilles prières liturgiques. On avait, il n'y a pas encore longtemps, adopté, un peu à la hâte, des Propres diocésains qui se ressentaient plutôt des modernes traditions des deux derniers siècles que de l'époque chrétienne et sérieuse qui précéda la réforme de 1568. En homme de génie, S. E. le cardinal Pie voulut faire reprendre à son église de Poitiers les rits du moyen âge et des siècles de foi. Il abandonna donc, avec le consentement du St-Siège, les offices approuvés déjà, et ressuscita la psalmodie et l'office divin des temps antiques. D'autres diocèses ont imité en partie ce grand modèle. « Plusieurs Propres de France, nous dit le P. Carles, dans son *Mémoire sur le Proprium Sanctorum* de Toulouse, ont mis à profit les belles antiennes du moyen âge.

» Je dois citer, avant tous les autres, le Propre de Poitiers qui contient les admirables offices de St Hilaire et de Ste Radegonde, etc. On y remarque les antiennes *Athleta Dei*, de St Léger, *Hilarius Pater*, de Ste Abra, *O Rex optime*, de St Louis, *Clotildis mater patriæ*, de Ste Clotilde, etc.

» Le Propre de Paris a les offices de St Denys et de Ste Geneviève, les antiennes *O dulce decus Parisiorum*, de St Marcel, etc.

» Dans le Propre d'Albi (1856), il y a un bel office traditionnel de St Benoît.

» Dans le Propre de Bordeaux (1877), je ne trouve que les deux antiennes de St Gérard : *Delectare, Aquitania*, et *O Majoris Silvæ custos*.

» Le Propre de Saint-Dié (1853) a les offices anciens de St Gérard, de St Dié, de St Nicolas.

» Le Propre de Limoges (1877) a le bel office de St Martial et celui de Ste Valérie, qui sont traditionnels.

» Les offices de St Maurice et de St Maurille, dans le Propre d'Angers (1878), sont aussi du moyen âge, ainsi que plusieurs antiennes appartenant à d'autres offices.

» Toutes les églises, on le comprend, ne sont pas également riches en traditions.

» L'église de Lyon est bien riche en saints de toute sorte, principalement en martyrs et en pontifes (19 pontifes de Lyon). Le Propre de Lyon (1865) n'a rien de remarquable. Pas une seule antienne traditionnelle. St Pothin et St Irénée ont des offices parisiens. Ste Blandine, elle-même, n'a pas une seule antienne propre et spéciale ; tout est du commun. On disait autrefois : *Sancta ecclesia Lugdunensis nescit novitates*[1] ! »

Disons encore que la sainte église de Toulouse s'est fort éprise de ses anciennes gloires, et qu'elle a voulu les remettre en honneur.

A ces noms, nous pourrions ajouter ceux de Reims, de Châlons, de Soissons, de Cambrai. Dans ce dernier diocèse, de nombreux travaux ont été publiés sur la liturgie locale par Mgr Hautcœur, l'éminent chancelier de l'Institut catholique de Lille. Nous sommes heureux de nous trouver en parfaite communion d'idées avec ce savant auteur qui a émis, dans son *Mémoire sur le Propre du diocèse de Cambrai*, ce vœu cher à son cœur : « Quel obstacle y aurait-il à ce qu'on rétablît, pour les fêtes patronales, quelques-uns de ces offices si beaux, qui étaient autrefois en usage dans nos églises, et que l'on retrouve encore dans les anciens Propres ? Il faudrait en former un petit recueil à l'usage de la province ecclésiastique et le soumettre à la S. C. des Rites[2]. »

Oui, en maintenant, dans son ensemble et son ordonnance générale, le bréviaire romain, le St-Siège a toujours applaudi aux tentatives qui ont eu pour but de rappeler aux églises particulières leurs plus vénérables traditions ! S'est-on inspiré de ces principes dans la composition du nouveau Propre provincial Auscitain ?

---

1. — *Mémoire*, p. 50.
2. — *Mémoire*, p. 45. Lille. Desclée, 1882. In-8° de 72 p.

VII

DE QUELQUES SAINTS LOCAUX ET RÉGIONAUX, D'APRÈS LE BRÉVIAIRE DE 1541. — PATRONS ET TITULAIRES DES SEPT ÉGLISES DE LESCAR. — DE STE CONFESSE, TITULAIRE DE LA CATHÉDRALE, JADIS FORT HONORÉE, ET OMISE DANS LE NOUVEAU PROPRE PROVINCIAL. — DOCUMENTS SUR STE QUITTERIE D'AIRE : OFFICE, LÉGENDES, LITANIES. — ST AUGUSTIN. — SAINTS RÉGIONAUX ET NATIONAUX : ST EUTROPE, ST MARTIAL, STE CHRISTINE, ST LIZIER, ST EXUPÈRE, STE FOY, ST DENYS DE PARIS, ST SAVIN, ST SATURNIN, ST GIRONS, ETC.

A *Revue d'Aquitaine* de 1857 contient un curieux catalogue de saints gascons. C'est une fantaisie écrite dans le style de Froissard et signée du nom savant et imaginaire de *Jean Palimpsestus*[1]. L'auteur nous dit avec bonhomie qu'il a trouvé cette liste dans le prétendu portefeuille d'un sien vieil oncle, Bonaventure Palimpsestus. Il a eu raison d'en faire profiter le public. Voici cette intéressante nomenclature :

Cy commence Le Paradis Sanctoral de la ville et province d'Auchs, faict et composé de xxxv légendes tant longues, comme briesues, colligées ez abbayes et églises de Gascoigne, comme s'ensuyt :

LÉGENDES

I. La bonne Bazadoise, prescheresse de la foi.
II. Sainct Saturnin de Tolose, apostre de la Gascoigne et Navarre, martyr.
III. Sainct Martial de Limoges, apostre d'Acquitaine.
IIII. Sainct Cerax, missionnaire, evesque, patron de Simorre.
V. Sainct Paterne, premier evesque d'Euse.
VI. Les saincts evesques d'Euse, Servand, Optat et Porpidian.

VII. Sainct Louperc, patron d'Euse, et martyr illec.
VIII. Sainct Taurin, premier arcevesque d'Auchs.
VIIII. Sainct Clar, evesque d'Alby, martyr à Laytores.
X. Sainct Geny, confesseur de la foy, aussi à Laytores.
XI. Sainct Maurin, diacre agenois, apostre de Laytore.
XII. Saincte Sylvie, d'Euse.

1. — *Rev. d'Aquit.*, 1857, p. 101.

XIII. Saincte Quitterie, qui est saincte Quiteyre, martyre à Aire.
XIIII. Les sœurs de saincte Quitteire, martyre en Gascoigne, c'est assçavoir les sainctes Dode, Gemme et Librade [1].
XV. Saincte Mère, martyre en Lomaigne ; ensemble saincte Fauste, vierge et martyre, au païs d'Armagnac.
XVI. Sainct Vincent, martyr, evesque de Acqs.
XVII. Sainct Julien, aussi martyr [2], evesque de Lescar.
XVIII. Les saincts Grat [3] et Galactoyr, evesques dudict Lescar.
XVIIII. Sainct Justin de Bigorre, confesseur.
XX. Les saincts martyrs Sever et Girons, à Aire.
XXI. Ung aultre sainct Sever, confesseur en Bigorre.
XXII. Sainct Girin, martyr à Tarbe.
XXIII. Sainct Fauste, evesque de Tarbe.
XXIIII. Sainct Licier, evesque de Conserans.
XXV. Saincte Confesse, vierge martire à Tarbes ; ensemble sainct Rudaud, martyr om ne sçait bien où.
XXVI. Les saincts martyrs Gognet et Marcore en Commingeois ; Geret et Pémat en Tursan, Trenet en la diocèse d'Auchs ; le tout en ung.
XXVII. Sainct Savin, anachorette en Bigorre.
XXVIII. Le petit sainct Gaudens, martyr.
XXVIIII. Sainct Aspaze d'Euse, evesque.
XXX. Sainct Filibert, abbé, ysseu d'Euse.
XXXI. Sainct Frix, martyr à Bassoues.
XXXII. Sainct Orens, arcevesque d'Auchs.
XXXIII. Sainct Fremier, martyr à Basas.
XXXIIII. Sainct Leon [4], evesque martyr, à Baïonne.
XXXV. Sainct Leotade, arcevesque d'Auchs.
XXXVI. Sainct Austinde, item.
XXXVII. Sainct Bertrand, evesque de Comminges.
XXXVIII. Saincte Rittrude, martyre [5], ysseue de Gascoigne.
XXXVIIII. Sainct Hubert, ysseu de sang gascon.
XXXX. La saincte Vierge Marie, patronne de la province d'Auchs.

Si l'on ajoute à ces noms Ste Eugrace, honorée dans les anciens diocèses d'Oloron et de Bayonne, bien qu'elle ne soit pas de nos contrées. Ste Eurosie, qui, d'après quelques-uns, serait Bayonnaise (e civitate Boatium), St Misselin, de Tarbes, Ste Foy et St Caprais, d'Agen, St Lœtus, de Dax, St Vincent de Paul, né à Pouy (Landes), et le B. Jean-Baptiste de la Salle, issu, d'après une opinion très probable, de sang basque ou béarnais, nous aurons à peù près le martyrologe de la Gascogne. On peut surtout le compléter avec le calendrier du bréviaire auscitain de 1753 [6].

Nous ne voulons pas ici nous occuper de chacun de ces saints ; ce serait de beaucoup dépasser les bornes que nous nous sommes tracées. Néanmoins, il ne sera pas hors de propos de dire quelques mots sur plusieurs de ces vénérables personnages dont fait mention notre Bréviaire.

Le chanoine Bordenave remarque avec raison qu'à Lescar il y avait « sept églises, sept fontaines, sept moulins, sept bois, sept vignes, sept portes, et sept tours sur les murailles de la ville », et qu'ainsi elle était « toute septenaire ». Les sept églises — en dehors de la cathédrale — se trouvaient dédiées à St Michel, St Jean-Baptiste, St Julien, St Martin, Ste Catherine, Ste Confesse et Ste Quitterie.

C'étaient des patrons de Lescar. Nous savons bien qu'il y a une différence essentielle entre les patrons et les titulaires. Le patron est celui que l'évêque, le peuple et le clergé ont choisi pour leur protecteur auprès de Dieu. C'est toujours un saint ou une sainte. Le patron doit veiller sur tout le pays, sur la ville, en un mot sur le lieu dont il a été constitué le défenseur. Depuis le décret d'Urbain VIII, du 23 mars 1630, les formalités pour le choix d'un patron sont nombreuses. Le titulaire est simplement celui sous le vocable

---

1. — *Sainte-Livrade*. Etude historique et critique... par M. Castex, curé-archiprêtre de Ste-Livrade en Agenais. In-8°. Desclée. Lille, 1890.
2. — St Julien n'est pas martyr, mais confesseur pontife.
3. — St Grat fut évêque d'Oloron. 506.
4. — On peut voir la légende de St Léon, rendue en vieux français de Froissart, *Rec. d'Aquit.*, t. IV, p. 752. Elle est due au même auteur, qui a voulu cacher son nom, illustre dans les cités d'Auch et de Toulouse, et bien connu du monde savant.
5. — On l'honorait simplement comme veuve.
6. — On doit y ajouter le B. Bernard de Morlaas, dominicain (XII° siècle). V. *Semaine religieuse de Pau*, 3 septembre, etc., 1881 ; — et le B. Jean de Majorga, de Saint-Jean-Pied-de-Port, martyrisé le 17 juillet 1570 par les calvinistes (son culte a été autorisé par Pie IX, le 19 août 1854) — peut-être aussi les martyrs d'Arthez, Auger Duplan et ses compagnons, et ceux d'Orthez, de l'Ordre de St Dominique, mis à mort également en 1569, et honorés, paraît-il, à Saragosse. — V. les excellents articles publiés par M. Louis Batcave dans le *Bulletin catholique de Bayonne* et particulièrement les numéros du 30 août 1886 et du 7 février 1885. Le Dictionnaire univ. des Saints (Migne, *Diction. des cérémonies et des rites sacrés*, 3 v.), parle de « S. Castin, honoré au diocèse de Lescar ».

duquel une église a été dédiée [1]. Ainsi, jadis St Galactoire était le patron principal de Lescar, St Julien, celui de la basse-ville. La cathédrale avait, comme aujourd'hui, pour titulaire, l'Assomption ; les sept saints que, d'après Bordenave, nous venons d'indiquer, étaient les titulaires de leurs églises respectives. Le docte chanoine emploie le mot de patron dans le sens de titulaire. Nous le faisons aussi quelquefois, mais la confusion n'est pas possible.

L'église de *St-Michel* était située à l'est de Lescar ; on n'en connaît plus aujourd'hui l'emplacement exact ; c'est dans le quartier St-Michel qu'ont été découvertes les mosaïques récentes. Le diocèse célébrait deux fêtes du glorieux archange, selon le rit double, la *Révélation* ou l'*Apparition* de St Michel (8 mai), et sa fête proprement dite, le 29 septembre. Le premier office n'a rien de remarquable, le second ressemble beaucoup à celui que nous récitons aujourd'hui. Les antiennes et les répons sont tirés de la Sainte-Écriture, les leçons, de St Isidore. Il n'y a rien de local. C'était au xve siècle une fête chômée, sous le nom de *Dedicatio beati Michælis*. Les Statuts de 1627 disent qu'on allait en procession à la chapelle St-Michel, le premier jour des Rogations [2].

L'église de *St-Jean-Baptiste* était une petite chapelle, au milieu des bois, existant déjà au xe siècle, sur les ruines, dit-on, de Beneharnum, et près de l'emplacement actuel de Notre-Dame. Il y avait une procession le jour de St Jean-Baptiste, lequel était fête de précepte, et la bénédiction du feu de St Jean se faisait solennellement par un chanoine ou par l'évêque, jusqu'à la fin du xviiie siècle [3]. L'office du Bréviaire de Lescar ressemble beaucoup au romain actuel. Il en est ainsi de quelques saints universellement honorés. Outre la Nativité de St Jean-Baptiste (24 juin), on célébrait, comme à présent, sa Décollation, le 28 août. Bordenave dit de la vieille chapelle : « Mesme aujourd'hui elle subsiste joignant un petit bois, et encore l'un des faux-bourgs de cette ville s'appelle *aux Lucs*, en commun idiome, *a Luco, id est, nemore arboribus denso* [4]. »

L'église de *St-Julien* existe encore à la basse-ville. Elle fut rebâtie après les Normands, l'an 1032. C'était évidemment la cathédrale primitive. Nous avons dit plus haut qu'elle dût servir de lieu de sépulture aux ducs de Gascogne. Un chanoine portait jadis le titre de « prieur » de St-Julien ; et le curé, aux derniers siècles, celui d'*archiprêtre de la chambre*, nous ne savons pourquoi, titre qui lui fut disputé surtout par Des Barats, curé de Pau (1722-1754), comme on le voit dans le curieux ouvrage de M. L. Lacaze : *L'ancienne église de St-Martin de Pau*.

L'église de *St-Martin* était située dans la ferme de Goerets ; et c'est pour cela qu'on l'appelait St-Martin-de-Goerets. Il n'en reste même plus de ruines. Il est vraisemblable qu'elle était un but de procession aux solennités de St Martin. Ce grand évêque fut en effet glorieusement honoré dans le diocèse de Lescar. Son office est très beau dans le Bréviaire de 1541, et il ressemble, au moins dans les répons, à celui que nous célébrons encore. Les hymnes sont propres, à vêpres : *Rex Christe, Martini decus* ; et à matines, où on le compare aux apôtres : *Martine, par apostolis* ; cette fête se célébrait avec octave et leçons propres. La ville la plus considérable du Béarn avait d'ailleurs son église sous le vocable de cet évêque (Saint-Martin de Pau). L'ancienne chapelle de Lescar n'existait plus vraisemblablement au xviie siècle, car le chanoine de Bordenave n'en parle pas. On n'invoquait pas St Martin dans la prière des Suffrages, et il n'était peut-être pas absolument considéré comme un des patrons de Lescar.

L'église de *Ste-Catherine* se trouvait près du moulin des ladres, sur l'ancienne route de Bayonne, à peu près en face de la gare actuelle. Elle existait encore au xviie siècle ; on y allait en procession le second jour des Rogations. *Processio petit sacellum sanctæ Catherinæ*, dit Bordenave. En 1561, on l'appelait la chapelle de la « cagoterie de Ste Catherine ». Cagoterie et maladrerie paraissent ici avoir le même sens. Etait-ce le siège de l'hôpital fondé à Lescar par Gaston IV, vicomte de Béarn, et sa femme Talèse, à la fin du xie siècle ? Dans une importante étude consacrée à cette question [5], M. Barthety ne le croit pas, et il en donne de bonnes preuves. La maladrerie et la chapelle de Ste-Catherine auraient été assez récemment fondées par un chanoine atteint de la lèpre.

Nous rappellerons le culte exceptionnel rendu à Ste Catherine au moyen âge. C'était, d'après les

---

1. — Gavantus, *Comment. in Rub. brev.* Section III, c. XII. *De patrono loci et titulari ecclesiæ*. — *Mémoire sur les patrons des lieux et sur les titulaires des églises dans le diocèse de Cambrai*, par Mgr Haultcœur, recteur des Facultés de Lille. Desclée, de Brouwer, 1883.
2. — *L'Estat des Eglises*, p. 682.
3. — *Les Feux de joie de la Saint-Jean à Lescar dans les derniers siècles*, par Barthety, 1882. In-8° de 16 p.
4. — *Estat des Eglises*, p. 68.
5. — *L'Hôpital et la Maladrerie de Lescar*, 1880. In-8° de 41 p. — « Temple de la cagoterie de Sainte-Catherine, » Arch. de Lescar, FF. 1, f. 12, 1552. V. aussi le travail de M. Lamaignère, *Bull. de la Soc. de Pau*, 1879-1880, p. 43.

Constitutions synodales de 1552, une fête chômée. Il semble donc que le nom de cette sainte fut celui d'une grande protectrice de Lescar. Elle veillait particulièrement sur les lépreux abandonnés.

On a soutenu une opinion d'après laquelle l'établissement de Ste Catherine aurait eu deux destinations successives ; ce sentiment n'est pas improbable. Qu'on ait plus tard bâti ailleurs une maison hospitalière, c'est très possible. Le texte de Bordenave qui attribue la fondation de la maladrerie à un chanoine qui « fist bâtir la léproserie ou maladrerie et hospital des ladres, *avec la chapelle contiguë* [1] » n'est pas concluant, car il ne s'appuie pas sur un document, mais sur « la tradition locale », souvent si inexacte. Le dénombrement des feux en Béarn, de 1385, publié par M. Raymond, fait seulement mention de « l'ostau deus malaus de sent Laze ». Pourquoi aller chercher ailleurs qu'au quartier Ste-Catherine l'emplacement de ce vieil hôpital ?

Pour concilier les différentes opinions sur ce sujet, on peut dire que, fondé d'abord comme hôpital, au XIe siècle, devenu bien vite après une léproserie, l'établissement dédié à Ste Catherine fut comblé de biens et de revenus par les seigneurs, les évêques et le chapitre de Lescar.

L'office de Ste Catherine était fort remarquable. Fête double avec vigile, on y trouve des hymnes propres, à vêpres, à matines et à laudes. Antiennes, répons, versets y sont formés d'hémistiches rimés. Les antiennes des petites Heures sont de véritables hexamètres :

> *Hec mundum spernens et mundi florida ducens,*
> *Pro nihilo veram studuit cognoscere vitam.*

De même l'antienne des secondes vêpres est en vers. — Un manuscrit de Roncevaux, la *Preciosa*, nous apprend que Ste Catherine était en singulière vénération dans nos contrées [2].

L'église de *Ste Confesse* était située au sommet des vignes, du côté de l'ouest. La procession des Rogations se faisait le mercredi à la chapelle de Ste-Confesse, « *in sacram œdem sanctæ Confessæ* ». Ce nom subsiste encore, bien que les ruines mêmes aient disparu. Aussi croyons-nous qu'il n'est pas bon de laisser tomber dans l'oubli la gloire de cette sainte, *dont le culte fut en très grand honneur dans le diocèse de Lescar jusqu'à la Révolution française*. Elle mériterait, tout aussi bien et mieux même que d'autres saints de la province d'Auch, d'être honorée dans le diocèse de Bayonne, qui comprend aujourd'hui celui de Lescar. Nous allons le prouver jusqu'à l'évidence.

Le plus ancien document que nous connaissions sur Ste Confesse est la donation de l'église ou chapelle de ce nom faite au chapitre par A., évêque de Lescar, après 1101 : « *A. episcopus, successor* [*Sancii*], *dedit eis ecclesiam de sancta Confessa ex integro* [3]. » M. Paul Raymond croit que, primitivement au moins, cette chapelle se trouvait sur le territoire de Poey, près Lescar, et était dans un hameau qui portait ce nom. Il résume en ces termes, dans son *Dictionnaire topographique* des Basses-Pyrénées [4], tout ce qu'il sait sur Ste-Confesse, en tant que lieu : « Ste-Confesse, hameau détruit, commune de Poey (canton de Lescar) — *Sancta-Confessa*, 1101 (cart. de Lescar, d'après Marca, *Hist. de Béarn*, p. 375) — *Sente-Confesse*, 1376 (montre militaire, f° 31) — Lo camii de *Sainte-Confessa*, 1643 (cens. de Lescar, f° 152). »

De ces différents textes, il résulte que le nom de Ste Confesse était bien connu ; il y avait même une église qui lui était dédiée au XIe siècle. Ajoutons que cette sainte était honorée dans l'église de Poey, à titre de patronne secondaire, ou du moins comme titulaire d'une prébende [5]. Enfin, et ceci résout toutes les difficultés, on célébrait le 10 mai une fête particulière en son honneur à Lescar, au XVIe siècle, sous le rit double. On verra, dans le calendrier de 1541, que les fêtes doubles étaient rares à cette époque ; le bréviaire témoigne ainsi, malgré son laconisme, du culte dont nos pères entouraient cette sainte. L'office n'a pas de leçons propres ; l'absence de tout document sans doute n'a pas permis à l'hagiographe de satisfaire sa piété — et c'est chose étonnante pour cette époque où l'on fabriquait si facilement des légendes ! — Néanmoins, deux oraisons proclament la sainteté de la vierge Confesse : « O Dieu ineffable, dit la première, nous supplions avec une humble dévotion votre Toute-Puissance de daigner nous faire monter, par votre grâce, de vertu en vertu, à cause des mérites et de la pieuse intercession de Confesse, votre bienheureuse vierge. » Et l'autre oraison s'exprime ainsi : « Accordez-nous, nous vous en supplions, Dieu Tout-Puissant,

---

1. — *L'Estat des Eglises*, p. 516.
2. — V. *Roncevaux*, Bulletin de Pau, 1889, p. 380.
3. — Marca, p. 375.
4. — *Dict. top.*, p. 146.
5. — *Congrès scientifique* de Pau, 1873, tom. 2, p. 188.

de nous réjouir de la fête de votre vierge, sainte Confesse, et par son intercession et ses mérites, purifiez-nous de toutes nos fautes. »

Ste Confesse était une patronne de Lescar ; elle figure dans les Suffrages des saints ; plus tard, dans les commentaires de ses Statuts, le chanoine Bordenave la met au nombre des défenseurs de la ville [1]. Sa fête est du rit double au XVIIe siècle, d'après cet auteur [2] ; elle est mise sur le même pied que les fêtes de St Louis, de la Visitation, de St Joachim et de Ste Anne, de Ste Catherine, etc. Bien plus, le nom de St Léonce a disparu des diptyques sacrés, tandis qu'on conserve encore la mémoire de l'humble vierge.

Et à mesure que l'on avance, le culte de Ste Confesse, loin de décroître, gagne en splendeur. Le plus ancien *Ordo* ou directoire de Lescar imprimé, que nous connaissions, celui de 1702, donne, à la date du 10 mai, sa fête comme *double majeur*, avec la qualification de *vierge martyre* [3]. Les *Ordos* de 1703, 1704 et 1706 maintiennent le même rit, mais considèrent Ste Confesse comme simple vierge (ornements blancs pour la messe, *col. alb.*). Et ainsi en fut-il jusqu'à la fin du XVIIIe siècle : le propre diocésain de Lescar classe toujours cette fête sous le rit double-majeur, affecté aux patrons secondaires.

Cette sainte reçut-elle la palme du martyre ? Les oraisons du vieux bréviaire ne l'insinuent même pas, quoique le nom de *Confessa* semble dire qu'elle avait « confessé » sa foi par l'effusion de son sang. C'est, d'après nous, une des innombrables martyres qui périrent sous le glaive des Normands ou des Sarrasins. Il est certain que pendant quelque temps, comme en témoigne l'Ordo de 1702, on a honoré en elle une vierge martyre ; la stalle du chœur de la cathédrale représente la sainte, une palme à la main. C'était sans doute l'opinion courante à l'époque où les sculpteurs Caron firent ce travail. La *Revue d'Aquitaine* de 1857 en parle aussi, dans le catalogue cité, comme d'une vierge martyre.

Cependant, il faut l'avouer, les grands recueils d'hagiographie sont bien muets à l'endroit de notre sainte patronne de Lescar. Le premier auteur qui la nomme est André du Saussay dans le supplément de son *Martyrologium Gallicanum* [4], où il s'exprime en ces termes : « *Ipso die* (10 maii), *sanctæ Confessæ virginis a* Tarbiensi *ecclesia cathedratica inter diœcesis tutelares adscriptæ et honoratæ.*» Les autres auteurs n'ont probablement fait que copier du Saussay. Nous lisons par exemple, dans le *Sacrum Gynecæum* du P. Arthur du Monstier, cet éloge de Ste Confesse : « *Sexto idus Maii, Tarbiæ in Novempopulania. Sanctæ Confessæ, virginis, quæ exactis in Christo obsequio, et assiduo religionis, pietatis, sanctitatis studio, mortalis vitæ progressibus et abruptis carnis nexibus, spiritum tot ornatum meritis, Christo sponso, cui fideliter servierat, resignavit.* » Et, en note, il cite du Saussay : « *Teste Saussayo, in supplemento Martyrologii Gallicani* [5]. » Les Bollandistes, qui ne mentionnent pas cette sainte dans le corps de leur ouvrage, disent au supplément, à la date du 10 mai : [6] « *Sancta Confessa, virgo, a Tarbiensi ecclesia cathedratica, inter diœceses tutelares adscripta et memorata. — Memoratur a Saussayo in supplemento Martyrologii Gallicani, et ex eo, Arturus in Gynecæo sacro, sed Confessa dicitur : nec verbum ultro alibi legimus. Plures dedimus, mense Martio et Aprili, martyres Concessos, uti alium Concessum, martyrem Romanum, XXII Maii, sed ab his alia est Confessa virgo de qua optaremus ab aliis antiquiora et certiora monumenta.* » Et, comme si les savants auteurs avaient eu de nouveaux renseignements, ils ajoutent cette correction au dernier volume de mai : « *Lege... et ex eo* [Saussayo] *ipsam in suum Gynecæum sacrum transtulit Arturus, non sine prolixiori a se excogitato elogio.* De veritate cultus ac persona sanctæ non dubitantes, *plura interim et certiora optamus* [7]. »

Reste à savoir si Ste Confesse était honorée à Tarbes, comme le disent du Saussay et, d'après lui, les autres hagiographes. Quand nous avons voulu avoir quelque éclaircissement, ç'a été une véritable surprise et une révélation pour nos correspondants. Toutefois, les recherches les plus sérieuses n'ont pas abouti, et l'on est à se demander si le témoignage des hagiographes est l'expression de la vérité. A Tarbes, en effet, il ne reste pas trace du culte de Ste Confesse. Il se pourrait bien que du Saussay ait écrit *Tarbiensi* pour *Lascurrensi ecclesia*, car il ne mentionne pas Lescar ; ainsi, il aurait donné à la cathédrale de Tarbes une patronne qu'on n'a jamais eue. Ce sont là de véritables motifs de doute qui nous laissent perplexe. On sait

---

1. — *L'Estat des Eglises*, p. 85.
2. — *Ibidem*, p. 947.
3. — Arch. B.-P., G. 270.
4. — Paris, 1637, t. II, p. 1116.
5. — *Sacrum Gynecæum seu Martyrologium amplissimum.... R. P. Artari du Monstier, Rothomagensis, Ordinis Fratrum Minorum Recollectorum, Prov. Parisiensis. Parisiis apud Edmundum Couterot, MDCLVII*, in-fol., p. 193.
6. — *Acta SS.*, 10 mai, p. 490.
7. — Dernier vol. Mai, p. 653, note 7f.

que le Martyrologe gallican de du Saussay ne mérite pas toute confiance. S'il est dans l'erreur, tous ceux qui ont reproduit son texte se trompent également. L'auteur qui a rédigé la liste des saints gascons, dans la *Revue d'Aquitaine* de 1857, fait aussi de Ste Confesse une vierge martyre de Tarbes. A-t-il puisé ce renseignement aux mêmes sources ? On nous avait dit que peut-être les manuscrits de M. d'Aignan du Sendat, à Auch, éclairciraient la question. Malheureusement ils n'en parlent pas [1].

Ce serait sans doute une gloire de plus pour notre sainte d'avoir été honorée comme patronne par l'illustre église de Tarbes. Mais si nous ne pouvons pas trop conserver cette illusion, nous n'en persistons pas moins à croire à son existence et à rappeler le culte exceptionnel qui lui fut rendu dans le diocèse de Lescar, jusqu'au commencement de ce siècle. N'est-ce pas une raison suffisante pour ne pas laisser périr à tout jamais son nom vénéré ? On nous dira peut-être que cette vierge n'a pas d'histoire ; mais nous répondrons que d'innombrables saints, honorés dans l'Eglise, se trouvent dans le même cas. N'avons-nous pas vu d'ailleurs que les légendes les plus célèbres sont trop souvent un tissu de contradictions, d'incohérences, de faussetés, et, qu'en dehors d'un culte immémorial, on ne connaît, de la vie de beaucoup de saints, ni détails, ni actions mémorables, rien de précis, rien de certain ? Il est donc souverainement regrettable que le nouveau Propre de la province d'Auch ne fasse même pas mémoire de Ste Confesse.

L'église de *Ste-Quitterie* était située au nord de Lescar ; une croix indique encore son emplacement. Cependant quelques-uns croient qu'il n'y eut jamais d'oratoire. La tradition rapporte que la sainte s'arrêta en cet endroit pour prier, lorsqu'elle se rendait à Aire. Nul vestige d'ancienne chapelle.

Il n'y a peut-être pas de sainte qui ait joui d'une plus grande célébrité dans nos pays jusqu'à la Révolution. Le martyrologe romain constate qu'elle était honorée en Espagne. Nous avons trouvé sa fête à Narbonne, à Toulouse, à Rodez, dans le martyrologe de Roncevaux, du XIIIe au XIVe siècle : « *XI kal. junii. Passio sancte Quiterie, virginis et martiris* [3] », dans le *Missale Pictaviense* de 1526 [2]. Ainsi tout le pays qui formait l'ancienne Aquitaine et une partie de l'Espagne avaient un culte pour Ste Quitterie.

Etait-elle espagnole ou gasconne ?

La question d'origine n'est pas facile à résoudre. Les Espagnols, essentiellement « accapareurs », l'ont revendiquée pour eux. Or, « l'histoire ecclésiastique d'Espagne, dit le savant abbé Duchesne, a beaucoup souffert des falsifications et de l'orgueil national des écrivains de ce pays [4] ». Et M. l'abbé Dudon, dans sa remarquable *Étude sur Ste Quitterie*, nous montre, sans réplique possible, les « usurpations espagnoles [5] » relativement à plusieurs de nos saints français. Aujourd'hui même ne réclament-ils pas St Vincent de Paul [6] ? Dans sa vigoureuse dissertation, M. Dudon conclut, avec force preuves, que Ste Quitterie « n'est ni espagnole ni portugaise », mais « qu'elle est gasconne ». Ses arguments sont excellents, et nous croyons qu'ils ont une grande portée. Nous regrettons seulement que le savant auteur n'ait pas reproduit *in extenso*, en appendice, les légendes connues de Ste Quitterie ; il s'en serait naturellement dégagé une comparaison toute en faveur des revendications de la ville d'Aire.

Le Bréviaire de Dax, manuscrit du XIIIe siècle, conservé au Grand Séminaire d'Aire, nous offre des fragments de la légende insérée dans le Bréviaire de Lescar de 1541. Quelques textes, cités en notes par M. l'abbé Dudon, se retrouvent dans notre récit [7]. Mais ces documents sont muets sur le lieu d'origine de Ste Quitterie. Cependant, les qualifications qu'on donne à la sainte paraissent exclure le moindre doute ; elle est la « lumière de la Gascogne », *Vasconiæ lucerna*, un « ornement pour ce pays », *per te, Quitheria virgo, regio Vasconiæ decorata est*. Si le légendaire avait voulu dire que la Gascogne n'était que glorifiée par le martyre de Ste Quitterie, il aurait assurément été plus explicite. Il ne parle pas du lieu d'origine parce que, de son temps, on admettait généralement et sans conteste, en Béarn, qu'elle fut Vasconne ; c'était pour ainsi dire une « illustration nationale ». Le travail du savant professeur d'Aire raconte fort bien, dans un judicieux

---

1. — Ce serait une œuvre utile que de publier, parmi les manuscrits de M. d'Aignan, ceux qui se rapportent à l'hagiographie d'Aquitaine, aux sacramentaires et aux vieilles formules de la liturgie auscitaine. (*Bibl. de la ville d'Auch*, vol. n° 83 : « Saints dont on faisait l'office au XVIe siècle » p. 125-178, surtout 179-222, et à la suite du catalogue des saints.)
2. — *Bulletin de Pau*, 1889. *Roncevaux*, p. 332.
3. — *Revue du Bas-Poitou*, 1889, p. 251.
4. — *Origines chrétiennes*, p. 440.
5. — *Ste Quitterie, gasconne*, par l'abbé J. Dudon. Aire, 1885, p. 11. Le même auteur avait déjà publié, en 1883, *Ste Quitterie du Mas et sa crypte*.
6. — V. plusieurs travaux de M. Pémartin, l'éminent supérieur du Berceau de St Vincent de Paul à Pouy, et en particulier l'étude : *St Vincent de Paul est né en France*, par un prêtre de la Mission. Paris, Dumoulin, 1889, in-8° de 69 p. La meilleure réponse à cette prétention c'est que la Bulle d'approbation de la Congrégation de St Lazare appelle St Vincent, prêtre du diocèse de Dax, *diocesis Aquensis*, et cela de son vivant.
7. — *Ste Quitterie, gasconne*, p. 17.

choix de textes, la vie et la mort de la pieuse vierge. Elle meurt à Aire, vers 477 ou 478, et porte, jusqu'au Mas où se trouve son tombeau, sa tête sanglante couronnée de l'auréole de la sainteté. Nous n'avons pas à discuter ici la vérité de la légende, en ce qui regarde ce dernier fait.

L'église du Mas a recouvré un peu de son antique splendeur ; la vieille crypte, fouillée, dégagée des décombres et des ruines faites par le protestantisme, accumulées ensuite par les siècles, a repris son caractère de vénérable grandeur. Nous n'oublierons jamais le saisissement religieux qui fit tressaillir notre âme, lorsque nous eûmes le bonheur de célébrer la sainte messe sur l'autel restauré des premiers siècles. Tout chante en ces lieux la gloire de Ste Quitterie, tout y proclame également la piété filiale, le goût sûr et éclairé de Mgr Delannoy, évêque d'Aire. Cette résurrection du vieux sanctuaire roman est une merveille d'art exquis.

Nous allons maintenant appeler l'attention du lecteur sur la beauté de l'office de Ste Quitterie, contenu dans le Bréviaire de Lescar.

Quelques antiennes, tirées de la Sainte-Écriture, sont appliquées dans un sens *accommodatice* à la vierge martyre. On les a parfois accompagnées de paroles qui expriment les vertus, la puissance et la gloire de Quitterie. Ainsi l'antienne des premières vêpres est un salut gracieux : « *Ave, rosa paradisi, et lilium convallium.* » Aujourd'hui, ce dernier texte est exclusivement réservé à la Ste Vierge Marie ; il en est de même d'un bon nombre d'antiennes de notre vieil office. Les leçons ont été faites en dehors de toute préoccupation patriotique ; si deux formules rappellent que la sainte est une gloire de la Gascogne, néanmoins l'auteur n'insiste pas davantage. Notons qu'il n'est nulle part question de l'Espagne. Or, le légendaire ne se serait pas exposé à heurter l'opinion régnante et l'aurait au moins mentionnée, si de son temps elle avait été favorable à la Péninsule. Et cependant notre récit est textuellement emprunté aux bréviaires espagnols de Siguenza et de Palencia[1]. Il en reproduit les choses merveilleuses et les nombreuses apparitions angéliques.

Les répons et les versets sont pleins de piété et de charme poétique. L'un dit que Ste Quitterie est issue d'un sang royal, l'autre qu'un peuple entier chante en son jour de fête des odes « *odas* » au Seigneur ; celui-ci rappelle les miracles opérés par la liqueur divine qui suinte du tombeau de marbre : *De sub cujus tumba marmorea liquor sanctus aquæ effunditur ; qui salubrem præbet potum infirmis credentibus* ; celui-là montre les malheureux atteints de la rage[2] accourant en foule et bientôt repartant guéris : *Ruunt nempe catervatim undique populi, quia per eam fiunt mirabilia cum a* MONSU RABIDOSO *sospites revertuntur* ; un autre enfin dit le miracle par lequel la sainte porta sa tête jusqu'à son tombeau : *O res miræ et miranda! Fert truncata caput in manibus suis usque ad locum sepulcri.* L'antienne de *Benedictus*, où le légendaire apostrophe et félicite la cité d'Aire, qui possède le corps de la sainte, est toute à citer : *O quam beata es, Adurensis villa, quæ possides egregia membra sacræ virginis Quitheriæ, animam hodie cujus suscepit benedictus Dominus!* L'antienne des secondes vêpres va par progression ascendante dans un cri de triomphe en l'honneur de Quitterie : « *O felix, felicior, felicissima Quitheria... mane nobiscum in æternum !* »

Nous avons dit combien le culte de la vierge d'Aire était autrefois répandu ; près de nous, le diocèse de Bordeaux l'honorait aussi particulièrement ; on y conserva toujours le rit romain jusqu'à la Révolution ; et le 22 mai, on chantait, en l'honneur de Ste Quitterie, l'hymne *Faso purpurei sanguine martyres*, composée par Santeul pour Ste Cécile. La province d'Auch, les diocèses d'Aire, de Dax et de Lescar, la vénéraient encore à la fin du siècle dernier ; les *Ordos* et les livres d'office que nous avons sous les yeux le prouvent avec évidence.

Le bréviaire auscitain de 1753 ne contenait sur notre sainte que cette pitoyable leçon :

« DIE XXII MAII. *Lectio II. Ex Gall. Christ.* Sanctæ Quiteriæ, virginis et martyris, natale notatur undecimo calendas Junii. Apud Vico-Julium, ni ecclesia Adurensi, fuit olim monasterium ejus nomine insignitum, non longe ab urbe : in cujus ecclesia suam episcopus habuit cathedram, ita ut sanctæ Quiteriæ præsul diceretur. A Gregorio nono, Romano Pontifice, mensæ episcopali Adurensium præsulum junctum est monasterium, quod antea Casæ-Dei subditum fuerat. Qui supererant reditus et fructus, erecto clericorum seminario donati sunt, et extincti monachorum tituli. Superest adhuc antiqua cœnobii ecclesia. »

Nous ne voulons pas finir sans mentionner une brochure rarissime, ayant trait à un pèlerinage qui se faisait jadis à Doumy, près de Lescar. En voici le titre : « *La vie de Ste Quiterie dont on célèbre la fête le 22 mai à Domy. A Pau, chez J.-P. Vignancour, imprimeur, près les ci-devant Cordeliers. L'an quatrième*

---

1. — *Ste Quitterie, gasconne*, p. 17.
2. — M. Dudon disait dans sa première brochure : « Elle n'est d'ailleurs priée que pour une seule infirmité, la folie », p. 10. Notre bréviaire et les légendes espagnoles parlent aussi de la rage.

de la Liberté, *1792* (in-12 de 16 p.). » Elle contient une légende française, traduite évidemment des auteurs espagnols. Elle commence en ces termes :

« *La Vie de Ste Quiterie dont on célèbre la fête le 22 mai à Domy. Elle souffrit le martyre à l'âge de 16 ou 17 ans, l'an de grâce 18, du temps des empereurs Antonin, Aurèle et Comode.* — Ste Quiterie étoit fille de parens idolâtres et riches, de la ville de Rome ; son père s'appeloit Cajus-Attilius-Severus, consul, et sa mère, Calisa. Attilius fut envoyé gouverneur des provinces de Galice et de Portugal en Espagne, vers l'an 167, par les empereurs Antonin, Aurèle et Comode, qui régnoient ensemble. Pendant qu'Attilius étoit en Galice avec sa femme, dans la ville nommée Belcagie, qu'on appelle à présent Bayonne, la dame Calisa devint enceinte ; cependant Attilius s'en alla visiter son gouvernement et, pendant son absence, Calisa accoucha de neuf filles, de cette seule grossesse ; elle fut épouvantée de cette fécondité extraordinaire, et, craignant l'humeur farouche et l'avarice de son mari qui pouvoit se porter à quelque extrémité contre elle et les enfans, elle prit la résolution barbare de les faire périr... »

Cette légende n'est assurément qu'un tissu de fables [1]. Les neuf filles sont confiées à une sage-femme chrétienne qui doit « les suffoquer ou les noyer » ; celle-ci leur procure des nourrices ; Geneviève, Marianne, Germaine, Bazilisse, Victoire, Eumélie, Gemme, *Quiterie*, et Livrade sont baptisées. Plus tard, on les instruisit de leur naissance. Elles étaient âgées de quatorze ans, lorsque la persécution éclata ; elles furent arrêtées et conduites à Attilius. Elles se déclarent ses filles, et le voilà heureux et « charmé d'avoir neuf filles belles, bien faites, bien élevées, aimables et remplies d'esprit, sans qu'il lui en eût rien coûté ». Leurs parents veulent les faire apostasier ; un ange leur conseille de quitter la maison paternelle. Quiterie s'en alla à Tolède, puis dans une grotte sur le mont *Oria* ; enfin elle revint chez elle sur les ordres d'un ange. On lui propose avec « un seigneur très riche nommé Germain » un mariage qu'elle refuse. Son père la fait jeter dans une prison d'où elle est délivrée par un ange. Elle se réfugia dans la ville d'*Aufragie*, où elle fut reconnue par des soldats et ramenée à son père. « On lui donna trente filles et huit jeunes hommes pour la garder » ; elle les convertit ; tous s'en allèrent à Aufragie, et l'apostat Lucien, devenu aveugle, fut guéri et ramené à Dieu. Elle se réfugia ensuite sur une montagne où Dieu fit jaillir de l'eau d'un rocher, fontaine qu'on n'a jamais vu tarir ; « au contraire l'eau augmente, depuis la veille de Ste Quiterie, jusques à ce qu'elle est finie pendant vingt-quatre heures ; puis elle revient dans son premier état. C'est pourquoi les habitants du pays l'appellent fontaine de salut, parce qu'il s'y fait des miracles. Bientôt après, Quiterie se sépara de cette troupe de chrétiens, qui la suivoient, et prit sa route vers les Gaules. Ayant passé les monts Pyrénées, elle s'arrêta quelque temps en Béarn, dans un désert où est à présent le village de Domy, où les fidelles ont bâti dans la suite un oratoire en son honneur pour solenniser sa mémoire. Il sort une fontaine de dessous l'autel qui coule en dehors vers le midi, dont l'eau a fait beaucoup de miracles par la vertu que Dieu y a attachée et par l'intercession de Ste Quiterie. Autrefois, cette chapelle étoit célèbre par le concours des fidelles qui s'y rendoient le jour de la fête, et les paroisses voisines y alloient en procession, mais on les a défendus à cause du peu de respect qu'on a pour ce saint lieu qui tournoit au mépris de la religion ».

Ensuite la sainte se dirigea sur Aire ; elle y fut arrêtée et on lui trancha la tête. D'après le légendaire, les auteurs espagnols qui disent qu'elle fut condamnée par son père sont dans l'erreur. Alphonse Vileyas est seul exact en la faisant mourir à Aire. Cela se prouve : 1° par la « pierre sépulcrale qui est sur le tombeau de Ste Quiterie qu'on voit encore dans l'église de St Pierre » ; 2° par la fontaine miraculeuse « qui fait tous les ans l'admiration du peuple, qui va en concours à la fête de la sainte en dévotion » ; 3° par les guérisons que Dieu y a opérées. « On regarde en Espagne Ste Quiterie, comme l'avocate de ceux qui sont attaqués de la rage. »

« PRIÈRE A SAINTE QUITERIE »

Bienheureuse Ste Quiterie, qui avez mérité la gloire éternelle par votre pureté, par vos souffrances et par votre charité envers Dieu et le prochain, priez Notre-Seigneur Jésus-Christ de nous accorder la grâce d'imiter vos vertus. Intercédez pour nous auprès de Dieu, afin qu'il nous délivre de nos maux corporels et spirituels, et que nous puissions servir ce même Dieu de cœur et d'esprit. Ainsi soit-il.

1. — Nous pensons, comme M. Dudon, qu'on associa dans un même culte ces neuf vierges ; « la légende mêla ensuite leur histoire ; les Espagnols, nos voisins, en firent des sœurs, et revêrent, pour signaler leur apparition, la plus merveilleuse des fécondités... Le roman des neuf filles, issues *uno partu...*, n'est pas antérieur au XIV° siècle, et il coïncide avec le remaniement de la liturgie qui, en Espagne surtout, donna accès aux nouveautés les plus regrettables ». *Rev. de Gasc.*, 1890, p. 376.

HYMNE A SAINTE QUITERIE
Sur l'air *Ut queant laxis*, de St Jean-Baptiste.

Virginis Proles, Opifexque Matris,
Virgo quem gessit peperitque virgo,
Quiterie festum canimus, trophæum
 Accipe votum.

Hæc tua, virgo, duplici beata
Sorte dum gessit fragilem domare
Corporis sexum, domuit cruentum
 Corporis sæclum.

Unde nec mortem, nec amica mortis,
Sæva pœnarum genera pavescens,

Sanguine fuso, meruit sacratum
 Scandere cœlum.

Hujus obtentu, Deus alme, nostris
Parce jam culpis, vitia remittens,
Quo tibi puri resonemus almum
 Pectoris hymnum.

Gloria Patri Genitœque Proli
Et tibi, compar utriusque semper,
Spiritus alme, Deus unus, omni
 Tempore sæcli. Amen.

℣. Elegit eam Deus et præelegit eam. — ℟. Adjuvabit eam Deus vultu suo et non commovebitur.
℣. Ora pro nobis, beata Quiteria. — ℟. Ut digni efficiamur promissionibus Christi.

Oremus. Indulgentiam, quæsumus, Domine, beatæ Quiteriæ, virginis et martyris, intercessione, nobis concede, et que tibi grata semper extitit et tibi placuit castitate, obtineat nobis que tibi grata sunt. Per Dominum.

LITANIES DE SAINTE QUITERIE

Kyrie eleison, Christe eleison.
Christe audi nos, Christe exaudi nos.
Pater de cœlis, Deus, miserere nobis.
Fili, Redemptor mundi, Deus, mis.
Spiritus sancte, Deus, mis.
Sancta Trinitas, unus Deus, mis.
Sancta Quiteria, ora pro nobis.
Beata Quiteria, Christo amabilis, ora.
Beata Quiteria, Christo fidelis, ora.
Virgo, zelatrix puritatis, ora.
Virgo, vere christiana, ora.
Virgo, mitis corde, ora.
Virgo, amatrix Crucis, ora.
Virgo, solatium fidelium, ora.

Virgo, curatrix infirmorum, ora.
Virgo, consolatrix afflictorum, ora.
Virgo, amatrix charitatis, ora.
Virgo, flos martyrum, ora.
Exemplar virtutum, ora.
Exemplar sobrietatis, ora.
Exemplar humilitatis, ora.
Exemplar mansuetudinis, ora.
Exemplar virginitatis, ora.
Exemplar peregrinorum, ora.
Exemplar patientiæ, ora.
Exemplar fidei, ora.
Exemplar constantiæ, ora.

℣. Ora pro nobis, beata Quiteria. — ℟. Ut salutem corporis et animæ mereamur obtinere.

Oremus. Deus, qui inter cœtera potentiæ miracula, etiam in sexu fragili, victoriam martyrii condidisti, concede propitius, ut qui beatæ Quiteriæ, virginis et martyris tuæ, festum colimus, per ejus exempla virtutum ad te pervenire mereamur. Per Christum Dominum nostrum.

On voit que les litanies sont parfois imitées de celles de la Ste Vierge et que les oraisons sont tirées du Commun des vierges, dans le rit romain.

Continuons nos remarques sur les saints dont parle le Bréviaire de 1541.

Ainsi que nous l'avons déjà dit, St Galactoire n'avait pas de chapelle qui lui fût dédiée. Un autel dans la cathédrale jusqu'en 1569, et dans les cloîtres, depuis la Réforme, lui était simplement consacré.

Outre les titulaires des sept églises, le diocèse de Lescar invoquait spécialement d'autres saints. Les prières des *Suffrages* les énumèrent tous dans cet ordre : St Michel, St Jean-Baptiste, Sts Pierre et Paul, St Etienne, St Galactoire, St Augustin, St Julien, St Léonce, Ste Madeleine, Ste Catherine et Ste Confesse.

Dans le *Proemium* des Statuts de 1627, le chanoine Bordenave dit que tout est réglé « *ad laudem et gloriam Dei omnipotentis, gloriosissimæ Virginis Mariæ, beati Juliani confessoris, sancti Galactorii, sancti Augustini, doctoris eximii* ». En commentant ce texte [1], il enseigne que les patrons de Lescar « sont

---

[1]. — Bordenave, *L'Estat des Eglises*, p. 85.

d'ancienneté au nombre de neuf, à sçavoir Nostre Dame, sainct Julian, sainct Galactoire, sainct Augustin, sainct Jean-Baptiste, sainct Michel l'Archange, saincte Catherine, saincte Confesse et sainct Martin, ausquels, par dinumération complète, nous pouvons joindre, aujourd'huy, sainct Paul, défenseur de la chapelle ou église nouvelle des Pères Bernabites [1], si bien que tous ensemble font la dizaine parfaicte qui est l'entière consommation des nombres ». Le docte chanoine se plaît ensuite à écrire un prolixe éloge de St Augustin.

En effet, c'était le patron principal du chapitre de Lescar — lequel honorait aussi la Ste Vierge, St Julien et St Galactoire, « *cum Virgine Maria, et sanctis Juliano et Galactorio, ipsius capituli patronis* ». Nous avons raconté déjà comment les chanoines embrassèrent la règle de St Augustin, vers 1101, et comment ils en furent dispensés par une bulle de sécularisation en 1537. Toutefois, ils ne laissèrent pas de rendre de particuliers hommages à ce grand docteur, jusqu'à la fin du XVIIIe siècle. « Combien qu'aujourd'huy les chanoines ne soient plus réguliers, disait Bordenave, si est-ce néanmoins qu'ils continuent d'implorer le suffrage et protection de sainct Augustin, leur ancien patron, et célèbrent sa feste avec octave annuellement... et ne se sont départis aucunement du bien et secours spirituel qui leur arrivoit par l'intercession favorable de sainct Augustin, leur grand Père et Mecenas, mais ils le conservent et retiennent pour défenseur et modèle de leurs actions [2]. »

St Augustin avait dans la cathédrale une chapelle qui lui était consacrée. C'était celle qui aujourd'hui est dédiée à Ste Germaine, et au-dessus de laquelle se trouvait la bibliothèque du chapitre au XVIIe siècle. « *Capituli bibliotheca in superna aula quæ extat supra capellam seu sacellum divi Augustini constituatur* [3]. » Chaque jour, comme le constate une bulle d'Adrien VI, du 31 août 1522, une messe était célébrée à l'autel du saint docteur « *missam quæ singulis anni diebus perpetuo in dicta ecclesia ad altare beatæ Mariæ Virginis et sancti Augustini celebratur* [4] ».

Les offices de St Augustin que l'on trouve dans le Bréviaire de Lescar sont au nombre de quatre.

La fête proprement dite se célébrait, comme aujourd'hui, le 28 août. C'était un office solennel. Il commence, dans la vigile, par l'antienne unique de vêpres *super psalmos* ; cette antienne : *O palma mire florida*, en partie rimée, est un peu obscure. L'hymne des premières vêpres : *Magne Pater Augustine*, est d'un style plus clair, facile, doctrinal ; on y voit l'éloge du fondateur de la règle en ces termes :

Tu, de vita clericorum,   *Viam tenent regiam,*
Sanctam scribis regulam,   *Atque tuo sancto ductu*
Quam qui amant et sequuntur,   *Redeunt ad patriam.*

L'hymne de matines a un ton plus lyrique ; c'est un appel continu, enthousiaste, à la réjouissance et au bonheur :

Celi cives, applaudite,   *Patris nostri solennia*
Et vos, fratres, concinite,   *Anni reduxit orbita* [5].

Après le répons de la 9e leçon, on trouve une *Prose* d'un style un peu lourd, où l'assonance est placée à la fin de vers sans mesure et sans harmonie :

Deposcens pro concesso   *Robur nobis quo lupo*
Sibi perpetim premio   *Resistamus nequissimo...*

Elle finit de la sorte :   *Ut in aulæ stellantis fastigio,*
Valeamus gaudere cum Domino
Deposcimus.

Les antiennes sont historiques ou doctrinales, souvent rimées, selon le goût du XIIIe siècle :

Augustine, summe doctor,   *Et cultor justitiæ,*
Pietatis propugnator,   *Bellator perfidiæ...* [6].

---

1. — Etablis en Béarn depuis 1608, les Barnabites y prêchèrent l'évangile avec le plus grand succès. Le *Serviteur de Dieu*, L. Biloz. mourut en odeur de sainteté à Moncin, en 1617 ; le P. Colom fonda le collège et la résidence de Lescar en mai 1624 ; il y mourut le 7 mars 1631. V. *Revue des Basses-Pyrénées et des Landes*, 1888, p. 297.
2. — Bordenave. p. 88.
3. — Bordenave, p. 952.
4. — Original. Communication de M. Barthely.
5. — Ces hymnes de St Augustin sont éminemment romaines ; on les retrouve dans les *Hymni ecclesiastici* de Sébastien Gryphe, 1543.
6. — V. une excellente étude sur les *Prières et Rythmes latins*, par M. Léonce Couture, *Rev. de Gascogne*, 1903, p. 120.

Les six premières leçons seulement sont historiques. Comme aux offices très solennels, il y a plusieurs répons après la neuvième, et même une prose, ce qui est excessivement rare.

Le diocèse de Lescar célébrait encore trois autres fêtes du rit semi-double, en l'honneur de St Augustin : 1° sa conversion, le 5 mai ; 2° la première translation de son corps d'Hippone en Sardaigne, le 11 octobre ; 3° la seconde translation de ses reliques de Sardaigne à Pavie, le 28 février. Enfin, la fête de Ste Monique, placée immédiatement avant celle de la Conversion de St Augustin, avait un office vraiment magnifique, avec deux hymnes propres, des antiennes historiques d'une onction pénétrante, six leçons racontant le détail de la sainte vie de cette mère, et de très belles oraisons aux premières et aux secondes vêpres ; il complète admirablement les hommages multiples rendus à la mémoire du grand docteur.

Disons en passant que le chapitre de Lescar célébrait aussi avec pompe les fêtes de St Jérôme et de St Benoit, « patrons » de la vie érémitique et des religieux de chœur.

Parmi les saints régionaux dont on faisait l'office à Lescar, nous citerons : *St Eutrope*, évêque de Saintes (30 avril). Sa légende est à remarquer. Il fut envoyé, dit-elle, dans les Gaules par St Pierre et ensuite par le pape St Clément, avec St Denys de Paris. Les vieux bréviaires admettent toujours l'apostolicité de nos églises ; — *St Orens*, évêque d'Auch (1er mai), dont on ne faisait que mémoire avec une seule oraison ; — *St Martial* (19 juillet dans le bréviaire, le 30 juin au calendrier). Quoique le rite soit semi-double, l'office est ordonné comme des plus solennels, avec antiennes propres et six leçons historiques. A vêpres, on célébrait Martial « patron, pasteur et docteur de l'Aquitaine ». L'Invitatoire à matines est très expressif : *Regem omnipotentem, venite, adoremus Dominum. Qui Aquitanico populo primum dedit patronum Marcialem episcopum.* Les traditions d'origine apostolique sont ici vigoureusement affirmées : *Sanctus Marcialis ad prædicandum Galliis delegatus, jubente Petro apostolo.* C'est en partie l'office que la sainte église de Limoges a repris en 1877, sauf les leçons qui, dans le Bréviaire de Lescar, sont consacrées au miracle par lequel St Martial délivra du démon la fille d'Arnulphe. Notre légendaire parle de la mort du compagnon de St Martial, Austrilien, de son retour auprès de St Pierre, de la résurrection opérée par le bâton du prince des apôtres ; avec cela, on peut s'étonner que le même auteur ait adopté un récit absolument identique pour St Julien, fondateur de l'église de Lescar. Quoi qu'il en soit, parmi nos vieux offices, nous n'en connaissons pas de plus admirable que celui du premier évêque de Limoges ; — *Ste Christine* (24 juillet), honorée, surtout en Aragon et dans les nombreux hôpitaux dépendants de l'hôpital espagnol, tenus par les chanoines de St Augustin, a un office du rit simple avec six leçons assez courtes. Rien de local ni de particulier à mentionner ; — *St Sever* (8 août), évêque de Vienne, n'est pas assurément le célèbre martyr vénéré dans les diocèses d'Aire et de Dax ; — *St Lizier* (27 août), le patron de Couserans, disciple du bienheureux Fauste, évêque de Tarbes et docteur illustre *(egregii doctoris, sancti ac beatissimi Fausti, Tarviensæ sedis antistitis, eximius discipulus)*, a un office semi-double de six leçons ; — *St Antonin*, martyr de Pamiers (2 septembre) ; sa légende n'a que trois leçons, pas d'antiennes propres ; l'oraison est celle de l'ancien bréviaire de Pamiers[1] ; *St Exupère*, évêque de Toulouse (28 septembre). Office semi-double avec six leçons très courtes, tout le reste du commun ; on le compare à St Saturnin : *Nulli secundus, verum etiam beato martyri Saturnino comparandus;* — *Ste Foy*, vierge martyre à Agen (6 octobre). Bien que l'office soit du rit semi-double, il en est peu d'aussi beaux dans notre bréviaire. Il lui manque des hymnes propres pour chanter, avec les antiennes, les répons et les six leçons, la gloire et les mérites de Ste Foy. L'Invitatoire, fait de prose cadencée et rimée, est un jeu de mots qui ne déplait pas :

> *Adoramus collaudantes Christum Dei Filium,*
> *Cujus fide virgo Fides hujus vitæ stadium*
> *Percurrendo, comprehendit immortale bravium.*

Il y a des antiennes ravissantes. Celle-ci par exemple :

> *Non est ejus cor elatum titulis mortalium,*
> *Nec attrivit decor formæ castitatis lilium.*

Et celle-là :

> *Ex rubente rosa simul et candente lilio*
> *Virgo Fides coronata vivit ex martyrio.*

Et enfin cette autre :

> *Pectus Fidis, hortus Christi, vernans morum floribus,*
> *Et ad flatum lenis Austri, fluens aromatibus.*

---

1. — *Mémoire sur le Proprium sanctorum de Toulouse*, par le P. Carles, 1880, p. 133.

Le martyrologe romain s'exprime ainsi sur Ste Foy, le 6 octobre : « *Agenni, in Gallia, natalis sanctæ Fidei, virginis et martyris, cujus exemplo beatus Caprasius ad martyrium animatus, agonem suum feliciter consummavit.* » Le bréviaire d'Agen, de Bilhonis, 1526, contient cette belle hymne en l'honneur de la même sainte :

HYMNUS

Hymnum novum decantate
Generosæ virginis,
Hymnum novum ac præclarum
Gloriosæ martyris,
Hymnum faustum sanctæ Fidis
Virginis et martyris.

Hymnum Christo decantemus
Et Regi piissimo,
Qui decorem sibi Fidis
Amore perpetuo
Concupivit, et æterno
Sociavit thalamo.

Plaudat polus, plaudat tellus,
Hoc fecunda germine,
Plaudat chorus clericorum,
Tanta lætus martyre,
Et chorea puellarum
Hac resplendens lampade.

Sit laus, decus, honor, virtus,
Patri, Proli, Flamini,
Qui dignatus famulatu
Sanctæ Fidis virginis,
Sponsam sibi sublimavit
In cœli palatio. — Amen [1].

Outre les *Acta SS.*, signalons les *Analecta Bollandiana* qui ont publié naguère, en 1889, un mss. de Chartres intitulé : « *Miracula sanctæ Fidis, martyris Aginnensis, auctore Bernardo Scholastico* [2] » ; — *St Denys* (9 octobre). Dans cet office peu développé, mais avec six leçons propres, on rappelle l'apostolicité de l'église de Paris, où Denys fut envoyé par le pape St Clément, successeur de St Pierre. La seconde leçon est une description de notre vieille capitale, noble cité où il y a un air pur, des eaux douces, une terre féconde, des forêts et des vignes nombreuses, avec une population considérable et un commerce puissant : île plutôt que cité, enfermée dans une étroite enceinte d'où tout un peuple est sorti et s'est répandu plus loin, toujours à l'abri de ses murs ; — *St Savin*, moine (10 octobre). Célèbre dans toute la Bigorre ; espagnol venu de Barcelone et de Poitiers, il se cache dans une montagne des Pyrénées (le texte dit *in Alpe*, par erreur) et y meurt plein d'années et de mérites ; — *St Bertrand* (16 octobre). L'office du grand évêque de Comminges n'est que du rit semi-double ; il n'en est pas moins un des plus curieux de notre ancienne liturgie romaine-française de Lescar. Les antiennes, toutes rimées, les répons et les versets sont ordinairement de véritables hexamètres. Voici l'antienne des premières vêpres, *super psalmos* :

*Laudibus exultet cœlum mundusque resultet,
Cantica Bertrandi festiva dies cadit anni.*

Sauf la légende, très courte dans notre bréviaire, l'ensemble de l'office se retrouve dans le Propre de Toulouse [3]. Les antiennes de laudes ont été composées un peu comme celles de notre St Galactoire et de St Grat d'Oloron : elles contiennent quelques paroles du psaume à réciter. Ainsi : *Ant.* : *Regnabit* Dominus. *Ps. Dominus regnavit.* — *Ant.* Omnis terra *jubilet. Ps. Jubilate Deo omnis terra,* etc. — Les répétitions sont ici au commencement des antiennes, tandis qu'elles sont rejetées à la fin, dans l'office de St Galactoire ; — *St Caprais* (20 octobre). Ce martyr d'Agen a un office du rit semi-double ; on nous le montre jeune et de grande naissance, et nullement évêque, comme certains le croient, « *decorissimum juvenem* » ; — *St Séverin* (21 octobre), évêque et confesseur ; office simple, sans légende et avec une seule oraison. Il s'agit sans doute de St Seurin de Bordeaux ; — *St Saturnin*, évêque de Toulouse (29 novembre). Encore un admirable office, quoique du rit semi-double, qui soutient, sans hésitation aucune, les traditions apostoliques de l'église que ce grand saint vint fonder dans les Gaules. Les leçons, au nombre de six, sont précisément celles des *Acta sincera* de D. Ruinart ; mais notre légendaire a supprimé le membre de phrase ; *antes annos L.*, qui toujours donnera lieu à beaucoup de discussions. Pas d'hymne propre ; antiennes, répons et versets sont à peu près les mêmes que dans l'office de Toulouse ; l'invitatoire est absolument identique à celui que donne

---

1. — *Les livres liturgiques de l'église d'Agen*, par A. Magen, 1861, p. 43.
2. — Tome VIII, fasc. 1, p. 68.
3. — Mémoire du P. Carles, p. 138.

le P. Carles. Il n'y a guère de rimes ni d'assonances, mais des vers formant des distiques plus ou moins défectueux, comme par exemple dans les anciennes de laudes.

Saturninus martyr, cupiens se nectere Christo,
Carnali in habitu noluit esse diu.

Cette uniformité, dans certains offices communs aux chapitres de Toulouse et de Lescar, prouve la confraternité de sentiments qui les unissait ; — *St Girons*, martyr (9 décembre). Office simple, d'une leçon. Le texte semble dire évidemment que St Girons, vandale de nation, n'était pas évêque. Avec ses six compagnons, Justin, Clair, Sévère, Polycarpe, Jean et Babylius, il vient dans les Gaules. Le martyre de Sévère (St Sever) au camp de César, ou *Palestrion*, résidence du roi Wisigoth, l'enflamme d'ardeur ; à son tour, il est blessé et expire après trente jours de souffrances. Plusieurs paroisses dans notre pays sont érigées sous son vocable ou portent son nom.

Tels sont les saints locaux ou régionaux dont nous avons voulu spécialement rappeler le souvenir. Plusieurs de nos églises sont aussi dédiées à d'autres saints dont les titres vénérables sont consignés dans le vieux Bréviaire de Lescar : *St Vincent*, martyr de Saragosse, très bel office, le 22 janvier ; *St Blaise*, le 3 février ; *St Georges*, le 23 avril ; tous les saints apôtres et évangélistes ; *St Germain*, évêque d'Auxerre, le 28 mai ; *St Médard*, évêque de Noyon, le 8 juin ; *St Antoine de Padoue*, le 13 juin ; *Ste Madeleine*, très bel office le 22 juillet (c'était une patronne de Lescar) ; *St Laurent*, le 9 août ; *St Roch*, le 16 août (semi-double avec six leçons propres et deux oraisons) ; *St Louis*, roi de France, le 25 août ; *St Remy*, le 1er octobre ; *St Léger*, d'Autun, le 2 ; *St Géraud*, d'Aurillac, le 13 ; *St Quentin*, le 31 ; *St Aignan*, évêque d'Orléans, le 17 novembre ; *Ste Barbe*, le 4 décembre ; *Ste Eulalie*, le 10 ; *Ste Lucie*, le 13, etc., etc.

On voit que la plupart de nos anciens offices sont remarquables ; surtout ceux de la Conception — qu'on le lise avec les notes qui l'accompagnent, — de St Joseph, de St Pierre et de St Paul, de St Blaise, de Ste Anne, de St Gabriel, etc., ne le cèdent en rien aux plus magnifiques offices que l'Eglise universelle a voulu conserver et récite encore. Ils se distinguent toujours par la richesse littéraire des formes rimées et des assonances.

VIII

Le Missel de Bayonne de 1543. — Comment on fait une découverte. — Description de l'exemplaire *unique* de la Bibliothèque Mazarine de Paris. — Calendrier. — Particularités liturgiques. — Bénédiction des Navires et Ordinaire de la Messe. — Messes ou Oraisons de St Léon, St Joseph, Ste Quitterie, St Exupère de Toulouse, St Martial, l'Assomption, St Vincent de Dax, Ste Foy, St Denys, St Caprais, St Brice de Tours, St Saturnin, Ste Barbe, la Conception, St Girons, la *Sanctification de la Ste Vierge*. — Proses curieuses.

Nos études nous ont amené à recourir à l'obligeance de plusieurs savants, qui tous ont mis le meilleur empressement à nous répondre. Parmi eux, nous nous faisons un devoir de citer surtout M. l'abbé Ulysse Chevalier, professeur à la Faculté catholique de Lyon et au Grand Séminaire de Romans, si connu en France par ses beaux travaux d'histoire ecclésiastique et d'archéologie religieuse. C'est lui qui, *le premier,* et sans s'en douter, nous a fait soupçonner l'existence du Missel de Bayonne de 1543.

En effet, au mois de janvier dernier, nous lui demandâmes des renseignements sur nos hymnes bayonnaises du XVIIIe siècle. M. Chevalier nous fit l'honneur de nous écrire de Romans, à la date du 24 janvier, les lignes suivantes : « Je ne connais pas l'auteur de la pièce *Audiat tellus,* car je l'aurais indiqué, comme je le fais toujours. Dans ce cas, c'est dans les archives locales, les registres capitulaires, par exemple, qu'on a chance de se renseigner. En dehors des hymnes du Bréviaire de Bayonne [de 1753], je ne connais sur votre St Léon que la prose *Jam lucis sidus oritur,* qui se trouverait dans un Missel de Bayeux de 1543.... »

Certes, si nous avions connu en ce moment un texte du chanoine Veillet, historien bayonnais, texte dont nous parlerons bientôt, ces seuls mots de M. Chevalier eussent été un trait de lumière et une révélation. Confessons notre ignorance ; nous ne nous doutions pas encore de la découverte qui se préparait.

Une prose ancienne de St Léon, inconnue et inédite, c'était cependant une bonne trouvaille. D'autre part entre *Bajocense* et *Bajonense* la différence n'est que d'une lettre : *c* pour *n*. Était-ce une erreur de la part de M. Chevalier, ou celle d'un copiste ? Peut-être aussi était-ce bien *Bajocense* qu'il fallait lire, car Bayeux est en Normandie, et notre St Léon, né à Carentan, dans le diocèse de Coutances, a été, dit-on, archevêque de Rouen. Si son culte existait au XVIe siècle dans son pays, il n'y avait donc plus de discussion possible sur son origine, son premier épiscopat, et sa mission ? Toutes ces idées avaient besoin d'être éclaircies ; nous les soumîmes à notre illustre correspondant, en lui rappelant surtout le texte du *Gallia Christiana* sur un Missel de Bayonne de 1543 ; et le 3 février nous reçûmes cette réponse : « Je vous fais bien attendre la copie de la prose qui vous intrigue. La voici collationnée sur la copie qui m'a été confiée pour mon

Repert. hymnol[1]. Dans le répertoire des sources qui ont servi à confectionner cette collection d'hymnes et de proses, je trouve sous la rubrique *Bayeux* : 1543, 1556. *Missale. Paris. Mazarine, 1162* ; (ce qui suit doit se rapporter à la Nationale). *B* [inventaire] *11879 ou* (ce qui veut dire que le collectionneur en a fait le dépouillement). — Il faudrait en conclure que le Missel de Bayonne de 1543 se trouverait à la Mazarine, ce que je vérifierai (si j'en ai le temps et le souvenir) à mon prochain voyage. Quant à la confusion de Bayonne avec Bayeux, elle ne m'étonne pas. » Et en *Post-Scriptum* : « Ceci écrit, je reste encore perplexe touchant l'attribution à Bayonne du Missel de 1543. Voici du moins ce que je trouve dans le *Catalogus Missalium ritus latini* de Jac. Weale (Londini 1886), p. 36 : *1543, 28 jan. Missale ad usum ecclesie cathedralis Bajocensis, in alma Parisiorum academia, op. et typ. Joh. Kaerbriand, folio 254. Paris. M.* (ce qui veut dire Bibl. Mazarine). Je remarque seulement que cette notice est imprimée en caractères italiques, c'est-à-dire que M. Weale n'a pas vu lui-même l'exemplaire, mais il indique jusqu'au nombre de lignes à la page, ce qui prouve qu'il a puisé à une source consciencieuse. »

Ces lettres montrent toute la complaisance et l'érudition de M. Ulysse Chevalier. Mais, encore une fois, si nous avions connu le récit de Veillet, nous n'aurions pas eu dès lors le moindre doute. Nous aurions pu affirmer que le Missel dit de Bayeux était véritablement le Missel de Bayonne.

Nous résolûmes donc de faire faire des recherches à Paris, à la bibliothèque Mazarine, et nous envoyâmes toutes ces notes bibliographiques à un de nos compatriotes, M. l'abbé Léopold Cazenave, qui, dans ces circonstances, nous a témoigné le plus grand dévouement et a fait à notre intention un travail des plus considérables.

Nous le priâmes donc de transcrire la messe de St Léon et de vérifier si le Missel était de Bayonne ou de Bayeux. Nous eûmes le tort de ne pas demander en même temps le titre complet du livre ; aussi, à la date du 6 février, M. l'abbé Cazenave nous écrivait : « Pas de Baion., tout est bien Bayeux. » Sur de nouvelles instances, notre correspondant nous envoyait le titre exact du Missel, ainsi conçu : « *Missale ad usum ecclesie cathedralis* Bajocensis. *Jussu ac authoritate R. Patris Dni* Stephani de Poncher, *ejusdem ecclesie episcopi diligenter emendatum, auctum et recognitum.* » Nous avons assez étudié notre histoire diocésaine pour savoir qu'un Étienne Poncher (ou Ponchier) était évêque de Bayonne en 1543 — le même qui fit imprimer, en 1534, à Toulouse, les *Statuta Synodalia*. — Il y avait donc une faute d'impression sur le titre du Missel, et il fallait lire *Missale Bajonense*, non *Bajocense*. Nous écrivîmes aussitôt à M. Cazenave pour lui annoncer la grande découverte qu'il venait de faire, et le priâmes de nous envoyer le calendrier et ce qu'il trouverait de plus intéressant et de local dans le précieux Missel. Nos lettres se croisèrent. M. Cazenave avait découvert à la première page cette indication définitive : *Dioc. Baion*. Et il nous écrivait le 10 février : « Pour ne pas vous faire attendre, je vous envoie ce que je viens de terminer à l'instant. Une bonne nouvelle. J'ai obtenu le renseignement suivant d'un excellent bibliothécaire, M. Paul Marais. Vous pouvez avoir communication du livre par l'entremise de l'archiviste (ou du bibliothécaire) de Pau, qui n'a qu'à le demander, en son nom personnel, à l'administration de la bibliothèque Mazarine. » Toutes les démarches nécessaires furent aussitôt faites... mais le Missel ne vint jamais. Qu'était-il arrivé ?

Une chose bien simple. Un Missel de Bayeux pouvait n'être pas rare ; on le communiquait volontiers ; jamais jusqu'alors on n'avait songé à le mettre à part ; il était possible d'en obtenir communication. Il n'y avait pas de risques à faire voyager un livre qui n'était pas réputé de grand prix. Or, du moment que le Missel n'était pas de Bayeux, mais de Bayonne, et qu'une singulière erreur de titre appelait l'attention sur ce volume, il fallait voir, examiner, interroger les spécialistes et les bibliographes. On se convainquit ainsi de la rareté du Missel de Bayonne. C'était un exemplaire unique. A l'instant, il fut classé dans la *réserve* ; désormais, il ne pouvait être consulté qu'à la bibliothèque Mazarine et ne devait pas être prêté au dehors, pas même à Paris.

Nous savons pertinemment que la découverte de ce Missel de Bayonne a été presque un événement à la Mazarine. On a écrit à Bayeux et à Bayonne. M. Paul Marais, archiviste-bibliothécaire, a mis une note manuscrite sur le précieux trésor et publié aussitôt un très bon article à ce sujet dans le *Bulletin du Bibliophile* (livraison mars-avril 1890). Nous regrettons toutefois de n'y avoir pas trouvé une chose bien naturelle. M. Marais y remercie les bibliothécaires et le savant bibliographe qui lui ont fourni quelques renseignements extrinsèques. Il avait oublié le principal auteur de cette importante découverte.

Pourquoi ne pas au moins nommer M. l'abbé Cazenave, notre correspondant, qui lui avait fait remarquer,

---

1. — *Repertorium hymnologicum*. V. cet admirable travail sur toutes les hymnes connues, dans les *Analecta Bollandiana* de 1889. Palmé, Paris.

sur nos indications très précises et indiscutables, l'erreur séculaire attribuant à Bayeux le Missel de Bayonne de 1543 ? La gloriole d'une découverte nous est assez indifférente ; mais nous crûmes devoir, dans cette circonstance, manifester notre étonnement et prouver que la découverte de ce livre précieux s'est faite, non à Paris, mais par nous, grâce surtout aux bienveillantes communications de M. l'abbé Ulysse Chevalier. Nous pourrions apporter d'autres documents très concluants, mais il convient de ne pas insister dans une question un peu personnelle.

Nous sommes heureux cependant de reconnaître que M. Paul Marais a accueilli la légitimité de nos observations, en publiant dans le *Bulletin des Bibliophiles* (mai-juin) la note suivante : « J'ajoute que c'est grâce à la demande de ce livre, faite sur les indications de M. l'abbé Dubarat, aumônier du Lycée de Pau, par M. l'abbé Cazenave, et aux recherches auxquelles ont donné lieu cette demande, que la bibliographie est redevable de la découverte à nouveau de ce Missel. Avril 1890. *P. M.*[1] »

Enfin voici la note du chanoine Veillet que nous avons trouvée trop tard — en cherchant quelques renseignements sur l'évêque Etienne Poncher, dans les *Récits relatifs à l'Histoire de Bayonne* de M. Poydenot : « Veillet dit avoir vu dans la Bibliothèque du couvent des Capucins de Bayonne un missel en lettres gothiques que l'évêque Poncher avait fait imprimer en 1543 à Paris pour l'usage de son diocèse, et par une erreur de l'imprimeur, le frontispice porte *Diocesis Bajocensis*, au lieu de *Bayonensis*. Cette faute aura apparemment trompé M. Chopin et les autres auteurs qui ont parlé d'un Etienne Poncher, comme évêque de Bayeux, où il n'y en a jamais eu de ce nom[2]. » C'est en résumé l'opinion du docte écrivain bayonnais dont le texte original s'exprime en ces termes : « J'ay leu à la bibliothèque de nos Pères Capucins un missel en lettre gothique que cet évêque [Poncher] fit imprimer à Paris en 1543, pour l'usage particulier de son diocèse de Bayonne, et non pas de Bayeux, *Bajocensis*, comme porte son frontispice, par la faute de l'imprimeur. Cette faute apparemment a trompé M. Chopin et les autres qui ont parlé d'un Etienne Poncher, évêque de Bayeux, où il n'y en a jamais eu, et ce fut le nôtre qui d'évêque de Bayonne passa à l'archevêché de Tours par la nomination qu'en fit, en 1551, le Roy Henry 2. Ce missel qui porte qu'il avoit été corrigé et augmenté, et qui contient en effet toutes les messes des saints, propres au diocèse de Baione, nous fait connoître qu'anciennement il y avoit des missels particuliers et apparemment aussi des bréviaires[3]. »

Nous ne saurions mieux faire maintenant que de reproduire, en partie, l'article de M. Paul Marais. Le début en est très heureux : « *Le Missel de Bayonne de la Bibliothèque Mazarine 1543 (1544. n. s.)*. A l'époque où l'on aimait les sous-titres, cet article aurait pu porter : *ou de l'inconvénient de cataloguer un livre sur la seule inspection du titre*. — Voici en effet un ouvrage dont, jusqu'à preuve du contraire, il n'existe plus qu'un seul exemplaire, et cet ouvrage a toujours porté sur tous les catalogues de la Bibliothèque Mazarine

---

1. — Si cette manière de s'exprimer ne paraissait pas bien claire à tout le monde, nous ajouterions les lignes que M. l'abbé Misset, spécialiste éminent pour tout ce qui a trait à la question de bibliographie liturgique, et bien au courant de cette découverte, nous a fait l'honneur de nous écrire et qu'il nous pardonnera de citer : « Mon avis est qu'il faut rendre à César ce qui est à César. La découverte du Missel de Bayonne vous appartient. Sans M. l'abbé Chevalier (qui sans doute le tenait de vous), j'ignorerais encore qu'il existe un Missel de Bayonne à la Mazarine. »

2. — IIe Partie. 3e Fascicule. *Notes sur les évêques*, p. 453.

3. — Manuscrit de Veillet, f. 70. Biblioth. de Bayonne. — Nous croyons pouvoir donner une explication très plausible de l'erreur du titre que l'on trouve au Missel de Bayonne : *Bajocense*, p. *Bajonense*. Il y a plus qu'une certaine identité de nom, comme on va le voir. M. l'abbé Léopold Cazenave a découvert à la Bibliothèque Nationale un Missel de Bayeux (*Velin 919. Réserve. ou 641 B*). C'est un petit in-fol. de CLXXXII-XXXVI ff. et sans titre. A l'intérieur de la couverture, on lit cette note : « C'est le Missel portant sur le titre la date MCCCCCXLV (1545) dont il y a un exemplaire à la bibliothèque du chapitre de Bayeux. » En effet, d'après des renseignements pris à Bayeux (communication de M. le chanoine Niquet et de M. Maynier, bibliothécaire de la ville) il résulte que le Missel de la Nationale est bien celui de Bayeux de 1545. Il est ainsi intitulé : *Missale ad usum Ecclesie Bajocensis jam recens impressum et tam in cantu quam in littera recognitum. Additis quotationibus ad marginem, indicantibus unde unumquodque desumptum sit. Anno M.CCCCC.XLV.* Pas de nom d'imprimeur. Mais comme l'a remarqué M. l'abbé Cazenave, « le Missel de Bayeux a mêmes gravures et à peu près même disposition, même pagination que le Missel de Bayonne. Les caractères du Missel de Bayeux sont plus anciens (plus vieillis ou usés sans doute) ; un peu plus d'abréviations, moins d'ordre dans les lignes et dans la structure du cliché. Moins de luxe partout ; pas d'aphorismes aux mois. Les gravures sont sur parchemin, les mêmes qu'au Missel de Bayonne, faites sur des planches, un peu usées, très nettes au contraire [titre encadré dans des gravures et entouré d'une bordure de feuillage. Gravures : à gauche, de haut en bas : Adoration des Mages, Nativité de N.-S., Visitation, Annonciation. A droite, de bas en haut : Purification, Fuite en Egypte, Repas chez les Pharisiens et Madeleine aux pieds de Jésus, la Pentecôte. Au-dessus, une bande horizontale représentant cinq Prophètes ou Patriarches de l'Ancien Testament. Au milieu de la page, sous le titre, le Crucifiement. *Communication de M. Niquet*] mêmes gravures au Canon. De tous les rapprochements que je viens de faire, je crois pouvoir raisonnablement conclure que l'un des Missels a servi de modèle à l'autre. La notation du plain-chant est exactement la même ; caractères plus élégants dans le Missel de Bayonne, plus rudes dans celui de Bayeux et avec quelques prétentions de ressembler aux premiers ; aucun luxe dans le Missel de Bayeux ; au contraire belle, charmante, coquette, l'édition bayonnaise. » M. l'abbé Cazenave nous donne ensuite une description du Missel de Bayeux, très minutieuse. Au calendrier : JANUARIUS : *Prima dies mensis et septima trancat at ensis. Pocula Janus amat.* Suivent les fêtes : même disposition qu'au bayonnais ; à la fin du mois, vers chronographiques, pas d'hygiène de Salerne, ni mêmes vers en tête du mois ; beaucoup de notes manuscrites dans le calendrier.

le titre de *Missale Bajocense*. D'où provient cette erreur qui dure depuis un siècle et demi (le catalogue de Desmarais datant du milieu du xviiie siècle) ? D'une faute d'impression au titre, et que, par une négligence impardonnable, les correcteurs de l'époque ont laissé passer. Dans la description de l'ouvrage, on trouvera le titre en entier. Ce titre porte : *Missale ad usum... ecclesie... Bajocensis*, en gros texte rouge (il n'y a pas d'erreur possible, nous sommes en présence d'un missel de Bayeux)... *jussu... Stephani de Poncher, ejusdem ecclesie episcopi...* Heureusement au fᵒ 1 du texte, le nom du diocèse a été correctement rétabli : *Incipit missale.... secundum usum diocesis* BAJON [ensis]...... Nous trouvons en effet Etienne Poncher, comme évêque de Bayonne de 1532 à 1551, puis archevêque de Tours de 1551 à 1553 ; de plus le *Gallia Christiana* (tom. I, col. 1320) nous donne le détail suivant : « *Stephanus Poncher... anno 1543 missale ad usum ecclesiæ Baionensis typis mandari curavit....* » C'est donc au diocèse de Bayonne qu'il faut restituer ce Missel de 1543 (1544 n. s.) indûment attribué à Bayeux. » M. Marais insiste particulièrement sur la rareté de ce volume, qui est « le seul connu ». Il invoque l'autorité de M. Weale qui, dans son *Catalogus missalium ritus latini ab anno MCCCCLXXV impressorum*, ne cite aucun missel de Bayonne, et celle de M. l'abbé Misset, dont la compétence en cette matière est incontestable ; et il arrive aux conclusions suivantes : « 1ᵒ Le missel de Paris 1543 (28 janvier 1544 n. s.) qui porte sur le titre *Missale ad usum ecclesie Bajocensis* n'est pas un missel de Bayeux, mais bien un missel de Bayonne, fait en 1543 par ordre d'Etienne Poncher, évêque de Bayonne, et fini d'imprimer le 24 janvier 1544 (n. s.) ; 2ᵒ L'exemplaire de ce Missel qui est à la Bibliothèque Mazarine, sous la cote 1162 B, est, dans l'état actuel des connaissances bibliographiques, le *seul* exemplaire connu du missel de Bayonne de 1543 (1544 n. s.). » La première conclusion était pour nous évidente depuis longtemps ; nous croyons la seconde absolument vraie, jusqu'à ce qu'on ait fouillé, comme nous l'avons fait ailleurs, les bibliothèques du Nord de l'Espagne.

Le bibliothécaire a résumé tout son article dans cette note manuscrite, collée sur le volume : « *Missel de Bayonne. 1162 B. Paris, 1543. In f°.* Dans la situation actuelle des connaissances bibliographiques ce volume est à l'état d'exemplaire unique du missel de Bayonne 1543 [1], 28 janvier 1544 (n. s.). Une faute d'impression du titre a fait prendre longtemps ce missel pour un missel de Bayeux. On lit en effet sur le titre : *Missale ad usum... Bajocensis* ; ce qui est très bien Bayeux. Mais au fᵒ 1, après le calendrier, la faute est corrigée et ce nom rétabli correctement : *Incipit missale... secundum usum ecclesie Bajon* [ensis], ce qui est bien Bayonne. De plus, l'évêque Etienne Poncher, par ordre duquel fut imprimé ce missel, a été évêque de Bayonne (1532-1551), puis archevêque de Tours (1551-1553) et jamais évêque de Bayeux. Signé : Paul Marais. »

Avant de terminer, nous pourrions nous demander si le volume de la Mazarine est celui que l'on conservait jadis à la Bibliothèque des Capucins de Bayonne. Non, ces exemplaires étaient certainement différents. Au milieu du xviiie siècle, Desmarais, nous dit l'archiviste de la Mazarine, avait déjà catalogué le missel dit de Bayeux. Or, à la même époque, l'exemplaire, vu par Veillet, existait encore chez les Capucins de Bayonne. Nous avons en effet consulté le *Catalogus librorum Bibliot. Capuc. Baionensium. An. Dni. 1760.* conservé au Grand Séminaire de Bayonne [2]. On y lit : « Seconde armoire. Couleur rouge. — MISSALE GOTTICUM EXIMII CARACTERIS IN USUM CATH. BAYON. [IN] FOL. 1543. » Et plus loin, la date du catalogue : « *Hæc disponebat F. Theodosius, cap. presb., guardianatum agente P. V. Alexio Astiensi, Provinciam vero moderante P. R. Clemente ab Ascanio, 1760.* » Ainsi, pas de doute possible : le précieux missel existait à Bayonne en 1760. Nous croyons même que les Capucins le possédaient encore au commencement de la

---

Puis treize ff. non numérotés. Ensuite fol. 1 absolument semblable au fol. 1 du bayonnais, comme gravure, ordonnance des rubriques, caractères ; différences de textes. Le Canon du Missel de Bayeux plus conforme que celui de Bayonne au Romain ; même messe *de Nomine Jesu*, et *Ad sponsalia facienda* ; *orationes communes*. Moins de messes de piété ; mais une messe de *Beata Maria* avec 36 SÉQUENCES et 20 OFFERTOIRES, très curieux. *Missa de Visitatione, N.-D. Pietatis, de Sto Anthonio de Padua, de Sto Sebastiano, de Sta Genovefa.* Séquences à toutes les grandes fêtes. A l'Epiphanie, généalogie de N. S. notée en plain-chant (comme on le fit au xviiie siècle).

Notre conclusion est facile à tirer ; c'est que l'imprimeur Jean Kaerbriand a publié les Missels de Bayonne et de Bayeux, et dans le même temps, car l'un paraît en 1543 (1544 n. s.) et l'autre en 1545. L'impression des deux a dû se faire simultanément. Rien d'étonnant alors que l'imprimeur et le correcteur, préoccupés du *Missale Bajocense*, aient mis par mégarde ce titre dans le *Bajonense*. — Ajoutons que le Missel de Bayeux de la Nationale renferme beaucoup de notes manuscrites qui doivent être intéressantes pour ce diocèse.

1. — Brunet ne parle pas de cet ouvrage. M. Weale, dans son catalogue des missels, cite celui-ci comme unique, tout en l'ayant mis à Bayeux, trompé aussi par le titre. (Note de M. Marais).

2. — Nous avons trouvé ce catalogue, inconnu jusqu'ici, en cherchant précisément l'exemplaire du Missel de 1543, dans le réduit de la Bibliothèque du Grand Séminaire que l'on appelle *l'enfer* et où sont déposés bon nombre de livres provenant des anciens Capucins de Bayonne.

Révolution, car le commissaire du gouvernement, Garrou, paraphait ainsi le catalogue de 1760 : « *Ne varietur. Bayonne, le 20 may 1790. Garrou, l'aîné, off. munic. commiss.* »

Qu'est devenu cet exemplaire ? Est-il irrémédiablement perdu ? Nos recherches jusqu'à ce jour ont été infructueuses. Les livres des Capucins de Bayonne ont été dispersés un peu partout ; mais quatre dépôts principaux avaient recueilli une bonne partie de ces vénérables débris : la Bibliothèque communale de Bayonne, l'Évêché, le Grand Séminaire et le Couvent des Capucins (aujourd'hui transporté à Fontarabie en Espagne). Le missel ne s'est pas retrouvé parmi ces restes précieux. Le hasard le fera peut-être découvrir un jour dans les greniers de quelque maison où furent jetés provisoirement les livres des anciens couvents de Bayonne.

Nous allons maintenant donner la description du Missel, en empruntant largement à l'article de M. Marais et aux nombreuses notes de M. l'abbé Cazenave.

DESCRIPTION DU MISSEL DE BAYONNE. — Titre au dos : *Missale* || *Bajocense* || *anno* || *1543* || entre les 1re et 2e nervures. *Bibliothe.* || *Sorbonne.* || entre les 5e et 6e nervures. Au bas, la cote $\left(\frac{1163}{B}\right)$. Reliure parcheminée ou vélin vert. Petit in-folio ; charnière, côté du titre, déchirée sur un tiers de sa longueur.

A l'intérieur : in f° sur papier ; caractères gothiques, rouge et noir, à deux colonnes. Hauteur totale, 315 mill. ; largeur des lignes, 150 mill. ; longueur des colonnes, 237 mill. et largeur de chaque colonne 70 mill. avec 10 mill. de séparation ; 42 lignes à chaque colonne pleine. Deux parties. La 1re a x fos non chiff. - 136 fos numérotés au r°, et la seconde 108 fos ; belles gravures de la Renaissance ; titre encadré dans un filet : saints et volutes ; lettres ornées ; plain-chant. Exemplaire très bien conservé. Voici le titre complet :

MISSALE ad usum || ecclesie cathedralis Bajocensis || jussu ac authoritate R. Patris Dñi Stephani de Pon || cher eiusdem ecclesie episcopi diligenter emendatum || auctum et recognitum. Cui recens accessit festorum || mobilium atq= noviluniorum per aureum numerum fa || cilis ac exacta supputatio [1]. (ARMES)

Impressum Parisiis per Jo || hannē Kaerbriand alias Hu || guelin sumptibus Reginaldi || Chauldière jurati Universi || tatis Bibliopole ||
MDXLIII ||

Au verso du titre : Instructions relatives au calendrier : *Canon huius tabule* || [*H*]*abes in obiecta tabula*. Suit la table des fêtes mobiles : *Canon noviluniorum, tabula cycli lunaris, litere dominicalis et insigniorum festorum mobilium.* ❧ *Ad annos futuros* LXVIII. Tabula festorum mobilium (de 1543 à 1568). Mention de ces fêtes : Annus—aureus numerus—littera dom.—Quadragesima, Pascha Domini, Pentecostes (sur 3 colonnes). A la fin, ce vers : ❧ *Virescit vulnere virtus.* Signature ✠ II. — (Fol. II, v° non chiff.). *Speculum sacerdotum.* Prières diverses avant la célébration de la messe. Titres en rouge sans alinéa. *Intentionis discussio. Generalis contritio. Pura confessio. In Missa sit* (circa calicem : ne sit fractus vel separatus — ne hostia sit corrupta). *In Canone sit diligentia. In consecratione habeat… In tangendo Corpus Christi sit reverentia. Quid in consecrando intendit facere.* A la fin du f° : « electorum creatore creaturarum recepto ». Nous donnons ces prières in-extenso.

---

1. — *Armes d'Étienne Poncher, évêque de Bayonne, 1532-1550. Écartelé, 1 et 4 à un chevron accompagné de 3 coquilles, 2 en chef et 1 en pointe. 2 et 3 à une croix cantonnée d'une étoile, l'écu sommé d'une crosse. Ces armes ont été à peu près calquées sur l'original. On remarquera qu'elles sont différentes de celles que le même évêque fit mettre aux* Statuts Synodaux *de 1535, et que nous avons décrites plus haut, p.* XLVII. *Il y est appelé Ponchier et non Poncher.*

Fol. III, r°. Calendrier. Au bas du f°, signature ✠ III ; fin du calendrier, f° VIII v°. Folio IX r°. *Exorcismus aque* : Antequam sacerdos. F° IX v°. — *Benedictio panis*. F° X r°. *Benedictio navium*. — F° X v° : *In nomine Patris*, etc.

Texte. Fol. numérotés au r° seulement. Le fol. I est encadré : saints et volûtes. Une gravure, remplissant les deux tiers environ de la page, représente le prêtre à l'autel, au moment de l'élévation.

𝔍𝔫𝔠𝔦𝔭𝔦𝔱 𝔐𝔦𝔰𝔰𝔞 ‖ le mixtū per totum anni circulum ‖ scd̄m usum ecclesie diocesis Bajon. ‖ ☾ Dnīca. j. advētus dn̄i. Officiū. ‖

Et ainsi de suite, avec majuscules, aux *Introït*, renfermant des figurines moyen âge et renaissance. Une gravure, au fol. LI : *Dominica in ramis palmarum*, reproduit la scène de la Passion « cum fustibus et gladiis ». — Fol. LVI. Titre : *Passio Dni J. Xristi. sec. Marcum* : gravure représentant la Cène, avant le texte. — Fol. LIX ; gravure : le Christ en Croix, et aux pieds, la Ste Vierge, et St Jean. Aux fol. LXVII et suivants, se trouvent les *improperies* notés en plain-chant (notes noires sur portées rouges de quatre lignes, avec beaucoup de goût et d'art), à deux colonnes également, comme toutes les pages après le calendrier. A Pâques, une belle gravure occupe le tiers de la colonne.

Folio CXIII v° : fin des Dimanches après la Pentecôte, et, sans transition : prières pour revêtir les ornements ; messe. *Modus [se] preparandi ad missam ; oratio ante missam* ; intonations des *Gloria. Credo. Prefationes totius anni*. belle notation. A remarquer une Préface propre pour le Dimanche des Rameaux. Préfaces simples. *Prefatio in diebus dominicis et in festis novem lectionum : nisi fuerit propria, prefatio communis*, f° CXXIII. *Pater. Ite, missa est*. jusqu'au f° CXXV.

Fol. CXXV v° ; gravure : Dieu le Père (et non le Christ, comme le dit M. Marais) couronné de la tiare, bénissant de la droite, et de la gauche tenant le globe du monde, assis sur un trône, entouré d'anges ; aux quatre angles sont les emblèmes des évangélistes. — Folio CXXVI r° ; gravure : Le Christ en Croix entre la Ste Vierge et St Jean ; dans le fond, le paysage de Jérusalem. — Ces deux gravures remplissent chacune toute la page.

Dans le Canon de la messe se trouvent des additions fort importantes aux pièces liturgiques[1]. C'est là une chose très grave. Le *Liber Pontificalis* et le Bréviaire Romain mentionnent toujours, comme un événement considérable, l'addition de quelques mots par un Pape au Canon de la Messe. Y eut-il des protestations à Bayonne ? Le fait est que l'on a effacé au crayon quelques passages, anti-liturgiques en apparence[2]. Au Canon, de grandes et belles lettres gothiques ; rubriques d'un beau rouge ; à la suite du Canon, *Pater* et *Ite missa est*, notés, ainsi que *Benedicamus* et *Requiescant in pace*. Ainsi se termine la première partie au f° CXXXVI r° ; verso en blanc.

Seconde partie. *Propre des Saints*. 108 f°^{bs} sur deux colonnes.

Fol. I r°. November. *De Scto Saturnino*. Une gravure remplit la moitié de la première colonne ; on y voit des apôtres, des martyrs (St Laurent avec son gril), des vierges, dans quatre panneaux ainsi formés :

A	M
P	V

Les lettres indiquent la place des divers saints : apôtres, martyrs, pontifes, vierges.

De sancto Saturnino. Si venerit in dominica, celebretur sabbato precedenti. Officium. [D]*Omine qui prevenisti Saturninum*, etc. — Le Propre des Saints va jusqu'au f° LXXV ; au bas de ce f° : ☾ *Finit sanctorale*. Les indications des sources, textes évangéliques, introïts, etc., sont toujours en marge. Au f° LXXVI v°, une belle gravure comprenant toute la page : le Christ en croix entre les deux larrons, la Ste Vierge et St Jean aux pieds.

Fol. LXXVII et suivants. *Incipit commune sanctorum*, et au f° LXXXVI messes votives. Au bas de ce folio et au verso du précédent, il y a de curieuses oraisons *manuscrites* où l'on demande à Dieu un héritier pour le roi de France, Henri III. Nous les donnons ici même :

Oratio. Rex regum Deus, qui pro salute mundi ex verbo (*sic* pour *utero* sans doute) intemerate Virginis Filium tuum nasci voluisti ; da Xissimo[3] regi nostro Henrico, tibi placentem filium, ad regni Francorum prosperitatem.

---

1. — Nous signalons plus loin les additions faites au Canon.
2. — Remarquons que ces additions sont probablement gallicanes et n'ont en soi rien d'anti-liturgique.
3. — *Xissimo* pour *Christianissimo*.

Secreta. Oblata, quesumus, munda sanctifica, Incarnationis Filii tui suffragante mysterio, et Xissimo regi nostro Henrico sancte indolis filium misericorditer largiri digneris.

Postcommunio. Satiati muneribus sacris, quesumus, Domine Deus noster, da Xissimo regi nostro Henrico optatam filium, regni Francorum heredem fructuosum.

Après les messes votives et les bénédictions, se trouve le dernier f° cviii, finissant ainsi : *secula seculorum. Amen.* A la suite, immédiatement, sans autre séparation que l'alinéa, vient la souscription de l'imprimeur :

Absolutum in alma Parisioru || Academiæ opera & typis Johanis || Kaerbriand alias Huguelin in vi || co divi Jacobi sub signo craticule || commorantis. Sumptibus vero || Reginaldi Chauldiere : anno ab || orbe redempto. M. D. quadrage || simo tertio : die. xxviii. Januarii. ||

Ordo codicum. Calendarium ✠ *quinternio*, en huit lignes dont la dernière porte ces mots : *M. quaterniones, N. O. terni.*

Tout à la fin, on trouve cette prière *manuscrite* afin d'obtenir de Dieu un héritier pour le roi Henri III [1].

ORATIO PRO REGE

Omnipotens, sempiterne Deus, te supplices exoramus, ut quemadmodum Abrahæ de progenie desperanti, Isaac et Saræ, et Annæ, uxori Elcanæ, humiliter deprecanti, Samuelem, et Mannæ Sampsonem (qui de manu Philistinorum populum Israel vindicavit) concessisti, ita etiam, pro tua in Ecclesiam Gallicanam inefabili benignitate, Christianissimo regi nostro Henrico, filium regni sui hæredem, qui Francorum populum, post eum, in via mandatorum tuorum regat, donare, ac eundem Henricum regem, sospitem et incolumem ad multos annos regnare, illiusque progeniem et generationes quam longissimas protendere, totumque denique regnum ab omni hæreticorum perturbatione tranquillum reddere digneris. Per Dominum Nostrum Jesum Christum qui tecum vivit et regnat, Deus, per omnia sæcula sæculorum. Amen.

Donnons maintenant un aperçu plus complet de ce qui est contenu dans le Missel de Bayonne de 1543. Commençons par les prières préparatoires à la célébration de la messe (Fol. ii v° non chiff., immédiatement avant le calendrier) ; les parenthèses du texte latin sont dans l'original.

(Speculum sacerdotum missam celebrare volentium. *Primo ante missam habenda sunt tria.*) Intentionis discussio, generalis contritio et pura confessio (*Intentionis discussio*). Ne propter vanam gloriam celebret. Ne propter alicujus persone favorem. Ne propter lucrum temporale. Ne propter consuetudinem. (*Generalis contritio.*) De omissis que facere debuit. Et de commissis corde et opere. (*Pura confessio.*) Notabilium criminum notorum et ignotorum. (*In Missa sit.*) Diligens circa locum : id est ut recipere possit utrumque. Diligentior circa calicem, ne sit fractus vel reparatus. Diligentissimus circa materiam : ne hostia sit corrupta : vinum acetosum : aut desit aqua. (*In canone sit diligentia.*) Magna in signis ut diligenter faciat. Major in verbis ut veraciter dicat. Maxima in intentione ut firma fide consecrare intendat. (*In consecrando habeat.*) Diligentiam ad conficiendum Corpus X^{ti}. Reverentiam ad tangendum Corpus X^{ti}. Devotionem ad sumendum Corpus X^{ti}. (*In tangendo Corpus X^{ti} sit reverentia.*) Magna propter continentiam tam excellentis Corporis X^{ti}. Major propter continentiam tam excellentis Anime X^{ti}. Maxima propter continentiam tam excellentis Divinitatis X^{ti}. (*Quid in consecrando intendit facere.*) Deum per lacrymas colere. Mortem Domini memorare. Totam Ecclesiam adunare. (*Quid in consecrando intendit consequi.*) Augmentum dilectionis. Inseparabilitatem unionis. Accelerationem fruitionis. (*Sit humilis oratio in primo et in secundo Memento.*) Ne tam indignus minister indigne recipiat tam dignissimum mysterium. Ne tam indevotus presbyter tam justissimum judicem flectat in suum judicium. Ne tam immundus hospes : tam excellentissimum hospitem a se repellat fetore criminum. Et ut eum Dominus piissimus participem faciat electorum sacerdotum. (*In primo* Memento *pro se et pro vivis oret.*) Ut sint participes tanti mysterii. Auditores habiles missarum beneficii. Contemptores humiles vanitatum mundi. Satisfactores stabiles defectus proprii. Et sectatores vigiles divini beneficii. (*In secundo* Memento *pro defunctis oret.*) Ut per suavissimum mysterium habeant continuum subsidium. Ut per preces Ecclesie

---

1. — M. Paul Marais croit qu'il s'agit ici du roi Henri II. C'est une erreur. En effet, Henri II, marié à Catherine de Médicis, en 1533, eut plusieurs enfants et en particulier François II, 1544 (quelques mois après l'impression de notre Missel). Au contraire Henri III, fils également de Henri II, né en 1551, et roi de France depuis 1569, avait épousé Louise de Lorraine, qui ne lui donna pas d'enfants. Il mourut sans postérité, assassiné le 2 août 1589 par Jacques Clément, après avoir régné quinze ans. Avec lui s'éteignit la branche des Valois. Il eut pour successeur notre béarnais, Henri IV.

fidelium habeant suave a pœnis refrigerium. Ut per hoc nostrum divinum viaticum habeant securum redditum ad sanctorum consortium. *(Post missam sit summa gratiarum actio.)* De tanto pane suavissimo angelorum, Creatore creaturarum recepto. De tanto cibo perpetuo omnium sanctorum, Creatore creaturarum recepto. De tanto viatico proficuo X^{ti} electorum, Creatore creaturarum recepto.

CALENDRIER

Les Calendriers de nos anciens livres d'église offrent toujours un grand intérêt ; ils nous donnent d'abord les fêtes célébrées par nos pères ; on y trouve encore, surtout dans les missels, des préceptes de médecine [1] et d'hygiène très curieux, et parfois, ajoutons-le, un reste de vieilles superstitions par rapport aux jours fastes et néfastes qu'une religion éclairée n'avait pas pu détruire.

Les fêtes d'obligation nous semblent indiquées dans le Calendrier du Missel de Bayonne par le mot *colitur*. Le peuple était-il également tenu de les célébrer ? Nous le verrons au chapitre X sur les fêtes de précepte. En tête de chaque mois se trouvent résumés, les travaux de la campagne, à faire pendant ce temps, et aussi les précautions hygiéniques à prendre, etc. On y marque, pour ainsi dire, les besoins de la saison : *Pocula Janus amat. Et februus « algeo » clamat. Martius arva fodit*, etc.

Vient ensuite l'indication du nombre de jours que contiennent le mois et la lune. On observera surtout, avant le mois de janvier, ce vers très expressif : « *Istis pestiferam cognosco versibus horam.* » — *Je reconnais par ces vers l'heure maligne.* — Qu'est-ce à dire ? C'est que dans le moyen âge, par un reste de vieux paganisme tenace, on croyait aux jours bons et mauvais ; notre XIXe siècle, tout incrédule qu'il est, redoute encore singulièrement le vendredi et le nombre 13. C'est pour cela que le calendrier bayonnais fixe les jours néfastes dans des formules peu intelligibles. Pour janvier, il s'exprime ainsi : *Dat. I. VI. In pede VII. VI.* Ce qui signifie : Au commencement du mois, le 1er — et le 7e jour, avant la fin du mois, seront des jours néfastes. Dans le calendrier, on les appelle : *Dies eger* ; il n'y avait que deux jours réputés néfastes dans chaque mois. Du Cange les nomme dans son Glossaire les *jours des Egyptiens*, parce que ceux-ci croyaient que les saignées n'étaient pas salutaires à certaines époques. Voici comment il s'exprime :

« Dies Ægyptiaci, qui in veteribus Calendariis... et in Victorino ms. et aliis, notantur in quolibet mense. Ugutio : In quolibet mense dicuntur duo dies mali Ægyptiaci quia ab Ægyptiis fuerint inventi. Ægyptii enim comperientes quod in aliqua hora dierum illorum non erat bonum sanguinare, id est sanguinem minuere, ne aliquod opus inciperetur, illos dies vocaverunt. » Cette opinion n'est pas la seule. Du Cange en cite plusieurs autres. Il rappelle les défenses faites par l'Église, dans les Conciles et par la voix des évêques, d'observer ces jours mauvais. Un des vieux Pénitentiaux disait : « *Item non debere servari dies Egiciaci.* » Ce qui nous intéresse en particulier, est une citation empruntée au fameux liturgiste Durand de Mende, lequel, dans son Rational, enseigne ainsi le moyen infaillible de trouver les jours néfastes : « Quotus autem sit dies Ægyptiacus, a principio vel fine mensis his versibus continetur :

Augurior decios, audito lumine clangor,
Liquit olens Abies, coluit Colus, excute Gallum.

» In his versibus sunt 12 dictiones, 12 mensibus servientes : prima primo, secunda secundo, et sic per ordinem, sumpto initio a Januario : ita quod quota die erit prima litera primæ syllabæ alicujus istarum

---

[1]. — Ces préceptes sont connus sous le nom de Préceptes de l'*Ecole de Salerne*. On croit que cette célèbre École de Médecine remonte au delà du IXe siècle. Elle eut un grand renom jusqu'à la fin du XIIIe siècle, époque où l'Ecole de Naples la fit déchoir complètement. Elle avait été fameuse, surtout du temps du médecin Constantin Africanus, v. 1070. Le poème hygiénique, *Regimen sanitatis*, a vulgarisé la réputation de l'École de Salerne qui a composé une série de poèmes sur la médecine, la chirurgie, etc. Nombre de ces préceptes sont encore répandus sous forme de dictons : (V, la *Collectio Salernitana. Ossia documenti. Napoli*. 1852-1856, 4 v. in-8. Nous avons sous les yeux : *l'Art de conserver sa santé* composé par l'École de Salerne avec la traduction en vers françois par M. B. L. M. Paris, Pierre Alexandre Le Prieur. M.DCC.XLIX, in-12.) Les pages XV-XXXVII contiennent un excellent *Discours sur l'École de Salerne*. Cependant nous n'y avons nulle part trouvé les vers de notre Missel Bayonnais de 1543, parce que cette édition est loin d'être complète, comme l'avoue l'auteur lui-même. On voit des vers semblables dans presque tous les Missels du XVe et du XVIe siècle. A ce propos, M. Magen dit, à la page 38 de sa brochure sur les *Livres liturgiques* d'Agen, qu'il y a dans le Missel de Vincent Bilhonis, édité par notre imprimeur Jacques Colomiès de Toulouse en 1531, « un calendrier contenant pour chaque mois une règle spéciale d'hygiène en hexamètres, d'une latinité très barbare et d'une métrique très indépendante. C'est la médecine des humeurs et la thérapeutique des simples, l'apothéose de la saignée et de la purgation préventives, le panégyrique de l'ail, de la sauge et de la laitue. Au surplus, ces quatrains ont été reproduits, avec de légères variantes, dans le Missel de Paris de 1550 et dans quelques Bréviaires du XVIe siècle. Assez curieux en général, comme donnant une idée des connaissances médicales de l'époque, ils offrent parfois des difficultés de plus d'un genre à celui qui essaie de les traduire. Notre langue ne jouissant pas des privilèges du latin, on comprendra notre discrétion. » Nous ne disons pas autre chose.

dictionum in alphabeto, totus erit dies Ægyptiacus in illo mense cui servit illa dictio, computando a mensis principio versus finem. — Item quota erit prima litera secundæ syllabæ in alphabeto, totus erit dies Ægyptiacus in illo mense, cui servit illa dictio. Verbi gratia : *Augurior* est prima dictio et servit primo mensi, scilicet Januario : *Au* est prima syllaba et *A* est prima litera ipsius syllabæ, et *g* est septima in alphabeto : ergo dies prima Januarii est Ægyptiaca. Item *g* est septima in alphabeto : ergo septimus Januarii, numerando a fine versus principium, est Ægyptiacus, et sic in aliis, hoc observato quod *h* in hoc loco pro litera non ponatur. » En résumé, les deux vers latins *Augurior*, etc., font connaître les jours néfastes ; chaque mot se rapporte à un mois de l'année, selon le rang où il se trouve. La place qu'occupe la première lettre de la première syllabe, dans l'alphabet, indique le jour néfaste ; par exemple, dans *Au* de *Augurior*, *A* est la première lettre de l'alphabet : donc le 1er janvier est un jour néfaste ; de même la première lettre de la seconde syllabe détermine, par son rang dans l'alphabet, le second jour néfaste du mois, en commençant par la fin ; par exemple *g* de *Augurior* est la septième lettre de l'alphabet : donc le septième jour, *in pede*, en remontant de la fin (le 25), sera en janvier le jour néfaste. Et ainsi de chaque mois. Toutefois dans notre calendrier cette méthode si simple n'est pas suivie : c'est le second vers chiffré, si étrange, qui donne la clef de l'énigme. Le premier chiffre fixe le jour néfaste, *dies eger*, le second donne l'heure, *horam pestiferam*. C'est du moins notre sentiment.

Nous avions entièrement terminé notre travail, lorsqu'une bonne fortune nous a fait tomber sous la main une *Étude sur les jours Égyptiens des calendriers*, publiée par M. Charles Cuissard, dans le tome v° des *Lectures et Mémoires de l'Académie de Sainte-Croix* d'Orléans, en 1882. Ce travail considérable est on ne peut plus intéressant sur le sujet qui nous occupe. Nous y voyons que les livres d'église du moyen âge portent au calendrier l'indication des jours néfastes par ces termes : *Dies Ægyptiacus. Dies Æg.* ou *D*, coupé d'un trait transversal, *Dies Ægyptius, Dies Æger* ; cette dernière expression ne remonterait qu'au xiii° siècle, tandis que les autres auraient été employées après le siècle d'Auguste. Selon M. Cuissard, c'étaient des « jours non officiels ou religieux, fixés d'après des observations naturelles, où surtout il ne faut rien commencer parce qu'ils sont maudits [1] ». Il paraît qu'au iv° siècle on comptait dans l'année vingt-six jours égyptiens, vingt-quatre, du ix° au xii° siècle, et depuis lors, trente et même quarante. Le premier document qui en fait mention serait un calendrier datant de 354 ; les jours égyptiens ne furent pas régulièrement inscrits « dans le corps du calendrier avant le xi° siècle, si ce n'est le xii° ».

Il y avait dans chaque jour égyptien une heure particulièrement funeste. M. Cuissard en cite plusieurs formules. En voici une qui ressemble à celle du missel bayonnais et qui a été tirée « des missels orléanais imprimés en 1491, 1519 et en 1556 ».

Dat prima undenam Jani pede septima sextam.
Februus octavam quartam pede tertia denam.
Mars primam prima finalis quarta secundam.
In decimo prima est undeno undenaque Aprilis.
Tertius in Maio sextam pede septima denam.
In decimo sextam Junii quindenaque quartam.

Tredicimo undenam Julius pede denus eamdem.
Augusti in prima est pars septima, sive secunda.
Tertia Septembris parilem decima pede nonam.
Tertius Octobris quinta decimus pede nonam.
Octavam quinta Noni pede tertia sextam.
Septima dat primam sextam pede dena Decembris.

On y compte l'heure à la manière des Romains. C'est la seule qu'il fallait craindre :

In quibus una solet mortalibus hora timeri.

Cette heure variait d'après les calendriers. Il faudrait donc traduire ainsi le vers hyéroglyphique de janvier dans le Missel bayonnais. *Dat.* I. VI. *In pede*. VII. VI : *Dat prima* [dies] *sextam* [horam pestiferam]. *In pede, septima* [dies dat] *sextam* [horam pestiferam], c'est-à-dire : « Au mois de janvier, le 1er, jour néfaste, a pour heure funeste la sixième ; le 7e jour, avant la fin (le 25), a aussi pour heure funeste la sixième. » On arrive de la même manière à déchiffrer les vers étranges des autres mois.

Un missel orléanais de 1529 donne les mêmes formules que le bayonnais, au commencement des mois ; *Pocula Janus amat*, sauf une légère différence au mois de mars : *Martius arva fodit*, où l'on ajoute : *de vite superflua demit*.

Nous sommes heureux d'avoir pu éclaircir une des plus grandes difficultés que nous ayons rencontrées dans la transcription de nos textes.

1. — V. dans le tirage à part (in-8° de 106 p., Orléans, Ernest Colas), les pp. 10, 41, 75 et 100.

A la fin de chaque mois, on dit le nombre d'heures du jour et de la nuit, et puis, par une bizarrerie, aujourd'hui incompréhensible, les préceptes ou aphorismes d'hygiène et de médecine de l'école de Salerne. Au reste, on lit encore dans les almanachs l'indication de remèdes et de recettes ; les almanachs étaient chose rare à cette époque ; le prêtre pouvait donc, à peu de frais, donner des conseils aux fidèles, même pour leur santé corporelle.

Dans la transcription du calendrier, nous allons ajouter en chiffres arabes la date des jours, tout en laissant les chiffres romains donnés par le Missel de 1543 :

POCULA JANUS AMAT

Januarius habet dies xxxi. Luna vero xxx.
Istis pestiferam cognosco cersibus horam.
Dat. I. VI. In pede. VII. VI.

1	*Januar.*	Circumcisio Domini. Duplex. Colitur. *Dies eger.*
2	IIII	Octav. Sancti Stephani. IX lectionum.
3	III	Octav. Sancti Johannis evangeliste. IX lectionum.
4	II	Octav. sanctorum Innocentium. IX lectionum.
5	*Nonas.*	
6	VIII	Epiphania Domini. Duplex. Colitur.
7	VII	Claves Septuagesime.
8	IIII	Pauli primi eremite. comm. ut in natali confess. laici.
9	III	☾ Sol in aquario.
13	*Idus.*	Octav. Epipha. IX lec. Hilarii episc. et confess. IX lectionum.
14	XIX *kal.*	*Februarii.* Felicis impencis(?) confessor. III lectionum.
15	XVIII	Mauri abbatis et confessor. IX lectionum. Colitur.
16	XVII	Marcelli, pape et martyris. IX lectionum.
17	XVI	Antonii abbatis. Duplex. Colitur. Sulpitii confess. comm.
18	XV	Prisce, virginis et martyris. III lect. Primum lxx.
19	XIII	Fabiani et Sebastiani. Duplex. Colitur.
20	XII	Agnetis virginis et martyr. IX lectionum.
21	XI	Vincentii martyris. Duplex. Colitur.
25	VIII	Conversio sancti Pauli. IX lectio. Colitur. Prejecti martyris comm. *Dies eger.*
26	VII	Polycarpi episcopi mart. III lect.
27	V	Agnetis virginis secundo. III lect.
28	IIII	Claves xl.

Nox habet horas xvi. Dies vero viii.
In Jano claris calidisque cibis potiaris,
Atque decens potus post fercula sit tibi notus.
Ledit omni modo tunc potatus, ut bene credo,
Balnea tutius intres et venam scindere cures.

ET FEBRUUS ALGEO CLAMAT

Februarius habet dies xxviii. Luna vero xxix.
Februus octavi quarta pede tertia denam.

1	*Februar.*	Ignatii episcopi et mart. IX lectio. Brigide virg. comm.
2	IIII	Purificatio Sancte Marie. Duplex. Colitur.
3	III	Blasii episcopi et mart. IX lectio. Dupl. Colitur.
4	II	*Dies eger.*
5	*Nonas.*	Agathæ virginis. IX lectionum.
9	V	Octav. Purific. Sancte Marie. IX lectionum.
1..	IIII	Octav. sancti Blasii. IX lec. ☾ Sol in piscibus. Scholastice virginis commemoratio tantum.
13	*Idus.*	
14	XVI *kal.*	*Martii,* Valentini episcopi et mart. III lectionum.
21	IX	Ultimum Septuagesime.
22	VIII	Cathedra Sancti Petri. IX lection. Colitur. Ver oritur.
23	VII	Vigilia.
24	VI	Mathie apostoli. Duplex. Colitur. Locus Bissexti.
25	V	*Dies eger.*
26	IIII	Bissextum sexte Martis tenuere calende. Posteriori die celebrantur festa Mathie. Sabbato si teneant ibi non alibi celebrantur.

Nox habet horas xiii. Dies vero x.
Pascitur occulta febris Februario multa
Potibus et escis : si caute minuere velis,
Tunc cave frigora : de pollice funde cruorem,
Suge mellis favum : pectoris morbos qui curabit.

MARTIUS ARVA FODIT

Martius habet dies xxxi. Luna vero xxx.
Martis prima primam : finalis quarta secundam.

1	*Martii.*	Leonis episcopi et martyris. IX lect. Duplex. Colitur. *Dies eger.*
7	*Nonas.*	Perpetue et Felicitatis virg. commemoratio.
8	VIII	Post Martis Nonas ubi primum prima notatur.
9	VII	Item dies Domini tertia Pascha tenet.
11	V	☾ Sol in ariete. Clavis Pasche. Æquinoctium vernale.
12	IIII	Gregorii pape et conf. IX lect. Duplex.
15		*Idus.*
16	XVII	*Kal. Aprilis.*
18	XV	Gabrielis archang.
19	XIIII	Joseph confessoris laici. IX lect. Duplex. Colitur.
21	XII	Benedicti abbatis. IX lectionum.
22	XI	Primum Pascha.
25	VIII	Annuntiatio beate Marie. IX lect. Duplex. Colitur.

| 27 | VI | *Dies eger.* |
| 28 | V | Post Nonas Martii ubi invenies lunam decimam quartam in sequenti, Dominica erit Pascha. |

Nox habet horas XII. Dies vero XII.
Martius humores gignit : cariosque dolores.
Sume cibum pure : cocturas si placet ure.
Balnea sunt sana : sed que superflua vana
Vena nec abdenda : nec potio sit tribuenda.

APRILIS FLORIDA NUTRIT

Aprilis habet dies XXX. Luna vero XXIX.
In decimo I est decimo undenaque Aprilis.

1	*Aprilis.*	Marie Egyptiace virg. commemoratio.
4	II	Ambrosii et Isidori episcoporum. IX lectio. Duplex.
5	*Nonas.*	
10	IIII	☾ Sol in Tauro. *Dies eger.*
13	*Idus.*	
14	XVIII *kal. Maii.*	Tiburtii, Valeriani et Maximi mart. III lect.
15	XVII	Clavis Rogationum.
17	XV	Engratie virginis commemoratio.
20	XII	*Dies eger.*
23	IX	Georgii mart. Duplex. IX lect. Colitur.
25	VII	Marci evangeliste. Duplex. Colitur. Ultimum Paschæ.
26	VI	Cleti pape et mart. IX lectionum.
27	V	Primus dies Rogationum.
28	IIII	Vitalis mart. IX lect. Clavis Pentecost.
30	II	Eutropii episcopi et mart. IX lectionum.

Luna Aprilis gallo canente accenditur.
Nox habet horas X. Dies vero XIIII.
Hic probat in cero vires Aprilis habere.
Cuncta renascuntur.: pori tunc aperiuntur.
In quo scalpescit corpus : sanguis quoque crescit.
Ergo solvatur center cruorque minuatur.

ROS ET FLOS NEMORUM MAIO SUNT FOMES AMORUM

Maius habet dies XXXI. Luna vero XXX.
Tertius in Maio VI pede VII denam.

1	*Maius.*	Philippi et Jacobi apostolorum. IX lect. Duplex. Colitur.
2	VI	Orientii episcopi et confess. comm. Sigismundi sociorumque ejus mart. comm.
3	V	Inventio sancte Crucis. Duplex. Colitur. Alexandris, Eventii et Theodoli. mart. comm. *Dies eger.*
6	II	Johannis ante Portam latinam. IX lection. Colitur.
7	*Nonas.*	
8	VIII	Revelatio sancti Michaelis. Duplex. Colitur.
9	VII	Translatio S. Nicolai. Incipit estas. Primus terminus Pentecostis.
10	VI	Gordiani et Epimachi mart. III lect. Primum Pentecost.
12	IIII	☾ Sol in Geminis. Nerei. Achillei et Pancratii mart. III lect.
13	*Idus.*	
16	XVII	*Kal. Junii.*
19	XIIII	Potentiane virg. comm. Ivonis confess. comm.
22	XI	Quitherie virginis. Duplex. Colitur.
25	VIII	Urbani pape et martyr. IX lect. *Dies eger.*
29	IIII	Ultime Rogationes.
31	II	Petronille virginis comm.

Nox habet VIII. Dies vero XVI.
Maio secure laxari sit tibi cure.
Scindatur vena : sed balnea dentur amena.
Cum calidis rebus sint ferculis seu speciebus.
Potibus adstricta sit salvia cum benedicta.

DAT JUNIUS FENA

Junius habet dies XXX. Luna vero XXIX.
In decimo quintam : Juntas quindenaque quartam.

1	*Junii.*	Nicomedis mart. III lectionum.
2	IIII	Marcellini et Potri mart. IX lect.
5	*Nonas.*	
6	VIII	Ultimum terminus Pentecostis.
8	VI	Medardi episcopi et confess. III lect.
10	IIII	*Dies eger.*
11	III	Barnabe apostoli. IX lect. Dupl. Col.
12	II	☾ Sol in cancro. Basilidis, Cyrini, Naboris et Nazarii mart. III lect.
13	*Idus.*	
14	XVIII	*Kal. Julii.* Exuperii episc. et confes. IX lec. Ultima Pentec.
15	XVII	Viti et Modesti mart. III lect.
16	XVI	Cyrini et Julite mart. IX lect. *Dies eger.*
18	XIIII	Marci et Marcelliani mart. III lect.
19	XIII	Gervasii et Protasii mart. III lect.
23	IX	Vigilia.
24	VIII	Nativitas sancti Johannis Baptiste. Duplex. colitur.
25	VII	Eligii episcopi et confess. IX lec.
26	VI	Johannis et Pauli mart. IX lec.
28	IIII	Leonis pape et conf. comm. Vigilia.
29	III	Petri et Pauli apost. Duplex. Colitur.
30	II	Commemoratio sancti Pauli. IX lect. Martialis episc. colitur.

Nox habet horas VI. Dies vero XVIII.
In Junio gentes perturbat medo bibentes
Atque novellarum fuge potus cervisiarum,
Ne noceat colera valet hec refectio vera,
Lactuce frondes ede jejunus : bibe fontes.

JULIO RESECATUR AVENA

Julius habet dies XXXI. Luna vero XXX.
Tredecima undenam : Julius pede denus eandem.

1	*Julii.*	Octav. Sancti Johannis Baptiste. IX lection.
2	VI	Visitat. beate Marie. Duplex. Colitur. Processi mart. comm.
6	II	Octav. Apost. Petri et Pauli. IX lection.

7	Nonas.	
9	vii	Octav. Visitationis sancte Marie ix lect.
10	vi	Septem fratrum mart. ix lect. Incip. dies in quibus celebrat. fest. Reliquiarum. Dup. off. post. comm.
11	v	Translatio sancti Benedicti abb. ix lect.
13	iii	*Dies eger.*
14	ii	☾ Sol in Leone. Hic incipiunt dies caniculares.
15	*Idus.*	
16	xvii	*kal. Augusti.* Hic finiunt dies in quibus celeb. fest. Reliquiarum.
18	xv	Alexii conf. ix lect.
20	xiii	Margarete virginis ix lect.
21	xii	Praxedis virg. iii lect.
22	xi	Marie Magdalene. Duplex. Colit. *Dies eger.*
23	x	Apollinaris episcopi et mart.
24	ix	Christine virginis comm. Vigilia.
25	viii	Jacobi apost. Dupl. Colitur. Christoph. et Cucuphati mart. comm.
26	vii	Anne, matris beate Marie. ix lect. Duplex. Colitur.
28	v	Octav. Marie Magdelene. Nazarii, Celsi et Pantaleonis mart.
29	iiii	Marthe hospite Christi. ix lect. Felicis et Simplicis, Fausti et Beatricis mart.
30	iii	Abdon et Sennen mart. comm.
31	ii	Germani episc. Autissiodorensis et confess. comm.

Nox habet horas viii. Dies vero xvi.
Qui vult solamen Julio hoc probat medicamen :
Venam non scindat : nec ventrem potio ledat.
Somnum compescat : et balnea cuncta pavescat :
Prodest recens unda : allium cum salvia munda.

AUGUSTUS SPICAS

Augustus habet dies xxxi. Luna vero xxx.
Augusti in prima par est septima sine secunda.

1	*Augusti.*	Vincula sancti Petri. ix lect. Colitur. Macabeorum mart. commem. *Dies eger.*
2	iiii	Stephani pape et mart. comm. tantum. Oct. beate Anne ix lect.
3	iii	Inventio sancti Stephani protomartyris. ix lection.
5	*Nonas.*	Dominici confess. ix lect.
6	viii	Transfiguratio Domini. Duplex. Colitur, Sixti pape, Felicissimi et Donati mart. iii lect. Agapeti, Justi et Pastoris mart. comm.
8	vi	Cyriaci, Largi et Smaragdi mart. iii lection.
9	v	Romani martyris. iii lect. Vigilia.
10	iiii	Laurentii martyris. Duplex. Colitur.
11	iii	Tiburtii martyris commemoratio.
12	ii	Clare virginis. ix lection.
13	*Idus.*	Hyppolyti cum. soc. suis mart. ix lect. Radegunde. virg. comm.
14	xix *kal.*	*Septembris.* Eusebii pont. comm. Vigilia ☾ Sol in Virgine.
15	xviii	Assumptio. sancte Marie. Duplex. Colitur.
16	xvii	Rochi confessoris laici commem.
17	xvi	Octav. S. Laurentii mart. ix lect. Eodem die Fructuosi mart. comm.
18	xv	Agapeti martyris commem.
20	xiii	Bernardi abbatis. ix lect.
22	xi	Octav. S. Marie ix lect. Timothei et Simphor. ix lect.
23	x	Vigilia.
24	ix	Bartholomei apostoli. Duplex. Colitur.
25	viii	Genesi et Genesii mart. comm. *Dies eger.*
27	vi	Rufi mart. comm.
28	v	Depositio S. Augustini. ix lect. Dupl. Hermetis et Ju. comm.
29	iiii	Decollation. S. Johannis Baptiste. ix lect. Colitur. Sabine virg. comm.
30	iii	Felicis et Adaucti mart. comm. *Dies eger.*
31	ii	Octav. sancti Bartholomei. ix lect.

Nox habet horas x. Dies vero xiii.
Quisque sub Augusto vicat medicamine justo.
Raro dormitet : estum colitum quoque citet.
Balnea non curet : nec multum commestio duret.
Nemo laxari debet cal phlebothomari.

SEPTEMBER CONTERIT UVAS

September habet dies xxx. Luna vero xxix.
Tertia Septembris parilem decimus pede quartam.

1	*Septembris.*	Œgidii abbat. ix lect. Eodem die S. Vincentii. Prisci et cet. comm.
2	iiii	Antonini mart. iii lect.
3	iii	*Dies eger.*
4	ii	Hic finiunt dies caniculares.
5	*Nonas.*	
7	vii	Evorcii episc. et conf. iii lect.
8	vi	Nativitas Sancte Marie. Dupl. Colitur.
9	v	Gregorii mart. comm.
11	iii	Prothi et Hyacinthi mart. comm.
13	*Idus.*	
14	xviii *kal.*	Oct. Exaltatio sancte Crucis. ix lect. Dupl. Colitur. Cornelii et Cypriani. mart. comm. ☾ Sol in Libra.
15	xvii	Octav. sancte Marie. ix lect. Nicomedis mart. commem.
16	xvi	Euphemie virg. iii lect. Lucie et Geminiani mart. comm.
20	xii	Vigilia.
21	xi	Mathei apost. et evang. Dupl. Colitur. *Dies eger.*
22	x	Mauritii cum sociis mart. ix lect.
23	ix	Lini pape mart. ix lect.
26	vi	Cypriani episc. et Justine mart. comm.
27	v	Cosme et Damiani mart. ix lect.
28	iiii	Octav. S. Matthei. ix lect.
29	iii	Michaelis archangeli. Duplex. Col.

30	II	Hieronimi presbyteri. IX lect. Duplex.

Nox habet horas XII. *Dies vero* XII.
Fructus maturi Septembris sunt edituri
Et pira cum vino panis cum lacte caprino :
Aqua de urtica potio fertur amica.
Tunc venam pandas species cum semine mundas.

SEMINAT OCTOBER

October habet dies XXXI. *Luna vero* XXX.
Tertius Octobris quintam decimus pede nonam.

1	*Octobris.*	Remigii, Germani et Vedasti episcoporum. IX lect.
3	V	*Dies eger.*
4	IIII	Francisci confessoris. IX lect. Colitur.
6	II	Fidis virginis et martyris. IX lect.
7	*Nonas.*	Marce pape et conf. III lect. Marcelli et Apulei mart. comm.
9	VII	Dionysii cum sociis suis mart. IX lect. Colitur.
10	VI	Hic incipiunt dies in quibus celebratur festum Dedicationis Ecclesie Bajonensis.
13	III	Geraldi conf. IX lectionum.
14	II	Odoardi regis Anglie conf. laici. IX lect. ☾ Sol in Scorpione. Calixti pape et martyr. III lect.
15	*Idus.*	
16	XVII *kal.*	Novembris. Bertrandi episcopi et confess. IX lect.
17	XVI	Hic finiuntur dies in quibus celebratur festum Dedicationis Ecclesie Bajonensis.
18	XV	Luce evangeliste. IX lect. Dupl. Colitur.
20	XIII	Caprasii mart. IX lect.
21	XII	Severini episcopi et confess. comm.
22	XI	*Dies eger.*
25	VIII	Octav. sancti Luce. IX lection. Crispini, Crispiniani, mart. comm.
27	VI	Vigilia.
28	V	Simeonis et Jude apostolorum IX lect. Dupl. Colitur.
31	II	Quintini mart. comm. Vigilia.

Nox habet horas XIIII. *Dies vero* X.
October vino prebet cum carne ferino.
Necnon aucina caro calet et volucrino.
Quamcis sint sana : tamen est repletio cana.
Quantum cis comede : sed non precordia lede.

SPOLIAT VIRGULTA NOVEMBER

November habet dies XXX. *Luna vero* XXIX.
Octavi v Novembris pede III quartam.

1	*Novembris.*	Festivitas omnium Sanctorum. Dupl. Colitur.
2	IIII	Commemoratio defunctorum.
5	*Nonas.*	*Dies eger.*
8	VI	Octav. omnium sanctorum. IX lect. Quatuor Coronatorum.
9	V	Theodori mart. III lect.
11	III	Martini episc. et conf. IX lect. Dupl. Colitur. Menne mart. comm.
13	*Idus.*	Britii episc. et conf. IX lect. ☾ Sol in Sagittario.

14	XVIII *kal.*	*Decembris.*
18	XIIII	Octav. S. Martini. IX lect. Romani mart. comm.
21	XI	Columbani abbatis et confess. III lect.
22	X	Cecilie virg. et mart. IX lect.
23	IX	Clementis pape et mart. IX lect. Colitur. Felicitatis virg. et mart. comm.
25	VII	Catharine virg. et mart. Duplex. Colitur. Petri Alexandrini mart. IX lectionum.
27	V	Agricole et Vitalis mart. comm. Hic incipit Adventus quando litera Dominicalis est B.
28	IIII	*Dies eger.*
29	III	Saturnini episc. Tholossani et mart. IX lect. Colitur. Vigilia.
30	II	Andree apost. Duplex. Colitur.

Nox habet horas XVI. *Dies vero* VIII.
Hoc tibi scire datur, rheuma Novembri curatur.
Queque nocica cita : tua sint preciosa dicta.
Balnea cum venere tunc nullum constat habere.
Potio sit sana atque minutio bona.

QUERIT HABERE PORCUM CIBUM
MACTANDO DECEMBER

December habet dies XXXI. *Luna vero* XXX.
Septima dat primam VI pede dena decembris.

1	*Decembris.*	Egidii confess. IX lect. Chrysanthie et Darie mart. comm.
4	II	Barbare virg. et mart. IX lect. Colitur.
5	*Nonas.*	
6	VIII	Nicolai episcopi et confess. Dupl. Col.
7	VII	Octav. S. Andree. IX lect. *Dies eger.*
8	VI	Conceptio Saucte Marie Virg. Duplex. Colitur.
9	V	Gerontii mart. IX lect.
10	IIII	Eulalie virg. IX lect.
11	III	Damasi pape et confess. comm.
12	II	☾ Sol in Capricorno.
13	*Idus.*	Lucie virg. et mart. IX lect. Colitur.
14	XIX *kal.*	*Januarii.*
17	XVI	O sapientia. Lazarii episc. et conf. comm.
20	XIII	Vigilia.
21	XII	Thome apostoli. Duplex. Colitur.
22	XI	*Dies eger.*
24	IX	Vigilia.
25	VIII	Nativitas Domini. Duplex. Colitur.
26	VII	Stephani protomart. Duplex. Colitur.
27	VI	Johannis apost. et evang. Dupl. Colitur.
28	V	Sanctorum Innocentium. Dupl. Col.
29	IIII	Thome archiepisc. et mart. IX lect. Colitur.
31	II	Sylvestri pape et confess. IX lect. Colitur.

Nox habet horas XVIII. *Dies vero* VI.
Sane sunt membris res calide mense Decembris.
Frigus citetur : capitalis cena scindatur :
Lotio sit cana : sed vasis potio cara :
Sit tepidus potus : frigore contrarie totus.

On remarquera la ressemblance frappante de ce calendrier avec celui du Bréviaire de Lescar de 1541. Sauf quelques saints locaux et régionaux, c'est le romain, conforme en grande partie à celui d'aujourd'hui. Il y aurait maintenant à se demander pourquoi certaines fêtes étaient célébrées avec une pompe plus solennelle.

Les fêtes de N. S. et de la Ste Vierge, même la Conception, et celles des Apôtres, étaient de précepte ; nous trouvons encore les fêtes de St Maur, de St Antoine, des Sts Fabien et Sébastien, de St Vincent, diacre, de la Conversion de St Paul, de St Blaise, de la Chaire de St Pierre, de St Joseph, de St George, de l'Invention et de l'Exaltation de la Ste Croix, de St Jean Porte-Latine, de l'Apparition de St Michel, de Ste Quitterie, de la Nativité de St Jean-Baptiste, de St Martial, de Ste Anne, de Ste Marie-Madeleine, de St Pierre-aux-Liens, de St Laurent, de la Décollation de St Jean-Baptiste, de St Michel, de St François d'Assise, de St Denys, de la Toussaint, de St Martin, de St Clément, pape, de Ste Catherine, de St Saturnin, de Ste Barbe, de St Nicolas, de Ste Lucie, de St Etienne, des SS. Innocents, de St Thomas de Cantorbéry et de St Sylvestre. — Toutes ces fêtes ne sont classées que sous un rit double. Quelques-unes, comme St Augustin et St Jérôme, du même rit, ne sont pas pourtant accompagnées de la formule *colitur*. Mais nous parlerons plus en détail de leur solennisation au chapitre X.

Nous allons à présent signaler quelques particularités liturgiques curieuses, et reproduire les messes ou les oraisons de nos saints locaux, régionaux, nationaux, etc. On sera également heureux de trouver les messes de l'Assomption, de la Conception et de la *Sanctification de Marie*, du St Nom de Jésus et des Cinq Plaies.

Voici d'abord la *Bénédiction des Navires* qui se faisait solennellement à Bayonne, ville maritime et très commerçante, jusqu'au xviie siècle. La messe, qui précédait la bénédiction, devait se dire sur la proue du navire.

[Fol. x. *manuscrit*] c'est-à-dire deux pages après le Calendrier.

☙ IN BENEDICTIONE NAVIUM, PRIMO DICITUR MISSA, DEINDE SEQUITUR BENEDICTIO[1].

Pax huic navi et omnibus navigantibus, ingredientibus et regredientibus in ea. In nomine Patris et Filii et Spiritus Sancti. Amen.

Cum hyssopo asperso, sacerdos primo dicat semper versum : Asperges me, Domine, hyssopo et mundabor, lavabis me et super nivem dealbabor. *Et hoc primo in parte anteriori navis, ubi dicitur et debet dici missa et clerici respondeant :* Miserere mei, Deus secundum magnam *etc. usque ad finem.* In fine cum Gloria Patri *etc. semper sacerdos dicendo in quolibet versu suum versum* ℣. Asperges me, Domine, etc. *In fine dicti psalmi.* ℣. Ostende nobis, Domine, misericordiam tuam. ℟. Et clamor meus ad te veniat. ℣. Dominus vobiscum. ℟. Et cum spiritu tuo. Oremus. Exaudi nos, Domine sancte, Pater omnipotens, eterne Deus, et mittere digneris sanctum angelum tuum de celis qui custodiat, foveat, protegat, visitet, atque defendat omnes habitantes vel convenientes in hac navi. Per X^{um} Dominum Nostrum. Amen. ℣.*sus* Dominus vobiscum. ℟. Et cum spiritu tuo ℣.*sus* Initium Sancti Evangelii secundum Johannem. ℟. Gloria tibi, Domine. In principio *etc. quere in die Natalis Domini.*

In medio navis iterum dicitur : Asperges me, Domine, hyssopo et mundabor *etc. ut supra. Et postea evangelium.* ℣. Dominus vobiscum. ℟. Et cum spiritu tuo. ℣. Sequentia Sancti Evangelii secundum Mattheum. ℟. Gloria tibi, Domine. In illo tempore. Ascendente Jesu in naviculam, secuti sunt eum discipuli ejus *etc. usque ad finem. Quere in Dominica quarta post Epiph. Fol.* XIII. *Finito evangelio.* ℣. Salvos fac servos tuos, Domine. ℟. Deus meus, sperantes in te. ℣. Domine, exaudi orationem meam. ℟. Et clamor. ℣. Dominus vobiscum. ℟. Et cum spiritu tuo. Oremus. Deus qui transtulisti patres nostros per mare rubrum et transvexisti eos per aquam nimiam, laudem tui nominis decantantes, supplices deprecamur : ut in hac navi famulos tuos repulsis adversitatibus portu semper optabili cursuque tranquillo tuearis. Per X^{um} Dominum nostrum. Amen.

Iterum etiam retro navem et alto loco dicitur Asperges me hyssopo *etc. et totum* Miserere mei, Deus *etc. ut supra. Deinde* Dominus vobiscum. *Et evangelium secundum Mattheum, scilicet* In illo tempore. Jussit Jesus discipulos suos ascendere in naviculam et precedere eum trans fretum, donec dimitteret turbas *etc. quere in octav. Apostolorum Petri et Pauli. Folio.* XIII. ℣. Mitte eis, Domine, auxilium de Sancto. ℟. Et de Sion tuere eos. ℣. Domine, exaudi. ℟. Et clamor. ℣. Dominus vobiscum. ℟. Et cum spiritu tuo. Oremus. Domine, Jesu Christe, qui in similitudinem navis arcam tue Ecclesie jussisti ut ab inundante Diluvio illi soli salventur qui sunt inventi in ea : nos quoque rogamus clementiam tuam : ut ab hac nave omnem venturam

---

1. — Nous soulignerons ordinairement les rubriques.

adversitatem procul repellas : procellasque fluctuum tua virtute compescas : quatenus navigantes in ea tue majestatis et tue protectionis muniti ad portum tranquillissimum illesi pervenire mereantur te auxiliante : qui vivis et regnas Deus. Per omnia secula seculorum. Amen. ỳ. Dominus vobiscum. ℟. Et cum spiritu tuo. ỳ. Benedicamus Domino. ℟. Deo gratias. ✠ Et benedictio Dei Patris omnipotentis et Filii et Spiritus Sancti descendat et maneat super hanc navem et navigantes in ea. Amen. In nomine Patris et Filii et Spiritus Sancti. Amen. (Il y a quelque ressemblance avec l'oraison romaine.)

Au f° cxiii v° se trouve le *Modus* [se] *preparandi ad missam* avec des prières un peu différentes des nôtres, lorsqu'on revêt les ornements sacrés.

F° cxiii. Ordinaire de la Messe. Le commencement à peu près comme chez les Dominicains :

In nomine Patris. Introibo. Ad Deum. Confitemini Domino quoniam. Confiteor. Misereatur. Adjutorium. Sit nomen. Domine, exaudi. Dominus vobiscum. Oremus. Aufer a nobis. *Postea inclinatus dicit secreto hanc orationem.* Deus qui de indignis, etc. *Ante missam, oratio sancti Ambrosii quam sacerdos debet dicere post confessionem inclinatus ante altare. Quamvis bonum esset dicere hanc orationem statim post confessionem, tamen non dicitur, ne audientes missam tedio afficiantur, sed quando aliquis celebraret in secreto, ubi non esset populi assistentia, tunc dicenda est ex devotione.* Deus qui indignis dignos, etc. ¹.

Suivent diverses rubriques et les prières récitées en mettant l'eau et le vin dans le calice, en étendant le corporal, en offrant l'hostie, le calice, etc., un peu différentes des nôtres. Par exemple : Orate pro me, fratres, ad Dominum : ut mea et vestra oratio pariterque oblatio per manus mea accepta sit Deo. Amen. *Circumstantes respondeant.* Ipse exaudiat : qui te constituit intercessorem pro peccatis omnium populorum.

Le Canon présente de notables différences, et ici la moindre modification est chose tellement grave que nous nous faisons un devoir de les indiquer, en les soulignant, ainsi que les rubriques. Quelques-unes ont été corrigées ou effacées au crayon, postérieurement, sur le Missel de 1543 (Fol. cxxvi v°).

Memento, Domine, famulorum famularumque tuarum N. et N. et omnium circumstantium *atque omnium fidelium* ³ *christianorum* quorum tibi fides... — Unde et memores... Christi Filii tui Domini *Dei* nostri : tam *adorande Nativitatis* ³ *atque* beate Passionis. — Memento etiam Domine famulorum famularumque tuarum *et omnium fidelium defunctorum* qui nos, etc. — Libera nos, quesumus... et intercedente *pro nobis* beata... et beatis apostolis tuis. *Hic tangat cum patena Corpus Domini et duas partes calicis,* Petro et Paulo atque Andrea... perturbatione securi. *Hic cum patena signet seipsum. Et dimissa patena super altare : discooperiat calicem et accipiens hostiam cum reverentia ponat eam in manu sinistra, dividatque in duas partes dicens :* Per eumdem D. N. J. C. Filium tuum. *Postmodum addat illam partem que est in manu dextera illi parti que est in sinistra : dividatque eandem, in duas particulas dicens :* Qui tecum vivit unitate Spiritus Sancti Deus. *Deinceps dicat :* Per omnia secula... *Et deinde cum illa particula que remansit in manu dextera signet ter super calicem dicendo :* Pax Domini sit semper vobiscum. *Postea dicatur ter Agnus Dei, quo dicto immisceatur illa particula sanguini : dicendo :* Hec sacrosancta commixtio, et ceter. *et ponatur in latere interiori calicis ; deinde particule que sunt in manu sinistra ponantur in manu dextera : quo facto dicantur orationes ante receptionem dicende : quibus dictis, capiatur illa particula que erat in latere calicis interiori et addatur aliis particulis et tunc sumat sacerdos cum reverentia omnes partes hostie consecrate : quia tali modo sumendi utuntur in ecclesia cathedrali Baionensi* ⁴. Per eundem Dominum... Agnus Dei... miserere nobis. Agnus Dei... miserere. Agnus... dona nobis pacem. *Quando dicitur missa pro defunctis, dicitur ter* Agnus Dei... dona eis requiem.

¶ *Hic mittat particulam in Sanguinem :* Hec sacrosancta commixtio Sanguinis Domini nostri Jesu Xristi

---

1. — Tout serait à copier dans ce magnifique et curieux missel de Bayonne de 1543. Nous espérons en faire une transcription intégrale dans un temps qui n'est pas éloigné. — L'oraison *Deus qui de indignis* se trouve dans la messe d'Illyricus, reproduite par le cardinal Bona en appendice de son beau livre sur la Liturgie. Elle est attribuée à St Ambroise. Illyricus était un des centuriateurs de Magdebourg. Il publia en 1557, à Strasbourg, une messe latine tirée d'un ancien manuscrit, qui était dans la bibliothèque Palatine, sous ce titre : *Missa Latina, quæ olim ante Romanam, circa 700 Domini annum, in usu fuit.* Il la croyait du temps de St Grégoire et prétendait y trouver des armes contre les catholiques. Mais les protestants virent qu'elle était toute en notre faveur et la firent supprimer. Les exemplaires en devinrent très rares. D'après Bona et les liturgistes, cette messe, relativement récente, est la Romaine, dans laquelle on a interpolé plusieurs oraisons. — Le Ps. *Confitemini* se lit dans la messe de St Grégoire, dans plusieurs missels du xiv° siècle, chez les Dominicains et les Carmes. V. Grancolas, *Anciennes liturgies,* p. 441.

2. — Le cardinal Bona dit que cette addition se voit dans plusieurs missels et qu'il faut la rejeter. Lib. II, c. XI, v.

3. — Le Micrologue remarque cette formule déjà au moyen âge. Grancolas, p. 651.

4. — Nous n'avons trouvé nulle part, malgré nos recherches, trace de pareille liturgie. D'après le Missel, elle était exclusivement bayonnaise ; elle mérite d'être connue.

fiat *mihi et omnibus sumentibus salus mentis et corporis et ad* vitam eternam *promerendam et capescendam preparatio salutaris* [1]. *Per eumdem.*

Ante pacis osculum, dicat sacerdos hanc orationem : Domine Jesu Christe... digneris nunc et in perpetuum. Amen. *Hic osculetur sacerdos patenam dicens : Habetote vinculum pacis : et charitas Dei* [2] *maneat in cordibus vestris.* Une rubrique dit que ces prières doivent s'omettre aux messes des défunts. Oraisons :

Domine Sancte, Pater omnipotens, eterne Deus, da mihi Corpus et Sanguinem Domini Nostri Jesu Christi Filii tui ita sumere ut per hoc merear remissionem omnium peccatorum meorum percipere : et tuo Sancto Spiritu repleri [3] qui es benedictus in secula seculorum. Amen.

Domine Jesu Christe, Fili Dei vivi... libera me... et universis inquinamentis : et fac me tuis semper inherere mandatis et a te nunquam permittas *me in perpetuum* separi. Qui cum Patre et Spiritu.

Panem celestem accipiam et nomen Domini invocabo. *Et antequam sacerdos communicet, dicat ter :* Domine, non sum dignus. *Recepto sacramento, dicatur hec oratio :* Corpus Domini nostri Jesu Xti quod accepi et sanctus Sanguis ejus quem potavi [4] inhereant, queso, in visceribus meis : ut non veniant mihi judicium neque ad condemnationem : sed sint mihi ad salutem et remedium anime mee : et perducant me ad vitam eternam. Amen.

Postea abluendo digitos cum vino in calice dicat hanc orationem : Qui manducat meam carnem et bibit meum calicem in me manet et ego in eo, dicit Dominus. — *Postea abluendo cum aqua dicit :* Nunc dimittis [5] servum tuum Domine totum cum Gloria Patri. *Hic legatur communio, qua perlecta, vertat se sacerdos ad populum et dicat :* Dominus vobiscum. Et cum spiritu tuo. *Deinde dicat :* Oremus, *in medio altaris : et dicat orationem, postcommunionem, qua finita, vertat se iterum sacerdos ad populum, dicendo :* Dominus vobiscum. Et cum spiritu tuo. *Et perficiat missam cum* Ite Missa est, *vel* Benedicamus, *vel* Requiescant, *prout dies seu officium requirit. Finita missa, dicat sacerdos hanc orationem.* Placeat tibi sancta Trinitas, unus Deus obsequium servitutis... propitiabile : Rex regum Deus, qui in Trinitate perfecta vivis et regnas [6]. Per omnia.

(F° cxxxiii) vient ensuite la notation des *Pater,* Ite missa est, etc.

Il y aurait beaucoup à prendre dans le Propre du Temps. Les rubriques y indiquent de nombreux usages aujourd'hui disparus. Nous nous contenterons de quelques rares extraits.

Feria IV Cinerum... *Imponat aliis dicens :* Memento homo quia pulvis es et in pulverem reverteris : *ideo age penitentiam de peccatis tuis.* Cette addition est assez curieuse.

(Fol. xlix v°) Dominica in Ramis Palmarum. *Non dicitur missa matutinalis, nec fit processio per claustrum, sed aqua in ecclesia benedicitur et aspergitur cum antiphona et oratione dominicalibus consuetis. Et cantata Tertia vel finitis horis canonicis usque ad Nonam inclusive, itur ad processionem cantando antiphonas vel responsoria aut hymnos vel ea que secundum ritum ecclesiarum diocesis Bajonensis cantari solent. Antequam exeant ab ecclesia dicatur antiphona :* Asperges me. ℣. Miserere mei Deus. *Oratio.* Exaudi nos Domine Sancte, Pater omnipotens, eterne Deus et mittere. *Hoc intelligitur sic fieri in ecclesiis campestribus vel particularibus que ita facere consueverunt propter librorum carentiam. Postquam venerint ad locum ubi benedicendi sunt rami, incipiant cantores antiphonam :* Collegerunt pontifices... *Duo ex senioribus cantent.* ℣. Unus autem ex ipsis, Caiphas nomine. *Deinde cantetur evangelium a diacono, accepta prius benedictione*

---

1. — Cette prière se dit encore dans la messe dominicaine, ainsi que dans la messe d'Illyricus.
2. — A peu près, dans la messe d'Illyricus.
3. — Se retrouve mot à mot dans la messe d'Illyricus.
4. — Cette prière est dans le Missel Gothique à la Postcommunion de Noël. — Plus haut nous parlons du *Micrologue.* C'est un mot tiré du grec qui signifie petit discours. On appelle ainsi un ouvrage composé au xi° siècle, sous Grégoire VII, et publié vers 1090, par un auteur anonyme qui l'intitula : *Micrologus de ecclesiasticis observationibus.*
5. — Tout cela était dans le Missel de Meaux de 1492, cité par Grancolas, *Anc. liturg.,* p. 693. — On ne trouve pas à Bayonne la coutume de donner de l'eau ou du vin aux fidèles, immédiatement après la communion, *ad os abstergendum.* Maintenue par les rubriques du Missel Romain de St Pie V (*Rubr. Miss. pars.* II *Tit.* x *pars,* 6 *et* 9) elle est tombée partout aujourd'hui en désuétude. Le P. Lebrun nous apprend qu'elle était en vigueur dans les premières villes de France encore au siècle dernier (*Explicat. de la Messe.* Edit. de 1726, t. 1, p. 634). Il reproche à D. de Vert d'avoir confondu cette coutume avec la communion sous les deux espèces. Le diocèse de Tarbes en usait ainsi à la fin du xvi° siècle, d'après ces textes de Larcher, conservés aux Archives de Vic-Bigorre : « Compte-rendu en 1587 par les marguilliers de l'église de Vic, dans lequel il est porté en dépense 5 écus petits, un sol, sept liards pour le vin de la communion pascale, et une tasse de vin pour ceux qui la firent au mois de juillet, précieux vestige de la primitive église, conservé si longtemps dans cette ville. » (Larcher confond cette coutume, qui datait du moyen âge, avec la communion sous les deux espèces.) Dans les *Glanages* de Larcher, p. 583, on voit qu'en 1588, l'église a payé 4 livres, 1 sol, 11 liards pour 22 pichets de vin « tant pour le Carême et Semaine Sainte pour faire la communion tant au peuple de la dite ville que autres estrangiers et circonvoisins ». Et le docte auteur ajoute bien à tort : « Vestiges précieux de la discipline de la primitive église sur la communion sous les deux espèces ou triste effet de la complaisance qu'on avoit pour les peuples séduits par les suggestions des novateurs. » Communication de M. l'abbé Barrère, vicaire de Vic.
6. — Cette formule existe à peu de chose près dans un Missel Romain de 1530, Grancolas, p. 701. L'Evangile de St Jean n'est dans aucun ancien Missel. Cette addition a été faite par St Pie V, quoique parfois on ait dit cet évangile par dévotion. *Ibid.,* p. 702.

et incensato evangelio, versa facie ad aquilonem ❡ Secundum Matt. xxi. *Finito evangelio benedicuntur rami a sacerdote ad orientem converso, sic dicente in modum lectionis :* Adjutorium.

Ensuite distribution des rameaux et procession comme aujourd'hui. *Et alie antiphone cantentur et antequam venerint ad portam ecclesie, incipiat sacerdos sequentem antiphonam genibus flexis ter, tenendo crucem in manibus et discooperiendo eam ut moris est. In prima vice discooperiat brachium crucis dextrum : in secunda vice sinistrum : in tertia vero totum crucis residuum. Deinde cum cruce fiat benedictio super populum. Postmodam ponatur in loco honesto et adoretur a populo.* Suit l'antienne. *Postea dicant duo pueri existentes in ecclesia et clauso ostio sequentes versus :* Gloria, laus... *Quibus dictis, sacerdos in persona Christi cum pede crucis percutiat portam ecclesie dicendo* iste voce, etc. Comme aujourd'hui, puis la messe.

(Fol. lxii) In Cena Domini. Après la Messe : Ite, Missa est. *Postea datur benedictio et nudentur altaria usque in sabbatum sanctum. Postea itur ad lavandum pedes pauperum per canonicos in claustrum versus occidentem.*

Feria vi in Parasceve. *Hora nona, pulsatis tabulis, sacerdos indutus cappa et facta benedictione ignis, accipiat serpentem[1] accensum, quem tenebit quandiu Passio dicetur et accedat ad altare.* Après la Passion. *Dicta Passione accedat sacerdos ad altare, cappa indutus cum serpente in manu, et dicat has prefationes sive exhortationes que sequuntur.... Finitis prefationibus et orationibus, sacerdos dimittat serpentem et pergat ad crucem et duo cantores existentes cum ipso cantent istam antiphonam :* Popule meus. *Et sacerdos teneat crucem coopertam inter diaconum et subdiaconum...*

A la fin de la messe des Présanctifiés : *Sacerdos non benedicit populum sed diaconus dicat :* In nomine Domini discedite in pace. *Expleto officio, eat sacerdos ad sacristiam cum serpente in manu.*

In Sabbato Sancto. — Aux litanies des saints se trouvent ces invocations : S. Leo, S. Antonine, S. Martialis, S. Exuperi, S. Hilari, S. Martine, S. Egide, S. Geralde, S. Maria Egyptiaca.... Ut ad festa ventura nos preparare digneris, te rogamus, audi nos. Ut fontem istum benedicere digneris, te... Ut fontem istum benedicere et sanctificare digneris, te... Ut fontem istum benedicere, sanctificare et consecrare digneris, te... *Finita letania, sequitur benedictio fontis.*

Après la bénédiction de l'eau : *Hic qui aquam voluerit capere, capiat ante effusionem chrismatis et olei ; post, sacerdos mittat in aquam benedictam chrisma et oleum et dicat ter :* Sanctificetur... Amen. *Peracto baptismatis officio, revertatur presbyter cum ministris ad altare et induantur veste festiva prout quemcumque decuerit et faciat presbyter confessionem. Deinde exeat ad altare, diacono tenente virgam in manu cum serpente ; dum autem ad officium chori pervenerit vel ante altare, qui virgam tenuerit versus ad populum dicat alta voce ter ut sequitur :* Accendite. — *Chorus respondeat :* Deo gratias. *Postquam finierint, incipiant paraphoniste :* Kyrie eleison.

In festo Pasche. — A la fin de la messe, le jour de Pâques: Ite Missa est, alleluia, alleluia. ❡ *Benedictio Agni Paschalis. Oratio.* Deus universe carnis, qui Noe et filiis suis de mundis et immundis animalibus precepta dedisti : quique sicut olera herbarum humano generi quadrupedia munda edere permisisti : qui agnum in Egypto Moysi et populo, in vigilia Pasche, comedere precepisti, in figura Agni Domini Nostri Jesu Christi : cujus sanguine ovium primogenita tibi de mundo redemisti : et in nocte illa omnia primogenita in Egypto percutere precepisti : servans populum tuum, agni sanguine prenotatum : Dignare, Domine omnipotens, sanctifica † re et bene † dicere has ovium mundarum carnes : vel panem, sal, ova, allia : ut quicunque ex eis comederint[2] : omni benedic † tione celesti et gratia saturati repleantur. Per Dom. Dominus vobiscum. Et cum. Benedicamus Domino. Deo gratias. Bene † dictio Dei Patris omnipotentis et Fi † lii et Spiritus † sancti descendat et maneat super hunc agnum et super omnia que ibi sunt ad benedicendum apportata. Amen.

In Letaniis. *Secundum usum Baion. postquam ventum est ad locum constitutam, scilicet feria secunda ad sanctum Leonem : et feria III ad aliquem conventum : et quarta feria ad sanctum Andream : dicta oratione, incipitur missa.*

---

1. — Verge en bois tournée en spirale, comme un serpent, au bout de laquelle était un cierge. « *Virga ignea in modum spiræ fabrefacta, unde nomen, qua in benedictione cerei Paschalis utuntur.* » Du Cange.

2. — Cette bénédiction se trouve, non dans les mêmes termes, dans un ancien missel du Vatican, dans un Sacramentaire Gallican et dans un Ordre romain du xiie siècle. Alors le Pape, cinq cardinaux, cinq diacres, le primicier du chapitre de St Pierre et le prieur de la Basilique — treize en tout — mangeaient, couchés à l'orientale, un agneau rôti, béni préalablement par le Pape. Le Pontife en mettant un morceau à la bouche du prieur basilicaire lui disait : *Quod facis, fac citius; sicut accepit ad damnationem, tu accipe ad remissionem.* Le prieur représentait Judas. Le reste de l'agneau était distribué aux convives et même à d'autres personnes. Pendant cette cérémonie, on chantait une Prose avec accompagnement d'orgue. Cette coutume de manger de l'agneau bénit se généralisa. Le cardinal Bona la justifie. A Marseille, le jour de Pâques, on mangeait un agneau rôti, après l'heure de tierce. Pendant ce temps, on lisait le livre de la Cité de Dieu de St Augustin. (L'abbé Pascal, *Orig. de la liturg. cath.* Migne, p. 30, au mot *Agneau Pascal.*)

Nous allons maintenant reproduire quelques détails intéressants empruntés au Propre des Saints. Nous y ajouterons quelques messes particulières et des proses d'une grande piété.

PROPRE DES SAINTS

(Fol. XVII v°) *3 Février.* St BLAISE, *évêque et martyr.* En grand honneur dans nos contrées. On faisait en ce jour à Bayonne, comme dans beaucoup d'autres endroits, ainsi qu'en témoignent les *Acta SS.*, la bénédiction des fruits de la terre : quatre oraisons, entremêlées de versets. Dans la première oraison, on prie Dieu de guérir, par l'intercession de la Ste Vierge, de St Blaise et des saints, ceux qui auraient des maux de gorge et mangeraient de ces fruits : « Quatenus omnes utriusque sexus fideles de ipsis gustantes seu comedentes, per intemerate Virginis Marie et beati Blasii martyris tui atque pontificis omniumque sanctorum et sanctarum intercessionem, a morbo gutturis et a quibuscumque aliis infirmitatibus, tam spiritualibus quam corporalibus, ad suarum salutem animarum, liberentur atque suarum egritudinum (si quas habent) profuturam quam primum sentiant alleviationem. Per eundem. »

Vient après la bénédiction d'une étoffe de soie « afin de faire éclater la vérité du jugement de Dieu ». Nous ne connaissons pas cette dévotion (nous n'osons dire ce scapulaire). Les Bollandistes n'en parlent pas.

Benedictio Serici. Adjutorium nostrum, in nomine Domini. Qui fecit celum et terram.

In Nomine Patris et Filii et Spiritus Sancti. Amen. *Oratio* Benedic, Domine, per intercessionem beati Blasii, martyris tui atque pontificis, et per invocationem tui Sanctissimi Nominis, ad manifestandum tuum verum judicium, hoc genus serici : ut, omni demoniaca falsitate procul remota, veritas tui judicii fidelibus tuis manifestata fiat. Per Dominum. Et benedictio Dei Patris omnipotentis et Filii et Spiritus Sancti descendat et maneat super hoc genus serici et super illud portantes. Suit la messe propre. (Fol. XVII v°.)

1ᵉʳ Mars. ST LÉON. — *Missa*[1] *gloriosissimi beati Leonis martyris et Archiepiscopi Rotomagen. patroni civitatis et diocesis Baionensis. Officium*[2]. Et erit tanquam lignum quod plantatum est secus decursus aquarum : quod fructum suum dabit in tempore suo. *(Ps. I)* Beatus vir qui non abiit in consilio impiorum et in via peccatorum non stetit : et in cathedra pestilentie non sedit. Gloria. *Oratio.* Omnipotens, sempiterne Deus, qui devote precantium voces benignus exaudis : te supplices exoramus : ut sicut per intercessionem beati Leonis, gloriosi martyris tui atque pontificis, a draconum et ferarum cruciatibus Baione[3] et cunctum populum Vasconie liberare et ad fidem catholicam convertere dignatus es : ita ejusdem meritis et intercessione hostibus nostris tam visibilibus quam invisibilibus superatis : nos facias gaudiis perfrui sempiternis. Per Dominum nostrum.

Lectio Epistole B. Pauli apost. ad Rom. Fratres. Sic autem predicavi evangelium hoc... si vobis primum ex parte fruitus fuero. ℟. Hujus prece fugiunt horridi serpentes, pristinam recipiunt sanitatem gentes. ℣. Ad presulis solium Leo sublimatus pravorum consortio non est imitatus.

Tractus. Desiderium anime ejus tribuisti ei et voluntate labiorum eius non fraudasti eum in benedictionibus dulcedinis.

Prosa[4] : Jam lucis sidus oritur,
    Cunctis mirandum seculis,
    Rosa rubens colligitur,
    Decorem prestans populis.

    Infans etate tenera
    Lac certis horis abdicat,
    Sacra convertens federa,
    Christo fideles dedicat.

    Loco sacri martyrii
    Corpus cadens erigitur,
    Palmam reportat prelii,
    Dum caput inde tollitur.

    Bajona felix rutilat,
    Sacrum corpus custodiens,
    Et mente tota jubilat,
    Fidelis Deo serviens.

    Olim obscura tenebris,
    Bajona, nunc te veritas
    Tenet, nescit illecebris
    Verti tua fidelitas. Amen.

1. — C'est absolument la même messe que celle du manuscrit de la Bibliothèque de Bayonne, du XVᵉ siècle.
2. — *Officium.* C'est ainsi, avons-nous dit, que le rit Mozarabe, les Dominicains, les Chartreux et les Carmes et quelques missels gallicans emploient cette expression dans le sens d'Introït.
3. — Cette oraison semble avoir été composée à une époque où les bêtes féroces infestaient les environs de Bayonne — car il ne s'agit pas ici des démons.
4. — Les proses sont très rares dans le Missel de Bayonne. Celle-ci, qui a le mérite de l'inédit, ne se trouve pas au Graduel de la Bibliothèque de la Ville. Elle nous avait été depuis longtemps envoyée par le savant abbé M. Chevalier. *Dans les hymnes et les proses, les strophes doivent toujours se lire, par colonnes, de gauche à droite.*

Evang. sec. Luc. In illo tempore. Dixit Jesus discipulis suis : Qui vos audit me audit... nomina vestra scripta sunt in celis. Credo.

Offertorium. Populi gentilium quare fremuerunt qui in Dei Filium per hunc crediderunt.

Sacra[1]. Illius intercessio (quesumus) Domine, nos mundet a peccatis : cujus presentia liberavit a feris et sacra predicatio ad fidem catholicam convertit. Per Dominum. — *Prefatio communis.*

Communio. Dum cecidit gladio caput benedictum : fons manat e medio terre : cui dat ictum.

Postcommunio. Letetur Ecclesia tua, Deus, beati Leonis, martyris tui atque pontificis, confisa suffragiis, atque ejus precibus gloriosis et devota permaneat et secura consistat. Per Dominum. Ite Missa est.

15 Mars. St GABRIEL, *archange.* — Voici la Prose de cette messe, toute en l'honneur de la Ste Vierge. (Fol. xxii r°.)

Proloquium altum recitemus
Gabrielis ut nos incitemus :
Ad amorem omnes vocitemus,
Ad has laudes corda, ora demus.

Imperatrix cujus imperio
Tota gaudet celestis concio :
Tanta laus est tibi in Filio :
Quam humana non capit ratio.

Benedicta et venerabilis,
Pia, prudens, decora, nobilis :
Universis incomparabilis :
Tibi nunquam fuit consimilis.

Te creavit Pater Ingenitus :
Obumbravit te Unigenitus :
Fecundavit te Spiritus Sanctus :
Tu es facta tota divinitus.

Te creavit Deus mirabilem :
Te respexit ancillam humilem :
Te quesivit sponsam amabilem :
Tibi nunquam fecit concimilem.

Te beatam laudare cupiunt
Omnes sancti : sed non sufficiunt :
Nam tot laudes tibi conveniunt
Quam laudantes omnes deficiunt.

Quia tamen caput es virginum :
Et laus summa non habens terminum :
Angelorum laudes et hominum
Promereris prima post Dominum.

Cum sisteret humani generis
Loqui preco dignior ceteris,
Vale dicit Regine etheris :
Cujus sedes manet in superis.

Vale, sancta sanctorum omnium :
Laus et honor, decus fidelium :
Aula Christi, domus palatium :
Deitatis reclinatorium. Amen.

19 Mars. St JOSEPH. (Fol. xxiii). — *De sancto Joseph.* Int. Os justi. *Ps.* Noli emulari. *Oratio.* Deus, qui sanctum Joseph, virginem Virgini Marie : ut ex virginali conjugio Jesus Xristus Filius tuus Virgo nasceretur, sociari matrimonialiter voluisti : libera nos ab omni malo et presta ut ipsius sponsi meritis venire ad convivium tue celestis dulcedinis mereamur. Per eumdem.

Lectio libri Sapientie., xxxix c. Justus cor... in generationem. *Grad.* Os. justi... gressus ejus. All. Justus germinabit... ante Dominum. *Si in xl (quadragesima) fuerit.* Tractus. Desiderium... pretioso. — *Evang. sec. Mat.* 1. c. In illo tempore. Cum esset desponsata... a peccatis eorum. Credo. *Offert.* Justus ut... multiplicabitur.

Sacra. Presta (quesumus) Domine : ut sancti confessoris tui Joseph precibus (quem ad laudem Nominis tui dicatis muneribus honoramus) pia nobis devotio voluntas accrescat. Per.

Communio. Tolle puerum... animam pueri.

Postcomm. Omnipotens et misericors Deus, qui nos sacramentorum tuorum et participes efficis et ministros : presta (quesumus) ut, intercedente beato Joseph, eisdem proficiamus et fidei presidio et digno consortio. Per Dominum.

17 Mai. STE ENGRACE. — Le calendrier porte à cette date : *Engratie virg. commemoratio*[2]. Il n'en est même pas fait mention au Missel.

22 Mai. STE Quitterie. (Fol. xxxii v°). — *Intr.* Dilexisti. *Oratio.* Exaudi nos, miserator et misericors Deus, ut qui beate Quitherie, virginis et martyris tue, festivitate gaudemus, ejus quoque meritis gloriam tuam et misericordiam sentiamus. Per Dominum.

---

1. — *Sacra*, p. *secreta*, secrète. Le Missel de Bayonne n'emploie jamais le mot de *secreta*; nous n'avons trouvé nulle autre part l'expression *sacra*. On remarquera ensuite *quesumus*, entre parenthèses; il en est ainsi ordinairement dans notre Missel.
2. — Les *Mémoires* étaient empruntées aux messes communes. Nous en faisons l'observation plus bas, à propos de St Roch.

Lectio Epist. Ad Cor. II. x et xi c. Fratres, qui gloriatur... exhibere X^{to}. *Tract.* Dilexisti justitiam. All. Diffusa est... in eternum.

Evang. sec. Matt. xiii *caput*. Simile est regnum celorum... et cetera. Credo. *Offert.* Offerent... tibi. *Sacra.* Hostias tibi, Domine, immolamus, Deus noster (quesumus), ut qui beate Quitherie, virginis et martyris tue, natalitia colimus : ejus meritis et precibus adjuvemur.

Communio. Dilexisti... tuus. *Postcommunio.* Sumptis muneribus, quesumus, Domine, Deus noster : ut qui beate Quitherie virginis et martyris tue, festa peragimus, ejus precibus tue justitie sentiamus effectum. Per Dominum.

14 Juin. St Exupère, *évêque de Toulouse* (Fol. xxxv). *Oratio.* — Omnipotens, sempiterne Deus, qui beatum Exuperum, confessorem tuum atque pontificem, doctrinis atque virtutibus clarere fecisti : concede Ecclesie tue : ut ejus assidua intercessione particeps fiat celestis glorie. Per Dominum.

Sacra. Vota populi tui, eterne Deus, clementer suscipe : et intercedente beato Exupero, confessore tuo atque pontifice : superni muneris dona tibi participari concede. Per Dominum.

Postcommunio. Refecti, Domine, celestibus sacramentis, tuam exoramus clementiam : ut intercessione beati Exuperi, confessoris tui atque pontificis, ad gaudium nos facias pervenire supernum. Per Dominum.

24 Juin. St Jean-Baptiste. — Lettre capitale ornée : Hérodiade reçoit dans un plat la tête de St Jean-Baptiste. Deux messes : 1° *Ad missam matutinalem* ; 2° *In die, ad missam majorem.* Pas de prose, rien de local.

30 Juin. St Martial (Fol. xli v°). — *Oratio.* Omnipotens sempiterne Deus, solemnitatem diei hujus propitius intuere : et Ecclesiam tuam, intercedente beato Martiale, confessore tuo atque pontifice, continua fac celebritate gaudere : atque omnium in te credentium vota perfice. Per.

Sacra. Suscipe munera (quesumus), Domine, que tibi de tua largitate deferimus : ut hec sacrosancta mysteria, intercedente beato Martiale, confessore tuo atque pontifice : et presentis vite non conversatione sanctificet : et ad gaudia eterna perducant. Per Dominum.

Postcomm. Presta (quesumus), omnipotens Deus : ut sacramenti tui participatione vegetati : sancti quoque Martialis, confessoris tui, precibus adjuvemur. Per Dominum.

Ces trois oraisons sont tout à la fin de la messe de la Commémoraison de St Paul.

15 Août. Assomption de la Ste Vierge. — (Fol. li v°.)

Intr. Gaudeamus. (Lettre capitale ornée, simple : la tête de la Ste Vierge entre deux anges.)

Oratio. Veneranda nobis, Domine, hujus diei festivitas opem conferat salutarem : nec tamen mortis nexibus deprimi potuit que Filium tuum Dominum nostrum de se genuit incarnatum. Qui tecum.

Sacra. Subveniat (quesumus), Domine, plebi tue Genitricis oratio : quam etsi pro conditione carnis migrasse cognoscimus : in celesti gloria apud te pro nobis orare sentiamus. Per eumdem.

Postcomm. Mense celestis participes effecti, imploramus clementiam tuam, Domine Deus noster : ut qui festa Dei Genitricis colimus, a cunctis malis imminentibus ejus intercessionibus liberemur. Per eumdem.

Bien que le calendrier indique les fêtes de Ste Engrace, de St Séverin, des Sts Crépin et Crépinien et de St Lazare, le Missel n'en donne aucune oraison propre. Sans doute, toutes les mémoires devaient être prises du commun. Nous exceptons toutefois la fête de St Roch qui a des oraisons propres.

1er Septembre. St Vincent de Xaintes, *évêque de Dax* (Fol. lix v°). — *Intr.* Letabitur. ỳ. Exaudi, Deus, orationem meam cum deprecor : a timore inimici eripe animam meam. Gloria. *Oratio.* Omnipotens sempiterne Deus, qui hodiernum diem nobis in beati martyris tui Vincentii passione consecrasti : concede propitius ut ejus intercessione gloriosa ab omni presentis vite liberati angustia : consequi mereamur gaudia sempiterna. *Lectio lib. Sapient.* Beatus vir qui in sapientia... hereditabit illum Dominus Deus noster. ℟. Gloria et honore coronasti... manuum tuarum. ỳ. Quoniam elevata est... Deus. — Alleluia. ỳ. Hic est vero martyr qui pro X^{ti} nomine sanguinem suum fudit : et ideo regnat cum Deo, alleluia. — *Evang. sec. Lucam.* Si quis vult post me venire. Credo. *Offert.* Gloria et honore coronasti eum, Domine Deus, in secula. *Sacra.* Suscipe (quesumus) Domine Deus omnipotens humilitatis nostre oblationes et vota : et presta ut per intercessionem beati Vincentii (cujus hodie martyrii gloriam veneramus) hec mysteria nobis proficiant ad salutem. Per. *Communio* Qui vult venire post me abneget semetipsum et sequatur me. — *Postcomm.* Presta (quesumus), omnipotens et misericors Deus : ut hec sancta Redemptionis sacrificia : que in veneratione beati martyris tui Vincentii nobis percipere tribuisti et a presentibus tribulationibus nos potenter eripiant : et vite eterne participes faciant. Per.

A la fin de la messe, on trouve la rubrique suivante : « Notandum quod illud officium sancti Vincentii, ita completum hic posuimus propter ecclesias parochiales hujus diocesis in quibus est invocatio sancti

Vincentii, qui est caput diocesis Aquensis; nam in ecclesia cathedrali et in aliis in quibus non est invocatio, non fit nisi commemoratio tantum. »

6 Octobre. S<small>te</small> F<small>OY</small>, *d'Agen, vierge martyre, patronne de Morlaas.* — *Intr.* Loquebar. *Oratio.* Quesumus, Domine, Deus noster, ut nobis beate Fidis, virginis et martyris tue, veneranda festivitas, salutis prestet incrementum : cujus admiranda vita salutare prebet exemplum. *Epist. B. Pauli ad Cor.* Fratres, qui gloriatur. *Evang. sec. Matt.* Simile est regnum celorum. *Offert.* Offerent regi. *Sacra.* Deus, qui semper es gloriosus in sanctis tuis : qui, ut mundi fortia queque confundas, inimicis quoque virtutem tue potentie demonstras, suscipe hanc oblationem quam tibi pro commemoratione beatissime virginis et martyris tue Fidis offerimus, et presta : ut apud te nos adjuvet oratio cujus tibi placuit sancta vita et gloriosa passio. *Commun.* Dilexisti justitiam. *Postcomm.* Prosit nobis, Domine, hujus sacramenti sancta libatio : et beate Fidis, virginis et martyris tue, nos apud te gloriosa sublevet intercessio.

9 Octobre. S<small>T</small> D<small>ENYS</small>, *l'Aréopagite, 1<small>er</small> évêque de Paris (?)* (Fol. <small>LXVI</small>.) — *Oratio.* Deus, qui hodierna die beatum Dionysium, martyrem tuum, virtute constantie, in passione roborasti : quique illi ad predicandum gentibus gloriam tuam Rusticum et Eleutherium sociare dignatus es : tribue nobis (quesumus) ex eorum imitatione pro amore tuo prospera mundi despicere : et nulla ejus adversa formidare. Per Dominum.

Du 10 au 17 Octobre : D<small>ÉDICACE DE LA</small> C<small>ATHÉDRALE DE</small> B<small>AYONNE</small> (Fol. <small>LXVII</small>). *Prose.*

Rex Salomon fecit templum :
Quorum instar et exemplum
   Christus et Ecclesia.

Hujus hic est imperator,
Fundamentum et fundator,
   Mediante gratia.

Quadri templi fundamenta
Marmora sunt instrumenta :
   Parietum paria.

Gaudens flos castitatis :
Lapis quadrus in prelatis
   Virtus et constantia.

Longitudo, latitudo,
Templique sublimitas
Intellecta fide recta,
   Sunt fides, spes, charitas.

Sed tres partes sunt in templo
Trinitatis sub exemplo :
   Ima, summa, media.

Prima signat vivos cunctos :
Et secunda jam defunctos,
   Alias reddivivos,
   Reddivivos tertia.

Sexagenos quoque per se
Et ter tantum universe
   Habent alti cubitos.

Horum trium tres conventus,
Trinitati tres concentus
   Unitati deditos.

Templi cultus extat multus :
Cinamomus, odor domus,
   Myrrha stactis [1] casia.

Que bonorum decus morum
Atque bonos precum sonos
   Sunt significantia.

In hac casa cuncta vasa
Sunt ex auro de thesauro
   Preelecto penitus.

Nam magistros et electos
Decet doctos et excoctos.
   Igne Sancti Spiritus.

Hec ex bonis Salomonis :
Que Rex David preparavit
   Fiunt edificia.

Sed in lignis rex insignis
Vivit Tyri cujus viri
   Tractant artificia.

Nam ex Gente Judeisque,
Templum sicut ad utriusque,
   Conditur Ecclesia.

Christe, qui hanc et hos munis,
Lapis huic et his comis [2]
   Tibi laus et gloria. Amen.

20 Octobre. S<small>T</small> C<small>APRAIS</small>, *évêque (?), martyr d'Agen.* (Fol. <small>LXIX</small>.) — *Oratio.* Deus, qui beatum Caprasium martyrem tuum, ineffabili dispositionis tue dono sublimasti : concede plebi tue ejus pio interventu presenti perfrui felicitate et eterna. Per Dominum. — D'après le Missel de Bayonne ce saint n'aurait pas eu la dignité épiscopale. C'est d'ailleurs le sentiment le plus probable.

---

1. — *Stacte, is,* suc de la myrrhe.
2. — *Comis,* aimable ; à moins qu'il ne faille *conis,* datif de *conum,* pyramide, colonne, ou *communis.*

1 et 2 Novembre. Rien de particulier pour la Toussaint et la Fête des Morts.

11 Novembre. St Martin. Une messe de la vigile et une messe du jour propres ; mais rien de bien spécial, c'est-à-dire que les oraisons ressemblent à toutes les autres.

13 Novembre. St Brice, *évêque de Tours* (Fol. lxxiii). — *Oratio.* Omnipotens sempiterne Deus, ditator sanctorum et amator presulum (quesumus), ut intercessione beati confessoris tui atque pontificis Britii, cujus hodie annua recolimus festa, ad gaudia nos perducas eterna. Per Dominum.

Sacra. Hanc quam clementissime tibi Pater in presenti celebritate sanctissimi tui Britii Pontificis oblationem deferimus devote, libenter suscipe : ut ejus meritis et precibus ad perpetuam nobis proficiat explationem. Per.

Postcomm. His (quesumus), Domine, sufficienter satiati muneribus, clementiam tuam suppliciter exposcimus : ut per hec sancta que sumpsimus precibus et meritis beati confessoris atque pontificis Britii : eterne felicitatis premia consequi mereamur. Per Dominum.

Ce saint était aussi très honoré dans le diocèse de Dax. Beaucoup de personnes portaient son nom.

29 Novembre. St Saturnin, *1er évêque et patron de Toulouse* (Fol. i). — *Oratio.* Omnipotens sempiterne Deus, qui hunc diem nobis in beati Saturnini, martyris tui atque pontificis, passione consecrasti : concede propitius : ut cujus martyrii gloriam predicamus in terris : ejus consortes fieri mereamur in celis.

Sacra. Munera tibi, Domine, sacrata sanctifica, et intercedente beato Saturnino, martyre tuo atque pontifice, per hec eadem nos placatus, intende. Per Dominum.

Postcomm. Sanctificet nos, Domine (quesumus), tui perceptio sacramenti : et intercedente beato Saturnino, martyre tuo atque pontifice, tibi reddat acceptos. Per.

4 Décembre. Ste Barbe (Fol. ii). — *Oratio.* Deus, qui beate Barbare, virginis et martyris tue, memoriam recolentibus veniam peccatorum suorum promisisti : et de suis negligentiis nullam mentionem fieri in die judicii angelica voce nuntiasti : da nobis famulis tuis qui ejus commemorationem facimus : ut quicquid in die obitus sui fideliter est impetratum : ipsa intercedente, pietatis tue gratia valeamus obtinere. Per. — *Cette oraison est remarquable en ce qu'elle rappelle, sans doute d'après quelque légende, la promesse, faite par Dieu et révélée par un ange, de pardonner les péchés et de ne pas manifester, au jour du jugement, les négligences de ceux qui invoquent Ste Barbe. L'oraison est à peu près la même dans le bréviaire de Lescar.*

8 Décembre. Conception de la Ste Vierge (Fol. iiii r°). — *Intr.* Gaudeamus.... collaudant Filium Dei... gaudent angeli et exultant archangeli : letantur justi et congratulantur omnes sancti. Gloria.

Oratio. Deus ineffabilis misericordie qui prime piacula mulieris per Virginem expianda sanxisti : da nobis (quesumus) Conceptionis beate Marie digne solemnia venerari que Unigenitum tuum Virgo concepit et Virgo peperit Dominum nostrum Jesum Xristum Filium tuum. Qui tecum.

Lectio lib. Sap. ii *cap.* Ego flos campi... veni coronaberis. *Grad.* Benedicta et venerabilis es, Virgo Maria que sine tactu pudoris... viscera factus homo. Alleluia. Conceptio tua, Dei Genitrix Virgo, gaudium attulit universo mundo : quia ex te ortus est sol justitie Xristus Dominus Noster. Alleluia.

Initium S. Evang. sec. Matt. i *cap.* Liber generationis... qui vocatur Xristus. *Credo. Offert.* Felix namque es sacra Virgo... Deus noster. *Sacra.* Unigeniti tui, Domine, nobis succurrat humanitas, ut qui natus de Virgine Matris integritatem non minuit sed sacravit.... faciat acceptam. Per Dominum. *Comm.* Beata es Maria que Dominum... permanes Virgo. *Postcomm.* Celestis alimonie vegetati libamine, quesumus, Domine Deus noster, ut gloriose semper Virginis Marie continua nos foveat protectio : cujus nostre causa salutis extitit hodierna Conceptio. — La *Secrète* se récite encore dans la messe de la Nativité. En tout cas, le privilège de l'*Immaculée-Conception* de Marie n'est pas clairement affirmé dans ces prières [1]. D'ailleurs la messe de la *Sanctification* de la Ste Vierge, placée à la fin du Missel, nous fait croire que cette pieuse croyance n'était pas alors unanime à Bayonne. On sait qu'elle est devenue aujourd'hui un dogme de foi.

9 Décembre. St Girons (Fol. iiii v°). — *Oratio.* Omnipotens sempiterne Deus, qui gloriose triumphantem beatum Gerontium, martyrem tuum, hodierna die celesti sublimasti in curia : populum tuum eo opitulante ad te converte propitius : ut qui peccatorum nostrorum pondere premimur : patrocinari apud misericordiam tuam ejus precibus sentiamus. Per Dominum.

---

1. — En 1476, le pape Sixte IV avait adopté pour l'Église Romaine un Office et une Messe de la Conception, rédigés par Léonard de Nogarolis, de Vérone, où le privilège de l'*Immaculée* Conception était clairement affirmé. Mais, en instituant cette fête dans toute l'Église, St Pie V ne voulut pas trancher les controverses et les discussions, écloses à ce sujet, et adopta la Messe et l'Office de la Nativité, avec les substitutions convenables. Ainsi, aux yeux de l'Église, le simple mot de *Conception* exprimait le privilège de Marie; les Papes voulurent jusqu'à la fin ménager les catholiques sincères qui n'admettaient pas ce que l'on appelait alors une « pieuse opinion ».

Sacra. Sanctifica, Domine, hoc libamen per beati Gerontii, pretiosissimi martyris tui, orationes nobis mirabiliter a te concessum : ut qui hoc indigne accipere presumimus per eumdem tibi devotum famulum fiat nobis anime corporisque firmum tutamentum. Per eumdem.

Postcomm. Custodi, Domine, corda nostra et corpora nostra sanctum Filii tui Corpus devote sumentia : et ut nos ad gaudia ducat vera beatus Martyr tuus Gerontius pro nobis (quesumus) supplex precator accedat. Au Commun des Saints, on trouve la messe de plusieurs confesseurs (*plurimorum confessorum*). — A la Messe des Morts : Offertoire : Domine Jesu... et semini ejus. ỳ. Redemptor animarum omnium christianorum : mitte archangelum sanctum Michaelem : ut ille clementer eas eripiat de regionibus tenebrarum : et perducat eas in sinum Abrahe : et in lucem sempiternam. ỳ. Hostias et preces, etc. — Epitres et Evangiles des défunts pour le temps pascal. — *Missa pro viro defuncto. Pro femina defuncta. Pro familiaribus defunctis. Pro amicis defunctis. Pro vivis et defunctis* (doubles oraisons propres). *Missa pro his qui morte subitanea preoccupati, non haberunt copiam confitendi.* — *Missa in commemoratione Angelorum.* — Rubrique après les messes votives de la Ste Vierge : « Notandum quod in missis votivis nostre Domine secundum ecclesie cathedralis BAION. non dicitur *Gloria in excelsis*, nec *Credo*, et idem est judicium de aliis missis votivis. » — *Missa pro seipso — Missa de familiaribus — Missa contra fulgura — Pro Principe — In Commemoratione reliquiarum — Missa pro domino nostro Rege Francie — Missa pro navigantibus — Sequitur benedictio ararum nubentium :* trois oraisons précédant la messe nuptiale.

Voici maintenant deux messes en l'honneur des *Cinq Plaies* et du *Saint Nom de Jésus ;* les rubriques en sont particulièrement intéressantes.

(Fol. xcviii.) IN COMMEMORATIONE QUINQUE VULNERUM CHRISTI. *Officium.* Humiliavit semetipsum... omne nomen. ỳ. Misericordias tuas, Domine, in eternum cantabo : in generatione et progenie pronuntiabo veritatem tuam. Gloria. *Oratio.* Domine Jesu Christe, Fili Dei vivi : qui de celis ad terram de sinu Patris descendisti : et in ligno crucis quinque plagas sustinuisti : et sanguinem tuum pretiosum in remissionem peccatorum nostrorum fudisti : te humiliter deprecamur : ut in die judicii ad dexteram tuam audire mereamur : Venite benedicti. Qui vivis. ❡ *Addatur una collecta vel plures pro vivo vel defuncto pro quo illa missa celebratur.* ❡ *Lectio libri Zacharie prophete.* XII et XIII capit. Hec dicit Dominus : Effundam super domum David... ait Dominus omnipotens. ℟. Improperium expectavit cor meum et miseria : et sustinui qui simul contristaretur et non fuit : consolantem me quesivi et non inveni. ỳ. Et dederunt in escam meam fel : et in siti mea potaverunt me aceto. Alleluia. ỳ. Ave, Rex noster, tu solus nostros tollis miseratus errores : Patri obediens ductus es ad crucem : mansuetus ut ovis ad occisionem : tibi gloria, osanna, tibi triumphus et victoria, tibi summe laudis et honestatis corona.

PROSA

Cenam cum discipulis, Christe, celebrasti :
Et mortem apostolis palam nuntiasti
Et actorem sceleris Judam demonstrasti :
Et egressus protinus hortulum intrasti.
Tunc procidens Dominus humi se prostravit :
Et cordis mestitiam multum demonstravit :
Et transferri calicem a se postulavit
Sed Patris arbitrio totum commendavit :
Et ecce mox sanguinis sudor emanavit.
Judas post hoc osculum ori dedit Christi :
Ad quid (inquit Dominus) amice venisti :
Nunquid tradis osculo quem jam vendidisti :
Assistentes protinus irruunt ministri.
Nox insomnis itaque tota ducebatur,
Nulla prorsus requies Jesu prestabatur.
Magistrum plebs impia verbis detestatur :
Alapis et colaphis Innocens mactatur.
Dominum eruere Pilatus conatur :
Judeorum furia magis inflammatur :

Et tumultus populi ingens excitatur :
Et plebs mox clamitat ut crucifigatur.
Traditus militibus, vinculis artatur :
Undique verberibus totus cruentatur :
Caput Regis glorie spinis coronatur :
Postque flexis genibus ab his irritatur.
Heu ! vultus angelicus ita transformatur :
Quod pulcher pre omnibus magis deturpatur.
Ecce caro tenera, nuda Salvatoris
Ad columnam nequiter coartatur loris.
Sic flagellis ceditur impii tortoris :
Quod emanant rivuli undique cruoris.
Post, per urbis medium Jesus procedebat :
Et crucis patibulum humeris portabat :
Ad fores, ad ostia populus fluebat :
Ejusque confusio omnibus patebat.
Ad pudoris cumulum, Jesu, denudaris :
Ac vento et frigori nudus expoliaris :
Innocens cum impiis in cruce damnaris :

Et quasi dux sceleris in medio locaris.
Tensis ligno brachiis manus conclavantur :
Membra tacta ictibus dire lacerantur :
Pedum plante etiam ferro perforantur.
Fundunt rivos sanguinis fonte Salvatoris :
Quo lavantur crimina carne Salvatoris.
Properet huc anima currens peccatoris :
Et hauriat copiam sauciati liquoris :
Quo frequenter liniat vulnera doloris.
Loquens Jesu postea : Sitio, dicebat :
Et acetum impius felle commiscebat :
Ac infusum spongie Jesu porrigebat :
Quod degustans paululum sumere nolebat.
Mi Jesu mirifice, quid est quod agebas ?
Tu de siti conquerens in cruce clamabas.
Nunquid hanc quam dolores magis sentiebas :
Et salutem potius nostram sentiebas ?
Vocem promens ultimam, Patrem invocasti :
Spiritumque manibus ejus commendasti :

Et nobis ad osculum caput inclinasti :
Sic salutis omnium opus consummasti.
Nunc ego superbio, tu humiliaris :
Ego culpas perpetro, tu penas pateris.
Ego pomum mordeo, tu felle potaris :
Ego peto mollia, tu dire tractaris.
Demum cujus valeat mens vel lingua fari :
Quantum Virgo creditur intus cruciari :
Dum cernit jam mortuum latus vulnerari :
Atque Nati viscera lancea rimari.
Corpus quidem mortuum jam nihil sentiebat :
Cum in Nati latere lancea intrabat.
Hinc aqua cum Sanguine multum effluebat :
Matrem dum hec cerneret multum affligebat :
Ad hunc ergo propera fontem Redemptoris :
Et hinc tibi influat rivulus amoris :
Hinc tibi proveniat medela languoris.
Amen. Alleluia.

❡ *In xl. Tract. Ps.* cxxxix. Eripe me Domine ab homine malo : a viro iniquo eripe me. ℣. Qui cogitaverunt malitias in corde, tota die constituebant prelia.

❡ *Secundum Johannem.* xix *cap.* In illo tempore. Sciens Jesus... et verum est testimonium ejus. *Offert. Ps.* xxvi. Insurrexerunt in me viri iniqui absque misericordia, quesierunt me interficere et non pepercerunt in faciem meam spuere et lanceis suis vulneraverunt me : et concussa sunt omnia ossa mea. *Sacra.* Domine Jesu Christe, qui pro redemptione mundi, crucis lignum ascendisti : ut universus mundus conversus in tenebris illuminaretur : illam lucem in animas nostras et corpora nostra semper tribue : per quam ad eternam vitam pervenire mereamur. Qui cum Patre. *Prefatio.* Qui salutem. *Communio. Ps.* xl. Foderunt manus meas et pedes meos : et dinumeraverunt omnia ossa mea. *Postcomm.* Domine Jesu Christe, qui in crucis patibulo confitentem latronem intra menia paradisi intrare jussisti : te supplices, confitentes peccata nostra, deprecamur : ut post obitum nostrum paradisi portas nobis et omnibus familiaribus, propinquis et benefactoribus atque amicis seu etiam fidelibus defunctis : pro quibus debitores sumus, gaudentes introire concedas. Qui vivis.

Et nota quod hanc missam, prout fertur, habuit beatus Gregorius Papa per revelationem. Et quicumque sacerdos pro se vel pro alio egrotante quinque vicibus legerit continuis hic sanitatem recipiet atque in futuro vitam eternam possidebit (si in bono perseveret). Item etjam dicitur pro quacumque tribulatione. Item si legatur pro anima defuncti multum sibi proficit. ❡ *Et sanctus Bonifacius Papa dictum officium confirmavit authoritate apostolica remitens omnibus eam devote legentibus confessis et contritis semper partem omnium peccatorum suorum.* ❡ *Et predictum officium eque legi procurantibus xl dies criminalium atque unum annum venialium in Domino relaxavit.*

(Fol. xcix.) ❡ Missa de Nomine Jesu. *Quicumque hanc missam celebrat aut celebrari facit per triginta dies Veneris non morietur sine vera confessione, contritione et digna satisfactione : et intra triginta dies post obitum suam ad gaudia perveniet sempiterna : et habet pro qualibet missa tria milia annorum indulgentiarum concessarum a domino Papa Bonifacio.*

Officium. In Nomine Jesu omne genu.... in gloria est Dei Patris. ℣. *Ps.* cxlvi. Laudate Dominum quoniam bonus est Dominus. Psallite nomini ejus quoniam suave. Gloria. — *Oratio.* Deus, qui gloriosissimum Nomen Jesu Christi Unigeniti Filii tui fecisti fidelibus tuis summe suavitatis amabile : et malignis spiritibus tremebundum atque terribile : concede propitius : ut omnes qui hoc Nomen Jesu devote venerantur in terris : sancte consolationis dulcedinem in presenti seculo participent : atque in futuro gaudium exultationis obtineant. Per eumd. *Lectio. Act. Apost.* iiii *cap.* In diebus illis : Petrus repletus... nos salvos fieri. *Ecclia.* ℟. Constituit Dominus Deus Pater ad dexteram suam Jesum Christum in celestibus super omnem potestatem, principatum, virtutem, dominationem, et omne nomen quod nominatur non solum in hoc seculo sed etiam in futuro et omnia subjecit sub pedibus ejus. ℣. Adjuva nos Deus salutaris noster et propter gloriam Nominis tui, Domine, libera nos : et propitius esto peccatis nostris propter Nomen tuum. *Ecclia.* Alleluia. ℣. Dulce

CX

Nomen Jesu melos auri, mel in esu, convertit cor in jubilum et fugat mundi tibulum. Alleluia. *In tempore Paschali.* All. ℣. Surgens Jesus Dominus noster stetit in medio discipulorum suorum : et dixit eis : Pax vobis. Alleluia. (La Prose suivante, de strophes inégales, doit se lire par colonne de gauche à droite.)

PROSA

Dominus Jesus Nazarenus,
Judeorum Rex amenus,
Pius, pulcher et floridus.
Pro salute sue gentis
Subit mortem cum tormentis,
Factus pallens, lividus.
Dulce Nomen et cognomen,
Hoc transcendens est prenomen
Omnibus nominibus.
Mulcet reos, sanat eos,
Fovet cunctos, munit eos :
Servat ab insultibus.
Hujus Regis sub vexillo,
Statu degis in tranquillo :
Hostes tui fugiunt.
Nomen ejus meditatum
Belli fugat apparatum :
Hostes victi fugiunt.
Hoc est Nomen recolendum
Quod semper est tremebundum
Malignis spiritibus.
Hoc est Nomen salutare
Et solamen singulare ;
Quod succurrit tristibus.
Hoc nos decet honorare :
Arca cordis inscrere,
Cogitare, peramare,
Amore sed heroico.
Ignatius hoc docuit,
Hoc passus insonuit,
Cor ejus scissum patuit
Inscriptum Jesu celico.
Ut quid majora cupimus?
Quanquam Jesus sit intimus

Quoniam est preamantissimus
Et querit nos amare
Amat ferventissime,
Amat fidelissime,
Amat constantissime,
Et suos vult juvare.
Nomen suum fecit tale,
Ut sit cunctis cordiale,
Capitale, principale,
Dilectum ex animis.
Hoc habent nature jura
Ut amantem tota cura
Reamemus, placitura
Prestantem ex animis.
Jesu Nomen tenet bonum,
Omnem dulcem facit sonum,
Promeret regis thronum,
Auditum letificat.
In hoc lucet splendor Patris,
In hoc patet decor Matris,
In hoc fulget splendor Fratris,
Hoc fratres magnificat.
Caput Jesu, cor, mens, manus,
Pes et corpus, vigor sanus,
Paratur hominibus.
Hic torquentes passa dira,
Hic lesura et natura
Reparat pia cura
Purgatis criminibus.
Ergo si quis velit scire
Quale Nomen Jesu mire
Facit bonos concupire
Sui inherentiam.
Jesu pulcher in decore,
Summe bonus in valore,

Mitis, lenis cum dulcore,
Pronus ad clementiam.
Jesus, Rex gloriosus,
Jesus, forma speciosus,
Jesus, lingua gratiosus
Et mirandus opere.
Jesus fortis, animosus,
Jesus, pugil vigorosus,
Jesus, donis copiosus,
Et gaudet tribuere.
Jesus, pie viscerosus,
Jesus, ductor luminosus,
Jesus est deliciosus,
Et sapit dulcissime :
Jesus, fama gloriosus,
Jesus, cunctis fructuosus,
Jesus, totus virtuosus
Fovet suos optime,
Summus, potens in vigore,
Summus, celsus in amore,
Omnem laudem obtinet.
In sciendo omne sapit,
Ambiendo cuncta capit,
Diligendo corda rapit
Et illata retinet.
Eia nobis Nomen gratum
Dulcis Jesus appellatum,
Sit in corde sic formatum
Ut non possit exire.
Hoc reatum peccatorum
Tollat, prestet jubilorum
Odas atque beatorum
Donet nobis perfrui.
Amen. Alleluia.

Tractus in XL. *(Quadragesima). Ecclesia* [*stici*]. Dulce Nomen Jesus Christi, felix omen ferens tristi : jocundans mentem jubilo. ℣. Tollit luctum, affert fructum, et obductum et seductum purgat corda nubilo. ℣. Nominatum, invocatum, honoratum, predicatum, semper sonat dulciter. ℣. Tam peccatum quam reatum, condonatum, expurgatum reddit mulcens leniter. ℣. Hostes ferit, mores serit, graves gerit et conterit : plenum est residuum. ℣. Nos defendit, nos intendit et extendit hoc Nomen in gaudium. ℭ *Secund. Matth.* I *cap.* In illo tempore Angelus Domini apparuit in somnis Joseph... nobiscum Deus. *Offert.* In Nomine Jesu demonia ejicient... et bene habebunt. *Sacra.* In veneratione dilectissimi Nominis Filii tui Domini nostri Jesu Christi : tibi Deus Pater misericordiarum devotis mentibus hostias immolamus, suppliciter deprecantes : ut earum virtute cunctis egentibus prestetur auxilium et in eodem Nomine delectantes salutarem sui propositi consequantur effectum. Per eundem. *Prefatio communis. Communio. Apocal.* II *cap.* Vincenti dabo manna... nisi qui accipit. *Postcomm.* Sacrosancta mysteria que sumpsimus, Domine, in honorem Nominis complacentissimi Filii tui Domini nostri Jesu Christi devotis precordiis recolentes, quesumus : ut incrementa spiritualis exultationis accumulent : atque affectum nostrum ad hoc salutiferum nobis Nomen jugiter imprimendum accedant : et ad jubilandum Jesu Salvatori nostro totius mentis attentione promoveant. Per eundem Dominum. (Fol. xcix.)

Une des pièces liturgiques les plus intéressantes du Missel bayonnais de 1543 est la Messe de la *Sanctification* de Marie. Le titre seul nous rappelle les nombreuses discussions qui eurent lieu pendant le moyen âge et jusqu'au XVIIe siècle, au sujet du grand privilège de l'*Immaculée* Conception [1]. Bien que le diocèse de Bayonne honorât la Conception de la Ste Vierge, il ne semble pas qu'il ait cru, officiellement, pour ainsi dire, la pieuse doctrine qui a été proclamée comme dogme de foi, le 8 décembre 1854.

(Fol. c v°.) DE SANCTIFICATIONE BEATE MARIE VIRGINIS. *Officium.* Ne timeas, Joachim, exaudita est oratio tua : et Anna uxor tua pariet tibi filiam : et vocabis nomen ejus Mariam : et erit ab infantia Domino consecrata : et adhuc in utero matris sue Spiritu Sancto plena. ℣. Audite insule et attendite populi de longe : Dominus ab utero vocavit me : de ventre matris mee recordatus est nominis mei. Gloria. *Oratio.* Deus qui virginalem aulam beatissime Virginis Marie in qua habitares, eligere et sanctificare dignatus es : da (quesumus) ut sua nos hic defensione munitos : jocundos facias sue interesse festivitati perenni. Qui vivis.

ℂ *Lectio epistole beati Pauli Apostoli ad Ephesios.* v cap. Fratres. Christus dilexit Ecclesiam... in Xto Jesu Domino Nostro.

℟. Elegi et sanctificavi beatissimam Virginem Mariam (dicit Dominus) ut sit nomen meum ibi in sempiternum : et permanent oculi mei et cor meum ibi cunctis diebus. ℣. Gloria Libani ad te veniat ad honorandum locum sanctificationis mee : et locum pedum meorum glorificabo.

Alleluia. ℣. Tradite manus Domino : et venite ad sanctuarium ejus quod sanctificavit in eternum.

PROSA

Salve, sancta Christi Parens,
Salve, Virgo, labe carens,
Salve, decus virginum.
Salve, Virgo singularis,
Salvatorem salva paris,
Ancilla Dominum.
Concepisti, Virgo, Deum,
Paris, lactas, nutris eum,
Pio prebens studio.
Cibum pani, potum fonti,
Victum vite, cunas monti,
Ponis in presepio.

Tu nature contra ritum
Ex angusto institutum
Ventre profers, parvula.
Homo Deum, Stella Solem,
Nata Patrem, Virgo Prolem,
Antiquum juvencula.
Uno sinu foves Agnum
Et Leonem, parvum magnum
Genitorem Filium.
Moriturum eternumque,
Idem enim est utrumque,
Finis et principium.

Virgo munda nos emunda,
Ne nos trahat mors secunda,
Tuo dono gratie.
Nos informent mores mundi,
Nec deforment carnis, mundi,
Et hostis insidie.
Hortus clausus, fons signatus,
Terra de qua fructus natus,
Cibus est fidelium.
Virgo Jesse promens florem,
Cujus currit in odorem,
Sanctorum collegium. Amen.

ℂ *Secundum Mattheum.* I cap. In illo tempore. Angelus Domini apparuit... nomen ejus Emmanuel. *Offertorium.* Virgo felix, mitissima mater Regis celestis curie : tu es phenix sola sacratissima, te formavit donator glorie et sanctificavit existentem in matris utero : ut sic esses mater dignissima Dei nostri formantis omnia.

Sacra. In conspectu tuo, Domine, oblationes offerimus : illius sanctificationem honore debito celebrantes : que Salvatorem Dominum nostrum Jesum Christum Spiritu Sancto Virgo concepit : et sine dolore Virgo peperit : et Virgo permansit. Qui vivis. *Communio. Psalm.* CXXXI. Elegit eam Dominus in habitationem sibi et sanctificavit tabernaculum suum Altissimus.

---

1. — A distance et à défaut du Missel de la Mazarine, nous n'avons pas pu résoudre le problème que soulève pour nous cette messe de la *Sanctification de la Ste Vierge*. L'Ordre des Frères Prêcheurs surtout la célébrait, et Vincent de Castro Nuovo, leur général, avait rédigé à cet effet un Office « qui disparut du bréviaire Dominicain, après le décret de Grégoire XV » en 1622. Cette famille religieuse « n'avait accepté la fête [de la Conception] qu'à la condition d'en changer le titre et l'objet. Au Bréviaire des Frères Prêcheurs, elle s'appelait la fête de la *Sanctification de la Ste Vierge*, et les paroles de l'Office exprimaient que Marie, après avoir été conçue dans le péché, avait été *sanctifiée* et purifiée de cette tache ». *Mémoire sur la question de l'Immaculée Conception*, par Dom Guéranger, Lecoffre. Paris, 1856, p. 28. — Il y aurait pour nous intérêt à savoir comment cette messe se trouve dans le Missel bayonnais de 1543. A-t-elle été ajoutée, afin qu'elle pût servir *ad libitum*, pour ceux qui n'embrassaient pas le sentiment de la Conception immaculée de Marie ? Le Missel a-t-il été rédigé par un dominicain, qui y aurait inséré et l'Ordinaire de la messe, et le Canon, et certaines fêtes spéciales à son Ordre ? Ce qu'il y a de bien évident, c'est la contradiction qui existe entre la fête de la *Conception*, mise dans le corps du Missel, et celle de la *Sanctification* reléguée à la fin, comme par surprise, après les messes votives. — Le décret de Grégoire XV abolit l'office de la *Sanctification* « afin, dit Dom Guéranger, de déraciner cette coutume qui s'était introduite dans d'autres églises » ; il prescrivit de se servir désormais du terme de *Conception* et non d'un autre.

Postcommunio. Ad salutem mentis et corporis, Domine Deus, dulcissime Jesu Christe, proficiat tue benignissime Genitricis oratio : et quia ejus sanctificationis in terris sacra solemnia devotione qua possumus continue veneramur : ejus piis intercessionibus tecum sine fine gaudere mereamur. Qui vivis [1].

Ensuite viennent les bénédictions. ❡ *Ad sportam peregrinorum.* — *Ad baculum* — *Benedictio salis ad pecora :* Deus... ut jumenta... quam ex eodem acceperint vel gustaverint, hec benedictio et sanctificatio illesa reddat... — Bénédictions pour vêtures. — *Benedictio putei novi.* — *Alicujus domus nove vel* A DEMONE VEXATE — *ignis.* — La bénédiction suivante se trouve dans le Missel Romain.

(Fol. CV.) BENEDICTIO AGNI IN PASCHA. — Adjutorium nostrum. ℣. Dominus vobiscum. *Oremus.* Deus qui per famulum tuum Moysen in liberationem populi tui de Egypto agnum occidi jussisti in similitudinem Domini nostri Jesu Christi et utrosque postes domorum de sanguine hujus agni perungi precepisti : ita bene † dicere et sanc † tificare digneris hanc creaturam carnis quam nos famuli ad laudem tuam sumere desideramus per Resurrectionem Domini nostri Jesu Christi... Qui vivis. *Postea aspergatur aqua benedicta.* —
❡ *Benedictio carnium ovium vel avium :* Dignare... sanctificare has ovium (*sive*) avium carnes...

A ce propos, devançant les années, nous nous permettons une digression au sujet de la bénédiction de la chair des agneaux ou des brebis. On lit dans une remarquable Étude sur les *Jansénistes*, par Mgr Fuzet, le récit suivant : « Il y avait alors [au commencement du XVIIᵉ siècle] dans l'église de Bayonne une vieille cérémonie qui avait l'air un peu profane et choquait bien des gens ; on présentait sur l'autel, *dans les messes des morts, une brebis égorgée*, avec des circonstances peu séantes à la pureté du sanctuaire. Un jeune capucin, qui avait du zèle, entreprit de combattre cette cérémonie, et, prêchant le carême, il s'emporta avec bien de la chaleur contre une pratique si païenne. Il était de l'intérêt du chapitre de soutenir cette coutume autorisée par l'antiquité : il n'eut pas de peine à engager du Vergier [*St Cyran*] à écrire contre le bouillant prédicateur pour repousser ses audacieuses attaques. Le profond théologien de la *Question royale* se hâta d'étaler son érudition. Mais sa plume savante trouva le moyen de railler le capucin avec plus d'aigreur que n'en demandait la défense d'une brebis [2]... » Ce fait, emprunté au P. Rapin dans son *Histoire du Jansénisme*, est-il exact dans tous ses détails ? L'agneau ou la brebis immolés étaient-ils offerts aux *messes des morts* ? Rien d'une pareille coutume ne se voit dans notre Missel bayonnais. Mais nous sommes persuadé que le P. Rapin a induit en erreur Mgr Fuzet, car nous avons eu la bonne fortune de trouver, au dernier moment, le texte suivant du chanoine Bordenave qui se rapporte à cet usage bayonnais : « Reste la troisième question : *Si chacun est admis à offrir les choses que bon lui semblera, comme argent, cire, linge, pain, vin, fruict, chair, ou autre semblable matière, de quelque substance et nature que ce soit.* Question que j'ai veu soustenir de part et d'autre à Bayonne, en l'année mil six cens dix-sept, SUR LE SUJET D'UN MOUTON ESCORCHÉ, lequel on a accoustumé annuellement en cette ville, d'offrir tout entier, LE JOUR DE PASQUES, *à la grand'messe.* Où j'ouys un sçavant capucin qui condamnoit cet usage en divers sermons, durant le Quaresme, et taxoit le clergé, en ce qu'il permettoit au peuple de commettre cet abus : dont le chapitre fut si esmeu, que le Vicaire Général, en l'absence de l'Évesque, monta en la mesme chaire après Pasques, réfuta l'opinion de ce prédicateur, et montra fort doctement, que telle coustume estoit ancienne et canonique : si bien qu'une partie des habitans estoit pour et l'autre contre [3]. »

Aux dernières pages de notre vénérable livre, on trouve la bénédiction des catéchumènes, les exorcismes et les oraisons pour les messes du trentième jour.

❡ *Sequntur orationes dicende omni die celebrata missa trentenarii. Oratio.* Omnipotens sempiterne Deus nostrorum consolatio : laborantium fortitudo : perveniant ad te preces de quacunque tribulatione clamantium :

---

1. — Voici deux passages de l'office dominicain que l'on trouve dans le bréviaire des FF. PP., édit. de Venise de 1647. On disait à vêpres : *Antiphona.* Ista est speciosa inter filias Hierusalem : sicut vidistis eam plenam charitate et dilectione; ita et in utero matris per copiosum sanctificationis munus ab omni sorde peccati mundata est.
Dans l'hymne on remarquait les strophes suivantes :

Namque sanctorum copula parentum,	Illa sed tanto reparata casu
Fœmina ut simplex generata constat,	Spiritus Sancti bonitate setur,
Unde peccati vel originalis	Qui Dei templum Geniti futuram
Non fuit expers.	Sanctificavit.

On lisait dans l'oraison ces paroles : Deus, qui B. V. Mariam, post animæ infusionem, per copiosum gratiæ munus, mirabiliter ab omni peccati macula mundasti, et in sanctitate postea confirmasti, etc. (D. Guér., Mém. cité, p. 28.) Tout cela ressemble bien à l'office de notre Missel de Bayonne, lequel a dû être rédigé sans doute par un religieux de l'Ordre de St Dominique.

2. — *Revue des sciences ecclésiastiques* de Lille, 1872, p. 497. Le P. Rapin raconte le fait, p. 48. Où est aujourd'hui l'opuscule du trop fameux abbé de St Cyran ?

3 — L'existence de cette coutume en 1617 prouve que le Missel Romain n'était pas encore adopté au commencement du XVIIᵉ siècle à Bayonne. — Bordenave, *Estat des Églises*, p. 60.

ut omnes in suis necessitatibus misericordiam tuam gaudeant affuisse. Per Christum Dominum nostrum. *Secunda Oratio.* Jesu Nazarene respice ad tribulationes et necessitates nostras et famuli tui *N.* qui tribulatur undique. Et precor te Domine contrito et humili corde : et in spiritu humilitatis : ut exaudias me et eruas de periculo et tribulatione illum *(vel)* illam pro quo *(vel)* pro qua te invoco et ad te proclamo Alpha et Omega. Per Christum Dominum nostrum. *Tertia Oratio.* Jesu benigne exaudi me pro formulo tuo *N.* Tu es enim pater omnium creaturarum atque omnium in te credentium redemptor. Et sicut tu veram carnem de beata Virgine Maria accepisti : ita veraciter accipiam quod humiliter peto : et ut ipsum et me per omnia juves rogo : quia tu es benedictus in secula : hagios invisibilis Deus per tuum nomen quod est sanctum et benedictum et admirabile : exaudi me : da mihi et famulo *N.* plenam remissionem omnium peccatorum. Qui in Trinitate perfecta vivis et regnas Deus. Per omnia secula seculorum. Amen.

Vient ensuite la souscription de l'imprimeur Kaerbriand et l'indication des signatures pour les divers cahiers du volume.

Tels sont les quelques extraits du précieux Missel de Bayonne de 1543 que nous sommes heureux de présenter à nos lecteurs ; mais, nous ne pouvons pas reproduire la grâce et la splendeur de l'original. C'est un chef-d'œuvre de typographie dont la richesse et le bon goût séduisent et charment. Si nous l'avions eu à notre disposition, comme nous l'avons espéré un instant, nous aurions essayé de publier quelques-unes de ses merveilleuses gravures sur bois et de reproduire, par les procédés de l'art moderne, ses plus belles pages. Nous souhaitons qu'il se trouve quelqu'un pour exécuter ce grand travail : ce sera un véritable monument élevé à la gloire de notre ancien diocèse de Bayonne.

Au moment où se termine l'impression de ce chapitre, nous avons le bonheur d'annoncer à tous les amis de nos antiquités religieuses que, grâce à la haute influence de M. Léon Say, membre de l'Académie française, député des Basses-Pyrénées, — et nous nous faisons un devoir de l'en remercier ici publiquement, — la Bibliothèque Mazarine a bien voulu nous donner communication du MISSALE BAIONENSE *de 1543. L'accueil que recevra ce travail nous dira si nous devons entreprendre la réimpression de ce livre* UNIQUE, *si important pour tout ce qui regarde les choses du culte catholique dans notre pays.*

IX

Réforme du Bréviaire Romain par le Pape St Pie V en 1568. — Le Protestantisme en Béarn. — Suppression du Bréviaire de Lescar et adoption du Romain, vers 1635. — Intéressante discussion rapportée a ce sujet par le chanoine Bordenave.

A première pensée de corriger la liturgie s'offrit au pape Léon X, au moment où la Cour Pontificale était peuplée de poètes et de prosateurs célèbres dont le goût, affadi par les réminiscences légères des écrivains de Rome et d'Athènes, ne pouvait supporter la prétendue barbarie du vieux latin ecclésiastique. Alors on désigna Dieu sous le nom de *Numen*, la Ste Vierge sous celui d'*Alma parens*; on lisait les Heures en grec ou en hébreu; il y en eut même qui obtinrent dispense de réciter l'Office, par crainte de gâter la pureté de leur diction cicéronienne! On trouvait que le principal défaut de la liturgie était l'incorrection du style; Léon X chargea Zacharie Ferreri, évêque de la Guarda, de composer un nouvel *Hymnaire*. Ce recueil, élaboré avec activité, ne put cependant être publié qu'en 1525, pendant le pontificat de Clément VII, qui l'approuva sous le titre de *Hymni novi ecclesiastici*. L'auteur promettait un bréviaire, *beaucoup plus court*, simplifié et exempt d'erreur, qui paraîtrait prochainement : « *Breviarium Ecclesiasticum ab eodem Zacharia longe brevius et facilius redditum et ab omni errore purgatum prope diem exibit* [1]. » Ferreri étant mort, sans avoir pu donner son bréviaire abrégé, Clément VII en chargea St Gaëtan et Pierre Caraffa, fondateurs des Théatins, et aussi le cardinal François Quignonez, connu sous le titre de cardinal de Ste-Croix, franciscain et ancien Général de son Ordre. Le travail de ce dernier fut préféré à cause de son élégance. Quignonez put présenter dès 1533 son bréviaire à Paul III qui l'approuva. Il portait ce titre : « *Breviarium Romanum ex sacra potissimum Scriptura et probatis sanctorum historiis collectum et concinnatum.* » Le cardinal disait dans l'épître dédicatoire : « La différence entre ce bréviaire et celui dont nous avons usé précédemment est donc que, dans l'ancien, contrairement à la volonté des anciens Pères qui voulaient qu'on lût, chaque année, presque toute l'Ecriture Sainte, on lisait à peine une petite partie des Livres, tandis que, dans le nôtre, tous les ans, on lit la grande et principale partie de l'Ancien Testament et tout le Nouveau, moins une partie de l'Apocalypse... Quoique nous ne nous soyons pas proposé la brièveté de l'office, mais la commodité de ceux qui récitent, nous espérons cependant avoir atteint l'une et l'autre. Les leçons sont plus longues dans ce bréviaire, il est vrai, *mais il n'y en a jamais plus de trois*, tandis que, dans l'ancien, les leçons sont au nombre de douze. » Paul III approuva cet office pour la récitation privée ; celui qu'on devait réciter au chœur serait toujours l'ancien, un peu plus long. Cette distinction ne s'était jamais vue jusqu'alors. D'ailleurs, les prêtres séculiers seulement pouvaient user de ce bréviaire, après en avoir auparavant fait la demande au St-Siège. Mais, chose éton-

1. — *Instit. liturg.*, t. 1, p. 369 et suiv.

nante ! ce livre fut aussitôt censuré par la Sorbonne comme « une chose dangereuse, car il est à craindre que, si on le recevait, on n'en vînt à changer de même le Missel et l'office de la Messe ». Cependant, malgré sa commodité et un très grand nombre d'éditions, ce bréviaire ne vécut guère plus de quarante ans.

Dès son apparition, des saints et les plus éminents personnages protestèrent contre cet office mutilé. Précisément, en 1555, Pierre Caraffa, qui avait, lui aussi, fait un bréviaire, d'après l'ordre de Clément VII, monta sur la chaire de St-Pierre, sous le nom de Paul IV. Il déclara qu'on ne permettrait plus de réciter le bréviaire de Quignonez, et se remit au travail pour perfectionner son œuvre ancienne ; mais il mourut, quatre ans après, avant de l'avoir entièrement achevé. Pie IV, son successeur, voulant mettre les Pères du Concile de Trente à même d'accomplir, suivant toutes les convenances canoniques, l'œuvre si désirée de la réforme liturgique, leur envoya les matériaux préparés par Paul IV. Le saint Concile nomma une commission à cet effet, en 1563, mais les nécessités du moment décidèrent cette assemblée à s'en remettre entièrement aux décisions du Pontife Romain [1].

Pie IV manda à Rome les commissaires chargés par le Concile de réviser l'office, et leur adjoignit d'autres doctes personnages ; son successeur, St Pie V, hâta la conclusion de cette grande entreprise. A l'Ordre des Théatins revient la plus grande part d'honneur dans la réforme du bréviaire.

Voici les principes qui présidèrent à cette œuvre de correction : rapprocher la liturgie des sources antiques et principalement de l'institution de St Grégoire-le-Grand, rejeter la distinction d'un office récité en particulier et d'un office récité en public ; conserver peu d'offices de saints et supprimer les hymnes et les antiennes propres, pour prévenir tout encombrement possible ; assigner le plus grand nombre de jours à l'office férial, afin de pouvoir réciter le Psautier chaque semaine ; insérer les Saintes Ecritures aux leçons de Matines, sauf les Paralipomènes, Esdras et Baruch ; choisir les Homélies et Discours des Pères à des sources pures ; émonder les Leçons historiques des saints des récits apocryphes, en leur donnant une latinité élégante ; corriger légèrement les Rubriques anciennes. Les *Propres* des saints locaux devaient suppléer à l'insuffisance apparente du nouveau Bréviaire.

Ce travail considérable terminé, le pape St Pie V donna sa fameuse bulle « *Quod a nobis* » promulguant l'office réformé. Après avoir fait un rapide historique du bréviaire, le Souverain Pontife protestait contre « la détestable coutume » d'après laquelle « chaque évêque se faisait un bréviaire particulier ». De là, le bouleversement du culte divin et l'ignorance générale des cérémonies ecclésiastiques. La bulle énumère ensuite les tentatives accomplies pour arriver à un résultat salutaire ; elle insiste sur ce fait que les commissaires « ne s'étaient pas écartés des anciens bréviaires des plus illustres églises ». Le Pape abolit ensuite tous autres bréviaires « exceptant cependant les églises qui, en vertu d'une première institution approuvée par le Siège Apostolique, ou de la coutume, antérieures l'une et l'autre à deux cens ans, sont dans l'usage évident d'un bréviaire certain... Ayant ainsi interdit, ajoute St Pie V, à quiconque l'usage de tout autre, nous ordonnons que notre bréviaire et forme de prier et psalmodier soit gardé dans toutes les églises du monde entier... ». Il y avait obligation de se servir de ce bréviaire, pour ceux qui habitaient hors de l'Italie, dans les six mois, aussitôt qu'ils pourraient se le procurer ; défense était faite de l'imprimer, sans autorisation du St-Siège ou de ses délégués. Cette bulle célèbre porte la date du 7 juillet 1568. Le Missel réformé fut donné par le même Pontife en 1570. L'office divin fut près de sa perfection, lorsqu'en 1631 Urbain VIII eut légèrement remanié et corrigé les Hymnes anciennes.

La réforme liturgique fut saluée avec joie dans le monde entier. Tous les Ordres religieux l'acceptèrent, sauf les Dominicains et les Carmes, qui conservèrent l'antique *Romain-Parisien* (ou Romain-Français). La plupart des diocèses adoptèrent le Romain pur avec le *Propre* à part — car Rome ne fut jamais l'ennemie des traditions locales — ou bien ils firent imprimer de nouveau le Bréviaire « sous le titre Diocésain en unissant dans une même rédaction les particularités du rite local avec tout l'ensemble du bréviaire réformé [2] ». Pour ce qui regarde notre province ecclésiastique, D. Guéranger dit que « Auch adopta purement et simplement la liturgie Romaine réformée et le reste de la province suivit son exemple [3] ». Cette assertion n'est pas absolument exacte. Le bréviaire d'Auch fut rédigé, depuis 1568, sous le titre diocésain, *ad normam Concilii Tridentini*, jusqu'à la fin du XVIe siècle ; alors seulement le rit Romain pur prévalut dans toute la province ecclésiastique [4]. Non loin de nous, le diocèse de Bordeaux adopta en 1582 les livres de St Pie V, en laissant

---

1. — Conc. Trid., Sess. xxv.
2. — *Inst. lit.*, t. 1, p. 446.
3. — *Ibid.*, p. 469.
4. — Canéto, *Rev. de Gasc.*, 1870, p. 88.

aux évêques de la province « le soing de faire imprimer et corriger, si besoing est, l'office des saincts qui sont propres à chaque diocèse[1] ».

On pourrait donc croire que le Bréviaire de Lescar de 1541 disparut à la même époque. Mais il faut se rappeler que ce diocèse se trouvait dans une situation particulière. Pendant plus de trente ans, le Béarn fut sous le joug du protestantisme, sans églises, sans prêtres, sans Ordres religieux, et partant sans prières et sans offices réguliers. Ils n'étaient pas nombreux les membres du clergé diocésain qui survécurent à cette effroyable catastrophe. Les vieillards durent se servir, sans doute jusqu'à leurs derniers jours, du bréviaire qu'ils avaient récité. D'autres, les plus jeunes, prirent le nouvel office, car il était à peu près impossible de se procurer les anciens livres. Lorsque le culte fut rétabli, il fallut aller au plus pressé, et, pendant quelques années, l'uniformité dans le culte n'exista pas certainement dans le diocèse de Lescar.

Nous ne savons pas si canoniquement celui-ci pouvait conserver son vieux bréviaire. En 1541, l'évêque Jacques de Foix s'était-il contenté d'une simple réimpression? Dans ce cas, et c'est probable, il était loisible d'user des privilèges accordés par St Pie V à ceux qui avaient une possession de deux cents ans. Il est inutile d'ajouter que notre bréviaire était resté fidèle aux traditions romaines et ne ressemblait nullement à celui de Quignonez.

Nous allons dire maintenant comment le Bréviaire Romain se substitua très naturellement à celui de Lescar; il n'y a qu'à reproduire les curieuses pages consacrées à cette question par le chanoine Bordenave, dans son livre sur l'*Estat des Églises cathédrales et collégiales*[2]. C'est le commentaire d'un article des Statuts de 1627 où il est dit: « Unus juxta morem Provinciæ nostræ Auxitanæ, orandi atque psallendi a nobis ordo conservetur : unus modus in missarum celebratione; una et eadem in sacro cultu uni Deo exhibendo formula, *secundum Romanum usum ex decreto Concilii Tridentini restitutum ac prescriptum*, nec diversa sit ultra in nobis Breviariorum, Missalium, aut aliorum librorum ecclesiasticorum consuetudo, quia sub eodem capite Christo Domino nostro, et sub uno ejus in terris Vicario, atque sub eadem regula, in una fide, in eodem choro continemur et regno: hoc enim et antiqui canones, ac novæ etiam Summorum Pontificum constitutiones decreverunt, ut clerici uniuscujusque cathedralis ecclesiæ et psallendi et ministrandi parem ritum ac consuetudinem teneant. » On ne saurait mieux parler en faveur de l'unité liturgique.

« Touchant le premier point, qui regarde la qualité du divin Office, dont il est parlé en ce tiltre, j'ay veu, dit Bordenave, il y a quelque temps, esmouvoir et débatre gayement cette question en nostre chapitre: *Si les anciens Bréviaires, Messels, Antiphoniers, Graduels, Psaultiers et autres livres diocésains, faicts et dressez par les évesques et pasteurs hiérarchiques, sont préférables à ceux de Rome. Et s'il est meilleur ès offices d'user par tous les chœurs des églises cathédrales, collégiales, monastériales, conventuelles, abbatiales, ou autres, de pareils et semblables livres, ou bien de divers et différents pour la décoration et ornement du culte divin*. Et le subjet de telle dispute vint de ce que les uns faisoient l'office, comme il est prescript par le saint Concile de Trente, et les autres se servoient de certains vieils bréviaires, les accompagnant d'une psalmodie légère, avec je ne sçay quelles cérémonies champestres. Si bien qu'ès choses graves, l'on avoit, jusques à ce règlement ou statut, les légendes ou oraisons dissemblables ou tronquées. » Suit l'exposé des arguments pour et contre l'adoption du Bréviaire Romain.

« Ceux qui aimoient la vieille mode » invoquaient l'usage de la primitive Église, le sentiment des Pères et des docteurs, et la pratique diverse des Ordres religieux. Dieu se plaît en la variété des louanges. Or « la diversité des bréviaires est l'ornement des offices divins, sans laquelle ils seroient ennuyeux et desplaisans pour leur uniformité et assiette continuelle[3] ». D'ailleurs puisque le Bréviaire est receu et approuvé par longues années, il faut le retenir, et la nouveauté ne doit estre admise... Le Sainct Siège Apostolique veut cette proportion que tout ainsi qu'en la ville de Rome, on tient pour saincts tant les papes qu'autres saincts locaux, de mesme en l'usage des autres lieux, les autres gardent leurs saincts... Autrement, si nous venions à nous relascher, ne seroit-ce pas rendre douteux ce que nos pères ont creu fermement, touchant la sainteté de nos patrons? Soit que nous prenions ceux qui ont fondé la religion catholique en cette chaire épiscopale, soit par l'establissement des églises paroiciales en ce diocèse. On ne permettra plus que l'histoire de nos saincts et de nos sainctes soit recogneue. Nostre fondateur sainct Julian, évesque de Lascar, ne se verra plus en nos bréviaires, si nous suivons le seul usage Romain. Il ne se parlera plus du martyre de Sainct Galactoire, aussi nostre évesque, ni d'autres qui ont tant souffert et travaillé pour le christianisme en

---

1. — *Les livres lit. d'Agen*, p. 24.
2. — Bordenave, p. 180 et suiv.
3. — *Ibid.*, p. 159.

ces quartiers. Lascar n'aura plus saincte Confesse, ne Morlaas sa saincte Fidis, vierge, pour leur patrone. Domi sera privé de saincte Quitherie et Noge de sainct Orents. La Reule, Fichous et Filhonden ne cognoistront plus leur sainct Loup, ne Serres-Castet son sainct Echécus. Sedzère oubliera son sainct Savin, et il ne sera plus de mention à Bassillon, ne à Monein de sainct Girons. Et que deviendra la mémoire de sainct Faust, de sainct Médard et de saincte Rose, trois saincts tellement solemnisez en ce districtoict que trois villages y ont pris et retenu leur appellation et propre nom? Laissera-t-on ensevelir en ces monts Pyrénées, les noms de sainct Eutrope, de saincte Scholastique, de saincte Potentiane, de sainct Quirice et Julita, martyrs, qui depuis si longtemps sont en nos légendes, et en nostre Bréviaire? En fera-t-on de mesme de sainct Achace, sainct Sever, sainct Roch, sainct Leons, sainct Licer, sainct Antonin et sainct Leger? Il n'y a point de doute que cela n'arrive, si nostre évesché quitte son usage, pour suivre l'estranger. Saint Gérald sera exclus de nostre diocèse et l'on n'y célèbrera plus les festes de sainct Quintin, de sainct Caprase, ne de sainct Seurin. Les beaux préceptes, la confession de foy, et les enseignemens de sainct Bricius et de sainct Bertrand, ne seront plus en nos livres. Bref, il faudra en rayer les actes de sainct Crispin et de sainct Anian, et la vérité des choses mesmes les plus mémorables, appartenantes non seulement à la gloire des Béarnois, mais aussi à nostre salut, nous sera soustraite; de sorte que le changement des anciens livres et bréviaires seroit de périlleuse conséquence.... En somme, si nostre diocèse recevoit le bréviaire de Rome, ce seroit charger le peuple de festes non accoustumées en leurs lieux, lesquelles sont contenues en l'office Romain, ou bien il faudroit laisser les siennes accoustumées, ce qui diminueroit le service divin; ou feroit que quasi tous les jours il feroit feste.

» Voilà certes de grandes raisons contre les innovateurs qui par leur curiosité désirent de changer le Bréviaire de Lascar, fait et dressé par nos évesques, qui entendent mieux que tous autres les particularitez de ce lieu, et imprimé nouvellement en cette ville par le soin et authorité du Révérendissime Père en Dieu Messire Jaques de Foix, nostre Prélat, en l'année 1541, pour prendre celui de Rome... [1] » Mais il y aurait, ajoute-t-il, encore d'autres inconvénients : ce serait rendre les Ordinaires, chapelains du Pape, et fomenter « l'inobédience et dissolution des chantres et musiciens, qui sur l'uniformité des offices, seroient toujours à vicarier et battre la semelle, espérans d'estre bien venus par toutes les contrées et quartiers du monde ». Il n'y a que les adversaires de la religion catholique qui puissent profiter de telles innovations. Cela mettrait les églises en dépenses, empêcherait les « rustiques d'ayder leurs curés à faire les offices », scandaliserait les fidèles, réjouirait les Réformés, attenterait aux libertés gallicanes, ferait perdre le souvenir des saints; s'il y a à changer, qu'on le fasse, mais avec prudence et sans « s'asservir à la règle du seul Office Romain, lequel est plus variable que le nostre et subject à se changer à chaque mutation de Pape ». Ainsi en ont agi, St Charles Borromée pour la liturgie Ambrosienne, le Parlement de Paris pour le bréviaire d'Anjou, et le Conseil du Roi pour celui de Rouen. Donc le bréviaire de Lescar ne doit pas être abandonné.

Telle était la conclusion d'une partie des chanoines. Voici les raisons alléguées en faveur du Bréviaire Romain par leurs adversaires. On va établir « la justice du présent statut fait sur l'union et conformité de l'Office divin avec le Bréviaire Romain ».

Le chapitre de Lescar, ayant été sécularisé en 1537, dépend du Saint-Siège. « De temps immémorial, il y a eu en lad. église un office et bréviaire particuliers, pour servir à ceux de nostre diocèse seulement; lequel office et bréviaire ayant par le malheur des tems et troubles survenus en ce païs et par la proscription des ecclésiastiques, esté bruslé ou gasté, en telle sorte qu'il n'en est resté que quelques fragments et encores défectueux et manques ; sur lesquels le service divin, a esté remis le service divin, et célébré avec tel désordre et confusion que le plus souvent il estoit retardé, faict et altéré contre l'honneur de Dieu, au scandale des assistans, et à la risée des Calvinistes. Et d'ailleurs la plupart des prestres et autres clercs de nostre église et districtoict n'avoient aussi que peu de reste des livres légendaires, ny mesme le bréviaire ancien, au lieu desquels ils en avoient emprunté d'autres, depuis cinquante ou tant d'années et qu'ils n'en pouvoient faire imprimer de semblables, sinon à grands frais, lesquels il leur seroit impossible de fournir, quand bien ils recouvreroient les originaux. De manière qu'ils auroient proposé et délibéré de prendre au lieu du service ancien et particulier en ladite église, le bréviaire, office, et institution de l'Eglise Romaine, comme estant le plus convenable et facile à recouvrer à présent, ne l'ayant néantmoins voulu entreprendre lesdits évesque et chapitre, sur la simple requeste de quelques particuliers, sans cognoissance de cause, mais en ayant concerté préalablement avec l'archevesque d'Aux, leur métropolitain, et par son advis et conseil; ensemble, après avoir appelé tous les prestres et clercs du diocèse et pris

1. — Bordenave, p. 162.

l'opinion des abbez, prieurs, recteurs et curez de toutes les villes, bourgs et villages du diocèse de Lascar, lesquels y peuvent avoir intérest, mesmes en ayant obtenu la permission du Roy, tant à l'exemple des autres églises et Chapitres de France, que pour la crainte qu'ils en ont en qualité de subjects. — Et ce règlement a esté faict et receu, non par simple respect et cérémonie, mais afin que durant le temps requis à garder ces formalitez, les exposans et intéressez puissent déduire leurs raisons et expédiens, comme il appartient. Ainsi qu'a faict en cette cause, la plus saine partie du chapitre, laquelle désirant prendre le bréviaire Romain a mis en avant », que la variété des bréviaires avait introduit la confusion, « l'abus s'estant glissé jusque-là que le cardinal Quignonus, prestre titulaire de Saincte Croix de Jérusalem, avoit composé un nouveau bréviaire de trois leçons », d'où l'ignorance parmi les prêtres et autres ministres de l'Église[1]. Les Papes s'étaient toujours préoccupés des formes de la prière publique. De doctes personnages avaient été chargés en dernier lieu de la révision de l'office que le Souverain Pontife a ensuite imposé au monde chrétien. Ce statut s'appuie donc sur des Constitutions apostoliques.

On peut encore invoquer l'autorité des conciles et des docteurs, les lois mêmes de la nature et de l'art, les ordonnances des rois, et les contradictions choquantes que l'on rencontre dans les légendes locales des saints, surtout « pour le regard des premiers siècles, desquels il y a fort peu d'églises en France qui puissent se vanter d'avoir rien d'asseuré »,

Le chanoine Bordenave fait ici la critique des légendes du bréviaire avec une rare vigueur et un grand sens historique. Il montre l'ignorance du légendaire disant que l'archevêque de Trèves est le premier des sept électeurs de l'Empire, tandis que cette suprématie appartenait à Mayence; « l'autheur de cette vie tesmoigne assez qu'il n'est point des plus anciens, ny fort entendu en l'histoire »; nulle probabilité d'ailleurs que St Julien vint de Trèves « mais il y a plus d'apparence que St Martial, disciple des Apostres et premier évesque de Bordeaux, lui donna cette charge, comme il establit à Tholose St Sernin pour y estre premier évesque, ou que les évesques envoyez en France par les Apostres y ont pourveu par droit de voisinage, plus tost que cette contrée d'Allemagne, si esloignée de nous ». Le pèlerinage de St Léonce à Compostelle est encore moins probable « d'autant que cette dévotion estoit ignorée en ce temps-là... D'où il appert que toute cette histoire est subjette à caution ».

« Et pour le regard de St Julien, évesque de Lascar et nostre Patron, sa vie, déduite en nostre bréviaire, soit par le mesme autheur, soit par autre, est autant et plus conjecturale que la précédente. » Impossible de concilier la mission donnée à St Julien par St Léonce, après la Résurrection du Sauveur, les catalogues de Trèves étant muets sur cet évêque, et son épiscopat remontant tout au plus au ve siècle : « ce qui ne peut s'accorder avec ce qui est escrit là mesme, en la quatriesme leçon, où il est spécifié que St Julian avoit pour ses adjoincts Austrilian et Alpinian, prestres, qui estoient les deux compagnons de sainct Martial, envoyé ès Gaules par les Apostres[2]. Et ainsi nous tomberions toujours de fièvre en chaut mal ». Mais le récit de « Panuncius », roi des Sarrazins, assiègeant Lescar sous St Julien, démontre l'ignorance extrême de l'auteur, le saint ne pouvant « faire teste à ceux qui n'ont esté que fort longtemps après lui »; de même en est-il de l'emprisonnement de l'évêque par Lupus, prince de Gascogne, du temps d'Ebroïn, c'est-à-dire vers 668. « Et ainsi par ce calcul, cette légende ne peut estre véritable, attendu que St Julian est le premier de nos évesques et que St Galactoire, évesque postérieur, a esté devant Ebroïn cent cinquante ans et davantage... »

« Reste à examiner la vie de sainct Galactoire, aussi nostre évesque et martyr, laquelle est décrite avec pareille incertitude que les deux autres. Signamment en ce qu'il dit de son combat contre les Goths, et le faict martyr pour cette cause. Car bien qu'il soit difficile à croire qu'un Prélat bénin, sainct et confit en toute dévotion, de qui les armes doivent estre ses larmes, vienne à quitter sur un rapport sa chaire épiscopale, à sortir hors de son diocèse et abandonner sa patrie pour endosser la cuirasse, dresser un ost, déployer un drapeau, faire battre aux champs, traverser la Guyenne et percer la contrée de la France en la Gaule, vers Mimisan, au destroit de Bordeaux où il donna bataille es mécréans, comme raconte nostre légendaire[3]. » Les Goths possédaient paisiblement ce pays; il y a donc contradiction dans ce récit. De plus l'auteur confond Vandales et Goths : *Rex Vandaalensis et Gothicus*. « Telles légendes sont tirées des incursions que les historiens racontent des ennemis de l'Église; leur autheur est récent, comme il se collige de la première leçon, en laquelle il cite Isidore le Jeusne, qui a composé l'histoire des Goths et

---

1. — Bordenave, p. 165.
2. — Bordenave adopte, on le voit, l'Apostolicité de nos églises.
3. — L'*Estat des Églises*, p. 172. Comme cette narration est écrite d'un style rapide et élégant !

mourut l'an de grâce 636, avec Papias, homme de grande érudition, qui a fait le commun Répertoire, selon Trithemius, en son Catalogue, l'an 1200 ; de manière que ne sçachant pas au vray l'histoire de sainct Galactoire, non plus que celle de sainct Léonce et de sainct Julian, il a feint et controuvé plusieurs choses du sien, sur le rapport et traditive de quelques vieux contes : ce qui rend douteuse et incertaine toute narration[1]. »

« Pour ces causes et sur pareilles plaintes, on a réformé en plusieurs diocèses ce qui estoit abusif en ses règles, livres, et offices particuliers. » Et le St-Siège voyant qu'il était impossible « de purger les erreurs qui s'y trouvoient en la plupart des lieux de la Chrétienté » et jugeant que l'intérêt des églises était d'avoir l'uniformité de prières, a interdit et défendu l'usage des bréviaires particuliers.

« Ce sont, conclut Bordenave, à peu près les raisons que l'on allègue sur notre question d'une part et d'autre... Partant, je dis, pour concilier ces deux opinions contraires, qu'il faut apporter un bon tempérament entre l'ancienne coustume, forme, et usage du Bréviaire et des Psaultiers, Antiphoniers et Graduels, dont le Chapitre de Lascar et autres clercs du diocèse se sont aydez par ci-devant, et entre le Bréviaire de Rome qui est le plus sincèrement et repurgé de tous. Asçavoir en permettant ausdits chanoines et chapitre d'user du Bréviaire et de tout l'Office Romain qu'ils ont ou peuvent avoir à bon compte ; pourveu qu'ils adjoustent le *Proprium Sanctorum*, qu'ils feront corriger, purger, amender et imprimer à part, pour la révérence et mémoire des saincts locaux... afin que l'honneur deu à sainct Julian et à sainct Galactoire soit gardé en ce païs, ensemble le respect que l'on doit à saincte Confesse et autres dont les noms ont esté en vénération en cette ville et diocèse de Lascar de temps immémorial.[2] » Et comme il faut souhaiter l'uniformité de poids et de mesures dans tout le Royaume, « de mesme il est très juste et utile, pour le bien et unité de la religion, que les Patriarches, Primats, Métropolitains, Evesques, Chapitres, Communautez ecclésiastiques, Curez et autres Prestres, se servent et usent d'un seul Bréviaire qui soit nommé universellement par toute l'Eglise Catholique *le Bréviaire Romain*, suivant le décret du Souverain Pontife ou du sainct Concile de Trente[3] »

Nous ne saurions mieux terminer ce chapitre qu'en applaudissant aux nobles sentiments, aux paroles si sincères et si profondément orthodoxes du savant chanoine Bordenave.

Le P. Tessier, barnabite de Lescar au XVIIIe siècle, dit que le diocèse quitta l'ancien bréviaire « en octobre 1635 pour prendre le bréviaire Romain[4] » ; mais il ne le prouve pas. Toutefois il peut avoir raison, car si Bordenave, raconte les circonstances qui amenèrent cette suppression, il n'en précise cependant pas l'époque ; on sait en effet que les Statuts du Chapitre commencés en 1627 furent approuvés en assemblée capitulaire le 3 août 1637.

1. — *L'Estat des Églises*, p. 173.
2. — *Ibid*, p. 175.
3. — *Ibid.*, p. 178.
4. — Mss. de M. Barthety.

X

De la Célébration des Fêtes solennelles et de précepte dans les anciens Diocèses de Bayonne, de Lescar et d'Oloron jusqu'au XIXe Siècle. — Calendriers. — Ordonnances d'Etienne de Ponchier, de Jean d'Olce et de G. d'Arche (Bayonne), de Jacques de Foix et de H. de Chalons (Lescar), d'A. F. de Maytie et des Révol (Oloron).

Nous allons réunir dans ce chapitre les principaux documents concernant la célébration des principales fêtes dans nos diocèses, depuis le XVIe siècle jusqu'à nos jours.

Diocèse de Bayonne. — Le calendrier du Missel de 1543 et l'extrait du registre des obits nous ont fait connaître les solennités en usage dans ce diocèse. Mais ayant eu la bonne fortune d'avoir une copie du chapitre des *Statuta synodalia* de 1534 sur la célébration des fêtes commandées, nous le reproduisons ici en grande partie. C'est le 17e et dernier chapitre intitulé : *De festorum observatione* (Fol. XLIII).

Après avoir consacré quelques lignes à l'origine, aux motifs, au dispositif des fêtes, aux peines infligées à ceux qui ne les observeraient pas, les Statuts donnent ainsi le catalogue des solennités qu'il faut chômer :

℄ Festa que observari et coli sub penis supradictis districte precipimus sunt hec. Imprimis omnes dies Dominicos. Festa in honorem Dei instituta ; videlicet festum Nativitatis Dominice cum tribus diebus proxime sequentibus. Circumcisionis. Epiphanie. Dominice Resurrectionis cum duobus diebus proxime sequentibus. Ascensionis. Pentecostis, similiter cum duobus diebus proxime sequentibus. Trinitatis. Corporis Christi. Transfigurationis, Inventionis et Exaltationis Sancte Crucis. Sex festivitates gloriose, intemerate et intacte Virginis Marie Dei Genitricis, videlicet Conceptionis, Nativitatis, Annuntiationis, Purificationis, Visitationis et Assumptionis. Omnia festa apostolorum et evangelistorum. Festum Dedicationis ecclesie quod celebrabitur Dominica post octavam omnium Sanctorum. Festa sanctorum et sanctarum sub quorum vel quarum invocatione sunt dedicate ecclesie in suis parochiis observabuntur ; etiam si sint trium lectionum tantum. Preterea omnia festa que in sequenti kalendario preter predicta continentur, devote, pie et religiose, districte sub ejusdem penis mandamus observari. Nonnulla ex superius enumeratis in kalendario ex causa repetere voluimus.

℄ Festa que observari et coli sub penis districte precipiuntur. *In mense Januario.* Festum Circuncisionis[1]

---

1. — Chaque fête est précédée du mot *festum* que nous avons supprimé pour abréger.

Epiphanie. SS. Fabiani et Sebastiani. — *In mense Februario.* Purificationis beate Marie. B. Mathie, apost. — *In mense Martio.* B. Leonis. Annunciationis B. M. — *In mense Aprili.* B. Marci, evang. — *In mense Maio.* SS. Philippi et Jacobi, apost. Inventio S. Crucis. — *In mense Junio.* S. Barnabe, apost. Nativitas S. Johannis Baptiste. Beatorum Petri et Pauli, apost. — *In mense Julio.* Marie Magdelene. B. Jacobi, apost. B. Anne. — *In mense Augusto.* B. Laurentii. Assomptionis B. M. Bartholomei, apost. — *In mense Septembris.* Nativitatis B. M. V. Exaltationis S. Crucis. B. Mathei, apost. B. Michaelis, archangeli. — *In mense Octobris.* S. Dionysii, in regno ; extra regnum, sub consilio. S. Luce, evang. — *In mense Novembris.* Omnium Sanctorum. S. Martini. S. Katherine. — *In mense Decembris.* B. Barbare, intra muros. B. Nicolai. Conceptionis B. M. V. Thome, apost. Nativitatis Dominice. S. Stephani, protomartyris. S. Johannis, apost. et evang. Innocentium. »

Pendant plus d'un siècle et demi, les fêtes de précepte furent à peu près les mêmes. Celle de St Joseph est ajoutée à une date que nous ne connaissons pas et quelques autres furent laissées *à la dévotion* du peuple et du clergé. Mgr d'Olce paraît s'être beaucoup occupé des choses du culte. Ainsi, le 31 août 1658, le chapitre décide « qu'à l'égard de la sonnerie aux festes doubles de la seconde classe, la batterie des cloches sera double... et qu'au regard de la Dédicasse de la présente église [cathédrale] qui estoict toujours le premier Dimanche après la St Denys, Mgr de Bayonne sera prié de trouver bon qu'on sonne la grande cloche et d'en advertir le peuple[1] ». Dans les Statuts synodaux, publiés le 4 mai 1666, le même évêque donna le catalogue des fêtes de précepte pour son diocèse. On verra qu'il est presque toujours calqué sur celui de Ponchier. Après quelques considérations théologiques sur la sanctification des Dimanches et des fêtes, Mgr Jean d'Olce poursuit en ces termes : « Et quia nobis delatum fuit festorum multitudinem pauperibus, suoque labore victitantibus maxime onerosam esse, indeque fieri, ut multa festa quæ reverenter coli deberent, neque colantur, neque ut decet et expedit, observentur, ideo optimum fore duximus, ut quædam festa, quæ de præcepta erant, relinquerentur devotioni fidelium, ut cætera majori cum pietate et religione colantur.

» Itaque quæ observari et coli præcipimus sunt hæc. In primis omnes dies Dominicæ, Festa mobilia, nempe Dominica Resurrectionis cum duobus diebus proxime sequentibus. Ascensionis. Pentecostes similiter cum quarum diebus proxime sequentibus. Trinitatis. Corporis Christi. Festa sanctorum et sanctarum sub quorum vel quarum invocatione sunt dedicatæ ecclesiæ, in suis parochiis. Præterea omnia festa quæ sequenti calendario continentur.

» *In mense Januario.* 1. Festum Circumcisionis. 6. F. Epiphaniæ. 20. F. sanctorum Fabiani et Sebastiani. — *In mense Februario.* 2. F. Purificationis Beatæ Mariæ. 24. F. B. Mathiæ apostoli. Vigilia. — *In mense Martio.* 1. F. B. Leonis totius diœcesis apostoli cum octava. 19. F. sancti Josephi. 25. F. Annunciationis Beatæ Mariæ. — *In mense Aprili.* 25. F. B. Marci evangelistæ. — *In mense Maio.* 1. F. SS. Philippi et Jacobi apostolorum. 3. Inventio sanctæ Crucis. — *In mense Junio.* 2. F. S. Barnabæ apostoli. 24. Nativitas S. Joannis Baptistæ. Vigilia. 29. F. Beatorum Petri et Pauli apostolorum *cum vigilia*. — *In mense Julio.* 2. F. Visitationis Beatæ Mariæ *ad devotionem.* 22. F. Mariæ Magdalenæ. 25. F. S. Jacobi apostoli, *cum vigilia.* 26. S. Annæ, *ad devotionem.* — *In mense Augusto.* 6. F. Transfigurationis, *ad devotionem.* 10. F. S. Laurentii, *cum vigilia.* 15. Assumptionis B. Mariæ. Vigilia. 16. F. S. Rochi *intra muros.* 24. F. S. Ludovici, Francorum regis christianissimi. — *In mense Septembri.* 8. F. Nativitatis Beatæ Mariæ. 14. F. Exaltationis sanctæ Crucis. 24. F. Sancti Mathœi apostoli. Vigilia. 29. F. B. Michaelis archangeli. — *In mense Octobri.* 9. F. S. Dionysii *ad devotionem.* Dominica proxime sequenti : Dedicatio Cathedralis Ecclesiæ cujus officium per totam diœcesim, etiam apud Regulares, celebrabitur, in cathedrali cum octava, extra, sine octava. 21. F. S. Lucæ evangelistæ. 28. F. SS. Simonis et Judæ apostolorum. Vigilia. — *In mense Novembri.* 1. F. Omnium sanctorum. Vigilia. 11. Festum S. Martini. 25. Festum S. Catharinæ, *ad devotionem.* 30. F. S. Andreæ apostoli. — *In mense Decembri.* 4. F. S. Barbaræ, *intra muros.* 6. F. S. Nicolai, *ad devotionem.* 8. F. Conceptionis B. Mariæ. 22. F. S. Thomæ apostoli. Vigilia. 25. F. Nativitatis Dominicæ. Vigilia. 26. F. S. Stephani proto-martyris. 27. F. S. Joannis evangelistæ. 28. F. Innocentium *ad devotionem.* — Teneantur tamen rectores diebus festis quæ devotioni fidelium relinquuntur, missam celebrare, ut in aliis festis de precepto[2]. »

Quelques années plus tard, en 1668, Mgr d'Olce fit un Mandement spécial pour ordonner la célébration de « l'octave de la Conception[3] ».

Ainsi les fêtes d'obligation étaient nombreuses. Nos évêques en supprimèrent plusieurs, bien que cela ne

1. — Arch. B.-P., G. 127.
2. — V. au chap. XVII, le titre des Statuts synodaux de Mgr d'Olce.
3. — Arch. B.-P., G. 136. — Cette pièce ne se trouve plus aux Archives.

fût pas toujours au gré des fidèles ; nous lisons en effet cette remarque insérée dans le procès-verbal de la visite épiscopale d'Urrugne, faite le 6 octobre 1737, par Mgr de Bellefont : « Plusieurs paroisses, par une dévotion mal entendue, s'opiniâtrent à chômer des fêtes, supprimées pour bonnes raisons, par nos prédécesseurs [1]. »

Plus tard, la ferveur diminuant encore, Mgr d'Arche abolit, le 9 juillet 1754, certaines fêtes « chômées », par une ordonnance dont voici la teneur :

« *Mandement de Mgr l'évêque de Bayonne touchant les fêtes de son diocèse.* GUILLAUME D'ARCHE, par la grâce de Dieu et du Saint Siège apostolique, évêque de Bayonne, conseiller du Roy en ses Conseils, au clergé séculier et régulier, et à tous les fidèles de notre diocèse, salut et bénédiction.

» L'intention de l'Eglise dans l'institution des fêtes a été de sanctifier les chrétiens en les obligeant d'employer ces saints jours au service de Dieu, à chanter les louanges des saints, à célébrer leurs vertus, à méditer les récompenses qu'ils ont reçues. Elle a voulu par ce moyen animer ses enfants à marcher sur les traces de ceux qui règnent avec Jésus-Christ. Si l'on entroit dans ses pieuses vues, si, non content de s'abstenir des œuvres serviles, on passoit ces saintes solemnités dans des exercices de piété et de religion, et si l'on ne s'occupoit dans ces saints jours que du soin de se sanctifier et d'édifier le prochain, Nous n'aurions jamais pensé à en diminuer le nombre, et Nous maintiendrions soigneusement ce moyen de sanctification établi par la piété de nos pères, précieux monument de leur ferveur. Nous n'ignorons pas que selon la pensée de St Augustin, les solemnités que l'on célèbre à l'honneur des saints doivent être regardées comme autant d'exhortations qui portent les fidèles à imiter avec courage ceux dont ils révèrent la mémoire avec joye ; mais nous savons aussi que la piété qui a introduit ces fêtes s'étant refroidie, elles n'ont plus été célébrées avec la même ferveur, et par un malheur que nous ne saurions assez déplorer, toutes saintes qu'elles sont en elles-mêmes, ces fêtes deviennent une occasion de dissipation pour la plupart des chrétiens qui, dans ces jours consacrés au culte de Dieu et à la mémoire de ses bienfaits, se croient permis de faire indifféremment le bien ou le mal, les œuvres de lumière ou celles de ténèbres.

» Ce ne sont plus ces tems heureux où les fidèles se rassembloient des lieux les plus éloignés pour solemniser les fêtes des martyrs, où la vue des reliques des saints et le récit de leurs actions étoient un moyen presque toujours efficace de ranimer leur foy et leur piété et où ces *lampes ardentes et luisantes* que l'Eglise a mises sur le chandelier éclairoient tous ceux qui étoient dans la maison et les conduisoient dans la voye du salut. Ils ne sont plus ces heureux jours. Les rues de Sion pleurent maintenant et ses prêtres ne font que gémir parce qu'il n'y a plus personne qui vienne à ses solemnités, ou qu'on n'y vient qu'avec des dispositions peu convenables. Je hais vos fêtes, dit Dieu par le Prophète, je les abhorre, je ne puis souffrir vos assemblées. Ce ne sont plus les fêtes du Seigneur, ce sont les vôtres, parce que vous les célébrez selon les désirs déréglés de vos cœurs, que vous les rendez méconnoissables par vos débauches, et qu'au lieu de les sanctifier par des actes de religion, vous les profanez par l'oisiveté, par le jeu et par les excès les plus criminels.

» Pourrions-nous supporter plus longtemps les désordres où l'on tombe dans ces jours dédiés à la religion, et laisser les choses saintes exposées au mépris et à la profanation des pécheurs ? Nous vous parlons comme à des personnes sages, jugez vous-même de ce que nous vous disons et de ce que nous devons faire. Faut-il que trahissant notre ministère nous souffrions qu'on mêle les cantiques de la chaste Sion avec les chansons impudiques de Babylone ? Faut-il laisser allier les danses criminelles des Juifs idolâtres avec les saintes solemnités d'Israël fidèle ? Faut-il que nous fermions les yeux sur tous ces désordres dont nous avons été les témoins dans nos visites et que nous avons la douleur de voir continuer encore malgré tous les efforts que nous avons fait pour y remédier ? Ne sommes-nous pas obligés de purifier le sanctuaire des impuretés des enfans d'Israël ? d'arrêter des profanations que l'ancienne loy punissoit de mort ? Combien notre loy n'est-elle pas plus sainte que celle des Juifs ? Combien l'infraction n'en est-elle pas plus criminelle, et avec quelle sévérité ne seront pas jugés ceux qui en sont coupables ? Car si la loy qui a été annoncée par les Anges punissoit si rigoureusement les violements des fêtes, et ceux qui les ont commis ont reçu la juste punition qui leur étoit due, que ne doivent pas craindre ceux qui violent dans la loy que J.-C. a établie lui-même les fêtes qu'elle prescrit pour donner au Père céleste de vrais adorateurs qui l'adorent en esprit et en vérité ? Qui peut connoître la grandeur de la colère de Dieu et en comprendre toute l'étendue ? Le Seigneur ne relâche rien de la sévérité de ses loix : l'arrêt de mort une fois prononcé ne se révoque pas, et les peines dont Dieu punit la profanation des fêtes ne sont plus visibles, elles n'en seront pas moins terribles, et ceux qui s'y exposent reconnoîtront, mais trop tard, combien Dieu est vray dans ses menaces et qu'elles ne sont jamais vaines et sans effet.

1. — Arch. B.-P., G. 13, p. 25.

» Cherchons donc, autant qu'il est en nous, à remédier au mal et en prévenir les suites, et en condescendant à la foiblesse, le dirons-nous? à la dureté du cœur des chrétiens de nos jours, ayons aussi égard au malheur des tems, au besoin et à la nécessité d'un grand nombre de pauvres ouvriers, qui, ne vivant que du travail de leurs mains, ne peuvent observer les fêtes qu'avec un dommage notable. Et ne sera-t-il pas plus avantageux, même pour leur salut, de travailler à la culture de leurs terres que de passer ces saints jours dans la débauche? Quel moyen plus propre à se sanctifier que le travail? C'est à cause de son péché que le premier homme y a été condamné. Nous qui avons péché avec lui, nous devons donc subir la même condamnation. Nous devons regarder le travail comme une juste peine et en faire un acte de religion. En travaillant en esprit d'humilité et de pénitence, nous devons chercher à obéir à l'ordre du Seigneur, et à satisfaire pour nos péchés, et tandis que nos mains travaillent, nous devons élever notre cœur vers le Ciel et le laisser reposer en Dieu. Heureux ceux qui dans ces sentiments se nourrissent du travail de leurs mains. Ils sèment ainsi dans les larmes de la pénitence, ils moissonneront un jour avec joie. Ne vous plaignez donc pas de ce que nous diminuons le nombre des jours que la religion avoit consacrés au repos : vous nous y obligez par l'abus que vous en faites. Ne vous plaignez pas de ce que nous abolissons des fêtes dédiées au Seigneur. Pourquoi les profanez-vous par l'irréligion de vos discours, de vos actions, et de toute votre conduite? Ne vous plaignez pas de ce qu'on diminue le culte du Seigneur. Nous n'avons en vue que d'en corriger les abus. Ne vous plaignez pas de ce que l'Église varie dans sa discipline. Elle sçait distinguer ce qui est bon dans un tems, de ce qui ne l'est pas dans un autre, elle voit que ce qui était utile à la piété de vos frères vous seroit aujourd'hui pernicieux à cause de votre peu de foy. Si l'Église change quelque chose dans la discipline, elle conserve toujours le même esprit, et ces différens changemens ne tendent qu'à mieux procurer l'honneur de Dieu, et à éloigner les obstacles de votre salut. C'est dans cette vue que les conciles ont exhorté les évêques à retrancher le nombre des fêtes, et que plusieurs évêques de cette Province ont déjà fait ce retranchement. C'est aussi ce même motif qui nous porte à faire la même ordonnance.

» Pouvons-nous nous flatter, M. T. C. F., que la suppression de certaines fêtes vous rendra plus fervens pour célébrer celles qui subsisteront encore? Que la condescendance dont nous usons à votre égard vous rendra plus exacts observateurs de ces jours de salut et de bénédiction? Et que venant plus rarement à l'Église, vous y viendrez avec plus de respect? Ces gentils, dont il est parlé dans l'Évangile, confondront votre impiété, eux qui vivant au milieu de la corruption du paganisme conservoient une si grande vénération pour les choses saintes, eux qui venoient adorer Dieu avec tant de respect aux jours de fêtes dans le temple de Jérusalem, eux qui pleins de sentimens d'humilité et de foy s'adressoient aux Apôtres, comme aux amis de J.-C., afin d'être présentés à lui. Aussi J.-C. vous déclare-t-il que plusieurs viendront d'Orient et d'Occident et auront place dans le royaume du Ciel avec Abraham, Isaac et Jacob; mais que les enfans du Royaume seront jettés dans les ténèbres extérieures, parce qu'ils ont négligé les moyens puissans qu'ils avoient en main pour se sanctifier, en s'adressant aux amis de l'Époux qui auroient pu solliciter sa bonté en leur faveur. Écoutez ceci et comparez-le, vous qui tombez dans l'oubli de Dieu et de ses saints, de peur qu'il ne vous enlève tout d'un coup, et, qu'après avoir négligé tous vos protecteurs, nul ne puisse vous délivrer. Que le Seigneur éclaire les yeux de votre cœur pour vous faire sçavoir quelles sont les richesses et la gloire de l'héritage qu'il destine aux saints, le zèle que vous devez avoir pour les imiter et la confiance que vous devez avoir en leur intercession.

» A ces causes, après en avoir conféré avec nos vénérables frères les chanoines et chapitre de notre cathédrale, le saint Nom de Dieu invoqué, nous avons déclaré, et, comme de fait, nous déclarons que dans toute l'étendue de notre diocèse, il n'y aura obligation de chommer d'autres fêtes que celles qui sont dans le calendrier qui suit, lequel servira de règle, tant pour les fêtes qui seront transférées avec leurs jeûnes que pour celles qui resteront supprimées.

Fêtes commandées dans la ville et dans le diocèse de Bayonne.

Fêtes Mobiles. — Tous les dimanches de l'année, Pâques, et les deux jours suivans. L'Ascension de N. S. La Pentecôte, et les deux jours suivans, avec *vigile* et *jeûne*, la veille de la Pentecôte. La fête du T. S. Sacrement.

Fêtes fixées suivant l'ordre des mois.

JANVIER. 1. La Circoncision de N. S. 6. L'Épiphanie. — FÉVRIER. 2. La Purification de la Ste Vierge. — MARS. 1. St Léon. 25. L'Annonciation de la Ste Vierge.—JUIN. 24. St Jean-Baptiste, avec *abstinence* et *jeûne*, la veille. 29. St Pierre et St Paul, apôtres, avec *abstinence* et *jeûne*, la veille. — AOUT. 15. L'Assomption de la Ste Vierge, avec *abstinence* et *jeûne*, la veille. — SEPTEMBRE. 8. La Nativité de la Ste Vierge. — NOVEMBRE. 1. La fête de tous les Saints avec *abstinence* et *jeûne*, la veille. — DÉCEMBRE. 8. La Conception de la Ste Vierge[1]. 25. La Nativité de N. S., avec *abstinence* et *jeûne*, la veille. 26. St Étienne, martyr. 27. St Jean, apôtre et évangéliste. — La fête du Patron de chaque église.

Fêtes qui seront renvoyées au Dimanche le plus près du jour où elles étoient fixées et dont les vigiles et jeûnes seront renvoyés au samedi qui les précède.

FÉVRIER. 24. St Mathias, *vigile* et *jeûne*. — AVRIL. 25. St Marc. — MAY. 1. St Philippe et St Jacques. — JUILLET. 25. St Jacques, *vigile* et *jeûne*. — AOUT. 10. St Laurens, *vigile* et *jeûne*. 24. St Barthelemy, *vigile* et *jeûne*. — SEPTEMBRE. 25. St Mathieu, *vigile* et *jeûne*. — OCTOBRE. 28. St Simon et St Jude, *vigile* et *jeûne*. NOVEMBRE. 30. St André, *vigile* et *jeûne*. — DÉCEMBRE. 21. St Thomas, *vigile* et *jeûne*.

Fêtes qui resteront supprimées.

JANVIER. St Fabien et St Sébastien. — MARS. St Joseph. — MAY. Ste Croix. — AOUT. St Roch. St Louis. — SEPTEMBRE. L'Exaltation de la Ste Croix. St Michel. — NOVEMBRE. St Martin.

» Ordonnons que le présent Mandement sera lu et publié aux Prônes des messes paroissiales dans les chapitres de notre cathédrale et de toutes les communautés ecclésiastiques, séculières ou régulières, soi-disant exemptes ou non exemptes, et exécutée selon sa forme et teneur dans toute l'étendue de notre diocèse, nonobstant tous autres Statuts synodaux, règlements, ordonnances de visites ou autres, de nos prédécesseurs ou de nous, à ce contraires. Donné à Bayonne, sous nos seing et sceau et le contre-seing de notre secrétaire, le 9 juillet mil sept cens cinquante-quatre. † G., évêque de Bayonne. *Par Monseigneur*, Perjean, secrétaire[2]. »

Ce Mandement nous fait connaître toutes les fêtes célébrées dans la première moitié du XVIIIe siècle. Nous y voyons que les sentiments de foi étaient assez vifs pour que l'on pût trouver cette mesure un peu odieuse. La confrérie du St-Sacrement de Bayonne demanda bientôt que la fête supprimée de la Ste-Croix fût au moins renvoyée au dimanche. Mgr d'Arche fit droit à cette requête par une nouvelle ordonnance :

« Sur ce qui nous a été représenté par les sieurs Prieur et Directeurs de la confrérie du St-Sacrement, établie dans la présente ville, que la fête de Sainte-Croix de may, qui étoit une des principales fêtes de ladite confrérie, ayant été supprimée par notre Mandement du 9 juillet 1754, ils désiroient que la solennité de lad. fête fut remise au dimanche le plus prochain du 3 de may. Nous, voulant favoriser la dévotion que les habitans de cette ville ont toujours eu pour le T. S. Sacrement de l'autel et désirant, autant qu'il est en nous, contribuer à la gloire de N. S. J.-C., qui se cache sous le voile sacré de l'Eucharistie pour y recevoir nos respects, nos hommages, nos adorations, et nous combler de ses grâces : Ordonnons que la solennité de Sainte-Croix que la confrérie du St-Sacrement avoit accoutumé de célébrer le 3 du mois de may, se fera le dimanche le plus prochain dud. jour 3 de may. Exhortons tous les fidèles de s'aggréger de plus en plus à lad. confrérie dont ils peuvent retirer de très grands avantages, en profitant des bons exemples qui se trouvent parmi les confrères, qui sont à nos yeux d'une grande édification, et en participant aux grâces et aux indulgences qui leur ont été accordées par Nos Saints Pères les Papes. Ce divin Sauveur, la Sagesse incarnée, met ses délices à être avec les enfants des hommes dans l'Eucharistie ; ne mettrons-nous pas nos délices et notre gloire à le visiter souvent dans nos églises où notre foy nous assure qu'il réside ? Ne nous ferons-nous pas un devoir de reconnoître son amour par nos fréquentes adorations, et la reconnoissance ne nous invite-t-elle pas à nous associer à ceux qui font une profession particulière de luy rendre leurs hommages dans le St-Sacrement de l'autel, qui surpasse en dignité et en vertu tous les autres, et qui est le gage le plus précieux de son amour pour nous ?

» Sera la présente ordonnance lue et publiée au prône de la messe paroissiale de notre église cathédrale.

» Donné à Bayonne, le 24 mars 1755. † GUILLAUME, évêque de Bayonne. *Par Monseigneur*, Perjean, secrétaire[3]. »

Cette ordonnance demeura en vigueur jusqu'à la Révolution.

1. — Écrit à la plume, comme plus bas, pour la fête du patron.
2. — Arch. B.-P., G. 191.
3. — Arch. B.-P., G. 191.

DIOCÈSE DE LESCAR. — Notre bréviaire de 1541 nous donne le rite des fêtes célébrées dans la première moitié du XVIe siècle. On n'y dit pas cependant celles qui sont de précepte. Les Constitutions Synodales de 1552, publiées par Jacques de Foix, nous en fournissent le catalogue en ces termes :

SEQUUNTUR DIES FESTI HUJUS DIOCESIS DE PRECEPTO COLENDI.

Primo omnes dies Dominice.	Laurentius.
Circumsio (sic) Domini.	Assumptio beate Marie.
Epiphania Domini.	Bartholomeus apostolus.
Purificatio beate Marie.	Nativitas beate Marie.
Mathias apostolus.	Exaltatio sancte crucis.
Annunciatio beate Marie.	Matheus apostolus.
Dies Veneris Sancta.	Dedicatio beati Michaelis.
Resurrectio Domini cum duobus sequentibus.	Lucas evangelista.
Inventio sancte crucis.	Simon et Judas apostoli.
Festum sacratissimi Corporis Domini.	Festum omnium sanctorum.
Barnabas apostolus.	Catherina.
Nativitas beati Johannis Baptiste.	Andreas apostolus.
Visitatio Virginis Marie.	Conceptio beate Marie.
Petrus et Paulus apostoli.	Thomas apostolus.
Maria Magdalena [1].	Nativitas Domini cum duobus sequentibus.
Jacobus apostolus.	Festum cujuslibet loci.
Transfiguratio Domini.	

Nos, J. episcopus supradictus, inhibemus omnibus communitatibus, intra limites nostre Diocesis constitutis, aliquos alios dies festos introducere nec aliquem seu aliquos ad illos colendum compellere, sub pena excommunicationis et unius libre morlanorum. Per hec tamen non intendimus derrogare devotionibus populi circa processiones et missas, inter volentes [2].

Ce règlement dût être en vigueur jusqu'au Protestantisme. Au commencement du XVIIe siècle, le docte chanoine Bordenave indique comme fêtes solennelles : la Transfiguration, St Laurent, l'Assomption, la Nativité de la S. V., l'Immaculée Conception, la Purification, l'Annonciation, St Augustin, la « Dedicatio » de St Michel archange, la Toussaint, la Fête des Morts, Noël, la Circoncision, l'Epiphanie, St Etienne, les SS. Innocents, le Mercredi des Cendres, les Rameaux, le Jeudi, le Vendredi et le Samedi Saints, Pâques et les deux jours suivants, St Luc et St Marc, l'Invention de la Ste Croix, les trois jours des Rogations, l'Ascension, la Pentecôte et les deux jours suivants, le Jeudi de la Fête-Dieu ainsi que l'Octave, St Jean-Baptiste, la Dédicace, les Fêtes d'Apôtres, St Julien et St Galactoire. Les fêtes doubles étaient : les Dimanches, St Pierre aux liens, la Dédicace de la B. V. M. ad Nives, St Louis, l'Exaltation de la Ste Croix, la Présentation, la Visitation, St Martin, St Denys, Ste Catherine, la Conversion de St Paul, St Joseph, St Joachim, Ste Anne, Ste Marie Madeleine et Ste Confesse [3].

Les ordos de 1703 et de 1706 [4] nous donnent les fêtes de précepte en vigueur au commencement du XVIIIe siècle : « *Festa quibus precipitur*, disent-ils, *ab operibus servilibus abstinere, characteribus capitalibus designantur.* » Voici le catalogue de ces fête commandées :

— *Janvier*. 1. Circoncision. 6. Épiphanie. *Février*. 2. Purification. 24. St Mathias. *Mars*. 19. St Joseph. *Avril*. 25. St Marc. *Mai*. 1. SS. Philippe et Jacques. 3. Invention de la Ste Croix. *Juin*. 2. St Barnabé. 24. St Jean-Baptiste. 29. SS. Pierre et Paul. *Juillet*. 22. Ste Madeleine. 25. St Jacques. *Août*. 10. St Laurent. 15. Assomption. 24. St Barthélemy. *Septembre*. 14. Exaltation de la Ste Croix. 21. St Mathieu. 29. Dédicace de St Michel archange. *Octobre*. 18. St Luc. 28. SS. Simon et Jude. *Novembre*. 1. Toussaint. 2. Commémoration des défunts. 11. St Martin. 30. St André. *Décembre*. 8. Conception de la B. V. M. 21. St Thomas. 25. Noël. 26. St Etienne. 27. St Jean l'Evangéliste. Tous les Dimanches de l'année. Les Jeudi et Vendredi Saints. Pâques et les deux jours suivants. L'Ascension. La Pentecôte et les deux jours suivants. La Fête-Dieu.

Le 23 novembre 1733, Mgr Hardouin de Chalons publia un Mandement « au sujet du retranchement et du

---

1. — A remarquer les fêtes obligatoires de Ste Madeleine, de Ste Catherine et de l'Immaculée Conception.
2. — Bibliothèque de Pau.
3. — *L'Estat des Églises*, p. 947.
4. — Arch. B.-P., G. 270.

renvoy de quelques fêtes au Dimanche[1] ». Nous ne pouvons, à notre grand regret, donner *in extenso* cette pièce, un peu trop longue. Le prélat y dit que « si le nombre [des fêtes] a été si fort augmenté, ce ne fut que pour satisfaire au zèle des personnes dévotes ». Mais est arrivé un temps où « ces jours sont devenus pour plusieurs des occasions d'abus et de désordres ». — « D'abord que nous fûmes arrivés dans ce diocèse, ajoute-t-il, des personnes pieuses et éclairées ne crurent pas devoir nous laisser ignorer des désordres si criants. Elles nous demandèrent la suppression de quelques fêtes et le renvoy de plusieurs autres au saint jour du Dimanche. Leurs demandes nous parurent dignes de toute notre attention. Peu porté cependant à introduire des changements, nous crûmes devoir agir avec circonspection et nous ne jugeâmes pas à propos de déférer si promptement à leur sollicitation. Nous ne fûmes pas longtemps à en essuyer de nouvelles et bien plus pressantes. Les trois Corps des États assemblés à Pau nous présentèrent une requête dans laquelle, après avoir fait une vive peinture des abus et des désordres qui se commettoient à l'occasion des fêtes, ils concluoient à la même fin. Nous résistâmes encore et nous avons différé jusqu'à aujourd'hui, malgré une seconde requête que les États derniers voulurent nous présenter. Nous crûmes devoir nous instruire plus à fond et sçavoir par nous-même s'il n'y avoit point d'exagération dans tout ce qui nous avoit été exposé. Mais, hélas! nous n'avons été que trop convaincu, soit par nous-même, soit par les rapports que nous ont faicts des personnes de probité que la peinture qu'on nous avoit faite n'étoit que trop vraye... » Il y avait encore d'autres raisons qui motivaient la suppression de certaines fêtes : le peu d'étendue du pays qui demande une culture plus assidue pour nourrir ses habitants, la cherté des vivres, la rareté des ouvriers, la grêle qui périodiquement ravage les moissons qu'on doit être prêt à ramasser sans retard, « la licence qu'on se donne de travailler tous les jours de fêtes, sans en avoir demandé la permission ; l'usage où l'on est de l'accorder d'abord qu'on la demande ». A ces causes, il établit de nouveaux règlements pour la célébration des fêtes. « C'est par ces mêmes motifs, dit-il aussi, que nous nous élevons encore contre un abus qui nous a paru nouveau et extraordinaire. Nous avons été averti que, dans plusieurs paroisses de notre diocèse, les peuples ont introduit pendant la moisson, malgré les curés, contre notre autorité et celle de nos prédécesseurs, des fêtes, tous les samedis de chaque semaine, pour demander à Dieu (à ce qu'ils disent) de les préserver du fléau de la grêle : motif que nous admirons et que nous louerions et approuverions, si nous n'en craignions les suites. Devons-nous espérer en effet que ceux qui ont apporté si peu de dispositions chrétiennes à célébrer les fêtes prescrites par l'Église, en apporteront de meilleures en célébrant celles qu'ils ont établies de leur propre autorité ? Nous supprimons donc, sous les peines de droit, toutes ces espèces de fêtes, et deffendons à tous curés, vicaires, et autres ayant charge d'âmes, de les autoriser. Voulons que dans chaque paroisse, on n'y chôme d'autre fête particulière que la principale fête du patron. » La même ordonnance supprime et interdit les chapelles domestiques et particulières des paroisses.

Liste des fêtes renvoyées au Dimanche le plus proche du jour où elles se célébroient, et des jeûnes et vigiles renvoyés de même au samedy précédant ledit dimanche.

« *Dans le mois de février. St Mathias, avec le jeûne et la vigile. Mars. St Joseph. Avril. St Marc. La procession se fera néanmoins toujours le vingt cinquième de ce mois, excepté quand la fête de Pâques tombe en ce jour. May. St Jacques et St Philippe. L'Invention de Ste Croix. Juin. St Barnabé. Juillet. Ste Marie Magdelaine. St Jacques, avec le jeûne et la vigile. Aoust. St Laurent, avec le jeûne et la vigile. St Barthelemy, avec le jeûne et la vigile. Septembre. L'Exaltation de Ste Croix. St Mathieu, avec le jeûne et la vigile. La Dédicace de St Michel archange. Octobre. St Luc, St Simon et St Jude, avec le jeûne et la vigile. Novembre. St Martin, St André, avec le jeûne et la vigile. Décembre. St Thomas, avec le jeûne et la vigile.*

» Toutes ces fêtes renvoyées au Dimanche par notre présent Mandement ne se chômeront les jours marqués dans les calendriers que dans les lieux où les saints seront patrons de la paroisse ; et quoy que la fête dudit patron emporte l'obligation de jeûner la veille, ce jeûne néanmoins ne s'observera que le samedy, où il sera prescrit pour tout notre diocèse. — Les autres fêtes fixes ou mobiles qui ne sont pas comprises dans la présente liste s'observeront à l'ordinaire dans notre diocèse. »

Ce tableau des fêtes commandées « auxquelles il est défendu de travailler » se retrouve en tête du Rituel de la province d'Auch à l'usage du diocèse de Lescar (1751) et fut en vigueur jusqu'à la fin du siècle dernier.

Nous ferons remarquer seulement que St Julien et St Galactoire n'étaient pas compris parmi les fêtes « chômées », même dans les ordos de 1702 et de 1706.

---

1. — *Mandement de Mgr l'évêque de Lescar au sujet du retranchement et du renvoy de quelques fêtes au Dimanche.....* A Pau, chez Jean Dupoux. MDCCXXXIII, in-4º de 15 p.

Diocèse d'Oloron. — Il nous faudrait le bréviaire de 1525 pour connaître les fêtes célébrées à Oloron au XVIᵉ siècle. D'après un Mémoire produit à propos du procès sur l'office de St Grat au XVIIᵉ siècle, les fêtes solennelles étaient en 1626 à Oloron : Pâques, l'Ascension, la Pentecôte, la Fête-Dieu, St Jean-Baptiste, St Pierre et St Paul, la Toussaint, Noël, la Dédicace, St Grat « et toutes les fêtes de N. D. » et l'Épiphanie [1]. Ensuite le plus ancien document que nous ayons à ce sujet est un Rituel *français* — rarissime — imprimé par ordre de Mgr Arnaud-François de Maytie en 1679. On lit dans le Mandement, inséré en tête de ce livre, les lignes suivantes à propos des fêtes : « Nous avons ajouté au Calendrier la feste de St Grat, jadis évesque d'Oloron, pour estre doresnavant festée par tout notre diocèse, de quoy vous avertirez le peuple et y tiendrez la main aussi soigneusement, estant juste que la dévotion de tout le diocèse honore le mérite de ce grand saint ; comme aussi nous y avons fait mettre la Dédicace de nostre église cathédrale pour estre célébrée seulement dans notre ville et cité. » Voici l'ordre des fêtes d'obligation :

Calendrier des jours festez au Diocèse et Évêché d'Oloron.

Des festes mobiles. — Tous les dimanches de l'année. — Le Mercredy des Cendres durant l'office du matin. Le Vendredy Saint durant l'office du matin. La Feste de Pâques et les deux jours suivans. La Feste de l'Ascension. La Feste-Dieu, autrement appelée du Saint-Sacrement. La Feste du patron de l'Eglise en chaque paroisse.

Festes immobiles. — En Janvier. 1. La Circoncision de Nostre-Seigneur. 6. L'Epiphanie ou les Rois. En Février. 2. La Purification de Nostre-Dame. 24. St Mathias, apostre. *Vigile.* En Mars. Le 19. La Feste de St Joseph dans la ville d'Oloron et Sainte-Marie seulement. 25. L'Annonciation de Nostre-Dame. En Avril. 25. St Marc, évangéliste. En May. 1. St Philippe et St Jacques, apostres. *Vigile.* 3. L'Invention de la Ste Croix. En Juin. 11. St Barnabé, apostre. *Vigile.* 24. La Nativité de St Jean-Baptiste. *Vigile.* 29. St Pierre et St Paul, apostres. *Vigile.* En Juillet. 22. Sainte Marie Magdeleine [2]. 25. St Jacques, apostre. *Vigile.* En Aout. 10. St Laurent, martyr. *Vigile.* 15. L'Assomption de Nostre-Dame. *Vigile.* 24. St Barthélemy, apostre, *Vigile.* En Septembre. 8. La Nativité de Nostre-Dame. 14. L'Exaltation de Ste Croix. 21. St Mathieu, apostre et évangéliste. *Vigile.* 29. La Dédicace de St Michel Archange. En Octobre. 18. St Luc, évangéliste. 19. St Grat, évêque d'Oloron. 28. St. Simon et St Jude, apostres. *Vigile.* En Novembre. 1. La Feste de tous les Saints. *Vigile.* 2. La Commémoration de tous les Trépassez, le matin pendant le divin Office. 11. St Martin. 30. St André, apostre. *Vigile.* En Décembre. 8. La Conception de Nostre-Dame. 21. St Thomas, apostre. *Vigile.* 25. La Nativité de Nostre-Seigneur. *Vigile.* 26. St Etienne, premier martyr. 27. St Jean, apostre et évangéliste.

« Dans la ville et cité d'Oloron est fêtée la Dédicace de l'Eglise de Sainte-Marie qui est le second Décembre.
» Le jeûne doit être gardé en Carême ès Mercredy, Vendredy et Samedy des Quatre-Temps. »

Tout cela semblait bien oublié, trente ans après, lorsque Mgr Joseph de Révol publia, le 20 octobre 1708, l'ordonnance suivante : « Nous ayant été représenté par plusieurs curés de notre diocèse qu'il n'y a point de calendrier dressé des fêtes commandées dans notre dit diocèse, et que d'ailleurs, celuy qui est à la tête du rituel de la province d'Auch [de 1701], duquel seul nous avons ordonné qu'on se servit dans notre diocèse, est différent en plusieurs choses de l'usage qui y est observé, et qu'il estoit de notre vigilance pastorale de le régler, en sorte qu'il y eut une uniformité parfaite dans tout notre diocèse, que d'ailleurs, il se célébroit, en plusieurs paroisses, différentes fêtes par dévotion particulière, quoyqu'elles ne fussent pas commandées dans le diocèse, qui servoient souvent d'occasion de dissipation, ou qui estoient plus religieusement observées que les fêtes commandées, souvent même que le saint jour de Dimanche ; en sorte qu'à l'occasion desdites fêtes, le peuple qui avoit demeuré plusieurs jours sans travailler ne faisoit nulle difficulté de vaquer au travail lesdits jours de fêtes commandées, nous nous sommes cru obligés de donner le calendrier suivant des fêtes de notre diocèse pour y estre généralement suivi.

Calendrier des fêtes commandées dans le Diocèse d'Oloron.

En Janvier. 1. La Circoncision de N. S. 6. L'Épiphanie. En Février. 2. La Purification de la Ste Vierge. 24. St Mathias, apôtre, *avec jeûne la veille.* Il est à remarquer que l'année bissextile, la fête de St Mathias ne

---

1. — Arch. du G.-Sémⁿ d'Auch. *Protestation de Mgr de Révol contre la compilation des Statuts.* 31 octobre 1711, p. 4. Imprimé.
2. — On a vu que la fête de Ste Madeleine était aussi de précepte dans le diocèse de Lescar. C'est une particularité curieuse et qui doit avoir sa raison d'être.

se célèbre que le 25 dudit mois de février. En Mars. 25. L'Annonciation de la Ste Vierge. Il est à remarquer que lorsque ladite fête tombe dans le temps du Carême, en jour de Dimanche, elle doit être remise au lundi suivant avec l'office. Il faut aussi remarquer que le jour de St Joseph, qui tombe le 19 dudit mois de mars, est fête dans les villes de Ste-Marie et Oloron. En Avril. 25. St Marc, évangéliste. En May. 1. St Jacques et St Philippe, apôtres. 3. L'Invention de la Ste Croix. En Juin. 11. St Barnabé, apôtre. 24. La Nativité de St Jean-Baptiste, *avec jeûne la veille*. 29. St Pierre et St Paul, apôtres, *avec jeûne la veille*. En Juillet. 22. Ste Magdelaine. 25. St Jacques, apôtre, *avec jeûne la veille*. En Aoust. 10. St Laurent, martyr, *avec jeûne la veille*. 15. L'Assomption de la Ste Vierge, *avec jeûne la veille*. 24. St Barthélemy, apôtre, *avec jeûne la veille*. Il est à remarquer que le jour de St Roch, 16 dudit mois d'août, est fête dans les villes de Ste-Marie et Oloron. En Septembre. 8. la Nativité de la Ste Vierge. 14. L'Exaltation de la Ste Croix. 21. St Mathieu, apôtre et évangéliste, *avec jeûne la veille*. 29. St Michel, archange. En Octobre. 18. St Luc, évangéliste. 19. St Grat, évêque d'Oloron. 28. St Simon et St Jude, *avec jeûne la veille*. En Novembre. 1. La fête de tous les Saints, *avec jeûne la veille*. 2. La Commémoration des Morts, jusqu'après l'office du matin. 11. St Martin. 30. St André, apôtre, *avec jeûne la veille*. En Décembre. 8. La Conception de la Ste Vierge. Si elle tombe en jour de Dimanche, pendant l'Avent, la fête sera remise au lundi suivant avec l'office. 21. St Thomas, apôtre, *avec jeûne la veille*. 25. La Nativité de N. S. J. C., *avec jeûne la veille*. 26. St Étienne, premier martyr. 27. St Jean, apôtre et évangéliste.

Fêtes Mobiles.

« Tous les Dimanches de l'année. Le Mercredi des Cendres, jusqu'après l'office du matin. Le Vendredi-Saint pareillement, jusqu'après l'office du matin. Le jour de Pâques et les deux suivans. L'Ascension de N. S. J. C. Le jour de la Pentecôte et les deux suivans. La Fête-Dieu autrement appelée du St Sacrement. Le jour de l'Octave de ladite fête, jusqu'après l'office du matin. La fête du Patron de l'Eglise en chaque paroisse. Le jour de la Dédicace en chaque paroisse. Le jour de la Dédicace de l'église Cathédrale, qui tombe le 2 décembre, est fête dans les villes de Sainte-Marie et Oloron.

» Ordonnons qu'à l'avenir le dit jour sera fêté dans toutes les paroisses de notre diocèse, dont les églises n'ont point de dédicace particulière, et que dans celles qui en ont, le jour de la dédicace de chaque église paroissiale, sera fête dans ladite paroisse.

» Quant aux fêtes de dévotion particulière et qui ne sont pas commandées dans le Diocèse, eu égard aux abus qui en naissent très souvent, les réduisons tout au plus au nombre de trois dans chaque paroisse, dont les jours seront choisis par les paroissiens à l'assistance de leur curé ; et où le nombre des dites fêtes excèderont celuy de trois par chaque année, ordonnons seulement aux curés de célébrer la sainte messe de bonne heure aux autres jours, outre les trois qu'ils auront choisis, afin que les peuples, après avoir assisté au saint Sacrifice, puissent vaquer à leurs affaires temporelles et ne prennent pas occasion de ces fêtes de dévotion particulière, à violer la sainteté de celles qui sont commandées par l'Église[1]. »

Il en fut ainsi jusqu'aux *Ordonnances Synodales*, publiées en 1743 par Mgr François de Révol. Nous y lisons, au chapitre « De la Sanctification des Dimanches et des fêtes[2] », un nouveau règlement.

« Nous défendons aux curés, y est-il dit, de faire par an plus d'une fête de Patron, et d'annoncer d'autres fêtes que celles qui sont commandées, et afin que tout le monde sçache quelles fêtes sont commandées dans ce diocèse, et qu'on les garde avec la piété requise, nous en avons fait la liste suivante qui servira à l'avenir de règle dans toute l'étendue de ce diocèse.

Calendrier des fêtes commandées dans le Diocèse d'Oloron.

» Fêtes mobiles. Tous les dimanches de l'année. Pâques et le jour suivant. Le mardi, *permis de travailler*. L'Ascension de N. S. La Pentecôte et le lundi qui suit, avec *vigile et jeûne*, la veille de la Pentecôte. La fête du T. S. Sacrement. Le Patron principal de chaque paroisse.

---

1. — *Recueil des anciennes et nouvelles Ordonnances du diocèse d'Oloron*. Imprimé par ordre de Mgr l'Ill. et Rév. Joseph de Révol, évêque d'Oloron. Pau. Jérôme Dupoux, 1712, in-12, p. 120.

2. — *Ordonnances Synodales et règlements du diocèse d'Oloron*. Par Mgr l'Ill. et Rév. François de Révol, évêque d'Oloron. Pau. J. Desbarats et G. Dugué, 1753, tom. 2, p. 90.

Fêtes fixes suivant l'ordre des mois.

» Janvier. 1. La Circoncision de N. S. 6. L'Épiphanie. Février. 2. La Purification de la Ste Vierge. Mars. 25. L'Annonciation de la Ste Vierge. Juin. 24. St Jean-Baptiste, avec abstinence et jeûne la veille. 29. St Pierre et St Paul, apôtres, avec abstinence et jeûne la veille. Aout. 15. L'Assomption de la Ste Vierge, avec abstinence et jeûne la veille. 16. St Roch, à Ste-Marie et à Oloron; il est permis d'y travailler. Septembre. 8. La Nativité de la Ste Vierge. Octobre. 19. St Grat, évêque d'Oloron. Novembre. 1. La fête de tous les saints, avec abstinence et jeûne la veille. Décembre. 8. La Conception de la Ste Vierge. 25. La Nativité de N. S., avec abstinence et jeûne la veille. 26. St Étienne, martyr. 27. St Jean, apôtre et évangéliste.

» Que si dans le nombre des fêtes supprimées, il s'en rencontre quelqu'une qui soit la fête du principal Patron de quelque paroisse, voulons qu'elle y soit célébrée en la manière et au jour accoutumé, et le jeûne y sera observé la veille, si ladite fête porte vigile, sans que les habitans du lieu soient tenus de jeûner le samedi, auquel ledit jeûne sera renvoyé pour les autres paroisses du diocèse.

» Ordonnons que l'office de la Dédicace de notre Cathédrale sera fait avec octave dans toutes les églises de notre diocèse, sans qu'on soit obligé d'en célébrer la fête; et quant aux églises qui ont une dédicace, on pourra en dire l'office dans ces églises, sans octave, au jour fixé pour ladite dédicace; que si ces églises étoient dans l'usage d'en faire la fête, elle sera transférée dans l'office au Dimanche le plus près du jour auquel on avoit accoutumé de la célébrer. »

On voit que le diocèse d'Oloron n'honorait, comme saint local, que St Grat. Ste-Marie et la ville haute fêtaient aussi St Roch, le 16 août.

Les diocèses de Bayonne, de Lescar et d'Oloron conservèrent leurs « calendriers » de fêtes commandées jusqu'à la Révolution, ou plutôt, légalement, jusqu'au Concordat de 1801, qui fixa, pour toute la France, outre les Dimanches, l'Ascension, l'Assomption, la Toussaint et Noël, comme fêtes d'obligation.

XI

DE LA LITURGIE ROMAINE EN FRANCE ET EN PARTICULIER DANS LA PROVINCE D'AUCH PENDANT LE XVIIe SIÈCLE. — TENTATIVES JANSÉNISTES POUR FORMER UNE NOUVELLE LITURGIE FAUSSEMENT APPELÉE GALLICANE[1]. — DÉBATS AU SUJET D'UN NOUVEL OFFICE DE ST GRAT A OLORON (1712). — DOCUMENTS INÉDITS SUR CETTE QUESTION. — CENSURE DES VIEILLES ANTIENNES DE ST GRAT. — ORDONNANCE DE MGR JOSEPH DE RÉVOL. — OFFICE COMPLET ET LITANIES DE ST GRAT.

A bulle du pape St Pie V établissant l'uniformité pour la célébration de l'office divin fut acceptée par le monde catholique. L'Eglise de France ne fut pas des moins dociles à écouter la parole du successeur de St Pierre. L'Assemblée du clergé de 1605, par la voix de l'archevêque d'Embrun, « remontra qu'il seroit à propos que toutes les églises fussent uniformes en la célébration du service divin, et que l'office Romain fût reçu partout[2] ». C'était en quelque sorte réclamer l'usage de la Liturgie réformée pour la France. Un imprimeur fut trouvé pour la publication des nouveaux livres romains qui ne tardèrent pas à se répandre et à remplacer les anciens bréviaires. La question d'économie, pour les diocèses et les églises particulières, ne contribua pas médiocrement, à cette heure, au triomphe du bréviaire de St Pie V.

On peut dire que la Liturgie Romaine fut en honneur en France jusqu'en 1670 environ. D. Guéranger a toutefois reproché, et avec raison, aux assemblées du clergé de 1606, de 1650, 1660 et 1670, des tendances schismatiques. Dans la première, on avait inséré, sans l'autorisation du Pape, le *Pro Rege nostro*, au Canon; dans les dernières, on protesta contre la formule du serment prêté par les religieux dans leur ordination, formule insérée par le pape Urbain VIII dans l'édition du Pontifical de 1645. Ainsi, l'épiscopat français prétendait légiférer dans une matière absolument réservée au Souverain Pontife. Le jansénisme, hérésie détestable qui sapait l'autorité infaillible du St-Siège et lui contestait même le pouvoir de déterminer et d'ordonner les formules de la prière publique, le jansénisme renchérit encore et supprima peu à peu la liturgie romaine. Voisin, docteur de l'Université de Paris, traduisait en 1660, le Missel en français ; sa traduction

---

1. — Nous aurions consacré de bonnes pages, si nous l'avions eu, à l'ouvrage excellent de Marchési, prêtre de la Mission, intitulé : *La Liturgie Gallicane dans les huit premiers siècles de l'Église* et traduit par Mgr Gallot (in-8°, Lyon, Pélagaud, 1869). Cet auteur prétend : 1° Qu'il n'y a jamais eu de liturgie Gallicane proprement dite, mais que, dès l'origine, la liturgie Romaine fut seule en usage dans les Gaules ; 2° que des fragments de la liturgie Mozarabe ont été adoptés en France un peu avant les VIIe et VIIIe siècles ; ce qui a donné à nos antiques prières un air Gallican. Marchési croit prouver ces propositions par la comparaison des livres Romains primitifs et des soi-disant Gallicans. Cette opinion est au moins paradoxale. Nous répondrons très brièvement qu'il y a des offices absolument différents du rit Romain et du rit Mozarabe connus ; enfin, le passage de cette lettre de Charles le Chauve au clergé de Ravenne est très formel : « *Usque ad tempora abavi nostri Pipini, Gallicanæ Ecclesiæ, aliter quam Romana vel Mediolanensis Ecclesia, divina officia celebrabant.* » *Op. cit.*, p. 436.

2. — *Inst. liturg.*, t. 2, p. 2.

fut d'ailleurs condamnée par Alexandre VII, la Sorbonne et l'Assemblée du clergé de 1660. Pavillon, évêque d'Aleth, l'un des plus opiniâtres jansénistes de son temps, osa insérer dans le Rituel, publié pour la première fois par Paul V, le 17 juin 1614, des rubriques et des instructions en français, avec des maximes manifestement hérétiques. Nous avons ce livre et nous avons pu l'étudier à loisir. Le Pape Clément IX le condamna bientôt par un bref fameux du 9 avril 1668. Vingt-neuf prélats [1] approuvèrent néanmoins ce Rituel, et dès 1677, Mgr Le Tellier, archevêque de Reims, en publia un autre avec des rubriques françaises. L'élan était donné; un grand nombre de diocèses suivit le mouvement, et l'année d'après, 1678, l'archevêque d'Auch, Henri de Lamothe-Houdancourt, édita un Rituel français, dont nous aurons tout à l'heure occasion de parler. Le janséniste Le Tourneux fit paraître, en 1688, une version française du Bréviaire Romain, laquelle fut censurée, la même année, par l'official de Paris. C'est sans doute l'édition que publia Denis Thierry, en quatre gros volumes in-4° et dont nous avons un bel exemplaire sous les yeux; il y prenait le nom de « Prieur de St-Georges ».

Toutefois, c'était encore le Romain pur ou le Diocésain *ad formam Romani, ad formam, juxta mentem Concilii Tridentini* qui réglait les offices de l'Église de France. « Ce fut durant les trente dernières années du XVIIe siècle qu'on commença à parler d'une réforme liturgique dans les diocèses qui avaient des livres particuliers; car ceux qui s'étaient conformés au Romain pur ne se livrèrent aux innovations que dans le cours du XVIIIe siècle [2]. » Souvent les intentions furent droites; la critique tendait à l'amélioration des homélies et des légendes, puisées à de meilleures sources. Le bréviaire de Vienne, publié en 1678 par l'archevêque Henri de Villars, ouvrit la voie la plus large aux novateurs jansénistes. On y substitua aux antiennes et aux répons grégoriens des centons bibliques. Le bréviaire de Paris de 1680, dû à Mgr François de Harlay, fut le prélude de la destruction totale de la liturgie romaine dans notre pays. Le titre de ce livre était purement : *Breviarium Parisiense;* on brisait dès lors tous les liens qui unissaient le diocèse de Paris à la Chaire de Rome. La commission parisienne semblait avoir adopté trois idées principales : 1° Diminuer le culte des saints; 2° restreindre la dévotion envers la Ste Vierge; 3° amoindrir l'exercice du pouvoir des Souverains Pontifes dans les choses du culte, sous le vain prétexte de sauver les usages vénérables de l'antiquité. François de Harlay imposa le nouveau bréviaire « à toutes les églises, monastères, colléges, communautés, ordres religieux », tandis que ses prédécesseurs laissaient le choix entre le bréviaire purement Romain et le Diocésain-Romain de Paris. Un missel fut publié, en 1684, d'après ces idées. Le bréviaire de Cluny, 1686, suivit les mêmes errements. L'hymnographe de ces deux bréviaires fut surtout Jean-Baptiste Santeul, chanoine de St-Victor, qui composa pour l'Église de France de nombreuses hymnes, assez peu religieuses, et que l'on admit dans la plupart des bréviaires, éclos aux XVIIe et XVIIIe siècles. Avec Claude Chastelain, il fut l'auteur de la plupart des hymnes insérées plus tard dans le bréviaire Bayonnais.

Voici le moment de revenir un peu en arrière et d'étudier les principes qui fixaient la liturgie dans nos diocèses. Les archives de l'Archevêché et du Chapitre d'Auch nous auraient fourni sur ces questions les meilleurs renseignements. Aux deux derniers siècles, les suffragants laissèrent souvent au Métropolitain le soin de régler les pratiques uniformes des prières et du culte pour toute la Province; assurément, nous aurions trouvé dans ces documents, à jamais perdus, la solution de plus d'une difficulté que nous ne pourrons éclaircir.

DIOCÈSE DE BAYONNE. — Nos recherches les plus actives n'ont pu nous faire découvrir la trace d'un Propre diocésain, avant le XVIIIe siècle. Nous savons toutefois qu'on récitait les offices de St Denys de Paris et de St Roch, lesquels ne se trouvaient pas au Romain pur, dans un rang aussi élevé que celui qu'on leur assignait à Bayonne. On célébrait peut-être aussi, comme au XVIe siècle, la fête de *Ste Engrace*, dont nous publierons la légende inédite, d'après un très curieux *Lectionnaire* de Leyre du XIIIe siècle. Enfin on n'ignore pas que la fête de St Léon était toujours en grand honneur parmi nous. Il y a plus : le trop fameux abbé de St Cyran, chanoine de notre cathédrale, composa au commencement du XVIIe siècle un nouvel office pour remplacer celui qui était vraiment traditionnel. La découverte de ce travail aurait une grande importance; nous y verrions si le coryphée du Jansénisme avait adopté les *centons* bibliques dans cet office, préludant ainsi à des innovations que ses trop fidèles sectateurs s'empresseront d'imiter. Il alla jusqu'à dénier à notre patron, St Léon, son glorieux titre d'évêque : « *Certe abbas Sancti Sigiranni eo in officio quod de eodem sancto* [Leone] *composuit, enm sincere fatetur non fuisse episcopum* » dit le *Gallia Christiana* [3]. Parmi les vieux bréviaires romains que nous avons trouvés au Grand Séminaire de Bayonne, il n'existe rien de local,

1. — *Inst. liturg.*, t. 2, p. 65.
2. — *Ibid*, p. 72.
3. — *Gall. Christ.*, t. 1, col. 1310.

rien de particulier à notre Église ; néanmoins nous espérons être plus heureux un jour. Un document des Archives départementales nous apprend qu'à l'entrée solennelle des évêques, les chapiers de la cathédrale entonnaient l'antienne *Sancte Leo*, aujourd'hui inconnue[1]. Nous conclurons donc, jusqu'à preuve du contraire, que le diocèse de Bayonne se servait au XVIIe siècle du bréviaire de St Pie V. Toutefois, jusqu'en 1617, l'offrande à Pâques d'un agneau écorché prouve que les vieilles coutumes persistaient encore : nous l'avons vu plus haut. D'autre part, une note écrite en 1626, sur la garde du *Missale Baionense*, nous ferait croire qu'on s'en servait à cette époque[2].

DIOCÈSE DE LESCAR. — Le Romain pur y fut en usage, au moins depuis 1635. On avait absolument sacrifié les vieilles légendes et adopté, même pour les grandes fêtes, les leçons du Commun. Dans les Ordos de 1702-1706, les offices de St Julien, de St Galactoire et de Ste Confesse, portent tous cette mention expresse : *Omnia de Communi*. Néanmoins, il n'y avait plus d'uniformité absolue pour la récitation du bréviaire dans toutes les églises. Les mêmes Ordos établissent ces distinctions très fréquentes : *In ecclesia cathedrali, Extra cathedram, In civitate Lascariensi, Extra civitatem Lascariensem*. Ainsi l'office de la cathédrale n'était même pas toujours celui des églises de la ville de Lescar, ni celui des autres paroisses, et réciproquement ; mais les formules romaines seules étaient partout en vigueur. Nous avons trouvé cette distinction de l'office entre la cathédrale et les autres églises, même dans un ordo de 1775. Ces différences se rencontrent encore aujourd'hui pour la célébration des fêtes patronales et des titulaires.

Au commencement du XVIIIe siècle, *St Galactoire* était double de 2e classe, pour la cathédrale seulement ; ailleurs, on n'en faisait pas l'office, on célébrait la vigile de l'Épiphanie (5 janvier). Le 6 février : *Dédicace de la cathédrale*, double de 1re classe pour tout le diocèse, avec octave dans la ville ; le 10 mai : *Ste Confesse*, vierge, double majeur à la cathédrale ; ailleurs, de St Antonin. Le 22 mai : *Ste Quitterie*, double, à la cathédrale ; ailleurs, de l'octave de l'Ascension. Le 21 août : *St Julien*, double de 2e classe, dans la ville de Lescar ; ailleurs, de l'octave de l'Ascension. Le 28 du même mois : *St Augustin*, double de 1re classe, à la cathédrale ; ailleurs, double.

Mais encore une fois tout était purement Romain. Nous avons sous les yeux les *Supplementa ad Breviarium Romanum seu Officia sanctorum*, de Mgr Desclaux de Mesplez (1705), imprimés à Pau ; il n'y a pas le moindre souvenir local. On a ajouté à notre exemplaire, après la canonisation de St Vincent de Paul (1739), tout un office propre en son honneur, mais d'après le nouveau type pseudo-gallican.

Disons enfin que le 4 novembre 1726, Mgr Martin de Lacassaigne publia une lettre pastorale sur l'office divin où il ne parle pas du bréviaire qu'il faut réciter : il n'avait évidemment en vue que le bréviaire Romain[3].

DIOCÈSE D'OLORON. — Nous n'avons guère de données positives sur le bréviaire usité à Oloron. Nous savons cependant qu'au XVIIe siècle, on se servait à la cathédrale de Ste-Marie des livres de chants Romains ; quatre énormes in-folios — ruines vénérables — y sont encore conservés. C'était donc le Romain pur qui faisait loi dans le diocèse. Y avait-il au moins un office propre de St Grat ? Tout le fait croire. C'était probablement celui du bréviaire de Jacques de Foix, imprimé en 1525.

On a vu que c'est Arnaud-François de Maytie qui, en 1678, institua, comme fête de précepte, la solennité de St Grat. En 1691, Mgr Charles de Salettes fit imprimer un office avec les vieilles antiennes de 1525, lesquelles offraient un sens peu orthodoxe, au jugement de son successeur, Joseph de Révol. Celui-ci ayant découvert, le 13 janvier 1710, les reliques du saint, derrière le maître-autel de la cathédrale, rédigea un nouvel office et l'imposa à son clergé. Le Chapitre, jaloux de ses privilèges, n'ayant pas été consulté, intenta à l'évêque un procès qui ne dura pas moins de dix ans, 1711-1720[4].

Nous avons trouvé au Grand Séminaire d'Auch, parmi les papiers de M. l'abbé d'Aignan du Sendat, un dossier considérable sur cette question ; nous allons en résumer les nombreux documents.

Mgr Joseph de Révol, évêque d'Oloron, faisant la visite de sa cathédrale en 1710, remarqua, au-dessus et derrière le maître-autel, une porte de fer qu'il fit ouvrir. On y trouva un « coffret » contenant des ossements soigneusement enveloppés dans des étoffes espagnoles précieuses. L'évêque présuma que c'étaient les

---

1. — Arch. B.-P., G. 146.
2. — Dans les *Annuæ litteræ Soc. Jesu* de 1612, on voit que les chanoines de Bayonne étaient fort rebelles à la récitation publique des Heures au chœur : « In Boiatum nobili oppido, Baionam appellant, ad Australem angulum sinus Aquitanici, *canonicorum collegio persuasum est tandem, licet multo labore, ut, ex Tridentini Concilii formula, horarias preces in templo psallerent*. » P. 697.
3. — *Lettre pastorale... et sujets de conférences ecclésiastiques pour l'année mil sept cens vingt sept*. Pau. Jérôme et Jean Dupoux, 1727, in-4° de 27 p.
4. — *Chronique d'Oloron*, t. 2, p. 380. *Acta SS.*, 19 octobre. Procès-verbaux des Assemblées générales du clergé, 1725.

reliques de St Grat. Un chirurgien, M. de Marsaing, appelé à constater le fait, eut l'idée de rapprocher de ces ossements la tête du saint patron, conservée et honorée dans une riche châsse, et elle s'adapta merveilleusement à ces reliques sacrées. La preuve semblait péremptoire.

En conséquence, Mgr de Révol voulut célébrer la mémoire de ce grand événement ; il alla à Paris, au mois de mars 1711, « avec le dessein de substituer à l'ancien office du saint Patron un nouveau auquel plusieurs personnes, également pieuses et éclairées, avoient travaillé, sous ses ordres et sous ses yeux, et qui étoit un chef-d'œuvre dans son genre ». On ne dit pas à qui il s'adressa pour la rédaction de l'office. A son retour, il communiqua ses projets aux chanoines de Lurbe et de Seney. Étant allé à Pau au mois de juillet suivant, il fit imprimer par Jérôme Dupoux le nouvel office sous ce titre : *Officium proprium sancti Grati, episcopi Oloronsis, totius diœcesis Patroni, quod celebratur die xix° octobris*. Le Mandement, inséré en préface, était daté du 20 mars 1711. L'évêque en remit un exemplaire à M. de Maytie, chanoine et son vicaire-général, pour le présenter au Chapitre, et comme pour obtenir son consentement, dont il n'était pas fait mention en tête du livre. Le Chapitre ne parut pas avoir été trop mécontent, au premier moment, car « il le donna à notter au Sr Baltazar, un des prébendiers [1] » ; mais bientôt, on se ravise, le Chapitre en corps proteste, parce qu'il n'a pas été consulté, et porte l'affaire au Parlement, en priant le premier président, M. de Fenoyl, d'arranger l'affaire à l'amiable ; il déclarait en même temps « qu'il ne chanteroit jamais le nouvel office ». Le 10 octobre, MM. de Jaurgain, le plus ancien chanoine, et de Hégobure, sont députés vers l'évêque, afin de lui demander de suspendre la récitation de cet office jusqu'à la prochaine fête du 19 octobre. Mgr de Révol n'agrée pas la requête. Le Chapitre interjette appel et son syndic le signifie au Prélat.

Le procès commençait. C'est alors que furent produits, de part et d'autre, des Mémoires très curieux et intéressants par les nombreux détails qu'ils fournissent, mais peu édifiants assurément, et qui ne répondent pas à l'idée de respect et de soumission que l'on se fait ordinairement du clergé français aux siècles derniers.

Mgr de Révol justifia son nouvel office ainsi que les conclusions motivées du long procès-verbal de visite de 1710. Il publia en particulier des *« Pièces authentiques par lesquelles est prouvée d'une manière à n'en pouvoir douter la légende de St Grat, évêque d'Oloron, contenue dans le nouvel Office du saint, avec quelques réflexions, tant sur ladite légende que sur lesdites pièces. »* On y trouve : 1° la légende latine avec la traduction française ; 2° un extrait du procès-verbal de visite ; 3° une procédure faite par l'évêque de Jacca au sujet du transfert des reliques dans cette ville, pendant les troubles du Protestantisme ; 4° des réflexions sur la nouvelle légende. Cette dernière partie se composait de paragraphes numérotés. Nous en reproduisons ici quelques-uns. A ceux qui niaient l'authenticité du corps de St Grat, l'évêque répondait : « Cette précaution de fermer cette niche avec une porte de fer marque l'estime que l'on a toujours fait du dépôt qui y est contenu. — Le coffre, où sont contenus lesd. ossemens étant si vieux qu'il étoit tout vermoulu du temps de la visite en 1710, marque et l'ancienneté de ce corps et le soin que l'on a eu à le conserver. — Trois sortes de linges que l'on a trouvés dans le dit coffre ou sur iceluy, une tolle d'Espagne de laquelle ledit coffre étoit couvert, les linges dont le corps étoit enveloppé et d'autres vieux linges à costé prouvent évidemment l'estime que l'on a toujours fait et de tout ce qui l'avoît touché. — L'ance qui est en dessus du coffre ne prouve-t-elle pas évidemment qu'il avoit été fait pour transporter ce saint dépôt dans les occasions qui pourroient se présenter, pour le mettre à couvert des insultes des hérétiques ou des ennemis ? — Qui peut donc douter après cela que ce ne soit un corps saint ? — Mais ce principe supposé comme incontestable, peut-on douter que ce ne soit le corps de St Grat ? — Parmi ces ossemens, il n'y a point de teste ; celle de St Grat est conservée dans un chef d'argent en ladite église. — Il y a plus : à la teste de St Grat manque la mâchoire inférieure ; il y en a une parmi ces ossemens ; ce n'est pas assez : cette mâchoire inférieure confrontée par un habile chirurgien avec la mâchoire supérieure qui est à la teste de St Grat, s'est trouvée y avoir un parfait rapport, et il juge que c'est selon toutes les apparences la mâchoire inférieure de cette teste. — Quelques-uns des ossemens qui manquent à ce corps se trouvent dans l'église de Jacca et y ont été donnés par un chanoine d'Oloron à un chanoine de cette église nommé Vincentius Blasco, chez lequel il logea lorsqu'il dût reprendre le corps du saint. — Le corps trouvé dans l'église cathédrale d'Oloron est donc le corps de St Grat, ou ce saint corps a été mis ailleurs. — Que ceux donc qui osent avancer que ce n'est pas le corps de St Grat, nous disent où est ce corps ! »

Tel est, en partie, ce document si important pour l'histoire de la découverte du corps de St Grat. Les Bollandistes qui ont publié sa Notice, dans les *Acta SS.*, d'après les pièces du Grand Séminaire d'Auch,

---

1. — 15° Mém. Ces mémoires sont numérotés à la main dans le volumineux dossier formé par les soins de M. d'Aignan du Sendat. Nous devrions avoir au moins une copie de ces pièces dans nos archives diocésaines.

communiquées par M. l'abbé Darré, vicaire-général, ne donnent pas ce précieux Mémoire. Dans le même document, Mgr de Révol se défend d'avoir aussitôt exposé ces reliques à la vénération des fidèles ; c'était une supposition gratuite de la part du Chapitre et de ses partisans. En même temps, l'évêque portait une sentence doctrinale et longuement motivée contre les antiennes de l'office de St Grat, récité jusqu'alors. Nous donnons *in extenso* ce monument liturgique de premier ordre.

« *Censure de Monseigneur l'Illustrissime et Révérendissime évêque d'Oloron, contre certaines Antiennes d'un vieil office de St Grat, patron du diocèse.*

» Joseph de Révol, par la grâce de Dieu et authorité du Saint-Siège apostolique, évêque d'Oloron, conseiller du Roy en ses conseils et en son Parlement de Navarre, baron de Momour, seigneur de Ste-Marie, Orinx, etc., au clergé de notre diocèse, salut et bénédiction.

» Le principal soin d'un évesque devant s'estendre sur la maison du Seigneur, ce n'est pas tant les ornemens extérieurs qui en font la beauté aux yeux des hommes que les prières publiques qu'ils y récitent qui doivent faire l'objet de son application, et elle doit être d'autant plus grande que l'on juge de la créance et de la foy des peuples par leurs prières, surtout par les prières publiques : *Modus orandi est modus credendi ;* et c'est ce qui nous oblige avec une vive douleur de condamner certaines Antiennes d'un vieil office de St Grat, patron de notre diocèse. A Dieu ne plaise que nous ne jugions, comme nous devons, de la pureté et de la simplicité des intentions de ceux qui en ont été les autheurs ou en ont permis jusqu'à présent la récitation dans les églises du diocèse ; nous avons bien d'autres sentimens de leur piété et de leur religion ; mais il est très difficile que dans un grand ouvrage, comme l'étoit l'ancien Bréviaire d'Oloron, dans lequel presque toutes les Antiennes et Répons étoient propres, et duquel sont tirées les Antiennes que nous avons examinées, il ne s'y soit glissé bien des expressions qui méritent sans doute d'être corrigées. C'est même la conduite que les Souverains Pontifes ont toujours tenue à l'égard du Bréviaire Romain lequel ayant été mis en un meilleur ordre, et purgé par un décret du saint Concile de Trente, ensuite imprimé par ordre du saint pape Pie V, a esté revu et corrigé par ordre de Clément VIII, et ensuite d'Urbain VIII, d'heureuse mémoire.

» Il est vray que tout notre diocèse ayant receu avec respect et même avec complaisance un nouvel Office du saint qu'il commença de réciter l'année dernière, d'un consentement unanime, ladite censure pourroit paroître inutile, et elle le seroit en effet, sans les efforts de quelques esprits inquiets qui ne cherchent qu'à troubler sans sujet la paix du diocèse. Mais ne pouvant y remédier pour le présent autrement, c'est avec un regret infini que nous nous voyons obligé à en venir à ce remède qui nous a paru le seul capable d'arrester un mal auquel nous n'en avons pu apporter d'autre efficace jusques à présent, espérant de la divine Providence qu'elle voudra bien pourvoir à ce mal et à tant d'autres qui causent une affliction très vive à notre cœur paternel ; c'est pourquoi nous confiant sur les grâces de nostre estat, plustost que sur nos propres lumières, nous agirons, non en critique sévère, cette qualité ne convient pas à un évêque, et l'ouvrage seroit long, si nous voulions entreprendre de faire remarquer dans les antiennes (qui est tout ce que l'on a conservé de l'ancien Office du saint, en ayant retranché tout ce qu'il y avoit de bon d'ailleurs), si nous voulions, dis-je, y remarquer toutes les fausses applications de l'Ecriture, les allusions puériles au nom du saint, le peu de convenance de plusieurs desdites Antiennes à un saint évêque, pouvant également être appliquées à tous saints de toutes sortes d'états, et bien d'autres choses de cette nature, comme de tirer les Antiennes des Vêpres des Psaumes des Laudes, ce qui est sans exemple en matière d'Office, qui sont autant de fautes que nous n'attribuons qu'au peu de goût du temps dans lequel elles ont été composées. L'ancienneté nous rend vénérable tout ce qui peut passer sans suspicion d'erreur ou altération des Saintes Ecritures ; mais nous devons faire tous nos efforts pour tascher d'ôter du moins à présent ce qu'il auroit fallu ôter, il y a longtemps, comme disait St Augustin, dans une autre occasion. Et c'est dans ce dessein qu'après avoir imploré les lumières du Saint-Esprit, après de meures et sérieuses réflexions, et après avoir examiné lesdites Antiennes avec des personnes pieuses et éclairées.

» Nous avons trouvé 1° que la première antienne des vêpres et des laudes : *Indutus decorem sanctus Gratus fortitudine præcinctus est cujus sedes parata est in cœlo,* regarde dans le texte, dont ces termes sont tirés, la Création et la Rédemption des hommes et la double Royauté sur eux de Dieu, à raison de la Création, et de Jésus-Christ par rapport à la Rédemption ; aussi ces paroles tirées du Ps. 92 sont précédées par celles-cy : *Dominus regnavit.* Et c'est de Dieu et de Jésus-Christ qu'il y est écrit : *decorem indutus est, indutus est Dominus fortitudinem.* Ces paroles *decorem* et *fortitudinem,* disent les interprètes, signifient en cet endroit, *gloriam et majestatem regiam... potentiam et robur quod majestati regiæ necessarium est*, ce qui ne peut convenir qu'à Dieu seul. Il y en a qui entendent ces paroles de la Résurrection de Jésus-Christ, à laquelle il a esté revêtu de majesté et de gloire, et toute-puissance luy a esté donnée dans le Ciel et sur la terre. La pensée de ceux qui les rapportent à la Création est fondée sur ces autres qui suivent immédiatement dans ce même Psaume : *Etenim firmavit orbem terræ qui non commovebitur*; elles peuvent aussi s'entendre de l'Ascension du divin Sauveur, conformément à ces paroles qui suivent les précédentes : *Parata tua sedes ex tunc*. Quoy qu'il en soit, par les paroles suivantes : *a sæculo tu es*, il est certain qu'elles ne peuvent être appliquées qu'à Dieu et à Jésus-Christ, et par conséquent que l'application qui en est faite au saint dans les termes du Psaume, est détournée, contraire au sens littéral de l'Ecriture, tronque et altère le texte qui dans sa pureté ne peut convenir au saint, comme bien d'autres versets entiers, qui estant proprement et dans leur sens naturel dits de Jésus-Christ, dans un sens accommodatif et par communication de quelques qualités de ce divin Sauveur que possèdent les saints, peuvent leur estre adaptées comme aux saints apôtres et pontifes, ce verset du Ps. 109 : *Tu es sacerdos in æternum secundum ordinem Melchisedech*, et pour ces raisons condamnons ladite antienne (*ut jacet*) et comme tirée du Pseaume, et deffendons de s'en servir en aucun office public ou particulier.

» La seconde antienne, tirée du Ps. 99 : *Populus ejus et oves pascuæ ejus, introite portas ejus in confessione quia in generatione et generationem veritas ejus*, ne peut convenir pareillement qu'à Dieu et à J. C., le seul Pasteur souverain de nos âmes. Il ne faut pour en être convaincu que lire le texte dans lequel ces paroles : *Scitote quoniam Dominus ipse est Deus, ipse fecit nos et non ipsi nos*, précèdent immédiatement celles-ci : *Populus ejus*, etc. Il n'est pas moins sûr par les suivantes : *Laudate nomen Domini quia suavis est Dominus*, etc. La suite même de l'antienne tirée du texte en est une preuve incontestable : *Quia in generatione et generationem veritas ejus*, paroles qui marquent l'éternité et la vérité qui sont des attributs essentiels et incommunicables de Dieu qui peut seul être appelé Vérité : *Ego sum veritas* (dit J. C. de lui-même). Et l'Eglise dans l'Office de la Très Sainte Trinité nous assure que *Verax est Pater, Veritas Filius, Veritas Spiritus Sanctus*. Ajoutez que le texte est entièrement changé par la particule *causale* (*quia*) qui n'est pas dans le texte sacré et par ces mots *in generatione et generationem*, au lieu de ces autres *usque in generationem et generationem*, celles de l'Antienne marquant encore plus expressément l'éternité, *a parte ante* et *a parte post* (comme parlent les théologiens), et par conséquent cette antienne ne peut être attribuée au saint que dans un sens détorqué, contraire au sens littéral de l'Ecriture et attribuant à la créature ce qui ne peut convenir qu'à Dieu seul, et pour ces raisons nous condamnons ladite antienne et deffendons de s'en servir dans aucun office public ou particulier. Si l'on répondoit qu'elle n'est pas appliquée au saint, comme les précédentes et les suivantes luy sont appliquées, il est naturel de luy en faire l'application dans son office propre, et c'est l'usage observé dans toute l'Eglise, les Hymnes, Antiennes, Versets et Répons de tous les offices propres sont appliqués aux saints, à l'honneur desquels sont dits lesdits offices ; et par conséquent, ce seroit toujours donner lieu aux simples de tomber dans une application fausse et abusive de l'Ecriture : ajoutons qu'il y a un changement essentiel dans le sens des paroles, parce que celles qui en ôtent toute l'équivoque : *Laudate nomen ejus quia suavis est Dominus, in æternum misericordia ejus*, en sont retranchées, et de ce retranchement naît un sens douteux et suspect et qui peut insinuer un culte de latrie rendu au saint, et pour ces raisons, nous condamnons ladite antienne et deffendons de s'en servir dans aucun office public ou particulier.

» Pour la même raison, nous condamnons et deffendons de réciter dans aucun office soit public ou particulier, la cinquième antienne tirée du Ps. 148 : *Confessio ejus super cœlum et terram quia hymnus est omnibus sanctis Dei et populo appropinquanti sibi*. Ces paroles ne devant s'entendre que de Dieu seul, comme il est évident par celles qui les précèdent immédiatement dans le Pseaume : *Juvenes, et virgines, senes cum junioribus laudent nomen Domini, quia exaltatum est nomen ejus solius*. Au lieu que par les raisons marquées sur la seconde antienne, il paraît qu'elles sont appliquées au saint, ou du moins les simples peuvent l'entendre ainsi. Quoy qu'il en soit, le texte sacré est tronqué dans l'antienne en ce qu'il y a de plus essentiel et qui ôteroit toute application douteuse, qui sont ces paroles : *Exaltavit cornu populi sui*, qui suivent immédiatement dans le texte celles-cy : *Confessio ejus super cœlum et terram* et précèdent celles qu'on y a joint : *Hymnus omnibus sanctis*, etc., et il est ajouté dans ladite antienne une particule causale (*quia*) qui change et pervertit tout le sens du texte sacré, et pour toutes ces raisons avons condamné et condamnons ladite antienne, comme contraire au sens littéral de l'Ecriture, le tronquant et y apportant un changement essentiel, et deffendons de s'en servir dans aucun office, soit public, soit particulier.

» L'antienne du Magnificat des 1res vêpres peut avoir un sens encore bien plus dangereux ; elle commence par ces paroles : *Alme confessor Domini, sancte Grate, vera salvatio*[1], puisque cette qualité, *vera salvatio*, ne peut convenir qu'à Jésus-Christ, parce que, comme il est écrit dans les Actes : *Non est aliud nomen datum hominibus in quo nos oporteat salvos fieri*, et par conséquent condamnons cette expression : *vera salvatio*, appliquée au saint, comme suspecte en matière de foy, injurieuse à J.-C. qui est le seul Sauveur des hommes, et d'autant plus injurieuse que le mot *vera* est ajouté à celuy de *salvatio*, puisqu'il semble par ces mots *vera salvatio* que cette épitète *vera* a été mise afin que ce mot *salvatio* ne souffrit point d'explication, et pour ces raisons, condamnons ladite antienne et deffendons de la réciter en aucun office public ou particulier.

» La sixième antienne de Matines tirée du Ps. 8, conçue en ces termes : *Quam admirabile est nomen tuum, Domine, qui tui Grati Pontificis elevasti magnificentiam super cœlos*, n'est pas moins condamnable en ce qu'elle semble attribuer à ce que Dieu a fait pour St Grat, ce que le prophète dans ce pseaume n'attribue, et ce qui ne peut être attribué qu'à ce que Dieu a fait pour la gloire de son Nom. La particule causale y est expresse : *Quoniam elevata est magnificentia tua super cœlos*, cela seul fait paroître dans tout son éclat la grandeur du nom de Dieu. Par ces raisons, nous condamnons ladite antienne, comme contraire au sens littéral de l'Écriture et induisante à erreur; et deffendons de s'en servir dans aucun Office, soit public ou particulier. Nous pourrions ajouter qu'il n'y a que Dieu seul de qui on puisse dire proprement : *Elevata est magnificentia ejus super cœlos*. Bellarmin, expliquant ces paroles, dit qu'elles signifient : *Magnificentia Dei est altior cœlo, id est non capitur cœlo, tanta est ut totus mundus eam capere non possit*. Suivant ces paroles du prophète Habacuc, au chapitre III de son cantique : *Operuit cœlos gloria ejus et laudis ejus plena est terra*, ce qui ne peut convenir qu'à Dieu seul et à Jésus-Christ.

» L'antienne du *Benedictus* n'est pas d'une moindre exagération et attribue au saint ce qui ne peut convenir qu'à Dieu et à Jésus-Christ. En voici le commencement : *Beatum te fatentur in astris œtherei cives, Grate, Christi confessor, gloriam cohortes angelicæ hymnisantes, intonant*. N'est-ce pas là faire rendre à St Grat, par tous les Esprits bienheureux le même honneur que rendent à Dieu ces deux Séraphins, dont il est parlé dans le prophète Isaïe, qui chantent incessamment à son honneur : *Sanctus, Sanctus, Sanctus, Dominus Deus sabaoth, plena est omnis terra gloria ejus*, avec cette différence que le Prophète ne met à l'égard de Dieu ces paroles que dans la bouche de deux Séraphins : *Duo Seraphim clamabant alter ad alterum*, et que cette antienne les fait retentir de celles de tous les saints et de tous les chœurs des Anges à l'honneur de St Grat, *œtherei cives.... cohortes angelicæ*. N'est-ce pas encore attribuer au saint que tous les Esprits bienheureux fassent devant son throne ce que St Jean nous apprend dans l'Apocalypse que font les vingt-quatre vieillards, devant le throne de Dieu et de l'Agneau ; enfin, ce que fit un nombre d'anges à la naissance de J.-C., lorsqu'ils entonnèrent ce beau cantique : *Gloria in excelsis Deo* ; en un mot attribuer à la créature ce qui ne convient qu'à Dieu seul ? Et par toutes ces raisons, nous condamnons ladite Antienne, *in sensu obvio*, comme injurieuse à Dieu, contraire aux Saintes Écritures et à l'esprit de l'Église, et deffendons de s'en servir dans aucun Office public ou particulier.

» Notre dite desfense, sous peine de suspense, *ipso facto*, contre les ecclésiastiques de notre diocèse, lesquels ayant connoissance de notre présente censure, réciteront lesdites six antiennes ou quelqu'une d'icelles, dans aucun Office public ou particulier du saint.

» A Dieu ne plaise que nous veuillions diminuer par là la gloire du saint Patron de notre diocèse ! Que ne ferions-nous pas au contraire pour contribuer à en augmenter le culte et la dévotion! Et c'est ce qui nous attire même actuellement plusieurs persécutions. Mais les saints n'ont pas besoin de fausses louanges et d'un faux honneur, leur grande gloire est de louer Dieu et de l'adorer dans le ciel, et ils n'y sont grands que parce qu'ils y sont soumis à Dieu : *Ideo magnus quia Deo minor*.

» Ayons une sainte confiance en ce saint Patron, rendons-luy un culte, réglé selon la science et la religion, et tâchons surtout d'imiter ses vertus, et ce sera le moyen le plus sûr pour mériter sa protection. Donné au séminaire de Pau, ce 15 septembre, mil sept cens douze. † JOSEPH, évesque d'Oloron. Par Monseigneur, Saubidet. »

Mgr de Révol ne tint pas cette ordonnance pour lettre morte. Il défendit de donner l'absolution aux chanoines et aux prébendiers qui refusaient de réciter le nouvel Office. Il fit en particulier cette défense aux deux curés d'Oloron, Lalhacar et Cazedepats, dont l'un avait été son propre confesseur, et promoteur du diocèse, et qui alors faisait « tous les directoires par son ordre, comme par le passé [2] », l'autre son ancien vicaire-général et official. On n'était pas à la paix et à la conciliation.

1. — Les antiennes de St Galactoire du vieux bréviaire de Lescar sont dans le même goût. L'antienne de *Benedictus* de l'office de St Julien s'exprime ainsi : « Salve, præsul, *vera salvatio*, Juliane. »
2. — 3° Mém., p. 27.

En effet, de son côté, le Chapitre produisait des mémoires et des consultations.

On y voit que Jacques de Foix avait donné un bréviaire en 1525 lequel « ne contient ni Préface, ni Mandement » ; « il ne fut point composé, mais réimprimé seulement par son ordre [1] ». A l'évêque qui disait qu'après l'adoption du rit romain de St Pie V, on ne savait pas « comment cet Office étoit récité depuis le changement du bréviaire jusqu'en 1691 », le chapitre répond : « Feu M. de Salettes fit imprimer un Office au commencement de son épiscopat... parce que la note de l'ancien Office étoit d'une modulation, si bizarre et d'une exécution à chanter si difficile, que l'on convint qu'il fallait prendre l'Invitatoire et les Répons du Commun des Confesseurs Pontifes, en laissant en leur entier les antiennes de toutes les hymnes qui n'étoient pas d'une modulation si difficile avec les mêmes pseaumes de l'ancien Office ; et c'est le seul changement qui a esté fait du temps de M. de Salettes à l'ancien Office. On y a joint à la vérité des Leçons pour tous les jours de l'Octave qui se trouvent dans Gavantus, et qui sont approuvées par la Congrégation des Rites pour tous les saints qui n'ont point d'Office Propre, pour éviter la répétition des mêmes leçons durant huit jours, au lieu que M. de Révol a changé tout l'Office, jusqu'à l'Oraison ou Collecte, sans rien conserver de l'ancien... sauf une Homélie pour le jour de l'Octave [2]. » Ailleurs, ils disaient que Mgr de Salettes ne fit que « renouveler l'édition, à cause de la défaillance des exemplaires [3] » ; avec le titre : *Jussu Illustrissimi et Reverendissimi Francisci Caroli de Salettes, episcopi Oloronensis.*

Enfin le Chapitre demande au Parlement « d'arrêter le cours des entreprises qui sont si fort du goût de ce siècle... Chaque évêque, sur des exemples de cette nature, pourra introduire à son gré toute sorte de nouveautés [4] ». Cette critique, peu respectueuse sans doute de l'autorité épiscopale, exprimait une vérité, aujourd'hui admise par tout le monde.

C'est dans ce même Mémoire que le Chapitre faisait les plus graves objections contre l'authenticité des reliques de St Grat. Il prétendait que ces restes vénérables étaient ceux de quelque évêque d'Oloron. L'on pouvait se demander : « Qu'étoit devenu le corps ? Cette question suppose qu'on l'avoit eu autrefois à Ste-Marie de même que la tête ; cependant, il n'y a ni mémoire, ni tradition qu'on ait jamais eu d'autres reliques [5]. » Le débat engagé, on le voit, était très grave. Voici quelle en fut la conclusion.

Le Procès sur l'Office de St Grat s'était compliqué d'une nouvelle difficulté, à propos des vieux Statuts, — qui prouvaient que le Chapitre d'Oloron était jadis de l'Ordre de St Augustin et dont on ne put jamais fournir la bulle de sécularisation. Le Parlement de Navarre eut d'abord à décider sur le tout ; mais bientôt le Conseil du Roi fut chargé de régler ces différends. Enfin Louis XIV ordonna par un arrêt du 27 février 1714 de renvoyer le jugement *définitif et sans appel* à une commission, composée de Jacques Desmarets, archevêque d'Auch, Joseph Gaspard de Montmorin, évêque d'Aire, Pierre de St-Macary, doyen des Conseillers de Pau, Louis d'Aignan du Sendat, chanoine d'Auch, et Pierre Langon, chanoine d'Aire. Ceux-ci se réunirent à Pau, aux mois de novembre et décembre 1721, et décidèrent, après de longs débats : 1° Qu'il n'y avait abus, ni dans la composition du nouvel Office de St Grat, ni dans le Mandement qui en imposait la récitation aux prêtres du diocèse ; 2° Que l'évêque donnerait des statuts au chapitre ; 3° Qu'il avait une entière juridiction sur tout le clergé de sa cathédrale. — La sentence porte cette date : « Fait à Pau, dans le Séminaire, le vingtième décembre 1721 [6]. » Le dossier d'Auch contient quelques lettres autographes de Mgr de Révol, où l'on voit la douleur et le chagrin dont le vénérable Prélat était pénétré durant ces longues et tristes discussions.

Nous allons maintenant donner les pièces liturgiques dont était composé le nouvel Office de St Grat. On ne comprend pas trop comment c'était, selon l'expression des Mémoires, « un chef-d'œuvre en ce genre ». Il nous suffira de reproduire le Mandement de Mgr de Révol avec l'office, la messe, et les litanies du saint Protecteur de la ville d'Oloron.

Mandatum Illustrissimi ac Reverendissimi D. D. Episcopi Oloronensis super editione novi officii proprii Sancti Grati, Episcopi Oloronensis, ac totius Diocesis Patroni.

« Josephus de Revol, Dei gratia et Sanctæ Sedis Apostolicæ auctoritate, Episcopus Oloronensis, Regi ab omnibus Consiliis, nec non in suprema Navarro-Palensi Curia Senator, Baro de Momour, Dominus Sanctæ-Mariæ, Orin, etc. Venerabilibus fratribus Ecclesiæ nostræ Cathedralis canonicis, omnibus ecclesiarum rectoribus, eorum Vicariis aliisque Sacerdotibus et clericis, salutem et benedictionem.

---

1. — 3e Mém., p. 6.
2. — *Mém. pour le Chapitre contre l'Evêque, pour l'Office de St Grat*, p. 7 et 8.
3. — 4e Mém., p. 17.
4. — *Mém. p. le Chapitre*, p. 9.
5. — *Ibid.*, p. 9.
6. — Sn Auch. Mémoires — *Acta SS.*, 19 oct. — *Procès-verb. du Clergé de France*, 1725. — Menjoulet, *Chronique d'Oloron*, t. 2, p. 332.

» Ubi primum, divino ita disponente consilio, in episcopalem sanctæ hujusce ecclesiæ cathedram evecti sumus, tot inter ardua crediti nobis, Christi vice, ministerii munera, id potissimum solaminis angentem nostrum demulsit animum, quod sancto Grato, prisco antecessore nostro, uno ex illis sacris, de quibus Propheta loquitur, montibus, prope facti fuimus, in quem levaremus oculos, et unde nobis auxilium a Domino accederet.

» Antiquum illum Dei hominem, primævi nostræ diœcesis fideles præcelsum suspexerant montem, a quo Deus illos mirabiliter illuminasset, amœnum montem senserunt, qui susceptam a Christo vera luce fidei pacem transfudisset in declives eorum animos, ut velut colles divino justitiæ rore irrigarentur. Eundem et ipsi continuo sæculorum fluxu sensistis montem, arcis instar in circuitu vestro positum, vestram quam pepererat, Christi frumenti abundantiam asservantem, ac adversus spiritales hostium nequitias, vel temporaneæ etiam saluti vestræ protegendæ appensum.

» Exinde quanto jure, non peregrinum vobis, accersistis, sed parentem optimum, pervigilem vestri custodem, Deo concedente, elegistis Patronum.

» Par erat, fratres dilectissimi, ut tantum illum vestræ confessionis apostolum, cujus quidem et beata divino plenorum Spiritu cinerum pignora ipsis pretiosiora gemmis adhuc apud vos asservantur, congruo tantæ protectionis cultu prosequeremini.

» Ut injuncti vobis id muneris in sui profectum duceretur, placuit Illustrissimis Præcedecessoribus nostris, proprium pro solemni sancti Grati festo, ejusque octava, dirigere officium, illudque vobis (quod juxta sacros conciliorum canones solorum [1] est episcoporum) psallendum recitandumve tradere.

» Verum cum jam hujusce officii editionum fere nulla supersint exemplaria, ac quædam in illo officio et tanti sancti meritis et solennis festi dignitati non satis congrua irrepsisse judicaremus, alterum, habita cum viris piis et doctis collatione, contexuimus, in quo et Hymnis propriis, et Psalmis, Scripturarum Lectionibus, Patrum Sermonibus ac Homiliis, et demum Responsoriis, Capitulis et Versibus, melius expressimus tanti sancti ejusque festi cultus caractherem.

» In ipso igitur reperietis satis feliciter et unde, Deo dona sua in beati Grati meritis coronante, laudis immoletis sacrificium, et unde illum, semper viventem ad intercedendum pro vobis perpetuum, apud Dominum intercessorem postuletis, et demum unde ipse ad sui imitationem vos commoneat ac cohortetur : quæ tria omnem ecclesiastici Officii formam continent. Siquidem idem est cum Propheticis Psalmis, Sanctorumque Patrum Lectionibus, ipsius sanctissimi Grati sensus, cum idem, qui primos docentes inspiravit, extiterit, qui cum verbi prædicatione insonantem et agentem repleret Spiritus. Nec enim (ut ait Cyprianus) potuit in illis diversus esse sensus, ubi idem fuit Spiritus.

Quamobrem Dei legatione fungentes, ac in sacerdotii apice, Christi loco constituti, omnibus nostræ diœcesis capitulis, ecclesiisve nobis concessis, singulisque sacerdotibus et clericis, ad recitationem divini Officii adstrictis, ut hocce nostro Officio, in solemni beati Grati festo, octava et commemorationibus, utantur, mandamus ; inhibemusque ne vetus aut privatim aut publice usurpare præsumant. Datum in Palatio nostro Episcopali, die vigesima mensis Martii, anni millesimi septingentesimi undecimi. † JOSEPHUS, episcopus Oleronensis. De Mandato Illustrissimi ac Reverendissimi D. D. mei Episcopi Oleronensis. *Fallavier.*

DIE XIX OCTOBRIS

OFFICIUM SANCTI GRATI, EPISCOPI OLERONENSIS, TOTIUS DIŒCESIS PATRONI.

Duplex. I class. cum oct. In I Vesp. Ant. de Laud. Ps. de Domin. et loco ult. Ps. Laudate. Capit. I Thess. c. 4. Fratres rogamus. — Cette hymne se chante sur le même ton que celle de St Jean. Ut queant laxis.

HYMNUS SANCTOLII VICTORINI [2]

Quæ dies redit tibi sacra, Grate,
Hæc redit nobis quoque veneranda,
Tu bonus nostros (tua nos propago)
Accipe cantus.

Quantus es, cujus veniens ad œdem
Dexteram sentit sibi quisque numen,
Et domum semper redit impetrato
Munere lætus.

---

1. — Mgr de Révol adopte ici le principe gallican et janséniste, d'après lequel les évêques seuls peuvent régler les matières de la liturgie et du culte.
2. — Santeul, chanoine de St-Victor. L'hymne suivante : *Aurea qui nunc Olympo* se retrouve dans certains offices en l'honneur de St Augustin et de St Paul de Narbonne. V. *Repert. Hymn.* de M. l'abbé Ul. Chevalier dans les *Analecta Bollandiana*, n° 1600, 1601, 1602 (1889). — *Les deux premières strophes sont ici au bas de la page ; ensuite, par colonne.*

Te nurus castæ, viduæque matres,
Virgines, sponsæ, juvenes, senesque,
Omnis et sexus reperit Patronum,
Omnis et ætas.
Quin rudis fandi puer ore blœso,
Te sinu matris resonare gaudet,
Et tuas laudes hilaris juventus
Carmine tentat.
Dux viæ quem nos sequimur volentes
Ire des tuto pede quo prcisti,

Sic erit semper benefida proles
Juncta parenti.
Nec tuæ prolis tibi cura cedat,
Ut gubernasti, Pater, hanc gubernes
De tuis largas bibat, ut bibisti,
Fontibus undas.
Christe, qui nobis, Patre sic jubente,
Pontifex factus tibi laus tuoque
Una sit Patri, sit et una Sancto
Semper Amori. Amen.

℣. Sacerdotes tui. ℟. Et sancti tui. *Ad Magn. Ant.* Elegit ipsum. *Oratio.* Omnipotens, sempiterne Deus, qui ad immortales triumphos, B. Gratum, Confessorem tuum atque Pontificem, extulisti; da nobis dignam pro ejus veneranda solemnitate lætitiam, et præsta, ut qui ejus patrocinio gloriamur, sanctis moribus, ad ejus mereamur pervenire beatitudinis consortium. Per Dominum.

AD MATUTINUM

Invit. Christum, Pastorum Principem. Venite, adoremus. *Ps.* Venite. *Cette hymne se doit chanter sur le même ton que celle de la Toussaint :* Christe Redemptor.

HYMNUS ANT. MURETI [1]

Pastor beate, qui tuæ
Concreditum curæ gregem
Sævis luporum faucibus
Patere nunquam passus es.

Tu læta dux ad pascua,
Fontes recludens limpidos,
Oves videbas floride
Semper nitentes vellere.

Quod si quæ forsan rabido
Languere morbo cœperat,
Salubria, ut mitis pater,
Illi admovebas pharmaca.

Cujus laboris nunc tui
Digna assecutus præmia,
Favore (nam potes) tuo
Qui te præcantur adjuva.

Æterne cunctorum Pater,
Æterne Fili, par Patri,
Et par utrique, Spiritus,
Tibi, Deus, sit gloria. Amen.

In I Noct. Ant. Constitutus sum a Domino. Impinguasti in oleo — Complacui in veritate. *Ps.* [*ut hodie*]. ℣. Sacerdotes. ℟. Et sancti tui.
Lectio I. De Epist. I. B. Pauli ad Thess. Evangelium nostrum. ℟. Factus sum ego minister evangelii. ℣. Scitis quæ præcepta. — ℟. Si vos statis in Domino. ℣. Vos Dominus multiplicet. — ℟. Desiderantes vos cupide. ℣. Fratres... gaudium meum.
In II Noct. Ant. Exaltavit Dominus caput. — Lux tua et veritas tua. — Dixit iniquis. — ℣. Pavit eos. ℟. Et in intellectibus.
Lectio IV. Gratus episcopus, ineunte sæculo sexto, Oleronensem regebat ecclesiam. Subscripsit enim concilio Agathensi, quod anno Christi quingentesimo sexto, ex episcopis provinciarum Arelatensis, Narbonensis, Auscitanæ, Burdigalensis, Bituricensis, et Turonensis, congregatum est, præside sancto Cæsario Arelatensi, in quo conditi sunt septem supra quadraginta canones, quibus ecclesiastica disciplina mirum in modum stabilita est. Quid præterea Gratus egerit et quo tempore supremum obierit diem incertum. Sed illum egregii pastoris partes omnes sedulo implevisse et sanctissime decessisse constat. Antiquissimo quippe ritu colitur hac die ejus memoria in ecclesia Oleronensi quæ jampridem ejus patrocinio gloriatur. ℟. Lex veritatis. ℣. In pace et æquitate.

1. — Marc-Antoine Muret, né à Muret (H^{te}-Garonne) en 1526, mort à Rome en 1585. On trouve cette hymne au commun d'un Conf. Pont. dans ses œuvres publiées à Lyon par Pillehote, 1604, p. 328. (Bibl. de Pau.)

Lectio V. Caput ejus cum maxilla superiori in capsa argentea eadem ecclesia religiose servavit hactenus. Reliquum corporis, grassante hæreticorum furore, Jaccam in Hispanias translatum fuit. Pace autem postea Ecclesiæ reddita, in ecclesiam Oleronensem inde relatum fuisse verisimile sit, ex inventione sacri corporis in eadem ecclesia, intra murum, supra eum locum majoris altaris, in quo asservatur sacrosanctum Eucharistiæ sacramentum, reperti a Josepho Oleronensi Episcopo, Cathedralem ecclesiam visitante, anno millesimo septingentesimo decimo, circumdastantibus multis eum canonicis, aliisve de clero, tum magistratibus et civibus. Constat enim ex actis hujus inventionis, huic sacro corpori, sericis hispanicis involuto, deesse caput, sola maxilla inferiore superstite, quæ, collata juridice maxilla superiori capitis beati Grati, cum ipsa optime cohæret ; deesse quoque ossa quædam, quorum partem ecclesia Jaccensis ex veteri traditione fatetur accepisse se a canonicis Oleronensibus in gratiam servati sancti depositi. ℟. Ipse receptus est a terra. ℣. Omnia ossa dicent.

Lectio VI. Ex eo tempore, ecclesia Jaccensis missam in honorem sancti Grati quotannis hac ipsa die solemniter celebrat, in capella sancto Pontifici sacra, ejusque reliquias capsa argentea clausas in solemnibus supplicationibus circumfert. Variis autem, iisque insignibus miraculis, ad hæc usque tempora probavit Deus quam gratum habeat impensum sancto Præsuli cultum. In acceptorum ejus intercessione beneficiorum memoriam, mittuntur quotannis hac die magistratus qui nomine plurium oppidorum, intersint, ex veteri voto, solemni ejus officio cum facibus ardentibus. Sed et experitur quotidie christiana plebs quantam vim habeat apud Deum sanctus Pontifex ad sanandos morbos quoslibet, sedandas tempestates, aerisque intemperiem depellendam. ℟. Hic est fratrum amator. ℣. Glorificavit eum Dominus.

In III Noct. Ant. Eripuit pauperem. Benedictionem dedit legislator. Domine Dominus noster, tu exaudiebas. ℣. Exaltavi electum. ℟. Oleo sancto meo unxi eum. *Lect. S. Evang. Sec. Matt.* Homo peregre. Homilia Sti Gregorii Papæ. *Hom. 17 in Evang.* Pensemus. ℟. Non subterfugi. ℣. Nihil subtraxi. ℟. Quis est fidelis dispensator. ℣. Sic nos existimet.

Ad Laud. Ant. Hic est sacerdos. Curavit gentem. Ascendit ex adverso. Invocavit altissimum. Quasi sol refulgens. *Capit.* Fratres, rogamus vos. *Cette hymne se chante sur le même ton que celle de St Michel :* Tibi Christe.

HYMNUS SANCTOLII VICTORINI

Aurea qui nunc Olympo
In stola stas Pontifex,
Nube verum qui remota
Jam vides securius,
Hæc dies quam concupisti,
Grate, dat Christo frui.

Tu rudes doce, magister,
Nos tibi qui subdimur,
Finge pectus, et liquescat
Igne quo nunc ureris ;
Prome dulce lac alumnis,
De cibo quo pasceris.

Nocte multa tu sepultis
Fer facem, duc prævius,
Quæ reducunt nos Olympo
Fac tenere semitas ;
Quod notas iter, sequamur,
Ad Deum nos ibimus.

Sit suprema laus Parenti
Qui creavit omnia,
Filioque qui redemit
Morte nos volens sua,
Flaminique cujus almo
Recreatur halitu. Amen.

℣. Elegit Dominus servum. ℟. Pascere. *Ad Bened. Ant.* Quæ didicistis. *Oratio, ut in I Vesp. — Ad Prim.* Hic est sacerdos. *Ps. ut in fest. Ad absolut. Capit.* Lectio, Mementote, *ut infra ad Non. Ad Tert. Ant.* Curavit. *Capit.* Fratres. ℟. Sacerdotes tui. ℣. Et sancti tui. ℣. Pavit eos. Et in intellectibus. *Oratio ut in I Vesp. Ad Processionem. Dicantur tres hymni suprapositi, ad Vesp., ad Mat., et ad Laud. Qui si non sufficiant, canitur aliquod ex Responsoriis, vel canuntur Litaniæ in honorem sancti.*

Ad Missam. *Introitus.* Inebriabo animam sacerdotum *Ps.* Misericordias Domini. Gloria. Inebriabo. Gloria in excelsis. *Dicitur etiam per totam Octavam. Oratio.* Omnipotens, sempiterne Deus, etc. *Lectio Epist. B. Pauli ad Thess. I Thess. cap. 4.* Fratres, rogamus... spiritum sanctum in nobis. *Grad.* Excelsum fecit. ℣. Elegit Dominus servum. All. All. Pascite gregem. † *Sequentia S. Evang. sec. Math.* In illo. Homo peregre... in gaudium Domini tui. *Dicitur* Credo *hodie et per totam octavam. Offert.* Porrexit manum suam. *Secreta.* In conspectu tuo, quæsumus, Domine, talia sint nostra munera, qualia tibi obtulit sanctus tuus Pontifex Gratus, quæ et te placere valeant et nos tibi gratos efficiant. Per. *Comm.* Immolavi in tabernacula. *Postcommunio.* Deus, qui eadem esca spirituali et oves nutris et pastores, fac ut ovium mansuetudinem et innocentiam inde hauriamus, unde sanctus tuus Pontifex Gratus pastoris sumpsit sollicitudinem et charitatem. Per. [*In missis votivis dicitur sequens Postcommunio*[1]. Deus qui B. Gratum, confessorem tuum atque pontificem, populo tuo præesse, et quibus præerat, verbo et exemplo prodesse voluisti, concede plebi tuæ ejus petenti suffragia, ut quæ pie ejus intercessione poposcerit, impetrare et ad vitam pervenire mereatur æternam. Per.]

Ad Sext. Ant. Ascendit. *Capit.* I *Petr.* 5. Pascite. ℟. Pavit eos. ℣. Et in. ℣. Exaltavi electum. ℟. Oleo sancto. *Ad Non.* Quasi sol. *Capit. Hebr.* 13. Mementote. ℟. Exaltavi electum. ℣. Oleo. ℣. Beatus quem elegisti. ℟. Inhabitabit. *Oratio ut in Laud.*

In II *Vesp. Ps.* de *Dom.* sed loco ult. *Ps.* Memento. *Capit. et hymn. ut in* I *Vesp.* ℣. Beatus, ut sup. ad Non. *Ad Magn. Ant.* Statuit ei Dominus testamentum. *Oratio ut in* I *Vesp. Fit comm. seq. festi.* OCTAVA... *Quando fiunt ad Laud. et ad Vesp. commem. communes seu suffr. comm., tunc post commemorationem SS. Apost. Petri et Pauli, fit sequens commemoratio de S. Grato.* In ecclesia cathedrali. *Ad Laud. Ant.* In omnibus præbuit semetipsum. ℣. Exaltent illum. ℟. Et in cathedra seniorum. *Oratio.* Oremus. Deus, qui populis tuis indulgentia consulis et amore dominaris, et qui regendis illis vicarios charitatis tuæ præficis ministros, da nobis, quæsumus, intercedente beato Grato, confessore tuo atque pontifice, spiritum sapientiæ quibus dedisti regimen disciplinæ, ut de profectu ovium fiant gaudia æterna Pastoris. *Ad Vesp. Ant.* Omnium se servum fecit. ℣. Pavit. ℟. Et in. *Oratio ut in Laud.*

LITANIÆ IN HONOREM SANCTI GRATI

Kyrie eleison. Christe, eleison.
Kyrie eleison Christe, audi nos.
Christe, exaudi nos.
Pater de cœlis, Deus, miserere nobis.
Fili, Redemptor mundi, Deus, mis.
Spiritus Sancte, Deus, mis.
Sancta Trinitas, unus Deus, mis.
Sancte Grate, Pontifex sanctissime, ora.
S. G. gratiarum donis abundans, ora.
S. G. vas electionis, ora.
S. G. Christi minister dignissime, ora.
S. G. mysteriorum dispensator fidelissime, ora.
S. G. lumen Ecclesiæ, ora.
S. G. sal terræ, ora.
S. G. imitator apostolorum, ora.
S. G. presulum decus et ornamentum, ora.
S. G. gloria sacerdotum, ora.
S. G. peccatorum reconciliator, ora.
S. G. iræ divinæ placator, ora.
S. G. miraculorum patrator, ora.
S. G. tempestatum sedator, ora.
S. G. sublevamen pauperum, ora.
S. G. afflictorum solatium, ora.
S. G. languentium remedium, ora.
S. G. pater amantissime, ora.
S. G. doctor noster egregie, ora.

S. G. pastor bone, ora.
S. G. custos vigilantissime, ora.
S. G. lux nostra, ora.
S. G. dux noster, ora.
S. G. protector noster potentissime, ora.
S. G. refugium nostrum, ora.
S. G. fiducia nostra, ora.
S. G. divitiæ nostræ, ora.
S. G. gaudium nostrum, ora.
S. G. corona nostra, ora.
S. G. nostræ splendor patriæ, ora.
S. G. bonorum nostrorum conservator, ora.
S. G. portus tutissime, ora.
S. G. firmamentum gentis, ora.
S. G. hujus stabilimentum populi, ora.
S. G. quies et tranquillitas nostra, ora.
S. G. columna firmissima, ora.
S. G. legislator noster, ora.
S. G. gubernator noster, ora.
S. G. præses noster, ora.
S. G. propugnaculum nostrum, ora.
S. Grate, amor noster, ora.
Agnus Dei... parce nobis, Domine.
Agnus Dei... exaudi nos, Domine.
Agnus Dei... miserere nobis.
℣. Ora pro nobis. ℟. Ut digni efficiamur.

Oratio. Deus qui beatum Gratum confessorem tuum, etc.[2] [*ut supra*].

Il faut le reconnaître ; cette rédaction d'un office propre sans le concours du Souverain Pontife était un acte anti-liturgique. D'ailleurs, pourquoi ne pas le dire ? L'office de St Grat, dont la légende est d'une latinité sévère, érudite, mais sans onction, avec ses antiennes, ses répons et ses versets tirés des paroles de l'Ecri-

1. — Nous avons ajouté ici cette oraison tirée d'un vieux missel d'Oloron.
2. — Extrait des *Officia propria S. S. Cordium Christi Jesu, B. M., et S. Grati...* Tolosa, Jos. Dallès. 1772, p. 38.

ture Sainte, est tout à fait dans le goût des novateurs. Nous verrons cependant, à la gloire du diocèse d'Oloron, qu'il n'abandonna jamais le bréviaire ni le missel romains ; ces traditions et ce rite s'affirmeront, même pendant la Révolution française.

En terminant ce chapitre, complétons très brièvement nos renseignements sur St Grat.

Une tradition peu sûre, rapportée par la Chronique de Compaigne, le fait naître à Lichos « en la maison *Gamichela* » ou *Sengratenia*, sur les confins de la Soule et du Béarn. Évêque, il assista, en 506, au Concile d'Agde, et signa « GRATUS, *episcopus de civitate Olorone* ». On ignore l'époque précise de sa mort. On a prétendu que St Grat mourut à Jacca et que son corps aurait été rapporté à Oloron par Etsaut. Cette opinion n'est pas sérieuse ; ce qu'il y a de bien certain, c'est que les peuples l'honorèrent bientôt d'un culte public. Etsaut et Oloron le vénèrent comme leur patron. Jadis, à la procession solennelle du 19 octobre, les députés de Lichos marchaient au premier rang, comme compatriotes du Pontife. Si ce cérémonial n'est plus en vigueur aujourd'hui, la procession traditionnelle n'en a pas moins conservé tout un éclat.

Que sont devenues les reliques de St Grat ? On aurait pu craindre que la Révolution n'eût jeté aux flammes ce pieux trésor. Après la restauration du culte, « on revit sur l'autel de Ste-Marie, le buste renfermant le *chef* ou plutôt le *crâne* du saint évêque ». Derrière l'autel, se trouvaient dans une armoire les ossements, si minutieusement décrits au procès-verbal de 1710. Au mois d'octobre 1844, Mgr Lacroix fit une reconnaissance officielle de la relique enfermée dans le buste. Le défaut de témoignages positifs sur l'identité des autres ossements ne lui permit pas d'en affirmer la provenance. Il se contenta de sceller de son sceau la vieille caisse qu'il confia à la garde spéciale du curé de Ste-Marie. Une dernière reconnaissance officielle fut faite le 2 juin 1870 par M. l'abbé Menjoulet, alors vicaire-général du diocèse, en présence de M. Lassalle, curé de Ste-Marie, Salefranque, chanoine titulaire, Lasserre, archiprêtre de Ste-Croix, et de deux habiles médecins, MM. Charles Crouseilles et Émile Casamajor. Un examen très minutieux ne laissa aucun doute sur l'identité du vieux « reliquaire ». Tout était bien conforme au rapport du chirurgien Marsaing. « Tel fut, en termes généraux, le résultat de la reconnaissance dont on ne manqua pas de rédiger un procès-verbal en forme et minutieusement détaillé. La tradition locale se trouva renouée aux yeux de toute l'assistance et nul ne voulut douter que l'église de Ste-Marie ait la gloire de posséder encore les restes vénérés du premier évêque connu d'Oloron[1]. »

1. — Bibl. de Pau. *Chron. mss. des Év. d'Oloron* — *Mémorial des Pyrénées*, 17 Oct. 1844. — *Semaine Religieuse de Pau*, 23 Oct. 1870.

XII

Liturgie Auscitaine. — Rituel d'Oloron, 1679. — Rituel de Mgr de la Baume, archevêque d'Auch, 1701. — Rituel de Tarbes, 1701. — Rituel d'Aire, 1720. — Rituel de Mgr de Montillet, 1751. — Ordonnances de ce Prélat et des Évêques de Bayonne et de Lescar.

La province d'Auch résista longtemps aux innovations liturgiques du xviie siècle, du moins pour le missel et le bréviaire ; mais il n'en fut pas de même pour le rituel. Nos recherches ne nous ont pu faire découvrir de plus vieux livres d'Eglise. A propos des rituels d'Oloron nous trouvons un texte, dans le procès sur l'Office de St Grat conservé au Grand Séminaire d'Auch, mais c'est un tissu d'erreurs. On y lit : « Monsieur Arnaud de Maytie, évêque, donna un Rituel en 1594 [or, il ne fut nommé que vers 1599]. Monsieur Arnaud-François de Maytie, autre évêque, en donna un autre en 1650 [et il ne fut nommé qu'en 1661 !] ; on voit un Mandement à la tête de chacun d'eux. » Mais admettons des erreurs de dates : ces livres n'en ont pas moins existé sans doute. Ce qu'il y a de certain, c'est que dès l'année 1678, c'est-à-dire dix ans après la condamnation par le Pape du Rituel français d'Alet, Mgr de Lamothe-Houdancourt, archevêque d'Auch, fit paraître un *Rituel Romain de Paul V, avec des rubriques en français*. Nous ne savons pas s'il fut adopté par toute la province ; nous le trouvons cependant autorisé et imposé par l'évêque d'Oloron. Nous en donnons le titre et le Mandement qui l'accompagne : « *Rituel Romain du Pape Paul V, nouvellement traduit en français et mis en ordre, de l'autorité de Mgr l'Illustrissime et Reverendissime Arnaud François de Maytie, évêque et seigneur d'Oloron, pour l'usage de son diocèse, auquel sont insérées des exhortations pour l'administration des sacrements et assistance des malades, plusieurs remarques et cérémonies prises du Pontifical, Cérémonial, Missel, Commentaires sur les rubriques et autres auteurs, avec plusieurs additions pour la plus grande instruction et commodité des curés et vicaires. A Toulouse, chez Guillaume Louis Colomiez et Jérôme Posuel. M.DCLXXIX.* » Voici le Mandement de l'évêque d'Oloron :

« Arnaud-François de Maytie, par la grâce de Dieu et du St-Siège Apostolique, évesque et seigneur d'Oloron, à tous les curés et autres ecclésiastiques de notre diocèse ayant charge d'âmes. Salut et bénédiction en N.-S.

» Mes Très Chers Frères. Le soin que nous sommes obligés de prendre des peuples qui sont sous notre charge doit être continuelle et infatigable ; et comme le compte que nous en rendrons se fera sur les propres gouttes du Sang du Fils de Dieu, nostre Maistre, aussi ce mesme Sang doit-il estre le principal motif de notre sollicitude pastorale. Ce Sang précieux qui n'a été donné au monde que pour y établir la grâce que le désordre du péché en avoit bannye, a, aux termes du très saint apostre des gentils, une voix secrète et admirable qui annonce et promet le salut aux fidèles, et leur apprend qu'ils doivent y parvenir par une sainte conformité et doctrine, par une véritable pureté de mœurs, et par cette agréable simplicité de vie que l'Homme-Dieu a voulu exprimer luy-mesme par celle des colombes. Or estant hors de doute que pour arriver à un bien si important et si avantageux, il n'y a point de moyen plus propre que celuy qui est pris et dépend de l'instruction ordinaire qui est donnée aux peuples dans l'Eglise, pour cette raison, Monseigneur l'archevêque d'Auch, qui rend tous les jours sa piété aussi exemplaire et recommandable dans sa Province, comme elle y est éminente et relevée, a jugé à propos de prescrire et nous communiquer un formulaire de prône qui fût familier, facile et uniforme ; et selon son désir, nous le faisons maintenant passer jusqu'à vous, afin que, le lisant à ceux que vous devez instruire, ils trouvent de la facilité à vous entendre, et ayent ensuite plus d'affection pour vous croire. Nous vous ordonnons donc de faire distinctement la lecture de ce prône chaque Dimanche, après l'offertoire, en célébrant la messe paroissiale, sinon que, pour des considérations raisonnables, vous deussiez l'obmettre quelquefois, ce que nous remettons à votre prudence et en chargeons votre conscience, vous permettant toutefois de le tourner et le lire en langage vulgaire, si vous l'estimez nécessaire pour une plus facile intelligence.

» Nous avons ajouté au Calendrier la *feste de St Grat*, jadis évesque d'Oloron, pour estre dorénavant festée par tout notre diocèse, de quoy vous avertirez le peuple et y tiendrez la main, aussi soigneusement, estant juste que la dévotion de tout le diocèse honore le mérite de ce grand saint, comme aussi nous y avons fait mettre la *Dédicace de nostre église Cathédrale*, pour estre célébrée seulement dans notre ville et cité. Il étoit aussi nécessaire que vous eussiez une asseurée et certaine connoissance des cas qui nous sont réservés, afin de sçavoir par ce moyen en quoy est limitée vostre puissance touchant la rémission des péchés. C'est pourquoi nous avons aussi eu le soin de les faire insérer dans ce Rituel et vous ordonnons de les faire entendre au peuple chaque dimanche, après la lecture du prône, vous défendant très expressément d'absoudre aucune personne d'aucun de ces cas, sinon que vous en ayés permission spéciale de nous (qui ne sera désormais accordée que par écrit, ou bien en nécessité extrême dans laquelle l'autorité d'absoudre de tout cas appartient sans aucune réserve, ni limitation).

» Finalement, M. F., nous vous conjurons, par la bonté de Celuy qui ne nous a pas moins appelés aux charges qu'aux privilèges de son propre ministère, de considérer quelle en est l'importance, de faire en sorte qu'il ne soit jamais déshonoré dans vos personnes, que toutes vos actions soient remplies de l'esprit de Dieu, et que vous soyez si fortement attachés aux intérêts de son service et de sa gloire que les peuples qui vous sont commis en demeurent saintement édifiés et par ce moyen vous puissiez avec moy les présenter tous parfaits et tous dignes du cœur et des yeux du souverain Pasteur des âmes. »

Nous ne savons pas si ce rituel français d'Auch, adopté dans le diocèse d'Oloron, fut en usage à Bayonne et à Lescar ; ce fut dans l'assemblée provinciale de 1695[1], que les évêques s'entendirent avec le Métropolitain pour la publication d'un nouveau rituel. L'Archevêque d'Auch, Mgr de la Baume de Suze, confia ce travail à Paul de Chaulnes, son vicaire-général, depuis évêque de Sarlat[2]. Le rituel parut en 1701 sous ce titre : « *Rituel Romain à l'usage de la Province ecclésiastique d'Auch. A Paris, chez Antoine Dezallies, rue St-Jacques. A la couronne d'or, MDCCI.* » En tête de l'ouvrage, on trouve la lettre suivante :

« A Messeigneurs les évêques de la Métropole d'Auch.

» Messeigneurs. Vous avez eu sans doute plus d'égards à la place que j'ay l'honneur de remplir parmy vous que d'attention à la médiocrité de mes lumières, quand vous avez bien voulu me charger en Corps de Province de dresser un Rituel pour l'usage commun de notre Métropole. J'ai tâché de satisfaire de mon mieux à vos désirs. Je vous en présente le travail, persuadé que vous agréerez du moins ma déférence et mes bonnes intentions. Rien, Messeigneurs, n'est plus digne de votre zèle pour l'Eglise, que ce dessein en luy-même. Vous avés considéré que, comme *episcopatus unus est*, comme dit St Cyprien, le moyen le plus sûr pour maintenir cette unité, est de l'entretenir aussi dans nos diocèses : cette commune union produira des règles uniformes, soit pour les cérémonies, soit pour résoudre les principales difficultés qui se rencontreront dans la conduite des âmes et dans l'administration des Sacrements. Ce Rituel est conforme au Romain ; nous ne nous y sommes pourtant pas si littéralement assujettis, Messeigneurs, que nous n'ayons conservé les usages de notre Province, et même recueilli des autres églises de France ceux que nous avons jugés

---

1. — *Revue de Gascogne*, 1890. Mars. — Ibid. 1878, p. 70. V. plus loin le Mandement de Tarbes.
2. — *Vie de M. Daguerre*, p. l'abbé C. Duvoisin, p. 276.

pouvoir être utiles à cette Métropole. Nous avons pratiqué en cette occasion le judicieux conseil que donne le pape St Grégoire à un de ses disciples de ramasser dans les églises voisines ce qu'il y trouveroit de plus propre à exciter la piété des fidèles pour le transporter dans celle que ce disciple venoit de fonder : *Ex singulis quibusque Ecclesiis quæ pia, quæ religiosa, quæ recta sunt, elige, et hæc quasi in fasciculum collecta... in consuetudinem depone.* † SUZE, archevêque d'Auch. »

Nous extrayons du Mandement adressé au clergé du même diocèse le passage relatif aux formules nouvelles : « Pour ce qui est des cérémonies prescrites dans le présent Rituel, elles sont toutes tirées du Romain et des autres de ce royaume, selon que nous les avons jugées les plus utiles et les plus édifiantes. A ces causes, nous vous enjoignons de vous y conformer exactement, vous deffendant par exprès l'usage de tout autre Rituel que de celui-ci, trois mois après la publication de la présente ordonnance. » Celle-ci est datée du 10 janvier 1700.

Nous n'avons pas pu nous procurer d'exemplaire en usage dans nos trois diocèses. Peut-être chaque évêque y avait-il inséré un Mandement ; il serait bon à consulter pour des détails historiques aujourd'hui oubliés. Il est possible d'ailleurs que ce rituel ait été imposé à nos prêtres, sans autre lettre pastorale que celle du Métropolitain. Le même rituel, adopté par l'évêque de Comminges, nous donne à ce sujet de précieux renseignements. En effet, nous trouvons dans le Mandement de Mgr G. O. de Lubière du Bouchet, daté du 14 septembre 1728, les paroles suivantes : « Instruits la première fois que nous avons assemblé Messieurs les députés au Bureau diocésain, qui forment la chambre ecclésiastique, que tous Messeigneurs les évêques de la Métropole, assemblés à Auch, avoient délibéré de faire travailler à un Rituel commun à toute la Métropole, et que Monseigneur de Suze, alors archevêque d'Auch, avoit été prié par tous les seigneurs évêques, ses suffragants, de vouloir bien se donner la peine et le soin de former ce Rituel et le mettre bientôt en état de servir dans toute la Métropole, il auroit bien voulu s'en charger.

» Par la même délibération, tous les évêques se seroient engagez d'en prendre chacun pour son diocèse la quantité qui y est énoncée.... Mais au lieu, par ledit Dezallies (l'imprimeur), de se conformer à la délibération de l'assemblée d'Auch, portant que ces Rituels seroient remis en blanc dans chaque diocèse, afin que chaque évêque y mit son Mandement, le catalogue de ses fêtes particulières et des cas réservés, il envoya à Auch tous ces Rituels reliez, avec le Mandement de Mgr l'archevêque d'Auch en tête, sans laisser aucun vuide, soit pour y mettre le Mandement de chaque évêque et le catalogue des fêtes, soit pour y placer la Table des Cas réservez dans chaque diocèse. Cette contravention à la délibération de l'Assemblée d'Auch ayant paru essentielle à Mgr de Brisay, il refusa de prendre la quantité de Rituels destinez pour ce diocèse. C'est, M. C. F., dans cet état que nous avons trouvé cet affaire des Rituels en arrivant dans notre diocèse [1]... »

Sans doute il n'en fut pas de même à Bayonne, à Oloron, et à Lescar et les rituels dûrent être acceptés tels quels, sans Mandements diocésains. Nous avons trouvé mention de ce rituel pour Bayonne dans un procès-verbal de visite de Labastide-Clairence fait par Mgr de Bellefont, le 1er octobre 1737. Il y est dit « que le sr curé ne suivait pas les formules prescrites par le Rituel d'Auch [2] ».

Les *Ordonnances synodales* de Mgr d'Arche, 1749, en parlent aussi à plusieurs reprises [3]. A Oloron, les prêtres devaient être examinés sur « le Rituel de la Province » d'après l'ordonnance de Mgr Joseph de Révol du 23 avril 1706 ; la même année celui-ci publie une liste de cas réservés conformes « à l'ancienne table desd. cas contenus dans le Rituel ancien [de Mgr A. F. de Maytie] n'y ayant ajouté que ce qui est dans le nouveau Rituel de la Province » ; le prône, les enterrements et autres prières, devaient être faits d'après le même Rituel, livre que tout curé était obligé de présenter aux visites épiscopales [4]. Enfin l'évêque de Lescar, Mgr de Chalon, rappelle dans son Mandement du 15 août 1750 « l'ancien Rituel » remplacé par un plus parfait [5].

Ce livre fut bientôt en usage dans toute la Province d'Auch, y compris probablement les diocèses de Tarbes, d'Aire, de Dax, etc., jusqu'en 1751.

Nous sommes heureux de pouvoir publier le Mandement qui précédait l'édition de Tarbes : « FRANÇOIS DE POUDENX, par la grâce de Dieu et du St-Siège apostolique, évêque de Tarbe. Aux Archiprestres, Curés et

1. — Bibl. du Grand Séminaire de Bayonne.
2. — Arch. B.-P., G. 14, p. 14.
3. — *Ordonnances synodales du diocèse de Bayonne* publiées par Mgr d'Arche, en 1749, pp. 23, 27.
4. — *Ordonnances synodales de Mgr J. de Révol.* Dupoux, 1712, pp. 7, 85, 152, 169, 244.
5. — Mandement du Rituel de Lescar de 1751.

Prestres de notre Diocèse. Salut et bénédiction en Notre Seigneur. Les plaintes que nous avons reçues dans le cours de nos visites, qu'on ne trouvoit plus d'exemplaires des Rituels composez par nos Prédécesseurs, pour l'usage de notre diocèse, nous avoient fait former le dessein de vous en donner un; mais les Rituels des autres Diocèses de la Province d'Auch s'estant aussi trouvez usez, ou perdus, il fut délibéré en l'Assemblée Provinciale tenue en 1695 que Monseigneur l'Archevesque seroit prié d'en composer un qui pût servir à tous les Diocèses de la Province. Il y a travaillé avec toute la diligence, l'érudition et le succès possibles. Nous ne pouvons rien faire de plus avantageux pour la gloire de Dieu, pour le bien de l'Eglise, et pour le salut des âmes soumises à notre conduite, que d'ordonner l'usage de ce Rituel dans notre Diocèse. A ces causes, nous vous mandons de vous servir à l'avenir de ce Rituel, de le suivre exactement dans l'administration des sacrements et dans vos autres fonctions. Nous vous défendons d'y introduire aucune nouveauté et de rien ajouter aux paroles et aux cérémonies, qui vous y sont prescrites. Lisez-le souvent, avec attention, afin que vous puissiez vous acquitter plus facilement de votre ministère. Prononcez-en les paroles d'une manière grave et intelligible, en faisant vos fonctions ; faites-en les cérémonies avec attention et dévotion. C'est par ces actes extérieurs de religion que vous ornerez le culte de Dieu, que vous tiendrez les assistans dans le respect, que vous les exciterez à la connoissance et à la vénération des choses saintes et divines, que vous vivifierez leur foy, que vous animerez leur piété et leur charité, que vous instruirez les simples, et que vous fortifierez la dévotion de tous les fidèles : *Ceremoniæ,* dit le cardinal Bona, *sunt actus externi religionis quibus quasi signis excitatur animus ad rerum sacrarum venerationem, mens ad superiora elevatur, nutritur pietas, fovetur charitas, crescit fides, devotio roboratur, instruantur simpliciores, Dei cultus ornatur.*

» L'amour que vous avez pour la discipline ecclésiastique nous promet que vous recevrez ce Rituel avec autant de joye que vous avez marqué de désir de l'avoir, et que vous vous y conformerez entièrement dans l'exercice de votre ministère. Nous demandons à Dieu qu'il vous anime de son esprit, afin que vous puissiez satisfaire à ces obligations, et qu'après avoir travaillé au rétablissement de la discipline, à la sanctification des âmes, et avoir esté par la sainteté de votre vie le modèle de votre troupeau, vous remportiez une couronne de gloire qui ne se flétrira jamais, *ut cum venerit Christus Dominus, Princeps Pastorum, immarcescibilem æternæ gloriæ coronam percipiatis.* — Donné à Paris, le 20 juin de l'an 1701. † FRANÇOIS, évesque de Tarbe. »

Nous avons pu consulter aussi le Rituel que donna au diocèse d'Aire, Mgr Gaspard de Montmorin de Herem. Dans l'Ordonnance qu'il mit en tête du volume et qui est datée du *30 octobre 1720,* cet évêque s'exprime en ces termes : « On se servoit anciennement dans ce diocèse du Rituel Romain, mais on n'y en voit presque plus d'exemplaires ; ils ont péri par vétusté ou se sont perdus : de sorte qu'il y a des curés qui se servent du Rituel de Bordeaux, quelques-uns de celuy de Toulouze. Il y en a qui se servent de celui d'Auch, d'autres de celuy de Périgueux ou de Tulles. Tous ces Rituels sont bons et sont uniformes, pour ce qui regarde l'essentiel de la Religion et des Sacremens, mais ils ne se ressemblent point dans les diverses cérémonies qu'ils prescrivent... Nous avons cru ne devoir pas entreprendre d'en composer un nouveau et qu'il suffisoit d'en choisir un parmy ceux qui ont été publiés depuis quelques années. Il nous a paru que la règle et le bon ordre demandoient de nous qu'à l'exemple de plusieurs Prélats, nos comprovinciaux, nous préférassions celuy de l'Eglise d'Auch qui est la métropole de cette province ; il est conforme au Rituel Romain, et on en excepte quelques usages particuliers de l'Eglise d'Auch. C'est pour conserver ceux de l'Eglise d'Aire que nous avons fait quelques légers changements, dans le Rituel d'Auch. Nous y avons ajouté un état des fêtes commandées dans ce diocèse [par l'ordonnance du 2 avril 1718] et des jours auxquels on est obligé au jeûne. Nous y avons même marqué les fêtes et les jeûnes que nous avons renvoyés au dimanche et au samedy. » Il y joignit les cas réservés et l'édit de Henri II « contre les femmes qui cèlent leur grossesse ».

Cependant la rareté des exemplaires, l'imperfection même de l'ouvrage, peut-être aussi le goût des nouveautés liturgiques, dans lesquelles plusieurs de nos diocèses vont donner entièrement, portèrent les évêques à en demander une nouvelle édition, dans leur assemblée provinciale de 1744. Ce travail confié à Mgr de Montillet, archevêque d'Auch, précédemment évêque d'Oloron, ne fut achevé que six ans après. Il parut en un beau volume, petit in-4°, à Paris, en 1751, chez le célèbre imprimeur Jean-Baptiste Coignard, avec ce titre : *Rituel à l'usage de la Province ecclésiastique d'Auch,* et ce sous-titre : *à l'usage du Diocèse de....*

Ce rituel a beaucoup de traits de ressemblance avec celui de 1701. On y trouve à peu près les mêmes divisions ; les *Instructions* qui précèdent certains chapitres ne sont que le texte, plus ou moins modifié, de celui du rituel de Mgr de la Baume. Ce fut l'œuvre, paraît-il, de Louis Legrand, sulpicien, célèbre par son *Tractatus de Incarnatione,* etc. « Il fut chargé, dit Feller, de revoir et d'enrichir de plusieurs additions le rituel d'Auch, publié en 1751. » M. Léonce Couture complète en ces termes nos renseignements, dans le numéro du mois de mars 1890, de la *Revue de Gascogne* : « Ce savant théologien eut des rapports avec M. de Montillet, et il y a lieu de lui attribuer les instructions du *Rituel* publié par cet archevêque ; mais on est persuadé à St-Sulpice qu'il n'a pas rédigé le bréviaire Auscitain dont les auteurs restent inconnus. » Et si l'on doutait encore que M. Legrand de St-Sulpice ait été l'auteur, ou plutôt le correcteur, du rituel d'Auch de 1751, voici un texte qui le prouve. On lit dans la Notice que M. Gosselin a composée sur ce fameux théologien : « La réputation si bien établie de ce docteur engagea, vers l'an 1750, les évêques de la province d'Auch à lui confier la réédition du *Rituel de cette province*, publiée en 1751. » Et M. Gosselin ajoute en note : « Ce fait rapporté par M. Montaigne dans sa Notice sur M. Legrand (en tête du *De existentia Dei*, p. xii) est attesté par M. Legrand lui-même dans une lettre à M. Emery du 28 février 1764. »

Nous avons la bonne fortune de donner ici les Mandements de l'archevêque d'Auch et des évêques de Bayonne, de Lescar et de Tarbes, qui se trouvent en tête de ce nouveau rituel diocésain :

Mandement de l'archevêque d'Auch. — « JEAN FRANÇOIS DE MONTILLET, par la permission divine, et l'autorité du Saint-Siège Apostolique, archevêque d'Auch, primat de la Gaule Novempopulanie, et du Royaume de Navarre, conseiller du Roi en ses conseils. Aux archiprêtres, curés, vicaires, et autres ecclésiastiques employés à la conduite des âmes dans notre diocèse, salut et bénédiction. — Les éditions du Rituel de la Province étoient épuisées, N. T. C. F.; ce livre, un des plus importants et des plus nécessaires, étoit devenu un des plus rares ; plusieurs paroisses en étoient dépourvues, et dans le plus grand nombre, celui dont on se servoit se trouvoit si usé, qu'il ne pouvoit plus paroître sans quelque sorte d'indécence dans l'église et entre les mains des ministres des sacrements. Ces inconvénients, que nous aperçûmes dès le commencement de nos visites, étant également sensibles dans les autres diocèses de notre Métropole, il fut délibéré en une assemblée des évêques qui la composent, tenue à Auch en 1744, de pourvoir incessamment à ce besoin, de faire dans cette vue une nouvelle édition du Rituel, avec quelques augmentations et quelques changements dont on reconnoissoit l'utilité, et de rendre cette édition commune à la Province, comme la première l'avoit été, du tems de M. de la Baume de Suze, un de nos illustres prédécesseurs. Messeigneurs les prélats nous ayant témoigné qu'ils souhaitoient que nous voulussions nous charger du soin de cet ouvrage, nous déférâmes à leur désir, et nous aurions plus tôt rempli l'objet de la délibération commune, si les autres affaires de Messeigneurs les évêques leur avoient permis de nous communiquer leurs réflexions dans le temps où ils nous les avoient fait espérer. De notre côté, nous avons donné à cette nouvelle édition tout ce que nous avons eu de loisir. Nous avons même compté cette occupation au nombre de nos plus importantes affaires, parce qu'il s'y agissoit plus directement de l'instruction des prêtres, et par là aussi de l'édification des peuples que la divine Providence a confiés à nos soins. Vous trouverez dans ce Rituel quelques explications que nous avons ajoutées aux quelques instructions sur les sacrements, afin de prévenir les doutes et de résoudre les difficultés qui se rencontrent le plus ordinairement dans la pratique, et en ce point nous avons suivi les décisions des conciles et des Pères de l'Église, et les principes les plus sûrs des théologiens dont la doctrine est plus approuvée. Nous avons répandu dans le corps de l'ouvrage des avis dont plusieurs de vous nous avoient représenté l'utilité. Nous avons donné quelques exhortations nouvelles en supposant que vous vous rappellerez les anciennes, afin qu'avec les unes et les autres vous ayez une plus grande abondance de secours, pour mieux disposer les fidèles à recevoir les sacrements. Vous y trouverez un plan à suivre pour la première communion des enfans, avec une idée du sacrifice de la messe et quelques avis aux prêtres à ce sujet. Nous avons placé, parmi les bénédictions ordinaires, quelques-unes de celles qui étoient réservées ci-devant, et, parmi les fonctions réservées, certains exorcismes qu'on ne doit employer qu'après une mûre délibération. Vous y trouverez après le Prône, des modèles, dont Messieurs les curés peuvent se servir, pour annoncer aux fidèles, d'une manière également instructive et édifiante, les fêtes, les jeûnes et les autres pratiques de l'Église pendant le cours de l'année. Nous avons donné des formules de différents actes que les ecclésiastiques sont dans l'usage de dresser, conformes à ce qui a été réglé par les nouvelles déclarations du Roi, que nous avons ajoutées à la fin de ce volume. Nous avons retranché les Vêpres, les Matines, et les Laudes des Morts, qui seront néanmoins chantées, suivant l'usage, mais qu'on trouvera dans le bréviaire et dans les autres livres de chœur. Du reste, les cérémonies, les rits, les usages de cette Province ecclésiastique seront toujours les mêmes ; ils sont trop respectables par leur antiquité, pour ne pas les transmettre à ceux qui nous succèderont, aussi religieusement que nous les avons reçus de ceux qui nous ont précédé. Combien plus scrupuleusement encore avons-nous dû nous attacher à ce qui regarde la substance des sacrements! Toutes les Églises de la chrétienté n'ont qu'un même sentiment sur ce qui en fait l'essence ; les apôtres nous ont enseigné sur ce point ce qu'ils ont appris du Fils de Dieu; et ce seroit un attentat sacrilége d'oser, ou retrancher, ou ajouter aux respectables traditions qui nous viennent d'eux.

» Voilà, N. T. C. F., le précis de tout ce que vous trouverez de nouveau dans ce Rituel. A quelques additions et quelques changemens près, que l'expérience a fait juger nécessaires, c'est le même qui jouit depuis un demi-siècle de l'approbation publique, et en particulier de celle des prélats de cette Province ecclésiastique, qui l'ont adopté pour leurs diocèses, et qui ont bien voulu en ce point suivre cette maxime respectable du Concile de Tolède : *Justum est ut unusquisque sumat regulas magisterii, unde honorem consecrationis accipit, et juxta majorum decreta, sedes quæ unicuique sacerdotalis mater est dignitatis, sit ecclesiasticæ magistra rationis.*

» Lisez donc, N. T. C. F., avec attention et avec assiduité, un livre si intéressant pour vous et pour ceux des fidèles dont le salut vous est confié. Point d'occupation plus digne de vous, que l'étude de ce qui appartient au culte divin auquel vous êtes consacrés par état, et qu'une application continuelle à tout ce qui a rapport aux sacremens dont vous avez été faits les dispensateurs, aux rits, aux usages et aux cérémonies de l'Église dont vous avez l'honneur d'être les ministres. Puissiez-vous y apprendre à vous acquitter des augustes fonctions de votre ministère d'une manière également propre à vous sanctifier vous-mêmes, à sanctifier et édifier les fidèles, et à attirer de leur part aux choses saintes tout ce qui leur est dû de vénération et de respect. Souvenez-vous que l'œuvre que vous faites est l'œuvre de Dieu par excellence, puisque vous dispensez les trésors de l'Église, les dons de Dieu, ses mérites et son Sang même; et que si vous vous rendiez coupables de quelque négligence, vous pourriez attirer sur vous la malédiction dont l'Écriture Sainte vous menace : *Maledictus qui facit opus Dei negligenter.*

» Suivez donc fidèlement dans l'Office divin, dans les prières publiques, dans l'administration des sacremens, dans toutes les choses qui ont rapport au culte du Seigneur, ce qui est prescrit dans ce livre, qui doit vous servir de règle en toutes vos fonctions. Avec quelle attention les prêtres et les lévites n'observoient-ils pas tout ce qu'il avoit plu à Dieu de leur prescrire au tems de la Loi ? Cependant les pratiques anciennes n'étoient que l'ombre et la figure de ce que nous faisons aujourd'hui en réalité dans l'Église de Jésus-Christ. Ils offroient des taureaux et des béliers, et nous, ministres de Celui qui est Prêtre éternel, selon l'ordre de Melchisedech, associés à son divin sacerdoce, nous offrons l'Agneau sans tache qui ôte les péchés du monde. Ils administroient des sacremens qui étoient des signes vuides, et ceux que nous conférons produisent la grâce ; ce sont autant de canaux par où J.-C. communique son esprit et fait couler la vie dans nos âmes. Quelle honte pour nous, prêtres de la nouvelle loi, si nous traitions moins religieusement, que ceux de la loi ancienne, des fonctions si élevées en dignité et en sainteté au-dessus de celles qu'ils exerçoient !

» Vous êtes choisis d'entre les hommes, et établis pour eux dans ce qui est du culte de Dieu, comme parle l'Apôtre St Paul ; vous vous devez donc aux hommes, et vous devez remplir à leur égard votre ministère avec une telle exactitude dans tout ce qui est ordonné, une telle gravité dans toutes vos actions, un tel recueillement dans tout votre extérieur, que dans l'idée des hommes vous conserviez toujours la haute et respectueuse estime qu'ils doivent avoir, et pour votre ministère, et pour vos personnes sacrées : *Sic nos existimet homo ut ministros Christi et dispensatores mysteriorum Dei.*

» C'est pourquoi nous enjoignons très expressément à tous archiprêtres, curés, vicaires, et autres prêtres séculiers et réguliers, employés à la conduite des âmes dans notre diocèse, de se conformer exactement aux règles du présent Rituel, sans y ajouter, ni y diminuer; leur défendons l'usage de tout autre Rituel que celui-ci, six mois après la publication de notre présente Ordonnance, laquelle sera lue en entier et publiée au Prône des paroisses, trois fois en jours de fêtes ou de dimanches consécutifs, par les sieurs curés ou vicaires, dès qu'ils en auront reçu l'expédition. Donné à Auch, dans notre palais archiépiscopal, sous notre seing, le sceau de nos armes, et le contre-seing, de notre secrétaire, le 2 du mois de février 1750. † JEAN-FRANÇOIS, archevêque d'Auch. Par Monseigneur, *Fiard,* chan. secrét. »

Mandement de l'évêque de Bayonne. — « GUILLAUME D'ARCHE, par la grâce de Dieu et du St-Siège apostolique, évêque de Bayonne, Conseiller du Roi en ses Conseils. A tous les curés, vicaires et autres ecclésiastiques séculiers et réguliers qui travaillent à la conduite des âmes dans notre diocèse, salut et bénédiction. — L'uniformité des cérémonies est une preuve sensible de l'unité de la créance des pasteurs et des peuples qui les observent. Elles ne sont pas établies pour orner seulement et décorer le culte extérieur de la religion : elles sont surtout prescrites pour exciter de saintes et utiles pensées dans l'âme des fidèles ; elles sont une preuve solide de l'existence de nos mystères, un témoignage public de la foi de l'Église, une expression vive des effets des sacrements, des dispositions qu'ils exigent, des obligations qu'on y contracte ; et la religion emploie ces signes mystérieux pour remplir nos cœurs des vérités dont elle veut nous instruire. Votre piété et votre zèle nous sont trop connus, M. T. C. F., pour craindre que vous perdiez jamais de vue, dans l'exercice de vos augustes fonctions, l'esprit qui a introduit et qui doit toujours accompagner ces saintes cérémonies. C'est pour maintenir l'uniformité de ces cérémonies et des règles qui doivent être suivies dans l'administration des sacrements que nous avons cru qu'il étoit convenable de conserver dans ce diocèse l'usage du Rituel d'Auch, qui est commun à toute cette Province ecclésiastique. Depuis longtems, on s'étoit apperçu que les exemplaires de ce Rituel étoient fort rares, et c'est ce qui détermina Nosseigneurs les évêques de la Province, assemblés à Auch en mil sept cent quarante-quatre, à délibérer de travailler incessamment à en donner une nouvelle édition. Ce projet enfin a été rempli, et nous en devons l'exécution aux soins et au zèle de Mgr l'archevêque d'Auch. Quelque excellent que fût déjà ce Rituel, il a acquis encore un nouveau degré de perfection par les additions et changements que cet illustre Prélat vient d'y faire. Vous y trouverez des explications propres à prévenir les doutes et à résoudre les difficultés qui se présentent souvent dans la pratique. Vous y trouverez ce qui regarde les rits extérieurs des fonctions ordinaires de votre ministère. Vous y trouverez les leçons les plus propres pour donner à ce culte extérieur l'âme et l'esprit qui lui sont nécessaires pour être digne d'un Dieu qui veut être adoré en esprit et en vérité. Vous y trouverez enfin des règles exactes de votre administration, fondées sur les maximes de l'Evangile et la discipline de l'Eglise. Nous espérons que loin de les regarder comme des maximes arbitraires qu'il vous est permis d'ignorer ou de ne pas suivre, vous ne vous en éloignerez pas dans la pratique. C'est en vous y conformant exactement que vous pourrez éviter l'abus des pouvoirs qui vous sont confiés et la profanation des sacrements que vous devez administrer : comme en observant avec piété les cérémonies qui vous sont prescrites, vous éviterez que ce qui a été établi pour entretenir et augmenter l'esprit de religion ne se tourne en abus et en superstition. C'est pourquoi nous vous conjurons d'avoir sans cesse devant les yeux l'excellence de votre sacré ministère et d'en remplir les fonctions d'une manière digne de Dieu. Votre gloire, comme votre devoir, est d'être de fidèles dispensateurs de ses mystères. Que votre fidélité paroisse à former de saintes dispositions dans ceux qui doivent recevoir les sacrements. Qu'elle paroisse dans votre exactitude à suivre dans leur administration les règles de l'Eglise. Qu'elle paroisse dans la gravité et dans la modestie avec laquelle vous ferez les cérémonies. Qu'elle paroisse enfin dans votre application à expliquer aux fidèles le sens et l'esprit que ces saintes cérémonies renferment. Prenez garde de ne pas négliger, ni de laisser négliger aux autres les préceptes et les cérémonies du Seigneur, afin de vous conserver sans tache et sans reproche, jusqu'à l'avènement glorieux de Jésus-Christ, à qui est l'honneur et l'empire dans l'éternité.

» A ces causes, nous ordonnons à tous curés, vicaires et autres ecclésiastiques, séculiers et réguliers, qui sous notre autorité travaillent à la conduite des âmes dans notre diocèse, de se servir du Rituel à l'usage de la Province ecclésiastique d'Auch, et défendons l'usage de tout autre Rituel dans notre diocèse. Donné à Bayonne, dans notre palais épiscopal, le neuf novembre mil sept cent cinquante. † G., évêque de Bayonne. Par Monseigneur. *Perjean*, secrétaire. »

Mandement de l'évêque de Lescar. — « HARDOUIN DE CHALON, par la miséricorde de Dieu et par la grâce du Saint-Siége Apostolique, évêque et seigneur de Lescar, conseiller du Roi en ses conseils, baron de Bénéjac, etc. Aux archiprêtres, curés, vicaires, confesseurs et autres ecclésiastiques par nous employés à la direction des âmes de notre diocèse, salut et bénédiction en N. S. J. C. — Parmi les qualités qui distinguent les vrais ministres de l'Évangile, la science et la piété tiennent sans doute le premier rang ; l'une et l'autre sont également nécessaires : la science sans la piété enfle le cœur, produit l'orgueil, irrite les cœurs qu'il devroit ramener ; la piété sans la science inspire un zèle quelquefois indiscret, communément mal dirigé, et forme un ministre souvent inutile, toujours dangereux. Convaincu de cette vérité que l'Esprit Saint a dictée à son Église et que l'expérience ne confirme que trop, nous n'avons cessé par tous les moyens possibles d'exciter en vous l'amour de l'étude et le goût de la piété. Nous avons eu une extrême attention de n'admettre au ministère des autels que les sujets dont la capacité et les mœurs nous étoient connues par des examens rigoureux et de longues épreuves. Le Seigneur a daigné bénir nos soins. Nous avons la consolation de voir que vous avez acquis les lumières nécessaires à votre état, sans que l'erreur ait jamais séduit vos esprits, et que le relâchement, dont les progrès dans ces tems malheureux font gémir les vrais fidèles, n'a pas corrompu vos cœurs. Aussi n'avons-nous jamais pensé par de nouveaux règlemens, par un changement de discipline, à mettre des bornes à votre zèle, à rendre le joug de la religion plus onéreux aux âmes dont il a plu à la divine Providence de nous charger. Nous nous sommes bornés jusqu'à présent à faire exécuter les anciennes loix et les règlemens faits par nos prédécesseurs, quoiqu'il y en ait qui exigent quelque changement, quelque explication ou plus d'étendue. Mais quelque succès qu'ayent eu nos attentions, notre sollicitude pastorale n'en étoit pas pleinement satisfaite ; tous les sujets employés au ministère n'ont pas une égalité de talens, le même degré de science et de zèle ; parmi ceux même qui ont le plus de capacité, il y en a qui ne rendent point ce qu'ils ont appris avec la netteté et l'onction si nécessaires pour inspirer aux chrétiens, qu'ils doivent conduire dans la voie du salut, l'amour de la morale et des vérités de l'Évangile ; les autres n'ont pas assez de fonds pour donner à l'explication de ces mêmes vérités l'étendue qui peut les faire goûter et les rendre utiles. C'est ce qui nous avoit fait concevoir le dessein (dès les premières années que la divine Providence nous appela au gouvernement de ce diocèse) de vous donner un nouveau Rituel, qui fût utile à tous. Les malheurs des tems nous avoient obligés d'en suspendre l'exécution ; mais Dieu, qui veille sans cesse aux besoins de son Église, a inspiré le même projet à nos illustres confrères ; nous n'avons plus à regretter ces beaux jours de l'Église, où ce qui devoit concourir au bien spirituel des peuples étoit réglé de concert par l'archevêque et les évêques de la Province. La réformation de l'ancien Rituel a été proposé dans nos assemblées provinciales ; elle a été unanimement déterminée ; elle a été confiée à d'habiles mains et exécutée avec autant de discernement que de célérité. Nous ne saurions, M. T. C. F., vous marquer trop d'empressement à mettre cet ouvrage entre vos mains ; nous vous conjurons, par la miséricorde infinie de Jésus-Christ, au nom duquel nous exerçons les saintes fonctions du ministère, d'en faire une étude sérieuse ; elle servira à nourrir et à augmenter en vous la véritable piété et à faire un saint usage des connoissances que vous avez acquises ; méditez ces choses, soyez-en toujours occupés ; les moins éclairés y trouveront quel est l'esprit de l'Église dans l'administration des sacremens, des discours propres à en faire connoître la nature, l'excellence et les effets, à ceux à qui ils les confèreront ; des instructions proportionnées au génie des fidèles dans tous les états ; ces mêmes discours et ces instructions pourront servir de modèles à ceux dont les lumières sont plus étendues, en les diversifiant selon les différens besoins et les dispositions des personnes qu'ils doivent instruire, ou admettre à la participation des choses saintes. Vous y trouverez toutes les règles que vous devez suivre pour sanctifier les âmes commises à vos soins, les moyens les plus assurés pour élever jusqu'à Dieu l'esprit de ses enfans, pour ramollir leurs cœurs et y exciter la ferveur de la dévotion, pour rendre enfin la Religion respectable à tous les hommes.

» Ce nouveau Rituel contient en abrégé tous vos devoirs, il sera votre guide dans le saint ministère que vous exercez. Mais afin qu'il éclaire toutes vos démarches, ne cessez jamais, en le méditant chaque jour, de demander au Seigneur qu'il embrase vos cœurs de ce feu sacré, qui seul peut produire le zèle et l'intelligence nécessaires pour remplir dignement et avec fruit toutes vos obligations ; c'est le moyen de marcher vous-mêmes d'un pas ferme et assuré dans la voie du salut et d'y conduire les autres ; les dispositions de votre cœur se communiqueront à vos actions ; la bonne odeur de votre exemple fixera sur vous l'attention du peuple, et donnera à vos paroles ce qui pourroit leur manquer pour lui persuader la réalité et l'importance des vérités que vous lui annoncez ; vous aurez la satisfaction de voir que l'eau que vous puiserez dans la source, dont Jésus-Christ nous a rendus dépositaires, pour en abreuver vos brebis, deviendra en elles une fontaine d'eau vive qui rejaillira jusques dans la vie éternelle. Tout est grand, M. T. C. F., tout est saint dans le ministère dont nous sommes chargés ; la moindre négligence dans vos fonctions est un crime aux yeux de Dieu. Suivez avec une exactitude scrupuleuse tout ce qui vous est prescrit dans ce nouveau Rituel ; n'ayez jamais de négligence à vous reprocher, ou craignez les châtimens terribles dont Dieu vous menace par la bouche de ses prophètes, et la malédiction prononcée contre celui qui fait l'œuvre de Dieu négligemment. Que cette crainte cependant ne soit pas le principal motif qui vous fasse obéir ; mais qu'à l'exemple du grand apôtre, ce soit l'amour de J.-C., que ce soit sa charité qui vous inspire, qui vous presse ; vous vous sanctifierez vous-mêmes, vous sanctifierez le peuple, et vous ferez tous notre gloire et notre joie. Donné à Lescar, le 15 août de l'année 1750. † HARDOUIN, évêque de Lescar. Par Monseigneur, *Fondeville*, secrétaire. »

Mgr François-Joseph de Révol, évêque d'Oloron, ne crut pas devoir insérer de Mandement en tête du nouveau Rituel qu'il donnait à son diocèse. Il se trouvait être le neveu et le successeur de Mgr de Montillet, dont le souvenir était encore bien vivant à Oloron. Il crut que le Mandement de l'archevêque d'Auch suffisait à recommander ce livre aux prêtres qui naguère venaient de l'avoir pour évêque. Le frontispice seul, portant la mention « *à l'usage du diocèse d'Oloron* », et le calendrier des fêtes, distinguaient ce Rituel de celui de la métropole.

Nous n'avons pas d'autres renseignements locaux sur le Rituel de 1751. Nous ajouterons cependant que les archives ecclésiastiques de Bayonne font mention du prix auquel il était vendu aux ecclésiastiques ; Mgr d'Arche avait avancé tous les frais nécessaires à l'impression. Aussi trouve-t-on, à la date du mardi,

16 janvier 1753, une note conçue en ces termes : « Au même bureau, M. de Capdau a remis à Mgr l'évêque quarante-huit livres pour la vente de huit rituels, et ce, à compte des avances que Mgr a fait pour le clergé. » Et cette autre, le 2 janvier 1755 : « M. Capdau a remis à Mgr l'évêque cent trente-deux livres pour la vente de vingt-deux rituels, ce, à compte des avances faites par Mgr l'évêque pour le clergé[1]. » Chaque exemplaire se vendait donc six livres. Il est probable que le prix fut uniforme pour tous les diocèses de la Province. Ce Rituel, dont il reste encore des exemplaires, fut en usage chez nous jusqu'à la Révolution. Nous verrons qu'en 1837 Mgr d'Arbou donnera un « Extrait du Rituel de Bayonne » de Mgr d'Arche.

Enfin, c'est une bonne fortune pour nous que de pouvoir publier le Mandement inséré dans l'édition de Tarbes :

« PIERRE DE LA ROMAGÈRE DE RONCECY par la grâce de Dieu et l'ordination apostolique, évêque de Tarbes, conseiller du Roi en tous ses conseils, au clergé régulier et séculier de notre diocèse, salut et bénédiction. — C'est de tout tems, Mes très chers Frères, que Dieu qui a créé l'homme pour en être honoré et glorifié sur la terre, a exigé de lui un culte revêtu de certaines cérémonies extérieures. Nos premiers pères dans la Loi de nature en ont eu de particulières ; Moyse dans la Loi écrite prescrivit au peuple Juif, par ordre de Dieu, celles dont cet arbitre suprême vouloit être honoré et reconnu maître souverain et créateur de toutes choses. Elles se trouvent, ces cérémonies, exprimées dans les livres de l'Ancien Testament. Jésus-Christ dans la Loi de grâce, en établissant son Église, a donné pouvoir à ses Apôtres et à leurs successeurs, d'instituer des cérémonies, de faire des rits qui règlassent la forme extérieure du culte divin, désignassent les lieux et les tems auxquels les ministres doivent exercer et mettre en pratique les fonctions de leur ministère. La plupart des Conciles, tant généraux que particuliers, sont remplis de ces sortes de règlemens. C'est dans ce même esprit qu'il a été fait dans chaque diocèse un Rituel, ou recueil des rits et cérémonies qui lui sont propres, pour régler la manière et la forme que les ministres doivent observer dans l'administration des Sacremens et dans l'exercice des autres fonctions ecclésiastiques.

» L'uniformité de ces cérémonies dans chaque diocèse a toujours été regardée, M. T. C. F., comme très grande conséquence : aussi n'a-t-il jamais été permis aux ministres inférieurs de s'en éloigner, ni d'y faire aucun changement. On l'a toujours regardée, cette uniformité de rits et de cérémonies, comme très utile, peut-être même comme nécessaire, pour maintenir le bon ordre. C'est sans doute dans cette vue que plusieurs de Nosseigneurs Évêques, nos comprovinciaux, ont engagé Mgr l'archevêque d'Auch, notre métropolitain, à travailler à la correction de l'ancien Rituel ou à la confection d'un nouveau qui pût devenir commun à tous les diocèses de sa Métropole. Cet illustre prélat, M. T. C. F., toujours attentif à tout ce qui peut contribuer à la perfection du culte divin, vient de donner une nouvelle forme à l'ancien Rituel, qui déjà étoit en usage dans plusieurs diocèses de sa Métropole. Cet ouvrage est aujourd'hui à un tel point de perfection, qu'il nous a semblé ne pouvoir rien faire de mieux, pour conserver l'uniformité de rits, et augmenter, s'il étoit possible, le concert dont les peuples sont toujours édifiés, que de vous présenter, M. T. C. F., ce fruit précieux des travaux et de la sollicitude pastorale de Mgr notre Métropolitain.

» Désirant donc profiter d'un ouvrage si utile à l'Église, nous avons adopté et adoptons pour notre diocèse led. Rituel, corrigé et perfectionné par notredit seigneur archevêque d'Auch ; et en conséquence avons ordonné et ordonnons à tous curés, vicaires, prêtres, communautés séculières et régulières, exemptes et non exemptes, de notre diocèse, de se servir à l'avenir dud. Rituel : défendons et interdisons dans toute l'étendue de notre diocèse l'usage de tout autre, quel qu'il soit ; et notamment tout exorcisme non contenu dans le Rituel que nous adoptons, sous telles peines que de droit contre les contrevenans.

» En vous présentant cet ouvrage, M. T. C. F., nous sommes persuadés que votre zèle et votre amour pour le bon ordre vous le rendront précieux, et que vous vous conformerez avec une scrupuleuse attention, avec une exactitude rigoureuse à toutes les règles qui y sont prescrites, ayant toujours présent à l'esprit ce qui est dit : *Qui timet Deum, nihil negligit.*

» Donné à Tarbes dans notre palais épiscopal, sous notre seing, le sceau de nos armes, et le contre-seing de notre secrétaire, le vingt-six décembre mil sept cent cinquante-un. † PIERRE, évêque de Tarbes. Par Monseigneur, *Lalanne,* secrétaire. »

Tous les diocèses voisins ne paraissent pas avoir adopté le Rituel de Mgr de Montillet. Quelques-uns conservèrent, autant que possible, celui de 1701. Mgr de Raigecourt refusa formellement de prendre celui de

---

1. — Arch. B.-P., G. 59, pp. 103 et 110.

1751 pour le diocèse d'Aire : « Nous ne pouvons pas, disait-il plus tard, adopter le nouveau Rituel d'Auch, parce qu'il contient des rites inusités dans le diocèse d'Aire et qu'il en omet d'autres qu'un usage constant y a consacrés. Nous devons travailler à rendre le nôtre plus conforme aux usages de ce diocèse et plus instructif pour le clergé. » Ce dernier membre de phrase n'était pas flatteur. Le même prélat fit imprimer à Pau chez Vignancour, en 1776, un Rituel sous ce titre : *Rituel du Diocèse d'Aire. Imprimé et publié par l'ordre de Monseigneur l'Illustrissime et Révérendissime Playcard de Raigecourt, évêque et seigneur d'Aire. A Pau de l'imprimerie de J.-P. Vignancour, imprimeur du Roi, de Mgr l'évêque et du clergé d'Aire.* MDCCLXXVI [1].

Nous n'avions pas l'intention de donner une analyse plus détaillée du Rituel Auscitain, et il nous semblait que nous en avions assez amplement parlé plus haut. Mais, comme il nous reste encore un peu de place, nous allons mettre ici un résumé de la Table, en marquant les particularités les plus intéressantes de ce livre d'Eglise :

Mandement. — *Instruction sur les sacremens en général.* — *Instruction sur le Baptême* : explications des cérémonies, du baptême solennel, exhortations aux assistants, des cérémonies à observer lorsque Mgr l'archevêque ou l'évêque administre ce sacrement, du choix des sages-femmes, forme du serment qu'elles prêtent. — *Instruction sur le Sacrement de Confirmation.* — *Instruction sur le Très Saint Sacrement de l'Eucharistie* ; Manière de donner la Communion pendant et en dehors de la messe, Communion Pascale, Canon du Concile de Latran, exhortations à faire aux malades pour le Saint Viatique. — *Instruction sur le Sacrement de Pénitence* : Confession, Contrition, etc., des Censures, des Monitoires, manière d'absoudre un excommunié après sa mort et les hérétiques. — *Instruction sur le Sacrement de l'Extrême-Onction* : Exhortations aux malades, Litanies des Saints, manière d'assister les mourants et d'administrer les malades affligés de la peste. — *Des Funérailles.* — *Instruction sur le Sacrement de l'Ordre : Instruction sur les Bénéfices.* — *Instruction sur le Sacrement de Mariage* : empêchements (on trouve, pp. 255 et 257, deux remarquables tables généalogiques que nous regrettons de n'avoir pas reproduites), exhortations aux mariés, bénédiction de l'anneau, d'une femme enceinte « qui est en péril d'accoucher avant terme ». — *Des bénédictions* : règles générales. — *Bénédictions non réservées* : bénédiction de l'eau, du pain pendant et hors la messe de paroisse, des cierges, des maisons, d'un navire neuf, des champs ensemencés et de la vigne, des pèlerins qui vont visiter les Lieux-Saints et après leur retour, de l'agneau pascal, des œufs, des nouveaux fruits, de l'huile, du vin, de la bannière pour les Processions. — *Bénédictions réservées* : bénédiction des ornements sacerdotaux, des Images, des Châsses, d'une Eglise, d'un Clocher, du métal destiné pour la cloche, d'un Drapeau, Etendard ou Enseigne militaire, des champs contre les sauterelles et les chenilles, des animaux quand ils ont la peste ou autre maladie contagieuse, des personnes mariées qui sont empêchées par maléfice ou sortilège d'user du mariage ; exorcisme, « pour chasser le démon d'une maison qui en est infestée ». — *Des processions* : processions ordinaires aux diverses fêtes de l'année et tous les dimanches ; prière pour détourner l'orage. — *Prières extraordinaires pour un temps de guerre et de disette*, processions pour la peste, pour une affliction publique, pour la translation des reliques. Ordre pour la visite de l'évêque. — *Instruction sur le prosne.* Abrégé du prône pour les dimanches, formules pour annoncer les fêtes. — *Fêtes selon l'ordre des mois.* — Déclaration du Roi obligeant les curés à publier aux prônes l'Edit de Henri II « contre les femmes qui cachent leur grossesse et leur accouchement ». *Formules de différents actes que les curés, vicaires ou autres prêtres ont à dresser* : baptême, supplément des cérémonies, ondoiement, serment des sages-femmes, monitoires, testaments, enterrements, ordres sacrés, bans, lettres de vicaire, lettres testimoniales, ordonnances royales « contenant règlement par rapport aux registres des baptêmes, mariages et sépultures ».

1. — Un vol. in 4° de xvi-254 pages.

XIII

Liturgie Auscitaine. — Coup d'œil sur la Révolution liturgique du XVIIe siècle. — Bréviaires Parisiens. — Bréviaire d'Auch de 1753, adopté par G. d'Arche, évêque de Bayonne. — Délibérations du Chapitre a ce sujet. — Diocèses fidèles au Rit Romain. — Le Parisien adopté a Dax en 1779, permis a Lescar depuis 1786.

Mgr François de Harlay, archevêque de Paris, donna à son diocèse un nouveau bréviaire en 1680. « C'est de la publication de ce bréviaire, dit D. Guéranger, qu'il faut dater l'époque véritable du renversement de l'œuvre de Charlemagne et des Pontifes Romains [1]. » Ce travail de destruction s'opéra dans toute la France, par de simples prêtres : le Tourneux, D. de Vert, Foinard, Vigier, Robinet ; par des diacres, comme Santeul, des acolytes, comme Le Brun des Marettes et Mésenguy, des laïques, comme Coffin et Rondet ! Peu à peu, et en moins de cinquante années, presque toute la France crut rajeunir son culte en se donnant des liturgies locales, diocésaines ou régionales.
C'est de Paris que partirent toujours les impulsions désastreuses ; et comme Harlay en 1680, de même le cardinal de Noailles en 1698 et en 1714, et surtout son successeur, Charles de Vintimille, autorisèrent de leurs exemples ces prétendues réformes. L'année 1736 est à jamais fameuse dans les fastes de la Liturgie par la publication du Bréviaire de Vintimille. On y recueillit toutes les nouveautés des bréviaires déjà parus. C'est depuis lors que l'Eglise de Paris, délaissant les offices grégoriens qu'elle chantait depuis le VIIIe siècle, se donna un corps de prières et de légendes, fabriquées à neuf par des hommes téméraires et sans autorité. Ce livre était l'œuvre de François-Nicolas Vigier, prêtre de l'Oratoire, du janséniste Mésenguy, et de Charles Coffin ; le cardinal de Noailles n'avait pas voulu l'accepter, en 1728, et, par une étrange anomalie, Mgr de Vintimille, l'ennemi vigoureux du Jansénisme, acceptait, en 1736, cette œuvre d'hommes notoirement affiliés à la secte. Il y eut des réclamations nombreuses ; l'archevêque fut même obligé de faire mettre des *cartons*, c'est-à-dire de remplacer, en les supprimant, des passages suspects et condamnables. Bientôt l'émotion se calma ; on s'habitua au nouveau Bréviaire Parisien ; il fut regardé comme un chef-d'œuvre et devint un modèle et une source où puisèrent un grand nombre de diocèses de France. La Province d'Auch suivit cet entraînement.
Jusqu'alors, elle n'avait « *réformé* » que le Rituel. Celui de Mgr de la Baume (1701), tout comme l'édition publiée par Mgr de Montillet (1751), étaient en latin, sauf les rubriques qui avaient été traduites ou formulées en notre langue ; ce fut un tort grave ; on était déjà à la moitié du XVIIIe siècle et nos autres livres romains restaient encore intacts. Par suite de quelles intrigues arriva-t-on à supprimer cette liturgie si véné-

---

1. — *Inst. lit.*, t. 2, p. 74.

rable ? Nos archives départementales sont muettes à cet égard et malheureusement les documents conservés jadis à Auch ont été la proie des flammes en 1793. Peut-être de nouvelles recherches, faites dans les anciens diocèses suffragants de cette métropole, éclairciront-elles un jour ces obscures et difficiles questions.

Quoi qu'il en soit, nous savons du moins que la « confection » d'un nouveau bréviaire fut décidée à Auch dans l'assemblée provinciale de nos évêques qui eut lieu avant 1751. Cela ressort d'une délibération du jeudi 4 février de cette année, prise par le bureau ecclésiastique de Labourt, dans le diocèse de Bayonne. Elle s'exprime en ces termes : « Le Sr Syndic a représenté qu'en conséquence de la délibération de la dernière Assemblée Provinciale pour faire imprimer un nouveau bréviaire et messel (sic) pour cette province ecclésiastique, on lui avoit écrit pour qu'il envoyât sa procuration pour l'impression et confection dud. bréviaire ; à l'effet de quoy, il croyoit préalable d'être autorisé du bureau diocésain pour la solidité des engagemens auxquels il pourroit être tenu à cet égard. Sur quoy, il a été délibéré que lad. procuration seroit fournie par led. Sr Capdau, syndic ; à l'effet de quoy, le présent pouvoir lui sera expédié. † G., évêque de Bayonne. *Clérisse*, ch^e député, *Romatet*, ch^e dép., *Arcangues*, curé (d'Arcangues), *Lassalle*, curé (de Bardos), *Capdau*, syndic, *Perjean*, greffier [1]. »

Cette délibération ne nous révèle pas l'état des esprits au sujet de l'adoption de la nouvelle liturgie. L'évêque Guillaume d'Arche, fut toujours extrêmement vigoureux contre les agissements du parti janséniste, très puissant à Bayonne. Le chapitre comptait dans son sein des hommes qui avaient accepté les fâcheuses tendances doctrinales de l'abbé de St-Cyran, un ancien chanoine de cette ville. C'était donc, tout compté, un triomphe pour le jansénisme que l'innovation liturgique projetée. Cependant, avouons-le, il n'est resté aucune trace, dans les documents de l'époque, des préférences ou des oppositions du clergé bayonnais. Les traditions Auscitaines, au contraire, rappellent qu'il y eut lutte entre l'archevêque, Mgr de Montillet, et le clergé. Mais « l'opposition du chapitre métropolitain finit par échouer devant l'offre bienveillante que l'archevêque fit à tous les membres de la vénérable compagnie d'un exemplaire des nouveaux livres. Ils étaient imprimés et reliés à Paris avec grand luxe de caractères et de vignettes intercalées. On les avait dorés sur tranche et rehaussés sur plat en maroquin de l'écusson des armes archiépiscopales [2] ». Les corps religieux furent moins faciles à gagner, malgré la très sérieuse prohibition de se servir de tous autres livres.

Nous étudierons bientôt ce bréviaire dans tous ses détails. Qu'il nous suffise de dire ici qu'il fut achevé avec une célérité vraiment étonnante. En deux ans, les quatre volumes en avaient pu être rédigés, corrigés, imprimés. Il parut en 1753. Une délibération du bureau ecclésiastique de Bayonne, du 10 avril de cette année, va nous donner de précieux renseignements. Messire Alexis Capdau, chanoine et syndic du chapitre représente « que par délibération du bureau du 4 février 1751, il avoit été convenu de prendre 500 exemplaires du nouveau Bréviaire, pour approvisionner le diocèse de Bayonne, et trois cents exemplaires du Missel propre, ce qui est à même d'être perfectionné ; qu'en conséquence, il étoit nécessaire de faire provision d'antiphonaires et graduels ; relativement au Bréviaire, que pour le faire, il requéroit le bureau de statuer sur le nombre des dits exemplaires d'antiphonaires et graduels et des autres conditions qu'il conviendroit faire avec les imprimeurs ; que Mgr l'évêque avoit reçeu une lettre et un mémoire d'Auch par lesquels il paroissoit qu'on se proposoit de tirer deux cents exemplaires d'antiphoniers et autant de graduels, que le diocèse d'Auch prendroit cent antiphoniers et autant de graduels, et que par conséquent il resteroit encore cent exemplaires d'antiphoniers et autant de graduels pour les trois autres diocèses qui adoptoient le susd. Bréviaire. Sur quoy, délibération prise, le bureau a prié Mgr l'évêque d'écrire à Auch pour concourir à l'impression desd. antiphonaires et graduels et que le présent diocèse en prendra trente-trois de chaque espèce pour sa portion [3] ».

La Province d'Auch comptait douze suffragants : Aire, Bayonne, Bazas, Comminges, Condom, Couserans, Dax, Lectoure, Lescar, Lombez, Oloron et Tarbes. Quatre seulement de ces diocèses embrassèrent alors le Bréviaire Auscitain : Auch, Couserans, Comminges et Bayonne. Oloron conserva le rit Romain jusqu'en pleine Révolution française ; Lescar récita, jusqu'en 1786, exclusivement, le Bréviaire Romain. Nous voyons qu'en cette année Mgr de Noé avait autorisé ses prêtres à dire le Bréviaire parisien. M. Dupré, lazariste, supérieur du Grand-Séminaire établi à Pau, rédacteur de l'Ordo ou directoire du diocèse — pour lequel il recevait comme son successeur M. Lacoste, une petite rétribution annuelle de 50 l. [4]. — M. Dupré, adressait

---

1. — Arch. B.-P., G. 59, p. 99.
2. — *Revue de Gascogne*, 1870, p. 85. *Prieuré de St-Orens d'Auch*, par M. Canéto.
3. — Arch. B.-P., G. 59, p. 104.
4. — Ibid., G. 280 et 281. Quittances originales de MM. Lacoste et Dupré, et de Celse, imprimeur, qui a fait « plus de six cens directoires » suivant l'usage, pour le clergé, moyennant la somme de 270 l. ; années 1788-1789.

une requête, ainsi conçue, à Mgr de Noé : « A Monseigneur l'Illustrissime et Révérendissime évêque de Lescar. Le sieur Dupré, directeur de votre Séminaire, a l'honneur de vous représenter avec respect, que Votre Grandeur ayant permis au clergé de son diocèse de dire le Bréviaire de Paris, il étoit nécessaire, pour faciliter à plusieurs le moyen de remplir dignement leur devoir à cet égard, de composer et de faire imprimer un directoire. Le supliant chargé par vous, Monseigneur, de ces deux objets, a fait l'un et l'autre : il a composé le directoire, et la satisfaction de s'être rendu utile à MM. vos ecclésiastiques le dédomage abondamment des soins et du travail que cette composition lui a coûté ; il n'a de plus fait imprimer ; mais cette impression n'a pas pu se faire sans fraix, et il ose espérer de votre bonté, Monseigneur, que vous ne souffrirés pas qu'ils restent pour son compte, et que vous engagerés au contraire les Messieurs du bureau ecclésiastique à les lui faire rembourcer et à établir un fonds qui puisse suffire à l'avenir pour payer les fraix de l'impression et pour récompenser celui qui sera chargé de la composition. L'impression de quarante directoires a coûté cinquante livres, sur quoy on a reçu dix-huit livres pour trente directoires vendus. Reste trente et deux livres dont le supliant demande le remboursement. Le nombre des prêtres qui prenent le nouveau Bréviaire augmentant tous les jours, il faudra aussi augmenter le nombre des directoires, et par conséquent l'impression deviendra plus coûteuse. D'ailleurs il paroît juste que les partisans du nouveau rit jouissent du même privilége que les zélateurs de l'ancien. Les directoires ne coûtent rien à ceux-ci [1], et, pourquoi ne seroient-ils pas donnés gratuitement à ceux-là ? Le supliant ne cessera d'offrir des vœux au ciel pour la prospérité de Votre Grandeur. *Dupré* [2]. » Il fut fait droit à la demande de M. Dupré qui reçut 32 l. de Castaing-Foix, syndic et receveur du diocèse de Lescar, par délibération du bureau ecclésiastique de Pau, le 26 avril 1786.

Parmi les diocèses voisins, celui d'Aire resta fidèle au rit romain jusqu'à la Révolution ; celui de Dax l'abandonna en 1779, pour prendre la liturgie parisienne, sous Mgr Lequien de la Neuf-Ville [3]. Le diocèse de Tarbes récita l'office traditionnel, jusqu'en ce siècle, comme on le voit, d'après l'Ordo de 1770, fait « *juxta ritum Breviar. Missal. et Martyrol. Rom.* » sous Mgr de Larry, et celui de 1798, intitulé : « *Breve diœcesis Tarbiensis, juxta ritum Breviarii et Missalis Romani pro anno Christi 1798 et Reipublicæ 6°.* » Disons toutefois qu'il devait y avoir une certaine latitude dans ce diocèse, car lorsque l'Office du Sacré-Cœur de Jésus y fut établi par Mandement de Mgr de la Romagère de Roussecy, le 20 Mars 1761, l'*Avertissement* suivant fut mis en tête des « Instructions pratiques et prières pour honorer le S.-C. » imprimées à Tarbes, chez la Veuve de Paul Roquemanrel : « *Ceux qui suivent le rit Romain* réciteront l'hymne des premières Vêpres, à Matines, et celles de Complies à Laudes. L'intention de Mgr l'évêque est qu'ils se conforment à l'Office du Sacré-Cœur de Jésus, imprimé et noté par ses ordres, à l'usage de toutes les églises de son diocèse. »

Le diocèse de Bayonne fut le seul qui adopta sans restriction les livres Auscitains. Nos archives départementales possèdent encore l'état des dépenses faites à cette occasion. On y dit, à la date du 18 janvier 1757 : « Sur le rapport qui a été fait par les sieurs Gillebert et Dop, députés du bureau, de l'examen qu'ils ont fait de la dépense que Mgr l'évêque a fait pour les rituels, missels, bréviaires et livres de chant, et des payements faits aud. Sgr évêque, il a été trouvé que la dépense faite allait à seize mil neuf cens quarante-six livres, dix sols, huit deniers, et le remboursement, y compris les six mille livres qui avoient été déposées entre les mains de Mgr l'évêque, comme il appert par le compte du sieur Gastambide, ancien receveur de l'année mil sept cent quarante neuf, de la somme de seize mil sept cens cinquante sept livres deux sols [4]. » Ce compte, qui n'est pas très clair, est reproduit ailleurs [5] avec cette explication : « Suivant le compte des avances faites par M. l'évêque, qui a été liquidé le 18 janvier 1757, il se trouve que led. compte monte à la somme de seize mil neuf cens quarante six livres, dix sols, huit deniers, laquelle somme luy a été payée. Partant il conste que sur les cinq cens exemplaires des bréviaires qui avoient été ordonnés pour le diocèse de Bayonne, il en a été employé deux cens reliés à Paris, et rendus à Bayonne, plus cent id. en feuille, retenus à Paris pour divers bénéficiers, à compte desquels il en a été payé quarante-un, et vingt-neuf remis à Bayonne, plus deux cens id. en feuille, remis à Bayonne, desquels il en a été débité quatorze ; le restant pour

---

1. — A Bayonne, Paul Fauvet, imprimeur, s'engagea le 13 mars 1730, à « donner *gratis* un directoire à chaque église du pays de Labourt et à imprimer le d. directoire à ses fraix et dépens, se chargeant aussi de le débiter à son profit ». Arch. B.-P., G. 68, p. 99.
2. — Arch. B.-P., G. 280.
3. — Dans le *Proprium sanctorum diœcesis Aquensis*, imprimée à Paris, chez Le Mercier en 1757, par ordre de Mgr de Suarès d'Aulan, ce prélat, tout en ordonnant le Bréviaire Romain, insèra plusieurs offices du nouveau Bréviaire Auscitain; p. ex. ceux de Ste-Quitterie et de Ste-Ursule. Nous donnons ailleurs une partie du Mandement de Mgr de La Neufville, de 1779.
4. — Arch. B.-P., G. 59, p. 121.
5. — *Ibid.*, G. 194.

compléter le nombre des cinq cens a resté à Paris, dont le sindic s'est plaint amèrement. Mgr ordonna de payer en entier ; il en reste cent quatre-vingts-six entre les mains dud. Sr Capdan. A l'égard des missels, dont le nombre est de trois cens, il en a été débité deux cens trente-six ; il en reste soixante-quatre, soit en feuille, soit reliés. A l'égard des antiphonaires, dont le nombre est de soixante-cinq, il en a été débité trente-six, il en reste vingt-sept entre les mains du Sr Capdan, un entre les mains du Sr Gillebert et deux en celles du Père Masoé [1]. A l'égard des graduels dont le nombre est de soixante-cinq, il en a été débité trente-sept ; il en reste vingt-sept, entre les mains du Sr Capdan, et un entre les mains du Père Mazoé. »

Les mêmes comptes nous montrent que les bréviaires étaient ainsi vendus : dorés sur tranche : 18 l., jaspés, 15 l., en feuilles, 8 l. — Les missels : dorés sur tranche, 25 l., jaspés, 22 l., en feuilles, 17 l. — Les antiphonaires reliés, 34 l. — Les graduels, en feuilles, 25 l. Le règlement de comptes définitif eut lieu le 26 juin 1758. Le dépôt des livres fut confié au syndic du chapitre, Capdan.

D'un inventaire fait, trois ans après, le 31 juillet 1761, il résulte que le bureau diocésain était en possession de livres d'Eglise consistant : « 1° en 155 bréviaires en feuille. Item, 3 imparfaits en feuille. Item, 9 reliés, dont 4 en veau, et 5 en bazane. Total : 167. — 2° 34 missels en feuille ; 1 dito imparfait, 4 dito reliés. Total : 39. — 3° 18 antiphoniers en feuille, 5 reliés. Total : 23. — 4° 19 graduels en feuille, 3 reliés. Total : 22. — 5° 669 catéchismes reliés.— 6° 187 ordonnances synodales, reliées.— 7° 8 paquets d'ordonnances synodales en feuilles. — 8° 4 paquets d'estampes pour les bréviaires. — 9° 1 paquet d'estampes pour les missels. — 10° 3 paquets de supplémens pour les bréviaires. Item 3 paquets pour les missels [2]. » Le 10 décembre 1771, M. Caulonque, syndic, déclare « que les pluies abondantes du printemps dernier ont occasionné des goutières dans la chambre où sont renfermés les livres du clergé qui en ont été considérablement endommagés » ; sur 32 bréviaires, à peine 15 sont intacts ; il les a fait relier et encore ne pourra-t-il les vendre que « sur le pied de « 12 l. » et les autres « au prix qu'il en pourra tirer [3] ». Lorsque ces livres sont épuisés, on en réclame à Auch [4]. Voici la réponse envoyée à M. d'Iturbide, vicaire-général et syndic du chapitre de Bayonne, le 13 mai 1778, par M. de Marignan, théologal d'Auch : « Monsieur. Vous recevrez par le messager qui va d'Auch à Peau (sic) les vint missels que vous m'avez demandés par votre dernière lettre ; je les ai faits embaler avec soin, j'ay tout lieu de croire que vous les recevrez bien conditionnez ; je n'ay point fait de prix pour le port, le coche de Toulouse à Bayonne ne peut point se charger des paquets aussi forts, m'a dit le conducteur. Les beurriers m'ont paru une commodité peu sçure et une voye trop longue pour vous faire parvenir de suitte ces livres, comme vous m'avez paru le désirer, ce qui a fait que je me suis décidé à les remettre au messager de Peau qui m'a assuré qu'ils vous seraient remis très exactement et dans peu ; j'ay prefféré vous les envoyer en feuille, affin que vous pussiez les faire relier, conformément à vos désirs. — Je ne vous parle plus du carême, je vous ai donné ma parolle pour celluy de l'année 1781. Je la tiendray très exactement ; vous pouvez donc compter sur moy pour remplir la station du carême dans votre église pour cette année de 1781. Il ne sera plus nécessaire d'en parler. — Chaque missel en feuille, seize livres deux sols. Les vint missels doivent monter trois cents vint et deux livres.

Vint missels d'Auch a 16 l. 2 s. chaqu'un, montent en total.........................	322 l.
L'emballage coutte six livres, cy...	6 l.
Le port de la chambre du clergé chés le messager 12 s, cy....................	12 s.
Total....................	328 l. 12 s.

» Vous pourrez m'envoyer les trois cents vint et huit livres douze sols quand vous voudrés, je ne suis point flatté. J'ay l'honneur d'être avec respect, Monsieur, votre très humble et très obéissant serviteur, Marignan, théologal d'Auch. D'Auch, le 13 may 1778. » La lettre de voiture, toute écrite de la main de l'expéditeur, était conçue en ces termes : « A la garde de Dieu et du St Dominique, messager d'Auch à Peau, vous recevrez une sache contenant librairie, sçavoir vint missels d'Auch, bien emballez et empaillez, le tout couvert d'une grosse toile ; dès que vous aurez reçeu bien conditionné et sans être gatté, vous payerez le port, selon le cours ordinaire. Je suis tout à vous. Votre, etc. L'abbé de Marignan, chanoine théologal d'Auch. D'Auch, le 10e may 1778. Pour M. l'abbé Diturbide, vic.-général du Diocèse de Bayonne et sindic du clergé du même diocèse [5]. »

---

1. — Directeur du Grand Séminaire de Bayonne, doctrinaire.
2. — Arch. B.-P., G. 59, p. 138.
3. — Arch. B.-P., G. 59, p. 172.
4. — Ibid., p. 178 et p. 193.
5. — Ibid., G. 194.

En résumé, les églises étaient médiocrement pourvues, surtout de livres de chant. Dirons-nous qu'il en fut presque toujours ainsi au xviiie siècle ? On peut s'en convaincre en lisant les *Procès-verbaux de visites pastorales des évêques de Bayonne*, publiés par M. l'abbé Haristoy, dans le *Bulletin de la Société des Sciences Lettres et Arts de Pau* (1891). Il n'est presque pas d'église où l'évêque ne constate l'absence du rituel, du graduel, ou de l'antiphonaire. Il en était ainsi, même lorsqu'on suivait le rit romain ; on pense que les choses allèrent de mal en pis, lorsqu'il fallut changer de liturgie et faire des dépenses, dont les pauvres églises de campagne étaient pour la plupart incapables. Aussi est-il fort difficile de trouver aujourd'hui quelque exemplaire des livres de chant de l'édition parisienne de 1754 et 1755. La perte n'est pas grande assurément ; mais ces livres sont encore intéressants à étudier. Il nous a fallu recourir à l'exemplaire conservé à la Bibliothèque du Grand Séminaire d'Auch pour en pouvoir faire une étude consciencieuse. Nous en parlerons dans le chapitre suivant, mais disons d'ores et déjà que les éditions de ce siècle ne mentionnent pas l'auteur du nouveau plain-chant, l'abbé Le Beuf. Nos petites églises ne pouvant se payer le luxe de beaux exemplaires in-folio se fournirent de livres plus modestes édités à Toulouse à l'usage des fidèles.

Quant aux bréviaires, il en existe encore quelques exemplaires de l'ancienne édition dans les bibliothèques de nos séminaires et chez quelques particuliers. Le clergé, disons-le lui courageusement, ne conserve pas assez les souvenirs du passé. Sans doute, tous les souvenirs ne sont pas glorieux, et nous n'avons pas à nous vanter d'avoir préféré les prières suspectes des jansénistes et les hymnes creuses de Santeul aux vénérables traditions de la liturgie Romaine ; mais, il y a dans l'étude de ces documents peu orthodoxes de graves leçons à méditer. Pourquoi l'Eglise de France a-t-elle sombré à la fin du xviiie siècle ? Pourquoi tant de défections, tant de chutes lamentables, tant de tristesses, tant de misères sacerdotales ? N'est-ce point parce que nous étions éloignés des enseignements de l'Eglise Romaine et que nous n'écoutions qu'avec une réserve soupçonneuse et coupable la voix du successeur de St Pierre ? Par un juste châtiment de Dieu, les diocèses les plus éprouvés furent ceux où le virus janséniste avait fait le plus de victimes. Il n'y a en effet qu'un pas d'une apostasie latente à un reniement public. L'ancien diocèse de Bayonne fut particulièrement maltraité. Une austérité outrée avait jeté dans la secte un clergé, parfait à bien d'autres égards. Il est évident pour nous que c'est grâce à des connivences jansénistes que le Bréviaire Auscitain fut accepté si facilement. On n'a qu'à lire pour s'en convaincre la *Vie de M. Dagaerre, fondateur du Petit Séminaire de Larressore*. Le clergé des diocèses de Lescar et d'Oloron, moins atteint, dut opposer une plus sérieuse résistance ; aussi, aurait-on droit de tirer quelque gloire d'avoir été fidèle au rit Romain jusqu'au moment où l'Eglise allait souffrir chez nous une persécution dont l'histoire n'offre pas d'exemple.....

Nous allons maintenant étudier en détail le Bréviaire Auscitain, dire ses qualités — tout n'y fut pas mauvais — et ses défauts. Notre rôle n'est pas de rallumer des querelles, éteintes, grâces à Dieu, depuis longtemps. D. Guéranger a montré dans son beau livre des *Institutions liturgiques* tout ce qu'il y eut d'erreur, d'audace, et aussi de bonne foi, dans les innovations des siècles derniers. Pour nous, nous n'avons qu'à nous féliciter d'être arrivés à une heure où il n'y a qu'une seule et même voix pour chanter les louanges du Seigneur dans les accents d'une prière universelle.

XIV

Liturgie Auscitaine. — Le Bréviaire Auscitain-Bayonnais. — Mandements. — Calendrier. — Classification des Offices. — Etude sur le Bréviaire-Auscitain. — Conjectures sur ses Auteurs. — Comparaison avec le Parisien. — Hymnes Bayonnaises de St Léon.

E Bréviaire d'Auch fut publié sous ce titre : *Breviarium Auscitanum, Illustrissimi ac Reverendissimi in Christo Patris D. D. Joannis-Francisci de Montillet, archiepiscopi Auscitani, Novempopulaniæ et utriusque Navarræ Primatis jussu et auctoritate, ac venerabilis ejusdem Ecclesiæ Capituli consensu, editum. Parisiis. MDCCLIII.* L'édition de Bayonne portait ce titre : *Breviarium Baionense; Illustrissimi ac Reverendissimi in Christo Patris D. D. Guillelmi d'Arche, episcopi Baionensis, jussu et auctoritate, ac venerabilis ejusdem Ecclesiæ Capituli consensu editum.* Armes de l'évêque, gravées sur bois par le célèbre Caron : *d'azur à une arche flottante, surmontée d'une colombe portant un rameau dans son bec.*

Ce bréviaire était en 4 volumes d'un format in-12, afférents aux quatre saisons. Chaque exemplaire devait avoir deux gravures, l'une en frontispice, l'autre avant le Psautier : celle-ci était la reproduction faite par le graveur *Gallimard*, du tableau de *David en prières*, peint par Le Lorrain, ou bien, la composition du Dominiquin, représentant *David touchant la harpe*, gravée par N. Tardieu. Parmi les « estampes » du frontispice, il y en a une très curieuse et que nous donnons ici : Un évêque à genoux offre un livre — le bréviaire assurément — à N. S. J. C. expiré, étendu au pied de sa croix, et à la Mère des Douleurs. Le tableau est de Philippe de Champagne et la gravure de N. Tardieu. Ce dernier a ajouté sans doute au tableau du maître le portrait du prélat à genoux. Nous croyions qu'on avait voulu reproduire le portrait de Mgr d'Arche ; mais un heureux hasard nous a appris que c'est au contraire celui de Vintimille, inséré en tête du Bréviaire Parisien. Cette gravure se trouve en particulier dans l'édition du bréviaire de Noailles, donnée par Mgr de Vintimille en 1736. Observons aussi que ce portrait ne se voyait pas dans l'édition d'Auch. Mgr de Montillet avait fait graver ses traits dans le Missel qui parut quelques mois après. « Il est assis et vu presque de face. Il écoute attentivement ses interlocuteurs, sans perdre de vue un élégant *in-folio* qui se dresse entre ses mains, posées l'une au-dessus, l'autre au-dessous, avec un très grand air de complaisance [1]. »

Le fameux chanoine de La Tour dit, dans ses célèbres *Mémoires liturgiques*, à ce sujet, et à propos des images mises en tête du Bréviaire de Toulouse par le triste cardinal Loménie de Brienne : « Parmi une infinité d'images qu'on pouvait choisir, celles-ci devaient-elles avoir la préférence ? On voit, dit-on, ces estampes dans le bréviaire de Paris de 1736. C'était une raison pour ne pas les prendre... Les suffragants n'ont pas

---

1. — *Revue de Gasc.*, Canéto. 1870, p. 118.

adopté ces estampes ; mais à leur place, il en est qui ont mis leur portrait en tête du livre. C'est réunir toutes les vertus dans un point de vue, et les inspirer toutes d'un coup d'œil : c'est offrir la sainteté vivante à la méditation des chanoines, bien plus propre que les images des saints à faire venir assidûment au chœur, et à réciter religieusement l'office, les remplir de saintes pensées et soutenir la plus inaltérable attention. Tout en ralentit la ferveur ; on n'aura, pour en rallumer le feu, qu'à jeter les yeux : *Inspice et fac secundum exemplar*. Par cette pieuse et nouvelle invention, le prélat, multiplié, se trouvera toujours au chœur, lorsqu'il en est éloigné. Jusqu'ici les évêques s'étaient bornés à placer leur écusson, mais ne s'étoient point mis à la place des saints. Dans un siècle éclairé, tout s'embellit et se perfectionne. Cependant le graveur n'a pas, dit-on, bien suisi les traits de ceux-ci, encore moins l'esprit de piété qui devait diriger son burin. Il a représenté des visages fleuris, arrondis, pleins d'embonpoint, des mentons à plusieurs étages, des cheveux poudrés et frisés *à la grecque, à quatre boudins*, au lieu de leur mettre leur bréviaire à la main, l'offrant à Dieu dévotement ou le récitant attentivement ; ils lui tournent le dos et paraissent ne pas y penser.»

Le même auteur se moque, aussi agréablement, du blason placé en tête des nouveaux livres d'Eglise de notre Province. Dans « le seul diocèse d'Auch le nouveau bréviaire, le nouveau missel, le nouveau rituel, le nouveau catéchisme, les nouveaux livres de chant, les nouvelles heures ont répandu les armoiries de l'archevêque en cent mille endroits'». Ce n'étaient pas malheureusement hélas ! les seuls défauts de cette liturgie pseudo-gallicane !

Nous avons dit déjà d'après quels étranges principes cette fausse liturgie fut conçue ; nous insisterons tout à l'heure sur la méthode qui présida à l'éclosion de l'œuvre nou-

MGR DE VINTIMILLE OFFRE LE NOUVEAU BRÉVIAIRE
AU CHRIST EXPIRÉ ET A SA MÈRE.
(Frontispice du Bréviaire de Paris, 1736, et du Bréviaire de
Bayonne, 1753.)

velle. Contentons-nous de dire pour le moment que le fond semblait être racheté par la beauté des formes extérieures. Il est certain que les éditions romaines du Bréviaire aux XVIIe et XVIIIe siècles laissaient beaucoup à désirer. C'était, en France, une spécialité pour les imprimeurs de Lyon ; en dehors de Valfray et de quelques autres, très rares, nul goût ne se manifestait dans l'impression des livres d'Eglises. Valfray, lui-même, qui a une juste et légitime réputation, se souciait trop peu, parfois, de la correction et de l'impression des livres romains. Nous avons trouvé à Lescar un *Totum* qui n'offre rien de remarquable ; et nous avons sous les yeux un *Missale Romanum*, sorti de ses presses en 1699, fait de mauvais papier et avec des caractères — rouges et noirs cependant — qui ne nous donnent rien moins qu'un chef-d'œuvre de typographie. Avignon et Toulouse, pour le Midi, n'offraient guère de meilleures éditions ; les successeurs de Plantin à

---

1. — Œuvres de La Tour, chanoine de Montauban. *Mémoires liturgiques*. Migne. tome 7, col. 915 et 484.

Anvers, la veuve Moret et ses fils, inondaient la France de livres liturgiques ; mais comme cette industrie était déchue, après les splendides exemplaires qui avaient paru depuis deux cents ans ! En revanche, les nouveaux bréviaires, missels et rituels revêtaient une forme somptueuse. Nos imprimeurs français, Coignard, Thierry, Le Prieur, Boudet, créèrent des types de typographie : mais ils eurent, presque tous, le grand tort de supprimer le rouge pour les rubriques.

L'édition Auscitaine reproduisait le Mandement de Mgr de Montillet, que l'on trouve aussi dans les éditions de notre siècle. Il est trop important pour que nous ne le donnions pas en entier. En voici la teneur :

« JOANNES FRANCISCUS DE MONTILLET, permissione divina et sanctæ sedis Apostolicæ auctoritate, archiepiscopus Auscitanus, Novempopulaniæ et utriusque Navarræ primas, regi a consiliis, clero Auscitano, salutem et benedictionem in Christo Jesu.

» Jamdudum, Fratres carissimi, Breviarium Metropolitanæ nostræ totique huic diœcesi proprium exoptabatis, quod, restituto Ecclesiæ nostræ antiquo usu, in persolvendis horariis precibus adhiberetur. En opus in cujus desiderio pridem estis. Non latuerant vota vestra Eminentissimum Cardinalem, predecessorem nostrum [1], iisque pro suo religionis amore et studio respondere statuerat. Nos quod ea de re consilii ceperat, eo libentiori animo executi sumus, quod in variis Comitiis Provincialibus, ex quo divina favente Providentia hujus Ecclesiæ regimen suscepimus, in ista civitate habitis, perspectum nobis fuerit complures Provinciæ episcopos simili desiderio teneri, nec alienos esse ab assumendo in suum eodem breviario' quod cooptaremus, si in eo insererentur (ut inserta sunt) officia propria sanctorum hujus Provinciæ, multis retro sæculis, in ea recoli solitorum, uti liquet ex antiquis ecclesiæ nostræ Breviariis quorum varia nobis supersunt (sicut et veteris Missalis) exemplaria, decimo quinto et sexto decimo seculis de integro typis mandata. Et quidem congruum erat ut in tanta sanctorum multitudine, quos omnes habemus advocatos apud Deum, eorum tamen præ cœteris recitarentur officia, qui Provinciam hanc Christo pepererunt, eamque sanguine laboribusve suis illustrarunt.

» Omnem vero laborem impendi curavimus, Fratres carissimi, ut hoc opus, quoad ejus fieri potest, absolutum ad vos perveniret, ipsumque vobis perutile futurum multum confidimus.

» Illud in eo conficiendo voluimus observari, quod S. Gregorius Magnus, discipulo suo Augustino, Anglorum apostolo, de re simillima interroganti præscribebat : *In qualibet ecclesia*, inquiebat sanctus Pontifex... *quod plus omnipotenti Deo possit placere eligas, et... quæ de multis ecclesiis colligere potuisti infundas*. Et rursus : *Ex singulis quibusque ecclesiis, quæ pia, quæ religiosa, quæ recta sunt, elige*. Scilicet quod in variarum ecclesiarum breviariis visum est optimum, hoc sategimus nostro accommodari et in illud transferri, servatis tamen nostræ ecclesiæ ritibus, nec instauratis fere, nisi veteribus quibusdam piis consuetudinibus, quæ in ea olim usurpabantur.

» De partitione Psalterii eumdem ordinem quem in plerisque aliis breviariis recenter editis observatum reperimus. Singulis hebdomadæ diebus, et cujusque diei horis sui psalmi adscripti sunt, et ita quidem dispositi, ut omnes (fere semper) intra unius hebdomadæ limites perlegantur. Si præterea, juxta priscum Concilii Narbonensis statutum, divisi sunt qui longius protendebantur, ea nimirum mente ut restituta in variis officiis quadam veluti æqualitate, sublataque psalmorum quorumdam nimia prolixitate, omnia attento spiritu proferrentur, nec elanguesceret gravareturque psallentium animus.

» Suum officio uniuscujusque diei hebdomadæ scopum peculiarem in psalterio assignandum duximus. Die Dominica, qua lux creata, quaque Christus resurrexit, et lex nova effuso in Apostolos Spiritu Sancto promulgata est, Hymni, Antiphonæ, Versiculi Capitula, Responsoria Brevia, etc., ad caritatem in Deum et legis divinæ amorem fidelium cordibus instillandum diriguntur. Feria secunda, qua conditum firmamentum munificentia Dei in homines celebratur et ob dona quibus nos cumulat, affectus huic debiti excitantur. Feria tertia qua terrarum orbis paratus est hominibus colendus, ad caritatem, quam homines, unius terræ incolæ, in se invicem fovere debent, officium refertur. Feria quarta, constantes solis et lunæ ea die creatorum vicissitudines ad Deum mentem erigunt, qui solus semper est idem, et in quo solo spes collocanda. Feria quinta, qua conditi aves et pisces alendis corporibus idonei, fides, *ex qua justus vivit*, commendatur et accenditur. Feria sexta, qua Christus Passione sua hominem lapsum redemit, labores et ærumnæ quibus Deus suos probat, memorantur. Sabbato, repædenda justis ob eorum bona opera merces describitur, et vehemens ejus consequendæ desiderium inflammatur.

1. Le cardinal Melchior de Polignac, ancien ambassadeur de France à Rome, archevêque d'Auch en 1726, l'auteur célèbre de l'*Anti-Lucrèce*, mourut à Paris en 1741.

» Id præterea diligenti cura effectum ut omnes cujusque officii partes inter se apte cohærerent et consentirent, et ad unum finem, modo sibi convenienti, collimarent. Priores Vesperæ præsertim, in proprio de Tempore et in communi Sanctorum, vaticiniis vel promissionibus ad mysterium quod recolitur, aut ad genus vitæ sancti attincntibus, compinguntur. In Nocturnis, Laudibus et minoribus Horis, mysterium ipsum, ejus finis, effectus, circumstantiæ, vel sanctimonia, labores, affectus, etc., magis aperiuntur et evolvuntur, et diversi modo explicantur. In Antiphonis, Capitulo, etc. II Vesperarum, fructus mysterii plerumque colligitur, vel res a sancto præclare gestæ, corona quam meruit, ejusque intercessionis virtus attendi solent et commendari. In unoquoque Nocturno, Antiphonæ tum inter se, tum cum Versiculo et Responsoriis quamdam habitudinem dicunt. Capitula etiam et Responsoria Brevia Versiculique Horarum minorum, Antiphonis Laudum quæ in iis usurpantur, ut congruit, respondent.

» Omnia autem (si excipiantur Hymni, pars Lectionum, Orationes, Canones, et devotæ quædam beatæ Mariæ Virginis Antiphonæ) ex Sacra Scriptura deprompta sunt; cujus verbo non modo in Lectionibus, sed etiam sæpe in Antiphonis, Responsoriis et Capitulis, sensu litterali et nativo usurpata habebitis. Textus etiam deprehendetis non paucos sensu mystico, sed in Scripturis ipsis vel a Patribus approbato, adhibitos. Fatendum tamen, vosque, Fratres carissimi, monitos volumus loca plurima sensibus, ut aiunt, accommodatitiis in hocce nostro breviario, ut et in aliis omnibus, contineri. Verum ejusmodi acceptiones pias nemo nescit in Sanctorum Patrum operibus non infrequenter occurrere, easdem in Ecclesiæ officiis jamdudum usurpatas, ac fovendæ excitandæque pietati valde idoneas esse; hisque omnibus titulis eas, aliis textibus et locutionibus ex Scriptura Sacra non depromptis, censuimus in divinis precibus conficiendis non immerito anteponi.

» In Lectionibus quibus sanctorum historia continetur, prospeximus ne quid insereretur, nisi ex probatis monumentis et dignæ fidei auctoribus collectum; et in quibusdam maluimus paucissima tantum de eorum gestis exiberi quam dubia et incerta pro veris et compertis venditari. Qui sanctis cum Christo regnantibus annumerantur, suis hoc ipso satis commendantur virtutibus ac meritis; nec commenta, quibus genuina eorum acta lapsu temporum oblivioni data, supplerentur, iis placita et accepta esse possent.

» Non pauci e Canonibus, quos, morem recentibus Breviariis inductum secuti, ad Primam legi præscribimus, ex Conciliis in hac Provincia celebratis, aut ex Statutis Synodalibus Auscitanis, desumpti sunt. Cum vero in aliis de fide, quæ semper et ubique eadem est, agatur; in aliis de disciplina antiquitus vigente, quæ etiam, cum obsolevit, utiliter dignoscitur; in aliis, de disciplina, seu recenti, seu prisca, nunc obtinente quam accurate servari oportet, cum denique plurimi ad mores cleri informandos spectent, magna nos spes tenet futurum ut uberes ex eorum attenta lectione fructus percipiatis.

» De cœteris, nihil necesse est a nobis sigillatim disseri. Quam sollicita omnia elaborata sint, quam apte disposita et ordinata facile comprobabit usus. Ea vero imprimis tanta diligentia, sive ex Scripturæ Sacræ libris, sive ex operibus Patrum selecta sunt quæ pietatem vestram possent enutrire et in imbuendis scientiâ salutis fidelibus curæ vestræ commissis vos adjuvare; ut in totius operis decursu, parata vobis sint omnium incitamenta virtutum, magnaque ad populi vestri salutem promovendam adjumenta.

» Quid ergo superest, Fratres carissimi? nisi hortari vos in Domino, ut præcaveatis, illud Dei objurgium: *Populus hic labiis me honorat, cor autem eorum longè est a me*: ut has preces, ea qua par est, animi attentione, pietate ac religione recitetis, memineritisque non in inani verborum sonitu, sed in cordis affectu stare orationis virtutem et meritum.

» Mandamus igitur omnibus diœcesis nostræ Ecclesiis, Monasteriis, Collegiis, Communitatibus, Ordinibus, nec non et omnibus clericis qui ad illum tenentur, seu ratione beneficii, seu ratione sacrorum ordinum, ut hocce breviario nostro, digesto, ut sequitur, et ordinato, utantur; omnino prohibentes ne aliud quam hoc nostrum, sive privatim, sive publice, in posterum recitare præsumant.

» Datum Auscis in Palatio nostro Archiepiscopali, sub signo sigilloque nostris, ac secretarii nostri subscriptione, anno Domini millesimo septingentesimo quinquagesimo secundo, die vero quinta mensis novembris. † J. FRANCISCUS, arch. Auscitanus. De Mandato Illustrissimi ac Reverendissimi DD. Archiepiscopi Auscitani, *Fiard*, canonic. secret. »

Nous nous proposons de revenir sur ce Mandement, lorsque nous étudierons la disposition et la forme des offices du bréviaire Auscitain; remarquons toutefois que depuis longtemps déjà, *jamdadum*, au dire de Mgr de Montillet, le clergé réclamait un nouveau bréviaire, et que le cardinal de Polignac avait songé à le lui donner, peut-être après la nouvelle liturgie Parisienne de Vintimille, en 1736. Remarquons encore l'obligation faite, même aux monastères, d'adopter le nouvel office: les notions les plus élémentaires du droit canon étaient oubliées par les meilleurs évêques de France.

→ CLXII ←

Voici maintenant le Mandement inséré en tête du bréviaire bayonnais :

« GUILLELMUS D'ARCHE, Dei et sanctæ sedis apostolicæ gratia, episcopus Baionensis, Regi a consiliis, etc., clero Baionensi, salutem in Christo Jesu.

» Licet Deus, ex suo dives, satis sibique sufficiens, nostris non indigeat bonis, precibus, sacrificiis, est tamen assidua oratio ita homini necessaria, ut sine ea non magis animæ salus possit, quam sine alimentis vita corporis sana ac vegeta consistere. Tanta est humanæ mentis infirmitas, tam prona in vitium natura, ut ipsam necesse sit in interitum extemplo ruere, nisi manum auxiliatricem homo supplicibus votis atque indefesso anhelitu possit adprecari atque accersere. Et quo etenim pacto mortales divinam invitare misericordiam, Deumque sibi propitium experiri possint, nisi Numen supremum, quod toties peccatis lacessunt, precibus assiduis placare curent et ab eo veniam impetrare conentur?

» Cum autem omnibus precandi necessitas incumbat, nullis tamen impensius dici debet addicta, quam Ecclesiæ ministris quorum, ipsa conditio fert, ut *viri desideriorum sint*, ceterorum fidelia vota, sacrificia, precesque ad thronum gratiæ deferant, atque, ut Moyses quondam, in montem sublati, dum alii pugnant, ipsi manus ad cœlos porrigant. *Est*, inquit sanctus Hieronymus, *unum genus* (Christianorum) *quod mancipatum divino officio et deditum contemplationi et orationi, ab omni strepitu temporalium cessare convenit, ut sunt clerici* [1]. Illos etenim dixerimus ad id deputatos, ut aras inter et civitatem prostrati, Deum inter et populum medii atque interpretes pendentem in fulmen Omnipotentis manum sustineant, atque imminentes populorum cervicibus procellas ac tempestates detorqueant.

» Nos *oportet*, igitur, *semper orare et non deficere*. Intelligamus scilicet nos in *sortem Domini* fuisse assumptos *veluti columnas qui nutantis orbis statum orationibus nostris sustineamus* [2]. Omnia quippe in religione velut arida languescere, et mortalitatis pondere depressa fatiscere necessum est, nisi orationis præsidio fulciantur. Idcirco Ecclesia, pia illa mater, suorum necessitatibus providam, divinæ gloriæ studio accensa, statuit, ut quos ex mortalibus ad sacra deputavit, ministros, ii orationi instarent, precum assiduo usu, tepescentem inter curas, et labores pietatis fervorem, accenderent, atque innumera, quæ undique coangustant pericula, averterent. Neque vero clericis orandi munus imposuit tantum, sed et modum orandi præcepit, varias orationis partes distribuit, tempora descripsit, omnesque orationis species eo concinnavit modo, unde pietas spiraret magis ac reverentia in divinam Majestatem expressius existeret. Hinc, in variis quæ passim adornari curavit officiis, augustissima fidei mysteria, incorruptas morum regulas, clarissima virtutum exempla proposuit, ut sic, vel oratione sola, virtutum omnium materiam subministraret, fidem erudiret, spem erigeret, caritatem accenderet.

» Cum illa officii divini dispositio atque ordinatio varias apud Ecclesias eleganter non minus quam pie elucescat, tum apud Metropolim nostram Auscitanam sapienter admodum ac dilucide videtur concinnata, in eaque et fidei et morum regulæ ita apposite singulis accommodantur officiis, ut exinde concreditas oves et verbo pascere et exemplo possitis antecedere. Sincero itaque illo ac genuino permoti orationis ac pietatis gustu, quo veluti sapore quodam Breviarium Auscitanum passim tingitur, illud vestris postulatum votis, et diu expetitum, annuimus tandem et in nostra in posterum diœcesi usurpandum statuimus, rati nos operæ pretium facturos et pro vestra pietate simul, et juxta Concilii Toletani mentem, quod statuit *ut unius cujusque Provinciæ pontifices, rectoresque Ecclesiarum, unum eumdemque in psallendo teneant modum, quem in Metropolitana sede cognoverint institutum* [3].

» Istud porro sic adornatum, ut omnia fere quæ continet, ex Scriptura Sacra deprompta sint, in eoque utrumque Testamentum mirifice sibi concinat: ita Psalmi dividuntur, ut in decursu hebdomadæ integri recitentur; ita præmisso brevi argumento explanantur, ut cujusque scopus ac finis facilius intelligatur. Quolibet die ad Primam recitabitur Canon ex Conciliis œcumenicis, aut ex particularibus præsertim Provinciæ nostræ excerptus, sicque sua erit cuilibet dici affixa morum regula, quam sibi clericus tenendam meminerit, habebitque tanquam præsens ad præcavendos disciplinæ collapsus munimentum : *Statuta enim*, inquit Petrus Cellensis, episcopus Carnotensis, *pari pœne observantia servanda cum evangelio*.

» Cogitate ergo, fratres carissimi, et quomodo orare et quid orare debeatis. Sic orate, ut spiritu et mente psallatis ; ut, quod os loquitur, mens intime sentiat ; quod lingua promit, mores exprimant. Pauperes et nudi sumus ; sic orate, ut paupertatis nostræ sensus et nuditatis opprobrium Omnipotentem tangat. Periclitamur mediis in fluctibus luctantes, et jam naufragio proximi ; sic orate, ut Deus omnia quæ nos circumstant, mala

1. — Hier. refert 12 quæst. 9 cap. duo sunt
2. — S. Euch. hom. 3.
3. — Conc. Tolet. an. 675. cap. 3.

procul amoveat. Peregrinamur densissimas inter tenebras per loca anfractibus ac præcipitiis infesta; sic orate, ut lucem illam optatam, quam nulla decolorabit imago noctis, Deus aliquando nobis revelat. Idipsum det vobis Deus, ut orantes spiritu, orantes et mente, uberem fructuum copiam ex oratione reportetis.

» Quocirca, de venerabilium fratrum nostrorum Ecclesiæ nostræ canonicorum consilio, omnibus nostræ diœceseos Ecclesiis, Monasteriis, Collegiis, Communitatibus, Ordinibus, nec non omnibus Clericis qui ad illud tenentur, mandamus et præcipimus, ut hocce Breviario Auscitano, ad usum Ecclesiæ nostræ accommodato, nec alio quolibet imposterum, utantur.

» Datum Baionæ, sub signo sigilloque nostris, ac secretarii nostri subscriptione, decimo quinto calendas februarii, anno Domini millesimo septingentesimo quinquagesimo tertio. † GUILLELMUS, episcopus Baionensis. De Mandato Illustrissimi ac Reverendissimi D. D. episcopi Baionensis, *Perjean*, secret. »

Comme dans le Mandement de l'Archevêque d'Auch, la prescription est formelle : « Toutes les églises, les *monastères*, les collèges, les communautés, les *Ordres religieux*, et les clercs » sont astreints au nouvel office, avec défense de se servir d'autre bréviaire.

CALENDRIER. — Vient ensuite le *Calendrier* que nous reproduisons en entier; on en comprendra toute l'importance. Il est précédé, dans le bréviaire même, de cette note qui explique les abréviations.

« *In sequenti calendario*, quantum licuit, notatum est tempus quo quisque sanctus obiit : *ann.* significat *anno; c. ann.* : *circa annum; s.* : *sæculo; c. med. s.* : *circa medium sæculi; c. fin. s.*: *circa finem sæculi*. Festa, quæ majusculis notantur caracteribus, feriantur apud populum. »

JANUARIUS

1   CIRCUMCISIO DOMINI, Festum Nominis Jesu, et octava Nativitatis ejus. *Solemne* III *Ordinis*.
2   Basilii Magni, Cesariensis, in Cappadocia, episcopi et Ecclesiæ doctoris. *Duplex* II *Ordinis* : obiit 1 Januarii, ann. 379.
3   Genovefæ, virg. Parisiensis. *Simplex*. ann. 512.
4   Galactorii, episcopi Lascurrensis et martyris. *Semiduplex* : obiit ann. 507 cum *commemoratione* S. Faustæ, virg. et mart.
5   Vigilia Epiphaniæ Domini, sine jejunio.
6   EPIPHANIA DOMINI. *Solemne* II *Ordinis*.
7-12 De octava Epiphaniæ. *Semiduplex*.
13 Octava Epiphaniæ et Baptismus Domini. *Duplex* I *Ordinis*.
14 Hilarii, Pictaviensis episcopi et Eccl. doct. (è 13) *Duplex* II *Ordinis* : c. ann. 368. cum *commem.* S. Felicis, presbyt. Nolani, c. ann. 265.
15 Pauli, primi eremitæ Thebaidis, c. ann. 341. *Semid.* cum *commem.* S. Mauri, Glannofoliensis abbatis : c. fin. VI s.
16 Geruntii et Severi, martyrum Adur. *Semid.* c. ann. 406. cum *commemor.* S. Marcelli, papæ, c. ann. 309.
17 Antonii, Ægypti abbatis, *Semid.* ann. 356.
18 Pontificatus, seu Cathedra S. Petri, apostoli, qua Antiochiæ primum sedit, deinde Romæ. *Duplex* II *Ordinis*.

Prima Septuagesima.

19 Fulgentii, episc. et doctor. *Semid.* ann. 533. (è 1.) *comm.* S. Volusiani, ep. et mart. v. s.
20 Fabiani, papæ, et Sebastiani, Romæ martyrum. *Duplex* I *Ordinis* : prim. ann. 250. secund. c. ann. 288.
21 Agnetis, Romæ virg. et mart. *Semid.* c. ann. 304.
22 Vincentii, Cæsaraugustani diaconi, Valentiæ in Hispania martyris, *Semiduplex*. ann. 304.
24 Timothei, Ephesini episcopi et martyris. *Semiduplex* : ann. 97. cum *commem.* sancti Titi, Cretensis episcopi, cod. s.
25 Conversio S. Pauli, apostoli. *Duplex* II *Ordinis* : ann. 34 vel 35.
26 Polycarpi, Smyrnensis episc. et martyr. *Simplex* : circ. med. II. s.
27 Joannis Chrysostomi, Constantinop. episcopi et Ecclesiæ doctoris. *Duplex* II *Ordinis*. ann. 407 (è 14 sept.) Translatio hac die 438.
28 Valerii, episcopi Conseransis. *Semiduplex* : s. III. vel IV.
29 Francisci Salesii, Genevensis episcopi. *Duplex* II *Ordinis* : ann. 1622 (è 28 dec.).

30 Bathildis, reginæ Francorum, viduæ. *Simplex* : c. ann. 680.
31 Petri Nolasci, institut. Ordin. Beatæ Mariæ de Mercede, justi. *Semiduplex* : ann. 1256.

FEBRUARIUS

1 Ignatii, Antiocheni episcopi et martyris. *Simplex* : ann. 107 (e 20 decemb.).
2 Præsentatio Domini *et* Purificatio b. m. v. *Solemne* iii *Ordinis.*

3 *Prima dies Cinerum.*

4 Blasii, episcopi Sebastiæ in Armenia minori, et ibid. martyris. *Simplex*. [In ecclesia cathedrali. *Duplex* i *Ordinis* : c. init. iv. s.]
5 Agathæ, Catanensis virg. et mart. *Simplex* : ann. 251. [In quadragesima *comm*.]
6 Amandi, Trajectensis, episc. *Simplex* : c. ann. 679. [In Quadrag. *commemor*.]
7 Romualdi abbatis, instit. Ord. Camaldul. *Semid.* c. ann. 1027. [In Quad. *comm*.]
8 Joannis de Matha, presbyt. Ordin. SS. Trinitatis fundat. *Semid.* : ann. 1213 (e 21 decemb.). [In Quadrag. *commem*.]
9 Apolloniæ, Alexandrinæ virg. et mart. *Simplex* : ann. 249. [In Quadrag. *comm*.] In eccl. cathed. *Duplex* i *Ordinis.*
10 Scholasticæ, Cassinensis virg. *Simplex*, c. ann. 543. [In Quadrag. *commem*.]
11 Benedicti, Ananiensis abbatis. *Simplex*, ann. 821. [In Quadrag. *commem*.]
18 Simeonis, Hierosolymitani, episc. et mart. *Simpl.* ann. 107. [In Quadrag. *commem*.]
20 Cyrilli, Alexandrini, episc. et doct. *Semid.* ann. 445. [Intra Quadrag. *comm*.]

21 *Ultima Septuagesima.*

24-25 Matthiæ, apostoli. *Duplex* i *Ordinis.* i. s.
28   Vigilia S. Leonis, episc. et mart.

MARTIUS

1 Leonis, Baionensis episcopi, Apostoli et Martyris, Ecclesiæ Cathedralis, Urbis et Diœcesis Patroni. *Solemne* i *Ordinis,* cum octava in eccl. cath. extra Quadrag., ix. s.
2-6 De octava, in cathedrali. *Semiduplex.*
7 De octava, in cathed. *Semid.* cum *comm.* SS. Perpetuæ et Felicitatis, Carthaginiensium martyr. circa ann. 204. Extra cathed. SS. Perp. et Felic. *Simplex.*
8 In cathedrali, octava S. Leonis, episc. et mart. [extra Quadrad.] *Duplex* i *Ordinis.*

Primum Novilunium Paschale.

9 Joannis de Deo, justi, Ordinis Hospit. fund. *Semid.* anno 1550. cum *commem.* S. Franciscæ, viduæ, anno 1440.
10 Quadraginta mart. Sebastensium. *Simplex.* [In Quadr. *comm*.] ann. 320.

Ultima dies Cinerum.

16 Cyrilli, Hyerosolymitani episc. *Semid. comm.* ann. 386.
17 Patricii, episc., Hyberniæ apost. *Simpl. comm.* ann. 460.
18 Alexandri, episc. Hycrosolimit. et mart. *Simpl. comm.* ann. 250.
19 Joseph, sponsi B. Mariæ Virginis. *Duplex* i *Ordinis.* i. s.

22 *Primum Pascha.*

25 Annuntiatio et Incarnatio Domini. *Solemne* i *Ordinis* (cum octava quando Pascha occurrit die 22 vel 23 Martii).
31 [De octava Annuntiationis quando Pascha occurrit die 22 Martii. *Semid.*] Feria sexta post Domin. Passionis fit Offic. de Compassione B. M. V. *Dupl.* ii *Ordinis.*

APRILIS

1. Octav. Annuntiat. *Dupl.* I *Ord.* [modo Pascha occurrat die 22 vel 23 Martii.]
2. Francisci de Paula, instit. Ordin. Minim. *Semid. :* ann. 1507. [In Quadr. *comm.*]
4. Isidori, Hispalensis episc. et doct. *Semid.* ann. 636. [In Quadrag. *commem.*]
5. *Ultimum Novilunium Paschale.*
21. Anselmi, Cantuariensis episc. et doct. *Semid.* ann. 1109.
23. Georgii, mart. in Oriente. *Simplex.* c. ann. 303.
24. Cœrasii, episc., in Auscitana Provincia fidei Christi præconis. *Semid.* III. vel IV. s. *Comm.* S. Phœbadii Aginnensis, episc. IV. s.
25. Marci, evangelistæ. *Duplex* I *Ordinis.* ann. 68.

Ultimum Pascha.

26. Cleti (seu Anacleti) et Marcellini, Paparum et Mart. *Simpl.* primus c. ann. 91. secund. c. ann. 304.
27. Luperculi, Elusani episc. et martyr. *Semid.* c. fin. III. sec.
29. Mariæ Ægyptiacæ, pœnitentis. *Semidupl.* c. ann. 421.
30. Eutropii Santonensis episc. et mart. *Simplex.* III. s.

MAIUS

1. Philippi et Jacobi (Alphæi), apostolorum. *Duplex* I *Ordinis.* I. s.
2. Athanasii, Alexandrini episc. et Eccl. doct. *Dupl.* II *Ord.* ann. 373.
3. Inventio S. Crucis, ann. 326. *Dupl.* I *Ord.* cum *comm.* S. Alexandri, pap. et mart. c. ann. 119.
4. Monicæ, viduæ Tagastensis. *Simpl.* ann. 387.
5. Orientii, Auscitani episc. *Semid.* IV. s.
6. Joannis, apostoli et evang., ante Portam Latinam. *Dupl.* II *Ord.* c. ann. 95.
7. Justini, Tarbiens. episc. *Semid. :* circ. ann. 420. forte IV. vel III. s. cum *commem.* S. Misselini, ibid. presbyteri.
9. Gregorii Nazianzeni, Constantinop. episc. et Ecclesiæ doct. *Dupl.* II *Ord.* ann. 391.

Prima Pentecostes.

10. Rictrudis, viduæ, in Vasconia natæ. *Simpl.* VII. s.
11. Mamerti, Viennensis episc. *Simplex.* Ann. 475. Cum *comm.* S. Pancratii, mart. IV. s.
12. Epiphani, Salaminæ, episc. et doct. *Semid.* an. 403. cum *comm.* S. Genii, justi.
14. Pachomii, Tabennæ in Thebaïde abbatis (è 9). *Simpl.* c. ann. 350.
17. Joannis Nepomuceni, canonici Pragensis, presb. et mart. *Simpl.* XI. s.
19. Yvonis, presb. *Simpl.* [In eccl. cathed. *Dupl.* I *Ord.*] init. XIV. s.
20. Petri Cœlestini, papæ, Congreg. Cœlestin. instit. *Semid.* ann. 1296.
21. Lupini, presbyt., canonici Carcassonensis. *Simplex :* c. ann. 852.
22. Quitteriæ, virg. et mart. *Semid.* [In eccles. cathed. *Dupl.* I *Ord.*]
24. Francisci Regis, presb. è Societate Jesu. *Semid.* ann. 1640.
25. Mariæ Magdalenæ de Pazzi. *Simplex.* ann. 1607.
28. Germani, Parisiensis episc. *Simplex.* ann. 576.
29. Guillelmi, Aquitaniæ ducis, comitis Tolosani, demum monachi. *Semid.* ann. 812.

¶ Dominica prima post Pentecosten, officium de S. Trinitate. *Solemne* III *Ordinis.*

JUNIUS

1. Clari, episcopi et martyris in Aquitania. *Simplex.* III. vel IV. sec.
2. Pothini, Lugdunensis episcopi, Blandinæ, virg. et soc. mart. *Semid.* ann. 177. *comm.* SS. Marcellini et Petri, mart. ann. 304.
3. Clotildis, Francorum reginæ, viduæ. *Simplex.* ante med. VI. s.

6	Norberti, Magdeburgensis episcopi, instit. Ord. Præmonstratensis. *Semid.* ann. 1134.
8	Medardi, Noviomensis episcopi, *Simplex*, ann. 556.
9	Claudii, Vesuntini episcopi. *Semid.* ann. 581.
11	Barnabæ, Gentium apostoli. *Duplex* I *Ordinis.* I. sec.
13	*Ultima Pentecostes.*
16	Ciryci et Julittæ, matris ejus, Tharsi in Cilicia mart. *Simpl.* init. IV. sec.
18	Amandi, Burdigalensis episcopi. *Simpl.* ante med. V. sec.
19	Gervasii et Protasii, Mediolanensium mart. *Simplex.* I. vel II. sec.
21	Raymundi, Barbastiensis episc. *Semid.* XII. sec.
22	Paulini, Nolani episc. *Semidupl.* ann. 431.
23	Vigilia *cum jejunio.*
24	Nativitas S. Joannis Baptistæ. *Solemne* III *Ordinis.* cum octava.
25	Prosperi, Aquitani, doctoris. *Semid.* post med. V. sec. cum *commem.* oct. S. Joann. Bapt.
26	Anthelmi, Bellicensis episc. *Semid.* ann. 1176, cum *commem.* octavæ et SS. Joannis et Pauli, Romæ mart. c. ann. 362.
27	Irenæi, Lugdunensis episc. et doctor. et soc. ejus, mart. *Dupl.* II *Ord.* c. ann. 202 *cum commem.* oct.
28	De oct. S. Joannis, *Semid. cum comm.* vigiliæ SS. Apost. Petri et Pauli *cum jejunio.*
29	Petri et Pauli, apostol. *Solemne* III *Ord.* ann. 66 vel 67 cum *commem.* de oct. S. Joann.
30	Commemoratio S. Pauli, apost. *Duplex* I *Ord. comm.* S. Petri apost. et oct. S. Joan.

JULIUS

1	Octava Nativitatis S. Joannis Baptistæ. *Dupl.* II *Ord.* cum *comm.* oct. SS. apost.
2	Visitatio B. M. V. *Dupl.* I *Ord.* cum *comm.* oct. SS. apost.
3	De oct. SS. Apost. Petri et Pauli, *Semid.* cum *comm.* S. Raymundi, canonici Tholosani, XI. I. sec.
4	De oct. SS. Apostolorum. *Semiduplex.*
5	De oct. SS. Apostolorum. *Semiduplex.*
6	Octava SS. Apost. Petri et Pauli. *Duplex* II *Ordinis.*
7	Martialis, Lemovicensis episc. *Semid.* III. sec.
10	Septem Fratrum ac S. Felicitatis, eorum matris, Romæ mart. *Simplex* (e 23 novemb.) circ. ann. 164.
11	Benedicti, Cassinensis abbat. (e 21 mart.) *Semid.* ann. 543 Translatio hac die. c. ann. 653.
14	Bonaventuræ, Albanensis episc. et doctor. *Semid.* ann. 1274.
15	Henrici, imperatoris, justi. *Semidupl.* ann. 1024.
18	Thomæ Aquinatis, doctoris (e 7 Mart.). *Duplex* II *Ord.* ann. 1274. *Canonizatio hac die,* ann. 1323.
19	Vincentii a Paulo, Presbyt. Congr. Missionis fundat. *Dupl.* II *Ord.* ann. 1660.
20	Margaritæ, virg. et mart. *Simplex.* [In eccl. cath. *Dupl.* I *Ord.*]
21	Victoris, mart. *Simpl.* c. ann. 290.
22	Mariæ Magdalenes. *Dupl.* II *Ordinis.* I. sec.
23	Apollinaris, Ravennensis episc. et mart. *Simplex.* I. vel II. s.
24	Vigilia *cum jejunio.*
25	Jacobi (Zebedæi) apostoli. *Duplex* I *Ordinis.* ann. 44. cum *comm.* S. Christophori, mart. in Lycia, III. sec.
26	Joachim et Annæ, parentum B. M. V. *Duplex* II *Ord.*
28	Nazarii et Celsi, Mediolan. mart. I. vel II. sec. *Simpl.*
29	Lazari (e 17 Decemb.), Marthæ (e 17 Octob.) et Mariæ (e 17 Mart.) sororum ejus, Christi hospitum. *Duplex* II *Ordinis.*
30	Germani, Autissiodorensis episc. *Simpl.* ann. 448.
31	Ignatii Loyolæ, presbit. institut. Societ. Jesu. *Semiduplex* ann. 1556.

AUGUSTUS

1	Petri ad vincula. *Duplex* II *Ord.* ann. 44.
2	Severi, presb. rectoris Ecclesiæ Saxiensis in diœcesi Tarbiensi. *Semidupl.* VII. s. cum *comm.* S. Stephani, papæ et mart. ann. 257.

3	Inventio corporis S. Stephani, protomartyris. *Semid.* ann. 415.
4	Dominici, presbit. instit. Ordinis Fratrum Prædicat. *Semid.* ann. 1221 (e 6).
6	Transfiguratio Domini. *Duplex* I *Ord.* ann. 32. cum *commem.* S. Sixti papæ et mart. ann. 258.
7	Cajetani, presbyt. instit. Ordinis Theatin. *Semid.* anno 1547.
10	Laurentii, diaconi et mart. *Duplex* I *Ord.* ann. 258.
12	Claræ, virg., Clariss. abbatissæ. *Semid.* 1253.
13	Radegundis, Francorum reginæ, viduæ. *Simp.* anno 587.
14	Vigilia cum *jejunio*.
15	Assumptio B. Mariæ Virginis. *Solemne* II *Ord.* I. sec. Nona lectio off. nocturni, pro *commem.* de voto Ludovici XIII.
16	Rochi, apud Montem Pessulanum, justi. *Dupl.* II *Ord.* Festiv. usque ad meridiem. c. ann. 1325, cum *commem.* oct. Assumpt.
17-18	De octava Assumpt. B. M. V. *Semid.*
19	De oct. Assumpt. B. M. V. *Semid.* cum *commem.* S. Ludovici episc. Tolos.
20	Bernardi, primi Claravallensis abbatis et Ecclesiæ doct. *Dupl.* II *Ordin.* ann. 1153, cum *commem.* oct.
21	Juliani, Lascurrensis episc. *Semid.* v. sec. cum *comm.* oct.
22	Oct. Assumpt. B. M. V. *Dupl.* I *Ordin.*
24	Bartholomæi, apost. *Dupl.* I *Ordin.* I. sec.
25	Ludovici IX, regis Franciæ. *Duplex* I *Ordin.* ann. 1270.
26	Cæsarii, Arelatensis episc. et doctor. *Semid.* ann. 542.
27	Licerii, Conseranensis episc. *Semid.* paulo ante med. VI. s.
28	Augustini, Hipponensis episc. et Ecclesiæ doct. *Dupl.* II *Ord.* ann. 430.
29	Decollatio S. Joann. Bapt. *Duplex* II *Ord.* ann. 28 vel 32.
30	Gaudentii, mart. apud Convenas. *Simplex.* VIII. s.
31	Raymundi Nonnati, presb. *Simplex.* ann. 1240.

SEPTEMBER

1	Vincentii, primi Aquens. episc. et mart. *Semid.* III. vel IV. s.
2	Antonini, mart. Apamiensium patroni. *Semid.* III. s.
3	Gregorii Magni, pap. et Eccl. doct. *Dupl.* II *Ord.* ann. 604 (e 12 Martii) cum *comm.* S. Clodoaldi, presb. anno 568.
5	Taurini, Auscitan. episc. et mart. *Semid.* IV. sec.
8	Nativitas B. M. V. *Solemne* I *Ordinis.*
9	De octava Nativ. B. M. V. *Semiduplex.*
10	De oct. Nativ. B. M. V. *Semid.* cum *commem.* S. Salvii, Albig. episc. anno 584.
11-13	De oct. Nat. B. M. V. *Semiduplex.*
14	Exaltatio Sanctæ Crucis (imperante Constantino, ann. 326 vel 327, imperante Heraclio, ann. 629). *Duplex* I *Ordinis.* cum *commem.* octav. Nativ. B. M. V.
15	Octava Nativitatis B. Mariæ Virginis. *Duplex* II *Ordinis.*
16	Cornelii, papæ, anno 252, et Cypriani, Carthaginiensis episc. et Eccl. doct. ann. 258. mart. *Semid.* cum *comm.* S. Euphemiæ, virg. et mart. ann. 307.
19	Januarii, Benevent. episc. et soc. ejus, mart. *Simpl.* IV. sec.
21	Matthæi, apost. et evang. *Duplex* I *Ord.* I. s.
22	Mauricii et soc. mart. *Simpl.* ann. 286.
23	Lini, pap. et mart. *Simpl.* I. sec. cum *comm.* S. Theclæ, virg. et mart. eod. s. c. fin.
25	Austindi, Auscitani episc. *Semid.* ann. 1068. cum *comm.* S. Firmini, Ambian. episc. et mart. c. ann. 287.
26	Fausti, Tarbiensis episc. *Semid.* VI. sec.
27	Cosmæ et Damiani, fratrum, mart. *Simplex.* IV. sec.
28	Exuperii, Tolosani episc. *Simpl.* v. s. cum *comm.* S. Dodæ, virg. Ausciensis.
29	Michaelis, archangeli, et omnium ang. *Solemne* III *Ord.* Hoc festum in Apulia sumpsit exordium v. vel VI. sec.
30	Hieronymi, presbyt. et Eccl. doct. *Dupl.* II *Ord.* anno 420.

OCTOBER

1. Remigii, Remensis episc. (e 13 jan.) *Semid.* ann. 533.
2. Angelorum Custodum. *Dupl.* II *Ord.* Hoc festum Paris. instit. ann. 1680.
3. Dionysii Areopagitæ, Athenarum episc. et mart. *Simplex.* c. fin. I. sec.
4. Francisci, Assisinatis in Umbria, instit. Ord. Fratrum Minorum. *Semid.* ann. 1226.
6. Brunonis, monachi, institut. Ord. Carthusianorum, ann. 1101. *Semid.* cum *comm.* S. Fidis, Aginnensis, virg. et mart. ann. 287 vel 290. Dominica II octobris fit Anniversarium Dedicationis Ecclesiæ Cathedralis. *Solemne* II *Ord. cum oct. in Cathed. tantum.*
8. Brigittæ, viduæ, xiv. sec. *Simplex.*
9. Dionysii, Parisiensis episc. et soc. mart. *Semid.* III. sec.
10. Savini, Tarbiensis, anachoretæ. *Simplex.* VII. sec.
11. Francisci Borgiæ, presbyt. e Societ. Jesu. *Simpl.* ann. 1572.
13. Eduardi, Angliæ regis. *Simpl.* ann. 1066.
14. Privati, Gabalitani seu Mimatensis episc. et mart. *Simpl.* III. sec.
15. Theresiæ, virg., instauratricis Ord. Carmel. *Semid.* ann. 1582 cum *comm.* S. Joannis a Cruce, monachi, ann. 1591.
16. Bertrandi, Convenarum episc. *Semid.* XII. sec.
18. Lucæ, evang. *Duplex* I *Ord.* I. sec.
19. Grati, Oleronensium episc. *Semid.* VI. sec.
20. Caprasii, mart. Aginnensis. *Simpl.* c. fin. III. sec.
21. Ursulæ et sociarum, virg. et mart. *Semid.* c. med. v. sec.
23. Leothadii, Auscitani episc. *Semid.* VIII. sec.
25. Crispini et Crispiniani fratrum, Suessionensim mart. *Simpl.* c. fin. III. sec.
27. Vigilia *cum jejunio.*
28. Simonis et Judæ, apost. *Dupl.* I *Ord.* I. s.
31. Vigilia *cum jejunio.*

NOVEMBER

1. Omnium Sanctorum. *Solemne* II *Ord.* Instit. IX. sec.
2. Commemoratio omnium Fidelium defunctorum. *Duplex* I *Ord.* Institut. ann. 998.
3. De octava omn. SS. *Semid.* cum *commem.* S. Papuli, mart. III. s.
4. Caroli, Mediolanensis episc. et cardinalis (e 3). *Dupl.* II *Ord.* ann. 1584 cum *comm.* octavæ.
5-7. De octava omnium SS. *Semiduplex.*
8. Octava omnium SS. et Veneratio SS. Reliquiarum. *Duplex* II *Ord.*
10. Leonis Magni, pap. et Ecc. doct. *Dupl.* II *Ord.* ann. circiter 461.
11. Martini Turonensis episc. *Dupl.* I *Ord.* ann. 397.
12. Martini, pap. et mart. *Simpl.* ann. 655 (e 16 sept.).
13. Brictii, Turonens. episc. *Simpl.* ann. 444.
17. Gregorii Thaumaturgi, Neocesareæ episc. *Semid.* ann. 270.
19. Elisabeth, viduæ. *Simpl.* ann. 1231.
20. Felicis Valesii, presb. *Simplex.* ann. 1212.
21. Presentatio B. Mariæ virg. *Dupl.* I *Ord.*
22. Ceciliæ, virg. et mart. *Semid.* II. vel III. sec.
23. Clementis, pap. et mart. *Simplex.* ann. 100.
24. Catharinæ, Alexandrinæ virg. et mart. *Semid.* IV. sec. cum *commem.* sancti Chrysogoni, Rom. mart. ann. 304.
26. Petri, Alexandrini episc. et mart. *Simplex.* ann. 311.

Prima sedes Adventus.

28. Saturnini, Tolosani, episc. et mart. *Semid.* III. sec. (e 29).
29. Vigilia *cum jejunio.*
30. Andreæ, apostoli. *Duplex* I *Ordinis.* I. s.

DECEMBER

1. Eligii, Noviomensis episc. *Simplex.* ann. 659 (e 30 Nov.)
2. Francisci Xaverii, presbyt. e. societ. Jesu. Indiarum apost. *Semid.* ann. 1552.

Ultima sedes Adventus.

4. Barbaræ, virg. et mart. *Simpl.* [In ecclesia cathedrali, *Duplex* I *Ord.*] III. vel IV. s.
5. Petri Chrysologi, Ravennensis episc. et doct. *Semid.* circa med. v. s.
6. Nicolai, Mirensis episc. *Semid.* anno 3oo.
7. Ambrosii, Mediolanensis episc. et Eccl. doct. *Dupl.* II *Ord.* ann. 397 (e 4 April.).
8. CONCEPTIO BEATÆ MARIÆ VIRGINIS. *Solemne* III *Ord.*
10. Eulaliæ, Emeritensis in Hispania virg. et mart. *Simpl.* IV. sec.
11. Pauli, primi Narbonensis episc. *Semid.* III. sec.
12. Damasi, papæ. *Semidup.* ann. 384. cum *commem.* S. Valeriæ, virg. et mart. Aquitaniæ, post med. III. sec.
13. Luciæ, Syracusanæ virg. et mart. *Simpl.* init. IV. sec.
21. Thomæ, apost. *Dupl.* I *Ordinis.* I. sec.
24. Vigilia Natalis Domini, *cum jejunio.*
25. NATALE DOMINI. *Solemne* I *Ordinis.*
26. STEPHANI, diaconi, protomartyris. *Solemne* III *Ord.* finiente anno 33 cum *commem.* oct. Nat. Domini.
27. Joannis, apostoli et evangelistæ. *Dupl.* I *Ord.* initio II. sec. cum *commem.* octav. Nativ. Domini.
28. Innocentium Martyrum. *Duplex* II *Ord.* cum *commem.* oct. Nat. Domini.
29. De octava Natalis Domini. *Semid.* cum *commem.* S. Thomæ, Cantuariensis episc. et mart. ann. 1170.
30. De octava Natalis Domini. *Semiduplex.*
31. De octava Natalis Domini. *Semid.* cum *commem.* S. Sylvestri, papæ, ann. 335.

Nous avons le regret de ne pas voir dans ce calendrier, pourtant si complet, la fête de *Ste Confesse*, vierge, honorée à Lescar à la même époque, sous le rit double majeur. Le culte de cette sainte, tout local, fut oublié ou omis, d'autant plus facilement que le diocèse de Lescar conserva le Bréviaire Romain. On peut reprocher au rit Bayonnais, d'avoir supprimé la plupart des Saints, pendant le Carême, d'avoir transféré d'une manière étrange, St Thomas d'Aquin, St Benoît, St Martial, etc., et fait deux personnages différents de Ste Madeleine et de Marie, sœur de Lazare ; enfin, d'avoir changé le titre de certaines fêtes, par exemple de la Présentation (2 février), de l'Annonciation, etc. Tous ces défauts se retrouvent dans le Bréviaire Parisien de Mgr de Vintimille, qu'on imita en grande partie à Auch.

Le chanoine de La Tour reprochait, non sans raison, aux bréviaires de son temps, leur facilité à admettre des saints locaux, plus ou moins authentiques. Voici comment il s'exprime, en termes sans doute un peu trop dégagés : « Chaque nouveau bréviaire est une manufacture de lettres de sainteté, il en répand à pleines mains. Il canonise plus de saints dans un quart d'heure que le Saint-Siège n'en a canonisé dans mille ans. C'est une merveille étonnante que la multitude des saints locaux qu'il trouve sur ses pas, dans le diocèse et dans la province, que personne ne connaissait avant lui. On croirait difficilement combien sont faibles les preuves sur lesquelles s'élève l'édifice moderne de tant de canonisations. On oublie les lois portées et observées dans toute l'Eglise, depuis sept à huit siècles, qui attribuent au pape seul le droit de décerner les honneurs religieux, et défendent de faire l'office d'aucun saint sans son. aveu ; de toutes les parties du monde, on s'est adressé à lui, pour élever sur les autels les Serviteurs de Dieu qu'une sainteté héroïque, attestée par des miracles, distingue des gens vertueux. La France qui, depuis quarante ans, en a canonisé plus d'un millier, a-t-elle droit de faire revenir les siècles où chaque évêque accordait les honneurs de l'apothéose ? Le seul bréviaire d'Auch a déterré dans sa province cent vingt-deux saints gascons. » Il revient ailleurs sur ce sujet avec une véritable exagération, et il ridiculise, en les estropiant pour la plupart, les noms de ces saints : « Le seul diocèse d'Auch, dit-il, a cent vingt-deux saints propres. On a ramassé les traditions de chaque paroisse, les vitraux de toutes les églises, les registres de tous les chapitres et de tous les monastères de la province, pour en célébrer tous les saints. Qu'est-ce qu'en effet que les saints Paxence, Platon, Nigare, Cerbon, Quivail, Eude, Valette, Sulsiane, Jodoque, Eutrodie, Sarsée, Vaete, Régule, Gaudius, Gildart, Simisallite, Agabord, Aquibol, Babolin, Turiabe, etc. Je puis avoir mal traduit quelque mot latin, ou plutôt quelque mot gascon latinisé. Pascal demanderait comme dans les *Provinciales : Ces gens-là* sont-ils chrétiens¹? » Il n'y a, assurément, qu'une chose à répondre à cette boutade virulente. C'est qu'aucun de ces saints, étranges au moins de nom, ne se trouve dans notre calendrier, comme il est facile de s'en convaincre.

Voici maintenant le tableau des divers offices avec leur degré de solennité :

TABULA CONTINENS OFFICIORUM GRADUS ET DIVERSITATEM

Solemne i Ordinis.
Solemne ii Ordinis.
Solemne iii Ordinis.
Duplex i Ordinis.
Duplex ii Ordinis.
Semiduplex. — Simplex.

SOLEMNIA I ORDINIS.

Natale Domini.
Annuntiatio Verbi seu Incarnatio Verbi.
Pascha.
Pentecostes.
Assumptio B. M. V.
Festum S. Leonis, episc. Baion. et mart. eccles. urbis et diœcesis Patroni.
✱ *In unaquaque Ecclesia Festum principale Patroni primarii.*
Si contingat consecrari Ecclesiam, ipsa dies Consecrationis seu Dedicationis erit festum Solemne I Ordinis. Anniversarius vero Dedicationis dies Solemnibus II Ordinis tantum annumeratur.

SOLEMNIA II ORDINIS.

Epiphania Domini.
Ascensio Domini.
Festum Corporis Domini.
Nativitas B. Mariæ Virginis.
Festum omnium Sanctorum.
Dies anniversarius Dedicationis Ecclesiæ.

SOLEMNIA III ORDINIS.

Circumcisio Domini.
Præsentatio Domini et Purificatio.
B. Mariæ Virginis.
Dominica in Albis depositis.
Festum SS. Trinitatis.
Nativitas S. Joannis Baptistæ.
Natalis S. S. Petri et Pauli apostolorum.
Festum sancti Michaelis archangeli et omnium angelorum.
Conceptio B. Mariæ Virginis.
Natale S. Stephani protomartyris.
Festa quibus in calendario apponuntur voces : *Solemne III Ordinis.*

DUPLICIA I ORDINIS.

Dominica I Adventus.
Dominica Palmarum.
Feria I et II Paschæ, I et II Pentecostes.
Dies octavæ omnium Solemnium primi Ordinis, et Solemnium Domini secundi Ordinis, necnon Nativitatis B. Mariæ.
Transfiguratio Domini.
Inventio et Exaltatio sanctæ Crucis.
Festa Compassionis, Visitationis et Præsentationis B. Mariæ Virginis.
Festa Apostolorum et Evangelistarum, excepto Natali SS. Petri et Pauli, qui est Solemne III Ordinis.
Demum omnia festa quibus in Calendario apponuntur hæ voces : *Duplex I Ordinis.*

DUPLICIA II ORDINIS.

Dominicæ per annum et cæteræ hactenus non memoratæ.
Octavæ Solemnium II Ordinis quæ non sunt Dominicæ præter Octavam Nativit. B. M. V.
Festa quorumdam insignium Ecclesiæ doctorum et pontificum, S. Basilii, S. Joannis Chrysostomi, S. Francisci Salesii, etc.
Festa omnia quibus in Calendario apponuntur voces : *Duplex II Ordinis.*

Semiduplicia.

Dies infra octavas (exceptis Feria I et II Pasch. et Pent.) qui, si Octavæ sint primi aut secundi Ordinis, non cedunt nisi duplicibus et supra ; si vero sint tertii Ordinis, cedunt aliis semiduplicibus.
Festa sanctorum episcoporum Provinciæ Auscitanæ.
Festa plurium aliorum episcoporum insignium, necnon plerorumque SS. doctorum Ecclesiæ.
Festa sanctorum fundatorum et institutorum Ordinum.
Cætera quibus in Calendario apponitur vox : *Semiduplex.*

DOMINICÆ PRIVILEGIATÆ: *quæ nunquam omittuntur.*

---

1. — *Œuvres de La Tour.* Tom. 7. *Mém. liturg.*, col. 400 et 484.

Dominica prima Adventus.
Prima Quadragesimæ.
Passionis.
Palmarum.
Paschæ.
In Albis depositis.
Pentecostes.
Prima post Pentecosten in qua fit officium de SS. Trinitate.
DOMINICÆ PRIVILEGIATÆ quæ admittunt Solemnia I et II Ordinis.
Secunda, Tertia, Quarta Adventus.
Dominica in Septuagesima, Sexagesima et Quinquagesima.
Secunda, Tertia, Quarta in Quadragesima.
DOMINICÆ in quibus fit de duplicibus primi Ordinis et supra.
Reliquæ Dominicæ per annum.
FERIÆ MAJORES PRIVILEGIATÆ quæ nunquam omittuntur.

Vigilia Nativitatis Domini.
Feria quarta Cinerum.
Feriæ majoris hebdomadæ.
Feriæ intra hebdomadam Paschæ.
Vigilia Pentecostes.
Feriæ intra hebdomadam Pentecostes.
FERIÆ MAJORES in quibus fit de Duplici et supra, non vero nisi commemoratio de Semiduplici.
Feriæ omnes non privilegiatæ intra Quadragesimam.
FERIÆ MAJORES in quibus fit de Semiduplici occurrente, non vero nisi commemoratio de Simplici.
Feriæ Adventus.
Feriæ Quatuor Temporum.
Feriæ Rogationum.
Vigiliæ non privilegiatæ.
Feria VI post Octavam Ascensionis.

Il serait intéressant d'étudier les différences caractéristiques de ces offices. Les Rubriques générales, que l'on trouve au volume du bréviaire contenant la partie de printemps (Pars verna), sont assez développées et expliquent toutes les distinctions. Contentons-nous de dire ici que les solennels de premier ordre équivalaient à nos doubles de première classe, que tous les solennels avaient à peu près, et sauf quelques répons, le même office (dans celui du premier ordre on prenait les psaumes du dimanche, dans les autres, ceux du psautier). Tous les solennels et les doubles avaient neuf leçons, excepté pendant le temps pascal, où l'on n'en récitait que trois ; les semi-doubles, vigiles et simples n'avaient qu'un seul nocturne. Nulle part, dans les bréviaires de cette époque, on ne trouve notre classification en *solennels de Ier, IIe et IIIe ordre*.

Recherchons maintenant quels ont pu être les auteurs du Bréviaire Auscitain.

La liturgie Parisienne de Vintimille avait fait son apparition en 1736. Trente ans après, la liturgie Romaine était bannie des trois quarts de nos cathédrales ; et sur ce nombre, plus de cinquante diocèses avaient adopté les nouveautés dangereuses de ce bréviaire. « Il suffira de dire que partout où cette adoption eut lieu, on fondit le Calendrier et le Propre Diocésains avec ceux de Paris et qu'on mit en tête du Bréviaire et du Missel le titre diocésain, le nom de l'évêque qui faisait cette adoption, et une Lettre Pastorale, composée d'ordinaire sur le modèle de celle de Charles de Vintimille [1]. »

Ces paroles sont de la dernière rigueur pour ce qui regarde notre bréviaire. Le Mandement de Mgr d'Arche a emprunté jusqu'aux expressions à celui de Vintimille.

Un examen minutieux nous permet cependant d'affirmer, à la louange de notre liturgie, qu'il y a moins de formules jansénistes que dans la Parisienne ; on les a supprimées ou adoucies, comme cette mauvaise strophe, par exemple, que l'on chantait aux fêtes des Evangélistes :

> *Insculpta saxo lex vetus*
> *Præcepta, non vires, dabat ;*
> *Inscripta cordi lex nova,*
> *Quidquid jubet, dat exequi.*

C'était le pur texte de Santeul. Le Bréviaire Auscitain-Bayonnais disait au second vers : *Nil virium per se dabat*.

Antiennes, Répons, Versets avaient été tirés de l'Ecriture-Sainte, et trop souvent accommodés aux idées nouvelles. Le psaume 118 ne se disait que le dimanche à prime ; les autres jours, on avait, en divisant les

---

1. — *Inst., lit.* t. II, p. 381. Voir tout le chapitre XIX qui nous a servi pour comparer l'Auscitain et le Parisien. Nous nous sommes servi également de l'édition du Breviaire de Paris de 1778.

psaumes, écourté les offices à plaisir : le mardi, à prime et à sexte, le mercredi, à prime et à none, le vendredi, à prime, sexte et none, on ne récitait qu'un seul psaume ! Ainsi avaient fait Vigier et Mésenguy, rédacteurs jansénistes du Bréviaire Parisien, ainsi Robinet à Rouen, ainsi en fut-il chez nous.

Comme traits de ressemblance entre le Parisien et le nôtre, nous voyons les légendes des saints supprimées ou abrégées, surtout dans le récit des miracles ; les stigmates de St François d'Assise, la vision de la mère de St Dominique, les résurrections des morts opérées par St François-Xavier, etc., ne sont plus dans l'office ; une critique historique insensée détruit les traditions les plus vénérables. Toutefois notre Bréviaire avait conservé quelques fêtes pendant le Carême : l'Annonciation et St Joseph étaient à leur date ; à Paris on les avait déplacés. — Les erreurs doctrinales n'étaient pas aussi nombreuses dans notre liturgie, et les reproches que fait D. Guéranger dans ses *Institutions liturgiques* au Bréviaire de Vintimille [1] ne s'adressent pas ordinairement au nôtre ; on trouve cependant au viie dimanche de la Pentecôte, dans l'office Auscitain-Bayonnais, les huit fameux Répons, composés par la secte janséniste : *Surrexit Elias Prophetas*, « prétendant que la visibilité de l'Eglise s'était obscurcie, que la *Vérité*, c'est le nom par lequel ils désignaient tous leur système, ne triompherait qu'à l'arrivée d'Elie qui était prochaine [2] ». Nous y voyons encore le capitule de vêpres, *Benedictus*, l'hymne de Coffin : *O luce*, partout la suppression du *Dominus vobiscum* remplacé par le *Domine, exaudi orationem meam*, la parodie du *Libera me* des Morts [3], etc.

Les hymnes de Santeul, des bréviaires de Harlay et de Noailles, sont également dans l'Auscitain, avec celles de Coffin qui sont plus châtiées, plus littéraires, plus captieuses aussi. Coffin avait déformé l'*Ave maris stella*, le *Memento salutis auctor* et le *Virgo Dei Génitrix* dans l'office de la Ste Vierge : nous suivîmes en partie les mêmes errements. L'hymne de la Chaire de St Pierre (des deux Chaires, à Rome et à Antioche, on n'en fit qu'une) contenait cette strophe, qui excita de vives réclamations en 1736 :

> Cœlestis intus te Pater addocet,
> Hinc voce certa progenitum Deo
> Parente *Christum* confiteris
> *Ingenito similem Parenti.*

Elle fut maintenue dans le Bayonnais. Le Christ, en tant qu'homme, semblable à Dieu le Père... quelle théologie !

N'oublions pas de dire que le bréviaire de Vintimille ne partage pas l'office en Nocturnes, comme le nôtre, du moins dans les premières éditions ; celle de 1778 le divise toujours ; pas de résumé du psaume au commencement, comme dans l'Auscitain ; celui-ci avait des bénédictions spéciales pour les fêtes de la Ste Vierge. Dans l'un et dans l'autre, on disait chaque jour, à la fin de prime, après la bénédiction *Dominus det*, un petit Canon emprunté à divers Conciles. Au Parisien, on les trouve dans les premières éditions au Propre du Temps, plus tard à la fin du volume ; dans l'Auscitain, toujours à la fin, avant les Tables. Les leçons de l'Ecriture Sainte ne sont pas non plus rangées dans le même ordre.

Le Calendrier est mutilé dans le Parisien pour ce qui regarde les saints papes et les fêtes de la Vierge ; le Bayonnais admet davantage les uns et les autres. Le Jansénisme pur voulait secouer l'autorité du St-Siège et n'aimait pas le culte si doux de Marie.

Au Commun des Saints, il n'y a que les offices des Martyrs et des Pontifes qui soient identiques ; les autres — ceux des Apôtres, des Evangélistes, des Docteurs, des Abbés, des Justes (laïques), des Vierges, des saintes Femmes — sont différents. Ce qu'il y a de plus remarquable, c'est que l'Auscitain a un *Commun des Saints Prêtres* [4], imitant en cela le Bréviaire Rouennais de Robinet, 1726. On s'était sans doute inspiré à Auch du *Breviarium Ecclesiasticum* publié par cet auteur en 1744. Le liturgiste Rondet mettra quelques années plus tard le *Commun des Prêtres* dans ses Bréviaires ; nulle part, on ne voit désormais, c'est-à-dire depuis le commencement du xviiie siècle, le nom de *Confesseur* figurer dans les bréviaires. On l'a supprimé partout. Notre bréviaire Auscitain dut servir de modèle à ceux de Toulouse et de Bazas, parus en 1771, car, pour la première fois, on voit se généraliser la correction de l'hymne des Evangélistes :

> Insculpta saxo lex vetus
> *Nil virium per se dabat.*

---

1. — *Inst. liturg.*, t. 2, p. 314.
2. — *Ibid.*, p. 316.
3. — Le 21 juin 1767, dans le procès-verbal de visite d'Ascain, Mgr Guill. d'Arche « dit qu'il faut chanter le *Libera me* nouveau ». Arch. B.-P., G. 14, p. 71.
4. — Cependant le Missel de Vintimille (1738) a aussi le *Commun d'un Prêtre*.

Ne connaissant pas notre bréviaire, D. Guéranger croyait qu'alors seulement « à Toulouse, on avait cherché, au moyen d'un très mauvais vers, à rendre catholique la fameuse strophe de Santeul [1] ».

En résumé, le Bréviaire Auscitain est le fruit d'un éclectisme consciencieux, ennemi des nouveautés jansénistes, mais imbu des principes gallicans de l'époque. Il vaut mieux que le Parisien, et il a ce mérite, très appréciable, d'avoir voulu sauver de l'oubli le souvenir de nos saints régionaux ; il n'a pas fait litière absolue de la tradition ; mais il l'a déformée. Santeul et Coffin en sont les hymnographes ; Vigier, Mésenguy, Foinard, Robinet, les liturgistes ; il évite les bizarreries étranges de ce dernier, et n'adopte pas les nouveautés jansénistes de ceux-là. Nous croyons qu'entre les bréviaires — tous répréhensibles — des XVIIe et XVIIIe siècles, le nôtre était un des moins mauvais. Nous n'admettons pas d'ailleurs la tirade du chanoine La Tour, de Montauban, l'auteur déjà cité de *Mémoires liturgiques* très estimables — malgré son gallicanisme excessif pour les droits du roi. — Nous avons plus haut donné ce texte : « Chaque nouveau bréviaire est une manufacture de lettres de sainteté, il en répand à pleines mains. Il canonise plus de saints dans un quart d'heure que le St-Siège n'en a canonisé dans mille ans... La France, qui depuis quarante ans en a canonisé plus d'un millier, a-t-elle le droit de faire revenir les siècles où chaque évêque accordait les honneurs de l'apothéose ? » Mais il exagère, lorsqu'il ajoute : « *Le seul bréviaire d'Auch a déterré dans sa province cent vingt-deux saints gascons.* Les Provençaux, les Picards, les Normands, sont-ils moins vénérables ? Si on les réunissait tous, l'année ne fournirait pas assez de jours pour les célébrer de dix en dix et les litanies où on les invoquerait ne finiraient point [2]. »

Ce serait ici le lieu de se demander quels furent les auteurs du bréviaire Auscitain-Bayonnais. Jamais personne n'a traité cette question et l'on s'est contenté de dire que nous récitions jadis le Parisien. La destruction des archives de l'archevêché d'Auch ne permet pas d'élucider bien des points obscurs et des difficultés insolubles. On pourrait arriver à un certain résultat en comparant notre bréviaire à tous ceux qui l'ont précédé, car l'Auscitain fut la quintessence de ce qui avait paru jusqu'alors ; ce sont les expressions du Mandement de Mgr de Montillet : « *Quod in variarum Ecclesiarum breviariis visum est optimum, hoc sategimus nostro accommodari et in illud transferri.* » Une commission fut sans doute instituée pour cette entreprise considérable ; les évêques de la Province durent envoyer par eux-mêmes, ou plutôt par des mandataires, les documents et les légendes toutes faites sur les saints locaux (il en fut ainsi pour St Grat). Malgré toutes nos recherches, nous ne pouvons citer aucun nom propre ; nous n'avons même pas la consolation de produire des conjectures plus ou moins probables. On a cru que M. Legrand, auteur d'un savant traité *de Incarnatione* y avait mis la main, « mais on est persuadé à St-Sulpice qu'il n'a pas rédigé le bréviaire Auscitain [3] ».

Nous savons toutefois que le bréviaire Bayonnais n'est pas absolument et d'une manière très rigoureuse le pur Auscitain. La classe des offices varie, et St Léon, qui chez nous était un *Solennel de premier ordre*, n'a qu'un semi-double à Auch ; l'inverse se produisait pour St Orens. Cela se comprend. De plus, le Bayonnais offre de nombreuses différences dans le texte ; il y eut des *cartons*, c'est-à-dire des feuilles, des pages rectifiées ou du moins retouchées ; les corrections dernières furent sans doute l'œuvre du Directeur du Séminaire de Bayonne, François-Philippe Mazoé, car dans les comptes du 1er janvier 1757 nous trouvons cette mention : « PAYEMENS — *Au Sr Mazoé, pour cartons : 247 l. 12 s.* [4]. »

Le P. Mazoé est-il l'auteur des hymnes de St Léon que l'église de Bayonne chante encore ? Nous voudrions le croire, car le rédacteur du bréviaire en était aussi souvent l'hymnographe : témoin Robinet pour Rouen et Rondet pour Toulouse. On a dû composer nos belles hymnes à Bayonne et non à Auch, car le bréviaire Auscitain ne les donne pas : on n'y trouve sur notre patron qu'une légende, formant la seconde leçon, et une oraison propre. Il y a bien une objection à l'encontre de notre hypothèse : le P. Mazoé n'était pas encore *probablement* supérieur du Séminaire de Bayonne. En effet M. l'abbé Soubielle limite le supériorat du P. Mazoé, entre les années 1762 et 1773, dans son Étude sur le *Grand Séminaire de Bayonne avant la Révolution* [5] ; mais il y a là peut-être une légère inexactitude ; le texte que nous venons de produire le prouverait et mieux encore cette note que l'on voit à la fin d'un *Livre d'Église à l'usage du diocèse de Bayonne, 1756* : « Mgr l'évêque a cédé son privilège pour les Heures à M. François-Philippe Mazoé, prêtre, Directeur de son Séminaire. » L'objection n'est pas pour cela résolue, car nous ne voyons pas que le

---

1. — *Inst. liturg.*, t. 2, p. 508.
2. — *Œuvres de La Tour*, Migne, 7e vol., col. 399.
3. — *Rev. de Gasc.*, Mars 1890, p. 128.
4. — Arch. B.-P., G. 194.
5. — *Le Grand Séminaire de Bayonne avant la Révolution*, par M. l'abbé Soubielle. Pau, Vignancour, 1886, p. 30.

P. Mazoé ait été chargé, dès 1752, de la révision du bréviaire. A cette époque, le P. Bacon était supérieur, et rien ne nous autorise à dire que la grave affaire de la Liturgie ait été confiée à son subordonné. Cependant M. Soubielle peut avoir raison. A prendre le titre de *directeur* dans le sens qu'on lui donne aujourd'hui, il signifierait simplement *professeur*. Et, dans ce cas, notre hypothèse deviendrait presque une certitude. — A défaut du P. Mazoé, nous attribuerions ces hymnes à Robinet, auteur du bréviaire Rouennais, ennemi des jansénistes, et le plus célèbre hymnographe de l'époque ; il vivait encore, car il ne mourut qu'en 1758 ; Rondet, le futur rédacteur du bréviaire de Toulouse, n'avait que trente-cinq ans en 1753 ; mais D. Guéranger nous apprend qu'il a travaillé pour plusieurs diocèses du Midi de la France.

Quoi qu'il en soit, et mal gré que nous ayons de ne pas connaître l'auteur véritable de nos hymnes bayonnaises, nous devons néanmoins avouer qu'elles sont d'une grande perfection littéraire. Celle des premières Vêpres : *Audiat tellus*, semble n'être qu'une adaptation ; sauf les vers : *En dies festus rediit Leoni*, et cet autre : *Inclytis fulgens titulis avitam*, l'hymne tout entière peut parfaitement s'appliquer à n'importe quel martyr pontife. Aussi lui préférons-nous celle de Matines : *Jam mitte, Pastor*, de même rythme, mais disant, dans une poésie brillante, le départ de St Léon à la voix du Souverain-Pontife, son arrivée dans le pays des Cantabres, et sa mort glorieuse. Nous remarquerons toutefois qu'on n'y célèbre nulle part « l'évêque de Bayonne ». Si l'abbé de St Cyran n'a pas certainement composé cette hymne pour l'office qu'il fit au xviie siècle, on s'est du moins pleinement inspiré de ses idées[1]. L'hymne de Landes : *Quo victore fides*, ne contient que quelques vers où il soit question de St Léon ; c'est une apostrophe aux Maures qui poursuivent le doux pasteur venant chercher des brebis égarées et non combattre avec les armes : c'est une poésie éclatante qui plaît à l'oreille plus qu'elle ne remue le cœur. L'hymne des secondes Vêpres : *Civem receptum cœlites*, est un chant de triomphe en l'honneur de Léon, reçu dans les cieux, et de cette foi ardente que le Maure veut, mais en vain, étouffer[2]. Tout le monde sait par cœur cette strophe, si émue et si pleine de noble gloire, qui proclame bienheureuse la terre arrosée par le sang de St Léon :

> *Beata tellus quam Leo*
> *Fuso sacravit sanguine,*
> *Fructus perennes edocens*
> *Sinu feraci fundere*[3].

M. Menjoulet a raison de dire « qu'au point de vue littéraire les hymnes de St Léon avaient acquis une élégance qui ne laisse rien à désirer[4] ». Nous ajouterons qu'on y trouve des réminiscences et des imitations des hymnographes Santeul et Coffin. Ainsi le Bréviaire d'Utrecht et de Harlem, de 1744, contient une hymne en l'honneur de St Willibrod, où se trouve, sauf deux expressions, la doxologie de l'hymne *Audiat tellus*.

Enfin, voici à propos des auteurs du Bréviaire Auscitain et de nos hymnes bayonnaises de St Léon, des remarques fort intéressantes du P. Dom Dubourg, bénédictin de Solesmes ; elles résument bien la question : « Le Commun des Prêtres intitulé ordinairement *Commune unius Presbyteri* ou *Commune unius Presbyteri vel Levitæ* se trouve avant 1753 dans les Bréviaires de Rouen 1728, Avranches 1733, Bourges 1734, Laon 1748, Le Mans 1748. Le Bréviaire de Rouen de Robinet tient la tête. Celui du Mans, qui lui est attribué, y est aussi. Quant à Rondet il n'a pas eu probablement à s'en occuper ; né en 1717, il était encore bien jeune. D'ailleurs l'énumération des Bréviaires auxquels il aurait travaillé, donnée par le P. Dom Guéranger, p. 563, *Inst. lit.*, tom. II, et que ce dernier a copiée dans un article de l'*Ami de la Religion*, paraît suspecte pour quelques-uns, tels que Laon, Le Mans, Carcassonne, etc.

---

1. — D. Piolin pense également que St Léon était un évêque missionnaire. 4 mars. *Supplément aux petits Bollandistes* de Mgr Guérin.
2. — Au point de vue de la métrique, l'hymne *Audiat* est en vers saphiques ; *Jam mitte, Pastor*, en vers alcaïques ; *Civem receptum*, en dimètres iambiques ; *Quo victore*, en petits asclépiades et glyconiques.
3. — Dans le Propre de Comminges (V. Mémoire du P. Carle) on trouve une vieille hymne en l'honneur de St Gordien, martyrisé par les Sarrasins (16 mai). La 1re strophe ressemble à la nôtre :

> *Beata tellus Convenarum*
> *Cruore sacra martyrum,*
> *In Gordiani militis*
> *Novo coruscas sanguine.*

La nôtre est du xviiie siècle. Y a-t-il quelque réminiscence ? Il serait téméraire de le dire. Le P. Mazoé était méridional ; c'est une faible présomption de plus pour qu'il soit l'auteur de nos hymnes. — Le P. Carle (*Revue de Gasc.*, 1878, et Mémoire, 1er décembre, p. 167) nous parle encore de St Frajou, martyr de Gascogne (dans la Haute-Garonne). On trouve dans la légende et les hymnes des traits de ressemblance avec nos offices de St Galactoire, *Bréc. de Lescar*, et de St Léon, *Brév. bayonn.* de 1753.

4. — *Histoire de St Léon*, p. 221.

» L'hymne *Jam satis fluxit cruor* [du Commun d'un Prêtre] se trouve aux premières Vêpres dans les 6 bréviaires déjà énumérés. L'hymne *O sacerdotum veneranda jura* est aux deuxièmes Vêpres à Laon, à Laudes à Rouen, Bourges et Avranches, à Matines au Mans. L'hymne *Quam nites* (ou *micas*) *honoribus* ne se rencontre que dans le Bréviaire du Mans.

» L'hymne *Jam satis* n'a que 4 strophes dans le Bréviaire de Rouen, 1728, 5 dans celui du Mans, 1748, 6 dans celui de Bayonne, 1753, et elle offre plusieurs variantes. Au lieu de la strophe *Tale nil priscis* de Bayonne, on lit dans le Bréviaire du Mans :

> *Angelis nunquam data par potestas*
> *Nec prius toto fuit orbe dictum*
> *Tradat ut tantam populo sacerdos*
> *Numen in escam.*

» Cette strophe n'est pas dans le Bréviaire de Rouen. Au lieu de la strophe *Fac sacerdotes*, on lit au Mans et à Rouen :

> *Christe, fac semper tua sacra puro*
> *Corde tractemus manibusque puris,*
> *Charitas aptos tua nos tremendis*
> *Applicet aris.*

» Dans l'hymne *Quantis micas*, on lit *Quantis nites* ; *tot emicantem* pour *fulgurantem*. La doxologie est changée.

» Mais tout cela ne fait pas connaître l'auteur des hymnes. Si Robinet est le rédacteur du Bréviaire de Rouen (ce qui est vrai), s'il a contribué au bréviaire du Mans et à plusieurs autres, on ne peut pas conclure qu'il soit l'auteur de toutes les hymnes qui s'y trouvent. Ainsi, dans le Bréviaire de Rouen, le P. Berruyer, le fameux jésuite, a composé plusieurs hymnes pour rendre service à son ami Robinet.

» Venons maintenant aux hymnes de l'office de St Léon. J'ai compulsé plusieurs bréviaires, j'ai parcouru les Recueils hymnographiques de Mone et de Daniel, mais je n'ai trouvé aucun texte qui pût me servir de comparaison. Cependant Santeul, dans la doxologie de la 2ᵉ hymne de St Joseph, a fourni les deux derniers vers de la doxologie de l'hymne *Audiat tellus* : *Par sit amborum*. Dans la seconde strophe de la troisième hymne de St Gilles : *Non ad antiquas*, on trouve *Unus omnia Christus*, comme dans la 3ᵉ strophe de l'hymne *Audiat*. Ce ne sont pas de riches trouvailles. J'admets bien comme vous que ces hymnes renferment des lieux communs, mais on peut appliquer cette remarque à un grand nombre d'autres pièces. D'ailleurs, vous êtes assez riche avec le Bréviaire de Lescar de 1541 et le Missel de Bayonne de 1543. Une analyse de ces livres liturgiques vénérables est beaucoup plus intéressante que ceux du XVIIIᵉ siècle ; avec la publication des principaux offices particuliers ou du moins des principales pièces inédites, elle donnera du prix à votre ouvrage. » On voit que nous avons rempli très amplement les vœux de notre honorable correspondant.

XV

Liturgie Auscitaine. — Missels et autres Livres liturgiques. — Mandements. — Analyse de ces Livres. — Du Plain-Chant. — Étude rétrospective sur cet important sujet. — Chant a Bayonne et a Lescar : un Chapitre du Chanoine Bordenave. — Le Chant Auscitain-Bayonnais. — Auteur des Mélodies de nos Hymnes de St Léon. — Livres d'Église pour les Fidèles. — Extraits d'Offices de nos Saints locaux, d'après le Rit Auscitain : St Léon, St Grat, St Girons, St Vincent-de-Paul, St Vincent de Xaintes, Ste Foy, etc.

En même temps que le Bréviaire, Mgr d'Arche, évêque de Bayonne, adoptait le Missel d'Auch, et le publiait en 1753, sous ce titre : *Missale Baionense, Illustrissimi et Reverendissimi in Christo Patris D. D. Guillelmi d'Arche, episcopi Baionensis, jussu et auctoritate, ac venerabilis ejusdem Ecclesiæ capituli consensu, editum.* Ce Missel était réglé d'après le Bréviaire. Il mérite le reproche qu'on a fait à tous les livres de ce genre, au XVIII° siècle, d'avoir modifié les Introïts de plusieurs Dimanches. On bouleversait ainsi toutes les traditions de l'antiquité et l'on compliquait la recherche des dates de plusieurs chartes et vieux documents, indiquées souvent par les premiers mots de l'Introït du Dimanche. Dans notre publication de la *Preciosa*, manuscrit de Roncevaux du XIV° ou XV° siècle, les obits sont fixés aux fèries des Dimanches *Invocavit, Quasimodo, Pete Domine* [1].

Mgr de Montillet inséra en tête du Missel d'Auch un Mandement daté du 18 novembre 1752, et dont nous reproduisons la partie historique : « Quod igitur pastoralis nostri officii est, adimplemus, F. C., dum antiqua Ecclesiæ Auscitanæ de Breviario sibi proprio in persolvendo horariis precibus adhibendo, consuetudine restaurata, Missale, quod ejusmodi Breviario respondeat, vobis subministramus. Quo in opere adornando ea primum deprehendetis, inviolabili religione servata ac nullo modo immutata quæ ad priscum et in universa Ecclesia Latina obtinentem Missarum ordinem et dispositionem, ipsamque imprimis Sacramenti sanctificationem pertinent. Quod vero ad ritus diversis in locis varietatem pati natos contingit, eos etiam retinendos esse censuimus quos in hac diocesi usurpari jam solemne est, paucissimis exceptis, quos utiliter inducendos aut ex antiquo Ecclesiæ nostræ usu renovandos judicavimus. Sic veterem Ecclesiæ

---

1. — *Roncevaux. Étude historique et littéraire. Bulletin des Sciences, Lettres, de Pau.* 1888-89, p. 277.

Auscitanæ aliarumque plurimarum morem alicujus Prophetiæ ad mysterium attinentis diebus Nativitatis et Epiphaniæ, ante Epistolam legendæ, restituimus... Quæ cantantur in choro, nempe Introitus, Gradualia, Tractus et Communiones, ex Sacræ Scripturæ verbis, concinnata sunt; orationes vero quæ Collectæ, Secretæ et Postcommuniones dicuntur, ex vetustissimis Sacramentariorum libris, Romano præsertim, et ex probatissimis Missalibus excerptæ sunt. »

Mgr d'Arche fit, dans le Bayonnais, un Mandement sur la grandeur du sacerdoce, l'excellence du saint sacrifice, la majesté du culte divin. Il terminait en ces termes : « Tantis nos adducti causis, existimavimus in nulla re nos deesse debere, quominus, quantum in nobis est, ad reverentiam tanti mysterii, eo quo par est modo, promovendam, allaboraremus; quapropter sicuti Breviarium Auscitanum ad divini Officii nitorem nuper adoptavimus, sic et Missale ejusdem Provinciæ, cum omnium plausu nuperrime editum, ad sacrificii ornamentum, adoptandum duximus : « *Quoniam*, ait Summus Pontifex, felicis recordationis, Urbanus VIII, *hasce quasi alas, quas sacerdos, instar Cherubim prisci mystici tabernaculi, quotidie pandit ad verum mundi propitiatorium, decet esse plane geminas atque uniformes.* »

» Quocirca de venerabilium Fratrum nostrorum Ecclesiæ nostræ Canonicorum consilio, omnibus nostræ diœceseos Ecclesiis, Monasteriis, Collegiis, Communitatibus, Ordinibus nec non omnibus, quicumque sunt, presbyteris qui de jure vel consuetudine Baionense officium celebrare aut recitare tenentur, in Domino mandamus ac præcipimus ut hocce Missali Auscitano, ad usum Ecclesiæ nostræ accommodato, nec alio quolibet in posterum utantur, districte inhibemus, ne deinceps presbyteri ullo quolibet alio quam nostro hoc recognito, sive in solemnibus, sive in aliis missis, uti præsumant, aliosve inter celebrandum ritus inducant, alias preces aut cœremonias quam quæ a nobis præscribuntur et quas volumus ab omnibus observari. Datum Baionæ, sexto calendas Junii, anno Domini 1753. † GUILLELMUS, episcopus Baionensis. De Mandato, etc. Perjean. »

Si nous étudions le Missel Bayonnais, nous y trouvons le défaut dont nous avons déjà parlé, c'est-à-dire, le changement de plusieurs Introïts du Dimanche. On y voit cependant quelques particularités locales curieuses. La nuit de Noël et de l'Epiphanie, avant Landes, comme cela se pratiquait dans la vieille liturgie gallicane, le diacre chantait solennellement, du haut de la chaire, les Evangiles du Baptême et les généalogies de Notre-Seigneur : *Post nonum responsorium cantatur solemniter, juxta morem antiquum, a diacono in ambone, Evangelium de Baptismo et Genealogia D. N. J. G.*[1]... Le jour des Rameaux et les jours de la Semaine Sainte, pendant la pause du chant de la Passion, tous se mettaient à genoux, tête nue, et baisaient la terre : *Hic, celebrans, ministri et chorus, nudo capite, et cæteri omnes prostrati osculantur terram.* Les Préfaces avaient été multipliées ; les voici dans l'ordre des fêtes : Avent, Incarnation et Nativité de N. S., Epiphanie, Carême, de la Croix, Jeudi Saint, Pâques et Temps Pascal, Ascension, du St Esprit, Trinité, du St Sacrement, du Sacré Cœur de Jésus (ajoutée vers 1770), Dédicace de l'Eglise, Toussaint, de la B. V. M., des Anges, St Jean-Baptiste, des Apôtres, des Saints, du Mariage (*In Nuptiis*), Préfaces communes, Préface des Morts.

Une des innovations de cette liturgie pseudo-gallicane était le grand nombre de Proses que l'on chantait aux principales fêtes. C'était une imitation de l'antique rit Français-Romain dans quelques diocèses, par exemple dans celui de Bayeux, comme l'indique le Missel de 1545. Mais nous avons vu que le Missel de Bayonne de 1543 a très peu de Proses. Chez nous, on disait au XVIIIe siècle des Proses aux fêtes suivantes : Trinité, St Nom de Jésus, Enfance de Jésus, en réparation des outrages faits au St Sacrement, Passion, fêtes de la Ste Vierge, St Michel et les SS. Anges, autre pour les Anges, St Jean-Baptiste, St Joseph, St Etienne, St Vincent de Paul, St Roch. Il y avait les Proses communes des Apôtres, des Evangélistes, d'un Martyr, de plusieurs Martyrs, des Pontifes, des Docteurs, des Prêtres, des Abbés, des Moines, des Justes, d'une Vierge Martyre, de plusieurs Vierges Martyres, d'une Vierge non Martyre, de plusieurs Vierges non Martyres, des Saintes Femmes, des Saintes Veuves, d'un ou de plusieurs Saints, d'Actions de grâces, du Mariage, des Morts. St Léon n'avait pas de Prose propre. Plusieurs de ces Proses sont remarquables. Le St-Siège a autorisé certaines églises de France à en conserver un bon nombre.

Enumérons maintenant quelques autres livres liturgiques.

En 1755, parut à Paris, chez J. B. Garnier et Alexandre Le Prieur, éditeurs de la liturgie Auscitaine, le *Diurnal de Bayonne*, en français — les rubriques, bien entendu, et tout ce qui n'est pas la prière proprement dite. — C'était persister dans les errements condamnés par le St-Siège qui ne permet pas, sans de graves raisons, l'usage de la langue vulgaire dans la liturgie.

1. — Le Missel Bayonnais de 1543 ne fait pas mention de cet antique rit gallican, usité dans plusieurs églises de France.

A la même époque, comme on le verra dans l'Etude bibliographique du chapitre XVI, furent publiés les Antiphonaires et les Graduels in-folios avec le chant nouveau imposé à la Province. Nous avons sous les yeux le « *Vesperal pour tous les dimanches de l'année* » imprimé en 1756 à Toulouse, chez J. François Robert, par ordre de Mgr d'Arche. Ce livre et les éditions du Graduel et des « *Chants divers* » (1759, et Auch, Soulés, 1819) nous donnent une idée complète du chant adopté dans notre Province.

L'Eglise a toujours été soucieuse du chant sacré, parce qu'il concourt à la beauté du culte divin. Dès les premiers temps, il y eut des formes déterminées pour le chant ecclésiastique. En 422, St Célestin monte sur le siège pontifical, ordonne le chant des psaumes et de certaines antiennes, établit l'Introït et le Graduel. A la fin du VIe siècle, St Grégoire-le-Grand (591-604) entreprit la correction des mélodies primitives, « rares et précieux débris de cette antique musique des Grecs dont on raconte tant de merveilles [1] ». L'Eglise Romaine avait adapté ses formules sacrées à ces chants graves et sérieux. A l'inverse de l'église de Milan et de la liturgie gallicane, elle n'admettait pas encore d'hymnes; tout était formé d'une prose musicale et harmonieuse. « Grégoire, dit son historien Jean Diacre, compila un Antiphonaire, en matière de *centon* [2], avec une grande utilité pour les chantres. » Ainsi l'existence des chants sacrés est évidemment antérieure à ce grand Pape. Il réunit, corrigea, perfectionna les mélodies anciennes; il en fit de nouvelles, et cette œuvre régularisée, imposée dans la suite à l'Eglise entière, est ce qu'on appelle le *Chant Grégorien*. Les générations chrétiennes furent reconnaissantes envers St Grégoire. Pendant longtemps on chantait ses louanges dans des vers expressifs, le premier dimanche de l'Avent. On disait en particulier :

Ipse Patrum monimenta sequens, renovavit et auxit
Carmina in Officiis retinet quæ circulus anni.

L'Antiphonaire de St Grégoire comprenait les chants de la messe ou *Graduel* et le *Responsorial*, ensemble de répons et d'antiennes qui ne retenu le nom propre d'*Antiphonaire*. Ce chant fut introduit en France, d'abord par St Chrodegand, évêque de Metz, vers 754, le restaurateur de la vie religieuse dans les chapitres, puis par le pape St Etienne et le roi Pépin. La Chronique de St Gall nous apprend que ce Souverain Pontife « envoya douze chantres, qui, comme douze apôtres, devaient établir dans la France les saintes traditions du chant Grégorien [3] ». Il est vrai que chez nous la pureté de ce chant ne tarda pas à s'altérer. Jean Diacre est dur pour les chantres français et allemands qui ne surent pas garder « la douceur de la modulation... tant à cause de la légèreté de leur naturel, qui leur a fait mêler du leur à la pureté des mélodies grégoriennes, qu'à cause de la *barbarie* qui leur est propre. Leur corps d'une nature *alpine*, leurs voix, retentissant en éclats de tonnerre, ne peuvent reproduire exactement l'harmonie des chants qu'on leur apprend, parce que la dureté de leur gosier *buveur et farouche*, lance avec fracas des sons *brutaux* qui retentissent confusément comme les roues d'un chariot sur les degrés [4] ». C'est peu flatteur; très certainement l'historien nous a confondus avec les Allemands de l'époque. Charlemagne ramena le chant à sa pureté grégorienne primitive. Son successeur, Louis le Pieux, envoya le diacre Amalaire de Metz pour maintenir ces traditions. Des écoles furent établies à Soissons et à Metz, et ainsi, sauf de légères modifications et quelques alliages peu nombreux, nous eûmes la beauté et la majesté des chants romains jusqu'à la fin du XVIe siècle.

Dès lors, chaque église, chaque cathédrale, chaque chapitre veilla à la beauté du chant ecclésiastique. Le *Chantre*, le *Grand-Chantre*, étaient jadis de véritables personnages. Nos documents locaux les mentionnent toujours parmi les dignitaires du Chapitre. Lorsque Louis XI fonda la collégiale de St-Esprit, près de Bayonne, il établit un maître de musique et un chantre pour y apprendre et maintenir la pureté des mélodies sacrées [5]. Même plus tard, lorsque le Chantre-Chanoine n'aura plus la mission d'enseigner le chant, on conservera cependant son nom, jusqu'à la fin du XVIIIe siècle, en souvenir des usages anciens.

Guy d'Arezzo, au XIe siècle, avait supprimé ou diminué les difficultés de l'étude du chant, en désignant, par des formules invariables, les tons de la gamme. L'hymne de St Jean-Baptiste : *Ut queant laxis*, lui fournit les sept syllabes qui, répétées dans un ordre régulier et continu, suffirent à la notation de tous les morceaux de musique. Son système fut universellement adopté et les orgues harmonisées et ordonnées, d'après des théories uniformes, donnèrent, depuis les tons les plus

---

1. — *Instit. lit.*, t. 1, p. 170.
2. — *Centon.* Pièce composée de fragments. *Ibid.*, p. 171.
3. — *Ibid.*, p. 247. V. aussi *Causeries sur le Plain-Chant*, par le P. Soullier S. J. *Etudes religieuses*, février 1890, p. 263, et l'excellent *Dictionnaire de Plain-Chant* de Migne. Citons surtout les *Mélodies grégoriennes d'après la tradition*, par le Rév. Père Dom Joseph Pothier, moine bénédictin de l'abbaye de Solesmes, de la Congrégation de France. Tournay. Desclée. M.DCCC.LXXX.
4. — *Inst. lit.*, t. 1, p. 251.
5. — Arch. B.-P., G. 85.

bas jusqu'aux plus élevés, des séries de notes appelées d'un même nom. Les grandes cathédrales tinrent à honneur d'avoir de magnifiques instruments qui rehaussaient admirablement la pompe des offices divins. Un accord du 18 novembre 1488, conservé dans nos archives départementales [1], nous apprend que Mᵉ Domingo de Castelbon, organiste de Victoria en Espagne, fut chargé par le Chapitre de Bayonne, de construire les orgues de la cathédrale. L'un devait avoir vingt palmes de longueur et cinquante-huit tuyaux « commençan du plus grand au plus petit » et cinquante-huit autres petits tuyaux. Derrière et plus haut, il devait en installer un second de quatre cents 'tuyaux « qnoate cents tuyets » où l'on pourrait jouer sans toucher le grand « se toquara chetz toquar lo grant ». Huit mois, depuis le 1ᵉʳ janvier 1489, étaient accordés au constructeur. Le prix en était fixé à la somme de 140 écus de 110 liards l'un.

Les documents de l'Eglise de Lescar ne sont pas moins explicites. Une bulle d'Adrien VI, du 31 août 1522, nous apprend que l'évêque Jean de La Salle, désirant pourvoir à la beauté et à la décence du culte divin, résolut de choisir un maître de musique pour enseigner le chant aux enfants. Ceux-ci devaient former un chœur, assister aux heures, aux messes et aux autres offices chantés ; il affecta à leur entretien une somme annuelle de 100 écus petits, à 18 s. de 6 liards l'écu, à prendre sur les dîmes de Gan, de Laroin et de St-Faust. Plus tard, ses successeurs pourraient, à cet effet, unir des bénéfices et en retirer un revenu suffisant ; le maître, *cantor*, jouirait en outre de distributions quotidiennes provenant des obits de la Cathédrale et de St-Julien. En conséquence, l'évêque demandait au Pape de prendre la somme nécessaire sur la dîme des lieux mentionnés plus haut, somme payable par l'évêque ou le clavier (économe) du Chapitre (*per clavigerum capituli*) au maître et à quatre enfants, révocables à volonté. Le Pape accorda l'aliénation des revenus de la dîme, et, jusqu'à la fin du xviiiᵉ siècle, le Chapitre et l'évêque pourvurent à l'entretien du chant [2].

Le chanoine Bordenave nous dit que, pendant le protestantisme les anciennes mélodies se perdirent, en sorte que les prêtres « se servoient de certains vieils bréviaires, les accompagnant d'une psalmodie légère avec je ne sçay quelles cérémonies champestres [3] ». Aussi, lorsque de nouveaux statuts furent élaborés en 1627, la question du chant ne fut pas négligée. Le chapitre xii lui est tout consacré. Le voici en entier : « *De Organista et Musicis seu cantoribus, ac norma per eos servanda in divinis.* — In omnibus Dominicis et omnibus festis per annum occurrentibus, in quibus populus a servilibus operibus abstinere solet, in celebratione divini officii organum et musicorum cantus posthac adhiberi sancimus, præter Dominicas Adventus et Quadragesimæ, excepta Dominica tertia Adventus, quæ dicitur *Gaudete*, et quarta Quadragesimæ, quæ dicitur *Lætare* ; item exceptis festis et feriis infra Adventum et Quadragesimam occurrentibus, quæ cum solemnitate ab Ecclesia celebrantur, ut in die Annuntiationis, feria quintâ in Cœna Domini, Sabbato Sancto et similibus, et quandocumque occurrit celebrandum esse solemniter et cum lœtitia pro re aliqua gravi. In missis autem et officiis defunctorum, nec organo, nec musica, quam figuratam vocant, utimur ; sed cum dulci vocis flexione, cantu Gregoriano, seu plano atque firmo, quem etiam in ferialibus diebus quotidie adhiberi decernimus.

» Porro quotiescumque D. episcopus, solemniter celebraturus, Ecclesiam ingreditur, aut re divina peracta, discedit, pulsetur organum. Et idem in ingressu Reverendissimi Metropolitani, aut alterius Prælati, in honorem ac reverentiam caracteris episcopalis, donec predicti oraverint et res divina sit inchoanda. In Matutinis quæ solemniter celebrantur, in festis majoribus, pulsentur organa, ab hymno *Te Deum laudamus*, etc., prout in Vesperis ; et in Matutinis noctis Nativitatis Domini, etiam a principio ipsarum. In Matutinis vero, in Missa et in Vesperis per annum, primus versus Canticorum et Hymnorum, et pariter versus Hymnorum in quibus genuflectendum est, qualis est versiculus *Te ergo quæsumus*, etc., et versiculus *Tantum ergo Sacramentum*, etc., quando ipsa Eucharistia est super altari, et similes, cantantur a choro distincte, in tono intelligibili, non autem ab organo, sic etiam versiculus *Gloria Patri*, etc., etiam si versiculus immediate præcedens fuerit a choro pariter decantatus, ac idem servetur in ultimis versibus Hymnorum. In Vesperis solemnibus, organum pulsetur in fine cujuslibet Psalmi, et alternatim in versiculis Hymni et Cantici *Magnificat*, etc. In missa solemni pulsetur etiam alternatim, cum dicitur *Kyrie eleison*, etc., et *Gloria in excelsis*, etc., in principio missæ : item finita Epistola, sic ad Offertorium et ad *Sanctus*, etc., alternatim, dum quoque elevatur Sanctissimum Sacramentum, graviori et dulciori sono, necnon ad *Agnus Dei* alternatim et in versiculo ante orationem post Communionem, ac in fine missæ. Sed cum dicitur Symbolum in missa,

---

1. — Arch. B.-P., G. 84.
2. — Original sur parchemin en mauvais état. Communication de M. Barthety.
3. — *Estat des Églises*, p. 151.

non intermisceatur organum, sed illud per chorum cantu intelligibili proferatur. Atque semper hæc regula servetur ut quandocumque per organum figuratur aliquid cantari, seu respondere alternatim versiculis Hymnorum aut Canticorum, ab aliquo de choro distincta voce pronunciatur id quod ab organo respondendum, vel aliquis cantor conjunctim cum organo, voce clara, idem moduletur. In aliis autem horis canonicis, quæ in choro recitantur, non interponatur organum, nisi forte dum episcopus, solemniter celebraturus, capit sacra paramenta, quando Horarum cantus impletus est.

» Cœterum caveat organista, ne sonus organi sit lascivus aut impurus, et ne cum eo proferantur cantus qui ad officium quod agitur non spectent. Idemque Musici et Cantores observent ne vocem harmonia quæ ad pietatem augendam ordinata est, aliquid profani, levitatis, aut lasciviæ præ se ferat, ac potius audientium animos a rei divinæ contemplatione avocent, sed eorum cantus et soni graves sint, pii, ac distincti et divinis laudibus accommodati.

» Musici, Cantores, ac Mansionarii, si fieri potest, Clerici assumantur. Et tandem, quicumque sint illi, omnino in choro clericalibus vestibus et superpelliceo utantur. Ac in principio Horarum intersint, et antequam officium inchoetur, chorum ingressi, libros præparent, Missam, Psalmos, Antiphonas, et alia quæ usus requirit, inveniant, et tonum instituant pro tempore. Diebus vero festis et Dominicis, horum alter in decantandis Antiphonis, canonicis voce præeat, et, quæ cantanda vel legenda sint, indicet. Atque omnes tandem munus suum accurate obeant, cum totum fere divinorum officiorum pondus, ex contractu seu quasi, sustinere teneantur [1]. »

Le docte chanoine ne consacre pas moins de 50 pages in-folio à commenter ce chapitre, et Dieu sait avec quelle science prolixe, indigeste, souvent aussi, curieuse et intéressante ! Nous regrettons de ne pouvoir pas nous attarder à des citations très piquantes sur la musique en « bécarre, en nature et en bémol », sur les musiciens, sur les enfants de chœur et sur leurs maîtres. Le diocèse de Lescar et celui d'Oloron conservèrent, ou à peu près, le plain-chant romain pur jusqu'à la fin du siècle dernier.

Le diocèse de Bayonne, en adoptant le Bréviaire Auscitain, adopta aussi un chant nouveau. Remarquons cependant que les mélodies Parisiennes n'étaient pas absolument inconnues dans nos trois anciens diocèses. Le Rituel, en usage depuis 1751, contenait les chants parisiens empruntés pour la plupart, comme nous l'avons vérifié nous-même, à l'Antiphonaire et au Graduel de l'abbé Le Beuf, chanoine et sous-chantre d'Auxerre. C'est celui-ci qui fut chargé en effet de la mission colossale de couvrir de notes de plain-chant nos énormes volumes in-folio. Le Beuf était un des plus grands savants de son époque ; membre de l'Académie des Inscriptions et Belles-Lettres, il fut une des gloires du clergé au XVIIIe siècle. Il s'acquitta de sa tâche avec bonne foi, nous dit D. Guéranger, et rendit compte lui-même de son œuvre en ces termes : « Je n'ai pas toujours eu intention de donner du neuf. Je me suis proposé de centoniser, comme avait fait St Grégoire. J'ai déjà dit que centoniser était puiser de tous côtés et faire un recueil choisi de tout ce qu'on a ramassé. Tout ceux qui avaient travaillé avant moi à de semblables ouvrages, s'ils n'avaient compilé, avaient essayé du moins de parodier ; j'ai eu intention de faire tantôt l'un, tantôt l'autre. Le gros et le fond de l'Antiphonier de Paris est dans le goût de l'Antiphonier précédent, dont je m'étais rempli, dès les années 1703, 1704, et suivantes ; mais comme Paris est habité par des ecclésiastiques de tout le Royaume, plusieurs s'apercevoient qu'il y avait quelquefois trop de légèreté ou de sécheresse dans l'Antiphonier de M. de Harlay. J'ai donc rendu plus communes ou plus fréquentes les mélodies de nos symphonistes français du neuvième, dixième et onzième siècles [2]. » L'abbé Chastelain, un des premiers rédacteurs du Bréviaire Parisien, avait, lui aussi, et parfois, avec bonheur, comme dans l'Introït de la Toussaint *Accessistis*, accommodé les paroles au chant du *Gaudeamus* grégorien, il avait arrangé les mélodies nouvelles et centonisé avec plus ou moins de goût. D. Guéranger constate la supériorité de celui-ci sur Le Beuf « presque partout pauvre, froid » et dont les chants d'hymnes sont « d'une tristesse et d'une monotonie qui montrent qu'il n'avait rien de cette puissance qui suggéra à Chastelain le chant du *Stupete gentes*[3] ».

La fécondité de l'abbé Le Beuf lui fit une telle réputation qu'il fut chargé, à l'âge de plus de soixante ans, de mettre en chant la nouvelle liturgie du Mans. C'était en 1749. Ce fut lui, également, qui, de 1753 à 1755, mit en plain-chant les livres d'Auch. On lit en effet ces paroles, à la page 170 de l'Antiphonaire Auscitain-Bayonnais, à la fin du Propre du Temps : « Cujus cantum sicut et Proprii sanctorum ac Communis componebat et ordinabat Parisiis, annis 1753 et 1754, Joannes Le Beuf, antiquus canonicus et succentor

---

1. — *Estat des Eglises*, p. 534.
2. — Le Beuf, ap. D. Guér. *Instit. lit.*, t. 2, p. 435.
3. — *Ibid.*, p. 436.

Ecclesiæ Antissiodorensis. » Il fit le même travail pour le Graduel, bien peu après, « annis 1754 et 1755 ». Nous pourrions déjà conclure que l'abbé Le Beuf est l'auteur du chant de nos hymnes bayonnaises : *Audiat tellus*, etc. Mais nul doute n'est possible, car le même savant donne, dans son « *Traité historique et pratique sur le chant ecclésiastique* [1] » parmi « divers chants d'hymnes pour le mètre saphique » un exemple du chant de l'*Audiat tellus*. Un religieux qui fait autorité dans les questions de chant liturgique, le P. Dom Pothier, de Solesmes, croit que cet air est très moderne. Le Beuf l'a probablement inventé. Il doit en être de même des autres hymnes. Celui de l'hymne *Civem receptum*, d'après le docte bénédictin, est une altération du chant d'une hymne ancienne que les modifications modernes ont rendu affecté, maniéré, en le dénaturant complètement. C'est, en général, l'opinion de D. Guéranger, nous l'avons vu, sur les travaux de Le Beuf [2]. La mélodie, adaptée aux second et troisième vers de chaque strophe, se retrouve aux 2ᵉ et 3ᵉ vers de l'hymne *Jesu dulcis memoria*, à la fête du St-Nom de Jésus, dans le Vespéral Romain de l'édition de Dijon. Enfin, nous étonnerons beaucoup de nos lecteurs en leur disant que la mélodie de l'hymne *Civem receptum* a été empruntée par le poète gascon Lesca, dans sa chanson bayonnaise si connue : *Lous Tilholés* (les canotiers), composée à la fin du siècle dernier, sous l'administration de M. Verdier, maire (v. 1780). Il n'y a de changé que le rythme et le mouvement ; le chansonnier a mis aussi quelques fioritures et ajouté des notes d'agrément dans le texte de l'abbé Le Beuf.

- Voici le chant de nos deux hymnes bayonnaises :

Après les gros livres de chœur publiés à Paris, chez Garnier et Le Prieur, Mgr de Montillet et ses suffragants, qui venaient d'adopter le rit Auscitain, firent paraître un petit Graduel et un Vespéral (in-12), à Toulouse, chez J. François Robert, en 1756 « afin que tout le clergé et les fidèles du diocèse pussent prendre une part active aux nouveaux chants sacrés ». Les rubriques sont en français, et, à la fin du Vespéral, on trouve les « intonations des pseaumes et des cantiques ». Mais aucun livre ne fut plus utile pour enseigner la musique d'Eglise que celui que Mgr de Montillet publia à la même époque (le *Breve Baionense* de 1760 en parle) et peut-être à la même librairie — car nous n'avons que l'édition de 1819, donnée par Soulès à Auch. Il est intitulé « *Chants divers* » et contient une double méthode pour enseigner et apprendre facilement le plain-

---

[1] — In-8º. Paris, 1741, p. 257. — Toutes les idées de l'abbé Le Beuf sont en germe dans le *Mercure de France* du mois d'août 1726, (p. 1729). « Dessein d'un recueil d'hymnes nouvelles avec les plus beaux chants selon chaque mesure. — Lettre écrite d'Auxerre sur ce sujet, le 29 juin 1726, par M. Le Beuf, sous-chantre et chanoine de la cathédrale. » Nous pensions que cet auteur célèbre avait aussi composé des hymnes et déjà nous lui attribuions nos hymnes de St Léon. Nos recherches sont restées infructueuses. On trouve dans cette lettre les noms de plusieurs hymnographes : Vida, Santeul, Chastelain et Mignon, chanoines de Paris, Claret, jésuite, Isaac Habert, évêque de Vabre, Guillaume de la Brunetière, évêque de Saintes, Magdelenet de Vezelay, etc. — Les hymnes du Commun des Saints du Bréviaire Parisien, signées G. ep. S., pleines de poésie et d'onction, sont de Guillaume de la Brunetière (Orig. et raison de la lit., Migne, au mot *Hymne*).

[2] — *Instit. lit.*, t. 2, p. 437. V. aussi : *Recherches historiques sur l'Art musical dans la province ecclésiastique d'Auch... depuis l'année 1678 jusqu'à nos jours.* Aloïs Kunck. *Revue de Gascogne*, 1861, p. 595.

chant. On y lit des choses curieuses : « Quant à la note *Si*, il n'y a pas encore 150 ans qu'elle fut mise en usage. Il paraît, par l'Antiphonier de Paris de l'an 1681, que dès lors quelques personnes appeloient le *Si* bémolisé *Sa* (plusieurs l'appellent *Za*), le *Mi* bémol *Ma*, et le *Fa* dièze du nom de *Fi*. » Et encore, dans la méthode de l'abbé Le Beuf : « Il y a des marques pour signifier... quand il faut sonner *Sa* ou *Za*[1] au lieu de *Si* ; cette marque est un B qu'on appelle bémol et qui se place dans les livres avant la note à laquelle il faut donner le nom de *Za*. » Et ailleurs : « Il paraît par les anciens livres de la Province ecclésiastique d'Auch qu'on y chantait les neumes à la fin de la dernière antienne de chaque nocturne et de la dernière de Laudes et de Vêpres, comme aussi après l'antienne des cantiques évangéliques. Mais on n'y en chantait jamais à l'Office des Morts, ni depuis None du mercredi saint, jusqu'aux Vêpres du samedi de la semaine de Pâques. Dans les églises où il y a des orgues, on touche cet instrument aux solennels et à certaines autres fêtes, au lieu de la neume. Mais on n'y doit jamais laisser toucher par l'orgue aucune antienne, ce serait souvent supprimer la portion de l'office qui annonce la grandeur du mystère ou de la fête, surtout aux premières Vêpres. L'usage de faire toucher les antiennes étoit excusable lorsqu'on suivait le Bréviaire Romain... Il n'en est pas de même dans le rit nouveau. » Enfin on y recommande de prononcer toujours *in*, *im*, comme *in* préposition, et *u* suivi de *m*, *n*, comme *ou* en français : *Dominoum*.

Nous en aurons fini avec les documents de la liturgie Auscitaine, parus à la même époque, lorsque nous aurons mentionné le *Livre d'Eglise à l'usage du diocèse de Bayonne*, imprimé en 2 volumes in-12 à Paris par Le Prieur en 1756. Mgr d'Arche l'avait fait précéder de ce Mandement adressé à ses diocésains : « Vous devez toujours prier et ne jamais vous lasser, parce que Dieu se montre à ceux qui le cherchent, qu'il ouvre la porte à ceux qui frappent et qu'il accorde tout à qui le prie. Le Seigneur, à la vérité, pourroit nous donner nos besoins sans que nous les lui demandions ; mais il veut que nous le prions afin que notre foi et notre confiance s'augmentent par nos prières, et afin de nous donner des marques singulières de bonté en nous accordant notre pain de chaque jour, à mesure que nous le lui demandons. Et quoique, pour prier en esprit et en vérité, il suffise de prier de toute l'ardeur et de toute l'affection de son cœur ; quoique Dieu pénètre nos pensées les plus secrètes et qu'il exauce quelquefois nos désirs avant qu'ils soient exprimés par des paroles, néanmoins il est souvent utile et même nécessaire de joindre à nos désirs la prière vocale, afin que les paroles nous rappellant ce que nous avons à désirer, nous puissions prier avec de plus grands sentiments de piété.

» C'est donc pour vous aider à exprimer vos désirs devant Dieu et à remplir un de vos principaux devoirs que nous vous mettons entre les mains un livre de prières, et c'est aussi pour nous acquitter d'une de nos obligations les plus essentielles, et pour suivre l'exemple de Jésus-Christ, le Pasteur et l'Evêque de nos âmes, qui enseignant à ses disciples à prier, leur prescrivit ce qu'ils devoient demander et la manière dont ils devoient demander. C'est dans cette vue que nous avons fait mettre dans ces Heures une grande partie de l'Office Divin pour les jours de Fêtes et de Dimanches. Vous trouverez dans l'Office de l'Eglise, et principalement dans les Pseaumes, comme un miroir, qui vous marquera ce que vous devez faire. Vous y trouverez une excellente méthode de prier et la règle de vos prières particulières. Vous y trouverez des pensées, des mouvements, des sentiments, des désirs inspirés par le St-Esprit lui-même ; vous n'avez qu'à suivre ce qu'il vous dictera. Quel goût n'aurez-vous pas pour ces saints cantiques, si vous pratiquez l'avis que St Augustin vous donne à ce sujet : *Priez*, nous dit-il, *lorsque le Prophète prie, gémissez avec lui lorsqu'il gémit, réjouissez-vous avec lui quand il exprime sa joie, espérez quand il espère, craignez quand il craint*.

» Nous vous exhortons d'assister dans cet esprit aux offices de l'Eglise. Ayez une grande estime pour la prière publique, et préférez-la à celle qu'on fait en particulier ; non seulement parce que Jésus-Christ a dit lui-même que, lorsque plusieurs sont assemblés en son nom, il se trouve au milieu d'eux ; mais encore parce que ce saint exercice nous est expressément recommandé par l'Eglise, qui veut que vous vous rendiez à la paroisse les Dimanches et les Fêtes pour assister à l'Instruction et à tout l'Office du jour. Ne vous dit-elle pas dans ses saints Conciles que ce n'est pas assez de remplir le devoir le plus essentiel en assistant à la messe, mais qu'il faut que vous soyez exacts à vous rendre avec les autres fidèles à vêpres, et à vous unir dans ces saints jours aux ministres qui sont destinés à offrir à Dieu le tribut de louanges et l'hommage perpétuel que vous lui devez ?

» Que le Seigneur vous apprenne lui-même à prier, qu'il vous apprenne à lui rendre en public et en particulier le culte qu'il mérite, qu'il fasse croître et fructifier vos saints désirs par l'opération intérieure de

---

1. — Cet usage persistait encore au commencement de ce siècle, car un de nos vieux professeurs de théologie morale, M. l'abbé Etchepare, d'aimable mémoire, ne disait jamais que *za, la, sol, fa*.

sa grâce, afin que vous persévériez dans une prière humble et fervente. Puissiez-vous employer à ce saint exercice vos moments les plus doux et les plus précieux ! Quelque chose que vous demandiez à Dieu, vous le recevrez de lui, si vous gardez ses commandemens, et si vous faites ce qui lui est agréable.

» A CES CAUSES, nous exhortons les pasteurs et les confesseurs de ce diocèse, et même leur enjoignons de recommander aux personnes, commises à leur conduite, de se servir des Heures imprimées à l'usage de notre diocèse. Et sera notre présent Mandement, lu et publié au Prône des messes paroissiales, et affiché où besoin sera. — Donné à Bayonne, dans notre Palais Episcopal, le vingt-cinq septembre mil sept cent cinquante-six. Signé † GUILLAUME, évêque de Bayonne. »

Ce livre latin-français, divisé en deux parties, comprenait au commencement de chacune d'elles « les Prières du Matin et du Soir, un Exercice pour la Confession et la Communion, les Avis de Tobie à son fils, ceux de St Louis et le Renouvellement des vœux du baptême, qui est une prière que tout chrétien doit souvent faire, ensuite les prières de l'Eau bénite et de la Bénédiction du Pain, le *Veni Creator* et l'*Ave maris stella* pour les Processions, l'Ordinaire de la messe et enfin le *Te Deum* ». Le Psautier, les fêtes solennelles, le Propre et le Commun des Saints s'y trouvaient également. C'était un vrai petit missel. Enfin mentionnons pour mémoire un *Eucologe* de la même époque dont nous parlons dans notre Essai de bibliographie (Chap. XVII).

Nous terminerons ce chapitre par quelques extraits des offices de nos saints locaux, selon le rit Auscitain-Bayonnais. Nous ne donnons guère que les hymnes, les légendes et les oraisons.

ST LÉON, *patron de la ville et du diocèse de Bayonne*. 1er Mars. Solennel du Ier Ordre.

HYMNE DES Ires VÊPRES

Audiat tellus faveatque cœlum,
En dies festus rediit Leoni,
Quo pios cantus decet atque sacras
　　Pangere laudes.

Hunc sinu fovit pietas benigno,
Hunc fides custos clipeo potenti
Induit, puris adolevit intus
　　Gratia flammis.

Inclytis fulgens titulis avitum,
Sponte proculcat decus, atque grandi
Cuncta dum sordent animæ, fit unus
　　Omnia Christus.

Mundus incassum juveni superbos
Explicat fastus : pia vota cœlum

Ambiunt, illic meliore splendet
　　Stemma nitore.

Hinc juvat Christi pretiosa ferre
Probra ; sed virtus latitare nescit ;
Luce diffusa radians ad altos
　　Surgit honores.

Dum vovet sese pecori tuendo,
Tota portentis celebratur æstas,
Donec optatam liceat parare
　　Morte coronam.

Summa laus Summo sit ubique Patri,
Summa laus Summo sit ubique Nato,
Par sit amborum tibi laus per omne,
　　Spiritus, ævum.
　　　　Amen.

HYMNE DE MATINES

Jam mitte, Pastor, mitte pias gregis
Curas ; verendæ signa crucis ferens
I mille per mortes profanæ
Excidium reparare gentis.
Te voce Summi Pontificis Deus,
Te pulsa regnis ipsa suis fides,
Te vindicem aræ, te nefando
Templa vocant violata cultu.
Res mira ! plenus numine vix ades,
Nox atra cedit ; fana solo ruunt ;
Error fugatur, veritasque
Sole novo recreata fulget.
Jam frangit aras Cantaber, impia
Manu, sacratas : jam male prodita
Divis caducis thura, vero
Reddere certat ovans Tonanti.

Ut vidit, alte Tartarus ingemit
Prædam relaxans, at Polus aspicit
Gentem triumphans exulantem
In patrias remeare sedes.
Quid vox ministri tot resonans, Deus,
Non possit ? Alto si bonus e throno
Afflaris, Orci gentiumque
Una valet superare vires.
Per quem feraci germine pullulans
Nostris revixit limitibus fides,
Fac, sancte Præco, fac opimos
Usque ferat rediviva fructus.
Sit Trinitati perpetuum decus
Quæ nos ab atris faucibus ad jugum
Christi reduxit, præviumque
Ferre jubar voluit Leonem. Amen.

LÉGENDE

Lectio IV. Leo, vir potens opere et sermone, a Romano Pontifice episcopus ordinatus, ad Lapurdenses Navarreosque populos nono sæculo missus est, qui fidem apud illos extinctam, incursione a barbaris gentibus variis successive temporibus facta, restauraret. In laboris apostolici partem fratres suos Philippum et Gervasium socios secum assumpsit, quibuscum una longinquo dedit sese itineri. In plagas sabulosas circa Burdigalam sitas venit, ibique aliquantum commoratus, fidem prædicare, atque in tota passim regione feliciter verbi semina cœpit disseminare. Inde vero Lapurdeam seu Baionam se contulit quo perhumaniter admissus, plus quam septingentos homines intra paucos dies Christo subjecit. In cujus rei memoriam quotannis, ipsa Pentecostis die, ædiles civitatis cum apparatu procedunt versus meridionalem portam, qua primum urbem ingressus est Leo, indeque accensos cereos in ecclesiam majorem asportant, quasi lumen evangelii receptum, in hocce ritu significantes.

Lectio V. Doctrinam fidei per urbem spargi ægre ferentes sacerdotes ethnicorum, ipsum et socios simul comprehensos ad templum Martis vi trahunt, ut coram sacerdote sacrificarent. Vetus est Ecclesiæ Baionensis traditio, simulacrum quod prius in templo colebatur, fusis ad Deum precibus, subito corruisse, non sine magno sacerdotum stupore, qui tanto prodigio victi, statim pristinos errores ejurarunt. Quin etiam, subinde tota ferme civitas solam quam prædicabat sanctus præsul religionem professa est ; quo eventu prospero accensus, ædem sacram Deo vero jussit ædificari. Cum in tota ferme Lapurdensi regione fides jam invaluisset, in confinem Hispaniam profectus est, ut quam Baionæ firmatam reliquerat, ulterius fidem propagaret.

Lectio VI. Fundata apud regionis hujus populos fide, inde Baionam revertens, in sceleratorum hominum manus incidit, qui ob destructionem Martis cultum, paratis insidiis, adventantem opperiebantur. Hi, furore correpti, in sanctissimum præsulem inhumanissime desævierunt, ipsumque, cœso prius fratre Gervasio, innumeris affectum contumeliis, capite truncaverunt. Martyrium consummavit calendis Martii, sub finem sæculi noni, atque ipso in loco quem sanguine cruentarat, sepultus est, extra portam civitatis meridionalem, quæ exinde ejus nomine designatur. Ibidem in ejus honorem extructum fuit sacellum quod cum, anno millesimo quingentesimo quinquagesimo septimo, dirutum fuisset, reliquiæ martyris in ecclesiam cathedralem translatæ sunt. Ibi asservantur in theca argentea, non sine summa fidelium veneratione et concursu, qui profectam ex sacris cineribus virtutem non semel experti, varia inde curationum genera exportarunt.

HYMNE DE LAUDES

Quo victore fides sanctaque veritas
Vicit, quo populis rapta gementibus
Lux vitæ rediit, talibus ergo mors
    Illi pro meritis erit.
Heu ! quem persequeris, Maure ferox, Leo
Non armis gravibus vincere, sed venit
Mitis pastor oves quærere devias,
    Ad verum revocans iter.
Frustra mille rogos, mille paras cruces,
Est huic, est animus funere fortior.
Quid possit pugilem frangere sanguinis
    Pro Christo bene prodigum !
Gestu, voce, Deum pectore prædicat
Per sævasque neces dum ruit, inclyta

Victor morte cadit : qui fuerat comes
    Pugnæ, laurea fit Deus.
Jam mens alta petens sidera, flammeo
Curru vecta micat ; jam ruere obvii
Certant cœlicolæ : terra stupet, polus
    Civi plaudit ovans suo.
O felix nimium victima, quæ, necis
Contemptæ pretio, perpetuam obtines
Vitam, fac duce te nos quoque vivere
    Pro Christo dociles mori.
Divinam Triadem polus, mare
Festivis celebrent undique cantibus,
Quæ palmis decorat perpetuis necem
    Pro se non timidos pati. Amen.

Oratio. Deus, qui beati Leonis, pontificis tui et martyris, prædicatione, de infidelitatis tenebris populos in admirabile Evangelii lumen transtulisti, fac ut ejus intercessione crescamus in gratia et cognitione D. N. J. C. Filii tui. Qui tecum.

HYMNE DES IIes VÊPRES

Civem receptum cœlites
Astris Leonem dum canunt,
Nos personemus inclytum
Festis triumphum cantibus.

Hic morte felici novum
Cruci trophœum condidit,
Et quam reduxit finibus
Nostris salutem sanciit.

Quid Maurus infandis parat
Dolore cædibus fidem ?
Surget per orbem pulchrior
Suis renascens cladibus.

Beata tellus quam Leo
    Fuso sacravit sanguine,
    Fructus perennis edocens
    Sinu feraci fundere.
Æterne Regnantis comes
    Agni, tuum ne deseras

Gregem, minaces comprime
    Sævi draconis impetus.
Da, Christe, tanti militis
    Pugnare terris æmulos,
Da quod supernis sedibus
    Tenet mereri præmium.

Sit Trinitati gloria,
    Potente dextra quæ suos
    Gaudet tueri martyres
    Jugique palma cingere.
        Amen.

MESSE DE St LÉON

Introït. Locutus est omnia verba. *Ps.* Confitebimur tibi. *Oratio.* Deus qui beati, *ut supra.* Epistola B. Pauli : Fratres. Nihil minus fui. *Grad.* Surrexit quasi ignis. *Tr.* Magna est gloria ejus. *Seq. Evang. sec. Marc.* Euntes in mundum. *Offert.* In bonitate et alacritate. *Secreta.* Benedictio tua, Domine, super hæc munera descendat, quæ in solemnitate sancti pontificis et martyris tui Leonis majestati tuæ offerimus, et præsta, ut dignos superinenarrabili dono fidei gratias tibi referentes, quod mente credimus, corde sectemur et opere impleamus. *Comm.* In populo hæreditabit. *Postc.* Salutari mysterio, quæsumus, Domine, conserva infideli populo misericordiam tuam, et nos beati Leonis, martyris tui et pontificis, intercessione tuis facias firmius inhærere documentis. Per.

10 Mai. STE RICTRUDE [1]. — *Lectio III.* Rictrudis, ex illustrioribus Aquitaniæ proceribus apud Vascones anno sexcentesimo decimo quarto nata, a sancto Amando, episcopo Trajectensi, qui tunc his in locis exulabat, documentis religionis christianæ est imbuta, quibus ita profecit, ut generis claritate minus deinceps floruerit quam splendore virtutum. Adabaldo viro potentissimo qui Clotario, regi Francorum addictus erat, nupsit. Filium peperit qui factus Dagoberto a secretis, deinde abbas Marcianensis, sanctorum albo adscriptus est, et tres filias quæ Deo se virgines consecrarunt et cultu publico apud Flandros celebrantur. Mortuo Adabaldo qui inter sanctos numeratur, oblatas sibi a Clodovæo secundo nuptias respuit, et deposito sæculari indumento, id procurante sancto Amando, qui ab exilio reversus, quis eam adjuvit consiliis, Marcianos se recepit, intra limites diœcesis Atrebatensis, ubi regularem vitam professa in monasterio a se constructo, regendis monialibus, quas inter filias suas admiserat, reliquum vitæ totum fere impendit, vigiliis, jejunio, et orationi constantissime addicta : munus dimisit ante mortem, ut sub regulis observantiæ vitam finiret. Migravit ad cœlum, anno sexcentesimo octogesimo octavo. In theca argentea et deaurata, summa cum veneratione, Marcianis ejus reliquiæ asservantur. *Oratio.* Deus, qui beatam Rictrudem, viduam, eo ditasti dono gratiæ, quo sponsum et liberos cum seipsa sanctificavit, præsta, ut memores tantæ virtutis, in semita justitiæ recto gressu semper ambulemus. Per.

10 Mai. STE CONFESSE. Rien. — *22.* STE QUITTERIE. Pas d'oraisons propres. On a déjà vu sa pauvre légende.

21 Août. ST JULIEN, évêque de Lescar.

Messe. *Introït.* Mittam ex eis. *Ps.* Cantate. *Or.* Deus, qui per ministerium sancti Juliani pontificis, populum non credentem in lumen supernæ claritatis transferre dignatus es, ipso pro nobis intercedente, concede, ut per semitas quas docuit, coronam gloriæ assequi mereamur. Per. *Epist. B. Pauli ad Corinth.* Ego cum venissem. *Grad.* In gentes ego mitto vos. *Seq. S. Evang. sec. Matt.* Euntes prædicate. *Offert.* Nos non spiritum. *Secr.* Fundamentum et auctor fidei nostræ, Deus, Ecclesiæ tuæ votis benignus aspira, et sicut olim beatum Julianum, ita nunc ad eos qui de te non audierunt, mitte operarios Spiritu Sancto plenos et fide ut audiant gentes et convertantur. Per. *Comm.* Ecclesia ædificabatur. *Postc.* Per hujus operationem mysterii, confirma, Domine, famulos tuos in fide veritatis, ut eam ubique ore et opere confiteantur pro qua sanctus pontifex Julianus laborare non destitit et mori desideravit. Per.

La légende se trouve plus haut au chapitre III. — Pour St Galactoire, 4 janvier, tout était pris du Commun, même les leçons. Ce n'est que dans un Ordo de 1808 qu'on trouve cette oraison propre : « Presta quæsumus, omnipotens Deus, ut ad te toto corde confugientes, intercedente B. Galactorio, pontifice et martyre tuo, pietatis tuæ indulgentiam consequamur. Per. »

19 Octobre. ST GRAT, évêque d'Oloron. Semid. — L'office est à peu près le même que celui que nous avons donné plus haut. De trois leçons, on en a fait deux. On a supprimé au Bréviaire Auscitain le mot *episcopus* de la première phrase, et plus loin, après *Arelatensi*, les paroles suivantes : *in quo conditi sunt,* etc., jusqu'à

---

1. — V. sur Ste Rictrude, *Essai historique et critique sur la charte d'Alaon*, p. Rabanis. 1856, p. 63. *Rev. d'Aquitaine*, 1857 et 58.

quid præterea. Le texte varie un peu dans la seconde leçon : « Reliquum corporis quod ob hæreticorum furores Jaccam in Hispaniam translatum fuerat, inde in Ecclesiam Oleronensem, motibus compositis, relatum fuisse colligitur ex actis inventionis corporis sacri, anno millesimo septingentesimo decimo a Josepho Oleronensi episcopo, ecclesiam cathedralem visitante, circumstantibus multis tum canonicis aliisve de clero, tum magistratibus et civibus, reperti intra murum supra cum locum in quo sacrosancta Eucharistia asservatur. Etenim huic sacro corpori hispanis sericis involuto deest caput, sola maxilla inferiore superstite, quæ collata juridice maxillæ superiori capitis beati Grati cum ipsa aptissime cohæret. Desunt vero ossa quædam quorum partem Ecclesia Jaccensis se ex canonicis Oleronensibus accepisse fatetur in gratiam servati sancti depositi. Ex eo tempore... Ejusdem reliquias capsa argentea clausas in solemnibus supplicationibus circumfert. Variis autem et insignibus miraculis ad hæc usque tempora probavit Deus quam acceptum habeat cultum sancto præsuli impensum. » Pas d'antiennes, ni d'hymnes propres. Même messe.

En dehors de ces saints très spécialement honorés dans nos anciens diocèses, nous en citerons quelques autres dont les légendes méritent d'être rapportées.

16 Janvier. SS. Girons et Sever. — *Sanctorum Geruntii et Severi, martyrum. Semiduplex. De Comm. plur. Mart. Oratio* Deus, invisibilis. [de Comm.]

Lectio II. Severus et Geruntius a Vandalis oriundi cum quibusdam sociis, juxta antiqua Vasconiæ monumenta, missi sunt, ut huic regioni Christi fidem prædicarent. A barbaris qui, imperante Honorio, initio quinti sæculi, maximas in illis partibus clades intulerunt, trucidati sunt in odium fidei christianæ. Sanguinem fuderunt in territorio Adurensi, in quo celebre extat monasterium nomine sancti Severi insignitum et sub ejus invocatione antiquitus constructum ; cui adjacet civitas quæ ex celebritate loci videtur accrevisse et caput Vasconiæ nominatur. Ibi Severus, ut martyr et totius regionis vir apostolicus, magna solemnitate recolitur. In Martyrologio ejusdem Abbatiæ, festivitas Geruntii martyris notatur quinto idus Decembris. Extitit olim, intra fines diœcesis, monasterium celebre, sancti Geruntii nomine cognitum, cujus basilica multum exornata et in sacra supellectili dives, a calvinistis expoliata fuit anno quingentesimo sexagesimo nono.

Dans cet ordre d'idées et avec les mêmes préoccupations liturgiques, Mgr Plaicard de Raigecourt, évêque d'Aire, approuva un office de St Girons en 1767. Il fut imprimé sous ce titre : *Proprium || Ecclesiæ Collegiatæ || Sancti Geruntii Officium ||, approbatum ab Illustrissimo ac Reveren || dissimo D. D. Plaicardo de Raigecourt Episcopo Adurensi. || Monti-Marsani. || Ex typographia R. Delaroy || M.DCCC.II. ||* (C'est une réimpression. — In-12 de 31 p.)

« L'approbation accordée à l'abbé, aux chanoines et au chapitre de la collégiale de St Girons est ainsi datée: « *Datum in Castro de Trianvilla, die vigesima septima mensis Januarii, anno millesimo septuagintesimo sexagesimo septimo.* » — Il fallait annoncer ainsi la fête, à Prime, dès la veille :

« *Die III Maii. Nuntiabitur ad Primam festum S. Geruntii initio lectionis Martyrologii in hunc modum :* In Vasconia. Beati Geruntii, natione Vandali, qui Romani Pontificis autoritate missus ad præfatam regionem, ut Evangelium, in ea prædicaret, commissum sibi opus fideliter peregit ; ac demum a barbaris in odium christianæ fidei cæsus, martyrium complevit eo in loco diœcesis Adurensis, qui ejusdem sancti Geruntii nomine decoratur. »

Les antiennes de l'office sont toutes composées des paroles de l'Ecriture Sainte ; rien d'historique, de local ; de même pour les répons. Nous allons en reproduire tout ce qui offre un intérêt particulier.

Die IV Maii. In festo S. Geruntii martyris. Duplex I classis.

Ad I Vesperas. — HYMNUS

Lux de luce, Deus, fons quoque luminum,
Quo stat perpetuus cœlitibus dies,
Tristem sub misera nocte Aquitaniam
Quanto lumine recreas !
Huc de sede Petri fervidus advolat,
Aras, fana, deos, funditus eruit,
Et Christum resonans dedocet impios
Cœli præco Geruntius.
Addunt se comites et rudibus pia
Committunt fidei semina mentibus,

Sacra, barbara gens, jam docilis Deo,
Christum fontibus induit.
Crescit sancta fides, fit natio nova :
Hinc sævit rabies in tenerum gregem ;
Intentum operi, nec timidum mori
Ductorem furor impetit.
Patri maxima laus, maxima Filio,
Amborumque sacro maxima Flamini,
Cui se rite litans funere splendido,
Felix consecrat hostia. Amen.

Oratio. Deus, qui per apostolicam prædicationem beati Geruntii, martyris tui, non credentem populum dono fidei ditare dignatus es ; da propitius, ipso intercedente, ut qui sumus et dicimur christiani, huic nomini promissam hæreditatem moribus integris assequi valeamus. Per Christum.

Ad Matut. Invit. Deum, qui de tenebris nos vocavit in admirabile lumen suum. Venite, adoremus, alleluia. I. Pet 2. — (Toujours l'Ecriture Sainte.)

Lectio IV. Ex Hist. Benear. Petri de Marca, Parisiensis archiepiscopi, libro I. cap. 13. — Geruntius, a Vandalis oriundus, sub Honorio Imperatore floruit. Is zelo fidei propagandæ successus, patriam, cognationem, suaque omnia lætus relinquens, Romam venit, ad Summum Pontificem. Hujus autoritate cum Severo et aliis quinque sociis in Vasconiam missus est, ut evangelicam huic regioni lucem inferret. Quod munus apostolicum summa suscepit alacritate, parique constantia prosecutus est.

Lectio V. Cum vero fidei disseminandæ totus incumberet, Gallias ingressi sunt numerosi barbarorum exercitus, ineunte anno supra sextum quadringintesimo. Horum furorem imprimis experta est Aquitania, sicut in suis epistolis refert beatus Hyeronimus. At bellum illud, quantumvis immane, Geruntium a suo proposito dimovere nunquam potuit, nec obstare quominus in commisso sibi officio impavidus perseveraret; imo vero memor sermonis evangelici : « Beati eritis cum vos oderint homines et persecuti fuerint », barbarorum rabiem hilari mente prospiciebat, cupiens martyrii suum implere cursum, sicque dissolvi et esse cum Christo.

Lectio VI. Viri apostolici votis non multo post Dominus annuit. Cum enim barbari non minus veræ religioni quam Romano imperio offensissent, Christi ministros præ cæteris impetebant. Itaque deprehensum in Novempopulania Geruntium, eodem anno quadringintesimo sexto in odium christianæ fidei, quam indesinenter prædicabat, crudeliter trucidarunt. Ipsum martyrii locum antiqua testantur Vasconiæ monumenta, quibus constat beatum Geruntium, pro Christo martyrem occubuisse intra fines diœcesis Adurensis, in eo loco qui etiam nunc ejus nomine insignitur, quique in honorem sancti martyris, cujus sanguine consecratus est, religioso populorum concursu frequentatur.

AD LAUDES. — HYMNUS

Felix, impavida morte, Geruntius
Cœlo difficilem rumpere amat viam ;
 Et signare cruore
 Quam nos edocuit fidem.
Pœnis victa quibus deficeret fides
Tu pœnas avida mente preoccupas ;
 Cui non suffit una,
 Ambis innumeras neces.
Te pro lege sua magnanimum mori,
Te Christus pugilem spectat ab æthere :
 Ne succumbere possis
 Tecum prælia sustinet.
Et nos delicias, vana per otia,
Gens infida Deo, quærimus anxii,
 Quid torpemus ? Inertes
 Sanguis martyris excitat.
Patri maxima laus, maxima Filio,
Sit par, Sancte, tibi, gloria, Spiritus,
 Quo donante, coronam
 Invictus pugil obtinet. Amen.

AD II VESPERAS. — HYMNUS

Ex quo salus mortalium
 Fluxit sacer Dei cruor,
 Homo redemptus æmulum
 Deo litavit sanguinem.
Nos jam crucis Christi pudet,
 Quin surgit ingens gloria
 Deum fateri mortuum
 Pro mortuo mori Deo.
Hæc intuens Geruntius
 Ridet minas, ridet neces,
 Tuaque fretus dextera,
 Tibi, Redemptor, militat.
Parata spectans præmia,
 Securus ad pœnas volat :
 Sic pugnat ut speret mori
 Et morte mortem vincere.
Da, Christe, tanti militis
 Æquare facta fortia,
 Da sustinere pro tuo
 Quodcumque durum nomine.
Fac, si tyrannus deficit,
 Ne blandiendo mollius
 Frangat voluptas pectora
 Ipsis tyrannis sævior.
Da, Christe, nos tecum mori,
 Tecum simul da surgere ;
 Terrena da contemnere,
 Amare da cœlestia.
Sit laus Patri, laus Filio,
 Qui nos, triumphata nece,
 Ad astra secum dux vocat,
 Compar, tibi laus, Spiritus. Amen.

[Cum octava] — *Ad Processionem que fit ante missam*, S. *Martyris reliquiam gestando... Post sancti Vincentii invocationem, bis addent* [cantores in litaniis] *Sancte Gerunti...* [Tertia] *Oratio.* Omnipotens, sempiterne Deus, qui beatum Geruntium, martyrem tuum, ad immortales triumphos extulisti, accende in nobis, quem adhuc spirant sacri ejus cineres, divinum charitatis ignem; ut cujus reliquias ritu solemni veneramur in terris, ejus intercessione suffulti, cunctis tentationibus superatis, cum ipso triumphare mereamur in cælis. Per Christum Dominum nostrum. Amen.

Ad Missam. *Introït.* Mittam ex eis. *Is. 66. Cantate.* Ps. 95. *Gloria. Oratio.* Deus, qui per apostolicam prædicationem. *Lectio Epist. B. Pauli apost. ad Thess. 1 Thes. 2.* Fratres, fiduciam habuimus... qui credidis. Alleluia. ỹ. In gentes mitto te... Auxilio adjutus Dei. *Act. 26.* — *Sequent. S. Ev. sec. Matt. cap. 10.* Dixit Jesus... euntes prædicate... hic salvus erit. *Offert.* Data est mihi gratia a Deo. *Secreta.* Sicut his sacrificiis, Domine, Unigenitum tuum testamur animam suam posuisse pro nobis; ita, beato Geruntio, martyre tuo, intercedente, ab iis discamus paratos esse pro Unigenito tuo et pro nostris fratribus animas ponere. Per Dominum.

Præfatio propria sancti Geruntii, quæ dicitur per totam octavam.

Vere dignum et justum est, æquum et salutare, nos tibi semper et ubique gratias agere, Domine sancte, Pater omnipotens, æterne Deus, qui nos secundum misericordiam tuam magnam de tenebris ad lucem vocare dignatus es, et de potestate Satanæ ereptos, in filios adoptionis assumere. Tua enim, Domine, misericordia, tua gratia fidei verbum in nobis martyris tui labore seminatum est, et sanguine fœcundatum. Nunc ergo, Pater sancte, confirma quod operatus es in nobis, et gregem istum, quem Filio tuo donasti, conserva tuæ virtutis auxilio ut, sanctificatum in veritate, consummatum coadunare digneris in gloria, per eundem Christum Dominum nostrum; per quem majestatem tuam trementes, adorant angeli, et omnes spirituum cœlestium chori socia exultatione concelebrant; cum quibus et nostras voces ut admitti jubeas deprecamur, supplici confessione dicentes.

Comm. Ambuletis digne Deo per omnia. *Postcomm.* Per hæc sacramenta, quæsumus, Domine, da nobis fidei miseratus augmentum, ut quam martyr tuus Geruntius sanguinis effusione professus est, eam nos operum sanctitate profiteri valeamus. Per. Dominum.

Le culte de St Girons est en honneur dans le diocèse actuel de Bayonne à Abos, Géronce, Monein, St-Girons, Sauvagnon; dans le diocèse d'Aire à Carcarès, Hagetmau, Luglon, St-Girons, Vielle-St-Girons, etc. Il faut remarquer la prééminence de son culte sur celui de St Sever, honoré seulement dans la ville de St-Sever et à Villenave, dans les Landes. Nos vieux livres liturgiques mettent aussi St Girons au premier rang. Naguère, M. l'abbé Meyranx a fait paraître une excellente Étude sur *St Girons, patron de la Chalosse, son apostolat, son culte, sa crypte, sa collégiale* de Hagetmau. Nous croyons que le docte auteur a accepté trop facilement tous les détails des anciennes légendes sévériennes. En particulier, il essaie, mais en vain, selon nous, de faire de St Girons un évêque missionnaire. C'est aller contre toute la tradition ecclésiastique. Le Bréviaire de Lescar de 1541 et le Missel de Bayonne de 1543 nous donnent la fête de St Girons « martyr ».

Nous regrettons vivement de ne pouvoir insérer ici l'une des trois légendes sévériennes que l'on trouve dans l'Histoire du Monastère de St-Sever, publiée en 1876, par MM. Pédegert et Lugat. Nous donnerions la préférence à celle qui est faite en vers léonins hexamètres, exemple assez rare dans nos recueils d'hagiographie. Dans la *Petite Revue Catholique d'Aire* du mois de juin 1871, le R. P. Labat S. J. rappelle que jadis on célébrait la fête de St Sever « le jour où l'Église fait mention d'un autre martyr du même nom, le 8 décembre » et plus anciennement, le jour même de la Toussaint. D'après cet auteur, St Sever était Godagise ou un prince vandale exilé; il se base sur l'usage liturgique du monastère de St-Sever et les légendes du martyr, sur le témoignage des églises d'Auch, de Dax, de Tarbes, etc. Sans nous jeter dans une controverse dont nous ne connaissons pas suffisamment tous les éléments, plus ou moins discutables, nous nous contenterons de donner ici, pour la pleine satisfaction du lecteur, le résumé des légendes « dépouillées de toute fable » (?) empruntée au premier chapitre de l'Histoire du Monastère de St-Sever, par Dom Buisson :

COMPENDIOSA VITA SANCTI SEVERI, ABSQUE ULLO FABULARUM NÆVO

« Sanctus Severus princeps fuit regionis cujusdam in Scythia, quæ regio Ambligonia seu Amplicania vocabatur, cujus erat Regulus, et rex vocabatur. Ad fidem Christi conversum fuisse circa medium sæculi quarti ab incarnatione Domini conjicere possumus, cum regnaverit tempore Apostatæ Juliani [1]. Cujus

---

1. — Julianus Cæsar factus fuit anno 355, imperator anno 361, occisus anno 363. (Les notes latines sont de D. Buisson.)

crudelitatis et impietatis horrore permotus, necnon gentis suæ obstinatione, quam christianam facere pro votis suis non potuerat, regnum et regios honores abnegare decrevit, ut liberius et pacatius Regi regum Christo serviret in eremo. Sed dum secessum hujuscemodi meditaretur, ad prædicationem Evangelii et ad martyrii coronam a Deo vocari se divinitus novit; ideoque sex sibi socios adjungens, nempe Geruntium, Justinum, Clarum, Polycarpum, Joannem et Babilum, Romam perrexit. Unde a Romano Pontifice missione suscepta, strenui Christi nuntii Gallias petiere, angelo comite et viæ duce. Galliam igitur Narbonensem peragrantes, Tolosam adeunt, ubi sancti martyris Saturnini sepulchrum devote visitant, ejus sese intercessionibus supplices commendant ; et reliquiarum ejus acceptis quibusdam particulis, inde egredientes Novempopulaniam ingrediuntur, quæ nunc Vasconia nuncupatur. Sotrium [1] seu Sotium, Auscensis nunc diœcesis urbem, evangelii luce primum irradiant, ibidemque ecclesiam in honorem sancti Saturnini ædificant. Deinde sub duce angelo, ad castrum Cæsaris seu Palestrion, quod regis sedes erat, iter dirigunt, ut e capite provinciæ ad membra lux Evangelii facilius et citius perveniret. Cum igitur sanctus Severus, divina operante potentia, aquas fluminis Alpheani seu Aturris (de l'Adour) divisisset, et cum sociis per alveum sicco pede transisset, regemque Adrianum castro et provinciæ imperantem ab infirmitatibus variis, et a plurium possessione dæmonum liberasset, ipsum et populum ejus ab idolorum cultu ad fidem Christi et veri Dei cultum convertit ; et subinde initio sæculi quinti, Vandalorum manibus truncato capite, ad palmam martyrii et cœlestem gloriam evolavit. Morte tamen potentior, præcisum caput et decollatum propriis assumens manibus, ad locum usque sepulturæ portavit ; ubi postea ecclesiola in ejus honorem ædificata fuit, et plura facta sunt ejus meritis et intercessione miracula ; quorum quædam subinde referam, prout a primis nostris patribus scripta sunt et relata. Celebrabatur olim ejusdem sancti martyris festivitas prima die novembris, in qua martyrium subiisse refertur ; sed ob festum Omnium Sanctorum, dies festus ejus ad octavam usque diem ejusdem mensis translatus est [2] per bullam Clementis Papæ V, quam ejus triplici subsequenti vitæ subjungam et translationis ejus historiæ. »

6 Février. St Amand, *apôtre des Basques* [3]. — Lectio III. Amandus, natus in territorio Nannetensi, sacris litteris a pueritia eruditus, secessit in Ogiam insulam, nunc diœcesis Rupellensis ; unde Turones pergens, sancti Martini veneraturus sepulcrum, tonsis capillis, clero adscriptus est. Biturigum, deinde Romam profectus, et postea reversus in Galliam, non ad certam diœcesim gubernandam, sed ad prædicandam fidem gentibus nondum christianis, Treveris episcopus ordinatus est. Primum Brabantinis, deinde Seleucis evangelium annuntiavit. Ob increpatam vivendi licentiam, pulsus in exilium a rege Dagoberto, Vascones Christo acquisivit : mox a rege revocatus, consentiente episcopo Noviomensi, Gandavis prædicavit fidem. Unde, promovente Sigeberto, qui ab eo baptismum susceperat, ad Trajectensem sedem assumptus est, anno sexcentesimo quadragesimo nono. Ob cleri mores depravatos, quibus reprimendis imparem se æstimabat, de deserenda sede cogitans, scripsit ad sanctum Martinum papam, qui missis decretis, quæ Concilium Lateranense contra Monothelitas nuper ediderat, eum ad perseverantiam hortatus est ; sed Romam iterum profectus, et liber, a sede Trajectensi dimissus, varias prædicandi causa peragravit regiones. Denique senio confectus et clarus miraculis, animam Deo reddidit.

24 Avril. St Cærasius, *apôtre de la province d'Auch.* — Lectio II. Cærasius seu Ceratius in veteri indice episcoporum Elusanorum ante annos quingentos exarato primus ponitur episcopus Elusæ, quæ fuit olim totius Novempopulaniæ metropolis. Eum tamen hujusce urbis episcopis esse annumerandum non plane compertum est. In vetustissimo Martyrologio, quod nomine sancti Hyeronimi inscribitur, ad diem octavam idus Junii mentio fit sancti Cæratii, episcopi Gratianopolitani, quem a Cærasio nostro forte non distinguendum Sammarthani suspicantur. Constans apud Auscitanos, aliosque Novempopulaniæ populos, viget traditio beatum Cærasium fuisse unum e primis in ea provincia fidei christianæ præconibus ; eumdemque post innumeros homines ab idololatriæ tenebris ad veram religionem adductos in ea secessisse diœcesis Ausciensis nemora, quæ pago Simmoritano viciniora sunt, ut rerum divinarum contemplationi vacaret liberius. Ejus reliquiæ, in ecclesia abbatiali Simmorræ, religiose asservantur, capsa argentea inclusæ.

27 Avril. St Luper, *patron d'Eauze* [4]. — Lectio II. Luperculus seu Lupercus, in vitis martyrum Aquita-

---

[1]. — Sontium et Sontiates. Marca. Histor. Bearn., lib. 1, cap. 22, num. 1, etc. cap. 23, n. 3 et cap. 24, n. 7 dicit : Novempopulaniam Vascones seu Vaccios Hispanos ingressos fuisse per Pyrenæos saltus, anno Domini 586, et nomen Vasconiæ huic provinciæ datum anno 602. *Sotz*, urbs ab ista S. Severi urbe duodecim circiter leucis distans. Sotiates olim dicti Adurenses, forte ab hoc loco *Sotii* seu *Sos*.

[2]. — Translatio festi, bulla data anno 1307.

[3]. — V. l'étude sur *St Amand, apôtre des Basques*, par M. Menjoulet. *Rev. de Gascogne*, 1869, p. 285.

[4]. — V. *Rev. de Gascogne*, 1870. Légende de St Luper, patron d'Eauze, p. 581.

norum, a veteri atque eleganti auctore conscriptis, quas Josephus Scaliger vidit et laudat, dicitur Elusæ sub Decio Augusto martyrium passus. Eum patronum habuit ecclesia Elusana, olim totius provinciæ Metropolis, et inter primos ejusdem ecclesiæ episcopos numerandus censetur. Quidam tamen docti existimant ipsum non esse distinguendum a Luperco, martyre Cæsar-Augustano, quem cum aliis septem et octo Prudentius in libro de Coronis martyrum commemorat. Extabat seculo undecimo abbatia quæ nomine sancti Luperculi Helisanæ civitatis designabatur.

5 Mai. ST ORENS, *évêque d'Auch.* — *Lectio II. Ex vita ap. Labb. t. 2. Bibl. Gallia Christ. et Bolland.* Orientius in Hispania natus, nesciri et latere cupidus, ut, quam sibi virtutum splendore famam comparaverat, tutius declinaret, transiit in Novempopulaniam, ubi in valle pagi Beorritani, quæ dicitur Capraria, sese abdidit. Mortuo autem Ursiniano, episcopo Ausciensi, divino monitu ipsi suffectus est. Plurimos ab idolorum cultu ad Christi fidem adduxit. Multos etiam quos impius Arii error deceperat, Ecclesiæ restituit. Cum aliis episcopis catholico dogmati addictis, legationem ad Actium, Romanorum ducem, suscepit, ut inter eum et Theodoricum, Visigothorum regem, tunc Aquitaniæ imperantem, pax sanciretur. Ad cœlum migravit Ausclis, ubi ejus sanctitatis fama adeo claruit, ut inter civitatis patronos recolatur. — *Lectio III.* Super sancti præsulis tumulo ecclesia erecta fuit cum cœnobio quod monachis Cluniacensibus traditum est incolendum. Ibi ejus reliquiæ summa reverentia habentur. Pars earum, anno quinquagesimo quarto supra millesimum trecentesimum, urbi Tolosanæ concessa est, ubi religiose servantur in ecclesia sancti pontificis nomine insignita. De eo mentionem facit Usuardus. Ex veteri instrumento Ecclesiæ Ausciensis quod anno millesimo centesimo octavo confectum est, beatus Orientius obiit anno trecentesimo sexagesimo quarto, annis in episcopatu quadraginta et uno expletis. — *Oratio.* Deus, qui beatum Orientium, episcopum, Ecclesiæ tuæ præficere dignatus es, ut eam verbo pasceret et informaret exemplo, da, ut tanti pontificis memores, ejus intercessione, te præmium æternum assequi mereamur. Per Dominum.

7 Mai. ST JUSTIN, *évêque de Tarbes.* — *Lectio II.* Quis christianæ fidei lumen prior Bigerrænibus attulerit et Tarbiensis ecclesiæ fundamenta jecerit, ignoratur. De Justino, in veteri Martyrologio, quod sancti Hieronymi nomen præfert, hæc leguntur ad calendas Maii : Depositio sancti Justini episcopi magni, in Bigorra civitate. Hinc colligere est eum ante annum quarter centesimum vigesimum, atque ipso forte sæculo quarto vel tertio fuisse episcopum Bigorritanum ; quando quidem huic Martyrologio constat nullum inscribi sanctum qui non superet aut saltem æquet sancti Hieronymi ætatem. Nam qui diverso charactere in fine habentur, fuerunt additi. Justinus ibi nuncupatur episcopus magnus, quod forte idem est ac primus. — *Lectio III.* Mentionem sancti Justini Bigorritani facit sanctus Gregorius Turonensis in libro : De Gloria confessorum. Eum vero presbyterum dicit, non episcopum, sed Martyrologii laudati potior est auctoritas, et illi utpote longè antiquiori magis credendum. Scribit idem Gregorius Turonensis sancti Justini corpore dilatum esse vicum Sexiacensem, intra terminum Beorretanæ urbis. Observat Ruinartus, non procul ab ecclesia parochiali Sexiaci hactenus videri in edito monte vetus oratorium pene destructum cum duabus cellulis, sub nomine sancti Justini Deo sacrum ; ubi conjicit corpus ejus olim quievisse. Locus sex leucis a Tarba civitate distat. ¶ Eodem in libro, Gregorius Turonensis meminit sancti Misselini presbyteri, quem ait sancto Justino meritis et sanctitate propinquum fuisse, apud Talvam, vicum illius territorii, conditum esse, ac similibus florere virtutibus. — *Oratio.* Ut, Domine, supplices exoramus, ut sicut Unigeniti tui fidem beatus pontifex Justinus populo prædicavit, ita, ipso intercedente, fidei stabilitate firmemur. Per Dominum. *Oratio.* Deus, qui sanctum Misselinum presbyterum instituisti, ut meritis ac sanctitate tuam illustraret Ecclesiam, concede ut, ipso intercedente, ministerii quod adimplevit fructum abundantem percipiamus. Per Dominum.

7 Juillet. ST MARTIAL. — *Lectio II.* Martialis in Galliarum regiones A ROMANIS EPISCOPIS MISSUS[1], Aqui-

---

[1]. — La critique du xviie et du xviiie siècle rejetant l'apostolicité des Eglises des Gaules, crut échapper à la contradiction en faisant de St Martial un envoyé des « *évêques Romains* ». L'expression est au moins singulière. Nous avons exposé, à la page IX, le débat sur cette question, et nous avons ajouté (p. XIII) qu'elle « ne sera pas tranchée par des textes, mais par des monuments lapidaires ». Voici, à l'appui de notre sentiment les paroles d'un célèbre épigraphiste contemporain, M. Edm. Le Blant, membre de l'Institut : « Si, comme quelques-uns le pensent, dit-il, l'évangélisation avait, dès le premier siècle, éclairé toute la Gaule, les inscriptions des fidèles devraient s'y montrer dans toute son étendue. Il n'en est pas ainsi ; la région du Rhône, où vinrent prêcher les disciples de St Polycarpe, est celle qui possède le plus grand nombre de ces monuments, rares ou absents dans d'autres provinces. J'ajoute, et ce fait matériel concorde avec l'expression des Actes de St Saturnin, *sensim et gradatim*, que, sauf pour la célèbre épitaphe d'Autun, les premiers de nos marbres chrétiens, inscriptions et sarcophages, appartiennent aux localités les plus voisines de la mer, Marseille, Aubagne, la Gayole, Arles, et que l'antiquité de ces monuments décroît à mesure que l'on s'éloigne de la Méditerranée. » M. Le Blant remarque ailleurs que « le IVe siècle ne nous fournit que quatre monuments ; le Ve en compte cinquante-quatre ; le VIe cent trente-et-un ; il n'en est que vingt pour le VIIe. On peut donc penser que nos premières inscriptions chrétiennes dépourvues de marques chronologiques appartiennent [pour le plus grand nombre] au VIe siècle ». *L'Epigraphie chrétienne en Gaule et dans l'Afrique Romaine.* Paris. Leroux, 1890. Cité par la *Revue de Gascogne*, décembre 1890, pp. 587 et 588.

taniæ apostolatum cum Stremonio, qui apud Arvernos consedit, suscepisse traditur. Is, cum fidem usque ad Biturigum civitatem efficacissimo opere propagasset, jactisque per alia ejusdem provinciæ oppida religionis sanctæ fundamentis, tandem Lemovicas advenit : qua in urbe, ut primum prædicare cœpit, credidit ac professa est præ ceteris Christi nomen Valeria, Leocadii senatoris filia, quæ virginitatem Deo vovit, et mox prima omnium in Aquitania sanguinem martyrio profudit. — *Lectio III.* Statim vero sedata illius persecutionis procella, ita deinceps, in illa civitate, Martialis exemplo et virtutibus, salutis doctrina convaluit, ut fere populus omnis, abjectis simulacrorum ritibus, ad cultum Dei sese conferret, nec ipse alibi sedem episcopatus sui collocandam duceret. Non tamen Pictonum Santonumque regiones prorsus neglexit, in quibus Burdigalam usque palam ac libere annuntiasse regnum Dei in senectute traditur. Demum post annos octo supra viginti ministerio verbi impensos, feliciter migravit ad Dominum. Conditum est corpus ejus in crypta quam miraculis plurimis suo tempore inclaruisse refert Gregorius Turonensis.

Cette légende montre comment on transforma it les offices traditionnels dans la liturgie pseudo-gallicane.

19 Juillet. S⁺ VINCENT DE PAUL. — *Dupl. II Ordinis. De Comm. Presbyt. Lectio IV.* Vincentius a Paulo, Podii, non procul ab Aquis Tarbellis, in Aquitania natus, a puero, eximia in pauperes caritate enituit. A custodia paterni gregis ad litteras evocatus, humanas Aquis, divinas cum Tolosæ, tum Cæsaraugustæ didicit, sacerdotio initiatus et theologiæ laurea insignitus, cum Tolosam Massilia rediret, in Turcas incidit ; qui, navis magistro aliisque interemptis, ipsum sagitta vulneratum in Africam captivum abduxerunt. Ibi herum suum qui a christiana fide, ut Mahumetis sequeretur deliramenta, defecerat, rursus Christo lucrifecit. Reversus in Gallias, suadente sanctæ Romanæ Ecclesiæ Cardinali Berullo, Clippiaci primum, mox Castellionis parœcias sanctissime rexit. Monialibus Visitationis a sancto Francisco Salesio præpositus, quam verum et rectum esset judicium ejusdem sanctissimi præsulis qui sacerdotem Vincentio digniorem nullum se nosse fatebatur, comprobavit. — *Lectio V.* Congregationem presbyterorum sæcularium Missionis instituit, qui, contemptis mundi hujus illecebris, ad rusticos et agrestes fidei catholicæ, mysteria et divina præcepta edocendos se addicerent. Plures misit ex his non solum in Italiam, Poloniam, Scotiam, Hiberniam, sed etiam ad Barbaros et Indos, nostrisque terris dissociatas gentes, quas, depulsis idololatriæ tenebris, ad lucem veritatis adduxere. Ecclesiasticas domos recipiendis clericis qui ad sacros ordines promovendi essent, assignavit. Sacerdotes adunavit, qui statis diebus de divinis rebus inter se conferrent. Ut autem non solum saluti animarum, sed etiam corporis indigentiæ consuleret, Matronarum cœtus et Societatem Puellarum Caritatis nuncupatarum fundavit, quæ senibus, pueris, egenis, et omnis generis ægrotantibus curandis inserviendisque diu noctuque allaborarent. Infantes expositos, virgines periclitantes, mulieres lapsas, peregrinos infirmos, artifices invalidos, subsidiis et hospitiis etiam nunc superstitibus excepit ac pie fovit. Valetudinaria pro infirmis remigibus, Parisiis et Massiliæ, eo enixe procurante, regia liberalitate constructa et dotata fuere. Lotharingiam, Campaniam, Picardiam, peste, fame, belloque vastatas largiter refecit, et cum ipsa Parisiorum civitas ingenti annonæ penuria gravissime vexaretur, domi suæ ad duo millia pauperum sustentavit. — *Lectio VI.* Ipsum Ludovicus decimus tertius moriens, in ultimo illo agone adjutorem consolatoremque sibi esse voluit ; et Anna Austriaca, post regis obitum, in sanctis conscientiæ consilium adscivit. Quo in munere ejus præcipua cura fuit, ut nonnisi digniores ecclesiis ac monasteriis præficerentur. Hæc inter et alia gravissima negotia Deo jugiter intentus, cunctis affabilis, ac sibi semper constans, simplex, rectus, humilis, ab honoribus alienus, sanctæ Sedi apostolicæ firmiter addictus, et fidei avitæ apprime tenax, non minus senio quam corporis laboribus confectus, obiit Parisiis quinto calendas octobris anno millesimo sexcentesimo sexagesimo, ætatis suæ octogesimo quinto ; et apud domum sancti Lazari, quæ caput est Congregationis Missionum sepultus est. Quem Clemens Papa duodecimus anno millesimo septingentesimo trigesimo septimo sanctorum numero adscripsit, ipsius celebritati die decima nona mensis julii quotannis assignata. —

Ces leçons, calquées sur celles du Bréviaire Romain, en diffèrent quelque peu. On y a surtout remplacé la phrase relative à l'obéissance au Souverain Pontife par ces mots : « *Sanctæ Sedi apostolicæ firmiter addictus.* » L'oraison *Deus qui ad evangelizandum* est la même.

Dans le *Proprium Sanctorum diœcesis Aquensis*, que Mgr de Suarès d'Aulan publia en 1767, l'office, composé tout entier sur le type pseudo-gallican, donne néanmoins la légende Romaine pure, sauf la dernière phrase ainsi modifiée : « Quem virtutibus ac miraculis rite probatis conspicuum Clemens duodecimus sanctorum catalogo adscripsit. » On n'y parle pas du jour fixé par le Pape pour la célébration de la fête, parce qu'à Dax, Mgr d'Aulan lui avait assigné le dimanche le plus rapproché du 19 juillet. Le rit était double-majeur. — A Lescar, on célébrait cette fête le 19. La légende était Romaine avec cette modification à la dernière phrase : « Quem virtutibus, meritis, ac miraculis clarum Benedictus XIII beatum declaravit, et, post annos octo, Clemens XII inter sanctos retulit, etc. » Cet office a été ajouté aux *Supplementa ad breviarium Romanum*, imprimés à Pau par Jérôme Dupoux en 1705.

Si l'on trouve dans les offices de St Vincent de Paul à Dax et à Lescar une origine commune, il y avait néanmoins des différences que nous allons simplement indiquer.

A Lescar, office double ; les antiennes propres des Heures n'étaient pas les mêmes qu'à Dax ; elles avaient été choisies dans les textes de la Sainte-Ecriture avec peut-être plus de discernement. Dans les deux diocèses, on disait aux 1res vêpres l'hymne suivante :

HYMNUS

Templa solemnem resonent triumphum ;
Hæc dies longi pretium laboris :
Strenuum Christi pugilem supremas
  Vexit ad arces.
Inter obscuros latitans parentes,
Magna jam de se dabat auspicari,
Fervidum primis pietas alumnum
  Finxit ab annis.
Hunc Deus format populis docendis,
Pristini mores renovabit ævi ;
Clericis formam, decus et ministris,
  Reddet et aris.
Ut trahat Christo, subigatque corda,
Fronte non asper, facilis, benignus,
Simplici verbo docet, omnibusque
  Omnia factus.

Inde quot fusi pedibus nocentes
Et graves fletu veniam requirunt !
Detegunt ulcus putre, quod medullis
  Sederat altis.
Ut seges Christi renovata crescat,
Advocat fidos operis ministros,
Quos pater factis docet, ac salubri
  Voce magister.
Summa laus Patri, Genitoque Verbo
Et tibi compar utriusque nexus,
Qui sacerdotes Deus intus ungis,
  Spiritus alme. Amen.

On disait à Lescar à la 4e strophe :

Allicit Christo, subigitque corda.

Voici maintenant l'hymne de Matines que l'on disait à Dax, avec les variantes de Lescar :

HYMNUS

Sume, Vincenti, galeam salutis,
Te fides patrum labefacta poscit,
Pauperes lugent, pater, his salubrem
  Porrige dextram.
Serpit ex Orco redivivus error,
Mortis afflatum minitatur orbi,
Quam sagax cunctis colubri venenum
  Pandis et horres !
Te vocant patrem pueri relicti ;
Te suum clamant miseri levamen,
Tu salus ægri, penus indigentis,
  Tutor egeni.
Dum ferus regnum populatur ensis,
Tristis et vexat populos egestas,
Induis nudos, inopesque pascis,
  Fersque salutem.
Pauperi per te nova gaza crescit,
Cum pias spondes Domino puellas :
Sublevant, pascunt, recreantque membra
  Languida Christi.

Nempe quod flagrans miseros juvandi
Extitit cordi studium beato,
Hanc tuis partem, pater, hosque sensus
  Credis alumnis.
Cuncta qui pascit sit honor Parenti,
Filio qui nos reficit cruore,
Et tibi qui nos recreas superna,
  Spiritus, aura. Amen.

Cette hymne à Lescar offre ces variantes :

1re str. Christe, quam grandi cumulas honore
  Qui tui causa fugiunt honores !
  Tollis ad cœlos humilem profunda
    Nocte sepultum.
2e str. Qui diu cautus fugiens videri,
  Quique nesciri cupidus latebat,
  Instar accensæ facis emicabit,
    Clarus ab alto.
6e str. Æstuat passim miseros juvandi
  Pectoris sacri studium perenne.

A Laudes, on disait à Dax l'hymne suivante :

HYMNUS

Clare Vincenti, prece raptus alta,
Quam sitis, puro bibis ore lucem.
Nil tibi tellus, tua vita soli
Vivere Christo.
Sub jugo sensus subigis severo,
Sola mens regnat, sociumque pœnis
Edomat corpus, domitoque vires
Sumit ab hoste.
Ne quid amittas meriti, dolosa
Laude deceptus, benefacta celas,
Tuta se condit, placido sub ore,
Aspera virtus.
Lex tibi constans, sacra lex amoris,
Omnibus lenis, tibi durus uni,
Arte sic piscans animas, onusta
Retia tollis.

Principes inter, scopulos et aulæ,
Integros servas sine labe mores :
Dum tenax recti, manet una semper
Regula vitæ.
Si tuos curas, pater alme, natos,
Ire da tuto pede quo præisti,
Sic erit semper benefida proles
Juncta parenti.
Luminis splendor, Patris una Proles,
Christe, te pronus veneretur orbis,
Qui sacerdotes per amoris almi
Flamen inungis. Amen.

A *Lescar*, une seule variante à la dernière strophe :

Luminis splendor sobolesque Patris.

A la Messe, même Introït : *Oculus Dei reperit illum* ; même épître de St Paul aux Thess. *Memores estis, fratres, laboris.* Evangile : *Designavit.* Même secrète : « Hæc munera populi tui, Domine, beati Vincentii sacerdotis deprecatione sint grata, ut Ecclesia tua ejus intercessionibus adjuvetur, cujus cœlestibus instruitur disciplinis et salutaribus irradiatur exemplis. » Même Postcommunion : « Pane cœlesti et divino libamine refecti, quæsumus Domine, Deus noster, ut sancti Vincentii sacerdotis vestigia sectantes, et præsentis vitæ subsidium et æternæ beatitudinis præmium assequi mereamur. Per eumdem.

2 Août. St Sever, *de Rustan, diocèse de Tarbes. Lectio II.* Severus seu Severius in Tarbensi diœcesi nomen dedit abbatiæ dictæ sancti Severi de Russitano in valle Russitana fertilissima Bigorræ, ad Russæ fluvii ripam, octo circiter distante leucis a civitate Tarba. Mentio illius fit in Martyrologio universali ad diem primam Augusti, ubi dicitur presbyter, et parochialis ecclesiæ Saxiacensis rector. Eum nobili stirpe natum, magna virtute et religione præditum, duarum ecclesiarum conditorem, et caritate affectuque in pauperes illustrem commemorat sanctus Gregorius Turonensis in libro de Gloria confessorum. Severus iste presbyter et cœnobii Bigorritani patronus, alius est a sancto Severo, abbate Agathensi, et ab eo qui in Vasconiæ Capite colitur martyr. Sepultus est in una de duabus ecclesiis quas in prædio suo Saxiacensi construxerat, ubi ædificatum est cœnobium quod Saraceni destruxere. Illud Lentulus, Bigorræ comes, seculo undecimo, resarcivit et sancto Victori Massiliensi subjecit. Lilii revivescentis miraculum, de quo Gregorius Turonensis loquitur, inscriptum legitur veteri conchæ in qua ejus corpus depositum est. Sacræ ipsius reliquiæ a Calvinianis combustæ sunt anno millesimo quingentesimo septuagesimo tertio. — *Oratio.* Concede, quæsumus, misericors Deus, ut precibus sancti Severi, presbyteri, in ministris tuis suscitetur Spiritus gratiæ quem receperunt; quo adjuti, gregi sibi commisso invigilare, et verbo exemploque prodesse non desistant.

27 Août. St Lizier, *évêque de Conserans.* — Semi-double. Deux leçons. Oraison : Sancti Pontificis Licerii solemnia celebrantes, te supplices, Domino exoramus, ut ipsum apud tuam clementiam intercessorem habere mereamur, quem tot meritis cumulare dignatus es.

1er Septembre. St Vincent de Xaintes, *évêque de Dax et martyr.* — *Lectio II.* Vincentius primus Aquensium antistes memoratur in veteri martyrologio sancti Severi Vasconiæ, ubi dicitur in Aquensi civitate cum laude martyri debita calendis Septembris celebratus. Illi urbi quæ a Romanis dicta est Aquæ Augustæ, totiusque regionis incolis primus Christi fidem nuntiavit quam glorioso confirmavit agone. Quo autem sæculo passus sit, et sedem episcopalem constituerit, definiri non potest. Silentium fastorum Aquensium in re tanti momenti, non licere censetur maximæ antiquitatis argumentum, quod vetusta confirmat consuetudo juxta quam inter episcopatus provinciæ Auscitanæ, primum post metropolitani locum Aquensis obtinet. Sepultus est ubi deinceps ædificatum fuit monasterium nomine sancti Vincentii de Aquis insignitum. Sub ejus patrocinio per Aquitaniam plures Deo consecratæ sunt basilicæ. — *Oratio.* Præsta, Domine, intercedente sancto Vincentio, episcopo et martyre, ut quam fidem verbo annuntiavit, corde sincero et integris moribus profiteri non desinamus. Per Dominum.

Dans le *Proprium Sanctorum diœcesis Aquensis* nous trouvons l'office complet de St Vincent, patron du diocèse de Dax. Il ressemble beaucoup à celui de St Girons dont nous avons déjà parlé. Plusieurs antiennes, l'Invitatoire, l'Introït de la Messe, le Graduel sont identiques. La collégiale emprunte quelque peu au Propre de St Vincent de Dax. Nous nous contenterons de donner ici les hymnes, la légende et les oraisons.

In I Vesperis. — HYMNUS

Illa, Vincenti, populis Aquarum
Quæ dies lucet, tibi consecratur ;
Annuos, martyr, celebresque cantus
    Excipe nostros.
Vana quæ pridem, simulacra Divum
Devio gentes animo colebant ;
Luce tu lustras, edocens ut unum
    Numen adorent.
Ipse Tarbellas properans per oras,
Non inaccessi vetuere montes,
Omnibus quin tu pretiosa mandes
    Semina terris.
Hanc petens urbem tenebris sepultam,
Tollis hinc aras, nova templa ponis ;
Stat fides victrix, specubus profundis
    Abditur error.
Post tot emensos ubivis labores
Ampla quæ merces tibi nunc paratur !

O decus ! servus sequeris, probrosa
    Sorte, Magistrum.
Totus infrendet tenebrosus anguis,
Pallidæ horrescunt simul et phalanges,
Mentibus lœvis furiale spargunt
    Virus Averni.
Heu malum ! divis prope christiani
Supplicant, vanos iterant honores ;
Intonant linguis, tibi dira, sæva
    Voce minantur.
Magna dant magnos animos pericla,
Increpas audax, scelus execraris,
Te beatum ! si caderes sub aris
    Victima gentis.
Laus tibi, magni Dominator orbis,
Martyrum robur simul atque merces,
Quem fides veri studiosa Trinum
    Credit et Unum. Amen.

Oratio. Omnipotens, sempiterne Deus, qui beatum Vincentium, martyrem tuum atque pontificem, dono fortitudinis in passione roborasti, concede propitius, ut ejus intercessione, ab omni præsentis vitæ liberati angustia, consequi mereamur gaudia sempiterna.

Ad Matutinum. — HYMNUS

Macte, concepti potiere votis
Pastor ! æternas datur ire sedes,
Non regi curat, remoras et odit
    Dirus Aquensis.
Nuncius Christi rapitur sacerdos,
Nexibus firmis trahitur plicatus,
Cursitant mixtim pueri virique
    Mysta, satelles.
Ecqua tortoris jacet hic supellex ?
Pectines, unci, scuticæ, flagella !
Exprimet quantis hominem dolorum
    Victima pœnis !
Fusus excisos cruor it per artus,
Scissa per partes volat ecce pellis ;

Nil, lacer totus, nisi vulnus unum
    Ungula mordet.
Quod genus lethi ! rogus apparatus ?
Contremunt omnes, sibi constat unus ;
Prodigus vitæ cupit ire in ipsum
    Obvius ignem.
Occidis tandem, generose martyr !
Cœlites inter medios triumphas ;
Non tamen solus, comes it supernas
    Lætus ad arces.
Laus tibi, magni Dominator orbis,
Laurea firmos pugiles coronans,
Quem fides veri studiosa Trinum
    Credit et Unum. Amen.

Lectio V. Vincentius, episcopus et martyr apud Aquas Augustas, seu Tarbellas, in Novempopulania. Is primus civitatem illam regionemque universam, adjuvante Læto socio, evangelii prædicatione et proprio sanguine illustravit : unde tanquam author pontificalis cathedræ et patronus diœcesis Aquensis a fidelibus loci colitur. Præcessit alios Christi præcones in remotis illis Galliæ locis, et ita meruit ut sedes Aquensis in Auxitana provincia primum locum obtineat, quasi prima ad Christi fidem venerit. Basilicæ plurimæ, quarum in tota Aquitania, et aliis regionibus, beatus Vincentius tutelaris est, testantur, non indigenas solum, sed alios plurimos populos ab eo christianam doctrinam audivisse. Ejus tamen præcipua cura fuit, ut ex antiqua traditione creditur, civitatem Aquensem, omnemque tractum, sublato idolorum cultu, evangelicis instruere preceptis, et pastorali sollicitudine impensius excolere.

Lectio V. Evangelii autem prædicationem martyrii gloria sic cumulasse traditur. In crypta distante non procul ab urbe, ubi extat in hunc diem ecclesia ejus nomini dicata, comprehensus unà cum Læto socio, primum blanditiis, postea minis tentatur et cum a fide Christi dimoveri non posset, virgis cæsi sunt ambo, post excarnificatis et laceratis corporibus, cum essent constantes in fide, in ignem conjecti sunt, et inter flammas divinasque laudes animas emiserunt. Horum cineres quidam servi Christi ibidem in sepulchro collocaverunt, ad quod venerandum ab eo tempore frequens populus confluere perseverat, Deo servorum suorum gloriam multis miraculis confirmante.

Lectio VI. Beati Vincentii eorumque omnium quæ ad ipsius martyrii historiam pertinent, memoria pene apud Aquenses ob gentilium furores variasque temporum injurias obsoleverunt, cum Maxima, virgo Aquensis, sexto ineunte sæculo, per revelationem, ut dicitur, a beato ipsomet Vincentio edocta est genus ac locum ejus martyrii et ipsum agonis diem, qui videlicet in kalendas septembris incidit, eo usque incognitum. Quod cum virgo Illidio, episcopo Aquensi vix persuaderat, precibus a Deo obtinuit ut idipsum piissimo antistiti revelaretur. Unde factum est ut Illidius festum sancti Vincentii kalendis septembris in posterum celebrandum decreverit. Ab eo igitur tempore, dies ille beato martyri sacer multis miraculis, maximaque populorum, undique ad ejus sepulchrum confluentium, turba cœpit clarescere.

Ad Laudes. — HYMNUS

Gloriæ quali radio refulges,
Dum tibi, martyr, geminantur hymni,
Sic probrum mortis Deus ipse pensat,
Ultor honoris.

Urbe cum tota potiore cultu
Bis sacras ædes penetrat sacerdos,
Consulas nostræ bonus ut saluti
Pronus et orat.

Illa quam vexat sabulis Aturrus
Gens, et hæc gaudens renitere tædis
Ad tuum passim tumulum recurrunt
Fausta precari.

Justa poscentes animos benignus
Adjuves, pravos abigasque sensus,
Sentiant per te patuisse castis
Æthera votis.

In sinu mortis generata Christo,
Plebs nimis felix recolas parentem,
Te mori semper jubet ante mortem,
Vivere si vis.

Si procellarum sileant furores,
Impius nec nos adolat tyrannus
Urget ut jam nunc temerata Christi
Jura piemus.

Laus tibi, *ut in Matutinis.*

Ad Missam. *Oratio.* Omnipotens, sempiterne Deus, qui hodiernam diem nobis in beati Vincentii, martyris tui atque pontificis, passione consecrasti : concede propitius, ut ejus intercessione ab omni præsentis vitæ liberati angustia, consequi mereamur gaudia sempiterna. *Secreta.* Offerendorum tibi munerum, Deus, auctor et dator, adauge in nobis eam, quæ tibi acceptabile sacrificium est, bonorum invisibilium fidem, ut quæ beatum Vincentium evexit ad gloriam passionis, eadem nos perducat ad plenitudinem sanctitatis. Per Dominum. *Postcommunio.* Respice, Domine, familiam tuam, quam beatus Vincentius genuit verbo veritatis, et Christi carnis aluit sacramento ; et quos gratia tua fecit illius ministerio fideles, faciat ejusdem precibus in caritate ferventes. Per Dominum.

5 Septembre. St Taurin, *1er évêque d'Auch.* — *Lectio II.* Juxta veterem Ecclesiæ Ausciensis traditionem, quam plures confirmant rerum Aquitanicarum scriptores, sanctus Taurinus martyr primus fuit Auscorum episcopus. Nullum hactenus conjecturæ suæ argumentum probabile ab iis videtur allatum qui eumdem recensent numero quintum aut sextum inter episcopos Elusæ urbis, quæ olim fuit totius Novempopulaniæ metropolis, cuique a Gothis, Saracenis, vel Normannis dirutæ, civitas Auscorum jamdudum celeberrima et a Ptolomæo Augusta nuncupata, in ea dignitate successit. Certum autem est suos Auscis fuisse peculiares episcopatus, dum Elusa metropolitanæ urbis juribus potiebatur, siquidem episcopi utriusque illius sedis deprehenduntur nonnullis Conciliis subscripsisse, compertum quoque est Ecclesiam Aquitanicam nonnullis suis episcopis, inter quos sanctus Phæbadius Aginnensis eminet, quarto sæculo claruisse. Præsulibus magni Concilii Arelatensis quod anno trecentesimo decimo quarto contra Donatistas habitum est, accensetur episcopus Elusanus et ejus nomen inter subscriptiones reperitur. Non dubium est quin tum fundata esset Ecclesia Ausciensis ; adeoque sanctus Taurinus censendus videtur circa finem tertii sæculi, vel ineunte quarto, ejusdem fundamenta posuisse. Martyrium passus est, non sententia judicis, sed ab incolis cujusdam pagi quos ea mente adiverat ut eos ab idololatria ad Christi fidem converteret. Cultus religiosus studiose in tota regione ipsiusque impensus fuit. Servantur adhuc et recoluntur ejus reliquiæ in ecclesia metropolitana Anscienci subter altare quob sub ejus invocatione Deo consecratum est ; ubi non pauci sancti præsulis invocatione sanitatem levamenque a Domino perceperunt. — *Oratio*. Deus, qui beati Taurini, pontificis et martyris, ministerio, doctrinæ christianæ thesauros spargere dignatus es, concede propitius, ut ipso intercedente, ejus vestigiis inhærentes auctorem fidei et consummatorem Jesum assequi valeamus. Per eumdem.

26 Septembre. St Fauste, *évêque de Tarbes.* — *Lectio II*. Faustus, Tarbensis episcopus, vitæ sanctitate, doctrina, eloquentia, assiduaque verbi Dei prædicatione, dignus plane fuit cui sanctus Licerius, qui deinde fuit Conseranensis episcopus, sese traderet instituendum. Paulo post, Faustus Vico-Julium in exilium mittitur pro Christi causa. Redeuntem ab exilio illum secutus est sanctus Licerius, ipsique usque ad felicem ejus obitum adhæsit. Floruit sanctus præsul versus finem quinti sœculi. Id colligitur ex eo quod sanctus Licerius, ejus discipulus, merito censeatur idem ac Glicerius ille Conseranensis qui Synodo Agathensi, anno quingentesimo sexto habitæ, subscripsisse deprehenditur. Sancti Fausti Tarbensis mentionem habent Calendaria vetera sancti Orientii Levitanei ad septimum calendas septembris, et pervetustum sancti Severi in Vasconia Martyrologium ad sextum calendas ejusdem mensis.

6 Octobre. Ste Foy *d'Agen*. — Hoc ipso die celebratur martyrium sanctæ Fidis virginis quæ Aginni ad Garumnam natam, sub Daciano, præfecto multis horrendisque probata cruciatibus, amputato capite, martyrium complevit. Corpus ejus Conchas, Ruthenorum vicum, in monasterium ejus nomine celebre, postea delatum est : ubi plurima circa annum millesimum edita sunt miracula, que scripta per Bernardum Andegavensem Scholasticum, et Fulberto episcopo Carnutensi transmissa, sanctæ martyris cultum et memoriam propagarunt.

Le *Proprium Sanctorum diœcesis Aquensis* (Dax) de 1757 donne les trois leçons suivantes : — *Lectio IV*. Fides virgo, Aginni ad Garumnam, nobili genere nata, in persecutione imperatorum Diocletiani et Maximiani accusata quod Christum coleret, se satellitibus obtulit, et signo crucis in ore, fronte et pectore seipsam muniens coram Datiano præside christianam religionem professa est. Præses, tentatam primum blanditiis, deinde muneribus, callida animi commiseratione ad Dianæ cultum trahere conatur. Fides vero, præsidis sæviter miserantis, crudeliterque compatientis, blanditias fucataque promissa respuit et constans in religione christiana permansit. — *Lectio V*. Spretum se Datianus ægre sustinens, quod verbis et promissis obtinere non potest, cruciatibus assequi non diffidit. Cruces itaque, gladios, ignes et alia crudelitatis immanissimæ portenta minitatur; cumque nihil proficeret, in lectum æneum Fidem inferri atque igne torqueri jussit. Igitur craticulam virgo conscendit ibique catenis constricta est, subjectis ardentibus prunis et adipe perfuso, ut flamma adustis membris tenacius inhærente mire torqueretur. Sed repente delapsa e cœlo columba, leni alarum strepitu aerem verberans, copiosum imbrem excitavit, quo ignis plane extinctus fuit. Cum ergo è flammis divina virtute incolumis exiisset, amputato capite, martyrium consummavit. — *Lectio VI*. Post redditam christianis pacem, beatus Dulcidius, Aginnensis episcopus, circa medium seculi sexti ecclesiam sub nomine sanctæ Fidis extruxit, in quam ejusdem martyris reliquias, in humili antea loco delitescentes, transferri curavit. Postea Conchas, Ruthenorum vicum, in monasterium, ejus nomine celebre, delatæ sunt, ubi plurima, circa annum millesimum, edita sunt miracula, quæ scripta per Bernardum Andegavensem Scholasticum[1] Fulberto, episcopo Carnutensi transmissa, sanctæ martyris cultum et memoriam in his partibus propagarunt. — *Oratio*. Deus, fortitudo certantium et palma martyrum, qui, beatam virginem Fidem, contra tormentorum immanitatem mira virtute roborasti, quæsumus, ut sicut nos ejus triumpho lætificas, ita semper supplicatione defendas. Per Dominum.

10 Octobre. St Savin, *de Tarbes*. — *Lectio III*. Savinus, Barcinone oriundus, propinquum, nomine Eutilium, habuit, comitatus Pictaviensis administratione clarum ; ad quem, quum se contulisset, amans solitudinis adiit monasterium, sancto Martino episcopo Turonensi olim ædificatum, in territorio Pictaviensi et nomine Logogiaci cognitum. Tribus annis ibi exactis, secessit deinde ad Pyræneos montes, ubi intra cellulam se abdidit, antri instar, longam septem pedes, altam quinque. Tredecim eo loci mansit annis, totus in Christi amorem effusus, una contentus tunica et nudis incedens pedibus. Obiit septimo idus octobris, anno incerto, sepultusque est in loco Levitaniæ, qui alias Æmilianum Palatium vocabatur, ad montium radices. Monasterium, ab ejus nomine nuncupatum, deinceps ibidem constructum fuit : quod a Saracenis destructum,

---

1. — Ces miracles ont été publiés naguère dans les *Analecta Bolland*. V. notre *Introduction*, Ch. VII.

restauratum est et dotatum a Carolo Magno. Quinque leucis à Tarba, in loco ubi nunc hujus monasterii nonnisi ruinas videre est, extat pagus eodem nomine sancti Savini insignitus.

Cette dernière phrase ne se trouve pas dans l'édition du Bréviaire Auscitain de 1753. Elle a été ajoutée dans les éditions faites en ce siècle et rappelle en peu de mots les désastres de la Révolution.

20 Octobre. St Caprais. — *Lectio III.* Ex Martyrologio sancti Adonis episcopi. Caprasins, cum rabiem persecutionis declinans, lateret in spelunca, audiens beatam Fidem virginem pro Christo fortiter agonizare, animatus ad tolerantiam passionum, oravit ad Dominum, ut si pro certo eum dignum gloria matyrii judicaret, ex lapide speluncæ illius aqua limpidissima emanaret. Quod cum Dominus continuo præstitisset, ille securus ad arcam certaminis properavit et palmam martyrii fortiter dimicando promeruit. — (Le Propre de Dax contient deux leçons un peu plus longues.)

Nous aurions bien voulu insérer ici les légendes de tous les saints évêques d'Auch, de Toulouse, de Conserans et d'Agen, de St Bertrand de Comminges, de St Eutrope de Saintes, du B. Guillaume, duc d'Aquitaine, de St Prosper, de St Roch, de St Gaudens, de St Antoine de Pamiers, de St Privat, de Ste Dode, de St Majan de Lombez et de St Phébade d'Agen. Mais nous nous sommes déjà trop attardé et les bornes de cette introduction ne nous permettent pas de nous étendre davantage sur ces récits.

La Fête de tous les Saints, d'après le *Missel de Bayonne* de 1543.

XVI

De notre Liturgie jusqu'au XIXᵉ Siècle. — Ancien cérémonial de Lescar dans les solennités pontificales. — Office du Sacré-Cœur de Jésus dans nos Diocèses. — Mgr Lequien de la Neufville, évêque de Dax, abandonne le Rit Romain. Extrait de son Mandement. — Le Rit *Romain-Français* a Tours et a Cambrai. — Diocèses voisins. — La Révolution. — Période de confusion. — Des Reliques de St Léon et de St Grat. — Réapparition de la Liturgie Auscitaine (Auch, Tarbes et Bayonne). — Liturgie Aturine. — Institutions liturgiques de D. Guéranger. — Concile provincial d'Auch de 1851. — Rétablissement de la Liturgie Romaine a Bayonne (1858). — Nouveau Propre provincial.

A liturgie Auscitaine était donc établie dans le diocèse de Bayonne. Ceux de Lescar et d'Oloron résistèrent, avons-nous dit, aux innovations et conservèrent les usages Romains. A ce titre, nous ne trouvons de curieux à signaler dans nos documents que le cérémonial observé à Lescar les jours où l'évêque assiste au chœur ; il mérite d'être connu. En voici la teneur :

Cérémonial qui s'observe dans le service divin, dans l'Église Cathédrale de Lescar, à l'égard des seigneurs évêques.

« Ce cérémonial peut regarder les honneurs que le chapitre de Lescar rend aux évêques à leur première entrée, quand on va les prendre dans leur palais pour les introduire avec pompe et solennité dans l'église cathédrale, ou les rits et cérémonies qui se pratiquent, lorsque M. l'évêque officie pontificalement, ou qu'il assiste aux offices ordinaires du chœur. Pour ce qui est des honneurs qui lui sont dûs à sa première entrée, on se dispense d'en parler, parce qu'il n'y a point de contestation à ce sujet ; ils furent ponctuellement exécutés en 1763, lorsque le chapitre reçut M. de Noé[1].

» Il ne peut donc être question que des rits et des cérémonies qui regardent le service divin.....

» Les jours où les seigneurs évêques de Lescar ont droit d'officier pontificalement dans l'église cathédrale sont marqués par l'usage dans le courant de l'année. Ce sont les fêtes solennelles de l'Assomption de la Vierge, de la Toussaints, de la Noël, du Jeudi-Saint, de Pâques, de la Pentecôte et de la Fête-Dieu, sans exclure les bénédictions solennelles de la Chandeleur, des Cendres et des Rameaux, qu'il leur est libre de

---

1. — Mgr Marc-Antoine de Noé soutenait alors un procès contre le chapitre qui prétendait être exempt de la juridiction épiscopale. Le Parlement de Pau condamna les chanoines, le 20 mars 1770.

faire, s'ils le jugent à propos. Ils ont aussi droit d'officier pontificalement aux *Te Deum*, prières publiques et processions extraordinaires, comme du Jubilé et autres, qui se faisoient pour des calamités publiques, besoins de l'État, et par ordre du Roi : prières publiques qu'ils peuvent eux seuls ordonner après avoir conféré et s'être concerté avec le chapitre. A quoi on peut ajouter qu'ils ont droit d'avoir un trône dans le sanctuaire à côté du maître-autel, d'occuper la première stalle au chœur, d'avoir la préséance, la place d'honneur sur le chapitre, sur l'hebdomadier, dans toutes les autres processions ordinaires, offices et services publics où ils n'officient point, de même que dans toutes les assemblées.

» Toutes les fois que M. l'évêque de Lescar veut officier pontificalement aux jours indiqués, il doit en instruire la veille le chapitre, afin qu'il puisse pourvoir à tout et nommer des commissaires pour le servir à l'autel, et dans ce cas, deux chanoines, députés du chapitre pour faire diacre et sous-diacre, vont le prendre dans la première salle de son appartement, immédiatement avant la grand'messe, à neuf heures, accompagnés du massier du chapitre, et le conduisent à l'église avec ses autres officiers inférieurs, secrétaire, porte-mitre, porte-crosse. En entrant dans l'église, le diacre lui présente de l'eau bénite ; ensuite prenant le chemin le plus court, il traverse le chœur, suivant l'usage, pendant qu'on chante les petites heures. Averti de ce passage, tout le monde se lève pour saluer M. l'évêque ; et c'est alors que l'archidiacre quitte sa place pour lui faire prêtre-assistant, et se joint aux deux autres chanoines, diacre et sous-diacre, et conduisent M. l'évêque jusques sur son trône. Ses officiers précèdent M. l'évêque, lorsqu'il traverse le chœur, mais celui qui la porte doit la tenir inclinée pendant la traversée. (On a dit, suivant l'usage, parce qu'on sçait qu'autrefois les évêques de Lescar, quand ils officioient, tenoient une autre marche, n'entroient point dans le chœur, mais passoient par un des collatéraux du chœur, pour aller à l'autel du St-Sacrement, où ils faisoient une courte prière, après laquelle ils étoient conduits à leur trône qui est placé dans le sanctuaire.)

» M. l'évêque étant donc arrivé à son trône, MM. les chanoines, prêtre-assistant, diacre et sous-diacre, vont à la sacristie, pour prendre leurs ornemens, pendant que M. l'évêque fait sa préparation et s'habille. Ce qui étant fait, l'archidiacre, diacre et sous-diacre, chacun avec l'ornement de leur ordre, vont joindre M. l'évêque, après avoir fait inclination au maître-autel et salué le chœur ; ils se placent auprès de lui à son trône, chacun selon rang, le prêtre-assistant prenant la droite, et les diacre et sous-diacre se plaçant à gauche. Tout de suite la grand'messe se commence, après avoir fait une génuflexion au St-Sacrement et salué le chœur ; on dit l'Introït au bas de l'autel, à la fin duquel, mais avant *Indulgentiam* du *Confiteor*, le diacre met le manipule au bras gauche de M. l'évêque, et le reste s'exécute, comme il est porté dans la Rubrique du Messel, soit pour les encensemens de l'autel, soit pour les parties de la messe qui doivent être dites par M. l'évêque, ou au trône, ou à l'autel, soit pour celles où M. l'évêque doit se tenir debout ou assis, porter la mitre et la crosse, et où on doit toucher l'orgue. Le *Gloria in excelsis* et les oraisons étant dites, les diacre, sous-diacre, viennent demander la bénédiction à M. l'évêque à son trône et baiser sa main : bénédiction qu'ils reçoivent debout, étant un peu inclinés. Le sous-diacre, après avoir chanté l'épître, et le diacre, avant de chanter l'évangile, ce dernier ayant eu soin toutes fois de faire bénir l'encens par M. l'évêque, avec la cérémonie ordinaire, baisant la cuilère pour prendre l'encens et l'anneau de M. l'évêque, comme il l'avoit fait à l'encensement de l'autel. Tous deux portent alors leur calotte, qu'ils conservent jusqu'à l'offertoire.

» L'évangile fini, on porte le livre des évangiles à baiser à M. l'évêque, qui est ensuite encensé par le diacre, avec les inclinations et révérences ordinaires, de la même manière qu'il s'étoit pratiqué après l'Introït. Tout de suite, M. l'évêque entonne le *Credo* que le porte-antienne du chapitre vient lui annoncer, comme il l'avoit fait au *Gloria*. A l'offertoire, M. l'évêque quitte son trône et va avec ses mêmes officiers à l'autel, pour continuer la messe et faire les encensemens sur l'hostie et le calice et les autres cérémonies prescrites, le diacre observant la même forme et le même rit que pour les encensemens du commencement de la messe. Ce qui étant achevé, M. l'évêque reçoit trois coups d'encensoir par le diacre, toujours avec les inclinations ordinaires, avant et après ; après quoi, il s'en retourne à son trône, où tous les chanoines se rendent pour recevoir sa bénédiction et lui baiser l'anneau ; cette cérémonie qui se pratique au chapitre de Lescar par un usage ancien, est accompagnée des statuts et des révérences accoutumées que chaque chanoine fait, tant à l'autel qu'à M. l'évêque et au chapitre ; M. l'évêque se tient assis sur son trône, couvert de la mitre ; et les chanoines, chacun selon son rang, reçoivent sa bénédiction, debout, un peu inclinés. L'archidiacre, le diacre et le sous-diacre commencent les premiers, et les autres viennent ensuite. Cette dernière cérémonie de recevoir la bénédiction et de baiser l'anneau de M. l'évêque, après l'offertoire, ne s'observe point le Jeudi-Saint, ni aux messes de morts solennelles, où M. l'évêque officieroit. On retourne ensuite à l'autel pour y continuer la messe, et faire la consécration, et le reste ; arrivé à la communion, mais avant *Domine non sum dignus*, M. l'évêque se tourne du côté droit de l'autel, où il donne la paix à l'archidiacre, lequel va ensuite la donner aux diacre et sous-diacre, et aux deux plus anciens du chœur. A la fin de la messe, M. l'évêque donne la bénédiction pontificale en chantant, portant la crosse et la mitre. Tout le monde se met alors à genoux, excepté les chanoines, qui ont droit de la recevoir debout.

» La messe finie, M. l'évêque, accompagné de tous ses assistans, va s'asseoir sur son thrône, où il quitte ses ornemens. Messieurs les chanoines vont également se deshabiller à la sacristie, et retournent avec leurs habits de chœur, au thrône de M. l'évêque, qui donne alors la bénédiction au prédicateur ; et pendant qu'il donne cette bénédiction, tous les chanoines se tiennent debout, mais le prédicateur doit la recevoir à genoux, à moins que ce ne fût un chanoine ; le sermon fini, M. l'évêque donne la bénédiction au peuple.

» Ensuite, les deux chanoines qui ont été prendre M. l'évêque chez lui, avant la messe, vont l'accompagner jusqu'à la première porte du palais épiscopal ; et tout le chapitre lui rend le même honneur et la même politesse.

» A vêpres, la même chose s'observe qu'à la messe. Les deux chanoines qui avoient fait diacre et sous-diacre, précédés du massier, vont encore le prendre dans la première salle de son appartement, à deux heures, pendant qu'on sonne le dernier [coup] de vêpres, et le conduisent à son thrône, en observant dans l'église le même ordre, la même marche, et le même cérémonial que le matin à la messe. L'archidiacre se joint à ces deux chanoines ; lorsque M. l'évêque traverse le chœur, ses officiers, comme secrétaire, porte-mitre, porte-crosse, précèdent toujours la marche, le porte-crosse ayant soin de l'incliner suivant l'usage, pendant toute la traversée du chœur. Arrivés au thrône, qui est placé, comme on l'a dit, dans le sanctuaire et chacun ayant pris sa place, comme le matin à la grand'messe, l'archidiacre à la droite de M. l'évêque et les diacre et sous-diacre à la gauche, le premier revêtu de la chappe et les deux autres seulement en habit de chœur, M. l'évêque prend l'étole, la chappe, la crosse et la mitre, et commence vêpres, entonne la première antienne, qu'on vient lui annoncer en lui faisant une profonde inclination, avant et après, et le reste de vêpres, jusqu'au *Magnificat*, s'exécute, pour le chant et pour l'orgue, comme à l'ordinaire, avec toute la solennité possible ; les pseaumes dits, M. l'évêque chante le capitule, et après l'hymne et le verset, il entonne l'antienne du *Magnificat*, pendant lequel, le prêtre assistant accompagné du massier, de deux acholites, et de deux thuriféraires, va faire les encensemens aux autels accoutumés : étant de retour, il encense M. l'évêque, faisant une inclination avant et après, il reprend sa place au côté droit et est encensé par le thuriféraire et ensuite le reste des encensemens se fait, comme à l'ordinaire, aux deux chanoines assistans, qui sont au côté gauche de M. l'évêque, et à tout le chœur. M. l'évêque continue complies, chante les deux antiennes qu'on vient aussi lui annoncer avant *Cum invocarem* et *Nunc dimittis* et dit le reste des prières prescrites. Complies finies, M. l'évêque est reconduit de la même manière qu'il a été dit pour le matin ; le diacre et sous-diacre l'accompagnent jusqu'à la première porte de son palais, et le chapitre lui rend le même honneur et la même politesse.

» Lorsque M. l'évêque assiste à quelques processions extraordinaires, pour nécessité publique ou pour un Jubilé, il marche le dernier à la place d'honneur, portant seulement l'étole, et étant accompagné de deux chanoines, revêtus de leur surplis et camail, qui lui servent d'assistans ; il chante toutes les oraisons et prières qui se trouvent prescrites, tout comme fairoit le chanoine hebdomadier, si M. l'évêque étoit absent. On a dit processions extraordinaires, car à l'égard des ordinaires qu'on fait dans l'église ou hors de l'église, soit avant la messe, soit après vêpres les dimanches et fêtes, le rit est différent. M. l'évêque n'y assiste qu'en rochet et camail, sans étole, et sans assistans ; il marche le dernier à la place d'honneur, c'est-à-dire précédé par MM. les chanoines et même par l'officiant, revêtu des habits sacerdotaux, à l'exception pourtant des processions du St-Sacrement, qui se font tous les premiers dimanches du mois, et même de celle de la Fête-Dieu, si M. l'évêque n'officioit pas, parce qu'alors la place de M. l'évêque doit être immédiatement après l'officiant, devant le dais, la place d'honneur n'est due qu'au St-Sacrement ; mais si M. l'évêque portait le St-Sacrement, comme à la procession, dont nous venons de parler, de la Fête-Dieu, deux chanoines lui fairoient diacre et sous-diacre, et son porte-crosse, et porte-mitre prennent leur rang et marchent devant le massier du chapitre, entre les ecclésiastiques qui portent les dalmatiques ; jamais le chapitre n'a souffert qu'ils prissent rang avec les chanoines et qu'ils eussent le pas sur eux.

» Il reste maintenant à dire un mot sur le cérémonial qu'on observe les jours de dimanche et des fêtes, auxquelles M. l'évêque n'a pas droit d'officier et qu'il assiste au chœur à la messe et à vêpres. Dans ces occasions, le chapitre n'est tenu de rendre aucun honneur particulier à M. l'évêque, soit en entrant dans l'église ou dans le chœur ; on ne lui envoye point des commissaires ni le massier pour le prendre, il vient tout seul de son palais avec deux laquais. Entrant dans le chœur, tout le monde se lève pour le saluer, il prend la première stalle au côté droit, qui n'est distinguée des autres que par un marchepied et un tapis avec deux carreaux de velours qu'on a soin d'y porter alors de l'évêché. Le célébrant, avant la grand'messe, les jours de Dimanche, vient lui présenter le premier le goupillon pour prendre de l'eau bénite, après avoir fait deux inclinations avant et après, et avoir baisé le goupillon et l'anneau de M. l'évêque; ensuite, le célébrant continue de donner l'eau bénite à tout le chœur, chante après cela la grand'messe, tout comme à l'ordinaire, sans rendre d'autre honneur à M. l'évêque, baisant le livre des évangiles, après que le diacre l'a chanté, bénissant l'eau du calice et donnant ensuite la bénédiction à la fin de la messe.

» Lorsqu'il y a sermon après la grand'messe, comme pendant l'Avent et le Carême et plusieurs fêtes de l'année, M. l'évêque va se placer de l'autre côté du chœur au fond, à la dernière stalle vis-à-vis du prédicateur, auquel il donne la bénédiction avant le sermon, et pendant qu'il la lui donne, tous les chanoines se tiennent debout et lui aussi; mais le prédicateur doit la recevoir à genoux, à moins que ce ne soit un chanoine, comme on l'a dit ci-devant. Le sermon fini, M. l'évêque bénit le peuple en faisant le signe de la croix sur lui, sans chanter le verset *Sit nomen*. Cette manière de bénir le peuple, après le sermon, a été de tout temps observée par tous les anciens évêques et même par M. de Noé, puisqu'il n'a commencé d'intervertir cet usage que le premier dimanche de l'Avent en 1765. Après quoi, M. l'évêque s'en retourne chez lui, de la même manière qu'il étoit arrivé pour la messe, mais les chanoines par politesse l'accompagnent une partie de la nef jusqu'à l'autel de Notre-Dame, où il se tourne pour les saluer et chacun se retire.

» A vêpres, le même cérémonial s'observe qu'à la messe (sauf l'aspersion, si c'étoit un dimanche). Il arrive au chœur, seulement en rochet et camail; il prend la première stalle où on a mis, comme le matin, un tapis et deux carreaux, ne chante aucune antienne; il assiste au chœur comme chanoine. Toute la marque d'honneur qu'on lui donne, c'est que tout le monde se lève pour le saluer et lui faire une profonde inclination quand il entre au chœur. A complies, lorsque le célébrant dit le *Confiteor* et que le chœur le répète, ils s'adressent l'un et l'autre à M. l'évêque par une inclination. *Et tibi Pater — Et te, Pater*; après quoi le célébrant continue complies, comme il est porté dans la rubrique du bréviaire. Complies finies, M. l'évêque s'en retourne, comme le matin, les chanoines ayant soin de l'accompagner par politesse jusqu'à l'autel de Notre-Dame, où chacun s'en retourne après les saluts accoutumés.

» On finit en disant que le droit d'allumer le feu et d'officier à la procession de la veille de la St-Jean, où le chapitre assiste, a de tout temps appartenu au plus ancien chanoine, au sçû et vû de tous les évêques de Lescar. Cependant M. de Noé ayant témoigné au chapitre, la dernière fête de la St-Jean, qu'il vouloit officier à cette cérémonie et allumer le feu, le chapitre y consentit volontiers sans préjudice de ses droits [1]. »

A la même époque, et comme pour protester contre le Jansénisme et ses doctrines désespérantes, l'Assemblée du Clergé de France avait consacré notre patrie au Sacré-Cœur de Jésus, dès 1765. La plupart des diocèses adoptèrent alors insensiblement un office en l'honneur de cette grande fête.

A Bayonne, Mgr d'Arche avait pris les devants. Déjà en 1762, il avait établi dans l'église de la Visitation une confrérie du Sacré-Cœur de Jésus et fit imprimer à ce sujet, chez Pierre Fauvet, un livre de prières intitulé : *Statuts de la dévote confrairie du S.-C. de Jésus*, etc. On obtint même un bref du pape Clément XIII et des indulgences pour cette association pieuse. La principale fête de la Confrérie était fixée au premier dimanche du mois de septembre. Dans l'exposé des motifs en faveur de cette dévotion, on rappelait les apparitions de N.-S. à la Bienheureuse Marguerite-Marie et les efforts du V. Père de la Colombière.

L'Ordo du diocèse de Bayonne de 1767 mentionne, pour la première fois, l'Office du Sacré-Cœur, le troisième dimanche après la Pentecôte, sous le rit solennel du troisième ordre. Ce ne fut que le 22 mars de l'année suivante que Mgr d'Arche publia un « *Mandement pour établir la dévotion et l'office du Sacré-Cœur de N.-S. J.-C. dans tout son diocèse* ». Nous disons dans notre Essai bibliographique ce que renferme ce document épiscopal; il est tout rempli de piété et d'amour envers le Cœur de Jésus. Une édition de cet office fut publiée en 1779, chez Dhiribarren à Bayonne. Nous en donnons ici les belles hymnes. La messe était propre, et avait une Prose très remarquable. On ajouta un feuillet aux gros livres de chœur de nos églises. Voici les hymnes de cet Office peu connu et rare aujourd'hui :

---

1. — *Mémoire pour les syndics du chapitre de Lescar contre Messire Marc-Antoine de Noé, évêque de Lescar*, p. 90 (in-8° de 103 p. — Pau, Vignancour, 1778). Biblioth. de Pau.

AD I VESPERAS. — HYMNUS

Christi triumphos dignaque Numine,
Statis diebus, gesta juvet coli;
Nunc Cor sacratum, caritatis
Perpetuæ veneramur aram.

Hæc nempe carnis pars melior sacræ,
Hæc arca magni conscia fœderis
Quam Numen implet, quam trementi
Angelicum regit agmen alâ.

Altis quot ignes visceribus latent !
Amoris ô quæ quantaque vis tui !
De corde nostro, Christe, Cordi
Delicias proprio creasti.

Tu, sæcla nondum currere cœperant,
Tu nos amabas, jam cupidum sitit

Mortem, dolores, probra, Pectus,
Quid nimio nimis est amori ?

Pendens cruenta quos cruce parturis,
Ardente gestas nuncque foves sinu
Insonsque mundo pro nocente
Cor gemitu rogat efficaci.

O cor amandum ! Quis mihi simplicis
Alas columbæ quis dabit, ut tuos
Petam recessus, sic amantem,
Ut docear redamare Christum ?

Laus summa Patri summoque Filio,
Sit summa Sancto gloria Flamini,
Tibi sacratas, Christe, mentes,
Perpetuo tuus ignis urat ! Amen.

AD MATUTINUM. — HYMNUS

Hoc unde, Patris Unice,
Quod sede lapsus ætheris
Cœli triumphos deseris,
Nobisque tradis Cor tuum ?

Cor, vera lux fidelium,
Mentis fuga caliginem,
Imis ut una lex tua
Insculpta vivat cordibus.

Legi paternæ te lubens
Ad usque mortem subjicis,
Amore nostrum fac tuis
Subdatur et cor legibus.

Quibus, Redemptor, æstuat
Amore nostri, Cor tuum,
Sacris amoris æmuli
Adure pectus ignibus.

Nos urget ingratum genus
Immensa Christi caritas ;
Se sponte nobis tradidit,
Litemus illi cordibus.

Sit laus Patri, laus Filio,
Qui Cordis alto vulnere
Nos sanat et quo pectora
Fervent, sit æqua Flamini. Amen.

AD LAUDES. — HYMNUS

Sic amas ut quos amasti,
Christe, nunquam deseras ;
Arte mira fis propinquus
Ipse nobis jungeris :
Ter, quater nos ô beati !
Tam sacro commercio !

Hinc fluunt, torrentis instar,
Gratiarum flumina,
Corda quæ non colliquescant
His amoris ignibus !
Inquinatus quis requiret
Hoc lavari sanguine ?

O satis nunquam dolendus
Cordis humani stupor !
Nostra te, vel gloriosum,
Heu ! cruentant crimina :
Judicem te, te Parentem,
Impii lacessimus.

Morte victa qui triumphas
Cogimus rursum mori,
Morte placasti Parentem,
Illa mors nihil proderit :
Vana sic erunt amoris
Sempiterni pignora.

Tu rebellis, Christe, mentis
Frange contumaciam ;
Sit pudor te sic amantem
Corde toto non sequi,
Tamque pulchræ caritati
Non vicem rependere.

Laus, honor, virtus, potestas,
Sit suprema gloria,
Qui creavit nos Parenti,
Qui redemit Filio,
Qui redemptos nos gubernas,
Par tibi laus, Spiritus. Amen.

AD II VESPERAS. — HYMNUS

O quam digna coli cantibus æmulis
Quæ Christi latitant Corde sub intimo !
Patris progenies, Christus homo Deus
Quantis dignus honoribus !

In templum Genitor pectoris intima
Præsens ipse suo numine consecrat,
Dum votis Genitus supplicibus Patrem
Cultu non colit impari.

Ardens interius, qui, sacer artifex,
Tantum finxit opus, Spiritus, insidet,
Perlustrans operis grande decus sui
Mirum quam sibi complacet !

In Christo quot opes, dona scientiæ
Quot præcelsa Pater prodigus abdidit !
O quam dives adest in penetralibus
Thesaurus sapientiæ !

At quam fausto aperit vulnere lancea,
Quo nos parturiat, Pectus amabile !
Isto fonte fluens nos aqua, nos cruor,
Sanat, recreat, abluit.

O vitæ latices, vivida flumina !
O sacros aditus pectoris intimi !
Da nos, Christe, piis muneribus tui
Cordis perpetuo frui. Amen.

Tous les livres d'Église Auscitains-Bayonnais de ce siècle donnent l'hymne suivante pour les secondes Vêpres :

HYMNUS

O Christe, dum te victimam
Amor perennis immolat,
Dic et doloris vulnera,
Pectus, quibus transfigeris.

Fel dic amarum, dic probra,
Novas cruces et quas tui
Amoris horrendas vices
Ingrata turba destinet.

Quó vos agit cæcus furor?
Quid, impii, tantum scelus?

Sacrum novis Cor ictibus
Horrete tandem pungere.

Hæc fex dolorum ; mitior
Calix paternus ; lancea
Atrox minus fuit : crucis
Inane jam sit præmium.

Pectus tuum quæ vulnerant
Hæc nostra, Jesu, crimina :
Nostrum tuis inebria
Cor perfidum doloribus.

Tuis probris, furoribus
Constans meis fac ingemam,
Mœstis tibi suspiriis
Da compati, da commori.

Sit nostra per te laus Deo,
Dilecte Patris Unice,
Templumque vivum Spiritus
In sempiterna sæcula.

Amen.

On nous saura gré de donner aussi la touchante Prose de la Messe du Sacré-Cœur de Jésus :

PROSA

O qui Jesum diligitis,
Ejusque penetralia
Feliciter pervaditis,
Hæc dicite mysteria.

Ut fixus impiæ Cruci,
Cum spiritum jam miserat,
Mucrone saucius truci
Natis pium cor reserat.

Grandi reclusus vulnere
Vivus statim fons effluit,
Fluctuque sanguis ubere
Scelus piat, sordes luit.

Baptisma sic perficitur
Cujus anhelabat siti,

Et ipse rivis tingitur
Quibus sanemur perditi.

Hæc militum non vulnera,
Non ensis id piaculum :
Paterna tentans viscera,
Amoris est miraculum.

O Cor, amoris victima !
Solamen hic lugentium,
Debilium spes ultima,
Quærentibus te præmium.

Vindex reis irascitur
Pater, sed ut te respicit,
Placatus obliviscitur
Fulmen, et iras abjicit.

Sinu tuo, quot osculis
Castæ beantur conjuges !
Gratissimis quot vinculis
Constringis almas virgines !

Cor mite, Cor amabile,
Dulcis quies gementium,
Cor mite nobis humile
Fac mentis desiderium.

Tu, vita, lux, et veritas,
Tuta via, fons gratiæ,
Cordis mei felicitas
Piæque sis deliciæ.

Amen.

Le diocèse de Lescar dut participer à l'élan extraordinaire de piété universelle envers le Sacré-Cœur. Déjà, en 1750, on publia un *Exercice de dévotion au Sacré-Cœur de Jésus* « à l'usage des demoiselles pensionnaires de Ste Ursule » ; ce fut très probablement le premier siège d'une congrégation de ce genre dans la ville de Pau. On trouve dans les *Heures de prières choisies*, de 1759, imprimées par Dupoux, les litanies du Sacré-Cœur. Enfin, dans les *Heures à l'usage de la Congrégation des Bourgeois et Artisans de la Ville de Pau*, de 1784, on lit à la p. 570, un « Hommage au S. C. de Jésus ». Mais cette dévotion ne prit jamais, croyons-nous, au moins avant 1775, la forme d'une pratique officielle dans l'Église de Lescar. Mgr de Noé était loin cependant de donner dans les idées jansénistes. L'Ordo de 1775 n'a pas de Fête du S. C. et nous ne savons pas, faute de documents, si elle fut régulièrement établie avant la Révolution.

A Oloron, Mgr François de Révol avait institué en 1766, l'année même qui suit la consécration de la France au Sacré-Cœur, deux fêtes en l'honneur des SS. Cœurs de Jésus et de Marie ; il en publia les offices alors sans doute ; nous n'avons sous les yeux que l'édition de 1772. Dans le Mandement latin, inséré en tête de cet ouvrage, on lit ces paroles : « Ex omnibus religionis monumentis quæ a primo exordio pietas huc usque suggessit, quæque sancta probavit Ecclesia, nullum tutius, F. C., nullum verius quam venerandum illud quo se fideles sacratissimo Cordi Jesu consecrant et dicant. Cujus devotionis finis est amor ille eximius nullisque contentus limitibus quo Filius Dei pro omnibus nobis se morti tradidit... » Voilà le motif de la dévotion.—Allons à ce trône d'amour ! ajoutait le pieux prélat : « Amico dulci, perpetuo redamantes, tenerum pectus referamus. Adeamus ad thronum amoris et amore sustentemus, ad tribunal potestatis et imperii, et subjectione relevemus. Jactemus omne cogitatum in Cor amantissimi Domini... » Certes nous sommes des pécheurs, mais le Cœur de Marie est là pour laver nos fautes : « Piscina Cor est Mariæ, cujus aquam qui moverit, ab immunditie sanitati protinus restituitur. Non uni sed omnibus Cor est apertum Mariæ. Omnes et quidem peccatores et patitur et gestit in Corde Maria. Omnes toto Cordis anhelitu prosequitur, et, si dicere fas est, omnibus Cor præbet Maria.... Accedamus ergo, F. C., ad fontem illum puritatis, et mundemur, ad arcam salutis ut a diluvio salvati respiremus, ad Matrem pulchræ dilectionis, ut dilectione refoveamur.... » Toutes ces raisons portèrent Mgr de Révol à établir ces deux fêtes : « His et aliis permoti, cultum solemnem et perpetuum Sacratissimo Cordi Jesu exhibere volentes, consulentesque et animo et desiderio piissimo Galliarum Reginæ (*Marie Leczinska*) quæ, ut aliis virtutibus, sic et imprimis religioni et sacrorum cultui favet studetque (non enim melior unquam, aut amantior æqui ulla fuit) nec non deliberationi in Comitiis Cleri Gallicani factæ annuentes, præcipuum Cordis Jesu festum indicimus et solemniter celebrari volumus in tota diœcesi, juxta Ritum et Officium a nobis datum et præscriptum, cujus festi dies erit decima sexta Augusti, quæ prima post triumphalem Sanctæ Mariæ Virginis ad cœlos Assumptionem. Cordis vero Mariæ Matris dies festus deinceps erit Dominica secunda mensis Julii... Datum Oleri... die decima mensis februarii, anni millesimi septingentesimi sexagesimi sexti. » Ce pieux évêque eut en tout cela le tort de ne pas en référer au Souverain Pontife. Les hymnes de la fête du S. C. de Marie sont : *Jesu, Mariæ gloria* — *Quem Cor supremi Numinis* — *Quid Corde Matris Virginis* — *Quem turma cœli personat*. Celles du S. C. de Jésus : *Jesu, paterni pectoris* — *Verbum caro, Rex cordium* — *Quid Corde Regis cordium* — *Flammata Jesu pectora*. A la Messe du S. C. de Marie, on trouve la Prose : *Tota Regis filia* ; et à celle du S. C. de Jésus, celle-ci : *Viventis en velamine*. On regrettera avec nous que nous ne puissions pas, faute d'espace, les donner ici.

Le diocèse de Tarbes eut à la même époque un Office du Sacré-Cœur. Une édition en fut publiée sous ce titre : *Instructions pratiques et Prières pour honorer le Sacré-Cœur*, 1761, par ordre de Mgr de la Romagère, comme nous l'avons dit plus haut. — Poursuivons maintenant notre étude sur les changements de liturgie.

Tarbes demeura constamment fidèle au rit Romain, bien qu'il y ait eu, comme nous l'avons vu, une réelle tolérance pour les liturgies françaises.

Dans le diocèse de Dax, Mgr Lequien de la Neufville adoptait les livres parisiens en 1779. Ce ne fut pas sans regret ; en abandonnant le bréviaire de St Pie V, il le comble d'éloges, et proteste de son amour pour la Mère de toutes les Églises. Voici une partie de son Mandement, inséré en tête du nouveau bréviaire, et daté du 1er juillet de la même année : « Mane in orando et psallendo unitatem in plerasque regni Ecclesias invexerat Breviarium Romanum a Summis Pontificibus identidem emendatum : opus quidem et argumenti dignitate, et Sedis ex qua promanavit auctoritate summopere venerandum, quanquam in eo desiderari non pauca jampridem perspicerent viri complures quos pietas, par doctrinæ, commendabat. Unde passim in hoc regno vulgata subinde Breviaria et Missalia ea ratione concinnata ut non solum rei sacræ peragendæ, sed etiam clero erudiendo, pietatique publicæ fovendæ aptissima forent. Hæc vero indoles fuit imprimis Breviarii Parisiensis, quod propterea plurimæ Galliarum Ecclesiæ, et ex nostra Provincia Metropolis, suum fecerunt ; sicque flores et fructus in altero quidem solo natos, sed ex fundo Ecclesiæ, qui est communis ager, quasi sua esset messis suusque labor, facile messuerunt.

» Metropoleos nostræ exemplum, Fratres dilectissimi, necnon et aliarum Provinciæ Ecclesiarum nobis ad imitandum proponimus, non invitante novitatis amore, non suadente aliquo Romani Ritus tædio ; illius enim Ecclesiæ, quæ cæterarum mater est et magistra, usus ac mores diligimus et veneramur ; verum propositi illius necessitatem nobis quodammodo indixerunt tum laudabile cum dictis Ecclesiis conveniendi desiderium, ut, juxta mox laudatum concilii Toletani canonem, *unaquæque Provincia et psallendi et ministrandi parem consuetudinem teneat* ; tum vota vestra, ad nos hac de re sæpius emissa et in ultimo cleri nostræ Diœceseos conventu a vobis consignata, tum et ipsius Parisiensis Breviarii præstantia, quæ tanta est, ut quasi numeris omnibus absolutum dici possit, nihilque fere in eo addendum detrahendumve occurrat. » Le diocèse de Dax accepta l'innovation.

Nous sommes heureux de publier à ce sujet un document inédit que M. Louis Batcave, avocat, a eu l'obligeance de nous communiquer. C'est l'achat de nouveaux livres parisiens, ordonné deux ans après, par les jurats d'Orthez, ville qui dépendait alors de Dax au point de vue religieux : « L'an mil sept cent quatre-vingts un et le vingt-huit mars, assemblés, en l'hôtel de ville d'Orthez et chambre du Conseil, MM. de Dufourcq-Salinis maire, de Dufau, de Touya et de Lichigaray jurats ; dans laquelle assemblée a été dit par led. sieur de Dufourcq, maire, que M. l'évêque ayant jugé à propos de changer l'usage du rit romain dans son diocèse et d'y introduire le parisien, le sieur curé de cette ville en a prévenu le corps et lui a demandé de vouloir pourvoir au remplacement des livres dont il a remis un état, que ledit sr maire remet de son côté demandant délibérer et a signé. *Dufourcq-Salinis*, maire.

» Sur quoi il a été arrêté par unité de suffrages que le sieur de Lichigaray demeure prié de faire faire l'achat des livres dont s'agit le plutôt possible, attendu le besoin pressant [1]. »

A Lescar, depuis 1786, Mgr de Noé permit l'usage du bréviaire parisien de Vintimille. Nous avons donné au chapitre XV la lettre de M. Dupré, lazariste, supérieur du Séminaire de Pau, demandant qu'il fût distribué gratuitement un Ordo pour ceux qui préféreraient la liturgie parisienne, car il est à remarquer qu'on n'adopta jamais à Lescar les livres Auscitains.

N'y avait-il donc plus, nulle part, vestige de la vieille liturgie Romaine-Française ?

D. Guéranger a résumé en ces termes le tableau lamentable de l'anarchie liturgique qui régnait parmi nous à la fin du XVIIIe siècle : « Sur cent trente églises, la France, en 1791, en comptait au delà de quatre-vingts qui avaient abjuré la Liturgie Romaine. Elle s'était conservée seulement dans quelques diocèses des provinces d'Albi, d'Aix, d'Arles, d'Auch, de Bordeaux, de Bourges, de Cambrai, d'Embrun, de Narbonne, de Tours et de Vienne. Strasbourg, qui était de la province de Mayence, l'avait gardée. Aucune province, si ce n'est celle d'Avignon, ne s'était montrée unanime à la retenir, et elle avait entièrement péri dans les métropoles de Besançon, de Lyon, de Paris, de Reims, de Sens et de Toulouse. De tous les diocèses qui, à l'époque de la bulle de St Pie V, n'avaient pas pris le Bréviaire romain, mais avaient simplement réformé, à l'instar de ce bréviaire, leur *Romain-Français*, pas un n'avait retenu cette magnifique forme liturgique.... Il n'y eut que l'insigne collégiale de St Martin de Tours qui, donnant en cela la leçon à nos cathédrales les plus fameuses, osa réimprimer, en 1748, son beau bréviaire Romain-Français, et qui seule, au jour du désastre, succomba avec la gloire de n'avoir pas renié ses traditions [2]. » Cette gloire doit être aussi revendiquée par l'Eglise métropolitaine et le clergé de Cambrai. Dans cette province, le diocèse de St Omer, seul, abandonna le rit Romain ; jusqu'à la fin du siècle dernier, la cathédrale de Cambrai entendit résonner sous ses voûtes les magnifiques Offices du rit Romain-Français. En 1779, il fut question de corriger l'antique bréviaire Cambrésien, et le 23 mai 1780, ce projet fut adopté, sous réserve de l'approbation du Souverain-Pontife. Pie VI dut éprouver une bien douce joie en voyant une grande Eglise reconnaître sa légitime autorité en matière de liturgie ; il agréa ce témoignage de fidélité de la part d'une illustre métropole et adressa, à l'archevêque Henri de Rosset de Fleury, un bref précieux que l'on peut appeler le suprême éloge de la liturgie Romaine-Française. Nous regrettons que sa longueur nous prive du plaisir de le publier en entier ; mais nous en donnerons une analyse complète. Le Souverain-Pontife déplore d'abord que des exemplaires manuscrits usés et déchirés ne permettent plus de célébrer dignement, à Cambrai, les offices de la cathédrale ; mais il est heureux de voir que l'archevêque et le chapitre ont recours à l'autorité apostolique pour corriger l'antique Bréviaire : « Pro singulari tua in Apostolicam Sedem observantia, Venerabilis Frater, nomine etiam tui Capituli, enixas ad nos preces deferri voluisti, ut facultatem tibi concederemus antiqui Breviarii emendandi, illudque in aptiorem cultioremque formam juxta sacros canones redigendi, eo quod divinae preces in tua Metropolitana Ecclesia et diœcesi, non typis impressae, sed manu exaratae, circumferantur, et vetustate quasi detritae, vix, aut ne vix quidem, legi possunt. » Non seulement, il recommande et approuve ce dessein, mais il exhorte à mettre ce projet à exécution le plus tôt possible. « Non solum probamus ut operi maxime utili ac necessario manus admoveantur sed... etiam atque etiam cupimus teque hortamur ut... quo citius accuratiusque fieri possit, perficiendum absolvendumque cures. » Aussi, confiant dans la sagesse du Prélat, le Pape lui accorde-t-il toute autorisation pour corriger et réformer le Bréviaire, et il l'impose à tout le clergé, lorsqu'il sera publié : « Quo opere perfecto et typis vulgato, eadem nostra auctoritate volumus ac mandamus, ut omnes ecclesiastici Cameracensis diocesis ad dicendum et psallendum deinceps horas diurnas et nocturnas, ex novi hujus breviarii praescripto et ratione, omnino teneantur. » Néanmoins, vu la difficulté de l'œuvre et les imperfections du Bréviaire Cambrésien, « quod plura immixta habet vel falsa, vel incerta, vel minime decora » — cela peut se dire de notre bréviaire de Lescar — le Pape engage l'archevêque à prendre pour type et pour modèle le Bréviaire Romain réformé, afin que Dieu soit partout uniformément invoqué dans l'Eglise universelle. Les canons ecclésiastiques l'exigent, tout comme la Constitution de St Pie V et les Conciles de Rouen, de Bordeaux et d'Aix, au XVIe siècle. Il n'entend pas toutefois abroger le rit particulier en usage à Cambrai de temps immémorial ; au contraire, la bulle de St Pie V lui est favorable ; il n'y a qu'à supprimer ce qui ne conviendrait pas à la majesté du culte divin : « Haec autem, dum

1. — Archives municipales d'Orthez, BB. 33, fo 107.
2. — *Instit. liturg.*, t. 2, p. 583.

tibi, Venerabilis Frater, commendamus, non id intelligimus, ut, si quis sit, in tua Metropolitana Ecclesia et diœcesi, peculiaris orandi psallendique ritus, pietati consonus ac ecclesiasticis legibus conformis, omnique ætati probatus, si qua officia propria sanctorum suorum, ea omnia abrogentur et tollantur. Nam ipsamet constitutio S. Pii V, ad quam appellant gallicana concilia, excepit ea Breviaria quæ fuerint ab ipsa prima institutione a Sede Apostolica approbata, vel consuetudine ducentorum annorum confirmata ; et sicut inveteratum istud jus dicendi et psallendi suum officium ademptum non est, sed id solum ab eodem pontifice est permissum, ut, si forte Romanum Breviarium magis placeat, illud introduci possit, dummodo episcopus et universum capitulum in eo consentiant, ita pro tuo, Venerabilis Frater, tuique Capituli arbitrio, aut Romanum Breviarium poterit assumi eique propria sanctorum suorum officia, aliunde non illegitima, addi ; aut antiquum jus psallendi, si quod revera adest, necnon propria sanctorum suorum officia, retineri, dummodo ea omnia tollantur, quæ falsa et dubia reputentur divinoque cultui contraria, et eorum loco alia substituantur, quæ dignitati Ecclesiæ conveniant, et simul sint ad veram solidamque devotionem excitandam et fovendam idonea. » Le Pape recommande à l'archevêque de s'entourer d'hommes instruits, et de ne rien ajouter dans les antiennes, versets ou répons, qui ne soit tiré de l'Ecriture Sainte (sans doute en conservant les formules historiques, si nombreuses dans le Romain-Français), de disposer convenablement la récitation du Psautier, d'emprunter les leçons aux SS. Pères et à des actes authentiques, les prières aux sacramentaires de St Grégoire et de St Gélase, toujours en retenant la forme du Bréviaire Romain. Il promet au nouveau Bréviaire le sceau de la confirmation apostolique. Cette bulle est datée du 13 septembre 1780. Malheureusement le Bréviaire Romain-Français Cambrésien ne vit jamais le jour. Mais ce document était trop important pour que nous le passions sous silence ; il prouve que le St-Siège a constamment montré la plus grande condescendance pour le maintien de la prière publique traditionnelle ; il prouve aussi que notre pays n'avait pas, à la veille de la Révolution, complètement oublié sa vénérable liturgie gallicane du moyen âge et des siècles de foi [1].

Une ère sinistre s'ouvrit bientôt pour l'Église de France. Les temples furent fermés, les prêtres fidèles dispersés, emprisonnés, mis à mort : des ministres indignes conservèrent seuls les formes extérieures d'un culte banni et persécuté. Vinrent alors la *Constitution civile du clergé*, et la nouvelle circonscription des diocèses, établie par un pouvoir laïque et usurpateur (décret de l'Assemblée Constituante du 20 juillet 1790) ; chaque département ne devait avoir qu'un évêque et plus de quatre-vingts évêchés furent supprimés. Celui des Basses-Pyrénées engloba dès lors une partie de l'ancien diocèse de Lescar et ceux de Dax et d'Oloron : le siège épiscopal fut fixé dans cette dernière ville. J.-B. Barthélemy Sanadon, bénédictin de St-Maur, supérieur du Collége de Pau, oublia tous ses devoirs, en acceptant l'élection sacrilège qui le nomma évêque des Basses-Pyrénées (1791). Il se prit au sérieux et publia un *Ordo romain* sous ce titre : *Ordo divini officii recitandi missæque celebrandæ, juxta Breviarium et missale Romanum, in tota diœcesi tmorum Pyrenœorum, pro anno Domini* MDCCXCIII. *Annuente B. J. B. Sanadon, hujus diœc. episc.* C'est le seul document que nous connaissons sur cette époque désastreuse. Lorsque les temps redevinrent meilleurs, on se servit d'abord des livres liturgiques usités dans les anciens diocèses. Ainsi voyons-nous imprimer à Pau, ville qui dépendait de Lescar, un Ordo romain : « MM. les curés sont prévenus qu'on a imprimé chez le cit. Vignancour à Pau, par ordre de M. l'évêque, un Directoire ou Ordo pour l'usage du Bréviaire et du Missel romain. » Ainsi s'exprime le *Journal des Basses-Pyrénées*, dans son numéro du 15 pluviose, an XI (26 février 1803). Il en fut de même les années suivantes. Le numéro du 5 frimaire an XIII (26 novembre 1804) contient cette annonce : « On imprime chez J.-P. Vignancour, le directoire du diocèse, rédigé suivant le rite romain, par M. Baradère, curé de Pau, d'après l'ordre de Mgr l'évêque de Bayonne. » Le numéro du 5 frimaire an XIII (14 décembre 1804) nous apprend que cet Ordo était rédigé encore par l'abbé Jacques Baradère, prêtre assermenté des Hautes-Pyrénées, ancien professeur à l'École Centrale de Pau, et le premier curé de l'église St-Jacques[2], dont la vie honorable effaça les premières erreurs et les fit oublier. Le Bréviaire Romain était particulièrement en usage dans les parties de notre diocèse qui avaient appartenu à Lescar et à Oloron.

Mgr Joseph-Jacques Loison, évêque de Bayonne (1802-1820), laissa subsister les anciens usages. Dans le même diocèse, on suivit ces trois rites différents : Romain, Auscitain, Parisien. C'est depuis lors que le culte de quelques-uns de nos saints locaux disparut à tout jamais : nous ne citerons en particulier que sainte

---

1. — Nous sommes heureux de remercier Mgr Hautcœur, chancelier de l'Université de Lille, d'avoir bien voulu nous communiquer ses remarquables travaux sur la liturgie Cambraisienne : *Un chapitre inconnu de l'histoire de la liturgie*. Amiens, Rousseau, 1882, où se trouve le bref de Pie VI, p. 18 ; et la *Liturgie Cambraisienne au XVIIIe siècle*, etc. Louvain, Peeters, 1882.

2. — *Journal des B. P.*, 15 pluviose an XI, n° 101 ; 5 ventose, an XII, n° 105 ; 5 frimaire, an XIII, n°° 160, 170, et n° du 10 janvier 1805.

Confesse, dont la mémoire ne fut plus en vénération. C'était là un cas de force majeure. M. Baradère fit un Ordo où il n'y avait que le pur Romain. Lorsque Bayonne reviendra à l'Auscitain, on prendra un bréviaire où précisément cette sainte n'était pas jadis mentionnée. Et c'est ainsi que le culte de cette vierge, patronne de la cathédrale de Lescar, n'a plus reçu les hommages qui lui furent légitimement accordés pendant de longs siècles. Il est très regrettable, nous le répétons encore, que notre nouveau Propre provincial n'ait pas au moins rappelé la mémoire de cette glorieuse sainte inconnue.

Dans ce désordre et cette inévitable confusion, on conserva le culte des patrons St Léon, St Grat, St Julien et St Galactoire. Les reliques de ce dernier avaient probablement été perdues sans retour au XVIe siècle et celles de St Julien depuis plus longtemps. Les vénérables restes de St Léon furent brûlés sur la Place de la Liberté à Bayonne; un hasard providentiel permit que l'on conservât *l'avant-bras* du glorieux martyr. Cette relique insigne, soigneusement cachée par Jeanne Gaspard, religieuse du monastère de St-Bernard, et portant cette étiquette écrite sur parchemin en lettres gothiques : 𝕭𝖗𝖆𝖈𝖍𝖎𝖚𝖒 𝕾. 𝕷𝖊𝖔𝖓𝖎𝖘, 𝕰𝖕𝖎𝖘𝖈𝖔𝖕𝖎 𝕭𝖆𝖎𝖔𝖓𝖊𝖓𝖘𝖎𝖘, fut canoniquement reconnue « comme vraie et authentique » par M. Jean-Jacques Lamarque, vicaire-général de Bayonne, à la suite d'une enquête, commencée le 7 février 1805, et terminée le 23 du même mois[1]. Depuis lors, elle reçoit les plus grands honneurs des Bayonnais fidèles qui sont heureux de célébrer la fête de St Léon, chaque année, le 1er mars, et pendant l'octave, par une procession et une neuvaine de prières.

Les reliques de St Grat furent également sauvées pendant la Terreur. Deux fois, dans ce siècle, en 1844 et en 1870, on constata leur identité, ainsi que le marquait le procès-verbal, fait en 1710 par Mgr Joseph de Révol. Chaque année, le 19 octobre, ou bien le dimanche suivant, a lieu encore une procession où assiste toute la ville d'Oloron. Comme à Bayonne, on récite pendant plusieurs jours, les vieilles litanies du saint patron.

Ainsi, à travers les diverses formules liturgiques, le culte reprenait vie, après la Révolution. Les documents de cette époque sont rares. Nous avons eu la bonne fortune de trouver un Ordo de 1805. Il est intitulé : *Calendrier liturgique pour l'usage du Bréviaire et du Missel de l'ancien diocèse de Bayonne*. On y explique les rubriques de l'ancien rit auscitain-bayonnais. L'année suivante, le titre est différent, et en latin : « *Ordo divini officii recitandi et missæ celebrandæ* » d'après le missel bayonnais. En 1808, nous voyons paraître un *Calendrier liturgique*, Romain et Parisien[2]. Nous avons vu d'ailleurs qu'à Pau, pour les anciens diocèses de Lescar et d'Oloron, M. Baradère, curé de St-Jacques, faisait chaque année exclusivement un Ordo Romain. C'étaient donc bien trois rits différents qui se partageaient le nouveau diocèse de Bayonne. Dans le calendrier Romain-Parisien, copié sur celui de Paris, (nous en avons consulté un de 1811, imprimé par ordre de Mgr le cardinal Maury) il n'est pas fait mention des saints locaux et régionaux. On adoptait indifféremment les livres d'une acquisition plus facile. Nous croyons cependant qu'on faisait, même dans le rit parisien, l'office de St Léon, de St Julien et de St Grat, car le *Calendrier liturgique* de 1808 fait mention des « fêtes patronales ». C'était encore la confusion et l'anarchie.

Toutefois l'espoir d'une liturgie unique pour toute la France se trouve exprimé, déjà en 1806, dans le Mandement publié en tête du *Catéchisme de l'Empire français*, le 6 décembre de cette année, par *notre* métropolitain d'alors, Mgr Claude-François-Marie PRIMAT « archevêque de Toulouse, d'*Auch*, de Narbonne et d'Alby » : « Il seroit encore à désirer, disait-il, que l'on vît s'établir une semblable uniformité dans la Liturgie : les chrétiens *qui doivent n'avoir qu'une même foi*, en retrouvant partout, dans les prières et les pratiques extérieures de la religion, les mêmes coutumes et le même langage, n'en seroient, ce semble, que *plus parfaitement unis dans les mêmes sentimens et la même croyance* : c'étoit le vœu du clergé de France, sous l'ancienne dynastie. Tout nous annonce qu'il sera réalisé, sous le règne de *Napoléon I*, et nous le désirons vivement, afin qu'il y ait dans toute l'étendue de l'empire français, aux pieds des autels, unité de sentimens et de langage. »

Le diocèse de Bayonne comprenait, depuis le Concordat du 15 juillet 1801, les trois départements des Basses-Pyrénées, des Hautes-Pyrénées et des Landes, et les anciens diocèses de Bayonne, Lescar, Oloron, Aire, Dax, Tarbes et une partie de celui de Comminges. Le Concordat de 1817 n'aboutit pas et ce n'est seulement qu'en 1822, par la convention du 6 octobre, qu'un évêché fut en général créé pour chaque département. Mgr Loison, décédé le 17 février 1820, avait eu pour successeur Mgr d'Astros, vicaire général de Paris, illustre déjà par sa vigoureuse opposition aux tendances schismatiques de Napoléon.

---

1. — *Histoire de St Léon*, p. M. Menjoulet, p. 224 et 245.

2. — Il y avait « un projet de nouveau Bréviaire pour toutes les églises de France qui était prêt à paraître en 1810 et dans lequel l'heure diurnale de chaque jour avait son hymne. La mort subite de l'auteur, ancien bénédictin du diocèse d'Orléans, en arrêta la publication ». *Orig. et raisons de la lit. cath.*, par M. Pascal Migne, 1844. Au mot *Hymne*.

Le nouvel évêque ne se pressa pas de rétablir l'unité liturgique. Il se laissa même devancer par les évêques des diocèses voisins. A Aire, Mgr Le Pappe de Trévern, voulant établir l'uniformité, imposa le rit parisien, dès 1823 ou 1824. Jusqu'alors le romain y subsistait encore. A Tarbes, il en fut de même. Mgr Laurence disait, le 2 février 1849, dans le Mandement qui rétablissait le rit Romain : « Au siècle dernier, une liturgie moderne fut substituée dans plusieurs diocèses de France à la liturgie Romaine. Le diocèse de Tarbes résista à l'entraînement et le rit romain fut conservé. Des jours mauvais arrivèrent ; le siège de Tarbes fut occupé par un évêque intrus et le rit romain fut encore le rit du clergé de Tarbes, comme une protestation tacite contre le schisme et l'intrusion, et un espoir fondé d'un avenir plus orthodoxe. De 1802 à 1823, le rit romain et les cérémonies romaines sont seuls connus et de notre clergé et dans nos églises. » La liturgie Auscitaine s'introduisit peu à peu à partir de 1825, sous Mgr de Neirac.

A Bayonne, Mgr d'Astros résolut d'établir à son tour l'unité de la liturgie. Il avait été nourri dans les traditions du rit parisien, et un jour qu'il sera pris à partie par le célèbre D. Guéranger, à qui la France est surtout redevable de son retour aux véritables sources romaines, l'ancien évêque de Bayonne, alors archevêque de Toulouse, écrira ces paroles : « J'ai suivi le rit parisien pendant près de 50 ans, à Paris, à Bayonne et à Toulouse, et je déclare que je l'ai trouvé très beau. » On ne se défait pas facilement de sa première éducation. Il

Mgr D'Astros, évêque de Bayonne.
Il rétablit la Liturgie Auscitaine, en 1827, et mourut Cardinal-Archevêque de Toulouse en 1851.

ne faut donc pas s'étonner qu'il ait imposé à son clergé le rit auscitain, une des formes si variées du parisien. Il annonça sa décision dans le document suivant, qu'il est assez difficile de retrouver aujourd'hui :

Ordonnance de Mgr l'évêque de Bayonne, qui statue que le Bréviaire, tel qu'il vient d'être imprimé par son ordre, sera seul en usage dans son diocèse.

« PAUL-THÉRÈSE DAVID-D'ASTROS, par la miséricorde divine et la grâce du Saint-Siège apostolique, évêque de Bayonne, au clergé de son diocèse, salut et bénédiction en N.-S. J.-C.

» La réunion de plusieurs diocèses à celui de Bayonne a introduit parmi nous une variété de liturgie qu'il importe de faire cesser. L'uniformité à cet égard devoit commencer par le Bréviaire dont l'usage est aussi habituel qu'indispensable pour tous les ecclésiastiques parvenus aux ordres sacrés. Les exemplaires de celui qui fut publié par l'un de nos prédécesseurs, Mgr Guillaume d'Arche, d'heureuse mémoire, devenoient plus rares chaque jour, et la plupart des ecclésiastiques nouvellement promus aux Ordres se trouvaient dans l'impossibilité de s'en procurer, il était de notre devoir de remédier à ces graves inconvénients. Nous avons donc pris des mesures pour effectuer la réimpression du bréviaire diocésain, auquel nous avons fait quelques changements. L'impression est achevée : les exemplaires du nouveau bréviaire nous ont été envoyés. Il ne reste plus autre chose à faire, sinon que tous les ecclésiastiques de notre diocèse s'empressent à s'en procurer *(a)*.

» A ces causes, nous avons ordonné et ordonnons ce qui suit :

» Article premier. A compter du premier janvier 1818, tout ecclésiastique de notre diocèse, obligé à la récitation du bréviaire, devra réciter celui de Bayonne, tel que nous venons de le faire imprimer.

» Article II. A partir de la même époque, toute faculté ou permission de se servir d'un autre bréviaire est révoquée. — Donné à Bayonne, en notre maison épiscopale, sous notre seing, le sceau de nos armes, et le contre-seing de notre secrétaire, le 25 septembre 1827. † P.-T.-D., évêque de Bayonne. Par Mandement, *Carteron*, secrétaire, chanoine honoraire. »

(a) MM. les ecclésiastiques sont invités à ne pas différer ; le paiement de l'impression a été avancé sur les fonds destinés aux frais de construction du Séminaire : il est donc essentiel que ces fonds rentrent promptement. Les exemplaires du nouveau bréviaire sont déposés, partie au secrétariat de l'Evêché, partie chez MM. les archiprêtres de Pau et d'Orthez, et chez M. le supérieur du Petit-Séminaire d'Oloron. Le prix est de 14 fr. Il vaudra mieux ne le faire relier qu'au bout de quelques mois [1].

Ainsi fut rétablie la liturgie Auscitaine de Mgr de Montillet. Il y eut, comme au XVIII° siècle, entente entre l'archevêque d'Auch et les évêques de Bayonne et de Tarbes. Le Mandement de Mgr Laurence laisserait quelque doute à ce sujet ; mais les documents liturgiques de l'époque tranchent la question. On peut consulter la Lettre de Mgr Isoard, mise en tête des nouveaux livres d'Auch. Les paroissiens portent ordinairement en titre cette mention : « à l'usage des diocèses d'Auch, Tarbes et Bayonne », et celui que publia Brun à Auch en 1832, fut ordonné « selon le nouveau Missel, réimprimé par ordre de Messeigneurs les archevêques et évêques des trois Diocèses ». Néanmoins à Tarbes, Mgr Double ne rendit cette liturgie obligatoire que depuis le 1er avril 1838. On se servait, parmi nous, indifféremment des livres provinciaux ; les Propres de St Léon, de St Grat et de St Julien, se trouvaient ordinairement à la fin du volume, comme supplément. Inutile de décrire ici les ouvrages liturgiques qui revirent le jour : ce sont en général les anciens livres d'Auch. Toutefois l'*Extrait du Rituel de Bayonne*, publié en 1837 par Mgr d'Arbou, fut considérablement modifié. Les prières du Prône qu'on y a insérées et l'Abrégé de la Doctrine Chrétienne, sont ceux qu'on lit encore aujourd'hui dans nos paroisses. Le prélat fit insérer en tête de ce livre un mandement ainsi conçu :

Ordonnance de Mgr l'évêque de Bayonne qui prescrit la publication de l'Extrait du Rituel du Diocèse.

« Étienne-Marie-Bruno d'Arbou, par la miséricorde divine et l'autorité du Saint-Siège Apostolique, évêque de Bayonne, au clergé de notre diocèse, salut et bénédiction en N.-S. J.

» Le plus grand nombre des paroisses de l'ancien diocèse de Bayonne demandaient depuis longtemps un Rituel qui, dans l'administration des Sacremens, pût remplacer celui que Mgr d'Arche, l'un de nos prédécesseurs, fit publier en 1751, format in-4°, dont les exemplaires sont devenus fort rares, et sont pour la plupart hors d'usage.

» Ces vœux étaient partagés par les Églises autrefois dépendantes d'anciens diocèses, dont le territoire a été réuni à celui de Bayonne. L'impossibilité de se pourvoir de livres liturgiques les avait obligées de conserver jusqu'à ce jour leurs rits et leurs usages particuliers ; mais il convenait de mettre un terme à cet état de choses, d'où résultait tant de diversité dans les offices publics et dans les cérémonies qui accompagnent l'administration des sacremens ; il fallait qu'il n'y eût plus enfin qu'un seul rit, qu'une uniformité parfaite, là où il n'y a qu'une seule et grande famille unie à la charité de J.-C. par sa soumission au même Pasteur.

» La nécessité de publier de nouveau un Rituel pour tout le Diocèse ne pouvait dès lors être révoquée en doute ; mais le désir de procurer aux prêtres chargés d'administrer les sacrements un livre de rits qui fût par son format d'un usage commode, le besoin de réduire autant que possible les dépenses que cette publication devait occasionner aux Fabriques, pour la plupart sans ressources, nous ont déterminé à n'en publier qu'un *Extrait*, comprenant les rits, les prières et les formes des sacremens, l'ordre des funérailles, celui des bénédictions, des processions les plus importantes, et l'ordre à suivre lors de nos visites pastorales, en insérant à la suite la formule de divers actes relatifs à l'administration des sacremens.

1. — Archives de l'évêché de Bayonne.

» Ces cérémonies ont subi quelques légers et peu nombreux changemens, que l'adoption d'un même rit pour toutes les paroisses du diocèse nous a fait juger convenable ou avantageux d'y introduire.

» Nous avons pensé qu'il suffisait de donner aux prêtres du diocèse un Rituel ainsi réduit à ce qui concerne l'administration des sacremens et les prières de l'Église, attendu qu'ils trouvent dans les sages Statuts de notre vénérable prédécesseur un recueil complet et suivi des instructions relatives à tous les sacremens, à chacun en particulier, et à toutes les fonctions du saint ministère.

» Nous vous exhortons donc, Nos chers et bien-aimés Coopérateurs, et nous vous prions, dans la charité de J.-C., de lire et de consulter souvent les *Statuts du Diocèse* et l'*Extrait du Rituel*, afin d'environner l'administration des sacremens de ce respect qui doit les rendre si vénérables aux yeux des fidèles, et afin de procurer et de conserver dans ce diocèse l'ordre et l'uniformité des rits, des usages et des cérémonies. Vous attirerez ainsi sur votre ministère les bénédictions d'en haut ; cette scrupuleuse fidélité à vous conformer à toutes les prescriptions de l'Église, sera d'ailleurs une preuve de votre amour pour elle, et vous conciliera l'obéissance des peuples confiés à votre vigilance. — A ces causes :

» Avons ordonné et ordonnons par les présentes, qu'à dater du 1er janvier prochain, l'*Extrait du Rituel du Diocèse de Bayonne*, publié par nous, soit seul suivi en notre Diocèse, et en toutes les paroisses et églises comprises dans ses limites, nonobstant tout usage et coutume contraires, que nous abrogeons. Ordonnons aux curés et desservants, et à tous autres, de veiller à ce que le présent Rituel soit seul suivi dans leurs églises respectives par leurs vicaires et autres prêtres qui administreront les sacremens ou y exerceront les fonctions du sacré ministère ; et prescrivons à tout prêtre d'avoir à s'y conformer exactement.

» Donné à Bayonne, en notre palais épiscopal, sous notre seing, le sceau de nos armes, et le contre-seing de notre secrétaire, le 1er juin de l'an de grâce 1837. † E. M. B., évêque de Bayonne. Par Mandement de Mgr l'évêque, *Franchistéguy*, chanoine honoraire, secrétaire. »

A Aire, Mgr Savy, qui venait de Toulouse, n'accepta pas les livres Auscitains. Il adopta la liturgie modifiée de Loménie de Brienne. Dès 1829, il préparait les matériaux du Bréviaire et du Missel Aturins, et, en 1844, Mgr Lannéluc les publiait et en rendait l'usage obligatoire. C'est à tort, croyons-nous, que M. l'abbé Jouve dit que le rit Parisien était en vigueur à cette époque, dans le diocèse d'Aire.

Ce serait une erreur de croire que le diocèse d'Aire adopta nos livres d'Église, parce qu'en 1829 Mgr Savy accorda simplement l'*imprimatur* à la veuve Cluzeau de Bayonne pour l'impression d'un *Petit Eucologe*. L'autorisation était ainsi formulée : « Permission. *Dominique-Marie* Savy, par la miséricorde divine et l'autorité du St-Siège apostolique, évêque d'Aire. Nous avons permis et permettons, par ces présentes, à M. Cluzeau, imprimeur à St-Esprit, d'imprimer les deux ouvrages qui ont pour titre : le premier : le *Petit Eucologe* ou *Livre d'Église*, à l'usage du diocèse de Bayonne, contenant tout ce qui se chante à l'Église, pendant l'année, suivant le nouveau Bréviaire et Missel, imprimé par ordre de Mgr l'évêque ; le second : *Eucologia Ttipia*, etc. (qui est la traduction en basque du premier). — Donné à Aire, le 31 octobre 1829. † D. Marie, évêque d'Aire. » Mgr d'Astros y ajouta son autorisation en ces termes : « Je consens à ce que M. Cluzeau use de la permission, pour mon diocèse. † P. T. D., évêque de Bayonne. » Si l'on se rappelle que St-Esprit faisait alors partie du diocèse d'Aire, on voit que Cluzeau se conformait purement aux règles de droit qui ordonnent que tous les livres religieux et d'Église soient approuvés par l'Ordinaire du lieu où ils s'impriment.

Cependant l'opinion en France tendait à se modifier au profit des idées romaines. La nouvelle édition du bréviaire Parisien faite par Mgr de Quélen, en 1822, contenait en particulier une Prose pour la fête de St Pierre et de St Paul, où son auteur, M. l'abbé de Salinis, notre compatriote, mort archevêque d'Auch, exprimait avec élégance les prérogatives du siège apostolique et surtout l'inerrance que la prière du Christ a obtenue à St Pierre[1]. D'autre part, les admirables écrits de D. Guéranger commençaient à avoir un profond retentissement. Mgr Parisis, évêque de Langres, eut la gloire en 1840 de rétablir, le premier en France, la liturgie Romaine dans son diocèse. Quelques évêques, nourris dès leur enfance, dans des traditions gallicanes, essayèrent de résister au mouvement d'opinion qui se faisait en faveur d'un rapprochement avec Rome, le centre de la foi catholique : citons pour mémoire Mgr Fayet, évêque d'Orléans, et Mgr d'Astros, auquel le savant bénédictin, que nous venons de nommer, adressait avec une *Défense des Institutions liturgiques* sa *Lettre à Mgr l'archevêque de Toulouse*, 1844. Le grand ouvrage des *Institutions liturgiques*, dont le premier volume parut en 1840, acheva de convaincre les esprits. La cause de la vérité était gagnée.

1. — *Institut. liturg.*, tome 2, page 679.

Nous ne pouvons guère juger aujourd'hui des nombreux et passionnés débats soulevés, depuis 1840 surtout, par la question liturgique [1]. D. Guéranger sentait si bien les difficultés de la situation qu'en préconisant le retour aux idées romaines, il acceptait un moyen terme, capable de donner satisfaction à nos susceptibilités nationales et aux justes réclamations des Souverains-Pontifes. C'était simplement, pour les diocèses désireux de conserver leurs anciens usages, de reprendre notre vieille liturgie *Romaine-Française*, c'est-à-dire la forme de l'office, telle que la donne le bréviaire de Lescar. L'approbation du Pape légitimerait ce retour à l'antique tradition gallicane : « C'est, dit-il, la liturgie *Romaine-Française* que nous aimerions à voir ressusciter dans celles de nos Églises qui prétendent à des privilèges spéciaux [2]. » Les autres devaient purement accepter la réforme de St Pie V.

La France entière ne tarda pas longtemps à adopter cette dernière solution. La province d'Auch qui, au moins depuis le XVIIe siècle, avait conservé une certaine unité dans les idées liturgiques, résolut de revenir au rit Romain. Un Concile provincial, tenu sous la présidence de l'archevêque, Mgr de la Croix d'Azolette, eut lieu, au mois d'août 1851. Les évêques d'Aire, de Bayonne et de Tarbes s'y firent accompagner par des prêtres pieux et savants. Le diocèse de Bayonne était représenté par Mgr Lacroix, et MM. Hiraboure, vicaire-général, plus tard évêque d'Aire, Manaudas, supérieur du Grand Séminaire, Haramboure, chanoine, ensuite vicaire-général, Laporte, chanoine, délégué du Chapitre de la cathédrale.

On voit dans les Actes du Concile que tout le titre III est consacré au culte divin. « *Caput V.* De diebus Dominicis et Festis de præcepto. *Cap. VI.* De Missa et Officiis divinis. *Cap. VII.* De Cantu et Musica. *Cap. VIII.* De Rubricis et Cœremoniis. » Dans ce dernier chapitre, l'article CXXXVII est en partie consacré à la liturgie. On y exprime ainsi le vœu de voir le rit romain restauré dans toute la Province : « Liturgiæ unitatem et ritus antiqui restitutionem atque observantiam maxime optandam judicat Auscitana Synodus, ut uni Deo una eademque forma preces et laudes persolvantur. Ideo invalescentem undequaque ad amplectendam Romanam Liturgiam propensionem lætanter et plausu magno conspicimus. Si nos ipsi non levibus huc usque impedimentis prohibiti simus et adhuc prohibeamur ne in tota provincia Romani ritus instaurentur, communi saltem consensu statuimus ad hoc totis viribus eniti ut prædicta illa impedimenta submoveantur, et ubi opportuna se præbuerit occasio, Breviarii et Missalis Romani usus in omnibus Ecclesiis nostris salutari ordinatione reviviscat [3]. » N'oublions pas de mentionner la très belle consécration de la Province au S. C. de Jésus :

Consecratio Sacratissimo Cordi D. N. J. C. — « O Cor amantissimum Domini Jesu, Pastoris boni,
» summi æternique Pontificis : in quo omnes æternæ caritatis thesauri nobis revelati sunt ; en coram te,
» humiliter simul ac confidenter adsumus, vehementi accensi desiderio tuam majorem procurandi gloriam,
» omnesque tibi illatas reparandi injurias. Idcirco nos nostraque omnia, Diœceses nostras, universum clerum
» cum omni populo sollicitudini nostræ commisso, Tibi offerimus, dedicamus et consecramus, ut ex illo
» gratiarum fonte omnes indesinenter hauriamus, gustantes et videntes omnibus diebus vitæ nostræ quoniam
» suavis est Dominus, præsertim iis qui ad se pertineant. Serva, enixe tuam precamur misericordiam, serva
» incolumes et in dilectione tua perseverantes quos ad gregis tui custodiam destinasti ; salvum fac populum
» tuum, tibi specialiter consecratum, et benedic hæreditati tuæ. Confirma per gratiam tuam quod operatus
» es in nobis et hoc Concilium, quod tuo inspirante celebravimus, ad omnipotentis Dei honorem, Ecclesiæ
» decus animarumque salutem proficiat et in perpetuum nostræ erga Cor dulcissimum tuum devotionis
» et amoris indefessi monumentum existat. Amen. »

Mgr Laurence, de sainte mémoire, avait déjà rétabli à Tarbes la liturgie Romaine, par un Mandement du 2 février 1849. Mgr Lannéluc, évêque d'Aire, suivit son exemple, en 1852. Mgr de Salinis rétablit le rit Romain à Auch, le 16 novembre 1857. Il eut le bon esprit de faire approuver par Rome un Propre diocésain en l'honneur des saints de la Province. Notre vénérable pontife, Mgr Lacroix, pour lequel l'Église de Bayonne conservera une impérissable reconnaissance, accéda la même année aux désirs du pape Pie IX et au vœu de son clergé. Il rétablit le rit romain et publia à cet effet la lettre pastorale suivante :

---

1. — D'après l'abbé Jouve, en 1856, douze diocèses avaient seuls conservé le rit Romain ; c'étaient Aix, Ajaccio, Avignon, Bordeaux, Cambrai, St-Flour, Marseille, Montpellier, Perpignan, Quimper, Rhodez et Strasbourg ; tous les autres, au nombre de 67, suivaient le Parisien ou un rit particulier : *Du mouvement liturgique en France durant le XIXe siècle*. Paris. Blériot, 1860, p. 27. Rien de plus instructif sur l'anarchie liturgique de cette époque, peu éloignée de nous, que l'ouvrage d'un rédacteur de l'*Univers*, M. du Lac : *La liturgie Romaine et les liturgies françaises*. Paris. Lecoffre, 1849, in-8°. Il se publia alors beaucoup de travaux sur ces questions.

2. — *Institutions liturgiques*, tome II, page 701.

3. — *Concilium Provinciæ Auscitanæ*, pages 93 et 149.

Mandement de Mgr l'Évêque de Bayonne prescrivant l'usage de la liturgie Romaine dans son diocèse.

« François Lacroix, par la miséricorde divine et la grâce du Saint-Siège Apostolique, évêque de Bayonne, au clergé et aux fidèles de notre diocèse, salut et bénédiction en N. S. J.-C.

» Le diocèse de Bayonne, comme la plupart des diocèses de France, avait des livres liturgiques, pour son usage particulier. Ces livres étaient fondés sur la liturgie de l'Eglise Romaine, Mère et Maîtresse de toutes les Églises ; ils exprimaient les mêmes dogmes, retraçaient la même morale, excitaient à la piété et à la ferveur. La différence consistait dans des formes accidentelles, et vous savez d'ailleurs avec quel soin ils avaient été rédigés. Toutefois, l'unité dans ces formes elles-mêmes et une entière conformité avec la liturgie Romaine, étaient le vœu du siège Apostolique, afin que la manière de prier et les cérémonies du culte fussent partout et toujours les mêmes. C'est pourquoi, lorsqu'un tel désir nous a été manifesté par le pontife suprême, nous et nos vénérables collègues dans l'épiscopat, l'avons accueilli avec le plus grand respect et une docilité toute filiale. Le vénérable Chapitre de la cathédrale nous a apporté le témoignage des mêmes sentiments qui sont partagés par tout le clergé du diocèse.

» C'est avec joie et avec bonheur que nous avons déposé aux pieds du Vicaire de Jésus-Christ cette adhésion unanime aux desseins de sa haute sagesse et cette obéissance à son autorité paternelle. Sa Sainteté a daigné nous témoigner, à son tour, combien nos sentiments lui étaient agréables, et combien elle en était satisfaite.

» La Liturgie de l'Eglise Romaine sera donc substituée au rit particulier de notre diocèse et un nouveau lien de conformité avec cette Reine des Églises viendra s'ajouter à tous ceux qui nous tiennent unis à elle par le fond de nos entrailles.

» A ces causes, nous avons ordonné et ordonnons ce qui suit :

» Article premier. — A dater de la prochaine fête de la Circoncision, 1er janvier 1858, la liturgie Romaine pour le Missel, le Bréviaire, le Rituel, le chant et les cérémonies, sera seule en usage dans notre diocèse.

» Article 2. — Le Propre des Saints à l'usage du clergé Romain est adopté, comme faisant partie de l'office et du bréviaire pour notre diocèse, en y joignant l'office de St Léon, évêque de Bayonne, des saints Julien et Galactoire, évêques de Lescar, et de St Grat, évêque d'Oloron, en vertu de la concession qui nous a été faite par N. S. P. le Pape Pie IX, le 5 janvier dernier.

» Article 3. — L'Ordo pour la célébration et la récitation de l'Office divin, que nous avons fait imprimer en conséquence des articles précédents, sera fidèlement suivi.

» Article 4. — Un délai pour l'usage du Missel, du Bréviaire et des chants Romains est accordé aux paroisses qui n'auraient pas pu se procurer, avant l'époque ci-dessus fixée, les livres de la liturgie romaine : mais ce délai ne pourra se prolonger que jusqu'à la prochaine fête de Pâques.

» Article 5. — Et sera notre présent Mandement, lu et publié, au prône de la messe paroissiale, dans toutes les églises et chapelles de notre diocèse, le dimanche qui suivra sa réception, et affiché partout où besoin sera.

» Donné à Bayonne, en notre palais épiscopal, le 6 décembre de l'an de grâce 1857, sous notre seing, le sceau de nos armes, et le contre-seing de notre secrétaire. † François, évêque de Bayonne. Par Mandement de Monseigneur, *Franchistéguy*, chanoine, secrétaire. »

Ainsi se renouèrent avec la sainte Église Romaine les antiques traditions de nos diocèses. Depuis lors, il ne s'élève vers le Ciel qu'une seule et même prière, depuis le Souverain-Pontife jusqu'au plus humble prêtre de nos campagnes. Que Dieu fortifie de plus en plus ces liens si doux entre le Père et ses enfants !

Avant de terminer cette étude, n'oublions pas de saluer la mémoire d'un prêtre qui contribua, plus que tout autre, à la restauration de la liturgie Romaine parmi nous. Nous voulons parler de M. l'abbé Hiriart (1817-1872), mort chanoine et maître des cérémonies du Chapitre de la cathédrale. N'étant encore que simple professeur au Collège d'Oloron, il publia en 1852 un *Livre de Chants divers*[1]. Il disait dans l'Avertissement : « *Le fond du livre est romain...* Convenablement exécutés, les chants de l'Église sont une magnifique déclamation des louanges de Dieu, une humble prière, un concert sur la terre en union des concerts des anges dans le Ciel. Le Ciel ! voilà notre vocation, voilà notre fin... Nos églises, nos saintes cérémonies, nos chants sacrés doivent être le charme de notre exil en cette vallée de larmes, une image de

---

1. — V. sur cet ouvrage un très élogieux article dans la *Voix de la Vérité* du 27 septembre 1852.

notre bonheur éternel ! » La liturgie Romaine, ses chants, ses pompes grandioses furent en effet « le charme » et la passion de sa vie. Lorsqu'il vint à la Cathédrale et qu'il fut chargé de rédiger l'Ordo diocésain, il notait soigneusement chaque année les points les plus importants du culte et les décisions des Congrégations. Il réunit enfin en un corps d'ouvrage ses *Monita liturgica*, livre précieux, qui a été pour le clergé de Bayonne un Manuel de sainte initiation aux vénérables formules Romaines. A tous ces titres, son nom mérite de figurer avec honneur dans notre histoire de la liturgie. Nous savons d'ailleurs qu'il présenta à Mgr Lacroix un *Mémoire en faveur du rétablissement de la liturgie Romaine* et que le saint prélat se laissa convaincre par les solides raisons exposées dans ce travail, malheureusement perdu.

Nous n'avons plus qu'un vœu à exprimer : celui de voir au plus tôt le culte de nos saints locaux refleurir parmi nous. Il est juste que nos lèvres chantent leurs actions héroïques et qu'une terre arrosée de leurs sueurs et de leur sang bénisse leur mémoire et redise leurs nobles vertus. Aux mélodies anciennes s'uniront des harmonies nouvelles, et aux fêtes d'autrefois s'ajouteront les splendeurs de récentes et merveilleuses légendes. Grâce aux pieuses sollicitations des évêques de la province d'Auch, Rome, nous l'espérons, permettra bientôt que sur les bords du Gave et au pied des montagnes Pyrénéennes, à Auch, à Tarbes, à Aire et à Bayonne, le prêtre du Seigneur dise aussi, dans un Office public, les gloires de Notre-Dame de Lourdes. Ce jour sera pour nous un jour de bonheur et de fête ; notre reconnaissance et notre attachement seront plus vifs encore pour le Pontife Romain qui nous aura ainsi donné de pouvoir chanter les prodiges de la grotte de Massabielle !

D'après le *Missel de Bayonne* de 1543.

XVII

ESSAI DE BIBLIOGRAPHIE SUR LES LIVRES LITURGIQUES ET QUELQUES AUTRES LIVRES DE PIÉTÉ OU D'HAGIOGRAPHIE DE NOS TROIS ANCIENS DIOCÈSES. — LITURGIE AUSCITAINE (AUCH, TARBES ET BAYONNE).

os lecteurs seront bien aises de connaître la plupart des livres liturgiques en usage dans nos trois anciens diocèses. Nous avons ajouté dans cette liste, assez incomplète d'ailleurs, quelques livres de piété se rattachant à quelque titre à la liturgie. Nous les avons presque tous examinés nous-même. Nous faisons suivre de cette mention : *Lacaze*, quelques-uns des livres mentionnés par ce bibliographe dans son ouvrage sur les *Imprimeurs et Libraires en Béarn*. Nous n'avons mis ici aucun livre basque, parce que M. J. Vinson va bientôt faire paraître une bibliographie très minutieuse de tous les ouvrages publiés en cette langue.

DIOCÈSE DE LESCAR

Missel imprimé par ordre de Boniface Peruzzi, évêque de Lescar, à Pampelune, en 1496 *(Gallia Christiana*, tome I, col. 129. Edition Palmé).

𝕭reviarium ad usum Ecclesiæ ‖ 𝕴uscurren. 𝕬uctoritate illustris ac 𝕽euerēdi in 𝕏po ‖ patris dñi 𝕴acobi de 𝕱uxo, ejusdem sedis epi in lu ‖ cem prodijt M.D.xlj ‖ Armes de Jacques de Foix.

LIBER ‖ 𝕮onstitutionum Ecclesie et ‖ diocesis 𝕴ascurrensis nuper impressus 𝕻ali ‖ per 𝕵ohannem de 𝕭ingles et ‖ 𝕳enricum 𝕻yper. ‖ M.D.lij. ‖

L'Estat des Eglises ‖ Cathédrales ‖ et Collégiales ‖ où il est amplement traitté ‖ de l'institution des chapitres et chanoines ‖ des offices divins, qu'ils cé ‖ lèbrent au chœur tous les jours, des conditions et qualitez requises en leurs personnes ; de la nécessité, pouvoir, privilège et prééminence de ces ‖ corps en chaque diocèse, ensemble des biens, droicts, et choses tem- ‖ porelles qui appartiennent à leur mense ‖ avec les arrests principaux des ‖ Parlemens et cours souveraines et autres diverses décisions et or ‖ donnances, faittes jusqu'aujourd'hui touchant telles matières. ‖ Œuvre très utile à tous ecclésiastiques ‖ tant séculiers que réguliers ‖ par JEAN DE BORDENAVE, chanoine de Lascar, grand-vicaire et ‖ official métropolitain d'Aux en Navarre et Béarn. ‖ Couronne royale avec cette devise : Noncoronabitur nisi qui legitime certaverit. ‖ A Paris ‖ chez la veuve Mathurin Du Puis, rue Sainct ‖ Jacques, à la Couronne ‖ M.DC. XLIII ‖ Avec privilège du Roy. In-folio de 10 p. non chiffrées - 958 - 12 non chiff. Documents nombreux sur la liturgie.

Instruction ‖ *sur* ‖ *le saint* ‖ *sacrifice* ‖ *de* ‖ *la messe* ‖ *avec des prières*. ‖ Publié par l'ordre de Monseigneur ‖ D'ESCLAUX DE MESPLES, évêque de Lescar, ‖ A Pau, chez Jérôme Dupoux, impri ‖ meur et libraire 1699. ‖ Petit in-8° de 34 p. — Lacaze, p. 162.

Ordo || *divini Officii* || *in ecclesia cathedrali* || *et diœcesi Lascariensi* || *recitandi* || *juxta ritum Breviarii et Missalis Romani* || Illustrissimi ac Reverendissimi DD. Dominici || D'ESCLAUX DE MESPLEZ episcopi Las || cariensis necnon regi a sanctioribus consiliis || etc., jussu editus. || Pro anno Domini MDCCII. || Pascha occurrente 16 aprilis. || Armes || Pali. || Apud Hieronimum Dupoux, typographum || D. Episcopi Lascariensis || MDCCII. || Les ordos de 1702, 1703, 1704, 1706 se trouvent aux Archives B.-P., G. 270.

Supplementa || *ad Breviarium* || *Romanum* || *seu* || *Officia* || *sanctorum quorumdam recentium, in Breviario* || *Romano apponenda*. || Ex mandato SS. DD. N. Urbani VIII. || Alexand. VII. Clementis IX. Clem. X. et || Innoc. XII. || Et jussu Illustriss. ac Reverendiss. D. D.Do || minici D'ESCLAUX DE MESPLEZ Epis || copi Lascariensis, edita || Armes : Parti au 1er d'azur chargé de 3 annelets, 2 et 4 ; au 2e d'argent à 2 fasces d'azur une étoile en chef, une merlette en pointe ? (Les émaux ne se voient pas.) || Pali || Apud Hieronymum Dupoux || typographum D. Episcopi Lascariensis || M.D.CC.V. || In-12 de 302-20 p. ; à la fin, office et messe de St-Vincent de Paul ajoutés.

Les Règles || *et Statuts* || *de la vénérable* || *et dévote confrérie* || *du Très-Saint Sacrement de l'Autel* || *et de la glorieuse Vierge Marie* || Restablie en l'Eglise Cathédrale de Nostre- || Dame de Lascar le 25 de Mars 1627. || Monogramme de la Cie de Jésus. || A Pau || chez Isaac Desbaratz imprimeur || et marchand libraire ordinaire du Roy || à la halle || au sacrifice d'Abraham || s. d., vers 1720, in-18 de 140 p. Exercice ordinaire du chrétien, p. 3. Règles et Statuts, p. 16. Indulgences, p. 41. Office du St Sacrement, litanies de la S. V., réception des Confrères, etc.

Prières || *et cantiques* || *spirituels* || *à l'usage des missions des Pères* || *de la Compagnie de Jésus*. || A Pau || chez Jérôme Dupoux impri- || meur et marchand libraire || M.DCCXXI. || in-4° de 72 p. — Lacaze, p. 165.

Instructions || *et prières* || *pour gagner le Jubilé*, imprimées par ordre de Monseigneur l'Illustrissime et Révérendissime MARTIN DE LA CAS || SAIGNE évêque de Lescar. || Armes : Ecartelé 1 et 4 d'azur au lévrier rampant, 2 et 3 d'or à un fer de lance en abime la pointe en chef, timbré d'une couronne de comte. || A Pau || chez Jérôme Dupoux, imprimeur || de Monseigneur l'Evêque de Lescar. || M.DCCXXII. || Exemplaire incomplet, in-18 de 22-68 p. Bulle du Pape Innocent XIII, p. 1. Mandement de l'évêque, p. 15. Instructions, etc., p. 1 (nouvelle pagination).

Conduite de la Confession || *et de la* || *Communion* || *pour les âmes soigneuses de leur salut*. || Tirée des manuscrits de St F. de Sales. || Imprimée par le commandement de feu || Monseigneur le Prince. || Revue et augmentée de nouveau. || A Pau || chez Isaac Desbarrats || imprimeur ordinaire du Roy || au sacrifice d'Abraham || M.DCCXXII || — Vol. in-16 de 303 p. — Lacaze, p. 138.

Lettre || *pastorale* || *de Monseigneur* || *l'Illustrissime et Révérendissime* || *évêque de Lescar* || *et* || *Sujets* || *des conférences ecclésiastiques* || *pour l'année mil sept cens vingt-sept*. || Armes de Mgr de La Cassaigne : Ecartelé 1 et 4 d'azur et rayé d'un lion passant 3 et 4 d'or à une pique de sable. || A Pau || chez Jérôme et Jean Dupoux, imprimeurs || de Monseigneur l'évêque de Lescar || MDCC XVII. — In-4° de 27 p. sur l'Office divin.

Mandement || *de Monseigneur* || *l'évêque de Lescar* || *au sujet du retranchement et du renvoy de quel* || *ques fêtes au dimanche* || *et de l'interdiction des chapelles domestiques*. || Armes de Mgr de Châlon. || A Pau. || Chez Jean Dupoux, imprimeur de || Monseigneur l'évêque de Lescar || M.DCCXXXIII. || In 4° de 15 p. A la p. 14, liste des fêtes renvoyées au dimanche.

Supplementa || *ad Breviarium* || *Romanum seu* || *Officia sanctorum* || *quorumdam recentium, in Breviario* || *Romano apponenda*. Jussu illustris. et reverendis. Dom. || Dom. MARTINI DE LA CASSAIGNE, episcopi Lascariensis, edita. || Pali || Typis Hieronymi et Joannis || Dupoux, typographorum Episcopi Lascariens. 1728. || In-12 de 11-252 p. — Lacaze, p. 109, et Arch. B.-P., G. 272.

Exercice || *de dévotion* || *au Sacré-Cœur* || *de Jésus* || *avec la préparation à la mort*. || Recueilli à l'usage des demoiselles pensionnaires de Ste Ursule. || A Pau || Chez J. Desbaratz, imprimeur du roi et G. Dugué, proche la Halle || MDCCL. || In-16 de 165 p. — Lacaze, p. 150.

Rituel || *de la* || *province ecclésiastique* || *d'Auch* || *à l'usage du diocèse de Lescar* || Armes de Mgr Hardouin de Châlon : Une fasce d'argent et d'azur de 6 pièces, la 1re fasce d'azur chargée de deux étoiles, la 2e de trois, la 3e d'une, les fasces d'argent chargées : la 1re et la 3e d'une croisette, la 2e de deux. || A Paris || etc. (Comme au Rit. d'Auch.) MDCCLI. || Mandement et table des fêtes, — Incompl. 595 - 1 p. non chif. de « fautes à corriger ».

Instruction sur le Jubilé (Titre manque) de MGR HARDOUIN de Châlon, évêque de Lescar. Mandement du 1er mai 1751. Prières pour le Roi, la Dauphine « et pour la naissance d'un prince », p. 72. — Manque la fin.

Heures || *de* || *prières choisies* || *contenant* || *les Prières du matin et du soir,* || *l'entre* || tien durant la sainte

Messe, la Méthode || pour se confesser et communier, les || Oraisons de la semaine, celle de sainte Brigitte, les Allégresses de la Vierge || et autres Prières chrétiennes || Ensemble || des exercices de dévotion, l'Office de || la Vierge sans renvoi, les Offices et Litanies pour tous les jours de la Semaine, les Vêpres, Hymnes, Proses || et Prières de l'Eglise. || A Pau || chez Jean Dupoux Imprimeur- || Libraire. || M.DCC.LIX. — In-18 de 8 p. non chiff.-511 p. Table de plusieurs p. (Exemplaire incomplet) P. 1. non chif.: Avis au lecteur sur cette nouvelle édition. Table du temps. Calendrier avec les fêtes de St Galactoire, St Julien et St Grat. Offices de la Ste V., du St Esprit, du St Sacrement, de la Ste Croix, de la Conception et des Morts. Parmi les litanies, on remarque celles de St Grat, p. 493, de Ste Anne, p. 499, de St Joseph, et du S. C. de Jésus. Tout en français.

Noëls choisis, corrigés, augmentés et nouvellement composés sur les airs les plus agréables, les plus connus et les plus en vogue dans la Province de Béarn. Par noble HENRI D'ANDICHON, ci-devant curé d'Aucanville, diocèse de Toulouse, archiprêtre de Lembeye, diocèse de Lescar, prieur de Saint-Martin de Mancour, diocèse d'Agen. Pau, G. Dugué et I. Desbarats, s. d. Vers 1760. In-12. — Lacaze, p. 151.

Ordo divini officii recitandi missæque celebrandæ in ecclesia Cathedrali et diœcesi Lascariensi, per annum MDCCLXVII, jussu et auctorite Illustrissimi ac Reverendissimi in Christo Patris D. D. MARCI ANTONII DE NOE, Episcopi et Domini Lascariensis, regi ab omnibus consiliis, editus. Pali. Sumptibus Joannis Petri Morlanne. MDCCLXVII. Petit in-8° de 59 p. — Lacaze, p. 262.

Le même pour l'année 1775. In-18 de 75 p. « Pali. Typis J. P. Vignancour, typographi regii et diœcesis Lascariensis.» Sans titre. Table du temps, fêtes mobiles, Quatre-Temps, temps des noces. Le jeûne prescrit la veille de la fête des apôtres (sauf SS. Pierre et Paul) et de S. Laurent, est supprimé. Fêtes et jeûnes de précepte, p. 4. Notanda, pour les messes votives, etc. p. 5. Nécrologe, p. 54.

Règlemens || *pour les confrères* || *de Notre-Dame* || *des agonisans* || *pénitens gris.* || Avec quelques instructions sur l'origine des || confréries, sur les Indulgences, sur les || avantages et particularités de celle de N. D. des agonisans, sur l'établissement des || pénitens gris || avec un abrégé de la vie || de St Bonaventure, patron de || ceux-ci et un petit recueil des exercices || pour les confrères et confréresses établis dans le couvent de la régu || lière Observance de St François || de la ville de Pau. || 1768. Jérôme Dupoux. || In-4° de 84 p. — Lacaze, p. 145.

Instructions || *sur les Indulgences* || *et le* || *Jubilé.* || Armes de Mgr de Noé : Ecu rond losangé, sommé d'une couronne de marquis. || A Pau || Chez J. P. Vignancour || Imprimeur du Roi et de Monseigneur l'évêque || M.DCC.LXX. || In-18 de 37 p. Prières pour la procession, p. 22. Oraisons pour le roi, etc.

Exercice de dévotion à l'usage des demoiselles pensionnaires de Notre-Dame de Pau. Vignancour, 1780. — Lacaze, p. 179.

Les règles || *et statuts* || *de la vénérable* || *et dévote confrérie* || *du Très Saint Sacrement de l'autel, et* || *de la glorieuse Vierge Marie* || rétablis en l'église cathédrale de Notre- || Dame de Lescar, le 25 mars 1627. || Propre pour toutes les églises où lad. Frérie || est établie. || Se vend à Pau || chez Pierre Daumon, seul imprimeur du Roi et du Parlement, vis-à-vis de l'Hôtel || de Ville, 1770. || In-12 de 68 p. Incomplet. Prières liturgiques, p. 49. Tables, p. 68.

Règlements et statuts pour les confrères de Notre-Dame des agonisants pénitens gris, établis dans le couvent de la régulière Observance de St François. Vignancour. Pau. 1781. In-12 de 128 pages. — Lacaze, p. 181.

Histoire de la chapelle de Notre-Dame de Piétat, sise au lieu de Pardies, près Nay, faite en 1781 par le sieur JEAN BONNECAZE, prêtre du dit lieu et curé d'Angos. In-8° de 63 p. Dédicace à la Ste Vierge, p. 2. Bénédiction du scapulaire, p. 38. Missa nostræ Dominæ Pietatis per Papam Sixtum quartum edita 1473. Cette note à la fin : « Cette messe avec d'autres fut approuvée par le pape Paul V, en 1631, copiée du Messel dudit Pontife, des Messes votives à la fin du missel, p. 31 ». Cantiques, p. 48.

Heures || *à l'usage* || *de la Congrégation* || *des Bourgeois et artisans* || *de la Ville de Pau.* || Sceau de la Congrég.: M. A. entrelacés et surmontés d'une couronne. || A Pau || De l'Imprimerie de J. P. Vignancour || Imprimeur du Roi et du Parlement. || M.DCC.LXXXIV, || in-18 de 580 p. Hymnes que l'on chante pendant la procession de St Jean-Baptiste qui se fait des Jésuites au Couvent de la Foi, de la Foi à St Martin, de St M. à Ste Ursule, de Ste Urs. au Collège, p. 302. Hommage au S. C. de Jésus, p. 570. Prières des auteurs de ce livre à J. C. « pour enflamer les cœurs des Confrères » : 14 vers, p. 573. grav. sur bois, pp. 574 et 580.

Statuts || *et règlemens* || *de la* || *Congrégation* || *des Bourgeois et Artisans* || *de la Ville de Pau.* || Sceau de la Congrégation. || A Pau || de l'Imprimerie de J. P. Vignancour || Imprimeur du Roi et du Parlement. || M.DCC.LXXXIV. || In-18 de 11-64 p. Au revers du titre : grav. sur bois représentant l'Assomption. Table des règlemens, p. 1. Ordonnance de Mgr de Noé, du 28 Janvier 1779, p. 1. Requête sur les Processions, p. 4. Statuts, p. 7. Délibération du 18 Mai 1779 pour un nouveau règlement, p. 41. Requête au Parlement, p. 47. Arrêt conforme, p. 51. Requête à Mgr de Noé, pour les Indulgences, p. 53. Indulgences, p. 54. Règles générales pour les réceptions, p. 57. Instruction sur les solennités de la Congrégation, p. 61. Observations sur la fondation et le rétablissement de la Congrégation, p. 62. Elle devait son origine à une mission des Jésuites en 1693; réunions au Collège; interruption de 1763 à 1778; direction des Bénédictins de St Maur, depuis 1779. — Aujourd'hui à la paroisse St-Jacques.

Petit livre || *d'Eglise* || contenant toutes les vêpres, complies || et processions de l'année; tous les offi || ces pour la sépulture des morts, autres || prières et cérémonies de l'Eglise. || Ensemble un recueil de réflexions et prières || chrétiennes en françois, pour passer saintem^t || la vie et pour se disposer à bien mourir || conforme à l'ancienne édition. || On trouvera de plus à la fin de ce livre, la || Messe de l'Ascension et les Epîtres de ces || principales Fêtes, en latin, pour la commodité des laïques qui les chantent ordinairement || dans les petites paroisses. || Se vend à Pau || chez Tonnet, imprimeur-libraire || M.DCCC.IV. || In-18 de 436-vii p. Fêtes mobiles et Calend. non chiff. p. 1-17. Recueil de Réflexions, p. 1. Prières diverses. Messe de l'Ascension, p. i-vii. Table des matières, 9 p. non chiff. — Nous avons retrouvé la 1re édition, mais sans titre et sans date. Imprimées toutes deux avec les mêmes caractères, elles offrent des différences bien marquées dans la 1re partie, à l'ordinaire de la messe, et pour la disposition des prières, etc. Depuis la p. 84 les textes sont identiques. Par une singulière erreur de pagination, la 1re édition porte p. 392, *313, 314*, etc. jusqu'à *327* au lieu de *437*. Quelques différences de texte à la fin. Curieuse bénédiction des « herbes de St Jean », p. 370.

Les règles et statuts de la vénérable et dévote confrérie du Très-Saint-Sacrement de l'autel et de la glorieuse Vierge Marie établie dans l'église de Saint-Martin à Pau. Véronèse. Pau. 1806. In-16 de 31 p. — Lacaze, p. 224.

Les || *Règlemens* || *et Statuts* || *de la Congrégation* || *des dames de la charité* || *établie à Pau l'année 1640* || A Pau || chez P. Véronèse, Imp. lib. || MDCCCVI || In-18 de 23 p. Texte de l'approbation de Jean-Henri de Salettes, évêque de Lescar, du 1er janvier 1641, et de Mgr Loison, évêque de Bayonne, du 12 février 1806, page 13. Lettre de M. Emery, curé de Pau, du 18 juin 1804, au cardinal Caprara, et réponse favorable de celui-ci au sujet des Indulgences.

Exercice || *de dévotion* || *à l'usage des demoiselles* || *pensionnaires* || contenant des prières choisies || pour entendre la sainte messe || pour la confession et || pour la || communion avec une méthode || pour se préparer à la mort || augmenté des Offices qui le || rendent propre à tout le monde || A Pau, chez Tonnet || imprimeur-libraire || In-18 de 432 p. En face du titre, approbation de l'évêque de Bayonne, du 8 avril 1815. Calendrier avec les SS. du pays, p. 4. Réédition d'un vieux manuel pour les élèves de Ste-Ursule.

Homélie || *sur* || *Saint Julien* || *premier évêque de Lescar* || *au commencement du ve siècle* || prononcée || le jour de la fête patronale || 21 août 1856 || par M. l'abbé L. P. LAPLACE || Pau || Imprimerie et lithographie de E. Vignancour || 1857. || In 8° de 11-51 p. Notes et légendes, p. 41.

Monographie || *de* || *Notre Dame de Lescar* || précédée d'une dissertation sur Bencharnum || et suivie des || offices de St Léonce, St Julien, St Galactoire || par M. l'abbé L. P. LAPLACE || curé de Bassillon || Deux vers : Virginis intactæ, etc. || Pau || Imprimerie et lithographie de E. Vignancour || 1863. || In-12 de 245 p. Offices et légendes, p. 201.

Etude historique || *sur* || *St Galactoire* || *évêque de Lescar* || par HILARION BARTHETY. || Armes de Lescar : de gueules à un croissant d'argent surmonté d'une étoile d'or. || Pau. || Léon Ribaut, libraire-éditeur || MDCCCLXXVIII || In-12 de 42 p. Détails sur les reliques de St Galactoire et de St Julien.

DIOCÈSE D'OLORON

Breuiarium secundum ritum insignis **Ecclesie Oloronensis**, in suum ordinem et ad debitam formam redactum, jussu et authoritate Reverendi in Christo Patris Domini Jacobi de Fuxo, eiusdem Ecclesie episcopi, quam accuratissime fieri potuit, cum novis rubricis et cum fideli emendatione. Ad laudem Dei et honorem gloriose Virginis Marie, totiusque Ecclesie celestis. (Lugduni, 1525.)—Arch. du Grand Séminaire d'Auch. 15e Mémoire imprimé, p. 1 et 3. Dossier sur St Grat. Il y avait encore plusieurs exemplaires à Oloron, au siècle dernier, de ce livre extrêmement précieux et introuvable.

Rituel || *Romain* || du Pape PAUL V || nouvellement traduit || en françois et mis en ordre de l'autorité de Monsei || gneur l'Illustrissime et révérendissime Arnaud- || François de Maytie, évesque et seigneur || d'Oloron pour l'usage de son diocèse || Auquel sont insérées des exhortations pour l'administra- || tion des sacremens et assistance des malades, plusieurs || remarques et cérémonies prises du Pontifical, céré || monial, missel, commentaires sur les rubriques et autres auteurs. || Avec plusieurs additions pour || la plus grande instruction et commodité des curez et vicaires. || Grav. sur bois : St Pierre et St Paul. || A Toulouse || chez Guillaume-Louis Colomiez et Jérôme Posuel || Imprimeurs du Roy, du Clergé et de la Ville || M.DC.LXXIX. || Titre rouge et noir. In-8° de 14 pages non chiff. - 440 p. — Mandement de Mgr de Maytie. Calendrier des fêtes ; les fiançailles ; Bref de Paul V du 17 juin 1614. Table des matières. — Table des additions : 14 p. n. chiff. — A la page 355, ce titre : Additions || au || Rituel Romain || tirées du Pontifical || Cérémonial des Evesques || Rituel de Tolose || et autres Rituels approuvés. || Corbeille de fleurs. || A Tolose || chez la veuve Arnaud Colomiez imprimeur || du Roy et du Clergé, proche l'église de Nostre Dame du Taur || M.D.C.LXXX. || Dernière p.: Approbation par les docteurs du Rituel nouvellement traduit en français, avec des additions « par Monsieur de Peyronet, docteur en théologie et curé de l'église du Taur » 27 août 1670. — Ce Rituel devait être commun à toute la province d'Auch, à cause du « formulaire du Prosne » envoyé par l'archevêque Lamothe-Houdancourt à ses suffragans. || Les Rubriques sont en français.

Les Ordonnances || *et* || *instructions* || *synodales* || *faites par Monseigneur* || *l'Illustrissime et Révérendissime évêque d'Oloron pour le clergé de son* || *diocèse* || *publiées dans son dernier synode de l'année 1686* || *à Pau* || chez Jean Desbaratz imprimeur et marchand libraire ordinaire du Roy || M.DC.LXXXVI. || Mandement en tête. In-4° de 1-100 p. — Lacaze, p. 124.

Officium proprium || *sancti Grati* || *Episcopi Olorensis* || *totius diocœsis Patroni* || quod celebratur die XIX° Octobris || Armes de Mgr Joseph de Révol : D'argent à 3 trèfles de sinople, 2 et 1, surmonté d'une couronne comtale. Pali. || Apud Hieronimum Dupoux typo- || graphum D. D. Episcopi Oloronensis. || MDCCXI. || In-12 de 3 p. non chiffr. - 49 p. Mandement latin. Litanies de St Grat, p. 41.

Censure de Monseigneur l'Illustrissime et Révérendissime évêque d'Oloron contre certaines antiennes d'un vieil office de Saint Grat, patron du diocèse. 15 septembre 1712 (par Monseigneur Joseph de Révol). In-4° de 7 p.

Dossier de nombreux Mémoires imprimés pour l'évêque d'Oloron, Mgr Joseph de Révol, et le chapitre, dans le procès de l'office de St Grat, au Grand Séminaire d'Auch. — Papiers de M. d'Aignan du Sendat.

Pièces authentiques || *par lesquelles est prouvée d'une manière à n'en pouvoir* || *douter la légende de Saint Grat évêque d'Oloron con-* || *tenue dans le nouvel office du saint* || *avec quelques courtes réflexions tant sur ladite légende* || *que sur lesdites pièces.* || Le tout imprimé par ordre de Monseigneur l'Illustrissime et Révérendissime || JOSEPH DE RÉVOL, évêque d'Oloron. || Armes. || A Pau || chez Jérôme Dupoux, imprimeur et marchand libraire || MDCCXII || In-8° de 17 p. Nouvelle légende latine avec la traduction française, p. 1. Extrait du procès-verbal de visite de la cathédrale, du 12 au 30 janvier 1710, et découverte des reliques, p. 5. Procédure de l'évêque de Jacca attestant que le corps de St Grat y avait été transporté sous le Protestantisme, p. 8. Réflexions sur la nouvelle légende, p. 15.

Livre des statuts du chapitre d'Oloron. Imprimé, même dossier. Les chanoines étaient de l'Ordre de St Augustin « dont ils observaient les constitutions comme il paroît par l'ancien bréviaire ».

Recueil || *des* || *anciennes* || *et* || *nouvelles* || *Ordonnances* || *du diocèse d'Oloron* || Imprimé par ordre de Monseigneur l'Il- || lustrissime et Révérendissime JOSEPH || DE RÉVOL, évêque d'Oloron. || Armes de Mgr J. de Révol. || A Pau || chez Jérôme Dupoux, imprimeur de || Monseigneur l'évêque d'Oloron. || M.DCC.XII. || En deux parties : 1° 93 p. ; 2° 249 p. plus Tables et Privilège, 6 p. non chiff. — 1re Partie. Mandement p. 3. Ordonnances très remarquables de Mgr François Charles de Salettes de 1686, pp. 1-93. — 2e Partie. Recueil || de || Mandemens et Ordonnances || de Monseigneur || l'Illustrissime et Révérendissime || Joseph de Révol || évêque d'Oloron. || Ordonnance sur l'assistance aux offices de la Paroisse. p. 60 ; — des cas réservés, p. 62 ; — des fêtes commandées, p. 120.

Instructions, pratiques et prières à l'usage des personnes de l'un et l'autre sexe, reçues dans la confrérie du Sacré-Cœur de Marie, érigée par Monseigneur l'Illustrissime et Révérendissime Messire FRANÇOIS DE RÉVOL, évêque d'Oloron, dans son Eglise Cathédrale de Ste-Marie en 1747. In-18 de 58 p. G. Dugué et Desbarats. — Lacaze, p. 150 et p. 215.

Rituel || *de la* || *Province Ecclésiastique* || *d'Auch* || *à l'usage* || *du diocèse d'Oloron.* || Armes de Mgr de Montillet. || A Paris, etc. || M.DCCLI || Grand in-8° de pp. VIII-595-1 de fautes à corriger. Mandement de l'archev. d'Auch.

Ordonnances || *synodales* || *et* || *Règlemens du diocèse* || *d'Oloron* || par Mgr l'Illustrissime et Révérendis- || sime FRANÇOIS DE RÉVOL || évêque d'Oloron || Armes. || A Pau || chez J. Desbaratz et G. Dugué, Imprimeurs de Monseigneur l'évêque d'Oloron || M.DCC.LIII || 2 vol. in-12. — 1er Vol. Table, 3 p. non chiff.-IX-214 p.

Errata, 1 p. — Mandement, p. III. — Du Cathéchisme, p. 142. De la messe de paroisse et des vêpres, p. 148. Cas réservés, p. 188. — 2ᵉ Vol. 4 p. non chiff.-268 p.-2 p. d'errata. — Des confréries, p. 28. — De la Sanctification des dimanches et fêtes, p. 75. Calendrier, p. 90. — A la fin 1 p. non chiff. Modèle de lettre de pouvoirs ecclésiastiques.

Cantiques spirituels, imprimés par ordre de Monseigneur DE RÉVOL, évêque d'Oloron, à Pau, chez J. P. Vignancour. M.DCC.LXV, petit in-8° de 143-IV p. — Lacaze, p. 292.

Officia || *propria* || *sacratissimorum Cordium* || *Christi Jesu* || *Beatæ Mariæ Virginis* || *et sancti Grati* || *Episcopi Oloronensis*, || *totius diœcesis Patroni*. || Armes de Mgr François de Révol. || Tolosæ || Ex typographia Josephi Dalles || sub signo artium et scientiarum || M.DCC.LXXII. || — In-12 de VI-78 p. Mandement latin de Mgr de Révol I-VI. Office du S.-C. de Marie, p. 31. Solemnité du Cœur de Jésus, p. 34. Office de St Grat. Mandement de Mgr Joseph de Révol du 20 mars 1711, p. 38. Office, p. 41. Proses notées des offices du S.-C. de Jésus et de Marie, p. 76.

Mandatum || *DD.* || *Episcopi Oloronensis* || *de Casibus et censuris in sua diocesi* || *reservatis et de ordine servando in pœnitentiæ* || *sacramenti administratione.* || Armes. || Pali || typis P. Daumon, solus typographus || regis et diœcesis Oloronensis || 1785. In-12 de 109-3 p. non chiff. Errata de 1 p.

Mgr de Villoutreix de Faye publia à cette époque des *Ordonnances synodales* que nous n'avons pas pu consulter. (Sacristie de Ste-Croix d'Oloron.)

Ordo divini Officii recitandi, missæque celebrandæ, per singulos dies anni Domini M.DCC.LXXXIX Jussu illustrissimi et Reverendissimi in Christo Patris. DD. JOANNIS BAPTISTÆ DE VILLOUTREIX DE FAYE, Episcopi Oloronensis Regi ab omnibus consiliis editus. Pascha occurente die 12 Aprilis. Pali, Typis J. P. Vignancour typographi Diœcesis Oloronensis. — Petit in-8° de 51 p. Lacaze, p. 185.

Ordo divini officii recitandi missæque celebrandæ, juxta breviarium et missale romanum. In tota diœcesi imorum Pyrenœorum, pro anno Domini M.DCC.XCIII. Annuente B. J. B. SANADON, hujus diœc. Episc. Pascha occurente die 31 martii. Pali, Typis J. P. Vignancour, typographi imorum Pyrenœorum, Reipublicæ primo. — Petit in-8° de 56 p. qui porte en tête de la 9ᵉ page la date suivante : 1793 et Gallicanæ reipublicæ 2 ; il est terminé par une page non numérotée contenant le Nécrologe des prêtres décédés dans le diocèse pendant l'année 1792. Lacaze, ibid. p. 186.

Breve diocesis imorum Pyrenœorum juxta ritum breviarii et missalis romani, pro anno Christi 1802 et Reipublicæ decimo. Pascha occurente die 18 Aprilis Pali, apud J. P. Vignancour, typographum cleri diœcesis imorum Pyrenœorum. — Petit in-8° de 64 p. Lacaze, p. 292.

Cantiques spirituels, imprimés par ordre de Monseigneur FRANÇOIS DE RÉVOL, évêque d'Oloron, à l'usage de son diocèse. A Pau, de l'imprimerie de J. P. Vignancour, imprimeur de Monseigneur l'Evèque d'Oloron, 1796. — Lacaze, p. 186.

ANCIEN ET NOUVEAU DIOCÈSE DE BAYONNE

ℂ 𝔖tatuta synodalia || 𝔅aion.diocesis auctoritate 𝔎everedi i 𝔛po || patris dni dni 𝔖tephani de 𝔓onchier 𝔅ei || et sancte sedis aplice gratia 𝔅aion. 𝔈piscopi || die undecima mensis 𝔍unii anno 𝔇omini || millesimo quingentesimo || tertio || edita et publicata. || Armes : Ecu à un chevron de sable accompagné de 3 coquilles au naturel, 2 en chef, 1 en pointe, une figure humaine au sommet de l'angle intérieur du chevron : le tout surmonté d'une mitre à dextre et d'une crosse à senestre. — In-4° carré. Basane usée, xlviii ff. Voir description complète et extraits au ch. IV.

𝔐issale ad usum || ecclesie cathedralis 𝔅aiocensis || jussu ac authoritate 𝔎. 𝔓utris 𝔇ni 𝔖tephani de 𝔓on || cher eiusdem ecclesie episcopi diligenter emendatum || auctum et recognitum. 𝔔ui recens accessit sextorum || mobilium atqa nouillum nionum per aureum numerum 𝔣u || citis ac exacta supputatio. || Armes || 𝔍mpressum 𝔓arisiis per 𝔍o || hannem 𝔎uerbriand alias 𝔍u || guelin sumplibus 𝔎eginaldi || 𝔏hauldière jurati 𝔅aiuersi || tatis 𝔅ibliopole || MDXLII. || V. la description complète au chap. VIII.

Statuta || *Synodalia* || per illustrissimum et reverendissimum D. D. || IOANNEM D'OLCE || episcopum Bayonnensem || edita || et in publico beneficiariorum alio || rumque Ecclesiasticorum ad synodum || vocatorum consessu lecta et || publicata || Die martis quarta mensis maii : anno millesimo || sexcentesimo sexagesimo sexto || Armes : d'argent à 3 chevrons cantonnés à dextre d'une étoile et chargé d'une vache passante en pointe. || Bayonnæ || Apud Stephanum Bertier nostrum typographum || M.DC.LXVI. || In-12 de VI non chiff. 165 - 2 pag. non chiff. « Illustrissimi et Rev. DD. Joannis d'Olce Episcopi Bayonnensis ad suum Clerum

Missale ad vsum

ecclesie cathedralis Baiocensis
Iussu ac authoritate R. Patris Dñi Stephani de Poncher/ eiusdem ecclesie Episcopi diligenter emendatum/ auctum et recognitum. ¶ Cui recens accessit festorum mobilium:atq̃ nouiluniorum per aureum numerum/ facilis ac exacta supputatio.

¶ Impressum Parisijs per Johannẽ Kaerbriand alias Huguelin/ sumptibus Reginaldi Chauldiere/ iurati Uniuersitatis Bibliopole,

M. D. xliij.

prologus. » p. I.-VI non chif. « Cap. XV de Festorum observatione » p. 49. « Tabula Titulorum » à la fin (Bibl. de Bayonne).

Second || *catéchisme* || *du diocèse* || *de Bayonne* || *pour les enfans que l'on prépare* || *à la communion* || imprimé par ordre de Monseigneur l'Illustris || sime et Révérendissime Pierre-Guillaume || de Lavieuxville || évêque de Bayonne || pour être seul enseigné dans son diocèse. || Armes : de gueules à un lion rampant d'argent, l'écu surmonté d'une couronne de marquis. || A Bayonne || chez P. Fauvet, père, imprimeur de Monsei || gneur l'évêque, rue Orbe || M.DCC.XXXIII. || Avec permission. Petit in-12 de 430 p. — Mandement, p. 2. « Pour la fête de St Léon, patron de la ville et du diocèse de Bayonne, le 1 de mars » p. 386 - 394.

Ordonnances || *synodales* || *du diocèse* || *de Bayonne* || publiées par Monseigneur l'Illustrissime || et Révérendissime Messire Guillaume || d'Arche, évêque de Bayonne || Dans son synode, tenu le 12 mars 1749 || Armes : d'azur à une arche flottante d'argent surmontée d'une colombe portant un rameau dans son bec ; le tout sommé d'une couronne comtale. || A Bayonne || De l'Imprimerie de la veuve Fauvet || et Jean Fauvet, imprimeurs du || Roy, de Monseigneur l'évêque et || de la Ville. || MD.CC.XLIX. || In-12. 6 p. non ch. - 72 p. Mandement de l'évêque (p. 1). Livres que doivent avoir les Ecclésiastiques, p. 4. Du rituel, p. 26.

Mandement || *de Monseigneur* || *l'évêque de Bayonne* || *touchant les Fêtes* || *de son diocèse*. || A Bayonne. De l'imprimerie de la veuve Fauvet, à la dernière page. In-4° de 7 p. 9 juillet 1754. Arch. B.-P., G. 154.

Statuts || *de la* || *dévote confrérie* || *du Très Saint Sacrement* || *de l'autel* || érigée en l'église cathédrale Notre || Dame de Bayonne || autorisés par Monseigneur l'Illustrissime et Révé || rendissime Messire Jean Dolce, évêque || de Bayonne, par son ordonnance donnée l'année || 1661 || Bois représentant un rectangle fleuronné et au centre le monogramme I H S. || A d'Acqs || de l'imprimerie de Roger Leclercq || marchand libraire || s. d. In-18 de 62 p. Au revers du frontispiece : deux anges adorateurs devant le St-Sacrement. Bois défectueux. Ordonnance de Mgr d'Olce, p. 2. Statuts, p. 5. Indulgences, p. 13, p. 37. Oraison latine de St Léon. Lætetur Ecclesia, p. 37. Ordonnance de Mgr d'Arche du 27 mars 1755, p. 61.

Instructions || *et* || *prières* || *pour l'Adoration* || *perpétuelle du Très Saint* || *Sacrement de l'autel* || établie dans l'église Notre-Dame || de Bayonne, sous l'autorité de Monseig || neur l'Illustrissime et Révérendissime || Jean Dolce, évêque de Bayonne || Tirées des meilleurs auteurs qui ont traité de || cette matière. || Corbeille de fleurs : bois. || A Dacqs || De l'imprimerie de Roger Leclercq || Marchand libraire || s. d. In-18 de 34 p.

Statuts || *de la dévote* || *confrairie* || *du* || *Sacré Cœur* || *de Jésus* || érigée dans l'église || des religieuses de la Visitation Ste || Marie, par Monseigneur l'Illustris- || sime et Révérendissime Guillaume || d'Arghe (sic) évêque de Bayonne || et enrichie de plusieurs indulgences || par N. S. P. le Pape Clément XIII || avec des prières pour exciter les confrères à l'amour || et à la confiance envers ce divin Cœur. || A Bayonne || chez Pierre Fauvet, imprimeur || du Roi, de Mgr l'évêque et de la || Ville près les Carmes. || MDCCLXII. || In-18 de xiii - 48 - 24 p. avec d'autres prières reliées dans le même livre. — Bref d'indulgences, p. i. Statuts, p. ix. Office du S. C., p. 21.

Cantiques spirituels || *pour* || *les Missions* || *à l'usage* || *des RR. PP. missionaires capucins de la province de Guienne*. || A Dax, || chez Bernard Ducos, libraire, près la || Place Cathédrale. || M.DCC.LXXXVII. || In-18 de 106 p. Cantiques gascouns (ou plutôt béarnais) p. 89.

Instruction pastorale || *de Monsieur l'évêque de Bayonne* || Sur les fêtes, le son des cloches et la réunion || des Ecclésiastiques || In-fol. de 8 p. Du 16 février 1803 (Bibl. de Bayonne).

Publication || *d'indulgence plénière* || *en forme de jubilé* || accordée par notre S. P. le Pape Pie VII à || l'occasion de la paix rendue à l'Eglise de || France et du rétablissement du culte public || de la Religion catholique || avec les prières qu'il faut faire aux visites || des Eglises. || Par l'ordre de M. Joseph-Jacques Loison || évêque de Bayonne. || Armes. || A Bayonne || Chez Cluzeau frères, imprimeur de M. l'évêque et || du Clergé, rue Orbe, n° 9. || 1804 — an XIII || In-12 de (78) p. Litanies avec les noms des SS. régionaux, p. 46.

Indulgence || *plénière* || *en forme de jubilé* || En sous-titre. Publication d'Indulgence plénière || en forme de jubilé. || Accordée par N. S. le Pape Pie VII, à l'occasion de la paix rendue à l'Eglise de || France, et du rétablissement du culte public || de la religion catholique || avec les prières qu'il faut faire aux visites || des églises || Par l'ordre de M. Joseph-Jacques Loison || évêque de Bayonne || Chiffre : deux J. et un L. entrelacés. || A Bayonne || Chez Cluzeau, frères, imprimeurs de M. l'évêque et || du Clergé, rue Orbe, n° 9 || 1804 — an XIII. — In-18 de 78 p. Au revers du sous-titre : Christ, mauv. gravure sur bois. Mandement du card. Caprara, p. 1 ; de Mgr Loison, p. 9. Instruction sur le jubilé, p. 33. Prières, litanies. Prières pour l'Empereur, p. 69.

Statuts || *de la* || *dévote confrérie* || *du* || *Très Saint Sacrement* || *de l'autel* || érigée en l'église cathédrale || Notre Dame de Bayonne || Autorisés par Mgr l'Illustrissime || et Révérendissime Messire Jean || Dolce, évêque de Bayonne, par || son Ordonnance donnée l'an 1661 || Et renouvelés par Monseigneur J. G. || Loison, évêque de Bayonne, le || 22 avril 1866 || A Bayonne || De l'imprimerie de Cluzeau frères || rue Orbe, n° 9. || S. d. In-12 de 132 p. Mandements de Mgr d'Olce et de Mgr Loison. Office du St-Sacrement. Indulgences. L'origine de l'Adoration perpétuelle, p. 82.

Exercices || *spirituels* || *du Chrétien* || contenant tout ce qu'il doit pratiquer soit || dans l'intérieur de sa famille, soit dans || les églises, lorsqu'il assistera aux offices || de sa paroisse, ou qu'il viendra fréquenter || les sacrements || suivi des prières et exercices propres aux || diverses confréries établies dans la ville de Pau || et autres lieux du diocèse || A Pau, chez G° Sisos, imp.-lib. || rue de la Préfecture, n° 13 — 1807 || Par permission de Mgr l'évêque. || In-12 de (8) pages 1 non chiff. - V - 658 - XIV. Avant-propos très intéressant, p. 1. « Tout le monde sait que dans les jours de désolation par lesquels nous avons passé, les livres d'Eglise furent proscrits par le libertinage et l'impiété, alors tout puissans. Les bûchers des places publiques, la frayeur dont on remplissait toutes les âmes, en criant au fanatisme, en fit périr considérablement dans les magasins de librairie et dans les maisons des particuliers... Les Pseaumes ont été [pris] de M. de La Harpe. L'Ordinaire de la messe, les Epîtres, les Evangiles, les Oraisons, les Hymnes, etc., ont été copiés sur les usages de Paris et sur les Heures les plus récentes... » Signé J. J. G. B. P. C. de P. (E) éditeur. Jean-Jacques. G. Baradère curé de Pau-Est. — Congrégation des bourgeois et artisans sous la double invocation de la Ste V. et de St Jean-Baptiste, p. 564.

« *Cantiques spirituels pour les missions, à l'usage des nouveaux missionnaires de Bétharram*, à Pau, chez P. Véronèse, imprimeur de la Préfecture. In-8° de 95 p. contenant depuis la p. 88 des cantiques en gascon, au nombre de 7. » S. d. Lacaze, p. 226.

Le Petit Livre || *de* || *St Léon* || Se vend à Bayonne || chez Léon-Martin Cluzeau || Place Cathédrale n° 13 || In-12 de 220 p. s. d. Après la table sur la dernière page on lit : A Pau || De l'imprimerie de Vignancour avocat || imprimeur du Roi. ||

Le même livre, même format, avec une estampe sur bois représentant St Léon tenant sa tête entre ses mains. — Se vend à Bayonne || chez Fauvet jeune, imprimeur libraire || rue Pont || Majour n° 13. ||

Instruction || *et* || *prières* || *pour* || *le jubilé de l'année sainte* || *en 1826* || imprimées par ordre de Mgr l'évêque de || Bayonne || (Prix : soixante centimes) || Armes : d'azur à 3 étoiles d'argent 2 et 1 || Bayonne || De l'imprimerie de Duhart-Fauvet, imprimeur || de Mgr l'évêque et du clergé || Et se vend chez Bonzom, marchand libraire || rue Pont-Mayou, n° 18. || In-12 de plus de 96 p. (Incomplet.) Bulle de Léon XII, p. 1. Mandement de Mgr d'Astros, p. 23. Instruction sur le jubilé, p. 43. Prières, litanies. — Cantiques, p. 93.

Statuts || *synodaux* || *du* || *diocèse de Bayonne* || publiés || dans le synode général || tenu le 15 septembre 1829, par Mgr l'Illustrissime et Révérendissime || Paul-Thérèse David d'Astros || évêque de Bayonne || Armes : d'azur à 3 étoiles d'argent, 2 et 1. || Bayonne || De l'imprimerie de Duhart-Fauvet, imprimeur || de Mgr l'évêque et du clergé || Avril — 1830 || In-8 de 362 p. De la messe, du dimanche, du prône, des vêpres, des processions, pages 35-75.

Petit Manuel || *des* || *Curés pour* || *le diocèse de Bayonne* || Armes. || Bayonne || de l'Imprimerie de Duhart-Fauvet || Imprimeur || de Mgr l'Evêque et du Clergé || M.DCCC.XXVIII. || In-12 de 2 p. non chiff.-175. Table. Avis, p. 1. Règles à suivre dans l'administration du Sacrement de Pénitence, pp. 8-103. Cas réservés, p. 103. Extrait de l'Ordonn. du 18 Sept. 1821, qui divise le diocèse, p. 126. Dispenses de mariages, p. 139. Enquêtes sur les baptêmes, p. 147. Des premières communions, p. 150.

Neuvaine || *en l'honneur* || *de* || *Saint-Martin* || Bois : anges adorateurs. || A Pau || Imprimerie de E. Vignancourt, imprimeur-libraire || In-18 de 15 p. Vie de St Martin, p. 3. Litanies de S. M., p. 12. Approbation de Mgr d'Arbou, 29 octobre 1833, p. 15.

Instructions || *méthode et pratiques*, || *à l'usage de l'association* || *du Sacré-Cœur de Jésus*, || canoniquement établie dans l'église paroissiale || de St-Jacques (de Pau) et unie à sa prin || cipale érigée à Rome, dans l'église Ste-Marie du Pin, vulgairement dite in Ca- || pella, en vertu d'un diplôme, sous la || date du 15 novembre 1818, approuvée par || Mgr l'évêque de Bayonne || Pau || Imp. Tonnet || 1846 || In-18 de 168 p.

Concilium || *Provinciæ* || *Auscitanæ* || *in civitate Metropolitana* || celebratum || anno Domini M.DCCCLI || Pontificatus Pii Papæ IX sexto || sancta Sede approbato || Armes de Mgr de la Croix d'Azolette : de gueules à une croix de St André d'argent cantonnée de 4 roses du même, le tout surmonté de cette devise : In cruce salus. || Auscis || Apud L. A. Brun || Bibliopolam || MDCCCLII || In-8° de 224 p. De cultu divino, pp. 63-96.

Livre || *de* || *Chants divers* || où se trouvent || notés avec des accords || les Messes principales, les hymnes, les proses et autres cantiques sacrés qui composent || l'office du matin et du soir || avec des prières pour la Sainte Messe, etc. || publié avec l'autorisation || de Mgr l'évêque de Bayonne || A Paris || chez Jacques Lecoffre et Cie libraires || rue du Vieux-Colombier, 29 || ci-devant rue du Pot-de-Fer Saint-Sulpice, 8 || 1852 || In-18 de vii-718 p. Approbation du livre, 21 novembre 1851. Avertissement, p. 1. Calendrier, p. 2. La Ste Messe, p. 27. Invitation à chanter les louanges du Seigneur, p. 73. Règles, etc. Messes en plain-chant. Ouvrage très intéressant et peu connu de M. le chanoine Hiriart.

Manuel de dévotion || à *Saint Léon* || *évêque de Bayonne et martyr* || approuvé || par Mgr l'évêque de Bayonne || A Bayonne || chez Desplan libraire et papetier || arceaux du Port Neuf, 5 || 1856 || In-32 de xii-152 p. Gravure au frontisp. représentant St Léon crossé et mitré. A la dernière page : Imprimerie de veuve Lamaignère, rue Pont-Mayou, 3g. — C'est à peu près la reproduction d'une édition indiquée plus haut.

Paroissien Romain || à l'usage du diocèse de Bayonne || Traduction nouvelle || par Mgr P. L. Parisis || ancien évêque de Langres, évêque d'Arras || Partie d'Eté || Bayonne || Imprimerie de E. Lasserre, imprimeur de Mgr l'évêque || rue Orbe 20 || 1858 || In 8° de pp. 1 - XXXII - 1 - 720 - 1 - 222. — Le même. Partie d'hiver, pp. 1 - XXXII - 1 - 676 - 1 - 222.

Notice || *historique et archéologique* || *sur Sainte-Foi de Morlaàs* || *et les Monuments Gallo-Romain, Roman, Gothique* || *de Taron* || (Basses-Pyrénées) || par M. l'abbé L. P. LAPLACE || curé de Bassillon || Pau || Imprimerie de E. Vignancour || 1865 || in-18 de 85 p. dont 63 sont consacrées à Morlaàs.

Monita || *liturgica* || du diocèse de *** [Bayonne] || Notes succinctes || explicatives du texte des rubriques || d'après les SS. Congrégations Romaines || Texte français || par M. l'abbé Hiriart || chanoine, maître de cérémonies || approuvé et recommandé par Mgr l'évêque de Bayonne || Bayonne || E. Lasserre, imprimeur de l'évêché || rue Orbe, || 20 || 1866. In-12 de 351 p. Approb. de Mgr Lacroix du 1er juin 1866. Avertissement « au lecteur » où M. Hiriart rappelle « l'époque heureuse du retour à la liturgie romaine ».

Saint Amand, apôtre des Basques, par M. l'abbé MENJOULET. *Revue de Gascogne*, 1869, p. 285.

Notice || *sur le Bienheureux* || *Bernard de Morlaàs* || *et ses* || *deux saints disciples* || *morts à Santarem en Portugal en 1277* || Pau || Imprimerie et lithographie E. Vignancour || 1871 || In-12 de iii-23 p. — Préface de M. Navarrine, curé de Morlaàs.

Neuvaine || *au B. Bernard de Morlaàs* || *et à ses saints disciples* || par le R. P. Fr. ANDRÉ PRADEL || des Frères-Prêcheurs || Mazères (Ariège) || In-32 de 18 p. 3 grav. s. d. Cantique noté p. 16.

Le Goûter des disciples du B. Bernard de Morlaàs et de l'Enfant Jésus. Chromo-lithographie — B. Bernardus de Morlaàs cum discipulis. Image en chromo, publiée par Steen-Petyt à Bruges.

Ordonnances || *de Mgr l'évêque de Bayonne* || publiant || les censures ecclésiastiques || et || les cas réservés || et || fixant le tarif des oblations || suivies || de divers avis et instructions || Armes de Mgr Lacroix. || Bayonne || Imprimerie E. Lasserre, imprimeur-libraire de l'Evêché, || rue Orbe, 20 || 1872 || In-8° de 73 p. plus la table. « Rite pour l'installation des curés » p. 66.

Notice || *sur* || *Saint Grat* || d'après la tradition, la légende || et le culte || par M. L'ABBÉ LASSALLE, auteur de plusieurs autres publications || Prix : 25 centimes || Pau || Imprimerie E. Vignancour || 1872 || In-18 de 35 p. A la p. 33 « Litaniæ in honorem sancti Grati editio antiquissimæ conformis ». A la p. 7, le vénérable auteur dit que St Grat mourut « à Jacca » en Espagne. On a confondu ici la translation du corps du saint avec un prétendu voyage qu'il aurait fait dans cette ville. — Idem. 2e Édition, 1873. In-18 de 35 p. — Idem. 3e Édition, 1881. In-18 de 39 p. Litanies en latin, p. 31 ; en français, p. 35, avec des oraisons et d'autres prières.

Notes pour servir à l'hagiographie des Basses-Pyrénées, par P. RAYMOND. Congrès Scient. de France. Pau, 1873, t. 2, p. 187.

Histoire || *de* || *Saint Léon* || *apôtre de Bayonne.* || Son époque, sa vie, son culte || par || l'abbé MENJOULET, || Vicaire-général du diocèse de Bayonne || Bayonne || E. Lasserre, imprimeur-libraire de l'évêché || rue Orbe, 20 || 1876. || In-18 de 280 p. Pièces liturgiques, pp. 258-264.

Notice || *sur* || *Sainte Foi* || *patronne de Morlaas* || Février 1883 || In-8° de 5 p. Photogr. d'un tableau du « Martyre de Sainte Foy, patronne de Conques et du Rouergue. » Signé A. C. — Ouvrage de M. le baron A. DE BORDENAVE-D'ABÈRE, imprimé chez Vignancour.

Manuel de dévotion || à *Saint Léon* || évêque et martyr || apôtre et patron de Bayonne || approuvé || par Mgr l'évêque de Bayonne || Biarritz || Imp. et lith. Lamaignère, rue du Château, 1. || 1886 || In-32 de XLVIII-176 p. Ancien office Auscitain de St Léon, p. 119.

Vie || *du Serviteur de Dieu* || *Louis Bitoz* || Frère convers Barnabite || Né à Bayon (diocèse de Nancy) en 1578, mort en odeur de sainteté || à Monein || diocèse de Bayonne || en 1617 || Par le R. P. INNOCENT GOBIO || de la même Congrégation || Ouvrage traduit de l'Italien || Avec deux gravures et une préface || des Notes et des Pièces justificatives || 1887. || Pau || Imprimerie Vignancour || 1887. || In-18 de X - 137 p.

Étude sur l'origine bayonnaise de Sainte Eurosie, vierge et martyre et sur les Boiens ou Boiates, par l'abbé INCHAUSPÉ. Bayonne. Impr. libr. Lasserre, rue Orbe-Gambetta || 1888 || Pet. in-8° de 27 p.

LITURGIE AUSCITAINE

LIVRES BAYONNAIS

Rituel || *de la Province Ecclésiastique d'Auch* || *à l'usage* || *du diocèse de Bayonne* || A Paris ||
Chez { Jean-Baptiste Coignard imprimeur du Roi } || M.DCCLI. ||
{ Antoine Boudet libraire-imprimeur }

In-4° de p. XII - 595 — comme celui d'Auch, sauf l'ordonnance de Mgr d'Arche et le Calendrier des fêtes du diocèse.

Breviarium || *Baionense* || Illustrissimi ac Reverendissimi in Christo Patris || D. D. GUILLELMI D'ARCHE, episcopi || Baionensis, jussu et auctoritate, ac venerabilis || ejusdem Ecclesiæ Capituli consensu editum. || Armes. || Parisiis || Apud || J. B. Garnier, etc., comme aux livres d'Auch. || MDCC.LIII || Cum privilegio regis || 4 vol. in-12.

Pars verna. [9] p. de Mand. — 21 p. de tables de fêtes et calend. non chiff. — Rubr. et tabl. d'off. 28-57. Psaut., etc. Propre du temps et des saints, 1-534 ; il faudrait 536, les pp. 533 et 34 étant répétées. Off. de St Léon, p. 440. Commun des SS. I-CXCVII. Intonations jusqu'à la p. CCVI. 1 p. non chiff. d'errata, 2 gravures ; avant le titre : l'évêque à genoux offrant un livre au Christ expiré et à sa Mère, Champagne, pinx. N. Tardieu, sculp. — Avant le Psautier : David jouant de la harpe : Dominiquin, pinx. Même graveur.

Pars æstiva. [9] pages-21 non chiff. - 514 - CCVI - 1 non chiff. Même division, sauf les rubriques. Grav. avant le Psaut. : David in tabernaculo ad mensam aromatum orat. L. Le Lorrain, inv. ; G. O. Gullimard, sculp.

Pars autumnalis. (9) - 21 pp. non chiff. - 476 CCVIII - 1 n. chiff. Même grav.

Pars hiemalis. (9) - 21 p. n. chiff. - 520 - CCV - 1 p. n. chiff. Off. de St Léon, p. 495-516. Même grav. — N. B. Dans chaque volume, il y a des cartons reconnaissables à une astérisque pour signature.

Missale Baionense || Illustrissimi et Reverendissimi in Christo Patris || D. D. GUILLELMI || D'ARCHE || episcopi Baionensis || jussu et auctoritate ac venerabilis ejusdem Ecclesiæ capituli consensu || editum. || Armes. || Parisiis etc., comme au missel d'Auch. || En face du titre : Foi, Espérance, Charité. L. Le Lorrain, inv. C. O. Gullimard sculp. In-fol. de 4 p. non chiffr. pour le Mandement - 48 p. fêtes mob., rubr., prières de la prép. à la messe, bénéd., modus cantandi lectiones, etc. - 604 p. pour le Propre du temps (400) et le Propre des SS. (401-604 (sic) mais c'est une faute pour 604) ; cxxxvii p. pour le Commun des SS. et cxxxviii-cxlvi p. pour les Proses - 46 p. pour les Passions notées - 1 p. d'errata.

Item. Belle et riche édition — Gravures 1. Au commencement : La Foi, l'Espérance et la Charité du Lorrain. — 2. Au Canon : Le Christ en Croix, de Lebrun. — 3. A Pâques, la Résurrection, N. Vleugels, pinx., E. Jeaurat, sculp., 1718. — 4. Ascension, F. Verdier, pinx., I. Haunard, sculp. — 5. Pentecôte, Descente du St-Esprit, Hallé, pinx., E. Jeaurat, sculp. — 6. Trinité, Guidus, pinx. — 7. Fête-Dieu, N. Vleughels, pinx., E. Jeaureat, sculp. 1724. — 8. Présentation, P. Rubens, pinx., Mag. Horthems sculp. (très curieuse). — 9. Annonciation, N. Poussin, pinx. — 10. Visitation, N. Poussin, pinx., E. Jeaurat, sculp., 1719 (très curieuse). — 11. Assomption, N. Deplate Montagne, pinx., E. Jeaurat, sculp. — 12. Présentation, C. Le Brun, pinx. « A Paris chez Audran, rue St. Jacques aux 2 piliers d'or. » — 13. Toussaint. — 14. Sacré Cœur entouré d'anges en larmes.

Diurnal || *de Bayonne* || imprimé par l'ordre de Monseigneur l'Illustrissime et Révérendissime GUILLAUME D'ARCHE, évêque de Bayonne et du || consentement du vénérable chapitre de || l'Église Cathédrale || Armes. || Partie d'Été || à Paris ||
Chez { Jean-Baptiste Garnier imprimeur || libraire de la Reine et de Madame la Dau || phine rue St-Jacques vis-à-vis le college Du Plessis, à la Providence. ||
{ Pierre Alexandre Le Prieur || imprimeur du Roi, rue St Jacques à la Croix d'Or. ||

M.D.CC.LV || avec privilège du Roi. || In-18. 22 p. non chiff. - 288-cixc (sic, pour 190 p.) - 1 p. d'errata - 9 p. d'intonations notées. A la fin : Privilège du Roi — Partie d'hiver, in-18 de 22 p. n. chiff. — Table du temps. Festes mobiles. Calendrier. 402-cxcvii p. ; 1 p. de fautes à corriger, 9 p. d'intonations. Privilège du Roi à la dernière p. Rubriques en français.

Rituel || *de la* || *Province Ecclésiastique* || *d'Auch* || *à l'asage* || *du diocèse de Bayonne* || A Paris. ||
Chez { Jean-Baptiste Coignard, imprimeur du Roi.
{ Antoine Boudet, libraire-imprimeur.

M.DCC.LI — Grand in-8° de xii p. : Mandement et tables de fêtes — 595-1 p. fautes à corriger. La Bibliothèque de Solesmes possède un exemplaire dont tous les feuillets sont détachés, couverts de ratures, de corrections, de modifications, d'additions ; il a dû servir pour la rédaction et l'impression de l'Extrait du Rituel de 1837.

Vespéral || *pour tous les dimanches* || *et festes de l'année* || selon les nouveaux Bréviaire et Antiphonier || de Bayonne || Imprimés par l'ordre de Monseigneur l'Illustris- || sime et Révérendissime Guillaume d'Arche, évêque de Bayonne, et du con- || sentement du vénérable Chapitre de l'Eglise Cathédrale || Armes. || A Toulouse || Chés Jean François Robert || libraire, rue des Argentiers || M.DCC.LVI. || Avec privilège du Roi || In-12 de (5)-1 n. chiff. d'errata - xx (incomplet), table et calendrier - 491, Prop. du Temps et des SS. - cxxxx p., Comm. des SS. — 12 p. (5 et 6 répétés) pour l'office de St Léon.

Livre d'Eglise || *à l'usage* || *du diocèse* || *de Bayonne* || contenant || l'Office des dimanches || et des fêtes pour le matin et l'après-midi || selon le nouveau Bréviaire et le Missel de || ce Diocèse, avec les prières du Matin et || du Soir et un Exercice pour la Confession || et la Communion, imprimé par ordre de || Monseigneur l'évêque. || Armes de Mgr d'Arche. || A Paris || Chez Pierre-Alexandre Le Prieur || Imprimeur du Roi, rue Saint-Jacques || à la Croix d'Or || M.DCC.LVI || Avec Privilège du Roi || 2 vol. in-12. Partie d'été, cii-336-cviii p. Avertissement, p. i, Calendrier, p. v. Prière du Matin, p. xx, Intonations et modes en plain-chant, p. cii. Partie d'hiver, p. civ-426-cxi. Mandement de Mgr d'Arche, 4 p. non chiff. collées et ajoutées. Avertissement, p. i. Calendrier, p. vi. Prières du matin, p. xxi. Office de St Léon, p. 377. Intonations, p. cv.

Eucologe de Bayonne (titre au dos, frontispice manque ; exemplaire très incomplet) In-18. Calendrier. Bénédictions de l'eau et du pain. Prières. Exercices. Cantiques. Pagination non chiff. (?) Propre du temps. Le Dim. à Prime, p. i. St Léon, p. 341. Hymnes : Audiat et Civem, p. 335. Propre des SS., 303-464. — Commun des Apôtres, p. i. « Oraison à St Léon, évêque et martyr, patron de la Ville et du diocèse de Bayonne, pour les femmes enceintes » p. cxii. Intonations, p. cxiii. Au bas de la dernière page, p. cxx : « Monseigneur l'évêque a cédé son privilège pour les heures ou livre d'Eglise à M. François-Philippe Mazoé, prêtre, directeur de son Séminaire. » — A été imprimé certainement à Paris chez Le Prieur, comme le précédent, vers 1756. En latin, sauf le calendrier, les prières et les rubriques. Ouvrage rarissime.

Semaine Sainte || *à l'usage* || *du diocèse* || *de Bayonne* || contenant || l'office de la quinzaine de Pâques || les Matines de l'Ascension, de la Pentecôte || et l'office de la nuit de Noel, selon le || Bréviaire et le Missel de ce diocèse avec un || exercice pour la Confession et la Communion. || Imprimé par l'ordre de Monseigneur l'évêque || Armes de Mgr d'Arche || A Paris || chez Pierre Alexandre Le Prieur || imprimeur du Roi || rue Saint Jacques à la Croix d'Or || M.DCC.LVI || avec privilège du Roi || In-12 de iv-434 - 69 - 1 p. non chiff. - 10 p. prières notées et inton. A la fin : « Monseigneur l'évêque a cédé son Privilège pour les Heures et la Semaine Sainte à M. François Philippe Mazoé, Prêtre, Directeur de son Séminaire ».

Nous insérons ici les titres d'une collection incomplète d'Ordos anciens du diocèse de Bayonne que nous avons découverts dans un recoin de la Bibliothèque du Grand Séminaire.

Breve || *Bayonense* || Pro anno M.DCC.LV. || In gratiam recitantium Breviarium Ausci || tanum ad usum Diœcesis Bayonensis concin || natum || Jussu Illustrissimi necnon Reverendissimi Dom. || Dom. Guillelmi d'Arche, Episcopi Bayonensis || editum || Pascha occurente 3o. martii || Armes. || Bayonæ || Apud Viduam Pauli Fauvet, regis, episcopi || urbisque typographi || M.DCC.LV. || In-12 de 74-2 non chiff., où est le calendrier des fêtes et des jours de jeûnes.

Ces Ordos contiennent en général les Tables du temps, les Fêtes Mobiles, les Quatre-Temps, le Temps des Noces, le Résumé des Rubriques du Bréviaire et du Missel bayonnais, l'indication des heures où l'on peut commencer la récitation des Matines, le Calendrier des fêtes mobiles et de précepte du diocèse de Bayonne.

Breve || *Bayonense* || Pro anno Domini || M.DCC.LVIII. || Jussu Illustrissimi necnon Reverendissimi || Dom. Dom. Guillelmi d'Arche || Episcopi Bayonensis editum || Pascha occurente 26 Martii. || Armes. || Bayonæ || Apud viduam Pauli Faubet (sic) regis, episcopi || urbisque typographi || M.DCC.LVIII. || In-12. Incomplet. || — Ordo de 1759. « Apud Petrum Fauvet ».

Ordo de 1760 « Avis. Le livre dont il est parlé dans ce bref et qui a pour titre *Chants divers*, contient les chants communs à toutes les messes, les Proses, les Processions, les Funérailles avec Office des Morts, les Leçons de Jérémie, la Messe de Bordeaux ou l'Impériale, la Royale, celle du second ton, etc. Des principes pour apprendre le chant, et de plus la méthode de M. Lebœuf, avec des règles pour chanter l'Office divin selon l'usage présent du diocèse » p. 61.

Ordo de 1761. — Suffrages de St Léon : « *Ad laudes. Ant.* Adjuvabant eum fratres ejus et directa est salus in manu ejus. ℣. Confiteantur nomini tuo, Domine. ℟. Et gloriemur in laude tua. *Oremus.* Deus, qui beati Leonis, Pontificis tui et Martyris, prædicatione, de infidelitatis tenebris populos in admirabile Evangelii lumen transtulisti ; fac ut ejus intercessione crescamus in gratia et cognitione D. N. J. C., Filii tui. *Ad*

Vesperas. Ant. Consolatus est Dominus populum suum ; paravit brachium sanctum suum in oculis omnium gentium. ỳ. Magnificavit Dominus facere nobiscum. ℟. Facti sumus lætantes. *Oratio, ut supra ad Laudes* ». Ordos de 1762, 1763, 1764 : « Licentia Illustrissimi ac RR. Dom. Dom. Episcopi conceditur lactariorum usus per totam quadragesimam, ovorum vero usus usque ad Dom. Palmar. exclusive ». C'est là probablement le commencement des dispenses du Carême. Cette permission se retrouve dans les Ordos suivants. — 1765 - 1766.

L'Ordo de 1767 mentionne pour la première fois l'Office du Sacré-Cœur de Jésus : « Dom. III. Post. Pent. Fest. Sacratiss. Cordis. Dni. N. J. C. Sol. 3 ord. » ; de même dans les ordos postérieurs.

Aussi, l'année suivante, 1768, Mgr d'Arche publia-t-il une Ordonnance Pastorale pour imposer l'Office du Sacré-Cœur à tout son diocèse. En voici le titre :

Mandement ‖ *de Monseigneur* ‖ *l'évêque* ‖ *de Bayonne* ‖ *pour établir la Dévotion et* ‖ *l'Office du Sacré-Cœur de Notre Seigneur Jésus-Christ dans* ‖ *tout son diocèse* ‖ Armes de Mgr d'Arche. ‖ A Bayonne ‖ chez Pierre Fauvet, imprimeur ‖ du Roi, de Monsei ‖ gneur l'Evêque et de ‖ la Ville. Près le Gouvernement ‖ M.DCC.LXVIII. ‖ In-12 de (31) - 30 p. Mandement, p. (3). Délibération du clergé de France du 17 juillet 1765, p. (5). La fête du S. C. sera célébrée « le Dimanche après l'Octave du St Sacrement.... sous le rit solennel du troisième ordre ». Donné à Bayonne, le 22 mars 1768. Signé. G. Evêque de Bayonne. Office, p. 1. Acte de consécration, p. 21. Amende honorable, p. 22. Litanies, p. 27 (Bibliothèque de Bayonne) ; on trouve cet Office publié pour les fidèles une dizaine d'années plus tard.

L'Office ‖ *du* ‖ *Sacré-Cœur* ‖ *de Jésus* ‖ latin et français ‖ pour le Dimanche après l'Octave du St-Sacrement et le troisième après la Pentecôte ‖ A Bayonne ‖ chez Dhiribarren, libraire ‖ M.DCC.LXXIX ‖ Petit in-12 de 144 p. Offices des diverses heures. Acte de consécration, p. 136. Litanies du S. C., p. 141. — Ordos de 1772-1773. Jusqu'alors l'Ordo ou Directoire était sans doute fourni gratuitement, car dans celui de 1773, l'imprimeur a collé cet avis au verso du titre : « Vous saurez, Monsieur, que l'Ordo vaut 15 sols, eu égard aux droits qu'on a imposés sur les papiers. »

1774 : « Apud Petrum Fauvet ». A la fin on a collé à l'intérieur de la couverture cet Avertissement : « On prévient ceux qui font usage du Directoire qu'il a été impossible de le compléter, vu que l'auteur de cet ouvrage est décédé avant de l'avoir fini, n'ayant laissé à faire que le mois de Décembre. Le temps étant trop court jusqu'au premier de l'année 1774, il n'a pas été possible de trouver quelqu'un pour le finir. On espère pouvoir donner au mois de Février de cette année ce qui manque. Le prix dudit ouvrage est 15 sols, comme celui de l'année passée ». — Ordos de 1775 et de 1777 par Mgr de la Ferronays.

Ordo ‖ *officium divinum recitandi Missasque cele* ‖ *brandi* ‖ juxta Rubricas Breviarii et Missalis ‖ Bayonensis cum Festis quæ generaliter in ‖ Diœcesi celebrantur ‖ Pro anno Domini 1778 ‖ Post Bissextilem secundo ‖ Pascha occurrente 19 Aprilis ‖ Jussu Illustrissimi ac Reverendissimi D. D. ‖ Julii Ferron de la Ferronnays ‖ episcopi Bayonensis editus ‖ A Jacobo Garra de Salagoity, presbytero, Hydro ‖ graphiæ necnon Mathesços Professore adlaboratus ‖ Armes. ‖ Bayonæ ‖ E typis Petri Fauvet, Regis, Domini ‖ Episcopi, Urbisque typographi ‖ M.DCC.LXXVIII ‖ In-18 de 61 p. — Ordo de 1779.

Breve ‖ *Bayonense* ‖ pro anno Dni. Bissextili ‖ M.DCC.LXXX. ‖ Jussu illustrissimi necnon Reverendissimi ‖ DD. Julii Ferron de la Ferron ‖ nay ‖ Episcopi Bayonensis editum ‖ Pascha occurrente 26 Martii ‖ Armes : d'azur à 7 billettes d'argent 3, 2, 1, le chef de gueules chargé de 3 besans d'or (?). ‖ Bayonæ ‖ Ex typis Petri Fauvet, Regis, Domini ‖ Episcopi Urbisque typographi ‖ M.DCC.LXXX. ‖ In-12 de 56 p. P. 57 — rapportée : « N. B. Vous êtes averti qu'on trouvera l'Office du Sacré-Cœur de Jésus, chez le Sʳ St Criq, chantre de la Cathédrale, à Bayonne. » Il s'agit de l'Office imprimé par Dhiribarren, l'année précédente — Ordos de 1781 ‖ 1783 ‖ 1785.

Breve ‖ *Bayonnense* ‖ Pro anno Domini ‖ M.DCC.LXXXVII ‖ jussu Illustrissimi nec non Reverendissimi D. D. Stephani-Josephi de Pavée ‖ de Villevielle episcopi ‖ Bayonensis editum ‖ Pascha occurente 8 Aprilis ‖ Armes : d'azur à 3 chevrons d'or ‖ Aquis Augustis ‖ Ex typographia Renati Leclercq ‖ M.DCC.LXXXVII — In-12 de 64 p. Il y eut sans doute quelque dissentiment entre l'Evêché et l'Imprimeur Fauvet, car les Ordos furent désormais imprimés à Dax.

Breve ‖ *Bayonense* ‖ Pro anno Domini ‖ M.DCC.XCI. ‖ Jussu Illustrissimi nec non Reverendissimi D. D. Stephani Josephi de Pavée ‖ de Villevielle episcopi ‖ Bayonensis editum ‖ Pascha occurrente 24 Aprilis ‖ Armes ‖ Aquis Augustis ‖ Ex typographia Renati Leclercq ‖ M.DCC.XCI. ‖ In-12 de 48 p. (Biblioth. de la ville de Bayonne). Pour la Révolution, V. au Diocèse d'Oloron.

Ordo pour la récitation du Bréviaire Romain ‖ imprimé par ordre de M. l'évêque de Bayonne, à l'usage des ecclésiastiques employés dans les ci-devant diocèses de Lescar et d'Oloron, et rédigé conformément aux dispositions de l'Indult, de S. S. le Pape Pie VII, sur la réduction des Fêtes — chez le citoyen Vignancour imprimeur à Pau, — Prix 80 c., et 1 fr. pour ceux qui voudront le recevoir par la poste. Journal des B.-P. 5 Ventose an XII (14 mars 1804) n° 105.

Calendrier || *liturgique* || *pour l'usage* || *du Bréviaire et Missel* || *de l'ancien diocèse de Bayonne* || pendant l'année ecclésiastique || 1805 || Imprimé par ordre du Révérendissime || Jos-Jacq. Loison, évêque de Bayonne || Chiffre : J. J. L. entrelacés || A Bayonne || chez Cluzeau frères Imprimeurs de M. l'Evêque || et du clergé, rue Orbe, n° 9. || In-12 de 30 p. « Observations générales sur les I. vêpres... sur l'Office de Matines, etc. » expliquant les rubriques du rit bayonnais-auscitain. On trouve, à leur place, mention des saints locaux et régionaux. « Prières pour l'empereur des Français » p. 29. Nécrologie, p. 30 (Biblioth. de Bayonne). Cet ordo semble avoir été copié sur le calendrier liturgique à l'usage du diocèse de Paris. La capitale réglait encore les formes liturgiques des autres diocèses. A la fin on trouve les oraisons des apôtres et de « S. Napoléon ».

Ordo divini officii recitandi || *et missæ celebrandæ* || V. plus bas. || Pro anno Domini M.DCCCVI || In-12 de 65 p. Rubriques du Missel bayonnais, p. 3. Nécrologie, p. 65.

Ordo || *divini officii recitandi* || *et missæ celebrandæ* || juxta ritum Breviarii et Missalis Baionensis || Jussu Illustrissimi ac Reverendissimi in Christo Patris || D.D. J.J. Loison, Episcopi Baionensis || Pro anno Domini M.D.CCCVII. || Pascha occurrente 29 Martii, Baionæ || apud fratres Cluzeau D.D. Episc. Baion. || Typographos, via vulgo Orbe n° 9 || In-12 de 60 p. A la p. 56, cette oraison de St Galactoire, omise dans le Bréviaire « Præsta, quesumus, omnipotens Deus, ut ad te toto corde confugientes, intercedente B. Galactorio, Pontifice et Martyre tuo, pietatis tuæ indulgentiam consequamur. Per. » Nécrologie, p. 59.

Calendrier || *liturgique* || *Romain et Parisien* || pour l'année bissextile 1808 || imprimé par ordre de Mgr l'évêque de || Bayonne || Omnia secundum ordinem fiant. I Ad Cor.14 || Prix 1 franc || Armes. || A Bayonne || Chez Cluzeau frères, imprimeurs de Mgr || l'évêque et du clergé, rue Orbe, n° 9 || in-12 de 78 p. non chiff. Comput ecclésiast. et fêtes mobiles p. 1. Une page pour le rit Romain et une pour le Parisien. Prières et oraisons pour les SS. apôtres et martyrs et la fête de l'Assomption, p. 74. Légende de St Napoléon, martyr, d'Alexandrie, p. 77. « Ex his quibus carcer pro stadio fuit, martyrologia et veteres scriptores commendant Neopolim seu Neopolum, qui ex more proferendi nomina medio ævo, in Italia invalescente, et ex recepto loquendi usu, Napoleo dictus fuit, atque italice Napoleone communiter nuncupatur. » D. Guéranger donne aussi cette légende dans ses *Inst. lit.*, t. 2, p. 762. Nécrologie des prêtres décédés en 1807, p. 79.

Nous ne connaissons pas la suite des Ordos jusqu'en 1821. Depuis lors, ils portent toujours le titre de Breve Baionense pro anno... jussu... editum. Dans celui de 1832, on trouve à la p. VII des « Annotanda ad concordandum Missale Romanum cum Officiis Breviarii Baionensis ». Depuis 1858, l'Ordo diocésain porte ce titre : « Ordo divini officii recitandi sacrique peragendi a clero Baionensi juxta kalendarium cleri Romani ex apostolica concessione et juxta ritum Breviarii et Missalis Romani Jussu illustrissimi et Reverendissimi in Christo Patris DD. Episcopi Baionensis editus, Anno Domini... Pascha occurrente. Armes. Baionæ. Typis E. Lasserre, DD. Episcopi et Cleri typographi, via dicta Orbe, 20. » Aujourd'hui le titre est plus simple et ne porte, avec le millésime, que la permission de l'évêque, la date de Pâques, le nom de l'imprimeur, et ces mots : « Ordo divini officii recitandi sacrique peragendi a clero Baionensi. » M. l'abbé Pellisson, directeur au Grand-Séminaire, dont le concours nous a été bien précieux en maintes circonstances, possède probablement la plus complète collection d'Ordos de notre diocèse.

L'office || *du* || *Sacré-Cœur* || *de Jésus* || latin et français || pour le Dimanche après l'octave du Saint-Sacrement, et le troisième || après la Pentecôte || A Bayonne || De l'Imprimerie de Fauvet jeune || rue Pont-Mayou, n° 13 || Octobre 1816 || In-12 de XVI-207 p. Réédition de 1779.

Exposition || *abrégée* || *des principaux devoirs* || *du chrétien* || dans un Examen de conscience sur les || commandements de Dieu et de l'Eglise || A Bayonne || chez M. Cluzeau, imprimeur de Mgr || l'évêque et du clergé, rue Orbe, n° 15 || 1819. ||

Breviarium || *Baionense* || Illustrissimi ac Reverendissimi in Christo D. D. Guillelmi || d'Arche, episcopi Baionensis, jussu et auctoritate, ac ve || nerabilis ejusdem Ecclesiæ Capituli consensu editum. || Jussu et auctoritate Illustrissimi et Reverendissimi D. D. || d'Astros, episcopi Bayonensis, de novo typis editum || *Pars æstiva* || Armes d'Arche. || Vesontione || typis Antonii Montarsolo et soc. typog. || et bibliopola || M.DCCC.XXVI || In-12 de qq. pages non chiff. - 627 - CCLXVIII - 1 page d'errata (Grand Séminaire de Bayonne) Mand. de Mgr d'Arche au comm¹. *Pars verna*. 638-CCXXIV p. (incomplet de la table). *Pars autumnalis*. 562-CCXXVIII p. id. *Pars hiemalis*, 628-CCXXXIV p. id.

Ordonnance de Mgr l'Evêque de Bayonne qui statue que le Bréviaire tel qu'il vient d'être imprimé par son ordre sera seul en usage dans son diocèse. 25 Septembre 1827 (Mgr d'Astros).

Le petit || *Encologe* || *ou Livre d'Eglise* || *à l'usage du diocèse de Bayonne* || contenant tout ce qui se chante à l'Eglise pendant || l'année, suivant le nouveau bréviaire et missel || Imprimé avec la permission de Monseigneur l'évêque. || Nouvelle édition. || Bayonne || chez la Vᵉ Cluzeau || libraire || Place de la Cathédrale n° 13 || 1831 || In-18 de 16 p. non chiff. - 612 p. Avant le titre : Permission de Mgr Savy, évêque d'Aire, pour l'impression de ce livre (A St Esprit, de l'imprimerie de la Vᵉ Cluzeau) et la traduction en basque, du 31 octobre 1829. Offices de St Léon, p. 374, de St Grat, p. 605, de St Julien, p. 607.

Missale || *Baionense* || Illustrissimi et Reverendissimi in Christo Patris || D. D. Stephani Mariæ Brunonis d'Arbou || episcopi Baionensis || auctoritate ac venerabilis ejusdem Ecclesiæ Capituli consensu || denuo typis mandatum || Auscis || Apud L. A. Brun, typographum et bibliopolam || M.DCCC.XXXVI. || In-fol. de 16 p. non chiff. - L-608-cxcIII p. Mandem. d'Arche, p. 1 non chiff. Rubr. p. 1. Propres p. 1. Communs p. 1. On y trouve les belles Préfaces de S. Jⁿ Bᵗᵉ et des SS. qui ne sont pas dans le Missel d'Arche. — Gravures : En tête. 1. L'Annonciation, H. Noblin, fecit ; « A Paris, chez Lenoir et Pillot, rue St Jacques, n° 6. »—2. La Nativité, avant la lettre. — 3. La Cène, id. — 4. La Résurrection, id. — 5. Au Canon : Christ en Croix ; P. J. Hanicq. — 6. L'Ascension, avant la lettre. — 7. La Descente du St Esprit ; Le Brun pinxit. « A Paris chez Chereau, rue des Mathurins, présentement chez Vᵉ Pillot, rue du Petit-Pont. »—8. L'Assomption ; J. L'Anfrane pinxit. J. Thomassin, sculptor regius. — 9. La Toussaint ; H. Noblin fecit, sans titre. — 10. St Jean-Baptiste au désert ; Raphael pinxit. Dubois sculp. « A Paris chez Lenoir et Pillot, rue St Jacques, n° 6 ».

Graduale || *Baionense* || Illustrissimi et Reverendissimi D. D. G. d'Arche Baionensis episcopi || auctoritate primo editum || necnon Illustrissimi et Reverendissimi in Christo Patris || D. D. Stephani Mariæ Brunonis || d'Arbou || Baionensis Episcopi auctoritate || denuo typis mandatum || Armes. || Tolosæ. || Apud A. D. Manavit, typographum et bibliopolam || Auscis || Apud L. A. Brun, typographum et bibliopolam || M.DCCC.XXXVI. || In-fol. de 304-264-ccxvi p. Permission du 7 février 1835.

Antiphonarium || *Baionense*, etc. Même titre que le précédent. In-fol. de 336-242-cxv p.

Extrait du Rituel || *du* || *diocèse de Bayonne* || imprimé et publié par ordre de || Mgr Etienne-Marie-Bruno d'Arbou || évêque de Bayonne || pour être seul en usage dans toutes les paroisses || et les églises de son diocèse || Armes : D'azur au lion rampant, au chef d'argent chargé de 3 merlettes de sable. || Bayonne || au Séminaire diocésain || 1837. || Sur le verso : Bayonne imprimerie de Duhart-Fauvet et Maurin || imprimeur de Mgr l'évêque et du clergé. || In-8° de VII - 469 p. En tête : Ordonnance de Mgr d'Arbou, contresignée Franchistéguy, prescrivant le Rituel à partir du 1ᵉʳ janvier suivant, datée du 1ᵉʳ juin 1837.

Vespéral || *complet et noté* || *à l'usage* || *du* || *diocèse de Bayonne* || contenant || None, Vêpres et Complies de chaque jour de l'année, || l'office de la Nuit de Noël, || l'office complet de la Semaine sainte || et des Morts, etc., suivant le nouveau bréviaire || publié par ordre || de Monseigneur François Lacroix || évêque de Bayonne || Armes : d'azur à la croix d'or portant entrelacée une couronne d'épines de gueules. || Bayonne || Au Séminaire diocésain || MDCCCXXXVIII || Au fond de la page de garde : Toulouse, imprimerie d'Augustin Manavit, rue St-Rome. A la page après le titre : Imprimatur, du 7 février 1835. In-12 de 684 - CXX p.

Missæ || *pro* || *defunctis*, || *e Missali Baionensi* || jussu Illustrissimi et Reverendissimi || DD. Francisci Lacroix || episcopi Baionensis || iterum typis mandato || excerptæ || Armes. || Tolosæ || apud Augustinum Manavit bibliopolam || typographum DD. Archiepiscopi || M.DCCC.XL. || In-4° de 42 pag. 1 p. d'Index, n. chiff.

Officium || *defunctorum* || in quo reperiuntur || Missæ pro defunctis, || Officium nocturnum et vesperæ || ad usum diocesis Baionensis || Cum approbatione D. D. Francisci Lacroix || episcopi || Armes || Tolosæ || Apud Augustinum Manavit bibliopolam || typographum DD. archiepiscopi Tolosani || MDCCCXL. || In fol. de 57 p.

Office || *de la* || *quinzaine de Pâques* || noté à l'usage du diocèse de Bayonne || imprimé et publié avec l'approbation de || Monseigneur François Lacroix, évêque de Bayonne || Armes || Auch || chez L. A. Brun, libraire-éditeur || Place Royale || 1843 || In-12 de XVI - 455 - 1 p. Errata à la fin. Approbation datée du 15 mars 1843. Imprimé p. A. Manavit de Toulouse.

Breviarium || *Baionense* || Illustrissimi ac Reverendissimi in Christo || Patris Domini || D. Francisci Lacroix || episcopi Baionensis || Auctoritate || et venerabilis ejusdem Ecclesiæ capituli consensu || denuo typis mandatum. || Lugduni || apud J. B. Pelagaud et socios || SS. DD. Papæ biblio-typographos || 1845 || Feuillet avant le titre : *Pars...* et en face du titre, approbation de Mgr Lacroix du 27 juillet 1845. 4 vol. in-32.

Pars verna. Tables des fêtes mob., calend., table des off. 30 p. n. ch. — Rubr. p. XXX - LXIII. Ordinarium breviarii, p. 1-22. Psaut. p. 23. Du Temps, p. 177. Pr. des Saints, p. 521. Comm. des SS. et Tables, p. I. - CCLVII. Supplément : St Léon et St Orens, 15 p.

Pars æstiva. 18 p. n. chiff. - 677 - CCXLIX 21 p. de suppl. pour les fêtes du S. C. et de St Julien de Lescar.

Pars autumnalis. 18 p. n. chiff. - 648 - CCLII - 4. Intonations, p. CCXXXIX. Off. de St Grat au Supp.
Pars hiemalis. 18 p. n. chiff. - 650 - CCLVIII - 31. Off. et octave de S. Léon au Suppl.
Mandement de Mgr l'évêque de Bayonne [*Lacroix*] || prescrivant || l'usage de la liturgie romaine dans son diocèse || 6 décembre 1857.

LIVRES A L'USAGE DE LA PROVINCE D'AUCH

(Auch, Aire, Dax, Tarbes, Bayonne)

Rituel || *Romain* || *à l'usage* || *de la Province ecclésiastique* || *d'Auch* || Armes de Mgr de la Baume : D'or à trois chevrons de sable, au chef d'azur chargé d'un lion issant d'argent couronné d'or. || A Paris || Chez Antoine Dezallier, rue Saint Jacques || à la couronne d'or || MDCCI || avec privilège du roi || Grand in-8° de 10 p. non chiff. - 609. En tête devait être le Mandement des évêques diocésains. Il ne s'y trouve pas, par la faute de l'imprimeur, comme on le voit dans le Rituel de Commenges (Mandement de Mgr de Lubière du 4 septembre 1728. Bibl. du Grand Séminaire de Bayonne). Mandement de Mgr de la Baume à ses suffragants et à son clergé ; dans tous les exemplaires, 6 p. non chiff. (On en connaît une édition, paraît-il, de 1725.)

Rituel || *Romain* || à l'usage du diocèse || de Tarbe || par Messire François de Poudenx || evesque de Tarbe || A Paris || Chez Antoine Dezallier, rue Saint Jacques || A la couronne d'or || MDCCI || Avec privilège du Roi || In-4°.

Rituel Romain etc. *à l'usage du diocèse d'Aire*. Titre manque. In-4° de 14 p. non ch. - 608 - 2 p. de tables, non chiff. Ordonnance de Mgr de Montmorin du 20 octobre 1720. Calendrier des fêtes commandées dans le diocèse d'Aire. Table des cas réservés. Déclaration du roi Henri II contre les femmes qui cachent leur grossesse. — C'est le même Rituel que le précédent, à l'usage de toute la province.

Rituel || *à l'usage* || *de la* || *province ecclésiastique* || *d'Auch* || Armes de Mgr de Montillet. Ecartelé 1 et 4 d'azur à 1 chevron d'argent surmonté d'un croissant du même, 2 et 3 de gueules à 2 bandes d'argent.

A Paris || Chez { Jean-Baptiste Coignard, imprimeur du Roi
Antoine Boudet, libraire imprimeur } || MDCCLI

Grand in-8° de XIV - 595 p. Mandement de Mgr de Montillet, p. 1. Table des fêtes, p. IX. Instruction sur les sacrements, p. 1.

Missale || *Auscitanum* || Illustrissimi et Reverendissimi in Christo Patris || D. D. Joannis-Francisci || de Montillet Auscitani archiepiscopi || Novempopulaniæ et utrinsque Navarræ primatis || auctoritate || ac venerabilis ejusdem Ecclesiæ Capituli consensu || editum. || Armes.

Parisiis. || Apud { Joannem Baptistam Garnier, Reginæ nec non || serenissimæ Delphinæ typographum et bibliopolam, via Citharæ, || sub signo Providentiæ ad angulare viæ Pupæ.
Petrum-Alexandrum Le Prieur, Regis typo- || graphum, via San-Jacobæa ad insigne crucis aureæ.

M.DCC.LIII || Cum privilegio regis. || In fol. de 48 p. - 604 - CXLVI - 46 - 3 p. non chiff. Mandement. Rubriques p. 1. Propre du temps, de l'Avent au Samedi saint. Ordo missæ, p. 21. Suite du Propre du temps, p. 267. Propre des saints, 401. Commun des SS. p. I. - CXLVI. Passions avec chant p. 1. Messe du S. C. 3 p. A la fin. Gravures : Avant le titre : façade de l'église d'Auch (?), armes de Mgr de Montillet au-dessus du grand portail. Foi, Espérance et Charité, avant le Propre du temps ; Christ jansénite de Le Brun avant le Canon ; en tête de la messe du S. C., vignette. Armes et 2 anges portant, l'un le chapeau, l'autre la mitre de l'archevêque ; à la fin, image grossière du S. C.

Antiphonarium || *Auscitanum* || Illustrissimi, etc. MDCCLV. (Titre comme au Missel || In-fol. de 570-[536] - CLIV p. A la fin du Propre du temps, p. 170, on lit ces paroles : « Cujus cantum sicut et Proprii sanctorum ac Communis componebat et ordinabat Parisiis, annis 1753 et 1754, Joannes Lebeuf, antiquus canonicus et succentor Ecclesiæ Autissiodorensis. » Dernière p., parmi les fautes à corriger : « Au propre des saints, p. 1, sur la syllabe *ti*, chantez *la, za*.... — P. 73. Il s'est glissé une note superflue et *ridicule* au commencement du mot *spem*. »

Graduale || *Auscitanum* || Illustrissimi, etc. || MDCCLV || In-fol. de 240 - [169] - CXII - [XVI] - 7 p. Messe du S. C. à la fin. A la fin du Propre du temps, p. 240, même remarque sur Lebeuf : « Ordinabat Parisiis, annis 1754 et 1755 ». Messe de St Léon p. [45] (Bréviaire du même prélat dont nous n'avons pas vu d'exemplaire de la 1re édition).

Rituel || *de la* || *Province ecclésiastique* || d'Auch || à l'usage || du diocèse de Tarbes || A Paris, etc. MDCCLI || In-4°. Le même que chez nous, sauf le titre, le calendrier et les cas réservés.

Proprium || *Sanctorum* || *Diœcesis* || *Aquensis* || Armes de Mgr de Suarès d'Aulan : d'azur à une tour d'argent maçonnée, surmontée d'un aigle aux ailes déployées; le tout sommé d'une couronne de comte. || Parisiis typis P. A. Le Mercier, typographi || ac bibliopolæ || via San-Jacobœa || sub signo libri aurei. || M.DCC.LVIII || Cum approbatione et privilegio Regis. || In-12. Mandement, 2 p. non chiff. Calendarium, 2 p. non chiff. - 198 p.

Breviarium || *Aquense* || Illustrissimi et reverendissimi in Christo Patris || Caroli Augusti || Le Quien de Laneufville || Episcopis Aquensis || auctoritate || ac || venerabilis ejusdem || Ecclesiæ capituli censensu || editum Pars... || Arnes || Parisiis || Apud Bibliopolas usuum Parisiensium et Aquensium || MDCCLXXIX || Cum privilegio regis. || 4 vol. in 12. Un très bel exemplaire sur grand papier, in-8°, se trouve à la bibliothèque du Grand Séminaire de Bayonne. Ce bréviaire était récité dans les cantons actuels d'Orthez, de Salies, Sauveterre et St-Palais, et c'est à ce titre que nous le mettons dans cette nomenclature.

Vespéral || à l'usage || des diocèses || d'Auch, Bayonne || Comminge, Coserans, Mirepoix || et autres. || Nouvelle édition || augmentée, revue et corrigée || Auch || Chez M{de} (sic) Veuve Duprat, imprimeur du Roi || et de la ville || 1817. || In-12 de 502 - CCXIV - 12 p. pour l'office de St Léon de Bayonne. « Se vend chez Bonzom || libraire || rue Pont-Mayou, || n° 18, à Bayonne. »

Chants divers || pris de l'église d'Auch, imprimés par l'ordre de || Monseigneur l'Illustrissime et Révérendissime || Jean François de Montillet, archevêque d'Auch et || primat de la Novempopulanie, et || du consentement du vénérable chapitre de || l'église métropolitaine || avec une double méthode pour enseigner et || apprendre facilement le plain-chant et || des règles || pour chanter l'office divin || suivant l'usage présent du diocèse d'Auch || et d'autres diocèses qui en ont adopté le Bréviaire || Armes de Montillet || A Auch || chez Soulés, libraire, Place Sainte-Marie || 1819. || In-12 de 2 p. n. chiff. - 406. Avertissement. « La lettre et le chant de la plupart des proses sont de toute beauté... Ces sortes de pièces ont toujours fait l'admiration des gens de goût et un des plus beaux ornemens de nos solennités. On n'a cru pouvoir mieux faire que de suivre les principes de M. Lebeuf; on a profité aussi avec plaisir de la méthode de M. de la Feillée : l'un et l'autre sont assez connus. » En regard du titre : une gravure représente la façade d'une église en style de la Renaissance. — La 1re édition est de 1760. V. *Breve Baionense* de 1761.

Le || *Petit Rituel* || à l'usage || *du diocèse d'Auch, Tarbe* || *et Baionne* || Auch || chez Soulés libraire, place Sainte-Marie || 1825 || Au verso du titre : Besançon, imprimerie d'Antoine Montarsolo. In-12 de 258 p. « Léon Martin Cluzeau, libraire marchand papetier, relieur, imprimeur en taille-douce, place Notre-Dame, n° 13 à Bayonne. »

Breviarium || *Auscitanum* || Illustrissimi ac Reverendissimi in Christo Patris D. D. Joannis || Francisci de Montillet Archiepiscopi Auscitani, Novempo || pulaniæ et utriusque Navarræ Primatis, jussu et auctori || tate ac venerabilis ejusdem Ecclesiæ capituli consensu editum. ||

Illustrissimi et Reverendissimi in Christo Patris D. D. Antonii || Xaverii de Neyrac episcopi Tarbensis consensu editum || Pars... || Tarbo || apud Lagleize, episcopi Tarbensis || bibliopolam || 1827. || Au verso du titre : Typis Antonii Montarsolo. 4 v. in-12. En face du titre, gravure : église de la Renaissance : Domus mea, domus orationis.

Pars verna. Mandement de Mgr de Montillet p. (1-9). Tables des fêtes mobiles et calendrier, 17 p. non chiffr. Rubriques, p. 28. Table des Offices, p. 62 et 63, non chiff. Psautier, p. 1. Propre du temps, p. 164. Propre des Saints, p. 512. Comm. des SS., etc. p. 1-CCLXVIII. Intonations, p. CCXLI.

Pars œstiva. Mandement p. (1-9). Table et Calend. Classes des Offices 18 p. non chiff. 628-CCLXVIII p.

Pars Autumnalis. Même division (9) - 19 non chiff. - 550-CCXLII p.

Pars Hiemalis. (9)-19-601-CCXXXVIII pages.

Missale Auscitanum || illustrissimi et reverendissimi de Montillet || necnon || illustrissimi et reverendissimi D. Petri Michaelis Mariæ Double || Tarbiensis episcopi || auctoritate ad usum suæ diœcesis, denuo typis mandatum || Auscis || Apud C. A. Brun, typographum et bibliopolam || MDCCCXXXVI. || In-folio.

Le grand || *Paroissien complet* || contenant tous les || offices des dimanches et fêtes || en latin et en français || pouvant servir aux diocèses || d'Auch, Tarbes || et Bayonne || augmenté de la Semaine sainte || et de beaucoup d'hymnes et de psaumes || Gravure de la Ste Face. || Paris. || Chez Martial Ardant frères, éditeurs || rue Hautefeuille 14 || Limoges. A la même librairie || 1840 || In-18 de 755 p.

Grand || *Paroissien Romain* || *latin-français* || à l'usage des diocèses de Tarbes, Auch || et Bayonne || contenant les offices de || l'Église || selon les nouveaux || Missel et Vespéral auscitains. || Nouvelle édition considérablement augmentée || Bagnères || chez J. M. Dossun libraire éditeur || 1841. || Petit in-12 de 32-904 p. Approb. de Mgr Double, du 6 mars 1838.

Grand || Paroissien complet || latin-français || à l'usage des diocèses || de Tarbes, Auch || et Bayonne || contenant les offices de l'Eglise || selon les nouveaux || Missel et Vespéral auscitains. || Nouvelle édition considérablement augmentée || Bagnères || chez J. M. Dossun, libraire éditeur || 1844 || Approb. de Mgr Double du 6 mars 1838. In-18 de 8 p. non chiff. - 909. Offices de St Léon, p. 649 ; de St Julien, p. 787 ; oraison de St Grat, p. 841.

Le Paroissien || latin || à l'usage des diocèses || d'Auch || de Tarbes et de Bayonne || conforme au nouveau Missel || Armes du cardinal d'Isoard || A Lisle-Jourdain || Chez Espirac, imprimeur-libraire || MDCCCXLIV || In-18 de 720 p. Permission d'imprimer du 13 janvier 1836. Offices des saints de la province. Tout en latin, sauf le calendrier, les rubriques, l'indication des jours de fêtes, les prières du matin et du soir et la traduction de l'ordinaire de la messe. — A la fin, prières à la Ste Vierge pour chaque jour de la semaine.

Le || Paroissien complet || latin-français || à l'usage || des diocèses d'Auch, Tarbes et Bayonne || selon le nouveau Missel || réimprimé par ordres || de MMgrs les archevêque et évêques || des trois diocèses. || Gravure sur acier || l'Assomption de Marie tenant l'Enfant-Jésus entre ses bras, entourée d'anges || Auch || Imprimerie et librairie de L. A. Brun || Editeur du Missel || pour les trois diocèses. || In-12 de 16 p. non chiff. - 813 p. Autorisation de Mgr de la Croix-d'Azolette, 2 p. non chiffr., datée du 16 juillet 1845. Tables des fêtes et calendrier 14 p. non chiff. 4 gr. sur acier. Saints locaux.

Le || Paroissien complet || latin-français || à l'usage des || diocèses d'Auch, Tarbes || et Bayonne || selon le nouveau Missel, réimprimé par ordres || de MMgrs les archevêques et évêques || des trois diocèses || Armes du Cardinal d'Isoard. D'argent à la fasce de gueules chargée d'une étoile d'argent, à 3 ours issant 2 en chef 1 en pointe || Auch || Imprimerie et librairie de L. A. Brun || éditeur du Missel pour les trois diocèses. || Place Royale || In-18 de (15) - 15 - non chiff. 640 p. Incomplet. Avis des Editeurs, p. (1). Instruction Pastorale du Cardinal d'Isoard du 1er Dimanche de l'Avent, 1832, p. (7). Calendrier, 14 p. non chiff. Prières diverses ; Office et Messe de St Léon, p. 448; de St Julien p. 546. L'Avis des Editeurs dit que les fidèles « allaient se pourvoir de prières étrangères à ce diocèse, tels que celui de Paris ou de Toulouse, quoiqu'ils différent notablement du Missel et du bréviaire d'Auch sur lesquels doivent être réglées les prières, à l'usage de ce diocèse. »

Passiones || cum cantu || excerptæ || ex Missali Auscitano || recens edito || ad usum || Diœceseum Auscitanæ, Tarbiensis et Baionensis || Armes de Mgr d'Isoard || Auscis || Apud L. A. Brun, typographum et bibliopolam || M.DCCC.XXXVI. || In-4° de 31 p.

Semaine || Sainte || à l'usage des diocèses || d'Auch, Tarbes et Bayonne || contenant tout l'office de l'Eglise depuis le dimanche des Rameaux || jusqu'au mardi après Pâques avec un exercice || pour la confession et la communion || réimprimée || par ordre de Son Eminence Monseigneur Joachim-Jean-Xavier d'Isoard || cardinal prêtre du titre de la Très Sainte Trinité du Mont Pincius || archevêque d'Auch || Auch || Imprimerie et librairie de L. A. Brun || Place Royale || 1837 || In-12 de V - 448 p.

Office || de la || Quinzaine de Pâques || noté || à l'usage du diocèse d'Auch || rédigé et imprimé pour la première fois || par ordre de Monseigneur || Nicolas Augustin de la Croix || archevêque d'Auch || Armes || Auch chez L. A Brun, libraire éditeur || Place Royale || 1843. || In-12 de XVI - 455 p. || Toulouse. || Manavit, imprimeur.

Graduel || contenant || les messes des dimanches et principales fêtes de l'année || selon les missels et graduels des anciens || diocèses d'Auch et de Bayonne || imprimé par ordre de Monseigneur l'Illustrissime et || Révérendissime Jean-François de Montillet || archevêque d'Auch et primat de la Novempopulanie || Nouvelle édition || mise dans un meilleur ordre || Armes de Mgr de Montillet || A Auch || chez Soulés || Sur le verso du titre : Imprimerie de Mme Veuve Duprat. In-12 de 674 p. (Edition du cardinal d'Isoard).

Diurnal || à l'usage des diocèses || d'Auch, Tarbes et Bayonne || réimprimé || par l'ordre de Son Eminence Monseigneur Joachim-Jean-Xavier || d'Isoard || cardinal-prêtre du titre de la Très Sainte Trinité || du Mont Pincius || archevêque d'Auch || Armes : d'argent à une fasce de gueules chargée d'une étoile d'or au centre, et trois ours issants, 2 en chef, 1 en pointe, avec cette exergue au sommet : Lux et dux.

Graduale || Auscitanum || Illustrissimi ac Reverendissimi || in Christo Patris et Domini || D. Nicolai Augustini de la Croix || archiepiscopi Auscitani || jussu recognitum ac typis denuo mandatum || Armes : de gueules, chargé d'une croix en santoir d'argent et de 4 roses d'argent aux angles de la croix. || Lugduni || apud J. B. Pelagaud et socios Sanctitatis Bibliotypographos || in via majori Mercatoria, 26. || MDCCCXLV. || In-12 de 500 - CCXXIV p. - CC. Autorisation du 16 juillet 1845. Avertissement de l'archevêque sur cette édition portative. A la fin « Missa imperialis » etc. — Les Missel, Antiphonaire et Vespéral d'Auch sont, sauf le titre, et de légères différences locales les mêmes que ceux de Bayonne, publiés sous N. N. 88. d'Arbou et Lacroix.

Il serait trop long et sans intérêt local d'énumérer les livres Romains que nous avons trouvés, abandonnés çà et là, depuis l'adoption du rit Auscitain dans le diocèse de Bayonne ; ces rares reliques des siècles derniers sont plus nombreuses dans les contrées qui faisaient partie des diocèses de Dax, de Lescar et d'Oloron.

Citons tout d'abord un livre d'*Heures* donné au Musée de Pau en 1842 par M. l'abbé Lansalot, curé d'Escos. Ce beau spécimen de l'imprimerie du xvi° siècle est incomplet. Il contient 74 ff. Il y manque le titre et deux feuillets dans le calendrier. En voici l'analyse :

Il commence au mois de Mars ; manquent Janvier, Février, Novembre et Décembre. Parmi les noms des saints, nous remarquons les fêtes de St Aubin, St Longin, « St Rupeti epi », St Quentin (Mars) — Ste Euphémie, Ste Hélène (Avril) — St Florian, St Gothard, St Isidore, martyr, Translation de St Bernard, St Bernardin, Ste Hélène, St Didier (Mai) — St Médard, St Paulin, St Sigismond (Juin) — Translation de St Martin, St Privat, martyr, St Alexis, « vii dormientium », (Juillet) — St Justin, prêtre, St Roch, *évêque*, « *Rochonis epi* », St Louis, évêque, St Séverin « pape », St Augustin « pape » (Août) — St Egide, St Antonin, St Moyse, St Eugène, St Salvie, St Maurille, St Lambert, évêque, St Firmin, évêque (Septembre) — St Germain, évêque, St François, Ste Foy, St Denys, St Cerbon, St Nicaise, St Gérand, confesseur, St Caprais, martyr. Les onze mille vierges, St Crépin (Octobre).

A chaque page des encadrements, or et couleurs, faits à la main. Belles miniatures : 1° Adoration à la crèche; 2° Adoration des bergers ; 3° Adoration des mages ; 4° Circoncision ; 5° Fuite en Egypte ; 6° Mort de la Ste Vierge : un Apôtre tient un ciboire sans doute pour le Viatique ; 7° Tige de Jessé, au jour de la Conception.

F. 1. Evangile de St Jean : « In principio ». *Litanies*, f. 36. Parmi les apôtres : St Martial ; puis St Denys, St Maurice, St Eustache, St Eutrope, St Quentin, St Nicaise, St Remi, St Eloi, St Egide, St Julien (lequel ?), St Maur, St Léobin, St Sulpice, St Léonard, St Guillaume, Ste Barbe, Ste Foi, Ste Espérance, Ste Charité — *S. Fides, S. Spes, S. Charitas, ora pro nobis.* —

Antiennes et Oraisons des Apôtres, de St Christophe, St Sébastien, St Nicolas, St Claude, St Antoine ermite (même Oraison qu'à Lescar, 1541 et à Bayonne, 1543 : Antienne : *Anthoni, pastor inclite, qui cruciatos reficis, morbos sanas et destruis, ignis calorem extinguis, pie pater, ad Dominam ora pro nobis miseris*), de Ste Madeleine, Ste Catherine, Ste Marguerite, Ste Barbe, Ste Apollonie, invoquée, comme à Lescar, pour les maux de dents. Prières diverses : au lever, en sortant de la maison, en prenant de l'eau bénite, devant le crucifix, pendant la messe » « Pape. Boniface a donné à tous ceulx qui diront dévotement ceste oraison qui s'ensuit entre la levation du Corpus Domini et le dernier Agnus Dei deux mille ans de vray pardon » ; pour la communion, « pour l'amy vivant en tribulation », — « pour le tien amy qui est mort » ; « les sept orayons Sainct Grégoire ». Oraison à Dieu le Père, à la Sainte Vierge, à N. D. « *Sequitur officium de Conceptione beate Marie Virginis* » avec diverses hymnes et l'oraison : « *Deus ineffabilis misericordie qui prime piaculum mulieris* » comme à Bayonne. — *De S. Rocho : Ave, Roche, sanctissime, nobili natus sanguine,* etc. « Les graces St Loys, » etc.

Au dernier folio v° : « S'ensuit une table de ce qui est contenu par ordre en ces presentes Heures ;

» Et premierement : Ung Kalendrier selon ledit usaige — Les quattres evangiles — La passion Nostre Seigneur — Les heures nre Dame tout au long sans rieng requerir avec les heures de la Croix et du Sainct Esperit. Les sept pseaulmes et letanies et les oraisons. Les vigiles a ix pseaulmes et ix leçons. — Oraisons pour dire en passant par ung cimetière pour les trépassés. Avete. — Antienne et oraison de la Trinité — Oraison à Dieu le Père — A Dieu le Fils — Oraison à Dieu le Sainct Esperit — Oraison de la Face nostre Seigneur Jesu Christ — Obsecro te Domina. O intemerata — Devote contemplation de la benoiste Vierge Marie — Stabat Mater dolorosa — Suffrages acoustumés de mettre en ces présentes heures tant en latin comme en françoys lesquelles sont pourfitable à dire [par tout ?] bon crestien qui seroient trop longs à nommer — Les heures de la Conception Nostre Dame — Les graces Sainct Loys — Cinq belles oraisons que Sainct Jehan fist en l'honneur de la Vierge Marie, très utiles à ceulx qui dévotement les diront.

» Les presentes heures à l'usaige de Rome [Rouens ? Rodès ?] tout au long sans riens requerir avec les grans suffrages ont esté nouvellement imprimées à Paris. Laus Deo ». La date d'impression et le nom de l'imprimeur manquent à cette édition. Elle sortit probablement des presses de Simon Vostre, Philippe Pigouchet ou Antoine Vérard, dont beaucoup de livres, admirablement illustrés, sont parvenus jusqu'à nous.

Parmi les Missels nous pourrions citer les éditions de Pierre Valfray à Lyon « in vico Mercatorio sub signo Coronæ Aureæ » 1699. Un des plus rares assurément provient des Cordeliers de Pau ; ce Missel fut imprimé à Kampidel (?) dans le Tyrol « ex ducali Campidonensi typographeo per Joannem Mayr anno Domini M.DCC.XXXIII. » Il est orné de belles gravures de G. B. Guy et de J. D. Curiger, artistes allemands du siècle dernier.

Les Bréviaires étaient aussi de toute provenance. Nous avons trouvé à Cardesse un exemplaire sans titre du Romain-Diocésain (partie d'hiver) publié en 1604 par Mgr Henri de Gondy. C'est un des premiers livres Romains qui parurent chez nous. En voici un autre, extrêmement curieux pour l'histoire générale de la Liturgie en France. Il servait aux Ursulines d'Orthez et l'on comprend pourquoi il est latin-français. C'est la *Partie du Printemps* d'une édition en 4 volumes, la première publiée avec traduction en langue vulgaire. D. Guéranger ne l'a pas connue, bien qu'il mentionne le refus de la Sorbonne de l'approuver en 1655. Il est intitulé : Le || *Bréviaire* || *Romain* || suivant la réformation du saint || Concile de Trente || imprimé par le commandement du || Pape Pie V. || Revu et corrigé par Clément VIII. || Avec les Offices des Saints Canonisés par nos || SS. PP. les Papes Urbain VIII || et Alexandre VII. || En Latin et en François || de la Traduction || de Michel de Marolles || Abbé de Villeloin. || Partie du Printemps. || A Paris. || Chez Sébastien Huré, au Cœur-Bon, || et || Frédéric Léonard, à l'Escu de Venize, || rue Saint Jacques. || M.DC.LIX. || Avec Privilège du Roy. ||

Au verso du titre, le traducteur disait : « Outre les personnes religieuses qui sont obligées de dire leur Bréviaire, et en ont souhaité l'intelligence pour s'y exercer davantage par la méditation, et par une sainte méditation, j'ay principalement considéré en cet ouvrage plusieurs Dames illustres qui, sans estre obligées de réciter leur office, comme les religieuses, sont néantmoins touchées du saint désir de s'acquitter volontairement d'un devoir si pieux, les unes pour les festes et dimanches seulement, et les autres pour tous les jours de l'année, à l'exemple de plusieurs Princesses et surtout d'une grande Reine qui nous a suggéré les premières pensées de ce labeur, dès le temps que nous entreprismes en sa faveur nostre traduction de l'Office de la Semaine Sainte. » Dans l'épître dédicatoire au cardinal Mazarin, l'abbé de Marolles ajoute :

« Il y a près de quatre cents ans, Monseigneur, qu'un pareil ouvrage que celuy-cy fut dédié à un Roy de France : j'en ay l'exemplaire manuscrit que j'ay tiré d'une petite abbaye de l'Ordre de Cisteaux dont il plût au Roy Henry quatriesme de me gratifier, quoyque je fusse alors bien jeune, à la considération de feu mon Père, la mesme année que ce grand Prince nous fut ravi par un coup funeste au milieu de sa gloire et de nostre repos. Ce n'est donc pas d'aujourd'huy, Monseigneur que l'on traduit en langue vulgaire, et surtout en ce royaume très chrestien, les prières de l'Eglise, non pas à la vérité pour les réciter en public autrement qu'en Latin, comme on a de coustume, selon l'ancien usage : mais pour en donner l'intelligence à beaucoup de personnes pieuses qui y cherchent des consolations spirituelles, qu'elles ne trouveroient pas facilement sans cela. Et quand il n'y en auroit point d'exemple, comme je croy qu'il s'en pourroit trouver en toutes langues, la doctrine apostolique ne seroit-elle pas suffisante pour authoriser un dessein si pieux ? J'appelle apostolique tout ce qui est de l'esprit des Apostres, et rien de ce qui n'est point de leur esprit ne se peut justement appeler de la sorte. Je croye, Monseigneur, qu'on ne sçauroit que les SS. Apostres n'ayent esté soigneux de publier partout l'Evangile, et que leurs escrits ne se pussent entendre des Peuples ausquels ils estoient adressez ; c'est pourquoy, en faveur des Chrestiens qui se multiplièrent si fort dans l'Empire Romain, ils furent depuis traduits en latin, qui estoit la langue de vos glorieux Ancestres et la vulgaire de ce temps là dans l'une des plus considérables parties de l'Occident. J'ose donc augurer à mon ouvrage que V. E. qui luy a permis de voir le jour, aura la bonté de prendre encore sa protection si quelqu'un le vouloit attaquer de ses traits envenimez. » Cette dédicace est fort long. La traduction du Bréviaire en français avait été blâmée et tacitement condamnée. Dans un « Avertissement » le traducteur indique « tout ce qui dans cet ouvrage est de sa pure version ». Les approbations mises en tête du Bréviaire ne se rapportent nullement à la traduction française ; elles sont en faveur du Bréviaire Romain *latin*, publié en 1604, par Henry de Gondy, évêque de Paris, et de « l'Office de la Semaine Sainte en Français et en Latin » publiée par l'abbé de Marolles en 1634. Le fameux J. de Launoy figure avec N. Pignay, à la date du 8 juillet 1649, et approuve « la Traduction du Nouveau Testament, faite en françois sur le grec par M. de Marolles » ; une traduction des Epîtres et Evangiles des Dimanches et Fêtes fut également approuvée par Launoy, le 2 février 1652. Le Privilège du Roi pour l'impression du *Bréviaire Romain en Latin et en François* est du 24 juillet 1566 ; il porte qu'il sera de « grande utilité et service à toutes les personnes dévotes qui n'ont pas l'usage de la langue latine et particulièrement aux Religieuses qui l'ont souvent et depuis longtemps désiré pour leur plus grande consolation ». Il fut achevé d'imprimer pour la première fois, le 5 septembre 1659. Nous avons longuement insisté sur cette traduction parce que ce fut là le commencement des nouveautés liturgiques qui vont désoler la France.

Dans le même ordre d'idées nous citerons le « *Bréviaire Romain en Latin et en François*, divisé en quatre parties. A Paris chez Denis Thierry » 1688, par le Prieur de St Georges ; le « *Missel Romain selon le Règlement du Concile de Trente*, traduit en françois. A Cologne, chez Jean de la Pierre. 1642 », petite édition janséniste, in-18, à l'usage des fidèles, avec l'approbation de Fronton, chanoine de Ste Geneviève, du 5 septembre 1660 ; le *Bréviaire Romain*, avec rubriques françaises, rouge et noir, Lyon, Valfray, 1725, 4 vol. in-8° ; le même, Paris, Le Mercier et Boudet, 1742 ; le *Diurnal du Bréviaire Romain*. Paris, Lottin, 1774, in-8°. Au siècle dernier, notre grand minéralogiste, l'abbé Palassou, se servait du pur bréviaire Romain publié à Anvers « Antuerpiæ. Ex typographia Plantiniana apud Viduam Balthasaris Moreti MDCCX. ».

Les *Officia propria totius Ordinis SS. Trinitatis Redemptoris Captivorum*, imprimés à Toulouse en 1708 chez Jean Audiran, in-8° et provenant des Trinitaires du couvent de Moncade à Orthez (collection de M. Louis Bateave) sont absolument Romains. On y trouve l'approbation du F. Nicolas Compaigne, docteur en théologie, Père de la Province et « Ministre du Pont d'Orthez » *nec non Minister Pontis Orthesii*. Le rédacteur des Offices dit qu'il n'y avait presque plus d'exemplaires de l'édition anciennement imprimée dans la même ville : *jampridem nulla fere remanere exemplaria officiorum quæ Orthesii prælo mandari curaverat R. admodum Pater Michael a S. Martino... quondam Provincialis Provinciæ nostræ Occitaniæ et Aquitaniæ*.

Nous mentionnerons enfin deux livres d'*Heures* manuscrites des Religieuses de l'Union Chrétienne de Pau et des Bénédictins de St-Maur.

Les Dames de la Foi ou de l'Union Chrétienne avaient un couvent à Pau, sur l'emplacement de la Préfecture. Appelées dans notre ville en 1685, elles furent principalement chargées d'instruire les nouvelles catholiques. (V. *Les Rues de Pau*, par M. LACAZE — aux mots : *Impasse de la Foi*.) Les constitutions et les règles de ces religieuses (*Tit. 1, ch. IX. De l'office divin*.) les obligeaient à dire au chœur l'Office de la Ste-Vierge et à solenniser tout particulièrement les fêtes de Jésus, Marie et Joseph, de « la Sainte Famille » et celles de St Joachim et de Ste Anne. — Leurs *Heures* manuscrites (collection de M. L. Bateave) contiennent des prières en latin et en français, les litanies de la Ste-Vierge et du St Nom de Jésus, avec ces invocations : « *Jesu, amator noster, miserere nobis. — Sancta Maria, directrix nostra, succurre nobis. — Sancte Joseph, patrone noster*, ora. — *Sancte Joachim, protector noster*, ora. — *Sancta Anna, domina nostra, ora pro nobis.* » On y remarque ce fait assez singulier que le *Confiteor* latin est coupé par de « petites Pauses » et des prières en français. Le rit est Romain. Les « prières qui se disent tous les samedis après les litanies de la Sainte Vierge » sont pour la communauté, l'Eglise, le Pape (Innocent XIII), le Roi (Louis XV), la Paix. Avant Sexte et None, on disait une longue oraison à ces intentions et pour l'évêque : « Pro Papa Innocentio, Clemente, pro antistite nostro Francisco, Harduino [1]. » Tout à la fin, on règle les dévotions et les communions des Religieuses. Ces *Heures* manuscrites, quoique en fort mauvais état, ne manquent pas d'intérêt.

Les *Heures* manuscrites des Bénédictins de St-Maur, mutilées et dans un déplorable état, mériteraient une étude spéciale et de longs développements ; mais n'ayant absolument rien de local, nous n'en dirons que quelques mots. Elles datent du XVIII siècle et viennent sans doute du collège des Bénédictins de Pau (lycée actuel), bien qu'aucune note ne nous l'apprenne. On y trouve des « Exercices devant et après la Ste Messe pour tous les jours de la semaine, pour la préparation éloignée », des « aspirations », et des « actions de grâces ». Il y a là de longues et très belles prières, toutes en français. Viennent ensuite, en latin, la préparation à la Sainte Messe, des Prières à la B. V. M., à St Benoit, « *ad B. P. Benedictum* », celles de St Thomas, de St Ambroise, des Actes de foi, d'espérance, d'amour, de désir, etc., l'Action de grâces après la Messe, les Offices de la T. Ste Trinité, du St Nom de Jésus avec les Litanies, du St-Esprit avec Litanies, de l'Ange Gardien avec Litanies, du « Bienheureux Père St Benoit » avec les hymnes : *Aurora surgit aurea* à Matines, celles des petites Heures, une à Vêpres : *Sanctæ sororis spiritum*, des Litanies, une hymne à St Maur : *Maurum concelebra, Gallia, laudibus*, et une à Ste Gertrude : *Gertrudis arca numinis*; l'office de St Joseph, hymnes et litanies ; des hymnes en l'honneur de St J.-Baptiste, de St Guillaume, moine (sans doute le duc d'Aquitaine devenu ermite), p. exemple : *Laudemus vocis in Jubilo et Guilleimum ducem militum ;* l'office du St-Sacrement avec hymnes et litanies, le « Petit office de la *Réparation du T. S. Sacrement* de

---

1. — Innocent XII (1691) et Clément XI (1700) ou Innocent XIII (1721) et Clément XII (1730). Nous pensons que le Prélat désigne sous le nom de *François* est F. de Harlay, archevêque de Paris (1671-1695), preuve que les Heures y auraient été écrites. Ce nom a été effacé et remplacé par celui de Harduin, évêque de Lescar (1729-1762).

l'autel » avec antiennes, hymnes et litanies et amende honorable ; l'Office de la Ste-Croix, les litanies de la Passion et une prière aux « cinq playes du Fils de Dieu » ; l'Office de la Conception de la Ste-Vierge ; le commencement de la « Couronne des sept dizaines à l'honneur de la Ste-Vierge ». *Cetera desiderantur.*

Au dernier moment, il nous est tombé sous la main quatre cahiers manuscrits contenant des offices en latin et en français, à l'usage de religieuses d'Orthez. On y lit, au 1er cahier : « Le but de l'office du lundi est de célébrer l'excessive charité de Dieu envers les hommes et ses bienfaits » ; au 2e : « Le but de l'office du mardi est d'exciter dans l'âme des fidèles l'amour du prochain » ; au 3e : « Le but de l'office du mercredi est d'exciter dans l'âme des fidèles une ferme espérance dans la bonté de notre Dieu » ; au 4e : « Supplément au psautier pour les différentes heures et les différentes saisons. » L'office n'est pas selon le rit romain, mais bien d'après les principes de la nouvelle Liturgie parisienne ; l'hymne du lundi à Matines débute ainsi :

> *Dei canamus gloriam*
> *Qui secundo die cœlum*
> *Expandit admirabile*
> *Spectaculum hominibus.*

Avant le Psaume 103, *Benedic anima mea Dominum*, on dit : « Il est divisé en trois parties ; on y remercie le Seigneur de ce que la Providence s'étend sur toutes les créatures. » Ainsi pour chaque psaume ; ils sont tous traduits en français, mais non les hymnes. On ne trouve que les offices des diverses Heures sans les leçons. Le dernier cahier donne les règles de l'office pour les quatre saisons ; à la fin, nous voyons les hymnes du Commun des Saints : *Lœtare cœlum, Quales magistros eligis, Principes aulæ celestis, Quem Deus misit in terris*, pour les Apôtres, etc. Aucune note manuscrite, si ce n'est les oraisons de St Barthélemy aux Suffrages, n'indique la provenance de ces livres d'heures. Deux recueils imprimés d'offices romains, l'un à l'usage de « Sr St Joseph, 14 juillet 1789 », l'autre de « Sr Marie Augustin » à la même date, trouvés avec ces heures, semblent avoir appartenu aux religieuses Ursulines d'Orthez.

Nous nous sommes peut-être trop attardé à ces analyses de recueils sans grande importance ; aussi nous pardonnera-t-on de ne pas prolonger nos remarques bibliographiques sur des livres qui doivent être étudiés principalement dans des travaux sur la liturgie générale de l'Eglise.

XVIII

Transcription du Bréviaire de Lescar. — Méthode suivie dans la reproduction du texte original. — Observations importantes. — Conclusion.

N comprendra facilement que nous n'avons pas pu reproduire dans son intégrité absolue le vénérable Bréviaire de Lescar. Il suffisait, croyons-nous, de faire connaître tout ce qu'il a de remarquable, et d'indiquer simplement ce qu'il a de commun avec le bréviaire Romain de St Pie V, tel que nous l'avons encore aujourd'hui. Voici donc quelques observations au sujet de la transcription du texte de 1541.

Nous reproduisons toujours *in extenso* les Leçons, Antiennes, Versets et Répons historiques, les Hymnes, Proses, Oraisons et les Rubriques générales. Les Rubriques spéciales que l'on trouve éparses dans le Psautier et le Propre du Temps ont été omises, à moins qu'elles n'aient trait à des particularités locales ou curieuses. Pour les Leçons, les Capitules, les Antiennes, etc., tirés de l'Écriture Sainte, nous n'avons transcrit ordinairement que les premiers mots, parce qu'un livre de Concordances peut à la rigueur, et si l'on y tient, fournir le texte intégral. Il en est de même des Homélies des Pères, dont nous n'avons presque toujours donné qu'une ou deux phrases. Notre travail, ayant un intérêt à la fois liturgique, hagiographique et historique, ne pouvait être plus complet. Les liturgistes de profession nous pardonneront de n'avoir pas fait davantage.

Nous avons supprimé les Psaumes, parce qu'on les retrouve partout; il suffisait de les indiquer; de même pour les hymnes connues. S'il y a quelques différences, nous les avons soigneusement notées. Lorsqu'il y a identité, entre les textes du bréviaire de Lescar et ceux du Romain actuel, nous employons ces formules : *Ut hodie, ut in hodierno breviario;* mais nous n'avons pas cru devoir nous servir dans ce cas de crochets [ ]; il eût fallu trop les multiplier. Néanmoins, on les trouvera toutes les fois qu'une addition ou une explication les rend nécessaires. Pour les Leçons, la quatrième est toujours marquée ainsi dans l'original, iiii, et la septième n'est jamais indiquée; nous l'avons cependant marquée quelquefois.

L'ordonnance des Offices était, au XVIe siècle, la même qu'aujourd'hui. Le Romain n'a guère changé; il a subi des modifications tout à fait accidentelles. Dans le bréviaire de Lescar, l'office est solennel, double, semi-double, simple ; chaque leçon a son répons correspondant. Bien souvent, par économie de temps, nous avons supprimé la dernière répétition qui se trouve *toujours*, comme dans le Bréviaire actuel, à chaque répons. Le lecteur devra s'en souvenir. Il en est de même de la formule: *In illo tempore: Dixit Dominus*, etc., qui est dans le texte et que nous avons omise pour la même raison. L'original ne donne jamais le mot [*Evangelium*] *secundum*....... Nous l'avons indiqué ordinairement. D. Du Buisson, l'historien du monastère de St Sever (Landes) a fait de même.

Nous n'étions pas libre de modifier l'orthographe de notre vieux Bréviaire. Si les abréviations n'existent plus dans notre transcription, on y verra cependant les formes e pour æ, j pour i, u pour v, etc.; nous avons toujours employé des lettres majuscules pour les noms propres, ce que ne fait presque jamais le texte original. En un mot, nous voulons pouvoir être lu et intéresser la curiosité de tous nos lecteurs.

Nous sommes heureux d'avoir pu mener à bonne fin ce grand travail, unique en son genre, sur la vieille liturgie Romaine-Française, si célèbre dans les fastes de l'Église. D. Guéranger l'a magnifiquement louée dans ses admirables *Institutions liturgiques*, où il en a reproduit de beaux fragments ; mais son étude d'ensemble ne lui permit pas de développer un si vaste sujet ; il s'est contenté de renvoyer aux manuscrits et aux livres liturgiques, rares débris qui subsistent encore depuis le moyen âge et les xive, xve et xvie siècles.

Le bréviaire de Lescar est un de ces rarissimes trésors. Ce livre, d'un prix inestimable, et dont on ne connaît, avons-nous dit, qu'UN SEUL EXEMPLAIRE, a survécu, comme par miracle, aux catastrophes qui désolèrent notre pays, surtout au xvie siècle et pendant la Révolution française.

Nous croyons que notre travail est le plus complet qui ait paru sur notre liturgie et sur notre hagiographie provinciale et nationale. Il a en tout cas le mérite d'arriver le premier. Non pas que des études partielles n'aient été faites souvent sur le même sujet ; nous avons cité en particulier Mgr Hautcœur, chancelier de l'Université de Lille, le P. Carles, de Toulouse, M. Adolphe Magen, D. Guéranger, etc. N'oublions pas les travaux de Mone, Daniel et Mohr, de M. l'abbé Duchesne, de M. l'abbé Gautier, de M. l'abbé Misset, de M. le chanoine Arbellot, de Limoges, du P. Drèves, de M. Ulysse Chevalier. Ce dernier — l'un des plus infatigables travailleurs de notre temps et des plus érudits en histoire ecclésiastique — publie actuellement son remarquable *Repertorium hymnologicum* ; en outre, il nous donne, dans le *Bulletin d'histoire ecclésiastique et d'archéologie religieuse des diocèses de Valence, Gap, Grenoble et Viviers*, de belles études sur les « Manuscrits et incunables liturgiques du Dauphiné » avec de nombreux extraits et les hymnes spéciales aux bréviaires de ces églises. Naguère encore au Congrès de la Sorbonne (mai 1890) M. l'abbé Morel, de Compiègne, a fait sur le bréviaire de Noyon, du xiiie siècle, une communication qui a été écoutée avec le plus vif intérêt. Enfin les sociétés savantes (protestantes) de l'Angleterre ont reproduit avec un soin pieux les anciens Bréviaires et les Missels d'Aberdeen, Hereford, Salisbury, York, etc. C'est un exemple que nous devons suivre.

En effet, chaque diocèse devrait être jaloux de connaître les monuments de la prière publique, telle qu'elle existait jadis. Notre diocèse actuel de Bayonne, comprenant les anciens de Lescar et d'Oloron, ne peut malheureusement pas montrer des manuscrits et des livres liturgiques, comme ceux qui font l'ornement et l'orgueil des bibliothèques de tant d'autres églises de France. Un manuscrit du xive ou du xve siècle à la bibliothèque de Bayonne, le Missel de ce diocèse, 1543, à la Mazarine, à Paris, le bréviaire de Lescar de 1541, tels sont les seuls débris de liturgie diocésaine qui nous restent ! Pourquoi ne pas les faire connaître en les publiant, en les vulgarisant ? Comme l'a dit M. l'abbé Chevalier : « Les réimpressions de ce genre sont autrement utiles à la science ecclésiastique qu'une foule d'autres qu'on fait journellement[1]. » En ajoutant à ces publications les Statuts synodaux de Bayonne (1534) et de Lescar (1552), on aurait un ensemble de documents très curieux, très intéressants, où l'on verrait que, si la discipline, les rites accidentels ont varié, néanmoins le dogme, les formes essentielles des sacrements et du sacrifice sont restés immuables, comme la sainte Église Catholique Romaine à qui Jésus-Christ en a confié le dépôt sacré.

Nous voici arrivé au terme de notre tâche. Avons-nous réussi, et nos confrères dans le sacerdoce, en particulier, apprécieront-ils ce travail ? Nous le souhaitons vivement. Cette introduction, qui d'abord ne devait avoir que quelques pages, spéciales au Bréviaire de Lescar, a pris des proportions considérables que nous n'aurions pas soupçonnées. Nous y disons beaucoup de choses tant sur la liturgie en général que sur les usages locaux et provinciaux. Mais nous sommes loin d'avoir épuisé la matière. Peut-être cette œuvre-ci en suscitera-t-elle d'autres ; autour de nous, dans les diocèses de la Province, si féconds en vaillants ouvriers, des amis de la science ecclésiastique entreprendront de semblables travaux, combleront bien des lacunes, et compléteront notre modeste Étude. Plaise à Dieu que nous ayons de nombreux émules dans des œuvres de ce genre, si profitables à l'Église, à la religion et à la science !

Naguère[2] d'ailleurs, la *Semaine Religieuse de l'Archidiocèse d'Auch* nous a donné l'avant-goût d'un travail très complet sur la liturgie de notre Province (période du moyen âge, période moderne, période contemporaine), dû à la plume de M. l'abbé Cazauran. Celui-ci compte dans la première période huit manuscrits : 1° le Bréviaire de Dax ; 2° le Bréviaire de Tarbes (une véritable découverte, faite dans la bibliothèque

---

1. — *Bulletin d'histoire ecclésiastique de Valence*, 1889, page 41.
2. — Voir n^{os} du 28 mars, du 4 et 12 avril 1891

de cette ville, d'un livre d'Eglise inconnu aux savants ecclésiastiques de ce diocèse) ; 3° Six Bréviaires ou Heures d'Auch comprenant l'Office de la Ste-Vierge, l'Office des Morts, du St-Esprit, etc., les Psaumes de la Pénitence, les Litanies. Il faut y ajouter un Bréviaire complet, — manuscrit du XIVe siècle — provenant du même diocèse (?) et appartenant à M. le baron de Prinsac. Le docte érudit énumère, parmi les livres imprimés, le Bréviaire d'Auch de 1533, et les beaux missels gothiques de 1491 et de 1495. Une analyse très intéressante de ces vénérables reliques du passé n'est que l'Etude préliminaire d'un grand ouvrage sur la *Liturgie de la Province d'Auch*. Nous faisons des vœux pour que M. l'abbé Cazauran publie intégralement les manuscrits liturgiques et hagiographiques de M. d'Aignan du Sendat ; les calendriers de chaque livre d'Eglise, les légendes diverses de tous les saints honorés dans la province, les prières et les rits oubliés des sacrements et de l'office divin, enrichiront sans doute ce travail d'une importance capitale.

En terminant, nous remercions tous ceux qui nous ont aidé de leurs lumières, de leurs conseils, de leur coopération affectueuse et dévouée. C'est grâce à M. l'abbé Léonce Couture, l'éminent doyen de la Faculté catholique de Toulouse, que nous avons pu éditer le Bréviaire de Lescar ; grâce à M. le chanoine Ulysse Chevalier, que nous avons découvert le Missel de Bayonne de 1543. Nous ne pouvons nommer tous les autres, MM. Tamisey de Larroque, Bernadou, l'abbé Cazauran, directeur au Grand Séminaire d'Auch, l'abbé Duffau, directeur au Grand Séminaire de Tarbes, l'abbé Dudon, directeur au Grand Séminaire d'Aire, l'abbé Pellisson, directeur au Grand Séminaire de Bayonne, l'abbé Misset, à Paris, le P. Dom Dubourg, des Bénédictins de Solesmes, et surtout l'abbé Léopold Cazenave, notre compatriote. C'est à lui que nous devons tout ce qu'il y a de plus précieux, de plus intéressant et de plus curieux dans notre Introduction : la découverte du Missel de Bayonne, ses textes inédits et les Extraits des Statuts synodaux, de 1534. Son infatigable dévouement et sa sagacité toujours heureuse nous ont valu de précieuses trouvailles et fourni des conjectures marquées au coin de la plus sage critique. Nous sommes heureux d'offrir à tous l'expression de notre sincère gratitude.

V. D.

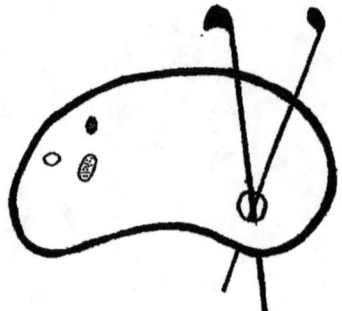

LE

DE 1541.

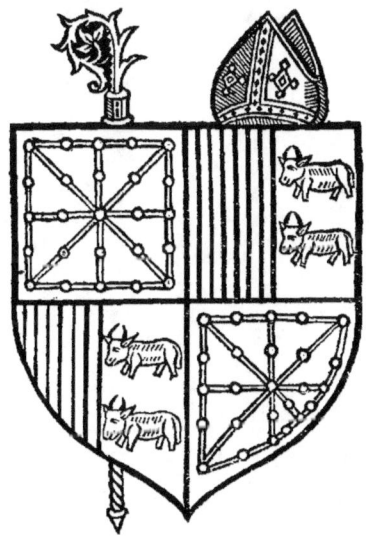

DU CALENDRIER

Le Calendrier est le tableau des mois, des semaines et des jours dont se compose l'année. Le christianisme a produit de nombreux saints; l'Église leur a assigné une fête et a établi pour chaque jour l'ordre de ces solennités. Les *calendes* (de καλέω, j'appelle) tiraient leur nom de ce que l'on convoquait les Romains au commencement du mois, pour leur annoncer le nombre de jours qu'il contenait.

On se servit d'abord du calendrier Julien, ainsi nommé, parce que Jules César fixa le commencement de l'année à la nouvelle lune qui suivait le solstice d'hiver, c'est-à-dire au 1er janvier; il ordonna que l'année ordinaire aurait 365 jours et la bissextile 366. En 1582, le pape Grégoire XIII réforma le calendrier Julien, parce qu'au lieu de 365 jours 6 heures, supposés pour la révolution annuelle du soleil, il s'en fallait de 11 minutes 12 secondes que ce nombre fût exact; de sorte que cet excédent avait produit une erreur de 10 jours, depuis Jules César : grave inconvénient pour la célébration de la Pâque, qui avait lieu le dimanche après le quatorzième jour de la lune de mars. Aussi, pour tout concilier, Grégoire XIII supprima, en cette année, 10 jours du mois d'octobre et ordonna que le 5 serait le 15. Depuis lors, sauf la Russie, toutes les nations chrétiennes ont adopté cette judicieuse réforme.

On a conservé les dénominations anciennes des mois et des jours; l'Église a maintenu les calendes, les nones et les ides. Les calendes sont le 1er du mois; elles vont en rétrogradant : le 31 ou le 30 sera la *veille des calendes*, *pridie* (ante) *kalendas*, et ainsi de suite, le 3, le 4, etc., des calendes, c'est-à-dire, avant les calendes, jusqu'aux ides, qui tombent le 13 ou le 15, puis, jusqu'aux nones, qui arrivent le 5 ou le 7, selon les mois.

Jadis l'étude du calendrier ou du comput (*computus*, calcul) était absolument nécessaire ; elle entrait dans le programme des sciences ecclésiastiques. Il fallait connaître les divers cycles ou périodes qui, en se renouvelant, déterminaient l'époque d'un certain nombre de fêtes ; le *nombre d'or* servait surtout à les fixer. On donnait ce nom à une période de 19 années lunaires, dont chacune portait un numéro d'ordre jusqu'à 19. Ce nombre était nécessaire pour connaître les nouvelles lunes. Nous verrons bientôt que le Bréviaire de Lescar emploie le nombre d'or pour indiquer les fêtes dites *mobiles*. Inutile de parler ici de l'épacte, période de 11 jours qui s'ajoutent à l'année lunaire commune (354 j.), pour la rendre égale à l'année solaire qui en a 365.

Si nous étudions maintenant le calendrier de notre Bréviaire de 1541, nous remarquons tout d'abord qu'il y a une colonne de plus — 5 au lieu de 4 — pour les six premiers mois de l'année. — La 1re, en commençant par la droite, *ne se trouve pas dans l'original ;* nous l'avons ajoutée : elle indique le quantième du mois, selon notre manière actuelle de compter. — La 2e divise les mois en calendes, nones et ides : l'Église, avons-nous dit, a conservé ce vieil usage Romain. — La 3e nous donne la *lettre dominicale*. On appelle ainsi la lettre qui indique tous les dimanches de l'année, sauf pour les années bissextiles, où elle change depuis le 25 février. Ces lettres sont : *A, b, c, d, e, f, g*. — La 4e colonne marque le *nombre d'or* véritable, disposé en vue de trouver les lunes nouvelles de l'année. Par exemple dans les années où le nombre d'or est XVI, la nouvelle lune se trouvera, d'après le Bréviaire de Lescar, le 8 janvier, en dimanche ; Pâques arrivera le dimanche le plus rapproché de la pleine lune. — La 5e donne un *moyen mécanique* de trouver les Fêtes Mobiles. Quand arrivera la Septuagésime ? D'après le calendrier, le 18 au plus tôt. Or ici la colonne noire nous montre que ce sera précisément le 18 janvier. En effet, dans la colonne rouge, le nombre d'or XVI est fixé au 8 ; dans la colonne noire au 17. Le jour le plus rapproché sera le lendemain.

Dans le calendrier du Bréviaire, les fêtes solennelles et doubles sont marquées en rouge, sauf quelques fautes d'impression ; nous avons tenu à donner la même physionomie à notre travail de reproduction. Nous avons ajouté entre crochets les termes (dies) *Septuagesimœ, Quadragesimœ*, pour expliquer les chiffres romains *lxx, xl*.

Les calendriers anciens indiquent souvent les Quatre-Temps par ce vers très peu harmonieux :

Hœc post Pen. Crux. Lu. Ci. debent jejunia dici.

Ce qui signifie : Les jours de jeûnes sont fixés aux Quatre-Temps de la Pentecôte, de l'Exaltation de la Croix, de Ste Lucie et des Cendres. En complétant ces renseignements par ce que nous avons dit du calendrier inséré dans le Missel de Bayonne, on a l'ensemble de ce qui formait jadis les « almanachs ».

On sait que chaque diocèse avait alors son calendrier local. L'unité ou plutôt l'uniformité liturgique n'existant pas avant le xvie siècle, chaque pays avait ses fêtes particulières, insérées dans les livres d'église. Les plus anciens calendriers qui se soient conservés sont ceux de Rome, de Tours et de Carthage. Celui de Tours ne contient que les jeûnes et vigiles de cette église ; c'est Grégoire, notre célèbre historien, évêque de Tours, qui a conservé ce texte dans son *Historia Francorum* (x, 31) ; il mentionne les fêtes les plus solennelles, d'après le règlement de l'évêque Perpetuus (460-490).

C'est en réunissant les calendriers particuliers des diverses églises que l'on a formé les martyrologes. D'après M. l'abbé Duchesne, « les plus anciens recueils de ce genre paraissent avoir été constitués vers le milieu du ive siècle, en Afrique et en Asie-Mineure ». Le plus célèbre est le martyrologe hieronimien, « compilation exécutée en Italie, vers le milieu du ve siècle, puis transportée en France, où elle fut, vers 590, à Auxerre, l'objet d'une recension de laquelle dérivent tous les manuscrits actuellement existants ». (Ce nom de *hieronymien* rappelle simplement St Jérôme qui nous a laissé des notices sur les personnages apostoliques et un grand nombre de saints.) Il se modifia dans les siècles suivants. Il y eut des imitations. On préféra des textes moins complexes, et l'on rédigea des catalogues de saints avec les extraits de leurs actes. Telle est l'origine des martyrologes historiques. Les plus anciens et les plus connus sont ceux de Bède, Raban-Maur, Adon, Usuard. Ce dernier fut fait d'abord à St-Germain-des-Prés, vers 875. Revu, corrigé et complété par Baronius au xvie siècle, il forme aujourd'hui ce que nous appelons le Martyrologe Romain.

Avant cette forme définitive, le calendrier ou usage romain était très répandu. Il y avait des saints universellement honorés. Le calendrier de Lescar n'est que le calendrier romain augmenté de quelques saints nationaux et régionaux. Une comparaison avec les bréviaires et missels de cette époque le prouve surabondamment. Nous citerons en particulier pour nos contrées les calendriers de Bayonne et de Roncevaux, identiques, à peu de chose près, à celui de Lescar.

xvj	b	1	
v	c	2	Oct. Sancti Stephani. Macharii, abb.
	d	3	Octav. Sancti Johannis.
xiij	e	4	Octav. Innocentium.
ij	f	5	
	g	6	
x	b	7	
	c	8	
xviij	d	9	
vij	e	10	
	f	11	Octav. Sancti Galectorii.
xv	g	12	Octav. Epip. Hylarii, episc.
iiij	b	13	
	c	14	Mauri, abbatis,
xij	d	15	Marcelli, pap. et mart.
	e	16	
	f	17	
	g	18	[Septuagesima.]
	b	19	
	c	20	
	d	21	Agnetis, virg. et mart.
	e	22	
	f	23	
	g	24	Conversion. S. Pauli.
	b	25	Policarpii, episc. et mart.
	c	26	Johannis Crisostomi, episc. et conf.
	d	27	
	e	28	Octav. S. Vincentii.
	f	29	
	g	30	
	b	31	

(1) Les mots souligués sont en rouge con are dans le Calendrier Lescarien.

j	d	1	Ignatii, episc. et mart.
	e	2	
ix	f	3	Blasii, episc. et mart.
	g	4	
xvij	b	5	Agathe, virg.
vj	c	6	
	d	7	
xiiij	e	8	[Quadragesima.]
iij	f	9	Oct. S. Marie. Apollonie, v. et mart.
	g	10	Scolastice, virg.
xj	b	11	
	c	12	
xix	d	13	
viij	e	14	Valentini, mart.
	f	15	
	g	16	
	b	17	
	c	18	
	d	19	
	e	20	
	f	21	
	g	22	
	b	23	Vigilia.
	c	24	Bissextum sexta Martis tempore kalende; posteriore die celebrantur festa Mathie (1). Salbato si venerit ibi, non aliud celebretur, quoad officium Ecclesie, sed quoad populum die dominico solemnizatur, et jejunatur die sabbati.
		25	
		26	
		27	Translationis secunde S. Augustini.
		28	

¶ Est advertendum quod semper Dominica prima post aureum numerum iiij captatur in Januario et Februario signatum, est Dominica Septuagesime, nisi quando in anno bissextili aureus numerus cadit in die sabbati, quia tunc Dominici secunda, et non prima, post talem numerum, cril lxx. et xv. die post, erit Dominica, que vulgo dicitur Dimenge caler.

(1) On remarquera ces deux vers latins.

MARS

1	f	
2	b	Perpetuæ et Felicit., mart. cum sociis earum Satiro, Saturno, et Revocato.
3	c	
4	d	
5	e	
6	f	
7	g	Thomæ de Aquino, conf.
8	b	
9	c	
10	d	
11	e	
12	f	
13	g	
14	b	
15	c	[Quadrag.] Longini, mart.
17	d	Gabrielis, archang.
18	e	
19	f	
20	g	Joachim, conf. patris Mariæ Virg.
21	b	Benedicti, abbatis.
22	c	
23	d	
24	e	
25	f	
26	g	
27	b	
28	c	
29	d	
30	e	
31	f	

xvj
v
xiij
ij
k
xviij
vij

APRILIS

1	g	
2	b	Mariæ Egipt., nec virg., nec mart.
3	c	
4	d	
5	e	
6	f	
7	g	
8	b	
9	c	
10	d	
11	e	Leonis, pap. et conf.
12	f	
13	g	
14	b	Tiburcii, Valeriani et Maximi, mart.
15	c	
16	d	
17	e	
18	f	
19	g	
20	b	
21	c	
22	d	Georgii, mart.
23	e	
24	f	
25	g	Cleti, pape et mart.
26	b	
27	c	Vitalis, mart.
28	d	Sancti Petri, mart.
29	e	
30	f	Eutropii, episc. et mart.

¶ Ad inveniendum Pascha, Rogationes et Ascensionem.
¶ Aureum numerum in Martio et Aprili nigro apice formatum accipe, et, Dominica prima post, sine dubio erit Pascha, et xxxv die post erit Dominica Rogationum. Et Jovis seq. Ascensionem celebra.

xv
iiij
xij
j
ix
xvij
vj
xiiij
iij
xj
xix
viij

— 7 —

Maius

xvj	b	1	
v	c	2	episc. et conf.
	d	3	Athanasii, episc. et conf.
xiij	e	4	Alexandri, episc. et mart.
ij	f	5	Monicæ, matris S. August.
	g	6	Conversio S. Augustini.
x	b	7	Johannis ante Portam Latin.
xviij	c	8	
vij	d	9	
	e	10	
xv	f	11	
iiij	g	12	
	b	13	
xij	c	14	Victoris et Coronæ, mart.
j	d	15	
	e	16	
ix	f	17	
xvij	g	18	Potentianæ, virg.
vj	b	19	
	c	20	
xiiij	d	21	
	e	22	
	f	23	
	g	24	Urbani, papæ et mart.
	b	25	
	c	26	
	d	27	Germani, episc. et conf.
	e	28	
	f	29	
	g	30	
		31	Petronillæ, virg.

Junius

iij	e	1	Nichomedis, mart.
	f	2	Marcellini et Petri, mart.
xj	g	3	
	b	4	
xix	c	5	Bonifacii, mart.
viij	d	6	
	e	7	
	f	8	Medardi, episc. et conf.
	g	9	
		10	
		11	Honofrei, conf.
	b	12	Antonii Paduensis, conf.
	c	13	
	d	14	
	e	15	Viti et Modesti, mart.
	f	16	Quirici et Julitæ, mart.
	g	17	
	b	18	Marchi et Marcelliani, mart.
	c	19	Gervasii et Protliasii, mart.
	d	20	
	e	21	
	f	22	Achacii et decem militum, ac Albini et sociorum ejus martyrum.
	g	23	Vigilia sancti Johannis.
		24	
	b	25	
	c	26	Johannis et Pauli, mart.
	d	27	
	e	28	Vigilia apostolorum.
	f	29	
		30	Marcialis, episcopi et conf.

¶ Accipe aureum numerum in Madio et Junio, inta nigro deformatum, et Dominica prima post erit Pentheeostes et octavo die sequenti Trinitatem celebrabis, foris idem primo festum Christi Corporis erit. Nec versus invenies, nulle silegas codices.

1	c	
2	d	Vincula S. Petri.
3	e	Stephani, pape et mart.
4	f	Revelat. Sancti Stephani, prothomart.
5	g	
6		Dominici, conf.
7	b	Sixti.
8	c	Donati, episcop. et mart.
9	d	Severi, conf.
10	e	Vigilia Sancti Laurentii.
11	f	
12	g	
13		Ipoliti, mart.
15	b	Vigilia Assumptionis.
16	c	Rochi, conf.
17	d	Octav. S. Laurentii.
18	e	Helene, matris Constantini.
19	f	
20	g	abbatis. Bernardi.
21	b	Octav. Assumptionis.
22	c	Vigilia sancti Bartholomei apostoli.
23	d	
24	e	
25	f	Ludovici, regis Francie, confessoris.
26	g	
27	b	Licerii, episc. et conf.
28	c	
29	d	
30	e	
31		

1	g	
2	b	Octave S. Johannis.
3	c	
4	d	
5	e	
6	f	Octave Apostolorum.
7	g	
8	b	
9	c	Octave Visit. B. Marie.
10	d	Helizabeth, matris Johann. Bapt.
11	e	Translatio Sancti Benedicti,
12	f	
13	g	
14	b	
15	c	
17	d	Oct. Sancti Benedicti.
18	e	
19	f	
20	g	Margarete, virg. et mart.
21	b	Praxedis, virg.
22	c	Apollinaris, mart.
23	d	Christine, virg. et mart. Vigilia sancti
24	e	Jacobi.
25	f	Christofori, mart.
26	g	
27	b	Celsi, Nazarii, et Panthaleonis.
28	c	Marthe, virg.
29	d	
30	f	
31	g	
	b	

f	1	Egidii, abbatis.
g	2	Anthonini, mart.
b	3	
c	4	Octave Sancti Augustini.
d	5	
e	6	
f	7	
g	8	
b	9	
c	10	
d	11	
e	12	
f	13	
g	14	Cornelii
	15	et Cipriani, mart.
b	16	Octava S. Marie.
c	17	Eufemie, virg. et mart.
d	18	
e	19	Januarii, episcopi et mart.
f	20	Vigilia Sancti Matthei.
g	21	
b	22	Mauricii cum sociis suis.
c	23	
d	24	
e	25	
f	26	Justine, virginis et martyris.
g	27	Cosme et Damiani, martyrum.
b	28	Exuperii, episcopi et confessoris.
c	29	
d	30	

b	1	Remigii, episc. et confess.
c	2	Leodegarii, episc. et mart.
d	3	
e	4	Francisci, confessoris.
f	5	Fidis, virginis et mart.
g	6	
b	7	Marchi, pape et confess.
c	8	
d	9	Dionisii cum sociis suis.
e	10	Savini, confessoris.
f	11	Translationis prime S. Augustini.
g	12	
b	13	Geraldi, confessoris.
c	14	Calixti, pape et martyris.
d	15	
e	16	Bertrandi, episc. conf.
f	17	
g	18	
b	19	
c	20	Caprasii, martyris.
d	21	Severini, episc. et conf.
e	22	
f	23	
g	24	
b	25	Crispini et Crispiniani, martyr.
c	26	
d	27	Vigilia.
e	28	
f	29	
g	30	
b	31	Quintini, mart. Vigilia omnium sanctorum.

d	1	Commemoratio omnium fidelium defunctorum.
e	2	
f	3	
g	4	
b	5	
c	6	
d	7	
e	8	
f	9	Octave omnium Sanctorum.
g	10	
b	11	
c	12	
d	13	Brieii, episcopi et confessoris.
e	14	
f	15	
g	16	
b	17	Aniani, episcopi et confessoris.
c	18	Octave S. Martini.
d	19	
e	20	
f	21	Cecilie, virg. et mart.
g	22	Clementis, pape et mart.
h	23	Grisogoni, martyris.
b	24	Lini, pape et mart.
c	25	
d	26	
e	27	Saturnini, martyr.
f	28	
g	29	Vigilia.
b	30	

f	1	
g	2	
b	3	Barbare, virginis.
c	4	
d	5	Octave Sancti Andree.
e	6	
f	7	Gerontii, martyris.
g	8	Eulalie, virginis.
b	9	Damasii, pap. et conf.
c	10	Translationis Sancti Galectorii.
d	11	
e	12	
f	13	
g	14	Vigilia.
b	15	
c	16	
d	17	Vigilia
e	18	mart.
f	19	Sanctorum Innocentium.
g	20	Thome, episcopi et martyris.
b	21	Sylvestri, pape et confessoris.
c	22	
d	23	
e	24	Anastasie.
f	25	
g	26	
b	27	
c	28	
d	29	
e	30	
f	31	

¶ Si qui ex devotione festa aliqua, non signata pro duplicibus seu ofisilibus, celebrare et colere voluerint, hoc observent, non damnantes talia festa non colentes.

DES RUBRIQUES GÉNÉRALES

Les Rubriques sont les règles qui régissent les diverses fonctions du culte divin. Ce nom viendrait, d'après Columelle, d'une espèce de terre de couleur rouge, dont se servaient les artistes, pour esquisser ou dessiner leurs œuvres, et les artisans, pour marquer leur travail; Pline et St Isidore l'emploient pour indiquer simplement la couleur rouge. D'après Juvénal, les anciens se servaient de cette terre pour indiquer les titres et les chapitres des livres et surtout les inscriptions des lois. « *Perlege*, dit-il, *rubras majorum leges.* » De là vient qu'on a donné le nom de *Rubriques* aux inscriptions qui règlent les divers offices ecclésiastiques. Le célèbre Gavanti, barnabite, qui a fait un commentaire des plus estimés sur les rubriques du Missel et du Bréviaire, n'a trouvé à la bibliothèque Vaticane que peu de manuscrits anciens où les règles fussent écrites en rouge; les éditeurs de Venise, avant St Pie V, se servaient communément de cette couleur; mais il n'a pas trouvé le mot de « Rubrique » sur des Missels avant 1557, ni ce titre, en tête de ces livres, avant St Pie V. « Sed vocem ipsam *Rubricæ* non legi usurpatam in Missalibus, ante annum 1557, neque in titulum communem legibus Missæ, nisi à Pio V. » Toutefois, il a vu ce titre dans des « Directoires » ou Rituels anciens; d'où il conclut qu'en dehors du Missel l'emploi de cette locution remonte à une très haute antiquité. Dans les bréviaires, ce mot se trouve dans une édition de Venise, avant 1550 ; mais c'est St Pie V qui, le premier, se servit de l'expression de *Rubricæ generales* dans le bréviaire Romain [1]. Notre bréviaire de Lescar l'avait en cela devancé.

Il n'est pas hors de propos de dire quelques mots sur l'origine des Rubriques. D'après D. Guéranger, elle « se perd dans la nuit des temps [2] ». Elles doivent être contemporaines des diverses formules liturgiques, insérées primitivement dans les fonctions du culte divin. Peut-on concevoir qu'il y eût des prières, dès les temps apostoliques, et que des prescriptions sages n'en réglassent pas la récitation, selon le temps, les personnes, les lieux, etc. ? Mais cet ensemble de lois admirables, éparses çà et là, détaillées et réunies dans les *Ordres Romains*, à l'usage de la chapelle papale, ne formaient pas un recueil à part; chaque livre contenait des règles spéciales ; il n'y avait pas un corps de lois, comme l'on dirait aujourd'hui, elles n'étaient pas codifiées. Cette œuvre fut entreprise et menée à bonne fin par Jean Burchard, maître des cérémonies pontificales, sous les papes Sixte IV, Innocent VIII et Alexandre VI ; il a laissé le journal des actions privées de ces Papes. Son travail liturgique fut imprimé en 1502 sous ce titre : *Ordo servandus per sacerdotem in celebratione Missæ*. Il avait donné les rubriques du pontifical, en 1485, et, quoique celles du bréviaire ne portent pas son nom, il est très vraisemblable qu'il y aura mis la main. Elles furent complétées plus tard par l'évêque Paris de Grassi, cérémoniaire, sous les pontificats de Jules II et de Léon X. Elles ne reçurent leur expression

---

1. — *Thesaurus sacrorum Rituum...* auctore B. Gavanto, au mot *Rubricæ*.
2. — *Instit. liturg.*, tom. I, p. 385.

définitive qu'à la réforme des livres liturgiques, sous St Pie V, Grégoire XIII, Clément VIII et Paul V. Un travail semblable avait déjà été fait pour la Liturgie Romaine-Française par des auteurs inconnus.

Le Bréviaire de Lescar de 1541 a pour titre principal, en tête des lois ou règles de l'office, celui de *Generales Rubricæ*. Le titre courant mis dans les pages suivantes est simplement *Regulæ*. Ces règles ne sont pas séparées par divisions et, bien qu'il y ait un ordre réel, il n'y paraît pas tout d'abord. Voici l'analyse très résumée des rubriques : 1° Manière de dire le *Canticum graduum*, ensemble de 15 psaumes dont 5 (*quinarius*) pour les âmes du Purgatoire, 5 pour les pénitents et 5 pour les âmes des justes et des contemplatifs (*contemplatiois*); 2° Psaumes pénitentiaux; 3° Vêpres des morts; 4° Vigiles des morts (*vigiliæ seu agenda mortuoram*); 5° Dimanches historiques ou historiés (*historiatæ*), où l'on récite des leçons de l'Ancien Testament; nous en énumérerons ailleurs les livres sacrés; 6° Dimanches simples, suffrages, concurrence et occurrence des fêtes; 7° Classification des fêtes : simple, semi-double, double, solennel. Dans les simples, on dit les prières brèves à prime et complies, ainsi que le petit office de la Sainte Vierge. Aux semi-doubles, on dit les répons aux premières vêpres; on double le dernier ℟. à matines et les antiennes à Magnificat et Benedictus ; pas de prières, ni de petit office. Les doubles sont, pour l'office, comme les précédents ; de plus ils étaient célébrés dans tout le diocèse, sauf les fêtes des trois docteurs St Grégoire, St Ambroise et St Jérôme. Aux fêtes solennelles, on double les antiennes à toutes les heures, avant et après les psaumes ; *elles étaient observées par le peuple* « colitur quoad populum », sauf celles de la Présentation et de St Au-

PREMIÈRE PAGE DU BRÉVIAIRE DE LESCAR.
(En rouge, excepté la grande lettre ornée et les prières.)

gustin. Si elles avaient des octaves, on les appelait solennelles et principales, et leur octave était privilégiée, à moins de raison spéciale pour la fête à transférer; on ne récitait pas l'office de la Sainte Vierge. Les simples le cédaient aux doubles et aux semi doubles pour les vêpres; on n'en faisait que mémoire. Les octaves de St Vincent, St Benoît, St Jacques, St Laurent, St Martin et St André étaient considérées comme simples, avec la récitation de l'office de la Sainte Vierge, mais sans les prières brèves ; 8° Translation des fêtes doubles; 9° De l'occurrence du Dimanche avec des fêtes simples et doubles; 10° De l'office de trois leçons, depuis Pâques jusqu'à l'octave de la Pentecôte ; 11° Des psaumes à dire les Dimanches, depuis

l'octave de Pâques jusqu'à l'Ascension; 12° Des bénédictions dans les offices de neuf leçons et dans l'office férial. Parfois les bénédictions étaient différentes, le jour de Noël, par exemple; nous avons eu soin de les reproduire au moins à la fin. Dans le texte original, le signe liturgique ¶ et tout ce que nous avons mis en *italique* est en noir.

DU PSAUTIER

Le Bréviaire Romain actuel porte ce titre en tête du Psautier : *Psalterium dispositum per hebdomadam cum Ordinario Officii de Tempore*. Notre Bréviaire de Lescar débute, au premier folio, paginé *fo. j.*, par ce simple titre : *Dnica ad matutinas*. Ici, comme dans le Romain, nous ne trouvons que les psaumes, les hymnes, les oraisons et les rubriques de toutes les heures, depuis matines jusqu'à complies inclusivement. Les psaumes sont de la traduction de St Jérôme, ou plutôt de la vieille Italique revue par cet illustre docteur de l'Eglise. On sait qu'on n'a pas suivi l'ordre biblique dans la répartition des psaumes pour l'office divin. On leur a donné le nom de *Matutinales* et de *Vespertinales*. D'après Gavanti, ceux-ci sont au nombre de 38, et ceux-là de 112. Pendant la semaine, on en récite 91 à matines, 13 à laudes, 35 à vêpres, 11 aux autres petites heures ; ce qui fait 150. Il s'agit ici de l'office férial que l'on ne récite plus guère aujourd'hui, pendant toute une semaine, sauf dans quelques Ordres religieux.

Le Bréviaire de Lescar nous offre les vieilles hymnes romaines, telles qu'on les trouve dans les bréviaires antérieurs à la correction faite par ordre du Pape Urbain VIII, en 1629. La Congrégation des Rites approuva les nouvelles hymnes retouchées, le 17 mars de la même année. On sait qu'elles furent difficilement acceptées dans les bréviaires même romains ; nos éditions françaises, avant 1789, ont conservé le texte ancien, et inséré souvent les nouvelles hymnes au commencement ou à la fin du volume [1]. Lorsqu'il y a de notables différences, nous reproduisons tout le texte ; autrement nous avons mis les variantes entre crochets [ ]. On comprendra bien que nous ne nous soyons pas toujours servi de ces signes ; il sera facile de reconnaître, à la simple lecture, ce que nous avons ajouté par nous-même. Ce système établit une comparaison perpétuelle, pleine d'intérêt, et nous a épargné de nombreuses notes.

Le Psaume 94, *Venite*, n'est pas au commencement, comme dans les bréviaires actuels, mais à matines du 1ᵉʳ Dimanche de l'Avent, au Propre du Temps. Après les complies, nous trouvons les psaumes pénitentiaux, les litanies des saints, quelques prières qu'on doit réciter aux fériés après l'oraison des heures, l'office (*obsequium*) des morts.

Nous avons reproduit minutieusement tout ce qui nous a paru offrir quelque intérêt ; les rubriques donnent l'ordre des offices, ordre qui est absolument le même qu'aujourd'hui. Cet office est à peu près celui que la curie romaine ou cour papale récitait depuis le moyen âge et que les Frères-Mineurs vulgarisèrent dans le monde catholique. La réforme de 1568 n'a porté que sur des modifications de détail ; elle n'a été, en définitive, qu'une ample révision.

---

1. — *Instit. lit.*, t. 2, p. 21. Cette observation de D. Guéranger s'applique même aux nouvelles éditions françaises, jusque vers 1830.

[De Psalterio.]

DOMINICA

Ad Matutinas. — ¶ *A prima Dom. post oct. Epiph. que vocatur* Domine ne ira, *usque ad Dom. prim. Quadrag. et a Dom.* Vidi Dominum, *que est circa kal. novemb. usque ad Adventum, dicitur sequens hymnus.*

Primo dierum omnium
  Quo mundus extat conditus,
  Vel quo resurgens Conditor
  Nos morte victa liberat.
Pulsis procul torporibus,
  Surgamus omnes ocius,
  Et nocte queramus pium
  Sicut prophetam novimus.
Nostras preces ut audiat
  Suamque dextram porrigat
  Et expiatos sordibus
  Reddat polorum sedibus.
Ut quique sacratissimo
  Hujus diei tempore,
  Horis quietis psallimus
  Donis beatis muneret.
Jam nunc paterna claritas,
  Te postulamus affatim,
  Absit libido sordidans
  Omnisque actus noxius.
Ne feda sit vel lubrica
  Compago nostri corporis,
  Per quam Averni ignibus
  Ipsi crememur acrius.
Ob hoc, Redemptor, quesumus,
  Ut probra nostra diluas,
  Vite perennis commoda
  Nobis benigne conferas.
Quo carnis actu exules,
  Effecti ipsi celibes,
Ut prestolamur cernui,
  Melos canamus glorie.
Presta, Pater piissime,
  Patrique compar Unice,
  Cum Spiritu Paraclito,
  In sempiterna secula. Amen[1].

A prima Dom. post oct. Corporis Christi que vocatur Deus omnium, *usque ad Dom.* Vidi Dominum, *que est circa kal. novemb., dicitur sequens hymnus.*

Nocte surgentes vigilemus omnes,
Semper in psalmis meditemur atque
Viribus totis, Domino canamus
  Dulciter hymnos.
Ut pio Regi pariter canentes
Cum suis sanctis mereamur aulam
Ingredi celi, simul et beatam
  Ducere vitam.
Prestet hoc nobis Deitas beata
Patris et Nati pariterque Sancti
Spiritus cujus roboat in omni
  Gloria mundo. Amen.

[*Psalmi ut in hodierno breviario, except. ant.*] *Antiph. breviores dicuntur cum hymnis longioribus et ant. longiores cum brevioribus hymnis*[2].

[*In I Noct. Absolutio :*] Exaudi, Domine, Jesu Christe, preces servorum tuorum qui cum Patre et Spiritu Sancto vivis et regnas, Deus, in secula seculorum. Amen. — [*In II Noct. Abs. :*] Liberati a malo, confirmati in bono, leti serviamus Domino Nostro Jesu Christo, qui cum Patre et Spiritu Sancto vivit et regnat, Deus, per omnia secula seculorum. Amen. [*Post III Noct.*] Te Deum [id est] *Canticum sanctorum Ambrosii et Augustini.*

AD LAUDES. — *Ps. ut hodie, except.*

ant. — *Capit.* Benedictio et claritas. *Hymn. sequens dicit. cum hymn.* Primo dierum. *Hymn.* Eterne rerum, *ut hodie, excepta hac secunda strophe :*

Preco diei jam sonet,
Noctis profunde pervigil;
Nocturna lux viantibus
A nocte noctem segregans.

et ult. vers. : Et ore psallamus tibi *pro* Et vota solvamus tibi.

Hymn. sequens dicit. cum hymn. Nocte surgamus.

HYMNUS

Ecce jam noctis tenuatur umbra
Lucis aurora rutilans coruscat,
Nisibus totis rogitemus omnes
Cunctipotentem².

Ut Deus noster miseratus, omnem
Pellat languorem, tribuat salutem,
Donet et nobis pietate Patris
Regna polorum.

Prestet hoc nobis Deitas, etc.

Canticum Zacharie : Benedictus Dominus, etc.

Ad Primam. — *Hymn.* Jam lucis *exc. ult. vers.* In sempiterna secula *pro* Nunc et per omne seculum. *Ps.* Deus, Deus meus, respice. — Dominus regit me. — Domini est terra. — Ad te, Domine, levavi. — Judica me, Domine. — Deus, in nomine tuo. — Confitemini [*aut*] Dominus regnavit. — Beati immaculati. — Retribue. *Symb. Athanasii, quod non dic. nisi diebus Dom. quando fit off. Dominice historiate, privileg. vel simplic... et in triduo S. Trin.* [*Predicti ps. dic. in off. pure domin: aliis dieb. tres ps.*]; Deus in nomine. Beati. Retribue. *Cetera, ut hodie. exc., post* Confiteor, *Oratio.* In hac hora hujus diei, quesumus, Domine, tua nos reple misericordia ut per totum diem exultantes in tuis laudibus jugiter delectemur. *Preces et omnia seq. fere ut hodie.*

Ad Tertiam. — *Hymn.* Nunc sancte. *Ps. et Capit. ut hodie.*

Ad Sextam. — *Hymn.* Rector. *ut hodie exc. tert. vers.:* Splendore mane *instruis* pro *illuminas*. *Ps. ut hod. Capit.* Deus charitas. *Oratio.* Quesumus, omnipotens Deus, ne nos tua misericordia derelinquat que et errores nostros semper amoveat et noxia cuncta depellat. [*Dieb. fer.*] *Capit.* Empti enim estis. *Oratio.* Cunctas, Domine, semper a nobis iniquitates repelle, ut ad viam salutis eterne secura mente curramus.

Ad Nonam. — *Hymn.* Rerum. *ut hod., exc. vers.* Largire *clarum* pro *lumen* vespere. *Ps. ut hod. Capit.* Alter alterius onera. *Oratio.* Benedictionem tuam, quesumus, Domine, populus fidelis accipiat, qua corpore salvatus ac mente, et congrua tibi exhibeat servitutem et propiciationis tue beneficia semper inveniat. [*Dieb. fer.*] *Capit.* Omnia autem probate. *Oratio.* Redemptor noster, aspice, Deus, et nos tibi jugiter servire concede.

Feria II. — *Ad Matutinas. Hymn.* Somno refectis artubus, *ut hod. in parte hyem. Iid. psalmi.* — *Ad Laudes. Ps. Capit. Hymn.* Splendor eterne. *Preces, ut hod. Oratio :* Matutina supplicum vota, Domine, propitius intuere, et occulta cordis nostri remedio tue clarifica pietatis, ut desideria tenebrosa non teneant quos lux celestis gratie reparavit, Jesus Christus, Dominus noster, qui tecum.

Feria III. — *Ad Mat. Hymn.* Consors paterni. *Ps. ut hod. Ad Laud. Hymn. ut hod. Oratio.* Emitte, quesumus, Domine, lucem tuam in cordibus nostris, ut mandatorum tuorum lege percepta, in via tua ambulantes, nihil patiamur erroris.

Feria IV. — *Ad Mat. Hymn.* Rerum Creator. *Ps. ut hod. Ad Laud. hymn. ut hod. Oratio.* Omnipotens, sempiterne Deus, apud quem nihil est obscurum, nihil tenebrosum, mentes nostras a terrenis delectationibus emunda vitiorum et clarifica nos luce virtutum.

Feria V. — *Ad Mat. Hymn.* Nox atra rerum. *Ps. ut hod. Ad Laud. Hymn. ut hod. Oratio.* Deus, qui vigilantes in tuis laudibus celesti mercede remuneras, tenebras de cordibus nostris auferre digneris, ut splendore luminis tui semper gaudeamus.

Feria VI. — *Ad Mat. Hymn.* Tu Trinitatis Unitas. *Ps. ut hodie. Ad Laud. Hymn. ut hodie. Oratio.* Gratias tibi agimus, Domine sancte, Pater omnipotens, eterne

Deus, qui nos de transacto noctis spacio ad matutinas horas perducere dignatus es, quesumus, ut dones nobis diem hunc sine peccato transire, quatinus ad vesperum et semper tibi Deo gratias referamus.

Sabbato. — AD MATUTINAS. — *Hymnus.*
Summe Deus clementie
  Mundique factor machine,
  Unus potentialiter
  Trinusque personaliter.
Nostros pius cum canticis
  Fletus benigne suscipe,
  Quo corde puro sordibus
  Te perfruamur largius.
Lumbos, jecurque morbidum
  Adure igni congruo,
  Accincti ut sint perpetim.
  Luxu remoto pessimo.
Ut quique horas noctium,
  Nunc concinendo rumpimus,
  Donis beate patrie
  Ditemur omnes affatim.
Presta, Pater piissime, etc. *Ps. ut hodie.*

AD LAUDES. — *Hymnus.*
Aurora jam spargit polum,
  Terris dies illabitur,
  Lucis resultat spiculum,
  Discedat omne lubricum.
Fantasma noctis decidat,
  Mentis reatus subruat,
  Quicquid tenebris horridum
  Nox attulit culpe, cadat.
Ut mane illud ultimum
  Quod prestolamur cernui,
  In lucem nobis effluat
  Dum hoc canore concrepat.
Presta, Pater piissime,
  Patrique compar Unice,
  Cum Spiritu Paraclyto,
  In sempiterna secula. Amen.

℣. Repleti sumus. ℟. Exultavimus. *Ant.* In viam pacis dirige nos, Domine. *Ps.* Benedictus. *Oratio.* Exurgentes de cubilibus nostris, auxilium gratie tue matutinis, Domine, precibus imploramus, ut discussis tenebris vitiorum, ambulare mereamur in luce virtutum. Per.

AD VESPERAS

Dominica. — *Ps. ut hodie. Capit.* Dominus autem dirigat. [*Idem in feriis omnibus est*]. *Hymn.* Lucis Creator. *In quartâ strop.* Celorum pulset intimum *pro* Celeste pulset ostium.

Feria II. — *Hymn. ut hod. exc. 4ª strophe.*
Lucem fides inveniat,
Sic luminis jubar ferat,
Hec vana cuncta terreat,
Hanc falsa nulla comprimant.

Oratio. Oriatur, Domine, nascentibus tenebris, aurora justitie in cordibus nostris, ut, peracto die, tibi suppliciter gratias agentes, etiam mane dignanter respicias vota solventes. Per.

Feria III. — *Hymn. ut hod. exc. 1ª strophe.*
Telluris ingens Conditor,
Mundi solus qui cruens
Pulsis aque molestiis
Terram dedisti immobilem.

Oratio. Tuus est dies, Domine, et tua est nox; concede Solem justitie permanere in cordibus nostris, ad repellendas tenebras cogitationum iniquarum.

Feria IV. — *Hymnus.*
Celi Deus sanctissime,
  Qui lucidum centrum poli
  Candore pingis igneo,
  Augens decoro lumine.
Quarto die qui flammeam
  Solis rotam constituens,
  Lune ministras ordini
  Vagos recursus syderum.
Ut noctibus vel lumini
  Direptionis terminum
  Primordiis et mensium
  Signum dares notissimum.
Illumina cor hominum,
  Absterge sordes mentium,
  Resolve culpe vinculum,
  Everte moles criminum.
Presta, Pater pissime, etc.

Oratio. Gratias tibi, agimus, Domine, custoditi per diem; grates tibi exsolvimus, custodiendi per noctem. Representa nos, Domine, quesumus, matutinis horis incolumes, ut nos omni tempore habeas laudatores. Per.

Feria V. — *Hymnus.*
Magnus Deus potentie
Qui ex aquis ortum genus
Partim remittis gurgiti,
Partim levas in aera.

In 2ª str. Subvecta celis irrogans *pro* crigens. *Oratio.* Omnipotens, sempiterne Deus, vespere, et mane, et meridie, Majestatem tuam suppliciter deprecamur ut, expulsis de cordibus nostris peccatorum tenebris, ad veram lucem, qui Christus est, nos facias pervenire. Per eundem.

Feria VI. — *Hymnus.*
Plasmator hominis Deus
Qui cuncta solus ordinans,
Humum jubes producere
Reptantis et fere genus.

Qui magna rerum corpora
Dictu jubentis vivida,
Ut serviant per ordinem
Subdens dedisti homini.

Repelle a servis tuis
Quicquid per immunditiam
Aut moribus se suggerit,
Aut actibus se interserit.

Da gaudiorum, etc. *ut hodie.*

Oratio. Vespertine laudis officia tuam persolventes clementiam, Domine, humili prece deposcimus, ut nocturni insidiatoris fraudes, te protegente, vincamus. Per.

Sabbato. — *Hymnus.*
O lux, beata Trinitas,
Et principalis Unitas,
Jam sol recedit igneus,
Infunde lumen cordibus.

Te mane laudum carmine,
Te deprecemur vespere,
Te nostra supplex gloria
Per cuncta laudet secula.

Sit gloria Deo Patri, etc.

℣. Vespertina oratio ascendat ad te, Domine. ℟. Et descendat super nos misericordia tua. *Oratio Dominice, sec. tempus.*

IN COMPLETORIO

Jube. Noctem quietam finemque perfectum tribuat. *Capit.* Fratres. Sobrii. Tu autem. Adjutorium. Pater. *Confessio.* Confiteor. *Absolutio.* Misereatur. ℣. Converte. ℟. Et averte iram. Deus, in adjutorium. *Ant.* Miserere mei. *Ps. ut hodie. Capit.* Tu in nobis es Domine. ℟. In manus.

HYMNUS
Te lucis ante terminum,
Rerum Creator, poscimus,
Ut, solita clementia[1],
Sis presul ac custodia.

Procul recedant somnia
Et noctium fantasmata,
Hostemque nostrum comprime,
Ne polluantur corpora.

Presta, Pater omnipotens,
Per Jesum Christum Dominum,
Qui tecum in perpetuum
Regnat cum Sancto Spiritu. Amen.

℣. Custodi nos. Domine. ut pupillam oculi. ℟. Sub umbra. *Ant.* Salva nos. *Cant.* Nunc dimittis. *Cetera, ut hodie. Aliis temp. quando fit off. feriale. Oratio.* Visita, etc. Et benedictio Dei Patris Omnipotentis et Filii et Spiritus Sancti descendat et maneat super nos, et angelus Domini bonus custodiat nos semper, die ac nocte, et anime omnium, etc. *Ant.* Signum salutis pone, Domine, in domibus istis, ut non permittas introire angelum percutientem in domibus in quibus habitamus; de celo pone signum tuum, Domine, et protege nos, ut non erit in nobis plaga nocens. ℣. Ostende. ℟. Et salutare. *Oratio.* Exaudi nos, Domine sancte, Pater omnipotens, eterne Deus, et mittere digneris sanctum angelum, etc. *ut hodie. Dicatur unum* ℟. *cum oratione pro defunctis, scilicet* Libera me.

PRECES

PSALMI PENITENTIALES

Incipiunt septem ps. penitentiales dicendi in Adventu et Quadr. quando fit de fer. Ante antiphonam, Ave, stella matutina., *ant.* Ne reminiscaris. *Ps. ut hodie.*

Letania.

Kyri eleyson
Christe eleyson
Kyri eleyson
Christe, audi nos.

Christe, exaudi nos.
Pater de celis, Deus, miserere nobis.
Fili, Redemptor mundi, Deus, mis. nob.
Spiritus Sancte, Deus, mis. nob.
Sancta Trinitas, unus Deus, mis. nob.
Sancta Maria, ora pro nobis.
Sancta Dei Genitrix, ora.
Sancta Virgo Virginum, ora.
Sancte Michael, ora.
Sancte Gabriel, ora.
Sancte Raphael, ora.
Omnes sancti angeli et archangeli Dei, orate.
Omnes sancti beatorum spirituum ordines, orate.
Sancte Johannes Baptista, ora.
Omnes sancti patriarche et prophete, orate.
Sancte Petre, ora.
Sancte Paule, ora.
Sancte Andrea, ora.
Sancte Jacobe, ora.
Sancte Johannes, ora.
Sancte Philippe, ora.
Sancte Bartholomee, ora.
Sancte Mathee, ora.
Sancte Thoma, ora.
Sancte Jacobe, ora.
Sancte Symon, ora.
Sancte Juda, ora.
Sancte Mathia, ora.
Sancte Barnaba, ora.
Sancte Luca, ora.
Sancte Marce, ora.
Omnes sancti apostoli et evangeliste, orate.
Omnes sancti discipuli Domini, orate.
Omnes sancti Innocentes, orate.
Sancte Stephane, ora.
Sancte Clemens, ora.
Sancte Sixte, ora.
Sancti Corneli et Cypriani, orate.
Sancte Laurenti, ora.
Sancte Vincenti, ora.
Sancte Fabiane, ora.
Sancte Christofore, ora.
Sancte Georgi, ora.
Sancte Maurici cum sociis tuis, ora.
Sancte Dionisi cum sociis tuis, ora.

Sancte Galectori cum sociis tuis, ora.
Omnes sancti martyres, orate.
Sancte Silvester, ora.
Sancte Gregori, ora.
Sancte Ambrosi, ora.
Sancte Augustine, ora.
Sancte Hieronyme, ora.
Sancte Martine, ora.
Sancte Marcialis, ora.
Sancte Nicholae, ora.
Sancte Juliane, ora.
Sancte Leonti, ora.
Sancte Benedicte, ora.
Sancte Anthoni, ora.
Sancte Joseph, ora.
Omnes sancti confessores, orate.
Sancta Anna, ora.
Sancta Maria Magdalena, ora.
Sancta Maria Egyptiaca, ora.
Sancta Agatha, ora.
Sancta Agnes, ora.
Sancta Cecilia, ora.
Sancta Lucia, ora.
Sancta Confessa, ora.
Sancta Quitheria, ora.
Sancta Katherina, ora.
Sancta Barbara, ora.
Sancta Margareta, ora.
Omnes sancte Virgines, orate.
Omnes sancti et sancte Dei, intercedite pro nobis.
Propitius esto, parce nobis, Domine.
Ab insidiis diaboli, libera nos, Domine.
Ab imminentibus peccatorum nostrum periculis, libera.
A spiritu fornicationis, libera.
Ab immundis cogitationibus, libera.
A cecitate cordis, libera nos.
A fulgure et tempestate, libera nos.
A morte subitanea atque eternali, libera.
Ab ira tua et damnatione perpetua, libera.
Ab ira et odio et omni mala voluntate, lib.
Ab omni immunditia mentis et corporis, libera.
A persecutione paganorum et omnium inimicorum nostrorum, libera.
Ab omni malo, libera.
Per misterium sancte Incarnationis tue, libera.

Per sanctam Nativitatem tuam, libera.
Per Passionem et Sanctam Crucem tuam, libera.
Per gloriosam Resurrectionem tuam, lib.
Per admirabilem Ascensionem tuam, lib.
Per gratiam Sancti Spiritus Paracliti, lib.
In hora mortis, succurre nobis, Domine.
In die judicii, libera.
Peccatores, te rogamus, audi nos.
Ut nobis pacem dones, te rogamus.
Ut gratiam Sancti Spiritus nobis infundere digneris, te rogamus.
Ut misericordia et pietas tua nos semper custodiat, te rogamus.
Ut Ecclesiam tuam sanctam regere et defensare digneris, te rogamus.
Ut dominum apostolicum et pontificem nostrum et omnes gradus Ecclesie in sancta religione conservare digneris, te rogamus.
Ut regibus et principibus nostris pacem et veram concordiam atque victoriam donare digneris, te rogamus.
Ut locum istum et omnes habitantes in eo visitare et conservare digneris, te rogamus.
Ut mentes nostras ad celestia desideria erigas, te rogamus.
Ut omnibus benefactoribus nostris sempiterna bona retribuas, te rogamus.
Ut cuncto populo christiano, precioso sanguine tuo redempto, pacem et unitatem largiri digneris, te rogamus.
Ut spacium vere penitentie et pure confessionis nobis donare digneris, te rog.
Ut fructus terre dare et conservare digneris, te rogamus.
Ut omnibus fidelibus defunctis requiem eternam dones, te rogamus.
Ut nos exaudire digneris, te rogamus audi nos.
Fili Dei, te rogamus, audi nos.
Mediator Dei et hominum, te rogamus.
Agnus Dei qui tollis peccata mundi, parce nobis, Domine.
Agnus Dei, qui tollis peccata mundi, exaudi nos, Domine.
Agnus Dei, qui tollis peccata mundi, dona nobis pacem.

Kyri eleyson.
Christe eleyson.
Kyri eleyson, etc. Pater noster. Et ne nos *Ps.* Ad te levavi. ℣. Et veniat super nos misericordia tua, Domine. ℟. Et salutare tuum, secundum eloquium tuum. ℣. Esto nobis, Domine, turris. ℟. A facie inimicorum. ℣. Salvos fac servos tuos et ancillas tuas. ℟. Deus meus sperantes in te. ℣. Fiat pax. ℟. Et abundantia. ℣. Oremus pro fidelibus defunctis. ℟. Requiem. Domine exaudi. Et clamor.
Oratio. Deus qui culpa offenderis.
Alia oratio. Pie et exaudibilis, Domine Jesu Christe, clementiam tuam cum omni supplicatione deposcimus, ut per interventum et meritum beate et gloriose semperque Virginis Marie, omniumque sanctorum angelorum, archangelorum, patriarcharum, prophetarum, apostolorum, evangelistarum, martyrum, confessorum, virginum, monachorum et omnium civium supernorum, Ecclesie tue sancte catholice fidem augeas, pacem tribuas, rectoribus nostris et nobis indulgentiam et remissionem omnium peccatorum concedas, infirmis salutem, lapsis reparationem, aeris commoditatem navigantibus, atque iter agentibus fidelibus iter prosperum, ac salutis portum, tribulatis gaudium, oppressis relevationem, captivis, vinctis et peregrinis remissionem et absolutionem, ad patriamque reversionem, angelum tuum sanctum nobis hic et ubique custodem et defensorem, mutuam discordantibus charitatem, infidelibus veram fidem, et defunctis fidelibus requiem propitius donare digneris eternam. Qui cum. ℣. Exurge, Christe, etc. *Ant.* Ave, stella matutina.
Aliis temporibus, quando fit de fer., dicunt. per horas, finita oratione hore. Et primo in Mat. post comm. de Cruce, dicitur iste Ps. Domine, ne in. Gloria. Kyri. Pater. ℣. Ostende. ℟. Et salutare, *etc.* [*ut supra*]
Oratio. Vide, Domine, infirmitates nostras et celeri nobis pietate succurre. Vincula, Domine, quesumus, humane pravitatis abrumpe, ut ad confitendum nomen tuum libera mente curramus. A domo tua, quesumus, Domine, spirituales nequicie repel-

lantur, et aeriarum discedat malignitas tempestatum et fulgurum. Per.

Ad Prim. — *Ps*. Beati. Kyri., etc., *et sic dic. ad omn. horas. Oratio*. Preveniat nos, Domine, quesumus, misericordia tua, et voces nostras clementia tue propitiationis anticipet. Ascendant ad te, Domine, preces nostre, et ab Ecclesia tua cunctam repelle nequitiam. A domo.

Ad Tert. — *Ps*. Domine ne. *Oratio*. Clamantes ad te, Deus, dignanter exaudi, ut nos de profundo iniquitatis eripias, et ad gaudia eterna perducas. Suscipe, Domine, preces nostras, et clamantium ad te pia corda propitius intende. A domo.

Ad Sext. — *Ps*. Miserere. *Oratio*. Tua nos, quesumus, Domine, gratia benedicat, et ad vitam perducat eternam. Oculi nostri ad te, Domine, semper intendant, ut auxilium tuum et misericordiam sentiamus. A domo. *Et adverte quod semper dicantur complete, unde si die seq. fiat de festo, tunc in Nona unico contextu compleantur omnes ps. restantes cum orat. restantibus et ultima fit.* A domo tua.

Ad Non. — *Ps*. Domine exaudi. *Oratio* Peccata nostra, quesumus, memor humane conditionis absolve, et quicquid eorum retributione, meremur, averte. Respice nos, omnipotens et misericors Deus, et ab omnibus tribulationibus propitiatus absolve. A domo.

Ad. Vesper. — *Ps*. De profundis. Domine, exaudi. *Oratio*. Veritas tua, quesumus, Domine, luceat in cordibus nostris, et omnis falsitas inimici destruatur. Gratie tue, quesumus, Domine, supplicibus tuis tribue largitatem, ut mandata tua, te operante, sectantes, consolationem presentis vite percipiant et future. A domo tua.

OFFICIUM DEFUNCTORUM

In Vesperis. — *Ut hodie. Ad Magn. Ant.* Animas fidelium quas assumpsisti, Domine, fac eas gaudere cum sanctis tuis in gloria. *Oratio*. Fidelium, Deus, omnium Conditor.

Ad Matut. — *Absolute ut hodie.*

Ad Laud. — *Ant*. Exultabunt. — Exaudi. — Me suscipiat dextera. — Eruisti, Domine, animam meam ne periret. — Omnis spiritus. *Ps. ut hodie.* ℣. A porta. *Ant.* Ego sum. Pater. *Ps.* Usquequo. ℣. A porta. Eruc. Domine, exaudi. Et clamor. Dominus vobiscum. *Oratio*. Inclina, Domine, aurem tuam ad preces nostras quibus misericordiam tuam supplices deprecamur, ut animas famulorum tuorum quas de hoc seculo migrare jussisti, in pacis ac lucis regione constituas et sanctorum tuorum jubeas esse consortes. *Oratio*. Deus qui nobis patrem et matrem, etc. Deus, venie largitor. Absolve, Domine, animas, etc., *ut hodie.*

PROPRE DU TEMPS

ANS nos Bréviaires Romains, après le Psautier, vient le Propre du Temps : *Proprium de tempore*. C'est, en résumé, l'office, tel qu'on devrait le réciter, s'il n'y avait pas de fêtes de saints. Cette partie de la liturgie n'est pas la moins intéressante. Outre les vieilles hymnes, extrêmement curieuses à étudier, il y a encore les oraisons, c'est-à-dire la forme de la prière publique, les leçons des Pères, les répons et les versets. Nous regrettons de ne pouvoir pas reproduire quelques-uns de ces répons et versets ; si la plupart sont pris de l'Ecriture Sainte, il y en a quelques-uns que le rédacteur de l'office a composés ou transformés, et qui respirent une très grande onction.

Nous trouvons ici les *Dominicæ historiatæ*, ou Dimanches après la Pentecôte, dans lesquels on récitait des leçons tirées de l'Ancien Testament. On les a choisies dans le livre des Rois, les Proverbes, les Livres de la Sagesse, de Job, de Tobie, de Judith, d'Esther, des Macchabées, les Prophéties d'Ezéchiel, de Daniel, d'Ozée et de Joel. On ne lisait d'ailleurs qu'une partie de ces textes sacrés. Assez souvent ces leçons ne portent pas l'indication des sources ; ainsi, au 1ᵉʳ Dimanche de l'Avent, on ne cite pas les prophéties d'Isaïe qui sont lues pendant ce temps de pénitence ; la 1ʳᵉ leçon commence sans titre par ces mots : *Visio Esaie filii Amos*.

Dans les offices de neuf leçons, les trois dernières sont empruntées aux ouvrages des Pères, parmi lesquels Origène se trouve cité assez souvent. Comme aujourd'hui, la 3ᵉ leçon débute par un texte évangélique ; mais l'original supprime toujours le mot *Evangelium* et se contente de dire : Sec. *Matt., Luc.*, etc. Nous avons partout ajouté le mot *Evang.* et mis quelquefois *Lect.* vu qu'on ne trouve jamais imprimé dans l'édition de 1541. La 4ᵉ leçon y est désignée par les chiffres romains III. L'expression elliptique : *item unde supra*, signifie que le texte y est la suite de leçons précédentes. On remarquera aussi que, reproduisant fidèlement l'orthographe ancienne de l'original, nous écrivons *Omelia* pour *Homilia*. Ces observations, émises déjà dans notre Introduction, se rapportent également au *Propre des Saints*. Inutile de rappeler ici que de nombreux répons, 6, 7, 8, et plus, remplacent souvent le *Te Deum*, après la 9ᵉ leçon.

Nous n'avons pas transcrit les leçons du Propre du Temps, parce qu'on les trouve partout ailleurs et qu'elles n'offrent pas grand intérêt. Nous recommandons néanmoins l'exposition dogmatique du Mystère de la Trinité, admirable de précision et de justesse, que nous avons intégralement reproduite dans les notes de la fin du volume.

C'est aussi se répéter que de rappeler l'origine des noms attribués aux Dimanches après la Pentecôte : *Deus omnium, Peto Domine*, ainsi désignés du 1ᵉʳ répons de la première leçon de ces jours.

Cette partie contient les offices de la Nativité, de St Etienne, etc., et surtout, au point de vue local, celui de St Galactoire (4 janvier). A la fin, comme dans nos modernes bréviaires, on trouve les oraisons des Dimanches après la Pentecôte.

[Proprium de Tempore.]

[ADVENTUS]

Ad Vesp. — *Sabb. Domin. prime Adv.*

HYMNUS

Conditor alme syderum,
  Eterna lux credentium.
  Christe, Redemptor omnium,
  Exaudi preces supplicum.
Qui condolens interitu
  Mortis perire seculum,
  Salvasti mundum languidum.
  Donans reis remedium.
Vergente mundi vespere,
  Uti sponsus de thalamo,
  Egressus honestissima
  Virginis Matris clausula.
Cujus forti potentie,
  Genuflectuntur omnia;
  Celestia, terrestria,
  Nutu fatentur subdita.
Te deprecamur, agie,
  Venture judex seculi,
  Conserva nos in tempore,
  Hostis a telo perfidi.
Laus, honor, virtus, gloria
  Deo Patri et Filio,
  Sancto simul Paraclyto,
  In sempiterna secula. Amen.

Oratio. Excita, Domine, potentiam tuam, *ut hodie.*

Dominica prima Adventus.

Ad Matutinas. — *Hymnus.*

Verbum supernum prodiens
  A Patre olim exiens,
  Qui natus orbi subvenis,
  Cursu declivi temporis.
Illumina nunc pectora,
  Tuoque amore concrema,
  Audito ut preconio
  Sint pulsa tandem lubrica.
Judexque cum post aderis
  Rimari facta pectoris,
  Reddens vicem pro abditis
  Justisque regnum pro bonis.
Non demum artemur malis
  Pro qualitate criminis,
  Sed cum beatis compotes
  Simus perennes celibes.
    Laus, honor, etc.

Lect. I. Visio Esaie filii Amos... Hec dicit Dominus : Convertimini ad me et salvi eritis. *Et sic finiuntur omnes lect. quando leguntur Esaias, Ezechiel, vel Hieremias. Alie vero lect. finiunt per :* Tu autem Domine, etc. *Excepto triduo ante Pascha que terminantur absolute.*

Ad Laudes. — *Hymnus.*

Vox clara ecce intonat,
  Obscura queque increpat,
  Pellantur eminus somnia,
  Ad ethra Christus promicat.
Mens jam resurgat torpida
  Que sorde extat saucia,
  Sidus refulget jam novum,
  Ut tollat omne noxium.
E sursum Agnus mittitur
  Laxare gratis debitum ;
  Omnes pro indulgentia
  Vocem demus cum lacrimis.
Secundo at cum fulserit,
  Mundumque horror cinxerit,
  Non pro reatu puniat
  Sed pius tunc nos protegat.   Laus.

[*Oratio.* Excita. *in Vesp. ut hodie; dicitur etiam ad Tert.*]

AD SEXTAM. — *Oratio.* Presta, quesumus, omnipotens Deus, ut qui pro nostris peccatis meremur affligi, per adventum Filii tui a cunctis adversitatibus liberemur.

AD NONAM. — Excita, Domine, potentiam tuam et veni, et quod Ecclesie tue promisisti, usque in finem seculi clementer operare.

Sabbato. — *Ad Vesp. Oratio.* Excita, Domine, corda nostra, ad preparandas Unigeniti tui vias, ut per ejus adventum purificatis tibi mentibus servire mereamur.

Dominica secunda Adventus.

AD SEXT. — *Oratio.* Consciencias nostras, quesumus, Domine, visitando purifica, ut veniens Jesus Christus Filius tuus Dominus noster cum omnibus sanctis, paratam sibi in nobis inveniat mansionem. Qui tecum.

AD NON. — *Oratio.* Prope esto, Domine, omnibus expectantibus te in veritate, ut in adventu Filii tui Domini nostri placitis tibi actibus presentemur. Qui.

Sabbato. — *In Vesp. Oratio.* Aurem tuam, quesumus, Domine, precibus nostris accommoda et mentis nostre tenebras gratia tue visitationis illustra. Qui.

Dominica tertia Adventus.

AD SEXT. — *Oratio.* Mentes nostras, quesumus, Domine, lumine tue visitationis illustra, ut esse, te largiente, mereamur et inter prospera humiles, et inter adversa securi. Qui.

AD NON. — *Oratio.* Preces populi tui, quesumus, Domine, clementer exaudi, ut qui de adventu Unigeniti Filii tui secundum carnem letamur, in secundo, cum venerit in majestate sua, premium eterne vite percipere mereamur. Per eundem.

Feria IV. — *In Quatuor Temporibus. In Laud. Oratio.* Festina, quesumus, Domine, ne tardaveris, et auxilium nobis superne virtutis impende, ut adventus tui consolationibus subleventur, qui in tua pietate confidunt. Qui vivis.

Feria VI. — *In Laud. Oratio.* Excita, Domine, quesumus, potentiam tuam et veni, ut hi qui in tua pietate confidunt, ab omni citius adversitate liberentur. Qui.

Sabbato. — *In Laud. Oratio.* Concede, quesumus, omnipotens Deus, ut magne festivitatis ventura solennia prospero celebremus effectu, pariterque reddamur et intenti celestibus disciplinis et de nostris temporibus letiores. Per. *Ant. O. Ad Vesp. Oratio.* Excita, Domine, potentiam tuam et veni, et magna nobis virtute succurre, ut per auxilium gratie tue quod peccata nostra prepediunt, indulgentia tue propitiationis acceleret. Qui.

Dominica quarta Adventus.

AD SEXT. — *Oratio.* Presta, quesumus, omnipotens Deus, ut redemptionis nostre ventura solennitas, et presentis nobis vite subsidia conferat et eterne beatitudinis premia largiatur.

AD NON. — *Oratio.* Deus, qui conspicis quia ex nostra pravitate affligimur, concede propitius ut ex tua visitatione consolemur.

XXIV DECEMBRIS
In Vigilia Nativitatis Domini.

In Laud. Oratio. Deus, qui nos redemptionis nostre annua expectatione letificas, presta, ut Unigenitum tuum quem Redemptorem leti suscipimus, venientem quoque Judicem securi videamus Dominum nostrum Jesum Christum.

XXV DECEMBRIS
De Nativitate Domini.

Ad Vesperas. — *Hymnus.*
Veni, Redemptor gentium,
 Ostende partum Virginis,
 Miretur omne seculum,
 Talis decet partus Deum.
Non ex virili semine,
 Sed mystico spiramine,
 Verbum Dei factum caro
 Fructusque ventris floruit.
Alvus tumescit Virginis,
 Claustra pudoris permanent,
 Vexilla virtutum micant,
 Versatur in templo Deus.

Procedens e thalamo suo,
   Pudoris aula regia,
   Gemine gygas substantie,
   Alacris ut currat viam.
Egressus ejus a Patre,
   Regressus ejus ad Patrem,
   Excursus usque ad Inferos,
   Recursus ad sedem Dei.
Equalis Eterno Patri,
   Carnis tropheo accingere,
   Infirma nostri corporis
   Virtute firmans perpetim.
Presepe jam fulget tuum,
   Lumenque nox spirat novum
   Quod nulla nox interpollet
   Fideque jugi luceat.
Gloria tibi Domine,
   Qui natus es de Virgine, etc.

Ad Matutinas. — *Hymnus.*
Christe, Redemptor gentium,
   Ex Patre Patris Unice,
   Solus ante principium
   Natus ineffabiliter.
Tu lumen, tu splendor Patris,
   Tu spes perhennis omnium,
   Intende quas fundunt preces
   Tui per orbem famuli.
Memento salutis auctor,
   Quod nostri quondam corporis
   Ex illibata Virgine
   Nascendo formam sumpseris.
Sic presens testatur dies,
   Currens per anni circulum,
   Quod solus a sede Patris
   Mundi salus advenerit.
Hunc celum, terram, hunc mare,
   Hunc omne quod in eis est,
   Auctorem adventus tui
   Laudat exultans cantico.
Nos quoque qui sancto tuo
   Redempti sanguine sumus,
   Ob diem Natalis tui,
   Hymnum novum concinimus.
Gloria, tibi, Domine, etc,

AD LAUDES. — *Hymn.* A solis ortu, *ut hodie,* except. :
Enixa est puerpera
   Quem Gabriel predixerat,
   Quem Matris alvo gestiens
   Clausus Johannes senserat

et in 6ª str. Parvoque lacte pastus est, *pro* Et lacte modico pastus est. *Oratio.* Deus, qui hanc sacratissimam noctem veri luminis fecisti illustratione clarescere, da, quesumus, ut cujus lucis mysteria in terra cognovimus, ejus quoque gaudiis in celo perfruamur, Domini nostri Jesu-Christi. Qui tecum.

AD TERT. — *Oratio*. Concede, quesumus, omnipotens Deus, ut nos Unigeniti tui nova per carnem Nativitas liberet, quos sub peccati jugo vetusta servitus tenet. Per.

AD SEXT. — *Oratio.* Da, quesumus, omnipotens Deus, ut qui nova Incarnati Verbi tui luce perfundimur, hoc in nostro resplendeat opere, quod per fidem fulget in mente.

AD NON. — *Oratio.* Presta, quesumus, omnipotens Deus, ut natus hodie Salvator mundi, sicut divine generationis est auctor ita et immortalitatis sit ipse largitor. Qui.

AD VESP. — *Comm. S. Stephani. Ant.* Martyr Domini, Stephane, astantem plebem corrobora sancta interventione, ut qui vitiorum pondere premimur, beatitudinis tue gloria sublevemur, et, te duce, premia consequamur. *Oratio.* Da nobis, quesumus, Domine, imitari, etc., *ut hodie.*

XXVI DECEMBRIS

Ju die S. Stephani.

Invitat. Christum natum qui beatum hodie coronavit Stephanum. Venite, adoremus. Venite. *Hymn.* Deus tuorum.

In I Noct. *Ant.* Beatus Stephanus, jugi legis Dei meditatione roboratus, tanquam lignum fructiferum, secus solitarium aquarum plantatus decursum, fructum martyrii in tempore suo dedit primus. *Ant.* Constitutus a Deo predicator preceptorum ejus, in timore sancto, illi servire studuit, officioque fideliter peracto, in monte sancto ejus ascendere dignus fuit. *Ant.* In tribulatione lapidum se prementium positus, milia populi se circundantis non timuit, quia susceptorem suum Jesum, ut eum salvum faceret, exurgere in celum vidit.

Lectio I. Serm. S. August. Hesterna die habuimus Domini Salvatoris Natalem. —

℟. Stephanus autem plenus gratia, *ut hodie.* ℣. Surrexerunt quidam.— ℟. Sederunt principes. ℣. Et testes deposuerunt. — ℟. Videbant omnes Stephanum. ℣. Plenus gratia.
In II Noct. Ant. Lumine vultus tui, Domine, insignitus prothomartyr Stephanus, sacrificium seipsum tibi sacrificavit, ideoque ad leticiam cordis in pace obdormiens requievit. *Ant.* Benedictionis tue, Domine, munere justificatus et scuto tue protectionis in passione munitus, nominis sui coronam Stephanus a te percipere meruit. *Ant.* O quam admirabile est nomen tuum, Domine, Deus noster, pro quo beatus Stephanus martyr, gloria et honore a te est coronatus, et super celos dono tue magnificencie exaltatus.
℟. Intuens in celum. ℣. Cum autem esset plenus. — ℟. Lapidabant Stephanum. ℣. Positis autem genibus. — ℟. Impii autem fecerunt. ℣. Continuerunt aures.
In III Noct. Ant. In Domino Deo suo confisus, fortis athleta Stephanus, lapidum fortiter sustinuit ictus, et idcirco ad montem virtutum transmigravit victoriosus. *Ant.* Sine macula beatus Stephanus ingressus est, Domine, in tabernaculum tuum et quia operatus est justitiam, requiescet in monte sancto tuo. *Ant.* Domine, virtus et leticia rectorum, quoniam tu prevenisti dilectum tibi Stephanum dono gratuite benedictionis, te primum secutus est morte gloriose passionis, unde cum corona justicie dedisti ei vitam in seculum seculi.
Evang. sec. Matth. In illo tempore. Dicebat Jesus turbis Judeorum et principibus sacerdotum. Ecce ego mitto. *Serm. S. Hieron.* Hoc quod supra dixerat Dominus.
℟. Stephanus, servus Dei. ℣. Cum igitur saxorum. — ℟. Impetum fecerunt. ℣. Et testes. — ℟. Ecce jam coram te, prothomartyr Stephane, suppliciter assistentes, te devote precamur. Ut qui pro te lapidantibus Christum deprecatus es. Pro nobis apud ipsum intercedere digneris. ℣. Caritatis gratia repletus, pro persecutoribus orans, Filium hominis ad dexteram Patris stantem videre meruisti, ideoque precamur, Ut qui. Gloria. Pro nobis. Ecce.

In Laud. Ant. Stephanus autem plenus. Ecce video. — Adhesit — Lapidaverunt. — Sepelierunt, *ut hodie. Capit.* Surrexerunt quidam. *Ad Bened. Ant.* Beatus es, o beate Stephane, qui reliquisti terrena ut acciperes celestia ; gaudet chorus sanctorum cum palma victorie, processit tibi obviam Rex regum, Christus Dei Filius ; coronam preciosi lapidis posuit super caput tuum, ideoque precamur, intercede pro nostra omniumque salute.
Ad Prim. Ant. Stephanus servus. *Ad Tert. Ant.* Beatus Stephanus, levita magnificus, sicut ante alios dominice passionis et pietatis emicuit imitator, sic, Domine, apud te pro nobis sit perpetuus intercessor. *Capit.* In diebus illis. ℟. Lapides torrentis. ℣. Vidit beatus Stephanus celos. *Ad Sext. Ant.* Stephanus vidit celos. *Capit.* Cum esset. *Oratio.* Omnipotens, sempiterne Deus, qui primitias martyrum in beati levite Stephani sanguine dedicasti, tribue, quesumus, ut ipse nobis intercessor existat, qui pro suis etiam persecutoribus exoravit Jesum Christum Dominum Deum nostrum. Qui. *Ad Non. Ant.* Beate Stephane, prothomartyr Christi, intercede pro nobis ad Dominum Deum nostrum, ut mittat nobis debita nostra. *Capit.* Et testes. *Oratio.* Gratias agimus tibi, Domine, multiplicatis circa nos miserationibus tuis, qui et Nativitate Filii tui nos salvas, et beati martyris tui Stephani deprecatione sustentas.
In Vesp. Ant. Tecum principium. *Ps.* Dixit. *et reliq. sicut in Natali Dom. Capit.* Positis genibus. *Hymn.* Martyr Dei. [*de Communi*]. *Ad Magn. Ant.* O quam gloriosus est beatus martyr et levita Stephanus, qui ante apostolos regna celestia possidere meruit et ad Patris dexteram Filium videre. *Comm. S. Johannis, evang. Ant.* Johannes apostolus qui supra pectus Domini in cena recubuit, cui Christus in cruce Matrem Virginem virgini commendavit. ℣. Valde honorandus. ℟. Qui supra pectus. *Oratio.* Deus, qui, per os beati apostoli tui Johannis, Verbi tui nobis archana reserasti, presta, quesumus, ut quod ille nostris auribus ex-

cellenter infudit, intelligentie competentis eruditione capiamus.

XXVII DECEMBRIS
In Natali' S. Johannis, evangeliste.

Invitat. Adoremus Regem apostolorum. Qui privilegio amoris Johannem dilexit apostolum. Venite. *Hymn.* Eterna Christi. *In I Noct. Ant.* Johannes, apostolus et evangelista, virgo est electus a Domino, atque inter ceteros magis dilectus. *Ant.* Supra pectus Domini Jesu recumbens, evangelii fluenta de ipso sacro dominici pectoris fonte potavit. *Ant.* Quasi unus de paradisi fluminibus, evangelista Johannes Verbi Dei gratiam in toto terrarum orbe diffudit. ℣. Virgo est electus a Domino. ℟. Atque inter ceteros magis dilectus.

Lectio I. Ex dictis S. Ysidori, episc. Johannes apostolus et evangelista, filius Zebedei, frater Jacobi, etc. — ℟ia ut hodie.

In II Noct. Ant. In ferventis olei dolium missus Johannes apostolus divina se protegente gratia illesus exivit. *Ant.* Propter insuperabilem evangelizandi constantiam exilio relegatus, divine visionis et allocutionis meruit crebra consolatione relevari. *Ant.* Occurrit beato Johanni ab exilio revertenti omnis populus virorum ac mulierum clamantium et dicentium : Benedictus qui venit in nomine Domini. ℣. Ecce puer meus electus quem elegi. ℟. Posui super eum spiritum meum.

℟. Qui vicerit. — ℟. Diligebat. — ℟. In illum diem suscipiam te, serve meus, et ponam te sicut signaculum in conspectu meo. Quoniam ego elegi te, dicit Dominus. ℣. Esto fidelis usque ad mortem, et dabo tibi coronam vite.

In III Noct. Ant. Apparuit servo suo Johanni Dominus Jesus Christus cum discipulis suis et dixit ei : Veni, dilecte meus, ad me, quia tempus est ut epuleris in convivio meo cum fratribus tuis. *Ant.* Expandens manus suas ad Deum dixit : Invitatus ad convivium tuum venio, gratias agens, quia me dignatus es, Domine Jesu Christe, ad tuas epulas invitare, sciens quod ex toto corde meo desiderabam te. *Ant.* Iste est Johannes, qui supra pectus Domini in cena recubuit, beatus apostolus cui revelata sunt secreta celestia. ℣. Esto fidelis usque ad mortem. ℟. Et dabo tibi coronam vite.

Evang. sec. Joh. In illo tempore. Dixit Jesus Petro : Sequere me. Et rel. *Serm. S. August.* Duas vitas sibi divinitus predicatas et commendatas novit Ecclesia. ℟. Iste est Johannes qui supra. ℣. Fluenta. — ℟. Virgo est electus. ℣. Spiritus Sancti gratia debriatus, ceteris altius divinitatis patefecit archanum. — ℟. In medio Ecclesie. ℣. Jocunditatem.

In Laud. Ant. Valde honorandus. — Hic est discipulus ille. — Hic est discipulus meus. — Exiit sermo. — Sic eum volo manere. *Capit.* Qui timet Deum, faciet bona. *Hymn.* Exultet. ℣. Valde. *Ad Bened. Ant.* Domine, suscipe me, ut cum fratribus meis sim cum quibus veniens invitasti me ; aperi mihi januam vite et perduc me ad convivium epularum tuarum, tu es enim Christus, Filius Dei vivi, qui precepto Patris mundum salvasti. Tibi gratias referimus per infinita seculorum secula. *Oratio.* Ecclesiam tuam, Domine, benignus illustra, etc.

Ad Prim. Ant. Iste est Johannes. *Ad Tert.* Fluenta evangelii. *Capit.* Fratres, benedictus Deus. ℟. Cibavit illum Dominus. ℣. In medio Ecclesie. *Ad Sext. Ant.* Sunt de hic stantibus qui non gustabunt mortem, donec videant Filium hominis in regno suo. *Capit.* In medio Ecclesie. ℟. Valde. *Oratio.* Beati Johannis evangeliste, quesumus, Domine, supplicatione placatus, et veniam nobis tribue et remedia sempiterna concede. *Ad Non.* Ecce puer meus. *Capit.* Hic est discipulus ille. ℟. Esto fidelis. ℣. Virgo electus. *Oratio.* Sancti Johannis evangeliste, Domine, precibus adjuvemur, ut quod nostra possibilitas non obtinet, ejus nobis intercessione donetur. Per.

In Vesp. Ad Magn. Iste est discipulus qui dignus fuit esse inter secreta Dei, iste solus meruit divina inspiratione dicere : In principio erat Verbum, et Verbum erat apud Deum et Deus erat Verbum. *Oratio.* Ecclesiam. *Comm. Innocentium. Ant.* Splendent Bethlemitici campi, decandidata turba infantium, preciosa corpora pro Christo cesa jacebant ab Herode. ℣. Sinite parvulos. ℟. Talium est. *Oratio.* Discat Ecclesia tua, Deus, infantium hodie venerari exempla, et synceramente tenere pietatem, quibus prius vitam prestitisti sempiternam, quam possent nosse presentem.

XXVIII DECEMBRIS
In Natali Sanctorum Innocentium.

Invitat. Christum natum Regem. Pro quo Martyres Innocentes occisi sunt. Venite adoremus. *Hymn.* Rex gloriose martyrum.
In I Noct. Ant. Novit Dominus vias Innocentium qui non steterunt in viis peccatorum. *Ant.* Rex terre infremuit adversus Christum, quia rex in Syon constitutus super Innocentium milia regnat. *Ant.* Deus judex justus, judica nos secundum innocentiam nostram. ℣. Novit Dominus. ℟. Qui non steterunt.
Lectio I. Sermo S. Leonis. Hodierna lectio, dilectissimi, manifestando depromit. ℟. Sub altare Dei. ℣. Vidi sub altare. ℟. Adoraverunt viventem. ℣. Et ceciderunt. — ℟. Effuderunt sanguinem. ℣. Posuerunt mortalia.
In II Noct. Ant. Ex ore infantium, Deus, et lactentium laude perfecta destruis inimicum. *Ant.* Judicabit Dominus pupillum et advenam, et pluet super peccatores laqueos ignis. *Ant.* Mortis usuras rex impius exegit super Innocentes, sed illi requiescunt in monte sancto Dei, malignus ad nihilum est redactus. ℣. Deus, judex justus. ℟. Judica nos secundum innocentiam nostram.
℟. Isti sunt sancti qui passi sunt. ℣. Vindica, Domine. — ℟. Isti sunt sancti qui non inquinaverunt. ℣. Hi sunt qui cum mulieribus. — ℟. Ecce vidi Agnum stantem supra montem Syon. ℣. Et cantabant.
In III Noct. Ant. Quis ascendet aut quis stabit in monte sancto Dei ? Innocentes manibus et mundo corde. *Ant.* Innocentes adheserunt mihi quorum pedes avulsi sunt a laqueo mortis. *Ant.* Inter innocentes lavabo manus meos ut audiam, Domine, vocem laudis tue. ℣. Lavabo inter innocentes manus meas. ℟. Et circumdabo.

Evang. sec. Matt. Angelus Domini apparuit. *Sermo S. Hier.* Quando tollit puerum Mater ejus. ℟. Vidi sub altare. ℣. Subthrono. ℟. Hi empti sunt. ℣. Hi sunt. ℟. Centum quadraginta. ℣. Hi empti.
In Laud. Ant. Herodes iratus. — A bimatu. Vox in Rama. — Cantabant sancti canticum — Sub throno. *Capit.* Cantabant. *Hymn.* Sanctorum meritis. ℣. A bimatu. ℟. Occidit.
Ad Bened. Ant. Hi sunt. *Oratio.* Deus cujus hodierna die.
Ad Prim. Ant. Hi empti *Ad. Tert. Ant.* Ambulabunt mecum in albis quoniam digni sunt et non delebo nomina eorum de libro vite. *Capit.* In diebus illis. Vidi supra montem Syon. ℟. Hi sunt. ℣. Hi sunt qui venerunt. *Ad Sext. Ant.* Sinite parvulos. *Capit.* Hi sunt qui cum mulieribus. ℟. et ℣. *Plur. mart. Oratio.* Deus, qui licet sis magnus in magnis, mirabilia tamen gloriosius operaris in minimis, da nobis, quesumus, in eorum celebritate letari, qui Filio tuo Domino Nostro testimonium perhibuerunt etiam non loquentes. *Ad Non. Ant.* Clamant, clamant, clamant[1] Domino Innocentes, resonat luctus multis matribus in excelsis, gaudet Ecclesia super martyres Innocentes. *Capit.* Hi empti. *Oratio.* Tribue nobis, Domine, quesumus, ut Innocentium sinceritatem possimus imitari quorum tibi dicatam veneramur infantiam.
Ad Vesp. Tecum principium. *Capit.* Isti sunt qui non coinquinaverunt. *Hymn.* Sanctorum meritis. *Ad Magn.* Innocentes pro Christo, *ut hodie. Oratio.* Deus cujus hodierna die. *Comm. S. Thome*[1]. *Oratio.* Deus pro cujus Ecclesia gloriosus martyr et Pontifex Thomas gladiis impiorum occubuit, presta, quesumus, ut omnes qui ejus implorant auxilium, petitionis sue salutarem consequantur effectum. *Comm. Nativ.*

XXIX DECEMBRIS
In Natali S. Thome, episc. et mart.

Lectio I. Gloriosi martyris Thome, fratres karissimi[2], natalem celebrantes, quia totius vite et conversationis ejus insignia recolere non sufficimus, passionis ejus modum causamque succinctus sermo percurrat,

Lectio II. Beatus igitur Thomas, sicut in cancellarie vel archidiaconatus officio in rebus gerendis incomparabiliter extiterat strenuus, ita et post susceptum pastoris officium, supra humanam estimationem factus est Deo devotus.

Lectio III. Consecratus enim, repente mutatus est in virum alium ; cilicium clam induit, femoralibus etiam usus est usque ad poplices cilicinis. Et sub vestibus clericalibus, honestatis habitum celans monachalem, carnem prorsus coegit servire spiritui, Deo studens omnium virtutum exercitio sine intermissione placere. *Medie lect. dicunt. de Natali Dom*[3].

Evang. sec. Math. Si quis vult. *Item unde supra*[4].

Lectio VII[5]. Sciens quoque se cultorem positum in agro dominico, in vinea custodem, pastorem in caulis, ministerium sibi traditum studiose ibi complevit. Jura et dignitates Ecclesie, quas publica sibi potestas usurpaverat, resarcire, et in statum debitum revocare conatus est. Unde gravi questione super jure ecclesiastico et regni consuetudinibus inter ipsum et regem Anglorum exorta, coacto consilio, proposite sunt consuetudines ille [6] quas idem rex tam archiepiscopi quam suffraganeorum suorum scripto roborari coegit pertinaciter.

Lectio VIII. Negavit constanter archiepiscopus, manifestam in eis asserens libertatis ecclesiastice subversionem. Affectus est igitur contumeliis, damnis gravioribus attritus, et innumeris lacessitus injuriis, tandem sibi morte intentata, causa Ecclesie, quia nondum plene innotuerat, et personalis videbatur persecutio, beatus Thomas cedendum censuit esse malicie.

Lectio IX. Ductus ergo in exilium, a domno Papa Alexandro tertio Senonis honorifice susceptus, et in monasterio Pontiniacensi studiose commendatus est. Tandem pace reddita ecclesie sue, VII° exilii sui anno in Angliam reversus est. Vir autem optimus et sanctissimus, post exilium, damna, contumelias, atque opprobria, postque parentum et amicorum proscriptionem, et alia atque alia supplicia, martyrio coronatus est.

XXXI DECEMBRIS

De Sancto Sylvestro.

Omnia necessaria un. conf. episc. Ad Magn. Ant. Iste sanctus digne in memoriam vertitur hominum, qui ad gaudium transit angelorum, quia in hac peregrinatione solo corpore constitutus, cogitatione et aviditate in illa eterna patria conversatus est. *Oratio.* Da, quesumus, *ut hodie*.

Ad Matut. Lectio I. Silvester, urbis Rome episcopus, cum esset infantulus, a vidua matre sua, Justa nomine, traditus est Quirino presbytero. Cujus vitam imitatus et mores, ad summum apicem christiane religionis attigit.

Lectio II. Factus vero juvenis, hospitalitatem tota animi diligentia exhibebat, quam non divitie terrene, sed bone voluntatis thesauri adimplebant. Unde factum est ut Timotheum quendam, virum christianum et religiosum, venientem ab Antiochia, Christum publice predicantem, tempore persecutionis hospitem susciperet, quod facere etiam ipsi pontifices formidabant.

Lectio III. Silvester vero, non solum se eum hospicio suscepisse gaudebat, sed etiam timore abjecto, tam vitam quam predicationem ejus suis laudibus commendabat. *Medie lect. de Nat.*

Evang. sec. Matt. Vigilate, quia nescitis. — Qui Timotheus, cum per unum annum et menses tres docuisset Christi veritatem, et multi per eum gentium populi conversi essent, dignus martyrio tentus[1] est a populo paganorum et traditus Tarquino, urbis prefecto. A quo tormentis plagarum afflictus, longa carceris custodia maceratus, quasi bonus athleta Dei, cum sacrificare idolis noluisset, tertio cesus, tertio gravissimis suppliciis attrectatus, inter homicidas decollatus est.

Lectio VIII. Cujus corpusculum sanctus Silvester caute et diligenter nocte colligens, ad suum hospitium attulit. Ibique sanctum Melchiadem episcopum rogans, venire fecit. Qui cum presbyteris et diaconibus per totam noctem in Dei laudibus permanens, ejus martyrium dedicavit.

Lectio IX. Hic sanctissimus pontifex, baptizato Constantino[2] ac ecclesiis pace reddita, cum floruisset miraculis et urbem liberasset a pestilentia drachonis, moritur pridie kalendas januarii. Sedit autem, annos tres et viginti, menses decem, dies undecim.

Dominica infra octavam Natalis Domini.

Ad Vesp. Oratio. Deus, qui salutis eterne beate Marie virginitate, etc.

In Vigilia Circuncisionis Domini.

Ad Vesp. Hymn. Veni, Redemptor. *Oratio.* Deus, qui nobis nati Salvatoris diem celebrare concedis octavum, fac nos, quesumus, ejus perpetua divinitate muniri, cujus sumus carnali commercio reparati. Qui.

JANUARIUS

I JANUARII

De Circuncisione.

[*Hymni, ut in die Nativit. Domini.*]

Octavo die S. Stephani.

Lect. Ex dictis B. Augustini in libro XXII *de Civit. Dei, cap.* VIII. Ad aquas Tabilitanas.

Octavo die S. Joannis.

Excerptum ex ecclesiastica historia.
Lectio I. Audi fabulam et non fabulam, sed rem gestam de Johanne apostolo, et memoriis omnium traditam. Cum, post Trajani obitum, de Pathmos insula rediret Ephesum, rogabatur etiam vicinas illustrare provincias, quo vel ecclesias fundaret in quibus non erant locis, vel in quibus erant sacerdotibus ac ministris institueret, secundum quod ei de unoquoque Spiritus Sanctus indicasset.

Lectio II. Cum igitur venisset ad quandam urbem, haud longe positam, omnibus ecclesiasticis solenniter adimpletis, videt juvenem quendam, validum corpore et vultu elegantem, sed animis acrem nimis. Respiciensque ad episcopum qui nuper fuerat ordinatus : Hunc, inquit, tibi cum summo studio commendo, sub testimonio Christi et totius Ecclesie.

Lectio III. Tum ille accipiens, omnem se adhibiturum, sicut precipiebat, diligentiam pollicetur. Sed, iterum atque iterum repetens, sepius juvenem commendabat attentius et post hec Ephesum rediit.

Lectio IIII. Tum vero episcopus in domum suam adolescentem suscepit commendatum, et cum omni diligentia enutrit, amplectitur, fovet, ad ultimum baptismi gratiam tradit.

Lectio V. Post hec, jam velut confidens gratie qua fuerat communitus, paulo indulgentius habere juvenem cepit. Sed ille ubi immatura libertate potitus est, continuo per equevos quibus luxus et desidia cordi est, amare vitia et corrupte vie incedere tramitem perdocetur.

Lectio VI. Et primo quidem conviviorum illecebris decipitur ; inde nocturnis eum furtis socium sibi participemque conciscunt. Post hec, jam ad majora flagitia pertrahunt.

Evang. sec. Johann. Sequere me. *Ex dictis S. Hier.* Hic est Johannes evangelista, unus ex discipulis.

Octavo die Innocentium.

Lectio I. Sermo S. August. In infantium laudibus intellige Deum.

Dominica I post octav. Natalis Domini.

Ad. Vesp. Oratio. Omnipotens sempiterne Deus, dirige actus nostros in beneplacito tuo, ut in nomine Filii tui mereamur bonis operibus abundare.

V JANUARII

In festo S. Galectorii.

Ad Vesp. Ant[1].Tecum principium. ℟.Sanctus Galectorius, presul Lascurrensis, orabat devotius, manibus protensis. Dum sevit acerbius Rex Vuandalensis. ℣. Felix quem non gladius terret, sed in melius ictus mutat ensis. Dum.

HYMNUS

Virtus patens prodigiis,
  Luce coruscat clarius,
  Christum sequens vestigiis
  Beatus Galectorius.
Presul et pater patrie,
  Miles athleta strenuus,
  Lascurrensis ecclesie
  Patronus ut precipuus.
Vitam morte promeruit,
  Que mortis nescit terminum,
  Vita, doctrina, splenduit,
  Lucens in luce luminum.
Patri, Nato, Spiritui
  Sancto decus et gloria,
  Per hunc sint nostro cetui
  Vite perhennis premia. Amen.

Ad Magn. Ant. Beatus Galectorius cum corona victorie, presul, martyr egregius, suscepit thronum glorie, cum Magis trino munere protensans [2] verbis, opere, Deum Regem in homine Jesu, nato de Virgine. *Oratio.* Deus, pro cujus Ecclesia gloriosus martyr et pontifex Galectorius gladiis impiorum occubuit, presta, quesumus, ut omnes qui ejus implorant auxilium, petitionis sue salutarem consequantur effectum. Per.

Invitat. Regem, qui regit omnia, secula venerantur. Cum presulis solennia Lascurris celebrantur [3]. Venite.

HYMNUS

In celestis erario [4]
  Regni gemma reconditur,
  Presulum qui martyrio
  Clarus penis non vincitur.
Beatus Galectorius,
  Gotorum spreto robore,
  Pugnat pro fide fortius,
  Burdegalensis [5] litore.
Consummatus feliciter
  Morte, sed victis hostibus,
  Jacet venerabiliter
  Lascurris, dignis laudibus.
Patri Nato, Spiritui, etc.

In. I Noct. Ant. Beatus Galectorius, vir fortis, norma morum, non abiit, ut impius, in via peccatorum [6]. *Ps.* Beatus vir. *Ant.* Deo servit Vasconia, gens Gota facit pejus pre ceteris injuriam adversus Christum ejus. *Ps.* Quare fremuerunt. *Ant.* Fide propugnat quominus, preces fundit ad Deum, exclamans : Tu es Dominus exaltans caput meum. *Ps.* Domine, quid multiplicati. ℣. Gloria et honore.

Lectio I. Antiquorum fide digna tradit relatio, et ex dictis beati Isidori et Papie colligitur evidenter, gentes quasdam feras, crudeles, barbaras et indomitas, de Magog, filio Japheth, filii Noe, genitas, circa regna Seiticha habitasse, que Gothi usitato vocabulo dicebantur, qui a nativis sedibus impetu Humorum depulsi, transmisso Danubio fluvio, Romanis gentibus et imperio se dederunt.

℟. Romanorum imperium non ferens gens Gotorum, regem prefecit proprium. Fines Italiorum transit, ad emisperium [7] pervenit Gallicorum. ℣. Beatum Galectorium presulem Lascurrensium rumor pulsat eorum. Fines.

Lectio II. Sed cum predicti Gothi Romanorum sustinere non possent injurias indignati, Romanorum contempto dominio, regem sibi proprium prefecerunt. Et adunato ferocie exercitu, Turciam irruerunt, vastaverunt Italiam, obsederunt urbes Italie et ceperunt.

℟. Dum, iteratis vicibus, pago Burdegalensi damna darent Vasconibus, Gothi graves, immensi. Enarratur a pluribus presuli Lascurrensi. ℣. Quod Gothis prophanantibus offeruntur altaribus loco feces [8] incensi. Enarratur.

Lectio III. Post, aggrediuntur Gallias, disponentes transire in Hispaniam, patefactis interim montibus Pireneis. Sed dum transitum in Hispaniam attentarent, sepe fines Vasconie invadentes, quia non patebat illis liber transitus, Vasconum illis bellicoso exercitu resistente, Vasconibus occultas insidias paraverunt.

℟. Beatus Galectorius, vir mire probitatis, devotus, benignus, pius, excelse sanctitatis. Compatitur profundius Vasconibus gravatis. ℣. Fide plenus, ferventius ceteris fit contrarius Gothis malis armatis. Compatitur. Gloria.

In II. Noct. Ant. Lascurrensis ecclesie gregem cum gubernaret, favit Deus justitie ipsum cum invocaret. *Ps.* Cum invocarem. *Ant.* Clamat orationibus sanctus non mente rea : Domine, piis auribus percipe verba mea. *Ps.* Verba mea. *Ant.* Deo fit acceptabile quod hic fecit in guerra, cujus nomen mirabile in universa terra. *Ps.* Domine Deus. ℣. Posuisti.

Lectio IIII. Et classe parata, venientes annuatim per medium terraneum mare [9] applicabant circa Mimisanum in Burdigalensi diocesi. Et exinde omnibus beluis crudeliores totam Vasconiam consuetudinarie discurrebant.

℟. Mente gestans et corpore signum crucis vivifice, servus eterni Regis. Cruce signat pro tempore, memor mortis dominice, agmen commissi gregis. ℣. Gothorum spreto robore quos invadit magnifice zelo succensus legis. Cruce signat.

Lectio V. Vineta vastabant et predia, diripiebant predas argenti et auri, vestium, armentorum, jumentorum et pecorum, depopulantes civitates, villas, castra et villagia. Interficientes viros et mulieres et parvulos, non deferentes vel parcentes dignitati, statui, religioni, sexui vel etati.

℟. Agmina Bearnensium beatus Galectorius sermonibus movebat contra turbas Gothensium. Velut primipilarius armatus precedebat. ℣. Neque mortem, nec gladium, vel, si quid est acerbius, pro Christo metuebat. Velut.

Lectio VI. Est preterea horrendum piis audire auribus quod prefatorum Gothorum horrenda crudelitas, que nec Deum timebat, nec hominem verebatur, sic impie loca sacra et ecclesias prophanabat, quod in altaribus ecclesiarum jumentis suis etiam immunda pabula ministrabant.

℟. Dei magnificentia intendens et victoriam, contra Gothos pugnabat. Currens per patientiam ad martyrii gloriam, ictus plagas portabat. ℣. Sanctus, propter justitiam liber, transit ad patriam pro qua vivens certabat. Currens. Gloria.

In III Noct. Ant. Hic Christi miles ceteros precedit hostes vivens, morte transit ad superos in Domino confidens. *Ps.* In Domino confido. *Ant.* Verbi divini pabulo subditos recreabat, in Dei tabernaculo devotus habitabat. *Ps.* Domine quis. *Ant.* Multis potens miraculis, providens de salute, juva nos in periculis, Domine, in virtute. *Ps.* Domine, in virtute. ℣. Magna est.

Evang. sec. Matth. In illo tempore, dixit Jesus discipulis suis. Si quis vult post me venire, abneget semetipsum et tollat crucem suam et sequatur me. Et reliqua. *Item unde supra.*

Cumque rumor tam intolerabilium factorum et facinorum pias aures domini Galectorii, tunc Lascurrensis antistitis, perculisset, exhorruit facinus. Et compatiens damnis Vasconum per prefatos Gothos sepius iteratis, et zelo domus Dei accensus, ad repellendam Gothorum hosticam barbariem, ut devotus et confidens de Dei clementia. fideliter ad Dei auxilium se convertit.

℟. Carnis vitam contemnens, penitus celo scitum previdens spiritus. Ad eterna vocatur celitus, repromissa sibi divinitus. ℣. Intrat aulam summi Regis, pastor gregis, preco legis. Ad.

Lectio VIII. Pontificalibus igitur insigniis vir, Deo devotus, decoratus, ut decuit, pro defensione Ecclesie et patrie, cum missarum solenniis obtulit Domino hostiam salutarem. Interque missarum solennia, memor illius verbi evangelici quo per Salvatorem dicitur : Qui vult venire post me, abneget semetipsum, et tollat crucem suam et sequatur me; mysteria dominice crucis et beneficia Passionis exposuit oraculo vive vocis.

℟. Beatus Galectorius, Lascurrensis ecclesie presul et pater patrie, vir futurorum prescius. Mortem subiit jocundus [10] amore vite glorie. ℣. Hic cum laude victorie arreportatus decentius, adoratur devotus altari sedis proprie. Mortem.

Lectio IX. Et ut suo ceteros hortaretur exemplo, assumpto crucis vexillo, cruce signavit agmina Bearnensium bellatorum. Quibus assumptis, zelo fidei et religionis accensus, spiritu fortis et fervidus, invasit intrepidus Gothorum exercitus infideles.

℟. Per hujus sancti merita, sanitatis remedia Dominum operari, sanata probant capita. Plebisque testimonia, que non decet celari. ℣. Salus sic mihi tradita, me, veritate previa, docet testificari. Plebisque. Gloria.

In Laud. Ant. Beatus Galectorius, presul Lascurrensis pius, tantum Christum amavit quod ad celum jocundus morte transit et fortius quo Dominus regnavit. *Ps.* Dominus regnavit. *Ant.* In acerbi martyrii beati Galectorii sancta solennitate, sicut letantes filii, psalmis, hymnis officii, Domino jubilate. *Ant.* Deus qui sanctis omnibus mortem pro te fruentibus das exemplum in cruce, fons vite sitientibus, lux ad te vigilantibus ostenderis de luce. *Ant.* Celi terreque, marium facture, rerum omnium benedicant Factorem qui genti Bearnensium beatum Galectorium dat patrem et pastorem. *Ant.* Laboris confirmatio, honoris retributio fit cum felicitate alto celi palacio beato Galectorio cur Dominum laudate[11]. *Hymn.* Virtus patens. *Ad. Bened. Ant.* Sancte Galectori, patrie lux, presul, adesto sic precibus nostris adjutor tempore presto, quod pulsis culpis letemur perpete festo. *Comm. vigil. Epiphanie. Ant.* Tolle puerum et matrem ejus, et vade in terram Jude. ℣. Venit lumen tuum, Hierusalem. ℟. Et gloria Domini super te orta est. *Oratio.* Corda nostra, quesumus, Domine, venture festivitatis splendor illustret, quo mundi hujus tenebris carere valeamus, et perveniamus ad patriam claritatis eterne. Per.

AD PRIM. — *Ant.* Deus in cujus nomine beato Galectorio salus et virtus datur, perducat nos in lumine cum numero ternario quo Jesus adoratur. *Ad Tert. Ant.* Legem in corde posuit Dei, quam facto tenuit, in qua justificatur beatus Galectorius presul, martyr egregius, pro qua martyrizatur. *Ad Sext. Ant.* Defecit vita corporis hujus mensura temporis, laboreque dolore decapitantis gladii coronam cepit bravii, plenam felicitate. *Ad Sext. et Non. Oratio.* Omnipotens, sempiterne Deus, qui gloriose triumphantem beatum Galectorium martyrem tuum hodierna die celesti sublismati in curia, populum tuum, eo opitulante, ad te converte, propitius, ut qui peccatorum nostrorum pondere premimur, patrocinari apud misericordiam tuam, ejus precibus sentiamus. Per. *Ad Non. Ant.* Multa sunt mirabilia, multaque testimonia eximie virtutis; beato Galectorio prestante patrocinio, donum adest salutis.

VI JANUARII

In Epyphania Domini.

In Vesperis. Hymn. ut hodie, except. prim. stroph. et ultima.

   Hostis Herodes impie,
      Christum venire quid times?
      Non arripit mortalia
      Qui regna dat celestia.
   Gloria tibi Domine
      Qui apparuisti hodie
      Cum Patre, etc.

Oratio. Corda nostra.
Comm. S. Galectorii. Ant. Gaude, Lascurris civitas, tanti patris reliquiis decorata, miraculis in populis, ut veritas protestetur, quod sanctitas beati Galectorii sit sequenda vestigiis amore summi premii. *Si festivitas S. Galectorii venerit in Dominica, fiat de festivit. et nulla fiat comm. de Dominica.*

Oratio. Deus, qui hodierna die Unigenitum tuum gentibus, stella duce, revelasti, concede propitius, ut qui jam te ex fide cognovimus, usque ad contemplandam speciem tue celsitudinis perducamur. Per eundem.

AD SEXT. — *Oratio.* Da nobis, quesumus, Domine, digne celebrare mysterium quod in nostri Salvatoris infantia miraculis coruscantibus declaratur, et corporalibus incrementis manifestata designatur humanitas. Per eundem.

AD NON. — *Oratio.* Illumina, quesumus, Domine, populum tuum, et splendore glorie tue cor ejus semper accende, ut Salvatorem suum incessanter agnoscat et veraciter apprehendat Dominum Nostrum Jesum Christum Filium tuum qui tecum. [*Comm. S. Galect. fit per oct.*]

XII JANUARII
Octava S. Galectorii.
Omnia necessaria sicut in die.

Lectio I. Cunque Gothorum exercitus adeo esset innumerabilis, ut terre superficiem tegere viderentur, beatus Galectorius non timuit nec expavit, sed suos exhortans sermonibus catholicis, non premisit precursores contra Gothorum barbaram nationem. Sed velut Ecclesie Dei principalis catholicus primipilarius, ut fortis athleta, armatorum acies precedebat.

Lectio II. Inter quos amore flagrans martyrii, nec mortem nec gladium timuit, nec pondus belli, vel periculum formidavit. Intendens igitur in omnibus que agebat, Domini famulus sanctus Galectorius Jesu Christi crucifixi gloriam fidenter sperans belli victoriam, desiderans per martyrii palmam ad patriam pervenire, viriliter et constanter contra Gothos pro omnibus se agebat.

Lectio III. Paratis igitur hinc inde exercitibus, itur, committitur, et bellatur, fitque ex utraque parte bellantium magna strages[1].

Lectio IIII. Et ne sacer presul Galectorius fine optati martyrii privaretur, inter catervas Christicolarum, pro fidei et patrie defensione certantium, animam per divini amoris incendium, corpus per diversarum plagarum supplicium, Deo holocaustum obtulit medullatum.

Lectio V. Certamine igitur in agone legitime consummato, beatus Galectorius digne martyrii coronam promeruit, et accepit sicut victor, quia fide vivens, spe vite perpetue vitam contempsit corporis, ideo occidi potuit et non vinci.

Lectio VI. Merito ergo aulam Regis celestis strenuus miles per martyrii palmam ingreditur, ut pastor gregis, preco legis, corona multiplici decoratus.

Evangelium, sicut in die.

Lectio VII. Terminato tandem predicto conflictu, et per christicolas, barbaris Gothis eorumque complicibus viriliter superatis, fideles superstites inter cadavera barbarorum, velut rosas de spinis[2], aurum de terre venis, et gemmas de calculis, eligentes, tollentes, et in thesaurum Ecclesie recondentes, christianorum defensorum fidei Ecclesie et Vasconie corpora collegerunt.

Lectio VIII. Cunque beati Galectorii martyris venerandas reliquias, corpus videlicet multis transverberatum gladiis et caput semotim posita[3] comperissent, detulerunt ad Lascurrensem ecclesiam. Ibique in altari sedis sibi specialiter dedicando honorifice condiderunt.

Lectio IX. In quo loco, velut patronus, presul et martyr, honoratur, adoratur[4] et colitur. Multaque miracula per eum inibi, super devote invocantes ipsius auxilium, Dominus operatur.

Comm. Epyph. sicut in die. Si autem ipsa octava Sancti Galectorii venerit in Dominica, et in sequenti alia Dom. fuerit Septuagesima, ipso die celebretur....Et si seq. Dom. non fuerit Sept., fiat etiam de Dom. infra oct. et comm. de oct. S. Galectorii et Epyph.

Dominica infra octavam Epyphanie.
Ad Vesp. Oratio. Vota, quesumus, ut hodie.

In Octava Epyphanie.
Ad Vesp. Oratio. Deus, cujus Unigenitus, ut hodie. *Ad Sext. Oratio.* Deus, illuminator omnium gentium, da populis tuis perpetua pace gaudere, et illuc lumen splendidum infunde in cordibus nostris, quod trium Magorum mentibus aspirati Dominum nostrum Jesum Christum, etc.

Dominica I post Octav. Epyphanie.
Ad Vesp. Oratio. Omnipotens, sempiterne Deus, qui celestia simul et terrena moderaris, supplicationes populi tui clementer exaudi, et pacem tuam nostris concede temporibus. Per.

Sabbato.—*Ad Vesp.* Omnipotens, sempiterne Deus, infirmitatem nostram propicius respice, atque ad protegendum nos dexteram tue majestatis extende.

Dominica II post Octav. Epyphanie.
Omnia necessaria ut in precedenti Dom.

Sabbato.—*Oratio.* Deus, qui nos in tantis

periculis constitutos pro humana scis fragilitate non posse subsistere, da nobis salutem mentis et corporis, ut ea que pro peccatis nostris patimur, te adjuvante, vincamus.

Dominica III post Octav. Epyphanie.

[*Orat. Sabbati preced. per horas.*]

Dominica IV post Octav. Epyphanie.

Oratio. Familiam tuam, quesumus, Domine, continua pietate custodi, ut que in sola spe gratie celestis innititur, tua semper protectione muniatur.

Dominica V post Octav. Epyphanie.

Oratio. Conserva populum tuum, Deus, et tuo nomini fac devotum, ut divinis subjectus officiis, et temporalia viriliter et eterna dona percipiat. Per.

In Vigilia Septuagesime.

Oratio. Preces populi tui, quesumus, Domine, clementer exaudi, ut qui juste pro peccatis nostris affligimur, pro tui Nominis gloria misericorditer liberemur. Per.

Dominica in Septuagesima.

Ad Mat. Hymn. Primo dierum. *In Laud. Hymn.* Eterne rerum.
Sabbato. *Oratio.* Deus, qui conspicis quia ex nulla nostra actione confidimus, concede propitius, ut, contra adversa omnia, Doctoris gentium protectione muniamur. Per.

Dominica in Sexagesima.

Omnia necess. sicut in preced. Dom.
Sabbato. *Ad Vesp. Hymn.* O lux. *Oratio.* Preces nostras, quesumus, Domine, clementer exaudi, atque peccatorum vinculis absolutos, ab omni nos adversitate custodi. Per.

Dominica in Quinquagesima.

[*Ut in precedenti Dominica.*]
Feria III. — *In Vesp. comm. de fer. seq. Ant.* Miserere. *Oratio, ut in Psalt.* Tuus est dies, Domine.
Feria IV. — *In capite jejunii, et deinde usque ad Cenam Domini, privatis, sive ferialibus diebus, legatur evangelium sine tituli pronuntiatione...*
In Laud. Oratio. Concede nobis, Domine, presidia militie christiane sanctis inchoare jejuniis, ut contra spirituales nequitias pugnaturi, continentie muniamur auxilio. Per. *Ad Vesp. Oratio.* Presta, quesumus, Domine, fidelibus tuis, ut jejuniorum veneranda solennia, et congrua pietate suscipiant et secura devotione percurrant.
Feria V. — *In Laud. Oratio.* Deus, qui culpa offenderis. *Ad Vesp.* Parce, Domine, parce populo tuo, ut dignis, etc.
Feria VI. — *Orationes, ut hodie.*
Sabbato. — *Oratio.* Adesto. *Ad Vesp. Hymn.* Audi, benigne Conditor, *exc. in tertia strophe :* Ad laudem tui nominis *pro* Ad nominis laudem tui ; *et quarta strophe que sic habetur :*

Sic corpus extra conteri
Dona per abstinentiam,
Jejunet ut mens sobria
A labe prorsus criminum.

Oratio. Deus, qui Ecclesiam tuam, *ut hod.*
In Completorio. *Ps. Capit.* ℞. *ut, hod. Hymn.*

Christe, qui lux es et dies,
Noctis tenebras detegis,
Lucisque lumen crederis,
Lumen beatum predicans.
Precamur, Sancte Domine,
Defende nos in hac nocte,
Sit nobis in te requies,
Quietam noctem tribue.
Ne gravis somnus irruat,
Nec hostis nos surripiat,
Nec caro illi consentiens
Nos tibi reos statuat.
Oculi somnum capiant,
Cor ad te semper vigilet,
Dextera tua protegat
Famulos qui te diligunt.
Defensor noster, aspice,
Insidiantes reprime,
Guberna tuos famulos,
Quos sanguine mercatus es.
Memento nostri, Domine,
In gravi isto corpore,
Qui es defensor anime,
Adesto nobis, Domine.

Presta, beata Trinitas, etc.
Ad Nunc dimittis. *Ant.* [*et tres* ℣.¹] — *Sic fiat in Completorio, diebus privatis, usque ad Dom. de Passione.*

Dominica in Quadragesima.

AD MATUTINAS. — *Hymnus.*

Summi largitor premii,
   Spes qui es unica mundi,
   Preces intende servorum
   Ad te devote clamantum.
Nostra te conscientia
   Grave offendisse montrat,
   Quam emundes supplicamus
   Ab omnibus piaculis.
Si renuis quid tribuet,
   Indulge quia potens es,
   Te corde rogare mundo
   Fac nos, precamur, Domine.
Ergo acceptare nostrum
   Qui sacrasti jejunium,
   Quo mystice pascalia
   Capiamus sacramenta.
Summa nobis hoc conferat,
   In Deitate Trinitas,
   In qua gloriatur Unus
   Per cuncta secula Deus. Amen.

IN LAUDIBUS. — *Hymnus.*

Jam Christe, Sol justitie,
   Noctis recedunt tenebre,
   Nunc mentis eat cecitas,
   Virtutum et lux redeat.
Da tempus acceptabile,
   Et penitens cor tribue,
   Convertat ut benignitas
   Quos longa suffert pietas.
Quiddamque penitentie
   Da licet ferre grandium,
   Majori tuo munere
   Quo dempto sit criminum.
Dies venit, dies tua,
   In qua reflorent omnia,
   Letemur in hac ad tuam
   Per hanc reducti gratiam.
Te rerum universitas,
   Clemens, adoret, Trinitas,
   Et nos novi per veniam
   Novum canamus canticum.

Presta beata Trinitas,
Concede, simplex Unitas, etc.

AD SEXT. — *Oratio.* Exaudi, quesumus, Domine, gemitum populi supplicantis, et qui de meritorum qualitate diffidimus, non judicium sed misericordiam consequamur.

AD NON. — *Oratio.* Succurre, quesumus, Domine, populo supplicanti, et opem tuam tribue benignus infirmis, ut, syncera tibi mente devoti, et presentis vite remediis gaudeant et future. Per.

Feria II. — *Hymn.* ℣. *et* ℟. *et per Horas, sicut in preced. Dom. Ad Laud. Oratio.* Converte nos, *ut in hodiern. Brev. Ad Vesp. Oratio.* Absolve, quesumus, Domine, nostrorum vincula peccatorum, et quicquid pro eis meremur, propitiatus averte. Per.
[**Feriis sequent.** — *Orationes, ut hodie.*]

Sabbato. — *In Laud. Oratio.* Deus, qui tribus pueris mitigasti flammas ignium, concede propitius, ut nos famulos tuos non exurat flamma vitiorum. Per. *Ad Vesp. Oratio.* Deus, qui conspicis, *ut hodie.*

Dominica II in Quadragesima.

AD. SEXT. — *Oratio.* Exaudi, quesumus, Domine, supplicum preces, et confitentium tibi parce peccatis, ut pariter nobis indulgentiam tribuas benignus et pacem. Per. *Ad Non. Oratio.* Deus qui juste irasceris et clementer ignoscis, afflicti populi lachrymas respice, et iram tue indignationis quam juste meremur, propitiatus averte. Per.
[**Feriis sequent.** — *Orationes, ut hodie.*]

Dominica III in Quadragesima.

AD SEXT. — *Oratio.* Conserva, quesumus, Domine, populum tuum, et ab omnibus, quos meretur, adversitatibus redde securum, ut, tranquillitate percepta, devota mente deserviat. *Ad Non. Oratio.* Afflictionem familie tue, quesumus, Domine, placatus intende, ut indulta venia peccatorum de tuis semper beneficiis glorietur. Per.
[**Feriis sequent.** — *Orationes, ut hodie.*]

Dominica IV in Quadragesima.

AD SEXT. — *Oratio.* Ab omnibus nos,

quesumus, Domine, peccatis propitiatus absolve, ut, percepta venia peccatorum, liberis tibi mentibus serviamus. *Ad Non. Oratio.* Precibus nostris, quesumus, Domine, aurem tue pietatis accomoda, et orationem supplicum, occultorum cognitor benignus exaudi, ut, te largiente, ad vitam perveniant sempiternam. Per.

[**Feriis sequent.** — *Orationes, ut hodie.*]

Sabbato. — AD VESPERAS. — *Hymnus.*

Vexilla Regis prodeunt,
Fulget Crucis mysterium,
Quo carne carnis Conditor,
Suspensus est patibulo.
Quo vulneratus insuper
Mucrone dire lancee,
Ut nos lavaret crimine,
Manavit unda, sanguine.
Impleta sunt que concinit
David fidelis carmine,
Dicens in nationibus :
Regnavit a ligno Deus.
Arbor decora, fulgida,
Ornata Regis purpura,
Electa digno stipite
Tam sancta membra tangere.
Beata cujus brachiis,
Secli pependit precium,
Statera facta corporis,
Predamque tulit Tartaris.
O Crux, ave, spes unica,
Hoc Passionis tempore,
Auge piis justitiam,
Reisque dona veniam.
Te, Summa, Dens, Trinitas,
Collaudet omnis spiritus ;
Quos per crucis mysterium
Salvas, rege per secula. Amen.

Oratio. Quesumus, omnipotens Deus, *ut hodie.*

Dominica de Passione Domini.

AD. MAT. — *Hymn. ut hodie, except. his versibus :*

Pange lingua gloriosi
Prelium certaminis,

pro Lauream certaminis, *et* Caro factus prodiit *pro* Carne amictus prodiit.

Ultima strophe : Gloria et honor Deo
Usquequo Altissimo,
Una Patri Filioque,
Inclyto Paraclito,
Cui laus est et potestas.
Per eterna secula. Amen.

AD. LAUDES. — *Hymnus.*

Lustris sex qui jam peractis.
Tempus implens corporis,
Se volente natus ad hoc
Passioni deditus,
Agnus in cruce levatur,
Immolandus stipite.
Hic acetum, fel, arundo,
Sputa, clavi, lancea,
Mite corpus perforatur.
Sanguis, unda profluit.
Terra, pothus, astra, mundus,
Quo lavantur flumine !
Crux fidelis, inter omnes,
Arbor una nobilis,
Nulla silva talem profert
Fronde, flore, germine ;
Dulce lignum, dulces clavos,
Dulce pondus sustinet.
Flecte ramos, arbor alta,
Tensa laxa viscera,
Et rigor lentescat ille,
Quem dedit nativitas,
Ut superni membra Regis
Miti tendas stipite.
Sola digna tu fuisti
Ferre secli precium,
Atque portum preparare
Nauta mundo naufrago
Quem sacer cruor perunxit
Fustis Agni corpore.
Gloria et honor Deo, etc.

AD SEXT. — *Oratio.* Presta populo tuo, quesumus, Domine, consolationis auxilium, et diuturnis calamitatibus laborantem propitius respirare concede. Per.

AD NON. — *Oratio.* Quesumus, omnipotens Deus, ut qui nostris fatigamur offensis, et merito nostre iniquitatis affligimur, pietatis tue gratiam consequi mereamur.

[**Feriis sequent.** — *Orat. ut hodie.*]

Dominica in ramis Palmarum.

Ad Sext. — *Oratio.* Deus, qui nos conspicis in tot perturbationibus non posse subsistere, afflictorum gemitum propitius respice, et mala omnia que meremur, averte. Per.

Ad Non. — Exaudi, Domine, populum tuum tota tibi mente subjectum, ut, corpore et mente protectus, quod pie credidit, tua gratia consequatur.

Feria II. — *In ista ebdomada penosa dicat. complete psalterium, numerando ab hac feria usque ad sabbatum inclusive, et non dicatur* Gloria Patri *in fine Ps., sed in fine totius psalterii, dicatur* Respice, quesumus, Domine, *et* Fidelium Deus, *nec est opus servare ordinem psalmorum qui est in Biblia, si noluerit dicens ; sed satis est quod dicat, sicut est in psalterio Breviarii, et poterit dici per portiones, uno die totum, vel in diversis, sicut visum fuerit dicenti, dummodo in fine ebdom. finierit ; nec computantur Nocturni qui dicantur istis diebus, si fiat officium feriale, quoniam integre debet dici etiam cum canticis que solent dici in laudibus fer.*

[**Feriis sequent.** — *Orationes, ut hodie.*]

Feria IV. — *Ad Vesp. Oratio.* Deus, qui pro nobis Filium tuum crucis patibulum subire voluisti, ut inimici a nobis expelleres potestatem, concede nobis famulis, ut resurrectionis gratiam consequamur.

Feria V in Cena Domini.
Ant. Ps. Lamentationes. ℟. Orat. Respice, ut hodie. [*In fine, rubricæ sunt fere, ut hod., sed non fit fragor et strepitus.*]...*Lunarium vel datarium kalendarii non pronunciatur, nec* Preciosa, *etc.*

Sabbato Sancto. — *Antequam oratio postcommunionis dicatur, incipiant paraphoniste induti capis antiphonam :* Pascha nostrum, *sine* Deus, in adjutorium, *et dicatur totaliter, et Ps.* Laudate *cum* Gloria. *Ant.* Pascha nostrum Christus est, qui immolatus Agnus est. Etenim Pascha nostrum, immolatus est Christus. *Ps.* Laudate Dominum omnes gentes. *Dicatur ter totus psalmus cum* Gloria *et cum ant. Et sic primo dicitur antiphona, postea psalmus integre, secunda vice antiphona cum toto psalmo, tertia vice antiphona cum toto psalmo, quo dicto tertia vice, non repetitur quarta vice antiphona sed inchoatur ant. ad Magnif.* Vespere autem sabbati.

¶ *Antiphonam inchoat Sacerdos cum diacono, que tota dicatur, antequam psalmus incipiatur. Sed non reiteratur ante* Gloria Patri *sed post* Gloria *tantum. Et finiatur missa, cum vesperis et cum oratione postcommunionis. Et diaconus dicat :* Ite, missa est, alleluia, alleluia. *Oratio.* Spiritum nobis, Domine, tue charitatis infunde, ut quos sacramentis paschalibus satiasti, tua facias pietate concordes. Per Dom. ejusdem. *Sic fit in choro ; extra chorum vero, dicitur in fine orationis :* Benedicamus Domino, alleluia, alleluia.

In die sancto Pasche.

Ut hodie. except. homilia. Sti Gregorii.
Ad Sext. – *Oratio.* Presta nobis, omnipotens et misericors Deus, ut in resurrectione Domini Nostri Jesu Christi percipiamus veraciter portionem. Per eundem. *Ad Non. Oratio.* Deus, qui nos fecisti hodierna die paschalia festa celebrare, fac nos, quesumus, in celesti regno gaudere. Per.

In Vesp. Ad Magn. Oratio. Concede, quesumus, omnipotens Deus, ut qui resurrectionis dominice solennia colimus, innovatione tui Spiritus a morte anime resurgamus. Per eundem. *Ant.* Pre timore. *Ps.* Laudate. ℣. Dicite. ℟. Quia Dominus regnavit. *Oratio.* Presta, quesumus, omnipotens Deus, ut qui resurrectionis dominice solennia colimus, ereptionis nostre suscipere leticiam mereamur. Per.

In reditu. Respondens. *Ps.* In exitu. ℣. In resurrectione. *Oratio.* Presta, quesumus, omnipotens Deus, ut qui gratiam dominice resurrectionis agnovimus, ipsi per amorem Spiritus a morte anime resurgamus. Per eundem. ejusdem.

¶ *Sic fiat ad vesperas quando itur ad fontes, alias dicantur quinque antiphone, cum quinque psal. continue ℟. atque ℣. Ma-*

ne vobiscum, *deinde ant. ad Magn. et orat.*

Feria II. — *In Laud. Orat. ut hodie. In Vesp. Oratio.* Concede, quesumus, omnipotens Deus, ut festa paschalia que venerando colimus, etiam vivendo teneamus.

Feria III. — *In Vesp. Oratio.* Concede, quesumus, omnipotens Deus, ut qui Paschalis festivitatis solennia colimus, in tua semper laude vivamus.

Feria IV. — *In Vesp. Oratio.* Presta, quesumus, omnipotens Deus, ut hujus Paschalis festivitatis mirabile sacramentum et temporalem nobis tranquillitatem tribuat et vitam conferat sempiternam.

Feria V. — *In Vesp. Oratio.* Deus, qui nobis ad celebrandum Paschale sacramentum liberiores animos prestitisti, doce nos et metuere quod irasceris, et amare quod precipis. Per.

Feria VI. — *In Vesp. Oratio.* Deus, per quem nobis et redemptio venit et prestatur adoptio, respice in opera misericordie tue, ut, in Christo renatis, et eterna tribuatur hereditas et vera libertas. Per eundem.

Sabbato. — *Ad Sext. Oratio.* Majestatem tuam, Domine, supplices exoramus, ut quos viam salutis perpetue intrare fecisti, nullis permittas errorum laqueis implicari. Per. *Ad Non. Oratio.* Exuberet, quesumus, Domine, in mentibus nostris Paschalis gratia sacramenti, ut donis suis ipsa dignos efficiat. Per.

AD VESPERAS. — *Hymnus.*

    Ad cenam Agni providi,
      Et stolis albis candidi,
      Post transitum maris rubri,
      Christo canamus Principi.
    Cujus Corpus sanctissimum,
      In ara crucis torridum,
      Cruore ejus roseo,
      Gustando vivimus Deo.
    Protecti Pasche vespere
      A devastante angelo,
      Erepti de durissimo
      Pharaonis imperio.
    Jam Pascha nostrum Christus est,
      Qui immolatus Agnus est
      Sinceritatis azyma,
      Caro ejus oblata est.

In hoc versu fiat prostratio.
    O vera digna hostia,
      Per quam fracta sunt Tarthara,
      Redempta plebs captivata
      Redit ad vite premia.
    Consurgit Christus tumulo,
      Victor redit de baratro,
      Tirannum trudens vinculo,
      Et reserans paradisum.
    Quesumus, Auctor omnium,
      In hoc Paschali gaudio,
      Ab omni mortis impetu
      Tuum defende populum.
    Gloria tibi, Domine,
      Qui surrexisti a mortuis,
      Cum Patre et Sancto Spiritu
      In sempiterna secula. Amen.

Ad Magn. Ant. Cum esset sero. *Oratio.* Presta, quesumus, omnipotens Deus, ut qui paschalia peregrimus, etc.

Dominica in octavo Pasche.

AD MATUTINAS. — *Hymnus.*

    Rex eterne Domine,
      Rerum Creator omnium,
      Qui es et ante secula,
      Semper cum Patre Filius.
    Qui mundi in primordio
      Adam plasmasti hominem.
      Cui tue imagini
      Vultum dedisti similem.
    Quem diabolus deceperat,
      Hostis humani generis,
      Cujus tu formam corporis
      Assumere dignatus es.
    Ut hominem redimeres
      Quem ante jam plasmaveras,
      Et nos Deo conjungeres
      Per carnis contubernium.
    Quem editum ex Virgine
      Pavescit omnis anima,
      Per quem et nos resurgere
      Devota mente credimus.
    Qui nobis per baptismum
      Donasti indulgentiam,
      Qui tenebamur vinculis
      Ligati conscientie.
    Quesumus, Auctor, etc.
    Gloria tibi, Domine, etc.

In Laudibus. — *Hymnus*.
Aurora lucis rutilat,
Celum laudibus intonat,
Mundus exultans jubilat,
Gemens infernus ululat.
Cum rex ille fortissimus,
Mortis confractis viribus,
Pede conculcans Tarthara,
Solvit a pena miseros.
Ille qui clausus lapide
Custoditur sub milite,
Triumphans pompa nobili
Victor surgit de funere.
Solutis jam gemitibus
Et Inferni doloribus,
Quia surrexit Dominus,
Resplendens clamat angelus.
Tristes erant apostoli
De nece sui Domini,
Quem pena mortis crudeli
Servi damnarant impii.
Sermone blando angelus
Predixit mulieribus :
In Galileam, Dominus
Videndus est quantotius.
Ille dum pergunt concite
Apostolis hoc dicere,
Videntes eum vivere,
Osculantur pedes Domni.
Quo agnito discipuli,
In Galileam propere
Pergunt videre faciem
Desideratam Domini.
Claro Paschali gaudio
Sol mundo nitet radio,
Cum Christum jam apostoli
Visu cernunt corporeo.
Ostensa sibi vulnera
In carne Christi fulgida,
Resurrexisse Dominum
Voce fatentur publica.
Rex Christe, clementissime,
Tu corda nostra posside,
Ut tibi laudes debitas
Reddamus omni tempore.
Quesumus, auctor, etc.
Gloria tibi, Domine, etc.
Ad Sext. — *Oratio.* Deus, qui nos exultantibus animis Pascha tuum celebrare tribuisti, fac nos, quesumus, Domine, et temporalibus gaudere subsidiis, et eternitatis affectibus gratulari. Per. *Ad Non. Oratio.* Deus, qui omnes renatos in Christo genus regium et sacerdotale fecisti, da nobis, et velle et posse que precipis, ut, populo ad eternitatem vocato, una sit fides mentium et pietas actionum. Per.

Feria II. — *Et nota quod oratio Dominicalis dicitur per totam ebdom. in Matut. Tert. et Vesp. Postea seq. comm. per tot. Resurrect. Ant.* Crucifixus surrexit. *Oratio.* Solita, quesumus, Domine, quos salvasti, pietate custodi, ut qui tua sunt redempti Passione, letentur etiam tua sancta Resurrectione. Qui vivis. *Sic fiat comm. Resurr. usque in Virg. Ascens...*

Sabbato. — *Ad Vesp. Oratio.* Deus, qui in Filii tui, *ut hod.*

Dominica I post octav. Pasche.

Ad Sext. — *Oratio.* Deus qui credentes in te. fonte baptismatis renovasti, hanc renatis in Christo concede custodiam, ut nullo erroris incursu gratiam tue benedictionis amittant. Per eundem. *Ad Non. Oratio.* Deus, qui pro salute mundi, sacrificium paschale fecisti, propitiare supplicationibus nostris, ut interpellans pro nobis Pontifex summus, per id quod nostri similis est reconciliet, per id quod tibi est equalis absolvat. Jesus Christus Filius tuus Dominus noster. Qui tecum. — *Hymn.* Rex eterne.

Sabbato. — *Ad Vesp. Oratio.* Deus qui errantibus, *ut hod.*

Dominica II post octav. Pasche.

Ad Sext. — *Oratio.* Deus, qui ad eternam vitam in Christi Resurrectione nos reparas, erige nos ad consedentem in dextera tua nostre salutis auctorem, ut qui propter nos judicandus advenit, pro nobis judicaturus adveniat Jesus Christus Filius tuus Dominus noster. Qui tecum. *Ad Non.* Deus, et reparator innocentie et amator. dirige ad te tuorum corda servorum, ut de infidelitatis

tenebris liberati, nunquam a tua luce discedant. Per.
Sabbato. — *Ad Vesp. Oratio.* Deus qui fidelium mentes, *ut hod.*

Dominica III post octav. Pasche.

AD SEXT. — *Oratio.* Deus, qui credentes in te populos, gratie tue largitate multiplicas, respice propitius ad electionem tuam, ut qui sacramento baptismatis sunt renati, regni celestis mereantur introitum. *Ad Non.* Omnipotens sempiterne Deus, qui humanam naturam supra prime originis reparas dignitatem, respice pietatis tue ineffabile sacramentum, et quos regenerationis mysterio innovare dignatus es, in his dona tue perpetuo gratie conserva.
Sabbato. — *Ad Vesp. Oratio.* Deus a quo bona, *ut hod.*

Dominica IV post octav. Pasche.

AD SEXT. — *Oratio.* Omnipotens, sempiterne Deus, deduc nos ad societatem celestium gaudiorum, ut Spiritu Sancto renatos regnum tuum facias introire, atque eo perveniat humilitas gregis quo precessit celsitudo pastoris. *Ad Non. Oratio.* Presta nobis, omnipotens et misericors Deus, ut in Resurrectione Domini Nostri Jesu Christi percipiamus veraciter portionem. Per.

¶ *Sequuntur Rogationes. In his tribus diebus sequentibus, si venerit festum simplex aut semiduplex, fiat de jejunio et festum transferatur; si duplex, fiat de festo. Cujus missa dicatur post Tertiam, et missa de letaniis dicatur in loco consueto.*
Feria II. *In Rog.* — *Ad Prim. Oratio.* Presta, quesumus, omnipotens Deus, ut qui in afflictione nostra conscii de tua pietate confidimus, contra omnia adversa, tua semper protectione muniamur. *Ad Tert. Oratio.* Deus, qui culpas delinquentium districte feriendo percutis, fletus quoque lugentium non recuses, ut qui pondus tue animadversionis cognovimus, etiam pietatis gratiam consequamur. *Ad Sext. Oratio.* Parce, Domine, parce populo tuo, et nullis jam patiaris adversitatibus fatigari, quos precioso sanguine Filii tui redemisti. *Ad Non. Oratio.* Deus, qui culpas nostras piis verberibus percutis, ut nos a nostris iniquitatibus emendes, da nobis et de verbere tuo proficere et de tua citius consolatione gaudere. *Ad Vesp.* Presta, quesumus, omnipotens Deus, ut ad te toto corde clamantes, intercedentibus omnibus sanctis, tue pietatis indulgentiam consequamur.
Feria IV. — *In Laud. Oratio.* Presta, quesumus, omnipotens Pater, ut nostre mentis intentio, quo solennitatis hodierne gloriosus auctor ingressus est, semper intendat, et quo fide pergit, conversatione perveniat.

[In Vigilia Ascensionis.]

IN VESPERIS. — *Hymnus.*
Eterne Rex Altissime,
  Redemptor et fidelium,
  Quo mors soluta deperit,
  Datur triumphus gratie.
Scandens tribunal dextere
  Patris potestas omnium
  Collata Jesu celitus,
  Que non erat humanitus.
Ut trina rerum machina
  Celestium, terrestrium,
  Et infernorum condita
  Flectant genu jam subdita.
Tremunt videntes angeli,
  Versa vice mortalium,
  Culpat caro, purgat caro,
  Regnat Deus, Dei caro.
Tu Christe, nostrum gaudium,
  Manens Olimpo preditum,
  Mundi regis qui fabricam,
  Mundana vincens gaudia.
Hinc te precantes, quesumus,
  Ignosce culpis omnibus,
  Et corda sursum subleva
  Ad te, superna gratia.
Ut cum rubente ceperis
  Clarere nube judicis,
  Penas repellas debitas,
  Reddas coronas perditas.
Gloria tibi, Domine,
  Qui ascendisti ad superos,

Cum Patre et Sancto Spiritu
In sempiterna secula. Amen.
Ad Magn. Ant. Non pro his rogo tantum.
Oratio. Deus, cujus Filius in alta celorum potenter ascendens, captivitatem nostram sua duxit virtute captivam, tribue, quesumus, ut dona que suis participibus contulit, largiatur et nobis Jesus Christus Filius tuus Dominus noster. Qui tecum.

In die Ascensionis Domini.

HYMNUS

Jesu, nostra redemptio,
  Amor et desiderium,
  Deus, Creator omnium,
  Homo in fine temporum.
Que te vicit clementia,
  Ut ferres nostra crimina,
  Crudelem mortem patiens,
  Ut nos a morte tolleres.
Inferni claustra penetrans,
  Tuos captivos redimens,
  Victor triumpho nobili
  Ad dextram Patris residens.
Ipsa te cogat pietas,
  Ut mala nostra superes,
  Parcendo, voti compotes
  Nos tuo vultu saties.
Gloria tibi, Domine, etc.

In LAUDIBUS. — *Hymnus.*
Hymnum canamus glorie,
  Hymni novi nunc personent,
  Christus novo cum tramite
  Ad Patris ascendit thronum.
Transit triumpho nobili
  Poli potenter culmina,
  Qui morte mortem absumpserat,
  Derisus a mortalibus.
Apostoli tunc mystico
  In monte stantes chrismatis,
  Cum Matre, clara Virgine,
  Jesu videbant gloriam.
Hoc prosecuti lumine
  Leto petentem sydera,
  Letis per auras cordibus
  Duxere Regem seculi.
Quos alloquentes angeli :
  Quid astra stantes cernitis ?
  Salvator hic est, inquiunt,
  Jesus triumpho nobili.
A vobis ad celestia
  Qui regna nunc assumptus est,
  Venturus inde seculi
  In fine judex omnium.
Quo nos precamur tempore,
  Jesu Redemptor Unice,
  Inter tuos in ethera,
  Servos benignus aggrega.
Da nobis illuc sedula
  Devotione tendere,
  Quo te sedere cum Patre
  In arce regni credimus.
Gloria tibi, Domine, etc.
Oratio. Concede, ut hodie.

AD SEXT. *Oratio.* Adesto, Domine, supplicationibus nostris, ut sicut humani generis Salvatorem consedere tecum in tua majestate confidimus, ita, usque ad consummationem seculi, manere nobiscum, quemadmodum pollicitus est, sentiamus, Dominum nostrum Jesum Christum. Qui tecum.

AD NON. — *Oratio.* Da, quesumus, omnipotens Deus, illuc tuorum subsequi membra fidelium, quo caput nostrum principiumque precessit Jesus Christus Dominus noster. Qui tecum.

Sabbato. — *Oratio.* Omnipotens, *ut hodie.*

Dominica infra octav. Ascensionis.

[*Oratio sicut in die Ascensionis.*]

In die Penthecostis.

AD VESPERAS. — *Hymnus.*
Beata nobis gaudia
  Anni reduxit orbita,
  Cum Spiritus Paraclytus
  Effulsit in discipulos.
Ignis vibrante lumine
  Lingue figura detulit,
  Verbis ut essent profflui
  Et charitate fervidi.
Linguis loquuntur omnium,
  Turbe pavent gentilium,
  Musto madere deputant
  Quos Spiritus repleverat.

Patrata sunt hec mystice,
　Pasche peracto tempore,
　Sacro dierum numero,
　Quo lege fit remissio.
Te nunc, Deus piissime,
　Vultu precamur cernuo,
　Illapsa nobis celitus
　Largire dona Spiritus.
Dudum sacrata pectora
　Tua replesti gratia,
　Dimitte nunc peccamina,
　Et da quieta tempora.
Tu esto nostrum gaudium,
　Qui es futurus premium,
　Sit nostra in te gloria,
　Per cuncta semper secula. Amen.

Oratio. Presta, quesumus, omnipotens Deus, ut claritatis tue super nos splendor effulgeat, et lux tue lucis corda eorum qui per gratiam tuam renati sunt, Spiritus Sancti illustratione confirmet.

AD MATUTINAS. — *Hymnus.*
　Jam Christus astra ascenderat,
　　Regressus unde venerat,
　　Promissa Patris munera,
　　Sanctum daturus Spiritum.
　Solennis urgebat dies,
　　Quo mystico septemplici,
　　Orbis volutus septies
　　Signat beata tempora.
　Dum hora cunctis tertia
　　Repente mundus intonat,
　　Orantibus apostolis,
　　Deum venisse nuntiat.
　De Patris ergo lumine
　　Decorus ignis almus est,
　　Qui fida Christi pectora
　　Calore verbi compleat.
　Impleta gaudent viscera,
　　Afflata Sancto Spiritu,
　　Voces diversas intonant,
　　Fantur Dei magnalia
　Ex omni gente cogniti,
　　Grecis, Latinis, Barbaris,
　　Cunctisque admirantibus,
　　Linguis loquuntur omnibus.
　Judea tunc incredula,
　　Vesana torvo spiritu,
　　Ructare musti crapulam
　　Alumnos Christi concrepat.
　Sed signis et virtutibus
　　Occurrit et docet Petrus,
　　Falsa profari perfidos
　　Johelis testimonio.
　Tu esto nostrum gaudium, etc.

IN LAUD. — *Hymn.* Veni, Creator. *ut hodie, exc. versibus :*
　Tu septiformis gratie
　Dextre Dei tu digitus.
et ultima strophe :
　Sit laus Patri cum Filio
　Sancto simul Paraclito,
　Nobisque mittat Filius
　Carisma Sancti Spiritus.

Oratio. Deus qui corda, *ut hodie.*

AD TERT. — *Et per tot. ebdomadam.* *Hymn.* Veni Creator. *Ad Sext. Oratio.* Sancti Spiritus, Domine, corda nostra mundet infusio et sui roris intima aspersione fecundet. *Ad Non. Oratio.* Deus, qui sacramento festivitatis hodierne universam Ecclesiam tuam in omni gente et natione sanctificas, in totius mundi latitudinem Spiritus tui dona diffunde. Per.

Feriis II et III. — *Orat. ut hodie.*

Feria IV. — *Ad Vesp. Oratio.* Mentes nostras, etc. *Ad Sext. et Non. Oratio.* Presta, quesumus, omnipotens et misericors Deus, ut Spiritus Sanctus adveniens, templum nos glorie sue dignanter inhabitando perficiat. Per.

Feria V. — *Ad Vesp. Oratio.* Concede, quesumus, omnipotens et misericors Deus, ut qui solemnitatem doni Sancti Spiritus colimus, celestibus desideriis accensi, fontem vite sitiamus, Dominum Nostrum Jesum Christum Filium tuum. Qui tecum vivit in unitate ejusdem.

Sabbato. — AD VESPERAS. *Hymnus.*
　Benedicta Trinitas,
　　Et adoranda Unitas,
　　Que pie tibi canimus,
　　Tuis aspira laudibus.
　In Personarum numero
　　Unum te Deum credimus,
　　Cunctipotentem omnium
　　Creaturarum Principem.

Cujus fidei firmitas
   Tuam nobis consiliet
   Optatam nobis gratiam,
   Boni totius previam.
Concedat Trina Deitas,
   Prestet Una Divinitas,
   Ut sue laudis cantica
   Sint nobis salutifera.
Oratio. Omnipotens, etc.

Dominica de Trinitate.

AD MATUTINAS. — *Hymnus.*
O Pater sancte, mitis atque pie
Jesu Christe, Fili venerande,
Paracliteque Spiritus, o alme
   Deus eterne.
Trinitas sancta, Unitasque firma,
Deitas vera, bonitas immensa,
Lux angelorum, salus orphanorum,
   Spesque cunctorum.
Serviunt tibi cuncta que creasti,
Te tue cuncte laudant creature,
Nos quoque tibi psallimus devoti,
   Tu nos exaudi.
Gloria tibi, omnipotens Deus,
Trinus et Unus, magnus et eternus,
Te decet hymnus, honor, laus et decus,
   Nunc et in evum. Amen,

IN LAUDIBUS. — *Hymnus.*
   Adesto, Pater, Domine,
     Lumenque venerabile,
     Nobis te deprecantibus,
     Cordis et oris laudibus.
   Assitque tuus Filius,
     Equalis, Unigenitus.
     Qui nos redemit proprio
     Sui cruoris precio.
   Paraclitusque Spiritus
     Mittatur a te celitus
     Qui nos adornet splendidis
     Morum bonorum meritis.
   Tu principalis Trinitas,
     Necnon perennis Unitas,
     Assiste votis supplicum
     Et terge sordes criminum.
   Laus, honor, etc.

AD SEXT. — *Oratio.* Omnipotens, sempiterne Deus, trina majestas et una Deitas, qui in Trinitate permanes et in Unitate semper consistis, presta, quesumus, ut qui peccatorum nostrorum ponderibus pregravamur, celerem indulgentiam consequi mereamur. *Ad Non. Oratio.* Quesumus, omnipotens Deus, ne nos tua misericordia derelinquat, qui in confessione sancte Trinitatis nos credimus esse salvandos. *Orationes ad horas per ebdomadam. Oratio.* Domine, Deus, Pater omnipotens, nos famulos tuos tue majestati subjectos, per Unicum Filium tuum, in virtute Spiritus Sancti, benedic et protege, ut ab omni hoste securi, in tua jugiter laude letemur. *Oratio.* Omnipotens, sempiterne Deus, qui mysterium sancte Trinitatis tuis fidelibus revelasti, eandemque in unitate Deitatis adorandam decrevisti, presta propitius, ut qui ejusdem Sancte Trinitatis memoriam fideliter recolimus, celeste contubernium adipisci mereamur. Per.

Feria V. De Corpore Christi[1].

Ad Vesp. Hymn. Pange lingua. *Oratio.* Deus, qui nobis sub sacramento. *In Matut. Hymn.* Sacris solenniis. *In Laud.* Verbum supernum. *Ad Sext. Oratio.* Ecclesie tue, quesumus, Domine, unitatis et pacis propitius dona concede, que sub oblatis muneribus mistice designantur. *Ad Non. Oratio.* Fac nos, quesumus, Domine, divinitatis tue sempiterna fruitione repleri quam preciosi Corporis et Sanguinis tui temporalis perceptio prefigurat. Qui vivis.

Sabbato. — *Oratio.* Deus, in te sperantium fortitudo, adesto propitius invocationibus nostris, et quia sine te nihil potest mortalis infirmitas, presta auxilium gratie tue, ut, in exequendis mandatis tuis, et voluntate tibi et actione placeamus. Per Dominum.

Dominica infra octav. Corporis Christi.

Orationes ut de Corpore Christi.

[In Dominicis historicis[1].]

Hec historia inchoatur Dominica prima post octavam Corporis Christi, que est Domi-

nica II post octavam Penthecostis, sive Dominica II post Trinitatem, et cantatur usque ad. kal. Augusti. Et omnibus diebus Dominicis, nisi quando inchoatur historia, dicatur nonum ℟. de Trinitate, usque ad Adventum Domini.

Dominica Historica. Deus omnium.

Incipit Liber Regum primus. Lectio I. Fuit vir.
[*Sequentes Domin. nominantur Dom. I. II, etc., (usque ad VIII), post Dom. hist.* Deus omnium. *Deinde a kal. Aug. usque ad kal. Sept. nominantur Dominicæ :* In principio. *Postea venit Dominica historica :* Si bona, *quam sequitur Dom. hist.* Peto, Domine, *etc. Habes tunc Quatuor Tempora cum Orationibus ad Bened.*]

Feria IV. — *Oratio.* Misericordie tue remediis, quesumus, Domine, fragilitas nostra subsistat, ut que sua conditione atteritur, tua clementia reparetur.

Feria VI. — *Oratio.* Presta, quesumus, omnipotens Deus, ut observationes sacras annua devocione recolentes, et corpore tibi placeamus et mente.

Sabbato. — *Oratio.* Deus, qui tribus pueris mitigasti flammas ignium, concede propitius, ut nos famulos tuos non exurat flamma vitiorum. [*Celebrantur tandem Dom. hist.* Adaperiat, *et quatuor sequentes,* Vidi Dominum, *et quatuor seq.*]

[**Homiliæ et Orationes in Domin. a Dom. II post Octav. Penthec. usque ad XXVI post Penthec.**]

Dominica prima post octav. Corporis Christi, que est Dominica II post octav. Penthec. *sive post Trinitatem, quod idem est. Sex prime lectiones de Veteri Testamento ponuntur supra, per historias, nec potuerunt commode istis alternatim conjungi, ut perspicue attendenti palam fit.*

DOM. II POST OCT. PENTHEC. — *Oratio.* Sancti Nominis tui, Domine, timorem pariter et amorem, etc., *ut hodie.*

DOM. III. — *Oratio.* Deprecationem nostram, quesumus, Domine, benignus exaudi, et quibus supplicandi prestas affectum, tribue defensionis auxilium. Per.

DOM. IV. — Protector in te sperantium, *ut hodie.* [*Sed adverte quod in hodierno Breviario hæc Oratio habeatur in Dom. tertia Pent. non in quarta. Aliæ deinde orationes de Dom. ut hodie. In ultimis Dominicis paululum variantur eo modo*] :

DOM. XXIV POST PENTH. — *Oratio.* Perpetua, quesumus, Domine, pace custodi, quos in te sperare donasti. Per.

DOM. ANTE ADVENT. — Excita, *ut hodie.*

DOM. XXV. — *Oratio.* Omnipotens, sempiterne Deus, misericordiam tuam ostende supplicibus tuis, ut qui de meritorum qualitate diffidimus, non judicium, sed indulgentiam sentiamus.

DOM. XXVI. — *Oratio.* Absolve, *ut hod.,* in *Dom. XXIII. Alia Oratio.* Exaudi nos, miserator et misericors Deus, et continentie salutaris propitius nobis dona concede. *Alia oratio.* Quesumus, omnipotens Deus, ut plebs tua toto tibi corpore deserviens, et beneficia tua jugiter mereatur et pacem. Per Dominum.

¶ *Si predicte Dominice habentes lectiones et evangelia non sufficiant ad complendum numerum Dominicarum usque ad Adventum, resumantur ultime necessarie.*

DU PROPRE DES SAINTS

os bréviaires romains portent, avant les Fêtes des Saints, le titre de *Proprium Sanctorum*; celui de Lescar nous donne la formule du moyen âge : *Incipit sanctorale secundum ordinem Ecclesia Lascurrensis*. L'expression « secundum ordinem » indique donc le Propre des Saints de cet ancien diocèse. A l'instar de nos livres actuels, le Bréviaire de 1541 fait commencer l'année liturgique en Avent.

Ce serait une difficile mais intéressante étude de rechercher l'origine du culte des saints dans l'Eglise. Le savant abbé Duchesne en a dit quelque chose dans son beau livre des *Origines du Culte Chrétien*. Chose étonnante ! De la lecture des plus anciens calendriers, ménologes, missels et martyrologes, il résulte que les fêtes de Notre Seigneur, de la Sainte Vierge, des Apôtres, « le cèdent en antiquité aux anniversaires des martyrs. Ceux-ci remontent jusqu'au deuxième siècle », surtout dans l'église orientale. A partir du IIIe siècle, la célébration de certaines fêtes devient d'un usage universel. Remarquons bien qu'il ne s'ensuit nullement qu'on ne rendît pas, dès les premiers temps, de grands honneurs à N. S. et à sa sainte Mère ; mais les documents qui subsistent de ces époques reculées ne font pas mention de fêtes fixes, établies pour des solennités annuelles et spéciales. « Les anniversaires des martyrs étaient naturellement des fêtes locales. Chaque église honorait ses saints.... On vit bientôt se produire des emprunts. Les saints les plus célèbres furent fêtés ailleurs que dans leur patrie ; quelques-uns arrivèrent à une vénération à peu près œcuménique, comme St Xiste et St Laurent de Rome, St Cyprien de Carthage, etc. Les translations de reliques réelles ou représentatives donnèrent, à partir du IVe siècle, un grand essor à cette forme de culte et aux fêtes qui s'y rattachaient. Aux martyrs furent bientôt assimilés les saints confesseurs, c'est-à-dire ascètes, suivant la signification que le terme prit au IVe siècle, St Martin, St Antoine, St Siméon Stylite, etc. Mentionnons encore, comme fêtes locales, les anniversaires de dédicaces des églises, ceux de l'ordination *(natale)* et des funérailles *(depositio)* des évêques [1]. »

Nous ne pouvons pas rattacher ces idées générales au culte des saints dans notre pays; impossible, faute de documents, de dire à quelle époque remontent les honneurs qu'on leur rendait parmi nous. Les actes les plus anciens de notre Bréviaire de Lescar se trouvent probablement dans les légendes de St Julien, dont la vie est copiée en partie sur des textes relatifs à St Martial, lesquels datent des VIIIe et IXe siècles, comme on le voit dans les Bollandistes et dans les *Acta sincera* de D. Ruinart.

1. — *Origines*, p. 272 et 273.

On sait que la *semaine religieuse* des Chrétiens est calquée sur celle des Juifs. « Au sabbat, l'Eglise substitua le dimanche, non sans en modifier le caractère en ce qui regarde la rigueur du repos prescrit. Cette substitution était déjà faite au temps des apôtres... Au point de vue du culte proprement dit, le service de ces jours sacrés n'était pas tout à fait le même. Le dimanche était par excellence le jour de la liturgie commune. On la célébrait dans les premières heures de la matinée. Mais cette réunion était précédée d'une autre, tenue avant le jour, qui se passait à entendre des lectures, des homélies, des chants et à réciter des prières. Cette assemblée de nuit, cette *vigile* apparaît déjà dans la lettre de Pline relative aux chrétiens. Elle se combina plus tard avec l'office de matines qui l'élimina peu à peu... A Rome, la vigile se maintint pour certaines solennités, celles de Pâques, de la Pentecôte et des dimanches de Quatre-Temps. L'office du Samedi Saint et de la veille de la Pentecôte, dans la partie qui précède la bénédiction des fonts baptismaux, nous a conservé le type des antiques vigiles telles qu'on les célébrait, tous les dimanches, aux premiers siècles du Christianisme[1]. » Ainsi s'exprime le même auteur à la page 218 des *Origines*.

La solennisation de tous les jours de la semaine n'est pas un fait primitif ni universel. Quelques églises paraissent n'avoir d'abord célébré de cérémonie liturgique qu'en certains jours. Plus tard l'office embrassa toutes les féries ; les fêtes des saints remplacèrent bientôt les prières fériales ; celles-ci ne se disent guère plus que rarement, pendant le Carême et l'Avent. Occupons-nous maintenant de notre « Sanctorale ».

Pour ce qui est de la transcription du *Proprium Sanctorum*, nous avons ajouté ou retranché, selon des principes uniformes que nous allons très brièvement exposer. D'abord nous avons placé les dates en tête des fêtes, omission assez étrange mais qu'on remarque souvent dans les missels et les vieux livres liturgiques : *Festa mensis.... Die mensis... In festo sancti N...* Nous avons dû forcément séparer alors les vigiles de leurs fêtes respectives, parce que, d'après l'usage gallican, la vigile formait, dans certaines solennités, comme les premières vêpres de la fête ; on disait l'Antienne *super Psalmos* avec les Psaumes de la férie ; aujourd'hui, il n'en est pas de même ; aussi assignons-nous deux dates aux Vigiles, et aux Matines qui les suivent immédiatement, dans notre bréviaire. — Le texte original donne le commencement des Psaumes après les Antiennes ; nous avons supprimé, ordinairement, cette répétition inutile, en avertissant que les Psaumes des Apôtres, des Martyrs, des Confesseurs, des Vierges, etc., sont les mêmes que ceux que nous récitons encore. — Nous avons toujours mis l'indication de l'Evangile : *Evang.*, que l'on ne voit jamais dans le texte ; mais nous nous sommes contenté d'en transcrire les premiers mots, en supprimant d'ordinaire la formule habituelle : *In illo tempore*. Dans les homélies des Pères, nous ne donnons ordinairement que le commencement du texte. — Les Répons et Versets sont ordonnés partout comme dans le Romain actuel ; pour faire plus court, nous avons supprimé souvent (comme on le voit d'ailleurs fréquemment, même dans le Bréviaire de Lescar) la répétition médiane des Répons. Enfin dans quelques Capitules, Antiennes, Répons et Versets, nous ne mettons que les premiers mots, soit parce que le texte est de la Sainte Ecriture et peut se compléter facilement, soit encore parce qu'il se trouve dans le bréviaire actuel, aux mêmes fêtes. Dans ce cas, nous n'avons pas cru devoir ajouter l'expression : *ut hodie*. Nos lecteurs ne sauraient s'y tromper.

Notre intention en publiant ce travail a été surtout de donner de l'inédit ; pourquoi répéterions-nous ce que l'on peut trouver dans beaucoup de nos livres liturgiques ? Comme le dit M. l'abbé Ulysse Chevalier, l'intérêt de ces sortes d'ouvrages est tout dans la reproduction des parties spéciales. Inutile d'ajouter que nous n'avons pas transcrit les abréviations de l'original. Les quelques *fac-similes* que nous avons insérés en donneront une idée assez complète. Du reste, faut-il le dire ? Si ce livre s'adresse surtout aux savants, il a été fait aussi pour l'édification et l'instruction des prêtres et des fidèles, qui seront heureux de voir que l'Eglise n'a pas essentiellement varié dans la prière publique et journalière qu'elle ne cesse de faire monter vers Dieu.

1. — Duchesne. *Origines du culte chrétien*, p. 218.

[Proprium Sanctorum.]

Incipit sanctorale secundum ordinem Ecclesie Fascurrensis. Et quia officium Dominicarum incipit in Adventu Domini, congruum est ut etiam officium sanctorum incipiat in sanctis qui occurrunt in principio Adventus.

FESTA NOVEMBRIS

XXVIII NOVEMBRIS.

In vigilia sancti Saturnini episcopi et martyris.

Ad Vesp. ℟. Vir apostolicus. *Ad Magnif. Ant.* Orante beato Saturnino, more solito, apparuit ei angelus Domini dicens : O miles fortissime, viriliter age, quia pro duplicato talenti munere, gemina tibi sunt dyademata in celestibus preparata.

Oratio. Deus, qui nos beati Saturnini, martyris tui atque pontificis, concedis natalicio perfrui, ejus nos tribue meritis adjuvari. Per.

XXIX NOVEMBRIS.

In festo S. Saturnini.

Invitatorium. Venite omnes ad adorandum Regem Christum Dominum. Qui Tholosane plebi primum dedit presulem Saturninum martyrem[1].

In I Noct. Ant. Post Salvatoris Domini nostri ad celos ascensum[2], in primordio predicationis apostolice, Saturninus sancte fidei certissime credulus, apostoli Petri perfectus extitit discipulus. *Ant.* Apostolica jussione, Saturninus, vir clarissimus, cum auctoritate pontificali, verbi divini semina sumens ad predicandam veritatem, expetendas Oceanicas partes elegit. *Ant.* Quo amplius vigebat, acriusque frendebat gentilitatis ferocitas, illuc intrepidus et virtute divina armatus accessit, ad Tholosam usque, Christo ducente, pervenit Saturninus. ℣. Gloria et honore.

Lectio I. Tempore illo quo post corporeum Salvatoris adventum[3], exortus in tenebris sol ipse justicie et splendor fidei illuminare occidentalem plagam ceperat, quia sensim et gradatim in omnem terram evangeliorum sonitus exivit tardoque processu in regionibus nostris apostolorum predicatio coruscavit.

℟. Post Domini nostri Salvatoris ad celos ascensum, Saturninus stemate presulatus a Petro apostolo decoratus. Verbi divini semina sumens Tholosane urbi pecuniam Domini sui cepit erogare degentibus. ℣. Perfuderat ejus intima torrentis eloqui copiosa facundia, omniumque sanctarum virtutum gloriosa constantia. Verbi.

Lectio II. Cunque in aliquibus civitatibus ecclesie paucorum christianorum devotione consurgerent et crebro miserabili errore gentilium nidoribus fetidis in omnibus locis templa fumarent, ante annos satis plurimos, id est, sub Decio et Grato consulibus[4], sicut fideli relatione retinetur, primum et summum Christi Tholosana civitas sanctum Saturninum habere ceperat sacerdotem.

℟. Vir apostolicus Saturninus summis pollens virtutibus, crucem suam gerens interius. Quo acrius frendebat gentilitatis ferocitas, calle pedestrico, Christo duce, Tholosam est aggressus intrepidus, evangelii gratiam predicans omnibus. ℣. O quam prefulgida fuit dies illa, in qua Tholosam ingressus est equidicus[5] apostolorum coheres ! Quo.

Lectio III. Hujus igitur beati Saturnini fide atque virtute, eorum qui in urbe eadem colebantur ceperunt demonum vaticinia cessare, commenta nudari, artes detegi, omnisque eorum apud gentiles potentia omnisque fallacia, Christianorum fide crescente, decrescere.

℟. O quam gloriosa est civitas Tholosa, que tunc temporis orbata sistebat sacre fidei comercio. Hanc miles fortissimus sancta predicatione illuminans. Saturninus ibidem prothopresul radiavit almificus[6]. ℣. Erat enim veri luminis lucerna et radius, exortumque lumen in tenebris horrentibus Saturninus.

In II Noct. Ant. Perfuderat nempe Saturnini pectoris archana torrentis eloquii copiosa facundia, omniumque sanctarum virtutum cruditio sophistica, atque gloriosa constantia. *Ant.* Erat enim Saturninus veri luminis lucerna et radius, exortumque lumen in tenebris horrentibus Tholosanis civibus predicans evangelii gratiam omnibus. *Ant.* Igitur beato Saturnino pontifice, signo sancte crucis opponente, divinitus omnes utraque infirmitate detentos mente et corpore sanabat infirmos, exhibens illis lavacrum sancte regenerationis[7]. ℣. Posuisti.

Lectio IIII. Cunque supradicto pontifici ad ecclesiam, id temporis parvulam, juxta Capitolium, quod inter domum suam et domum Dei erat medium, frequens itus esset ac reditus, sancti viri presentiam sustinere fallax demonum turba non potuit.

℟. Predicante beato presule Saturnino, Christiani nominis beata crescebat professio et novelle fidei pullulabat veneranda plantatio. Et extirpabat seva gentilitatis superstitio. ℣. Opitulantibus eximii presulis dulcissimis precibus, cuncta fugabantur incommoda, et gravis demonum deprimebatur incursio. Et.

Lectio V. Et ut erant muta simulacra, nonnullis obumbrata fantasiis, ad sacrilega obsequia et solita consulentium vota ceperunt in silentio permanere cunctisque sacrilege superstitionis antistites, tante rei novitate permoti, ceperunt inter se invicem querere, unde in numina sua repente venisset tanta taciturnitas.

℟. O vere sanctum presulem cujus lacrimis et precibus ab inferno tantus est ad Deum revocatus populus. Qui et Christi jugo subditus et idolorum effectus est devastator egregius. ℣. Percepto itaque lavachro sancte regenerationis, testis existere meruit sancte Trinitatis. Qui.

Lectio VI. Querebant, inquam, quisnam ita semper garrulosa ora ita clausisset, ut nec invocantium excitata, nec fuso taurorum cruore, et tantis hostiis delinita aliquod consulentibus afferre responsum aut irata aut absentia denegarent.

℟. O quam veneranda immensi regis pietas, que Saturnini presulis obtentu perfidos sacro spiritu beavit. Ut relicto idolorum cultu, in Deum vivum crederent per secula regnantem. ℣. Qui erant sub heresis anathemate fraudatores ac deceptores, effecti sunt creduli et nominis Christi confessores. Ut relicto.

In III Noct. Ant. Opitulantibus autem eximii presulis dulcissimis precibus, cuncta fugabantur incommoda et omnibus ad sanctam fidem properantibus, copiosa accrescebat benedictio. *Ant.* Quanto amplius Saturnini precibus novelle fidei pullulabat veneranda plantatio, tanto radicitus extirpabat seva gentilitatis fraus et detestanda superstitio. *Ant.* O quam fulgida fuit dies illa qua Tholosam ingressus est equidicus apostolorum coheres Saturninus, electus Dei pontifex cujus in habitaculis discordie parati intraverunt pedes beati perpetuam pacem ferentes[8].

Evangelium de communi. ℟. Orante beatissimo martyre, apparuit ei angelus Domini dicens : O miles fortissime, o sacer egregie, viriliter age. Quia pro duplicato talenti munere tibi gemina sunt diademata preparata. ℣. De vernanti et precioso lapide immarcescibilis corona, et de sacerdotali infula stola luciflua⁹. Quia. ℟. Sanctissimo martyre Saturnino ad taurum funibus ligato, a cacumine Capitolii per gradus usque ad plana precipitato, capite colliso, cerebroque excusso¹⁰. Dignam Deo animam Christus excepit. ℣. Exanime corpus usque ad locum tauro furente productum est, ubi fune disrupto tumulariam eo tempore sepulturam promeruit dignam. Dignam. ℟. Benedicti viri corpus ligneo immersum feretro a religiosis mulieribus ita conditum est. Ut non tam sepeliri quam abscondi videretur. ℣. Christiani autem propter furorem Gentilium Saturnini corpus humare mentuentibus, devote mulieres ita terris reposuerunt. Ut.

In Laud. Ant. Saturninus martyr cupiens se nectere Christo, carnali in habitu noluit esse diu. *Ant.* Cunque sacerdotio frueretur in urbe Tholosa et populis Christum panderet esse Deum, ostendit verbis, addens miracula factis. *Ant.* Plebs cecata nimis, mortisque infecta venenis, curari effugiens, egra jacere volens, comprehendit malesana virum, ad Capitolium duxit. *Ant.* Turba sacerdotum nephanda, polluta cruore, contra tutorem noxia bella morens, subligat indomiti sanctum ad vestigia tauri. *Ant.* Taurus at impatiens mox curva per avia raptus, passim membra pii fudit in urbe viri; tum mulier collegit orans et condidit artus altera.¹¹

Ad Bened. Ant. Benedicti viri ligneo immersum feretro a religiosis mulieribus ita conditum est ut non tam sepeliri quam abscondi videretur.

Ad Prim. Ant. O vere sanctum presulem cujus lachrymis et precibus tantus a Deo est revocatus populus, qui Christi jugo subditus et idolorum effectus est devastator egregius. *Ad Tert. Ant.* Ante gloriosi presulis Saturnini presentiam sanctorumque miraculorum et virtutum insignia, muta cuncta facta sunt idolorum demoniaca affamina, nulla valentia sibi sacrificantibus dare responsa. *Ad Sext.* Turba sacer. *Ad Non. Ant.* Beatus Saturninus dum immolare demonibus cogeretur, clara voce testabatur; Unum et verum Deum novi; ipsi soli laudes et hostias immolabo.

*In Vesp.*¹² *Ant. Laud. Capitulum sancti Andree.* Benedictio Domini super caput justi, ideo dedit illi hereditatem et divisit ei partem in tribubus duodecim et invenit gratiam in conspectu omnis carnis.

℟. Mox ut vocem. *Hymn.* Exultet celum. ℣. Dilexit Andream Dominus. ℟. In odorem suavitatis. *Ad Magnif.* Domine Jesu Christe, Magister bone, suscipe spiritum meum in pace quia jam tempus est, et veniens desidero te videre.

Oratio. Quesumus, omnipotens Deus, ut beatus Andreas apostolus tuus pro nobis imploret auxilium; ut a nostris reatibus absoluti a cunctis etiam periculis exuamur.

Si venerit in Dominica, mutetur in crastinum, quia Adventus tunc debet inchoari. Comm. S. Saturnini. Ant. O fortis athleta Saturnine pontifex, qui pro nephanda Capitolii¹³ victima tauri, meruisti effici hostia Christi, te precamur, sancte, ut pro nobis apud ipsum intercedas, qui te digne pro meritis glorioso coronavit martyrio.

XXX NOVEMBRIS.

Sancti Andree.

Invitat. Regem magnum, mente, voce, collaudemus Dominum morte crucis. Qui dilectum digne sibi famulum hodie glorificavit Andream apostolum. Venite. *Hymn. et alia necessaria de communi Apostolorum.*

In I. Nocturno Ant. Tantum meo regi Deo ero acceptior, quantum pro ejus nomine fuero permanens in tormentis confessor. *Ant.* Ego crucis Christi servus sum et crucis tropheum optare debeo potius quam timere. *Ant.* Cunque carnifices apostolum ducerent ut crucifigeretur, concursus factus est populorum clamantium : Justus homo et amicus Dei quid fecit ut ducatur ad crucem? At ille rogabat populum ut non impedirent passiones ejus. ℣. In omnem terram.

Lectio I. Passionem sancti Andree apostoli quam oculis nostris vidimus omnes presbyteri et diacones ecclesiarum Dei Achaie, scripsimus universis ecclesiis que sunt in Oriente et Occidente, in Meridiano et Septentrione, in Christi nomine constitutis[1].

℟. Dum perambularet Dominus supra mare Galilee, secus littus vidit Petrum et Andream retia mittentes in mare, et vocavit eos dicens : Venite post me, faciam vos piscatores hominum. ℣. Erant enim piscatores et ait illis : Venite.

Lectio II. Pax vobis et universis qui credunt in unum Deum in Trinitate[2] perfectum, verum Patrem Ingenitum, verum Filium Unigenitum, verum Spiritum Sanctum procedentem ex Patre et Filio, et hoc esse Unigenitum Filium quod est et ille qui genuit, Dominum nostrum Jesum Christum qui passus est pro seculi vita et unum Sanctum Paraclitum, illuminatorem et doctorem totius Ecclesie catholice. Hanc fidem et traditionem didicimus a sancto Andrea, apostolo Domini nostri Jesu Christi, cujus passionem quam coram positi vidimus, prout possumus, explicamus.

℟. Mox ut vocem Domini predicantis audivit beatus Andreas. Relictis retibus quorum usu actuque vivebat, eterne vite sequutus est premia largientem. ℣. Nihil ab eo adhuc de premio eterne retributionis audierat et tamen ad unum Domini preceptum. Relictis.

Lectio III. Proconsul Egeas Patras civitatem ingressus, cepit compellere credentes Christo ad sacrificia idolorum. Cui occurrens sanctus Andreas dixit.

℟. Dilexit Andream Dominus in odorem suavitatis, dum penderet in cruce, dignum sibi computavit martyrem quem vocavit apostolum, dum esset in mari. Et ideo amicus Dei appellatus est. ℣. Elegit eum Dominus et excelsum fecit eum. Et ideo. Gloria.

In II Noct. Ant. Cum pervenisset beatus Andreas ad locum ubi crux parata erat, videns eam a longe, exclamavit voce magna dicens : Salve, crux, quæ in corpore Christi dedicata es et ex membrorum ejus margaritis ornata. *Ant.* Amator tuus semper fui, et desideravi te amplecti, o bona crux. *Ant.* Antequam te ascenderet Dominus noster, o beata crux, timorem terrenum habuisti, modo vero amorem celestem obtinens pro voto susciperes. ℣. Constitues eos principes super omnem terram. ℟. Memores.

Lectio IIII. Oporteret, ut tu qui judex hominum esse meruisti, Judicem tuum, qui est in celo, cognosceres et agnitum coleres, et colendo eum qui verus Deus est, ab his qui veri dii non sunt, animum revocares.

℟. Homo Dei ducebatur ut crucifigerent eum. Populus autem clamabat voce magna dicens : Innocens ejus sanguis sine causa damnatur. ℣. Cunque carnifices ducerent eum ut crucifigeretur, factus est concursus populorum clamantium et dicentium. Innocens.

Lectio V. Cui Egeas dixit : Tu es Andreas qui destruis templa deorum et suades hominibus superstitiosam sectam, quam nuper detectam Romani principes exterminari jusserunt. Audreas dixit.

℟. Doctor bonus et amicus Dei Andreas ducitur ad crucem ; aspiciens a longe vidit crucem. Salve, crux, suscipe discipulum ejus qui pependit in te Magister meus Christus. ℣. Cunque pervenisset ad locum ubi crux parata erat, videns eam a longe, exclamavit voce magna dicens. Salve.

Lectio VI. Romani principes nondum cognoverunt hoc quia pro salute hominum veniens Dei Filius, docuerit ista idola non solum deos non esse, sed esse demonia pessima et inimica humani generis, que hoc doceant homines unde offendatur Deus.

℟. Cunque pervenisset beatus Andreas ad locum ubi crux parata erat, exclamavit et dixit : O bona crux, diu desiderata, et jam concupiscenti animo preparata. Securus et gaudens venio ad te, ita ut tu exultans suscipias me discipulum ejus qui pependit in te. ℣. Amator tuus semper fui, et desideravi te amplecti. Securus.

In III. Noct. Accedentes carnifices levaverunt eum in cruce et extendentes funibus, totum corpus ejus, sicut eis jussum fuerat, suspendunt. *Ant.* Omnis interea populus conclamabat dicens : Virum sanctum, pudicum, ornatum moribus, bonum doctorem, pium, modestum, rationabilem, non debere hoc pati, sed debere de cruce deponi. *Ant.* Tunc sanctus Andreas ait : Jam Regem meum video, jam adoro, jam in ejus conspectu consisto. ℣. Annuntiaverunt opera.

Evang. sec. Lucam. In illo tempore, ambulans Jesus juxta mare Galilee. *Omelia B. Greg.* Audistis, fratres carissimi, quia ad unius jussionem vocis Petrus et Andreas secuti sunt Redemptorem. ℟. O bona crux que decorem et pulchritudinem de membris Domini suscepisti, accipe me ab hominibus, et redde me Magistro meo. Ut per te me recipiat, qui per te me redemit. ℣. Securus et gaudens venio ad te, ita ut tu exultans suscipias me. Ut per te. ℟. Salve crux, que in corpore Christi dedicata es, et ex membris ejus tanquam margaritis ornata. Suscipe discipulum ejus qui pependit in te. ℣. O bona crux que decorem et pulchritudinem de membris Domini suscepisti. Suscipe. ℟. Videns crucem Andreas clamavit dicens, o crux inenarrabilis, o crux que per totum mundum fulges, suscipe discipulum ejus. Non me dimittas errantem sicut ovem non habentem pastorem. ℣. Biduo vivens pendebat in cruce pro Christi nomine beatus Andreas et docebat populum, et dicebat. Non me. ℟. Oravit sanctus Andreas dum respiceret celos ; voce magna clamavit et dixit : Tu es Deus meus quem cognovi, cui complacui, quem dilexi. Ne me patiaris ab impio judice deponi, quia virtutem sancte crucis agnovi. ℣. Tu es Magister meus quem dilexi, quem cognovi, quem confessus sum. Ne me. ℟. Beatus Andreas de cruce clamabat dicens : Domine Jesu Christe, Magister bone. Non jubeas me de ista cruce deponi, nisi prius accipias spiritum meum. ℣. Tu es Magister meus. Non. ℟. Vir iste in populo suo mitissimus apparuit, sanctitate autem et gratia plenus est iste. Qui assidue orat pro populo et pro civitate ista. ℣. Dilectus Deo et hominibus cujus memoria in benedictione erit. Qui. ℟. Vir perfecte pietatis et dux innocentie.

Vota plebis tua festa celebrantis suscipe, et astantes laudis tue servulos officio, precibus tuis adjunge sanctorum collegio. ℣. Imitator Jesu Christi sub crucis patibulo, nos, Andrea, fac consortes celi contubernio. Vota.

In Laud. Ant. Vidit Dominus Petrum et Andream et vocavit eos : *Ant.* Venite post me, dicit Dominus, faciam vos fieri piscatores hominum. *Ant.* Relictis retibus suis, secuti sunt Dominum, alleluia. *Ant.* Unus ex duobus qui secuti sunt Dominum, erat Andreas frater Simonis Petri, alleluia. *Ant.* Dignum sibi Dominus computavit martyrem, quem vocavit apostolum, dum esset in mari, alleluia.

Ad Bened. Ambulans Jesus juxta mare Galilee vidit Petrum et Andream, fratrem ejus, et ait illis : Venite post me, faciam vos fieri piscatores hominum ; at illi, relictis retibus et navi, secuti sunt eum.

Oratio. Majestatem tuam, Domine, supplices exoramus ut sicut Ecclesie tue beatus Andreas apostolus extitit predicator et rector, ita apud te sit pro nobis perpetuus intercessor. Per.

Ad Prim. Ant. Christus me misit ad istam provinciam, ubi non parvum populum acquisivi. *Ad Tert. Ant.* Ego si patibulum crucis expavescerem, crucis gloriam non predicarem. *Capit.* Fratres. Corde creditur ad justitiam. ℣. et ℟. de *Apostolis*. *Ad Sext.* Dilexit Andream Dominus in odorem suavitatis, alleluya. *Oratio.* Da nobis, quesumus, Domine, Deus noster, beati apostoli tui Andree intercessionibus sublevari, ut per quos Ecclesie tue superni muneris rudimenta donasti, per eos subsidia perpetue salutis impendas. Per. *Ad Non.* Salve, crux preciosa, suscipe discipulum ejus qui pependit in te, Magister meus Christus. *Oratio.* Adjuvet Ecclesiam tuam tibi, Domine, supplicando beatus Andreas apostolus, et pius interventor efficiatur qui tui nominis extitit predicator. Per.

In Vesp. Antiphone Laud. Capit. Fratres. Non est distinctio Judei et Greci. *Ad Magn. Ant.* Concede nobis hominem justum, redde nobis hominem sanctum, ne interficias hominem Deo carum, justum, mansuetum et pium. *Nulla fiat comm. per oct. de sancto Andrea, nisi die oct. sed fiat de festis*[1].

FESTA DECEMBRIS

IV DECEMBRIS.

Ste Barbare, virg. et mart.

Oratio. Deus, qui beate Barbare, virginis et martyris tue, memoriam recolentibus peccatorum suorum promisisti, et de eorum negligentiis nullam mentionem angelica voce fieri nunciasti[1], presta, quesumus, ut. ejus meritis et intercessione, a morte subitanea et a cunctis liberemur periculis. Per.

Lectio I. Beata Barbara, nobili genere, in Nichomedia, ob nimiam pulcritudinem a patre Dioscoro in turre locatur. Illa vero occulte Deum celi colebat. Erat autem ibi balneum propinquum quod ipsa orante aqua repletum est. Et iterum orante ut aqua sanctificaretur, illa descendens, in nomine sancte Trinitatis, seipsam baptizavit[2].

Lectio II. Requisita autem de conjugio a patre, respondit se in celo sponsum habere Christum. Patre autem gladio eam occidere volente, illa fugit et in montis latere se abscondit. Quam pater dum sequeretur, a duobus pastoribus petiit si fugientem vidissent puellam. Quorum unus respondit : Non. Cui illa benedixit. Alter eam ostendit ; et ab ea maledictus in lapidem cum ovibus conversus est[3].

Lectio III. Pater autem eam presidi tradens, cuncta enarravit. Ille, in Christi fide firmam reperiens, jussit nudam virgis cedi. Sed cum Deo psalleret et idola despiceret, suspenditur. capite versus terram, ubi malleis percussa, donec sanguis egrederetur, semper gratias agebat.

Lectio IIII. In crastino sanata, jubetur eculeo suspendi. Et cum posite fuissent lampades ad ejus latera, dicebat presidi : Disce, miser, quia ignis iste non dolorem, sed refrigerium mihi prestat.

Lectio V. Ille vero jussit ei mamillas[4] prescidi et per totam provinciam nudam[5] circumduci. Sed oratione impetravit stola candida cooperiri ab angelo. Sicque sanata est, ut nec lesure appareret vestigium. Quod cum vidisset preses, fulgorem quoque ejus obstupuisset, capite eam puniri jussit.

Lectio VI. Illa autem gaudens, adorans Dei Filium, remissionem peccatorum petiit omnibus qui ejus passionem devote celebrarent, et vocata ad celi cubicula, orationem fusam exauditam audivit.

VI DECEMBRIS.

S. Nicholai, episcopi.

Ad Vesp. Cap. Ecce sacerdos. ℟. Letamini in Domino per gloriosa merita sancti Nicholai antistitis. Quia cunctorum ad ejus tumulum venientium pectora relaxantur. ℣. Gaudete et exultate festivitatem sancti Nicholai recolentes. Quia. *Hymnus.* Iste confessor. ℣. O beate Nicholae, magna est fides tua. ℟. Intercede pro nobis ad Deum qui te elegit. *Ad Magn.* O pastor eterne, o clemens et bone custos, qui dum devoti gregis preces attenderes, voce lapsa de celo presuli sanctissimo, dignum episcopatu Nicholaum, ostendisti tuum famulum.

Oratio. Deus, qui beatum Nicholaum, confessorem tuum atque pontificem, innumeris decorasti miraculis, tribue nobis, quesumus, ut ejus meritis et precibus a gehenne incendiis liberemur. Per.

Invitatorium. Adoremus Regem seculorum. In quo vivit Nicolaus, gemma sacerdotum.

In 1 Noct. Ant. Nobilissimis, siquidem natalibus ortus, velut lucifer, Nicholaus emicuit. *Ant.* Postquam domi puerilem decurrit etatem, cunctis hujus mundi spretis oblectationibus, Christi jugo se subjiciens, documentis sanctis suum prebuit auditum. *Ant.* Pudore bono repletus Dei famulus, sumptibus datis, stupri nephas prohibuit. ℣. Ecce sacerdos.

Lectio I. Nicholaus itaque ex illustri prosapia ortus, civis fuit Patere urbis. Cujus parentes potius Deo quam mundo servire conabantur. Rogabantque Deum die noctuque, quatinus[1] unicum filium potius christiane religionis quam sue possessionis faceret heredem. Quod totum postea contigit.

℟. Confessor Dei Nicholaus nobilis progenie, sed nobilior moribus. Ab ipso puerili evo secutus Dominum, meruit divina revelatione ad summum provehi sacerdotium. ℣. Erat enim valde compatiens et super afflictos pia gestans viscera. Ab ipso.

Lectio II. Ipse enim infans, cum adhuc lacte matris nutriretur, mamillas, quarta et sexta feria semel in die, tantum sugebat. Cunque esset in puerili etate, sequens parentum vestigia ecclesie servivit, ubi audita in corde retinebat.

℟. Operibus sanctis Nicholaus humiliter insistens. Revelatione divina provectus est ad summum sacerdotii gradum. ℣. Voce quippe de celo lapsa cuidam insinuatur presuli, dignum episcopatu Nicholaum. Revelatione divina.

Lectio III. Mortuis tandem parentibus, memor illius evangelici precepti : Nisi quis renunciaverit omnibus que possidet, non potest meus esse discipulus, illud facere deliberavit. Sed volens vanam gloriam devitare, Dominum exoravit, quatinus, nemine sciente, propositum suum posset adimplere.

℟. Quadam die, tempestate sevissima cassati naute, ceperunt sanctum vocare Nicholaum. Et statim cessavit tempestas. ℣. Mox, illis clamantibus, apparuit quidam dicens illis : Ecce assum, quid vocatis me ? Et statim. Gloria.

In II. Noct. Auro virginum incestus, auro patris earum inopiam, auro prorsus utrorumque detestabilem infamiam, Dei servus ademit Nicholaus. *Ant.* Innocenter puerilia jura transcendens, evangelice institutionis discipulus effectus est. *Ant.* Gloria mundi sprevit cum suis oblectationibus, et ideo meruit provehi ad summum sacerdotii gradum. ℣. Non est inventus similis illi. ℟. Qui.

Lectio IIII. Contigit autem quemdam suum convicaneum [2] qui multum fuerat dives, ad tantam inopiam devenisse quod, tres filias quas habebat, fornicari constituit ut earum saltem infami commercio, [non] infelicem ageret vitam.

℟. Audiens Christi confessor trium juvenum innocentium necem, precucurrit quantotius ad locum quo fuerant plectendi. Et liberavit eos. ℣. Statimque solutos a vinculis, usque ad pretorium consulis secum adduxit. Et.

Lectio V. Audita tanta infamia, sanctus Nicholaus miserrimo homini condoluit, et previsa hora noctis, pondus auri per fenestram in domo ipsius projecit. Quod inveniens homo cùm mane surrexisset, miratus est nimiùm flensque pre gaudio laudavit Dominum.

℟. Qui cùm audissent sancti Nicholai nomen, statim expandunt manus utrasque ad celum, Salvatoris laudantes clementiam. ℣. Clara quippe voce coram hominibus, dignum referebant illum Dei famulum. Salvatoris.

Lectio VI. Ex quo quidem primam filiam nuptui tradidit et cepit explorare diligenter quisnam inopie sue subvenisset ; sed paulo post illud idem eodem modo fecit Nicolaus. Post paucos vero dies pondus equale duobus precedentibus solito more jactavit et sic tres virgines prefatas ab infami stupro preservavit.

℟. Beatus Nicholaus jam triumpho potitus, novit famulis suis prebere celestia commoda qui toto corde ejus poscunt largitiones. Illi nimirum tota nos devotione oportet committere. ℣. Ut apud Christum ejus patrociniis adjuvemur semper.

In III Noct. Ant. Pontifices almi divina revelatione letificati, Nicholaum presulem devotissime consecraverunt. *Ant.* Sanctus quidem triticum quod a nautis postulaverat acceptum, et sagacitate distribuere, et augeri precibus impetravit. *Ant.* Muneribus datis, neci sunt juvenes innocentes addicti, quibus Domini servus fuit vite presidium festinanter. ℣. Benedictionem omnium.

Evangelium de Conf. ℟. Magne pater Nicholae, summo Patri proxime, admiranda qua precellis apud eum gratia. A commissis nos emunda, ne cadamus sustine. ℣. Jam per terras et per mare fama celeberrime refovendo tribulatos, relevando naufragos. A commissis. ℟. Summe Dei confessor, Nicolae, te venerantes protege. Namque credimus tuis precibus nos pósse salvari. ℣. Qui tres pueros morti addictos illesos abire fecisti, tuis laudibus instantem conserva plebem. Namque. ℟. Ex ejus tumba marmorea sacrum resudat oleum³ quo liniti sanantur ceci. Surdis redditur auditus, et debilis quisque sospes regreditur. ℣. Catervatim ruunt populi cernere cupientes que per eum fiunt mirabilia⁴. Surdis. Gloria. Surdis. Ex ejus.

In Laud. Ant. Beatus Nicholaus adhuc puerulus multo jejunio macerabat corpus. *Ant.* Ecclesie sancte frequentans limina, sacra pectori condebat mandata. *Ant.* Juste et sancte vivendo ad honorem sacerdotii meruit promoveri divinitus. *Ant.* Amicus Dei Nicholaus pontificali decoratus infula, omnibus se amabilem exhibuit. *Ant.* O per omnia laudabilem virum, cujus meritis ab omni clade liberantur, qui ex toto corde querunt illum.

Ad Bened. Ant. O Christi pietas, omni prosequenda laude, qua sui famuli Nicholai merita longe lateque declarat, nam ex tumba ejus oleum manat, cunctos languidos sanat.

Ad Prim. Ant. Hic dùm matris adhuc lacte nutriretur quarta et sexta feria semel in die papillas fugebat. ℟. Jesu Christe, Fili Dei vivi. Miserere nobis. ℣. Qui venturus es in mundum. *Ad Tert. Ant.* Jam decus lactentium Nicholaus, mirabili portendebat auspicio sancte parsimonie tempus. ℟. Dum vero adhuc penderet ad ubera matris. O nova res, quarta feria et sexta semel in die papillas bibebat. ℣. Jam quodammodo sacri jejunii se futurum presignans amatorem Nicholaus. O nova. ℣. Ecce sacerdos. *Ad Sext.* Ad quantam vero messem divina convaluerunt in eo semina, sequentia pietatis opera profitentur.

Oratio. Omnipotens, sempiterne Deus, qui hodierna die beatissimum Nicholaum, confessorem tuum atque pontificem, etherea regna penetrare fecisti, da supplicibus tuis, digne illius solennia celebrare, ut per ejus venerandam sanctamque festivitatem, salutem consequamur et pacem⁵. Per.

Ad Non. Ant. Decantande speciosis Nicholae canticis, laudes tibi persolvisse fac sit nobis utile.

In Vesp. Ant. Laudum. Psalmi unius confess. Hymnus et ℣. *ut in prim. vesp. Ad Magn. Ant.* Copiose caritatis Nicholae pontifex, qui cum Deo gloriaris in celi palacio, condescende, supplicamus, ad te suspirantibus, ut exutos gravi carne pertrahas ad superos. *Comm. S. Andree. Ant.* Domine Jesu Christe. *Require in vesp. vigilie officio. Oratio.* Protegat nos, Domine, sepius beati Andree apostoli repetita solennitas, ut cujus patrocinia sine intermissione recolimus, perpetua defensione sentiamus.

VII DECEMBRIS.

Octavo die S. Andree.

Omnia necessaria sicut in die, excepto responsorio ad Tert. quod dicitur de communi Apostolorum.

Lectio I. Andreas, Simonis Petri frater, et in passione crucis socius, primo discipulus Johannis Baptiste extitit; postea secutus est Jesum quem Johannes ostendit dicens: Ecce Agnus Dei.

Lectio II. Post adventum Spiritus Sancti in Achaia, Grecie provincia, profectus est. Cum Scithis evangelium predicasset, et in Achaia plures ad fidem convertisset, et precipue Maximillam, Egee proconsulis provincie uxorem, ab Egea comprehensus est.

Lectio III. Post longam disputationem de Christo, in carcerem truditur; deinde a viginti satellitibus gravissime ceditur, et ad ultimum in cruce funibus appenditur, ut longiorem cruciatum sufferret. Populus hoc videns seditionem in Egeam movit, apostolo obnixe rogante ne impedirent martyrium ejus.

Lectio IIII. Ibat igitur exultans et a doctrina non cessans. Cunque a longe videret crucem, clamavit: Salve, crux, que in corpore Christi dedicata es, et ex membris ejus tanquam margaritis ornata.

Lectio V. Tunc spolians se, vestimenta sua dedit ea carnificibus, qui eum in cruce, ut jussum fuerat, suspenderunt. In qua biduo vivens triginta milia hominum ad Christi fidem convertit. Apparente demum circa eum splendore nimio, ultimo novembris die martyrium consummavit.

Lectio VI. Maximilla vero, uxor Egee, confestim corpus apostoli rapiens, devotissime cum aromatibus, optimo loco sepelivit. Egeas vero, antequam domum rediisset, arreptus a demone, in via coram omnibus expiravit. *Si festum sancti Andree venerit in Dominica, die Veneris seq. fiat octava.*

VIII DECEMBRIS.
In Festo Conceptionis Beate Marie.

Ad. Vesp. super Psalmos. Ant [1]. Gaude, mater Ecclesia, nova frequentans gaudia, lux micat de caligine, rosa de spine germine. *Psalmi ferie, hoc est festi hujus diei; et sic intellige in similibus. Capitul.* Dominus possedit me. ℟. O beata progenies, o veneranda species, unde surgit, ut aurora, Maria Virgo decora ? Que pretulit mundo solem Deum, Dei Patris Prolem. ℣. Hec merito dicata, super omnes est benedicta. Que pretulit. *Hymn.* Ave, maris. ℣. Egredietur virga. *Ad Magn. Ant.* Ave, decus virgineum, ave jubar ethereum, nobis presens solennitas assit [2] perpes jocunditas, tua namque Conceptio summa est gratulatio, alleluia.

Oratio. Deus, qui hodiernam diem Conceptionis Beate Marie Virginis et Matris tue, per angelum tuum dignatus es revelare, concede propitius, ut qui Conceptionis ejusdem solennia celebramus, sub ejus semper protectione vivamus [3]. Qui vivis.

Comm. Adventus, si fuerit Dominica. Ad Complet. Ant. Gratulare et letare, urbs optima Nazareth, hodie, nam fecundaris ubertate gratie, casus mortis, salus orbis, spes datur et venie. *Ad Nunc dimittis.* Hec est illa stella maris, per quam fulsit lux solaris cujus festum celebramus et juvamen imploramus.

Invitatorium. Eya pervigiles, Domino jubilate, fideles. Conceptum sancte dignum [4] celebrando Marie. Venite. *Hymn.* Quem terra.

In I Noct. Ant. Gaude fidelis conscio, adest ejus Conceptio, que delet Eve maculam, vite redolet infulam. *Ant.* Cui Eva obedivit, hec serpentis caput trivit, jugum spernens nuptiarum, Deo vovit celibatum. *Ant.* A prophetis precinitur et figuris ostenditur, quod mulier procederet, que Deum Virgo pareret. ℣. Egredietur virga de radice Jesse. ℟. Et flos de radice ejus ascendet.

Lectio I. Crescente religione christiana, Dei Filius, via, veritas, et vita, qui revelat secreta et perducit in lucem abscondita secretorum, ad edificationem Ecclesie multa revelavit modernis temporibus sanctis viris, que in primitiva Ecclesia erant occulta et incognita fidelibus christianis [5].

℟. Fulget dies hodierna, digna laude sempiterna. Qua concepta est Maria, per quam patet vite via. ℣. Germine regali nec non pontificali. Qua.

Lectio II. Quocirca quia dies Conceptionis beate semper Virginis ex secreto divini consilii, per multa temporum curricula, fuerat orthodoxis christicolis occultus, voluit eum Spiritus Sanctus speciali privilegio [6] honorare et congruis temporibus revelare. Ut verbi prophetici veritas impleretur quo dicitur : Dominus revelavit condensa et in templo ejus, id est, in beata Virgine, omnes dicent gloriam, ejus, complete solennia celebrantes.

℟. Abrae stirpe generosa Virgo prodit gloriosa. Que nullius per exemplum se sacravit Deo templum. ℣. Hec admiranda cunctis, hec est imitanda. Que.

Lectio III. Et vere Conceptionem hujus templi sacratissimi, scilicet beate Marie Virginis, que est templum sacratissimum Spiritus Sancti, debuit Dei Filius merito revelare, quasi in Conceptione ipsa verus Salomon, Dei Filius, cum Patre et Spiritu Sancto cepit hoc templum, quod juxta verbum propheticum elegit sibi in habitaculum pro speciali domicilio fabricare.

℟. Virga Jesse de radice genus duxit inclitum, oraculis prophetarum quod fuerat proditum. Inde virgam egressuram, Prolem Christum parituram. ℣. Voce prophetie signatur origo Marie. Inde.

In II Noct. Ant. Abrae fit promissio, quod illius successio velut arena cresceret, stellisque equalis fieret. *Ant.* Hoc promissum est impletum, caste in Marie festum, que gignendo granum sevit, de quo seges tanta crevit. *Ant.* Vinea quondam sterilis, Dei cultura fertilis, vitem fecundam pullulat, fundentem cunctis pocula. ℣. Elegit eam Deus et preelegit eam. ℟. Habitare fecit eam in tabernaculo suo.

Lectio IIII. Ut ergo juxta typum templi typici Salomonis de hoc templo vero, scilicet de beata Virgine Maria, triplicem gloriam redderemus ; debuit Conceptionis ejus solennitas celebrari. Reddebamus prius enim gloriam pro hoc templo sacratissimo in Nativitatis solenniis, quasi jam templo materialiter consummato.

℟. Prophetalis nubem levem vox dixit ascendere, Salvatoremque Egypti tenebras inviscere [7]. Ut in mortis caligine sedentes lustret lumine. ℣. Diffugiunt tenebre, pandunt secreta latebre. Ut.

Lectio V. Reddebamus etiam in solennitate Assumptionis, quasi jam templo in celi solio dedicato. Congruum ergo fuit ut redderemus gloriam in solennitate Conceptionis, quasi jam templo noviter inchoato. Conceptionis enim sanctificatio ponitur pro fundamento hujus templi sacratissimi, a Deo predestinati et sanctificati.

℟. Celebris dies colitur, in qua Virgo concipitur, que per obedientiam mundo refudit gratiam, ut quod ruit per feminam. Relevetur per Mariam. ℣. Ista fuit digna, transgressus tergere signa. Relevetur.

Lectio VI. Hujus enim solennitatis diem sanctissimum Salomon in canticis, in spiritu, previderat affuturum. Et ideo admirans harum trium solennitatum magna mirabilia, in eodem libro ter interrogat : Que est ista? Admirans igitur novitatem Conceptionis ex qua fuit in utero impleta Spiritu Sancto per gratiam sanctificationis, prius interrogat : Que est ista que ascendit per desertum, sicut virgula fumi, ex aromatibus myrrhe et thuris? Per desertum namque ejus materni uteri in quo sunt alii, secundum communem cursum, gratie privati lumine,

culpe originalis [8] offuscati caligine, hec Virgo Dei, sicut virgula fumi, ex aromatibus ascendit, quia ibidem fuit divinitus illustrata et, quasi mirra electa, odoriferis Spiritus Sancti muneribus adimpleta.

℟. Ecce novum per prophetam super terram facere se promisit auctor mundi, feminam circumdare, veneranda novitate prodeunt miracula. Nam Maria pregnans, alti Dei Prolem bajulat. ℣. Sanctus obumbravit huic Spiritus et gravidavit, fitque Parens et Virgo manet. Nam.

In III Noct. Ant. Audi, Virgo glorifica, post Filium, spes unica, clemens et imperialis, nostra dele crimina, acceptans nostra cantica, impetra fulcra [9] celica. *Ant.* Virga Aaron fructifera Marie typum gesserat, que nobis fructum attulit, famem qui nostram depulit. *Ant.* O Maria, clausus ortus, naufragantis mundi portus, placa nobis qui te fecit, Matrem sibi quam elegit. ℣. Ora pro nobis, sancta Dei Genitrix.

Evang. sec. Mattheum. Liber generationis Jesu Christi. *Omelia B. Gregorii pape.* Querat diligens lector et discat. ℟. Verbum Patris mundo fulsit Virginis per uterum, cujus ventrem non gravavit onus premens scelerum. Ut sicut vellus pluvia, sic descendit in Maria. ℣. Solem justitie concludunt claustra Marie. Ut sicut vellus. ℟. Patriarcharum semine, prophetarum origine, regum atque pontificum genus venerat magnificum. Unde Virgo concipitur, Christique Mater eligitur. ℣. Nobilis et clara stirpe, est Domino quoque cara. Unde. ℟. O Maria, clausa porta quam nemo aperuit, princeps ille qui transivit Deus et homo fuit, nec ingressus violavit clausam viam. Sed quam prius non habebat, sumpsit carnis fibulam, sic togatus, tanquam sponsus suo processit thalamo. ℣. Perfudit tota sacra Virgo te theotota, decrevitque Deus Filius esse tuus. Sed quam.

PROSA [10]

Stella maris, ô Maria, tibi presens conscio [11]
Odas solvit, vota fundit, summo cum tripudio ;
Ad Conceptum te provexit hodie nam Conditor

Per quem mundo factus caro subveniret perdito.
Ergo pia nos commenda tua prece Filio,
Alvo tuo virginali, qui sponsus ut, proprio Processit thalamo.

In Laud. Conceptus hodiernus Marie semper Virginis nevum tergit, nexum solvit vetuste originis, mestis reddit letitiam, dat criminosis veniam. *Ps.* Dominus regnavit. *Ant.* O gloriosa Virgo, semper Maria dulcissima, precibus te venerantium annue, piissima interventrix ; ne labamur, a te semper protegamur. *Ant.* Maria, plena gratia, stirpe concepta regia, assistentes tue laudi, miserando nos exaudi. *Ant.* O quam larga te perfudit, Virgo, benedictio qua deletur quam induxit Eve maledictio. Intende nostris laudibus, beata in mulieribus. *Ant.* Dignare me laudare te, Virgo et puerpera, te poscentes ab erumnis leva super ethera ; potes enim, ut domina, poli [12] pandere limina. *Capit.* Dominus possedit. *Hymn.* Ave, maris. ℣. Conceptio tua, Dei Genitrix Virgo. ℟. Gaudium annuntiavit universo mundo. *Ad Ben. Ant.* Benedicta es, Maria, laus nostra, spes et domina, te collaudat, colit, tremit, trina mundi machina, in tua Conceptione congaudentes confove, profutura largiendo, nocitura remove, alleluia.

Ad Prim. Ant. Tanquam rubus incombustus Moysen qui terruit, hec est Virgo que pudore salvo Deum genuit. *Ad Tert. Ant.* Esayas ille divus, secretorum Dei rivus, virge movens mentionem, pandit hanc conceptionem. *Capit. ut supr.* ℟. Fulgida stella maris mundo. Da gaudia pacis, celica regina, sanctissima Virgo Maria. ℣. Suscipe servorum semper pia vota tuorum. Da. ℣. Egredietur. *Ad Sext. Ant.* Ista vitis est Maria Judee progenie ad conceptum nutu Dei que processit hodie. *Capit.* Necdum fontes. ℟. Egredietur. ℣. Et flos. ℣. Elegit. *Ad Non. Ant.* Hec est botrum paritura, Virgo plena gratia, qui crucis pressus in prelio convivantes debriat. *Capit.* Beatus homo qui audit me. ℟. Elegit eam. ℣. Habitare facit. ℣. Dignare.

In Vesp. Ant. Laud. Capit. ut supra. *Hymn.* Ave, maris. ℣. Ora pro. *Ad Magn.*

Ant. Magnifica Christi Mater, Regina clara celorum, reparatum se letatur per te cetus beatorum, in die tue Conceptionis, confer opem intercessionis, ut per tua suffragia colletemur in gloria, alleluia.

IX DECEMBRIS.

S. Gerontii, martyris.

Oratio. Deus, qui nos beati Gerontii [1], martyris tui, meritis et intercessione letificas, concede propitius, ut qui ejus beneficia poscimus, dono tue gratie consequamur.

Lectio I. Tempore impiissimi et apostate Juliani, fuerunt ex gente Vuandalica septem viri, videlicet, Gerontius, Justinus, Clarus, Severus, Policarpus, Johannes et Babylius, qui, relictis patriâ et parentibus, Vasconiam permearunt. Gerontius, aspectu rutilus, honestate preclarus, bonitate conspicuus, charitate fervidus, omniumque virtutum genere plenissime imbutus, per civitates et castella ibat, predicans verbum Dei, qui, audito Severi, Christi athlete, glorioso martyrii triumpho, in castro Cesaris, quod *Palestrion* [2] dicitur, perpesso, illuc intrepidus cum sociis progreditur, ubi crudele bellum a Vuandalis [3] contra servos Christi exortum est. In quo beatus Gerontius, letali vulnere affectus, triginta dies supervivens [4], ita pro fide Christi defendenda, martyrium, quinto idus decembris, gloriose consummavit [5].

Cetere lectiones dicantur de communi unius martyris. Et ita fiat in omnibus festiv. in quibus, causa brevitatis, non ponitur nisi una lectio. Et qui honestis fuerit occupatus negotiis, poterit illam unicam lectionem dividere in duas aut tres, sicut bonum sibi visum fuerit [6], *et residuum de communi.*

X DECEMBRIS.

Ste Eulalie, virginis et martyris.

Oratio. Deus, qui nos hodie beate Eulalie [1], virginis et martyris tue, annua solennitate letificas, concede propitius, ut ejus adjuvemur meritis, cujus castitatis irradiamur exemplis. Per.

Lectio I. Eulalia, beatissima virgo et martyr, nullis blandimentis inducta, nullis suasionibus provocata, antiquum veteratorem[2] cum suis artibus gloriosa calcavit. Igitur cùm a sceleratissimo Calphurniano christianis persecutio in urbe Emeritentium[3] fuisset indicta, et passionis dies supervenisset, major facta est viribus, dùm inimicum fascibus presidentem toto nisa est conatu devicere, ac sic Calphurnianum intuens, dixit.

Lectio II. Cur ingrederis urbem, inimice Dei excelse, quid persequeris christianos, et niteris perdere virgines Dei? Dominus me docuit in veritate sua, nec auferes a me castitatem meam, quia non seduces adolescentiam meam. Ego annorum sum circiter XIII; putas infantiam meam tuo posse terrore turbari? Sufficit mihi hec transitoria vita.

Lectio III. Cùmque ad locum passionis extra urbem pervenisset, manibus suis vestimenta sua ipsi sibi exuens, questionariis[4] tradidit et eculeo imponitur, extenditur, torquetur, flagellatur, et distentis membris crescebat corpus ad penam.

Lectio IIII. Sed quia Christum in victoria fatebatur, nulla poterat tormenta sentire, nec tamen suppliciorum atrocitate quievit ingeniosa crudelitas. Tunc multi territi et compuncti corde, his verbis auditis beate martyris Eulalie, ab idolis recesserunt et in Dominum crediderunt.

Lectio V. Post hec vero, beata Eulalia diversis tormentorum generibus macerata, pendens in cruce, super his omnibus gloriabatur, commemorans ea in quibus se ab infantia preparabat, omnibus etiam audientibus, dicebat: Credi oportet unum et verum Deum Patrem celestem, et verum Jesum Christum Filium omnipotentem cum Spiritu Sancto adorandum, qui est benedictus in secula seculorum[5].

Lectio VI. Sicque beata virgo in suo agone festinans, quantotius properabat ad Dominum. Quo facto, ex ore ejus in specie columbe in conspectu omnium sancte martyris spiritus migravit ad celum. *Evang. un. virginis.*

XI DECEMBRIS.

S. Damasi, episcopi[1] et confessoris.

Oratio. Misericordiam tuam, Domine, nobis quesumus, interveniente beato confessore tuo atque pontifice Damaso, clementer impende, in nobis peccatoribus ipsius propitiare suffragiis. Per.

Lectio I. Damasus papa, natione Hispanus, Juliani temporibus, fuit vir sane bonus et optimus pontifex, ocio litterario delectatus, vitas pontificum omnium qui ante se fuere conscripsit, easque ad Hieronymum misit. Templa et cultum divinum non destitit augere ac conchylia[2] corporum sanctorum martyrum qui in basilicis per eum constructis collocavit, versibus elegantissimis exornare. Primus Hieronymi scriptis auctoritatem dedit. In fine psalmorum ab Hieronymo fideliter ex hebreo traductorum hec verba: Gloria Patri et Filio[3], etc., ponenda instituit. Hic accusatus, invidiose criminatus est de adulterio, et facta synodo purgatus est a XLIV episcopis, qui etiam damnaverunt Concordium et Calixtum diacones[4], accusatores ejus, et projecerunt de Ecclesia. Posteaquam sedit annos decem et octo, menses duos, dies decem, III idus decembris moritur, ac sepelitur via Ardeatina, in basilica a se condita.

XII DECEMBRIS.

In translatione Sancti Galectorii.

Omnia necessaria, ut in alia festivitate. Oratio. Deus, qui translationem[1] beati Galectorii[2], martyris tui atque pontificis, celebrare concedis, te supplices exoramus, ut ejus meritis et precibus, a vitiis ad virtutes, et a carcere transferamur ad regnum. Per.

Lectio I. Mirabilem et gloriosum in sanctis suis Deum divinus psaltes predicat. Tum ob multiformia gratiarum dona quibus hac in vita ipsos ditavit, tum ob miranda signa que per illos operatus est, tum denique ob exuberantissimam celestis glorie felicitatem, ad quam eosdem sublimiter evexit.

Lectio II. Merito gloriosus martyr et pontifex Lascurrensis Galectorius, jam in celis glorificatus, a nobis honoratur, in quo omnipotens Deus mirabilis et gloriosus apparuit.

Lectio III. Sanctus iste de quo nobis sermo, talenta sibi a summo Patrefamilias tradita, non segniter gregi suo suscepit eroganda. Eo namque tempore quo vir sanctus Lascurrensi presulabat ecclesie, gens Gothica, barbara ac indomita, christicolis Vasconibus damna inferebat bellica [3].

Lectio IV. Adeo nempe beluina rabie in fideles dissequebatur [4], ut nomen christianismi e terra eradicare eniteretur uti abunde autenticis scripturis antiquiores patefacere non omiserunt, qui sancti hujus vitam et actus diffusius [5] recenserunt.

Lectio V. Prefatam gentem, circa Mimisanum [6] oppidum, hostiliter patriam devastantem locaque sacra fedantem, sacer presul exercitu Bearnensium et Vasconum bellicoso aggreditur [7], et patriam a fidei hostibus liberavit. Tandem parta victoria per fidei pugilem et suos, gloriose martyr, corpore dilacerato capiteque exciso, a perfidis [8] occubuit.

Lectio VI. Bello hujuscemodi terminato, christicolarum corpora populus fidelis collegit, in diversis locis illorum climatum in depositum reservans et commendans [9]. Bearnenses vero, hujusmodi Gothis occisis aut captis e patriaque funditus eliminatis, dum pace potiti fuere optata, corpus fortissimi athlete Galectorii, campi ductoris [10] et primipilarii, ad sedem suam Lascurrensem devote transtulerunt, ibique honorifice ipsum condiderunt. Hujus translationis novissime [11] hodie ideo celebris dies agitur, ut ipsum intercessorem, velut patronum, apud Deum habere mereamur.

Ad Sext. et Non. Oratio. Omnipotens, sempiterne Deus, qui, gloriosum martyrem tuum atque pontificem, Galectorium, pro fidei et Ecclesie sancte defensione gloriose contra barbaricam gentem dimicantem in terris, vita laudabili decorasti et in celis eterna felicitate per martyrii palmam sublimasti, ejus suffragantibus meritis, apud te commendemur et meritis. Per.

XIII DECEMBRIS.

Ste Lucie, virginis et martyris.

Omnia necessaria de communi Virginum. ℟. Rogavi Dominum. *Ad Magn. Ant.* Columna es immobilis Lucia, sponsa Christi, quia omnis plebs te expectat, ut accipias coronam regni, alleluia.

Oratio. Exaudi nos, Deus, salutaris noster, ut sicut de beate Lucie, virginis et martyris tue, festivitate gaudemus, ita pie devotionis erudiamur effectu [1]. Per Dominum.

Invitatorium. Virginum Regem adoremus. Qui celestis regni meritum et gloriam contulit sancte sue Lucie. Venite.

Lectio I. Apud Siracusas, Cicilie civitatem, passio sancte Lucie virginis, que passa est sub persecutione Diocletani et Maximiani [2]. Hec nobilissima Siracusanorum, postquam omnia sua que de parentibus ei remanserant pauperibus, viduis, et orphanis, peregrinis et Deo servientibus, distraxit, ab sponso suo quod esset christianissima, Paschasio judici delata est.

℟. Lucia virgo, quid a me petis quod ipsa poteris prestare continuo, nam et matri tue fides tua subveniet, et ecce salvata est [3]. Quia jocundum Deo in tua virginitate habitaculum preparasti. ℣. Sicut per me civitas Cathinensium sublimatur a Christo, ita et per te civitas Siracusana decorabitur. Quia jocondum.

Lectio II. Et cum ab eodem Paschasio impelleret ad sacrificandum demonibus, beata Lucia respondit : Sacrificium verum et immaculatum apud Deum Patrem, hoc est, visitare viduas et orphanos in tribulationibus eorum. Et ego per istos tres annos nihil aliud egi, nisi sacrificare Deo vivo. Et nunc quia nihil aliud superest, meipsam offero in sacrificium Deo.

℟. Rogavi Dominum meum Jesum Christum, ut ignis iste non donetur mihi. Et impetravi a Domino inducias martyrii mei, ℣. Ut credentibus timorem auferrem passionis, et non credentibus vocem insultationis. Et impetravi.

Lectio III. Cum vero eidem Paschasius inter alia dixisset : Cessabunt verba, cum fuerit perventum ad verbera, beata Lucia respondit : Dei verba non possunt cessare. ℟. Grata facta est a Domino in certamine, quia apud Deum et apud homines glorificata est ; in conspectu principum loquebatur sapientiam. Et Dominus omnium dilexit eam. ℣. Erecta namque in virtutis culmine, tormenta derisit.

Lectio IIII. Paschasius dixit : Tu ergo Deus es ? Lucia respondit : Dei summi ancilla sum, qui dixit : Cum steteritis ante reges et presides propter nomen meum, nolite cogitare quomodo aut quid loquamini, quia non estis vos qui loquimini, sed Spiritus Sanctus qui loquitur in vobis. ℟. Diffusa est.

Lectio V. Paschasius dixit : In te ergo Spiritus Sanctus est ? Lucia dixit : Apostolus Dei dicit, quod qui caste et pie vivunt, templum Dei sunt, et Spiritus Sanctus habitat in eis. ℟. Specia tua.

Lectio VI. Paschasius dixit : Ego faciam te duci ad lupanar, ut dum fueris scortata, fugiat⁴ a te Spiritus Sanctus. Lucia respondit : Nunquam inquinatur corpus, nisi de consensu mentis. Nam etsi in manu mea thura ponuntur et per manum tuam facias sacrificium, Deus hoc attendit et videt. Nam et de sensibus et voluntatibus judicat. Et cum duceretur, eam Spiritus Sanctus tanto pondere fixit, ut penitus moveri non posset, etiam multis bobus cum funibus adhibitis. Igne copioso circumdatur et minime leditur ; gladio per guttur transfigitur et sic spiritum emisit. ℟. Regnum.

Evang. de Comm. ℟. Propter veritatem. ℟. Dilexisti. ℟. Soror mea Lucia, virgo Deo devota, quid a me petis. Quod ipsa poteris prestare continuo matri tue ? ℣. Per te, Lucia virgo, civitas Siracusana decorabitur a Domino. Quod.

In Laud. Ant. Orante sancta Lucia, apparuit ei beata Agatha, consolans ancillam Christi. *Ant.* Lucia virgo, quid a me petis, etc. *Ant.* Soror mea, Lucia, virgo Deo devota, quid a me petis, etc. *Ant.* Benedico te, Pater Domini mei Jesu Christi, quia per Filium tuum ignis extinctus est a latere meo. *Ant.* Per te, Lucia, virgo, civitas Siracusana, etc.

Ad Ben. Ant. In patientia tua possedisti animam tuam, Lucia, sponsa Christi, odisti que in mundo sunt, et coruscas cum angelis; sanguine proprio inimicum vicisti.

Ad Prim. Ant. Tanto pondere fixit eam Spiritus Sanctus, ut virgo Domini immobilis permaneret. *Ad Tert. Ant.* Lucia virgo. *Ad Sext.* Soror mea, Lucia virgo. *Ad Non. Ant.* Benedico te, Pater Domini, *ut hodie.*

XIV DECEMBRIS.

In dedicatione¹ Ecclesie Fascurrensis.

Ad Vesp. Sup. Psalmos. Ant. Sacrificavit Dominus tabernaculum suum, et hec est domus Dei de qua invocetur nomen ejus, de quo scriptum est : Erit nomen meum ibi, dicit Dominus.

Psalmi ferie. Capit. Fratres. Unusquisque propriam mercedem accipiet. ℟. Benedic, Domine, domum.

HYMNUS

Urbs beata Hierusalem
  Dicta pacis visio,
  Que construitur in celis
  Vivis ex lapidibus,
  Et angelis coornata
  Ut sponsata comite.
Nova veniens de celo,
  Nuptiali thalamo,
  Preparata, ut sponsata,
  Copuletur Domino ;
  Platee et muri ejus
  Ex auro purissimo.
Porte nitent margaritis,
  Aditis patentibus,
  Et virtute meritorum
  Illuc introducitur,
  Omnis qui pro Christi fide
  Hic in mundo premitur.
Tunsionibus, pressuris,
  Expoliti lapides,
  Suisque aptantur locis
  Per manus artificis.
  Disponuntur permansuri
  Sacris edificiis.

Omnis illa Deo sacra
Et dilecta civitas,
Plena modulis, in laude
Et canore jubilo,
Trinum Deum, Unicumque
Cum favore predicat.
Angularis fundamentum
Lapis Christus missus est,
Qui compage parietis
In utroque nectitur,
Quem Syon sancta suscepit,
In quo credens permanet.
Hoc in templo, summe Deus,
Exoratus adveni,
Et clementi bonitate
Precum vota suscipe,
Largam benedictionem
Hic infunde jugiter.
Hic promereantur omnes
Petita acquirere,
Et adepta possidere
Cum sanctis perenniter,
Paradisum introire
Translati in requiem.
Gloria et honor Deo,
Laus et benedictio,
Genitoque Nazareno
Simul et Paraclito,
Qui supernum tenet regnum
Permanens in secula. Amen [2].

℣. Domum istam protege, Domine. ℟. Et Angeli tui custodiant.

Ad Magn. Ant. O quam metuendus est locus iste; vere non est hic aliud, nisi domus Dei et porta celi.

Oratio. Deus qui nobis per singulos annos hujus sancti templi tui consecrationis reparas diem et sacris semper mysteriis representas incolumes, exaudi preces populi tui et presta, ut quisquis hoc templum beneficia petiturus ingreditur, cuncta se impetrasse letetur[3]. Per.

Comm. sancte Lucie. Ant. Rogavi Dominum meum Jesum Christum, ut ignis iste non dominetur mihi et impetravi a Domino inducias martyrii mei ut credentibus timorem auferrem passionis. *In Complet. Ant.* Fundata est domus Domini supra verticem montium et elevabit super colles, all. *Ps.*

Cum invocarem. *Ad Nunc dimittis. Ant.* Respice, Domine, de sanctuario tuo super domum istam in sempiternum.

Invitatorium. Sanctificavit Dominus tabernaculum suum et hec est domus Dei. Venite adoremus. Venite.

HYMNUS

Christe, cunctorum Dominator alme,
Patris Eterni genitus ab ore,
Supplicum vota pariterque hymnum
    Cerne benignus.
Cerne quod puro Deus in honore
Plebs tua supplex resonat in aula,
Annua cujus redeunt colenda
    Tempore festa.
Hec domus rite tibi dedicata
Noscitur in qua populus sacratum
Corpus assumit, bibit et beatum
    Sanguinis haustum.
Hic sacrosanti latices veternas
Diluunt culpas perimuntque noxas,
Crismate vero genus ut creetur
    Christicolarum.
Hic salus egris, medicina fessis,
Lumen orbatis, veniamque nostris
Fertur offensis, timor atque meror
    Tollitur omnis.
Demonis seva perit hic rapina,
Parvicax monstrum pavet, et retenta
Corpora linquens, fugit in remotas
    Ocyus umbras.
Hic locus nempe vocitatur aula
Regis eterni, vineaque celi,
Portaque vite: patriam petentes
    Accipit omnes.
Turbo quam nullus quatit aut vagantes
Diruunt venti, penetrantque nymbi,
Non tetris ledit piceus tenebris
    Tartarus horrens.
Quesumus ergo, Deus, ut sereno
Annuas vultu famulos gubernans,
Qui tui summo celebrant amore
    Gaudia templi.
Nulla nos vite crucient molesta,
Sint dies leti, placideque noctes
Nullus ex nobis, pereunte mundo,
    Sentiat ignes.

Hec dies in qua tibi consecratam
Conspicis oram, tribuas perenne
Gaudium nobis vigeatque longo
   Temporis usu.
Gloria Summum resonet Parentem,
Gloria Natum, pariterque Sanctum
Spiritum dulci modulemus hymno
   Omne per evum ⁴.

In I Noct. Ant. Introibo in domum tuam, Domine, et adorabo ad templum sanctum tuum. *Ps.* Verba mea. *Ant.* Tollite portas, principes, vestras, et elevamini porte eternales. *Ps.* Domini est terra. *Ant.* Vidit Jacob scalam; summitas ejus celos tangebat; et descendentes Angelos, et dixit : Vere locus iste sanctus est. *Ps.* Afferte Domino. ℣. Introibo in domum tuam, Domine. ℟. Et adorabo ad templum sanctum tuum et confitebor nomini tuo.

Lectio I. Sermo S. Aug. ep. Recte festa Ecclesie colunt. ℟. In dedicatione templi decantabat populus laudem. Et in ore eorum dulcis resonabat sonus. ℣. Obtulerunt sacrificium super altare Domino, et ceciderunt in facies suas et adoraverunt eum. Et. ℟. Fundata est domus Domini supra verticem montium, et exaltata est super omnes colles. Et venient ad eam omnes gentes et dicent : Gloria tibi, Domine. ℣. Reges terre afferent gloriam suam et honorem in illam. Et. ℟. Benedic, Domine, domum istam quam edificavi nomini tuo, venientium in loco isto. Exaudias preces in excelso solio glorie tue. ℣. Audi, Domine, preces quos fundit famulus tuus coram te, ut aperias oculos tuos super domum istam.

In II Noct. Ant. Cum evigilasset Jacob de somno ait : Vere locus iste sanctus est *Ps.* Eructavit. *Ant.* Non est hic aliud nisi domus Dei et porta celi. *Ps.* Deus noster. *Ant.* Erexit Jacob lapidem in titulum, fundens oleum desuper. *Ps.* Magnus. ℣. Hec est domus Dei firmiter edificata. ℟. Bene fundata est super firmam petram.

Lect. IIII. ℟. Adduxisti sanctos tuos in preparatione. Quam preparaverunt manus tue, Domine. ℣. Altari tuo, Domine virtutum, Rex meus et Deus meus, beatiqui habitant in domo tua, Domine. Quam. ℟. Sanctificavit Dominus tabernaculum suum, quia hec est domus Dei, in qua invocetur nomen ejus de quo scriptum est : Et erit nomen meum ibi, dicit Dominus. ℣. Domus mea, domus orationis vocabitur. Et erit. ℟. Domus mea domus orationis vocabitur, dicit Dominus ; in ea omnis qui petit, accipit, et qui querit, invenit. Et pulsanti aperietur. ℣. Petite et accipietis, querite et invenietis. Et.

In III Noct. Erit mihi Dominus in Deum et lapis iste vocabitur domus Dei. *Ps.* Fundamenta. *Ant.* Qui habitat in adjutorio Altissimi, in protectione Dei celi commorabitur. *Ps.* Ipsum. *Ant.* Templum Domini sanctum est, Dei cultura est, Dei edificatio est. *Ps.* Cantate. ℣. Domus mea. ℟. Domus orationis vocabitur.

Evang. sec. Lucam. In illo tempore : Egressus Dominus Jesus. *Sermo Venerabilis Bede, presb., de eadem lectione :* Que impossibilia sunt apud homines. ℟. Hec est domus Dei et porta celi. Et vocabitur nomen loci hujus aula Dei. ℣. Hec domus Domini firmiter edificata; bene fundata est supra firmam petram. Et vocabitur. ℟. Mane surgens Jacob erigebat lapidem, fundensque oleum desuper votum vovit Domino. Vere locus iste sanctus est et ego nesciebam. ℣. Cum autem evigilasset Jacob de somno, ait. Vere. ℟. Luce splendida fulgebis et nationes de longinquo ad te venient munera deferentes. Et adorabunt Dominum Deum tuum in sancta sanctorum. ℣. Benedicti erunt qui te edificaverunt, tu autem letaberis in filiis tuis. Et.

In Laud. Ant. Domum tuam decet sanctitudo in longitudinem dierum. *Ant.* Domus mea, domus orationis vocabitur. *Ant.* Hec est domus Domini firmiter edificata, bene fundata est supra firmam petram. *Ant.* Bene fundata est domus Domini supra firmam petram. *Ant.* Lapides preciosi omnes muri tui, et turres Hierusalem gemmis edificabuntur.

Capit. Vidi civitatem sanctam. *Hymn.* Urbs beata. ℣. Domus tua.

Ad Ben. Zachee festinans descende, quia hodie in domo tua oportet me manere, alleluia; et ille festinans descendit et suscepit eum gaudens, alleluia, hodie huic domui salus a Deo facta est, alleluia.

Ad Prim. Ant. Ecce tabernaculum Dei cum hominibus, et spiritus Dei habitat in vobis; templum Dei sanctum est, quod estis vos, pro cujus amore celebratis orantes gaudia templi tempore festi. *Ad Tert. Ant.* Gloriosum et terribile nomen tuum, Domine, edificasti domum in universa terra, magnus Dominus noster, quia exaltatum est nomen ejus solius; beati qui habitant in domo tua, Domine, in seculum seculi laudabunt te in eternum. *Capit.* Fratres. Superedificati sumus, super fundamentum apostolorum et prophetarum : ipso summo angulari lapide Christo Jesu : in quo omnis edificatio constructa crescit in templun sanctum in Domino. ℟. O quam metuendus est locus iste, vere non est hic aliud nisi domus Dei. Et porta celi. ℣. Erit mihi Dominus in Deum, et lapis iste vocabitur domus Dei. Et. ℣. Bene fundata. *Ad Sext.* Benedictus es in templo sancto glorie tue quod edificatum est ad laudem et gloriam nominis tui, Domine. *Capit.* Hec est domus Domini firmiter. ℟. Domum tuam Domine. Decet sanctitudo. ℣. In longitudine dierum. Decet. Gloria. ℣. Hec est domus. *Oratio.* Deus, qui de vivis lapidibus et electis eternum majestati tue condis habitaculum, auxiliare populo supplicanti, ut quod Ecclesia tua corporalibus proficit spaciis, spiritualibus amplificetur augmentis. Per.

Ad Non. Ant. In dedicatione hujus templi laudate Deum, omnes militie celorum, et omnis terra laudet nomen Domini, quia exaltatum est nomen ejus solius. *Capit.* Ecce tabernaculum Dei cum hominibus. ℟. Hec est domus Domini, firmiter edificata. ℣. Bene fundata est supra firmam petram. Firmiter. Gloria. ℣. Domum tuam.

In Vesp. Ant. Laud. Ps. Dixit. In exitu. Letatus. Nisi Dominus. Lauda Hierusalem. *Capit., hymn. et ℣. ut in primis vesp. Ad Magn. Ant.* Mane surgens Jacob erigebat lapidem in titulum, infundens oleum desuper, votum vovit Domino : Vere locus iste sanctus est et ego nesciebam. *In Complet. ut supra.*

XXI DECEMBRIS.

S. Thome, apostoli.

Omnia necessaria de comm. Apost. Unde si venerit in aliquo die quatuor temporum, fiat de festo, sed missa major fit de jejunio, et missa de festo dicatur post Tertiam.

Ad. Magn. Ant. O decus apostolicum, Christe redemptor gentium, quem Thomas apostolus, tactis cicatricibus, Deum cognovit Dominum, veni, gregem protege quem redemisti sanguine. *Oratio.* Da nobis, quesumus, Domine, beati apostoli tui Thome solennitatibus gloriari, ut ejus semper et patrociniis sublevemur et fidem congrua devotione sectemur. Per. *Comm. Adv. Ant.* O rex gentium.

Lectio I. Sermo S. August. Perfectio dilectionis, fratres carissimi, ad ipsius Dei Patris imitationem proponitur cum dicitur : Diligite inimicos vestros, bene facite his qui oderunt vos, et orate pro his qui persequuntur vos : sicut Pater vester solem suum oriri facit super bonos et malos et pluit super justos et injustos. Et tamen de ipso dicitur per prophetam. Quem diligit Dominus corripit. Flagellat autem omnem filium quem recipit, etc. [*Seq. in aliis. lect.*]

Evang. sec. Johannem. In illo tempore : Thomas, unus ex duodecim. *Omelia B. Gregorii pape.* Iste unus discipulus defuit.

Ad Ben. Thoma, infer digitum tuum hic, et mitte in latus meum, et noli esse incredulus, sed fidelis, all. Thomas exclamavit et dixit : Dominus meus et Deus meus, all.

Ad Prim. Ant. Mitte manum tuam in latus meum et noli esse incredulus sed fidelis, all. *Ad Tert. Ant.* Misi digitum meum in fixuras clavorum et manum meam in latus ejus et dixi : Dominus meus et Deus meus, all.

Capit. Carissimi. Testificor coram Deo. *Ad Sext. Ant.* Quia vidisti me, Thoma, credidisti, beati qui non viderunt et crediderunt, all. *Ad Non.* Hec autem scripta sunt ut credatis quia Jesus est Christus Filius Dei, et ut credentes, vitam habeatis in nomine ipsius, all.

In Vesp. Ant. Juravit Dominus. *Ad Magn. Ant.* O Thoma Didime, per Christum quem meruisti tangere, te precibus rogamus altissonis, succurre nobis miseris, ne damnemur cum impiis in adventum judicis. *Comm. Adv.* O Emmanuel.

XXV DECEMBRIS.
S. Anastasię, virginis et martyris.

Oratio. Presta, quesumus, omnipotens Deus, ut qui beate Anastasie, martyris tue, solennia colimus, ejus apud te patrocinia sentiamus. Per.

Lectio I. Pretextati illustris viri filiam Anastasiam legimus a Grisogono, viro christianissimo, eruditam. Ad cujus notitiam hae occasione pervenit.

Lectio II. Cum nobilis nata ita plurimum posset, ut vix parem inter matronas habere potuisset, induebat se vilissimo habitu et solo unius puelle consortio carceres circuibat.

Lectio III. Erant enim in vinculis et in carceribus milites Christi quos ista aliter visitare non poterat, nisi plebeio cultu pauperem se mentiretur esse terrenam, ut celestes divitias occuparet.

Lectio IIII. Ibat ergo per custodias publicas, et custodes carcerum, prout poterat, pecuniis redimebat. Ingressa vero, licet omnibus tribulatis ministraret, sanctis tamen qui pro Dei nomine erant in vinculis, sollicita erat lavare pedes, ungere capita, pectere crines, quos longa carcerum claustra nutrierant.

Lectio V. Interea, dùm hec ageret, atque a mariti consortio, simulata infirmitate, cessaret, pervenit ad notitiam zelantis viri hanc plebeio cultu circuire carceres et Dei confessores cum omni sollicitudine visitare.

Lectio VI. Tunc indignatus vir ejus Publicus, tales domui sue custodes instituit ut Anastasiam non permitterent, nec cujuscunque fenestrelle aditum aspectare ; lege viri soluta, mira apud christianos opera misericordie perfecit. Apud insulam Palmariam delata, post varia supplicia, a prefecto ad palos ligata, igne fuit concremata.

FESTA JANUARII

XII JANUARII.
S. Macharii, abbatis.

Omnia necessaria unius confess. non pontif.

Lectio I. Sanctus Macharius, vir mire sanctitatis et innocentie, descendens per vastitatem deserti, intravit ut dormiret in monumento ubi erant sepulcra paganorum, et extraxit unum corpus et illud tanquam pulvinar supposuit capiti suo.

Lectio II. Demones autem volentes eum terrere, vocabant quasi unam mulierem, dicentes : Surge, veni nobiscum ad balneum.

Lectio III. Et alter demon sub ipso, tanquam ex mortuo illo, dicebat : Peregrinum quendam habeo supra me, non possum venire. Ille autem non expavit, sed tundebat corpus illud dicens : Surge et vade, si potes. Et audientes demones, fugerunt, voce clamantes : Vicisti nos, Domine.

Lectio IIII. Dum aliquando a palude ad cellam suam preteriret, occurit ei diabolus cum falce messoria, et volens eum cum falce percutere, non potuit.

Lectio V. Et dixit ei : Multam violentiam patior a te, Machari, quia non possum prevalere adversum te.

Lectio VI. Ecce enim quicquid tu facis et ego facio. Jejunas interdum ; ego nullo unquam cibo reficior ; tu sepe vigilas, me nunquam sopor oppressit ; tua me sola vincit humilitas.

XIII JANUARII.
S. Hilarii, episcopi et confessoris.

Oratio. Omnipotens, sempiterne Deus, qui nos ad sancti Hilarii, confessoris atque pontificis, depositionem[1] pervenire fecisti letantes, tribue, quesumus, ut sicut celebramus officiis, juvemur auxiliis. Per.

Lectio I. Hilarius, illustrissimus Pictaviensis episcopus, et omnium litterarum eruditissimus, ac semper christianus optimus fuit. Cùm vidissent Pictavienses quod tota virtute omnes hereticos expugnabat, eum in episcopum elegerunt. Is, nedum eam provinciam, sed et Franciam ab hereticis defendens, apud Constantium imperatorem qui Arrianis etiam favebat, in his tumultibus accusatus, exilio relegatus est ad insulam Gallinariam, plenam serpentibus, cujus adventu omnes disperierunt. Inde revocatus ab imperatore, redeunti Pictavium obvium defunctum filium sine baptismo suscitavit. Saturnini Arelatensis episcopi factione, ob catholicam fidem, apud Phrigiam secundo relegatus, libros de nostro religione composuit. Sed denique post multas Arrianorum vexationes, ad urbem suam reversus, anno salutis nostre CCCLXXI, migravit ad Dominum. *Alie de Communi.*

Ad Sext. et Non. Oratio. Presta, quesumus, omnipotens Deus, ut excellentiam Verbi tui quam beatus Hilarius confessor gloriosus asseruit, et convenienter intelligere valeamus et veraciter confiteri. Per.

XV JANUARII.

S. Mauri, abbatis.

Oratio. Deus, qui hodierna die beatum Maurum levitam, eterne glorie concessisti fieri participem, concede nobis, ipso intercedente, aditum regni celestis, cujus ad bene vivendum informamur exemplis. Per.

Lectio I. Beatus Maurus, clarissimo senatorum genere, patre Euticio, matre vero Julia ortus, duodecennis, sancto Benedicto omnipotenti Deo sub regulari nutriendus institutione, a parentibus est traditus.

Lectio II. Qui cùm adhuc junior bonis polleret moribus, sicut etiam ipsi vidimus et frequenter experti sumus, magistri cepit adjutor existere ac ejus miraculorum cooperator esse.

Lectio III. Hunc sanctus Benedictus pre omnibus semper carius dilexit, atque ita omnipotentis Dei servitio informavit, ut nemini post ipsum in cenobiali sacrosancta observatione fuerit secundus.

Lectio IIII. Frequenter eum vidimus in diebus sancte Quadragesime, nec tunica, nec cuculla, nisi solummodo sacco uti cilicino, et duabus tantum vicibus in ebdomada parvissimum potius gustare quam sumere cibum. Nam relicto totius anni tempore, sub monachali tunica semper asperrimo a scapulis usque ad renes induebatur troculo, ejusdem sub teminis in stratu super aggestum calcis et arene sabuli tantummodo, excepto quadragesimali tempore, semper usus est cilicio.

Lectio V. Nemo unquam vidit eum de lecto cum ceteris surgere fratribus, sed semper nocturnos vigilando prevenire hymnos attentius procurabat.

Lectio VI. Plerumque quinquagenos, sepe etiam centenos psalmos, nonnunquam vero, totum ex ordine psalterium, ante nocturnalem consummans sinaxim, exceptis duntaxat horarum spaciis, quibus orationum lacrimarumque creberrimarum profundebat singultus, ut pro hoc etiam ipsi sancto Benedicto ammirabilis haberetur.

XVI JANUARII.

S. Marcelli, pape et martyris.

Oratio. Preces populi tui, quesumus, Domine, clementer exaudi, ut beati Marcelli, martyris tui atque pontificis, meritis adjuvemur, cujus passione letamur. Per.

Lectio I. Tempore quo Maximianus Augustus rediens de partibus Affrice ad urbem Romam, volens placere Diocletiano Augusto, in nomine ejus, Termas a solo edificare cepit et christianos omnes Romanos ad afflictionem laboris compellere, et per varia loca alios ad lapides, alios ad arenam fodiendam, damnavit.

Lectio II. Tunc temporis, erat vir christianus, Trason nomine, potens et facultatibus locuplex, et vite fidelis. Hic cum vidisset affligi christianos ad fatigationem et laborem, cepit de sua facultate sanctis martyribus alimoniam ad victum ministrare, per viros christianos Sinnium et Cyriacum et Smaragdum et Largum.

Lectio III. Quod audiens beatus Marcellus, episcopus urbis Rome, gaudio repletus est, et de elemosyna quam Trason sanctis ministrabat gaudens, rogabat christianos viros ad se venire Sisinnium, Smaragdum, Cyriacum et Largum, et didicit ab eis quomodo Trason sanctis Dei victualia ministrabat.

Lectio IIII. Tunc gaudio repletus, consecravit Sisinnium et Cyriacum, diacones Ecclesie Romane. Factum est una nocte, dum ferret humeris suis victum quem Trason ministrabat, tenti sunt a militibus paganis et perducti sunt ad tribunum Expurium.

Lectio V. Suscepit eos tribunus, reclusitque eos in custodia publica. Post diem tertium, nuntiavit Maximiano Augusto.

Lectio VI. Hoc cum audisset Maximianus, jussit ut cum custodia et ipsi foderent arenam et humeris suis portarent usque ad locum, ubi Terme edificabantur. Jussu Maxentii, Marcellus deputatus est ad custodiam animalium in stabulo, ubi cum fede et incommode habitare, pedore et situ mortuus est. Vacat ejus morte sedes Romana, dies xx.

XVII JANUARII.

S. Anthonii, abbatis.

Omnia necessaria unius conf. non pont.
Ad. Mag. Ant. O pater egregie, virtutis initium, o cultor eximie deserti, presidium contra mundi vitia, primus in subsidium querens cum fiducia, nobis fer auxilium.
Oratio. Deus, qui beatum Anthonium, confessorem tuum atque abbatem, familie tue dignum obtulisti preesse pastorem, da nobis in ejus commemoratione exultantibus patrocinio ipsius auxiliari, quatenus ab omni vitiorum labe mundati, mereamur in celestibus cum eo perhenniter gloriari. Per.

Invitatorium. Omnes fratres[1], convenite, festum patris agite. Nunc exultemus, venite, novo cantu pangite.

Ant. Anthonius, vir inclitus[2], auditor evangelii, studet implere penitus sacri normam consilii. *Ant.* Se committens Domino, contemptis terrenis, non curans de crastino, cuncta dat egenis. *Ant.* Cunctorum conspectu fugiens obtutum, asperum et arduum sumpsit institutum. ℣. Justum.

Lectio I. Anthonius, nobilibus religiosisque parentibus Egypto oriundus fuit, tanta suorum nutritus cura ut nihil aliud preter parentes domumque cognosceret. Et cum jam puer esset, non se litteris erudiri, non ineptis infantium jungi passus est fabulis, sed omni desiderio flagrans, secundum quod scriptum est, innocens habitabat domi.

℟. Mente prona studet Anthonius obedire sacris eloquiis, tam preceptis quam consiliis. Cuncta vendit, dispergit citius, datque pauperibus. ℣. Audivit evangelium, quod relictis omnibus debet sequi Filium, vir perfectus moribus. Cuncta.

Lectio II. Ad ecclesiam quoque cum parentibus sepe conveniens, non infantum lascivias, nec puerorum negligentiam sectabatur, sed tantum ea que legebantur auscultans, utilitatem preceptorum vite institutione servabat. Non suis, ut solet, illa etas, pro variis et delicatis cibis unquam tedio fuit, non mollioris esce blandimenta sectatus est. His solum que dabantur contentus, nihil amplius requisivit.

℟. Expeditus currit celerius, fugit mundum et querit anxius. Ubi Deo vacet devotius atque jocundius. ℣. Ad remota loca confugiens, fugit notos, secretum cupiens: Ubi.

Lectio III. Post mortem amborum parentum, annorum circiter decem et octo seu viginti, cum sorore, admodum parvula, derelictus est, et domus et sororis honestam curam gerebat.

℟. Sanctitatis ascendens culmina, virtutumque decore floridus, perfectorum decorat agmina. Vita celsus, exemplo fulgidus. ℣. Veritatis ostensor lucidus, extirpator errorum rigidus. Vita.

In II Noct. Ant. Sanctorum quos noverat fungitur consortiis, quos instructos scieverat divinis eloquiis. *Ant.* Ipsorum servans monita, se conformans omnibus, mente studet sollicita prepollere moribus. *Ant.* Fit in brevi tempore sanctitatis vasculum fitque tegens corpore virtutum vehiculum. ℣. Justus ut palma.

Lectio IIII. Needum enim sex fluxerant menses, quibus post mortem parentum ad ecclesiam, ut solebat, accurrens, recordabatur quomodo et apostoli, omnibus spretis, secuti fuissent Salvatorem, et multi, in Actibus Apostolorum, facultatibus suis venditis, precia ante pedes eorum detulissent egentibus partienda; queve et quanta spes isdem reposita esset in celis.

℟. Hostis, motus invidia virum ad alta scandere, sua studet versutia sanctum ad ima trahere. Molit, terret per varia, volens sic justum vincere. ℣. Importunus obstat Anthonio, ut vel gratis vincat vel tedio. Molit.

Lectio V. Talia secum volvens, intravit ecclesiam et accidit ut tunc evangelium legeretur, in quo Dominus dicit ad divitem: Si vis perfectus esse, vade, vende omnia que habes, et da pauperibus, et veni, sequere me, et habebis thesaurum in celis.

℟. Sanctus sciens Anthonius demonum insidias, mentem confirmat fortius, nec mundi miserias. Pertimescit ulterius, nec querit delicias. ℣. Stat invictus, pugil fortis, nec horrorem timet mortis, nec hostis astutias. Pertimescit.

Lectio VI. Audito beatus Anthonius evangelio, quasi divinitus hujusmodi ante memoriam concepisset, et veluti propter se hec esset Scriptura recitata, ad se Dominicum traxit imperium. Statimque regressus, possessiones quas habebat, vendidit.

℟. Christus, custos Anthonii, convenit ad spectaculum, quo ferventes hostes impii et ejus cedunt famulum. Tunc divini subsidii lux effugat crepusculum, illustrat habitaculum ℣. Gaudet Christus cernens Anthonium gloriosum, victorem hostium. Tunc.

In III Noct. Ant. Antra petit heremi, functus victoria, ubi tela demonum confregit omnia. *Ant.* Tunc desertum floruit floribus virtutis, in deserto patuit doctrina salutis. *Ant.* Post hec, carne solvitur, culpis absolutus, et Christum consequitur quem fuit secutus. ℣. Justus germinat.

Evang. sec. Matth. — In illo tempore.

Dixit Symon Petrus ad Jesum : Ecce nos reliquimus omnia, et secuti sumus te. Quid ergo erit nobis premii ? Et reliqua. *Item unde supra* [3].

[*Lectio VII*]. A rure autem erant trecente jugeres et valde optime, quas videlicet largitus est, ne in aliquo sibi aut sorori molestia gigneretur. Cetera vero, que in mobilibus possidebat, universa vendidit, et aggregato non modico precio, indigentibus dedit, parvis ob sororem reservatis, que et sexu et etate videbatur infirmior.

℟. Felix[4] pugna, felix victoria, felix victor, felix constantia. Quam felici potitur gloria Anthonii perseverantia. ℣. Felix Christus et felix gratia, que tot sanctis prebet auxilia. Quam.

Lectio VIII. Rursus ecclesiam ingressus, cum audisset Dominum in evangelio dicentem : Nolite cogitare de crastino ; reliquam quoque portionem pauperibus distribuit.

℟. Fulget decor doctrine radiis, sanctus nitet multis prodigiis. Miles splendet regis insigniis, promptus ejus semper obsequiis. ℣. Regis hostes expugnat valide, bonos fovet et auget valide. Miles.

Lectio IX. Neque versari se passus est domi, sed sorore fidelibus ac notis virginibus commendata, ut ad earum nutriretur exemplum, ipse jam omnibus seculi vinclis liber, asperum atque arduum arripuit institutum.

℟. Post labores eximios et quamplura certamina, post triumphos egregios, transit ad celi lumina. Post se relinquens filios, celestis vite germina. ℣. Migrat decus munditie, exemplum penitentie, divina cernens lumina, stola dotandus gemina. Post. Gloria Patri.

In Laud. Ant. Nunc Egyptus parens congaudet, sue prolis dans beneficia, et desertum decore floreat, Anthonio prebens obsequia, sed lezati [5] in virtute polleat tanti patris fultum presentia. *Ant.* Plaudat chorus voce clara in laudem Anthonii, destruentis hostis aras et flammas incendii, attollamus ejus cara signa sub spe premii. *Ant.* Non instructus litteris, vicit sapientes hujus mundi, mortibus miseris herentes. ***Ant.*** Se jubet sic sepeliri ut non possit inveniri, sed Christus sanctum servavit et lezatum decoravit patris hujus presentia; Christo sit laus et gloria. ***Ant.*** Pauper in divitiis, sed dives in gloria, copiosus premiis, conregnat in gloria. ***Ad Ben.*** O Anthoni, rerum abjectio, fratrum amor, carnis afflictio, mens devota, morum religio, te confirmant in regni solio.

Per Horas, Ant. Laudum. Ad Sext. et Non. Oratio. Deus, qui concedis, obtentu beati Anthonii, confessoris tui, morbidum ignem⁵ extingui et membris egris refrigeria prestari, fac nos, quesumus, ejus precibus et meritis a gehenne incendiis liberatos, integros mente et corpore, tibi feliciter in gloria presentari. Per Dominum.

Ad Magn. Ant. Splendor lucis, vas decorum, ductor crucis, doctor morum, corpus fecundatum, summe decorans lezatum. O Pater Anthoni, tibi supplicamus proni, sicque egros carne cura, ut tecum regnemus mente secura.

XX JANUARII.

SS. Fabiani et Sebastiani, martyrum.

Ad Vesp. ℟. Erat enim. ***Ad Magn. Ant.*** Si ego verus Christi servus sum et si vera sunt omnia que ex ore meo hec mulier audivit et credidit, aperiat os ejus qui aperuit os Zacharie, prophete Domini. ***Seq. orat.***¹ *dicuntur sub uno fine.* Infirmitatem nostram respice, omnipotens Deus, et quia pondus proprie actionis gravat, beati Fabiani, martyris tui atque pontificis, intercessio gloriosa nos protegat. — Deus, qui beatum Sebastianum, martyrem tuum, virtute constantie in passione roborasti, ex ejus nobis imitatione, tribue pro amore tuo prospera mundi despicere et nulla ejus adversa formidare. Per. ***Invitat.*** Regem martyrum. ***Hymn.*** Rex gloriose.

In I Noct. Ant. Sebastianus, Mediolanensium partium civis, quem perfuderat Deus gratia, ab omnibus amabatur. ***Ant.*** Erat enim in sermone verax, in judicio justus. ***Ant.*** Christo quotidie sedulum exhibebat officium, erat enim verus Dei cultor. ℣. Letamini.

Lectio I. Rome, Fabiani episcopi, qui cum quatuordecim annis et mense uno et diebus decem Ecclesie preesset, passus est martyrium, tempore Decii, et in cimiterio Calixti sepultus.

℟. Sebastianus, vir christianissimus, quem occultabat militaris habitus. Et clamydis sue obumbrabat aspectus. ℣. Hunc milites, ac si patrem, carissimo venerabantur affectu; erat enim verus Dei cultor. Et.

Lectio II. Hic regiones divisit diaconibus, et fecit septem subdiacones qui septem notariis imminerent, ut gesta martyrum in integro colligerent.

℟. Erat enim in sermone verax, in judicio justus, in consilio providus, in caritate conspicuus. In universa morum honestate preclarus. ℣. In commisso quoque fidelis, in interventu strenuus. In.

Lectio III. Hujus tempore, supervenit Novatus ex Africa, et separavit ab Ecclesia Novatianum, post quem Moyses confessor in carcere defunctus est, qui fuit ibi mensibus undecim.

℟. Christo quotidie sedulum exhibebat officium. Et christianorum animas, quas in tormentis videbat deficere, confortabat. ℣. Erat enim in sermone verax, in judicio justus. Et.

In II Noct. Ant. Ad hoc tantum sub clamyde Christi militem tegebat absconditum, ut Deo redderet animas quas dyabolus conabatur auferre. ***Ant.*** Sebastianus, Dei cultor, studiose curabat sub absconso clamydis, sanctorum animas confortare, spem promittens et gloriam consequi sempiternam. ***Ant.*** Clarissimis quotidie viris Marcelliano et Marcho suadebat seculi blandimenta respuere et momentanea tormentorum genera non timere. ℣. Exultent justi in conspectu Dei. ℟. Et delectentur.

Lectio IIII. Sebastianus, vir christianissimus, Mediolanensium partium civis, Diocletiano et Maximiano imperatoribus ita carus erat, ut principatum ei prime cohortis traderent et suo eum conspectui juberent semper astare.

℞. Sebastianus, Dei cultor, studiose, etc. ℣. Multas denique martyrum mentes a timore passionis eripuit, et ad coronas perpetue glorie incitavit. Spem.

Lectio V. Erat enim beatus Sebastianus, vir totius prudentie, in sermone verax, in judicio justus, in consilio providus, in commisso fidelis, in interventu strenuus, in bonitate conspicuus, in universa morum honestate preclarus. Hunc milites, ac si patrem, venerabantur; hunc universi, qui preerant palatio, carissimo venerabantur affectu.

℞. Nolite metuere, non separabuntur a vobis. Sed vadunt in celo parare vobis sydereas mansiones. ℣. Beatus Sebastianus dixit. Nolite timere, non separabuntur a vobis. Sed.

Lectio VI. Erat enim verus Dei cultor et necesse erat ut quem Dei perfuderat gratia ab omnibus amaretur. Hic Christi miles, jussu Diocletiani, in medio campo ligatur, et quasi signum ad sagittam a militibus sagittis figitur, et undique impletur, ut ferme quasi ericius esset hirsutus sagittis, et eum mortuum arbitrantes, reliquerunt. Qui, infra paucum tempus, sanitatem recuperavit, imperatoribus in palatio eorum persecutionem injustam fore declarans, quem tam diu fustigari preceperunt, donec spiritum redderet.

℞. In isto loco promissio vera est et peccatorum remissio, splendor et lux perpetua, et in fine letitia. Quas meruit Christi martyr Sebastianus. ℣. Nolite timere, non separabuntur, etc. Quas. Gloria.

In III Noct. Ant. Sebastianus, vir christianissimus, quem occultabat militaris habitus et clamydis obumbrabat aspectus. *Ant.* Ut vidit beatus Sebastianus athletas Dei immenso certaminis pondere fatigari, dixit : O fortissimi Christi milites, nolite per misera blandimenta, coronas deponere sempiternas. *Ant.* Sebastianus dixit Marcelliano et Marcho : Non vos seducant blandimenta mulierum. ℣. Gloriosus Deus in sanctis.

Evang. secund. Lucam. In illo tempore : Descendens Dominus. *Sermo S. Ambrosii.*

Animadvertite omnia diligenter quomodo et cum apostolis ascendat Jesus, et descendat ad turbas. Quomodo enim turba, nisi Christum videret ? ℞. Elegit Dominus virum de plebe et claritatem visionis eterne dedit illi ; celebremus solennitatem Sebastiani martyris. Gaudium sit in celo, et in terra pax hominibus bone voluntatis. ℣. Beatus es et bene tibi erit, egregie martyr Sebastiane. Gaudium. ℞². Egregie Christi martyr, Sebastiane, princeps ac propagator sanctissimorum preceptorum, ecce nomen tuum in libro vite celestis ascriptum est. Et memoriale tuum non derelinquent in secula. ℣. Socius enim factus es supernarum Virtutum, que et in celis spiritum tuum susceperunt. Et.

℞. Si ego verus Christi servus sum, et si vera sunt omnia que ex ore meo, hec mulier audivit et credidit, aperiat os ejus. Qui aperuit os Zacharie, prophete Domini. ℣. Jubeat Dominus meus Jesus Christus, ut redeant ad eam officia labiorum ejus. Qui.

In Laud. Ant. Descendit lux magna super Sebastianum, dum confirmaret et roboraret viros christianos. *Ant.* Zoe, uxor Nicostrati, dixit beato Sebastiano : Beatus es tu, et benedictus sermo oris tui. *Ant.* Sebastianus dixit Nicostrato : Salvator noster pro peccatoribus dignatus est suam exhibere presentiam. *Ant.* Policarpus presbyter dixit beato Sebastiano : Beati estis qui auditis vocem Domini Jesu-Christi. *Ant.* Iratus imperator jussit sanctum Dei sagittis interfici, eo quod Christum verum Deum coleret.

Ad Bened. Ant. Multitudo languentium veniebant ad eum et sanabantur omnes, all.

Ad Prim. Ant. Nolite timere, non separabuntur a vobis, sed vadunt in celo parare vobis sydereas mansiones. *Ad Tert.* Calixtus dedit orationem dicens : Deus qui dispersa congregas, et congregata conservas, auge fidem et fiduciam servis tuis, per Christum Dominum nostrum. *Ad Sext. Ant.* Nos, famuli Domini, servos et apostolos Jesu Christi venimus adorare. *Ad Non. Ant.* Iratus imperator. *In Vesp. Ant. Laud. Cap. S. Agnetis.* ℞. Pulchra facie.

XXI JANUARII.

S. Agnetis, virginis et martyris.

Hymn. et alia necess. de Comm. Virg.[1]
Ad Magn. Ant. Ecce quod cupivi jam video, quod speravi jam teneo; illi sum juncta in celis quem, in terris posita, tota devotione dilexi. *Oratio* Omnipotens, sempiterne Deus. *In Communi est. Comm. S. Sebast. Ant.* Beatus es et bene tibi erit, egregie martyr Sebastiane, quia cum sanctis gaudebis, et cum angelis exultabis in eternum.

Invitat. Agnum, sponsum virginum. Venite adoremus. Dominum Jesum Christum. Venite.

In I Noct. Discede a me, pabulum mortis, quia jam ab alio amatore preventa sum. *Ant.* Anulo suo subarravit me Dominus meus Jesus Christus, et immensis monilibus ornavit me. *Ant.* Dextram meam et collum meum cinxit lapidibus preciosis, tradidit auribus meis inestimabiles margaritas. ℣. Diffusa est.

Lectio I. Ambrosius, servus Christi, virginibus sacris : Diem festum sacratissime virginis Agnetis celebremus. Hinc psalmi resonent; hinc concrepent lectiones. Hinc populorum turbe letentur; inde sustententur pauperes Christi.

℟. Diem festum sacratissime virginis celebremus; qualiter passa sit beata Agnes ad memoriam revocemus tertio; decimo etatis sue anno, mortem perdidit et vitam invenit. Quia solum vite dilexit auctorem. ℣. Infantia quidem computabatur in annis, sed erat senectus mentis immensa. Quia.

Lectio II. Omnes ergo gratulemur in Domino, et, ad edificationen virginum, qualiter passa sit Agnes beatissima ad memoriam revocemus. Tertio decimo etatis sue anno, mortem perdidit et vitam invenit, quia solum vite dilexit auctorem.

℟. Pulchra facie, sed pulchrior mente, beata es Agnes, respuens mundum, letaberis cum Angelis. Intercede pro nobis omnibus. ℣. Diffusa est gratia in labiis tuis, propterea benedixit te Deus in eternum. Intercede.

Lectio III. Infantia quidem computabatur in annis, sed erat senecta mentis immensa. Corpore quidem juvencula, sed animo cana. Pulchra facie, sed pulchrior fide, que dum a scolis reverteretur, a prefecti urbis filio adamatur.

℟. Dextram meam et collum meum cinxit lapidibus preciosis, tradidit auribus meis inestimabiles margaritas. Et circumdedit me vernantibus atque coruscantibus gemmis. ℣. Posuit signum in faciem meam ut nullum, preter eum, amatorem admittam.

In II Noct. Ant. Posuit signum, etc. *Ant.* Induit me Dominus ciclade, auro texta, et immensis monilibus ornavit me. *Ant.* Mel et lac ex ejus ore suscepi et sanguis ejus ornavit genas meas. ℣. Specie.

Lectio IIII. Cujus parentes dum requisisset et invenisset, cepit offerre plura, et ampliora promittere. Denique detulit secum preciosissima ornamenta, que a beata Agnete, veluti quedam sunt stercora recusata.

℟. Induit me Dominus vestimento salutis et indumento justitie circumdedit me. Et tanquam sponsam decoravit me corona. ℣. Tradidit auribus meis inestimabiles margaritas, et circumdedit me, etc. Et.

Lectio V. Unde factum est ut juvenis majori perurgeretur stimulo, et putans eam meliora velle accipere ornamenta, omnem lapidum preciosorum secum defert gloriam et per seipsum et per amicos et notos et affines, cepit aures virginis appellare, divitias, domos, possessiones, familias atque omnes mundi facultates repromittere, si consensum suum ejus conjugio non negaret.

℟. Amo Christum in cujus thalamum introivi, cujus Mater virgo est, cujus Pater feminam nescit, cujus mihi organa modulatis vocibus cantant. Quem cum amavero, casta sum, cum tetigero, munda sum, cum accepero, virgo sum. ℣. Anulo fidei sue subarravit me et immensis monilibus ornavit me. Quem.

Lectio VI. Ad hec beata Agnes fertur juveni dedisse responsum : Discede a me, fames peccati, nutrimentum facinoris, pabulum mortis, discede a me, quia jam ab alio amatore preventa sum, qui mihi satis meliora te obtulit ornamenta et anulo fidei sue subarravit me, longe te nobilior, et genere et dignitate. Nuda ducitur ad lupanar, at densitate capillorum tegitur. In ignem conjecta, minime leditur. Tandem, jussu Aspasii, in guttur ejus gladius immergitur, et sic palmam martyrii adepta est, viii kal. februarii.

℟. Mel et lac ex ore ejus suscepi, et sanguis ejus ornavit genas meas, cujus pulchritudinem sol et luna mirantur. Ipsi soli servo fidem, ipsi me tota devotione committo. ℣. Ostendit mihi thesauros incomparabiles quos mihi daturum se repromisit. Ipsi. Gloria.

In III Noct. Ant. Ipsi sum desponsata cui Angeli serviunt, cujus pulchritudinem sol et luna mirantur. *Ant.* Cujus pulchritudinem sol et luna mirantur, ipsi soli servo fidem. *Ant.* Ipsi soli servo fidem, ipsi me tota devotione committo. ℣. Audi.

Evang. de Virg. ℟. Ipsi sum desponsata, etc. ℣. Dextram meam, etc. ℟. Jam corpus ejus corpori meo sociatum est, sanguis ejus ornavit genas meas. Cujus Mater virgo est. cujus Pater feminam nescit. ℣. Induit me Dominus ciclade, auro texta, et immensis monilibus ornavit me. Cujus. ℟. Omnipotens, adorande, colende, tremende, benedico te. Quia per Filium tuum Unigenitum evasi minas hominum impiorum, et spurcitias diaboli, impolluto calle, transivi. ℣. Te confiteor labiis, te corde, te totis visceribus concupisco. Quia.

In Laud. Ant. Christi virgo, nec terrore concutitur, nec blandimentis seducitur. *Ant.* Mecum enim habeo custodem corporis mei, angelum Domini. *Ant.* Ingressa Agnes turpitudinis locum, angelum Domini preparatum invenit. *Ant.* Benedico te, Pater Domini mei Jesu Christi, quia per Filium tuum ignis extinctus est a latere meo. *Ant.* Stat a dextris ejus Agnus, nive candidior, Christus sibi sponsam et martyrem consecravit.

Ad Bened. Beata Agnes, in medio flammarum, expansis manibus, orabat : Te deprecor, venerande, colende, Pater metuende, quia per sanctum Filium tuum minas evasi sacrilegi tiranni, et carnis spurcitiam, immaculato calle, transivi, et ecce venio ad te quem amavi, quem quesivi, quem semper optavi.

Ad Prim. Ant. Christus circumdedit me vernantibus atque coruscantibus gemmis preciosis. *Ad Tert.* Ecce, ut ad Magn. *Ad Sext. Ant.* Stat a dextris, etc. *Ad Non. Ant.* Congaudete mecum et congratulamini, quia cum his omnibus lucidas sedes accepi. *In Vesp. Ant. Laud. Psalmi Virg.*

XXII JANUARII.

S. Vincentii, martyris.

Ad Vesp. ℟. Sanctus Vincentius. *Ad Magn. Ant.* Sacram hujus diei solennitatem humili celebremus devotione, qua invictus Christi martyr Vincentius, tiranno devicto, insignem victorie palmam celo gaudens intulit. *Oratio.* Adesto, quesumus, Domine, etc. *Rel. in Communi. Commem. S. Agnetis. Ant.* Stans beata Agnes in medio flamme expansis manibus orabat ad Dominum : Omnipotens, adorande, colende, tremende, benedico te, et glorifico nomen tuum in eternum. *Si fest. S. Vincentii venerit in Dom. transferatur festum ad diem Lune, et simili die octavo fiat oct.*

Invitat. Laudibus egregiis Christo psallamus in unum. Qui levite Vincentio inter supplicia tormentorum obsequia misit angelorum. Venite.

In I Noct. Ant. Sanctus Vincentius a pueritia studiis literarum traditus, superna sibi providente clementia, gemina scientia efficacissime claruit. *Ant.* Sanctitate quoque insignis, diachonii [1] arce suscepta, vices pontificis diligenter exequebatur. *Ant.* Valerius igitur episcopus et levita Vincentius, spe fruende victorie divinitus subnixi, in confessione deitatis alacriter cucurrerunt.

Lectio I. Probabile satis est ad gloriam Vincentii martyris quod, descriptis passionis ipsius gestis [2], titulum invidit inimicus. Unde reddimus fide plenam relationem gestorum, quam literarum apicibus annotari judex non immerito noluit, quia victum se erubescebat audiri.

℟. Sacram presentis diei solennitatem humili celebremus devotione, qua invictus Christi martyr Vincentius, tiranno devicto. Insignem victorie palmam celo gaudens intulit. ℣. Peracto passionis sue venerando triumpho, angelorum civibus comitatur. Insignem.

Lectio II. Naturalis siquidem providentia est male errantium auferre de medio testimonium probitatis. Sed quum nobilem martyris triumphum notitie fidelium tradere disponimus, dignum est ut et generis ipsius nobilitas breviter intimetur. Extitit enim patre Eutitio progenitus, qui fuit Agressi, nobilissimi consulis, filius. Mater vero ejus, Enola, ex Osca [3] urbe noscitur procreata.

℟. Sanctus Vincentius, Christi martyr, providente superna clementia, que sibi eum previdebat vas electionis futurum. Gemina scientia efficacissime claruit. ℣. Sanctitate quoque insignis, diaconii arce suscepta, vices pontificis diligenter exequebatur. Gemina.

Lectio III. Beatus Vincentius a pueritia studiis literarum traditus, superna providente clementia que sibi eum previdebat, vas electionis futurum, gemina scientia, sub beato Valerio Cesarauguste [4] civitatis antistite, efficacissime claruit. A quo etiam sanctitate insignis diaconii arcem suscepit.

℟. Valerius igitur episcopus et levita Vincentius, spe fruende victorie, divinitus subnixi. In confessione deitatis alacriter cucurrerunt. ℣. Tante namque feliciores se esse credebant, quanto acriora tiranni supplicia pia longanimitate certassent evincere. In.

In II Noct. Ant. Tanto namque feliciores se esse credebant, quanto acriora tiranni supplicia pia longanimitate certassent evincere. *Ant.* Levita Vincentius dixit beato Valerio : Si jubes, pater sancte, responsis judicem aggrediar. *Ant.* Jam tibi, fili carissime, divini verbi curam commiseram, nunc quoque pro fide qua astamus, responsa committo. ℣. Posui.

Lectio IIII. Et quum idem episcopus impeditioris lingue fuisse dinoscitur, tradito doctrine ministerio venerabili Vincentio, ipse orationi et divine contemplationi sedulus insistebat. At vero memoratus archidiaconus vices sepedicti pontificis diligenter et oportune exequebatur.

℟. Levita Vincentius dixit beato Valerio : Si jubes, pater sancte, responsis judicem aggrediar ; jam tibi, fili carissime, divini verbi curam commiseram. Nunc quoque pro fide qua astamus responsa committo. ℣. Tibi enim gemina scientia pollenti, ac superni amoris igne ferventi celestis olim doctrine ministerium delegavi. Nunc.

Lectio V. Cum, apud Cesaraugustam civitatem, multarum sinceritas et signata veritatis verba testantur, Daciano cuidam, presidi gentili et sacrilego, a dominis et principibus suis, Diocletiano videlicet et Maximiano, seviendi in christianos sorte occasio cecidisset, et ei oblatranti prophane crudelitatis rabies aspirasset, episcopos ac presbyteros, ceterosque sacri ordinis ministros, spiritu nequitie exagitatus rapi precepit.

℟. Ecce jam in sublime agor, et omnes principes tuos seculo altior tiranne despicio, nolo gloriam meam minuas, nec damna inferas laudi. Paratus sum enim ad omnia tormenta pro Salvatoris nomine sustinenda. ℣. Insurge ergo et toto malignitatis spiritu debaccare, videbis me Dei virtute plus posse quam possis ipse qui torques. Paratus.

Lectio VI. Valerius igitur episcopus et Vincentius archidiaconus, fidei soliditate et spe fruendi victoria, divinitus subnixi, in confessione deitatis alacriter cucurrerunt, tanto feliciores se futuros esse credentes, quanto acriora tiranni supplicia, pia longanimitate certassent evincere. Unde certaminis ac penarum dilatio, remunerationis eis videbatur diminutio.

℟. Assumptus ex eculeo levita Vincentius, atque ad patibulum raptus, tortores suos pene preveniens. Moras carnificum arguendo, ad penam alacriter properabat. ℣. Intrepidus itaque Dei athleta candentis ferri machinam ultro conscendens. Moras.

In III Noct. Ant. Beatus Vincentius,

cujus jam mens conscia corone dixit Daciano : Hactenus a te habitus sermo deneganda fide peroravit. *Ant.* Nepharium tamen apud christianorum prudentiam esse cognosce deitatis cultu abnegando blasphemare. *Ant.* Profitemur enim christiane religionis nos esse cultores, ac unius veri Dei permanentis in secula famulos et testes. ℣. Magna est.

Evang. secund. Johann. In illo tempore: Dixit Jesus discipulis suis : Amen, amen dico vobis. Nisi granum. *Sermo S. Hieronymi.* Granum frumenti seipsum Dominus dicebat…

℟. Christi miles preciosus, levita Vincentius, ut tribunal, sponte rogum conscendit intrepidus. Statim salis crepitantis per corpus minutie sparsim ibant atque prune vernabantur sanguine. ℣. Inter hec manet immotus ille Dei servulus orans Christum, in sublime erectis luminibus. Statim.—℟. Vir inclytus Vincentius, martyr Domini preciosus, succensus igne divini amoris, constanter sustinuit supplicia passionis. Et per immanitatem tormentorum pervenit ad societatem angelorum. ℣. Cujus intercessio nobis obtineat veniam, qui per tormenta passionis æternam meruit palmam et sempiternam coronam. Et per.

℟. Martyr insignis, alme Vincenti, meritisque clare cum Christo regnans, preces nostras in aula regis eterni subleva. Et protege utrunque ordinem, cujus egregius extitisti levita in orbem. ℣. Incessanter pro nobis supplica Deo, ut feliciter mereamur perfrui gloria paradisi. Et.

In Laud. Ant. Assumptus ex eculeo levita Vincentius atque ad patibulum raptus, moras carnificum arguendo ad penam alacriter properabat. *Ant.* Intrepidus itaque candentis ferri machinam ultro conscendit, ac manens immotus, erectis in celum luminibus, Dominum precabatur. *Ant.* Hinc horrendo carceris clausus ergastulo, Dei athleta angelorum venerando fovebatur obsequio, et mulcebatur alloquio. *Ant.* Agnosce, o Vincenti invictissime, quia pro cujus nomine fideliter decertasti, ipse tibi coronam preparatam servat in celestibus.

Ant. Dantur ergo laudes Deo altissimo, et resonante organo vocis angelice modulata suavitas procul diffunditur. *Ad Bened. Ant.* Egregius Dei martyr Vincentius, diris tormentorum suppliciis pro Christo alacriter superatis, ac felicis pugne agone constanter expleto, tandem preciosam resolutus in mortem, celo triumphans spiritum reddidit.

Ad Prim. Ant. In Christi nomine, spiritalia arma constanter pugnaturi accepimus, minas tuas et supplicia non metuentes. *Ad Tert. Ant.* Beatus Vincentius, applicatis tormentis, alacri vultu Dei potentia roboratus dixit : Hoc est quod semper optavi et votis omnibus exquisivi. ℟. Preciosam resolutus in mortem martyr Vincentius, spiritum celo reddidit. ℣. Diris pro Christo suppliciis alacriter superatis, spiritum. *Ad Sext. Ant.* Ecce jam in sublime agor, et omnes principes tuos, seculo altior tyranne, despicio, paratus ad omnia pro Salvatoris nomine sustinenda. *Oratio.* Deus, qui beatum martyrem tuum Vincentium contra hostis antiqui servitiam dimicantem, angelica visitatione confortasti, ejus intercedentibus meritis, ab omni nos absolve vinculo peccatorum, et in eterna letitia fac gaudere cum illo. *Ad Non. Ant.* Dixit sanctus Vincentius : Dominum Christum confiteor, et ipsum cum Patre et Sancto Spiritu unum ac verum Deum esse protestor.

In Vesp. Ant. Laud. Ad Magn. Ant. Insigne preconium alme tue nobilitatis consona voce collaudantes, verbo supplici prosequamur. Ave, inclite martyr, angelorum consors, apostolorum socius, prophetarum concivis et martyrum coheres, sancte Vincenti, intercede pro nostra omniumque salute [5]. *De octava S. Vincentii, fiat sicut dicitur in titulo rubricarum. Verumtamen si istud festum occurrat in Dominica, festum mutetur ad diem Lune, et simili die fiat octava, scilicet alio die Lune.*

XXV JANUARII.

In Conversione S. Pauli.

Ad Vesp. Cap. Saule frater, Dominus misit me Jesus qui apparuit tibi in via qua veniebas, ut videas et implearis Spiritu Sancto; et confestim ceciderunt ab oculis ejus tamquam squame; et visum recepit. ℟. Ibat igitur. *Hymn. et alia necess. de Comm. Apost. Ad Magn. Ant.* Prostratus est sevissimus persecutor, sed erectus est fidelissimus predicator. Quos, Domine, edocet de te, meritis ducat ad te. *Oratio* Deus, qui universum mundum beati Pauli apostoli predicatione docuisti, da nobis, quesumus, ut qui ejus hodie conversionem colimus, per ejus ad te exempla gradiamur. *Si venerit in Dominica transferatur ad diem Lune, et tunc festum Policarpi transferatur ad diem non occupatam.*

Invitat. Laudemus Dominum Deum nostrum. In conversione apostoli Pauli. Venite.

In I Noct. Saulus adhuc spirans minarum et cedis in discipulos Domini, abiit ad principem sacerdotum, et petiit ab eo ut ubicumque inveniret hujus vie viros, vinctos perduceret Hierusalem. ℣. Paternarum traditionum apostolicus emulator existens. *Ant.* Ibat igitur Saulus furia invectus, dirum toto pectore virus efflabat et sanctorum sanguinem, sine intermissione, sitiebat. ℣. Et cum iter faceret, contigit ut appropinquaret Damasco. *Ant.* Et subito circumfulsit eum lux de celo, et cecidit in terram, nihilque videbat. ℣. Audivit autem vocem dicentem sibi : Saule, Saule, quid me persequeris. ℣. In omnem.

Lectio I. Sermo S. Augustini. Saulus adhuc spirans minarum. — ℟. Saulus adhuc spirans minarum et cedis in discipulos Domini. Abiit ad principem sacerdotum, et petiit illi ut ubicumque inveniret hujus vie viros perduceret Hierusalem. ℣. Ibat igitur Saulus, furia invectus, dirum toto pectore virus efflabat. Abiit.

Lectio II. ℟. Ibat igitur Saulus, etc. Et sanctorum sanguinem, etc. ℣. Per totam Judeam, insane ferebatur, ut membra Christi laniaret in terris. Et.

Lectio III. ℟. Vade, Anania, et quere Saulum quia vas electionis est mihi, ut portet nomen meum. Coram gentibus et regibus et filiis Israel. ℣. Ego enim ostendam illi quanta oporteat eum pati pro nomine meo. Coram.

In II Noct. Ant. Saule, Saule quid me persequeris? Quis es, Domine ? Ego sum Jesus quem tu persequeris, durum est tibi contra stimulum calcitrare. ℣. Sed surge et ingredere civitatem et dicetur tibi quid te oporteat facere. *Ant.* Viri autem qui comitabantur cum eo, stabant stupefacti, audientes quidem vocem, sed neminem videntes. ℣. Saulus autem cadens in terra apertisque oculis nihil videbat. *Ant.* Saulus autem tremens ac stupens dixit ad Jesum : Domine, quid me vis facere ? Ait autem Dominus ad eum : Surge et ingredere civitatem et dicetur tibi quid te oporteat facere. ℣. Viri autem qui comitabantur cum eo stabant stupefacti. ℣. Constitues.

Lectio IIII. ℟. Tu es vas electionis, sancte Paule apostole, predicator veritatis in universo mundo. Per quem omnes gentes cognoverunt gratiam Dei. ℣. Intercede pro nobis ad Dominum qui te elegit. Per. ℟. Magnus sanctus Paulus, vas electionis, vere digne est glorificandus. Qui et meruit thronum duodecimum possidere. ℣. A Christo de celo vocatus et in terra prostratus, ex persecutore effectus est vas electionis. Qui et. — ℟. Sancte Paule apostole, predicator veritatis, et doctor gentium. Intercede pro nobis ad Deum qui te elegit, ut digni efficiamur gratia Dei. ℣. Tu es vas electionis et predicator veritatis. Intercede.

In III Noct. Ant. Ad manus autem illum trahentes introduxerunt Damascum et erat tribus diebus non videns, et non manducavit neque bibit. ℣. Surrexit autem Saulus de terra apertisque oculis nihil videbat. *Ant.* Vade Anania, etc. ℣. Dixit autem Dominus in visu Ananie. *Ant.* Saule frater, Dominus misit me Jesus qui apparuit tibi in via qua veniebas ut videas, et implearis Spiritu Sancto. ℣. Et abiit Ananias et introivit in domum, et imponens ei manus dixit.

Evang. sec. Matth. In illo tempore. Dixit Symon Petrus ad Jesum. Ecce nos reliquimus. *Sermo S. Hieron.* Grandis fiducia ! — ℟. Bonum certamen certavi, cursum consummavi, fidem servavi. Ideoque reposita est mihi corona justitie. ℣. Gratia Dei sum id quod sum, et gratia ejus semper in me manet. Ideo. — ℟. Damasci prepositus gentis Arethe regis voluit me comprehendere, a fratribus per murum. Submissus sum in sporta et sic evasi manus ejus in nomine Domini. ℣. Deus et Pater Domini nostri Jesu Christi scit quod non mentior. Submissus. — ℟. Celebremus conversionem sancti Pauli apostoli. Quia hodie ex persecutore effectus est vas electionis. ℣. Gaudent angeli, atque letantur archangeli, et collaudant in celis Filium Dei. Quia.

In Laud. Ant. A Christo de celo vocatus, et in terra prostratus, ex persecutore effectus est vas electionis. ℣. Prostratus est sevissimus persecutor, sed erectus est fidelissimus predicator. *Ant.* Sancte Paule apostole, predicator veritatis et doctor gentium, intercede pro nobis ad Deum qui te elegit. ℣. Ut digni efficiamur gratia Dei. *Ant.* Tu es vas electionis, sancte Paule, predicator veritatis in universo mundo. ℣. Per quem omnes gentes cognoverunt gratiam Dei. *Ant.* Saulus autem magis convalescebat in Christo et confundebat Judeos. ℣. Ostendens quia hic est Christus, Filius Dei. *Ant.* Damasci prepositus, etc. ℣. Deus et Pater Domini nostri Jesu Christi scit quod non mentior. *Capit.* Surrexit autem Paulus de terra. *Ad Bened. Ant.* Cum autem complacuit ei qui me segregavit ex utero matris mee et vocavit per gratiam suam ut revelaret in me Filium suum in gentibus, continuo non acquievi carni et sanguini, sed abii ad antecessores meos apostolos.

Ad Prim. Ant. Sub manu continuo Ananie ceciderunt squame ab oculis ejus et surgens baptizatus est, et accipiens cibum confortatus est. *Ad Tert. Ant.* Ingressus Paulus in synagoga predicabat Judeis Jesum affirmans quia hic est Christus. *Capit.* In diebus illis, Saulus adhuc spirans minarum, etc. ℟. Sancte Paule apostole. ℣. *de Apost. Ad Sext. Ant.* Saulus qui et Paulus magnus predicator a Deo confortatus convalescebat et confundebat Judeos. *Capit.* Fuit autem simul cum discipulis qui erant Damasci, etc. *Ad Non. Ant.* Mirabantur omnes qui audiebant dicentes : Nonne hic est qui ad hoc venit ut expugnaret nomen istud et in eum glorificabant Jesum. *Capit.* Stupebant omnes, etc.

In Vesp. Ant. Laud. Capit. Paulus autem multo magis convalescebat, etc. *Ad Magn. Ant.* Celebremus conversionem, etc.

XXVI JANUARII.

S. Policarpi, episcopi et martyris.

Oratio. Omnipotens, sempiterne Deus, qui ubique in sanctis tuis semper es mirabilis, concede propitius, nos in hujus sancti martyris tui atque pontificis Policarpi solennitate letari, omniumque nostrorum vota in ejus amore semper accendere digneris. Per.

Lectio I. Policarpus, Johannis apostoli discipulus, Smirneus episcopus ab eo creatus, ac totius Asie religione et doctrina tum facile princeps, Anacleto presulante, Romam veniens, plurimos fidelium Marcionis et Valentiniani falsa persuasione deceptos ad fidem reduxit. Postea vero, imperante Marco Anthonino Pio, Smirne igni traditus est et passus VII kal. februarii. Qui, ante triduum quam comprehenderetur, vidit per visionem nocte cervical capitis sui igne esse consumptum, quod evigilans interpretatus est astantibus somnium pro certo igne Christo esse consumendum. Preparato copioso igne, ligatus post tergum manibus, in eum projicitur, sed flamma supra corpus stans ipsum non urit. Propius accedentes, sceleris ministri corpus mucrone transfodiunt, a quo tam large effusus est sanguis ut focum extingueret.

XXVII JANUARII.

S. Johannis Chrysostomi, episcopi et confessoris.

Oratio. Omnipotens, sempiterne Deus, qui beatum Johannem Chrysostomum, episcopum et doctorem eximium, sublimasti in celum, presta nobis famulis tuis, ejus suffragantibus meritis, per semitas mandatorum tuorum incedere, ut nulla adversitate nulloque timore ab eis deviemus. Per Dominum.

Lectio I. Johannes, cognomento Chrysostomus, (hoc est, os aureum, propter maximam ejus sapientiam et eloquentiam [1]), Constantinopolitanus episcopus, postquam christiane religioni verbo et exemplo atque doctrina plurimum profuisset, vi kal. februarii, in pace quievit. Hic propter veritatem et justitiam defendendam, ab Eudoxia et Archadio ejus filio, multas pertulit injurias. Sed inter hec, preter sanctitatem maximam, elegantissimos edidit libros et sermones ac epistolas.

XXIX JANUARII.

Octava S. Vincentii.

Omnia sicut in die, excepto Resp. ad Tert. — *Lectio I.* Vincentius levita, vir invictissimus atque sanctissimus, natione Hispanus, beatissimi Pape Sixti discipulus, divique Laurentii martyris scientia et virtute germanissimus, qui genere nobilissimus a pueritia litteris traditus, gemina scientia efficacissime claruit sub beato Valerio, Cesarauguste antistite.

Lectio II. Et cum eo acerbissimum martyrium a Daciano preside pertulit, ita ut cum summa pena carceris, famis inopia, cathenarum stridore manibus collo cervicibus ferri pondera sustinens, per omnes corporis artus mortalia supplicia pateretur. Deinde Dacianus sanctissimum hominem in cculeo primum, levatum toto corpore distendi fecit, distentumque diversis vulneribus cruciari, ac nimia fervens insania, dum martyrem Dei lacerant se amplius lacerare conatur, ut profluentem a toto corpore sanguinem cerneret.

Lectio III. Hinc ex eculeo assumptus Vincentius, jusserat lectum tyrannus cum ferratis costis proferri, et addita subtus carbonum congerie, exuerunt Domini martyrem, qui intrepidus candentis ferri machinam ultro conscendit. Torquetur, flagellatur, exuritur, et distensis membris crescit ad corpus ad penam. Dein Dei athleta ita in craticula positum uncinis ferreis aperiri jubet et ardentes laminas infigi, ac sale ignito aspergi, et laceratum teterrimo carcere fecit includi.

Lectio IIII. Dum esset in carcere gloriosus martyr, ibi tyrannus acutissimas testas congeri jussit, in lignoque pedes ejus affigi et sine humano solatio Domini martyrem derelinqui. Hinc horrendo carceris clausus ergastulo angelorum venerando fovebatur obsequio et mulcebatur alloquio. Itaque tenebra carceris ab immensa luce expellitur, testarum asperitas in omnium florum suavitatem mutatur et pedes dissolvuntur.

Lectio V. Cunque super flores cum angelis psallens incederet, modulatio dulcis et mira suavitas procul diffunditur. Perterriti custodes, cum per rimas carceris, quod intus fiebat, vidissent, ad fidem conversi sunt. Hec Daciano nuntiantur, qui amens effectus, ait: Victi sumus. Precepitque ut ad lectulum transferretur ac mollibus foveretur stramentis ut amplius eum cruciaret, aut ne gloriosiorem faceret, si in tormentis deficeret.

Lectio VI. Cum igitur ad stratum molliorem deportatus esset, mox preciosam resolutus in mortem, celo spiritum reddidit. Jussu Daciani corpus in campum ab avibus et bestiis devorandum exponitur, sed angelorum custodia premunitur. Demum in pelagus corpus dimergitur, sed velocius nautis littora petit. Post persecutionem, extra muros Valentie christiani ipsum condiderunt, cujus passionem mirabilemque triumphum Prudentius versibus expressit.

FESTA FEBRUARII

I FEBRUARII.

S. Ignacii, martyris.

Oratio. Beati Ignacii, sacerdotis martyrisque tui, sacrosancta festivitas tue nos, quesumus, Domine, consiliet pietati, in qua sanctitatis eis merita venerantes, tua in sanctis omnibus mirabilia predicamus. Per Dominum.

Lectio I. Cum Trajanus Romanorum suscepisset imperium, Ignacius, discipulus sancti Johannis, apostoli et evangeliste, vir in omnibus apostolicus, suscepit Antiochenorum ecclesiam gubernandam, tertius post Petrum. Postea vero nono anno regni Trajani, remeante eo de victoria Scitarum et Daciorum, et diversarum gentium, timens pro ecclesia Antiochenorum, fortissimus Christi miles, ultro perrexit ad Trajanum, transeuntem per Antiochiam.

Lectio II. Cunque in faciem regis astitisset, Trajanus dixit : Quis es tu cachodemon[1], qui nostra precepta festinas transgredi ? Ignacius dixit : Nemo theoforum[2] cachodemonem vocat. Scio quidem quod eis molestus sum ; propterea me male cachodemonem vocasti. Confiteor enim me Christum habere in pectore.

Lectio III. Trajanus, audiens verba Ignacii, dedit sententiam, dicens : Ignacium censui dicentem in seipso continere Christum crucifixum, vinctum a militibus, perduci ad magnam urbem Romam, escam bestiis, pro advocatione[3] populi.

Lectio IIII. Hoc vero audiens beatus Ignacius exclamavit dicens : Gratias ago tibi, Domine, quum perfecte me honorasti in tua dilectione et dignum fecisti cum apostolo tuo Paulo vinculis ferreis alligari.

Lectio V. Sanctus Ignacius post multum laborem, Smirneorum civitatem adiit, festinans sanctum Policarpum episcopum Smirneorum, coanditorem suum, videre.

Lectio VI. Denique una die et ea nocte prosperis ventis usi, pervenerunt ad urbem Romam, et nunciaverunt imperatori de adventu ejus. Moritur autem martyrio, XI anno Trajani, a bestiis devoratus[4].

EODEM DIE

In vigilia Purificationis Beate Marie.

Ad Vesper. Ant. Beata Mater et inupta Virgo, gloriosa regina mundi, intercede pro nobis ad Dominum.

Psal. ferie. Capitulum. Symeon justus et timoratus expectabat redemptionem Israel, et Spiritus Sanctus erat in eo. ℟. Obtulerunt.

HYMNUS

Quod chorus vatum venerandus olim
Spiritu Sancto cecinit repletus,
In Dei factum Genitrice constat
    Esse Maria.
Hec Deum celi, Dominumque terre
Virgo concepit, peperitque Virgo,
Atque post partum meruit manere
    Inviolata.
Quem senex justus Symeon in ulnis
In domo sumpsit Domini, gavisus
Hoc quod optavit proprio videre
    Lumine Christum.
Tu libens votis petimus precantum,
Regis eterni Genitrix, faveto,
Claraque celsi renitens Olympi
    Regna petisti.
Sit Deo nostro decus et potestas,
Sit salus perpes, sit honor perennis,
Qui poli summa residet in arce
    Trinus et unus. Amen[1].

℣. Post partum.

Ad Magn. Ant. Homo erat in Hierusalem, cui nomen Symeon, homo ille justus et timoratus expectabat redemptionem Israel, et Spiritus Sanctus erat in eo. *Oratio.* Omnipotens, sempiterne Deus, majestatem tuam supplices exoramus, ut sicut Unigenitus Filius tuus hodierna die cum nostre carnis substantia in templo est presentatus, ita nos facias purificatis tibi mentibus presentari. Per eundem.

In Compl. ant. et per oct. similiter Speciosa facta es et suavis in deliciis tuis, sancta Dei Genitrix. *Ad Nunc dimittis. Ant.* Lumen ad revelationem gentium et gloriam plebis tue Israel.

II FEBRUARII.

In Purificatione B. M. V.

Invit. Ecce venit ad templum sanctum tuum Dominator Dominus. Gaude et letare, Syon, occurrens Deo tuo. Venite.

HYMNUS

Quem terra, ponthus, ethera [1]
  Colunt, adorant, predicant,
  Trinam regentem machinam
  Claustrum Marie bajulat.
Cui luna, sol et omnia
  Deserviunt per tempora,
  Perfusa celi gratia
  Gestant puelle viscera.
Beata Mater munere
  Cujus supernus artifex
  Mundo pugillo continens
  Ventris sub archa clausus est.
Beata celi nuncio,
  Fecunda Sancto Spiritu,
  Desideratus gentibus
  Cujus per alvum fusus est.
O gloriosa Domina,
  Excelsa super sydera,
  Qui te creavit provide
  Lactasti sacro ubere.
Quod Eva tristis abstulit,
  Tu reddis almo germine,
  Intrent ut astra flebiles,
  Celi fenestra facta es.
Tu Regis alti janua,
  Et porta lucis fulgida,
  Vitam datam per Virginem,
  Gentes redempte, plaudite.
Gloria tibi, etc.

In I Noct. Ant. Benedicta tu. *Ant. et Ps. in Noct. dicuntur sicut in parvo off. ejusd. continentur.* ℣. Benedicta tu.
Sermo S. August. Lectio I. Hodiernus dies ad habendam spem, etc. ℟. Adorna thalamum tuum, Syon, et suscipe Regem Christum. Quem Virgo concepit, Virgo peperit, Virgo post partum quem genuit, adoravit. ℣. Induere vestimentis glorie tue, civitas sancta. Quem. ℟. Postquam impleti sunt dies purgationis Marie secundum legem Moysi, tulerunt Jesum in Hierusalem ut sisterent eum Domino. Sicut scriptum est in lege Domini, quia omne masculinum adaperiens vulvam, sanctum Domino vocabitur. ℣. Obtulerunt pro eo Domino par turturum, aut duos pullos columbarum. Sicut. — ℟. Obtulerunt, etc. Sicut scrip- tum est in lege Domini. ℣. Postquam impleti sunt, etc. Sicut.

In II Noct. Ant. Specie tua. *Ant.* Adjuvabit. *Ant.* Ante thorum hujus Virginis frequentate nobis dulcia cantica dragmatis. ℣. Speciosa facta es.
℟. Symeon, justus et timoratus, expectans redemptionem Israel. Et Spiritus Sanctus erat in eo. ℣. Responsum acceperat a Spiritu Sancto non visurum se mortem, nisi prius videret Christum Domini. Et. — ℟. Responsum, etc.; et benedixit Deum et dixit. Nunc dimittis servum tuum in pace, quia viderunt oculi mei salutare tuum, Domine. ℣. Cum inducerent puerum Jesum parentes ejus, ut facerent secundum consuetudinem legis pro eo, et ipse accepit eum in ulnas suas et dixit. Nunc. — ℟. Hodie Maria Virgo puerum offert in templum, quem Symeon senex accepit in manibus. Et Anna vidua Christum agnovit advenisse in terris. ℣. Symeon justus, etc. Et.

In III Noct. Ant. Pulchra es. *Cum rel Ant. et ps.* ℣. Dignare me.
Evang. Sec. Lucam. In illo tempore : Postquam impleti sunt. *Sermo S. Ambrosii, ep.* Et ecce homo erat. ℟. Cum inducerent, etc. Nunc dimittis servum tuum in pace. ℣. Suscipiens puerum in manibus exclamavit voce magna dicens. Nunc. — ℟. Suscipiens puerum in manibus exclamavit et dixit. Tu es vere lumen ad illuminationem gentium et gloriam plebis tue Israel. ℣. Cum. Tu es. — ℟. Gaude Maria Virgo. *Require in parvo officio.* ℟. Nunc. Quia viderunt. ℣. Lumen ad revelationem. Quia. ℟. Senex puerum portabat, puer autem senem regebat. Quem Virgo concepit, etc. ℣. Responsum acceperat, etc. Quem. ℟. Videte miraculum Matris Domini, concepit Virgo, virilis ignara consortii, stat onerata nobili onere Maria, et Matrem se letam cognoscens. Que se nescit uxorem [2]. ℣. Virgo concepit et Virgo peperit, et post partum Virgo permansit. ℟. Speciosus forma pre filiis hominum, diffusa est gratia in labiis tuis. Propterea benedixit te Deus in eternum. ℣. Dilexisti justitiam et odisti iniquitatem. Propterea.

In Laud. Ant. Obtulerunt pro eo Domino par turturum aut duos pullos columbarum. *Ant.* Responsum accepit, etc. *Ant.* Symeon justus, etc. *Ant.* Accipiens puerum Symeon in manibus, gratias agens, benedixit Dominum. *Ant.* Senex Symeon puerum portabat in manibus, et Anna vidua Christum agnovit advenisse in terris. *Capit.* Postquam impleti sunt dies purgationis. *Hymnus.* Ave, maris stella. *Ut hodie.* ℣. Obtulerunt pro eo. *Ad Bened. Ant.* Cum inducerent puerum, etc.

Ad Prim. Ant. Senex puerum portabat, etc. *Ad Tert.* Beata Dei Genitrix, Maria, Virgo perpetua, templum Domini, sacrarium Spiritus Sancti, sola sine exemplo placuisti Domino Jesu Christo, ora pro populo, interveni pro clero, intercede pro devoto femineo sexu. *Capit.* Hec dicit Dominus. Ecce ego mitto angelum meum, etc. ℟. Hodie Maria. ℣. Obtulerunt. *Per oct. Ad Tert. Resp.* Par turturum aut duos columbarum. Pro. ℣. Benedicta. *Ad Sext. Ant.* Nunc dimittis, etc. *Capit.* Hodie Maria Virgo puerum offert, etc. ℟. Benedicta tu. In mulieribus. ℣. Et benedictus. In. ℣. Speciosa facta. *Oratio.* Perfice in nobis, Domine, gratiam tuam, qui justi Symeonis expectationem implesti, ut sicut ille mortem non vidit, prius quam Christum videre mereretur, ita et nos, intercedente beata Maria, vitam obtineamus eternam. Per eundem. *Ad Non. Ant.* Viderunt oculi mei, etc. *Capit.* Ecce venit ad templum sanctum suum, etc. ℟. Sancta Dei Genitrix. Virgo semper Maria. ℣. Intercede pro nobis ad Dominum Deum nostrum. Virgo. ℣. Dignare. *Oratio.* Erudi, quesumus, Domine, plebem tuam et quos extrinsecus annua tribuis devotione venerari, interius assequi, gratie tue luce concede. Per.

In Vesp. Ant. Laud. Ps. Virg. Capit. Homo erat in Hierusalem, etc. *Hymni et* ℣. *ut in prim. Vesp. Ad Magnif. Ant.* Hodie Maria Virgo puerum offert, etc. *Comm. S. Blasii. Ant.* Salve, martyr, vera salvatio [1], salve, nostra spes et protectio, nos a mundi salva naufragio, et mundatos ab omni vitio tuo dignos redde consortio. ℣. Ora pro nobis. *Oratio.* Beatorum martyrum tuorum remunerator, omnipotens Deus, presta supplicibus tuis, ut, intercedente beato Blasio, martyre tuo atque pontifice, de quacumque tribulatione vel infirmitate te invocaverint, liberentur. Per.

III FEBRUARII.

S. Blasii, ep. et martyr.

Invit. Ad Regem vite digna cum laude venite. Qui celo Blasium sustulit eximium. Venite.

In I Noct. Ant. Urbe Sebastea, tua vernant, Christe, trophea, pro gustu calicis qui magna rependis amicis. *Ant.* Dei preceptum predicans, hinc Blasius emicuit, quem Rex noster magnificans in monte sancto statuit. *Ant.* Mirificasti, Domine, sanctum tuum in secula, quem pro gregis regimine pontificali infula induisti. ℣. Gloria.

Lectio I. Apud Sebasten civitatem, passio sancti Blasii episcopi, qui multorum patrator miraculorum, sub preside Agricolao, post diutinam cessionem, post carcerem atque inde suspensionem in ligno, ubi pectinibus ferreis carnes ejus disrupte sunt, post iterum teterrimum carcerem, post dimersionem laci, unde desuper vadens, salvus exivit, jubente iniquissimo judice, capite ad extremum cum duobus pueris truncatus, felicia regna ita cum ipsis ingressus est. — ℟. Quam felici, Christe, commercio tuos dites, quantoque gaudio insigni declaras Blasio. Qui presentem diem martyrio consecravit. ℣. Gloria et honore. Qui.

Lectio II. Ipso autem adhuc agonisante, septem mulieres beatissime que guttas sanguinis ejus preterfluentes de beatissimis plagis colligebant, deprehense quod essent christiane, post caminum ignis, plumbo superinfuse sunt. Post pectines ferreos quibus carnes earum dirupte sunt, post ereas [2] tunicas et candentes, novissimo sententia data gladio percusse, datoque precio sanguinis, vitam meruere eternam. — ℟. Sanctitatis prefulgens lumine ut fulgeret lux in caligine. Presulatus vir sanctus culmine sublimatus. ℣. Ut luceret omnibus in domo Domini. Presulatus.

Lectio III. Iste enim sanctus toto vite sue tempore mitis degebat, sicut et de Job legitur, purus, innocens, Deum colens, verax, mansuetus, ab omni opere pravo se abstinens. Videntes ergo irreprehensibilem vitam hi qui in Sebastea, Capadocie civitate, fideles existebant, elegerunt sibi eum episcopum. — ℟. Requisitus sanctus a judice, Christi fidem fatetur publice. Multo ergo ceditur verbere sed verberi non novit cedere mens. immota. ℣. In loco afflictionis sue confitetur nomen Dei sui. Multo.

In II Noct. Ant. Monte martyr Argei conditus, nil ferarum concursu territus, harum morbos ad tactum penitus emundavit. *Ant.* In monte civitas tegi non potuit, nam rumor presidi de sancto patuit, quem sibi protinus adductum voluit presentari. *Ant.* Tribunali jussus assistere, Christi servus se prodit libere, cesus ergo jubetur carcere conservari. ℣. Posuisti.

Lectio IIII. Ipse vero pergens in montem qui vocatur Argei, habitavit in quadam spelunca et concurrebant ad eum agrestes fere. Et si forsitan contigisset quocunque dolore teneri qualemvis ex eis, tanquam intellectualia, concurrebant apud eundem sanctum in spelunca. Et dum imponeret manus in eis, benedicens eis sane recedebant ab eo. — ℟. Trina sancto visione per noctem apparuit de qua sua passione Dominus innotuit. Dum sub tali jussione carnis sue voluit holocaustum. ℣. Surge, Blasi, et offer mihi hostias, ut soles. Dum.

Lectio V. In illis autem diebus, jussit preses Agricolaus congregari agrestes feras. Egredientes autem bestiarum comprehensores, venerunt in montem in quo degebat sanctus Blasius episcopus. Et videntes speluncam, et multitudinem bestiarum astantium ante eam et consternantium se[3] ad invicem admirati sunt. — ℟. A squalore carceris vir sanctus educitur, rursumque conspectui presidis exponitur. Sed non diis immolat, nec terrore flectitur tormentorum. ℣. In Domino sperans, non timuit quid faceret sibi homo. Sed.

Lectio VI. Cumque sic admirarentur, dixerunt : Quid hoc vult esse ? Appropinquantes autem viri illi ad speluncam, invenerunt beatum Blasium orationem suam facientem. Et reversi nunciaverunt presidi ea que viderunt. — ℟. O virtutum luminare, presigne[4] miraculis, lumen, Blasi, singulare, salus in periculis. Firmamentum salutare tuis esto servulus in eternum. ℣. Respice in servos tuos, et dirige opera eorum. Firmamentum.

In III Noct. Ant. Incessanter insistebat saluti fidelium martyr atque retrahebat ab errore gentium dum ad fidem convertebat parvulos gentilium. *Ant.* Signa verbo sociata erant in eo pariter, thabe[5] mentis emundata, egra caro similiter mundabatur. *Ant.* Admiranda virtus in Blasio, qua letatur mater pro filio, letifere cui piscis portio fuit causa. ℣. Magna est.

Evang. sec. Johannem. In illo tempore. Dixit Jesus discipulis suis, Amen, amen dico vobis, nisi granum frumenti cadens in terram mortuum fuerit, ipsum solum manet. Et reliqua. *Item unde.*

Lectio VII. Audiens autem preses, jussit plurimos milites cum illis pergere, ut quantos invenirent illic esse absconsos[6] christianos, presentarent illi. Post hec jussit preses sanctum Blasium presentari. Et dixit ei : Vel nunc adoras Deum, vel non? Cui Blasius : Impie, non timeo minas tuas. — ℟. Certanti sonuit nuncius e celis : Amice Domini, gaudeas fidelis. Veni et suscipe bravium corone, pro quo viriliter sudans in agone decertasti. ℣. Calicem salutaris accipiens, intra in gaudium Domini tui. Veni.

Lectio VIII. Tunc jussit impius ille projici illum in lacum. Ipse vero procedens, signavit aquam, et mox stetit sicut arida. Et sedens in medio lacu, dixit ad ministros iniquitatis : Si veri sunt dii vestri, ostendite virtutem eorum et ingredimini huc. — ℟. Sanctus mirabili perfusus lumine, sicco vestigio exit de flumine. Promisso celitus certus ex munere, gaudens et alacer accedit propere ad coronam. ℣. Cupiebat enim dissolvi, et esse cum Christo. Promisso.

Lectio IX. Ingressi sunt itaque LXV viri

stagnum, qui continuo submersi fuerunt. Angelus autem Domini dixit ei. Egredere, Blasi, et coronam paratam tibi a Domino suscipe. Tunc surgens sanctus Blasius ab aqua ambulans sicut in arida, capite truncatur.—℟. O celestis senator curie, fons dulcoris et vena venie. Ad devote vota familie condescendens, consortem glorie fac perennis. ℣. Memor esto congregationis⁷ tue, ne obliviscaris ejus in finem. Ad.

In Laud. Ant. ⁸. Mirabilis in altis, Domine, qui decorem cum fortitudine sancto tuo dedisti Blasio conregnanti tecum in gaudio. *Ant.* O fortis athleta, ad conspectum Christi qui cum letitia victor introisti, nos ejus populum et oves pascue, in ejus atriis tecum constitue. *Ant.* Quam felix anima que Deum sitivit; ecce nunc possidet quod diu cupivit; translatam hodie hanc super ethera, Dei magnifice suscepit dextera. *Ant.* O beati justorum spiritus, quibus martyr admixtus inclitus, Deum voce collaudans sedula, benedixit ei in secula. *Ant.* In sanctorum exultans gloria, mirabili gaudens letitia, novum Deo decantans canticum, audi laudes tuorum supplicum. *Hymn.* Martyr Dei. ℣. Ora pro nobis. *Ad Bened. Ant.* O jubar ethereum, Blasi, sydus supernum regis celestis, o fortis et inclyte testis, respice servorum clemens ad vota tuorum, et prece nos solita, labenti dirige vita. *Comm. Purif. Per Hor. Ant. Laud.* ℟. *et* ℣. *unius martyr. Ad Sext. et Non. Oratio.* Deus, qui per orationem beati Blasii, martyris tui atque pontificis, cunctis ejusdem memoriam facientibus, a quacumque tribulatione infirmitate, vel adversitate liberari concessisti⁹, presta, quesumus, ut qui ejus commemorationem agimus in terris, eandem, te largiente, gloriam consequamur in celis. Per.

In Vesp. Ant. Laud. Ad Magnif. Ant. O quantus est Christi miles! Hic Eduorum ¹⁰ primevo tyrocinio cum militaret seculo, vitia strenuus cavet, quibus hoc hominum genus implicatum sordet, alleluya. *Comm. Purif.*

Feria III. — DE BEATA MARIA. *Omnia sicut in die, preter lectiones.*

IV FEBRUARII.

In Vigilia S. Agathe.

Omnia necessaria de Comm. Virg. ℟. Dum torqueretur. *Ad Magnif. Ant.* Mentem sanctam, spontaneum honorem dedi et patrie liberationem. *Oratio.* Deus qui inter cetera. *Comm. B. Marie.*

V FEBRUARII.

S. Agathe, virg. et mart.

Invit. Virginum Regem adoremus. Qui celestis regni meritum et gloriam contulit sancte sue Agathe ¹. Venite.

In I Noct. Ant. Mens mea solidata est et a Christo fundata. *Ant.* Ingenua sum et spectabilis genere, ut omnis parentela mea testatur. *Ant.* Et si ingenua es, cur te ostendis servilem personam? Quia ancilla Christi sum, ideo me ostendo servilem personam. ℣. Diffusa est.

Lectio I. In Sicilia, civitate Cathenensi, passio sancte Agathe virginis. Que ingenua mente, et corpore pulcherrima, in urbe Cathenensium, Deum semper in omni sanctitate colebat, que passa est sub imperatore Decio. — ℟. Agatha letissima et glorianter ibat ad carcerem. Et quasi ad epulas invitata agonem suum Domino precibus commendabat. ℣. Nobilissimis orta natalibus, ab ignobili gaudens trahebatur ad carcerem. Et quasi.

Lectio II. Qui consularis vir Quintianus cupiens multipharia intentione ad eam pertingere, eo quod esset nobilissimis orta natalibus, fecit eam arctari, et cuidam matrone nomine Affrodisie tradi, que habebat novem filias turpissimas, ut mutarent animum ejus. Et modo promittendo leta, modo terrendo aspera, sperabant se mentem sanctam a bono proposito revocare. ℟. Dum torqueretur beata Agatha, dixit ad judicem: Impie, crudelis, et dire tyranne, non es confusus amputare in feminam quod ipse in matre suxisti. ℣. Ego habeo mamillas in anima mea, quas ab infantia Domino consecravi. Impie.

Lectio III. Quibus sancta Agatha dicebat : Mens mea solidata, a Christo firmata est, verba vestra venti sunt, promissiones vestre pluvie sunt, terrores fluvia, que quantumvis impingant, stat fundamentum domus mee, et non poterit cadere. Hec dicens, flebat quotidie, et orabat, et desiderabat ad martyrii coronam attingere, et diversa pro Christi nomine supplicia sustinere. Tandem cum idolis sacrificare nollet, post alapas et carceres, postque eculeum, post etiam mamillarum abscissionem et in testis fractis et carbonibus ignitis volutationem, in carcere martyrio consummata est nonis februarii. — ℟. Quis es tu qui venisti ad me curare vulnera mea? Ego sum apostolus Christi, nihil in me dubites, filia, ipse me misit ad te. Quem dilexisti mente et puro corde. ℣. Nam et ego apostolus ejus sum et in nomine ejus scias te esse salvandam. Quem.

In II Noct. Ant. Ancilla Christi sum, ideo me ostendo servilem personam. *Ant.* Summa ingenuitas ista est in qua servitus Christi comprobatur. *Ant.* Si feras mihi promittis, audito nomine Christi, mansuescunt. ℣. Speciosa facta. *In II Noct. tres lectiones de Beata Maria*[2].

In III Noct. Ant. Si ignem adhibeas, rorem mihi salvificum de celo angeli ministrabunt. *Ant.* Agatha letissima et glorianter ibat ad carcerem et quasi ad epulas invitata, agonem suum Domino precibus commendabat. *Ant.* Propter fidem castitatis jussa sum suspendi in eculeo, adjuva me, Domine, Deus meus, in tortura mamillarum mearum. ℣. Adjuvabit.

Evang. de Virg. ℟. Vidisti, Domine, et expectasti agonem meum quando pugnavi in stadio, sed quia nolui obedire mandatis principum. Jussa sum in mamilla torqueri. ℣. Propter veritatem et mansuetudinem. Jussa. — ℟. Beata Agatha, ingressa carcerem, expandit manus suas ad Deum et dixit : Domine, qui me fecisti vincere tormenta carnificum. Jube me, Domine, ad tuam misericordiam pervenire. ℣. Domine, qui me creasti et tulisti a me amorem seculi, qui corpus meum a pollutione separasti. Jube. — ℟. Gaudeamus omnes in Domino, diem festum celebrantes sub honore Agathe martyris. De cujus passione gaudent angeli et collaudant Filium Dei. ℣. Immaculatus Dominus immaculatam sibi famulam, in hoc fragilitatis corpore positam, misericorditer consecravit. De.

In Laud. Ant. Nisi diligenter perfeceris corpus meum a carnificibus attractari, non potest anima mea in paradisum Domini cum palma intrare martyrii. *Ant.* Vidisti, Domine, agonem meum, quando pugnavi in stadio, sed quia nolui obedire mandatis principum, jussa sum in mamilla torqueri. *Ant.* Medicinam carnalem nunquam corpori meo exhibui, sed habeo Dominum Jesum Christum, qui solo sermone restaurat universa. *Ant.* Benedico te, Pater Domini mei Jesu Christi, quia per apostolum tuum mamillam meam meo pectori restituisti. *Ant.* Gratias tibi ago, Domine, quia memor es mei, et misisti ad me apostolum tuum curare vulnera mea. — *Ad Bened. Ant.* Paganorum multitudo fugiens ad sepulchrum virginis, tulerunt velum ejus contra ignem, ut comprobaret Dominus quod a periculis incendii, meritis Agathe martyris sue, eos liberaret. *Oratio.* Deus, qui nos annua beate Agathe, martyris tue, solemnitate letificas, da, ut quam veneramur officio, etiam pie conversationis sequamur exemplo. Per. *Comm. Purif.*

Ad Prim. Ant. Quis es tu. *Ad Tert.* Qui me dignatus est ab omni plaga curare et mamillam meam meo pectori restituere, ipsum invoco Deum vivum. *Capit.* Confitebor tibi, Deus rex. *Ad Sext.* Benedico te. *Ad Non.* Agatha ingressa carcerem, benedicebat Dominum Jesum Christum.

In Vesp. Ant. Laud. Capit. S. Agathe. Ant. Stans beata Agatha in medio carceris, expansis manibus, tota mente collaudabat Dominum : Domine Jesu Christe, magister bone, gratias tibi ago, qui me fecisti vincere tormenta carnificum, jube me, Domine, ad tuam immarcessibilem gloriam feliciter pervenire. *Comm. Purific.*

Feria V. — *Sermo Bertarii, abbatis*[3]. Si subtiliter a fidelibus que sit hujus dici festivitas.

IX FEBRUARII.

S. Apollonie, virg. et mart.

Oratio. Deus, qui beatam Apoloniam, gloriosam virginem et martyrem tuam, que exclusionem dentium pro tui nominis fide passa est, in celestibus coronasti, tribue, quesumus, omnibus ejus solennia pie colentibus, perpetua pace gaudere, et a dolore dentium atque ab omnibus periculis tam corporis quam anime liberari [1]. Per.

Lectio I. In Alexandria, inter ceteros fideles cruciatos, propter fidem Christi, fuit quædam virgo longeve etatis, nomine Apolonia. Cui, quia sacrificare idolis nolebat, primo excusserunt ei omnes dentes, deinde, congestis lignis [2], extruxerunt rogum circa eam, comminantes eam vivam incensuros, nisi assentiret cum eis Deum blasphemare. At illa, videns rogum, repente se de manibus impiorum eripiens, in ignem sponte prosiliit [3], ita ut perterrerentur crudelitatis auctores, quia promptior est inventa femina ad mortem quam persecutor ad penam.

X FEBRUARII.

S. Scolastice, virginis.

Oratio. Familiam tuam, quesumus, Domine, beate virginis tue Scolastice meritis, propitius respice, ut sicut ad ipsius preces ad obtinendum quod cupivit, celitus imbrem descendere fecisti, ita ejus supplicationibus ariditatem nostri cordis superne digneris gratie rore perfundere. Per.

Lectio I. Soror beati Benedicti, Scolastica nomine, omnipotenti Deo ab ipso infantie tempore dicata, ad eum semel per annum venire consueverat. Ad quam vir Dei, non longe extra januam, in possessione monasterii, descendebat.

Lectio II. Quadam vero die, venit ex more, atque ad eam cum discipulis descendit frater, qui totum diem in Dei laudibus sacrisque colloquiis ducentes, incumbentibus jam noctis tenebris, simul acceperunt cibos.

Lectio III. Cumque adhuc ad mensam sederent, et inter sacra colloquia tardior se hora protraheret, eadem sanctimonialis femina, soror ejus, eum rogavit, dicens: Queso te, ne in ista nocte me deseras, ut usque mane aliquid de celestis vite gaudiis loquamur.

Lectio IIII. Cui ille respondit: Quid est quod loqueris, soror? Manere extra cellam nullatenus possum, Tanta vero erat celi serenitas, ut nulla in aere nubes appareret.

Lectio V. Sanctimonialis autem femina, cum verba fratris negantis audisset, insertas digitis manus super mensam posuit, et caput in manibus, omnipotentem Deum rogatura, declinavit.

Lectio VI. Cunque levaret de mensa caput, tanta coruscationis et tonitrui virtus, tantaque inundatio pluvie erupit, ut neque venerabilis Benedictus, neque fratres qui cum eo aderant, extra limen quo consederant, pedem movere potuissent.

XIV FEBRUARII.

S. Valentini, martyris.

Oratio. Presta, quesumus. *Require in Communi.*

Lectio I. Rome, natale sancti Valentini presbyteri, quem tenuit Claudius imperator, et reclusit in carcerem in compedibus et cathenis, et post biduum jussit sibi presentari in palacio suo, juxta amphitheatrum, et dixit ei: Quare non amicitia nostra frueris et vivis cum cetu reipublice nostre? Quia cum sis sapiens, offendis in superstitione vanitatis.

Lectio II. Respondit Valentinus presbyter, et dixit: Si scires donum Dei, gauderes tu et respublica tua, ut refutares demones et idola manufacta, et confitereris unum Deum, Patrem omnipotentem, et Jesum Christum, Filium ejus, Creatorem celi et terre, maris et omnium que in eis sunt.

Lectio III. Respondit quidam legis consultor et dixit sancto Valentino: Et quid disputas de deo Jove, vel Mercurio? Respondit Valentinus presbyter et dixit ei:

Homines fuerunt miserrimi et turpes, quia per tempus vite sue semper in immunditiis et delectationibus et contumeliis male vixerunt.

Lectio IIII. Respondit legis consultor et dixit : Blasphemavit deos, gubernatores reipublice. Eodem die, Claudius patienter eum audiebat.

Lectio V. Cum autem Calpurnianus prefectus videret quod beatus Valentinus cor Claudii emolliret salutaribus monitis, ait : Seductus est princeps in doctrina falsa.

Lectio VI. Eadem hora immutatum est cor Claudii et commotus Calpurniano dixit : Patienter eum audi, et si sanum consilium non est quod declarat, fac in eum quod sacrilegum leges sanxerunt. Cum in fide Christi constantissime persisteret, fustibus acerrime cesus, decollatur.

XXII FEBRUARII.

In Cathedra S. Petri, apostoli.

Ad Vesp. Capit. Beatus es Symon Barjona, quia caro et sanguis non revelabit tibi, sed Pater meus qui est in celis. ℟. Quem dicunt. *Hymn.* Jam bone[1]. Sit Trinit. *Require in hymn.* Aurea luce. ℣. Tu es pastor ovium, princeps apostolorum. ℟. Tibi tradidit Deus claves regni celorum. *Ad Magn. Ant.* Exaltent eum in ecclesia plebis, et in cathedra seniorum laudent eum. *Oratio.* Deus, qui beato apostolo tuo Petro collatis clavibus regni celestis, ligandi atque solvendi pontificium tradidisti, concede propitius, ut intercessionis ejus auxilio, a peccatorum nostrorum nexibus liberemur[2]. Qui. *Ad. Compl. Ant. ut in festiv.*

Invitat. Tu es pastor ovium, princeps apostolorum. Tibi tradidit Deus claves regni celorum. Venite. *Hymn.* Quodcunque. Gloria Deo. *Require in hymn.* Felix per omnes. *In Noct.* In plateis. ℣. Exaltent eum. *Ex epist. B. Pauli ap. ad Heb. Lectio I.* Omnis pontifex. ℟. Symon Petre, *cum aliis.* ℟. Per ordinem, *ut in alia festiv. apost. Petri et Pauli. Sermo S. Aug. Lectio II.* Institutio solemnitatis hodierne. *Evang. sec Johann.*

In illo tempore : Dixit Jesus Petro : Symon Johannis. *Sermo S. Aug.* Hunc invenit exitum.

In Laud. Ant. Ad speciosa limina templi venerabilis, toto gressu dissolutus mendicabat debilis, et Petrus oratum Deo ibat exaudibilis. *Ant.* Videns claudus transeuntem principem apostolum, stipem postulat ab eo didragmam vel obolum, vel aliquid larga manu caritati congruum. *Ant.* Ait Petrus liberalis : Accipe quod habeo, aurum vero vel argentum, nec do, nec possideo ; in nomine Jesu Christi surge, vade, jubeo. *Ant.* Ananias, fraude facta, celat agri precium ; Saphira, furti conscia, concordat mendacio ; ambo mortis non injuste subeunt supplicium. *Ant.* Cum probasset Symon magus signorum potentiam, mercari Sancti Spiritus tentat auro gratiam ; hanc Symon Johannis damnat perversi stultitiam. *Capit.* Tu es Petrus et super hanc petram. *Hymn.* Jam bone. ℣. Tu es. *Ad. Bened. Ant.* Quodcunque ligaveris.

Per Horas diei. Ant. Laud. Ad Tert. Capit. Petrus apostolus Jesu Christi, electis advenis. ℟. Petre, amas. ℣. Exaltent. *Ad. Sext. Capit.* Benedictus Deus et Pater Domini. ℟. Exaltent eum. In ecclesia plebis. ℣. Et in cathedra seniorum laudent eum. In. ℣. Tu es Petrus. *Ad Non. Capit.* Qui regni claves et curam tradidit. ℟. Tu es pastor ovium, princeps apostolorum. ℣. Tibi tradidit Deus. Princeps. ℣. Ora pro nobis. *In Vesp. Ant. Laud. Ps. Apost. Capit.* Quodcunque ligaveris. *Hymn.* Jam bone. ℣. Tu es pastor. *Ad. Magn. Ant.* O princeps apostolorum, pie pastor ovium, janitor aule celestis, per te patet ostium cui non prevalent portarum vectes infernalium ; tu ligandi, tu solvendi tenes pontificium ; solve nos, et celi nobis aperi palacium.

XXIV FEBRUARII.

S. Mathie, apostoli.

Ad Vesp. Capit. Viri fratres, oportet impleri Scripturam. *Oratio*[1]. Deus, qui beatum Mathiam, apostolorum tuorum collegio sociasti, tribue, quesumus, ut, ejus interventione, tue circa nos pietatis semper viscera sentiamus. Per.

Lectio I. Inclitam et gloriosam festivitatem beati Mathie, apostoli Domini nostri Jesu Christi, tanta devotione venerari et glorificare oportet, quanta illum, divina gratia compensante, ad apostolicam dignitatem electum esse cognovimus.

Lectio II. Sed qualiter vel quo ordine per sanctos apostolos patratum sit, et quid exinde sancti Patres in ejus laudem mirifice protulerunt per sacre Scripture seriem pandere curamus.

Lectio III. Salvator noster Dominus Jesus Christus, humani generis conditor atque redemptor, cum propensiore et archano consilio censuisset mundum languidum clementissime visitare, ad similitudinem lxx linguarum, lxx discipulos assumpsit binosque[2] ad predicandum misit.

Lectio IIII. Inter hos siquidem beatus Mathias, sancte predicationis ministerium suscipiens, ita se humiliter divinis subdidit preceptis, ita fideliter predicando ad sancte matris Ecclesie gremium ethnicum populum perducere curavit, ut admodum acceptabilis et devotissimus Christo factus, cum traditor ille Judas Dominum proderet Christum, iste vir Domini, in loco illius, sorte, et oratione apostolorum, duodecimus apostolus ordinaretur.

Lectio V. Cui datur sacri evangelii predicatio in Judea, sicut sanctis apostolis Petro et Paulo in Italia, ceterisque apostolis in singulis regionibus.

Lectio VI. Hic vir in lege Domini doctissimus, corpore mundus, animo prudens, in consilio providus, in sermone expeditus, Judei eum de blasphemia accusantes, duos statuerunt qui cum lapidibus appeterent. A quodam autem inter hec tormenta securi percutitur, et extensis manibus spiritum Deo reddidit.

Evang. sec. Math. In illo tempore. Misit Jesus duodecim discipulos suos. *Omelia B. Greg. Pape.* Cum constet omnibus, fratres carissimi. *In Laud. Capit.* Notum factum est omnibus habitantibus. *Ad Tert.*

Cap. In diebus illis. Surgens Petrus. *Ad Sext. Cap.* Satuerunt apostoli duos Joseph. *Ad Non. Cap.* Dixerunt apostoli : Tu Domine. *Ad Vesp. Cap.* Dederunt sortes eis.

XXVIII FEBRUARII.

In secunda translatione[1] S. Augustini.

Oratio. Deus, omnium impartitor bonorum, quique hunc diem beati Augustini, confessoris tui atque pontificis, veneranda secunda translatione jocundas, quesumus, ejus precibus gloriosis nos ad terrenis transferri ad consortia beatorum. Per.

Invit. Regem confessorum Dominum. Venite, adoremus. Venite. *Cetera ut in alia festivitate.*

Lectio I. Pridie kalendas martii, translatio corporis sancti Augustini episcopi de Sardinia ad urbem Ticinensium. Beatus igitur Augustinus, pater et doctor Ecclesiarum Christi, post multa miraculorum signa quibus in hoc mundo effulsit, post multam insudationem laborum, qua obstinationem hereticorum rectum iter vite depravantium oppugnaverat, Deo animam reddens, honorifice a fidelibus sepultus est in civitate Hipponensi.

Lectio II. Postea vero, gentilium perfidia invalescente, cum predicta civitas vastaretur, locus quidem beati viri spurcissimo ritu idolatrie gentilitatis inquinabatur. Unde factum est, ut corpus sanctum transferretur in Sardiniam, ubi per multos annos virtutibus et miraculis claruit.

Lectio III. Sed Linthprando[2] rege, quo tempore a die obitus ipsius sancti viri fere ducenti octoginta anni evoluti fuerant, regno Longobardorum adepto et perseverante in vero religionis proposito, quippe qui protector et defensor fidelis Ecclesiarum Dei extitit, in suburbio Papiensi monumentum construxit, artificio et opere excellenter exornatum, cui etiam nomen indidit *Celum aureum.*

Lectio IIII. Barbarorum quippe infinita multitudo Sardiniam expugnare est aggressa, quam cum invasissent, et subjugatam destruerent, loca etiam sanctorum violenter ingressi sunt, inter que sepulcrum venerabilis patris nostri Augustini polluebant cultu immunditie et immolationis cruore³.

Lectio V. Hec igitur cum, justitie christiane et religionis cultor, Linthprandus rex audisset, videlicet coinquinari et inhoneste tractare sanctissimi patris Augustini locum, legatos suos cum magno pondere auri et argenti transmisit in Sardiniam, ut corpus tanti patris sanctum emerent et transferrent ad civitatem Papiensium.

Lectio VI. Qui jussioni et desiderio piissimi regis satisfacere cupientes, navigio venerunt Sardiniam, et redimentes corpus a barbaris, navique imponentes, remeabant cum gaudio. Positi autem ante portum et stationem januensem per legatos regi denunciarunt, ut honorifice occurreret ad reliquias tam gloriosi corporis suscipiendas. *Evang. sicut in die.*

FESTA MARTII

VII MARTII.

SS. Perpetue et Felicitatis, Satyri, Saturni, et Revocati, martyrum.

Oratio. Da nobis, quesumus, Domine Deus noster, sanctarum martyrum tuarum Perpetue et Felicitatis, sociorumque earundem palmas incessabili devotione venerari, et quas digna mente non possumus celebrare, humilibus saltem frequentemus obsequiis. Per.

Lectio I. Temporibus Valeriani et Gallieni imperatorum, apud Affricam comprehensi sunt Satyrus, Saturnus, fratres, Revocatus et Felicitas, soror ejus, et Perpetua, genere nobilis, habens patrem et matrem et duos fratres, et filium ad mamillam.

Lectio II. Et dixit ad eos proconsul : Imperatores jusserunt ut deos adoretis. Quod facere recusantes, missi sunt in carcerem. Audiens hoc pater cucurrit ad carcerem, et videns Perpetuam dixit : Quid fecisti, filia, dehonorasti genus? Nunquid aliquis de genere tuo missus fuit in carcere?

Lectio III. Et cum audisset quod christiana esset, irruit in eam et voluit ei eruere oculos, et exclamans, confusus, egressus est. Et cum diu fuissent in carcere, postea exhibiti sunt prefecto, qui dixit eis : Facite quod diximus. Illi autem responderunt se Deo, non idolis immolare.

Lectio IIII. Tunc prefectus jussit viros a mulieribus separari, et singulis adhortatis, a singulis repulsus est. Et adductis Felicitate et Perpetua, dixit Felicitati : Habes virum ? Que ait : Habeo, sed contemno.

Lectio V. Et prefectus : Miserere tui, puella, et sacrifica ut vivas, maxime propter infantem quem in utero portas. Que dixit : Christiana sum, et hec omnino facere non possum. Denum prefectus ad Perpetuam : Tu quid dicis? Que respondit : Non sacrificabo.

Lectio VI. Et prefectus ad eam dixit : Habes parentes ? Habeo, inquit. Audientes, parentes ejus et maritus, cum parvulo qui adhuc lactabatur, ibidem convenerunt. Videns ergo eam pater ante prefectum, cadens in faciem, dixit : Filia dulcissima, miserere mei et matris tue et hujus miserrimi filii, qui post te vivere non poterit. Cunque ipsa accepisset filium suum, projecit illum, et ipsos repellens a se, dicebat : Discedite a me, inimici Dei, quia vos non novi. Videns ergo prefectus harum omnium constantiam, omnes durissime verberavit et reclusit in carcerem. Tandem bestiis tradite et dilacerate, martyrium consummavere.

EODEM DIE.

S. Thome de Aquino, conf.

Oratio. Deus, qui Ecclesiam tuam mira beati Thome, confessoris tui, eruditione clarificas, et sancta operatione fecundas, presta nobis, quesumus, et que docuit intellecta conspicere, et que egit imitatione complere. Per.

Lectio I. Beatus Thomas, doctor egregius, de domo ac illustri prosapia comitum Aquinorum, in confinibus Campanie et Sicilie, duxit originem. Hic in etate tenera, parentes ac mundum cum flore relinquens, habitu Predicatorum suscepto sub Alberto Magno, non parum in omni scibili profecit. Ingenii subtilitate et intelligentie acumine preditus adeo erat, ut questiones et materie difficiliores, judicio majorum, sibi qui sensus Scripturarum absconditos sui intellectus perspicacitate in lucem deducebat, pertractande et enodande committebantur.

Lectio II. Vere paupertatis amator et honorum contemptor, Neapolitanum archiepiscopatum de quo per Clementem tertium [1] provisus extiterat, humiliter recusavit, et ne ulterius ad dignitatem promoveretur, suppliciter exoravit. Quantum in divinis Scripturis versatus fuerit, sua patefaciunt opera in lucem copiose edita. Cum aliquid dictaturus erat, primum orationem Deo fundebat, a qua surgens ita in promptu habebat quod enunciaret, ac si in libro aliquo didicisset.

Lectio III. Officium solennitatis Corporis Christi ad mandatum Urbani pape quarti [2], ex Veteris et Novi Testamenti Scripturis ingeniose et catholice texuit et ordinavit, et cantandum solenniter in Ecclesia prefatus Urbanus decrevit. Erat siquidem hic doctor angelicus ad sacrum altaris nimia devotione affectus, de quo concessum est sibi profundius scribere, sicut donatum fuerat devotius celebrare.

Lectio IIII. Quotidie, nisi infirmitas obstitisset, missam dicebat, in qua sepius rapiebatur tanto devotionis affectu, ut totus profunderetur lachrymis. Unde in elevatione Corporis Christi devotissime solitus erat dicere : Tu Rex glorie, Christe, tu Patris sempiternus es Filius, usque in finem. Cum, ex precepto pape Gregorii decimi, ex Neapoli ad Lugdunense concilium pergeret, in monasterio Fosse Nove, Cisterciensis ordinis, prope Pipernum, infirmatus est usque ad mortem.

Lectio V. Sentiens vir sanctus mortem sibi imminere, petiit sibi afferri venerabile Sacramentum Eucharistie, cui occurrit, ut potuit, prostratus in terram. Requisitus, ut moris est, ecclesiastice discipline : Si crederet quod in illa hostia consecrata esset verus Dei Filius, natus de Virgine ? Passus pro nobis, etc., libera voce, attenta devotione, cum lachrymis respondit.

Lectio VI. Si major scientia quam fidei integritas et ineffabilis ejus veritas in presenti exilio de hoc sacramento haberi potest, in illa respondeo : Quia vere scio hunc esse verum Deum et hominem, eterni Patris et Virginis Matris Filium, Dominum nostrum Jesum Christum, et sic puro corde et ore confiteor. Accepto illo vivifico sacramento devote et cum lachrymis, mox post susceptionem sacramenti extreme unctionis, plenus operibus bonis inter verba orationis migravit ad Dominum [3]. Qui ob vite merita per papam Johannem vicesimum secundum in sanctos relatus est et sanctorum cathalogo ascriptus.

XII MARTII.

S. Gregorii, pape et conf.

℟. Dum oraret. *Ad Magn. Ant.* Gloriosa sanctissimi solennia Gregorii toto orbe catholica suscipiat Ecclesia, cujus doctrina aurea [1] per mundi splendet climata, quam meritis et precibus Christo commendet, quesumus. *Oratio.* Deus, qui anime famuli tui Gregorii eterne beatitudinis premia contulisti, concede propitius, ut qui peccatorum nostrorum pondere premimur, ejus apud te precibus sublevemur. Per. *Commem. de jejunio.*

Invit. Ad Dominum vigiles cuncti convertite mentes Gregorium. Vigilem celi qui vexit ad arcem. Venite.

In I Noct. Ant. Gregorius ortus Rome, et senatorum sanguine, fulsit mundo velut gemma auro superaddita, dum preclarior preclaris hic accessit atavis. *Ant.* Lincam sui generis factis et dictis extulit, bibens in pueritia quod ructuavit postea. *Ant.* Adherebat moralibus seniorum relatibus, quos tenaci memorie non cessabat committere. ℣. Ecce sacerdos.

Lectio I. Gregorius, urbe Romana, patre Gordiano, matre vero Silvia editus, non solum expectabili senatorum prosapia, verum etiam religiosam originem duxit. Nam Felix, ejusdem apostolice sedis antistes, vir magne virtutis in Christo et Ecclesia, ejus atavus fuit. — ℟. Fulgebat in venerando duplex decus Gregorio, senatoria dignitas secundum genus seculi, voluntaria paupertas. Juxta preceptum Domini. ℣. Beatus vir qui timet Dominum, in mandatis ejus cupit nimis. Juxta.

Lectio II. Sed tamen hanc Gregorius tante nobilitatis lineam moribus extulit, probis actibus decoravit. Denique, ut post in propatulo claruit, non sine magno quodam presagio tale sortitus est nomen. Gregorius namque, ex greco eloquio, in nostram linguam, vigilator sive vigilantius sonat. — ℟. Videns Rome vir beatus Anglorum forte pueros : Bene, inquit, bene, Angli[2] vultu nitent ut angeli. Oportet illis monstrare iter salutis eterne. ℣. Quoniam Domini est regnum, et ipse dominabitur gentium. Oportet.

Lectio III. Revera etenim vigilavit sibi, dum divinis inherendo preceptis, laudabiliter vixit. Vigilavit et fidelium populus, dum doctrine affluentis ingenio eis, quo tramite celestia scanderent, patefecit. — ℟. Dum oraret in obscuro servus Dei latibulo, lux immensa super eum resplenduit per triduum. Hoc signo crucis proditur, papa urbis efficitur. ℣. Quia misericordiam et veritatem diligit Deus, gratiam et gloriam dabit Dominus. Hoc.

In II Noct. Ant. Gregorius, ut creditur, divinitus sic dicitur qui sibi et Ecclesie vigilavit catholice. *Ant.* Studiis liberalibus nulli secundus habitus, pretor urbanus extitit adolescens expectabilis. *Ant.* Hic ab adolescentia divina fretus gratia, anhelare non desiit ad regnum vite perpetis. ℣. Non est inventus.

Lectio IIII. Disciplinis vero liberalibus, hoc est, grammatica, dialectica et rhetorica, ita est a puero institutus, ut, quamvis eo tempore adhuc florerent Rome studia litterarum, nulli tamen in urbe ipsa putaretur esse secundus. — ℟. Propter intollerabiles rerum curas mundanarum, recusabat presulatum[3] suscipere Romanorum. Sed victus prece populi, suscepit jugum Domini. ℣. Nec fecit proximo suo malum, et opprobrium non accepit adversus proximos suos.

Lectio V. Inerat ei in parva adhuc etate maturum jam studium, adherere scilicet dictis majorum, et si quid dignum auditu potuisset percipere, non segniter oblivioni tradere, sed tenaci potius memorie commendare. ℟. Orante beatissimo ad Dominum Gregorio. Sanata est plebs Romana a peste inguinaria. ℣. Multum enim valet deprecatio justi assidua. Sanata.

Lectio VI. Hauriebatque jam tunc sitibundo doctrine fluenta pectore, que post congruenti tempore mellito gutture ructuaret. Hie in annis adolescentie, in quibus solet etas illa seculi vias ingredi, Deo cepit devotus existere, et ad superne vite patriam totis desideriis anhelare. — ℟. Vere felicem presulem, vere fidei doctorem, quo petente, panis Christi formam accepit digiti. Ad firmandam plebis fidem, versus in cruentam carnem. ℣. A Domino factum est istud et est mirabile in oculis nostris. Ad.

In III Noct. Ant. Sex construxit in Cicilia vir clarus monasteria, et infra urbem septimum in quo se fecit monachum. *Ant.* His sane monasteriis predia large tribuit, reliqua tandem vendidit, et egenis distribuit. *Ant.* Qui solebat in sericis procedere induviis, post in abjectis vestibus servit pauper pauperibus. ℣. Benedictionem.

Evang. sec. Math. In illo tempore. Dixit Jesus discipulis suis parabolam hanc. Homo quidam peregre. *Sermo S. Hieron.* Homo iste pater familias. — ℟. Sanctus papa Gregorius, vir totus apostolicus, postquam presedit cathedre pervigil apostolice. Carne solutus hodie, adivit regem glorie. ℣. Innocens manibus et mundus corde qui non accepit in vano animam suam. Carne.

Lectio VIII. ℟. Hodie preclarissimus Deo dignus episcopus et Anglorum apostolus a terrenis separatus. Conjunctus est celestibus in gloria Gregorius. ℣. Ecce vir Israelita in quo dolus non est. Conjunctus.

Lectio IX. ℟. O pastor apostolice[4], Gregori beatissime. Tuo posce precamine incrementum Ecclesie. Tuo rigante dogmate, ac

defensate opere. ℣. Memor esto congregationis catholice, et dextera Dei plantate vinee. Tuo. Gloria. Tuo.
In Laud. Ant. Gregorius vigiliis confectus et jejuniis, etsi marcebat corpore, ex spe vigebat anime. *Ant.* Lentis quidem sed jugibus hic estuabat febribus, podagre necnon sincopis pulsabatur incommodis. *Ant.* Celesti cinctus verbere, vir mire innocentie presumebat se diligi, quod merebatur argui. *Ant.* Bis senos nummos angelo hic dedit quasi naufrago, hinc scutellam argenteam quam vidit sibi reliquam. *Ant.* Virginum tria millia Rome pavit sub regula, exceptis Dei famulis longe vel prope positis. *Ad Bened. Ant.* Christi fidelis famulus, prudens quoque Gregorius, postquam suo in tempore vixit ejus familie, celo reddidit animam, terre carnis materiam. *Commem. de jejun. Per Horas. Ant. Laud. Ad Vesp. Ant. Laud. Ad Magn. Ant.* O Gregori, dulcissimum sancti Spiritus organum atque virtutum speculum, posce nobis suffragium, ut hoc possimus consequi, quo te gaudemus perfrui [5]. *Commem. de jejunio.*

XV MARTII.
S. Longini, martyris.

Oratio. Omnipotens, sempiterne Deus, qui preciossimo tui sanguinis liquore oculos sancti martyris tui Longini [1] illuminasti, quesumus, ut dono gratie mentes nostras illustrare digneris, quatenus post hanc vitam in eterna beatitudine te perfrui mereamur. Qui vivis.

Lectio I. Longinus centurio cecutiens, id est, parum videns, jussu Pilati latus Domini lancea perforavit, qui conversus ad fidem, percutiens pectus suum cum aliis de quibus evangelista, quod omnis turba eorum qui simul aderant ad spectaculum istud et videbant que fiebant, percutientes pectora sua revertebantur, renuntiavit militie ac officio centurionatus. Postmodum ab apostolis instructus in fide, in Cesarea Capadocie viginti octo annis monasticam duxit vitam, errata deplorans preterita, verbo et exemplo plures ad Christum convertit. Sicut in gentilitate Christum, velut alter Paulus, persequebatur, sic relicto gentilitatis errore, vestigia Domini secutus fortiter pro se decertavit. Unde cum a preside regionis compelleretur ad immolandum idolis et recusasset, omnes dentes ejus excutiuntur et lingua prescinditur, nec loquelam amisit ; tandem, post multas virtutes, decollatus.

XVIII MARTII.
S. Gabrielis, archangeli.

Ad Vesp. Capit. Loquente me in oratione mea, ecce Gabriel quem videram, etc. ℟. Misit servum.

HYMNUS

Ordo ut juris postulat,
  Gaudere omnes audeant,
  Dum Gabriel nunc bajulat
  Nova unde gaudeant.
Nullus unquam ad mortales
  Missus est talis bajulus,
  Qui faciat commensales
  Ejus cujus est famulus.
Per te nova lux oritur,
  Nova per te sunt omnia,
  Virgo parit, mors moritur,
  Umbra perit et somnia.
Ipse Deus ultionum
  Pius Pater est effectus,
  Perit cultus nationum,
  Sanctus crescit nunc affectus.
Illum ergo veneremur
  Per quem sumus sublimati,
  Ab angelis reveremur
  Postquam sumus Christo nati.
Gloria sit Trinitati,
  Per nuntium Gabrielem
  Nos jungat eternitati
  Atque populum fidelem. Amen.

℣. Ad nos veni, sancte Gabriel, archangele. ℟. Gratia propina et ve [1] nostrum dele.
Ad Magn. Salve, preco dignissime, preces offer Matri piissime, ad hoc vero aspirat animus, ut deleat mala que fecimus, et det

bona que semper cupimus. *Oratio.* Absterge, quesumus, Domine, christiani populi caliginem tui luminis, illustratione et presta, ut beati Gabrielis, archangeli tui, salutatione et sanctorum angelorum tuorum protectione munitus, in tua semper visitatione clarescat. Per.

Invitat. It Gabriel ad Virginem, novam salutem proferens. Dei Patris imaginem Virgo capit et fit Parens. Venite. *Hymn.* Christe sanctorum. *Require in fest. S. Michaelis, mense septembri.*

In I Noct. Ant. Trinitatis consilio venit preco ad Virginem; Dei freta auxilio ejus capit imaginem. *Ant.* Tunc Gabriel indicavit Domini Jesu conceptum, cum Virgini predicavit eterni regis preceptum. *Ant.* Sancte Deus, mirabilis, diminute [2] ab angelis, veni desiderabilis, homo Deus, et humilis. ℣. Digne preco, bonos auge et bona porrige. ℟. Te deprecamur nos tecum collige.

Lectio I. Sermo S. Hidelfonsi archiepisc. Tu sancte Gabriel, venis ad Virginem. — ℟. Pacis causa venit reformande, solvat Christus precium emende. Non sit error ire contremendo, sed firma spes venie habende. ℣. Tu bajule summe clementie, summe laudis et excellentie, sta pro nobis in celis hodie. Non. — ℟. Misit servum Pater pro Filio, non humano fretus auxilio. Hic divino magis consilio sponsam duci in hoc exilio. ℣. Paranymphus [3] supplex salutavit, in Virgine Sanctum Pneuma flavit et in Matrem Dei consecravit. Hic. — ℟. Felix nimis, ô Gabriel, hora in qua, Virgo dulcis et decora Deum verum concepit sine mora, altissima, tua propter ora. ℣. Illud ave quum protulisti, dona magna mundo attulisti, cum omne ve a nobis tulisti. Virgo.

In II Noct. Ant. In celi tabernaculo tu qui sedes magnifice, in ventris habitaculo Virginis magna perfice. ℣. Qui a celo egreditur, Gabriele proclamante, in Virgine concluditur per subito hunc amante [4]. *Ant.* Rex glorie hic est volens clausam portam subintrare; qui hinc exit pauper dolens, astra fecit penetrare. ℣. Archangele, qui pie conspicis. ℟. Conjunge nos choris angelicis.

℟. Tu Regine summi regiminis que concepit instinctu numinis. Vale dicis cum cetu ordinis, Matrem laudas Dei et hominis. ℣. Nunc igitur, Gabriel, propera, narra Dei miranda opera, que facta sunt in hac Christifera [5]. Vale. — ℟. Hic bajulus [6] summe caritatis opus agit summe pietatis. Quem Dominus summe majestatis preeligit in hujusmodi factis. ℣. Fortitudo Dei que latuit, ad fortia cum manum posuit. Quem. — ℟. Nova luce nunc per Gabrielem illustravit populum. Altissimus conferens medelam hominibus et fidam tutelam. ℣. Gaudent omnes et gaudent singuli pro adventu pio et humili nostri Jesu, infantis parvulu. Altissimus. Gloria. Altissimus.

In III Noct. Ant. Preco eam perterruit in sermone permodicum, modum carnis abhorruit Virgo timens hunc celicum. *Ant.* Venit ad nos mirabilis, locum pacis preelegit, preest preco amabilis, valde miranda peregit. *Ant.* Angelis et hominibus lux orta cum letitia est salutis patens omnibus, discedat hinc mesticia. ℣. O preclare Gabriel titulis. ℟. Libera nos precibus sedulis.

Evang. secund. Lucam. Missus est Angelus Gabriel. *Omelia B. Bernardi abb.* Non arbitror hunc angelum. — ℟. De amicis Dei precipuis est Gabriel et de perpetuis. Mysteria nota facit suis et ardua committit arduis. ℣. Hunc homines habent advocatum ante Deum fidum et pacatum, apud eum votum sit locatum.—℟. Volat fortis per medium celum qui pepulit durissimum telum. Ne lederet opponendo velum, ipsum fortem locavit in prelium. ℣. Hic Gabriel vicit fortissimum, dum venire fecit mitissimum Natum Dei ventrem sanctissimum. Ne. [℟. Gaude Maria. *Require in parv. off. B. Marie. Alleluia.*] — *Ad Laudes. Ant.* Dominus fortitudinem induit et se precinxit, gratie amplitudinem in Maria ipse pinxit. *Ant.* Novus creatus populus laudans Deum in jubilo, ad Mariam dum bajulus venit movens dulci stilo. *Ant.* Deus noster benedixit hanc terram ante desertam; cum Gabriel ave dicit, portam celi dat apertam. *Ant.* Laudemus nunc Christiferam, actus ejus imitando, nam salutis dat operam ad gratiam invitando. *Ant.* Cetus omnes angelorum et Gabriel psallunt ei, Imperatrix est celorum et Regina Mater Dei. *Capit.* Loquente. *Hymn.* Ordo ut. ℣. Salve, sancte Gabriel, archangele. ℟. Gratiam nobis propina et ve nostrum dele. *Ad Bened. Ant.* Preces tue nobis subveniant, ô Gabriel, atque custodiant nunc et semper, ut hostes fugiant et nos cives tui suscipiant. *Per Horas. Ant. Laud. Ad Tert. Capit.* Loquente. ℟. Nova luce. ℣. Archangele. *Ad Sex. Capit.* Vidi alium angelum. ℟. Archangele. Qui pie conspicis. ℣. Conjuge nos choris angelicis. Qui. ℣. O preclare. *Ad Non. Capit.* Locutus est Gabriel. ℟. O preclare Gabriel titulis. ℣. Libera nos precibus sedulis, Gabriel. ℣. Salve sancte.

XIX MARTII.
S. Joseph, confessoris.

In Vesp. [1] *Ant. Laud. Ps.* Dixit Dominus. Laudate pueri. Credidi. Domine non est. Confitebor tibi. *Capit.* Benedictio illius qui apparuit nobis in rubo, venit super caput Joseph, et super verticem Nazareth inter fratres suos. Deo gratias. *Et dicit. in Laud. et in sec. Vesp.* ℟. Genus duxit.

HYMNUS

Collaudemus toto corde [2]
  Dei sapientiam;
Virgini qui junxit sorte
  Joseph diligentiam,
Qui Nascentis sine sorde
  Aleret infantiam.
Quem inviolate Matris
  Peperit integritas,
Ipsum putativi patris
  Aluit virginitas,
Hostibus celatur atris
  Hac arte divinitas.
Joseph portet, Joseph tractat,
  Joseph mulcet osculis,
Dum Herodes parvos mactat
  Artubus minusculis,
Joseph, hunc quem Virgo lactat,
  Subtrahit periculis.

Puer in Egyptum ductus
  Joseph ministerio,
Ab eodem post reductus
  Patris est imperio,
Maturescit celi fructus
  Sic crucis mysterio.
Gloria summo Parenti,
  Laus equalis Genito,
Ab utroque procedenti
  Par decus Paraclito,
Qui nos salvet prepotenti
  Sancti Joseph merito. Amen.

℣. Ora pro nobis, sancte Joseph, sponse Matris Domini nostri Jesu Christi. ℟. Ut digni efficiamur gratiam in via et gloriam in patria tuis precibus assequi. *Ad Magn. Ant.* Celestis pontifex doctus oraculo, virge florentis Joseph viso miraculo, atque columbe apparentis inditio, jubet Mariam tradi Joseph connubio, ut impleretur divina dispensatio. *Oratio.* Concede, quesumus, omnipotens Deus, ut intercessione beati Joseph, confessoris tui, qui pater Domini nostri Jesu Christi, in terra vocari dignus inventus est, et vir gloriose semperque Virginis Marie, non coinquinatione carnis sed tantum maritus nomine, appellatus est, ab omnibus adversitatibus liberemur. Per eundem Domin. *Omnia necessaria require in Comm. unius Conf. non Pont. Commem. S. Gabrielis. Ant.* In hac vita multa pericula nobis instant et multa vincula. O Gabriel, tu mente sedula regnum celi pro nobis postula.

Invitat. Sponsi Marie Virginis fulgent leta solennia. Christo devotis canticis sancta plaudat Ecclesia. Venite. *Hymn. ut supra.*

In I Noct. Ant. Joseph in consilio impiorum non abiit, Virginem cum Filio ipse virgo dum nutrit [3]. *Ant.* Dum Herodes meditatur adversus Christum Domini, tunc Joseph peregrinatur, Deus cedens homini. *Ant.* Puer Egypto susceptus, per Joseph reducitur in Judeam, cum correptus hostis morte tollitur. ℣. Justum deduxit.

Lectio I. Sermo S. August. Joseph, filius David, natus ex genere sacerdotali. — ℟. Eterni regis disposuit archana providentia quod Joseph custos esset Virginis florens pudicitia. Quem divine gratie affluentia et munera repleverant celestia. ℣. Prebetur Matri et Puero sanctum obsequium, sic enim decebat tam benignum nutricium. Quem. — ℟. Genus duxit Joseph ex regis David prosapia, sanctitatis ejus sequens gloriosa vestigia. Dignum effecit sponsum Marie divina gratia. ℣. Pollet justus virtutum fragrantia, merita Joseph fulgent eximia. Dignum. — ℟. Angelice revelationis frequenter eruditus oraculis Joseph felicem se putat pro Marie et Jesu curis sedulis. Et devotis obsequiis. ℣. Gaudet sponsus et custos Virginis sacris insistens mysteriis. Et devotis. Gloria. Et.

In II Noct. Ant. Vere singulariter in spe constituitur cui conjugaliter Virgo viro traditur. *Ant.* Regi vero, Deo suo, mane Joseph astitit, dum alumnus Nato tuo, Virgo Mater, astitit. *Ant.* Nomen admirabile Joseph promulgavit, quod prius amabile Gabriel vocavit. ℣. Justus ut palma. — ℟. Hic est cui nupsit Virgo que mundi fabrum peperit, princeps seculi, Deus homo, in qua locum reperit. Per quam nec pudor fleperit. ℣. Omnis homo quicumque audierit congaudebit ei. Per quam. — ℟. Jacob amat ille Lyam, Joseph diligit Mariam, Dei Filio fecundam. Sed ab omni tactu mundam. ℣. Hanc amavit et exquisivit sibi sponsam. Sed. — ℟. Primus Joseph aliene turpe stuprum renuit. Hic cum sua florem plene castitatis tenuit. Ille tunc Egyptum pavit, fame dum occubuit, mundo granum hic servavit quod Virgo progenuit. ℣. Descendit Joseph in Egyptum fuitque Dominus cum illo. Ille tunc. Gloria. Ille.

In III Noct. Ant. In immaculata via psallens, intellexit qui nascentem de Maria Regem regum rexit. *Ant.* Magna ejus gloria est in salutari omnique memoria digna celebrari. *Ant.* Innocens hic manibus vir et mundo corde, sanctum celat canibus partum sine sorde. ℣. Justus germinabit.

Evang. sec. Math. Cum esset desponsata. — ℟. Adest Aaro secundus cujus frutex fit fecundus, prius arens. Dum fit parens Virgo, viro carens. ℣. Ascendit sicut virgula coram eo et sicut radix de terra sitienti. Dum. — ℟. Transit sponsus Marie Virginis de hac valle miserie, fertur a sanctis angelis in sinum patriarche Abrae. Et celestis regni cum Christo potitur optata requie. ℣. Exultat Joseph adjunctus angelorum consortio, securus factus est de glorie celestis premio. Et. — ℟. Vocatus Joseph ad celestes nuptias, suscipitur jam a Patrefamilias qui eidem prebet vite delicias. Et jocunditatis eterne copias. ℣. Introducit Jesus in celum suum nutricium, reddens sibi vicem dignam, ob pium obsequium. Et Joseph. Gloria. Et. Vocatus.

In Laud. Ant. Letus dies recolitur, in quo sponsus Marie ab angelis suscipitur, in beatorum requie. *Ant.* Post hujus mundi stadium, celi potitur gaudio, scandit ad vite solium cum sanctorum consortio. *Ant.* Sancti Joseph suffragia nos tueantur jugiter, et ad regna celestia nos perducant feliciter. *Ant.* Sponsus Marie Virginis devotos suos protegat ab hostium insidiis, atque virtute foveat. *Ant.* Laudetur auctor omnium in ista die inclita qua sponsi patrocinia nobis fulgent et merita.

HYMNUS

Joseph stirpis Davidice,
    Sponse alme Theotice[4],
    Adesto nostris precibus,
    Quas tibi pie fundimus.

Gloriose bajule,
    Monarche celi curie,
    Ut digne demus cantica
    Nostra dirumpe crimina.

O custos Matris Domini,
    Devotos tuos nomini,
    Joseph alme per aspera,
    Salva semper et prospera.

Adesse tuis famulis
    Dignare, dux amabilis,
    Sentiant nostra pectora
    Tua semper juvamina.

O faber beatissime,
    Succurre benignissime,
    Nosque supplices respice,
    Vota servorum suscipe.

Presta, Pater Ingenite [5],
Jesu, cum Sancto Flamine [6]
Ut Joseph almi precibus
Jungamur in celestibus. Amen.

℣. Ora pro nobis beate et juste Joseph.
℟. Ut digni efficiamur promissionibus Christi. *Ad Benedictus. Ant.* Cum beatus Joseph orans carnis deponit vincula, assunt sibi angelorum grata obsequia ipsumque deducunt ad quietis loca, ubi expectant fideliter agmina [7]. *Per Horas diei. Ant. Laud. Ad Sext. et Non. Oratio.* Omnipotens et mitissime Deus, qui beatum Joseph justum, filium David, beate Marie Virgini tue Matri sponsum providisti, tuumque nutricium elegisti, da, quesumus, ut, ejus precibus et merititis, Ecclesia tua tranquilla pace letetur, et ad perpetue visionis tue consolatione perducatur. Qui vivis.

In Vesperis Ant. Laudum. Capitulum de Sancto Joachim. Commemoratio Sancti Joseph. Ant. O felix custos et sponse Regine virginum, qui Jesum educasti, omnis creature Dominum, jam letus regnas in choro sanctorum agminum, ora pro nobis assidue Patrem luminum, ut eterna luce fruamur in perpetuum [8].

XX MARTII.

S. Joachim, patris Virginis Marie.

Omnia necessaria unius Confessoris non Pontificis.

Oratio. Deus, qui sanctum patriarcham Joachim [1] ab eterno elegisti, et in thoro immaculato cum sancta Anna vivere fecisti, unde Matrem tuam gloriosam Virginem Mariam sine contagio originalis peccati mirabiliter procreasti [2], concede nobis fidelibus, ejus memoriam agentibus, a cunctis vitiis emundari, donisque virtutum ornari, ut eterna gloria valeamus in celo coronari. Qui vivis.

Lectio I. Sanctissimus patriarcha Joachim, Nazarenus, pater gloriose Virginis Marie, ex benedicto patriarcharum semine et preclaro prophetarum germine, atque sacerdotali stirpe, generosa quoque regali progenie, in Nazareth, civitate Galilee, prodiit. Permixte etenim crebrius erant sacerdotalis tribus et regia.

Lectio II. Patrem habuit hic Joachim, ut auctor est Johannes Damascenus, Barpantheram, avum Pantheram, fratrem Melchi, a divo evangelista Luca in genealogia Christi commemorati. Ex tam claro igitur ortus sanguine, mundo, velut gemma, resplenduit, dum preclarior preclaris ipse accessit atavis.

Lectio III. Cum Annam de progenie sua accepisset in uxorem et operibus sanctis et misericordia plenis insisterent, nec per multos annos prolem procreassent, votum peragunt Domino, si eis sobolem concedere dignaretur, eandem in templo sibi dedicarent ac consecrarent. Emisso hujusmodi voto, post innumera virtutum munia Deus exaudivit eorum preces.

Lectio IIII. Concepit namque Anna, ex ipso sancto Joachim, Mariam, ab omni prorsus originalis labe immunem [3]. Et revera, quamvis secundum nature ordinem, tamen preter nature consuetudinem concepta est. O benedicta et felix conceptio, qua mundus omnis ingenti repletur gaudio! Sacer ille Joachim, prole sacratissima fecundatus, terrena linquens, sanctam Deo reddidit animam et sinus Abrae eandem suscepit.

Lectio V. Corpus ejus Hierosolymis ab Anna honorifice sepelitur, cum quo, post ejus a corpore exitum, in peculiaris amoris indicium, pia Anna etiam condiri delegit, uti tumba amborum saxea olim demonstrata est [4]. Tempore Constantini, Helena mater ejus, Hierosolymam deveniens, post Dominice crucis inventionem, corpus Anne Constantinopolim secum detulisse scribitur, ossa vero Joachim Hierosolymis reliquisse narratur, ubi mira veneratione coluntur.

Lectio VI. Eya, dilectissimi, omnes gratulemur in Domino, sanctissimo patri Genitricis Dei devotissime famulantes. Singulari nempe prudentia hic sanctus delectus est ex tot milibus quos ab initio habuit mundus, ut avus illius fieret in terris qui de benedictissima filia sua nascens Deus, ipse, homo factus, omnium peccata deleret.

XXI MARTII.

In transitu S. Benedicti, abbatis.

Ad Vesp. et in reliq. sicut in alia fest. preter ea que hic ponuntur. Oratio. Omnipotens, sempiterne Deus, qui hodierna die carnis eductum ergastulo beatissimum confessorem tuum Benedictum sublevasti ad celum, concede, quesumus, hec festa tuis famulis celebrantibus, cunctorum veniam delictorum ut qui exultantibus animis ejus claritati congaudent, ipso apud te interveniente, consocientur et meritis. Per. *Commem. de jejun.*

Lectio I. Fuit vir, vite venerabilis, gratia Benedictus et nomine, ab ipso pueritie sue tempore cor gerens senile, etatem quippe moribus transiens, nulli animum dedit voluptati.

Lectio II. Sed dum in hac terra adhuc esset, quo temporaliter libere uti potuisset, despexit jam quasi aridum mundum cum flore.

Lectio III. Qui liberiori genere et provincia Nursie exortus, Rome liberalibus litterarum studiis traditus a parentibus fuerat.

Lectio IIII. Sed cum in eis multos ire per abrupta vitiorum cerneret, eum, quem quasi in ingressu mundi posuerat, retraxit pedem, ne si quid de scientia ejus attingeret, ipse quoque postmodum in immane precipitium totus iret.

Lectio V. Despectis itaque litterarum studiis, relicta domo rebusque patris, soli Deo placere desiderans, sancte conversationis habitum quesivit. Recessit igitur scienter nescius et sapienter indoctus[2].

Lectio VI. Cum itaque, jam relictis litterarum studiis, petere jam deserta decrevisset, nutrix que hunc arctius amabat sola secuta est.

Ad Bened. Ant. Hodie sanctus Benedictus, per rectum orientis tramitem, videntibus discipulis, celos tetendit, hodie, erectis manibus, inter verba orationis migravit, hodie cum angelis in gloriam susceptus est. *Capitula in Laud., ad Tert., Sext. et Non.* Glorificavit illum in conspectu regum. Dilectus Deo et hominibus. — Audivit enim eum et vocem. — Justus si morte preocpatus fuerit. — Benedictio Domini super caput.

XXV MARTII.

In Annuntiatione Beate Marie.

Ad Vesp. Ant. Ave, Maria. *Capit.* Missus est angelus Gabriel. ℟. Ave, Maria. *Hymn.* Ave, maris stella. ℣. Egredietur virga. *Ad Magn. Ant.* Ave, magnifica[1] misericordie Mater, magnum majestate magnificans mundissima mente Maria, melliflua miseratio miserorum, memento, mitissima, memorande Matris memorum. *Oratio.* Deus qui. *Require in parvo off. B. M. ad Prim.*

Invitat. Ave, Maria, gratia plena, Dominus tecum. Benedicta tu in mulieribus. Venite. *Hymn.* Quem terra.

In I Noct. Ant. Missus est Gabriel angelus ad Mariam Virginem desponsatam Joseph. *Ant.* Ave Maria, gratia plena, Dominus tecum, benedicta tu inmulieribus, allel. *Ant.* Ne timeas, Maria, invenisti gratiam, apud Dominum, ecce concipies et paries Filium, all.

Lectio I. Sermo S. August. Adest nobis, dilectissimi, optatus dies. ℟. *Require in parvo officio.*

In II Noct. Ant. Ecce concipies in utero et paries Filium, et vocabis nomen ejus Jesum ; hic erit magnus et Filius Altissimi vocabitur. *Ant.* Dabit ei Dominus sedem David patris ejus et regnabit in eternum. *Ant.* Quomodo fiet istud, angele Dei, quia virum in concipiendo non novi. Audi, Maria, Virgo Christi, Spiritus Sanctus superveniet in te et virtus Altissimi obumbrabit tibi. ℣. Benedicta tu. [*Sequit. Sermo S. Aug.*]

In III Noct. Ant. Spiritus Sanctus in te descendet, Maria, ne timeas, habebis in utero Filium Dei, all. *Ant.* Ecce ancilla Domini, fiat mihi secundum verbum tuum. *Ant.* Angelus Domini nuntiavit Marie et concepit de Spiritu Sancto.

Evang. sec. Lucam. In illo tempore. Missus est angelus. *Sermo S. Ambrosii.* Latent quidem divina mysteria. — ℟. Virgo Israel, revertere in civitates tuas usquequo dolens averteris. Generabis Dominum Salvatorem, oblationem novam; in terra ambulabunt homines in salvationem. ℣. In caritate perpetua dilexi te, ideo abstraxi te miserans. Generabis. ℟. Gaude, etc.

In Laud. Ant. Prophete predixerunt nasci Salvatorem de Virgine Maria. *Ant.* Antequam convenirent, inventa est Maria habens in utero de Spiritu Sancto, all. *Ant.* Ecce Virgo concipiet, etc. *Ant.* Beata es, Maria, que credidisti, perficientur in te que dicta sunt tibi a Domino. *Ant.* Beatam me dicent omnes generationes quia ancillam humilem respexit Deus. *Capit.* Egredietur. *Hymn.* Ave, maris stella. ℣. Egredietur. *Ad Bened. Ant.* Gabriel angelus. *Require in parvo off. Per Horas. Ant. Laud. Ad Tert. Capit.* Ecce virgo concipiet. ℟. Ave, Maria, gratia plena. Dominus tecum. ℣. Benedicta tu inter mulieres et benedictus fructus ventris tui. Dominus. ℣. Spiritus Sanctus superveniet. *Ad Sext. Capit.* Ingressus angelus. ℟. Spiritus Sanctus. Superveniet in te. ℣. Et virtus Altissimi obumbrabit tibi. Superveniet. ℣. Ave, Maria. *Oratio.* Deus, qui hodierna die Verbum tuum beate Marie Virginis alvo coadunare voluisti, fac nos, quesumus, hec festa ita peragere, ut tibi placere valeamus. Per. *Ad Non. Capit.* Cum audisset, turbata est. ℟. Egredietur virga. De radice Jesse. ℣. Et flos de radice ejus ascendet. De. ℣. Benedicta. *In Vesp. Ant. Laud. Ps. Virg. Capit.* Ne timeas, Maria. *Hymn.* Ave, maris. *Ad Magnif.* O Virgo virginum, quomodo fiet istud, quia nec primam similem visa es, nec habere sequentem? Filie Hierusalem, quid me admiramini? Divinum est mysterium hoc quod cernitis. *Omelia sancti August. dicatur per ebdomadam.* Vidi portam in domo Domini clausam. *Cum octava.*

FESTA APRILIS

II APRILIS.

S. Marie Egyptiace, peccatricis olim [1].

Oratio. Omnipotens, sempiterne Deus, Pater misericordiarum, qui hodierna die beatam Mariam Egyptiacam, olim peccatricem, sed tua gratia, per condignam et asperam penitentiam, justificatam, eterna regna penetrare fecisti, da, quesumus, supplicibus tuis, digne ejus celebrare solennia, ut per ipsius exempla fructus dignos penitentie facientes, salutem consequamur eternam. Per Dominum.

Lectio I. Maria Egyptiaca, in Egypto nata, spretis parentibus, cum esset duodennis, incensa ardore libidinis, in Alexandriam devenit. Ubi XVII annos et amplius publice in sceno[2] jacens, luxurie transegit, que cum multitudine Libiorum et Egyptiorum ad festum Exaltationis sancte Crucis Hierosolymam perrexit, ubi vitiis prioribus et deterioribus vacavit.

Lectio II. Adveniente igitur festo sancte Crucis, cum ipsa impellens et impulsa templum ingredi nequivisset, recognovit quod propter sua scelera Deus aditum ei denegabat. Et cum gemens ac suspirans sursum respiceret, vidit imaginem Dei Genitricis et ait ad eam: Domina mea, Virgo Maria, non est dignum me pollutam adorare et videre imaginem tuam; justum est enim me luxuriosam projici a tua castitate purissima.

Lectio III. Veruntamen propter hoc Deus factus est homo, quem ipsa genuisti, ut peccatores ducat ad penitentiam. Adjuva me ergo solitariam, da licentiam ingrediendi, ut non efficiar aliena a visione preciosi ligni, et tibi ex te Genitum do fidejussorem quod nunquam de cetero inquinabo carnem meam. Hec dicens, succensa fide, templum libere introivit et lignum sante Crucis adoravit.

Lectio IIII. Deinde ad predictam imaginem rediens, dixit: Domina mea, ostendisti misericordiam, implebo fidejussionem meam. Esto mihi ductrix[3], precedens in viam que ducit ad penitentiam. Et hec dicens, audivit vocem dicentem sibi: Jordanem si transieris, requiem invenies. Et prothinus[4] accedens Jordanem, secessit in solitudinem, ubi quadraginta septem annis vixit, tantum herbas manducans.

Lectio V. Eo tempore, exiens ex moreante quadragesimam ad penitentiam peragendam, de uno Palestinorum monasterio, quidam sanctus vir, nomine Zozimas, accessit ad locum ubi dicta sancta erat. Quam fugientem sequitur. Et illa ait ad cum : Mulier sum et nuda ; si vis benedictionem peccatrici dare, indumentum projice quo infirmitatem meam tegam. Ille terga vertens pallium dedit, et, eo operta, ait : Quid vis, Zozima, videre peccatricem mulierem ? Cui vitam suam exordio recensuit, corpus Dominicum sibi postmodum detulit, et, anno revoluto, defunctam invenit.

Lectio VI. De ista sancta quidam sic loquitur : Maria Egyptiaca, meretrix primo appellata, deinde sanctitatis et penitentie et perseverantie exemplum, XLVII annis in heremo penitentiam arctissimam peregit. Secum duos panes deportans ultra Jordanem, qui, postmodum arefacti, quasi lapides obduraverunt, ex quibus modicum ad aliquos annos comedens vitam transegit. Tandem, quarto nonas aprilis, migravit ad Dominum. Cujus corpus Zozimas sanctissimus abbas sepelivit[5].

IV APRILIS.

S. Ambrosii, episcopi.

Omnia necess. unius Conf. episc. Oratio. Deus, qui nos annua beati Ambrosii, confessoris tui atque pontificis, solennia frequentare concedis, presta, quesumus, ut quod ille nostris auribus excellenter infudit, intelligentie competentis eruditione capiamus. Per.

Lectio I. Beatus Ambrosius natus est patre Ambrosio, in administratione prefecture Galliarum. Cum esset infans et dormiret quadam die in pretorio, examen apum ejus faciem ita frequentabat, quod vicissim apes ingrederentur os ejus et egrederentur ab eo.

Lectio II. Pater vero nutrici, ne eas abigeret, prohibebat; ipsa tamen ne infanti apes nocerent sollicita manebat. Attendente vero patre quem finem illud miraculum haberet, evolantes apes in altum ascenderunt, ita quod vix possent ab oculis hominum videri. Quo viso, dixit pater : Si vixerit, magnus erit infantulus iste[1].

Lectio III. Significabat quidem factum istud, quia ipse erat prolaturus verba melliflua, quibus homines ad regna celestia invitaret, secundum illud : Favus mellis, sermones boni. Mortuo patre, puer cum matre vidua et sorore virgine que, cum alia sua comite, virginitatem Deo voverat, Bononie morabatur.

Lectio IIII. Ubi cum quadam die matrem et sororem manus sacerdotis osculantes videret, dicebat quia suam manum similiter osculari deberent. Loquebatur autem Spiritus Sanctus per os ipsius, ipsum fore episcopum designans. Ille vero dicta ejus, tanquam adolescentis et nescientis, respuebant.

Lectio V. Ipse instructus Rome liberalibus artibus, egressus inde, prefecturam pretorii administrantibus consilium prebebat et auxilium. Qua de causa duas provincias, scilicet Liguriam Emiliamque ei, ut eas regeret, assignaverunt.

Lectio VI. Postea audiens sanctus Ambrosius Mediolanensis populi seditionem super eligendo episcopo post mortem Auxensii[2], hereticorum episcopi, Dionysio bone memorie confessore, ad quem pertinebat episcopatus, in exilium relegato, petiit Mediolanum. Ubi cum alloqueretur in ecclesia populum, causa sedandi ejus seditionem, ne in se irruerent, quidam infans clamavit, dicens : Ambrosium fore episcopum[3].

XI APRILIS.

S. Leonis, pape et conf.

Oratio. Exaudi, Domine, preces nostras, quas in sancti confessoris tui atque pontificis Leonis solennitate deferimus, ut qui tibi digne meruit famulari, ejus intercedentibus meritis, ab omnibus nos absolve peccatis. Per.

Lectio I. Leo papa, hujus nominis primus, natione Tuscus, patre Quintiano, sedit anno uno et viginti, mense uno, diebus tredecim, ob dignitatem et precipuam doctrinam cognomento Magnus. Tante fuit litterature quod eloquentia nemini cesserit. Ideo in Calcedonensi synodo, summa patrum omnium admiratione et concordia, ter sanctus acclamatus est. Ad confirmandam fidem que tum potissimum a multis hereticis impugnabatur, cum esset doctissimus, decretales epistolas, omelias et sermones quamplurimos edidit. Templa diffracta restituit. Propter merita sue sanctitatis furorem Totile, regis Vuandalorum, mitigavit, ne igne et ferro Italiam devastaret[1].

XIV APRILIS.
SS. Cyburtii, Valeriani et Maximi, martyrum.

Oratio. Presta, quesumus, omnipotens Deus, ut qui sanctorum martyrum tuorum Tyburtii, Valeriani et Maximi, solennia colimus, eorum etiam virtutes imitemur.

Lectio I. Rome, natale beatorum martyrum Tyburtii et Valeriani. Quem Valerianum cum haberet beata Cecilia sponsum, convertit ad Dominum, ostendens ei angelum Domini.

Lectio II. Quem videns Valerianus petivit ab eo ut per ipsum dignaretur Dominus lucrari fratrem ejus Tyburtium, sicut et ipsum lucratus erat per sponsam suam Ceciliam. Quod et prestitum est.

Lectio III. Hos vero fratres baptizavit sanctus papa Urbanus et instruxit in fide simul et beatam Ceciliam.

Lectio IIII. Eo vero tempore, dum hec agerentur, Turtius Almachius, urbis Rome prefectus, sanctos Dei fortiter laniabat et inhumata eorum corpora derelinqui jubebat.

Lectio V. Tyburtius vero et Valerianus ad hoc vacabant quotidie, ut preciosas facerent martyrum sepulturas, elemosinis etiam et pietatibus insistentes.

Lectio VI. Almachius, prefectus urbis, audiens, eos christianos comprehendit, quos primo fustibus cedi durissime fecit et tandem gladio interfici precepit. Maximus, vir illustris, qui eos in carcere detinuit, christianus effectus, tandiu plumbatis cesus est, donec spiritum exalaret.

De Sanctis tempore Resurrectionis[1].

¶ *In festivit. Conf. et Virg. per totam Resurr. usque ad vigil. Penthec. cantentur ℟. solita, similiter et Ant. et ℣. cum allel. in fine.* ¶ *In festivit. Martyr. per tot. Res. usque ad vig. Pent. hec ℟. dicuntur similiter et Ant. Laudum et ad Bened. et ad Magnif.* — *In Vigil. ad Magnif. Ant.* In civitate Domini clara sonant jugiter organa sanctorum, ibi cynamomi et balsami odor suavissimus quod ante Deum pertinet, ibi angeli et archangeli hymnum novum decantant ante sedem Dei, alleluia.

Invitat. Alleluia. In sanctis gloriosus est Deus. Venite, adoremus, all. venite. — *In Noct. Ant.* Vox letitie, all. in tabernaculis justorum, all. *Ant.* In velamento clamabant sancti tui, all., all. *Ant.* Justorum anime in manu Dei sunt, et non tanget illos tormentum mortis; in pace sunt ea que possident, all. ℣. *de I Noct. et sequitur.* Adjutorium nostrum. ℟. Beatus vir qui metuit Dominum, all. In mandatis ejus cupit nimis, all., all., all. ℣. Gloria et divitie in domo ejus, et justitia ejus manet in seculum seculi. In. ℟. Pretiosa in conspectu Domini, all. Mors sanctorum ejus, all. ℣. Custodit Dominus omnia ossa eorum, unum ex his non conteretur. Mors. ℟. Lux perpetua lucebit sanctis tuis, Domine. Et eternitas temporum, all., all. ℣. Letitia sempiterna super capita eorum, gaudium et letitiam obtinebunt. Et.—*In Laud. Ant.* In celestibus regnis sanctorum habitatio, all. et in eternum requies eorum, all. *Ant.* Sancti et justi in Domino gaudete, all.; vos elegit Deus in hereditatem, sibi, all. *Ant.* Sancti tui Domine florebunt sicut lilium, all., et sicut odor balsami erunt ante te, all. *Ant.* Spiritus et anime justorum, hymnum dicite Deo nostro, all., allel. *Ant.* Lux perpetua lucebit sanctis Dei, et eternitas temporum, all. *Ad Bened.* In civitate Dei resonant organa sanctorum, all., et angeli decantant hymnum ante sedem Dei, allel. *Per Horas diei et in Vesp. Ant.*

Laud. Ad Magn. Ant. Filie Hierusalem, venite, et martyres cum coronis quibus coronavit eos Dominus in die solemnitatis et letitie, all., all.

XXIII APRILIS.

S. Georgii, martyris.

Oratio. Deus, qui nos beati Georgii, martyris tui, meritis et intercessione letificas, concede, propitius, ut qui ejus beneficia, poscimus, dono tue gratie consequamur[1]. Per. *Evang. sec. Johan.* In illo temp. Dixit Jesus discipulis suis : Ego sum vitis. *Omel. S. Aug.* Iste locus evangelicus. *Ista erit Lect. I. in fest. un. vel pl. Mart. que temp. pasch. celebrabuntur. Alie due erunt de legenda festi ut dic. in tit. rubr. ubi agitur de hujusmodi ordinatione.*

Lectio II. Georgius, Capadocus, tribunus et verus Christi miles, post eculei extensionem, totiusque corporis lacerationem et viscerum effusionem necnon et aliorum tormentorum perpessionem, ad ultimum, martyrium capitis abscissione complevit. Cujus gesta licet inter apocriphas connumerentur scripturas[2], ipsius tamen illustrissimum martyrium inter coronas martyrum Dei Ecclesia venerabiliter honorat.

Lectio III. Quod etiam Ambrosius attestatur qui ita scribit : Georgius, fidelissimus Christi miles, dum christianitatis professio tegeretur, solus inter Christicolas Dei Filium confessus est, etc. *Ad Sext. et Non. Oratio.* Tuus sanctus martyr Georgius nos, quesumus, Domine, ubique letificet, ut dum ejus merita in presenti festivitate recolimus, patrocinia in augmento virtutum sentiamus.

XXV APRILIS.

S. Marci, evang.

Omnia necess. de Comm. Evang. Sed ℟. *et Ant. finiantur cum alleluia. Oratio.* Deus, qui beatum Marcum, evangelistam, evangelice predicationis gratia sublimasti, tribue quesumus, ejus nos semper, et eruditione proficere et oratione defendi. Per. *Evang. sec Math.* In illo temp. Dixit Jesus discipulis suis. Facilius est camelum. *Serm. S. Hieron. Lect. I.* Hoc dicto ostenditur non difficile esse sed impossibile.

Lectio II. Marcus, discipulus et interpres Petri, juxta quod Petrum referentem audierat, rogatus Rome a fratribus, evangelium breve scripsit. Quod cum Petrus audisset, probavit et Ecclesie legendum sua auctoritate dedit, sicut Clemens scribit in sexto Informationum libro [1], et Papias Eropolitanus episcopus meminit ejus Marci, et Petrus in epistola sua sub nomine Babilonis figuraliter Romam significans. Salutat vos, inquit, ecclesia que est in Babilone collecta, et Marcus, filius meus. Assumpto itaque evangelio, quod ipse fecerat, perrexit Egiptum et primus Alexandrie Christum annuncians constituit ecclesiam.

Lectio III. Tante autem doctrine et vite continentie fuit, ut omnes sectatores Christi ad exemplum sui cogeret. Denique amputasse sibi pollicem dicitur ut sacerdotio reprobus haberetur. Sed tantum consentiens fidei predestinata potuit electio ut nec sic in opere verbi perderet, quod prius meruerat in genere[2]. Nam Alexandrie episcopus fuit. Postquam autem diu Ecclesiam docendo, scribendo, constituisset, octavo Neronis anno, a pontificibus templi in solemnitate Paschali cum missam celebraret captus, fune in collo ejus misso, ipsum per civitatem trahebant, donec spiritum emisit et sepultus est.

Ad Sext. Oratio. Beati Marchi evangeliste annua festa recolentes, Domine, quesumus, ut que bonorum nobis sunt instrumenta presentium, fiant eternorum patrocinia premiorum. Per. *Ad Non. Oratio.* Sancti Marchi evangeliste, quesumus, Domine, recolenda solennitas et de sacerdotalibus nos instruat, te miserante, doctrinis et de gloria martyrii foveat ubique suffragiis[3]. Per.

XXVI APRILIS.

S. Cleti, pape et martyr.

Lectio II. Cletus papa, natione Romanus, de regione Vico-Patritii, patre Emiliano, adhortante Clemente, pontificatus munus invitus suscepit, licet doctrina, moribus, et dignitate plurimum apud suos valeret. Vir quoque optimus atque sanctissimus nihil pretermisit quod ad augendam Ecclesiam Dei pertineret. Sedit annis undecim, ut Damasus scribit, mense uno, diebus xj. Hic primus fuit, ut fertur, qui litteris apostolicis salutem et apostolicam benedictionem scripsit.

Lectio III. Fuit equidem, temporibus Vaspasiani et Titi, a consulatu Vaspasiani septimi et Domitiani quinti usque ad Domitianum nonum et Ruffum consules; sub Domitiano imperatore, martyrio coronatur cum multis aliis christianis, inter quos fuit Flavia Domicilla, Flavii Clementis consulis ex sorore neptis. Hic ex precepto beati Petri xxv presbyteros ordinavit in urbe Roma mense decembris. Qui etiam sepultus est juxta corpus beati Petri in Vaticano, vj kalendas maii et cessavit episcopatus dies xx.

XXVIII APRILIS.
S. Vitalis, martyris.

Oratio. Presta, quesumus, omnipotens Deus, ut, intercedente beato Vitale, martyre tuo, et a cunctis adversitatibus liberemur in corpore et a pravis cogitationibus mundemur in mente [1]. Per.

Lectio II. Apud Ravennam, natale sancti Vitalis martyris, patris sanctorum Gervasii et Prothasii, qui militans cum Paulino judice Ravennam ingressus est. Et cum videret in conspectu judicis sui christianum, nomine Ursicinum, arte medicum, natione Ligurium, post nimia tormenta capitalem accepturum sententiam, cum jam veniret ad palmam, expavisse, exclamavit dicens : Noli, noli, Ursicine medice, qui alios curare consuevisti, teipsum eterne mortis jaculo vulnerare. Et, qui per nimias passiones venisti ad palmam, noli coronam perdere a Domino tibi preparatam.

Lectio III. Utque acta penitudine [2] martyrium consummavit idem Ursicinus, beatus Vitalis corpus ejus rapiens, intra Ravennam urbem sepelivit. Beatus Vitalis ad judicem venire contemnens, tentus est ab eodem, ob id maxime quod prefatum Ursicinum in passionis agone positum, suis exhortationibus roborasset. Post eculei vero tormenta, jussus est duci ad *Palmam*. Locus autem, ubi decollabantur christiani, hoc habebat vocabulum, eo quod arbores palme illic essent. Facta igitur ibi fovea quousque inveniretur aqua, ibidem supinus positus, ac terra et lapidibus est oppressus.

XXIX APRILIS.
S. Petri, martyris.

Oratio. Presta, quesumus, omnipotens Deus, ut beati Petri, martyris tui, fidem congrua devotione sectemur, qui per ejusdem fidei dilatatione martyrii palmam meruit obtinere [1]. Per.

Lectio II. Sane beatus Petrus, de ordine Predicatorum, Lumbardus origine, devotione insuper gratus, humilitate lenis, obedientia placidus, benignitate suavis, pietate compatiens, patientia constans, caritate prestabilis et in cunctis morum maturitate compositus, alios profusis virtutum aromatibus attrahebat. Fervens quoque amator, fidei cultor precipuus, propugnator ardentior, sic vero suo pectori illam impresserat, sic se totum in illius mansiparat [2] obsequium, quodque ipsius verba et opera virtute fidei redolebant. Cujus dulcedine lingua ejus, velut redundans favus copiose distillans, semper illius documenta suavia propinabat. Hic jam in celo quasi luminare conspicuum et splendore et multorum coruscatione signorum effulget, quia noluit Deus ipsius abscondere sanctitatem, nec meritorum suorum virtutem supprimere in occulto, sed inter lucentia sanctorum candelabra manifestius exaltare, ut omnibus qui in Ecclesie domo habitant, proferat clarum lumen [3].

Lectio III. Pro hac quoque mortem subire cupiens, hoc principaliter a Domino attentis et crebris supplicationibus postulasse probatur, quod non sineret eum ex hac luce migrare, nisi sumpto pro illa calice passionis, nec fraudatus est tandem a desiderio suo. Nempe pro defensione fidei, pro qua totus ardebat, et contra illius diros hostes mente intrepida ferventique spiritu, continuum certamen exercens, suum agonem diuturnum, victrici superante martyrio, feliciter consummavit. Et sic firmus Petrus in petra fidei, petra demum passionis allisus, ad petram Christum digne laureando ascendit[4]. Virginitatem quoque mentis corporisque semper illibatam servavit, nec alicujus mortalis criminis unquam sumpsit contagium, sicut suorum confessorum testimonio est probatum. Et quia servus delicatus proteruit in Dominum, carnem suam assidue a cibi et potus parcitate restrinxit.

XXX APRILIS.

S. Eutropii, mart.

Oratio. Deus, qui beatum Eutropium[1], gloriosum martyrem tuum atque pontificem, singulari privilegio solvendi peccatorum vincula cum ceteris innumeris decorasti miraculis[2], concede propitius, ut ejus meritis et precibus ab universis malorum nexibus liberemur.

Lectio II. Eutropius, de stirpe Babyloniorum regum duxit originem, qui, parentibus et patria relictis, Romam veniens a Petro honorifice receptus et de mysteriis omnibus fidei plenius edoctus, regionem Gallicam cum Dionysio et aliis fratribus, consilio Petri aggreditur[3]. Cumque urbem que Xantonas[4] dicitur intrasset, per plateas ejus et vicos discurrens verbum Dei instanter predicavit. Mox ut illum cives barbarum cognoverunt et inaudita eis predicantem audierunt, indignantes illum extra urbem facibus adustum et particis[5] verberatum ejecerunt. Injuriis sic lacessitus, omnia patienter pro Christo supportans, in quodam monticulo, juxta urbem, tugurium ligneum fecit, in eo aliquandiu habitans. Per diem ad civitatem predicationibus erudiendam descendebat, noctibus vero lachrimis et vigiliis atque orationibus insistens, in tugurio permanebat.

Lectio III. Cumque per longissimum tempus non nisi raros ad Christi fidem traxisset, Romam denuo adiit, qui inveniens Petrum jam in cruce passum, a beato Clemente cum Dionysio et sociis iterum in Galliam directus est[6]; post lacrimas et amplexus ad invicem discedentes, Dionysius cum sociis Parisius accessit, Eutropius vero Sanctonas reversus est, et ibi opportune, importune, instans predicationi, multos convertit et baptizavit et inter ceteros filiam domini civitatis, nomine Castellam. Quam cernens pater impius non posse nec blanditiis nec minis a proposito fidei revocari, et furia invectus contra Eutropium, jussit carnificibus civitatis ut ipsum sanctum lapidarent et fustibus ac corrigiis plumbatis cederent. Demum securi capite illiso, peremerunt in dicto tugurio in quo nunc sepultus est, sed postea, cessantibus persecutionibus contra christianos, et patria illa ad Christum conversa, ingens basilica ibi edificata est in honorem ejus, ubi corpus ipsius requiescit crebris coruscans miraculis[7].

FESTA MAII

I MAII.

S. Philippi et Jacobi, apostolorum.

Ad Vesp. Capit. Virtute magna reddebant. ℟. Tanto tempore vobiscum sum et non cognovistis me, all. Philippe, qui videt me, videt et Patrem meum, all., all. ℣. Domine, ostende nobis Patrem et sufficit nobis. Philippe. *Ad Magn. Ant.* Stabunt justi in magna constantia adversus eos qui se angustiaverunt et qui abstulerunt labores eorum, all. *Oratio.* Deus, qui nos annua apostolorum tuorum Philippi et Jacobi solennitate letificas, presta, quesumus, ut quorum gaudemus meritis, instruamur exemplis[1]. Per. *Ad Complet. Ant. de Apost. Invitat.* Alleluia. In sanctis. *In Noct. de Comm. Apost. Ant.* cum alleluia *in fine.*

Lectio I. Evang. sec. Matth. In illo temp. Dixit Jesus discipulis suis : Non turbetur cor vestrum. *Omelia S. Aug.* Erigenda nobis est, fratres. ℟. Virtute magna reddebant apostoli. Testimonium resurrectionis Jesu Christi Domini nostri, all., all. ℣. Repleti quidem Spiritu Sancto loquebantur verbum Dei cum fiducia. Testimonium.

Lectio II. Natale sanctorum apostolorum Philippi et Jacobi. E quibus Philippus cum pene totam Sithiam viginti annis ibidem predicans ad fidem Christi convertisset, diachonibus[2], presbyteris et episcopis ibi constitutis, reversus est ad Asiam. Ubi continue predicationi per aliquot annos insistens, multitudinem populorum Christo, laboribus piis semper inserviens, lucratus est. Quique apud Hierapolim, Asie civitatem, annorum octoginta septem, infideles, ipsum captum cruci quam predicabat, ad instar magistri sui, affixerunt et sic tali martyrio dormivit cum patribus suis, et in ea civitate positum est sanctum corpus ejus et post aliquantos annos due sacrate virgines, filie ejus, dextra levaque sepulte. Jacobus, qui appellatur frater Domini, cognomento Justus, inquit beatus Hieronymus in libro Illustriorum Virorum, fuit Marie, sororis Matris Domini, cujus Johannes libro suo meminit, filius. Post passionem Domini, statim ab apostolis Hierosolimorum episcopus ordinatus est. — ℟. In circuitu tuo, Domine, lumen est quod nunquam deficiet, ibi constituisti lucidissimas mansiones. Ubi requiescunt sanctorum anime, all. ℣. Lux perpetua lucebit sanctis Dei et eternitas temporum. Ubi.

Lectio III. Egesippus, vicinus apostolicorum temporum, in quinto commentariorum libro de Jacobo narrans, ait : Suscepit ecclesiam Hierosolimorum primus inter apostolos, frater Domini, Jacobus, cognomento Justus. Multi siquidem Jacobi vocabantur, sed hic ex utero matris, sanctus fuit[3], vinum et siceram non bibit, carnem nullam comedit. Nunquam est attonsus, nec unguento unctus, nec balneo usus. A pinnaculo templi precipitatus et lapidibus obrutus, pertica fullonis[4] quidam ex Judeis valido ictu caput ejus impetiit et cerebrum excussit, talique martyrio Christum predicans, migravit ad Dominum. — ℟. Qui sunt isti qui ut nubes volant. Et quasi columbe ad fenestras suas, all.? ℣. Candidiores nive, nitidiores lacte, rubicundiores ebore antiquo. Et.

In Laud. Ant. In crastinum voluit Dominus exire in Galileam et invenit Philippum, all. *Ant.* Erat autem Philippus a Bethsaida civitate, all. *Ant.* Dixit sanctus Philippus : Domine, ostende nobis Patrem et sufficit nobis, all. *Ant.* Philippe, qui videt me[5], etc. *Ant.* Si cognovissetis me, et Patrem meum utique cognovissetis et amodo cognoscetis eum, all., all., all. *Capit.* Vos estis qui permansistis mecum. *Ad Bened. Ant.* Non turbetur cor vestrum neque formidet, creditis in Deum et in me credite, in domo Patris mei mansiones multe sunt, all., all. *Ad Prim. Ant.* Domine, ostende. *Ad Tert.* Domine, ostende, etc. Philippe qui videt me. *Capit.* Stabunt justi. ℟. Non vos me elegistis, sed ego elegi vos. Et posui vos ut eatis, etc. ℣. Sicut misit me Pater, etc. Et posui. *Ad Sext. Ant.* Si cognovissetis. *Capit.* Non turbetur. *Oratio.* Beatorum apostolorum Philippi et Jacobi honore continuo, Domine, plebs tua semper exultet, et his presulibus gubernetur, quorum doctrinis gaudet et meritis. Per. *Ad Non. Ant.* Stabunt. *Capit.* Tanto tempore. *Oratio.* Exultet, quesumus, Domine, populus tuus in sanctorum apostolorum tuorum Philippi et Jacobi festivitate, ut quorum votivo letatur officio, suffragio relevetur optato. Per.

In Vesp. Ant. Laud. Ps. Apost. Capit. Domine, ostende. *Ad Magn. Ant.* Tanto tempore. *Si evenerit infra oct. Ascensionis, ibi celebretur, et idem de Inventione sancte Crucis, quum hec duo festa habent celebrari tempore Paschali, sive ante Penthecosten.*

EODEM DIE.

S. Orientii, episc. et confess.

Oratio. Preces nostras, quesumus, Domine, clementer exaudi, et ut digni tuis famulemur altaribus, sancti Orientii[1], confessoris tui atque pontificis, nos intercessione custodi. Per.

II MAII.

S. Athanasii, episc. et confess.

Lectio I. De omelia unius Pontificis.

Lectio II. Athanasius, Alexandrinus episcopus, vir sanctitatis scientia conspicuus, constantissimus confessor, plurimas et graves quidem persecutiones ab Arrianis pertulit. Equidem feda impietas ipsa Arriana, Constantii imperatoris fulta presidio, carceribus, exiliis et variis afflictionum modis virum sanctum indefessum persecuta est. Falso maleficiis et aliis calumniosis flagitiis incriminatus, ab imperatore pulsus est sede sua qui sex annis continuis in lacu cisterne, carentis aqua, ita delituit ut solem nunquam viderit. Hic sanctus necessario verba evangelica sequebatur quibus oppressis dicitur : Si vos persecuti vos fuerint in una civitate, fugite in aliam. Securus locus sub sole ei exulanti non apparebat, donec in Alemaniam, ad Maximum Treverensem archiepiscopum, venit, a quo honorifice susceptus est.

Lectio III. Scripsit libros, teste Hieronymo, Ecclesie sancte perutiles, precipue adversus gentes et Arrianos, in quibus valide errores eorum refellit et eliminat ; Symbolum illum : « Quicumque vult esse, » qui diebus Dominicis in Prima, nisi major solennitas intercipiat, in Ecclesia toto terrarum orbe diffusa, cantatur, ut plenum catholica veritate, quasi regula fidei. Tandem ad ecclesiam suam restitutus, sed iterum expulsus, sacerdotii sui anno VI. et XL. sextoque nonas maii, post innumeras adversitates et tribulationes eidem toto tempore sui episcopatus a prefatis Arrianis illatas, migravit ad superos.

III MAII.

In Inventione S. Crucis.

Ad Vesp. Capit. Vetus homo noster simul crucifixus est. ℟. Levabit Dominus signum, all., in nationibus procul, all. Congregans dispersos Israel, all. ℣. Et erit nominatus Dominus in signum eternum. Congregans. *Hymn.* Vexilla. ℣. Adoramus te, Christe, et benedicimus tibi, all. ℟. Quia per sanctam. *Ad Magn. Ant.* O crux, admirabile signum, in quo Dominus noster Dei Filius est suspensus, pro nostrorum pondere criminum, mortis damnavit supplicium, et sanguis ejus effusus est in precium nostre salutis, all. *Oratio.* Deus, qui in preclara salutifere crucis Inventione Passionis tue miracula suscitasti, concede, ut vitalis ligni precio, eterne vite suffragia consequamur. Qui vivis.

Invitat. Alleluia. Christum Dominum regnantem a ligno. Venite, adoremus, all. Venite. *Hymn.* Pange lingua. *Rel. in Dom. de Passione.*

In I Noct. Ant. O magnum pietatis opus, mors mortua tunc est, cum crucis in ligno mortua vita fuit. *Ps.* Exaltabo te. *Ant.* Salva nos, Christe Salvator, per virtutem crucis, qui salvasti Petrum in mare, miserere nobis, all. *Ps.* Deus noster. *Ant.* O crux admirabilis, evacuatio vulnerum, restitutio sanitatum, all. *Ps.* Omnes gentes. ℣. Per signum crucis, all. ℟. De inimicis nostris libera nos, Deus noster, all.

Lectio I. Evang. sec. Matth. In illo tempore. Dixit Jesus discipulis suis : Sicut fulgur exit. *Omelia B. Hieronymi, presb.* Nolite exire, nolite credere. ℟. Super omnia ligna cedrorum, all., tu sola excelsior, all. In qua Christus triumphavit et mors mortem superavit, all., all. ℣. Benedictum sit lignum sancte crucis per quod fit justitia. In.

Lectio II. Inventionis preciosi ligni istoria digna ita se habet, non illa que a multis legitur, funditus apocrifa[1]. Adrianus, qui undecimus Cesar et imperator Rome erat, estimans se fidem christianam loci injuria perempturum, in loco Passionis simulacrum Jovis consecravit, et Bethleem Adonidis phano[2] prophanavit, ut quasi radix a fundamento Ecclesie tolleretur, si his in locis idola colerentur, in quibus Christus natus est ut pateretur, passus est ut resurgeret, surrexit ut regnaret ut rex, judicaret ut judex[3]. Mansit hoc seculi prioris nefas in tempora Constantini, qui princeps esse principibus non magis sua quam matris

Helene fide meruit. — ℟. Nos autem gloriari oportet in cruce Domini nostri Jesu Christi. Per quem salvati et liberati sumus, all. ℣. Absit mihi gloriari, nisi in cruce Domini mei Jesu Christi. Per.

Lectio III. Predicta igitur Helena divino, ut exitus docuit, inspirata consilio, rogat filium ut sibi facultatem daret, cuncta loca illa Dominicis impressa vestigiis et divinorum erga nos operum signata monumentis, purgare, et religioni sue reddere, ut Ecclesia tandem in terra originis sue celebraretur. Ita prompto filii imperatoris assensu, mater augusta, patefactis ad opera sancta thesauris, contexit omnes et excoluit locos, edificatis basilicis in quibus salutaria nobis mysteria pietatis sue Dominus Redemptor impleverat. — ℟. Per tuam crucem, salva nos, Christe Salvator. Qui mortem nostram moriendo destruxisti et vitam resurgendo reparasti, all. ℣. Miserere nostri, Jesu benigne, qui passus es clementer pro nobis. Qui.

In Laud. Ant. Helena, Constantini mater, Hierosolimam petit, all. *Ant.* Tunc precepit eos omnes igne cremari, at illi timentes tradiderunt Judam[4], all. *Ant.* Cumque ascendisset Judas de lacu, perrexit ad locum, ubi sancta crux jacebat, all. *Ant.* Orabat Judas : Deus, Deus meus, ostende mihi lignum sancte crucis, all. *Ant.* Cum orasset Judas, commotus est locus ille, in quo sancta crux jacebat, all. *Capit.* Mihi autem absit. *Hymn.* Lustris. ℣. Adoramus. *Ad Bened. Ant.* Helena sancta dixit ad Judam : Comple desiderium meum et vive super terram, ut ostendas mihi qui dicitur Calvarie locus, ubi absconditum est preciosum lignum Dominicum, all. — *Per Hor. Ant. Laud. Ad Tert. Capit.* Fratres, confido de vobis in Domino. ℟. Per tuam crucem. ℣. Salva nos, Christe Salvator, per virtutem crucis, all. ℟. Qui salvasti Petrum in mare, miserere nobis, all. *Ad Sext. Capit.* Verbum crucis pereuntibus. ℟. Salva nos, Christe Salvator, all., all. ℣. Per virtutem crucis, all. ℣. Per signum. ℟. De inimicis. *Oratio.* Deus, qui crucis patibulum, quod prius erat sceleratis ad penam, convertisti redemptis ad vitam, concede nos, quesumus, famulos tuos, ejus semper muniri presidio, cujus sumus armati vexillo Jesu Christi Domini nostri. Qui tecum. *Ad Non. Capit.* Nos predicamus Christum crucifixum. ℟. De inimicis nostris, all., all. ℣. Libera nos, Deus noster, all. ℣. Adoramus. *Oratio.* Quesumus, Domine, Deus noster, ut per vexillum sancte Crucis filii tui, ad conterendas adversariorum insidias, nos in tue protectionis securitate constituas. Per eundem.

IV MAII.

S. Monice[1].

Capit. Mulieris bone beatus vir. ℟. O mater nostra.

HYMNUS

Aurora noctem terminat
  Novam sereno lumine,
  Ros celi terram ebriat,
  Sacro fecundat germine.

Nam genitrix Facundia,
  Sancto fecunda flamine,
  Salutem stillat Monica,
  Humo beate Monice[2].

Que castam Prolem Virginis
  Internis pulsat fletibus,
  Ut carne prius genitum
  Regnaret in celestibus.

Hinc Augustinus pullulat,
  Splendens lucerna seculo,
  Errata queque dissipat
  Verbi divini spiculo.

Hunc, docta Dei dogmate,
  Terre, maris pericula,
  Sequens celesti munere,
  Fit genitrix disciplina.

Gaude, mater, que regula
  Dudum previsa jubilas,
  Nam tecum stat in gloria
  Proles quam diu fleveras.

Mortis dirumpe vincula
  Tuo precatu supplices,
  O sancta mater Monica,
  Ad aures pulsa Domini.

Prestet qui tuum filium
 Celesti sapientia
 In terris fecit preditum
 Trinus, Unus, per secula. Amen.

℣. Ora pro nobis. *Ad Magn. Ant.* Gaude, chorus supernorum civium, plaude, turba devotorum hominum, nam sancta mater Monica celi transit ad gaudia, que nove prolis fecunda grato mundo repetit doctrinarum carismata. All. *Oratio.* Deus, qui beate Monice lacrimis beatum Augustinum, doctorem optimum et gloriosum antistitem, de Manicheorum tenebris ad lucem christiane veritatis deduxisti, tribue, quesumus, ut, eorum intercedentibus meritis, ad lucem mereamur pertingere sempiternam. Per. *Comm. S. Crucis. Ant.* O crux, admirabile signum, quia super te pependit redemptor Israel! O quam dulce lignum, quam dulces clavos, quam dulce pondus sustinet! O quam gloriosum est lignum, quam preciosa gemma que Christum meruit sustinere, per quem totus mundus redemptus est. All.

Invitat. Christum, lucem adoremus illustrantem omnia. Cujus vultu jocundatur sancta mater Monica, all. Venite.

HYMNUS

Ave, dies letitie,
 Dies superne gratie,
 Que finibus Ecclesie
 Leta refulsit hodie.
Nova lux tripudiat,
 Fidelium plebs inclita,
 Chorus sanctorum jubilat
 A matre sancta Monica.
Holofernes prosternitur
 Mucrone pudicitie,
 Amor ligno suspenditur,
 Datur triumphus gratie.
Hic virginalis castitas,
 Hic conjungale speculum,
 Hec viduitatis puritas
 Fructum capit trinarium.
O mater flendo gradiens,
 Fletuque spargens semina,
 Sed exultanter rediens,
 Mundo ferens carismata.

O viri tui gloria,
 O liberis salvatio,
 Orbis magnificentia,
 Sis miseris protectio.
Precamur, sancta Monica,
 Trino Deo et Simplici,
 Mater pandens viscera
 Pro grege tui filii[3]. Amen.

In I Noct. Ant. Perfecit ab infantia quod jubet timor Domini, ut transiret lucis emula ad summam innocentiam, all. *Ps.* ℣. *et alia necess. de Comm. Virg. Tres ps. dic. sub una Ant. et sic fiat in unoquoque Noct.*

Lectio I. Beata et venerabilis Monica, ex honestis parentibus progenita, in timore Domini, sub virga Christi pudice et sobrie educata, dum adhuc puella esset, a domo parentum se subtrahens ad ecclesiam confugiebat, et diu in angulo permanens, orationes virginales, quas a matre Facundia didicerat, ad Christum fundebat. — ℟. Educit Monicam sancta mater Facundia, timoris Dei sub regula. Primeva ab infantia, all. ℣. Miro enim modo cum ea crevit miseratio. Primeva.

Lectio II. Dum autem domum tarde rediret a bajula verberabatur, eo quod sine pedissequa recessisset. Quod totum illa puella patienter portabat. — ℟. O mater nostra, conjugii speculum, que viro suo flagitat lumen catholicum. Et pie impetrat felicem obitum, all. ℣. Salvatur enim vir infidelis per mulierem fidelem. Et.

Lectio III. In tota autem sua pueritia, nunquam cum puellis ludentibus se miscuit, sed frequenter in nocte in pueritia de lecto surgebat, et flexis genibus, orationes quas a matre didicerat, Domino offerebat. — ℟. O felix, mater Monica, carne, felicior spiritu, duplici consolata spiritu prophetico. Ne defleas filium tuum mortuum quem Deus suscitavit vere catholicum, all. ℣. Forti animo esto, filia, Deus celi dabit tibi gaudium pro tedio quod perpessa es. Ne.

In II Noct. Ant. Verbum bonum eructavit alte plebi tabernaculum cum legis mergens speculum ad montem Syon revocavit, all.

Lectio IIII. Ab infantia etiam cum ipsa

creverat miseratio et naturali affectione pauperes diligebat. — ℟. Se totam Deo dedicat, soluta viri legibus, egenis se humiliat et infirmorum squaloribus celesti sponso jubilat. Castis fervens amplexibus, all. ℣. Mulierem fortem quis inveniet? Procul et de ultimis finibus ejus.' Castis.

Lectio V. Sepe namque panem de mensa in sinum collocabat et de paterna domo fugiens pauperibus tribuebat, hospites et infirmos visitabat, vicinas litigantes reprehendebat, pedes infirmorum sepe lavabat, et eis, ut puella poterat, serviebat. — ℟. Abundanter cumulasti sancte tue gaudium. Christe Jesu, qui vocasti Ecclesie ad gremium Augustinum et jussisti aspernere seculum, all. ℣. Duo petiit a te ne deneges ei, Domine, priusquam moriatur. Christe.

Lectio VI. Cum autem parentes ejus more secularium vestibus delicatis eam ornare voluissent, ipsa contristata respuebat. Et dum tredecim esset annorum, eam nobili patricio Carthaginiensi in uxorem tradiderunt. — ℟. O vere benedicta Christi famula, quam crucifigunt Crucifixi vulnera, rigat terram lacrimarum copia. Torcular crucis exprimit hec flumina, all. ℣. Deduc, quasi torrentem, lacrimas per diem et noctem, non des tibi requiem, neque taceat pupilla oculi tui. Torcular.

In III Noct. Ant. In bonis itaque operibus tam fervens spiritu frequentabat ecclesiam tuam, Deus, all. *Evang. de Virg.* ℟. Celesti pane refecta convivio, mens ejus fervebat superno solacio almi Spiritus, diffusa crapula. Volemus ad celi gaudia, all. ℣. Elevavit me Spiritus inter celum et terram, et adduxit me in Hierusalem. — ℟. Sancta mater Monica, qui inhianti in superna fontis vite pocula mundus iste viluit cum suis oblectationibus. A vanis nos liberet et immundis cogitationibus. ℣. Que filium perditum lacrimis reparavit, Deum pie pro nobis jugiter oret. A vanis. — ℟. Vox dilecti mei pulsantis ad lectullum, egrotantes te vocant, mater Monica, surge, propera, amica mea. Ab Ostia Tyberina celi transit ad gaudia, all. ℣. Veni, formosa mea, veni, columba mea, veni de Libano, veni, coronaberis in thalamo. Ab.

Ad Laud. et per Hor. Ant. Letare, felix civitas, tu decus civium, de Babilonis tenebra rex tuus, jubar glorie, sanctam eduxit Monicam, all. *Ant.* Educitur de tenebris tam latebrarum emula, que totum orbem tegerant errores verbi scientie, cujus fetu celico teruntur, all. *Ant.* Fecunda mater Monica prolem eduxit celibem, que stillat mox in germine, ut funditur divinitus quo mundus totus rutilat, all. *Ant.* Benedicat terram Dominum et omnis creatura, nam sancta mater Monica cum patre nectit filium quem mundo pepererat, all. *Ant.* Trahitur ad superos beata Christi famula, cum rapitur ab angelis eternis fruitura, exultant sancti in gloria, letentur et fideles, all. *Capit.* Qui invenit mulierem bonam. *Hymn.* Aurora. *Ad Bened. Ant.* Oriens exaltans Dei Patris sapientia, quam pie referas misericordie viscera, Augustinum revocans pie matris per suspiria, oret pro nobis in celis sancta mater Monica, all., quos hic in terris dirigit sue prolis regula, all. *Ad Tert.* ℟. O vere mater. ℣. Euntes ibant. ℟. Venientes autem venient cum exultatione. *Ad Sext. Capit.* Sicut sol oriens. ℟. Euntes ibant et flebant mittentes semina sua, all., all. ℣. Venientes autem venient cum exultatione portantes manipulos suos, all. ℣. Exaudivit. ℟. Dominus orationem. *Ad Non. Capit.* Fundamenta eterna. ℟. Exaudivit Dominus vocem fletus mei, all., all. ℣. Dominus orationem meam suscepit, all. Gloria. ℣. Convertisti planctum meum in gaudium mihi, all. ℟. Conscidisti saccum meum, et circundedisti me letitia, all. *Ad Vesp. Ant. Laud. Ps. Virg. Capit. convers. S. Aug. sicut in Vig. festiv. ejusdem. Oratio.* Deus, qui hodiernum diem beati Augustini, confessoris tui atque pontificis, mirabili conversionis mysterio decorasti, presta, quesumus, ut sicut Ecclesiam tuam propulsis erroribus suis sacris eloquiis protegit et defendit, ita corda nostra suis precibus ab incursibus malignorum spirituum tua gratia irrigando defendat. Per. *Commem. S. Monice. Ant.* O sancta mater Monica cujus spiritus exaltat in gloria, gratiam impetra benigni Domini, ut gregem protegat filii tui all.

V MAII.
In conversione S. Augustini.

Necessaria ut in die festiv. ejusd. et dic. Invit. et Ant. in Completo, ut in die.

Lectio I. Augustinus Mediolani in quodam orto, sub quadam fici arbore stravit se, et dimisit habenas lacrimis, et proruperunt flumina oculorum ejus, acceptabile sacrificium Deo. Et non quidem his verbis sed in hac sententia multa locutus est.

Lectio II. Et tu, Domine usquequo irasceris in finem? Nec memor fueris iniquitatum mearum antiquarum. Et jactabat voces miserabiles, et plorabat amarissima contritione cordis sui.

Lectio III. Cumque amarissime fleret, repente audivit vocem de vicina domo cum cantu dicentem : Augustine, Augustine! Tolle, lege, tolle, lege. Statimque, mutato vultu, intentissimus cogitare cepit, utrumne solerent pueri in aliquo genere ludendi cantare aliquid tale, nec occurrebat omnino audisse se uspiam. Repressoque impetu lacrimarum, surrexit, nihil aliud interpretans nisi divinitus sibi juberi ut aperiret sibi codicem et legeret quod primum inveniret.

Lectio IIII. Audierat Augustinus de Anthonio abbate quod ex evangelica lectione cui sorte supervenerat admonitus fuerit tanquam sibi diceretur : Vade et vende omnia que habes et da pauperibus, et veni, sequere me, et habebis thesaurum in celis.

Lectio V. Itaque concitus rediit Augustinus in eum locum ubi sedebat Alipius, ibi enim posuerat codicem apostolicum unde surrexerat; arripuit, aperuit et legit in silentio capitulum quo primum conjecti sunt oculi ejus : Non in comessationibus et ebrictatibus, non in cubilibus et impudicitiis, non in contentione et emulatione, sed induimini Dominum Jesum Christum et carnis curam ne feceritis in desideriis. Nec ultra voluit legere, nec opus erat.

Lectio VI. Statimque cum fine hujusmodi sententie, quasi luce securitatis infusa cordi ejus, omnes dubietatis tenebre difugerunt.

Tunc interjecto aut digito, aut nescio quo alio signo, codicem clausit et tranquillo jam vultu indicavit Alipio. At ille petiit videre quid legisset. Ostendit Augustinus et attendit ille ultra etiam quam legerat ipse, et ignorabant quid sequeretur. Sequebatur vero : Infirmum autem in fide suscipite. *Evangelium ut in die.*

VI MAII.
S. Alexandri [1], pap. et mart.

Oratio. Presta, quesumus, omnipotens Deus, ut qui beati Alexandri, martyris tui atque pontificis, natalitia colimus, a cunctis malis imminentibus ejus intercessione liberemur. Per.

Lectio I. Rome, via Numentana, miliario octavo, passio Alexandri, pape, Eventi et Theodoli, presbyterorum, sub Trajano principe, judice Aureliano.

Lectio II. Qui Alexander Romane Ecclesie episcopatum, quintus post Petrum, annos decem tenuit, menses septem, dies xij. Qui sanctitate et scientia incomparabilis fideque clarissimus, maximam partem senatorum urbis convertit ad Dominum.

Lectio III. Hic constituit aquam aspersionis cum sale benedici in habitaculis hominum et Passionem Domini miscuit in predicatione sacerdotum, quando misse celebrantur.

Lectio IIII. Qui postmodum, jubente Trajano principe, sub Aureliano comite, utriusque militie carceri mancipatus, post stupenda et divina miracula, ubi per puerum qui faculam ferebat ardentem e carcere nocturno, per fenestram eductus fuit ad domum tribuni Quirini, ubi beatus Hermes sub custodia tenebatur, perducitur.

Lectio V. Postquam autem sanata est filia ipsius Quirini, Balbina nomine, et ipse Quirinus conversus baptismi gratiam desideravit. Postquam liberationem et baptizationem eorum quos in vinculis artatos Quirinus ipse tenuerat, inter quos quoque duos sanctissimos presbyteros constrinxerat, Eventum et Theodolum, qui de Oriente venerant.

Lectio VI. Post ista omnia et si qua ab eo gesta sunt venerabiliter, Aureliano comite, principe adhuc Trajano, siquidem Adrianus mundo imperabat, exhibitus est simul cum ipsis beatis duobus presbyteris. Cum quibus martyrio coronatur, tortus in eculeo et in clibanum ardentem jactatus, qui orans in fornace spiritum emisit.

VII MAII.
S. Johannis ante Portam Latinam.

Ad Vesp. Capit. Qui timet Deum. *Req. in Laud. festiv.* ℟. Hic est discipulus. *In Complet. Ant. de Apost.*
Invit. All. In sanctis gloriosus est Deus. Venite adoremus, all. *Cetera fiant sicut in alia festiv. cum* alleluia *in fine. Oratio.* Deus, qui conspicis quia nos undique mala nostra perturbant, presta, quesumus, ut beati Johannis, apostoli tui, intercessio gloriosa nos protegat[1]. Per.
Lectio I. Rome, natale sancti Johannis, ante Portam Latinam[2]. Qui ab Epheso, jussu Domitiani, fratris Titi, secunda persecutione quam ipse post Neronem exercuit, ad urbem Romam perductus est.
Lectio II. Cumque ibidem astitisset, presente senatu, ante Portam Latinam in ferventis olei dolio missus est, hoc agente impio principe, qui christianorum persecutor infestissimus erat.
Lectio III. Sed beatus apostolus tam liber a pena inde exiit, quam a corruptione concupiscentie carnalis fuerat immunis.
Lectio IIII. Tunc in Pathmos insulam relegatur ab eodem exilio, ubi humano licet destitutus esset solacio, divine tamen visionis et allocutionis meruit crebra consolatione relevari.
Lectio V. Denique ibidem Apocalipsim quam ei Dominus de statu Ecclesie presentis vel future revelavit, manu sua conscripsit.
Lectio VI. Ad commendandam ergo ipsius dignam memoriam et pro fide constantiam apostolica, christiani ecclesiam, venerationem ejus gestantem, in supradicto loco ante Portam Latinam, preclaro et miro opere, construxerunt.
Evang. sec. Matth. In illo temp. Accessit ad Jesum mater filiorum Zebedei. *Omel. B. Hieron. presb.* Unde opinionem habet regni mater. *In Vesp. Ant. Laud. cum ps. Apost.*

VIII MAII.
In Revelatione[1] S. Michaelis.

In Vesp. ℟. *et omnia necess. ut in alia fest. Oratio.* Da nobis, omnipotens Deus, beati archangeli Michaelis eotenus honore proficere ut cujus gloriam predicamus in terris, ejus precibus adjuvemur in celis[2].
Lectio I. Memorari et recitari decet memoriam sancti Michaelis, fratres carissimi[3], cunctis gentibus toto orbe terrarum dispersis, qui constitutus est a Deo dux et princeps super animas hominum suscipiendas, quem honorificant angelorum cives.
Lectio II. Hic est enim Michael, princeps militie angelorum, cujus honor prestat beneficia populis, et oratio ejus perducit ad regna celorum.
Lectio III. Ipse est enim prepositus paradisi, sicut scriptum est : Venit Michael cum multitudine angelorum cui tradidit Deus animas sanctorum ut perducat eas in paradiso exultationis, et habitare ibi faciat cum jocundidate et gaudio magno.
Lectio IIII. Hujus ergo rei gratia ab omnibus fidelibus veneranda est sancti Michaelis solennitas ac precipua que locis terrarum multis in auxilium frequenter veniens populis Dei, hanc quoque immensam et admirabilem in dextrali[4] parte Asie fecisse legimus virtutem.
Lectio V. Dracho enim mire magnitudinis montem quendam altum occupans in illis regionibus venit, cujus flatus flamivomus[5] quantoscunque in giro suo tangere potuisset, omnes interficiebat.
Lectio VI. Incole igitur regionis illius vacuas terras miserabiliter relinquentes, ad alias exierunt gentes. Videntes autem suam regionem esse desertam, divina gratia edocti et illuminati ad Dominum omnipotentem

toto corde conversi sunt et ab Jesu Christo auxilium petentes multa Deo promittebant vota, dicentes quod in ejus nomine templum edificarent cum magna honorificentia, si hunc drachonem suam devorantem patriam ab eis expelleret et ne eis ultra nocere potuisset. Misit igitur Deus archangelum suum Michaelem auxilium eis ferre in speciem alitis preclari cum gladio ignito, ut drachonem interficeret[5].

IX MAII.

S. Confesse, virginis.

Oratio. Omnipotentiam tuam, ineffabilis Deus, humili devotione deposcimus, quatinus nos de virtute in virtutem tua gratia sublimare digneris, beate Confesse[1], virginis[2] tue, piis intercedentibus meritis. Per. *Si festum beate Confesse celebretur tempore paschali, dicatur un. noct. cum tribus lect. omelie. Si vero transfer., omnia de Comm. Virg. Ad Sext. et Non. Oratio.* Concede, quesumus, omnipotens Deus, sancte virginis tue Confesse nos gaudere festivitate, ejusque suffragantibus meritis, ab omnibus nos emunda delictis. Per.

XIV MAII.

SS. Victoris et Corone, mart.

Oratio. Omnipotens, sempiterne Deus, qui pro gloriosa. *In Communi est.*
Lectio I. In Syria, civitate Alexandria, natale sanctorum martyrum Victoris et Corone, sub Antonio imperatore et Sebastiano comite.
Lectio II. Erat autem Victor miles, a Cilicia, christianus et timens Deum. Cui Sebastianus in confessione fidei confringi digitos primum, et evelli jussit a cute. Deinde in caminum ignis mitti jussus, triduo ibidem permanens non est lesus.
Lectio III. Iterum venenum bibere jussus, non solum in aliquo non est lesus, sed etiam ipsum maleficum qui sibi venena porrexerat ad fidem Christi convertit, ita ut codices suos igni combureret, et rebus suis renuncians eidem adhereret.
Lectio IIII. Iterum comes Sebastianus jussit nervos sancto Victori a corpore evelli et candens oleum in pudenda ejus mitti. Post hec eum suspendi precepit et lampades ardentes ad latera ejus applicari.
Lectio V. Cumque in his omnibus illesus permanens Deo gratias ageret, rursus acetum et calcem jussit comes commisceri et in os ejus dari; deinde ei oculos erui et per triduum, capite submisso, suspendi.
Lectio VI. Cumque post triduum milites ad eum videndum venissent, statim divino miraculo sunt excecati, sed illico per beatum Victorem illuminati. Inde adhuc comiti presentatus, dum in Christi fide immobilis esset inventus, excoriari est jussus.

XIX MAII.

S. Potentiane, virg.

Oratio. Da, quesumus, omnipotens Deus, ut qui beate Potentiane, virginis tue, solennia colimus, ejus apud te patrocinia sentiamus. Per.
Lectio I. Rome, sancte Potentiane virginis, que illustrissimi generis Pudentis, discipuli sancti Pauli apostoli, filia fuit.
Lectio II. Ejus mater Savinella, soror vero Praxedis, quas piissimus pater earum Pudens in omni religione Christi erudivit, virginesque Christo reliquit.
Lectio III. He igitur virgines, post obitum sancti patris, in omni exercitatione pietatis ita excreverunt, ut nocte dieque incessanter hymnis et orationibus cum familia sua Domino inservirent, beatissimo Pio, urbis episcopo, cum eis in laudibus Dei participante.
Lectio IIII. Remunerationem igitur pro piissimis laboribus suis perceperunt, quos per gratiam Christi fructuose consummaverunt.
Lectio V. Post multas namque martyrum venerabiliter exibitas sepulturas, post omnes facultates suas in pauperum visceribus

inclusas, Christo fideliter commendatas, tandem glorioso fine quieverunt.

Lectio VI. Itaque hec sacra virgo Potentiana, aut, ut alii dicunt, Pudentiana, cujus festum agimus, xiiii kalend. junii, Rome de terris ad Christum migravit. Quo etiam die ad Christum transitum fecit beatus Pudens, pater dicte virginis, qui ab apostolis Christi in baptismo innocentie vestitus, tunicam immaculatam usque ad mortem custodivit.

XXII MAII.
S. Quitherie, virg. et mart.

Ad Vesp. Sup. ps. Ant. Ave, rosa paradisi et lilium convallium, Quitheria[1], virgo et martyr, effusum est nomen tuum, oleum misericordie pre tuis consortibus, alleluia. *Capit.* Accinxit beata Quitheria lumbos suos et roboravit brachium suum, ideoque lucerna ejus non extinguetur in sempiternum. ℟. Ecce dies emicat cunctis letabunda fidelibus sancte Quitherie virginis. Que est Vasconie lucerna fulgida, et operatrix virtutum assidua. ℣. Eya, gaudete virgini, qui exoptatis illam vestris periculis suffragatricem[2]. Que. ℣. Adjuvabit. *Ad Magn. Ant.* Letamini, queso, universi qui diligitis Deum, quia Quitherie festum nitet virginis, que laudat in celis sponsum suum et magnificat, alleluia. *Oratio.* Omnipotens, sempiterne Deus, qui beatam Quitheriam, virginem tuam, per martyrii palmam ad celestem gloriam conscendere fecisti, da nobis, ejus suffragantibus meritis, cunctorum veniam delictorum, ut ad ejusdem mereamur pertingere consortium[3].

Invitat. Summum Sponsum[4] immortalem collaudemus Dominum. Qui elegit sibi sponsam virginem Quitheriam, hodie suam sumendo eam in gloriam. Venite.

In I Noct. Ant. Pulchra es, amica mea, Quitheria, et decora sicut Hierusalem, terribilis ut castrorum acies ordinata. *Ant.* Ego dilecto meo, et dilectus meus mihi qui pascitur inter lilia convallium. *Ant.* Surrexi, ut aperirem dilecto meo; manus mee distillaverunt mirram, digiti mei pleni sunt mirra probatissima. ℣. Diffusa est.

Lectio I. Beata Quitheria[5], licet ex parentibus a christiana religione alienis, secundum communem tamen presentis temporis existimationem, nobilissima stirpe orta fuit. Genitor quippe ejus vocatus Catillius et mater Calcia, potentes armis, abundantes summis divitiis, celsi florebant potestate regia. — ℟. Stemate regali orta est Quitheria sacra puella. Ac sanctitas excedit ejus nobilitatem. ℣. Hec est a dextris assistens Christi regis immortalis. Ac.

Lectio II. Quadam autem vice, dum more suo orationi insisteret, subito advenit angelus Domini, et ut in montem Orianum ipsum sequeretur admonuit. Ad hanc vero vocem beata virgo Quitheria divinitus inflammata, angelo comitante, prothinus montem illum ascendit, ibique postea cum lacrimis et vigiliis quotidie Dominum exorare non destitit. — ℟. Eulogio celice benidictionis perfunditur. Ut viris elegantibus vivendi foret formula. ℣. Hec est que nescivit thorum in delicto. Ut.

Lectio III. Peracta igitur oratione, rursus angelus Domini alloquitur eam, dicens : Surge, virgo Quitheria, felix et secura divini auxilii, proficiscere ubi Dominus preparavit tibi coronam martyrii. Cui beata Quitheria ait : Domine mi, benedic famulam tuam, ac demum, quocumque preceperis, secura perrexero. — ℟. Adest sancte festiva annua dies Quitherie. Ideo hec plebicula psallat odas Domino cum exultatione. ℣. Nos cum electis vincti, mereamur scandere, Christo favente, in patriam paradisi, ô Quitheria, te adjutrice. Ideo.

In II Noct. Ant. Dilectus descendit in ortum ad areolam aromatum, ut poscatur in me et lilia colligat. *Ant.* Anima mea liquefacta est, ut dilectus meus locutus est mihi. *Ant.* Postulum ostii mei aperui dilecto meo. ℣. Specie tua.

Lectio IIII. Itaque angelus Domini benedixit eam, dicens : Deus omnipotens sue benedictionis ubertate te infundat, et sic in tuo sancto proposito perseverare permittat, ut, post exitum hominis, celestium civium societas in sempiterna gloria coruscantem letam te suscipiat. — ℟. Jamque dies preclara atque precelsa rutilat Quitherie. Hec conscio [6] Altissimo det laudum vota mellica sedenti super Cherubin. ℣. Hec virgo pro nobis apud illum nostra sit organista. Hec.

Lectio V. Interea aderant ibi quidam juvenes, regalis curie, excellentioris generis et forme, qui specie ejus capti in matrimonium optabant eam traducere. Quod cum beata virgo Quitheria persensisset, ad Dominum cujus nuptiis se devoverat, tota se intentione convertit. — ℟. Dilexisti, virgo, justitiam, et odisti iniquitatem. Ideoque unxit te Deus, Deus tuus, oleo letitie. ℣. Manna, mirra, et gutta, et casia a vestimento tuo. Ideoque.

Lectio VI. Beata autem Quitheria virgo rursus ad Dominum in quo spem gerebat et animum, oravit dicens : Domine, cujus verbum est veritas et opus est pietas, tue ineffabilis gratie sanctas promissiones potius me attingere concede, quam ullis carnis voluptatibus violari permittas. — ℟. Desub cujus tumba marmorea liquor sanctus aque effunditur [7], qui salubrem prebet potum infirmis credentibus. Pro meritis Quitherie martyris Jesu Christi. ℣. Ruunt nempe catervatim undique populi, quia per eam fiunt mirabilia cum a morsu rabidoso [8] sospites revertuntur. Pro.

In III Noct. Ant. Sicut lilium inter spinas, sic amica mea Quitheria, inter filias hominum. *Ant.* Sicut malus inter ligna silvarum, sic dilectus meus inter filias hominum. *Ant.* Introduxit me rex meus in cellam vinariam et ordinavit in me charitatem. ℣. Audi, filia.

Evang. sec. Matth. In illo temp. Jesus dixit discipulis suis : Simile est regnum celorum decem virginibus, que accipientes lampades suas exierunt obviam sponso et sponse. Et reliqua. *Item unde supra.*

Lectio VII. Cumque beata virgo Quitheria ita oraret, dixit ei angelus : Ne dubites in itinere quicquam, quum quecumque tibi necessitas imminebit, divina gratia presens auxilium ministrabit. Hec in monte Oriano [9]

beata virgine colloquente cum angelo, nuntii patris adveniunt [10], eamque ad patrem descendere decorare precipiunt. — ℟. Prudens virgo et electa. Carnis sue lenocinia vicit ac mundanam vanitatem. ℣. Ab angelo confortatur ista Dei famula. Carnis.

Lectio VIII. Cumque ante eum pervenisset, hujusmodi principio sermonis interpellat eam : Dilecta filia mea, maritali te federe decorare decrevi, et jam insigni et decoro juveni conjungandam destinavi. — ℟. Hec virgo beata Quitheria non cum viris est coinquinata. ℣. Ideo regnat cum Deo et Agnus Dei cum illa. Non.

Lectio IX. Hec igitur patre loquente, e contra beata Quitheria celestis sponsi dilectione perfusa : Non, inquit, licet mihi alicui ulterius conjungari, quum jam immortali sponso virginitate perpetua me destinavi. — ℟. Decollata virgo sancta est conjuncta lapidi qui est ei factus in caput anguli. O res mira et miranda. ℣. Fert truncata caput in manibus suis usque ad locum sepulcri [11]. O res. — *In Laud. Ant.* Confidit cor viri sui in ea, spoliis non indigebit. *Ant.* Reddet ei bonum et non malum omnibus diebus vite sue. *Ant.* Facta est quasi navis institoris que de longe portet panem suum. *Ant.* Accinxit fortitudine Quitheria lumbos suos et roboravit brachium suum. *Ant.* Gustavit et vidit quia ejus bona est negotiatio, ideoque non extinguetur in nocte lucerna ejus. *Capit. de Comm. et alia necess.* ℣. Ora pro nobis, beata Quitheria. ℟. Ut digni. *Ad Bened. Ant.* O quam beata es, Adurensis villa [12], que possides egregia membra sacre virginis Quitherie, animam hodie cujus suscepit benedictus Dominus.

Ad Prim. Ant. O virgo Quitheria, fortitudo et decor indumentum tuum, et ridebis in die novissimo. *Ad Tert. Ant.* Inventa, Quitheria virgo Jesu Christi, margarita preciosa, dedit omnia sua bona et comparavit eam. ℟. Cum angelica tuba de celo bucinabit ultimo die, nobis, virgo, subveni, sponsa Christi. Ut secum tecumque, intremus paradisi menia accensis lampadibus. ℣. Tunc sentiamus omnes Quitheriam apud Deum, te nostram adjutricem. Ut. ℣. Specie. *Oratio ut sup. Ad Sext. Ant.* Fecit tibi virgo Quitheria stragulatam vestem, bissus et purpura vestimentum tuum. *Oratio.* Famulos tuos, quesumus, Domine, beata Quitheria intercedente, moderamine guberna perpetuo, ut assit nobis in securitate cautela, et in adversis fortitudo. Per. *Ad Non. Ant.* Per te, Quitheria virgo, regio Vasconie decorata est a Domino Jesu Christo. *Oratio.* Deus, qui nobis beate Quitherie, virginis et martyris tue, per singulos annos festivum reparas diem, exaudi preces populi tui ut qui ad ejus conveniunt solennitatem, ipsius ditati remuneratione revertantur. Per. *Ad Vesp. Ant. Laud. Ps. Virg. Capit., Hymn. et ℣. ut in primis Vesp.*

Ad Magnificat. Antiphona. O felix [13], felicior, felicissima Quitheria, martyr Christi, quia anima tua paradisum possidet, cujus te concives laudant et turba virginum te invitat, mane nobiscum in eternum [14].

XXV MAII.

S. Urbani, pape et mart.

Oratio. Da, quesumus, omnipotens Deus, ut qui beati Urbani, martyris tui atque pontificis, solennia colimus, ejus apud te intercessionibus adjuvemur. Per Dominum nostrum Jesum Christum.

Lectio I. Urbanus episcopus, natione Romanus, ex nobilissima prosapia ortus, patre Pontiano natus est.

Lectio II. Qui a beato Petro apostolo octavus decimus, postquam beatissimus Calixtus papa, sub persecutione Alexandri, per triumphum martyrii migravit ad Christum, jam senex cathedram Romane urbis suscepit.

Lectio III. Qua dignitate sublimatus, in multis calamitatibus ac tribulationibus, nullis usus prosperis, vixit, adversa omnia ad Christi amplectens amorem.

Lectio IIII. Hic ante episcopatum probabilis fuit confessor [1], et post episcopatum nihilominus semel et iterum, et usque septies pro Christi nomine examinatus atque dijudicatus est.

Lectio V. Hujus salutiferis monitis multi martyrio coronati sunt. Inter quos fuit Valerianus sponsus beate Cecilie et Tyburtius, frater ejus [2].

Lectio VI. Hic tempore Alexandri Augusti, qui a matre Mamea dictus est, a prefecto urbis Turtio Almachio multis suppliciis coangustatus est cum aliis quamplurimis.

XXVIII MAII.

S. Germani, episc. et conf.

Oratio. Deus, bonitatis auctor et bonorum omnium dispensator, concede propitius, ut qui beati Germani [1], confessoris tui atque pontificis, solennitatem colimus, ejus patrocinio atque suffragio, divine majestatis tue propitiationem consequamur. Per Dominum nostrum.

Lectio I. Natalis sancti Germani episcopi, qui multis virtutibus, doctrina, et continentia clarus extitit.

Lectio II. Hic ad confirmandam fidem celestis gratie, Britannias [2] venire judicio omnium Gallicanorum antistitum compulsus est, adjuncto sibi beato Lupo, Trecassene civitatis episcopo.

Lectio III. Siquidem heresis Pelagiana fidem Britannorum feda peste commaculaverat. Dumque per medium sinum quod a Gallico Britannias usque tenditur secundis flatibus ferretur, subito inimica vis ventorum concitavit procellas, celumque diemque nox nubium subduxit.

Lectio IIII. Et casu ipse pontifex fractus corporis lassitudine, sopore resolutus, navi jacebat. Tunc beatus Lupus omnesque turbati excitant seniorem.

Lectio V. Qui confestim Christum invocat, et assumpto in nomine sancte Trinitatis, levi aque aspergine, fluctus sevientes comprimit ac tranquillam serenitatem reducit.

Lectio VI. Decursis vero spaciis pelagi, optati littoris sacerdotes Dei quiete potiuntur, ac mox Britannorum insulam opinione predicationum virtutibusque impleverunt, ita ut et passim fides catholica firmaretur et depravati viam correctionis agnoscunt.

XXXI MAII.

S. Petronille, virg.

Oratio. Beate Petronille virginis natalitia veneranda, Domine, quesumus, Ecclesia devota suscipiat, et fiat magne glorificationis amore devotior[1], et tante fidei proficiamus exemplo. Per Dominum nostrum Jesum Christum Filium tuum qui tecum vivit et regnat in unitate Spiritus Sancti, Deus, Per omnia secula seculorum. Amen.

Lectio I. Petronillam bene nostis voluntate Petri apostoli clinicam factam. Nam recolo interfuisse nos[2], cum apud ipsum plurimi discipuli ejus reficeremur, contigit ut Titus diceret Apostolo : Cum universi a te sanentur infirmi, quare Petronillam sic facere permittis ?

Lectio II. Respondit apostolus : Sic expedit ei. Sed ne existimetur ejus incolumitatis impossibilitas meis sermonibus excusari, ait ad eam : Surge, Petronilla, et ministra nobis. Et statim surrexit sana.

Lectio III. Ministerio autem expleto, jussit eam redire ad grabatum suum. At ubi in Dei amore cepit esse perfecta, non solum ipsa sanata est, verum etiam plurimis recuperavit in melius suis orationibus sanitatem.

Lectio IIII. Et quum ipsa nimis speciosa erat, venit ad eam Flaccus comes cum militibus, ut eam sibi in uxorem assumeret. Cui Petronilla ait : Ad puellam inermem cum militibus armatis venisti ? Si uxorem me vis, fac virgines, matronas honestas, ad me post tres dies venire, ut veniam ad domum tuam.

Lectio V. Factum est autem ut, trium dierum accepto spacio, virgo sancta jejuniis et orationibus occuparetur, habens secum sanctam virginem Feliculam, collactaneam suam, in Dei timore perfectam.

Lectio VI. Tertio vero die veniens ad eam sanctus Nichomedes presbyter celebravit mysteria Christi. Virgo autem sacratissima, mox ut Christi sacramentum accepit, reclinans se in lectulo emisit spiritum. Cujus corpus via Ardeatina sepultum est.

FESTA JUNII

I JUNII.

S. Nichomedis, mart.

Oratio. Deus, qui nos beati Nichomedis, martyris tui, meritis et intercessione, letificas, concede propitius, ut qui ejus beneficia poscimus, dono tue gratie consequamur. Per.

Lectio I. Nicomedes, presbyter, beate Petronille corpus dominicum[1], detulit, et paulo post sanctam ejus animam Deo reddidit. Feliculam, dicte Petronille sociam et collactaneam, a Flacco comite pro Christi fide occisam et in cloacam dejectam, diligenter ab eadem elevans sepelivit. Unde sanctus presbyter a prefato comite accersitur, et sacrificare diis renuens, plumbatis ceditur, et in Tyberim corpus projicitur ; sed a Justo, ejus clerico, levatur et honorifice sepelitur. *Et alie de Communi.*

II JUNII.

SS. Marcellini et Petri, mart.

Oratio. Deus qui nos annua. *In Communi est.*

Lectio I. Artemius, carcerarius Rome, demoniacam deplorans filiam, audit a beato Petro exorcista, quem pro fide Christi multoties cesum tenebat in carcere cum Marcellino presbytero, quod si in Christum crederet, statim ejus filia reciperet sanitatem.

Lectio II. Cui ille : Miror prudentiam consilii tui ; cum Deus tuus pro quo tanta pateris, te liberare non possit, filiam meam quomodo liberabit ? Petrus ait : Si vellet liberare, posset, sed vult me transire per victoriam ad coronam.

Lectio III. Ille respondit : Duplicabo super te cathenas et claustra, et si liberatus fueris, credam prius sanata filia mea.

Lectio IIII. Conditione accepta, dum Hecille nunciaret uxori, affuit Petrus albis indutus, tenens in manibus signum crucis. Ad cujus pedes illi prociderunt, cognoscentes virtutem Dei. Et curata eorum filia, cum tota familia sua baptizati sunt. Multi quoque illuc venientes et miracula videntes credebant, qui perducti ad sanctum Marcellinum baptizabantur.

Lectio V. Artemius autem omnes carceratos libere dimittebat qui volebant fieri christiani. Quod audiens judex, omnes convocari jussit. Artemius autem dixit eis : Si quis ire vellet ad martyrium, intrepidus pergeret, et qui nollet, abiret illesus.

Lectio VI. Marcellinum autem et Petrum sibi presentatos dividi fecit, et primus super vitrum fractum in carcere sine luminis et aque solatio projici, secundum in arctissimo tipo¹ constringi. Angelus autem ambos solvens, duxit ad Artemii domum, ut diebus septem populum confortarent, et octavo se judici presentarent. Tandem ducuntur ad silvam que tunc Nigra dicebatur, nunc autem Candida, et ibidem ambo decollantur.

V JUNII.

S. Bonifacii, mart.

Lectio I. Bonifacius procurator fuit rerum cujusdam nobilis matrone Romane, nomine Aglaes, cum qua stupro miscebatur ; tandem nutu divino compuncti, consilio inter ambos habito, recessit Bonifacius ut corpora aliquorum sanctorum martyrum asportaret, si quomodo servientes eis atque obsequentes, per eorum orationes salvari mererentur.

Lectio II. Tarsum perveniens, quam citius perrexit ad locum christianorum certantium pro nomine Jesu. Unum per pedes suspensum vidit igne suppositum, alium in IIII lignis¹ extensum et diutissime afflictum, alium ungulis exaratum et sic per diversa supplicia, martyria ab impio carnifice disposita.

Lectio III. Accedens ad eos, amore Christi fragrans, consedit pedibus eorum, deosculans vincula ac dicens : Certate, martyres Christi, calcate diabolum, modicum perseverate. Ista etenim tormenta, post brevissimum tempus, ad perpetue felicitatis vos transmittent gaudia.

Lectio IIII. Quem videns judex, jussit eum suspendi et corpus ejus tandiu ungulis radi donec ossa ejus apparerent. Os jussit aperiri, et plumbum bulliens infundi, eo dicente : Gratias tibi ago, Domine Jesu Christe, Fili Dei vivi.

Lectio V. Tunc judex jussit afferri ollam et eam pice impleri atque sanctum martyrem verso capite in bullientem picem mitti. Sed in nullo lesus, gladio caput ejus abscindi jubetur. Facto magno terre motu multi infideles virtutem Christi in martyre cernentes crediderunt.

Lectio VI. Socii ipsius Bonifacii martyris arbitrantes eum aut libidini operam dare, aut in taberna epulari, circuibant loca, si quomodo eum invenirent. Tandem repererunt caput abscissum a corpore, et quingentis solidis ementes ac aromatibus condientes, involverunt lintheaminibus preciosis et reversi sunt Romam gaudentes et glorificantes Deum. *Alie de Communi.*

VIII JUNII.

S. Medardi, episc. et conf.

Oratio. Deus, qui sanctam nobis hujus diei solennitatem in honore sancti tui confessoris pariterque pontificis Medardi¹ consecrasti, adesto familie tue precibus, et dona ut cujus festum celebramus, ejus meritis et auxilio sublevemur. Per.

Lectio I. In Galliis, Suasionis² civitate, natale sancti Medardi, episcopi et confessoris, qui multis virtutibus et continentia clarus, miraculorum etiam insignis effulsit.

Lectio II. Nam ejus vitam que per universum orbem declaratur, nequimus silentio preterire, nec valemus gestorum cuncta perstringere.

Lectio III. Defuncto Vermandensium urbis pontifice, in ejus loco beatus Medardus est ordinatus episcopus, ubi conversatione, celesti, terquino annorum curriculo, sanctimonio ipsius officii sacerdos extitit preciosus.

Lectio IIII. Et nisi quod percussor cor.

poris defuit, tamen martyrium confessor implevit.

Lectio V. Sustinuit enim, diabolo preliante, calumniam, sed pervenit victor meritis ad coronam.

Lectio VI. Denique idem pontifex beatissimus membrorum compage pro tanta longevitate defessus, spiritum ad beatitudinem misit, et convexa⁵ celi athleta triumphalis ascendit.

XI JUNII.
S. Barnabe, apost.

Oratio. Sancti apostoli tui Barnabe nos, quesumus, Domine, festivitas tueatur, quia tanto fiducialius tuo nomine supplicamus quanto frequentioribus apostolorum confovemur exemplis. Per. — *Ex dictis Luce evang. in Actibus Apost.*

Lectio I. Joseph, qui cognominatus est Barnabas ab apostolis, quod interpretatum est filius consolationis, levites, Ciprius genere, cum haberet agrum, vendidit et attulit precium et posuit ante pedes apostolorum.

Lectio II. Postquam autem dispersi sunt credentes in tribulatione illa que facta est sub Stephano, illi qui dispersi fuerant perambulaverunt usque Fenicem et Ciprum et Antiochiam, nemini loquentes verbum nisi solis Judeis. Erant autem quidam ex eis viri Ciprii et Cirenei.

Lectio III. Qui cum introissent Antiochiam, loquebantur ad Grecos annuntiantes Dominum Jesum, et erat manus Domini cum eis, multusque numerus credentium conversus est ad Dominum. Pervenit autem sermo ad aures ecclesie que erat Hierosolymis super istis, et miserunt Barnabam Antiochiam.

Lectio IIII. Qui cum pervenisset et vidisset gratiam Dei, gavisus est et hortabatur eos omnes in proposito cordis permanere in Domino, quia erat vir bonus et plenus Spiritu Sancto et fide, et apposita est turba multa Domino.

Lectio V. Profectus est autem Tharsum ut quereret Paulum. Ipse enim Barnabas apprehensum Paulum in Hierosolymis duxe-

rat ad apostolos, et narraverat illis quomodo in via vidisset Dominum et quia ei locutus est, et quomodo in Damasco fiducialiter egerit in nomine Jesu.

Lectio VI. Cum igitur invenisset eum, perduxit Anthiochiam, et annum totum conversati sunt in Ecclesia et docuerunt turbam multam, ita ut cognominarentur primum Anthiochie discipuli, christiani¹.

Evangel. sec. Luc. In illo tempore. Dixit Jesus discipulis : Hoc est preceptum meum. *Omel. B. Greg. pap.* Precepta Domini multa sunt. *Per Horas. Oratio.* Concede, quesumus, omnipotens Deus, ut sicut beati Barnabe, apostoli tui, nobis natalitia gloriosa celebrare concedis, ita etiam ad tua beneficia promerenda majestatem tuam pro nobis ipse preveniat. Per.

EODEM DIE.
S. Onofrei, conf. non pont.

Oratio. Omnipotens, sempiterne Deus, qui beatum confessorem tuum Onofreum¹ tante fidei constantia decorasti, ut pro amore tuo gloriam caducam despiceret, et famem, sitim, et nuditatem sustineret, presta, quesumus, ejus nos meritis adjuvari, ut et mundi hujus per tribulationes illesi valeamus transire, et ad regni tui consortium, ipso intercedente, feciliter pervenire. Per.

Lectio I. Regno Ungarie invaso a barbaris perfidis, adeo ut fere in omni sua parte vastaretur, domui regali filium tribuit [Deus], nomine Onofreum.

Lectio II. Sanctus itaque Onofreus, superno auxilio invocato, viribus naturalibus, virtutibus emicans, fortitudine Sampsonis vigens, audaciam Tartaricam oppressit, ac innumeros ex inimicis necans, potentiam eorum effrenatam a regno penitus ejecit.

Lectio III. Pio igitur patre, juvenem Onofreum crebre victoriis fulgentem cernente, in honore pacifice regnum gubernare senili etate dies antiquos divino servitio studebat perficere, curamque totius regni se illustri filio Onofreo committere satagebat.

Lectio IIII. Quod cordis sui scrinio revolvens post novem annos in quibus beatus juvenis Onofreus, fide armatus, in bellis multis dimicans victor extitit gloriosus, cunctis Ungarie nobilibus patefecit.

Lectio V. Advenit ergo ducum, baronum, nobiliumque multitudo, cum apparatu solenni, ad regis filium Onofreum, deprecando suppliciter, ut patris vota expleat, et regalem dignitatem benemeritus, jure successionis, suscipere non differat.

Lectio VI. Sanctus vero Onofreus, christianissimus, Christi exemplo, temporale regnum recusans pro regno celorum solo obtinendo, totius vite sue cursum exponere professus est. Erat autem ejusdem unica soror, Helizabeth nomine, mire sanctitatis et gratie insignita.

XIII JUNII.
S. Anthonii, conf. non pont.

Oratio. Ecclesiam tuam, Deus, beati Anthonii[1], confessoris tui, solennitas votiva letificet, ut spiritualibus semper muniatur auxiliis et gaudiis perfrui mereatur eternis Per.

Lectio I. In Hispanis, civitate Ulixbona[2], quedam pergrandis ecclesia, in honore gloriose Virginis, Genitricis Dei, Marie fabricata, consistit. Ad cujus occidentalium valvarum liminibus venerabiles beati Anthonii parentes non longe manentes, felicem hunc in primo juventutis flore filium genuerunt.

Lectio II. Nomenque ei Fernandus in sacro batismatis lavacro imponentes, in eadem postmodum ecclesia educandum pariter tradunt et literis imbuendum.

Lectio III. Qui, dum, post annos pueriles simpliciter domi transactos, fallax mundi species, ac petulantia carnis placentia suggererent, nequaquam his concupiscentie frena laxavit, sed jam soli Deo servire disponens, evidentius id processu temporis opere declaravit.

Lectio IIII. Spretis namque mundi et carnis illecebris, ad quoddam cenobium ordinis sancti Augustini prefate civitati vicinum se contulit, ibique devotus habitum religionis assumpsit.

Lectio V. Ubi, dum pacem pectoris importuna carnalium amicorum frequentia perturbaret, peractis ibidem ferme duobus annis, ad Sancte Crucis de Colimbria, aliud scilicet ejusdem ordinis monasterium, transvolavit. Ad quod tamen, ob morum ipsius gravitatem, vix sui superioris licentiam obtinuit.

Lectio VI. Quo ad optatam mentis quietudinem obtinendam perveniens, tantum ibi in omni religionis perfectione profecit, quod translatio sui facta levitati cordis impugnari non potuit[3].

XV JUNII.
SS. Viti et Modesti, mart.

Oratio. Da Ecclesie tue, quesumus, Domine, sanctis Vito et Modesto intercedentibus, superbe non sapere, sed tibi placita humilitate proficere, ut proterva despiciens, quecunque matura sunt, libera exerceat caritate. Per.

Lectio I. Apud Siciliam, sanctorum Viti et Modesti et Crescentie. Qui beatus Vitus in puerili etate virtutibus maturus, primum a patre suo Hila ut a cultura Dei recederet tentatus est. Deinde a Valerio judice cathomis[1] cesus, in confessione permansit.

Lectio II. Inde redditus patri, cum penis affligere illum pater meditaretur, monitu angeli navim conscendens, comitantibus secum Modo et Crescentia nutricibus suis, ad Tanagritanum territorium devenit.

Lectio III. Inde propter filiam Diocletiani imperatoris a demonio vexatam quesitus et adductus ad Dioclecianum, ipsam ejus filiam oratione curavit.

Lectio IIII. Cùm impius imperator suadere ei vellet, multis donis promissis, ut culturam idolis impenderet, ejusque animus de bono proposito mutari non posset, artissimis vinculis ferreis astrictum in carcerem teterrimum induci jussit, cum quo pariter Modestum et Crescentiam.

Lectio V. Deinde, circunstante populo, in amphiteatro sistuntur. Quos Diocletianus in ollam resina et pice succensam et plumbo soluto fervefactam[2] jactari precepit. Ubi martyres psallentes in modum trium puerorum hymnum Domino dicebant et egressi sunt illesi.

Lectio VI. Post dimissionem in eos leonis ferocissimi, pedes martyrum mansuetissime lambentis, et extensionem corporum super catastam ³, ossibus dissidentibus, tonitruum secutum est cum coruscatione, et templa deorum corruerunt et multos laceraverunt. Sancti vero orantes animas Deo reddiderunt.

XVI JUNII.

SS. Quirici et Julitti, mart.

Oratio. Omnipotens, sempiterne Deus, qui sancto Quirico et matri ejus Julite ¹, una cum sociis eorum in passione, largitus es, ut omnium tormentorum genera superarent, et pro persecutoribus exorarent, pietatem et misericordiam tuam humiliter deprecamur, ut dum illorum gloriosam passionem colimus, pacem et securitatem, et peccatorum veniam consequi mereamur. Per.

Lectio I. Historia Quirici et Julite, matris sue, inter apocriphas ponitur; ideo que apocripha videntur, resecabuntur, et historia abbreviabitur ². Julita, mater Quirici, de Yconio progenita, persecutionem Alexandri fugiens, Tharsum accessit. Que inventa ab imperatore, ad immolandum diis inducitur.

Lectio II. Cui imperator dixit : Sacrifica diis meis, ne male moriaris. Sancta Julita respondit : Non faciam, quia christiana sum.

Lectio III. In agone vero posita, contristatur super parvulo suo Quirico, et demum, prodeunte matre, infantulus presidi presentatur. Qui cum minis et blanditiis moneretur ad negandum Christum, blandientem eque ut minantem, imperatorem parvipendens ³, diserto sermone Christum professus est, nec ab hac professione potuit divelli.

Lectio IIII. Nec mirum si in tantilla etatula ⁴ Creatorem suum in astantium admirationem et credulitatem profiteretur, cum dicat Dominus per prophetam : Ex ore infantium et lactentium perfecisti laudem propter inimicos tuos.

Lectio V. Imperator dixit ei : Adora deos meos, et cum ad etatem perveneris, ponam te sacerdotem deorum meorum. Et habebis honorem magnum, et aurum et argentum, et eris major in palacio meo. Sanctus infans dixit : Recede a me, minister tenebrarum, aurum et argentum tecum sit in perditione ⁵.

Lectio VI. Tunc imperator, furore repletus, jussit flagellari infantem et sal et sinapi mitti in os infantis, et post alia tormenta, mater et filius in fide Christi perdurantes, una cum multis, viso eorum martyrio, ad Christum conversis, decapitati sunt.

XVIII JUNII.

SS. Marchi et Marcelliani, mart.

Oratio. Presta, quesumus, omnipotens Deus, ut qui sanctorum martyrum tuorum Marchi et Marcelliani natalitia colimus, a cunctis malis imminentibus eorum intercessionibus liberemur. Per.

Lectio I. Rome, via Aurelia, natale sanctorum martyrum Marchi et Marcelliani, preclarissimi generis, Tranquillini et Marchie filiorum.

Lectio II. Qui primo carcere pro fide passi, postmodum a Fabio duce tenti et ad stipitem ligati, clavos acutos in pedibus acceperunt.

Lectio III. Quibus cum diceret insanus judex : Infelices et miseri, deponite amentiam, et liberate vosmetipsos a cruciatibus imminentibus, responderunt.

Lectio IIII. Nunquam tam bene epulati sumus ; modo cum tormenta tua patimur, in amore Christi cepimus esse.

Lectio V. Utinam sic nos esse, sicut modo sumus, tandiu permittas, quandiu tegimur hujus corporis indumento.

Lectio VI. Cum transisset autem una dies et una nox, et illi in hymnis et psalmis laudantes Christum perseverarent, lancea per latera transfixi, cum gloria martyrii ad siderea regna migraverunt.

XIX JUNII.

SS. Gervasii et Prothasii, mart.

Oratio. Deus qui nos annua. *In Communi est.*

Lectio I. Mediolano, sanctorum Gervasii et Prothasii martyrum. Hi Vitalis, militis martyrisque Christi, et Valerie, matrone vere christiane, filii fuerunt.

Lectio II. Qui, cum per decem annos in uno cenaculo inclusi, lectionibus et orationibus atque jejuniis vacassent, undecimo anno ad palmam martyrii pervenerunt, tenti[1] ab Astasio comite.

Lectio III. Ipse namque comes tandiu Gervasium plumbatis jussit contundi, quantum spiritum exhalaret. Prothasium vero fustibus cesum capite jussit truncari.

Lectio IIII. Horum corpora Philippus religiosus una cum filio suo furtim abstulit et in domo sua, in archa marmorea, sepelivit[2].

Lectio V. Horum sepulcra, multo post tempore, sub Theodosio imperatore, Domino revelante, Ambrosius reperit et ita incorrupta eorum corpora invenit, ac si eodem die fuissent interempti[3].

Lectio VI. Que cum in urbe introducerentur, quidam diu cecus, tacto feretro, lumen recepit. Horum corpora beatissimus antistes honorifice recondidit.

XXII JUNII.

SS. Achacii et decem millium, ac Albini et soc. ejus, mart.

Oratio. Fac nos, quesumus, Domine, sanctorum martyrum tuorum Achacii, Heliadis, Theodori, primiceriorum ac ducum decem millium martyrum, ac Albini cum sociis suis gloriosis martyribus, semper intercessione fulciri, quorum suffragiis protectionis tue dona concede. Per.

Lectio I. Imperante Adriano, ut refert Anastasius[1], apostolice sedis bibliothecharius, Gadareni et Euphratenses Romano imperio rebellare ceperunt. Contra quos miserunt Romani sedecim milia armatorum, quorum primicerius et generalis capitaneus[2] erat Achacius, et dux Heliades, simulachra Jovis et Apolinis secum deferentes. Qui videntes multitudinem hostium, erant enim centena milia, pavore perterriti, fugam injecerunt septem milia ex eis. Dixit autem Achacius ad novem milia qui remanserant : Venite et sacrificemus diis nostris, ut de hostibus triumphemus.

Lectio II. Qui procedentes ad bellum, ab hostibus fugati sunt. Tunc angelus Domini, in specie adolescentis, occurrit eis dicens : Credite in Christum, immortalem regem, et prevalebitis inimicis. Qui exclamaverunt dicentes : In te, Domine Jesu, credimus, et que iste juvenis dicit, facturos esse promittimus. Sicque in eo confidentes, euntes contra hostes, victoriam plenam obtinuerunt, decidentibus cunctis vel gladio, vel in lacu vicino submersis, vel precipitio interemptis.

Lectio III. Victoria sic obtenta, angelus duxit istos in montem Ararath, distantem ab Alexandria stadiis quingentis, glorificantes Deum. Sedente autem angelo in medio eorum, aperti sunt celi et descenderunt ad eos septem angeli[3] docentes eos et dicentes: Beati estis, qui credidistis Deo ; post tertiam diem coram regibus adducemini, sed nolite timere eos, Dominus enim vobiscum est. Post tertiam igitur diem, cognito quod christiani effecti essent, miserunt Adrianus et Anthonius imperatores ad principes illarum legionum venirent ad se et super his conferrent.

Lectio IIII. Qui, descendentes de monte, presentaverunt se imperatoribus, flentibus propter eorum conversionem ad christianismum. Adrianus ergo, causam et modum quomodo, derelictis eorum diis, in crucifixum Christum credidissent, siscitatus, et ab Achacio edoctus, iratus nimis ait : Quia omnes in Christum creditis, omnes penas ejus sustinebitis. Et, comptentis imperatoris minis, jussit lapidari, et lapides in facies jacientium revertebantur. Post hec, jussit eos flagellari, qui cum acriter cederentur, dixit Trachonarius, germanus Achacii et

Heliadis : Orate pro nobis, viri sancti, quia gravia sunt que patimur.

Lectio V. Cui Achacius : Perseverate, fratres, in confessione, quia qui perseveraverit usque in finem, hic salvus erit. Orantibus autem illis, terremotus factus est, et arefacte sunt manus flagellantium. Erat tunc ibi quidam magister militum, nomine Theodorus, habens sub se mille viros, qui hujusmodi miraculi stupore percussus exclamavit : Domine, Deus celi et terræ, dignare nos peccatores aggregare cum sanctis martyribus tuis ! Et in Christum crediderunt, completusque est numerus decem milium martyrum. Cum hortarentur omnes decem milia ad culturam idolorum et illi renuerent, sparsis per viginti stadia clavis acutis funis, jussi sunt nudis pedibus super eos incedere, angelo Domini eos antecedente, et clavos, ne infigerentur pedibus eorum, colligente.

Lectio VI. Demum, data est sententia, ut ad instar Christi paterentur ; posuerunt ergo in singulis eorum coronas spineas et in terra clavos affixerunt, calamis acutissimis eorum latera aperientes. Et circa horam sextam, terra mota est et petre scisse ; hora autem nona, translate sunt anime eorum ad superos, apertis celis, et lumine maximo super eorum corporibus emisso, ibique ab angelis corpora eorum sepulta sunt. Simili die, annis revolutis, tempore Diocletiani imperatoris, in Britannia, Albinus decollatus est cum maxima multitudine christianorum, quia Christi nomen abnegare et diis vanis sacrificare noluerunt.

Per Horas. Oratio. Adjuvet Ecclesiam tuam, Deus, gloriosa Achacii, Heliadis, et Theodori, primiceriorium et ducum decem milium martyrum obsecratio sanctorum, necnon Albini cum sociis suis, gloriosis ac strenuis vere fidei defensoribus, et quorum hodierna die mirabilem excipimus martyrii triumphum, eorum interventione apud te clementiam sentiamus.

XXIII JUNII.

In Vigilia S. Johannis Baptiste.

Ad Vesp. Sup. Ps. Ant. Nazareus vocabitur puer iste, vinum et ciceram non bibet, et omne immundum non manducabit ex utero matris sue. *Capit.* Priusquam te formarem in utero. *Hymnus.* Ut queant laxis *ut in hodierno Breviario.* [*Jungitur vero hymno Laudum qui incipit :* Antra deserti. *Ita variatur circa finem :* Prebuit hirtum tegimen camelus, *pro :* Prebuit durum tegimen camelus. *In ultima autem strophe sic legitur*] :

Laudibus cives celebrant superni
Te, Deus Simplex, pariterque Trine,
Supplices at nos veniam precamur,
   Parce redemptis. Amen.

℣. Johannes vocabitur nomen ejus. ℟. Et in nativitate ejus multi gaudebunt. *Ad Magn. Ant.* Pro eo quod non credidisti verbis meis, eris tacens et non poteris loqui usque in diem nativitatis ejus. *Oratio.* Presta, quesumus, omnipotens Deus, ut familia tua per viam salutis incedat, et beati Johannis Precursoris hortamenta sectando, ad eum quem predixit secura perveniat Jesum Christum Dominum nostrum. Qui tecum. *In Compl. Ant.* Ex utero senectutis et sterilis Johannes natus est Precursor Domini. *Ant.* Iste puer magnus coram Domino, nam et manus ejus cum ipso est.

XXIX JUNII.

S. Johannis Baptiste.

Invitat[1]. Regem Precursoris Dominum. Venite, adoremus. Venite. *Hymn.* Ut queant. *In I Noct. Ant. et Ps. ut in hodiern. Brev*[2]. ℣. Priusquam te formarem.

Lectio I. Sermo S. Maximi, episc. Solennitates diversorum martyrum, charissimi. ℟. Fuit homo, *ut in hod. Breviario.* ℣. Fuit in deserto predicans et baptizans baptismum penitentie. — ℟. Descendit angelus Domini ad Zachariam dicens : accipe puerum in senectute tua. Et habebit nomen Johannes. ℣. Ne timeas, quoniam exaudita est oratio tua, et Helizabeth, uxor tua, pariet tibi filium. Et. — ℟. Gabriel angelus apparuit Zacharie dicens : Nascetur tibi filius ; nomen ejus Johannem vocabis. Et multi in nativitate ejus gaudebunt. ℣. Erit enim magnus coram Domino; vinum et siceram non bibet. Et.

In II Noct. Ant. et Ps. ut in hod. Brev.
— ℞. Ipse precede tante illum in spiritu et virtute Helie. Ut convertat corda patrum in filios, parare Domino plebem perfectam. ℣. Erit enim magnus coram Domino et Spiritu Sancto replebitur.

℞. Helizabeth³ Zacharie magnum virum genuit, Johannem Baptistam Precursorem Domini. Qui viam Domino preparavit in heremo. ℣. Erat enim infecunda corpore, sed servata mysterio, caruitque sterilitatis opprobrio, gignendo filium de celo promissum. Qui viam Domino. — ℞. Inter natos mulierum non surrexit major Johanne Baptista. Qui viam Domino preparavit in eremo. ℣. Hic venit in testimonium ut testimonium perhiberet de lumine.

In III Noct. Ant. et Ps. ut in hod. Brev.
℣. Dominus ab utero. *Evang. sec. Luc.* Elizabeth impletum est tempus. *Sermo S. Ambr.* Habet sanctorum editio. — ℞. Innuebant patri ejus quem vellet vocari eum. Et postulans pugillarem, scripsit dicens : Johannes est nomen ejus. ℣. Vicini quoque et cognati ejus venerunt circuncidere puerum, et sciscitati sunt eum quo nomine vocaretur. Et. — ℞. Priusquam te formarem in utero novi te, et antequam exires de ventre sanctificavi te. Et prophetam in gentibus dedi te. ℣. Posui verba mea in ore tuo. Et. — ℞. Ingresso Zacharia templum Domini, apparuit ei Gabriel angelus. Stans a dextris altaris incensi. ℣. Et Zacharias turbatus est videns angelum et timor magnus irruit super eum. Stans. — ℞. Ecce constitui te hodie super gentes et super regna, dicit Dominus. Ut evellas et dissipes et plantes in nomine Domini. ℣. Antequam exires de vulva, sanctificavi te et prophetam in gentibus dedi te. Ut. ℞. Hic est Precursor dilectus et lucerna ardens ante Dominum ; ipse est enim Johannes qui viam Domino preparavit in heremo, sed et Agnum Dei demonstrabat. Et illuminabat mentes hominum. ℣. Fuit in deserto predicans et baptizans baptismum penitentie. Et.

In Laud. Ant. Helizabeth Zacharie magnum virum genuit, Joannem Baptistam, Precursorem Domini. *Ant.* Johannes vocabitur nomen ejus, et in nativitate ejus multi gaudebunt. *Ant.* Erit enim magnus coram Domino ; vinum et siceram non bibet et Spiritu Sancto replebitur. *Ant.* Ipse precedet ante illum in spiritu et virtute Helie, parare Domino plebem perfectam. *Ant.* Innuebant patri ejus quem vellet vocari eum et scripsit dicens : Johannes est nomen ejus.

Capit. Hec dicit Dominus : Ecce dedi verba mea. *Hymn.* O nimis felix ; *ut in hodierno Brev. In* 1ᵃ *str.* Heremique cultor *pro* Nemorumque cultor. *In* 2ᵃ *str.* Trina centeno cumulata fructu *pro* Trina te fructu cumulata centum. *In* 4ᵃ. Mentibus pulsa livione puris *pro* Mentibus culpæ sine labe puris. ℣. Inter natos mulierum. ℞. Non surrexit major Johanne Baptista. *Ad Bened. Ant.* Apertum est os Zacharie et prophetavit dicens : Benedictus Deus Israel. *Oratio.* Deus, qui presentem diem, *ut in hod. Brev.*

Ad Prim. Ant. Johannes est nomen ejus, vinum et siceram non bibet, et multi in nativitate ejus gaudebunt. *Ad Tert. Ant.* Ingresso Zacharia templum. *Capit.* Audite, insule, et attendite populi. ℞. Precursor Domini venit de quo ipse testatur. Nullus major inter natos mulierum Johanne Baptista. ℣. Hic est enim propheta et plus quam propheta, de quo idem ait. Nullus. ℣. Fuit homo. *Ad Sext. Ant.* Puer qui natus est nobis plus quam propheta est. Hic est enim de quo Salvator ait : Inter natos. *Capit.* Hec dicit Dominus : Primus ad Syon dicet. ℞. Fuit homo. Missus a Deo. ℣. Cui nomen erat Johannes. Missus. ℣. Ecce dedi verba. *Oratio.* Deus, qui nos beati Johannis Baptiste concedis natalicio perfrui, ejus nos tribue meritis adjuvari. *Ad Non. Ant.* Elizabeth impletum est tempus pariendi. Jam nonagenaria peperit filium ex patre centenario qui preparavit viam Domino. *Capit.* Dedi spiritum meum. ℞. Ecce dedi verba mea. In ore tuo. ℣. Ecce constitui te super gentes et regna. In. ℣. Dominus ab utero vocavit me. *Oratio.* Omnipotens, sempiterne Deus, da cordibus nostris illam tuarum rectitudinem semitarum, quam beatus Johannes, in deserto vox clamantis, edocuit Dominum nostrum Jesum Christum Filium tuum. Qui. *In Vesp. Ant. Laud. Ps. un. Mart. Capit.* Posuit os meum, Dominus. *Hymn.* Ut queant. ℣. Fuit homo. *Ad Magn. Ant.* Iste est ex sublimibus celorum prepotentibus unus, quem manus Domini consecravit matris in visceribus, cujus nos precibus adjuvari supplices exposcimus.

Feria II *et per tot. octav. omnia necess. sicut in die. Lectio I. Serm. S. Aug.* Hodie natalem sancti Johannis, fratres charissimi, celebramus. *Ad Bened. Ant.* Et posuerunt omnes qui audiebant in corde suo dicentes : Quis, putas, puer iste erit? Etenim manus Domini erat cum illo, et Zacharias pater ejus impletus est Spiritu Sancto, et prophetavit dicens : Benedictus Deus Israel, quia visitavit et fecit redemptionem plebis sue. *Ad Vesp. sicut in die. Capit. SS. Johannis et Pauli.* ℟. Hec est vera. *Hymn. et* ℣. *plur. Mart. Ad Magn. Ant.* Amabiles Christi Johannes et Paulus dixerunt Juliano : Nobis autem alius non est, nisi unus Deus, Pater, et Filius, et Spiritus Sanctus, all. *Oratio.* Quesumus, omnipotens Deus, ut nos geminata letitia hodierne festivitatis excipiat, que de beatorum Johannis et Pauli glorificatione procedit, quos eadem fides et passio vere fecit esse germanos. Per. *Commem. S. Joh. Ant.* Tu, puer, propheta Altissimi vocaberis, preibis enim ante Dominum parare vias ejus.

XXVI JUNII.

SS. Johannis et Pauli, mart.

Post I Nocturnum. ℣. Letamini in Domino.

Lectio I. Rome, natale sanctorum Johannis et Pauli, quorum primus prepositus, secundus primicerius fuit Constantie virginis, filie Constantini. Cum Julianus Cesar captus esset cupiditate sacrilega, avaritiam suam evangelii testimonio colorabat. Nam facultates et patrimonia auferens christianis, dicebat : Christus vester dicit in evangelio : Qui non renunciaverit omnibus que possidet, non potest meus esse discipulus. ℟. Isti sunt duo viri. *Ut hodie.*

Lectio II. Pervenitque ad eum quod Paulus et Johannes omni die turmas christianorum recrearent ex his opibus quas sacratissima virgo Constantia reliquerat, pervenit hoc ad Julianum et misit qui eos conveniret dicens debere eos sibi adherere. — ℟. Hec est vera fraternitas.

Lectio III. Illi vero responderunt hec inter alia : Pro iniquitate tua desistimus a salutatione tua, et a societate imperii tui nosmetipsos subtraximus. Sumus enim non falsi sed veri christiani. — ℟. Beati martyres Christi Johannes et Paulus dixerunt Juliano, etc. ℣. Una fides, unum baptisma erat in eis.

In II Noct. Tres lect. de S. Joh.[1] ℣. Ecce dedi verba mea in ore tuo. ℟. Ecce constitui te super gentes et regna.

Sermo S. Leonis, pape. Sancti Johannis Baptiste natalem hodie prosecuturus, tacere vellem. *Evang. sec. Matth.* Attendite a fermento. *Sermo S. Ambrosii* Pulcherrimum locum tenende simplicitatis. — ℟. Vidi conjunctos viros. ℣. Hi sunt qui venerunt ex magna tribulatione et laverunt. — ℟. Fuerunt sine querela ante Dominum, et ab invicem non sunt separati. Calicem Domini biberunt et amici Dei facti sunt. ℣. Tanquam aurum in fornace probavit electos Dominus. Calicem. — ℟. Isti sunt due olive et duo candelabra lucentia ante Dominum ; habent potestatem claudere celum nubibus et aperire portas ejus. Quia lingue eorum claves celi facte sunt. ℣. In omnem terram exivit sonus eorum et in fines orbis terre verba eorum. Quia.

In Laud. Ant. ut in hod Brev. excepta quinta : Hec est vera fraternitas. *Ad Bened. Ant.* Isti sunt due olive. *Comm. S. Johan., ut in die. Ad Prim. Ant.* Johannes et Paulus dixerunt ad Gallicanum : Fac votum Deo celi et eris victor melius quam fuisti. *Ad Tert. Ant.* Vidi conjunctos viros. *Ad Sext. Ant.* Paulus et Johannes dixerunt ad Terentianum. *Ad Non. Ant.* Joannes et Paulus cognoscentes tyrannidem. *In Vesp. Ant.*

Laud. Capit. Mart. Ant. Solennitatem beatissimorum martyrum Johannis et Pauli celebramus hodie, in quo agonem suum expleverunt, et ad celestia regna meruerunt pervenire.

Feria IV. — *Lect. I. Sermo S. Leonis, pape.* Cum Zacharias, pater Johannis.

Feria V. — *Lect. I. Sermo S. Leonis, pape.* In sancti ac beatissimi Johannis Baptiste laudibus.

XXVIII JUNII.

In Vigilia ¹ SS. Petri et Pauli, apost.

Ad Vesp. Sup. Ps. Ant. Inseparabilis fides passioque germana, laudabiles eos perpetuam transmisit ad vitam, quoniam doctrinam suam morte fortissima consecrarunt. *Capit.* Petrus et Johannes ascendebant in templum.

HYMNUS ²

Aurea luce et decore roseo
Lux lucis omne perfudisti seculum,
Decorans celos inclito martyrio,
Hac sacra die, que dat reis veniam.

Janitor celi, doctor orbis pariter,
Judices secli, vera mundi lumina,
Per crucem alter, alter ense triumphans,
Vite senatum laureati possident.

Jam bone pastor, Petre clemens, accipe
Vota precantum, et peccati vincula
Resolve, tibi potestate tradita,
Qua cunctis celum verbo claudis, aperis.

Doctor egregie, Paule, mores instrue,
Et mente polum nos transferre satage,
Donec perfectum largiatur plenius,
Evacuato quod ex parte gerimus.

Olive bine pietatis unice,
Fide devotos, spe robustos, maxime
Fonte repletos caritatis gemine,
Post mortem carnis, impetrate vivere.

Sit Trinitati sempiterna gloria,
Honor, potestas atque jubilatio,
In Unitate cui manet imperium,
Ex tunc et modo per eterna secula. Amen.

℣. Tu es Petrus. *Ad Magn. Ant.* O claviger celi et princeps apostolorum, Petre, potestate tibi tradita, nostrorum solve peccatorum vincula, ovesque cunctas tibi a Domino traditas, magnifica intercessione tua, fac tecum gaudere in eterna letitia. *Oratio.* Presta, quesumus, omnipotens Deus, ut nullis nos permittas perturbationibus concuti, quos in apostolice confessionis petra solidasti. Per. *In Complet. Ant.* Petre, amas me, pasce oves meas; tu scis, Domine, quia amo te. *Ps.* Cum invocarem. *Ant.* Tu es Petrus et super hanc petram edificabo Ecclesiam meam.

XXIX JUNII.

SS. Petri et Pauli, apost.

Invitat. Christum Regem regum adoremus Dominum. Qui martyrio crucis beatum glorificavit Petrum apostolum¹. Venite.

HYMNUS

Felix per omnes festum mundi cardines ²
Apostolorum prepollet alacriter
Petri beati, Pauli sacratissimi,
Quos Christus almo consecravit sanguine,
Ecclesiarum deputavit principes.

Hi sunt olive due coram Domino,
Et duo candelabra luce radiantia,
Preclara celi duo luminaria,
Fortia solvunt peccatorum vincula,
Portas Olympi reserant fidelibus.

Habent supernas potestatem claudere
Sermone sedes, pandere splendentia
Limina poli, super alta sydera
Lingue eorum claves celi facte sunt,
Larvas repellunt ultra mundi limites.

Petrus beatus cathenarum laqueos,
Christo jubente, rupit mirabiliter,
Custos ovilis et doctor Ecclesie,
Pastorque gregis, conservator ovium,
Arcens luporum truculentam rabiem.

Quodcunque vinclis super terram strinxerit,
Erit in astris religatum fortiter,
Et quod resolverit in terris arbitrio,
Erit solutum super solis radium,
In fine mundi judex erit seculi.

Non impar Paulus huic[3], doctor gentium,
Electionis templum sacratissimum,
In morte compar, in corona particeps,
Ambo lucerne et decus Ecclesie,
In orbe claro coruscant vibramine.

Gloria Deo, per immensa secula,
Sit tibi, Nate, decus et imperium,
Honor, potestas, Sanctoque Spiritui,
Sit Trinitati salus individua.
Per infinita seculorum secula. Amen.

In I Noct. Ant[4]. In plateis ponebantur infirmi in lectulis, ut, veniente Petro, saltem umbra illius obumbraret quenquam illorum, et liberarentur ab infirmitatibus suis. *Ant.* Ait Petrus principibus sacerdotum : Jesum quem vos interemistis, suspendentes in ligno, hunc Deus suscitavit, et Principem ac Salvatorem exaltavit, ad dandam penitentiam et remissionem peccatorum. *Ant.* Petrus apostolus dixit paralytico : Enea, sanet te Dominus Jesus Christus, surge, et sterne ibi ; qui continuo surrexit, et omnes qui videbant conversi sunt ad Dominum.

Lectio I. Sermo S. Leonis, pap. Omnium quidem sanctarum solennitatum, dilectissimi. — ℟. Symon Petre, antequam de navi vocarem te, novi te, et super plebem meam, principem te constitui. Et claves regni celorum tradidi tibi. ℣. Quodcumque ligaveris. — ℟. Tu es Petrus, et super hanc petram. ℣. Intuitus autem Jesus Petrum, dixit : Tu es Symon Johanna[5], tu vocaberis Cephas quod interpretatur Petrus et super hanc petram edificabo Ecclesiam meam. — ℟. Quem dicunt homines esse Filium hominis, etc. ℣. Beatus es Symon Barjona, etc., *ut hodie.*

In II Noct. Ant. Factum est autem ut quedam discipula, nomine Tabita, plena operibus bonis et helemosinis, infirmata moreretur ; miserunt autem discipuli ad Petrum rogantes : Ne pigriteris venire usque ad nos. *Ant.* Adveniente Petro, circumsteterunt illum omnes vidue flentes et ostendentes tunicas et vestes quas faciebat illis Dorcas. *Ant.* Ponens Petrus genua sua oravit, et conversus ad corpus, dixit : Tabita, surge. At illa aperuit oculos, et, viso Petro, resedit, dansque illi manum erexit eam, et sanctis ac viduis assignavit vivam[6].

℟. Beatus es, Symon Barjona. ℣. Et ego dico tibi quia tu es Petrus. — ℟. Domine, si tu es, jube me venire ad te super aquas, etc. ℣. Cumque vidissent ventum validum venientem, timuit, etc. — ℟. Petre, amas me. ℣. Domine, tu omnia novisti.

In III. Noct. Ant. Cornelius centurio, vir religiosus ac timens Deum, vidit manifeste angelum Dei, dicentem sibi : Corneli, mitte et accersi Symonem, qui cognominatur Petrus. Hic dicet tibi quid te oporteat facere. *Ant.* Aperiens Petrus os suum dixit : In veritate comperi quia non est personarum acceptor Deus, sed in omni gente qui timet eum et operatur justitiam acceptus est illi. *Ant.* Adhuc loquente Petro, cecidit Spiritus Sanctus super omnes qui audiebant verbum et erant loquentes linguis et magnificantes Deum. Tunc Petrus jussit eos baptizari in nomine Jesus Christi.

Evang. sec. Matth. Venit Jesus in partes Cesaree. *Sermo S. Hier.* Philippus iste est frater Herodis. ℟. Ego pro te rogavi, Petre. Ut non deficiat. ℣. Symon, ecce Sathanas expetivit vos. — ℟. Si diligis me, Symon Petre, pasce oves. ℣. Si oportuerit me mori tecum. — ℟. O claviger regni celestis et princeps apostolorum, dignare pro nobis pium exorare Jesum Christum Dominum, ac potestate tibi tradita nostrarum solve vincla culparum. Et aperi nobis paradisi celestis introitum. ℣. Ut tecum possimus habitare in celestibus, apud Dominum et magistrum tuum intercede. Et.

PROSA[7].

Celestis aule januas, janitor egregie,
Reserare positis satage lacrimarum in valle,
Quos corrumpit noxa sue graviter inobedientie]
Et facit ab eterna exules claritate.
Memor esto impartite ab eo tibi indulgentie
Ne pii preceptoris careas pietate.
Sepius Jesum pro nostra interpella salute,
Prevales enim petita confestim acquirere
Nec offendet tuum velle cui bis binos
Disposuit cardines terre.
Orbem ergo visitando solve compede

Nequitie, Deo favente.
Nobis quoque puniendis condescende
Pro nostro crimine. Christum redde
Placabilem et provide dignanter famulis
Superne felicitatis introitum.

In Laud. Ant. Beatus Petrus apostolus vidit sibi Christum occurrere; adorans eum ait : Domine, quo vadis? Venio Romam iterum crucifigi. *Ant.* Dixit Symon Petrus: Domine ad quem ibimus, verba vite eterne habes, et nos credidimus et cognovimus quia tu es Christus Filius Dei, all. *Ant.* Apostolus Christi Petrus, dum duceretur ad crucem, repletus gaudio magno dixit : Non sum dignus ita esse in cruce, sicut Dominus meus Jesus Christus qui de Spiritu Sancto conceptus est. *Ant.* Cum respexisset Petrus crucem, lacrimas fundebat pre gaudio : Non sum dignus caput sursum ponere, sed declinare vultum in terra, all. *Ant.* Cum esset Petrus in cruce, orabat Dominum dicens : Gratias tibi ago, Pastor bone, qui me ad hanc gloriam perducere dignatus es. Peto namque ut oves quas tradidisti mihi, participentur mecum de gratia tua in sempiternum. *Capit.* Isti sunt due olive.

HYMNUS

O Roma felix [8], que tantorum principum
Es purpurata precioso sanguine,
Excellis omnem mundi pulcritudinem,
Non laude tua, sed sanctorum meritis
Quos cruentatis jugulasti gladiis.

Vos ergo modo, gloriosi martyres,
Petre beate, Paule, mundi lilium,
Celestis aule triumphales milites,
Precibus almis vestris nos ab omnibus
Munite malis, ferte super ethera.

Gloria Deo, etc.

℣. Ora pro nobis, beate Petre. *Ad Bened. Ant.* Quodcumque ligaveris. *Oratio.* Deus, qui hodiernam diem apostolorum tuorum Petri et Pauli martyrio consecrasti, da Ecclesie tue eorum in omnibus sequi preceptum, per quos religionis sumpsit exordium [9].

Ad Prim. Ant. Beatus Petrus, dum penderet in cruce, alacri vultu Dominum deprecans ait : Domine Jesu Christe, commendo tibi oves quas tradidisti mihi. *Ad Tert. Ant.* Hodie beatus Petrus apostolus, pastor noster egregius, inter choros angelicos celo nitet rutilans ; Paulus doctor gentium felix percepit martyrium. *Capit.* Misit Herodes rex manus. ℟. Cornelius centurio, vir religiosus ac timens Deum, vidit manifeste angelum Dei dicentem sibi : Corneli, mitte, et accersi Symonem qui cognominatur Petrus. Hic dicet tibi quid te oporteat facere. ℣. Cum orasset Cornelius, nondum in Christo renatus, apparuit ei angelus dicens : Corneli. ℣. Tu es Petrus. *Ad Sext.* Beatus es, Symon Barjona. *Capit.* Vidi conjunctos viros. ℟. *de Apost. Oratio.* Omnipotens, sempiterne Deus, qui Ecclesiam tuam in apostolica soliditate fundatam ab inferorum eruis terrore portarum, presta, ut in tua veritate persistens, nulla recipiat consortia perfidorum. Per. *Ad Non. Ant.* Tu es pastor ovium, princeps apostolorum, tibi tradite sunt claves regni celorum. *Capit.* Hec est vera fraternitas. *Oratio.* Familiam tuam, Domine, propitius intuere et apostolicis defende presidiis, ut eorum precibus gubernetur quibus nititur, te constituente, principibus. Per. *In Vesp. Ant. Laud. Ps. Apost. Capit. de SS. Petro et Paulo, ut in prim. Vesp. Ad Magn. Ant.* Hodie illuxit nobis letus dies, in quo summi Regis senatores, apostolorum principes, Petrus et Paulus, ad supernam angelorum curiam, alter cruce, alter gladio, pervenerunt ; quapropter leto ore dicamus omnes, all. ℣. Tu es Petrus. *Ant.* Sancte Paule apostole, predicator veritatis, et doctor gentium, intercede pro nobis ad Deum qui te elegit. ℣. Ora pro nobis, beate Paule. *Oratio.* Deus, qui multitudinem gentium beati Pauli predicatione docuisti, da nobis, quesumus, ut cujus natalitia colimus, ejus apud te patrocinia sentiamus. Per.

XXX JUNII.

In Commemoratione S. Pauli, apostoli.

Invitat. Laudemus Deum nostrum. In solennitate apostoli Pauli. *Hymn.* Felix. *In I Noct.* [1] *Ant. et Ps. ut hodie. Lectio I.*

Hieron. in libro viror. illustr. Rome natale beati Pauli apostoli. Hic de tribu Benjamin fuit. — ℞. Qui operatus est Petro. Et cognoverunt gratiam. ℣. Dominus mihi astitit et confortavit me, ut per me predicatio impleretur in gentibus. Et — ℞. Bonum certamen. Ideoque reposita est. ℣. Gratia Dei sum id quod sum. — ℞. Reposita est. ℣. Scio cui credidi.

In II Noct. Ant. et Ps. ut hod. ℞. Paulus adhuc spirans. — ℞. Ibat igitur. — ℞. Vade, Anania.

In III Noct. [*ut hod. Item in Laud. preter* 2ᵃᵐ *ant.*] : Sancte Paule apostole, predicator veritatis et doctor gentium, intercede pro nobis ad Deum qui te elegit. *Capit.* Saulus qui et Paulus. *Ad Bened.* In regeneratione, cum sederit Filius hominis in sede majestatis sue, sedebitis et vos super duodecim, judicantes duodecim tribus Israel, dicit Dominus. *Commem. S. Joh. Bapt. Ant.* Hodie Symon Petrus ascendit crucis patibulum. *Ad Prim. Ant.* Libenter gloriabor. *Ad Tert.* Iste est qui ante Deum virtutes magnas operatus est, et omnis terra doctrina ejus repleta est, ipse intercedat pro peccatis omnium populorum. *Capit.* Notum vobis facio. *Ad Sext.* Gratia Dei. *Capit.* Ne magnitudo. *Ad Non.* Damasci prepositus. *Capit.* Magnus sanctus Paulus. *In Vesp. Capit. S. Joh. Hymn.* Ut queant. *Commem. S. Pauli. Ant.* Ego enim jam delibor. *Commem. S. Petri. Ant.* Cum ascendisset Petrus Hierosolymam, disceptabant adversus illum qui erant ex circuncisione, quod introiret ad viros prepucium habentes et manducaret cum illis. — *Festum S. Marcialis celebretur in feria non occupata*².

Octav. die S. Joh. *Omnia necess. sicut in die... Sermo S. Maximi, episc. Lectio I.* Cunctorum quidem prophetarum. [IX *lect.*] *Post. Bened. Commem. Apost. Ant.* Gloriosi principes.

FESTA JULII

II JULII.

In Visitatione B. Marie.

Ad Vesp. Visitat. B. M. Super Ps. Ant. Benedicta tu. *Capit.* Ego quasi terebinthus. *Et dicit. ad Laudes et ad Tert.*

Hymn. Ave, maris stella. ℣. Specie tua. *Ad Magn.* Hodie Joannes, Spiritu Sancto repletus, Dominum quem verbis laudare non potuit, corporis obsequio recognovit, beatam[1] Elizabeth quam Mater Domini visitavit ut Johannes in utero suo Spiritum sanctificationis accipiens, Precursoris officium inchoaret. *Oratio.* Deus, cujus Unigenitus, utero adhuc virginis clausus, Johannem Baptistam, Maria salutante, Spiritu Sancto, priusquam nasceretur, implevit, da Ecclesie tue, ut quos spiritali regeneratione concepit, purificatos tibi filios pariat adoptionis. Per eundem... in unitatem ejusdem.

Invit. Hodie beatus Johannes, utero parentis inclusus, Christi evangelizavit adventum. Venite, adoremus Dominum. *Hymn.* Quem terra.

In I Noct. Ant. Repletus Spiritu Sancto Johannes, nondum seipsum sentiens, Virginis Matris presensit adventum. *Ant.* Adveniente que Christum gestabat in utero, Johannes exiliens in occursum ejus gestivit erumpere. *Ant.* In ipso salutationis occursu, infans in utero virtutem venientis expertus, gaudio et exultatione repletur.

Lectio I. Hodierne festivitatis ratio atque causa, dilectissimi ². — ℞. Ut audivit Elizabeth salutationem Marie, exultavit infans in utero ejus. Et audiens verba Domini per os Virginis personantis, in occursum ejus gestivit erumpere. ℣. Vadam et videbo visionem hanc magnam. quare rubus non comburatur et ardeat. — ℞. In ipso salutationis occursu, infans in utero gaudio et exultatione repletur, et Helizabeth voce magna clamavit : Unde hoc mihi ut veniat Mater Domini mei ad me ? ℣. Tu gloria Hierusalem, tu letitia Israel, tu honorificentia populi nostri. Unde. ℞. Unde hoc mihi. Que dum me verbo salutat, virtute sanctificat. ℣. Que es ista que ascendit quasi aurora.

In II Noct. Ant. Ut salutantis vox salutate pulsavit auditum, Spiritus latens ventris interiora penetravit. *Ant.* Reclusus ventre miles cognovit Regem suum, et in utero parentis exiliens Domini prophetavit adventum. *Ant.* Quia verbis salutantem se resalutare[3] non potuit, Spiritu exultante recognovit. ℣. Adjuvabit eam. ℟. Deus in medio ejus.

℟. Felix Marie vox. Que dum corporis tetigit aures, intus Spiritum sanctificationis immisit. ℣. Sonet vox tua in auribus meis, vox enim tua dulcis. Que. — ℟. Acutius matre Johannes audivit et vidit. Et quem verbis salutare non potuit, prophetico gaudio recognovit. ℣. Insinuavit illi gratia, que natura nequivit attingere. — ℟. Reclusus ventre miles. ℣. Vix enim erat illi spiritus vite et jam inerat spiritus gratie.

In III Noct. Ant. Elizabeth autem, repleta Spiritu Sancto, miraculum sentiens, mysterium recognoscens, magna voce clamavit. *Ant.* Benedicta tu. *Ant.* Sub umbra illius quem desiderabam sedi, et fructus ejus dulcis gutturi meo. ℣. Elegit eam.

Evang. Exurgens Maria. — ℟. Duplici miraculo, licet honore diverso, prophetam matres spiritum parvulorum. Et alter gratiam infudit in alterum, alter infusam ab altero recognovit. ℣. Ex ore infantium. — ℟. Veteri sub lege ordinem suum non potuit servare natura. Quoniam per novam divinitatis gratiam, novum saluti omnium mysterium parabatur. ℣. Ultra legem nascentium baptista[4] Domini nativitatem suam gaudio et exultatione prevenit. Quoniam. — ℟. Beatam me dicent. Quia fecit mihi. ℣. Et misericordia ejus a progenie.

Ad Laud. Ant. Ut vox Marie Elizabeth pulsavit auditum, ultra legem nascentium baptista Domini, etc. *Ant.* Nativitatem suam prophetando prevenit, presentia Domini sanctificatus antequam natus. *Ant.* Nondum senserat spiritum vite, et, loquente Maria, datus est illi spiritus gratie. *Ant.* Insinuavit illi gratia que natura nequivit attingere et latentem in utero Regem parentis evangelizavit eloquio. *Ant.* Ex secreto maternorum viscerum duo parvuli totius mundi gaudia futura preludunt. *Hymn.* Ave, maris stella. ℣. Speciosa. *Ant.* Surge, propera, amica mea, columba, formosa mea, et veni; sonet vox tua in auribus meis, vox enim tua dulcis, que dum aures corporis mei tetigit, latenti intra viscera puero Spiritum sanctificationis infudit. *Ad Tert. Capit.* In me gratia omnis vie. *Ad Non. Capit.* Spiritus enim meus. *Ad Vesp. Ant. Laud. Ps.* ℣. *atque Hymn. de B. M. Ad Magn. Ant.* Beata sterilis, que Precursorem Domini, senio ingravescente, concepit; beatior[5] Virgo que Deum atque hominem genuit; utraque miraculum sentit, mysterium cognoscit, sed Elizabeth suum vertit in preconia visitantis, Maria utrumque refert in gloriam conditoris. [*Oct. de beata Maria. Necess. sicut in die.*]

Feria IV. — *Lectio I.* Hec itaque Sixtus, Pontifex Maximus, sedulo animadvertens omnium beate Virginis festivitatum hanc unam merito precipuam existimavit, que pro ratione mysterii et significatione sacramenti, ad implorandum ejus auxilium imminentibus Ecclesie necessitatibus, pre aliis conveniret.

Lectio II. Quamobrem pie ac religiose de communi filiorum salute sollicitus, auctoritate apostolica universis eam ecclesiis statuit inserendam[1] et omnibus qui illam cum devotione suscipient et quotidianis christiana pietate celebraverint atque coluerint.

Lectio III. Si tamen primum lacrimis atque penitentia salutari errata diluerint, de illius misericordia et largitate confisus, cujus vices in terris gerit, singulis interessentibus utrisque vesperis matutinisque et misse diei solenni pro singulis predictarum horarum quinque annos et totidem quadragenas, centum vero diespro unaquaque reliquarum horarum de vera indulgentia peccatorum remissione concessit.

Lectio IIII. Et ne octave fructu spiritualis commercii fraudarentur, dimidium earum indulgentiarum quas in die concesserat, in singulis etiam octavarum diebus uberioris gratie largitate distribuit.

Lectio V. Porro pretereundum esse non arbitror in hac festivitate quattuor singulares personas, matres videlicet duas, suo utramque cum pignore, una sub celebritate venerari.

Lectio VI. Et quamvis inter eas diversa ratio fuit variaque proportio, non pro diversitate mensure gratiarum atque virtutum, jura quoque in eis variantur honorum in his tamen omne Ecclesie decus, ornamentum omne, ac velut in summa universum specimen sanctitatis inspicitur. *Post Bened. Commem. Apost. Ant.* Isti sunt due olive. *Oratio.* Deus cujus dextera beatum Petrum.

Octavo die apost. *Necessaria ut in die.* [pret. lect.] *Sermo S. Maximi episc.* Natalem hodie, juvante Domino. *Evang. sec. Matth.* Jussit Jesus discipulos ascendere. *Serm. S. Hieron.* Compulit discipulos suos. *Post Ben. Commem. Visit.*

Feria VI. De Visit. — *Lect. IIII.* Merito igitur prefatus Pontifex Sixtus ab omnibus eam ecclesiis censuit celebrandam cunctorumque fidelium votis recolendam esse constituit, quandoquidem in hac una, tanquam in omnium christianorum celebritatum origine, licet aliarum omnium vel initia contemplari.

Octavo die. *Necess. ut in die. De Omel. S. Ambr.* Unde distinctionem singulorumque verborum proprietates. *Ad Magn. Ant.* Magnificemus Dominum, qui magna fecit in Israel, cum sanctam elegit Elizabeth, ut Johannem Baptistam gigneret Precursorem suum. ℣. Ora pro nobis, sancta Elizabeth. *Oratio.* Deus, qui beatam Elizabeth, sterilem et senio gravem, prole gloriosa in utero sanctificata fecundasti, presta, quesumus, ut sicut ipsa mortalium prima incarnatum Salvatorem alvo Virginis clausum voce prophetica nunciavit, ita ejus interventu, mentis nostre tenebras et cuncta adversantia profugare digneris. Per eundem.

X JULII.

S. Elizabeth.

Necessaria de Communi sancte nec Virg., nec Mart. Veruntamen in Noct. dic. Ant. et Ps. et ℟. Visitationis.

Lectio I. Quia Dominum in sanctis ejus laudare jubemur, decet ut sancte Elizabeth laudes non taceamus, sed dignis potius attollamus preconiis. Hanc enim elegit Dominus Precursoris sui matrem, et supra omnes feminas, post Mariam Virginem, novo et singulari privilegio decoravit.

Lectio II. Cum enim Deus omnipotens sua ineffabili providentia, senescente jam mundo, genus humanum tabe et spinis peccatorum obsitum redimere disposuisset, Verbum suum in terram dimisit. Sed Precursorem premisit quo inter natos mulierum major non surrexerat, ut populum rudem divini verbi seminibus imbueret et ad regenerationis gratiam prepararet.

Lectio III. Ad hunc igitur talem tantumque virum mundo edendum, Elizabeth sancta eligitur, ea jam etate ut ei partus per naturam negatus crederetur. Sterilis enim erat et nonagenaria, sed virtutibus insignis et preclara. Et ideo digna habetur ut ad eam angelus ille Gabriel mitteretur, a quo Domini nativitas nunciata est.

Lectio IIII. Magna novitas, fratres charissimi, magnum sancte Elizabeth meritum. Nunciatur ab eodem angelo servi nativitas et Domini. Sed ad senem Elizabeth et sterilem prius mittitur quam ad juvenculam Virginem. Deus enim omnipotens qui novo et inaudito partu virginitatem ditare disposuerat, voluit prius inusitato prodigio sterilitatem et senium insperata prole fecundam.

Lectio V. Sancta igitur Elizabeth, licet tam ingentis et excelsi meriti, tantaque jam prole fecunda, non tamen extollitur, non intumescit, sed profundius dejicitur et humiliatur. Eoque se profitetur indignam quod a Matre Domini visitetur. Unde ad Virginem visitantem ait : Et unde hoc mihi, ut veniat Mater Domini mei ad me ?

Lectio VI. Statimque repleta est Spiritu Sancto Elizabeth, et presentiam incarnati Salvatoris leta cognoscens, mortalium prima voce denunciat et exprimit. Unde et in verba salutantis angeli, prorumpit ad Virginem : Benedicta tu, inquit, inter mulieres, et benedictus fructus ventris tui. O felix Elizabeth, que tot tantisque donis ditata celestibus, Matrem insuper Dei Altissimi tribus mensibus meruit habere ministram !

Evang. ut in Visit. Ad Laud. et per Hor. Ant. In laudibus sancte Elizabeth, omnes exultemus, que Precursoris Domini meruit esse mater. *Ant.* Jubilemus Domino, in exultatione, quia in utero sancte Elizabeth infans in gaudio exultavit. *Ant.* Sitivit in Deo sancte Elizabeth anima que Spiritu Sancto repleta, magna mysteria declaravit. *Ant.* Beata es Elizabeth, que angelo credidisti, quod sanctus vir tuus Zacharias impossibile judicavit. *Ant.* Concepit senex et sterilis ex viro centenario angelum, in lege promissum, qui preparavit viam Domino. ℣. Ora pro nobis. *Ad Bened. Ant.* Benedictus sit Deus omnipotens, cujus divino munere beata Elizabeth illustrata, ad adventum Virginis, in ejus utero incarnatum Salvatorem leta cognovit et sermone confirmans Matrem ejus Virginem verbis angelicis salutavit.

XI JULII.

In translatione [1] S. Benedicti, abbatis.

Ad Vesp. S. Benedicti. Capit. Justum deduxit. *Rel. in Comm. un. Conf. non Pont.* ℟. Inito consilio.

HYMNUS

Christe sanctorum decus atque virtus,
Vita et forma, via, lux et auctor,
Supplicum vota pariterque hymnum
    Suscipe clemens.

Qui tuum dudum Benedictum ad te
Attrahens mire segregasti mundo,
Ut prava mundi reprobare discens,
    Te sequeretur.

Hujus devotum animum pueri
Gratiam prestans fidei valere,
Qua valens mire precibus peregit
    Mente fideli[2].

Dehinc extendens pedem in remotis,
Ardua scandit cruciare malens
Corporis artus juvenilis ardens
    Casto amore.

Gloriam Patri resonemus omnes
Et tibi, Christe, Genite superne,
Cum quibus Sanctus simul et Creator
    Spiritus extat. Amen.

℣. Os justi. *Ad Magnif. Ant.* Pater sanctus, dum intentam oculorum aciem in splendore corusce lucis habere videretur, vidit Germani animam, Capuani episcopi, in spera ignea ab angelis in celum deferri. *Oratio.* Intercessio. *Comm. S. Elizabeth. Ad Magn.* O gloriosa et felix Elizabeth, que senex et sterilis Precursorem Domini genuisti, et, Spiritu Sancto repleta, incarnatum mundi Redemptorem nunciasti, illum pro nobis exora, cujus meruisti Matrem habere ministram, ut sue nos redemptionis participes efficere dignetur.

Invitat. Venite, Christicole, ad adorandum Dominum. Qui Benedictum, monachorum signiferum[3], populo suo preciosum dedit patronum. Venite. *Hymn.* Christe, sanctorum.

In I Noct. Ant. Fuit vir, vite venerabilis gratia, abbas Benedictus. *Ant.* Ab ipso puericie sue tempore cor gerens senile, etatem quippe moribus transiens nulli animum dedit voluptati. *Ant.* Dum in hac terra esset, quo temporaliter libere uti potuisset, jam quasi aridum mundum cum flore despexit. ℣. Os justi.

Lectio I. Festiva beati Benedicti solennitas, Christo Domino propitiante, refulget, que fidelium cordibus et affectum devotionis augere, et spirituale gaudium consuevit afferre. Merito siquidem tanti patris memoria idem fideles congaudent, ut illud propheticum impleatur : Dicite justo, quoniam bene. Et item : Memoria justi cum laudibus. — ℟. Fuit vir, vite venerabilis, gratia Benedictus et nomine, ab ipso puericie suo tempore cor gerens senile. Etatem quippe. ℣. Recessit igitur scienter nescius et sapienter indoctus[4].

Lectio II. Constat enim quod unumquemque sanctorum christiana pietas tanto venerabilius colit quanto celsius hunc a Deo decoratum cognoverit. Unde et istum patrem[5] divino quodam instinctu specialius amat, ejusque memoriam dulcius recenset. — ℟. Inito consilio, venenum vino miscuere, quo oblato, signavit. Sicque confractum est, ac si pro signo lapidem dedisset. ℣. Intellexit prothinus vir Dei quia potum mortis vas habuerat, quod portare non poterat signum vite. Sicque.

Lectio III. Nimirum non nescia quod illum omnipotens Deus inter summos et electos sancte Ecclesie patres provexit et inter sancte fidei fundatores ac celestis discipline censores insigniter sublimavit. — ℟. Quidam rusticus defuncti corpus filii in ulnis ferens orbitatus, luctu estuans, ad monasterium venit, Benedictum patrem quesivit ; mox ut aspexit, clamare cepit : Redde filium meum. Redde filium meum. ℣. Vir autem Domini in hac voce substitit dicens : Nunquid ego filium tuum abstuli ? Cui ille respondit : Mortuus est, veni, resuscita eum. Redde.

In II Noct. Ant. Murcie provincia exortus, Rome liberalibus litterarum studiis traditus a parentibus fuerat. *Ant.* Relicta domo rebusque patris, soli Deo placere et sancte conversationis habitum quesivit. *Ant.* Recessit igitur scienter nescius et sapienter indoctus. ℣. Justus ut palma.

Lectio IIII. Quippe quem Sancti Spiritus carismate, tum miraculorum signis, tum virtutum exercitiis, ita adornavit, ut dignus appareret in mundo per quem artioris Ordinis multitudinem informaret. — ℟. Domine, non aspicias peccata mea, sed fidem hujus hominis qui rogat resuscitari filium suum, et redde in hoc corpusculo animam quam tulisti. Et completa oratione revixit. Et sanum reddidit patri suo. ℣. Et egrediente animo, corpusculum omne contremuit, et sub oculis omnium qui aderant vivus apparuit. Et.

Lectio V. Inde est quod et in hac solennitate, sicut et in aliis, sancto nomini ejus dicatis [6], quotiens in anno suis temporalibus eveniunt, tam devote tamque libenter et ex tantis partibus ad sacrosanctum ejus tumulum conveniunt. — ℟. Pater sanctus. ℣. Factumque est et reverentissimum virum Germanum episcopum, qui missus fuerat, jam defunctum repperit.

Lectio VI. Nam non quique pagenses, verum plebs urbana, nobilibus viris conserta, clericorum etiam quasi inflorata personis letabunda confluit et commune patrocinium devota requirit. — ℟. Cumque sanctus Benedictus in cella consisteret, elevatis sursum oculis, vidit sororis sue animam de corpore ejus egressam. In columbe specie celi secreta penetrare. ℣. Qui tante ejus glorie congaudens, omnipotenti Deo gratias retulit ejusque obitum fratribus denuntiavit. In.

In III Noct. Ant. Hic itaque, cum, jam relictis litterarum studiis, petere deserta decrevisset, nutrix que hunc' artius amabat secuta est. *Ant.* Predicta nutrix illius ad purgandum triticum a vicinis mulieribus prestari sibi capisterium [7] petiit, quod casu accidente fractum est. *Ant.* Compassus nutrici orationem fudit Benedictus puer cum lacrimis, capisterium reparavit. ℣. Justus germinabit sicut lilium et florebit in eternum ante Dominum.

Evang. et alia necess. de Communi Abbat. — ℟. Erat vultu placido, canis decoratus angelicis, tantaque circa eum claritas excreverat. Ut in terris positus, in celestibus habitaret. ℣. Vir autem Domini Benedictus spiritu omnium justorum plenus fuit. Ut. — ℟. Eodem vero anno, quo de hac vita erat exiturus, quibusdam discipulis secum conversantibus, quibusdam longe manentibus. Sanctissimum obitus sui pronunciavit diem. ℣. Presentibus indicens ut audita per silentium tegerent, absentibus indicans quale eis signum fieret, quando ejus anima de corpore exiret. Sanctissimum. — ℟. O beati viri Benedicti sancta preconia, o inestimabilis dilectio caritatis. Qui dum seculi pompam contempsit, eterne vite conjunctus est. ℣. Cui vivere Christus fuit et mori lucrum. Qui dum.

In Laud. Ant. Electus a fratribus, invitus, obtinuit quod scienter scivit, se illorum moribus convenire non posse. *Ant.* Cumque sibi conspicerent illicita non licere, assueta relinquere, conati sunt de ejus morte tractare. *Ant.* Inito consilio, venenum vino miscuere, quo oblato signavit, sicque confractum est, ac si pro signo lapidem dedisset. *Ant.* Tunc ad locum dilecte solitudinis rediit et solus in superni Spectoris oculis habitavit secum. *Ant.* Tantam gratiam ei virtus divina contulerat, ut sub uno solis radio, omnem mundum collectum conspiceret. *Capitula ut in alia festiv.*

HYMNUS

Imbuit post hinc homines beatus
Regulis artis[8] animos retundi,
Et jugo semper Domini polorum
    Subdere colla.
E quibus Maurus sedulus minister
Gurgite ductum placidum puerum
Obsequens patri latice levatum
    Equore traxit.
Gloriam Patri. ℣. Ora pro nobis.

Ad Bened. O beati viri Benedicti sancta preconia, o inestimabilis dilectio caritatis, qui dum seculi pompam contempsit, eterne vite conjunctus est. *Ad Prim. Ant.* Aquam de montis vertice, ferrum de fundo gurgitis, et placidum puerum traxit per pensilem[9]. *Ad Tert.* Orabat sanctus Benedictus : Domine, non aspicias peccata mea, sed fidem hujus hominis qui rogat resuscitari filium suum et sub oculis omnium viventem puerum reddidit patri suo. *Ad Sext. Ant.* Puer quidam parvulus, elephantino morbo percussus, ad Dei hominem est adductus, pristina sanitate recepta, incolumis remeavit ad propria. *Oratio.* Deus, cujus virtute beatus Benedictus extincta fecit pueri membra reviviscere, presta, quesumus, ejus nos meritis per afflatum tui Spiritus a morte anime vivificari. Per. *Ad Non. Ant.* Sancte Benedicte, intercede pro nobis, ut consortes glorie sanctorum tecum effici mereamur. *Oratio.* Deus, qui nos beati Benedicti, confessoris tui, meritis et intercessione letificas, concede propitius, ut qui ejus beneficia poscimus, dono tue gratie consequamur. Per Dominum.

In Vesp. Ant. Laud. Capit. Benedictio justi super. *Ad Magn. Ant.* Sanctissime confessor Domini, monachorum pater et dux, Benedicte, intercede pro nostra omniumque salute.

XVIII JULII.

Octava S. Benedicti.

In prim. Vesp. Ad Magn. Ant. Pater sanctus. *Omnia necess. ut in festo, except.* ℟. *Ad Tert.*

Lectio I. Ut brevi stilo divi Benedicti actus et gesta comprehendamus, diligenter antiquorum fide digna perscrutemur munimenta[1]. Benedictus abbas, Italicus, monachorum pater, monachos in unum collegit atque divino spiritu illustratus eis regularem vitam composuit. Ejus sanctissimi viri vitam insignem et miraculis claram beatus Gregorius scripsit. Fuit itaque Benedictus ex nobili genere in provincia Nurcie[2] ortus ; ibi etatem moribus transiens, nulli animum dedit voluptati.

Lectio II. Inde Rome liberalibus litterarum studiis traditus a parentibus fuit. Sed cum in eis multos per abrupta vitiorum ire cerneret, eum quem, quasi ingressu mundi posuerat, pedem retraxit, ne in precipitium totus iret. Despectis itaque litterarum studiis, relicta domo, rebusque paternis, soli Deo placere desiderans, deserta loca per aliquod tempus incognitus incoluit. Vir autem Dei ad quendam locum perveniens, qui ab urbe Roma quadraginta milibus passuum abest, in artissimo specu tribus annis, excepto Romano monacho, hominibus incognitus mansit.

Lectio III. Ibique artissimam vitam variis tentationibus duxit, et magne vite meritis et apostolicis virtutibus postea effulsit. Fuit autem hic sanctissimus vir, inter cetera virtutum monumenta, prophetico spiritu illustratus, quo multa futura et occulta cognovit. Cujus fama Totila Ostrogothorum rex ductus, ut tentaret ejus sanctimoniam, sese famulum indumento mentitus, alium in regio apparatu premisit.

Lectio IIII. Quem statim cognitum vir sanctus, licet sordide vestitum, ad se in monasterii vestibulum vocavit, et que illi erant ventura prenuntiavit : Novem annis regnabis, inquit, decimo, morieris. Inde eum in summa veneratione habuit. Plura alia sanctitatis signa ostendit, precipue in vase vitreo, in quo venenum vino miscuerunt sui fratres, ubi, signo crucis edito, fractum est.

Lectio V. Intellexit protinus vir Dei quia potum mortis vas habuerat, quod portare non poterat signum vite. Atque illico surrexit et, vultu placido, mente tranquilla, convocatos fratres allocutus est, dicens: Misereatur vestri, fratres, omnipotens Deus. Quare in me ista facere voluistis? Nunquid non prius dixi quia vestris ac meis moribus non conveniret ut vobis preessem? Ite, et juxta mores vestros vobis patrem querite, quia me post hoc habere minime potestis. Tunc ad locum solitudinis rediit et solus in superni Spectoris[3] oculis habitavit secum, ubi, cum virtutibus signisque claresceret, quamplures, bonis caducis spretis, eidem, ut Deo servirent, adheserunt, ibique duodecim monasteria construxit, in quibus, statutis patribus, duodenos monachos deputavit, paucos vero secum retinuit, quos adhuc in sua presentia aptius erudiri judicavit.

Lectio VI. In uno ex predictis monasteriis, quidam monachus ad orationem stare non poterat, sed cum alii orationi vacare inciperent, ipse egrediebatur extra orationis locum, terrenis mente vaga operam dabat. Qui a suo abbate sepius objurgatus, ad virum Dei est adductus, qui ejus stultitiam vehementer increpavit et ad monasterium suum reversus, vix duobus diebus viri Dei ammonitionem tenuit. Ad quem veniens pater sanctus aspexit quod eundem monachum, qui manere in oratione non poterat, quidam niger parvulus[4] per vestimenti fimbriam foras trahebat. Hunc monachum vagum vir Dei virga percussit et ex illo die nihil persuasionis ulterius a nigro jam puero pertulit, sed ad orationis studium immobilis permansit.

XIX JULII.

S. Marcialis, episc. et conf.

Ad Vesp. ℟. Salvator noster. *Ad Magn. Ant.* Venerandam beatissimi patroni nostri domini Marcialis[1] excipientes solennitatem devotissime celebremus, ut ipse qui, jubente Domino, Aquitane gentis pastor et doctor extitit primus suis obtineat meritis quo consortes ipsius effici mereamur in celestibus[2]. *Oratio.* Deus, qui populo tuo agnitionem tui nominis per beatissimum Marcialem, confessorem tuum atque pontificem, revelasti, presta, quesumus, ut sicut in terris doctor extitit veritatis, ita nobis in celo indulgentiam obtineat pietatis. Per.

Invit. Regem omnipotentem, venite, adoremus Dominum. Qui Aquitanico populo primum dedit patronum Marcialem episcopum[3]. Venite.

In I Noct. Ant.[4] Sanctus Marcialis ad predicandum Galliis delegatus, Lemovicis civibus, jubente Petro apostolo, semina fidei eroganda suscepit. *Ant.* Hec civitas, cunctorum tunc temporis idolorum referta culturis, a divinis in omnibus oberrabat mysteriis. *Ant.* Quam cernens Christus Dominus tanto sacrilegio subjacere, ad predicandum Dominum Jesum Christum, electum hunc misit Marcialem episcopum. ℣. Ecce sacerdos.

Lectio I. Igitur beatus Marcialis cum discipulis suis, permenso tam magno terrarum spacio, predicans ubique seminarium verbum Dei, ingressus Lemovicinum, venit ad Tullum castellum et ibi receptus est in hospicio ab Arnulpho divite et mansit ibi duobus mensibus, in quibus diebus non cessavit a predicatione divina, sed semper semen verbi Dei omnibus ad se venientibus annuntiare studuit. — ℟. Venerandam presentis diei solennitatem patroni nostri domini Marcialis devotissime celebremus, ut ipse pro nobis intercedat ad Dominum. Qui Aquitanico populo ipsum dedit primum pastorem atque doctorem. ℣. Tota igitur mentis intentione ipsum collaudemus humiliter, sanctumque nomen ejus benedicamus orantes. Qui.

Lectio II. Multus vero populus audiens tam salubria monita et videns signa que Dominus per servum suum operabatur, quotidie ad eum confluebat cupiens tam predicatione illius instrui quam miraculis recreari. — ℟. Salvator noster Christus Dominus missus ad oves que perierant domus Israel, predicando apud Judeam in tribu Benjamin. Puerum Marcialem cum utroque genitore ad sui nominis agnitionem et ad sacri baptismatis perduxit gratiam. ℣. Abjecta etenim nostre mortalitatis perpeti non dedignans prima rudimenta fidei, his quibus ea pridem contulerat apud ipsos predicans in tribu Benjamin. Puerum.

Lectio III. Prefatus autem Arnulphus habebat unicam filiam, que a demone quotidie vexabatur. At ubi ingressus est beatus Marcialis domum, exclamavit demon. — ℟. O quam gloriosus est miles fortissimus Marcialis, qui apostolorum junctus collegio, potestate ligandi atque solvendi accepta a Domino. Non dissimilis cum apostolis [b] est honoris usus privilegio. ℣. Ex quo enim idem vir beatus Dominico se mancipavit obsequio. Non.

In II Noct. Ant. Non differas, frater, ait, quantotius properare, ut servientem demoniis populum ad veram divini cultus religionem facias pervenire. *Ant.* Tunc sanctus Marcialis, apostolicis parens devotus imperiis, urbem Lemovicam cum duobus sociis expetendam delegit. *Ant.* Arrepto itinere, gemina dum pergeret fulgens lampada, sacerdotem Austrilianum [6] comitem, morte preventum, in via ingemuit. ℣. Non est.

Lectio IIII. Scio me egressurum de ista puella quia angeli Dei qui tecum sunt graviter me torquent. Sed adjuro te, per Crucifixum quem predicas, ne me in abissum mittas. — ℟. Percepto itaque, jubente Domino, gloriosus vir Marcialis cum utroque parente a beato Petro apostolorum principe sancte regenerationis lavacro et recedentibus genitoribus [7]. Remansit idem Marcialis, corpore quidem juvenis, sed senili corde, Christum secuturus. ℣. Promiserat namque Dominus dicens : Omnis qui reliquerit patrem aut matrem, amoremque terrenum, propter nomen meum, centuplum accipiet et vitam eternam, et ideo revertentibus ad propria parentibus. Remansit.

Lectio V. Tunc beatus Marcialis dixit : Per ipsum Crucifixum, te adjuro, ut exeas de corpore istius puelle et amplius non introeas in eam, sed vade ad locum ubi nec avis volat, neque hominum est habitatio. — ℟. Instante vero jam tempore quo officium Dominice predicationis a sanctis adimpleretur apostolis. Venerunt Romam principes apostolorum Petrus et condiscipulus ejus Marcialis [8], veritatem predicans omnibus Deum ignorantibus. ℣. Secundum quod Jesus Dominus, die quo ascendit in celum, preceperat illis : Euntes in mundum universum, predicate evangelium omni creature. Venerunt.

Lectio VI. Ad hanc vocem evomuit puella spiritum immundum et quasi mortua facta est. Tunc beatus Marcialis, tenens manum ejus, erexit eam et reddidit patri incolumem. — ℟. O vere sanctum et gloriosum episcopum, per quem Aquitana plebs suum agnovit Creatorem et per ejus prodigia miraculorum. Populus Lemovicentium in suum credere cepit Redemptorem ac Salvatorem. ℣. Vere per omnia preciosum et ineffabilem virum, per cujus virtutem et multitudinem miraculorum. Populus.

In III Noct. Ant. Unus ex comitibus migravit a seculo quo viso sacer Dei regressus est Romam, et nunciavit Petro apostolo, omnia que sibi in via contigerant. *Ant.* Versis ad urbem gressibus, tunc sanctus Marcialis beato Petro nunciavit fraternum mestus obitum. *Ant.* O vir prestantissime, accipe baculum meum [9] in manu tua et ego tecum Domino pro ipso fundam orationem et propriis gressibus tecum perget ad locum destinatum. ℣. Benedictionem. — *Evang. un. Conf.* — ℟. Precepit autem Dominus Jesus apostolorum principi beato Petro ut gloriosum episcopum Marcialem dirigeret provinciis Galliarum. Quo populum Aquitanorum ad veram divini cultus perduceret religionem. ℣. Cum duobus ergo presbyteris Austricliniano et Alpiniano [10] a Petro apostolo ad serviendum sibi susceptis discipulis, obedientie suscepit laborem. Quo. — ℟. Beatissimus episcopus Martialis, una cum duobus discipulis longam itineris transiens viam, ad Aquitanicam usque pervenit provinciam. Et ingressus fines Lemovicentium incolarum Nerve principis defuncto resuscitavit filium. ℣. Divino quidem roboratus precepto, apostoli Petri parens devotus consiliis, Aquitanicas fiducialiter agressus est partes. Et. — ℟. O princeps egregie, o Marcialis pastor et dux Aquitanorum, audi preces servulorum. Et intercede pro salute omnium populorum. ℣. Prefulgens gloriosus in conspectu Domini, tuorum suscipe preces servulorum. Et.

In Laud. Ant. Cum oraret beatus Marcialis, apparens Dominus dixit ei : Pax, frater, tibi sit, charissime, gaudens eris mecum in splendore magno. *Ant.* Beatus episcopus hoc audiens dixit : Domine, videns te, letus effectus sum, deprecor clementiam tuam, ut jubeas me recipi in hac claritate. *Ant.* Quintodecimo die, charissime, veniam ad te, ut te recipiam cum angelis et faciam te heredem regni mei, ut semper gaudeas in claritate que nullo claudetur fine. *Ant.* Hoc audiens sanctissimus pater, convocatis fratribus, indicavit eis dissolutionem sui corporis imminere, atque retulit eis quod a Christo cognovisset *Ant.* Cumque advenisset exitus dies, sanctus Marcialis orabat dicens : Dirige iter meum ad te, Deus meus, ut queam tecum gaudere. *Ad Bened. Ant.* O magnum primatem[11], in tantorum virtute miraculorum, ineffabilem Marcialem episcopum, cujus petimus nos sublevet pietas, quos mergit ingens pravitas omnemque gregem sibi commissum perducat ad gaudium a Domino preparatum. *Ad Prim. Ant.* De Regis eterni singulari visitatione beato viro gratias agente, visitatori suo dixit ad eum ipse : Quintodecimo die, charissime frater, paratus esto venire ad me, nam tunc ego veniens suscipiam te et deducam, ut epuleris jugiter super mensam meam in regno meo. *Ad Tert. Ant.* Confortatus pater beatissimus Marcialis de visitatione et promissione Christi, convocatis discipulis omnibusque qui aderant, benedicens et exhortans eos, indicavit eis diem obitus sui, sicut dixerat ei Dominus. *Ad Sext. Ant.* Vir Deo plenus Marcialis, completa benedictione simulque predicatione languescentibus jam membris, portari se in oratorium prothomartyris Stephani[12], quod ipse construxerat, fecit, ibique exitum suum divinis operibus munitum expectabat gaudenter. *Ad Non. Ant.* Instante vero jam hora migrationis episcopi almi Marcialis, promissionis sue gratiam adimplere dignatus Dominus, cum multitudine angelorum suum venit suscipere servum, et, relicta terra, secum beatam illam celo deducit animam. *In Vesp. Ant. Laud. Ad Magn. Ant.* O princeps patrum, o Marcialis, speculum virtutum, pastor et dux Aquitanorum, suscipe preces et vota cunctorum te deprecantium, et intercede pro salute omnium populorum[13].

XX JULII.

S. Margareta, virginis.

Oratio. Deus, qui virginalis pudicitie titulo et sacre passionis vexillo beatam Margaretam[1], virginem et martyrem tuam, glorificasti, da nobis sic sacre castitatis floribus exornari, ut cum fructu bonorum operum, superne beatitudinis tue attingamus consortium. Per.

Lectio I. Margareta, filia fuit Theodosii, patriarche Gentilium in Antiochia ; hec nutrici tradita baptizatur in etate adulta. Quadam igitur die, cum jam annum xv attigisset, et cum ceteris virginibus oves custodiret sue nutricis, prefectus Olimbrius inde transitum faciens, eam, nimis speciosam cernens, concupivit et pueris suis ait : Comprehendite eam ut, si libera, mihi uxor, si ancilla est, concubina fiat.

Lectio II. Presentata ergo, interrogatur de nomine et religione. Illa respondit : Sum genere ingenua[2], et nomine Margareta, religione christiana.

Lectio III. Prefectus ait : Duo tibi prima conveniunt, quia nobilis haberis et Margareta pulcherrima comprobaris. Sed tertium tibi non convenit, ut puella tam pulchra et nobilis Deum habeat crucifixum.

Lectio IIII. Margareta respondit : Unde nosti Christum crucifixum ? Respondit ille : Ex libris christianorum. Margareta ait : Cum ibi legatur pena et gloria, que verecundia vobis est, ut unum credatis et alterum negetis ? Iratus prefectus eam in carcerem mitti jussit.

Lectio V. Sequenti die, cum sacrificare nollet, in eculeo suspensa crudeliter, primo virgis, deinde pectinibus ferreis, usque ad nudationem ossium laniatur.

Lectio VI. Margareta autem dicebat : Hec carnis cruciatio, anime est salvatio. Impudens canis et insatiabilis leo [3], in carne potestatem habes, sed animam Christus reservat. Prefectus autem faciem velabat ne tantam cerneret sanguinis effusionem. Jussitque eam deponi et in carcerem recludi, que post varia tormenta decollatur.

XXI JULII.

S. Praxedis, virginis.

Oratio. Assit plebi tue, omnipotens Deus, beate virginis tue Praxedis supplicatio, ut quicumque ejus gaudent honore, ipsius protegantur auxilio. Per.

Lectio I. Rome, natale sancte Praxedis virginis. Hec cum sorore sua beata Potentiana, a sanctissimo patre Pudente, qui fuit edoctus in fide ab apostolo Paulo, in omni castitate et lege divina erudita est.

Lectio II. Post transitum vero parentis, vigiliis et orationibus atque jejuniis assidue vacans, omne patrimonium suum cum predicta sorore sua in sustentationem pauperum Christi erogavit.

Lectio III. In titulo quem pater earum Pudens in beati Pastoris nomine dedicavit, una cum consilio beati Pii, sedis apostolice episcopi, fontem baptismi construere soror et ipsa studuerunt.

Lectio IIII. Constructo igitur fonte, factum est ut familia earum, die sancto Pasche, baptizaretur, quos nonaginta sex numero manumissos [1] beatus Pius [2] aquis salutaribus abluit.

Lectio V. Inde post innumera pietatis opera, post multorum martyrum sepulturas, inter quas beatum Sinmetrium, presbyterum, cum aliis viginti duobus, apud titulum supradictum, manibus suis sepelierunt, qui per martyrii palmam ad celestia regna transierunt ; beatissima virgo Praxedis migravit ad Dominum, coronam justicie receptura, XII kal. Augusti.

Lectio VI. Sepulta est autem hec beatissima virgo in cimiterio Priscille, via Salaria, juxta sororem suam atque sanctum patrem Pudentem posita.

XXII JULII.

S. Marie Magdalene.

Ad Vesp. [1] *Capit.* Accinxit fortitudine lumbos suos et roboravit brachium.

HYMNUS

Prenunciatrix Usie [2]
  Eximia deifice [3],
O Maria Magdalene,
  Turmarum [4] melos suscipe.
Cum qua viges ac renites,
  Satraphas sequens celibes [5].
Choro nexa virgineo,
  Floreo septa bravio.
Quo queamus politica [6]
  Penetrare palacia,
Christus annuat Dominus,
  Tuis evictus precibus.
Deo Patri sit gloria.

℣. Optimam partem. *Ad Magn. Ant.* Celsi meriti Maria que Solem verum resurgentem videre meruisti mortalium prima [7], obtine ut nos visu glorie sue letificet in celis. *Oratio.* Largire nobis, clementissime Pater, quod sicut beata Maria Magdalena Dominum nostrum Jesum Christum super omnia diligendo suorum obtinuit veniam peccatorum, ita nobis apud misericordiam sempiternam impetret beatitudinem. Per eundem.

Invitat. Eternum Trinumque Deum laudemus et Unum. Qui sibi Mariam transvexit in ethera sanctam. Venite.

HYMNUS

Votiva cunctis orbita
  Lucis triumphat gratia,
Que scandit astra vernula
  Maria Christi fulgida.
Calcans beatam luridam [8]
  Secli ruentis machinam,
Ardore Sancti Spiritus
  Ignes subegit lubricos.

Hec sacras Jesu lacrymis
Plantas rigavit intimis,
Tersit capillis osculans,
Mentis tenebras expians.
Te, quesumus, gratissima,
Deposce clemens veniam,
Celestis aule tinnulis
Quo perfruamur organis.
Regi superno gloria
Deo Patri et Filio,
Sanctoque sit Spiritui
In sempiterna secula.
Amen.

In I Noct. Ant. Cum discubuisset in domo Symonis Dominus Jesus, mundi gloria, mulier secum que erat peccatrix, nardi odorifera exhibuit unguenta. *Ant.* Secus pedes ipsius astans, incessanter ore sacrato diva vestigia osculatur, lachrymis plena. *Ant.* Irrigabat igitur Dominicos Jesu pedes, fracto quoque alabastro, precipuis odoribus fragrabat domus omnis atque capillorum officio detergebat.

Lectio I. Sermo S. Ambr. Et ecce mulier que erat in civitate peccatrix. — ℟. Letetur omne seculum in solennitate sancte Marie. Quam Jesus, eternus amor, dilexit plurimum. ℣. Hec Maria fuit illa Domini gratissima que unguento precioso pedes unxit Domini. Quam. — ℟. Pectore sincero Dominum Maria recondens. Unxit purgantem baptismi gurgite sancto. ℣. Abstergat domina a noxis famulos precibusque. Unxit. — ℟. Felix Maria unxit pedes Jesu, et extersit capillis suis. Et domus impleta est ex odore unguenti. ℣. Mixtum rorem balsami, fracto fudit alabastro, que unguento precioso pedes unxit Domini. Et.

In II Noct. Ant. Symon autem intra se inquit : si esset propheta, sciret profecto que et qualis esset que tetigit eum, quia peccatrix est. *Ant.* Et conversus Dominus : Postquam veni in domum tuam, non cessat, crine fuso, hec meos osculari pedes. *Ant.* Quomodo multum dilexeras, dimissa scito tibi peccamina, et fide quia polles, sacra in pace remitto. ℣. Specie tua.

℟. O beata Maria, que piarum undis lacrymarum tersisti tuorum maculas criminum. Assidue te exorare deposcimus pro nostris excessibus. ℣. Summis celorum civibus glomerata et jam eternitatis immortalitate induta. — ℟. Optimam partem elegit sibi Maria. Que non auferetur ab ea in eternum. ℣. Diligens Dominum toto corde perfecto, celorum obtinet dignitatem. Que. — ℟. O certe precipuus Marie Magdalene amor, que a monumento Dominico. Discipulis recedentibus, non recessit. ℣. Ardore caritatis accensa, quem sepultum noverat, sublatum credens de sepulcro. Discipulis.

In III Noct. Ant. Satagebat igitur Martha, soror Marie Magdalene, circa ministerium, que sedens secus pedes Domini, audiebat verba oris ejus. *Ant.* Non est, Martha inquit, tibi cure, quod soror mea reliquit me solam ministrare ; jube illi ut me adjuvet. *Ant.* Et respondens dixit statim illi Dominus : Unum extat certe necesse ; hec optimam partem sibi elegit que non auferetur. ℣. Audi, filia. — *Evang. sec. Luc.* Rogabat Jesum quidam phariseus. *Omel. beat. Greg. pap.* Cogitanti mihi de Marie penitentia. — ℟. Celsi meriti Maria, que Solem verum, resurgentem ab inferis, videre meruisti prima mortalium in terris, obtine sacris precibus. Ut nos visu sue majestatis tecum letificare dignetur in celis. ℣. Exigua nostrorum holocausta votorum deferens ante Dominum suffragatrix, semper pia sis dignata esse. Ut. ℟. Sancte Magdalene festum Marie celebremus, morte triumphata, prenoscens vivere Christum. Predictrix vite super que profuit esse. Ut. ℣. Succurrat miseris dulcifluis precibus. Predictrix. — ℟. Felix sacrorum lacrimis rigatio pedum, per quem promeruit Maria diei et esse ejus dilecta. Ex quo pascuntur in ethere sancti. ℣. Angelico pollent decore hec et hi per Christum. Ex.

In Laud. Ant. Laudibus excelsis omnis mundus exultet in solennitate sancte Marie Magdalene. *Ant.* Pectore sincero Dominum Maria recondens unxit purgantem baptismi gurgite sancto. *Ant.* Sustolle, Maria, supplicum in ethera vota que meruisti propriis fletu dilui noxis. *Ant.* Quo tecum captent eterni munera regni pro famulis,

Christum posce, Maria, pium. *Ant.* Intercede supplicans ad Dominum pro omnibus nobis, Maria Magdalena.

HYMNUS

Plaude polorum laudibus
Concentus omnis celitus,
Hujus diei debita
Celebritatis gaudia.

Hec nam superni luminis
Maria compta flosculis,
Hausit fluentis dulcia
Fontis perennis famia.

Fulcris ministrans dapsilis [10]
Conviva Christi splendidis,
Fudit super sanctissimum
Nardum caput purissimum.

Jesu crucique proxima,
Nec terga vertit territa,
Vitam manentem providam
Resurrexisse nuntiat.

Regi superno gloria [11], etc.

℣. Dimissa sunt beate Marie Magdelene peccata multa. ℟. Quum Christum dilexit multum. *Ad Bened. Ant.* O mundi lampas et margaritha prefulgida, que resurrectionem Christi nunciando, apostolorum apostola fieri meruisti, Maria Magdalena, semper pia exoratrix pro nobis assis ad Deum qui te elegit. *Ad Prim. Ant.* Cum autem effudisset Maria alabastrum super caput Domini, impleta est domus ex odore unguenti. *Ad Tert. Ant.* Lacrimis ergo rigabat pedes ejus et capillis tergebat et osculabatur et unguento ungebat. *Capit.* Mulierem fortem. ℟. Flagrans Jesu muneribus intimis Maria jam precordiis affatim perunxit sacrata unguento vestigia. Unde perfectam meruit suorum delictorum veniam. ℣. Peccaminum nostrorum sordes diluat piis interventibus divino fonte. ℣. Specie tua. *Ad Sext. Ant.* Satagente Martha circa frequens ministerium, soror sua Maria, sedens secus pedes Domini, audiebat verba illius. *Capit.* Felix Maria unxit pedes Jesu. ℟. *de Virg. Oratio.* Deus, qui in cor beate Marie Magdalene flammam tue dilectionis accendisti, presta, quesumus, ut ejus flagrantis amore tota tibi mente placeamus. Per. *Ad Non. Ant.* Dixit illi Dominus : Maria Magdalene optimam sibi partem elegit. *Capit.* Optimam partem elegit. *In Vesp. Ant. Laud. Ps. Virg. Capit.* Satagebat igitur Martha. *Hymn.* et ℣. *ut in prim. Vesp. Ant.* Recumbente Jesu in domo pharisei Symonis [12], accessit ad eum Maria Magdalena afferens preciosi libram unguenti. *Commem. S. Apollinaris. Oratio.* Deus, fidelium remunerator animarum, presta, ut beati Apollinaris, martyris tui atque pontificis, cujus venerandam celebramus festivitatem, precibus adjuvemur. Per.

XXIII JULII.

S. Apollinaris, mart.

Lectio I. Apud Ravennam, natale sancti Apollinaris episcopi, qui Rome ordinatus, ab apostolo Petro illuc missus est.

Lectio II. Hic vir apostolicus etiam in Emilia predicavit et in partibus Corinthiorum, et in Mesia, et in ripa Danubii, et in partibus Tracie, in quibus locis exilio relegatus est, et ubicumque pervenit, innumeras virtutes fecit et passiones sustinuit.

Lectio III. Hic itaque sanctus nimia cede mactatus est, et rursus diutius cesus fustibus, ac nudis pedibus super prunas positus, rursus cesus et eculeo appensus, tortus est.

Lectio IIII. Deinceps saxo os ejus contusum est, et cum gravissimo ferri pondere inclusus horrifico in carcere, atque in ligno extensus est.

Lectio V. Ab hominibus quidem neglectus est in carcere beatus Appolinaris, sed ab angelo publice pastus est.

Lectio VI. Deinde cathenatus, in exilium directus est. In quo rursus diutius fustibus cesus et vulneratus est. Tandem a paganis cesus, post admonitionem discipulorum, spiritum Deo reddidit, sub Vespasiano imperatore, et honorifice sepelitur, qui in prefatione ab Ambrosio multipliciter commendatur.

XXIV JULII.
S. Christine, virg. et mart.

Oratio. Deus, qui propriis Filii tui manibus beatam Christinam[1], virginem et martyrem tuam, baptismi unda regenerare dignatus es[2], concede propitius, ut qui ejus natalitia colimus perenni Sancti Spiritus lavacro perfundamur. Per eundem Dominum nostrum Jesum Christum Filium tuum qui tecum vivit et regnat in unitate ejusdem Spiritus Sancti Deus. Per.

Lectio I. Erat quedam sacra et sancta puella de Thiro, nomine Christina, spem Dei habens ad custodiendam virginitatem, nondum annorum duodecim, cujus pater, Urbanus nomine, et mater erant de genere regali.

Lectio II. Sancta autem Christina erat in dilectione Dei posita, et ingemiscebat quotidie fortiter, et flebat, et non offerebat incensum idolis, ad quod faciendum, eam pater in quadam turri cum ancillis incluserat[3], sed intuebatur in celum.

Lectio III. Ancille autem ejus dixerunt ei : Domina nostra, regalem habes imaginem. Quid est quod erras et Deum alienum colis, quem nos non novimus ?

Lectio IIII. Infans autem Christina dixit ad ancillas suas : Quid seducimini a diabolo et idolis ? Accedite et vos ad Deum celestem et ad Filium ejus, Dominum Jesum Christum.

Lectio V. Hoc ut compertum est patri ejus, ira repletus, jussit eam expoliari, et cruciari multis tormentis. Sancta autem Christina respiciens in celum, dixit ad eum : Omni malitia implete, impudentissime[4], ignoras quia Filius Dei vivi removebit omnem malitiam tuam et salvabit me ?

Lectio VI. Pater, non ferens injurias, jussit afferri rotam, et in ea alligari beatam Christinam, et sub rota incendi ignem, et oleum diffundi in igne, ut celerius finiretur. Post varia tormenta, tam a patre proprio illata quam ab aliis judicibus, post mamillarum abscisionem, sagittata ad cor, cum palma martyrii, ad celum gloriosa ascendit.

XXV JULII.
S. Jacobi, apost.

Ad Vesp. Sup. Ps. Ant.[1] O lux et decus Ispanie, sanctissime Jacobe, qui inter apostolos primatum tenes, primus eorum martyrio laureatus, o singulare presidium, qui meruisti videre Redemptorem nostrum, adhuc mortalem, in Deitate transformatum[2], exaudi preces servorum tuorum, et intercede pro nostra salute omniumque populorum, all. *Omnia necess. de Apost.* ℞. Gloriosus Domini apostolus dixit Hermogeni : Accipe tibi baculum itineris mei, et intrepidus cum eo, perge securus. ℣. Lavacro sancte regenerationis necdum effusus Hermogenes, ait : Apostole, cassibus[3] demonum incidere pavesco. Dixit ei vir Dei : Accipe. *Ad Magn. Ant.* Honorabilem eximii patroni nostri diei hujus, alumni Domini Jacobi, solennitatem celebremus devotione humili, ut ejus almis precibus a noxis cunctis mereamur liberari. *Oratio.* Esto, Domine, plebi tue sanctificator et custos, ut apostoli tui Jacobi munita presidiis, et conversatione tibi placeat et secura deserviat[4].

Invitat. Venite, omnes Christicole, ad adorandum Christum Regem eternum. Qui apostolum suum mirabiliter decoravit Jacobum. Venite.

In I Noct. Ant. Apostolus Christi Jacobus, per sinagogas ingrediens, erradicando superstitionem demonum fallacem, Jesu Domini predicabat fidem. *Ant.* Docente namque eo, contigit quemdam autorem erroris Hermogenem, discipulum suum mittere ad eum. *Ant.* Cum autem venisset Philetus ad Jacobum, asserebat non esse Dei Filium eternum, cujus se apostolus fatebatur esse discipulum. ℣. In omnem terram.

Lectio I. Natalis beati Jacobi apostoli, fratris Johannis Evangeliste, qui decollatus est ab Herode, rege Hierosolymis, ut liber Actuum apostolorum docet. Hujus beatissimi apostoli sacra ossa ab Hierosolymis in Hispaniis translata, et in ultimis eorum finibus, videlicet contra mare Britannicum condita, celeberrima illarum gentium veneratione excoluntur⁵. — ℟. Apostolus Christi Jacobus, per sinagogas ingrediens, depopulando superstitionem demonum fallacem. Jesu Domini predicabat fidem. ℣. Monita sequens magistri sui dicentis : Predicate evangelium omni creature e gentibus Deum ignorantibus ejusdem. Jesu.

Lectio II. Jacobus autem iste, ut beatus Isidorus refert, filius Zebedei, frater Johannis, quartus in ordine, duodecim tribubus que sunt in dispersione scripsit, atque Ispanie et occidentalibus locis evangelium predicavit⁶, et usque in occasum mundi lumen predicationis infudit. — ℟. Sanctissimo Jacobo veritatem docente, quidam erroris cultor Hermogenes. Discipulum suum misit ad eum. ℣. Furorem adhuc pectore suo versans, pertinacem ac crudelem insaniem corde suo gestans.

Lectio III. Hic ab Herode tetrarcha gladio cesus occubuit, sepultus in archa marmorea cujus gesta talia esse feruntur : Hic beatus apostolus post Ascensionem Domini Salvatoris, omnem Judeam et Samariam visitabat. Ingrediens vero sinagogas, secundum Scripturas sanctas, ostendebat omnia a prophetis predicta, in Domino Jesu Christo esse completa. — ℟. Alme perpetui luminis apostole Jacobe, observa tuorum intima famulorum illuminati. Valeant tempora sic ducere secli, quo valeant gaudia capere vite. ℣. Sedulus esto, Christi benigne apostole, intercessor pro his quibus datus es pater et pastor.

In II. Noct. Ant. Eo namque predicationi insistente, ac mysterium sancte Trinitatis edocente, credulus Philetus effectus est. *Ant.* Ait namque Philetus, dolos adhuc ruminante Hermogene : Postula tibi ab apostolo indulgentiam, relicto itinere devio, et consequeris Domini gratiam. *Ant.* Audiens hec ergo Hermogenes, carens fide, ira commotus, nexuit eum, dicens : Videbo si te solvet Jacobus. ℣. Constitues eos.

Lectio IIII. Accidit autem ut quidam Hermogenes magus, discipulum suum, Philetum nomine, mitteret ad eum. Qui cum venisset cum aliquantis phariseis ad Jacobum, conabatur asserere quod non esset verus Dei Filius, cujus se Jacobus apostolum memorabat. — ℟. Cum venisset Philetus ad Jacobum, asserebat non esse Dei Filium eternum. Cujus se apostolus fatebatur discipulum. ℣. Prius ergo quam audisset apostolum fatentem veritatem, conabatur asserere Dei Filium non esse eternum.

Lectio V. Jacobus autem in Spiritu Sancto confidenter agens, omnes assertiones ejus evacuavit, ostendens de Scripturis sanctis hunc esse verum Filium Dei. Reversus ergo ad Hermogenem Philetus, dixit ei : Jacobum qui se servum Jesu Christi Nazareni asserit et apostolum ejus, scias superari non posse, nam in nomine ejus vidi eum demones ab obsessis corporibus ejicientem, cecos illuminantem, leprosos mundantem. — ℟. Beatissimo apostolo predicationi divine insistente, ac sancte Trinitatis fidem docente. Philetus credidit in suum et omnium Redemptorem. ℣. O quam veneranda fuit dies illa, qua per gloriosum primatem Jacobum Christi jugo se submitens.

Lectio VI. Asserunt autem amici mei vidisse se eum etiam mortuos suscitantem. Sed quid multis moror ? Omnes Scripturas sanctas memoriter retinet, ex quibus ostendit non esse alterum Filium Dei, nisi hunc quem Judei crucifixerunt. Placeat ergo tibi consilium meum et veni ad ipsum et postula tibi indulgentiam ab eo. Quod si non feceris, scias tibi artem tuam magicam in nullo profuturam. Me autem scias ad ipsum reverti, et petere ut ejus merear esse discipulus. — ℟. O venerande Christi apostole, propagator sanctissimorum preceptorum, plebis tue vota suscipe, ac pro nobis apud Dominum. Intercedere dignare. ℣. Ut nos tibi famulantes tecum esse mereamur Jesu Christi coheredes.

In III Noct. Ant. Accipe baculum mei itineris, dixit sanctus Jacobus Hermogeni, nihil formides cum eo, quocumque volueris, pergito. *Ant.* Tunc ille accipiens apostoli sceptrum abiit ad domum suam, posuitque illud super colla discipulorum suorum. *Ant.* His itaque gestis, jam credulus Hermogenes itinere reversus, pedibus apostoli provolutus, rogare eum cepit ut penitentem reciperet. ℣. Annuntiaverunt. *Evang. sec. Math.* Accessit ad Jesum mater filiorum Zebedei. *Serm. S. Johann. episc.* Mater filiorum Zebedei hec est Salome. — ℟. Facta autem in turba seditione, dictum est apostolum debere adduci. Et ut reum iniquitatis secundum legem audiri. ℣. Insontem et justum ac radium veritatis plebs nefanda judicat adduci. — ℟. Instante vero tempore martyrii, aspiciens Christi famulus Jacobus vidit quendam languidum. Cui miseratus prebuit mox sanitatem. ℣. Cum ergo duceretur ad locum quo erat moriturus, respiciens vidit egrotum jacentem. — ℟. O belliger castrorum, Dei apostole, Jacobe, o clipeus inexpugnabilis patientie, qui per momentaneum seculi periculum paradisi gloriosum possides regnum, te devote precamur pium exorare pro nobis Deum. ℣. Assistens jugiter in conspectu Domini collega apostolorum.

In Laud. Ant. Predicante apostolo, jugiter multitudo conversa est populorum dicentium : Peccavimus, impie gessimus. *Ant.* Apostolus Christi fidem illorum cognoscens, dixit eis : Credite tantum et baptizamini, ut deleantur facinora vestra. *Ant.* Videns ergo pontifex turbam conversam, repletus sevitia, precepit verberari apostolum Domini. *Ant.* In nomine Regis trium puerorum, surge incolumis, et sequere me, dixit sanctus Jacobus egroto. *Ant.* Quidam autem deorum cultor immundorum, Herodes, hostis Domini, jussit capitis subire apostolum sententiam. *Ad Bened. Ant.* O belliger castrorum. *Ad Prim. Ant.* Cernentes omnes igitur eum ita in Christo credere, stupefacti ceperunt rei causam, nescientes corde tumescere. *Ad Tert. Ant.* Appropinquante termino martyrii, Jacobus una cum Josia necdum lavacro regenerationis effuso, Christi fecit militem, quem in finem prestolamur orbis venturum judicem. ℟. O venerande. *Ad Sext. Ant.* Facta autem seditione in populo a perfidis, dictum est apostolum debere adduci et secundum morem legis audiri. *Oratio.* Solennitatis apostolice multiplicatione gaudentes, clementiam tuam deprecamur, omnipotens, eterne Deus, ut tribuas jugiter nos eorum et confessione benedici et patrociniis confoveri. Per. *Ad Non. Ant.* Sanctissimus apostolus, Spiritu Sancto repletus, dixit : Omnes viri, audite, qui Abrae vos filios fatemini, illi enim promisit Deus quod in semine ejus omnes hereditarentur gentes[7]. *Ad Vesp. Ant. Laud. Capit. S. Anne.* Mulierem fortem.

XXVI JULII.
S. Anne.

HYMNUS

Preclara Dei gaudia
Preconizet Ecclesia,
In Anna Dei famula
Pangens celi miracula.

Anna, regum progenies,
Et sacerdotum series,
Stirpem illustrem patribus
Suis ornavit actibus.

Nupta celi judicio
Fideli matrimonio,
Juxta verbum angelicum
Concepit partum celicum.

Infecunda pro tempore,
Prope marcescens corpore,
Decreto Patris luminum
Parit Reginam virginum.

Obtentu matris filie[1],
Marie plene gratie,
Nobis auctorem omnium
Reddas, Anna, propitium.

Sit laus Paterno lumini,
Sit Filio et Flamini,
Qui nos per Anne meritum
Ad celi ducat aditum. Amen.

℣. Ora pro nobis, beata Anna. *Ad Magn. Ant.* O felix Anna, o sancta et benedicta, que meruisti mater esse Matris Christi[2], pia Deum exora pro nobis, et implora, ut qui tua celebrant solennia, perducantur ad celestia. *Oratio.* Deus, qui beate Anne tantam gratiam donare dignatus es, ut Mariam, Matrem tuam, in utero suo portare mereretur, da nobis per intercessionem matris et filie[3] propitiationis abundantiam, ut quarum memoriam pio amore complectimur earum precibus ad celestem Hierusalem pervenire valeamus. Qui vivis et regnas cum Deo Patre in unitate.

Comm. S. Jacobi. Ant. Apostole Christi Jacobe, eterni Regis miles invictissime, qui inter preclaram apostolorum curiam, ut sol micans inter astra refulgens, in gloria te supplex nostra deposcit caterva, ut tua prece cuncta ejus deleas crimina, et, te duce, poli[4] mereamur scandere regna.

Invitat. Adoremus Natum Summi Patris, in honore Anne matris sue Matris[5].

Hymnum : Preclara Dei gaudia.

In I Noct. Ant. Vita Joachim et Anne apud Dominum claruit, moribus ornata hominibusque placuit. *Ant.* Redditus namque suos in tres partes dividebant, quarum primam templo offerebant. *Ant.* Peregrinis et egenis erogabant aliam, sibi et familie reservabant tertiam. ℣. Diffusa est.

Lectio I. Erat vir in Hierusalem, nomine Joachim, ex tribu Juda, et hic erat pastor ovium suarum, timens Deum in bonitate et simplicitate sua. — ℟. Nazareus Anne pater, vite fuit egregie; fuit ex Bethleem mater. Regali progenie. ℣. Oportebat illam digno nasci semine, ex qua mundo nasci munda debebat a crimine.

Lectio II. Cui cura nulla erat, nisi gregum suorum, de quorum fructu pascebat omnes timentes Deum, duplicia offerens munera in timore Domini egentibus. — ℟. Dum oraret cum cingultu felix Anna, plena luctu. Dixit ei angelus : Noli flere amplius. ℣. Nam exaudita es et concipies et paries pulchram sanctam filiam ; vocabis eam Mariam.

Lectio III. De agnis, sive de omnibus suis rebus, quas possidere videbatur gloriosus patriarcha Joachim[6], tres partes faciebat. Unam partem dabat viduis, orphanis, et peregrinis, atque pauperibus, alteram vero in templo Domini Deo servientibus, tertiam quoque sibi et domui sue reservabat. — ℟. Preces tue sunt accepte in conspectu Domini. Non dolebis sed gaudebis immunis opprobrii. ℣. Cara Deo Anna, pium mundo dabis manna.

In II Noct. Ant. Cum sic annum pervenissent usque ad vicesimum et prolem nondum habuissent, erant in opprobrium. *Ant.* Die quadam Encenniorum[7] intravit Joachim sancta sanctorum, Deo ut daret munera secundum legis federa. *Ant.* Isachar dixit ad Joachim : Non offeres Deo, etenim non fecisti semen in Israel, te maledixit Emmanuel. ℣. Specie tua et pulchritudine tua intende.

Lectio IIII. Hec illo faciente, multiplicabat Deus gregem ipsius, ita ut non esset similis homo in populo Israel. Hec autem inchoante facere quintodecimo anno etatis sue, cum esset annorum viginti accepit Annam, filiam Achar, uxorem, ex tribu sua, ex genere David. — ℟. Benedicta es inter nuptas, o Anna, et omni laude dignissima. Quia ex te orta est vena venie, sancta Dei Mater. ℣. Ora pro clero, subveni populo, intercede pro devoto femineo sexu, sentiant omnes peccatores tuum juvamen, quicunque celebrant tuam solennitatem[8].

Lectio V. Cumque moratus esset per annos viginti, filios ex ea non accepit. Factum est autem ut in diebus festis inter eos qui offerebant incensum, staret Joachim portans munera in conspectu Domini. — ℟. Ex hoc autem opprobrio Joachim pulsus nimio, statim intravit heremum. Ibi ut oret Dominum. ℣. Pudore suffusus, a templo recessit, et ad heremum subito accessit.

Lectio VI. Et accedens ad eum scriba templi Domini, nomine Ruben, ait ad eum ; Non licet tibi inter sacrificia consistere, quia non tibi benedixit Deus ut daret tibi germen Israel. — ℟. Cumque fleret in deserto, dicit ei Angelus : Joachim habe pro certo, audivit te Dominus. ℣. Ecce namque Anna, uxor tua, concipiet et pariet filiam.

In III Noct. Ant. Infecundos cum fecundis mos non erat sistere, nisi Deus daret illis prius prolem gignere. *Ant.* Hoc Joachim conturbatus, confusus opprobrio, quem pontifex protestatur indignum elogio. *Ant.* Exprobabat et dicebat hunc valde presumere, qui fecundis infecundum se captabat jungere. ℣. Audi, filia.

Evang. sec. Matth. Simile est regnum celorum thesauro abscondito in agro. *Et ret. Idem unde supra.*

Passus itaque verecundiam in templo Domini, exiit plorans, et non est reversus in domum suam, sed abiit ad pecora sua. Ibique apparuit ei angelus Domini, confortans eum et dicens orationes ejus exauditas et helemosinas ascendisse in conspectu Dei. — ℟. Nobis quoque nascituram nunc presago[9] filiam. Dei Matrem fore, gratiam specie pulcherrimam. ℣. Vocabis hanc Mariam, gratam, mirificam.

Lectio VIII. Et ait : Ecce uxor tua pariet tibi filiam, vocabisque nomen ejus Mariam[10]. Consecrata erit Domino, ut vovisti, et Spiritu Sancto replebitur adhuc ex utero Matris sue, et in templo Domini erit conversatio ejus. Ipsa enim Virgo generabit Filium et vocabitur Jesus, qui secundum nomen suum Salvator erit omnium gentium. Eademque angelus nunciavit Anne. — ℟. O Regina angelorum, Mater Regis supernorum, veni, pia, et adesto tue sancte matris festo. Cui hodie cetus Ecclesie decantant preconia laudum. ℣. In honore tue matris, placa iram summi Patris, o manna ortum ab Anna.

Lectio IX. Monituque angelico ambo ascenderunt in Hierusalem sibique obviaverunt in porta aurea et debitas gratias Domino persolventes in templo, ad propria regressi sunt. Conceptique Anna et peperit filiam quam vocavit Mariam. — ℟. Surge cito, dixit Angelus ad Annam, et ascende Hierusalem, cumque fueris ad portam auream, Joachim vir tuus erit tibi obvius. ℣. Cumque angelus recessisset ab ea, ecce duo viri in vestibus albis qui ei dixerunt.

In Laud. Ant. In laudibus Anne studeant Natus et Pater, nam Dei Matris[11] meruit esse mater. *Ant.* Homo qui in Deo gaudes, hanc si tantum collaudes, Deo eris gratus et in fine beatus. *Ant.* Habet privilegium mater Matris Dei, ut detur remedium astantibus ei. *Ant.* In hac enim construitur templum sacri Spiraminis Maria, cella numinis, per quam hostis devincitur. *Ant.* Hec est paradisus, in quo ortus conclusus excolitur, et in quo fons signatus Maria, fons ortorum, concipitur.

HYMNUS

Quibus exultans celebret hoc festum,
Persequens Anna mater Matris Christi,
Qui in sacris credit actibus adeptam
 Gaudia vite.

Abrae proles, sacerdotum semen,
Filia regum, specimen Hebreum,
Stirpem sanctorum meritis et vita
 Nobilitavit.

Sterili ventre prius et fecunda,
Nutu divino peperit Mariam
Dominam rerum, titulum, floremque
 Virginitatis.

Hac mediante, Jesu Christe, nostros
Terge reatus, noxia propulsans
Filie sue, tue Matris prece,
 Propiciatus.

Donet hoc nobis pietas Paterna,
Simul cum Nato Spirituque sacro,
Ut Matris alme precibus juvemur
 Evum in omne[12]. Amen.

℣. Ora pro nobis. *Ad Bened. Ant.* O felix Anna, que angelico affatu digna fuisti, et mater Matris Domini esse meruisti, placa Regem glorie, Natum tue filie, quam tu pie lactasti. *Commem. S. Jacobi ut in die.* Per Hor. Ant. Laud. Reliq. necess. un. Virg. Ad Sext. Capit. Manum suam aperuit inopi. *Oratio.* Deus, qui hodiernam diem beate Anne natalitio venerabilem nobis fecisti, concede, propitius, ut nos qui eam genitricem tue Matris scimus et fatemur, ipsius apud te intercessionibus adjuvemur. Qui vivis. *Ad Non. Capit.* Fortitudo et decor, indumentum ejus. *In Vesp. Ant. Laud. Ad Magn. Ant.* O Anna, bonorum radix omnium, o manna dans mundo verum gaudium, celis admiratorium, Deo reclinatorium, tu es electa civitas, in qua Dei palacium, orti clausi tugurium, sola ut intret deitas, quanta sit tibi dignitas nemo posset exprimere, nam te possum asserere matrem esse Matris Dei, ergo fac nos gratos ei tua prece assidua, et trahe nos ad ardua, all[13]. *Comm. S. Jacobi.*

XXVII JULII.

S. Christophori, mart.

Transfertur festum istud ad fer. non occup.[1]. *Oratio.* Libera, Domine, populum tuum, et, intercedente beato Christoforo, martyre tuo, perpetua defensione conserva et a cunctis defende periculis. Per.

Lectio I. Christoforus, appropinquante hora suscipiende corone, Samon, civitatem Licie, venit, ubi a rege interrogatus, si secundum decreta principum diis immolare vellet, ille vero loquelam eorum non intelligens, tristatus, se in oratione prostravit. Judices autem eum putantes insanum, ad locum ubi martyres torquebantur, properant.

Lectio II. Christoforus autem, obtento quod optabat, ac voce confortatus divina, cucurrit ad locum et tortores ac judices sevitie increpat[2]. Percussus quoque alapa ab uno judicum, ait: Nisi christianus essem et pro Christo pati vellem, illatam prothinus injuriam vindicarem.

Lectio III. Ille autem judex, viri vultum non sustinens, erat enim aspectu terribilis, ad regem fugit[3], hec ipsa annuncians. Interim Christophorus confluentem alloquitur populum. Siccum baculum in terra fixit et ut frondes et fructus ad Dei honorem et populi conversionem produceret, impetravit; unde multi conversi baptizati sunt.

Lectio IIII. Rex itaque iratus milites mittit qui eum vinctum adducant. Et cum ad eum accedere non auderent[4], interrogantur ab eo. Quem queritis? Quid vultis? Et audita adventus causa, iterum ait: Nisi voluero, nec solutus, nec vinctus, duci potero.

Lectio V. Illi dixerunt: Si nobiscum venire non vis, perge quolibet, regique dicemus quia te non invenimus. Non sic, inquit Christoforus, vinctusque regi presentari voluit; milites quoque in via convertit.

Lectio VI. Itaque cum ad immolandum nec minis aut magnis regis promissionibus flectitur, in eculeo ponitur et usque ad denudationem costarum unguibus laniatur.

Ad Sext. et Non. Oratio. Omnipotens, sempiterne Deus, majestatem tuam supplices exoramus, ut sicut beatus Christoforus dono tue gratie hostes vere fidei potenter devicit et per ea gloriosus martyr occubuit, presta nobis, ejus suffragantibus meritis, ut in stadio vite presentis sic curramus quod bravium immortalitatis apprehendamus.

Feria III. — *Et per oct. S. Jacobi Sermo S. Johann. episc.* Magna laus huic mulieri, matri scilicet sanctorum apostolorum Jacobi et Johannis.

XXVIII JULII.

SS. Celsi, Nazarii et Pantaleonis, mart.

Oratio. Omnipotens, sempiterne Deus, da nobis presentis diei solennitatem sincero venerari affectu, et qui eam sancti martyris tui Celsi annua celebritate devotis frequentamus obsequiis, ejusdem suffragiis celestis regni gaudia consequamur. Per. — *Alia oratio, sub eodem fine.* Exaudi, Domine, preces nostras, ut populus tuus sub tantis patrociniis sanctorum martyrum Nazarii et Pantaleonis constitutus, et a suis offensionibus liberetur, et ab omnibus defendatur adversis. Per. *Commem. S. Jacobi.*

Lectio I. Temporibus Neronis, Rome imperatoris, fuit vir quidam illustrissimus, Nazarius nomine, filius cujusdam nomine Affricani, sed Judei, et beate Perpetue christianissime, et Romanorum nobilissime femine, a beato Petro baptizate.

Lectio II. Predictus Nazarius tandem nutu Dei vestigiis matris adhesit, et a beato Lino papa sacrum baptismum suscepit. Nolens idolis immolare, exulatus a Roma, pervenit Palentiam, deinde Mediolanum, verbum Dei constanter predicans.

Lectio III. Qui ad prefectum urbis ducitur, et in confessione Domini perdurans, fustibus ceditur et verberatur, et sic ab urbe illa projectus, dum de loco in locum pergeret, mater ejus, que obierat, sibi apparuit et filium suum confortans, ut ad Gallias properaret, admonuit.

Lectio IIII. Ad urbem Gallie, que Gemella

dicitur, perveniens, ibidem plurimos convertit. Quedam matrona filium suum, nomine Celsum, elegantem puerum, sibi obtulit, rogans ut ipsum baptizaret et secum duceret. Quod prefectus Galliarum audiens, ipsum cum puero Celso retro manibus vinctum et collo cathena constrictum in carcerem reclusit, ut eos in crastinum tormentis afficeret, sed uxore ejus suadente, sanctos absolvit.

Lectio V. Deinde a templorum pontificibus ad urbem Mediolanensem redire cum multa injuria compellitur, ubi cum puero Celso presidi presentatur. Qui ducti cum fuissent Romam, ad portam, que dicitur *Tres muri,* decollati sunt.

Lectio VI. Pantaleo, vir illustris, medicine artis eruditus, apud Nicomediam, pro fide Christi, tum eculei pena et lampadarum exustione cruciatus est. Tandem post alia varia supplicia, ipse cum preceptore suo Hermolao, qui in fide Christi eum instruxerat, v kalendas augusti, ictu gladii martyrium consummavit.

XXXI JULII.

S. Marthe, virg.

℟. Felix Martha. *Hymn.* Jesu corona. ℣. Ora pro nobis. *Ad Magn. Ant.* O beata Martha, que a pio hospite tuo suscitari fratrem tuum a busto impetrasti, tuis precum votis impetra nobis a sepulcris vitiorum suscitari et dignis virtutibus adornari. *Oratio.* Obtineat pro nobis, quesumus, Domine, in celesti epulari convivio beate Marthe supplicatio gloriosa, que convivam et hospitem pluries habere meruit Salvatorem Dominum nostrum Jesum Christum. *Comm. mart. et S. Jacobi.*

Invitat. Imperatorem celorum adoremus Jesum Christum. Qui gratia hospitalitatis coronavit hospitam suam Martham.

In I Noct. Ant. Imperius hospes intravit Jesus in quoddam castellum, et mulier quedam, Martha nomine, excepit eum in domum suam. *Ant.* Ut propheta refert, quasi colonus venturus est in terra et quasi viator declinans ad manendum, Dominus in ede beate Marthe. *Ant.* Huic beate Marthe erat soror, nomine Maria, que sedens secus pedes Domini, verba ejus audiebat, pasci quam pascere malens. ℣. Intravit Jesus in quoddam castellum. ℟. Et mulier.

Lectio I. Beatissime Christi electe et specialis discipule Marthe gloriosum exitum honore debito venerantes, aliqua de ejus conversatione et meritis volumus ad edificationem fidelium, breviter narrando, memorie commendare. — ℟. Gaudeat totus orbis terrarum in celebritate gloriose Marthe hospite Christi, quam Jesus tantum dilexit quod ab ipsa voluit hospitari. Et pasci vitans regum palacia. ℣. Sicut imperatori summo amplexibus dive Virginis placuit teneri, sic in ede beate Marthe illi complacuit refocillari.

Lectio II. Hec igitur Martha, hospita Christi, Syro patre, Eucharia matre, regali ex progenie descendit. Pater ejus Syrie et Maritime multarumque orarum dux extitit. Tria autem oppida, scilicet Magdelon et Bethaniam utramque, et Hierosolyme urbis partem, cum Maria Madalena [1], sorore sua, jure materne hereditatis possidebat. Nunquam autem legitur virum habuisse aut hominum contubernio se subdidisse. Defunctis parentibus, Lazarus, ejus frater, partem urbis Hierusalem, et Magdalena Magdalum, Martha autem Bethaniam possederunt. — ℟. Hec est Martha, Christi hospita, exemplum piorum, forma activorum, qua justi transibunt ad regna celorum. Dum illis dicetur. ℣. Venite, benedicti Patris mei, quia esurivi et dedisti mihi manducare.

Lectio III. Post Ascensionem Domini, status evangelici perfectionem, relictis omnibus, Christum veraciter imitando, studuit amplexari, adeo ut fragilitatis muliebris statum excedens, una cum sorore sua carissima Maria Magdalena, Lazaro fratre ac beato Maximino, uno de septuaginta duobus, aliisque quibusdam discipulis Christi, ab Orientis regione ipsum Christum pedibus evangelicis et corde confitenti salubriter gestare curaret. — ℟. Felix Martha egregia, quam Jesus Dominus, amor noster indeficiens, valde plurimum amavit, cujus sacris precibus. Quatriduanum fratrem suum ab Orcho suscitavit. ℣. Dilexit Dominus beatam Martham cum qua dignatus est hospitari.

In II Noct. Ant. Gloriosa Martha, Christi hospita, satagebat circa frequens ministerium ciborum Domini nostri Jesus Christi. *Ant.* Martha stetit, et ait : Domine, non est tibi cure, quod soror mea reliquit me solam ministrare ; dic ergo illi ut me adjuvet. *Ant.* Respondens statim, Deus dixit : Martha, sollicita es erga plurima ; Maria optimam partem elegit sibi, que non auferetur ab ea in eternum. ℣. Martha autem satagebat. ℟. Circa frequens ministerium.

Lectio IIII. Postquam Judei Stephanum occidissent, anno xiiij a Passione Domini, discipulos Christi a Judee finibus ejecerunt. Prefati igitur ab infidelibus expositi pelago, sine aliqua gubernatione ut submergerentur, divino nutu Massiliam advenerunt [2]. — ℟. Beata Martha, super fratris necem conquerens, pio hospiti suo dixit : Domine, si fuisses hic, frater meus non fuisset mortuus. ℣. Sed hec nunc scio quia quecumque posposceris a Deo dabit tibi Deus.

Lectio V. Et primo territorium Aquense adierunt. Dehinc loca varia in partibus Provincie circumjacentibus, ad agendam penitentiam sibi congruam et Christi nomen gentibus divulgandum, seperatim elegerunt. Ipsa quoque beatissima Martha locum illum super Rodani ripam, qui nunc Tarascon [3] censetur nomine, sibi habitaculum elegit. — ℟. Dicit Dominus Jesus pie conquerenti Martha : Resurget frater tuus. Cui ipsa : Scio, inquit, quia resurget. In resurrectione, in novissimo die. ℣. Dicit ei Jesus : Ego sum resurrectio et vita, qui credit in me, etiam si mortuus fuerit, vivet.

Lectio VI. Ubi, interfecto ingenti drachone, ecclesiam edificavit ad honorem beate Marie Virginis, deinde Avinione et in plaga illa verbum Domini disseminavit [4], miraculis et signis gentes ad fidem Christi convertens. Tandem, congregato in predicta basilica magno sororum conventu, asperam duxit vitam, centies in die et totidem in nocte genua flectebat et post innumera sancta opera migravit ad Dominum. — ℟. Informans Martham fide Dominus, dixit ei : Omnis qui vivit et credit in me, non morietur in eternum. Credis hoc ? Ait illi : Utique, Adonay. ℣. Ego credidi quia tu es Christus, Filius Dei vivi, qui in hunc mundum venisti, Adonay.

In III Noct. Ant. Diligebat Dominus Jesus Martham, et sororem ejus Mariam, et Lazarum. O felix generatio quam Christus inter ceteras magis dilexit. *Ant.* Resuscitato a mortuis Lazaro, dum esset Dominus Jesus ante Bethaniam in domo Symonis leprosi, fecerunt ei cenam ibi, et Martha dapifera [5] ministrabat illis. *Ant.* Laudibus dignis est extollenda gloriosa Martha, que Regem celorum hospitata est, per quod impetravit ressuscitari fratrem suum a busto. ℣. Dixit Martha ad Jesum. ℟. Si fuisses hic.

Evang. unius Virg. — ℟. O beata Martha, Christi Matris socia, que illa membra pia deica fovisti fereulis ede sacra tua. Que illa diva Mater pio fovit gremio. ℣. Fac nos ergo tuis sacris precibus refoveri tecum in ede polorum. — ℟. Duas nutrices felices Rex celorum elegit de mille nutriendo Filio suo matrem virginem. Et hospitam suam Martham. ℣. Mater virgo puerum anniculum [6] et Martha virum trigenarium pavit. — ℟. Veni dilecta, hospita mea, exi de carnis ergastulo, transiens ad palatium celi, que me hospitio tuo suscepisti. Et ubi ego sum, o ministra et cenutrix mea, illic mecum eris. ℣. In memoria eterna erit justa hospita mea, ab auditu malo non timebit in novissimo die.

In Laud. Ant. Exultet omnis mundus laudibus altissonis, in celebritate sancte Marthe hospite Christi. *Ant.* Hodie de carnis ergastulo beata Martha, terras relinquens, ad celi palacium leta transivit. *Ant.* Ille imperator celorum divus recepit eam in celis, quem illa diligenter susceperat in terris. *Ant.* Hec majus quam Abraam hospitio suscepit, Deum scilicet et hominem, Jesum Christum Dominum nostrum. *Ant.* Ora pro nobis sedule, supplicans ad Christum, que hospitata es ede, Martha gloriosa. *Hymn.* Hujus obtentu. ℣. Ora pro nobis. *Ad Bened. Ant.* O piissima Martha, pium hospitem tuum pro nobis deprecare, ut qui fratrem tuum ab Orcho suscitavit, tuis sacris precibus exaudibilibus nos a sarcofagis vitiorum resuscitet et faciat vivere in celis. *Comm. S. Jacobi. Per Hor. Ant. Laud. In Vesp. Ant. Laud. Ps. Virg. Ad Magn.* O Adonay, Jesu Christe, imperator celorum, humilime hospes beate Marthe, quesumus clementiam tuam, ut meritis egregie hospite tue, hic digne vivere et in celis nos cum ea facias letari[7], all. *Comm. S. Jacobi.*

Feria VI. — *De S. Jacobo. Lectio I.* [*ut sup.*] Deinde quia non sentit illa sicut cetere matres.

Feria VII. — *Lectio I.* Hermogenes audiens quod Philetus jam ferme adhesisset Jacobo, repletus est zelo, et fixit Philetum ut se movere non posset, et dicebat ei : Videbimus si Jacobus tuus solvet te ab his vinculis.

Lectio II. Tunc misit festinanter puerum suum ad Jacobum. Qui cum venisset et nunciasset ei, statim sudarium suum misit ad eum dicens : Accipiat illud et dicat : Dominus Jesus Christus erigit elisos, et ipse solvit compeditos.

Lectio III. Statim autem ut de sudario ejus tetigit eum, is qui missus erat, resolutus a vinculo magi, currens venit ad Jacobum, insultans maleficiis magistri.

Lectio IIII. Hermogenes autem magus, dolens quod ei insultaret, arte sua excitavit demones et misit eos ad Jacobum dicens : Ite et ipsum Jacobum mihi huc adducite, simul etiam Philetum, discipulum meum, ut vindicer in eo ne mihi ceteri discipuli mei taliter incipiant insultare.

Lectio V. Venientes autem demones ubi Jacobus orabat, ululatum in aera habere ceperunt, dicentes : Jacobe, apostole Dei, miserere nostri, quia antequam veniat tempus incendii, nos jam exurimur.

Lectio VI. Dicit eis Jacobus : Ut quid venistis ad me ? Dicunt ei demones : Misit nos Hermogenes ut te et Philetum ad ipsum perduceremus. Nunc autem, ut ingressi sumus, angelus Dei sanctus cathenis ligneis religavit nos et cruciamur.

FESTA AUGUSTI

I AUGUSTI.

Ad vincula S. Petri.

Super Ps. ad Vesp. Ant. Angelus Domini astitit, et lumen refulsit in habitaculo carceris, percussoque latere Petri, excitavit eum dicens : Surge velociter, et continuo ceciderunt cathene de manibus ejus, alleluya. *Capit.* Videns Herodes quia placeret Judeis. *Hymn.* Jam bone. *Require.* ℟. istud cum aliis seq. *et Hymn. in fest. SS. Petri et Pauli. Ad Magn. Ant.* Petrus ad se reversus dixit : Nunc scio vere, quia misit Dominus angelum suum et eripuit me de manu Herodis et de omni expectatione plebis Judeorum. *Oratio.* Deus, qui beatum Petrum apostolum a vinculis absolutum illesum abire fecisti, nostrorum, quesumus, absolve vincula peccatorum, et omnia mala a nobis propitiatus exclude[1]. *Per. In Completor. Ant.* Solve, jubente Deo, terrarum, Petre, cathenas, qui facis ut pateant celestia regna beatis. *Ps.* Cum invocarem. *Ant.* Tu es pastor ovium, princeps apostolorum, tibi tradite sunt claves regni celorum. *Ps.* Nunc dimittis.

Invit. Tu es pastor ovium, princeps apostolorum. Tibi tradidit Deus claves regni celorum. *Hymn.* Petrus beatus.

In I Noct. Ant. Petrus et Johannes ascendebant in templum, ad horam orationis nonam. *Ant.* Claudus quidam cum vidisset Petrum et Johannem cepit rogare eos ut helemosinam acciperet. *Ant.* Argentum et aurum non est mihi, quod autem habeo, hoc tibi do. ℣. Tu es Petrus. ℟. Et super hanc petram. *Lectio I. Serm. S. Maximi. episc.* Quemadmodum sanctus Petrus missus in carcere.

In II Noct. Ant. Petrus autem servabatur in carcere[2], etc. *Ant.* Erat Petrus dormiens. *Ant.* Angelus Domini. ℣. Tu es pastor ovium. ℟. Tibi tradite sunt.

In III Noct. Ant. Dixit angelus ad Petrum : Precingere et calcia³ te caligas tuas, et circunda tibi vestimentum tuum et sequere me. *Ant.* Exiens Petrus apostolus sequebatur angelum. *Ant.* Petrus ad se reversus.

Evang. require in oct. apost. Petri et Pauli. ℟. Surge, Petre, et indue te vestimentum tuum, accipe fortitudinem ad salvandas gentes. Quia ceciderunt cathene de manibus tuis. ℣. Angelus Domini astitit. — ℟. Solve, jubente Deo. ℣. Fac ut amor Christi et fratrum regat intima nostra spesque fidesque pro virtutum flore perornent. ℟. O claviger. *In Laud. Ant.* Ad speciosa limina. *Require in Cathedra Petri. Capit.* Cum apprehendisset Herodes Petrum. *Hymn.* Quodcumque. *Ad Bened. Ant.* O princeps apostolorum. *Req. in Cathedra.*

Ad Prim. Ant. In nomine Jesu Christi Nazareni, surge et ambula in pace. *Ad Tert. Ant.* Cum ascendisset Petrus Hierosolymam, disceptabant adversus illum qui erant ex circuncisione, quod introiret ad viros preputium habentes et manducaret cum illis. *Capitulum.* Petrus quides mervabatur. ℟. Tu es pastor ovium. ℣. Tibi enim a Domino collata est potestas ligandi atque solvendi. *Ad Sext. Ant.* Exiit claudus, et ambulabat, et intravit cum illis, ambulans et laudans Deum. *Capit.* Angelus Domini astitit. *Ad Non. Ant.* Vidit populus claudum ambulantem et laudantem Deum, et repleti sunt stupore et extasi, in eo quod contigerat illi. *Capit.* Petrus ad se reversus. ℟. Solve, jubente. ℣. Qui facis ut pateant. *In Vesp. Ant. Laud. Ps. Apost.*, etc. *Ad Magn. Ant.* Symon Barjona, tu vocaberis Cephas, quod interpretatur Petrus. Janitor celi, pulsantibus aperi, supra modum peccavimus omnes, qui lapsus didicisti lapsorum culpis ignoscere, dimitte septuagies septies. *Comm. S. Steph., pap. et mart. Oratio.* Deus, qui nos beati Stephani, martyris tui atque pontificis, annua solemnitate letificas, concede propitius, ut cujus natalitia colimus, de ejus etiam protectione gaudeamus.

II AUGUSTI.

S. Stephani, pap. et mart.

Lectio I. Rome, in cimiterio Calixti, natale sancti Stephani, pape et martyris, sub Valeriano et Gallieno imperatoribus. Qui cum persecutio seva grassaretur, congregato universo clero suo, hortatur eos, ut pro Christo coronam martyrii alacriter susciperent.

Lectio II. Ordinaverat autem tres presbyteros et septem diachones¹, et clericos sedecim cum quibus de regno Dei assidue docebat. Divina autem gratia procurante, occurrebant multi ex gentilibus honesti viri ut baptizarentur ab eo.

Lectio III. Inter hos fuit Nemesius tribunus, qui baptizatus est a beato Stephano cum omni domo sua, filiaque ejus, nomine Lucilla, que ceca per beatum Stephanum illuminata fuerat, et Olimpius alter tribunus cum uxore sua Exuperia et filio Theodolo, et quotquot crediderunt in domo Olimpii, qui postea gloriosa confessione martyrium meruerunt. Celebrabat autem missas atque consilia per criptas² martyrum.

Lectio IIII. Factum est ut Valerianus et Gallienus, persecutores nominis Christi, studiose quererent beatum Stephanum, ut eum cum clericis ejus diversis afficerent penis.

Lectio V. Miserunt itaque multitudinem militum et tenuerunt eum cum multitudine clericorum, presbyterorum et diachonorum³. Qui venientes ad tribunal Valeriani, solus introivit.

Lectio VI. Cui Valerianus : Tu es Stephanus qui rempublicam conaris evertere persuasionibus atque hortationibus malis, populum a deorum recedere suadens cultura? Beatus Stephanus dixit : Ego quidem non everto rempublicam, sed adhortor omnes ut, relictis demoniis, ad Deum vivum et verum redeant, Creatorem suum. Postquam recusasset diis immolare, jussu Valeriani missam celebrans decolatus est.

III AUGUSTI.

In Revelatione' S. Stephani.

Omnia necess. ut in alia festiv. Ad Vesp. Ant. Sup. Ps. Dum inventum esset sacratissimum beati Stephani corpus, statim terremotus factus est magnus atque in omnes qui aderant odor profudit suavississimus. *Ad Magn. Ant.* Ostendit sanctus Gamaliel, per visum, Luciano sacerdoti tres calatos aureos, rosis repletos, et quartum argenteum croco plenum et dixit : Hi sunt nostri loculi et nostre reliquie, hic autem, sanguineas habens rosas, loculus est sancti Stephani qui solus ex nobis martyrio meruit coronari. *Oratio.* Omnipotens, sempiterne Deus, qui sacra beatissimi prothomartyris tui Stephani membra fidelibus tuis hodierna die revelare voluisti, concede, intercessionis ejus auxilio, nos ab instantibus tribulationibus liberari et futuris consolationibus sublevari. Per. *In Complet. Ant.* Ora pro nobis, beate Stephane, ut digni. *Ps.* Cum inv. *Ant.* Sancte Stephane, martyr Domini preciose, adesto nostris precibus, pius et propitius.

Invit. Adoremus Regem magnum Dominum. Qui in sanctis suis semper est mirabilis.

In I Noct. Ant. Luciano, venerabili presbytero, quiescenti in stratu suo, de revelatione sanctarum reliquiarum prothomartyris Stephani talis divinitus ostensa est visio. *Ant.* Dum adhuc pene vigilaret vir venerandus, tanquam in excessu mentis repente est effectus. *Ant.* Vidit igitur assistere sibi virum, etate senem, statura procerum, vultu decorum. ℣. Ora pro nobis, beate Stephane.

Lectio I. Hierosolymis, inventio corporis beatissimi Stephani prothomartyris, et sanctorum Gamalielis, Nichodemi et Abibon, sicut revelatum est a Domino beato presbytero Luciano, septimo Honorii principis anno. — ℟. Beatus Gamaliel, doctoris gentium Pauli didascalus², apparuit Christi Luciano sacerdoti in vestitu candido, amictus pallio. Et virgam manu gestabat auream. ℣. Calciatus caligis in superficiem deauratis, quasi deambulans coram eo.

Lectio II. Cum igitur predictus presbyter Lucianus quiesceret in basilica baptisterii in statu suo, die VI, feria illucescente, circa horam tertiam noctis, dum adhuc pene vigilaret, tanquam in excessu mentis³ effectus, vidit virum senem, statura procerum, vultu decorum, in cujus prolixis vestibus erant tanquam auree cruces contexte, calciatum caligis in superficie deauratis. — ℟. Igitur dissimulata Gamaliel deambulatione, venit ad eum. Et virga quam manu tenebat, tetigit illum, vocans eum tertio : Luciane, Luciane, Luciane, surge. ℣. Cui sacerdos respondit : Quis es, Domine? At ille dixit ad eum : Luciane.

Lectio III. Erat vir domnus Gamaliel qui manu tenebat virgam auream, de qua tangens Lucianum se esse dixit Gamalielem qui nutrivit Paulum apostolum. Et inter alia, dixit ei : Summa cum diligentia nostros patefacito tumulos, quia indecenter in despecto loco reconditi sumus.— ℟. Sancte Dei, preciose prothomartyr Stephane, qui virtute claritatis circumfultus undique, Dominum pro inimico exorasti populo. Funde preces pro devoto tibi nunc collegio. ℣. Ut tuo propitiatus interventu, Dominus, nos purgatos a peccatis, jungat celi civibus.

In II Noct. Ant. Vir Dei Gamaliel ait Luciano : Non mei solum modo causa sollicitus sum, sed potius pro illis qui mecum sunt. *Ant.* Isti etenim maximo digni sunt honore venerari in terris, quos in celo Rex regum immensa cumulavit gloria. *Ant.* Cum ergo sint apud Deum meritis excelsi, apud homines loco tenentur humili. ℣. Sancte Stephane, martyr.

Lectio IIII. Et cum interrogasset qui essent cum eo : Unus est, inquit, domnus Stephanus, a Judeis pro fide Christi Hierosolymis lapidibus oppressus torrentibus, jussuque sacerdotum relictus extra portam via que ducit Cedar, bestiis ac avibus devorandus. Sed hoc omnino prohibuit ille, cui illesam idem martyr fidem conservavit. — ℟. Vade, Luciane, et dic Johanni episcopo Hierosolymitano : Usquequo clausi sumus, usquequo non aperis nobis ? Tuis etenim temporibus revelandi sumus. ℣. Aperi nobis velocius, ut per nos ostium misericordie sue humano generi aperiat Dominus.

Lectio V. Rarescente Judeorum perfidia, ego Gamaliel convocans, ascivi mihi religiosorum virorum fideliumque turbam. Quam blandiens suadensque affatus sum ita : Obsecro vos, carissimi fratres, ut neminem vereamini, colligentes corpus beati Stephani et deferte villule nostre quam nomine suo appelaverat Caphargamala, que vicesimo secundo ab urbe Hierosolyma lapide distat, et more solito solenni cum funere sepelite. Quod et factum est. Ille vero qui hujus locello jacet contiguus, ipse est Nichodemus, nepos meus, qui ut renasceretur ex aqua et Spiritu Sancto a Salvatore audivit. — ℟. Lucianus presbyter dixit : Domine, tu qui es, et qui sunt tecum ? At ille : Ego sum Gamaliel, Pauli quondam doctor apostoli : qui autem juxta me quiescit. Ipse est domnus Stephanus. ℣. Qui a Judeis Hierosolymis lapidatus, ad lacerandum bestiis et avibus expositus, per Dei providentiam permansit intactus.

Lectio VI. Nichodemus a Petro et Johanne est baptizatus, pro quo postmodum indignati principes sacerdotum, subtracto ei principatus honore, conabantur illum tradere morti, sed Domini gratia nostreque propinquitatis jure repressi, non fecerunt. Veruntamen foras urbem expulso, omnem supellectilem ejus diripuerunt, multisque afficientes plagis semivivum reliquerunt. — ℟. Ecce jam. *Req. in alio festo.*

In III Noct. Ant. In jejuniis et orationibus constitutus apparuit sanctus Gamaliel Luciano presbytero dicens : Quare dissimulasti, frater, et non intimasti, que dicta sunt tibi, Johanni episcopo ? *Ant.* Nonne vides quanta sit siccitas et tribulatio in toto mundo et tu negligenter agis ? *Ant.* Surge ergo et vade, dic Johanni episcopo ut aperiat nobis, et faciat locum orationis ut per nostram intercessionem misereatur Dominus populo suo. ℣. O beate Stephane, magna est fides tua. *Evang. in alia festiv.* — ℟. Cum scirem ego Gamaliel sanctitatem Christi athlete Stephani et fidem ejus ac devotionem, credens me in resurrectionem partem habi-

turum cum eo, feci eum sepeliri. In monumento meo novo. ℣. Adjutor Domini Nichodemus, ibidem sepultus est et Abibas, filius meus, mecum est repositus, ubi requiescit beatus Stephanus. — ℟. Sacerdos Dei Lucianus prostravit se in oratione laudans Deum et dicens : Domine, Jesu Christe, si est hec visio ex te. Presta ut iterum ac tertio manifestetur mihi. ℣. Ut confisus fiducialiter annunciem revelationem sanctorum tuorum. — ℟. Martyr Domini, Stephane, astantem plebem corrobora sancta intercessione. Ut qui vitiorum pondere premimur, beatitudinis tue gloria sublevemur, et, te duce, eterna premia consequamur. ℣. O beate Stephane venerande, nostrum reatum dilue, atque pro omni populo intercessor existe.

In Laud. Ant. Egressus Lucianus presbyter a sancto Johanne episcopo, jussit ut consurgerent omnes diluculo et foderent in acervo illo ubi putabant esse corpora sanctorum. *Ant.* Apparuit sanctus Gamaliel cuidam monacho, nomine Vizesio, innocenti et simplici viro, dicens ad eum : Vade et dic Luciano : In vanum laboras in acervo illo, non ibi sumus modo. *Ant.* Ibi olim positi sumus exequiarum tempore planctus ; nunc quere nos in illo loco qui dicitur virorum bonorum possessio. *Ant.* Audiens ergo Lucianus sacerdos verba monachi Vizesii, benedixit Dominum quia inventus est et alius testis revelationis sanctorum. *Ant.* Dum inventum esset sacratissimum beati Stephani corpus, statim terremotus factus est magnus, atque omnes qui aderant odor perfudit suavissimus. ℣. Patefacte sunt. *Ad Bened. Ant.* Ex odoris mira fragantia, sanitas egrotis emanavit maxima, lxx namque et tres tunc a variis langoribus curati sunt homines in inventione corporis Stephani, dilecti sui martyris, Deum benedicentes.

Per Hor. Ant. Laud. Ad Sext. ℟. Sancte Stephane. Martyr Christi preciose. ℣. Adesto nostris precibus pius et propitius. *Oratio.* Da, quesumus, omnipotens Deus, ut sicut sancti tui Stephani prothomartyris inventione gratulamur, ita ejus semper intercessionibus adjuvemur. Per. *Ad Non.* ℟. Patefacte sunt. Janue celi. ℣. Christi martyri beato Stephano. ℣. O beate Stephane, magna est fides tua. ℟. Intercede pro nobis ad Deum qui te elegit. *In Vesp. Ant. Laud. Ps. un. Mart. Ad Magn. Ant.* Hodie sanctus Johannes pontifex cum maximo cleri plebisque tripudio, preciosi prothomartyris Stephani reliquias in sanctam transtulit ecclesiam Syon, ubi quondam archidiaconi functus est officio, ejus pia apud Deum sit pro nobis, quesumus, intercessio.

IV AUGUSTI.

S. Dominici, conf.

Oratio. Deus, qui Ecclesiam tuam beati Dominici confessoris tui illuminare dignatus es meritis et exemplis ; concede, ut ejus intercessione temporalibus non destituatur auxiliis et spiritualibus semper proficiat incrementis [1]. Per.

Lectio I. Beatus Dominicus, Fratrum Predicatorum dux et pater inclitus, qui appropinquante mundi termino [2], quasi novum sidus, emicuit, ex Hispanie partibus oriundus fuit.

Lectio II. Decebat sane ut qui olim Luciferum [3] in tempore suo produxerat, Hesperum quoque, advesperascente jam die, super filios terre consurgere faceret ab occasu, ut extremis temporibus ab extremis terre nubes educeret, quarum imbre serotino vineam, quam dextra ejus plantaverat, uberius irrigaret.

Lectio III. Sicut enim Johannes Baptista, velut Lucifer, Solis ortum preveniens Salvatoris, primum prenunciavit adventum, sic sanctus iste Dominicus vespertini sideris in se gerens officium, occidente seculi luce, vicinum creditur prevenisse judicium [4].

Lectio IIII. Hujus mater, antequam ipsum conciperet, vidit in somnis se gestare catulum accensam ore faculam [5] bajulantem, qui egressus ex utero, totum mundum incendere videbatur.

Lectio V. Quo prefigurabatur ex ea predicatorem eximium nasciturum, qui facem igniti portaret eloquii quo frigescentem in multorum cordibus caritatem, vehementius inflammaret et sedule predicationis latratibus lupos arceret a gregibus, dormientes quoque in peccatis animas ad virtutum vigilantiam excitaret.

Lectio VI. Fuit enim vitiorum mirabilis objurgator, oppugnator heresum, fidelium diligentissimus exortator. Verba quidem ejus ardebant, ut facule, quia in spiritu venerat et virtute Helie.

Evang. sec. Matth. Vos estis sal terre. *Item unde supra.* In puerili etate, cor ei senile jam inerat et sensus veneranda canicies sub tenella facie latitabat. Divina igitur gratia jam in eo mirabiliter operante, cum esset adhuc puerulus, nondum a nutricis diligentia segregatus, deprehensus est sepe lectulum dimittere, quasi carnis jam delicias abhorreret.

Lectio VIII. Et eligebat potius super terram accumbere quam in lectulo corporali quodam modo quiete resolutus jacere. Ex tunc autem duxit in consuetudinem, declinata strati mollicie, frequentissime super terram dormire. Volens quoque magnum aliquid proventurum ex puero futurorum prescius Deus ostendere, cuidam matrone, que videlicet ex baptismi fonte levaverat, visionem hujusmodi per somnium demonstravit.

Lectio IX. Videbatur illi matri ejus spirituali puer Dominicus, quasi stellam habens in fronte, que totam terram suo lumine perlustrabat [6]. Quod dabatur intelligi, quod dandus foret quandoque in lucem habitantibus super terram, illuminare his qui in tenebris et in umbra mortis sedent. Ipse enim sicut stella matutina fulsit in mundo.

VI AUGUSTI,

In Transfiguratione Domini.

Ad Vesp. Capit. Benedictus Deus. *Et omnia necess. ut in Dom. de Trinit. Ad Magn. Ant.* Nubes lucida obumbravit eos et ecce vox de nube dicens : Hic est Filius meus dilectus, in quo mihi bene complacui. *Oratio.* Deus, qui hodierna die Unigenitum tuum mirabiliter transformatum, celitus utriusque Testamenti patribus revelasti, da nobis, quesumus, beneplacitis tibi actibus ad ejus semper contemplandam pertingere gloriam, in quo tue paternitati optime complacuisse testatus es[1]. Per.

Lectio I. Sermo S. Ambr. Nemo potest resurrectionis videre gloriam. *Evang. sec. Matth.* Assumpsit Jesus Petrum et Jacobum. *Sermo S. Hier.* Docere ad montana discipulos. *In Laud. Ant.* Resplenduit facies ejus. *Ant.* Domine bonum est nos hic esse. *Ant.* Faciamus hic tria tabernacula. *Ant.* Descendentibus illis de monte. *Ant.* Neminem dixeritis visionem. *Capit.* Benedictio et claritas. *Ad Bened. Ant.* Assumpsit Jesus. *Per Hor. Ant. Laud. Ad Tert. Capit.* Accepit Dominus Jesus a Deo Patre gloriam. *Ad Sext. Capit.* Charissimi, speculatores facti sumus. *Oratio.* Fac nos, quesumus, Domine, ad illam tue claritatis visionem pertingere, quam tuis hodie discipulis in monte transfiguratus ostendisti. Qui vivis. *Ad Non. Capit.* Transfiguratus est Dominus. *In Vesp. Ant. Laud. Ps. Domin. Capit.* Nubes lucida. *Ad Magn. Ant.* Visionem quam vidistis.

EODEM DIE.

S. Sixti, pape et mart.

Ad Magn. Ant. Vir sanctissimus Sixtus[1], apud Athenas natus et doctus, primum quidem philosophus, postea Christi discipulus extitit. *Oratio.* Deus, qui conspicis quia ex nulla nostra virtute subsistimus, concede propitius, ut intercessione beati Sixti, martyris tui atque pontificis, contra omnia adversa muniamur[2]. Per.

Lectio I. Sixtus, natione Grecus, ex patre philosopho, sedit annos duos, menses sex, martyrio coronatur. Fuit autem temporibus Valeriani et Decii, quo tempore fuit maxima persecutio.

Lectio II. Eodem tempore hic comprehensus est a Valeriano et ductus ut sacrificaret demoniis[3]. Qui contempsit precepta Valeriani et capite truncatus est; et cum eo alii sex diachones, Felicissimus et Agapitus, Januarius et Magus, Innocentius et Stephanus, sub die octavo mensis augusti.

Lectio III. Et predicti prefuerunt consiliarii Maximi et Minoris usque ad consulatum Cassi et Bassi, et inceperunt a XIII kal. augusti, quo tempore sevissima persecutio agebatur.

Lectio IIII. Et post passionem beati Sixti, post tertiam diem, passus est beatus Laurentius, ejus diachonus, quarto idus augusti, et subdiachonus Candius, et Severus, presbyter, et Crescentius, lector, et Romanus, ostiarius. Hic constituit, ut missarum actionem sacerdos incipiens, populus decantet hymnum : Sanctus, Sanctus, Sanctus, Dominus, Deus Sabaoth.

Lectio V. Sixtus, urbis Rome episcopus, Athenis natus et doctus, et prius quidem philosophus, postea vero Christi discipulus, temporibus Decii Cesaris et Valeriani prepositi, qui jusserunt sibi beatum Sixtum episcopum cum clero suo presentari in tellure de noctu intra civitatem.

Lectio VI. Tunc beatus Sixtus dixit ad clerum suum : Fratres et commilitones, nolite expavescere. Omnes sancti quanta passi sunt tormenta, ut securi obtinerent vitam et palmam ! Nam et Dominus Jesus passus est pro salute nostra, ut nobis relinqueret exemplum. Et voce clara dixit : Venite, nemo metuat terrores.—*Ad Bened. Ant.* Hodie inclitus papa Sixtus de diabolo triumphans, splendorem pulchre senectutis sacri sanguinis venustavit rubore et a Domino stolam immortalitatis accepit. *Ad Magn. Ant.* Sanctus Sixtus vocans ad se sanctum Laurentium, tradidit et omnes facultates Ecclesie. Audiens hoc Decius, nequissimus Cesar, jussit Sixtum episcopum capitis subire sententiam, qui cum duceretur, sanctus Laurentius flere cepit : Quo progrederis, sine filio, pater ?

VII AUGUSTI.

S. Donati, episc. et mart.

Oratio. Deus, tuorum gloria sacerdotum, presta, quesumus, ut beati martyris tui et episcopi Donati, cujus festa gerimus, sentiamus auxilium. Per.

Lectio I. Apud Tusciam, civitate Arethio, natale sancti Donati, episcopi et martyris, qui nutritus a sancto Pigmenio in titulo beati Pastoris, eruditus est non solum in divinis, verum in humanis litteris sufficientissime. Cum quo et Julianus crevit et subdiachonus[1] ordinatus ; rejecto postmodum gradu, inutilis factus, ad imperium aspiravit.

Lectio II. Quo tempore, beatum Pigmenium Rome in custodia mancipavit et sanctos patrem ac matrem Donati gladio occidit. Donatus vero lector per fugam petiit Arethium civitatem et habitavit cum Ilariano, gloriosissimo monacho, serviens Domino continuis orationibus et jejuniis.

Lectio III. Factum est autem ut mulier, nomine Surana, gentilis et pagana, oculis et corde ceca, cum unico filio suo, Herculio nomine, cellulam beati Ilarini, cum quo beatus vir habitabat, requireret. Quam in fide Christi instructam, ad beatum Satirum episcopum Ilarinus et Donatus perduxerunt.

Lectio IIII. Eo tempore, cum fere annis tribus non pluisset et sterilitas magna fuisset, infideles ad imperatorem Theodosium convenerunt, petentes ut sibi Donatum traderet qui per artem magicam hoc fecisset, quasi ars ipsa magica, que a diabolo est, pluviam impedire posset et sterilitatem sic procurare.

Lectio V. Ad instantiam igitur imperatoris, Donatus egressus Dominum exoravit, qui copiosam pluviam dedit et ceteris infusis ipse siccis vestibus domum ivit. Cum autem Gothi eo tempore Italiam devastarent, et multi a fide Christi recederent, Evadracianus prefectus Aretium venit.

Lectio VI. Quem Donatus et Hilarinus de apostasia reprehenderunt, quos cesos ipse prefectus compellere nitebatur ut Jovi immolarent. Qui cum renuerent, Hilarinum expoliatum tamdiu cedi fecit, quousque spiritum exalaret. Donatum vero in carcerem reclusit et postmodum eum decollari fecit.

VIII AUGUSTI.

S. Severi, conf. presbyt.

Oratio. Propiciare, quesumus, Domine, nobis famulis tuis, per sancti Severi[1], sacerdotis tui, merita gloriosa, ut ejus pia intercessione ab omnibus semper protegamur periculis. Per.

Lectio I. Apud Viennam, Gallie urbem, presbyter quidam, Severus nomine, vite valde venerabilis, causa evangelii predicandi laboriosam peregrinationem suscepit, et ad prefatam urbem deveniens, ingentem paganorum multitudinem verbo et miraculis ad fidem Christi convertit. Qui, post multa virtutum opera, vinea Domini per eum diligenter exculta, obdormivit in Domino.

IX AUGUSTI.

In Vigilia S. Laurentii.

Ad Vesp. Capit. Confitebor tibi, Domine Rex. *Req. in Comm. Virg.* ℟. Noli me derelinquere. *Hymn. et* ℣. *un. Mart. Ad Magn. Ant.* Confitebor tibi, Domine Rex, et collaudabo te quoniam liberasti me a pressura flamme que circundedit me et in medio ignis non sum estuatus. *Oratio.* Adesto, Domine, *ut hodie.*

X AUGUSTI.

S. Laurentii.

Invitat. Regem regum Dominum, venite, adoremus. Quia ipse est corona sancti Laurentii martyris.

In I Noct. Quo progrederis. *Ut hodie.* ℣. Beatus Laurentius dixit. *Ant.* Noli me derelinquere. *Ant.* Non ego te desero, fili. ℣. Gloria et honore.

Lectio I. Postquam beatus Sixtus, urbis Rome episcopus, martyrii coronam adeptus, consummavit agonem, venerunt milites et comprehenderunt beatum Laurentium, archidiachonum, et duxerunt Parthemio tribuno. Eadem hora, Parthemius tribunus nunciavit Decio quod Laurentius, archidiachonus Sixti, qui thesauros reconditos habet, in custodia, teneretur. — ℟. Quo progrederis. Tu nunquam sine ministro. ℣. Quid ergo in me displicuit ?

Lectio II. Gavisus igitur Decius jussit sanctum Laurentium sibi presentari quem ita aggreditur : Ubi sunt thesauri Ecclesie, quos apud te novimus esse reconditos ? Beatus Laurentius non respondit ei verbum. — ℟. Noli me derelinquere. ℣ Nos quasi senes.

Lectio III. Eodem die Decius Cesar tradidit eum Valeriano prefecto dicens : Quere ab eo thesauros diligenter et persuade ut sacrificet, diversis eum penis et cruciatibus interfice. —℟. O Ipolite, si credideris. ℣. Si dictis, inquit, facta compensas, faciam que hortaris ; cui beatus Laurentius dixit : Tu mihi tuum prebe tantummodo assensum.

In II Noct. Antiphone ut hodie.

Lectio IIII. Tunc Valerianus dedit eum in custodia cuidam vicario, nomine Ipolito. Et cum accepisset Ipolitus beatum Laurentium, reclusit eum cum multis. Erat autem in custodia ibi multo tempore homo gentilis, nomine Lucillus, qui plorando, amissis oculis, cecus factus erat. — ℟. Levita Laurentius. ℣. Cum apud sedem gloriosissimi Petri archidiaconatus fungeretur officio, puritate innocentis vite fortissimeque mortis triumpho apostolico se copulavit consortio.

Lectio V. Dixit igitur beatus Laurentius Lucillo : Crede in Filium Dei, Dominum nostrum Jesum Christum, et baptiza te in nomine ejus, et illuminabit te. Respondit Lucillus : Ego semper desideravi baptizari in nomine Domini nostri Jesu Christi. — ℟. Strinxerunt corporis membra. ℣. Carnifices vero urgentes ministrabant carbones subter cratem ferream.

Lectio VI. Beatus ergo Laurentius catechizavit Lucillum et, accepta aqua, baptizavit, et illuminati sunt oculi ejus. Hoc factum audientes, multi ceci veniebant ad beatum Laurentium et ponebat manus super oculos eorum, et illuminabantur. Videns hoc Ipolitus credidit et baptizatus est. ℟. Beatus Laurentius clamavit.

In III Noct. Ant. Strinxerunt membra corporis. *Ut hodie. Evang. sec. Johann.* Amen, amen dico vobis. Nisi granum. *Sermo S. Aug.* Dominus ac Redemptor noster grano. — ℟. Puer meus noli timere. — ℟. Gaudeo plane, quia hostia Christi effici merui. Accusatus, non negavi nomen sanctum tuum, interrogatus, te Christum confessus sum ; assatus, gratias ago. ℣. Ego me obtuli sacrificium Deo in odorem suavitatis. — ℟. In craticula. Te Dominum Jesum Christum confessus sum. ℣. Accusatus. —℟. Beatus Laurentius dixit : Ego me obtuli. ℣. Gaudeo plane. — ℟. Beatus Laurentius clamavit et dixit : Domine Jesu Christe, magister bone, suscipe spiritum meum. ℣. Transiens autem per ignem momentaneum atque terrenum gehenne perpetue adurentes flammas evadens, dixit.

In Laud. Ant. Levita Laurentius bonum opus operatus est. *Ant.* O Ipolite, si credideris. *Ant.* Adhesit anima mea. *Ant.* Misit Dominus angelum suum. *Ant.* Beatus Laurentius clamabat dicens : Gaudeo plane quia hostia. *Ad Bened. Ant.* In craticula. *Oratio.* Da nobis, quesumus, omnipotens Deus ; vitiorum nostrorum. *Ad. Prim. Ant.* Laurentius bonum opus. *Ad Tert. Ant.* Gaudeo plane. *Capit.* Fratres, qui parce seminat. ℟. Meruit esse hostia Christi levita Laurentius qui, dum assaretur, non negavit Dominum. Et ideo inventus est sacrificium laudis. ℣. Ecce enim transivit per ignem quo non adustus inhorruit, sed illuminatus effulsit. *Ad Sext. Ant.* Puer meus, noli timere, quia ego sum tecum ; dum transieris per ignem flamma non nocebit te. *Oratio.* Excita, Domine, in Ecclesia tua Spiritum, cui beatus Laurentius levita servivit, ut eodem nos repente, studeamus amare quod amavit, et opere exercere quod docuit. *Ad Non. Ant.* Beatus Laurentius orabat dicens : Gratias. *Oratio.* Deus, cujus caritatis ardore beatus Laurentius edaces incendii flammas, contempto persecutore, devicit, concede, ut omnes qui martyrii ejus merita veneramur, protectionis tue auxilio muniamur. Per. *In Vesp. Ant. Laud. Ps. un. Mart. Ad Magn. Ant.* Beatus Laurentius, dum in craticula.

Feria II. — *Lectio I.* Ex mandato itaque adductus est beatus Laurentius ante conspectum Valeriani. Qui dixit beato Laurentio : Jam depone pertinaciam, et da thesauros, quos apud te cognovimus esse reconditos.

Lectio II. Cui beatus Laurentius : Da mihi inducias biduo vel triduo, et profero tibi thesauros. Ab eadem die, datis sibi induciis, collegit cecos, claudos, debiles ac pauperos, et abscondit eos in domo Ipoliti.

Lectio III. Valerianus nunciaverat Decio, quia promisisset, datis sibi induciis, Laurentius thesauros. Completis igitur tribus diebus, presentavit se ipse in palacio Salustiano.

Lectio IIII. Dixit itaque ei Decius : Ubi sunt thesauri quos pollicitus es presentare? Beatus Laurentius collectam multitudinem pauperum, introduxit in palacium, et voce magna dixit : Ecce isti sunt thesauri eterni, qui nunquam minuuntur, nunquam decrescunt, qui in singulis asperguntur et in omnibus inveniuntur.

Lectio V. Valerianus dixit : Quid variaris per multa? Sacrifica diis et obliviscere artes magicas, in quibus confidis. Cui cum dixisset beatus Laurentius : Quare vos coartat diabolus ut christianis dicatis : Sacrificate demoniis? Decius iratus jussit eum expoliari et cedi cum scorpionibus.

Lectio VI. Cumque cederetur beatus Laurentius, dicebat : Ego quidem gratias ago Deo meo, qui me dignatus est conjungere servis suis. Tu miser torqueris insania tua et furore tuo. — *Ad Ben. Ant.* Laurentius ingressus est martyr, et confessus est nomen Domini Jesu Christi.

Feria III. — *Lectio I.* Decius inquit : Levate Laurentium et date ante conspectum ejus omne genus tormentorum, et allate sunt lamine ferree, et lecti et plumbate et cardi.

Lectio II. Deinde vinctus cathenis, ductus est beatus Laurentius in palacium Tiberii ut ibi gestis audiretur.

Lectio III. Et sedens Decius pro tribunali, in basilica Jovis, presentato Laurentio, cum dixisset ei : Sacrifica diis et noli confidere in thesauris quos habes absconditos. Tunc beatus Laurentius respondit libere :

Vere confido et securus sum de thesauris meis.

Lectio IIII. Iracundia plenus, Decius jussit eum nudum fustibus cedi. Qui cum cederetur, clamabat ad Cesarem : Ecce, miser, vel modo cognosce, quia triumpho de thesauris Christi et non sentio tormenta tua.

Lectio V. Ad hec Decius fustes augeri et dari ad latera ejus laminas ferreas ardentes jussit. Beatus Laurentius dixit : Domine Jesu Christe, Deus de Deo, miserere servo tuo quia accusatus non negavi nomen sanctum tuum ; interrogatus, te Dominum Jesum confessus sum.

Lectio VI. Et cum diutissime cederetur, dixit : Domine Jesu Christe, qui pro nostro salute dignatus es formam servi accipere, ut nos a servitio demonum liberares, accipe spiritum meum. Et audita est vox dicens : Adhuc multa certamina tibi debentur.

Ad Bened. ut in die. In vig. S. Ipoliti. Ad Vesp. ℟. Regressus itaque. *Ad Magn. Ant.* Cum venisset Ipolitus in presentia Decii, subridens Decius, dixit ei : Tu magus effectus es, qui abstulisti corpus Laurentii. *Oratio.* Da nobis, quesumus, omnipotens Deus, ut beati Ipoliti, martyris tui, sociorumque ejus veneranda solennitas et devotionem nobis augeat et salutem. *Comm. S. Laurentii.*

XIII AUGUSTI.

S. Ipoliti, mart.

Lectio I. Rome, natale sancti Ipoliti, martyris, sub Decio imperatore et Valeriano prefecto. Hunc beatum Ipolitum, vicarium[1], beatus Laurentius cum apud eum esset, in custodia, baptizavit. Qui de sanctis exequiis martyris post tertium diem in domum suam rediens, dedit pacem[2] omnibus, etiam servis suis et ancillis, et communicavit de sacrificio altaris, beati Laurentii. — ℟. Beatissimus Christi martyr Ipolitus dum baptismi gratiam accepisset a beato Laurentio. Ponebat manus super oculos cecorum et sanabantur. ℣. Ceco illuminato a beato Laurentio, Ipolitus credidit et consequi meruit baptismi sacramentum.

Lectio II. Posita igitur mensa, priusquam cibum sumeret, venerunt milites et tenuerunt eum, et perduxerunt ad Decium. Quem videns Decius, subridens dixit ei : Nunquid et tu magus effectus es, qui corpus Laurentii abstulisse diceris? Sanctus Ipolitus respondit : Hoc feci, non quasi magus[3], sed quasi christianus. — ℞. Regressus itaque Ipolitus post diem tertium in domum suam, dedit pacem omnibus servis suis. Et communicavit de sacrificio altaris beati Laurentii. ℣. Et posita mensa, priusquam sumeret, a militibus comprehensus est.

Lectio III. Decius, furore arreptus, jussit ut cum lapidibus os beati Ipoliti contunderetur. Et expoliavit eum veste qua induebatur, habitu christiano, et dixit ei : Sacrifica et vives ; sin aliter, perges per tormenta, sicut Laurentius. Sanctus Ipolitus dixit : Exemplum merear beati Laurentii martyris fieri, quem tu miser ausus fuisti ore polluto nominare. — ℞. Requisitus a Decio sanctus Ipolitus de corpore Laurentii, ut quid sepelisset eum. Respondens Ipolitus dixit : Christianus sum et Christi martyrem diligenter sepelivi. ℣. Videns itaque Decius Cesar beatum Ipolitum, subridens, etc.

In II Noct. Tres lect.[4] de S. Laur. cum. ℞. *etiam secundi Noct.* — *Lectio IIII.* Extensus igitur in catasta et scorpionibus, gravissime cesus, subridens beatus Laurentius gratias agens dicebat : Benedictus es Domine Deus, Pater Domini nostri Jesu Christi, qui nobis donasti misericordiam quam meriti non sumus. Sed tu, Domine, propter tuam pietatem, da nobis gratiam ut cognoscant omnes circumstantes, quia tu consolaris servos tuos. — ℞. *De secundo. Noct.*

Lectio V. Tunc unus ex militibus, nomine Romanus, credidit Domino Jesu Christo. Decius vero perrexit noctu ad Termas, juxta palacium Salustii, et exhibitus est ei iterum sanctus Laurentius. Et allata sunt omnia genera tormentorum, plumbate, fustes, lamine, ungues, lecti, batuli. Et dixit beato martyri : Jam depone perfidiam artis magice, et dic nobis generositatem tuam.

Lectio VI. Cui beatus Laurentius : Quantum ad genus, Ispanus[5] sum, eruditus vero vel nutritus Romanus, et a cunabulis christianus, eruditus omni lege sancta et divina. Et Decius : Sacrifica diis, nam nox ista in te expendetur cum suppliciis. Beatus Laurentius dixit : Mea nox obscurum non habet, sed omnia in luce clarescunt. Tunc jussit Decius ut os sancti Laurentii cum lapide tunderetur. Et cum cederetur, ridebat et gratias Christo agebat.

Evang. sec. Matth. Nihil opertum. *Sermo S. Hier.* Quomodo in presenti seculo multorum vitia nesciuntur. — *In Laud. Ant.* Dixit Ipolitus ad beatum Laurentium : Valerianus ex precepto Decii jussit ut te ad eum perducam. *Ant.* Valerianus tradidit Ipolito Laurentium, ut eum custodiret. *Ant.* Vidente Ipolito a beato Laurentio ceco illuminato[6], statim credidit et baptizatus est. *Ant.* Cum venisset Ipolitus. *Ant.* Respondens Ipolitus ad Decium : Non sum ego magus sed christianus. — *Ad Bened. Ant.* Decius Cesar vocavit Ipolitum et interrogavit corpora sanctorum ut quid sepeliret. *Comm. S. Laurentii. Ad Prim. Ant.* Cesar dixit ad Ipolitum : Factus es insipiens, cum nuditate tua non erubescas. *Ad Tert. Ant.* Dixit Ipolitus ad Decium : Non me expoliasti, sed magis vestisti. *Ad Sext. Ant.* Tunc Valerianus in conspectu Ipoliti famulos illius martyrisari precepit. *Ad Non. Ant.* Respondens Ipolitus. *In Vesp. Ant. Laud. Ad Magn. Ant.* Cesar dixit ad. Ipolitum *Comm. S. Laur.*

Feria V. [*S. Laur.*] *Lectio I.* Allatus est autem, jussu Decii, lectus cum tribus costis in modum craticule. Et expoliatus beatus Laurentius, extensus est in crate ferrea et allati sunt batuli cum prunis et miserunt sub crate ferrea et cum furcis ferreis coartabant eum.

Lectio II. Et cum Decius dixisset ei : Sacrifica diis. Ille respondit : Ego me obtuli sacrificium Deo in odorem suavitatis, quia sacrificium Deo spiritus contribulatus.

Lectio III. Carnifices tamen urgentes ministrabant, carbones mittentes sub cratem, et desuper comprimentes eum cum furcis ferreis.

Lectio IIII. Beatus Laurentius dixit ad

Decium: Disce, miser, quia carbones tui mihi refrigerium prestant, tibi autem eternum supplicium, quia ipse Dominus novit quod accusatus non negavi, interrogatus Christum confessus sum, assatus gratias ago.

Lectio V. Et vultu ilari dicebat: Gratias tibi ago, Domine Jesu Christe, qui me confortare dignaris. Et elevans oculos in Decium dixit: Ecce miser assasti unam partem, gira aliam et manduca.

Lectio VI. Tunc gratias agens Deo cum gloria dixit: Gratias tibi ago, Domine Jesu Christe, quia merui januas tuas ingredi. Et ita emisit spiritum.

XIV AUGUSTI.

In vigilia Assumptionis B. Marie.

Ad Vesp. Sup. Psal. Ant. Maria Virgo, semper letare, que meruisti Christum portare celi et terre Conditorem, quia de tuo utero protulisti mundi Salvatorem. *Capit.* Gaudens, gaudebo in Domino et exultavit anima mea. ℟. Veni, electa.

HYMNUS

O quam glorifica luce coruscas,
Stirpis Davitice regia proles,
Sublimis residens Virgo Maria
Supra celigenas etheris omnes.

Tu cum virgineo Mater honore
Angelorum Domino pectoris aulam
Sacris visceribus casta parasti,
Natus hinc Deus est corpore Christus.

Quem cunctus venerans orbis adorat,
Cui nunc rite genu flectitur omne,
A quo nos petimus, te veniente,
Abjectis tenebris, gaudia lucis.

Hoc largire, Pater luminis omnis,
Natum per proprium Flamine Sancto
Qui tecum nitida vivit in ethra
Regnans ac moderans secula cuncta. Amen.

℣. Benedicta tu. *Ad Magn. Ant.* Exaltata est gloriosa semper Maria Virgo super choros angelorum, gaude, te omnes magnificemus Christum Regem, cujus honor regnum est omnium seculorum. *Oratio.* Deus, qui virginalem aulam beate Marie in qua habitares eligere dignatus es, da, quesumus, ut sua nos defensione munitos, jocundos faciat sue interesse festivitati. Qui vivis. *In Compl. Ant.* Gaude, Maria Virgo, cunctas hereses sola interemisti in universo mundo. *Ps.* Cum invocarem. *Ant.* Dignare me.

XV AUGUSTI.

In Assumptione Beate Marie.

Invitat[1]. Venite, adoremus Regem regum. Cujus hodie ad ethereum Mater Virgo assumpta est celum. *Hymn.* Quem terra.

In I Noct. Ant.[2]. Immensi Regis Genitrix et cuncta creantis evecta est hodie angelica super agmina, cuncta in jubilo vocis solvamus munia laudis. *Ant.* Hac profecto die, perpetua Virgo Maria celos ascendit[3], terrasque perosa reliquit, regnat nunc quia cum Christo, letamini, queso. *Ant.* Filius ecce Dei properans occurrere Matri, collocat in solio super omnia sidera celso, angelicisque choris prefert super ethera cunctis. ℣. Speciosa facta est.

Lectio I. Sermo S. Hieron. Cogitis me, ò Paula et Eustochium. ℟. Vidi speciosam. *Req. cum omn. aliis in parvo Off. ejusd. Virginis.*

In II Noct. Ant. Suscipitur Mater Christi reginaque mundi, angelico letante choro, celoque corusco, unde hujus leti veneremur festa diei. *Ant.* Si Dominum in sanctis ejus laudare jubemur, multo plus, sancta ad celos migrante Maria, gignere que meruit Christum qui cuncta creavit. *Ant.* Mundi regina, perpetua Virgo Maria assumpta est hodie in celum; gaudete, fideles, laudantes Jesum festivo carmine Christum. ℣. Dignare me.

In III Noct. Ant. Gaudeat Ecclesia mundi per climata cuncta, prefulgens hodie meritis, quia Virgo Maria, Mater sancta Dei, transcendit culmina celi. *Ant.* Gaudent ecce poli cives super astra superni, mundi reginam secum sumpsisse Mariam, nosque hodie hec tanti celebremus gaudia festi.

Ant. Ecce Maria super cunctos transcendere celos digna hodie meruit, quoniam qui cuncta creavit Virgo Deum genuit, post partum Virgoque mansit. ℣. Post partum. *Evang. sec. Luc.* Intravit Jesus in quoddam castellum. *Sermo S. August.* Sanctum evangelium cum legeretur, audivimus.

PROSA

Inviolata [4] Maria, intacta permanens alma,
Que meruisti portare seculi vitam,
Speciosum pre filiis hominum forma,
Quem laudat cuncta polorum mira turma dicta
Sacra inter choreas angelicas virgo ascendisti bene.
O quam beata es, alma, preelecta, incorrupta
Mater et gravida, que post partum inviolata permansisti.

℟. Beatam me dicent. Quia fecit mihi. ℣. Magnificat anima mea. ℟. Beata et venerabilis Virgo. Cujus viscera meruerunt portare Dominum Christum. ℣. Hec est que nescivit thorum in delicto. ℟. Beata es, Maria, que Dominum portasti Salvatorem mundi genuisti, qui te fecit. Et in eternum permanes virgo. ℣. Ipsum genuisti et in presepe posuisti quem adorat multitudo angelorum. ℟. Sancta Maria, succurre miseris. Ora pro populo, interveni. ℣. O gloriosa Genitrix, Virgo semper Maria, que Dominum omnium portasti et Regem angelorum sola Virgo lactasti. ℟. Ortus conclusus et fons signatus, hyems transiit, imber abiit et recessit, nox declinat, dies aspirat, jam veni de Libano. Veni, balsamita, veni, coronaberis. ℣. Fons ortorum, puteus aquarum, que fluunt impetu de Libano. — *In Laud. Ant.* Exaltata est, *cum rel. ut in magno officio sabb. Virg. Marie. Capit.* Quasi cedrus. *Hymn.* Ave, maris stella. *Ad Bened.* Assumpta est Maria in celum, gaudent angeli, laudantes et benedicentes Dominum. *Oratio.* Veneranda nobis, Domine, hujus dici festivitas opem conferat salutarem, in qua sancta Dei Genitrix mortem subiit temporalem, nec tamen mortis nexibus deprimi potuit [5], que Filium tuum Dominum nostrum de se genuit incarnatum. Qui. *Ad Prim. Ant.* Assumpta est in altum Dei Genitrix, Virgo Maria, all. *Ad Tert. Ant.* Oramus te, Virgo virginum, oramus te, dignissima eterni Regis sponsa, oramus te, mundi regina, que sola meruisti esse janua vite, ut apud proprium pro nobis intercedas Filium. *Ad Sext. Ant.* Paradisi porte per Evam cunctis clausule sunt et per Mariam Virginem iterum patefacte sunt, all. *Ad Non. Ant.* Que est ista que ascendit, sicut aurora. *Capit.* Et sic in Syon. ℟. Dignare me. ℣. Da mihi virtutem. *Oratio.* Deus, cui beate Marie virginitas necnon et humilitas singulariter placuit, presta, quesumus, ut qui vere eam Genitricem Dei confiteri meruimus, per ipsam, humilitatis gratiam et donum continentie percipere mereamur. Per eundem. *In Vesp. Ant. Laud. Ps. Virg. Capit.* Et radicavi. *Hymn.* O quam. *Ad Magn. Ant.* Hodie Maria Virgo celos ascendit; gaudete, quia cum Christo regnat in eternum.

Capitula [6] *seq. et orationes dicant. inf. oct. Capit.* Quasi oliva. Sicut cynnamomum et balsamum, Felix valde. Benedicta et venerabilis. *Oratio.* Concede, quesumus, omnipotens Deus, ad beate Marie semper Virginis gaudia eterna pertingere, de cujus nos veneranda Assumptione tribuis annua solennitate gaudere. *Oratio.* Omnipotens, sempiterne Deus, qui terrenis corporibus verbum veritatis Filii tui Unigeniti, per venerabilem ac gloriosam semper Virginem Mariam, ineffabiliter contingere voluisti, petimus immensam clementiam tuam, ut quod in ejus veneratione deposcimus, te propitiante, consequi mereamur. *Oratio.* Deus, cujus Spiritus beate Marie Virgini ad nostre salutis Auctorem concipiendum obumbravit, presta per ipsam, ut sicut est omnium peccatorum remissio, sic nos a preteritis reatibus expiet et ab estu carnalium desideriorum defendat, et in fervore pietatis accendat. *Oratio.* Concede, misericors Deus, fragilitati nostre presidium, ut qui sancte Dei Genitricis requiem celebramus, intercessionis ejus auxilio a nostris iniquitatibus resurgamus. *Oratio.* Beate et gloriose semperque Virginis Dei

Genitricis Marie nos, Domine, quesumus, merita prosequantur, et tuam nobis indulgentiam semper implorent.

XVI AUGUSTI.
S. Rochi, conf. non pont.

Oratio. Deus, qui es gloriosus in gloria sanctorum, cunctis ad eorum patrocinia confugientibus sue petitionis salutarem prestas effectum, concede plebi tue, ut intercedente beato Rocho[1], confessore tuo, que in ejus celebritate se devotam exhibet, a langore epidemie[2] quam in suo corpore pro tui nominis gloria passus est, sit libera et tuo nomini semper sit devota.

Lectio I. Beatissimus confessor Rochus, filius fuit Johannis, comitis Montispessulani, cum cruce rubea in pectore natus. Qui omnia propter Deum temporalia bona relinquens, cognationem simul et patriam, habitum assumens veri peregrini, ad Italiam, uti deposuerat[3], pervenit, ubi pestis immanissima vigebat. Pestiferis Rochus inserviens intrepidus, multos signo crucis curans, Romam venit, ibique innumeram hominum multitudinem a peste sanavit. Dein uni ex cardinalibus de genere Britonnum, peste laboranti, signo crucis in fronte edito, sanitatem donavit integerrimam.

Lectio II. Signum quod vir sanctus prefato cardinali fronti digito impresserat, visibiliter, quandiu vixit, apparuit. Rome sancti Rochi fama diffusa, gloriam cupiens vitare caducam, ad patriam suam convolare non distulit. Repatrians, febre in via corripitur, et ad silvam vicinam, baculo quem deferebat innixus, artubus fatiscentibus, declinavit, et in proximum quoddam tugurium, omnium humano solatio destitutum, se contulit, cuncta patienter tolerando ac Domino Deo gratias agendo.

Lectio III. Miranda miris succedunt. Prope hujusmodi silvam, degens erat Gothardus quidam, non ignobilis vir, habens quendam canem qui a mensa domini quotidie panem auferebat et viro Dei in ore suo gestabat. Quo cognito, canem insequitur ac sic vir sanctus reperitur cujus vitam sanctissimam prospiciens, terrena cuncta floccipendens[4], heremiticam vitam Gothardus ipse in Dei servitio perduxit.

Lectio IIII. Preterea Placentiam devenit et morbidos omnes curavit ; hinc Galliam rediens, bellorum tunc turbine vexatam invenit. In patriam itaque suam iter dirigens, ad oppidum quoddam in quo prefectum loco suo statuerat, devenit. Arbitrantur eum incole terre esse exploratorem[5] ; qua de re illum quinquennio teterrimis carceribus includi perfecerunt. Quo exacto, Rochus, gravi peste invasus ac diutina carceris custodia attenuatus, sacerdotem postulavit, coram cujus pedibus provolutus veniam implorat, rogatque eucharistiam sibi dari.

Lectio V. Sacerdos igitur nihil pretermisit, adiitque principem, ut virum tam sanctum liberet. At Rochus cum aliquantisper se sopori dedisset, angelus Domini corruscus eidem apparens in carcere dixit : Tempus est, mi Roche, ut tuam animam in Patris sinu collocem. Pete quod vis et fiet tibi.

Lectio VI. Cui Rochus ait : Peto ut omnes qui hoc morbo trucis pestis laboraverint et mei memoriam fecerint, sanentur. Ipsi tunc vox celitus emissa, ait : Exaudita est oratio tua, fiet utique sicut petisti[6]. Tandem Rochus moritur, cujus anima ab angelis in celos defertur.

Ad Sext. et Non. Oratio. Parce nobis, Domine, et flagella ire tue, que et peccata nostra merentur, precibus et meritis beatissimi confessoris tui Rochi a nobis misericorditer averte.

Feria II. — *Et per tot. octav. omnia necess. sicut in die. Lectio I.* Hodie gloriosa semper Virgo Maria celos ascendit. *Comm. S. Laur. Ad Tert.* ℟. Sancta Maria, Virgo virginum. Audi rogantes servulos. ℣. Et impetratam nobis celitus tu defer indulgentiam. *In Vesp. Capit. S. Laur. et alia necess. sicut in vigil. ejusdem. Oratio.* Beati Laurentii nos, Domine, faciat passio veneranda letantes, et, ut eam sufficienter recolamus, dignos efficiat. *Commem. B. Marie. Ant.* Sicut malum inter ligna silvarum sic dilectus meus inter filios, all.

XVII AUGUSTI.

Octavo die S. Laurentii.

Necess. sicut in die. Sermo S. Maximi, episc. Sicut patrum nostrorum, fratres carissimi, non incerta relatione didicimus. *Oratio.* Sancti martyris tui Laurentii iterata solennitas, quesumus, Domine, Deus noster, ut illius interventu, salutaris auxilii prestet nobis augmentum. *Comm. B. Marie. Ant.* Ego flos campi et lilia convallium, ego decus mundi, virginitas nobilium.

Ad Sext. et Non. Oratio. Iterata festivitate beati Laurentii, Domine, natalitia venerantes, quesumus, clementiam tuam, infundi mentibus nostris gratie tue dona per ejus merita, quem in celesti beatitudine fulgere novimus sempiterna[1]. *Ad Magn. Ant.* Maria Virgo, non est tibi similis nata in mundo; inter mulieres, flores ut rosa, oles sicut lilium, ora pro nobis, sancta Dei Genitrix. *Commem. S. Laurentii.*

XVIII AUGUSTI.

Sancte Helene, matris Constantini Magni.

Oratio. Domine Jesu Christe, qui beate Helene imperatrici tantam gratiam conferre dignatus es, ut tuam vivificam crucem in qua pependisti et genus humanum redemisti, inquireret, et inquirendo inveniret, da Ecclesie tue, ut que se in cruce per te redemptam agnoscit, fructum tue passionis, sancta ipsa intercedente, assequatur. Qui vivis et regnas.

Lectio I. Helena, mater Constantini Augusti, femina incomparabili fide, religione animi ac magnificentia singulari precipua, priusquam ad imperatricis fastigium eveheretur, prout beato Ambrosio placet, stabularia[1] fuit et humilis. Sed, propter ipsius pulchritudinem, Constantius senior eam sibi conjunxit, que postea bona stabularia extitit que tam diligenter presepe Domini requisivit.

Lectio II. Bona stabularia que illum stabularium non ignoravit, qui vulnera curavit a latronibus vulnerati. Bona stabularia que maluit omnia existimare stercora, ut Christum lucrifaceret; ideo, illam Christus de stercore levavit ad regnum : hec Ambrosius. Alii vero asserunt quod fuit filia Choelis, regis Britonnum, quam Constantius in Britanniam veniens, cum esset unica patri suo, duxit uxorem.

Lectio III. Hec, baptisato filio Constantino, cum vidisset prodigia a beato Silvestro in filium, et contra Judeos declarata, magnitudine animi mota, Hierosolymam petiit, ut lignum Crucis perquireret. Difficile id quidem erat, quia ab antiquis persecutoribus eo loco simulacrum Veneris collocatum fuerat, ut christiani Venerem, Salvatoris loco, adorarent. At mulier, religione percita, ubi locum ipsum ruderibus purgasset, tres confuso ordine cruces reperit.

Lectio IIII. Astabat autem Macharius, illius urbis tum episcopus, qui unam ex his, manibus cum religione retinens, veram esse dicebat. At tertia in qua inscriptio illa legebatur tribus linguis : *Jesus Nazarenus Rex Judeorum,* mulieri mortue admota, eidem vitam restituit. Crux igitur Domini inventa est, quinto nonas maii, et ab Helena exornata, et in magna veneratione habita[2].

Lectio V. Baptisatur et Judas, crucis inventor, quem postea, mutato nomine, Cyriacum vocarunt. Helena, deinde edificato eo in loco templo, ubi crucem repererat, abiens, clavos quibus Christi corpus cruci affixum fuerat, secum ad filium portat. Constantinus quoque, pietate motus, edicto vetuit ne deinceps quispiam tali supplicio uteretur[3], et ipse augende christiane religionis cupidus, basilicam Constantianam, quam Lateranensem vocant, edificavit.

Lectio VI. Is etiam, rogatu Silvestri, Petri basilicam, in Vaticano, et Pauli, in via Hostiensi, extruxit. Edificatur tum et jussu imperatoris, in atrio Sessoriano, basilica, sub titulo Sancte Crucis in Hierusalem, ubi sancte crucis partem aliquam reposuit inventam ab Helena matre. Que demum de Deo deque hominibus benemerita, posteaquam septuagintua duo collegia fundavit et totum Ecclesie statum incomparabili fervore glorificavit, mulier sancta, admirande devotionis et activitatis, Rome die obiit, xv kal. septembris.

Feria IV Assumptionis. — Beate et gloriose semper Virginis Marie festivitatem omnes pariter devotissime celebremus, etc.[1]. *Ad Bened. Ant.* Regina mundi et domina Virgo Maria, perpetua intercede pro nostra pace et salute, que genuisti Christum Dominum sine virili semine, all. *Ad Magn. Ant.* Hec est Regina virginum que genuit Regem, velut rosa decora valde ; Dei Genitrix, intercede pro nobis omnibus.

Feria V. — Beata et gloriosa Virgo Maria quamvis dudum incomparabilis esset. *In Vesp. Capit. S. Leontii, conf. Ant. Oratio.* Deus, qui Ecclesiam tuam meritis et orationibus preciosissimi Leontii, confessoris tui atque pontificis, mirifico splendore clarificas, concede propitius, ut qui solennitatem ejus veneramur in terris, ipsum intercessorem apud te habere mereamur in celis. *Comm. B. Marie. Ant.* O gloriosa Dei Genitrix.

XX AUGUSTI.

S. Leontii, episcopi.

Lectio I. Treveris[1], Gallie Belgice caput, civitas antiquissima, temporibus Abrae, a Trebeta, Nini Assiriorum regis germano (ut veterum narrant historie) condita[2], a seque nominata, tante prerogativa dignitatis fulget, ut ejus archipresul e septem electoribus imperatoris dignior habitus sit. Ea sane civitas a Valerio episcopo, beati Petri discipulo, primum Christi evangelium suscepit.

Lectio II. Habuit et ipsa Leontium, episcopum totius sanctitatis virum, nobilitate generis et morum gravitate micantem, qui in vinea Domini longe lateque dispersa, non destitit laborare, ut denarium diurnum a Domino mereretur accipere.

Lectio III. Ejus erat discipulus, mire sanctimonie vir, Julianus, silicet magistri diligentissimus emulator. Pias venerabilis Leontii aures offendit rumor qui undique crebrescebat, quod patria Bearnica evangelium Christi, quamvis quandoque ibi disseminatum, nondum inbiberat, sed nidoribus falsorum numinum involuta, incredula et in sceno[3] superstitionum feda jaceret, illuc prefatum Julianum quam citius destinavit.

Lectio IIII. Cupiebat namque, ipse animarum zelator, animas quas Christus suo cruore redemit, a fauce drachonis eripere, et Christo lucrifacere. Patri morem gessit filius et vineam Domini Sabaoth sic excoluit, quod innumeros palmites, precisis superstitionum vepribus, tempore suo protulit. Cumque populum Bearnensium prius, ut diximus, ydolis deditum, ad veram Christi religionem perduxisset, vir Dei Leontius, limina Jacobi[4] apostoli, zelo devotionis succensus, in senectute bona, visitare disposuit.

Lectio V. Qui cum ad Lascurrim, civitatem famuli, appulisset, prospiciens populi multitudinem, fugatis tenebris, veri luminis recepisse claritatem, quodque Julianus talentum sibi creditum, Domino suo duplicatum, reportarat, gratias in immensum Deo egit. Dein viam, quam carpserat, venerandus senex indefessus progreditur, et prefata limina, uti disposuerat, letabunde visitavit.

Lectio VI. Postremo, expletis peregrinationibus, dum etatem attigerat octogenariam, Lascurri repatrians, artubus fatiscentibus[5], cepit corpus delitescere et vigiliis ac orationibus insistens, exitum suum Dominicis sacramentis devotissime munivit. His peractis, immensi claritas luminis thalamum in quo pater sanctus agonizabat, ad instar candidissime nubis, collustravit, cunctis qui aderant videntibus.

Evang. sec. Lucam. In illo tempore. Dixit Jesus discipulis suis parabolam hanc. Homo quidam nobilis abiit in regionem longinquam accipere sibi regnum et reverti. Et reliqua.

Item unde supra. Paulo post, inter verba Domini, vir sanctus spiritum efflavit. Tunc mira miris succedunt[6]. Dum corpus ad ecclesiam defertur, multe divine virtutes operantur. Tribus nempe hominibus, qui debitum nature persolverant, vita fuit mox restituta, decem insuper luminibus orbati, potenti Dei virtute, fuerunt illuminati. Amplius, confractorum, claudorum et hujus generis impotentium multitudo integram recuperavit sospitatem.

Lectio VIII. Audite, queso, quid in sancti viri exequiis, admiratione non modica, dignum contigerit. Cum clerus, ut assolet fieri, officium inchoaret defuncti, mox audita est vox angelica psallens cum jubilo : Letamini in Domino. Quid aliud, queso, conjicere possumus, nisi injuriam fieri sancto, si oretur pro eo? Non enim nostre ei prosunt preces, sed sue nobis.

Lectio IX. Demum cunctis rite peractis, que ad tanti viri exequias attinent, ipsius venerabile corpus, miro fragrans odore, honorifice reconditum est altari [7] sedis discipuli, ubi Dominus super sanctum devote invocantibus multa operatur miracula. Hunc celis concivem intimis precordiis unanimes exoremus, quatinus suis intercessionibus regnum celeste adipisci valeamus, quod nobis concedat qui in Trinitate perfecta vivit et regnat.

In Vesp[8]. *Capit. S. Juliani, confess. pont. Ad Magnif. Ant.* Celebremus ultronei solennia gloriosi confessoris Juliani cujus laudabilis virtus annuat supernorum nobis premio frui. *Oratio.* Deus, mundi auctor et conditor, qui hodiernam festivitatem beati Juliani, confessoris tui atque pontificis, migratione consecrasti, presta nobis, quesumus, ut cujus annua celebritate devotis exultemus obsequiis, ejus suffragiis tue pietatis consequamur auxilium. *Comm. S. Leontii. Officium S. Bernardi convenienter post festum S. Leontii ponitur, quamvis transferatur*[1].

EODEM DIE.

S. Bernardis, abbatis.

Oratio. Concede, quesumus, omnipotens Deus, ut ad meliorem vitam beati abbatis Bernardi exempla et merita nos provocent, quatinus cujus memoriam agimus, etiam actus imitemur.

Lectio I. Bernardus, in Burgundia, ex nobilibus valde parentibus ac religiosis est ortus, cujus pater Tecelinus, miles in seculo strenuus, nec minus Deo religiosus, mater vero Aleth nuncupata est.

Lectio II. Hec septem filios genuit, sex mares, feminam unam. Mares autem monachos futuros, feminam sanctimonialem previdit. Cum autem crevissent, quandiu sub manu ejus erant, heremo magis quam curie nutriebat.

Lectio III. Cum igitur tertium filium Bernardum adhuc gestaret in utero, vidit somnium, presagium futurorum, catellum totum candidum, toto in dorso rubeum, et latrantem in utero se habere [2].

Lectio IIII. Quod cum cuidam viro Dei exposuisset, ille prophetica voce respondit : Optimi catuli mater eris, qui domus Dei custos futurus magnos contra inimicos dabit latratus. Erit enim predicator egregius et multos medicinalis lingue gratia curaturus.

Lectio V. Cum autem Bernardus adhuc puerulus esset et gravi dolore capitis egrotasset, venientem ad se mulierculam, ut dolorem suis carminibus mitigaret, cum indignatione nimia exclamans, repulit et abjecit. Puerili autem bono zelo misericordia Dei non defuit, sed continuo surgens liberatum esse se cognovit.

Lectio VI. In sacratissima Dominice Nativitatis nocte, cum puer Bernardus matutinale officium in ecclesia expectaret et qua hora noctis Christus natus fuisset scire cuperet, apparuit ei parvulus Jesus, quasi iterum ante oculos suos ex utero Matris nascens. Unde quandiu vixit, hanc fuisse horam Nativitatis Dominice semper putavit.

XXI AUGUSTI.

S. Juliani, conf., pont.

Invitat[1]. Omnes proni mente pia assistamus pariter, referentes laudes Deo in jubilo uniter. Qui nobis dedit patronum Julianum signiter, qui convertit Lascurrenses et patriam dulciter. Venite.

In I Noct. Ant. Beatissimus Julianus

Lascurrensis urbem ingrediens, pastoris officium et felix patrocinium meruit. *Ant.* Summe sacerdos Juliane, intercede pro nobis peccatoribus ad Dominum, ut mereamur in celis tuum habere consortium. *Ant.* O princeps gloriosissime Juliane, noster patrone, esto memor nostri hic et ubique, semper precare pro nobis Deum.

Lectio I. Post Domini nostri Jesu Christi gloriosam Resurrectionem ejusque ad celos admirabilem Ascensionem[2], apud Treverorum civitatem, vir fuit quidam sanctissimus, nomine Leontius, ejusdem civitatis episcopus. Hic sanctis operibus insistens, predicatione apostolica populum ab idolorum cultura, ad fidei christiane pertrahebat sacramenta.

℟. Iste est vir sanctus quem elegit Dominus in caritate non ficta et dedit illi gloriam sempiternam. Cujus doctrina fulget Ecclesia ut sol et luna. ℣. Sanctus iste per fidem vicit regna, operatus est justiciam. Cujus.

Lectio II. Sciens denique Galliarum per maximam partem cultui demonum esse deditam, nimio afficiebatur dolore, perpendens et considerans quam esset injustum et indecens, ut princeps tenebrarum in creatura Dei haberet dominatum. — ℟. Honestum invenit illum Dominus et custodivit eum ab inimicis et a seductoribus tutavit illum. Et dedit illi claritatem eternam. ℣. Descenditque cum illo in foveam et in periculis non dereliquit eum. Et.

Lectio III. Quadam igitur die, dum assisteret ei beatus Julianus, his verbis eum alloquitur : Frater beatissime, oportet nos Dominica precepta servare, et in vinea Christi pro sempiterna retributione multum laborare. Quapropter, vir prestantissime et misericordissime, acquiesce consiliis meis et accinge lumbos tuos. Festinare, quantotiusque non differas, ut populum, qui demonibus deservit, ad veram religionem facias pervenire. — ℟. Propter testamentum Domini et leges paternas, sanctus Dei Julianus perstitit in amore fraternitatis. Quia unus fuit semper spiritus in eo et una fides ℣. Ecce quam bonum et quam jocundum habitare fratres in unum. Quia.

In II Noct. Ant. Sacerdos et pontifex et virtutum opifex, pastor bone in populo, ora pro nobis Deum. *Ant.* O doctor optime, lumenque Ecclesie, beate Juliane, divine legis amator, deprecare pro nobis Filium Dei. *Ant.* Hic vir despiciens mundum et terrena triumphans, divitias celo condidit ore, manu.

Lectio IIII. His ergo monitis acquiescens vir beatissimus Julianus, adjunctis secum duobus presbyteris Austriliano et Alpiniano[3], iter quod ei fuerat a Christi discipulo imperatum arripuit, et cum omni velocitate ceptam viam laborabat conficere. — ℟. Iste cognovit justitiam et vidit mirabilia, et exoravit altissimum. Et inventus est in numero sanctorum. ℣. Iste est qui contempsit vitam mundi et pervenit ad celestia regna. Et.

Lectio V. Contigit autem ut unus ex ejus comitibus, prefatus videlicet Austrilianus, migraret a seculo. Quo viso, beatissimus Julianus iter ceptum dimisit et, velocissimo gressu, ad beatum Christi discipulum rediens, que in via sibi acciderant, eidem retulit. — ℟. Iste est qui ante Deum magnas virtutes operatus est, et omnis terra doctrina ejus repleta est. Intercedat pro peccatis omnium populorum. ℣. Iste est qui animas persecutorum non timuit et pervenit ad celestia regna. Intercedat.

Lectio VI. Cui sanctus : Quantotius, inquit, revertere, et meum baculum tenens in manu tua, cum ad locum peveneris quo fratrem exanimem reliquisti, ex ipso defunctum cadaver tangere habebis. Reversus denique beatus Julianus ad locum quo presbyter ejus Austrilianus fuerat tumulatus, juxta viri Dei sermonem, tetigit corpus defuncti baculo quem manu tenebat. — ℟. Iste homo ab adolescentia sua partim meruit infirmos curare. Et dedit illi Dominus claritem magnam cecos illuminare et demones fugare. ℣. Iste homo sine querela verus Dei cultor abstinens se ab omni opere malo et permanens in innocentia sua. Et.

In III Noct. Ant. Iste homo perfecit omnia que locutus est ei Dominus et ad eum dixit : Ingredere in requiem meam, quia te inveni justum in omnibus gentibus. *Ant.* O princeps patrum, o Juliane, speculum virtutum, pastor et dux Bearnensium, suscipe preces et vota cunctorum deprecantium, et intercede pro salute omnium. *Ant.* Lascurrensium multitudo fugiens ad sepulcrum presulis, tulerunt sudarium ejus contra ignem et liberati sunt ab incendio et ignis extinctus est.

Evang. de Conf. Pont. — ℟. Elegit eum Dominus in sacerdotem sibi. Ad sacrificandum ei sacrificium laudis. ℣. Immola Deo sacrificium et redde Altissimo vota tua. Ad. — ℟. Satagerent dum quidam in Gabaro transire, quasi naufrago ab orto ventorum turbine alte proclamant : Perimus ! Sancte Juliane, subveni mergentibus, ne absorbeat nos tartharus. ℣. Fert, nece sublata, clamantibus dulce juvamen. Sancte. — ℟. Hodie gloriosus Dei Julianus, Lascurrensis presul et pontifex, stelligeratus[4] celorum conscendit palacia, vallatus splendifico angelorum cuneo. Atque laureatus bravio superni regis rutilo. ℣. Esto salutiferum nobis tutamen in evum, nobilitate micans virtutum, munimine pulchro. Atque.

In Laud. Ant. Julianus ingressus est civitatem, et confessus est nomen Domini nostri Jesu Christi. *Ant.* Beatus Julianus orabat Dominum, dicens : Domine Jesu Christe, miserere mihi servo tuo. *Ant.* Dixit angelus ad Julianum : Vigila et sta in luce quia Deus tecum est. ℣. Celi aperti sunt super eum, et vox de celo facta est : Hic est servus meus dilectus, in quo mihi bene complacui. *Ant.* Pueri Hierusalem, venite et videte presulem quem coronavit Dominus suis sanctis manibus, et roboravit brachium suum in sempiternum. *Ad Bened. Ant.* Salve presul, vera salvatio[5], Juliane, nostra protectio, nos a mundi salva naufragio et mundatos ab omni vitio tuo dignos redde consortio.

Ad Prim. Ant.[6] Deus, in cujus nomine convertit ad te barbaros, preserva nos, Rex glorie, ne mergamur ad tartharos, ut cum judex advenerit Christus in fine seculi, cum coronis laureatis recipiat nos cum beatis. *Ad Tert. Ant.* Legem palam edocuit, quam predicavit altius, asserens quia Dominus est Christus Dei Filius, Trinusque personaliter et Unus essentialiter, qui, delendo culpam nostram, reparavit vitam nostram, perducat nos ad gloriam, vivendo per gratiam, sanctis orationibus Juliani et precibus, all. — ℟. Apparuit Dominus Jesus beato Juliano dicens : Quid me ardens desiderio rogas, gemens et lacrimans, teipsum quoque pro me excrucians, requiris. Assum tibi individuus, noveris ergo te gemmam preciosam in Patris mei dyademate esse ponendam. ℣. Esto tuis clemens, cui Christus voce profatur[7]. Assum. *Ad Sext. Ant.* Defecit miles strenuus Julianus mirificus, comes fuit almificus[8], sceptrum tenens ut dominus, spretis illis, celitus ordinatur episcopus. *Oratio.* Omnipotens, sempiterne Deus, qui beatum Julianum, confessorem tuum atque pontificem, fidei munere sublimasti, tribue supplicibus tuis, ut quicquid peccati contagione contractum est in nobis, ipso pro nobis, summo confessore tuo atque pontifice intercedente, salvetur[9]. Per. *Ad Non. Ant.* Mirabilia ordinavit in Lascurris ecclesia, sedem ibi erigendo, ad Dei magnalia honoravit Bearnicam gentem, cecam largius ad fidem Christi ducendo per semitam dulcius ; ipse qui sic laboravit in isto certamine, non desinat deprecari pro nostro juvamine in eternum.

Ad Vesp. Ant. Laud. Ad Magn. Ant. O magnum primatem, in tantorum virtutem miraculorum, ineffabilem Julianum episcopum, cujus petimus nos sublevet pietas, quos mergit ingens pravitas, omnemque gregem sibi commissum perducat ad gaudium, sanctis a Domino preparatum.

Octava die Assumptionis beate Marie. *Omnia necess. sicut in die. Lect.* Ascendebat autem de deserto presentis seculi virga de radice Jesse olim exorta.

Feria III. — Post festum S. Juliani.

Et per tot. oct. Necess. sicut in die preter ℟. *Ad Tert. quod dicitur un. Conf. Pont. Invit.* Regem confessorum Dominum.

Lectio I. Fundente igitur beato Juliano orationem, a morte mortuus, velut a somno, expergiscitur, et lucem quam amiserat moriendo, propriis cepit luminibus intueri. Quod quis ambigat ideo factum, nisi ut beati Juliani fides claresceret et meritum?

Lectio II. Inter omnia siquidem miracula corporalia santi viri que per virtutem Dei operantur in terra, mortuorum resurrectio maxime predicatur. Constat ergo beatum Julianum, qui mortuos orando suscitavit, posse impetrare a Deo meritis et precibus quiequid voluerit.

Lectio III. Igitur, cum beatissimus Julianus venisset ad urbem Lascurrensem, ubi fuerat destitutus, invenit ibi omnem populi multitudinem, diversis idolorum vacare culturis, sedentem in tenebris et umbra mortis.

Lectio IIII. Factum est ergo ut ille populus Lascurrensis qui, ut diximus, diversis idolorum serviebat culturis, adveniente beatissimo Juliano, et predicante verbum salutis, vidit magnam lucem veritatis, quia relictis falsorum deorum simulacris, ad unius veri Dei cultum et religionem accessit.

Lectio V. Cumque ad veram religionem accessissent, factum est ita quod intra paucorum dierum spacia, nullus superfuit qui non salutaris lavacri regenerationem deposceret, vel sancte crucis impressionem, sibi in fronte fieri, preoptaret.

Lectio VI. Fit ergo ingens gaudium et magna letitia in populo, ita ut Deo immensas gratias redderent et ecclesias ad laudes Christi fabricarent.

XXIII AUGUSTI.

In vigilia[1] S. Bartholomei, apostoli.

Ad Vesp. Super Psalm. Ant. Dictum est: Dei fidem servasti, apostole sanctissime, Spiritus Sancti gratiam in igneis linguis suscepisti, per quam operatus es maxima miracula. *Ad Magn. Ant.* O quam multiplicibus, Bartholomee, fulges egregie miraculis, qui pro Jesu nomine tanta sustinuisti pericula, nos tuis semper sacris tuere precibus, ut mereamur ad supernam orantes pervenire patriam. *Oratio.* Omnipotens, sempiterne Deus, qui hujus diei venerandam sanctamque letitiam, in beati apostoli tui Bartholomei festivitate, tribuisti, da Ecclesie tue, quesumus, et amare quod credidit et predicare quod docuit. Per. *Commem. S. Juliani, ut in die.*

XXIV AUGUSTI.

S. Bartholomei, apost.

Invitat. Gloriosum Regem Christum collaudemus Dominum. Qui apostolum felicissimi martyrii gloria hodie decoravit Bartholomeum.

In I Nocturno. Ant. Intravit Bartholomeus apostolus in templum Astaroth, et cessavit a responsis et ludificationibus demon. *Ant.* Seustium per annos plurimos a demonio vexatum, Bartholomeus apostolus oratione et imperio sanavit. *Ant.* Polemii regis filiam lunaticam Bartholomeus apostolus sanavit citius.

Lectio I. Bartholomeus, post predicationem in Liconia et India, ad ultimum in Albano Armenie majoris passus est, quia videlicet excoriatus est et decollatus. Cum enim templum Astaroth, quasi peregrinus, intrasset ubi demon habitabat, qui se languentes curare simulabat, cum non sanaret, sed solum, dum ei sacrificarent, a lesione cessabat, respondendi ei virtutem subtraxit. — ℟. Ingressus Bartholomeus apostolus ulteriorem Indiam, intravit in templum Astaroth, et statim a responsis siluit demon. Et a cunctis ludificationibus cessavit. ℣. Cumque ut peregrinus in templo Astaroth lateret apostolus et centies per diem, ita et in nocte genua in oratione flecteret Deo. Et.

Lectio II. Et dum templum languentibus impleretur, ad aliam civitatem euntes, ab idolo Berith petunt cur a Deo suo non haberent responsa. Et audiunt quia deus suus, ex quo Bartholomeus apostolus ingressus est, igneis cathenis ita est astrictus, ut nec respirare nec loqui audeat[2]. — ℟. Per os Seustii clamabat demon : Bartholomee apostole, incendunt me orationes tue. Cui dicente apostolo : Obmutesce, et exi ab eo.

Statim a demonio³ liberatus est. ℣. Per multos enim annos fuerat Seustius a demonio vexatus. Cui.

Lectio III. Et iterum petentibus quis esset iste Bartholomeus, respondetur : Amicus Dei omnipotentis, qui ideo ad istam provinciam venit, ut omnia idola que colunt Indi evacuet. — ℟. Vocatus a Polemio, rege Indie, Bartholomeus apostolus strictam cathenis pluribus filiam. Solo jussu a demonio sanavit citius. ℣. Regis filiam lunaticam morsu et ictibus quos attractare poterat laniantem. Solo.

In II Noct. Ant. Beatus Bartholomeus ait Polemio : Terrena terrenis sunt necessaria, ego autem nil terrenum desidero. *Ant.* Aurum et argentum propter Christum contemnimus, sanctus ait apostolus, illic ditari cupimus, ubi solum ejus regnat imperium. *Ant.* Cogente apostolo, fatebatur demon populo : Nolite, miseri, sacrificare mihi, quia cathenis igneis vinctus retineor.

Lectio IIII. Et iterum petentibus signa ad ipsum cognoscendum, respondetur, quia capilli ejus nigri et crispi, caro candida, oculi grandes, nares equales et directe, barba prolixa, paucos habens canos, statura equalis, xxvi anni sunt, quod nec vestes, nec sandalia veterascunt nec sordidantur, indutus colobio albo et simili pallio⁴. Centies in die flexis genibus orat et centies in nocte. — ℟. Cum precibus apostoli filia regis esset incolumis. Voluit ipsum rex honorare cum auro et argento, opibusque plurimis. ℣. Terrena quidem cuncta despiciens, solisque celestibus inhians, sprevit eadem munera.

Lectio V. Angeli cum eo ambulant, qui nunquam eum fatigari permittunt, nec esurire, semper eodem animo et vultu ilaris perseverat, omnia previdet, omnia novit, omnique loquitur lingua, et que vobiscum loquor, jam ipse cognoscit. Si volueritis, se vobis ostendet querentibus ; si nolueritis, ipsum non poteritis invenire. — ℟. Videns rex Polemius ex diversis partibus in templo Astaroth congregatos languidos, orationem Bartholomei clamantes. Credidit Christum et baptizatus est cum omni domo et gente sua. ℣. Statimque a demone confracta conspiciens omnia idola et ipsum demonem igneis religatum cathenis.

Lectio VI. Cumque duobus diebus quesitus, non fuisset inventus, quadam die exclamavit demon per obsessum : Apostole Dei, Bartholomee, incendunt me orationes tue. Cui apostolus : Obmutesce, et exi ab homine. Et statim exivit et homo liberatus est. — ℟. Obsecrante sancto apostolo, apparuit angelus, fulgens sicut sol, sculpens digito suo in saxo signum sancte crucis. Quod Christicole suis frontibus infigerent. ℣. Circumvolans igitur per quatuor angulos templi, sculpsit digito suo signum sancte crucis.

In III Noct. Ant. Clamabat plebi apostolus : Audite verum Deum, Creatorem vestrum qui in celis habitat, et nolite in lapidibus credere vanis. *Ant.* Ut, jussu apostoli, cuncta demon idola comminuit, credentes clamabant populi : Unus est Deus, quem predicat Bartholomeus. *Ant.* Orante sancto Bartholomeo, omnes in templo Astaroth diversis langoribus vexati, gratia Christi salvati sunt.

Evang. sec. Lucam. Facta est contentio inter discipulos. *Omelia S. August.* Sicut bonis esse moris solet in Scripturis. — ℟. Precepto apostoli, destructis a demone simulachris, regi dixit beatus Bartholomeus. Ego jussi demonibus cassare idola. Ut gentes verum credant Deum qui regnat in celis. ℣. Propterea vanas imagines comminui et ipsum demonem religatum cathenis igneis ostendi. — ℟. Beatus namque apostolus Bartholomeus a sevissimo Astriage rege crudeliter fustigatus, et quasi ovis, eo precipiente, decoriatus vivens, et letus pro Christo persistit, atque ad extremum capite plexus, celos triumphator ascendit. ℣. Cum autem nunciatum esset tiranno corruisse Baldach, deum suum, scidit vestimenta sua, atque eo jubente, fustigatus. — ℟. Postquam Liconiam predicavit beatus Bartholomeus, ad Indos veniens, convertit eos ad Christum, et per martyrium penetravit celos. Ubi cum Deo perpetue gloriosus exultat. ℣. Ibi lux sine fine manet, requies sine labore, sacietas sine fastidio.

In Laud. Ant. Rex in Christum credens Polemius, deposito diademate ac purpura, Christi apostolum non deserebat. *Ant.* Dixit regi Astriagi sanctus apostolus : Ego deum quem colebat frater tuus vinctum ostendi, ipsumque feci frangere simulachrum suum. *Ant.* Jussu regis Astriagis beatus Bartholomeus pro Christi nomine vivens decoriatus est, et amputatum est caput ipsius. *Ant.* Revelante apostolo, Polemium ordinarunt antistitem, qui multa in Christi nomine cepit miracula facere. *Ant.* Vox sancti Bartholomei, quasi tuba vehemens, est terribilis hostibus, demones fugans, et languidos sanans. *Ad Bened. Ant.* Postquam Liconiam predicavit beatus Bartholomeus, ad Indos veniens, convertit eos ad'Christum, et per martyrium penetravit celos, ubi cum Deo perpetue gloriosus exultat. *Comm. S. Juliani. Per Horas. Ant. Laud. Ad Sext. et Non. Oratio.* Exaudi, Domine, populum tuum cum sancti Bartholomei apostoli tui patrocinio confidentem, ut tuo semper auxilio suffultus, secura tibi possit devotione servire.

Ad Vesp. Ant. Laud. Ad Magn. Ant. O admirabile gaudium, de tanto viro divinitus attributum, quum beati Bartholomei apostoli meruimus celebrare festum, ut patronum mereamur habere, dignis cum laudibus incessanter collaudemus. *Comm. S. Juliani. Officium S. Ludovici, regis Francie, conf., ponitur hoc loco, scilicet suo die, licet hic non celebretur*[1].

XXV AUGUSTI.

S. Ludovici, regis Francorum.

Oratio. Deus, qui beatum Ludovicum, confessorem tuum, de terreno ac temporali regno ad celestis et eterni gloriam transtulisti, ejus, quesumus, meritis et intercessione, Regis regum Jesu Christi Filii tui, nos coheredes efficias, et ejusdem regni tribuas esse consortes. Per eundem.

Lectio I. Beatus Ludovicus, rex Francie, XIII etatis sue anno coronatus et inunctus, Francis regnare cepit. Qui regnavit, annis XLI, vir utique christiane religionis ardentissimus emulator, a Blanca regina matre, devota muliere, in omni virtute enutritus. Hic nil cogitabat, sapiebat, vel loquebatur, aut operabatur, nisi que Dei sunt. Adhuc adolescentulus, patre defuncto, sic a matre propria alloquebatur : Charissime fili, plus te vellem mortem temporalem subire quam per peccatum mortale te Creatorem tuum offendere[2]. Eya, quam obtemperanter matris sue verba notabat, dum, usque in finem vite sue, nunquam mortaliter peccabat. Sanctis operibus insistebat et singulis sabbatis pedes pauperum undis lavabat, ceteris autem diebus, ducentis pauperibus cibaria propriis manibus ministrabat et corpus suum ciliciis et jejuniis acriter macerabat. Duella prohibebat, discordes et litigantes sedabat, regnum et populum suum in magna sanctitate regebat. Dimicans cum Sarracenis, captus, sed postea liberatus fuit ; morbo tandem in exercitu suo prevalente, interiit. Quem postmodum Bonifacius octavus, audiens ejus frequentissima miracula, merito inter sanctos confessores retulit. *Cetera de Communi.*

EODEM DIE.

Feria V. — Post fest. S. Juliani.

Lectio I. Sed jam ad ea miracula, que in episcopatu gessit, narranda, stilum et animum advertamus. Puella quedam, nomine Valeriana [1], nobilissimis orta natalibus, cuidam viro gentili sponsali titulo erat socianda in conjugio. Sed cum Dei famulus beatus Julianus eundem gentilem frequenter admoneret ut baptizaretur, ipse hoc facere renuit.

Lectio II. Predicta igitur Valeriana videns gentilem prefatum nolentem baptizari, ejus nuptias repudiavit, nolens gentili, cum esset christiana, in conjugio jungi.

Lectio III. Cernens autem hoc gentilis sacrilegus, ira commotus, sponsam suam interemit, quod nec ei nubere, nec christianitatem dimittere, nec idola colere voluit. Sic illa virgo et martyr sanctissima beati Juliani predicationibus in Christi fide solidata, duplicem coronam promeruit, unam pro virginitate candidam, aliam pro martyrio purpuream.

Lectio IIII. Eodem tempore, Panuncius, rex Sarracenorum, urbem Lascurrensem que antiquitus *Novella*[2] dicebatur, cum exercitu suo depopulabatur, et igne apposito civitatem cepit comburere, quod ibi beatus Julianus advertit, obvium se confestim venientibus flammis obtulit. Tunc mirum in modum cernens contra vim venti ignem civitatis retorquere, ita virtute beati Juliani et ignis est extinctus, et populus ab illo incendio liberatus.

Lectio V. Multa denique preclara et gloriosa beatus Julianus fecit miracula, imo Christus propter ipsius predicanda et veneranda merita. Claudum quendam, Citernanum nomine, cum duobus filiis claudis, potenti Dei virtute erexit et integra sanitate ditavit.

Lectio VI. Tres quoque fratres, Amilianum, Nicetum et Ambrosianum, ab utero matris cecos, pontifex Dei Julianus potenter illuminavit. Sicque factum est ut quod natura eis denegaverat, viri Dei magna eis tribueret pietas. — *Ad Vesp. Cap.* Ecce sacerdos magnus qui in diebus. *Ad Magn. Ant.* Hic est homo, presul et dominus, Deo sacratus multis virtutibus, qui pro grege suo et civitate hac Domino fundit preces.

XXVI AUGUSTI.

Feria VI. — Post festum S. Juliani.

Lectio I. Beatus quoque Julianus mulierem quandam, que serpentem habebat in corpore, reddidit sanam, et, ejecto ab ea serpente, saluti donavit integerrime. Duos preterea leprosos mundavit a lepra, Valentinum scilicet et Urbanum, surdorum nihilominus aures aperuit, Tribuni videlicet et Maureliani, Crisponi et Gaionis, necnon et et cujusdam virginis.

Lectio II. Quadam die quoque mane vidit in aqua que dicitur *Gabar* quandam navem demergentem et periculum patientem. Quod cum vidisset, cucurrit quantotius et extraxit de aqua septem homines et sanitati reddidit pristine incolumes.

Lectio III. In illo tempore, Ebronius, comes palacii et majordomus in regno Francorum, erat plenus omni malicia, iniquitate et superbia, cujus patrocinio superbi et iniqui homines probos et optimos quosque opprimebant, et immunes ex tanto facinore fiebant.

Lectio IV. Tunc surrexit quidam iniquus, nomine Lupus, quem Gascones et cetere in circuitu gentes super se principem statuerunt. Et quia, ut prediximus, valde erat pessimus, juxta quod dicitur *similis similem querit*, tam plurimi vagi et profugi, superbi et iniqui ad eum confluxerunt, ut, diabolico fastu inflatus, et regnum Francorum debellare et in sede regia sedere disponeret.

Lectio V. Fecit vero predictus Lupus ante se venire beatissimum Julianum, quem et interrogavit de multis sermonibus. Cui sanctus respondit ea que justa et sancta erant, que pudica et sapientie plena.

Lectio VI. Sed vir injustus, justitiam nolebat audire, et insipiens sapientiam nolebat attendere. Quia, ut ait apostolus, nulla societas luci ad tenebras. Unde ira commotus, Lupus ille nequissimus sanctum Dei pontificem misit in carcerem. Quod quidem aliter contigit quam ille putavit. — *Ad Bened. Ant.* Ante annum transitus sui, vidit in visu locum sibi paratum, venit ad eum juvenis blando alloquio et dixit ei; Quid me desiderio accensus tantis lachrimis rogas, qui semper tibi assisto ?

In Vesp. Capitul. Licerii [1], *conf. episc. Oratio.* Deus, qui nos ad beatissimi, confessoris tui atque pontificis, Licerii solennitatem gaudentibus animis pervenire fecisti, da, quesumus, ut quem hic peculiarem patronum amplectimur, suffragatorem apud te habere mereamur in celestibus. Pcr. *Commem. S. Juliani. Ant.* O magnum primatem. *Est in sec. Vesp. S. Juliani. Nec ab inde commem. de eo.*

XXVII AUGUSTI.
S. Licerii, conf., pont.

Lectio I. Coseranica urbs fuit antiquissima, infra territorium Tholosanum posita, satis olim ditissima atque innumerabili populositate ditata, sed piaculis ingruentibus incolarum, miserabiliter desolata atque subversa, raris nunc exiguis incolitur habitatoribus [2].

Lectio II. In qua urbe, gloriosus Dei amicus et venerandus confessor Licerius, egregii doctoris sancti ac beatissimi Fausti, Tarviense sedis antistitis, eximius discipulus, pro immensitate spiritalium actuum pontificali honore sublimatus, splendidissime a Quintiano, Rotenice civitatis [3] episcopo, suo scilicet patruo, intronizatus est.

Lectio III. Qui etiam non solum in prelibata urbe, verum utique et post excessum sui piissimi didascali, in civitate Tarvense, per prolixa annorum curricula [4], vices pontificis decentissime persolvit et diligenter administrare curavit.

Lectio IIII. Hic quidem beatus confessor Licerius, fuit natione Hispanus, provincia Lucitania ortus, nobilitate morum coruscante clarissimus, a patre rhethorice artis pomposa referto facundia generatus, magis venerandis moribus, de se lumen generis extulit quam a patre suscepit. Etate parvulus, meritis celsus, a patre litteris liberalibus est imbutus.

Lectio V. Dehinc ad Abrae fidei concordiam festinans, de terra sua egressus, in terram pervenit quam ei pius previator ostendit, venerabilem namque Faustum Tarvie sedis antistitem dignissimum adiit, a quo uberius omnem legem sanctam ac divinam didicit. Cujus etiam virtutibus et meritis, ita in parvo tempore meruit particeps effici, ut in ipso adolescentie primordio, unius oculi lumen perditum sua prece cuidam redderet puerulo.

Lectio VI. Deinde a suo preceptore singulos gradus ecclesiasticos consecutus, a Quintiano postmodum, suo videlicet patruo, Rothenice sedis episcopo, ordinatus sacerdos, civibus et clericis Coseranicis dignissimus directus est pastor. Sed quanto magis gradu crescebat, eo amplius ad sublimia divinis obsequiis consurgebat [5].

XXVII AUGUSTI.
In vigilia S. Augustini.

Ad Vesp. Sup. Ps. Ant. O palma mire florida, Dei perornans atria, Augustine, scientie summe profundi conscie factura que dive manus altis jocundans sensibus, per te perennis illa sit senecta nostra uber bonis [1]. *Capit.* In benedictione Dei et ipse speravi et quasi qui vindemiat replevi torcular; respicite quum non mihi soli laboravi sed omnibus exquirentibus disciplinam. *Et dicitur in utrisque. Vesp., Laud., et Tert.* ℟. Ad rudis.

HYMNUS

Magne Pater Augustine [2],
  Preces nostras suscipe,
  Et per eas Conditori
  Nos transferre satage,
  Atque rege gregem tuum,
  Summum decus presulum.
Amatorem paupertatis
  Te collaudant pauperes,
  Assertorem veritatis
  Amant veri judices,
  Frangis nobis favos mellis,
  De Scripturis disserens.
Que obscura prius erant
  Nobis plena faciens,
  Tu de verbis Salvatoris
  Dulcem panem conficis,
  Et propinas potum vite
  De psalmorum nectare.
Tu de vita clericorum
  Sanctam scribis regulam [3],
  Quam qui amant et sequuntur
  Viam tenent regiam,
  Atque tuo sancto ductu
  Redeunt ad patriam.
Regi regum salus, vita,
  Decus et imperium,
  Trinitati laus et honor,
  Sit per omne seculum,
  Qui concives nos ascribat
  Supernorum civium. Amen.

℣. Ora pro nobis, beate Augustine. ℟. Ut digni, efficiamur. *Ad Magn. Ant.* Augustine summe doctor, et cultor justitie, pietatis propugnator, bellator perfidie, sapientie, per vias pulchras et pacificas quas trivisti, duc nos tecum ad sua palacia. *Oratio.* Deus, qui beatum Augustinum Ecclesie tue in exponendis Scripture Sancte mysteriis⁴, doctorem optimum et electum antistitem providisti, da nobis, quesumus, ejus semper et doctrinis instrui et oratione fulciri.

In Completorio. Ant. Conventus malignantium iniqua perscrutatus est, alti venit cordis homo et Deus exaltatus est. *Ps.* Cum invocarem. *Ant.* Ora pro nobis, gloriose Christi confessor, qui tuum natale, licet indigni, cultu tamen pio et sincera devotione celebramus. *Ps.* Nunc dimittis. *Et sic fit per totas octavas.*

XXVIII AUGUSTI.

S. Augustini, episcopi.

Invitat. Exultemus Deo nostro, letemur in Domino, qui dedit nobis insignem doctorem justitie. Cujus imbris orbe toto fructus est tam multiplex. Venite.

HYMNUS

Celi cives applaudite¹,
Et vos, fratres, concinite,
Patris nostri² solennia
Anni reduxit orbita.

Hinc ergo psalmi resonent,
Hinc lectiones concrepent,
Et hymnorum dulcisona
Multiplicentur cantica.

Quod lingua foris personat,
Intus affectus sentiat,
Nec imitari pigeat,
Quod plaudere mens approbat.

Hunc, post mundi curricula,
Celi suscepit curia,
Quem cum suis fidelibus
Jam coronavit Dominus.

Conemur totis viribus,
Jungamus preces precibus,

Ut Augustini meritis
Celi fruamur gaudiis.

Presta, Pater piissime, etc.

In I Noct. Ant. Vere beatus iste vir summus amans legis Dei, lignumque tam fructiferum, ut toto det mundo cibum. *Ant.* Rupit malorum vincula, jugum rejecit improbum, sublimis in monte Dei, superna jussa docuit. *Ant.* Vanos, graves, falsiloquos, sanctum arguentem filios, terris Deus mirificans transfert ad celi requiem.

Incipit vita Sancti Augustini.

Lectio I. Apud Affricam, depositio sancti Augustini episcopi. Ex provincia ergo Affricana oriundus fuit, civitate Tagastensi et honestis valde parentibus, de numero curialium. Cujus carnalis pater, nomine Patritius, mater vero Monica nuncupata est. Pater gentilis, mater autem christianissima fuit. — ℟. Civitas nobis Tagaste, regionis Affrice. Augustinum, turrim dedit fidei catholice. ℣. Honesta et christiana editum progenie.

Lectio II. Itaque nutritus eorum cura ac diligentia, et literis imbutus, ad plenum eruditus est. Una autem dierum, nimio dolore stomachi vexatus, anxie valde laborabat. Hortanteque beata matre ut baptizaretur, renuente gentili patre, ejus baptismum dilatum est. Interim vero, miserante Dei gratia, dolore quiescente, sanatus est. — ℟. Maxima parentum cura literarum studiis. Brevi puer eruditus, insignis enituit. ℣. Sacris enim et divinis aptandus officiis.

Lectio III. Grecas vero litteras, quibus docebatur, beatus Augustinus oderat, latinas satis amplectebatur. Multum vero satagebat pater ipsius, non qualis cresceret Deo, vel quam castus foret, sed ut esset disertissimus. — ℟. Ad rudis adolescentis ingenium docile. Errore Manicheorum capitur Cartagine. ℣. Ut post revelata magis veritas dulcesceret, et tenacius comperta pectori insideret.

In II Noct. Ant. Benedixisti, Domine, justo, qui tam dilexit te, quo totus dum replebitur, eternum gloriabitur. *Ant.* Mirabilis es, Domine, donans honore et gloria, hostes tuos qui destruit, potentisoris gratia.

Ant. Arcum sagittas tenebris, rectis pararunt improbi, vicit fidens in Domino justus amabilis Deo.

Lectio IIII. Sexto igitur et decimo etatis sue anno, multam pugnam libidinis perpessus, ammonebatur sepius a matre, ut castum corpus servaret ab adulterio, et omni immunditia. — ℟. Cumque plures docuisset primitus in Affrica. Oratoriam docturus Romam quoque navigat. ℣. Ut doctrinam tanti viri probet et Italia.

Lectio V. Excesserant enim caput ipsius libidinum vepres, et nulla erat eradicans manus. Sed in matris ejus pectore jam fecerat Deus templum suum et exordium sancte habitationis sue.—℟. Inde Cesaris precepto, imo nutu divino. Transfertur Mediolanum, quasi rhetor docturus. ℣. Ad urbem cui presidebat sacerdos Ambrosius.

Lectio VI. Itaque illa exilivit pia trepidatione et secrete eum cum ingenti sollicitudine ammonebat ne fornicaretur, maximeque ne adulteraret cujusquam uxorem. — ℟. Igitur cathezizatus[3] per tantum antistitem, liberatur ab errore, lavatur baptismate. ℣. Diligentius instructus catholico dogmate.

In III Noct. Ant. Justus, verax, innocuus, altis quiescit sedibus, per quem maligni ad nihilum heretici deducti sunt. *Ant.* Desideravit, fruitur gaudens celo vultu Dei, fructum semenque pessimum de terra qui disperdidit. *Ant.* Rex glorie, bello potens, per mundicordem militem, suam querentem faciem, dolosam stravit aciem. ℣. Benedictionem.

Evang. sec. Lucam. Dixit Jesus discipulis suis : Si quis venit ad me, et non odit. *Omelia B. Greg. pape.* Si consideremus, fratres carissimi, que et quanta sunt que nobis promittuntur in celis. — ℟. Spiritus Sancti renatus et repletus gratia. Omnibus seculi pompis statim abrenuntiat. ℣. Fidei ad eum tendens et amoris passibus, ne quid animum devotum terrenum prepediat. — ℟. Mox in Affricam regressus, ordinatus presbyter. Cuncta morum et doctrine circumlustrat lumine. ℣. Cum quibusdam sibi junctis vivens apostolice. — ℟. Tertio obsidionis mense febre decubat, transitu beato functus, letus celos superat. Intimus Dei amicus ipso nunc perfruitur apud quem nobis patronus perpes sit deposcimus. ℣. Debellatis usquequaque veritatis hostibus, miles Dei gloriosus, triumphans eximitur.

PROSA [4]

Deposcens pro concesso sibi perpetim premio
Robur nobis quo lupo resistamus nequissimo,
Sicut ipse catholico prophane genti restitit in templo
Discutiens cum studio fideli lumine illam convincendo,
Ut in aule stellantis fastigio valeamus gaudere cum Domino,
Deposcimus.

Et dicatur tantum in die. ℟. Processu quoque temporis, factus episcopus Ipponis, Publice atque privatim docet verbum salutis. ℣. Contra hereses Affricanas, maxime Donatistas, Manicheos atque Paganos. ℟. Videns ergo urbem suam hostibus circundatam. Lacrimosa Deum prece indefessus postulat. ℣. Ne depopulationem illius conspiciat, ut ab hac se miseratus luce jam recipiat.

In Laud: Ant. Domino regnanti semper psallamus suppliciter, cum quo presul Augustinus regnat in celestibus. *Ant.* Felix migrans ad superna[5] doctor summus atria, introivit in conspectu Dei cum letitia. *Ant.* Quem sitivit in hac terra Augustini anima, satiatur fonte vite nunc in poli patria. *Ant.* Domino benedicamus corde, verbis, actibus, cui benedicit in celis Augustini spiritus. *Ant.* Laudemus universorum Conditorem Dominum, cujus donis Augustinus fulsit tot virtutibus. *Hymnus.* Magne presul. ℣. Ora pro. *Ad Bened. Ant.* Laudibus magnis te, Deus, in magni pontificis benedici constat dignum Augustini meritis, cujus illustratur sancta doctrinis Ecclesia, quo intercedente, duc nos ad eterna gaudia. *Alia Ant. Ad Bened.* Verbosa pestis prevalens, domum Dei mirabilem pressit, beatus luctatur, illa cadende, hec uber est.

Ad Prim. Ant. Conventus magnus. *Ad Tert. Ant.* O palma. — ℟. Aliquanto post elapso temporis curriculo. Africam triplex pervasit barbarorum natio. ℣. Ferro, flammis cuncta perdens, fide favens arrio⁶. *Ad Sex. Ant.* Ora pro nobis. *Capit.* Vir sapiens plebem suam erudit. *Oratio.* Exaudi, Domine, quesumus, preces nostras, et beati Augustini, confessoris tui atque pontificis, meritis adjuvemur, cujus doctrina omnis Ecclesia informatur. *Ad Non. Ant.* Hic tibi que fuerat sapientia dulcis, amica, Augustine, suam dum gemis ad patriam, susceptum supera tandem solatur in aula, et earum proprio confovet in gremio, hanc nos corporeo fac, delectamine spreto, sic ardendo sequi, sic et habendo frui. *Capit.* Sapiens in populo hereditabit.

In Vesp. Ant. Laud. Ad Magn. Ant. Augustine nitens, doctorum gemma, per orbem clarius et reliquis rutilans, ut sidus in astris, sis memor atque salus nostri, Deitatis amice. *Comm. S. Johannis. Ant.* Medio carceris stans beatus Johannes, voce magna clamavit et dixit : Domine, Deus meus, tibi commendo spiritum meum. *Oratio.* Sancti Johannis, baptiste¹ et martyris tui, quesumus, Domine, veneranda festivitas salutaris auxilii nobis prestet effectum.

XXIX AUGUSTI.

In Decollatione² S. Johannis Baptiste.

Invitat. Regem regum, venite, adoremus Dominum. Qui precursorem suum Baptistam Johannem per sacrum martyrium coronavit in celum. *Hymn.* Deus tuorum.

*In I Noct. Ant*³. Herodes tetrarcha audivit famam de Jesu et ait pueris suis : Hic est Johannes Baptista, ipse surrexit a mortuis, et ideo virtutes operantur in illum. *Ant.* Dicebant nonnulli quia Helias est; alii vero dicebant quia propheta est, quasi unus ex prophetis. *Ant.* Rex autem Herodes, cum corriperetur ab Johanne de uxore fratris sui Herodiade, et de malis omnibus que ipse fecit, adjecit et hoc supra omnia, et includit Johannem in carcerem. *Lectio I. Sermo S. Johann. ep.* Hodie nobis beati Johannis Baptiste virtus. — ℟. Johannes Baptista arguebat Herodem. Propter Herodiadem, quam tulerat fratri suo viventi uxorem. ℣. Herodes enim tenuit et alligavit eum et posuit in carcerem. — ℟. Metuebat Herodes Johannem. Sciens eum virum justum et custodiebat eum. ℣. Et audito eo, multa faciebat et libenter eum audiebat. — ℟. Misit Herodes rex manus et tenuit Johannem et vinxit eum in carcerem. Propter Herodiadem, uxorem fratris sui quia duxerat eam. ℣. Misso spiculatore, precepit afferri caput ejus in disco, et decollavit eum in carcere.

In II Noct. Ant. Dicebat enim Johannes Herodi : Non licet tibi habere uxorem fratris tui ; Herodias autem insidiabatur illi, et volebat occidere eum, nec poterat. *Ant.* Die autem natalis Herodis, saltavit filia Herodiadis in medio, et placuit Herodi, pollicitusque est ei dare quodcunque postulasset ab eo. *Ant.* Premonita puella a matre sua : Da mihi in disco caput Johannis Baptiste. Et contristatus est rex. ℣. *et alia necess.* *Unius Martyris.*

℟. Puelle saltanti imperavit mater : Nihil aliud petas, nisi caput Johannis Baptiste. Et contristatus est rex propter jusjurandum et propter simul discumbentes. ℣. Accedentes discipuli sancti Johannis Baptiste, tulerunt corpus ejus et sepelierunt illud. — ℟. Misso Herodes spiculatore, etc. Quo audito, discipuli ejus venerunt et tulerunt corpus ejus. Et sepelierunt illud in monumento. ℣. Puelle saltanti imperavit. — ℟. Medio carceris stans beatus Johannes, voce magna clamavit, et dixit : Domine Jesu Christe, in manus tuas commendo spiritum meum. ℣. Herodes enim funestus precepit amputari caput Johannis Baptiste ; at ille gaudens voce magna.

In III Noct. Ant. Dissimulator enim mentis sue et artifex homicida tristiciam proferebat in facie, cum letitiam haberet in mente, scelusque excusat juramento, ut, sub pietatis occasione, impius fieret. *Ant.* Herodes rex, propter jusjurandum et eos qui pariter recumbebant, jussit dari. misitque et decollavit Johannem Baptistam in carcerem. *Ant.* Allatum est caput Johannis in disco, et datum est puelle et tulit matri sue, accedentesque discipuli ejus tulerunt corpus et sepelierunt illud.

Evang. sec. Math. Misit Herodes ac tenuit Johannem. *Omelia B. Augustini.* Cum sanctum evangelium legeretur, crudele spectaculum ante oculos nostros constitutum est.— ℟. Misit rex spiculatorem et precepit amputari caput Johannis in carcere. Quo audito, discipuli. ℣. Accedentes discipuli.— ℟. Accedentes. ℣. Jussu regis amputatum est caput Johannis Baptiste ; quo audito. — ℟. O preco luminis, Baptista Johannes, qui pro legis veritate, trusus fuisti in carceris obscuritate, te deprecamur devote, ut in solius divinitatis culmine tua intercessione, nos Dominus faciat letos gaudere. ℣. Perpetuus factus es, o beate Precursor, celesti sede.

In Laud. Ant. Arguebat Herodem Johannes. *Ant.* Herodes enim metuebat Johannem, sciens eum virum justum, et sanctum, et custodiebat eum. *Ant.* Herodes enim tenuit et ligavit Johannem, et posuit in carcerem propter Herodiadem. *Ant.* Puelle saltanti. *Ant.* Da mihi in disco. *Ad Bened. Ant.* Misso Herodes spiculatore. *Commem. S. Augustini.*

Ad Prim. Ant. Interrogatus Johannes ab Herode, dixit : Illicitum est fratris conjugem accipere. *Ad Tert. Ant.* Domine, mi rex, da mihi in disco caput. *Capit.* Expectatio justorum letitia. *Ad Sext. Ant.* Petiit puella caput Johannis Baptiste, quo accepto, dedit matri sue. *Oratio.* Deus, qui conspicis quia nos undique mala nostra contristant, presta, quesumus, ut beati Johannis, baptiste et martyris tui, intercessio gloriosa nos protegat. *Ad Non. Ant.* Dicebat Johannes ad phariseos : Genimina viperarum, quis vobis demonstrabit fugere a ventura ira ? Facite dignos fructus penitentie. *Oratio.* Perpetuis, nos, Domine, sancti Johannis Baptiste tuere presidiis, et quanto fragiliores sumus, tanto magis necessariis attolle suffragiis.

In Vesp. Ant. Laud. Hymn. O nimis. *Ad Magn. Ant.* Transacta sepultura Johannis, apostoli convenerunt ad Jesum, renunciantes illi omnia que egerant et que Johannes Baptista, eos in docendo occupatus, sit passus. *Comm. S. Aug. ut in die.*

XXX AUGUSTI.

Feria III. — Post fest. S. Augustini.

Et per tot. oct. Invit. Regem confessorum. *Alia necess. ut in die, sed* ℟. *ad Tert.* Amavit eum.

Lectio I. Beatus Augustinus, ne vituperaretur a coetanis pueris, fingebat sese fecisse quod non fecerat, ne videretur abjectior [1], qui erat innocentior, et ne vilior haberetur omnibus, qui erat castior.

Lectio II. Furtum etiam fecit, nulla compulsus egestate. Nam id furatus est quod illi abundabat. Arbor erat pirus in vinea pomis onerata, nec forma, nec sapore illecebrosis. Ad hanc excutiendam atque asportandam, nequissimi adolescentuli, nocte intempesta, perrexerunt, et abstulerunt inde onera ingentia, non ad suas epulas, sed projicienda porcis.

Lectio III. Post hec venit Carthaginem, et circumstrepebat eum undique sartago flagitiosorum amorum. Interea repperit in libris Ciceronis, cujus linguam fere omnes mirantur, librum qui vocatur *Ortensius*, qui liber mutavit affectum ejus et ad Deum preces ejus et vota convertit, ac desideria ejus fecit alia.

Lectio IIII. Viluit beato Augustino repente omnis vana spes, et immortalitem concupiscebat sapientie estu cordis incredibili. Erat tunc annorum decem et novem, defuncto jam patre ante biennium.

Lectio V. Hoc enim solum delectabatur in illa exhortatione quod non illam aut illam sectam, sed sapientiam, ut diligeret et quereret et teneret, fortiter excitabatur.

Lectio VI. Sed hoc solum eum in tanta flagrantia refringebat quod nomen Christi non erat ibi, quia hoc nomen Salvatoris in ipso adhuc lacte matris tenerum cor ejus prebiberat et alte retinebat. Et quicquid sine hoc nomine fuisset, expoliatum quasi et non veridicum, non eum totum rapiebat.

XXXI AUGUSTI.

Feria IV. — Post fest. S. Augustini.

Lectio I. Interea usque ad eas perductus est nugas beatus Augustinus, ut crederet ficum plorare, cum discerpitur, et matrem ejus arborem lacteis lachrymis flere. Proinde multum pro eo flebat ad Dominum mater ejus, sicut flent matres corporea funera.

Lectio II. Exaudivit autem eam Deus, nec despexit lachrymas ejus. Et vidit in somno se cum filio convivari et habere secum eandem mensam in domo, quam illa jam nolebat, detestans blasphemias erroris ejus.

Lectio III. Et iterum vidit se stantem in quadam regula lignea et advenientem ad se juvenem splendidum et hilarem atque arridentem sibi, cum illa esset merens et merore confecta. Qui cum causas requireret tristitie sue ab ea et fluvios quotidianarum lachrymarum docendi, ut assolet, non ut discendi gratia, illa respondit: Perditionem filii mei plango Augustini.

Lectio IIII. Jussit itaque predictus juvenis matri sancte ut secura esset, atque ammonuit ut attenderet, quia ubi ipsa esset, ibi esset et filius suus. At illa statim filio narravit visum, ubi attenderat eum juxta se in eadem regula stantem.

Lectio V. Et cum Augustinus ad id hoc tradere conaretur, ut ubi ipse esset ibi et illa futura esset, continuo illa, sine aliqua hesitatione, dixit ad eum: Non, inquit, non enim mihi dictum est: Ubi est filius tuus, ibi eris tu, sed ubi tu, ibi ille.

Lectio VI. Novem deinde anni sunt secuti, quibus Augustinus in illo erroris limo profundo cunctatus est, et mater ejus vidua, casta, pia, et sobria, fletu et gemitu non desinebat, omnibus horis, orationum et lachrymarum suarum fluvios pro eo fundere ad Dominum.

In Vesperis. Capitulum de Sancto Egidio, confessore non pontifice. Oratio. Pretende nobis Domine. *Commemoratio sancti Augustini, ut in die. S. Egidii.* ℣. Justum deduxit Dominus per vias rectas. ℟. Et ostendit illi regnum Dei.

FESTA SEPTEMBRIS

I SEPTEMBRIS.

S. Egidii, conf. non pont.

Lectio I. Sanctus Egidius, natione Grecus, preclaris parentibus originem duxit. Extitit enim Athenis oriundus, patre videlicet Theodoro nomine, matre vero Pelagia. Qui uterque regia stirpe progeniti atque licet inter totius orbis primiores preclari, christianissimam tamen duxerant vitam.

Lectio II. Predictus vero Egidius evo[1] tener, ad liberalia rudimenta dispositus, doctores summos, spiritu scientie et gratia perlustratus, brevi equiparavit. Docili quoque puero gratia Dei non defuit, ejus vitam omni morum honestate perornans. Jamjamque foris scintillabat indiciis, succensa intus lampas caritatis.

Lectio III. Quadam die, dum ad ecclesiam pergeret sanctus Egidius, accidit ut quidam eger in urbis medie platea jaceret, a transeuntibus alimoniam petens. Cujus vocibus miserandis sanctus puer compunctus, quamvis adhuc pedagogi sententiam sibi formidabilem estimaret, tamen extractam qua induebatur tunicam, aliud quod oportunius daret non habens, egro tribuit. Qua indutus eger, ilico totius corporis sanitatem se recepisse gavisus est. *Mediane*[2] *lectiones de S. Augustino.*

Lectio IIII. Cum igitur quotidie fleret mater beati Augustini, rogavit quendam sanctum episcopum, ut dignaretur cum filio suo colloqui, et repellere errores ejus. Ille prudenter respondit: Illum indocibilem esse, eo quod inflatus esset novitate heresis illius.

Lectio V. Ait ergo episcopus: Sine illum, roga tantum pro eo Dominum, ipse legendo reperiet quis sit ille error et quanta impietas. Et fieri non potest ut fluvius istarum lachrimarum pereat. Quod verbum ita illa accepit, ac si de celo sonuisset.

Lectio VI. Docebat eo tempore beatus Augustinus artem rhethoricam, et volebat habere discipulos bonos, et eos sine dolo docebat. Eratque tunc intentus in libris

Genethliacorum, nec aliquis poterat ei persuadere ut eos abjiceret, neque curam vanitati frustra impenderet. Propter quod plangebat eum mater ejus.

℣. Justus germinabit. *Post Bened. Comm. S. Augustini. In Vesp. Capit. de S. Anthonino mart. Commem. S. August. et S. Egidii.*

II SEPTEMBRIS.

S. Anthonini, mart.

Oratio. Omnipotens Deus, fidelium tuorum indeficiens conservator, qui in gloriosi martyris tui Anthonini [1] glorificari dignatus es solennitate, exaudi preces supplicantis Ecclesie, et presta, ut que devote expetit, eo suffragante, consequi mereatur [2].

Lectio I. Igitur reverentissimus puer Anthoninus Apamie opido extitit oriundus, nobilis quidem genere, sed nobilior sanctitate. Quique vere beatissimus ab ipsis infantie crepundiis, manifestissime sanctis cepit pollere virtutibus. Sacris etiam literis eleganter edoctus, salutaria precepta que legebat, ipse per semetipsum fideliter adimplere studebat.

Lectio II. Refulgebat itaque Deo dilectus sanctis virtutibus, innocentia preditus, simplicitate conspicuus, suavitate venerabilis, benignitate laudabilis. Castitatis etiam dono prefulgidus, et ipsius veneratione virtutis magno splendore corruscans, exemplum bone conversationis omnibus demonstrabat sollicitus.

Lectio III. His et ceterarum virtutum gemmis decoratus, athletha fortissimus Anthoninus, desiderio martyrii estuans, ab opido Apamie egressus, cepit peragrando requirere sicubi christiani nominis fideles inveniret viros. Tandem itaque, ducente Domino, perveniens in quendam locum, invenit quamplurimos in fide Christi sanctaque religione persistentes viros, inter quos etiam de superioribus ecclesiasticis gradibus sanctissimos invenit pastores atque doctores. *Mediane de S. Augustino.*

Lectio IIII. Scripsit preterea tunc libros tres : *De pulcro et apto,* ad Rogerium, Romane urbis oratorem, quem non noverat facie, sed amabat hominem ex fama doctrine.

Lectio V. Erat tunc etate annorum viginti sex, cum illa volumina scripsit. Omnes etiam libros artium, quas liberales vocant, tunc legebat et intelligebat quoscumque legere poterat.

Lectio VI. Quicquid de rhetorica, vel dialectica, et geometria, ac musica, et arithmetica est, sine magna difficultate, nullo hominum tradente, intellexit quia celeritas intelligendi donum Dei fuit. *Post Bened. Comm. S. August. In Vesp. Cap. S. Antonini. Comm. S. August.*

III SEPTEMBRIS.

Alia die. — De S. Augustino.

Lectio I. Quadam autem vice advenit Carthaginem quidam Faustus, Manicheorum episcopus, magnus laqueus diaboli, omnium doctrinarum peritissimus, et apprime disciplinis liberalibus eruditus. Qui disputans cum Augustino, superatus abcessit.

Lectio II. Inde Augustinus, audiens Rome quietius studere adolescentes, quia Carthagini satis erat inquietudo ut doceret ibi quod docebat Carthagini, perrexit Romam. Ubi docebat rhetoricam, et congregabantur ad hospitium ejus multi.

Lectio III. Interea cum Dei voluntas esset ut Augustinus ad Christum converteretur et in Ecclesia fieret magnus sacerdos, missum est a Mediolano Romam ad prefectum urbis, ut previderet magistrum rhetorice artis et Mediolanum dirigeret.

Lectio IIII. Tunc ergo Simacus prefectus misit Augustinum, probatum magistrum, et venit Mediolanum ad sanctum Ambrosium episcopum, qui paterne eum suscepit. Quem multum cepit amare et verbis ejus suspendebatur in suavitate sermonis illius [1]. Non enim satagebat discere que dicebat, sed tantum quomodo dicebat.

Lectio V. Hoc illi mirabile erat. Omni quippe die Dominico, audiebat sanctum Ambrosium, verbum veritatis recte populo disserentem, sepiusque in sermonibus dicentem : Littera occidit, spiritus autem vivificat.

Lectio VI. Tricenariam eo tempore beatus Augustinus agebat etatem, inde sermonibus sancti Ambrosii jam multum proficiebat ad Christi amorem.

IV SEPTEMBRIS.
Octavo die S. Augustini.

Necess. sicut in die, excepto ℟. *ad Tert.*
Lectio I. Preterea cum beatus Augustinus esset Mediolani, vocante Pontiano, principe palatii, abiit Treveros, contigitque ut cum ab imperatore pro meridiano Circensium spectaculo teneretur, exisse deambulatum in ortos muris contiguos.

Lectio II. Augustinus itaque cum amico suo Alipio intravit in quandam casam, ubi habitabant quidam servi Dei pauperes, et invenit ibi codicem, ubi scripta erat vita sancti Antonii. Dum ergo legeret, amico suo ait : Ego jam abrupi me ab illa spe nostra ; servire studebo non imperatori terreno.

Lectio III. Pontianus autem et qui cum eo erant, per alias orti partes ambulabant, querentes eos. Deveneruntque in eundem locum, et ammonebant[1] Augustinum ut rediret, quia jam declinaverat dies.

Lectio IIII. Beatus Augustinus indicavit querentibus se voluntatem suam ad Christum, jam exortam atque affirmatam, et petiit ne ei molesti essent. Pontianus autem cum suis cepit flere et pie ei congratulatus est. Erat enim ipse christianissimus fidelis, reversusque est in palacium. Augustinus autem mansit in eodem loco.

Lectio V. Terminata autem causa pro qua Pontianus cum ad palacium vocaverat, abiit Pontianus. Augustinus autem inflammatus ardore divino, abcessit in ortum illum, juxta quem habebat hospitium, et fremens, spiritu erat turbulentissimus, et accusabat semetipsum nec poterat se cohibere a lacrimis. Dimisitque habenas lacrimarum, et proruperunt flumina lacrimarum ejus.

Lectio VI. Et cum jactaret voces miserabiles, audit vocem dicentem sibi : Tolle, lege; tolle, lege. Qui aperiens codicem, invenit primum versum in quo conjecti sunt oculi ejus : Non in comessationibus et ebrietatibus, non in cubilibus et impudicitiis, non in contentione et emulatione, sed induimini Jesum Christum, et carnis curam ne feceritis in desideriis. Nec ultra voluit legere, nec opus fuit.

VII SEPTEMBRIS.
In vigilia[1] Nativitatis Beate Marie.

Ad Vesp. Sup. Ps. Ant. Quando nata est Virgo sacratissima, tunc illuminatus est mundus, stirps beata, radix sancta, et benedictus fructus ejus. *Capit.* Ecce Virgo concipiet. *Rel. in paro. Off. Virg. Marie, tempore Adventus.*—℟. Beatissime Virginis. *Hymn.* Ave, maris stella. ℣. Egredietur virga. *Ad Magn. Ant.* Mater Christi gloriosa, ora pro populo[2], interpella pro clero, intercede pro electorum choro, exora pro devoto femineo sexu, sentiant omnes tuum juvamen, quicumque devote celebrant tuam Nativitatem. *Oratio.* Supplicationem servorum tuorum, Deus miserator, exaudi, ut qui in Nativitate Dei Genitricis et Virginis congregamur, ejus intercessionibus, a te de instantibus periculis eruamur. Per eundem.

In Complet. Ant. Beata Mater, et innupta Virgo, gloriosa Regina mundi, intercede pro nobis ad Dominum. *Ps.* Cum invocarem. *Ant.* Virgo Maria, non est tibi similis nata in mundo, inter mulieres, flores ut rosa, oles sicut lilium, ora pro nobis, sancta Dei Genitrix. *Ps.* Nunc dimittis.

VIII SEPTEMBRIS.
In Nativitate B. M. V.

Invitat. Corde et voce simul Christum Regem veneremur. Virginis et Matris celebretur nobilis ortus. Venite. *Hymn.* Quem terra.

In I Noct. Ant[1]. Hodie nata est Virgo

Maria, ex semine Abrae, letantur Archangeli et exultant omnes sancti, congaudet omnis mundus. *Ant.* Beatissime Virginis Marie Nativitatem devotissime celebremus, ut ipsa pro nobis intercedat ad Dominum Jesum Christum. *Ant.* Ista est speciosa, electa a Domino, cujus ortum celebramus, ipsa intercedat pro nobis ad Dominum Jesum Christum.

Lectio I. Osculetur me osculo oris sui.— ℟. Hodie nata est beata Virgo Maria ex progenie David, per quam salus mundi credentibus apparuit. Cujus vita gloriosa lucem dedit seculo. ℣. Felix certe et omni laude dignissima, que sine humano semine celestem seculo protulit panem.— ℟. Beatissime Virginis Marie Nativitatem devotissime celebremus. Ut ipsa pro nobis intercedat ad Dominum Deum nostrum. ℣. Dignum namque est, ut ei cum summa devotione famulemur per quam virginitatis insignia pullularunt. Ut.— ℟. Nativitas tua, Dei Genitrix [*ut in Lect. VI hod. Brev.*]. ℣. Felix namque es, que sola et Genitricis dignitatem obtinuisti et virginalem pudicitiam non amisisti.

In II Noct. Ant. Veniam nobis obtineat perpetue Virginis intercessio, cujus Nativitatem solenni celebramus obsequio. *Ant.* Dignum namque est ut ei cum summa devotione famulemur, per quam nobis virginitatis insignia pullularunt. *Ant.* Gloriose Virginis Marie ortum dignissimum recolamus, et sincero sermone Nativitatem ejus celebremus gaudentes.

Lectio II. Sermo S. Maximi episc. Licet omnium sanctorum, fratres carissimi, veneranda nostris studiis.— ℟. Gloriose Virginis Marie ortum dignissimum recolamus. Cujus Dominus humilitatem respiciens, angelo nuntiante, concepit Salvatorem mundi. ℣. Cum jocunditate Nativitatem sancte Marie celebremus. ut ipsa pro nobis intercedat ad Dominum Deum nostrum.— ℟. Nativitas gloriose Virginis Marie ex semine Abrae, orta de tribu Juda, clara ex stirpe David. Cujus vita inclita cunctas illustrat ecclesias. ℣. Nativitas est hodie sancte Marie Virginis. — ℟. Corde et animo Christo canamus gloriam in his sacris solenniis. Precelse Genitricis Dei Marie. ℣. Cum jocunditate.

In III Noct. Ant. Beatissime Virginis Marie Nativitatem celebremus, cujus Dominus humilitatem respiciens, angelo nunciante, concepit Redemptorem mundi. *Ant.* Nativitas est hodie sancte Marie Virginis, cujus pulcritudinem respexit Deus, et visitavit humilitatem suam. *Ant.* Hodie nata est beata Virgo Maria ex progenie David, per quam salus mundi credentibus apparuit.

Evang. sec. Matth. Liber generationis Jesu Christi. *Omelia B. Hieron.* In Isaya legimus: Generationem ejus quis enarrabit? — ℟. Regali ex progenie Maria exorta refulget cujus precibus nos adjuvari mente et spiritu devotissime poscimus. ℣. Beatissime Virginis Marie ortum dignissimum recolentes. — ℟. Cum jocunditate. Ut ipsa pro nobis. ℣. Nativitatem beate Marie celebremus. — ℟. Gaude, Maria. — ℟. Dignum namque est ut ei summa cum devotione famulemur. Per quam nobis virginitatis insignia pullularunt. ℣. Animo volenti, assiduis precibus obsequamur, annuaque illi devotione famulemur. Per. — ℟. Ad nutum Domini nostri ditantis honorem. Sicut spina rosam genuit, Judea Mariam. ℣. Ut vitium virtus operiret, gratia culpam. Sicut. — ℟. Candida virginitas paradisi cara colonis, ortus conelusus, florenti cespite vernans. Cui merito mundus celebrat preconia totus. ℣. Que meruit Dominum progenerare suum, ipsa suo Nato nos reddat florida Virgo. Cui. — ℟. Stirps Jesse virgam produxit, virgaque florem. Et super hunc florem requiescit Spiritus almus. ℣. Virgo Dei Genitrix virga est, flos Filius ejus. Et.

In Laud. Ant. Nativitas est hodie sancte Marie Virginis, cujus vita inclita, etc. *Ant.* Hodie nata est beata Virgo Maria ex progenie David per quam salus mundi credentibus apparuit. *Ant.* Regali ex progenie. *Ant.* Cum jocunditate. *Ant.* Nativitas tua, Dei Genitrix Virgo, gaudium annuntiavit universo mundo, all. *Capit.* Ego quasi vitis. *Hymn.* Ave, maris. ℣. Nativitas tua, Dei Genitrix Virgo. ℟. Gaudium. *Ad Bened. Ant.* Nativitatem hodiernam perpetue Virginis Genitricis Dei Marie solenniter celebremus, que sine humano semine celestem seculo protulit panem.

Ad Prim. Felix namque es, sacra Virgo, et omni laude dignissima, quia ex te ortus est sol justitie, Christus Deus noster, all. *Ad Tert. Ant.* Corde et animo Christo canamus gloriam, in his sacris solenniis precelse Genitricis ejus Marie. *Capit.* Egredictur. ℞. Solem justitie Regem paritura supernum. Stella Maria maris hodie processit ad ortum. ℣. Cernere divinum lumen gaudete, fideles. Stella. *Ad Sext. Ant.* Gloriose Virginis Marie ortum dignissimum recolamus. *Capit.* Ego Mater pulchre dilectionis. ℞. Egredietur virga. De radice Jesse. ℣. Et flos de radice ejus ascendet. *Oratio.* Famulis tuis, Domine, celestis gratie munus impartire, ut quibus beate Marie Virginis partus extitit salutis exordium, Navitatis ejus votiva solennitas pacis tribuat incrementum. *Ad Non.* Nativitas gloriose Virginis Marie ex semine. *Capit.* Nativitas gloriose Virginis Marie ex semine. ℞. Benedicta tu in mulieribus. ℣. Et benedictus fructus ventris tui. In gloria. ℣. Dignare. *Oratio.* Adjuvet nos, quesumus, Domine, sancte Marie intercessio veneranda, cujus etiam diem quo felix ejus inchoata est Nativitas celebramus.

In Vesp. Ant. Laud. Ps. Virg. Capit. Regali ex progenie. *Hymn.* Ave, maris. ℣. Egredietur. *Ad Magn. Ant.* Nativitas tua, Dei Genitrix Virgo, gaudium annuntiavit.

Feria II. — *Sermo S. Aug.* Hodierne diei celebritas ammonet, dilectissimi. [*Et sequit. in fer.* III *et* IV.]

Feria V. — *Sermo Fulberti*[2]. Approbate consuetudinis est, apud christianos, sanctorum patrum dies natalitios observare. [*Et seq. in fer.* VI.]

XIV SEPTEMBRIS.

In Exaltatione S. Crucis.

In Vesp. Cap. de Cruce. Req. in alia festiv. [*de Invent.*] ℞. O crux. *Hymn.* Vexilla Regis. ℣. Per signum crucis. *Ad Magn. Ant.* O crux veneranda, que sola fuisti digna portare Regem celorum et Dominum. *Oratio.* Deus, qui Unigeniti Filii tui, Domini nostri Jesu Christi, precioso Sanguine humanum genus redimere dignatus es. concede propitius, ut qui ad adorandam vivificam crucem adveniunt, a peccatorum suorum nexibus liberentur. *Comm. S. Marie Ant.* Nativitas tua.

Invitat. Christum adoremus Dominum. Qui pependit in ligno. *Hymn.* Pange lingua. *In I Noct. Ant.* Adoramus te, Christe, et benedicimus tibi, quia per crucem tuam redemisti mundum. *Ant.* O crux benedicta, quia in te pependit Salvator mundi et in te triumphavit Rex angelorum. *Ant.* O crux admirabilis, evacuatio vulnerum, restitutio sanitatum. ℣. Adoramus, te, Christe.

Lectio I. Apud Hierosolymam, Exaltatio sancte Crucis, que ab Helena, Constantini matre, inventa, ita per medium est secta, ut et crux Constantinopolim sit portata et crux Hierosolymis tecis argenteis sit servata.— ℞. O crux benedicta. Que sola fuisti digna portare Regem celorum et Dominum. ℣. O crux gloriosa, o crux veneranda. Que.

Lectio II. Multorum itaque temporum labente curriculo, Foca[1] Romanis imperante, Perse adversus rempublicam, sub Chosdroe rege, gravissima bella gerentes, multas Romanorum provincias et ipsam Hierosolymam invadunt, et destruentes ecclesias, sancta quoque loca profanantes, inter ornamenta sacra que abstulerunt, etiam vexillum Dominice crucis abducunt. — ℞. O crux gloriosa, o crux veneranda. O lignum preciosum et admirabile signum, per quod et diabolus est victus et mundus redemptus[2]. ℣. O crux admirabilis, evacuatio.

Lectio III. Fecerat nanque Chosdroe, rex eorum, turrim argenteam, in qua inter lucentes gemmas tronum extruxerat aureum, ibique solis quadrigam ac lune, vel stellarum imagines, collocaverat, atque per occultas fistulas atque meatus adduxerat, ut, quasi Deus, pluviam desuper videretur infundere.— ℞. Hoc signum crucis erit in celo, cum Dominus ad judicandum venerit. Tunc manifesta erunt abscondita cordis nostri. ℣. Cum sederit Filius hominis in sede majestatis sue et ceperit judicare seculum per ignem. Tunc.

In II Noct. Ant. Crux benedicta, nitet Dominus, qua carne pependit atque cruore suo vulnera nostra lavit. *Ant.* Dulce lignum, dulces clavos, dulce pondus sustinuit, que digna fuit portare precium hujus seculi. *Ant.* Crux alma fulget, per quam salus reddita est mundo, crux vincit, crux regnat, crux repellit omne crimen. ℣. Nos autem gloriari oportet in cruce Domini nostri Jesu Christi.

Lectio IIII. Cum subterraneo specu equis in circuitu trahentibus circunacte³ turris fabrica moveri videbatur, quasi quodammodo rugitum tonitrui, juxta possibilitatem artificis, mentiebatur. In hoc itaque loco sedem sibi paraverat, atque juxta se, quasi collegam, crucem Dominicam posuerat, filioque suo regno tradito, ipse in fano hujuscemodi residebat. — ℟. O magnum pietatis opus, mors mortua tunc est. Cum crucis in ligno mortua vita fuit. ℣. In cruce mors Christi damnavit mortua mundi. Cum.

Lectio V. Mortuo Foca, imperator Eraclius statuitur, vir strenuus et armis exercitatus, qui adversus Persas bellum aggressus, occiso Chosdroe, quem in turre jam dicta sedentem invenit, Persas in deditionem accepit, lignumque gloriosissime crucis exinde repedans⁴ secum tulit, et Hierosolymam, unde sublatum fuerat, cum magna veneratione restituit. — ℟. Crux alma fulget per quam salus reddita est mundo. Crux repellit omne crimen. ℣. Crux vincit, crux regnat.

Lectio VI. Et renovante Deo antiqua miracula, inter alia mira que tunc celitus ostensa fuerunt, scilicet quia porta clausa est ab angelo et iterum patefacta, die eodem, mortuus quidam recepit vitam; paracliti quattuor sanati sunt, leprosi decem mundati, quindecim ceci illuminati, plurimique a demonibus erepti, multa a variis infirmitatibus liberati. — ℟. Ecce crucem Domini; fugite partes adverse, vicit leo de tribu Juda. Radix David. ℣. Crux benedicta fulget in qua triumphavit rex angelorum. Radix David. Gloria. Radix.

In III Noct. Ant. Salva nos, Christe Salvator, per virtutem crucis; qui salvasti Petrum in mare, miserere nobis. *Ant.* Salvator mundi, salva nos, qui per crucem et Sanguinem redemisti nos; auxiliare nobis, te deprecamur, Deus noster. *Ant.* Per signum crucis, de inimicis nostris, libera nos, Deus noster.

Evang. sec. Johann. Dicebat Jesus turbis Judeorum. Nunc judicium est mundi. *Sermo S. Aug.* Que omnia ad se traxit Christus. — ℟. Dulce lignum, dulces clavos, dulce pondus sustinet. Que digna fuit portare precium hujus seculi. ℣. Hoc signum crucis erit in celo, cum Dominus ad judicandum venerit. — ℟. Nos autem gloriari oportet. Per quam salvati et liberati sumus. ℣. Absit mihi gloriari, nisi. — ℟. Per tuam crucem salva nos, Christe Redemptor. Qui mortem nostram moriendo destruxisti et vitam resurgendo reparasti. ℣. Miserere nostri, Jesu benigne, qui passus es clementer pro nobis.

In Laud. Ant. Nos autem gloriari oportet in cruce Domini nostri Jesu Christi. *Ant.* O magnum pietatis opus! Mors mortua tunc est, cum crucis in ligno mortua vita fuit. *Ant.* Ecce crucem Domini, fugite. *Ant.* O crux benedicta que sola fuisti digna portare Regem celorum et Dominum. *Ant.* Hoc signum crucis apparebit in celo, dum Dominus ad judicandum venerit. *Hymn.* Lustris. ℣. Salva nos. Qui salvasti Petrum. *Ad Bened. Ant.* O crux gloriosa, o crux veneranda, o lignum preciosum et admirabile signum, per quod et diabolus est victus et mundus redemptus. *Oratio.* Deus, qui nos, hodierna die, Exaltationis sancte Crucis annua solennitate letificas, presta, ut cujus mysterium in terra cognovimus, ejus redemptionis premia consequamur⁵. *Comm. B. Marie.*

Ad Prim. Ant. Per signum sancte ac venerande crucis, salva, et custodi et protege, Domine, ac defende nos, omnipotens Deus. *Ad Tert. Ant.* Sanctifica nos, Domine, signaculo sancte crucis, ut fiat nobis obstaculum contra seva jacula inimicorum; defende nos, Domine, per signum crucis et per precium sanctum sanguinis tui per quem nos redemisti. *Capit.* Fratres. Christus pro nobis factus est obediens. *Ad Sext. Ant.* Lignum vite crucis tue, Domine, glorificatum est, mors enim per illud damnata est, mundus omnis per illud illuminatus est; omnipotens Domine, gloria tibi. — ℟. Adoramus te, Christe. Et benedicimus tibi. ℣. Quia. *Ad Non. Ant.* Tuam crucem adoramus, Domine, tuam gloriosam recolimus passionem, miserere nobis, qui passus es pro nobis, all. — ℟. Per signum crucis. De inimicis nostris. ℣. Libera nos, Dominus noster. ℣. Hoc signum crucis. *In Vesp. Ant. Laud. Ps. dominicales. Capitul. S. Crucis. ut in prim. Vesp. Ant.* Super omnia ligna cedrorum, tu sola excelsior, in qua vita mundi pependit, in qua Christus triumphavit, et mors mortem superavit in eternum. *Com. B. Marie, ut in Vigil.* [*Die altera*] *Sanctorum Cornelii et Cypriani mart. Quia istud fest. transfertur, ideo loco suo non ponitur.*

XV SEPTEMBRIS.

Octavo die Nativitatis B. M. V.

Omn. necess. sicut in die, exceptis ℟. *ad Tert. Lectio I.* Cum cuncta facta atque dicta gloriose Dei Genitricis Marie plena essent virtutibus, manifestum est non solum attestatione angelica sed etiam argumento rerum, nullum genus virtutum illi defuisse. [*Sequuntur ita sex lect. ab anonymo.*]

XVI SEPTEMBRIS.

S. Eufemie, virg. et mart.

Oratio. Concede nobis, omnipotens Deus, sancte virginis et martyris tue Eufemie, et exultare meritis, et beneficia referre suffragiis. *Lectio I.* Sub Diocletiano imperatore et Prisco proconsule, in civitate Calcedonia, erat Eufemia, Philofronis senatoris filia, cujus mater dicebatur Theodora.

Lectio II. Hec beata virgo ascendebat in superiora domus sue quotidie ad orationem, et faciebat helemosinas, expectans mercedem sibi de celo futuram.

Lectio III. Apellianus autem quidam, discipulus diaboli, hoc cognoscens, perrexit ad proconsulem et dixit : Est hic quedam femina, que se in superioribus domus claudit et nec decretum imperatoris, nec tue pietatis vult audire preceptum.

Lectio IIII. Hoc audito, proconsul jussit eam adduci. Que cum adduceretur, gaudio repleta, erigens oculos ad celum, dixit : Adjuva me, Christe, spes mea, sustentatio mea, Salvator meus, et fortitudo mea, ne peream.

Lectio V. Priscus autem hoc audiens dixit : Honora teipsam et generis tui substantiam, vel notitiam ne amittas, sed revertere, et immola deo Marti.

Lectio VI. Illa autem adeo fortis et certatrix, ait : In virtute Spiritus Sancti, parata sum patrum meorum prophetarum implere promissionem. Tunc Priscus proconsul iratus quod ab illa contemneretur, jussit argumentum stare rotarum et mediam illam imponi, ut extensa et contrita, cito redderet spiritum. Post igneas sartagines, a bestia morsa, immaculatum Deo reddidit spiritum.

XVII SEPTEMBRIS.

SS. Cornelii et Cypriani, mart.

Oratio. Infirmitatem nostram, quesumus Domine, propitius respice, et mala omnia que juste meremur, sanctorum martyrum tuorum Cornelii et Cipriani [1] intercessione, averte.

Lectio I. Cornelius, natione Romanus, sedit annos tres in episcopatu et dies decem. Hic, sub Decio Cesare, martyrio capitis obtruncatione coronatur. Sub hujus episcopatu, Novatus Novatianum extra Ecclesiam ordinavit et fabricam construxit.

Lectio II. Hoc facto, confessores qui se separaverant a Cornelio, cum Maximo presbytero, qui cum Moyse fuit, ad Ecclesiam sunt reversi et facti sunt confessores fideles.

Lectio III. Hic temporibus suis rogatus a quadam matrona Lucina, corpora apostolorum Petri et Pauli de catacumbas [2] levavit.

Lectio IIII. Apud Affricam : beati Cipriani episcopi, Valeriano et Galieno et Maximiano proconsulibus. Quibus agentibus comprehensus, in exilium civitate Corduba est missus.

Lectio V. Tandem egressus de exilio, habitabat in ortis suis. Et cum illic moraretur, venerunt ad eum duo milites ex officio proconsulis Galeri Maximi, qui Aspasio patrino successerat ; sententiam accepit, qua sententia, Ciprianus Deo gratias agit.

Lectio VI. Cum autem ad locum cum spiculatore venisset, precepit suis, ut eidem spiculatori pro mercede vigintiquinque aureos darent, et accipiens linteum manu sua oculos texit et sic coronam capitis obtrucatione accepit.

XIX SEPTEMBRIS.

S. Januarii, episc. et mart.

Lectio I. Temporibus Diocletiani, impiissimi imperatoris, Timotheus iniquissimus preses, audiens opinionem beati martyris Januarii, Beneventane civitatis episcopi, exhiberi eum sibi precepit.

Lectio II. Cumque presentatus fuisset in civitate Nolana ante tribunal presidis, dixit ei Timotheus : Januari, juxta opinionem generis tui, hortor te, ut secundum decreta invictissimorum principum accedens, sacrifices diis. Si autem nolueris, adhibeam tibi tormenta horribilia, que te fortiter lacerabunt.

Lectio III. Sanctus Januarius respondit : Obmutesce, infelix, et noli in auribus meis tantam injuriam Deo Creatori inferre, qui condidit celum et terram.

Lectio IIII. Et cum hec dixisset, jussit eum Timoteus in carcerem recipi, et iratus vehementer, precepit ut caminus ignis per triduum succenderetur, ut illic sanctus Januarius projiceretur.

Lectio V. Sanctus vero Januarius crucem sibi Domini in fronte fixit, et ingemiscens, elevansque oculos in celum, ingressus est caminum ignis ardentis, Dominum Salvatorem collaudans ac dicens :

Lectio VI. Exaudi me, Domine, orantem ad te, et eripe me de manu inimici. Qui fuisti cum tribus pueris, in camino ignis ardentis, adesto nunc mihi in confessione ista, ut eruas me de hac flamma. Ipse illesus permanet deambulans in camino, Deum benedicens. Jussu presidis nervi de corpore ejus evelluntur, bestiis exponitur devorandus, at mansuescunt, ut oves ; demum capitis obtruncatione, palmam martyrii promeruit apud Teofanam urbem, cujus corpus translatum fuit Neapolim [1].

XXI SEPTEMBRIS.

S. Matthei, apost. et evang.

Necess [1]. *Evangelistarum. Ad Vesp. Oratio.* Da nobis, quesumus, omnipotens Deus, ut beati Matthei, apostoli tui et evangeliste, quam prevenimus, veneranda solennitas et devotionem nobis augeat et salutem.

Sermo S. Ambrosii. Lectio I. Mystica vocatio publicani est, etc. *Evang. sec. Matt.* Vidit Dominus Jesus publicanum. *Sermo S. Hier.* Ceteri evangeliste propter honorem et verecundiam Matthei noluerunt illum nomine appellare vulgo. *In die. Oratio.* Beati Matthei, apostoli tui et evangeliste, Domine, precibus adjuvemur, ut quod possibilitas nostra non obtinet, ejus nobis intercessione donetur.

Ad Sext. et Non. Oratio. Presta, quesumus, omnipotens Deus, ut qui jugiter apostolica defensione munimur, nec succumbamus vitiis, nec opprimamur adversis. *Post Magn. Comm. S. Mauritii. Oratio.* Deus, qui es sanctorum tuorum splendor mirabilis, quique hunc diem in honore beatorum martyrum tuorum, Mauritii, Exuperii, Candidi, Victoris, Innocentii et Vitalis, cum sociis eorum, martyrio consecrasti, da Ecclesie tue de natalitio tante festivitatis letari, ut apud misericordiam tuam exemplis eorum adjuvemur et meritis.

XXII SEPTEMBRIS.
S. Mauritii, mart., et sociorum.

Lectio I. Sub Maximiano, qui Romane reipublice cum Diocletiano collega imperium tenuit, per diversas fere provincias, laniati aut interfecti sunt martyrum populi[1]. Idem namque Maximianus, sicut avaritia, libidine, crudelitate, ceterisque vitiis obsessus fuerat, ita etiam execrandis gentilium ritibus deditus, et erga Deum celi prophanus, impietatem suam ad extinguendum christianitatis nomen armaverat.

Lectio II. Si qui tunc veri Dei cultum profiteri audebant, sparsis usquequaque militum turmis, vel ad supplicia, vel ad necem rapiebantur, ac velut baccatione[2] barbaris data, prorsus in religionem arma commoverat.

Lectio III. Erat, eo tempore, in exercitu, legio militum qui Thebei appellabantur. Legio autem tunc vocabatur, que sex milia ac sexcentos sexaginta sex viros in armis habebat.

Lectio IIII. Hi in auxilium Maximiano ab Orientis partibus acciti venerant, viri in rebus bellicis strenui, virtute nobiles, sed fide nobiliores.

Lectio V. Erga imperatorem fortitudine, erga Christum devotione certabant. Evangelici precepti etiam sub armis non immemores, reddebant que Dei erant Deo, et que Cesaris Cesari restituebant.

Lectio VI. Itaque cum et hi, sicut ceteri militum, ad dilaniandum christianorum multitudinem destinarentur, soli crudelitatis ministerium detractare ausi sunt, atque hujusmodi preceptis se obtemperaturos negant. Maximianus non longe aberat, nam se circa octodorum[3] itinere fessus tenebatur.

Evang. sec. Matt. Videns Jesus turbas, ascendit in montem. *Item unde sup.* Ubi cum ei per nuntios delatum esset legionem hanc adversus mandata regia rebellem in his angustiis substitisse, in furorem instinctu indignationis exarsit.

Lectio VIII. Cognito Maximianus Thebeorum responso, precipiti ira fervidus, ob neglecta imperia decimum quemque ex eadem legione gladio feriri jubet, quo facilius ceteri regiis preceptis territi metu cederent. Redintegratisque mandatis, edicit ut reliqui in persecutionem christianorum cogantur.

Lectio IX. Ubi denuntiatio Maximiani ad Thebeos iterata pervenit, cognitumque ab eis est injungi sibi rursus executiones prophanas, vociferatio passim ac tumultus in castris exoritur affirmantium nunquam se ulli in tam sacrilego ministerio cessuros.

Ad Sext. et Non. Oratio. Annue, quesumus, omnipotens Deus, ut sanctorum tuorum Mauritii, Exuperii, Candidi, Victoris, Innocentii et Vitalis, cum sociis eorum, letificet festiva solennitas, ut quorum suffragiis nitimur, natalitiis gloriemur[4].

XXVI SEPTEMBRIS.
S. Justine, virg. et mart.

Lectio I. Virgo Justina, Domino serviens, frequentabat ecclesiam. Agladius autem quidam scolasticus, videns virginem frequenter euntem ad ecclesiam, exarsit in ejus amorem.

Lectio II. Et cum nullo modo pertingere posset ad eam, rogavit Ciprianum magum, pollicens arte sua demones invocaret, ut eam in amorem ejus incitarent.

Lectio III. Ciprianus autem magus, convocatis demonibus[1], cepit agere, ut virginem Christi adducerent.

Lectio IIII. Qui semel, bis, et tertio, venientes ad beatam Justinam, nihil apud eam suis deprecationibus valuerunt, sed signo crucis repulsi, victi recesserunt.

Lectio V. Ciprianus vero, cum illorum virtutem adversus virginem hanc quicquam non valuisse videret, dixit ad diabolum: Dic mihi quemadmodum victi estis a virgine christiana.

Lectio VI. Cui diabolus: Dicere tibi non possum, nisi prius jures mihi per virtutes meas magnas, que mihi permanent, non te discedere a me aliquando[2].

XXVII SEPTEMBRIS.

SS. Cosme et Damiani, mart.

Oratio. Presta, quesumus, omnipotens Deus, ut qui sanctorum tuorum Cosme et Damiani natalitia colimus, a cunctis malis imminentibus eorum intercessionibus liberemur [1].

Lectio I. Apud Egeam civitatem, natalis sanctorum Cosme et Damiani, sub persecutione Diocletiani, sub preside Lisia. Hi venerabili matre fuere geniti, sacris litteris eruditi, professione artis medici, virtutibus clarissimi.

Lectio II. Horum religionem audiens preses Lisias, misit apparitores qui eos adducerent. Quos sapienter interrogavit ex qua provincia essent, aut que essent nomina eorum.

Lectio III. Beatus Cosmas et Damianus responderunt ei : Ex Arabia sumus, nomina nostra Cosmas et Damianus. Christiani sumus.

Lectio. IIII. Sunt nobis et alii fratres, Antimus, Leontius et Euprepius. Quos tentos ab officio, jussit sibi presentari preses et cepit agere ut sacrificarent.

Lectio V. Cum, nulla ratione, fundatos animos eorum supra petram Christum movere posset, manibus et pedibus vinctos jussit fortiter torqueri, deinde, sicut erant cathenati, in mare mergi.

Lectio VI. Quibus angelus Domini statim affuit et, direptis vinculis, ex pelago liberavit. Hoc videntes milites, renuntiaverunt presidi.

Evang. sec. Math. Videns Jesus turbas ascendit in montem. Et reliqua. — *Item unde supra.* Ille mox, eis ad se reductis : Docete me, inquit, maleficia vestra, et ego sequar vos, communicans operibus vestris. Sancti vero responderunt : Christiani sumus, maleficia nescimus, sed in Christi nomine maleficiorum virtutem contemnimus.

Lectio VIII. Recepti sunt, jubente preside, in carcerem, et sequenti die, proconsul sedens pro tribunali, fecit ignem copiosum parari, et beatos martyres de carcere productos in medio dari. Sed orantibus sanctis, ignis virtutem suam amisit.

Lectio IX. Stupefactus preses, et que circa martyres Dei provenerant, magicis artibus assignans, suspendi et torqueri eos iterum jubet. Sed cum grato et ilari [2] vultu in superioribus tormentis persisterent, paratis crucibus impius proconsul gloriosos martyres suspendi atque extendi jubet, et lapidibus in cruce levatos persequi et decapitari [3].

XXVIII SEPTEMBRIS.

S. Exuperii, episc. et conf.

Lectio I. Apud Tholosam, natale sancti Exuperii [1], ejusdem urbis episcopi, viri absque ullius precessorum injuria, absque ullorum qui tunc temporis ecclesias regere videbantur invidia, non solum nulli secundus, verum etiam beato martyri Saturnino, virtutum meritis, comparandus.

Lectio II. Cujus basilicam quam decessor suus Silvius episcopus fideliter inchoaverat, instantissime consummavit, et celebriter dedicavit.

Lectio III. Qui cum transferre illuc sancti martyris reliquias, non pro sua incredulitate, sed pro illius honore dubitaret, ammonitus est per quietem, ne infideliter negligeret, quod fideliter populis profuturum credidisset.

Lectio IIII. Cujus sanctitatis vir iste fuerit, quanteque spontanee paupertatis, beatus Hieronymus in epistola ad Rusticum monachum testatur, scribens ei a Bethleem, et proponens eum sanctis in exemplum, ita inquiens [2] :

Lectio V. Sanctus Exuperius, Tholose episcopus, vidue Sareptensis imitator, esuriens, pascit alios, et ore pallente jejunus, fame torquetur aliena omnemque substantiam Christi visceribus erogavit.

Lectio VI. Nihil illo ditius, qui Christi Corpus canistro vimineo, Sanguinem potat in vitro [3], qui avariciam projecit e templo, qui absque funiculo et increpatione vendentium columbas, id est, Spiritum Sanctum mensas subvertit. Nam monete numulariorum era dispersit, ut domus Dei domus vocetur orationis⁴.

EODEM DIE.

In vigilia¹ S. Michaelis, archang.

Ad Vesp. Capit. Beatus vir qui legit et qui audit verba. — ℟. Fidelis sermo et omni acceptione dignus, Michael archangelus qui pugnavit cum diabolo, gratia Dei ille victor in celis extitit. Et ille hostis antiquus passus est ruinam magnam. ℣. Gaudent angeli et exultant archangeli, letantur justi, et congratulantur omnes sancti.

HYMNUS

Tibi Christe, splendor Patris²,
  Vita ac virtus cordium,
  In conspectu angelorum
  Votis, voce psallimus,
  Alternantes concrepando
  Melos damus vocibus.

Collaudamus venerantes
  Omnes celi milites,
  Sed precipue primatem
  Celestis exercitus³,
  Michaelem in virtute
  Conterentem Zabulum⁴.

Quo custode, procul pelle,
  Rex Christe piissime,
  Omne nephas inimici,
  Mundo corde et corpore,
  Paradiso redde tuo
  Nos sola clementia.

Gloriam Patri melodis
  Personemus vocibus,
  Gloriam Christo canamus,
  Gloriam Paraclito,
  Qui Deus, Trinus et Unus,
  Extat ante secula. Amen.

℣. In conspectu Angelorum psallam tibi. ℟. Adorabo ad templum sanctum tuum et confitebor nomini tuo.
Ad Magn. Ant. Factum est silentium in celo, dum dracho committeret bellum, et Michael pugnavit cum eo et fecit victoriam, alleluia. *Oratio.* Grata tibi sit, Domine, nostra festivitas, pro veneratione sancti archangeli tui Michaelis exhibita, qui tue majestatis archanis naturaliter per gratiam tuam decore servato devotis semper excubiis est propinquus.

XXIX SEPTEMBRIS.

S. Michaelis, archangeli.

Invitat. Angelorum Regi Deo jubilemus pariter. Michaelem venerantes primatem solenniter. Venite.

HYMNUS

Christe, sanctorum decus angelorum¹,
Rector humani generis et auctor,
Nobis eternum tribue benignus
  Scandere celum.

Angelum pacis, Michael, ad istam
Celitus mitte, rogitamus, aulam,
Nobis ut crebro veniente crescant
  Prospera cuncta.

Angelus fortis Gabriel, ut hostem
Pellat antiquum, volitet ab alto,
Sepius templum veniens in istud,
  Misertus nostri.

Angelum nobis, medicum salutis,
Mitte de celis, Raphael, ut omnes
Sanet egrotos, pariterque nostros
  Dirigat actus.

Hinc Dei nostri Genitrix Maria,
Totus et nobis chorus angelorum
Semper assistat, simul et beata
  Conscio tota.

Prestet hoc nobis Deitas beata
Patris et Nati pariterque Sancti
Spiritus cujus roboat in omni
  Gloria mundo. Amen.

In I Noct. Ant². Introibo in domum tuam, Domine, et adorabo ad templum sanctum tuum. *Ant.* Michael prepositus paradisi quem honorificant angelorum cives. *Ant.* Gloriosus apparuisti in conspectu Domini, propterea decorem induit te Dominus.
Lectio I. Ex dictis S. Isidori, episc. Angelorum nomen officii. — ℟. Factum est

silentium in celo, dum committeret bellum dracho cum Michaele archangelo, audita est vox milia milium dicentium. Salus, honor, et virtus omnipotenti Deo. ℣. Et projectus est ille dracho magnus qui seducit universum orbem, et facte sunt voces magne in celo dicentium. — ℟. Nunc facta est salus et virtus et regnum Deo nostro et potestas Christi ejus. Quia projectus est accusator fratrum nostrorum qui accusabat illos ante conspectum Dei nostri die ac nocte. ℣. Propterea letamini, celi, et qui habitatis in eis. — ℟. Stetit angelus juxta aram templi... Et ascendit fumus. ℣. Factum est silentium in celo, et accepit angelus thuribulum, et implevit illud de igne altaris.

In II Noct. Ant. Angelus, archangelus Michael, Dei nuncius de animabus justis, all., alleluya. *Ant.* Data sunt ei incensa multa, ut adoleret ea ante altare aureum, quod est ante oculos Domini. *Ant.* Archangele Michael, constitui te principem super omnes animas suscipiendas.
℟. In conspectu angelorum... Et confitebor. ℣. Deus meus es tu et confitebor tibi, Deus meus es tu et exaltabo te. — ℟. In conspectu gentium. Angelus enim meus vobiscum est. ℣. Timete Dominum et date illi claritatem et adorate eum. — ℟. Sancte Michael, archangele Christi, cum omni exercitu angelorum. Pro nostra omniumque salute intercede. ℣. Persistens princeps angelorum in conspectu Domini.

In III Noct. Ant. Sancte Michael, archangele, defende nos in prelio, ut non pereamus in tremendo judicio. *Ant.* Hic est prepositus paradisi archangelus Michael, non dimittit animas sanctorum, donec assignet eas ante tribunal Christi. *Ant.* Dum preliaretur Michael, etc. *ut hodie.*

Evang. sec. Matt. Accesserunt discipuli. *Sermo S. Hier.* Quod sepe monui, etiam nunc observandum est. — ℟. Hic est Michael archangelus, princeps militie, etc. Cujus honor prestat. ℣. Angeli, Archangeli, Throni et Dominationes, Principatus et Potestates, Virtutes celorum. — ℟. Venit Michael archangelus cum multitudine. Ut perducat. ℣. Emitte, Domine, Spiritum. —

℟. Michael et angeli ejus pugnabant cum diabolo. Et ille hostis antiquus victus est ab eis. ℣. Et cum in celo ad dimicandum insurgeret hostis ille, gratia Dei Michael et angeli ejus obtinuerunt triumphum.

In Laud. Ant. Stetit angelus, etc. *Ant.* Ascendit fumus. *Ant.* Michael archangele, veni in adjutorium populo Dei. *Ant.* Angeli Domini, Dominum benedicite in eternum. *Ant.* Angeli, Archangeli... laudate Dominum de celis, all. *Capit.* Factum est prelium. *Hymn.* Tibi Christe. *Ad Bened. Ant.* Dum sacrum mysterium cerneret Johannes, archangelus Michael tuba cecinit : Ignosce, Domine, Deus noster, qui aperis librum et solvis signaculum ejus, all. *Oratio.* Deus, qui miro ordine.

Ad Prim. Ant. Dum committeret bellum. *Ad Tert. Ant.* Archangele Christi, per gratiam quam meruisti, intercede pro nobis ad Dominum Deum nostrum. *Capit.* In diebus illis. Significavit. — ℟. Te sanctum Dominum in excelsis laudant omnes angeli dicentes. Te decet laus et honor, Domine. ℣. Cherubin quoque et Seraphin Sanctus proclamant, et omnis celicus ordo dicentes. *Ad Sext. Ant.* Concussum est mare et contremuit terra, ubi archangelus Michael descendebat de celo, all. *Capit.* Factum est silentium. — ℟. Stetit angelus. ℣. Habens thuribulum. *Oratio* ³. Adesto plebi tue, misericors Deus, et ut gratie tue beneficia potiora percipiat, beati archangeli Michaelis fac supplici deprecatione sublevari. *Ad Non. Ant.* Magna magnalia de Michaele archangelo, fortis in bello fecit victoriam, all. *Capit.* Fidelis sermo. — ℟. Ascendit fumus. *In Vesp. Ant. Laud. Ps.* Dixit Dominus. Laudate pueri, Credidi, Domine, non est exaltatum. Confitebor.

XXX SEPTEMBRIS.
S. Hieronymi, conf. non pont.

Capit. Quasi stella matutina.

HYMNUS
Celesti doctus lumine ¹
Hieronymus eximius,
Divini verbi semine
Mundum replet uberius.

Ferventi desiderio
Hic vir plenus virtutibus,
Jugi vacabat studio
Et lacrimosis precibus.
Belli triumpho triplicis
Victor insignis acie,
Conservat decus duplicis
Virginalis mundicie.
Hic specimen Slavonie,
Is doctor sapientie,
Hic speculum Ecclesie,
Exemplar sanctimonie.
In sanctorum splendoribus
Uni Deo sit gloria,
Qui Hieronymi precibus
Det nobis Celi gaudia. Amen.

Ad Magn. Ant. Clarus doctor et lux fidelium, orbis decus, candoris lilium, norma vite, lex morum omnium, felix celi sortitur bravium.

Oratio. Deus, qui Ecclesie tue in exponendis sacris Scripturis². *Comm. S. Michael. Ant.* Michael, Gabriel, Cherubin et Seraphin, qui non cessant quotidie clamare dicentes : Dignus es, Domine, accipere gloriam, all.

Invitat. Omnis sapientie Ducem adoremus. Doctorum Ecclesie speculum laudemus.

*In I Noct. Ant*³. Documentis artium apprime eruditus, adit Dei studium, virtute redimitus. *Ant.* Celibatu honestatus ascendit summum cardinem, omnium quoque consummatus aptus ad celsitudinem. *Ant.* Objurgator vitiorum notat pravos clericos, exterminator errorum pessundat hereticos. *Omn. necess. un. Conf. non Pont.*

Lectio I. Hyeronimus, Eusebii viri nobilis filius, ab oppido Stridonis quod a Gothis eversum, quondam Dalmatie et Pannonie confinium fuit, extitit oriundus. Hic adhuc puer Romam adiit et vestem Christi suscepit. Ibi etiam litteris grecis, latinis et hebraycis plene fuit eruditus. In grammatica Donatum habuit, in rhetorica Victorinum, in sacris Scripturis Gregorium Nazanzenum, Appollinarem et Didimum, in hebraicis Baraniam et quendam fratrem, ex Judeis baptizatum. — ℟. Ecclesie officium hic ordinavit rectius, Danielem et Eulogium vertit de fonte verius. Propheticum eloquium exposuit perfectius, cathalogum illustrium virorum dat insignius. ℣. Philosophorum omnia novit ipse plenissime, theologorum studia vicit perspicacissime.

Lectio II. Postquam autem omnium mundanarum litterarum studium adeptus est, probatissimorum monachorum habitum actusque imitatus est. In Scripturis autem divinis exercitabatur die ac nocte. Et inde hausit avide quod postmodum effusit abunde. — ℟. Eludius insanus cedit et Pelagianus Origenes tam prophanus. Tante lucis radio. ℣. Jovinianus mutuit simulque Vigilantius, omnis heresis siluit verique adversarius.

Lectio III. Quodam vero tempore, dum de die Tullium et de nocte Platonem avide legeret, eo quod sermo incultus sibi in libris propheticis non placeret, circa mediam Quadragesimam tam subita febre corripitur, ut toto frigescente jam corpore, vitalis calor in solo pectore palpitaret. — ℟. Studiosus in Platone, pariter et Cicerone, minus curans de sermone tradito divinitus, est attritus passione. Et punitus celitus. ℣. Qualis sit tunc requisitus, christianus falso dictus, Tullianus recensitus, flagris multis est afflictus.

In II Noct. Ant. In multis linguis peritus sacram transfert paginam, patientia munitus multam suffert sarcinam. *Ant.* Patrum vitas scriptitavit, virginum mores dictavit, clericorum regulas. *Ant.* Hic correxit mundi statum atque repressit reatum per Scripture normulas.

Lectio IIII. Dum ergo exequie funeris pararentur, subito ad tribunal judicis trahitur. Et interrogatus cujus conditionis esset, christianum se esse libere profitetur. Ad quem judex irato vultu inquit : Ciceronianus es, non christianus. Ubi est thesaurus tuus, ibi est cor tuum. At Hieronymus obmutuit. — ℟. Sumit mundus medullam spiritus, litterali detracto cortice, famem, sitim pellunt divinitus. Manna datum aqua de silice. ℣. Hec Hieronymus prebet celitus in supremo doctorum vertice.

Lectio V. Et continuo judex ipsum durissime cedi jussit. Tunc clamavit inter verbera et dixit : Miserere mei, Domine, miserere mei. Tunc qui astabant precabantur ut veniam tribueret adolescenti. Ipse autem jurare Deum cepit et dicere : Domine, si unquam habuero codices, seculares si legero, te negabo. — ℟. Leonem spina saucium jubet remediari, mansuetumque socium asellum comitari, quo rapto, mandat proprium opus illum sectari, leo camelis previum cogit. Abbati dari. ℣. Raptores petunt veniam, olei prebent copiam et sic mandat servari. Abbati.

Lectio VI. In hujusmodi verba dimissus, subito reviviscit. Tunc lacrimis totum se perfusum invenit, et ex verberibus que ante tribunal susceperat, scapulas terribiliter blavescentes repperit. — ℟. Tum dignus gloria in lectum decidit, tunc sapientia mirum se prodidit, sacra mysteria cum fletu prendidit. Et plenus gratia spiritum reddidit. ℣. Quot in Ecclesia tractatus edidit, tot luminaria orbi contradidit. Et.

In III Noct. Ant. Instante vite tempore, cum vocaretur celitus, deficiente corpore, confortabatur spiritus. *Ant.* Angelorum imitatus vitam et officium, est ab eis comitatus ad captandum premium. *Ant.* Tactu sacri corporis cecus est sanatus, in momento temporis hereticus crematus.

Evang. sec. Luc. Homo quidam nobilis. *Omelia B. Aug.* Omnis sancti Evangelii, fratres carissimi. — ℟. Dum occasus immineret celestis exercitus et lux tanta quam timeret hominum intuitus paruere. Ut clareret quam sit celo editus. ℣. Superans fragrantiam odor naturalem, cumulatam gloriam monstrat singularem. — ℟. Corpus carens fluenti carie, instar lepre labore saucium, plenum caret fluentis gratie. Dum odorem spargit eximium. ℣. Signa testantur eelica, et odoris diffusio, de doctrina catholica et de pudoris lilio. — ℟. Pulcritudo strati itineris sero hora completi temporis, multitudo celestis agminis ferens manibus vasa luminis hunc demonstrant jungendum superis. Et declarant vim sanctitudinis. ℣. Tunc mirandus fulgor lucis, dum auditur verbum ducis premiandum hunc pro crucis portitura sedula.

In Laud. Ant. En adest dies celebris, quo Hieronymus letus transit de mundi tenebris, celi civis eximius. *Ant.* Alexandrinis profuit Hieronymi vocatio qua in deserto affuit miranda liberatio. *Ant.* Innocentibus delatis Bethleem pergentibus, igne et furcis damnatis astitit Hieronymus. *Ant.* Titum devotum perditum revocavit ad gratiam, monacho lapso aditum impetravit ad veniam. *Ant.* Propter luxum presbyteri jacentis sacro tumulo, pestem senserunt ceteri, revelante Hieronymo. *Capitulum ut supra.*

HYMNUS

Splendent celi sedilia
  Ornata celso sidere,
  Hyeronimi magnalia
  Extollantur in ethere.

Clarum sidus illuminans
  Universam Ecclesiam,
  Vitam mortalem terminans
  Ad celi transit curiam.

De supernis irriguo
  Montes fecit fructiferos,
  In planis stilo congruo
  Nodos ammovit asperos.

Egrotum dum frequentia
  Tumba sancta requiritur,
  Sanantur membra saucia,
  Salusque multis redditur.

In sanctorum splendoribus
  Uni Deo sit gloria,
  Qui Hyeronimi precibus
  Det nobis celi gaudia. Amen.

Ad Bened. Ant. Hyeronimi beati munia noster chorus promat cum gaudio, cujus clare doctrine gratia orbis totus effulget radio, nunc eterna doctorum gloria, gaude, felix, junctus collegio.

Ad Prim. Ant. Sancti Hieronimi clara preconia a nisu animi promat Ecclesia. *Ad Tert. Ant.* In tenella juventute, in labore multiplici, legit statum vite tute cleri apostolici. *Capit. ut sup.* — ℟. Sancte Hieronyme, Christi confessor, audi rogantes servulos.

Et impetratam celitus tu defer indulgentiam. ℣. O sancte Hieronyme, sidus aureum, Domini gratia, servorum gemitus solita suscipe clementia. *Ad Sext. Ant.* Jam adultus, ut Josias, industrius Hieronymus, Dei cepit cultus vias arripere letissimus. *Capit.* Quasi oliva pullulans. *Oratio.* Deus, qui nobis per beatum Hieronymum, confessorem tuum, Scripture Sancte veritatem et mistica sacramenta revelare dignatus es, presta, quesumus, ut cujus natalicia colimus, ejus semper et erudiamur doctrinis et meritis adjuvemur. *Ad Non. Ant.* Ut sol miros dat fulgores vite luculentia, ornat vitam, format mores doctrine solertia. *Capit.* Doctrina oris sui non destruetur. *Oratio.* Ecclesiam tuam, Domine, quesumus, tua miseratione custodi, et quam beatissimus confessor et sacerdos tuus Hieronymus a cunctis, te presidente, purgavit heresibus, ipsius orationibus non desinas momentis omnibus adjuvari.

Ad Vesp. Ant. Laud. Capit. Hymn. ut in I Vesp. ℣. Os justi. *Ad Magn. Ant.* O Hyeronyme inclyte, per quem fulget Ecclesia, virginitate predite, zelo virtutis gratia, Bapliste compar prodite vita et abstinentia, et in cunctis composite facunde eloquentia, pietatis inclite ad miranda prodigia, tu caritatis solite memor ad danda munia, finito mundi tramite, perduc nos ad celestia. *Comm. S. Remigii, ep. conf. Oratio.* Deus, qui populo tuo eterne salutis beatum Remigium ministrum tribuisti, presta, quesumus, ut quem doctorem vite habuimus in terris, intercessorem semper habere mereamur in celis.

FESTA OCTOBRIS

1 OCTOBRIS.

S. Remigii, episc. et conf.

Lectio I. Adest nobis beati Remigii[1], venerandi antistitis, festivitas, fratres dilectissimi, cujus vitam gloriosam brevi percurremus sermone. Ex nobilibus siquidem parentibus duxit originem, qui a quodam heremita nasci taliter est previsus. Cum enim Vuandalorum persecutio totam fere Franciam devastasset, quidam reclusus, vir sanctus, qui lumen oculorum amiserat, pro pace Ecclesie Gallicane crebris orationibus Dominum exorabat.

Lectio II. Et ecce angelus Domini in visu ei astitit, dicens : Scito quod mulier illa, nomine Alina, filium, nomine Remigium, generabit qui gentem suam a malorum incursibus liberabit. Cumque evigilasset, statim ad domum Aline venit, et quod viderat, enarravit. Que cum non crederet, eo quod anus jam esset, ille respondit : Scias quod cum puerum ablactaveris, oculos meos de lacte tuo perunges, et continuo visum mihi restitues[2].

Lectio III. Cunque per ordinem hec omnia contigissent, Remigius mundum fugit et reclusum intravit[3]. Crescente autem ejus fama, cum esset viginti duorum annorum, ab omni populo Remensi archiepiscopus, renitens, est electus. Tante autem mansuetudinis fuit quod ad mensam ejus passeres veniebant et de manu ejus ciborum reliquias comedebant. Hospitatus in domo cujusdam matrone, modicum vini habentis, super dolium crucem fecit et dolium repletum est, ita ut per cellarium diffunderetur.

Lectio IIII. Tunc temporis, Clodoveus, rex Francie, gentilis erat, nec ab uxore sua christianissima converti poterat, videns quod infinitus exercitus Alamanorum super se venisset, Domino Deo, quem uxor sua colebat, votum vovit, si de Alemanis sibi victoriam concederet, mox Christi fidem reciperet. Quod cum fuisset ad nutum consecutus, beatum Remigium adiit, a quo se baptizari poposcit.

Lectio V. Cunque ad fontem baptismalis advenisset, nec ibidem sacrum haberent chrisma, columba quedam ampullam cum chrismate in rostro detulit, de quo pontifex regem delinivit[4]. Hec ampulla in Remensi ecclesia conservatur, et inde usque hodie reges Francie inunguntur. Neptis quedam huic sancto viro erat ; Genebaldo cuidam viro provido nuptui tradita, qui se[5], religionis causa, mutuo se absolventes, beatus

Remigius ordinavit Genebaldum Laudunensem [6] episcopum.

Lectio VI. At Genebaldus permittens uxorem, causa instruendi eam, ad ejus colloquium venire, in amorem concupiscencie exarsit, et ex eo filium et iterum filiam concepit, qui, pedibus beati Remigii provolutus, stolam de collo suo deponere voluit, quod vir sanctus non permisit, sed, ipsum consolans, in quadam cellula per septem annos inclusit, et ipse interim ejus ecclesiam gubernavit. Finito tempore, audivit ab angelo peccatum libidinis esse sibi remissum, e cella egreditur, et ad suam ecclesiam revertitur laudabiliter in ipsa vitam finiens. Tandem beatus Remigius, multis clarus virtutibus, in pace quievit, circa annum Domini quingentesimum.

II OCTOBRIS.

S. Leodegarii, mart.

Oratio. Deus, qui presentem diem honorabilem, nobis in beati Leodegarii [1], episcopi et martyris tui, fecisti passione letari, da Ecclesie tue de tanto pontifice gaudere, ut misericordiam tuam exemplis ejus adjuvemur et meritis.

Lectio I. Leodegarius, a nobilissimis et religiosis parentibus regi Clothario commendatus fuit, et a Didone, episcopo Pictavensi, avunculo suo, eruditus et archidiaconus suus constitutus extitit. Postea, ipsius exigentibus meritis, cum cuidam preesset monasterio, a multis episcopis et regni proceribus coactus est, ut, propter suum consilium et providentiam regni, in curia regis moraretur, et dum Augustaudunensi presularet Ecclesie, Ebronius, vir sceleratissimus, major in domo Francie, ejus linguam et labia, propter fidem veritatis et justitiam sancti viri, abscindere fecit et oculos erui, et tandem, post innumera supplicia, Deum in cruciatibus laudans, decollatus occubuit. Dum ad monasterium, cui prefuerat, corpus deportaretur, tot et tantis in via miraculis claruit, ut nullus omnino cum fide accederet qui non statim ab omni molestia curaretur. *Cetere de Communi.*

IV OCTOBRIS.

S. Francisci, conf. non pont.

Oratio. Deus, qui Ecclesiam tuam beati Francisci [1] meritis fetu nove prolis amplificas, tribue nobis, ex ejus imitatione terrena despicere et celestium donorum semper participatione gaudere.

Lectio I. Franciscus igitur [2], servus et amicus Altissimi, Ordinis Fratrum Minorum institutor et dux, paupertatis professor, penitentie forma, veritatis preco, sanctitatis speculum et totius evangelice perfectionis exemplar, superna preventus gratia, ordinato progressu, ab infimis pervenit ad summa.

Lectio II. Hunc virum mirabilem, utpote paupertate divitem, humilitate sublimem, mortificatione nitidum, simplicitate prudentem, omnique morum honestate conspicuum, quem Dominus in vita mirabiliter effecerat clarum, in morte fecit incomparabiliter clariorem.

Lectio III. Beato namque viro migrante a seculo, spiritus ille sacer domum eternitatis ingrediens, fontisque vite haustu plenario gloriosus effectus, expressa quedam in corpore future glorie signa reliquit, ut caro illa sanctissima que, crucifixa cum vitiis, in novam jam creaturam transierat, et passionis Christi effigiem privilegii singularitate perferret, et novitate miraculi resurrectionis speciem monstraret.

Lectio IIII. Cernebantur quidem in membris illis felicibus clavi, ex ejus carne, virtute divina, mirifice fabrefacti, sicque carni eidem innati, quod dum a parte qualibet premerentur, protinus, quasi nervi continui et duri, ad partem oppositam resultabant.

Lectio V. Inventa quoque fuit patentius in ipsius corpore, non inflicta humanitus neque facta, plaga vulneris lateralis, instar vulnerati lateris Salvatoris, quod redemptionis et regenerationis humane in Christo Redemptore nostro protulit sacramentum.

Lectio VI. Erat autem similitudo clavorum nigra, quasi ferrum, vulnus autem lateris rubrum et ad orbicularitatem quandam carnis contractione reductum, rosa quedam pulcherrima videbatur. Caro vero ipsius reliqua, que prius tam ex infirmitate quam ex natura ad nigredinem declinabat, candore nimio renitescens; illius secunde stole pulchritudinem pretendebat[3].

VI OCTOBRIS.

S. Fidis, virg. et mart.

Ad Vesp. ℟. Nunciatur Daciano virginis constantia, quam non flectunt sed nec terrent mine vel supplicia. ℣. Jubet ergo capitalis puniat sententia. *Ad Magn. Ant.* Ad honorem atque laudem sempiterni Numinis, celebremus diem festum sancte Fidis virginis, que per ignem, per tormenta, calicemque sanguinis, adepta est triumphati bravium certaminis. *Oratio.* Deus, qui presentem diem beate Fidis[1] virginis martyrio facis esse solennem, presta Ecclesie tue, ut cujus meritis gloriatur, ejus precibus adjuvetur[2].

Invitat. Adoremus collaudantes Christum Dei Filium, cujus fide virgo Fides hujus vite stadium. Percurrendo comprehendit immortale bravium.

In I Noct. Ant[3]. Virgo Fides, generosis edita parentibus, generosius effulsit actu, verbo, moribus. *Ant.* Hec instructa documentis fidei catholice, custodivit vias duras legis evangelice. *Ant.* Non est ejus cor elatum titulis mortalium, nec attrivit decor forme castitatis lilium.

Lectio I. Sancta Fides Agennensium civitate oriunda fuit, et ex parentibus clarissimis splendissima proles procreata, alumna loci ipsius in ortu, facta est patrona in passionis obitu. — ℟. Ex rubente rosa simul et candente lilio. Virgo Fides coronata vivit ex martyrio. ℣. Inter choros angelorum geminato premio.

Lectio II. Hec namque prima in civitate Agenno, decus et exemplum magni martyrii cunctis Christi fidelibus fuit. Vitam namque temporalem perdere voluit ut possideret eternam, quia ab ipsis infantie cunabulis Dominum Jesum dilexit et suum dixit esse auctorem. — ℟. Virgo stirpe supergressa primos Agennensium. Sanctitate cumulavit gloriam natalium. ℣. Pacta secum custodire semitas fidelium.

Lectio III. Juvenis quidem erat beata Fides tempore passionis, etate, sed sensu et opere senex manebat. Pulcra erat facie, sed pulcrior mente, virginitatis quoque candore formosissima vultusque ilaritate serena. — ℟. His enitens ad supremum culmen sanctimonie. Holocaustum fecit Deo votum continentie. ℣. Rata crimen attractari florem pudicitie.

In II Noct. Ant. Quippe vultu speciosa, corpore juvencula, mente sprevit, actu fugit, nuptiarum vincula. *Ant.* Cultus ejus et incessus nunciabant de foris, quis affectus possideret officinas pectoris. *Ant.* Sic in ea coruscante bono pudicitie, arridebant ei simul et virtutes alie.

Lectio IIII. Igitur, cum eodem tempore preses sceleratissimus, nomine Dacianus, directus a prophanis Diocletiano et Maximiano imperatoribus, qui tunc Romane arcis primatum regere videbantur, Agennum urbem ingrederetur, dolo instigatus diaboli, quatinus sacrilegos beneficiis remuneraret atque christianis ibidem metu ipsius latentibus atrocissimas penas inferret, continuo beatissimam virginem Fidem accersiri jussit et suis conspectibus sisti precepit. — ℟. Dacianus introgressus urbem Agennensium, Christi servos et ancillas trahit ad supplicium. ℣. Immolare contemnentes ejus ad imperium.

Lectio V. Beata itaque Fides sponte se ministris offerens, corpusque suum undique signo sancte crucis muniens, orabat ad Dominum, dicens : Domine, Jesu Christe, qui tuos semper in omnibus adjuvas, adesto mihi nunc famule tue et prebe ori meo sermonem acceptabilem, quem in conspectu tiranni hujus respondeam. Et armata sancte crucis vexillo fronte, ore, pectoreque Sancto roborata Spiritu, hilari animo perrexit. — ℟. Ecce Fides evocata clamat ante judicem. Christum colo, Christum testor omnium artificem. ℣. Ut archanum mei cordis tibi, judex, nunciem.

Lectio VI. Cum autem astaret coram preside, blando sermone ait ad eam : Quod est vocabulum nominis tui ? Cui Fides, nullo metu perterrita, respondit : Fides, nomine et opere, vocor. Quis cultus religionis ac fidei tue ? Ad hec sancta Fides respondit : Ab exordio nativitatis mee christiana sum et Domino Jesu Christo me tota mentis devotione committo' — ℟. Nihil michi cum Diana, nihil cum Appolline. Quos vel opinari deos longe sit ab homine. ℣. Dei vestri manufacti Dei solo nomine.

In III Noct. Ant. Pectus Fidis, hortus Christi, vernans morum floribus, et ad flatum lenis Austri fluens aromatibus. *Ant.* Hoc in votis ejus erat, hoc in desiderio ut perennem compararet gloriam martyrio. *Ant.* Estimabat enim Christo gratam parum virginem, nisi virgo propter Christum funderet et sanguinem. [*Cetere lect. de Comm.*]

℟. Sponsa Christi contemnente minas, preces, munera. Tortor parat universa tormentorum genera. ℣. Jussus penas innovare, perscrutari viscera. — ℟. Ex precepto Daciani, carnifex congreditur. Cratem profert, subtus carbo, super virgo ponitur. ℣. Nihil ille pretermittens ex his que precipitur. — ℟. Tortor furens, fovet ignem, flamma surgit altius. Rupta cute, vis ardoris penetrat interius. ℣. Dum carbones et es candens vulnerant exterius.

In Laud. Ant. Dum in crate pateretur virgo pro justitia, certis signis agoniste claruit victoria. *Ant.* Nam columba de supernis visa est descendere, coronamque super caput ustulate ponere. *Ant.* Ignis visus est extingui, rore Fides ablui, redditaque sanitati albam vestem indui. *Ant.* Ista mente contemplatus sanctus vir Caprasius, coronandam passione fidem novit certius. *Ant.* Mox his visis roboratus et exemplo femine, post tormenta decollatur pariter cum virgine. *Ad Bened. Ant.* O felices Christi testes et athlete strenui, quibus est collatum morte vita superindui, mementote subvenire devoto conventui, quo vobiscum mereatur summo bono perfrui.

Ad Prim. Ant. Audit Deus et exaudit vota sancte femine, clarificaturus eam proximo certamine. *Ad Tert. Ant.* Intrat urbem Dacianus, furit atrox bestia, spondet necem christianis, intonat supplicia. *Ad Sext. Ant.* Accersita primum Fides ad tyrannum ducitur, immolare vel feriri gladio precipitur. *Oratio.* Quesumus, Domine, Deus noster, ut nobis beate Fidis, virginis et martyris tue, veneranda commemoratio salutis prestet incrementum, cujus admiranda vita salutare prebet exemplum. Per. *Ad Non. Ant.* Mox his.

In Vesp. Ant. Laud. Ad Magn. Ant. O beata, que jam sponsum virginem complecteris, jam quocunque vadit Agnus, Agnum sequeris virgo, fac orando ne tradamur ignibus tarthareis, cum frumentum justus judex dividet a paleis.

VII OCTOBRIS.

S. Marchi, pap. et conf.

Oratio. Exaudi, quesumus, Domine, preces nostras, et interveniente beato Marcho, confessore tuo atque pontifice, supplicationes nostras placatus intende[1]. Per.

Lectio I. Marchus Papa, natione Romanus, patre Prisco, post Silvestrem, Constantini temporibus, fuit vir bonus et sanctus, ac christiane religionis amator. Qui, pontificatu suscepto, ad curam christiane religionis conversus, instituit ut episcopus Hostiensis, a quo Romanus Pontifex consecratur[2], pallio uteretur. Voluit preterea diebus solennibus, statim post evangelium, symbolum[3] a clero et populo alta voce decantari et magna, et eo modo quo fuerat in Niceno consilio declaratum. Duas et item ecclesias Rome condidit, unam via Ardeatina, in qua et sepultus est ; alteram in urbe Roma ad Palatinas, quas quidem Constantinus prefatus muneribus exornavit et auxit. Is, posteaquam, ex sacris ordinibus bis mense decembri habitis, diaconos, presbyteros et episcopos creasset, moritur ac sepelitur in cimiterio Baville, via Ardeatina, tertio nonas octobris. *Cetere de Comm.*

IX OCTOBRIS.
SS. Dionisii, Rustici et Eleutherii, mart.

Oratio. Presta, quesumus, omnipotens Deus, ut sicut populus christianus ad sanctorum tuorum Dionisii, Rustici et, Eleutherii, temporalem solennitatem concurrit, ita quoque perfruatur eterna, et, quod devotus amantissime celebrat, pio comprehendat affectu. Per.

Lectio I. Sanctus Dionysius qui, tradente Clemente[1], Petri apostoli successore, verbi divini semina gentibus parturienda susceperat, quo amplius gentilitatis fervere cognovit errorem, illuc intrepidus et calore fidei flammatus, accessit, et Parisius[2], Domino ducente, pervenit, non veritus incredule gentis expetere feritatem, quoniam virtutem suam preteritarum penarum recordatione roborabat, et qui meruerat esse confessor, non cunctatus est trucibus populis accedere predicator.

Lectio II. Tunc memorata civitas[3], et conventu Germanorum, et nobilitate pollebat, quia esset salubris aere, jocunda flumine, fecunda terris, arboribus nemorosa, et vineis uberrima, constipata populis, referta commerciis, ipsumque insule potius quam urbis spacium[4], quod habitationem circumfusa fluminis unda prestabat, crescentibus consistentibusque in se catervis, dabat exiguum, et jocunditatis sollicitatione in unam plebs acta commigrationem pene territorium suum intra murorum conclusionem contraxerat.

Lectio III. Hunc ergo locum Dei famulus elegit expetendum atque cum primo fide armatus et constantia, confessor illuc accessisset intrepidus, ecclesiam illic que necdum illis erat in locis, populis novam construxit, ac officia servientium clericorum ex more constituit, probatasque personas honore secundi ordinis ampliavit.

Lectio IIII. Cinctus ergo fide, simul et constructione basilice roboratus, Deum gentibus non desinebat insinuare quem noverat, ejusque omnibus et judicium et misericordiam anteponens, paulatim sociabat Deo, quos diabolo subtrahebat.

Lectio V. Tantas etiam Dominus per illum dignabatur exercere virtutes, ut rebellium corda non minus miraculis quam predicationibus obtineret. Miroque modo inermi viro non valebat plebs armata resistere. Subdebat se certatim Germanie cervicositas et jugum Christi suave imponi sibi alta cordis conpunctione poscebat.

Lectio VI. Ab ipsis quoque destruebantur idola, quorum sumptu fuerant et studio fabricata, et invento salutis portu, idolorum gaudent preterire naufragia. Lugebat portio victa diaboli, cum de ea victrix Ecclesie legio triumpharet. Tentus a preside, et cum eo presbyter Eleutherius et Rusticus dyaconus, gladio animadversi, martyrium compleverunt.

Evang. sec. Math. Dixit Dominus Jesus discipulis suis : Nolite arbitrari quod venerim. *Sermo S. Hieron.* Supra dixerat : Quod dico vobis in tenebris.

Ad Sext. et Non. Oratio. Annua, Domine, martyrum tuorum Dionysii, Rustici et Eleutherii festa recolentes, majestatem tuam suppliciter deprecamur, ut cum temporalibus incrementis eterne prosperitatis capiamus augmentum. Per.

X OCTOBRIS.
S. Savini, conf. non pont.

Oratio. Deus, qui nos beati Savini[1], confessoris tui, celebranda reducis annua devotione solennia, ejus interventu largire poscentibus, ut repressa totius malignitatis nequitia, continua quietis tranquillitate fruamur.

Lectio I. Beatissimus Savinus de Barchinona, civitate Hispanie regionis, indigena, notescit calculo, quod in puerili etate est primis elementis eleganter imbutus. Relictus a patre parvulus, in ipso solo reclinabat totus genitricis aspectus.

Lectio II. Qui adultus, ut parentes in Gallia visitaret, Christo disponente, de loco proprie cognationis egressus, Pictavis, parentibus associatus est, ubi regulari sub ordine fere tribus annis fideliter conversatus, semper augmentari desiderans, considerabat beati Martini morem, deinde secreta heremi petiit.

Lectio III. Itaque ad montana properans, invenit locum jam a Domino predestinatum, sicut victu aridum, sic ascensu preruptum, quo fluebat interdum liquor aque exiguus. Ubi quasi domesticum carcerem sibi suis manibus collocavit, et se arduo antro fortis heremita conclusit, ubi sine itinere requies per penam transiret.

Lectio IIII. Pocessor vero Cromacius in cujus reicula[2] facta fuerat cella, insultans ei, mandat ut hinc recederet, si pati nollet injuriam. Sed vir sanctus, suo contentus proposito, elegit ante penam quam relinqueret cellulam.

Lectio V. Quo tamen in loco, per annos circiter tredecim, sine pullo, sine aliquo peculio, die, noctuque sacer heremita permansit atque eterne libertatis ille carcerem tenuit. De cujus abstinentia refert pagina quam in jejuniis ipsam humanam vincebat naturam.

Lectio VI. Una contentus tunica, vili gunnula[3] subjecta, sine sago pellis substrata, sine calciamento nuda fuit planta, glacialem hiemem in Alpe traducens. Grabatus autem in quo fessa membra reclinaret erat dimersa fovea, ut non putares lectulum esse, sed sepulcrum.

XI OCTOBRIS.

Prime Translationis S. Augustini.

Omnia necess. sicut in die festiv. ejusd.
Oratio. Deus, omnium impartitor bonorum, quique hunc diem beati Augustini, confessoris tui atque pontificis, veneranda prima translatione jocundas, quesumus, ejus precibus gloriosis nos de terrenis transferri ad consortia beatorum. Per.

Lectio I. Beatissimus pater Augustinus, cum civitas Hyponensium valida barbarorum obsidione premeretur, ne illius depopulationem conspiceret, precibus a Deo et lacrimis impetravit. Cumque postea, carnis sarcina deposita, gloriosam animam celo reddidisset, urbs ipsa paulo post a barbaris capta et eversa est.

Lectio II. Cunque fidei prophani hostes, sparsis usquequaque militum turmis, urbem ipsam, ad cujus nomen extinguendum impietatem suam armaverant, ferro et flammis crudeliter evertissent, loca etiam Deo sacra, omni veneratione postposita, passim violare ceperunt.

Lectio III. Videntes autem fratres et filii beatissimi patris Augustini, qui ejus viventis obsequiis astiterant, et sacras reliquias pia devotione venerabantur, tantam civitatis desolationem, nimio terrore correpti sunt, et sacro corpori ne impie fedaretur metuentes[1], de illo transferendo proposuerunt.

Lectio IIII. Habito itaque inter se de loco ubi sacrum pignus honorifice reconderetur longo tractatu, communi tandem omnium voto decretum est, ut quocumque eos Deus dirigeret, ibidem sacrosanctum corpus penitus collocarent, illius clementiam sperantes, qui suos humiles semper exaltat.

Lectio V. Statuta igitur die ad prefate translationis ministerium exequendum convenerunt solliciti, et intempeste noctis silentio sacrum corpus rapientes et navicule imponentes, mare ingressi sunt.

Lectio VI. Expansis itaque velis, tanto duce leti, tantoque securi numine, fluctus equoreos et salis horridas minas superantes, Sardiniam tandem, non sine incolarum ingenti leticia, incolumes pervenerunt[2].

XIII OCTOBRIS.

S. Geraldi, conf. non pont.

Oratio. Deus, qui sine testimonio bonitatis tue nullum tempus relinquis, beato Geraldo[1] supplicante, precamur ut qui hunc tibi nostris diebus placuisse per signa testaris, honorem quem illi in tuo nomine supplices exhibemus, nobis in bonum cooperari digneris[2]. Per.

Lectio I. Geraldus Aquitanie provincie oriundus fuit, territorio Arvernensi, opido Aureliaco, patre Geraldo, matre vero Adaltrude progenitus.

Lectio II. Parentes ejus tam nobilitate fuerunt illustres quam rebus locupletes, et, quod excellentius est, religionis etiam titulo insignes.

Lectio III. Pater vero ejus, ut in ipso conjugio se castificaret, separatus a conjuge frequenter jacebat, sed per somnium est monitus quatinus uxorem cognosceret [3].

Lectio IIII. Et iterum soporatus vidit quod de pollice pedis ejus dextri nascebatur quasi virgula, que in magnam arborem paulatim succrescebat. Qui expergefactus, cum super hac visione miraretur, iterum obdormiens, vidit quendam qui ei diceret quod filium esset generaturus.

Lectio V. Beatus vero Geraldus, jam ablactatus, cum ad id etatis pervenisset, divina clementia procurante, litterarum studiis applicatus est.

Lectio VI. At vero, sicut Scriptura dicit: Qui sanctus est, sanctificetur adhuc; oportebat hunc Dei hominem per flagella expoliri, et tentatione probari, itaque per septem et eo amplius annos, oculorum lumen amisit. Quos tamen ita perspicaces habebat, ut nihil cecitatis pati crederetur [4].

XIV OCTOBRIS.
S. Calixti, pape et mart.

Oratio. Deus, qui nos conspicis ex nostra infirmitate deficere, ad amorem tuum misericorditer per sanctorum tuorum exempla restaura.

Lectio I. Rome, natale sancti Calixti [1] pape, qui sedit in episcopatu annis septem, mensibus duobus, diebus decem. Hic constituit jejunium die sabbati ter in anno fieri, frumenti, vini, et olei, secundum prophetiam, et sub persecutione Alexandri imperatoris, martyrii gloriam ita adeptus est.

Lectio II. Postquam enim Palmachium consulem cum omni domo sua baptizavit, et senatorem Simplicium ac domum ejus, atque Felicem cum uxore Blanda, quam a paralisi curavit, et idem ipsi ab Alexandro occisi, et universi gloriam martyrii consecuti sunt; Calepodius etiam, ejus presbyter, gladio martyrium sumpsit.

Lectio III. His itaque peractis, tentus est sanctus Papa Calixtus ab Alexandro, et diutissime fame cruciatus et quotidie fustibus cesus, atque prohibitum est ne quis ad eum veniret. Si vero aliquis noctu venire auderet, comprehensus occideretur.

Lectio IIII. Cum igitur diebus multis esset in custodia, venit ad eum beatus Calepodius per visum et consolabatur eum dicens: Firmus esto, pater, quia corona tua jam perfecta est.

Lectio V. Beatus vero Calixtus, jejuniis et orationibus persistens, non cessabat orare in eodem loco. Erat ibi miles quidam, nomine Privatus, ulceribus plenus, qui doloribus continuis cruciabatur.

Lectio VI. Hic misit se ad pedes sancti Calixti, rogans ut sanaret eum. Qui dixit ei: Si credideris ex toto corde, fili, et baptizatus fueris in nomine Sancte Trinitatis, mundaberis. Respondit Privatus: Ego credo. Et mox baptizatus, ab omni morbo, quo tenebatur, mundatus est. Tandem, post scalorem carceris et diutinam fustigationem, e fenestra precipitatus est, alligatusque saxo, in puteum precipitatus est et in eodem ruderibus tumulatus.

XVI OCTOBRIS.
S. Bertrandi, conf. pont.

Ad Vesp. Sup. Ps. ferie. Ant. Laudibus exultet celum, mundusque resultet, cantica Bertrandi [1] festiva dies canit anni [2].

Ad Magnificat. Ant. Magnificet Dominum plebs omnis voce sonora, magnificet Dominum sanctorum turma canora, cum quibus, alme pater, pro nobis omnibus ora. *Oratio.* Deus, qui solus es bonus, solus sanctus, meritis et intercessione beati Bertrandi, confessoris tui atque pontificis, concede nobis tales fieri in presenti, ut in futuro gloriam valeamus consequi sempiternam [3].

Invitat. Sanctorum Regem Trinum veneremur et Unum. Pro pastore gregem revocans conservet in evum.

In I Noct. Ant [4]. Impia consilia vitans

actusque malorum, felix mente pia sectando exempla bonorum, in Domini lege meditatur nocte dieque. *Ant.* Supra Syon montem, tu rex a rege statutus, te gerit insontem Domini precepta secutus. *Ant.* Contra te dantur hostes et multiplicantur, susceptor clipeus est tuus ipse Deus.

Lectio I. Quia sanctorum vita ceteris norma vivendi est, ideo vitam beati Bertrandi stilo describemus compendioso. Sanctus igitur Bertrandus, clarus genere, sed nobilior fide, virtutibus refulsit. Cujus pater dictus est Athoraymundus[5], vir generosus, mater quoque de claro titulo duxit originem, que filia fuit Guillermi, comitis Tholose, qui cognomine vocabatur *Scindens-ferrum.* — ℟. O quam glorifica Bertrandus luce coruscat. Et quam magnifica plebs ejus laude resultat[6]. ℣. Nos prece mirifica Deus ejus in astra coronat. Et.

Lectio II. Cujus fama celebris operibus insignita, longe positas provincias illustravit. Fuit autem oriundus de Castello Ictio[7], quod incole comitantes construxerunt exinde castrum, quod Insula nuncupatur[8]. — ℟. Plebs devota, Deo laudes attolle canendo. Dic tua vota Deo, Bertrandi festa colendo. ℣. Ut deducat eo duce, solvet et ipse regendo. Dic tua.

Lectio III. Placuit utrique parentum, ut, juxta Apostolum, ab infantia sacras cognosceret litteras, que eum possent instruere ad salutem per fidem que est in Christo Jesu. — ℟. O pie confessor, a nobis sepe vocatus. Sis intercessor, nostros solvendo reatus. ℣. Celi possessor, celum largire rogatus.

In II Noct. Ant. Te, pater, orantem Deus audit teque vocantem lumine signavit, te signis mirificavit. *Ant.* Scuto virtutis tegat hunc galeaque salutis Christus, ut antiquum procul expellat inimicum. *Ant.* O quam mirandum nomen Domini, venerandum quem meritis donat, hunc celo laude coronat.

Lectio IIII. Qui dum esset in etate tenera, in operibus suis tanquam matutina stella refulgens, evidenter indicabat in flore, quam copiosam fructuum segetem et virtutum uberem germine produceret in etate sequenti. — ℟. Dulcia corde pio resonemus cantica Christo. Munere propitio, mundo nos servet in isto. ℣. Post vite cursum, perducat ad ethera sursum.

Lectio V. Cum vir sanctissimus curam exhiberet pervigilem in administrationem dignitatis sibi commisse, fama bonitatis sue longius discurreret, quia civitas supra montem non potest abscondi, Convenarum[9] cathedralis ecclesia, suo viduata pastore, sollicite querebat pastorem qui in suis necessitatibus vigilaret propensius. — ℟. Gemma sacerdotum, populum nunc respice totum. Qui se devotum dedit, fac crimine lotum. ℣. Hostibus ignotum, celestibus exhibe notum.

Lectio VI. Venerunt igitur ad claustrum beati Stephani, et ejusdem loci episcopo et conventui electionem indicantes, seniores simul et juniores gaudent de promotione justi viri. Dolor tamen erat permixtus, quod eorum ecclesia filium suum mitteret longius. — ℟. Sanctus Bertrandus clemens, dulcisque, benignus. Prudens, justus, fortis, mitisque motus. ℣. Solvat vincla reis, et reddat lumina cecis, infirmos sanet, cunctisque petita ministret.

In III Noct. Ant. Qui maculas nescit, virtutum culmine crescit, lumine clarescit, in sancto monte quiescit. *Ant.* In virtute tua se rexit rexque vocatur, qui Deus assidua prece nos regat et tueatur. *Ant.* Hic manibus mundus et mundo corde jocundus, in montem ascendit, nobis sua dona rependit.

℟. Confessor Domini claris natalibus ortus, cujus sermo bonus, actus puri, voluntas. Assidua, mores assignantur nobiliores. ℣. Hinc claustrum petiit, mundum cum flore reliquit. — ℟. O felix pastor, servos audi famulantes. Erige lapsos, corrige pravos, dirige justos. Omnia pelle mala, cuncta precare bona. — ℟. Inclite Bertrande, vite meritis venerande, mente Deo carus et mundo, sanguine clarus. Plebs tibi devota sua gestit promere vota. ℣. Pro cujus venia, tu posce prece pia.

In Laud. Ant[10]. Regnavit Dominus semper, regnavit in evum, qui regnare facit sanctum virtute decorum. *Ant.* Omnis terra Deo jubilet qui cuncta creavit, lumine sidereo qui santum glorificavit. *Ant.* Ad te de luce vigilat Deus, hic fide dignus quo largire duce nobis eterna benignus. *Ant.* Celorum Domino benedicite cetera cuncta, cunctorum Domino benedicite cetera cuncta. *Ant.* Celi celorum laudent et virtus eorum Sanctum sanctorum donantem regna polorum. *Ad Bened. Ant.* Israel est dictus Deus et Dominus benedictus qui primo fecit, post nos redimendo refecit; Bertrandi meritis det nobis dona salutis. *Ad Magn. Ant.* O pie, nos serva, cui psallit juncta caterva, hostes enerva, nos protege, nosque guberna.

XVIII OCTOBRIS.

S. Luche, evang.

Necess. Evangelist. Oratio. Interveniat pro nobis, Domine, quesumus, sanctus Luchas [1] evangelista, qui crucis mortificationem jugiter in suo pro tui nominis amore portavit [2].

Lectio I. Gloriosissimus evangelista Jesu Christi Luchas, natione Syrus, videlicet Anthiocensis, arte medicus, discipulus autem apostolorum extitit. Quorum etiam almificos [3] actus prout vidit, lucido disertoque sermone prosecutus, in brevi libello, ad carissimum scripsit Theophilum [4].

Lectio II. Denique Paulum secutus apostolum, usque ad triumphum passionis ejus, quam cum coapostolo suo Petro Rome accepit, individuus comes peregrinationis ac tribulationis ejus existens permansit.

Lectio III. Cum igitur eundem Paulum apostolum sequeretur in plurimis terrarum magnisque tribulationibus digne ab illo hujusmodi testimonio meruit laudari. Sic enim Corinthiis de eo scribens ait : Salutat vos Lucas medicus, carissimus meus, qui est in Domino fidelis.

Lectio IIII. Timotheo vero illustri viro idem apostolus scribens, ait : Luchas est mecum solus. Et in alio loco epistole sue loquens de illo, ait, inter reliqua salutationis verba ecclesie Dei que est Corinthi : Misimus etiam et fratrem nostrum cujus laus est in Evangelio per omnes ecclesias, non solum autem, sed ordinatus ab ecclesiis comes peregrinationis nostre.

Lectio V. Hic vero beatus evangelista, cum jam descripta essent Evangelia, per Mattheum quippe in Judea, per Marchum autem in Italia, instigante Sancto Spiritu, magis auditu quam visu, scripsit Evangelium suum. Quod non solum ab apostolo Paulo, qui cum Domino in carne non fuerat, didicit, sed a ceteris apostolis.

Lectio VI. Declarat quoque ipse hoc in principio sui voluminis, dicens : Sicut tradiderunt nobis, qui a principio ipsi viderunt et ministri fuerunt sermonis Dei, itaque iste Dei dilectissimus, etiam fidelis minister, assiduis jejuniis, crebrisque vigiliis et lamentationibus, membra sua macerans, martyrium corpori suo ipse indixit.

Evang. sec. Luc. Designavit Dominus Jesus [5]. *Omel. B. Greg. pape.* Dominus et Salvator noster.

XX OCTOBRIS.

S. Caprasii, mart.

Oratio. Omnipotens, sempiterne Deus, fortitudo certantium et martyrum palma, solennitatem hodierne diei propitius intuere, et Ecclesiam tuam continua fac celebritate letari, ut intercessione beati Caprasii [1], martyris tui, omnium in te credentium vota perficias.

Lectio I. Sanctus et Dei futurus martyr Caprasius, cum admirabilem circa beatam Fidem, latens in specu, visionem spiritualibus oculis conspexisset, securus, non imparibus meritis eamdem gloriam subiturus, rupim sub qua habitabat, dextra sua percussit, et continuo inde fons jugis aque emanavit quo usque in hodiernum diem indeficienter currens, salutis remedium virtute Dei cunctis advenientibus prestare non desinit [2].

Lectio II. Quocumque enim tedio langoris quilibet detentus fuerit, mox ut de ipsius rupis fluento haustum gustaverit, optatam salutem recipiet, martyris sancti meritis.

Lectio III. Qui vultu ilaris, specie alacer, corde intrepidus, ceteris ignorantibus, ad locum ubi gloriosa virgo et martyr flammarum patibula sustinebat, improvisus advenit, Christum publica predicans voce. Quem statim audiendum impius tirannus suis aspectibus statui jussit.

Lectio IIII. Beatus Caprasius intrepidus coram preside stetit; et preses ab eo nomen, patriam, genusque requirit. Ad quem sanctus Caprasius : In primis, quod preclarum est, christianum me confiteor, in cujus regenerationis lavacro, Caprasius a sacerdote nuncupor.

Lectio V. Hoc audito, preses blandis eum cepit lenire sermonibus : Video, inquit, te decorissimum juvenem[3], qui, si forte sermonibus meis acquieveris, poteris in palacio summorum principum amicicia perfrui.

Lectio VI. Ad quem Caprasius : In illius desidero habitare palacio, quem a baptismo dilexi et Redemptorem omnium in se credentium agnovi. Cum blandiciis, nec minis flecteretur, post crudelem laniationem, unacum beata Fide et duobus fratribus Primo et Feliciano[4], capite plectitur.

XXI OCTOBRIS.

S. Severini, ep. et conf.

De Communi. Oratio. Adjuvent nos, quesumus, Domine, merita tibi placita sancti confessoris tui atque pontificis Severini[1], et pro gregibus quos sincero ministerio gubernavit, pietatem tuam semper exoret.

XXV OCTOBRIS.

SS. Crispini et Crispiniani, mart.

Oratio. Omnipotens et misericors Deus, lumen animarum, adesto votis solennitatis hodierne, et Ecclesie tue gaudiis, de beatorum martyrum Crispini et Crispiniani gloriosa manifestatione conceptis, benignus aspira, ut et corda nostra passione sanctorum martyrum igneantur, et apud misericordiam tuam eorum juvemur meritis[1].

Lectio I. Apud urbem Suesionem Gallie, natale sanctorum martyrum Crispini et Chrispiniani, quos Rictiovarus prefectus cathenis vinctos duxit ad Maximianum.

Lectio II. A quo interrogati ex quo genere essent aut cui deorum famulatum impenderent, dixerunt : Romani, nobili orti progenie, et in Gallias pro Christi nomine fatemur nos venisse.

Lectio III. His auditis, Maximianus furens Rictiovaro prefecto tradidit eos cruciandos dicens : Per virtutes te Diane conjuro, ut hos furciferos[2] diversis penis affligas et pessima morte consummas.

Lectio IIII. Tunc impius minister impietatis, jussis obtemperans, preclaros martyres extensos troclea[3] cedi fustibus jussit.

Lectio V. At hi, in tormentis constituti, Deum laudabant et dicebant : Respice in servos tuos et in opera tua, Domine. Unde iratus Rictiovarus fecit subulas[4] in ungulis eorum mitti et lora singulis de dorso tolli.

Lectio VI. De istis sanctis quidam sic loquitur : Crispinus et Crispinianus, viri celeberrimi, apud Suesionem capti et judici presentati, post immania tormenta sibi a carnificibus illata, gladio truncati, octavo kalendas novembris, martyrii coronam perceperunt.

XXVIII OCTOBRIS.

SS. Symonis et Jude, apost.

Ad Vesp. Capit. Fratres, scimus quoniam diligentibus Deum. *Et dicit. in utr. Vesp., Laud. et Tert. Oratio.* Concede, quesumus, omnipotens Deus, ut sicut apostolorum tuorum Symonis et Jude gloriosa natalicia prevenimus[1], sic ad tua beneficia promerenda, majestatem tuam pro nobis ipsi preveniant.

Lectio I. Symon Chananeus et Judas Zelotes, apostoli Domini nostri Jesu Christi, cum per revelationem Spiritus Sancti Persidam fuissent regionem ingressi, ibi duos magos Zaroen et Arphaxath, qui, a facie sancti Matthei apostoli, de Ethiopia fugerant.

Lectio II. Erat autem doctrina eorum

prava, ita ut Deum Abraam et Deum Isaac et Deum Jacob blasphemantes, Deum dicerent tenebrarum, Moysen dicerent maleficum, omnes prophetas Dei a deo tenebrarum missos assererent, animam hominis partem Dei habere dicerent, corporis vero figmentum a Deo malefactum et ideo contrarium sibimet diversisque esse substantiis, in quibus letatur caro, anima contristatur, et in quibus exultat anima, caro affligitur. Solem et lunam deorum numero applicantes, aquam simul deitatem habere dicebant.

Lectio III. Dei autem Filium, Dominum nostrum Jesum Christum dicebant fantasiam fuisse, nec verum hominem ex vera virgine natum, nec vere tentatum, nec vere passum, nec vere sepultum, nec vere tertia die resurrexisse a mortuis[2]. Hac predicatione polluta Persida, post Zaroen et Arphaxath, meruit doctrinam apostolorum invenire, qui dicerent Spiritum Sanctum de celo missum, juxta promissum Domini dicentis : Vado ad Patrem et mitto vobis Spiritum Paraclitum.

Lectio IIII. Sed rex Astriages, licet gentilis, dixit eis : omnibus notum est Judeos crucifixisse Jesum et die tertia illum resurrexisse. Et ideo pene universus orbis credit hunc esse Deum, quia non solum resurrexit, verum etiam in celos ascendit.

Lectio V. Sancti itaque apostoli Jesu Christi Judas et Symon, cum ingressi essent Persidam, occurrit eis preses Baradach et dux regis Babiloniorum, cui nomen erat Xersis. Hic autem contra Indos, qui fines Persidis invaserant, susceperat bellum.

Lectio VI. In comitatu autem Baradach, erant sacrificatores et arioli, et magi, et incantatores, qui per singulas regiones sacrificantes demoniis, dabant responsa fallacie sue. Illa autem die, concidentes se, et sanguinem suum effundentes, nullum penitus potuerunt dare responsum. Perrexerunt autem ad phanum vicine civitatis, et illic consulentes demonem, dedit mugitum demon et dixit : Dii, qui vos comitabantur, euntes ad prelium, non possunt vobis dare responsa, quia apostoli Dei sunt ibi. Unus dicitur Symon et alius Judas. Hi autem tantam gratiam secuti sunt a Deo ut nullus deus audeat, illis presentibus, loqui.

Evang. sec. Johann. Dixit Jesus discipulis suis : Hec mando vobis, ut diligatis. *Serm. S. August.* Caritas, carissimi fratres, fructus noster est. *In die* [3]. *Oratio.* Deus, qui nos, per beatos apostolos tuos Symonem et Judam, ad agnitionem tui nominis venire tribuisti, da nobis eorum gloriam sempiternam et proficiendo celebrare et celebrando proficere. *Ad Sext. Capit.* Hi sunt viri misericordie. *Oratio.* Omnipotens, sempiterne Deus, mundi creator et rector, qui beatos apostolos tuos nominis gloria consecrasti, exaudi populum tuum cum sanctorum tibi patrocinio supplicantem, ut pacis dono proficiat ad fidei caritatis augmentum. *Ad Non. Capit.* Corpora sanctorum in pace.

XXXI OCTOBRIS.

S. Quintini, mart.

Oratio. Omnipotens, sempiterne Deus, fortitudo certantium et martyrum palma, solennitatem hodierne diei propitius intuere et Ecclesiam tuam continua fac celebritate gaudere, ut intercessione beati Quintini, martyris tui, omnium in te credentium vota perficias.

Lectio I. In Galliis, civitate Augusta Vermandorum[1], passio sancti Quintini, martyris, qui Rome senatorio ordine editus, sed amore Christi, tempore Maximiani, imperatoris, Gallias aggressus, maximis predicationibus, signis et miraculis gloriose enituit.

Lectio II. Cujus fama Rictiovarus[2] prefectus audita jussit eum perquiri, et comprehensum cathenis astringi, ac carceri mancipari.

Lectio III. Denique Rictiovarus ex officio sibi exhibitum, percontata religione, quia idolis sacrificare contempsit, durissimis fecit flagellis cedi. In qua cesione oculis mentis et corporis ad celum directis, gratias Deo agebat.

Lectio IIII. Tortoribus beati Quintini in terram ruentibus, celitus voce delapsa, talem divinam meruit allocutionem : Quintine, constans esto, viriliter age, ego autem adero tibi.

Lectio V. Rursus cathenatus, in carcerem recluditur, ductuque ejus universas carceris custodias transiens, ad locum ostensum ventus, longa populis predicatione perorata, ferme ad sexcentos viros usque convertit.

Lectio VI. Postea, in eculeo ad ruptionem venarum usque distentus, nervis quoque crudis durissime cesus, oleum, picem et adipem ferventissimum toleravit, et cum presidem derideret, iratus, calcem, acetum et sinapium in os ejus projecit et duos clavos a capite usque ad crura et decem inter ungulas et carnem preses infigens, tandem eum decollari fecit, cujus corpus, post quinque et quinquaginta annos, angelo revelante, incorruptum repertum fuit [3].

EODEM DIE.

In vigilia omnium Sanctorum.

Ad Vesp. Sup. Ps. ferie. Ant [1]. Gaudent in celis anime sanctorum qui Christi vestigia sunt seculi, etc. *Capit.* In diebus illis, ego Johannes vidi in medio throni. ℟. Justorum anime in manu. Visi sunt oculis insipientium. ℣. Deus tentavit illos et invenit illos dignos, etc.

 Christe Redemptor omnium [2],
  Conserva tuos famulos,
  Beate semper Virginis
  Placatus sanctis precibus.

Beata quoque agmina
 Celestium spirituum,
 Preterita, presentia,
 Futura mala pellite.

Vates eterni judicis
 Apostolique Domini,
 Suppliciter expocimus
 Salvari vestris precibus.

Martyres Dei incliti,
 Confessoresque lucidi,
 Vestris orationibus
 Nos ferte in celestibus.

Chorus sanctarum virginum
 Monachorumque omnium,
 Simul cum sanctis omnibus
 Consortes Christi facite.

Gentem auferte perfidam
 Credentium de finibus
 Ut Christo laudes debitas
 Persolvamus alacriter.

Gloria Patri Ingenito,
 Ejusque Unigenito,
 Una cum Sancto Spiritu
 In sempiterna secula. Amen.

Ad Magn. Ant. Salvator mundi, salva nos omnes, sancta Dei Genitrix, Virgo semper Maria, ora pro nobis precibus quoque sanctorum angelorum, archangelorum, patriarcharum ac prophetarum, apostolorum, evangelistarum et martyrum, confessorum et virginum, et omnium sanctorum, suppliciter petimus, ut a malis omnibus eruamur, bonisque omnibus nunc et semper perfrui mereamur. *Oratio.* Domine, Deus noster, multiplica super nos misericordiam tuam et quorum prevenimus [3] gloriosa solennia, tribue subsequi in sancta professione leticiam. *Commemoratio nulla.*

In Compl. Ant. Gaudete et exultate, quia nomina vestra scripta sunt in celis, dicit. Dominus. *Ps.* Cum invocarem. *Ad Nunc dimit. Ant.* Sancti Dei omnes, qui estis consortes supernorum civium, intercedite pro nobis.

FESTA NOVEMBRIS

I NOVEMBRIS.

In festo omnium Sanctorum.

Invitat. Regem regum Dominum, venite, adoremus. Quia ipse est corona sanctorum omnium [1]. *Hymn.* Christe.

In I Noct. Ant [2]. Te, summa Deitas, supplices poscimus, ut culpas abluas, noxia subtrahas, des pacem famulis, nos quoque gloriam per cuncta secula. *Ant.* Beata Dei Genitrix, Maria, Virgo perpetua, templum

Domini, sacrarium Spiritus Sancti, sola sine exemplo placuisti Domino nostro Jesu Christo, ora pro populo, interveni pro clero, intercede pro devoto femineo sexu. *Ant.* Angeli, archangeli, throni et dominationes, principatus et potestates, virtutes celorum, laudate Dominum de celis, all.

*Lectio I. Sermo S. Johann. episc. Teranensis*³. Legimus in ecclesiasticis historiis quod sanctus Bonifacius Papa. ℟. Benedicat nos Deus. Et metuant eum omnes fines terre. ℣. Deus misereatur nostri et benedicat nos Deus. — ℟. Felix valde es, sacra Virgo Maria, et omni laude dignissima. Quia ex te ortus est sol justitie, Christus Deus noster. ℣. Ora pro clero, subveni populo, intercede, etc. — ℟. Sancte Michael, archangele Christi, cum omni exercitu angelorum. Pro nostra omniumque salute intercede. ℣. Persistens princeps angelorum in conspectu Domini.

In II Noct. Ant. Iste est ex sublimibus celorum prepotentibus unus, quem manus Domini consecravit sacris in visceribus, cujus nos precibus adjuvari supplices poscimus. *Ant.* O claviger celi et princeps apostolorum, Petre, potestate tibi tradita, nostrorum solve peccatorum vincula, ovesque cunctas tibi a Domino traditas magnifica intercessione, fac tecum gaudere in eterna leticia. *Ant.* Beati eritis cum vos oderint homines, etc.

Lectio IIII. Sermo S. Leonis, pape. Beata Dei Genitrix et Virgo semper Maria, templum Domini. — ℟. Inter natos mulierum, non surrexit major Joanne Baptista. Qui viam Domino preparavit in heremo. ℣. Hic venit in testimonium, ut testimonium perhiberet de lumine.—℟. O claviger regni celestis et princeps apostolorum, dignare pro nobis pium exorare Jesum Christum Dominum, ac potestate tibi tradita nostrarum solve vincula culparum. Et aperi nobis paradisi celestis introitum. ℣. Ut tecum possimus habitare in celestibus, apud Dominum et Magistrum tuum intercede. — ℟. Vos estis lux hujus mundi, dicit Dominus. Qui in patientia vestra possidebitis animas vestras. ℣. Et ego dispono vobis sicut disposuit mihi Pater meus regnum, ut edatis et bibatis super mensam meam in regno meo.

In III Noct. Ant. Sanctum et verum lumen et admirabile, ministrans lucem his qui permanserunt in agone certaminis, accipiunt a Christo splendorem sempiternum, in quo assidue felices letantur. *Ant.* Sint lumbi vestri precincti, etc. *Ant.* Simile est regnum celorum sagene misse in mari.

Evang. sec. Matt. Videns turbas Dominus Jesus ascendit in montem. *Sermo S. Leonis de ead. lect.* Predicate, dilectissimi, Domino nostro Jesu Christo evangelium regni. — ℟. Sint lumbi. ℣. Vigilate ergo. — ℟. Offerentur regi virgines. ℣. Specie. — ℟⁴. O constantia martyrum laudabilis, o caritas inextinguibilis, o patientia invincibilis que, licet inter pressuras persequentium visa sit despicabilis. Invenietur in laudem et gloriam et honorem in tempore retributionis. ℣. Nobis ergo petimus piis subveniant meritis, honorificati a Patre qui est in celis.—℟. Sancti tui, Domine, mirabile consecuti sunt iter. ℣. Victricem manum tuam laudaverunt pariter, et decantaverunt, Domine, nomen sanctum tuum. — ℟. Corpora sanctorum in pace sepulta sunt. ℣. Sapientiam sanctorum narrent. — ℟. Letamini justi. ℣. Cantate ei canticum novum. — ℟. Sancti per fidem vicerunt. ℣. Castra verterunt exterorum, effugaverunt aciem gladie. — ℟. Reddet Deus mercedem laborum. ℣. Accipient regnum decoris.—℟. Justi autem in perpetuum vivent ℣. Deus tentavit illos et invenit eos dignos se. — ℟. Hi sunt viri misericordie quorum pietates non defuerunt et cum semine eorum perseverant bona. Gloriam eterne vite adepti sunt et in diebus suis habentur in laudibus. ℣. Corpora sanctorum. —℟. Beati pauperes spiritu. ℣. Beati misericordes.—℟. In paucis vexati, in multis disponentur sancti Dei, quoniam Deus tentavit illos, etc. ℣. Tanquam aurum in fornace. — ℟. Exaltabuntur sancti in gloria. ℣. Epulentur et exultent in conspectu Dei. — ℟. Mirabilis Deus in sanctis suis. ℣. Salus autem justorum a Domino et protector eorum in tempore tribulationis. — ℟. In circuitu tuo, Domine, lumen est quod nunquam deficiet, ibi constituisti lucidissimas mansiones. Ubi requiescunt anime sanctorum. ℣. Magnus Dominus et laudabilis, etc.

In Laud. Ant. Post partum, Virgo. *Ant.* Laudemus Dominum quem laudant angeli, cui Cherubin et Seraphin : Sanctus, Sanctus, proclamant. *Ant.* Vos amici mei estis. *Ant.* Sancti spiritus et anime justorum. *Ant.* Omnium sanctorum chori laudent Dominum in excelsis. *Capit.* Post hec vidi turbam magnam.

HYMNUS

Jesu Salvator seculi [5],
Redemptis ope subveni,
Et, pia Dei Genitrix,
Salutem posce miseris.

Cetus omnes angelici,
Patriarcharum cunei,
Et prophetarum merita,
Nobis precentur veniam.

Baptista Christi previus,
Et claviger ethereus,
Cum ceteris apostolis,
Nos solvant nexu criminis.

Chorus sacratus martyrum,
Confessio sacerdotum,
Et virginalis castitas,
Nos a peccatis abluant.

Monachorum suffragia,
Omnesque cives celici,
Annuant votis supplicum,
Et vite poscant premium.

Laus, honor, virtus, gloria
Deo Patri et Filio,
Una cum Sancto Spiritu.
In sempiterna secula. Amen.

Ad Bened. Ant. Te gloriosus apostolorum chorus, te prophetarum laudabilis numerus, te martyrum candidatus laudat exercitus, te omnes electi voce confitentur unanimes, beata Trinitas, unus Deus. *Oratio.* Omnipotens, sempiterne Deus, qui nos omnium sanctorum tuorum merita sub una tribuisti celebritate venerari, quesumus, ut desideratam nobis tue propitiationis abundantiam multiplicatis intercessionibus largiaris [6].

Ad Prim. Ant. O quam clarus est sidereus locus paradisi, in quo sanctorum anime gaudent cum angelis, et alternis vocibus concrepantes jubilant, all. *Ad Tert. Ant.* Beati estis, sancti Dei omnes, qui meruistis consortes fieri celestium virtutum, et perfrui claritatis gloria ; ideo precamur, ut memores nostri intercedere dignemini pro nobis ad Dominum Deum nostrum. *Capit.* In diebus illis. Ego Johannes. ℟. Concede nobis, Domine, quesumus, veniam delictorum, et intercedentibus sanctis quorum hodie solennia celebramus. Talem nobis tribue devotionem ut ad eorum pervenire mereamur societatem. ℣. Adjuvent nos eorum merita, quos propria impediunt scelera, excuset intercessio, accusat quos actio, et qui eis tribuisti celestis palmam triumphi, nobis veniam non deneges peccati. *Ad Sext. Ant.* Omnes electi, nostri memoramini ante Deum, ut vestris precibus adjuti mereamur vobis conjungi. *Capit.* Sancti per fidem vicerunt. *Per Horas.* ℟. et ℣. *de Mart. Oratio.* Exaudi, quesumus, Domine, populum tuum spiritualibus instrumentis, et quorum prestas solennia celebrare, fac eorum et consideratione devotum et defensione securum. *Ad Non. Ant.* Isti sunt sancti qui pro lege Dei. *Capit.* Reddet Deus. *In I Vesp. plur. Mart. Oratio.* Omnipotens, sempiterne Deus, qui nos omnium sanctorum tuorum multiplici facis celebritate gaudere ; concede, quesumus, ut sicut illorum commemoratione temporali gratulamur officio, ita perpetuo letemur aspectu. *In Vesp. Ant. et Ps. plur. Mart. Capit.* Et omnes angeli stabant. *Ad Magn. Ant.* O quam gloriosum est regnum in quo cum Christo regnant omnes sancti amicti stolis albis, sequuntur Agnum quocumque ierit.

Finito Compl. dic. Vesp. defunct. solenniter....Ad Mat. non dic. Domine labia nec Deus in adjutorium, *sed dicto* Pater noster *et* Credo, *statim incip.* Regem cui omnia vivunt. *Ad Magn.* Justorum est enim regnum celorum qui contempserunt. [*In aliis feriis sic incipiunt lectiones.*]

Fer. III. — *De Serm. S. Joh.* Sed tamen novem esse ordines angelorum. *Ad Bened.*

Scimus quoniam diligentibus Deum, etc.

Fer. IV. — Revertamur ad eos quos unda baptismatis. *Ad Bened. Ant.* Gaudent in celis anime.

Fer. V. — Adhuc tamen aliquid de hac eadem tam pulcra atque preclara festivitate loqui incipiamus. *Ad Bened. Ant.* Deus tentavit illos. *Ad Magn. Ant.* Accipient regnum decoris et diadema specie de manu Domini.

Fer. VI. — Apostolis siquidem subjectum est triumphale martyrum nomen. *Ad Bened. ut in die. Ad Magn. Ant.* Beati qui persecutionem.

Fer. VII. — Et beatus papa Gregorius, in expositione cujusdam evangelii de istiusmodi bellatoribus. *Ad Bened. Ant.* Via justorum recta facta est et iter sanctorum preparatum est. *Ad Magnif. ut in Vigil.*

VIII NOVEMBRIS.

Octavo die omnium Sanctorum.

Necess. ut in die festi. In I Noct. Ant. Beati pauperes spiritu. *Ant.* Absterget Deus omnem lacrimam. *Ant.* Scimus quoniam diligentibus.

Lectio I. Ex dictis B. Johann. episc. Hodie, dilectissimi, omnium sanctorum sub una solemnitatis letitia celebremus festivitatem.

In II. Noct. Ant. Justi autem in perpetuum vivent. *Ant.* Deus tentavit illos. *Ant.* Leticia sempiterna super capita eorum, gaudium et leticiam obtinebunt.

In III Noct. Ant. Reddet Deus mercedem. *Ant.* In paucis vexati. *Ant.* Accipient regnum decoris. — ℟. Laudem dicite Deo nostro, omnes sancti ejus, et qui timetis Deum, pusilli et magni. Quoniam regnavit Dominus Deus noster omnipotens, gaudeamus et exultemus et demus gloriam Deo. ℣. Genus electum, gens sancta, populus acquisitionis, memores memorum laudate Deum.

In Laud. Ant. Omnes sancti, quanta passi sunt, etc. *Ant.* Laverunt stolas suas, et candidas eas fecerunt in Sanguine Agni. *Ant.* Isti sunt sancti qui contempto suorum corporum cruciatu, sevientem mundum Dei pro honore vicerunt. *Ant.* Spiritus et anime justorum, hymnum dicite Deo nostro, all., all. *Ant.* Exultabunt sancti in gloria, letabuntur in cubilibus suis. *Per Horas diei et ad Vesp. Ant. Plur. Mart.*

X NOVEMBRIS.

In vigilia S. Martini.

Ad Vesp[1]. *Capit.* Ecce sacerdos. ℟. Dixerunt.

HYMNUS

Rex Christe, Martini decus,
Hic laus tua, tu illius,
Tu nos in hunc te colere,
Quin ipsum in te tribue.

Qui das per orbis cardines,
Quod gemma fulget presulum,
Da, quos premunt culpe graves,
Solvat per ingens meritum.

En pauper hic et modicus
Celum dives ingreditur,
Celi cohortes obviant,
Lingue, tribus, gentes ovant.

Ut vita fulget transitus,
Celis et arvo splendidus,
Gaudere cunctis pium est,
Cunctis salus sit hec dies.

Sit Trinitati gloria,
Martinus ut confessus est,
Cujus fidem per opera
In nobis ipse roboret. Amen.

℣. Amavit. *Ad Magn. Ant.* O Martine, o pie, quam pium est gaudere de te ! O Martine, prophetis compar apostolis consertus, presulum gemma, fide et meritis egregie, pietate, misericordia, caritate ineffabili, succurre nobis nunc et ante Deum.

Oratio. Deus, qui conspicis quia ex nulla nostra virtute subsistimus, concede propitius, ut intercessione beati Martini, confessoris tui atque pontificis, contra omnia adversa muniamur[2].

XI NOVEMBRIS.

S. Martini, episc. et conf.

Invit. Martinus ecce migrat, hic pauper, celo dives, quem sanctorum concentus Christo psallens deducit. Nos celestibus hymnis laudemus in hunc Deum[1]. *Ps.* Venite.

HYMNUS

Martine, par Apostolis,
  Festum colentes tu fove,
  Qui vivere discipulis
  Vis aut mori, nos respice.

Fac nunc quod olim gesseras,
  Nunc presules clarifica,
  Auge decus Ecclesie,
  Fraudes relide Sathane.

Qui ter chaos evisceras,
  Mersos reatu suscita,
  Diviseras ut clamydem,
  Nos indue justitiam.

Ut specialis glorie
  Quondam reconderis tue,
  Monastico nunc ordini
  Jam pene lapso subveni.

Sit Trinitati gloria, etc.

In I Noct. Ant. Sanctus Martinus obitum suum longe ante prescivit, qui et discipulos in unum congregavit atque sui dissolutionem imminere predixit. *Ant.* Cum repente viribus corporis cepit destitui, tunc meror et luctus omnium vox plangentium, unaque precantium : Ne pastor oves deseras. *Ant.* Scimus quidem te, pater, desiderare Christum, sed salva sunt tibi premia tua ; nostri potius miserere quos deseris, pater.

Lectio I. Beatus Martinus Sabarie, Pannoniorum oppido, oriundus fuit, sed intra Italiam Ticini alitus est, parentibus secundum seculi dignitatem non infimis, gentilibus tamen. Pater ejus, miles primum, post tribunus militum fuit. — ℟. Beatus Martinus obitum suum longe ante prescivit, dixitque fratribus dissolutionem sui corporis imminere. Quia indicabat se jam resolvi. ℣. Dixerunt discipuli ad beatum Martinum : Cur nos, pater, deseris aut cui nos desolatos relinquis ?

Lectio II. Ipse armatam militiam in adolescentia secutus, inter scalares alas[2], sub rege Constantino, deinde sub Juliano Cesare militavit. Non tamen sponte, quia a primis fere annis, divina potius servitus sacram illustris pueri inspiravit infantiam. — ℟. Dixerunt discipuli. Invadent enim gregem tuum lupi rapaces. ℣. Scimus quidem desiderare te Christum, sed salva sunt tibi premia tua ; nostri potius miserere quos deseris.

Lectio III. Nam cum esset annorum decem, invitis parentibus, ad ecclesiam confugit seque cathecuminum[3] fieri postulavit. Mox mirum in modum totus in Dei opere conversus, cum esset annorum duodecim, heremum concupivit. Fecissetque votis satis, si etatis infirmitas non obstitisset. Animus tamen, aut circa monasteria, aut circa ecclesias semper intentus, meditabatur adhuc in etate puerili, quod postea devotus implevit. — ℟. Cum videret beatus Martinus discipulos suos flentes, motus his fletibus, conversus ad Dominum, dixit : Domine, si adhuc populo tuo sum necessarius, non recuso laborem. ℣. Munia tua devotus implebo, sub signis tuis, quoad ipse jusseris, militabo.

In II Noct. Ant. Domine, jam satis est quod hucusque certavi, sed quoad ipse jusseris, militabo ; at si parcis etati, bonum est michi, hos quibus timeo, ipse custodies. *Ant.* Artus febre fatiscentes spiritui servire cogebat, stratuque illo nobili cilicio recubans, nec terram jam videre dignatus est, celo totus inhiabat. *Ant.* Sinite me, inquit, celum videre, ut spiritus dirigatur ad Dominum, nihil in me reperiet inimicus, sed sinus Abrae me suscipiet.

Lectio IIII. Cum edictum esset a Cesare, ut veteranorum filii ad militiam scriberentur, prodente patre, qui felicibus ejus actibus invidebat, cum esset annorum quindecim, raptus et cathenatus, sacramentis militaribus implicatus est, uno tantum servo comite contentus, cui tamen versa vice dominus serviebat, adeo ut plerumque ei calciamenta ipse detraheret, et ipse detergeret, cibum una caperent, hic autem sepius ministraret. — ℞. Domine, si adhuc populo, etc. Fiat voluntas tua. ℣. Gravis quidem est, Domine, corporee pugna militie, sed si adhuc in eodem labore stare me jubes, munia tua, te duce, devotus implebo. Fiat.

Lectio V. Triennio fere ante baptismum in armis fuit, integer tamen ab his vitiis quibus illud hominum genus implicari solet. Multa illi circa commilitones benignitas, mira caritas, patientia vero atque humilitas ultra humanum modum. Nam frugalitatem in eo laudare non est necesse, qua ita usus est, ut jam illo tempore non miles sed monachus putaretur. — ℞. O beatum virum Martinum antistitem. Qui nec mori timuit, nec mori recusavit. ℣. Oculis ac manibus in celum semper intentis, invictum ab oratione spiritum non relaxabat.

Lectio VI. Quibus rebus ita sibi omnes commilitones suos devinxerat, ut cum miro venerarentur affectu. Necdum tamen regeneratus in Christo, agebat jam quendam bonis operibus baptismatis candidatum, assistere scilicet laborantibus, opem ferre miseris, alere egentes, vestire nudos. Nihil sibi ex militie stipendiis, propter quotidianum victum reservabat, jam tunc evangelii non surdus auditor, de crastino non cogitabat. — ℞. O vere beatum in cujus ore dolus non fuit, neminem judicans, neminem damnans. Nunquam in illius ore, nisi Christus, nisi pax, nisi misericordia inerat. ℣. O virum ineffabilem pietate, misericordia et caritate.

In III Noct. Ant. Media nocte Dominica, sanctus discessit, cum celi cives mox obviam multi audierunt voces in sublime, qui et vitro purior, lacte candidior, carne quoque monstratus est gemma sacerdotum. *Ant.* Glorificati homines viderunt gloriam qui affuerunt, nam caro quam ejus semper obtexerat ita resplenduit ut quoddam resurrectionis decus et extincta proferret. *Ant.* Adest multitudo monachorum ac virginum, hi speciali gloria precipue flebant, cum sentirent esse gaudendum, si rationem vis doloris admitteret.

℞[4]. Oculis ac manibus. ℣. Dum sacramenta offerret beatus Martinus, globus igneus apparuit super caput ejus. — ℞. O quantus erat luctus hominum, quanta precipue merentium lamenta monachorum. Quia pium est gaudere Martino, et pium est flere Martinum. ℣. Beati viri corpus usque ad locum sepulcri hymnis canora celestibus turba prosequitur. — ℞. Martinus Abrae sinu letus excipitur. Martinus hic pauper et modicus celum dives ingreditur, hymnis celestibus honoratur. ℣. Martinus episcopus migravit a seculo, vivit in Christo gemma sacerdotum. — ℞. Ora pro nobis, beate Martine. Ut digni. ℣. Intercede pro nobis ad Deum qui te elegit. — ℞. O beatum virum in cujus transitu sanctorum canit numerus, angelorum exultat chorus. Omniumque celestium virtutum occurrit psallentium exercitus. ℣. Ecclesia virtute roboratur, sacerdotes Dei revelatione glorificantur, quem Michael assumpsit cum Angelis. — ℞. Hic est Martinus electus Dei pontifex, cui Dominus post apostolos tantam gratiam conferre dignatus est. Ut in virtute Trinitatis deifice, mereretur fieri trium mortuorum suscitator magnificus. ℣. Sancte Trinitatis fidem Martinus confessus est. — ℞. Dum sacramenta. ℣. Cum enim preces ad Deum admitteret, et pro universo grege sibi commisso deprecaretur.

In Laud. Ant. omnes ut in brev. hod. *Ad Ben. Ant.* O quantus luctus omnium, etc.

Ad Prim. Ant. Beatus Martinus, dum esset summus pontifex, terrena non metuit, sed ad celestia regna gloriosus migravit [5]. *Ant.* Hic Martinus electus Dei pontifex, etc. — ℞. Ecce magnum et verum sacerdotem, ecce bonum dispensatorem. Qui chlamidem suam dans pauperi Christum induit et videre meruit. ℣. Dispersit, dedit pauperibus, etc. *Per ebdomad.* ℞. Ora pro nobis. Beate Martine. ℣. Ut digni. *Ad Sext. Ant.* Beatus Martinus dixit Juliano : Christi ego sum miles, pugnare mihi non licet. — ℞. Martinus episcopus. Migravit a seculo. ℣. Vixit in Christo gemma sacerdotum. ℣. Dum sacramenta. *Oratio.* Fac nos, quesumus, Domine, beati Martini, confessoris tui atque pontificis, digne celebrare solemnia, qui largitatis tue preventus munere, laudabilis vite cursum glorioso fine complevit. *Ad Non. Ant.* Multitudo angelorum audierunt Jesum clara voce dicentem : Martinus, adhuc cathecuminus hae me veste contexit. — ℞. Dum sacramenta. *Oratio.* Exaudi, Domine, populum tuum tota tibi mente subjectum, et beati Martini pontificis supplicatione custodi, ut corpore et mente protectus, quod pie credit, appetat, et quod juste sperat, obtineat.

In Vesp. Ant. Laud. Ad Magn. Ant. ut hodie.

XII NOVEMBRIS.

Feria II. — Post fest. S. Martini.

Lectio I. Quodam itaque tempore, cum jam beatus Martinus jam nihil preter arma et simplicem militie vestem haberet, media hieme que solito asperior inhorruerat, adeo ut plerosque vis algoris extingueret, obvium habet in porta Ambianentium civitatis pauperem nudum.

Lectio II. Cum igitur pauper pretereuntes, ut sui misererentur, oraret, omnesque miserum preterirent, intellexit vir, Deo plenus, sibi illum aliis misericordiam non prestantibus reservari.

Lectio III. Quid tamen ageret, qui nihil preter clamidem, qua indutus erat, habebat ? Jam enim reliqua in opus simile consumpserat. Arrepto itaque ferro, quo accinctus erat, mediam divisit, partemque ejus pauperi tribuit, reliqua rursus induitur.

Lectio IIII. Interea de circunstantibus ridere nonnulli ceperunt, quia deformis esset et truncatus habitus videretur.

Lectio V. Multi quidem quibus erat mens sanior altius gemuere, quod nihil simile fecissent, cum utique plus habentes, vestire pauperem sine sua nuditate potuissent.

Lectio VI. Nocte igitur insecuta, cum se sopori dedisset, vidit Christum clamydis sue, qua pauperem texerat, parte vestitum. Intueri diligentissime Dominum, vestemque quam dederat, jubetur agnoscere. Mox ad angelorum circunstantium multitudinem audivit Jesum clara voce dicentem : Martinus adhuc cathecuminus hae me veste contexit.

Ad Bened. Ant. Exequie Martini non dicuntur funeris sed triumphi, nam greges suos, qui ductu ejus mundum vicerant, agebat ante se pastor extinctus, qui, corpus ad sepulcrum sequentes, psallebant et flebant. *Ad Vesp. Capit. S. Bricii, conf. pont. Ad Magn. Ant.* Sanctus Bricius satisfaciens populis, prunas ardentes ab urbe in birro suo deferens, et ante sepulcrum beati Martini coram populo projiciens, vestimentum ejus inustum apparuit. *Oratio.* Conserva, quesumus, Domine, populum tuum intercessione beati Bricii, confessoris tui atque pontificis, ut mereamur, ipso intercedente, consortes fieri celestium gaudiorum. *Comm. S. Mart. Ant.* En celo receptus, videri ultra non potuit ; ergo nobis in quo erit spes, in quo refrigerium, in cujus caritate solacium ; sed ut non desit nobis, ipse faciat, dans ut amore sequamur, quo sequendum se docuit.

XIII NOVEMBRIS.

S. Bricii, conf. pont.

Invitat. Adoremus Christum Regem confessorum Dominum. Qui eterna sanctum Britium[1] coronavit gloria.

Lectio I. Post excessum beati Martini, Turonice civitatis episcopi, summi et incomparabilis viri sanctus Bricius ad episcopatum successit. At vero hic Bricius, cum esset primeve etatis juvenis, sancto Martino, adhuc viventi in corpore, multas ferebat insidias, pro eo quod eodem tempore cor facile sequeretur. — ℞. Post excessum beatissimi Martini antistitis. Beatus Bricius cathedram episcopalem suscepit. ℣. Postquam sanctus Martinus episcopus, vir inclitus, virtute conspicuus, ultimum spirasset funiculum. Beatus.

Lectio II. Quadam itaque die, dum quidam infirmus medicinam expeteret, Bricius, adhuc dyachonus, in platea convenit, cui simpliciter ait : Ecce ego prestolor beatum virum, et nescio ubi sit, vel quid operis agat. Cui Britius : Si, inquit, delirum illum queris, prospice eminus. Ecce celum solito sicut amens respicit. — ℟. Trigesimo ordinationis sue anno, oritur contra eum lamentabile crimen, nam quedam mulier, que cubiculariis vestimenta abluebat, concepit et peperit. Et omne crimen super episcopum objiciunt. ℣. Sancto quoque Bricio jam succedente in episcopatum, mulier quedam in eadam civitate adulterium perpetravit.

Lectio III. Cum pauper ille qui ad beatum Brictium venerat, occursu reddito, quod petierat impetrasset, Britium diachonum vir sanctus alloquitur : Num ego, Brici, delirus tibi videor? Cumque ille confusus, hec audiens, dixisse se denegaret, ait ei sanctus Martinus : Nonne aures mee ad os tuum erant, cum hec eminus loquereris ! — ℟. Beatus Bricius satisfaciens populis, prunas ardentes, etc. ℣. Amplexatus quoque in birro suo sanctus Bricius prunas ardentes, una cum populorum turba ad sepulchrum beati Martini perrexit easque ibi. Coram. *Mediane lect. de S. Martino* ².

Lectio IIII. Vere memor Dominus dictorum suorum qui ante predixerat : « Quandiu fecistis hec uni ex minimis istis, mihi fecistis » se in paupere professus est fuisse vestitum, et ad confirmandum illud boni operis testimonium, in eodem se habitu quem pauper acceperat, est dignatus ostendere.

Lectio V. Quo viso, vir beatissimus non in gloriam est elatus humanam, sed bonitatem Dei in suo opere miratus, cum esset annorum duodeviginti, ad baptisma convolavit. Nec statim militie renuntiavit, tribuni sui precibus victus, cui contubernium familiare prestabat.

Lectio VI. Etenim transacto tribunatus sui tempore, renunciaturum se seculo pollicebatur. Qua Martinus expectatione suspensus, per biennium fere, posteaquam est baptisma consecutus, solo scilicet nomine, militavit.

Evang. sec. Matt. Dixit Dominus Jesus discipulis suis : Vigilate, quia nescitis. *Sermo S. Hieron.* Perspicue ostendit quare supra dixerit : De die autem illa. — ℟. Populis autem non credentibus et ab episcopatu eum projicientibus, Romam petiit flens et ejulans atque dicens : Merito hec patior, quia peccavi in sanctum Dei. ℣. Clamans atque dicens.

In Laud. Ant. Post excessum beatissimi Martini, beatus Bricius cathedram episcopalem suscepit. *Ant.* Trigesimo ordinationis sue anno, etc. *Ant.* Illo quoque negante, jussit sibi afferri infantem ; cumque obiatus ³ fuisset, triginta ab ortu habens dies, ait ad eum Bricius : Adjuro te per Deum, ut si ego te generavi, coram cunctis edicas. *Ant.* Respondens autem infans, coram omni populo, beato viro dixit : Non es tu, inquit, pater meus. *Ant.* Sanctus Bricius satisfaciens ⁴, etc., [*ut sup. in Vesp.*]. *Ad Ben.* Populis autem non credentibus, etc. *Comm. S. Mart. Ant.* Dum sacramenta. *Per Hor. Ant. Laud. et ad Vesp. similiter. Comm. S. Mart. Ant.* Sancte Trinitatis fidem Martinus confessus est, beatissimus gratiam percepit.

XIV NOVEMBRIS.

Feria IV. — S. Martini.

Lectio I. Interea irruentibus intra Gallias barbaris, Julianus Cesar, coacto in unum exercitu, apud Vangionum ¹ civitatem, donativum cepit erogare militibus, et ut est consuetudinis, singuli recitabantur, donec ad Martinum ventum est.

Lectio II. Tum oportunum tempus existimans, quo peteret missionem, neque enim integrum sibi fore arbitrabatur, ut donativum, non militaturus, acciperet : Hactenus, inquit ad Cesarem, militavi tibi ; patere ut nunc militem Deo. Donativum tuum, pugnaturus, accipiat. Christi ego sum miles, pugnare mihi non licet.

Lectio III. Tum vero adversus hanc vocem tirannus infremuit, dicens eum metu pugne, que postera die erat futura, non religionis gratia, detrectare militiam.

Lectio IIII. At Martinus intrepidus, imo illato sibi terrore constantior : Si hoc, inquit, ignavie inscribitur, non fidei, crastina die, ante aciem, inermis astabo, et in Nomine Domini Jesu, signo crucis, non clipeo protectus aut galea, hostium cuneos penetrabo securus.

Lectio V. Retrudi igitur in custodiam beatus Martinus jubetur, facturus fidem dictis, ut inermis barbaris objiceretur.

Lectio VI. Postera die, hostes legatos de pace miserunt, sua omnia seque dedentes. Unde quis dubitet hanc vere beati viri fuisse victoriam, cui prestitum sit ne inermis ad prelium mitteretur. — *Ad Ben. Ant.* Ego signo crucis, non clipeo, etc. [*ut supra*]. *Ad Magn. Ant.* Martine, misit nos Dominus tibi auxilium ferre, et rusticam multitudinem effugare.

XV NOVEMBRIS.
Feria V. — S. Martini.

Lectio I. Et quamvis pius Dominus servare militem suum inter hostium gladios et tela potuisset, tamen ne vel aliorum morte sancti violarentur obtutus, exemit pugne necessitatem. Neque enim Christus aliam pro milite suo debuit prestare victoriam, quam, subactis sine sanguine hostibus, ut nemo moreretur.

Lectio II. Exinde relicta militia, sanctum Ilarium, Pictavis episcopum civitatis, cujus tunc in Dei rebus spectata et cognita fides habebatur, expetiit, et aliquandiu apud eum commoratus est.

Lectio III. Tentavit autem idem Ilarius, imposito dyachonii officio, sibi eum artius implicare et ministerio vinciri divino.

Lectio IIII. Sed cum sepissime restitisset, indignum se esse vociferans, intellexit vir Dei altioris ingenii hoc eo modo posse constringi, si id ei officii imponeret, in quo quidam locus injurie videretur. Itaque exorcistam eum esse precepit. Quam ille ordinationem, ne despexisse quasi humiliorem videretur, non repudiavit.

Lectio V. Non multo post, beatus Martinus ammonitus per soporem, ut patriam parentesque, quos adhuc gentilitas detinebat, religiosa sollicitudine visitaret, ex voluntate sancti Ilarii profectus est, multisque ab eo est obstrictus precibus et lacrimis ut rediret.

Lectio VI. Mestus, ut ferunt, peregrinationem illam aggressus est, contestans fratribus multa se adversa passurum, quod postea rei probavit eventus. — *Ad Ben. Ant.* Imposita manu puero, beatus Martinus immundum ab eo spiritum ejecit. *Ad Magn. Ant.* Dominus Jesus Christus non se, inquit, purpuratum, nec diademate renitentem venturum esse predixit.

XVI NOVEMBRIS.
Feria VI. — S. Martini.

Lectio I. Igitur cum beatus Martinus iter arripuisset, primum inter Alpes devia secutus, incidit in latrones. Cunque unus securim elevatam in caput ejus librasset, ictum ferientis dextere sustinuit alter. Vinctis tamen post tergum manibus, uni servandus et custodiendus traditur.

Lectio II. Qui cum eum ad remotiora duxisset, percunctari cepit quisnam esset. Respondit christianum se esse. Querebat etiam ab eo an timeret.

Lectio III. Tum vero constantissime profitetur nunquam se tam fuisse securum, quia sciret misericordiam Domini maxime in tentationibus affuturam, sed magis ille dolere, qui Christi misericordia, utpote latrocinia exercens, esset indignus.

Lectio IIII. Ingressusque beatus Martinus evangelicam disputationem, verbum Dei latroni predicabat. Quid longius morer ? Latro credidit.

Lectio V. Prosecutus itaque latro beatum Martinum vie reddidit, orans ut pro se Dominum precaretur. Idemque postea religiosam agens vitam visus est, ut hec, que supra retulimus, ab ipso audita dicantur.

Lectio VI. Igitur Martinus inde progressus, cum Mediolanum preterisset, diabolus in itinere, humana specie assumpta, se ei obviam tulit, quo tenderet querens.

Ad Bened. Ant. O ineffabilem virum per quem nobis tanta miracula corruscant. *Ad Vesp. Capit. S. Aniani. Oratio.* Exaudi, quesumus, Domine, populum tuum, et sancti confessoris tui atque pontificis Aniani solennia celebrantem, temporalis vite tribue pace gaudere et eternum reperire subsidium. *Comm. S. Mart. Ant.* Sacerdos Dei Martine, pastor egregie, ora pro nobis Deum.

XVII NOVEMBRIS.
S. Aniani, episc. et conf.

Lectio I. Aurelianis, sancti Aniani[1] ejusdem civitatis episcopi, cujus mortem in conspectu Domini preciosam miracula crebra testantur. Factus divinitus antistes, dum urbem suam ingressus esset, petiit ab Agripino qui militibus preerat, ut omnes quos pro variis criminibus in carcere tenebat inclusos, ob gratiam sui introitus redderet absolutos.

Lectio II. Renuenti Agripino affuit divina punitio: lapis non modici ponderis ab alto cecidit, qui ejus verticem lesit. Cum sanguis fluere non cessaret, visitatur ex charitate a pontifice; mox ut vulneri, manu sua, signum crucis apposuit, rivus sanguinis cessavit et hominem ab interitu liberavit. Et dum unum correctum propria oratione sanavit, pro reliquis, quos ante petierat, impetravit[2].

Lectio III. Idem sanctus, cum ecclesiam quam predecessor suus[3] fundaverat, altiori culmine proveheret, qui preerat artificibus de tecto corruens, incurrit mortis periculum, ita ut, omni quassato corpore, vix ultimo spiritu palpitaret. Sed sanctus Dei, facto signo crucis, oratione sanitati restituit. Civitatem suam, exercitu Hunorum[4] obsessam, sanctis precibus liberavit. Gens etenim illa efera[5] et indomita, damna ferro et flammis Gallis inferebat. Tandem post innumeras virtutes, vir beatissimus, plenus bonis operibus, obdormivit in Domino[6]. *Mediane lect. de S. Martino.*

Lectio IIII. Cumque diabolus id a Martino responsi accepisset: se quo Dominus vocaret intendere; ait ad eum: Quocunque ieris, vel quodcunque tentaveris, diabolus tibi adversabitur.

Lectio V. Tunc beatus Martinus ei prophetica voce respondit: Dominus michi[7] adjutor est; non timebo quid faciat mihi homo. Statimque e conspectu ejus inimicus evanuit.

Lectio VI. Itaque, ut animo et mente conceperat, matrem gentilitatis absolvit errore. Patre vero in malis perseverante, plures tamen suo salvavit exemplo. — *Ad Ben. Comm. S. Mart. Ant.* Ora pro nobis, beate Martine, ut digni efficiamur promissionibus Christi. *Ad Magn. Ant.* O Martine. *Oratio* Concede, quesumus, omnipotens Deus, ut beati Martini, confessoris tui atque pontificis, frequentata solennitas, ad perpetuam populo tuo proficiat salutem et quem sepius veneramur in terris, semper habeamus patronum in celis.

XVIII NOVEMBRIS.
Octavo die S. Martini.

Necess. sicut in die, excepto ℟. ad Tert. Epistola Sulpicii Severi ad socrum suam Bassulam de transitu B. Martini.

Lectio I. Beatus Martinus obitum suum longe ante prescivit, dixitque fratribus dissolutionem sui corporis imminere. Interea causa extitit qua Condatensem[1] diocesim visitaret. Nam clericis inter se ecclesie illius discordantibus, pacem cupiens reformare, licet finem dierum suorum non ignoraret, proficisci tamen ob istiusmodi causam non recusavit, bonam hanc virtutum suarum consummationem existimans, si pacem Ecclesie redditam reliquisset.

Lectio II. Itaque profectus cum suo illo, ut semper, frequentissimo discipulorum sanctissimoque comitatu, mergos in flumine conspicatur piscium predam sequi, et rapacem ingluviem assiduis urgere capturis. Forma, inquit, hec demonum est. Insidiantur incautis, capiunt nescientes, captos devorant, exaturarique non queunt devoratis.

Lectio III. Imperat deinde potenti virtute verborum, ut eum, cui innatabant, gurgitem relinquentes, aridas peterent desertasque regiones, eo nimirum, circa aves illas, usus imperio, quo demones ante fugare consueverat.

Lectio IIII. Ita grege facto, omnes in unum ille volucres congregate, relicto flumine, montes silvasque petierunt, non sine ammiratione multorum, qui tantam in Martino virtutem viderent, ut etiam avibus imperaret.

Lectio V. Aliquandiu ergo in vico illo vel in ecclesia ad quam ierat commoratus, pace inter clericos restituta, cum jam regredi ad monasterium cogitaret, viribus corporis cepit repente destitui, convocatisque discipulis, indicat se jam resolvi.

Lectio VI. Tum vero meror et luctus omnium, vox una plangentium : Cur nos, pater, deseris, aut cui nos desolatos relinquis? Invadent enim gregem tuum lupi rapaces. Et quis eos a morsibus nostris percusso pastore prohibebit? Scimus quidem te desiderare Christum, sed salva tibi sunt tua premia nec dilata minuentur, nostri potius miserere quos deseris[2].

XXI NOVEMBRIS.

In Presentatione B. M. V.

Ad Vesp. Sup. Ps. Ant. Rex virtutum sibi mirabilem Matrem fecit et humilem, omni quoque dote spectabilem, all., all. *Capit.* Ego quasi vitis. ℟. O quam puram.

HYMNUS

Omnes fideles plaudite,
  Et Virginis infantiam
  Devoto corde colite,
  Mirantes ejus gratiam.

Nam in puella tenera
  Vernat sensus maturitas,
  Et panditur per opera
  Habitans intus deitas.

Docta, matura, strenua,
  Et honore spectabilis,
  Virtute scandens ardua,
  Cunctis prestans et humilis.

Sic Conditoris munere
  Miris ornata dotibus,
  Ut digna foret parere
  Deum castis visceribus.

Gloria tibi, Domine,
  Qui natus es de Virgine,
  Idem manens in Numine
  Patri cum Sancto Flamine. Amen.

℣. Presentatio est hodie sancte Marie Virginis. ℟. Cujus vita inclita cunctas illustrat ecclesias[1]. *Ad Magn. Ant.* Nove laudis adest festivitas, grata mundo ac celi civibus, qua beate Marie sanctitas templo data est a parentibus, ut olive pinguis suavitas uberius fecundet fructibus. *Oratio.* Deus, qui sanctam tuam Genitricem, tabernaculum Sancti Spiritus, post triennium in templo Dei presentari voluisti, presta, quesumus, ut qui ejus Presentationis festa recolimus, ipsius intercessione ad templum, qui Christus est, in celesti gloria presentari mereamur. Per eundem... in unitate ejusdem.

Invitat. Votis et vocibus laudantes Dominum. Instemus laudibus Virginis virginum. *Ps.* Venite. *Hymn.* Omnes.

In I Noct. Ant. In templum Dei gradibus terquinis erat aditus, quos compositis gressibus, ascendit fulta celitus. *Ant.* Nihil insolentie Virgo pretendebat, nam lux sapientie in ipsa fulgebat. *Ant.* Ex affectu supplici Deo famulatur, sed ex gestu simplici grata veneratur. ℣. Specie tua.

Lectio I. Que est illa puella, Mater et Virgo semper Maria, fratres carissimi, que nunc mundo ostensa quindecim gradus ascendens hodie, in templo a parentibus presentatur? Unde processit, ad quid ascendit et quante virtutis existat audiamus. — ℟. Mente sancta fuit et humilis, omni splendens ornatu gratie Virgo pia, unde sic nobilis. Thronus dignus fit Regi glorie. ℣. Thronus eburneus cum auro fulgido, venter virgineus cum corde provido.

Lectio II. Cum autem anno tertio ablactasset eam, abierunt simul Joachim et Anna, uxor ejus, ad templum Domini, et offerentes hostias Domino tradiderunt in famulam suam Mariam in contubernium virginum, que die noctuque in Dei laudibus perseverabat. — ℟. O quam puram, quam sanctam decuit Matrem esse que Deum genuit, lacte quoque uberum aluit. Strinxit ulnis, manibus tenuit. ℣. Tanto Regi fit tam domestica quem vestivit humana tunica.

Lectio III. Cumque posita esset ante templum, quintum decimum[2] gradum templi sine adjutorio ascendit, in quo facto omnes stupor tenebat, ita ut pontifices templi mirarentur. Erat autem Maria in admiratione omnibus. — ℟. Ordo rectus servatus noscitur, dum Maria in templo conditur, jam contemplans Deo perfruitur. Sic ad alta mens ejus rapitur. ℣. Cum in mente Verbi lux oritur, digna Verbi Mater disponitur.

In II Noct. Ant. Omni virtute predita totum dat ad hoc studium, ut Deo tota subdita devotum det obsequium. *Ant.* Rex virtutum sibi mirabilem Matrem fecit mitem et humilem, omni quoque dote spectabilem. *Ant.* Desponsata cor docile, ad angeli colloquium, mite prebet, et humile prompta dat obsequium.

Lectio IIII. Que cum trium esset annorum, ita maturo gressu ambulabat, et ita perfectissime loquebatur, et Dei laudibus insistebat, ut non infantula putaretur esse, sed magna et quasi jam triginta annorum, ita in orationibus persistebat. — ℟. Eminenti celi dulcedine stans in templo Virgo reficitur. Ejus quoque mens pulcritudine gratiarum ibi perficitur. ℣. Magna semper excercens opera, gratiora meretur munera.

Lectio V. Insistebat enim in lanificio, et omnia que mulieres antique facere non poterant, ista in tenera etate posita explebat. Hec autem sibi ipsi regulam statuerat[3] ut a mane usque ad horam tertiam orationibus insisteret. A tertia vero usque ad nonam se opere occupabat. A nona vero iterum ab oratione non recedebat, usque dum ille Dei angelus appareret, de cujus manu escam acciperet, et melius atque melius in Dei amore proficiebat. — ℟. Alma Virgo propositum nunquam nubendi statuit. Semper Dei placitum in hoc voto supposuit. ℣. Gratus virga Joseph flos emicat, et hunc sponsum Virginis indicat.

Lectio VI. Denique cum vidisset majores suas virgines in laudibus proficere, ducebatur zelo nimie sue bonitatis, et agebat ut in vigiliis inveniretur prior, in sapientia legis Dei eruditior, in carminibus Daviticis elegantior, in caritate gratiosior, in puritate purior et in omni virtute perfectior. — ℟. Nuptam sic ex judicio floris et Sancti Spiritus in columbe mysterio Gabriel missus celitus, salutat magno gaudio. Que concepit divinitus. ℣. In parentum manens hospitio invenitur a Dei nuncio. Que.

In III Noct. Ant. Flos in floris tempore ad locum floris mittitur, sic de floris corpore gloriose concipitur. *Ant.* Jesus flos, flos Maria, verque tempus floris, flos Nazareth patria plena sunt decoris. *Ant.* Candens flos multiplicat virgule decorem, conceptus glorificat Marie pudorem.

Evang. sec. Matt. Liber generationis Jesu Christi. *Omelia B. Greg. pape.* Audistis, fratres carissimi, Domini incarnationis ineffabile sacramentum. — ℟. Archa Dei in qua reconditur dulce manna, cibus ethereus quo plebs Dei reficitur. Est Marie venter virgineus. ℣. Thalamus Regis glorie quo jungitur Ecclesie. — ℟. Mirabile Deus commercium cum humano inivit genere, suum nobis donans fastigium. Nostra dignans infirma sumere. ℣. Nam ut nostrum sanaret vitium, sic amoris dedit indicium. — ℟. Omnes gentes, attendite, ad tam pulcrum spectaculum, Deo gratias agite, qui sic dilexit populum. Marie formam sumite que virtutis est speculum. ℣. Virgo sancta, templo data, post facta est Dei templum.

In Laud. et per Hor. Ant. Lauda, felix Ecclesia, alme Matris infantiam cujus immensa gratia tibi paravit gloriam. *Ant.* In templi Dei laribus Virgo dedicata, et supernis civibus gaudet visitata. *Ant.* Omnis ejus actio in Deum tendebat, toto vite spacio meritum augebat. *Ant.* Quicquid egit penitus est forma virtutis, et doctrina spiritus et causa salutis. *Ant.* Quantum facultas sufficit, laudent mentes pie, nam omnis lingua deficit a laude Marie. *Capit.* Ego quasi vitis.

HYMNUS

Eterni Patris ordine,
In templo Virgo conditur,
Ubi mira dulcedine
Contemplando perfruitur.

Orationi dedita
 Et divinis obsequiis,
 A mundo prorsus abdita,
 Archanis vacat studiis.

O mira redundantia
 Gratie date Virgini,
 Qua cuncta sunt fragrantia
 Et grata summo Numini!

Mens, lingua, caro, spiritus,
 Sensus, affectus, actio,
 Electam monstrant celitus
 In Matrem Dei Filio.

Gloria tibi Domine, etc.

℣. Presentationem colamus Sancte Marie Virginis. ℟. Instemus laudibus precibus sedulis. *Ad Ben. Ant.* Benedictus Virginis Filius replens Matrem misericordia, advocatam dans hanc propicius, ne sit quisquam anceps de venia. *Ad Tert. Capit.* Ego quasi. ℟. Nuptam sic. ℣. Ego in Altissimis habitavi. ℟. Et gyrum celi sola circuivi. *Ad Sext. Capit.* Transite ad me omnes qui concupiscitis me. ℟. Tu gloria Hierusalem, tu letitia Israel. ℣. Tu honorificentia populi nostri. Tu letitia. Gloria. Tu gloria. ℣. Pulcra es, amica mea. ℟. Oculi tui columbarum. *Oratio.* Deus, qui sanctam Dei Genitricem Virginem Mariam, templum Spiritus Sancti, post triennium in templo Dei presentari voluisti, presta, quesumus, ut qui ejus Presentationis festa veneramur in terris, ipsi templum efficiamur in quo habitare digneris. *Ad Non. Capit.* Qui edunt me, adhuc esurient. ℟. Sicut lilium inter spinas. ℣. Sic amica mea inter filias. ℣. Tota pulcra es, amica mea. ℟. Et macula non est in te.

Ad Vesp. Ant. Laud. Ps. Virg. Ad Magn. Ant. Oliva fructifera, mater pietatis, fugans mundi scelera, stella claritatis per quam cuncta prospera dantur nobis gratis, nos tandem in ethera transfer cum beatis. *Comm. S. Cecilie. Ant.* Cecilia famula tua, Domine, quasi apis tibi argumentosa deservit. *Oratio.* Deus, qui nos annua beate Cecilie, martyris tue, solennitate letificas, da, ut, quam veneramur officio, etiam pie conversationis sequamur exemplo.

XXII NOVEMBRIS.

S. Cecilie, virg. et mart.

Invitat. Virginum Regem adoremus. Qui celestis regni meritum et gloriam contulit sancte sue Cecilie.

In I Noct. Ant. omnes ut in hod. Breviario. ℣. Diffusa est.

Lectio I. Cecilia, virgo clarissima, absconditum semper evangelium Christi gerebat in corpore, et non diebus neque noctibus, a colloquiis divinis et oratione cessabat. Hec Valerianum quendam juvenem habebat sponsum. Qui juvenis in amore virginis perurgens animum, diem constituit nuptiarum. — ℟. Virgo gloriosa semper evangelium, etc. ℣. Cilicio Cecilia membra domabat, Deum gemitibus exorabat.

Lectio II. Cecilia vero subtus ad carnem cilicio induta, desuper auratis vestibus tegebatur. Parentum enim et sponsi tanta vis circa illam erat exestuans, ut non posset amorem sui cordis ostendere, et quod solum Christum diligeret indiciis evidentibus aperiret. — ℟. Cantantibus organis, *ut hodie.*

Lectio III. Quid multa? Venit dies in quo thalamus collocatus est. Et cantantibus organis, illa in corde suo Domino decantabat, dicens: Fiat, Domine, cor meum et corpus meum immaculatum. — ℟. Domine, Jesu Christe, pastor bone, suscipe seminum fructus quos in Cecilia seminasti, seminator casti consilii. Cecilia, famula tua, quasi apis. ℣. Nam sponsum quem, quasi leonem ferocem, accepit, ad te quasi agnum mansuetissimum destinavit.

In II Noct. Ant. ut hodie. ℣. Specie tua.

Lectio IIII. Et biduanis ac triduanis jejuniis orans, commendabat Domino quod timebat. Invitabat angelos precibus, et lacrimis interpellabat apostolos. Sancta omnia Christo famulantia exorabat, ut suis eam deprecationibus adjuvarent, et suam Domino pudicitiam commendarent. — ℟. Cecilia intra cubiculum, etc.

Lectio V. Cum hec agerentur, venit nox in qua suscepit una cum sponso suo cubiculi secreta silentia, et ita eum alloquitur, dicens : O dulcissime atque amantissime juvenis, est mihi mysterium quod tibi confitear, si modo tu juratus asseras tota te illud observantia custodire. Jurat Valerianus sponsus se illud nulla prodere ratione, nullaque necessitate detegere. — ℟. Cilicio Cecilia membra, etc.

Lectio VI. Tum illa ait : Angelum Dei habeo amatorem qui nimio zelo custodit corpus meum. Hic si vel leviter senserit quod tu me polluto amore contingas, statim circa te suum furorem exagitabit et amittes florem tue gratissime juventutis. Si autem cognoverit quod me sincero et immaculato amore diligas, et virginitatem meam integram illibatamque custodias, ita te quoque diliget sicut et me, et ostendet tibi gratiam suam. — ℟. O beata Cecilia que duos fratres, etc.

In III Noct. Ant. ut hodie. ℣. Adjuvabit. ℟. Dum aurora. etc. ℣. Certamen bonum certastis, cursum consummastis, fidem servastis, ite ad coronam vite quam reddet vobis Dominus, justus judex. ℟. Cecilia me misit ad vos, etc. ℣. Tunc Valerianus perrexit, etc. ℟. Est secretum, Valeriane, quod tibi volo dicere : Angelum habeo, etc. ℣. Si consiliis meis promittis te acquiescere et promittis te purificari fonte perenni, et credas unum Deum esse in celis vivum et verum, poteris videre angelum Domini.

In Laud. Ant. Virgo gloriosa semper evangelium, etc. *Ant.* Cantantibus organis. *Ant.* Est secretum, Valeriane. *Ant.* Cecilia me misit ad vos. *Ant.* Valerianus in cubiculo. *Ad Ben. Ant.* Dum aurora. *Ad Prim. Ant.* Cecilia famula. *Ad Tert. Ant.* Veni, sponsa Christi. *Ad Sext.* Hec est virgo prudens, que veniente sponso aptavit lampades suas, et introivit cum eo ad nuptias. *Ad Non. Ant.* Triduanas.

In Vesp. Ant. Laud. Capit. S. Clementis, pap. et mart. Ad Magn. Ant. Dedisti, Domine, habitaculum martyri tuo Clementi in mare, in modum templi marmorei, angelicis manibus preparatum, iter prebens populo terre, ut enarrent mirabilia tua. *Oratio.* Deus qui nos annua beati Clementis, etc. *Comm. S. Cecilie. Ant.* Sancta Dei martyr, beata Cecilia, constanter tormenta derisit, nullis territa periculis, in agone fortis cucurrit ad palmam, felixque cum Christo coronata triumphat.

XXIII NOVEMBRIS.

S. Clementis, pape et mart.

Invitat. Adoremus Deum invisibilem. Qui Clementi [1] martyri in mare condidit habitaculum.

Lectio I. Sub persecutione Trajani imperatoris, beatus Clemens qui tertius [2], post Petrum, Romane prefuit Ecclesie, trans Ponticum mare quod adjacet civitati Cersone, delegatur exilio. Qui cum pervenisset ad locum exilii, invenit ibi in ergastulis ad secanda marmora plus quam duo milia christianorum, diuturna relegatione damnatos. — ℟. Oremus omnes ad Dominum Jesum Christum, dixit sanctus Clemens, ut confessoribus suis fontis venas aperiat. Et de beneficiis ejus gratulemur. ℣. Qui percussit petram in deserto Syna, et fluxerunt aque in abundantia, ipse nobis laticis fluenta impertiat.

Lectio II. Qui videntes sanctum ac nominatissimum episcopum omnes una voce in fletum ac gemitum proruperunt. Quos cum cognovisset sanctus Clemens pro Christi amore exilio relegatos dixit : Non immerito Dominus huc me perduxit, ut particeps factus passionis vestre, etiam et consolationis efficiar. — ℟. Orante sancto Clemente, apparuit ei Agnus Dei. De sub cujus pede fons vivus emanat, fluminis impetus letificat civitatem Dei. ℣. Cunque orationem complesset, et hinc inde circumspiceret, vidit Agnum stantem.

Lectio III. Cumque multam eis doctrinam patientie et consolationis intimasset, didicit ab eis, quod de sexto miliario aquam sibi suis humeris deportarent. Tunc sanctus Clemens dixit : Oremus omnes Jesum Christum, ut confessoribus suis fontis venas aperiat ; qui percussit in deserto Syna petram et fluxerunt aque in abundantiam, ipse nobis laticem affluentem impertiat, ut de beneficiis ejus gratulemur. — ℟. Dedisti, Domine, etc. ℣. Hoc, Domine, ad laudem et gloriam nominis tui fieri voluisti.

Lectio IIII. Cumque, oratione completa, hinc inde circunspiceret, vidit agnum stantem, qui, pede dextro erecto, quasi locum sancto Clementi ostendebat. — ℟. Iste sanctus.

Lectio V. Sanctus Clemens intelligens esse Dominum quem solus ipse prospiceret, et alius penitus eum non videret, perrexit ad locum et dixit : In nomine Patris, et Filii, et Spiritus Sancti, in isto loco percutite. — ℟. Domine, prevenisti.

Lectio VI. Sed cum omnes in girum rasti seffoderent, accepto brevi sarculo, sanctus Clemens levi ictu locum sub pede agni percussit, et fons affluens venis ornatus apparuit, qui suo impetu vomens fluvium patefecit.

Evang. sec. Luc. Dixit Jesus... Homo quidam nobilis.

Lectio VII. Item unde supra. Tunc universis gratias agentibus, sanctus Clemens responsorium dixit : Fluminis impetus letificat civitatem Dei. Ad famam autem sancti Clementis confluxit omnis provincia, et venientes universi, ad doctrinam ejus convertebantur ad Dominum, ita ut inde quingenti et eo amplius baptizati ascriberentur. — ℟. Vere famulus Dei, in quo dolus non est inventus, qui dum esset summus Pontifex terrena non metuit, sed celestia desideravit. Ideoque in stadio positus, Domini nostri Jesu Christi confessor effectus est. Minas judicum non timuit, nec terrene dignitatis gloriam quesivit.

Lectio VIII. Intra unum annum facte sunt ibi a credentibus septuaginta et quinque ecclesie. Omnia idola confracta, omnia templa per girum provincie destructa sunt. — ℟. Ora pro nobis, beate Clemens. Ut digni. ℣. Tu autem, beate Clemens, ora pro nobis ad Dominum.

Lectio IX. Invidiosa relatio cucurrit ad imperatorem Trajanum, que diceret, per sanctum Clementem in insula christianorum populum accrevisse. Tunc missus est ad eos dux Aufidianus. Qui cum multos christianos occidens, videret Clementem sic fixum in omnibus, ut penitus mutari non posset, dixit ad servos suos : Perducatur ad mare, et ligata ad collum ejus anchora, precipitetur in medium maris, ut non possint christiani hunc pro Deo excolere. — ℟. O quam beatus es, egregie martyr Clemens, qui per temporalem corporis tui passionem, eternum possides regnum. Te petimus, ora pro nobis Deum. ℣. Ut precibus tuis a Domino speremus veniam, qui meruisti cum illo conjungere regnum.

In Laud. Ant. Oremus omnes ad Dominum Jesum Christum, etc. *ut hodie. Ant.* Orante sancto Clemente. *Ant.* Vidi supra montem. *Ant.* De sub cujus pede. *Ant.* Oremus omnes ad Dominum Jesum Christum ut ostendat nobis martyris sui corpus. *Ad Bened.* Omnes gentes per gyrum.

Ad Prim. Ant. Non meis meritis. *Ad Tert. Ant.* Invenerunt in modum templi marmorei habitaculum a Deo paratum. *Ad Sext. Ant.* Orante sancto Clemente. *Ad Non. Ant.* Vidi. *In Vesp. Ant. Laud. Ad Magn. Ant.* Dum iter maris cepisset, populus una voce dicebat : Domine, Jesu Christe, salva illum, Et Clemens cum lachrymis dicebat : Accipe, Pater, spiritum meum. *Post Magn. Comm. S. Grisogoni. Orat.* Adesto, Domine : *Require in Comm. unius Mart.*

XXIV NOVEMBRIS.

S. Grisogoni, mart.

Lectio I. Rome, natale sancti Grisogoni, martyris, qui per biennium, jussu Diocletiani, conjectus est in vincula, ubi multa perpessus, sancte Anastasie alimoniis fovebatur.

Lectio II. Cum igitur sanctam Anastasiam zelans vir ejus Publius, custodibus adhibitis, ita clausisset ut nec cujuscumque fenestrelle aditum aspectaret, ad hunc confessorem Christi Grisogonum qui eam in fide Christi erudierat, talia scripta dirigit : *Sancto confessori Christi Grisogono, Anastasia.*

Lectio III. Licet pater meus cultor fuerit idolorum, mater tamen Fausta christianissima semper vixisse probatur et casta. Hec me, inter ipsa cunabula, fecit fieri christianam. Post excessum vero matris mee, sacrilegi jugum suscepi mariti. Cujus, Deo miserante, thorum, mentita infirmitate, declinans, die noctuque Domini nostri Jesu Christi amplector vestigia.

Lectio IIII. Cum iste patrimonium meum, ex quo illustratur, cum turpibus et indignis idolatris exhauriat, me quoque veluti magam atque sacrilegam custodie tam gravissime mancipavit, ut vitam me corporalem amittere suspiscer. Nihil enim superest, nisi ut, amisso spiritu, morti succumbam.

Lectio V. In qua morte licet glorier de Domini nostri Jesu Christi confessione, tamen in eo mens mea valde atteritur quod opes mee, quas ego ex asse Deo voveram, alienis a Deo et turpibus lucris inservient. Precor te, o homo Dei, Grisogone, ut instanter Dominum depreceris ut, aut ad fidem suam si previdet venturum Publium, sinat vivere et cito convertat, aut si previdet eum in hac crudelitatis perversitate mansurum, jubeat eum locum dare suis cultoribus. Melius est enim eum spiritum exhalare quam Dei Filium denegare, et eum confitentes impedire. A quo quidem sancto consolatorias meruit accipere epistolas, quibus in ipsis tribulationibus patientissima effecta est.

Lectio VI. Diocletianus Aquilege agens, et christianos ibidem trucidans, Grisogonum sibi presentari jussit. Cui cum diceret : Accipe potestatem prefecture tue et consulatum generis tui et sacrifica diis ; respondit : Unum Deum in celis adoro et dignitates tuas, quasi lutum, contemno. Data igitus super eum sententia, ad quendam locum ducitur, et ibidem protinus decollatur. Cujus corpus cum capite Zelus[1] presbyter sepelivit.

EODEM DIE.

In vigilia S. Katherine.

Ad Vesp. Sup. Ps. Ant[1]. Virginis eximie Katherine, martyris alme, festa celebrare, da nobis, Rex pie, Christe. *Psalmi ferie*. ℞. Jam Christi thalamun scandit Katherina beatum. Juncta suo sponso, pro quo tulit aspera mundi. ℣. Obtineat precibus, pateat nobis paradisus.

HYMNUS

Katherina mirabilis,
 Atque Deo amabilis,
 Per omnia laudabilis,
 Nobis succurre miseris.

Assis nobis exulibus,
 Tuum festum colentibus,
 Et carentes virtutibus,
 Nos subleva syderibus.

De tuis sacris ossibus
 Manat liquor languentibus,
 Curans eos doloribus,
 Tuis orationibus.

Post triumphum martyrii,
 Te portaverunt angeli,
 In monte sancto Synai,
 Sic jusserat vox Domini.

Que dum eras in seculo,
 Corde vivebas Domino,
 Florens flore virgineo,
 Regis nitens in solio.

Unde virgo sanctissima,
 Nos de morte perpetua
 Salva prece assidua,
 Per seculorum secula.

Hoc Deus det omnipotens,
 Et Filius omnitenens
 Cum Spiritu Paraclito,
 Qui regnat in perpetuo. Amen.

℣. *Et alia necess. de Comm. Virg. Ad Magn. Ant.* Ave, gemma claritatis, ad instar carbunculi, ave, rosa paradisi, more flagrans balsami, Katherina, virgo felix, gloriosa meritis, assistentes tuis festis, celi junge gaudiis. *Oratio*[2]. Deus, qui dedisti legem Moysi in summitate montis Synai et in eodem loco per sanctos angelos tuos corpus beate Katherine, virginis et martyris tue, mirabiliter collocasti, tribue, quesumus, ut ejus meritis et intercessione, ad montem virtutum, qui Christus est, valeamus pervenire. Per eundem.

XXV NOVEMBRIS.

S. Katherine, virg. et mart.

Invitat. Laudetur Dominus Sabaoth cui nomen est Agnus. Per quem sacrilegum vicit Katherina tirannum.

HYMNUS

Congaudentes cum angelis,
    Et cum choris virgines,
    Festum colamus virginis
    Katherine cum canticis.

Quam Dominus in carcere
    Per columbam mirifice,
    Sua pavit dulcedine
    De dono sue gratie.

Hanc Spiritus sic docuit,
    Sapienter ut decuit,
    Quod in doctis prevaluit,
    Nec superari potuit.

De cujus sacro vulnere
    Lac manavit pro sanguine,
    Hoc non venit ex ubere
    Sed a divino munere.

Cujus lactis rigamine
    Nos foveat Rex glorie,
    Ut in exitu anime,
    Donis fruamur glorie.

Presta, Pater Ingenite,
    Et tu, Fili Altissime,
    Cum Spiritu Paraclito,
    Qui regnas in perpetuo. Amen.

In I Noct. Ant[1]. Virgo regalis, fidei merito specialis, ut jubar in tenebris, mundo Katherina refulsit. *Ant.* Hec Dominum celi complectens mente fideli respuit errorem, mundi labentis amorem. *Ant.* Membra Redemptoris, fidei Maxentius hostis, undique cedebat, gladius per cuncta furebat.

Lectio I. Regnante Maxentio Cesare, Maximiani Augusti filio, qui cum Diocletiano multos pro fide Christi necaverat christianos, in Alexandria civitate, puella nomine Katherina erat, que post mortem patris remansit in palacio cum parentibus suis. — ℟. Sancta virgo Katherina, Costi regis filia. Summo Patri Deo digna, mundi sprevit gaudia. ℣. Tam divinis quam humanis erudita studiis.

Lectio II. Hec itaque litterarum studiis tradita, quantum gloriosa genere, tantum inclita sagacitate pollebat. Didicerat enim liberalium omnium artium doctrinam, variasque gentium linguas, adeo ut de quacumque re interrogata fuisset, sophistica ratione preparata, respondere inveniretur. — ℟. Cogit Cesar Christi servos libare demonibus. Sed tiranni virgo jussa voce damnat libera. ℣. Sevit hostis, innocentes perimens atrociter. Sed.

Lectio III. Igitur cum videret multitudinem populorum, et innumerabiles fieri preparationes sacrificiorum, choros etiam cantantium, Christicolas vero qui inter eos erant plorantes et non audentes confiteri Christum Dominum, propter nimiam crudelitatem paganorum, obstupuit valde, in femineo tamen pectore virilem inserens animum, accipiens secum pueros, introivit in templum, in quo imperator et omnis illa sacrificabat multitudo. Erat enim speciosa valde, et incredibilis pulcritudinis omnium oculis apparebat. — ℟. Virgo prudens et electa Dei sapientia. Oratorum argumenta vicit ac versutias. ℣. Ab angelo confortata, plena Dei gratia.

In II Noct. Ant. Cesaris intrepida studiis preclara sophie, arguit errorem malesanum virgo furorem. *Ant.* Non cedens monitis, mactatur verbere mitis, carcere damnatur, nec virgo sic superatur. *Ant.* Cesar ut invictam penitus vidit Katherinam, ut leo crudelis, jubet hanc discerpere penis.

Lectio IIII. Cumque ingressa in templum fuisset, jam imperatore sacrificante, dixit juvenibus qui ei ministrabant : Ideo hoc templum ingressa sum, ut imperatori aliquid utilius dicam. Illi vero hoc audientes, imperatori nunciare curaverunt. Ille vero fecit eam ad se introire, et licentiam dedit ei loquendi que vellet. — ℟. Christo credentes flammas intrant sapientes. Et precibus fusis, migrant ad gaudia lucis. ℣. O virtus Christi, nil prevalet artubus ignis.

Lectio V. Stans itaque beata Katherina ante januam templi, per varias dictiones enigmatum, per varias conclusiones silogismorum, allegorice, methonice, diserte ac mistice, multa cum Cesare disputavit². Ad postremum vero rediens ad commune eloquium, dixit : Hoc tibi specialiter, rex, tam sapienti, in tanto dignitatis culmine posito, proferre curavi. Nunc autem ut simpliciter omnibus intelligentibus loquar, quare incassum congregasti hanc multitudinem ad excolendam stultitiam atque errores idolorum ? — ℟. Sponsa Christi gloriosa gaudet inter verbera. Nulla movent hanc promissa, nec terrent supplicia. ℣. Caritate vulnerata tendit ad celestia.

Lectio VI. Miraris hoc templum manu artificis operatum, miraris ornamenta preciosa, vario opere completa, que, velut pulvis ante faciem venti, erunt. Mirare potius celum et terram et omnia que in eis sunt; mirare ornamenta celi, solem videlicet, lunam et stellas. Mirare famulatum eorum, qualiter a mundi initio usque ad finem die noctuque currunt ad occidentem, et redeunt ad orientem, et nunquam fatigantur, nunquam deficiunt. Et cum hoc animadverteris, interroga et disce quis sit eorum patrator. Cum autem illum, utique Deo donante, intellexeris, nec similem illi invenire valueris, ipsum adora, ipsum honorifica. — ℟. Christus sanctam tenebroso reclusam ergastulo. Miro satis atque blando confortat alloquio. ℣. Salve, virgo benedicta, quam Christi presentia. Miro.

In III Noct. Ant. Machina penalis nutu despecta tonantis, martyre illesa, dedit. Orcho milia cesa. *Ant.* Martyr ut oravit, gladium subiit et ethera scandit, sponsus honorque datur, cum Christo deliciatur. *Ant.* Virgis ex oleo quod manat corpore sacro, certa medela datur, morbi genus omne fugatur. ℣. Audi, filia, et vide. — ℟. Horrenda subdenda rotarum machina, mente virgo Deum clamat, de celis angelus astat. Ecce repentinam dant plebsque roteque ruinam. ℣. Tanquam Caldeis quondam fornax Babilonie. — ℟. Percussa gladio, dat lac pro sanguine collo. Quam manus angelica sepelivit vertice Syna. ℣. Membris virgineis, olei fluit unda liquoris. — ℟. O Christi pietas, o virtus atque potestas virginis ex membris sacri fluit unda liquoris. Unde fides egris infudit dona salutis. ℣. Virginis ob meritum, manet hoc memorabile signum. Unde.

In Laud. Ant. Eterno Regi celo terraque potenti, servans morte fidem, virgo conregnat eidem. *Ant.* Atria Hierusalem penetrans et luminis arcem. *Ant.* Ad laudes vigilem fontemque Deum sitientem Christus suscepit, cui virgo fidelis adhesit. *Ant.* Ignibus extinctis canit hymnum vox puerilis, sic nece consumpta sponsa Katherina sub membra. *Ant.* Ordo puellarum, cum quibus hec virgo cantat nova cantica Christo. *Capit.* Sapientia vincit.

HYMNUS

Ad festum sancte virginis
  Katherine et martyris,
  Dei letentur populi,
  Per omne tempus seculi.
Hec nam virgo Deo digna,
  Pia, dulcis, et benigna,
  Bis sex dies jejunando
  Complevit in ergastulo.
Cui Michael missus est
  Archangelus et signifer,
  Ut secura de prelio
  Sit, Dei adjutorio.
Que pugnantes vituperat,
  Illos cum quibus iis erat,
  Dicens : Qui in Deo sperat,
  Semper vincit, si sufferat.
Demum Christus apparuit
  Quem virgo sancta meruit
  Videre, quia renuit
  Mundum de quo non doluit.
Virgo nata regis Costi,
  Miserere semper nostri,
  Ne sit dies judicii
  Nobis plena supplicii.
Illud imple quod petisti
  Et tu Rex qui promisisti,
  Ut in exitu anime,
  Sit nobis salus venie.

Laus honor et imperium
Sit Creatori omnium,
Cum Nazareno Filio,
Et Spiritu Paraclito³. Amen.

Ad Bened. Ant. Benedictus Dominus, Rex celestis, qui per merita beate Katherine, virginis, medelam languidis prestat sanitatis ipsius corporis oleo perunctis. *Ad Prim. Ant.* Hec mundum spernens et mundi florida ducens pro nihilo, veram studuit cognoscere vitam. *Ad Tert. Ant.* Cepit amare Deum, totumque relinquere mundum celica mente petens, et Christo semper adherens. *Ad Sext. Ant.* Hanc pius in propriam sibi Christus sumere sponsam dignatus celi provexit ad atria summi. *Oratio.* Sumptis, Domine, salutis eterne mysteriis, suppliciter deprecamur, ut sicut liquor qui de membris beatissime Katherine, virginis et martyris, jugiter manat, languidorum corpora sanat, sic ejus oratio a nobis cunctas iniquitates expellat. *Ad Non. Ant.* Ecce dies tristis aderat, plenusque doloris, quo Christi servos jussit libare tirannus.

In Vesp. Ant. Laud. Ps. Virg. Ad Magn. Ant. Mons legis Syna suscepit vertice dona corporis afflicti, mons Christus culmine celi, suscipiens animam, ditavit honore beatam, cujus nos precibus salvificet Dominus⁴. *Comm. S. Lini.*

XXVI NOVEMBRIS.

S. Lini, pape et mart.

Lectio I. Linus, Petro succedens, fuit natione Tuscus, vir sane moribus et sanctitate preclarus. Is, ex mandato Petri, constituit, ne qua mulier, nisi velato capite, templum ingrederetur. Scripsit et res gestas Petri, maxime vero ejus contentionem cum Symone mago. Qui cum demones effugaret, mortuosque ad vitam reduceret, a Saturnino consule, cujus filiam a demonibus liberaverat, capitali supplicio afficitur, et in Vaticano, juxta Petri corpus, sepelitur cum sedisset in pontificatu annos undecim, menses tres, dies duodecim, secundum veriorem historiam. Non desunt qui hunc locum Clementi ascribant et Linum et Cletum pretermittant, quos non solum historia, verum etiam Hieronimi auctoritas reprehendit¹. Quartus, inquit, post Petrum, Rome episcopus Clemens fuit, siquidem Linus secundus, Cletus tertius, sunt habiti. Sunt qui scribant Gregorium episcopum Ostiensem corpus sanctissimi pontificis Ostiam ex voto transtulisse et in templo divi Laurentii magnifice collocasse.

Finis Sanctoralis.

Virginis imagine cum veneris ante figuram.
Pretereundo cave ne sileatur ave.

DU COMMUN DES SAINTS

'ANCIEN et le nouveau Bréviaires Romains distinguent parmi les saints, les Apôtres et Evangélistes, les Martyrs, les Confesseurs Pontifes, non Pontifes, Docteurs, les Vierges, Martyres ou non Martyres, les Saintes Femmes ou non Vierges. Notre Bréviaire de Lescar de 1541 n'admet pas d'autre classification. Mais l'on comprend qu'il serait difficile, sinon impossible, d'assigner à chaque saint un office propre, si ce n'est pour les Leçons. Aussi l'Eglise a-t-elle rédigé un corps d'offices uniformes qui pussent servir dans la plupart des cas et que l'on appelle pour cette raison le *Commun des Saints*.

En reproduisant cette partie de notre antique Bréviaire, nous n'avons voulu donner que des indications générales. Capitules, Antiennes, Répons, sont tirés de l'Ecriture Sainte ; il suffisait donc, ce nous semble, de donner les premières paroles de ces textes sacrés pour atteindre le but que nous nous sommes proposé, à savoir de fournir des renseignements complets sur la liturgie Romaine-Française.

Une petite remarque est ici nécessaire au sujet des *titres* de ces offices. Notre Bréviaire de Lescar en porte toujours deux ; l'un principal, qui se répète en tête de chaque page, p. ex. : *In Communi Evangelistarum* ; l'autre immédiatement avant l'office, p. ex. : *In Natali Evangelistarum*. Nous avons marqué ces différences dans notre réédition du texte. On nous saura gré d'avoir indiqué les Psaumes, parce que nous en avons ordinairement supprimé la mention dans le corps du Bréviaire, après les Antiennes, où ils sont toujours marqués. Nous aurions bien voulu publier toutes les formules *in extenso*, mais nous nous sommes vu forcé, faute de temps et d'espace, de signaler par les premiers mots seulement ces textes tirés de l'Ecriture Sainte et des Saints Pères ; cependant, fidèle à notre promesse, nous avons reproduit les hymnes, les oraisons, enfin tout ce qui offre un véritable intérêt dans notre Bréviaire. Nous avons indiqué par ces mots : *ut in hodierno breviario, ut hodie*, les passages identiques au Romain actuel ; nous n'avons pas cru devoir nous servir de crochets. Nous avons dit pourquoi dans notre *Introduction*.

En règle générale, les hymnes sont celles que l'on trouve dans les vieux Bréviaires Romains, avant leur correction, par Urbain VIII ; les dernières éditions françaises des livres liturgiques d'offices, à l'usage de Rome, les portaient ordinairement au commencement ou à la fin, sous le titre d'*Hymnes nouvelles*.

Après le Commun des Saints, viennent le Petit Office de la Sainte Vierge, l'Office de la Sainte Vierge pour les samedis. C'est là que l'on trouvera les Suffrages des Saints spécialement honorés dans le diocèse de Lescar.

Nous appelons l'attention du lecteur sur les admirables prières qui forment les leçons de l'office de la Sainte Vierge, les samedis. Nous les avons trouvées si belles que nous nous sommes fait un devoir de les reproduire en entier. Tout à la fin, nous donnons en *fac-simile* la dernière page du Bréviaire de Lescar. Une astérisque indique le mot par où commence cette page. Malgré les abréviations, on pourra, à l'aide du texte, la traduire facilement. On remarquera la souscription de l'imprimeur Jacques Colomiès, de Toulouse, qui acheva son œuvre « à la louange de Dieu et de la B. V. M. à Lescar, l'an de l'Incarnation M.D.XLI ».

[Commune Sanctorum.]

Incipit Commune Sanctorum. In Natali¹ Evangelistarum.

Ad Vesperas Capit. Cum aspicerem animalia, apparuit. *Hym. et ℣. et per Hor. de Apost. Ad Magn. Ant.* Ecce ego Johannes vidi ostium. *Invitat.* All. In sanctis gloriosus est Deus. Venite, adoremus, all. *Et dicit. tantum in fest. B. Marchi. Aliud Invit. quod sequitur. dictur in festivitat. alior. evangelist. Invitat.* Regem evangelistarum Dominum. Venite, adoremus. *Ps.* Venite.

In I Noct. Ant. Convocatis Jesus duodecim Apostolis. *Ps.* Celi enarrant. *Ant.* Mittens Dominus et alios. *Ps.* Benedicam. *Ant.* Jesu Christi Domini gratia credentibus populis doctores et evangeliste sunt in misterio fidei missi. *Ps.* Eructavit. ℣. In omnem terram. *Hic non ponuntur lect. nam omnes habent proprias.* — ℟. In visione Dei vidi. ℣. De medio autem ejus. — ℟. Quatuor facies uni. ℣. Sub pennis eorum. ℟. Similitudo vultus animalium. ℣. Due penne singulorum.

In II Noct. Ant. Sapientiam Domini evangelii eruperunt. *Ps.* Omnes gentes. *Ant.* Labia eorum salutarem disseminaverunt scientiam. *Ps.* Exaudi Deus deprec. *Ant.* Elegit eos ex omni carne, dedit eis precepta, *Ps.* Exaudi Deus or. ℣. Constitues. — ℟. Facies et pennas per quatuor. ℣. Pedes eorum pedes recti. — ℟. Similitudo aspectus animalium. ℣. Et unumquodque eorum ambulabat. ℟. Quatuor animalia ibant. ℣. Erat autem visio discurrens.

In III Noct. Ant. Electi sunt in Christo ante mundi constitutionem ut essent sancti et immaculati in conspectu Dei, in caritate. *Ps.* Confitebimur. *Ant.* Sapientiam eorum narrabunt. *Ps.* Dominus regnavit. *Ant.* Placentes Deo facti dilecti. *Ps.* Dominus regnavit ira. ℣. Annuntiaverunt. — ℟. Dum aspicerem animalia. ℣. Aspectus rotarum. — ℟. Audiebam sonum alarum. ℣. Cum ambularent ut sonus. ℟. Cum ambularent animalia. ℣. Cum elevarentur animalia.

In Laud. Ant. Dilecti Deo et hominibus sancti evangeliste qui ordinaverunt tempora Christi bono odore usque ad consummationem vite². *Ps.* Dominus regnavit. *Ant.* Dederunt in celebratione operis sancti decus, ideo memoria eorum in generatione in seculum seculi. *Ant.* Implevit eos Dominus spiritu sapientie. *Ant.* Ex omni corde laudaverunt nomen sanctum Domini, ut amplificarent nomen sanctitatis. *Ant.* Datum est opus eorum in veritate, ideo in terra sua dupplicia possidebunt et leticia sempiterna erit eis in Christo. *Capit.* Audiebam sonum alarum. *Ad Bened. Ant.* In medio et in circuitu sedis Dei. *Ad Prim. Ant.* Spiritu intelligentie replevit eos. *Ad Tert. Ant.* Collaudabunt multi sapientiam eorum et usque in seculum non delebitur. *Capit.* Similitudo vultus. ℟. *De Apost. Ad Sext. Ant.* Non recedet memoria eorum. *Capit.* Due penne singulorum. *Ad Non. Ant.* Sapientiam antiquorum exquisierunt sancti evangeliste. *Capit.* Similitudo animalium.

In Vesp. Ant. Laud. Ps. Apost. Capit. Hec erat visio discurrens. *Ad Magn. Ant.*³ Tua sunt hec, Christe, opera, qui sanctos tuos ita glorificas, ut etiam dignitatis gratia in eis futura preire miracula facias, tu insignes evangelii predicatores animalium celestium admirabili figura presignasti, his namque celeste munus collatum gloriosis indiciis es dignatus ostendere, hinc laus, hinc gloria tibi resonet in secula.

In Communi Apostolorum.

IN NATALI UNIUS APOSTOLI. *Ad Vesp.*
Capit. Beatus homo qui investi sapientiam.

HYMNUS

Exultet celum laudibus
Resultet terra gaudiis,
Apostolorum gloriam
Sacra canunt solennia.

Vos seeli justi judices
Et vera mundi lumina,
Votis precamur cordium,
Audite preces supplicum.

Qui celum verbo clauditis
Serasque ejus solvitis,
Nos a peccatis omnibus
Solvite jussu, quesumus.

Quorum precepto subditur
Salus et languor omnium,
Sanate egros moribus
Nos reddentes virtutibus.

Ut cum judex advenerit
Christus in fine seculi,
Nos sempiterni gaudii
Faciat esse compotes.

Deo Patri sit gloria, etc.

Ad Magn. Ant. Vos estis qui permansistis mecum.
In Complet. Ant. Tollite jugum meum. *Ps.* Cum invocarem. *Ant.* Jugum enim meum suave est. *Ps.* Nunc dimittis.
Invitat. Regem apostolorum Dominum. Venite, adoremus.

HYMNUS

Eterna Christi munera
Apostolorum gloriam,
Laudes canentes debitas,
Letis canamus mentibus.

Ecclesiarum principes,
Belli triumphales duces,
Celestis aule milites,
Et vera mundi lumina.

Devota sanctorum fides,
Invicta spes credentium,
Perfecta Christi caritas
Mundi triumphat principem.

In his Paterna gloria,
In his voluntas Spiritus,
Exultat in his Filius,
Celum repletur gaudiis.

Te nunc, Redemptor, quesumus,
Ut istorum consortio
Jungas precantes servulos
In sempiterna secula. Amen.

In I Noct. Omnia ut in hod. Brev. ℟. Ecce ego mitto vos. ℣. Tradent enim vos. — ℟. Tollite jugum. ℣. Venite ad me omnes. — ℟. Dum steteritis ante reges. ℣. Cum autem inducent vos.
In II Noct. ut in hod. Brev. ℟. Beati qui persecutionem. ℣. Beati qui pacifici. — ℟. Beati eritis cum. ℣. Cum vos oderint. — ℟. Vos estis lux. ℣. Et ego dispono vobis.
In III Noct. Ant. Exultabunt cornua justi, all. *Rel. ut in Brev. hod. Alie Ant. a Sept. usque ad Cenam Dom. Ant.* Tollite. *Ant.* Jugum meum. *Ant.* Tradent enim. ℣. Annunciaverunt. — ℟. Nimis honorati sunt. ℣. In omnem terram. — ℟. Non sunt loquele. ℣. Nimis. — ℟. Hoc est preceptum meum. ℣. Vos autem dixi amicos.
In Laud. Ant. Omnes ut in *Brev. hod. pret.* 4ᵃᵐ. Laudemus viros gloriosos. *Capit.* Hoc est preceptum. *Hymn.* Exultet. ℣. Nimis. *Ad Bened. Ant.* Ecce ego mitto vos. *Ad Prim. Ant.* Vos qui secuti estis. *Ad Tert. Ant.* Vos qui reliquistis. *Capit.* Fratres, non estis hospites. — ℟. Vos estis.
Per ebdomad. ℟. In omnem terram. Exivit sonus eorum. ℣. Et in fines. Exivit gloria. ℣. Constitues. *Ad Sext. Ant.* Vos autem dixi. *Capit.* Jam non dicam. — ℟. Constitues eos. ℣. Memores. ℣. Annunciaverunt. *Ad Non. Ant.* Dico autem vobis. *Capit.* Non vos me elegistis. — ℟. Anunciaverunt. ℣. Et facta ejus. ℣. In omnem terram. *In Vesp. Omnia ut in hod. Brev. Capit.* Ego sum vitis. *Hymn.* Exultet. ℣. Nimis. *Ad Magn. Ant.* Beati eritis cum vos oderint¹.

In Communi Unius Martyris.

In NATALI UNIUS MARTYRIS. *Ad Vesp. Capit.* Beatus vir.

HYMNUS

Martyr Dei qui Unicum[1]
  Patris sequendo Filium
Victis triumphas hostibus
  Victor fruens celestibus.

Tui precatus munere
  Nostrum reatum dilue,
Arcens mali contagium
  Vite removens tedium.

Soluta sunt jam vincula
  Tui sacrati corporis,
Nos solve vinclis seculi
  Amore Filii Dei.

Presta, Pater piissime.

℣. Stola jocunditatis. ℟. Et coronam pulcritudinis. *Ad Magn. Ant.* Iste sanctus digne in memoriam vertitur hominum, qui ad gaudium transit angelorum, quia in hac peregrinatione solo corpore constitutus, cogitatione et aviditate in illa eterna patria conversatus est. *Oratio.* Presta, quesumus, omnipotens Deus, ut qui beati N. martyris tui natalicia colimus, intercessione ejus in tui nominis amore roboremur.

Invitat. Regem martyrum Dominum. Venite adoremus.

HYMNUS

Deus tuorum martyrum,
  Sors et corona premium,
Laudes canentes martyris
  Absolve nexu criminis.

Hic nempe mundi gaudia
  Et blandimenta noxia
Caduca rite deputans,
  Pervenit ad celestia.

Penas cucurrit fortiter
  Et sustulit viriliter,
Pro te effundens sanguinem
  Eterna dona possidet.

Ob hoc precatu supplici
  Te poscimus piissime,
In hoc triumpho martyris
  Dimitte noxam servulis.

In I Noct. Omn. ut in hod. Brev. Lectio I. Sermo S. August. Ista evangelica tuba. ℟. Iste sanctus pro lege. ℣. Munimine regio septus nullatenus est ab adversariis superatus. — ℟. Domine prevenisti. ℣. Vitam petiit a te. — ℟. Posuisti, Domine, super caput. ℣. Desiderium anime.

In II Noct. Ant. ut in Brev. hod. ℟. Hic est vere martyr. ℣. Fuit enim in eo, adversus persecutiones mundi, christiani pectoris infatigata constantia. — ℟. Gloria et honore. ℣. Posuisti in capite ejus. ℟. O quam prerogandus est martyr. Vere despecto mundo, meruit permanere athleta Christi. ℣. Faveat Dominus ipsius meritis pro salute nostra.

In III Noct. ut in Brev. hod. Evang. sec. Matt. Si quis vult. *Omel. B. Greg. pape.* Quia Dominus ac Redemptor. — ℟. Corona aurea. — ℣. Stola jocunditatis induit. — ℟. Stola. ℣. Beatificavit eum in gloria et circumcinxit eum zona justicie. ℟. Iste sanctus digne. ℣. Vinculis carnis absolutus, talentum sibi creditum, Domino suo duplicatum reportavit.

In Laud. Ant. ut hodie. Hymn. Martyr Dei. ℣. Stola. *Ad Ben. Ant.* Iste est qui pro lege. *Oratio.* Votivos nos, quesumus Domine, beati martyris tui N. natalis semper excipiat, qui in jocunditate nobis sue glorificationis infundat et tibi nos reddat acceptos.

Ad Prim. Ant. Qui odit animam. *Ad Tert. Ant.* Qui mihi ministrat. *Capit.* Cibavit illum. ℟. Gloria et honore. ℣. Posuisti. *Ad Sext. Ant.* Custodivit eum Dominus. *Capit.* Et firmabitur in illo. ℟. Posuisti. ℣. Coronam. ℣. Magna est. *Oratio.* Letetur Ecclesia tua, Deus, beati N. martyris tui confisa suffragiis atque ejus precibus gloriosis et devota permaneat et secura consistat. *Ad Non. Ant.* Hic est vere martyr. *Capit.* Beatus vir qui inventus est sine macula. ℟. Magna est gloria. ℣. Gloriam et magnum decorem. *Oratio.* Adesto, Domine, supplicationibus nostris, ut qui ex iniquitate nostra reos nos esse cognoscimus, beati N. martyris intercessione liberemur[2].

In Vesp. Ant. Virgam virtutis. *Ps.* Dixit. *Ant.* Potens in terra. *Ps.* Beatus. *Ant.*

Collocet. *Ps.* Laudate pueri. *Ant.* Dirupisti. *Ps.* Credidi. *Ant.* Euntes ibant. *Ps.* In convertendo. *Capit.* Potuit enim transgredi. *Hymn.* Martyr Dei. ℣. Stola. *Ad Magn. Ant.* Beatus vir qui suffert.

In Communi Plurimorum Martyrum.

In Natali plurium Martyrum. *Ad Vesp. Capit.* Reddet Deus mercedem.

HYMNUS

Sanctorum meritis inclita gaudia
Pangamus socii gestaque fortia,
Nam gliscit animus promere cantibus
    Victorum genus optimum.

Hi sunt quos retinens mundus inhorruit,
Ipsum nam sterili flore per aridum
Sprevere penitus teque secuti sunt,
    Rex Christe bone, celitus.

Hi pro te furias atque ferocia
Calcarunt hominum sevaque verbera,
Cessit his lacerans fortiter ungula,
    Nec carpsit penetralia.

Ceduntur gladiis more bidentium,
Non murmur resonat, non querimonia,
Sed corde tacito mens bene conscia
    Conservat patientiam.

Que vox, que poterit lingua retexere,
Que tu martyribus munera preparas,
Rubri nam fluido sanguine laureis
    Ditantur bene fulgidis.

Te summa Deitas, Unaque, poscimus,
Ut culpas abluas, noxia subtrahas,
Des pacem famulis, nos quoque gloriam,
    Per cuncta tibi secula.

℣. Justorum anime in manu. *Ad Magn. Ant.* Fulgebunt justi. *Oratio.* Deus, qui nos annua beatorum martyrum tuorum *NN.* solennitate letificas, presta, quesumus, ut quorum gaudemus meritis, instruamur exemplis.

Invit. Regem martyrum Dominum. Venite, adoremus.

HYMNUS

Rex gloriose martyrum,
    Corona confitentium,
Qui respuentes terrena,
    Perducis ad celestia.

Aurem benignam protinus
    Appone nostris vocibus,
Trophea sacra pangimus
    Ignosce quod deliquimus.

Tu vincis in martyribus
    Parcendo confessoribus,
Tu vince nostra crimina,
    Donando indulgentiam [1].

Presta, Pater piissime.

In I Noct. ut hod. [*Non dantur lectiones nisi in tertio.*] ℟. Salus autem justorum a Domino. ℣. Et clamaverunt ad Dominum.

In II Noct. Ant. Immania enim pro Christo in suis corporibus pertulerunt tormenta, et ideo percipere meruerunt immarcescibilem eterne glorie coronam. *Ps. ut hodie. Ant.* Sancti qui in terra sunt. *Ant.* Sancti ludibria et verbera experti, insuper et vincula et carceres, tentati sunt in occisione gladii et mortui sunt pro Domino. ℣. Exultent justi. — ℟. Verbera carnificum. ℣. Tradiderunt corpora sua. — ℟. Tradiderunt. ℣. Laverunt stolas. — ℟. O veneranda martyrum gloriosa certamina qui in suis corporibus pro Christo immania, etc. ℣. Despecta namque presentis vite luce, contemptoque suorum corporum cruciatu, sevientem mundum Dei pro honore vicerunt.

In III Noct. Ant. Ecce merces. *Ps. ut hod. Ant.* Tradiderunt. *Ant.* Viri sancti gloriosum sanguinem fuderunt. ℣. Mirabilis Deus in sanctis suis. ℟. Mirabilis in majestate sua. *Evang. et Hom. ut hod.* ℟. Isti sunt sancti qui despecta presentis. ℣. Immania enim pro Christo. — ℟. Coronavit eos. ℣. Amaverunt Christum. — ℟. Laverunt stolas suas. ℣. Isti sunt qui venerunt.

In Laud. Ant. Justorum anime. *Ant.* Cum palma. *Ant.* Corpora sanctorum in pace. *Ant.* Martyres Domini, Dominum benedicite in eternum. *Ant.* Martyrum chori, laudate Dominum in excelsis. *Capit.* Istorum anime. *Hymn.* Sanctorum. ℣. Exultabunt sancti. ℟. Letabuntur. *Ad Bened. Ant.* Isti sunt sancti qui pro Dei amore minas hominum contempserunt; Christi martyres in regnum eternum exultant cum angelis.

O quam preciosa est mors sanctorum qui assidue assistunt ante Dominum, et ab invicem non sunt separati!

Ad Prim. Ant. Trademini autem a parentibus et morte afficient ex vobis et capillus de capite vestro non peribit, dicit Dominus. *Ad Tert. Ant.* Vestri capilli. *Capit.* Tanquam aurum in fornace. — ℟. Letamini. ℣. Et gloriamini. ℣. Corpora sanctorum. *Ad Sext. Ant.* Non enim vos estis qui loquimini. *Capit.* Fulgebunt justi.—℟. Corpora. ℣. Et vivent nomina eorum. *Oratio.* Omnipotens, sempiterne Deus qui per gloriosa bella certaminis ad immortales triumphos martyres tuos *N.* extulisti, da cordibus nostris dignam pro eorum commemoratione leticiam, ut quorum merita pio amore amplectimur, eorum precibus adjuvemur. *Ad Non. Ant.* Nolite timere, pusillus grex. *Capit.* Isti autem in perpetuum.—℟. Exultent justi. ℣. Justi in perpetuum. *Oratio.* Omnipotens.

In Vesp. Ant. Virgam virtutis. *Ps.* Dixit *Ant.* In consilio justorum. *Ps.* Confitebor. *Ant.* Preciosa. *Ps.* Credidi. *Ant.* Euntes *Ps.* In convertendo. *Ant.* Justi confitebuntur nomine. *Ps.* Eripe me. *Capit.* Expectatio justorum. *Hymn.* Sanctorum. ℣. Justorum anime. *Ad Magn. Ant.* Martyres Christi inter acerrimos dolores, spe gaudentes, in tribulatione clamabant Domino et dicebant: Judica, Domine, judicium nostrum et libera nos ab homine iniquo et doloso.

In Communi Unius Confessoris Episcopi.

IN NATALI UNIUS CONFESSORIS EPISC. *Ad Vesp. Capit.* Ecce sacerdos.

HYMNUS

Iste confessor Domini sacratus [1],
Festa plebs cujus celebrat per orbem
Hodie letus meruit secreta
    Scandere celi.

Qui pius, prudens, humilis, pudicus,
Sobrius, castus, fuit et quietus,
Vita dum presens vegetavit ejus
    Corporis artus.

Ad sacrum cujus tumulum frequenter.
Membra languentum modo sanitati,
Quolibet morbo fuerint gravata,
    Restituuntur.

Unde nunc noster chorus in honore,
Ipsius hymnum canit hunc libenter,
Ut piis ejus meritis juvemur,
    Omne per evum.

Sit salus illi decus atque virtus,
Qui supra celi residens cacumen,
Totius mundi machinam gubernat
    Trinus et Unus. Amen.

℣. Amavit. ℟. Stolam glorie. *Ad Magn. Ant.* Sint lumbi. *Oratio.* Da, quesumus. *Invitat.* Regem confessorum Dominum. Venite, adoremus. *Hymn.* Iste confessor. *In I Noct. ut hod.* ℣. Ecce sacerdos. — ℟. Qui in diebus. *Lect. Serm. S. Fulgentii, episc.* Dominicus sermo quem debemus. — ℟. ut hod.

In II Noct. ut hod. ℟. Elegit eum. ℣. Glorificavit. — ℟. Posui adjutorium. ℣. Inveni. — ℟. Ecce vir prudens qui edificavit domum suam. ℣. Ecce vere Israelita.

In III Noct. ut hod. ℣. Benedictionem omnium. *Evang.* Sint lumbi vestri. *Omel. B. Greg. pape.* Lumbos etenim precingimus. — ℟. Veritas mea et. ℣. Manus enim mea. — ℣. Collaudabunt multi. ℣. In fide et lenitate. — ℟. Sint lumbi. — ℟. Vigilate ergo quia nescitis. — ℟. Ecce homo qui toto corde Dominum dilexit et oblectamenta seculi sprevit. Habebat enim thesaurum claritatis eterne. ℣. Erat enim verus Dei cultor, persistens ante Dominum preciosa gemma presulum qui totis visceribus diligebat Christum Regem.

In Laud. Ant. Ecce sacerdos magnus. *Ant.* Beatus ille servus quem cum venerit. *Ant.* Fidelis servus. *Ant.* Sacerdotes Dei. *Ant.* Serve bone. *Capit.* Non est inventus.

HYMNUS

Hujus, ô Christe, meritis precamur [2],
Arceas iram, tribuas favorem,
Gratiam prestes veniamque nobis
    Mitis ad omnes.

Prebe, oramus, Deus, alme rector,
Ut fides nostra vitiis resistat
Atque virtutum studiis ministret
Pectore puro.

Gloria Patri resonemus omnes,
Et tibi, Christe, Genite superne,
Cum quibus Sanctus simul et Creator
Spiritus extat. Amen.

℣. Sacerdotes tui induantur. *Ad Ben. Ant.* Euge, serve. *Ad Prim. Ant.* Euge. *Ad Tert.* Quinque mihi Domine talenta tradidisti, lucratus sum alia quinque. *Capit.* Benedictionem omnium gentium. ℟. Amavit. ℣. Stolam. ℣. Ecce sacerdos. *Ad Sext. Ant.* Domine, quinque talenta. *Capit.* Cognovit eum Dominus. ℟. Non est inventus. ℣. Qui conservaret. ℣. Benedictionem. *Oratio.* Prestá, quesumus, omnipotens Deus, ut qui beati *N.*, confessoris tui atque pontificis, solennia colimus, ejus apud te patrocinia sentiamus. *Ad Non. Ant.* Cognovit eum. *Capit.* Magnificavit eum in conspectu. ℟. Justum deduxit. ℣. Et ostendit. ℣. Justus germinabit. *Or.* Presta.

In Vesp. Ant. Juravit. *Ps.* Dixit. *et rel. sic. unius Mart. Capit.* Ecce sacerdos. *Hymn.* Iste. ℣. Amavit. *Ad Magn. Ant.* Justum deduxit.

In Communi Unius Confessoris non Pontificis vel etiam Abbatis.

De Confessore non episc.[1]. *Ad Vesp. Cap.* Justum deduxit Dominus. *Hymn.* Iste confessor. ℣. Os justi. *Ad Mag. Ant.* Justum. *Oratio.* Pretende nobis, Domine, misericordiam tuam et beati confessoris tui *N.* intercessio cujus nos dedisti patrociniis adjuvari, tribue ut majestatem tuam exoret pro nobis. *Invit. Hymn. et Ant. unius Conf. episc.* ℣. Justum. ℟. Euge.
Lectio II. Quia castitatis hic sanctus pollebat vigore [*Ex scriptore anon.*] ℟. Elegit. — ℟. Posui. ℣. Justus ut palma. — ℟. Veritas. — ℣. Collaudabunt. — Beatus vir qui inventus est. ℣. Potuit enim transgredi. *Evang. sec. Luc.* Nemo lucernam accendit. *Omel. B. Hier.* De seipso Dominus hec loquitur. ℟. Justus ut palma. ℣. Gloria et divitie. — ℟. Sancte *N.*, confessor Domini, audi rogantes servulos. Et impetratam celitus tu defer indulgentiam. ℣. O sancte *N.*, sidus aureum, Domini gratia, servorum gemitus solita suscipe clementia. — ℟. O quam beatus es pie confessor, *N.;* hodie namque chorus angelorum reventem te ad patriam suscepit. Intercede pro nobis. ℣. Securus habitationem istam reliquisti et usque ad solium visionis eterne penetrasti. *In Laud. Ant.* Justum deduxit. *Ant.* Beatus ille. *Ant.* Fidelis. *Ant.* Confessores Dei. *Ant.* Serve bone. *Capit.* Dedit Dominus confessionem. *Hymn.* Hujus, o Christe. ℣. Os justi. *Ad Ben. et Hor. Ant. ut supr. in Communi unius Conf. episc. Ad Tert. Capit.* Dedit illi contra inimicos. ℟. Justum deduxit. ℣. Et ostendit. ℣. Justus ut. *Ad Sext.* Justus cor suum tradidit. ℟. Justus ut palma. ℣. Sicut cedrus. ℣. Justus germinabit. *Ad Non. Capit.* Collaudabunt multi. ℟. Justus germinabit. ℣. Et florebit. *In Vesp. Ant.* Virgam virtutis. *Ps.* Dixit. *Ant.* Potens. *Ps.* Beatus. *Et rel. sicut unius Mart. Capit.* Justus si morte preoccupatus. *Hymn.* Iste. ℣. O justi. *Ad Magn. Ant.* Similabo eum.

In Communi Virginis et Martyris.

In Natali Virginis et Martyris. *Ad Vesp. Capit.* Qui gloriatur.

HYMNUS

Virginis Proles, Opifexque Matris,
Virgo quem gessit peperitque Virgo,
Virginis festum canimus, tropheum
Accipe votum.

Hec tua virgo duplici beata
Sorte, dum gessit fragilem domare
Corporis sexum, domuit cruentum
Corpore seclum.

Unde nec mortem nec amica mortis,
Seva penarum genera pavescens,
Sanguine fuso meruit secreta
Scandere celi.

Hujus obtentu, Deus alme, nostris
Parce jam culpis, vitia remittens
Quo tibi puri resonemus almum
Pectoris hymnum.

Gloria Patri, Geniteque Proli,
Et tibi compar Utriusque semper,
Spiritus alme, Deus Unus, omni
Tempore secli. Amen.

℣. Adjuvabit. *Ad Magn. Ant.* Virgo prudentissima, quo progredereris quasi aurora valde rutilans ; filia Syon, tota formosa et suavis es, pulchra ut luna, electa ut sol. *Oratio.* Deus, qui inter cetera potentie tue miracula, *ut hodie.*

Invitat. Regem virginum Dominum. Venite, adoremus.

HYMNUS

Jesu, corona virginum,
   Quem Mater illa concepit,
   Que sola Virgo peperit,
   Hec vota clemens accipe.

Qui pascis inter lilia
   Septus choreis virginum,
   Sponsas decorans gloria
   Sponsisque reddens premia.

Quocumque pergis, virgines
   Sequuntur atque laudibus,
   Post te canentes cursitant,
   Hymnosque dulces personant.

Te deprecamur largius,
   Nostris adauge sensibus,
   Nescire prorsus omnia
   Corruptionis vulnera.

Presta, Pater piissime[1].

In I Noct. Ant. Ornatam monilibus. *Ps. ut hod. Ant.* Dum esset rex. *Ant.* Hec est que nescivit. ℣. Diffusa.
Lectio I. [Scriptoris anon.] Non imparis meriti ad comparationem electorum virorum. — ℟. Simile est regnum celorum decem virginibus. ℣. Prudentes autem. — ℟. Media nocte. ℣. Prudentes quoque. ℟. Audivi vocem de celo venientem : Occurrite, omnes virgines sapientissime. Oleum recondite in vasis vestris dum sponsus advenerit. ℣. Media nocte.

In II Noct. Ant. Specie. *Ant.* Adjuvabit eam. *Ant.* Veni electa mea. ℣. Specie. — ℟. Diffusa est. ℣. Dilexisti justitiam. ℟. Specie tua. ℣. Diffusa. — ℟. Regnum mundi. Quem vidi, quem amavi. ℣. Eructavit.
In III Noct. Ant. Pulcra es et decora. *Ant.* O quam pulcra es, casta generatio. *Ant.* In odorem. ℣. Audi, filia. *Evang.*' *sec. Matt.* Simile est regnum celorum thesauro. *Omelia B. Greg. pape.* Celorum regnum, fratres carissimi, idcirco terrenis rebus. — ℟. Propter veritatem. ℣. Specie. ℟. Dilexisti justitiam. ℣. Diffusa est. — ℟. Offerentur regi virgines. ℣. Specie.
In Laud. Ant. Hec est virgo sapiens et una. *Ant.* Hec est virgo sancta atque gloriosa quia Dominus omnium dilexit eam. *Ant.* Media nocte. *Ant.* Hec est virgo sapiens quam. *Ant.* Inventa bona margarita, dedit omnia. *Capit.* Domine, Deus meus, exaltasti. *Hymn.* Virginis Proles. ℣. Adducentur. *Ad Ben. Ant.* Simile est regnum celorum sagene. *Ad Prim. Ant.* Prudentes virgines aptate. *Ad Tert. Ant.* Tunc surrexerunt. *Capit.* Sapientia laudabit animam. ℟. Diffusa. ℣. Propterea benedixit. ℣. Specie. *Ad Sext. Ant.* Dum autem irent emere. *Capit.* Emulor enim vos. ℟. Specie. ℣. Intende prospere. ℣. Adjuvabit. *Oratio.* Omnipotens, sempiterne Deus, qui infirma mundi eligis ut fortia queque confundas, concede propitius, ut qui beate *N.*, virginis et martyris tue, solennia colimus, ejus apud te patrocinia sentiamus. *Ad Non. Ant.* Veniente sponso, prudens virgo preparata introivit cum eo ad nuptias. *Capit.* Confitebor tibi, Domine rex, et collaudabo. ℟. Adjuvabit. ℣. Deus in medio ejus. ℣. Audi, filia, et vide. ℟. Quia concupivit.
In Vesp. Ant Laud. Ps. Dixit. Laudate pueri. Letatus. Nisi Dominus. Lauda Hierusalem. *Capit.* Sapientia vincit. *Hymn.* Virginis. ℣. Adjuvabit. *Ad Magn. Ant.* Vidi speciosam sicut columbam.

IN FESTO ALICUJUS SANCTE VIRG. NON MART. *Omnia dic. sicut sup. notata sunt in Natali Virg. Mart., excepto quod non dic. Hymn.* Virginis Proles, *sed loco illius dicitur,* Jesu corona. *Ad Vesp. Capit.* Sapientia vincit.

Hymn. Hujus obtentu. *Et dic. in utr. Vesp. Mat. et Laud. Ad Magn. Ant.* Veni, sponsa. *Invitat.* Laudemus Dominum Deum nostrum in solennitate sancte *N.*

In I Noct. Ant. O quam pulchra es. *Ant.* Dum esset. *Ant.* Leva. *Ps. Virg. cum. aliis necess.* — IX. ℟. Pulcra facie sed pulcrior fide beata es. ℣. Respuens mundum letaberis cum angelis. Intercede pro omnibus nobis. ℣. Specie. *Ad Laud. et per Hor. Ant.* Dum esset. *Ant.* In odorem. *Ant.* Media nocte. *Ant.* Veni, electa. *Ant.* Inventa bona margarita, dedit. *Capit.* Sapientia vincit. *Et dic. ad Tert. et in sec. Vesp. Ad Sext. Capit.* Sapientia laudabit. *Ad Non. Cap.* Memorata sum misericordie tue. *Alia de Communi Virg.*

Officium parvum de Beata Maria.

Incipit Servitium[1] *sive parvum Officium*[2] *B. M. V. secundum usum Lascurrensis Ecclesie. Ante inchoationem hujus officii matutin. fiat commem. de Trinitate et de Cruce*[3] *ab Octav. Purif. usque ad Dominicam de Passione, et ab Octava Corporis Christi usque ad Adventum Domini. Idem fiat in Vesp. Et dicitur hujusmodi officium parvum post aliud officium diei, scilicet hora post horam*[4].

De Trinitate. Ant. Laus et perennis gloria Deo Patri et Filio, Sancto simul Paraclito in sempiterna secula. Amen. ℣. Benedicamus Patrem et Filium cum Sancto Spiritu. *Oratio.* Omnipotens, sempiterne Deus, qui dedisti famulis tuis in confessione vere fidei eterne Trinitatis gloriam agnoscere, et in potentia majestatis adorare Unitatem, quesumus, ut ejusdem fidei firmitate ab omnibus semper muniamur adversis. *Ant.* Nos autem oportet gloriari. ℣. Per signum crucis. *Oratio.* Exaudi nos, Deus, salutaris noster, et per triumphum sancte Crucis a cunctis nos defende periculis.

Domine, labia. Deus in adjutorium. *Invitat.* Ave, Maria, gratia plena. Dominus tecum. *Ps.* Venite. *Hymn.* Quem terra. *Usque ad illum* ℣. O gloriosa, Domina. *Require sup. in fest. Purif.*

Tres Ps. seq. I Noct. majoris Officii Marie Virginis cum suis Ant. et ℣. *dicunt. in hoc parvo off. diebus Dom., Lune et Jovis. Ant.* Benedicta tu. *Ps.* Domine, Deus noster. *Ant.* Sicut myrra. *Ps.* Celi enarrant. *Ant.* Hec est que nescivit. *Ps.* Domini est. ℣. Benedicta. Pater. Et ne nos. *Benedictio.* Precibus et meritis, *ut infra.*

Tres Ps. seq. II Noct. maj. off. B. M. dicunt. dieb. Martis et Veneris. Ant. Specie. *Ps.* Eructavit. *Ant.* Adjuvabit. *Ps.* Deus noster. *Ant.* Sicut letantium. *Ps.* Fundamenta. ℣. Dignare. Pater. *Benedictio.* Precibus et meritis.

Tres Ps. seq. III Noct. maj. off. Virg. Marie dic. dieb. Mercurii et Sabb. Ant. Pulchra es. *Ps.* Cantate. *Ant.* O quam pulchra. *Ps.* Dominus regnavit. *Ant.* In odorem. *Ps.* Cantate. ℣. Elegit eam. Pater. *Benedictio.* Precibus et meritis beatissime Dei Genitricis et Virginis Marie et omnium civium supernorum perducat nos Dominus noster Jesus Christus ad regna celorum. Amen. Jube, domne, benedicere. Alma Virgo virginum, intercedat pro nobis ad Dominum. Amen.

Lectio I. [*Ex script. anon.*] Virgo Dei Genitrix Maria, stella lucida. ℟. Vidi speciosam. ℣. Viderunt eam filie.

Jube, domne, benedicere. Beate Marie intercessio sit peccatorum nostrorum remissio. Amen. — ℟. Sicut cedrus. ℣. Sicut cinnamomum.

Jube, etc. Castitatem mentis et corporis tribuat nobis Filius Marie Virginis. Amen. — ℟. Veni, electa. ℣. Audi, filia. Quia. Gloria. *Predicta tria* ℟. *cum sex seq. dic. in fest. Assumpt. V. M. et in off. maj. sabb. ut ibid. dicetur.* — ℟. Que est ista. ℣. Sicut dies verni. — ℟. Ista est speciosa. ℣. Ista est que ascendit. — ℟. Felix valde es. ℣. Ora pro clero. — ℟. Ornatam monilibus. ℣. Omnis gloria ejus. — ℟. Beata es, Virgo Maria, Dei Genitrix, que credidisti. ℣. Benedicta es et venerabilis. — ℟. Gaude, Maria Virgo. ℣. Gabrielem archangelum novimus divinitus te esse affatum, uterum tuum de Spiritu Sancto credimus impregnatum, erubescat Judeus infelix qui dixit Christum ex Joseph semine esse natum. Te Deum laudamus. ℣. Speciosa facta. ℟. In deliciis tuis.

In Laud. Ant. Post partum. Capit. In omnibus requiem.

HYMNUS

O gloriosa Dei Genitrix, Virgo semper, Maria[5]
Que Dominum omnium meruisti portare
Et Regem angelorum sola Virgo lactare ;
Nostri, quesumus, pia, memorare,
Et pro nobis Christum deprecare,
Ut tuis fulti patrociniis
Ad celestia regna pervenire valeamus.

Oratio. Supplicationem servorum tuorum, Deus miserator, exaudi, ut qui sancte Dei Genitricis et Virginis Marie memoriam agimus, intercessionibus ejus a te de instantibus periculis eruamur.

SUFFRAGIA SANCTORUM[6]. Sancte Michael archangele, defende nos in prelio, ut non pereamus in tremendo judicio. ℣. In conspectu angelorum. *Oratio.* Perpetuum nobis, Domine, tue miserationis presta subsidium, quibus et angelica prestitisti suffragia non deesse. *Ant.* Sancti Dei omnes, qui estis consortes supernorum civium, intercedite pro nobis. ℣. Orate pro nobis. *Oratio.* Ad preces populi tui, quesumus, Domine, propitius intende, et intercedentibus Johanne Baptista, apostolis Petro et Paulo, Stephano, Galectorio, Augustino, Juliano, Leoncio, Magdalena, Katherina ac Confessa, ceterisque sanctis, ad gaudia perducamur eterna.

Ant. Da pacem. ℣. Fiat pax. ℟. Et abundantia. *Oratio.* Deus, a quo sancta desideria. *Ant*[7]. Ave, stella matutina, peccatorum medicina, mundi princeps et regina, Virgo sola digna dici, contra tela inimici clipeum pone salutis, tue titulum virtutis, tu es enim virga Jesse, in qua Deus fecit esse Aaron amigdalum, mundi tollens scandalum, tu es arca compluta celesti rore imbuta, sicco tamen vellere, tu nos in hoc carcere, solare propicia, Dei plena gratia. O sponsa Dei electa, esto nobis via recta ad eterna gaudia, ubi pax et gloria, et nos semper aure pia, dulcis, exaudi, Maria. ℣. Exaltata es. ℟. Super chorum. *Oratio.* Omnipotens sempiterne Deus, qui gloriose Virginis Marie corpus et animam, etc., da ut... ab instantibus malis et periculis et a morte perpetua atque subitanea liberemur, et ad vitam eternam pervenire mereamur. Per. Fidelium anime.

In fine off. matut. dic. Antiphona. Ave, Regina celorum, ave, Domina Angelorum. Salve radix sancta. Ex qua mundo lux est orta. Gaude gloriosa, super omnes speciosa. Vale valde decora. Et pro nobis semper Christum exora. ℣. Post partum. *Temp. Pasch. loco de* Ave, Regina. *dic. Ant.* Regina celi. *In Ascens.* Jam ascendit, sicut dixit. *In Penthec.* Jam implevit quod promisit, all. Ora pro nobis, oramus, all. *Oratio.* Gratiam tuam. *Ad Prim. Tert. Sext. et Non.*

HYMNUS

Memento salutis auctor[8]
  Quod nostri quondam corporis
  Ex illibata Virgine
  Nascendo formam sumpseris.

Maria, Mater gratie,
  Mater misericordie,
  Tu nos ab hoste protege,
  Et hora mortis suscipe.

Gloria tibi, Domine,
  Qui natus es de Virgine....

Ad Prim. Ant. In prole Mater, in partu Virgo, gaude et letare, Virgo Mater Domini. *Ps.* Deus invoc., Benedixisti Dom. Laudate Dominum omnes gentes. *Capit.* Beata es, Maria, que Dominum portasti. ℟. Jesu Christe, fili David, miserere nobis. ℣. Qui natus. ℣. Exurge. *Oratio.* Deus, qui de B. M. V. utero. *Ant.* Sancti Dei. ℣. Orate pro nobis. *Oratio.* Ut tibi, Domine, placere possimus, omnium sanctorum tuorum meritis adjuvemur et precibus[9]. — *Ad Tert. Ant.* Sancta Dei Genitrix Virgo semper, Maria, intercede. *Ps.* Ad Dominum. Levavi. *Capit.* Sancta et immaculata. ℟. Sancta Maria, Mater Christi. Audi rogantes servulos. ℣. Et impetratam nobis celitus, tu defer indulgentiam. ℣. Speciosa. *Oratio.* Deus, qui salutis eterne. *Ant.* Sancti Dei.

℣. Orate. *Oratio.* Tribue, quesumus, Domine, omnes sanctos tuos jugiter pro nobis orare et eos semper clementer digneris audire.—*Ad Sext. Ant.* Sub tuum presidium. *Ps.* Ad te levavi. Nisi quia. Qui confidunt. *Capit.* Benedicta et venerabilis es. ℟. Sancta Dei. ℣. Intercede. ℣. Post partum. *Oratio.* Concede nos famulos tuos. *Ant.* Sancti. ℣. Orate. *Oratio.* Omnium sanctorum tuorum, quesumus, Domine, supplicatione placatus et veniam nobis tribue et remedia sempiterna concede.

Ad Non. Ant. Sub tuam protectionem confugimus, ubi infirmi acceperunt virtutem, et propter hoc tibi psallimus Dei Genitrix Virgo. *Ps.* In convertendo. Nisi Dominus. Beati omnes. *Capit.* Felix namque es. ℟. Ora pro nobis. ℣. Ut digni. ℣. Gloria. Ora. ℣. Dignare. *Oratio.* Beate ac perpetue semperque Virginis Marie, Dei Genitricis, quesumus, Domine, intercessio gloriosa nos protegat et ad vitam perducat eternam. *Ant.* Sancti Dei. ℣. Orate. *Oratio.* Majestatem tuam, Domine, supplices, exoramus, ut sicut nos jugiter omnium sanctorum tuorum commemoratione letificas, ita semper pia eorum supplicatione deffendas.

Ad Vesp. Ant. Adesto, Deus unus, omnipotens Pater et Filius et Spiritus Sanctus. ℣. Benedicamus Patrem. *Oratio.* Omnipotens sempiterne. *Ant.* Salva nos, Christe Salvator, per virtutem crucis; qui salvasti Petrum in mare, miserere nobis. ℣. Per signum. *Or.* Exaudi nos, Deus, salutaris noster. *Ant.* Beata Mater et innupta Virgo gloriosa, Regina mundi, intercede pro nobis ad Dominum. *Ps.* Dixit. Laudate, pueri. Letatus. Nisi Dominus. Lauda, Hierusalem. *Capit.* Ab initio. *Hymn.* Ave, maris stella. ℣. Benedicta. *Quolibet die temp. pasch. Ant.* Regina celi. *Ps.* Magnificat. *Dieb. Domin. Ant.* Alma Redemptoris Mater. *Diebus sabb. Ant.* Ave, Regina. *Aliis dieb. Ant.* Sancta Maria, succurre miseris. *Oratio.* Famulorum tuorum, quesumus, delictis ignosce. *Ant.* Michael archangele, veni in adjutorium populo Dei. ℣. In conspectu. *Oratio.* Perpetuum. *Ant.* Omnes electi, nostri memoramini ante Deum, ut vestris precibus adjuti, mereamur vobis conjungi. ℣. Orate. *Oratio.* Ad preces. *Ant.* Creator omnium, Deus terribilis, fortis, justus et misericors, da pacem, Domine, in diebus nostris. ℣. Fiat. *Oratio.* Deus, a quo. *Ant.* Salve, Regina. ℣. Post partum. *Oratio.* Gratiam.

In Complet. Ant. Cum jocunditate commemorationem beate Marie celebremus, ut ipsa pro nobis intercedat ad Dominum Jesum Christum. *Ps.* Usquequo. Judica me. Sepe. Domine, non est exaltatum. *Capit.* Sicut cinnamomum. ℟. Post partum. ℣. Dei Genitrix. Inviolata. Gloria. Post. *Hymn.* Virgo singularis. Vitam presta. Sit laus [10]. ℣. Benedicta tu. *Ant.* Virgo Maria, non est tibi similis nata in mundo inter mulieres, flores ut rosa, oles sicut lilium, ora pro nobis, sancta Dei Genitrix. *Ps.* Nunc dimittis. *Oratio.* Concede, quesumus, omnipotens et misericors Deus, fragilitati, etc. *Ant.* Sancti. ℣. Ora. *Oratio.* Adjuvet nos quesumus, Domine Deus noster, beatissime Dei Genitricis et Virginis Marie oratio, omniumque sanctorum tuorum gloriosa intercessio, ut dum eis supplicamus in terris, ipsi pro nobis apud te intercedant in celis.

¶ *A Prima Dom. Quadr. usque ad Dom. in Passione, dicitur in Complet. beate Marie, quando fit off. fer. istud.* ℟. Sancta Dei Genitrix. Virgo semper Maria. ℣. Intercede pro nobis. Virgo. Gloria. Sancta. *A Dom. vero de Passione usque ad Pasch., dicitur,* ℟. Gloriosa dicta sunt de te. Civitas Dei. ℣. Que de celo genuisti Regem, Filium Dei.

Officium parvum V. M. temp. Adv. dicit. sicut supra dictum est, demptis que seq. ℟. Missus est. ℣. Dabit ei Dominus. ℟. Ave, Maria. ℣. Quomodo fiet. ℟. Ecce Virgo concipiet. ℣. Super solium David et super regnum ejus sedebit in eternum. *Etc., dicuntur predicta* ℟. *loco de* Vidi speciosam. Sicut cedrus. Veni, electa. *Sequentia vero* ℟. *etiam cum predictis dicunt. in fest. Annunc. ut ibi dic.* ℟. Quomodo in me fiet hoc, quoniam virum. ℣. Ne timeas. ℟. Spiritus Sanctus superveniet. ℣. Ave, Maria, gratia. ℟. Suscipe Verbum, Virgo Maria, quod tibi a Domino per angelum transmissum est; concipies et paries Deum pariter et hominem. Ut benedicta dicaris. ℣. Paries quidem Filium et virginitatis non patieris. ℟. Egredietur. ℣. Et requiescet super.

In Land. Ant. Prophete predixerunt nasci Salvatorem de Virgine Maria. *Capit.* Egredietur. *Hymn.* O gloriosa. ℣. Egredietur. *Ant.* Gabriel angelus locutus est Marie dicens : Ave, etc. *Ps.* Benedictus *Or.* Deus, qui de beate, *et dic. ad omn. Hor. Ad Vesp. Ant.* Prophete. *Ps.* Dixit. *Capit.* Ecce Virgo. *Hymn.* Ave, maris. ℣. Benedicta. *Ad Magn. Ant.* O felix Maria, que auctorem tuum ipsa concipiens edidisti in tempore puberem quem habebas ante tempora Conditorem. *Istud Cap. cum. Ant. dic. in utr. Vesp. hujus parvi officii.*

¶ *Nota quod ab oct. Epiph. usque ad Dom. Quinquag. et ab oct. Pasch. usque ad Adv. dieb. sabbatis fit officium majus de Virgine Maria, ut sequitur inferius* [11]...

Officium B. M. in diebus sabbatinis.

In primis Vesperis majoris Officii[1]. *Ad Magnif. Ant*[2]. Sancta Maria, virginum piissima, suscipe vota servulorum assidua, lapsos erige, errantes corrige, trementes corrobora, pusillanimes conforta, ut tibi semper referamus laudes, quam Dei summi colimus Genitricem. *Oratio.* Concede nos famulos.

Invitat. Ave, Maria, gratia plena, Dominus tecum. Benedicta tu in mulieribus. Venite. *Hymn.* Quem terra, pontus. *sicut est in festo Purif. Ant. et Ps.* et ℣. *in Noct. ut in parvo officio.*

¶ *Et adverte quod lectiones sequentes poterunt dividi secundum majorem vel minorem occupationem vel etiam devotionem*[3], *dividendo unam in duas vel tres, ut dicenti visum fuerit. Tres benedictiones pro tribus primis lect. sunt supra in parvo officio.*

Lectio[4] *I.* Sancta Mater et inter sanctos post Deum singulariter sancta, Mater admirabilis virginitatis, virgo fecunditatis, amabilis Domina, prefulgens tanta sanctitate, supereminens tanta dignitate, quam utique certum est non minori esse preditam potentia et pietate. O gloriosa Genitrix vite, o Mater salutis, templum misericordie et pietatis, tibi sese conantur presentare miserabiles anime nostre, morbis vitiorum languide, vulneribus facinorum succisse, visceribus flagitiorum putride. Tibi nituntur, quantum moribunde valent, supplicare, ut potentibus tuis meritis et tuis piis precibus digneris eas sanare. Sic autem, pia Domina, sordibus et fetore fedantur, ut timeant quod ab ipsis misericors vultus avertatur tuus. Sic tabescunt desperando respectus tui conversionem ut etiam os obmutescat ad orationem. Peccata nequicie, cur sic facitis animas vestra feditate horrendas, ut miseratio non possit aspicere illas ? Heu pudor sordentis iniquitatis, in presentia nitentis sanctitatis ! Heu confusio immunde conscientie, in conspectu fulgentis munditie ! ℟. Vidi speciosam, *Require supra in parvo officio.*

Lectio II. O benedicta super mulieres, que angelos vincis puritate, sanctos superas sanctitate ! Anhelant moribundi spiritus nostri ad tante benignitatis respectum, sed erubescunt ad tanti nitoris conspectum. Rogare enim te, Domina, desideramus, ut miserationis tue respectu cures plagas et viscera peccatorum nostrorum, sed confundimur coram te, ob fetorem et sordes eorum. Horremus, Domina, apparere tibi in immundiciis et horroribus nostris, ne ut horreas nos pro eis et non possimus — ve nobis ! — videri sine eis. Eadem peccata nostra, o Domina, cognosci a te cupiunt propter curationem, sed apparere tibi fugiunt propter execrationem. Non sanantur sine confessione. Si celantur sunt insanabilia; si videntur, sunt detestabilia. Urunt dolore, terrent timore, mole obruunt, pudore confundunt. ℟. Sicut cedrus.

Lectio III. O tu illa pia, potens, et potenter pia, de qua fons est ortus misericordiam, ne contineas precamur tam veram misericordiam, ubi tantam cognoscis miseriam. Si enim nos confundimur in obscenitate iniquitatum nostrarum ad fulgorem tue sanctitatis, tu, Domina, erubesces erga miseros affectu insite pietatis? Si nos confitemur nequiciam nostram, tunc abnegabis benignitatem tuam? Si major est miseria nostra quam nobis expediat, eritne minor misericordia tua quam te deceat? Quanto enim, Domina, magis delicta nostra in conspectu Dei et tuo sordent, tanto magis ejus curatione et tua subventione egent. Sana ergo, clementissima, infirmitatem, et delebis, que te offendit, feditatem. Aufer, benignissima, langorem, et non senties, quem horres, fetorem. Fac nos, piissima, ut non sit quod dolet, et non sit quod sinceritati tue sordet. Fac, Domina, exaudi, Domina, sana animas peccatorum servorum tuorum, per virtutem benedicti Fructus ventris tui, qui sedet in dextera omnipotentis Patris sui, superlaudabilis et supergloriosus in secula seculorum. Amen. ℟. Veni, electa.

Jube, domne, benedicere. Deleat nostra crimina qui natus est de Virgine Maria.

Lectio IIII. Virgo mundo venerabilis, Mater humano generi amabilis, femina angelis mirabilis, Maria sanctissima cujus beata virginitate omnis sacratur integritas, cujus glorioso partu omnis salvatur fecunditas. Domina magna, tibi gratias territa turba reorum, ad te, prepotens et misericors Domina, nos peccatores, et utique nimis peccatores, anxii confugimus. Videntes enim nos, Domina, ante districti judicis omnipotentem justiciam, et considerantes ire ejus intolerabilem vehementiam, perpendimus peccatorum nostrorum enormitatem et condignam tormentorum immanitatem. Tanto igitur horrore turbati, tantoque terrore perterriti, cujus obnixius implorabimus interventionem quam illius cujus uterus mundi fovit reconciliationem? ℟. Que est.

Jube, domne. Electa Dei Genitrix sit nobis auxiliatrix.

Lectio V. O Domina clementissima, unde securius velocem in necessitate subventionem sperabimus, quam unde mundo propitiationem scimus? Aut cujus intercessio facilius nobis reis impetrabit veniam, quam illius que dignum, generalem, et singularem, justum, victorem et misericordem Salvatorem digne lactavit? Sicut enim, beatissima, impossibile est ut tibi tam singularia, nobis tam necessaria, obliviscaris, sic, mitissima, incredibile est, ut supplicantibus miseris non miserearis. Bene quippe novit mundus, nec nos mundi peccatores ullatenus dissimulare patimur. Satis, inquam, o Domina, satis novimus, quis Filius hominis, vel cujus hominis Filius venit salvum facere quod perierat. Nunquid ergo tu, Domina nostra, Mater spei nostre, nunquid oblivisceris tu, odio nostri, quod mundo tam misericorditer est intimatum, tam feliciter divulgatum, tam amanter amplexatum? ℟. Ista est.

Jube, domne. Filius Virginis Marie det nobis premia vite.

Lectio VI. O Mater misericordie, ille Filius hominis, Filius tuus, venit perditos sponte salvare, et bona Mater Dei poterit perditos clamantes non curare? Bonus ille hominis Filius venit vocare peccatores ad penitentiam, et bona Mater Dei contemnet precantes in penitentia? Ille, inquam, bonus Deus, mitis homo, misericors Filius Dei, pius Filius hominis, venit querere peccatores errantes, et tu bona Mater ejus, potens Mater Dei, repelles miseros orantes? Ecce enim, o Virgo homo [1] de qua natus est Deus homo, ut salvaretur peccator homo, ecce coram bono Filio tuo et coram bona Matre ejus, penitent et confitentur, gemunt et orant peccatores homines. Obsecramus ergo vos, bone Domine et bona Domina, obsecramus ergo vos, Fili pie et pia Mater, obsecramus vos, per ipsam veritatem, et per hanc singularem spem peccatorum, ut sicut tu vere es Filius ejus et tu Mater ejus, sic solvantur et curentur, sanentur et salventur hi peccatores. ℟. Felix.

Post Epiph. usque ad Purif. Evang. secund. Lucam : In illo tempore. Pastores loquebantur ad invicem. — *Ab oct. Pur. usque ab Pasc. sec. Luc.* : Repleta est Spiritu Sancto. — *A Pasch. usque ad Penth. sec. Johann.* Stabant juxta crucem. — *Ab. oct. Corporis Christi usque Adv. Dom. sec. Luc.* Intravit Dominus Jesus in quoddam castellum... Et reliqua. *Omelia B. Aug.* Merito sancta et venerabilis Dei Genitrix Maria, celorum Regina. — *Lectio VIII.* O admirabilis thalamus de quo speciosus prodiit sponsus. — *Lectio* [5] *IX.* O clarissima inter virgines, Virgo sancta Genitrix Christi piissima, succurre miseris ad te confugientibus, veniam tribue poscentibus, adjuva et refove omnes qui in te confidunt. Ora pro totius mundi piaculis, interveni pro clero, intercede pro electorum choro, exora pro devoto femineo sexu. Sentiant omnes clementiam tuam, quicumque invocant nomen tuum gloriosum. Sit tibi compassio cap✱tivorum, sit pius affectus super celorum peregrinos. Et quia sine fine te gaudenter atque letanter aspicit, quesumus, ut preces nostras quas tibi cum fletibus fundimus, ad Deum ipsa admittas, eumque ut proprium Filium pro nobis interpelles, ut cum ille in fine seculi judex apparuerit, cum ipso et nos appareamus in gloria. Qui cum Patre et Spiritu Sancto vivit et regnat per infinita seculorum secula. Amen. ℟. *Gaude Maria. Responsoria que sunt in festiv. Assump. Marie, fol. clx. poterunt dici per ordinem. Pro IX*[6]. ℟. *secundum voluntatem officiantis.* Te Deum.

DERNIÈRE PAGE DU BRÉVIAIRE DE LESCAR
Avec la date, le lieu d'impression et le nom de l'imprimeur
JACQUES COLOMIES.

In Laud. Ant. Exaltata est, sancta Dei Genitrix, super choros angelorum ad celestia regna. *Ps.* Dominus regnavit. *cum reliq.* *Ant.* Paradisi janue pro te nobis apte sunt, que hodie gloriosa cum angelis triumphas. *Ant.* Maria Virgo assumpta est ad ethereum thalamum, in quo Rex regum stellato sedet solio. *Ant.* Benedicta filia tu a Domino, quia per te fructum vite cummunicavimus. *Ant.* Quasi cedrus exaltata sunt in Libano, et quasi cypressus in monte Syon. *Capitulum.* In omnibus.*Hymn.* Ave maris. ℣. Speciosa. *Ad Bened. Ant.* O gloriosa Dei Genitrix. *Oratio.* Concede nos [6] famulos tuos, quesumus, Domine Deus, perpetua mentis et corporis sanitate gaudere, et gloriosa beate Marie semper Virginis intercessione a presenti liberari tristitia et eterna perfrui letitia. Per.

¶ *Fiant suffragia consueta, scilicet de Trinitate et de Cruce, secundum tempus, de sancto Michaele, de omnibus sanctis et de pace. Sequitur immediate* Ave, Regina, *vel*Regina celi, *quia illa Antiphona* Ave stella matutina, *non dicitur nisi in parvo officio. Per Horas. Ant. Capit.* ℟. *et* ℣. *ut sup. in parvo off. sed Hymni dicuntur sicut in aliis diebus. Ad VI. Oratio.* Deus qui salutis eterne beate Marie virginitate fecunda, humano generi premia prestitisti, tribue, quesumus, ut ipsam pro nobis intercedere sentiamus per quam meruimus auctorem vite suscipere Dominum nostrum Jesum Christum Filium tuum. Qui tecum. *Ad IX^a. Oratio.* Beate ac perpetue semperque Virginis Marie Dei Genitricis, quesumus, Domine, intercessio gloriosa nos protegat : et ad vitam perducat eternam. Per eundem Dominum nostrum Jesum Christum Filium tuum. Qui tecum. *In Vesp. Ant. Laud. Ps. Virg. Ad Magn. Ant.* Ave Regina, *vel* Regina celi, *secundum tempus; sequuntur Suffragia.*

¶ *Ad Dei laudem Virginisque Deipare absolutum fuit. Breviarium presens in urbe Lascurrensi. Opera Jacobi Colomies. Calcographi Tolosani. Anno Incarnationis salutifere, quingentesimo, xlj. supra millesimum.*

NOTES

DES RUBRIQUES

1. Rubrice. Règles générales pour tout l'office du Bréviaire. Aussi s'appellent-elles dans les pages suivantes, *regule generales*. Elles sont préceptives, c'est-à-dire obligatoires sous peine de péché, ou directives, ne servant que de simple guide. — 2. *Canticum graduum* : c'est l'ensemble des 15 Psaumes : ils sont ainsi appelés, parce qu'on les chantait en montant les 15 degrés du Temple de Jérusalem ; on les récitait aux 4es féries (mercredis de carême, etc.), lorsqu'il n'y avait au moins ni double ni semi-double. On les trouve encore dans nos bréviaires. — 3. *Quinarium* : Cinq psaumes. Remarquez surtout que l'Eglise, comme une bonne mère, pense d'abord aux âmes du Purgatoire. Viennent ensuite les « pénitents » qui se sont repentis de leurs fautes ; après, les justes et les « contemplatifs », afin qu'ils persévèrent dans la grâce et avancent dans la vertu ; dans le verset on a mis « Salvos fac servos tuos et ancillas tuas ». D'après Gavanti, les 5 premiers se disent pour les défunts, les 5 suivants pour l'officiant et ses amis, les 5 derniers pour tous les fidèles. On dit le grand office, lorsque la récitation des 15 psaumes est terminée. — 4. Traduire : « *Pendant le Carême, les vêpres des défunts précèdent leurs vigiles, excepté aux fêtes solennelles... quand bien même l'on ferait l'office férial le jour qui suit ces solennités.* » Les vigiles de défunts ne se célébraient qu'en carême. — 5. *Dominice historiate* : Les dimanches « historiés » étaient ceux où se récitaient les leçons de l'Ecriture Sainte tirées de l'Ancien Testament. — 6. *Office double* : le plus élevé, dans le bréviaire de Lescar, après *solennel*. — 7. *Dominice privilegiate* : Ce sont les dimanches où l'office du jour l'emporte sur l'office d'un saint occurrent ; bien que classées alors sous le rit double, certaines fêtes leur cédaient le pas et se célébraient le lundi suivant, déplaçant les autres doubles occurrents. Cependant la fête se célébrait pour le peuple et il fallait dire la messe paroissiale de la fête. Ainsi la Purification tombant le jour de la Septuagésime, on devait bénir les cierges et dire la messe de la Sainte Vierge ; mais l'office se disait le lundi, en renvoyant St Blaise au mardi. — 8. *Capitulatur* : On prend le Capitule de... — 9. *Servitium*. On donnait ce nom à l'office de la Sainte Vierge. — 10. *Dominice simplices* : Les dimanches ordinaires étaient classés sous le rit simple : on récitait alors les *Prières*, à Prime et à Complies (c'est comme aujourd'hui), à moins que ce ne fût pendant une octave. — 11. *Officium majus* : par opposition au *Petit* office de la Sainte Vierge ; aux 1res vêpres du dimanche, on récitait parfois les Suffrages de la Trinité, de la Croix, de St Michel, de tous les Saints et de la Paix. Aujourd'hui les Suffrages sont un peu modifiés : on dit ceux de la Sainte Vierge, de St Joseph (décret du 7 juillet 1871), des Apôtres, du Patron et de la Paix ; pendant le Temps Pascal, on dit ceux de la Croix. A remarquer que pendant les féries, après mémoire de la Croix, il fallait dire les suffrages de la Sainte Vierge par l'*Ave Regina celorum* et l'oraison : *Famulorum tuorum*. A Matines, le dimanche, on récitait les Suffrages de la Trinité, de la

Croix, de la Vierge, avec l'Antienne [1] *O gloriosa Dei Genitrix*, le Verset *Specie* et l'Oraison *Supplicationem*; et après le Suffrage de la Paix, on disait l'Antienne *Ave, Regina celorum*; de même aux secondes Vêpres, si la fête d'après n'était pas un double. — 12. Les dimanches « historiés » commençaient après la Fête-Dieu et se poursuivaient jusqu'à l'Avent. Le premier s'appelait : le Dimanche « **Deus omnium** » ainsi dénommé *des premiers mots du premier Répons du I Nocturne, après la 1re leçon* : **Deus omnium** *exauditor*, etc. Par conséquent le dimanche « **In principio** » tire son nom du Répons du I Noct. de ce jour, et ainsi de suite. Les dimanches « historiés » commençaient le dimanche après l'octave de la Fête-Dieu, à moins que ce ne fût la solennité de St Jean-Baptiste, ou des SS. Apôtres Pierre et Paul. — 13. On ne fait pas mémoire des fêtes transférées. — 14. *In principio*, etc. ; c'est le titre sous lequel on désignait les dimanches, au lieu de dire : *Dimanche après la Pentecôte*. — 15. Aujourd'hui aussi le *Te Deum* se récite après la 9e leçon qui n'a pas de Répons. — 16. Tous les jours de la Semaine Sainte n'étaient pas privilégiés ; une fête double pouvait se célébrer jusqu'au mercredi inclusivement ; les fêtes d'un moindre rit étaient transférées. — 17. *Festa signantur :* De la Classification des fêtes. Les paragraphes suivants sont importants : nous les avons déjà indiqués dans les Notes préliminaires aux Rubriques. Les semi-doubles ne se solennisaient pas pour le peuple. *Les fêtes doubles étaient de précepte ;* par conséquent le jour de Ste Confesse était célébré à l'égal du Dimanche : il n'y avait d'exception que pour les fêtes de *trois docteurs de l'Eglise* : St Grégoire, St Ambroise et St Jérôme. Le redoublement de toutes les Antiennes, ou d'une partie, était un signe caractéristique du degré de la fête. Aux fêtes solennelles, nulle obligation de réciter le Petit Office de la Sainte Vierge ; ceux qui les récitaient par dévotion gagnaient 40 jours d'indulgences accordés par l'Ordinaire. — 18. *Antiphona super Psalmos.* Cet usage de ne dire qu'une Antienne à Vêpres pour tous les Psaumes était un reste du vieux rit Gallican. Les *Antiphones* étaient des versets alternatifs. — 19. Les octaves de St Vincent, de St Benoît, St Jacques, St Laurent, St Martin et St André étaient du rit simple, mais sans l'obligation de réciter les *Prières*. Les rubriques ne sont pas cependant identiques pour toutes ces fêtes ; les jours dans l'octave étaient différemment célébrés. Remarquons ici que, pendant l'octave de la Trinité, on ne faisait mémoire de St Etienne, etc. qu'au jour de l'incidence de l'octave de ces saints. — 20. Ces règles de la translation des fêtes étaient encore naguère à peu près observées dans le rit Romain jusqu'aux modifications introduites par Léon XIII. Les fêtes doubles étaient renvoyées au premier jour libre. — 21. Dans les fêtes doubles tombant le dimanche, on renvoyait la mémoire de ce jour à la première férie libre, malgré l'office de St Augustin qui se disait le jeudi, ou l'office de la Sainte Vierge du samedi. La rubrique était dans ce cas un peu compliquée. L'office majeur, *majus*, dont il est parlé ici, comme plus haut, était sans doute un double. La règle était de ne jamais omettre autant que possible l'office du Dimanche. — 22. *Feria minus occupata.* On appelait ainsi toute fête du rit simple. — 23. *Publice*. Lorsqu'il n'y avait qu'une seule messe paroissiale le dimanche dans l'octave du St-Sacrement, on la disait de l'octave, mais il fallait lire publiquement (à haute voix) l'évangile du jour et l'homélie avant ou après la messe. — 24. *Preces*. Ces prières de la férie se trouvent encore après les Laudes du lundi dans le Bréviaire Romain. — 25. Ce vieil usage Gallican de ne réciter qu'un Nocturne, de Pâques à la Pentecôte, pour les fêtes, fut remis en vigueur dans les bréviaires modernes français. — 26. On laisse parfois au prêtre la faculté de régler lui-même les leçons de l'office. Ces rubriques du temps Pascal sont très intéressantes. En général, la première leçon était une homélie sur l'Evangile et les deux autres du saint. — 27. *Benedictiones*. Les bénédictions, que l'on disait avant les leçons, sont absolument différentes de celles qu'on récite aujourd'hui.

DU PSAUTIER

DIMANCHE A MATINES. — 1. L'hymne *Primo dierum* est essentiellement Romaine. Quelques mots de changés. On la trouve dans les *Hymni ecclesiastici*, p. 263, du *Psalmorum liber. Apud. Seb. Gryphium, Lugduni*, 1543. Dans l'hymne *Nocte surgentes*, à l'avant-dernier vers, il faudrait *reboat* et non *roboat*. — 2. Les Psaumes de Matines, comme aujourd'hui. A remarquer que l'on disait les Antiennes les plus courtes avec les hymnes les plus longues, et vice versa.

A LAUDES. — 1. On se rappellera que nous avons dû supprimer les crochets ; il aurait fallu les multiplier outre mesure. — 2. *Cunctipotentem*. Mot forgé au moyen âge : tout puissant.

[1]. — *Antienne.* « L'Antiphone est un psaume chanté à deux chœurs qui alternent. C'est à Antioche, au temps de l'évêque Léonce (344-357), que naquit cet usage. » Duch., *Orig. du culte*, p. 108.

A Prime. — 1. Les oraisons diffèrent ordinairement de celles d'aujourd'hui ; elles ont toutes un cachet d'antiquité remarquable. Dans les féries, les oraisons de Laudes ne sont pas les mêmes que dans le Bréviaire Romain actuel. A moins d'observation contraire, l'office est le même que celui que nous récitons. Les hymnes offrent parfois quelques variantes qu'une comparaison facile avec celles d'aujourd'hui fera connaître.

A Complies. — 1. Hymne : variante pour *Ut pro tua clementia*, etc. Nous regrettons de ne pouvoir pas donner toutes les rubriques ; mais elles n'ont guère d'intérêt historique ni même liturgique.

Litanies des Saints. — On invoque les saints nationaux et locaux, St Galactoire *et ses compagnons* St Julien, St Léonce, *St Joseph* (le dernier), Ste Confesse et Ste Quitterie, etc. Aujourd'hui les Psaumes Pénitentiaux, les Litanies et l'office des Morts se trouvent à la fin du Bréviaire. Les plus beaux Répons de l'office des morts furent composés, dit-on, par Maurice de Sully, qui les fit chanter dans son Eglise de Paris en 1196 : *Domine, quando veneris — Peccantem — Libera me* ; — les Répons *Credo quod Redemptor — Qui Lazarum* — se trouvent dans les Antiphonaires et Responsoriaux Grégoriens. V. *Instit. liturg.*, t. 1, p. 302.

PROPRE DU TEMPS

1er Dimanche de l'Avent. — Les hymnes offrent quelques variantes, et c'est pour cela que nous les reproduisons intégralement. Les oraisons sont souvent les mêmes qu'aujourd'hui.

Vigile de la Nativité. — *Invitat.* « Rex Israel cras veniet. Venite adoremus eum. » Homélie d'Origène. Rubrique des Vêpres : *Vespere celebrentur immediate post missam majorem, nisi fuerit Dominica.*

25 Décembre. Nativité de N. S. — La doxologie doit se dire à la fin de toutes les hymnes « *si potest concordari tono* ». A Complies, deux Antiennes : *Verbum caro factum est*, à la place de *Miserere*, et *Exultemus in Domino*, au lieu de *Salva nos*, après le Ps. *Cum invocarem* et le *Nunc dimittis*. — *Invitat.* : « Christus natus est nobis. Venite, adoremus. » Bénédictions du 1er Noct. « Parvulus qui hodie voluit in presepio collocari, nos faciat primo tempore alleviari. Amen. (Et la 1re leçon commence : Primo tempore alleviata est.) — Ipso opitulante parare viam Domino mereamini, qui ad Hierusalem per prophetam dixit consolamini, consolamini. Amen. (La 2e leçon commence ainsi : Consolamini, consolamini, popule meus.) — Nos a nostra dignetur abluere contagione culpe, qui ad Hierusalem per prophetam dixit : Consurge, consurge. Amen. (La 3e leçon commence ainsi : Consurge, Consurge.) — Bénédictions du IIe Noct. « Descendat in nobis benedictio majestatis superne cujus diem celebramus Nativitatis hodierne. Amen. — Nobiscum Deus semper sit Filius Altissimi qui Emanuel vocatur, ut nostis, dilectissimi. Amen. — Ille nos suo muniat patrocinio cujus inimicis dictum est : Vos, inquam, convenio. Amen. » — Bénédictions du IIIe Noct. « Infundat cordibus nostris sancti Evangelii intellectum qui nasci voluit sub Augusti Cesaris edictum. Amen. — Prebeat nobis divini verbi scientiam qui annunciavit pastoribus Nativitatem suam. Amen. — Perducat nos ad sue majestatis thronum qui apud Patrem in principio erat Verbum. Amen. » Trois évangiles aux trois dernières leçons, comme aujourd'hui. Après le dernier Répons : *Dicatur in choro duntaxat evangelium* : Liber generationis, *et sequitur* : Te Deum. Puis la messe, et, après la Communion, Laudes. Pas de capitule, ni d'hymne au chœur, mais l'antienne du *Bened.* et la Messe se termine par l'oraison : Deus, qui hanc sacratissimam noctem. Oraisons propres aux Petites Heures. Antiennes de Vêpres, comme aujourd'hui : Tecum principium, etc., et Mémoire de St Etienne.

26. St Etienne. — Cet office ressemble beaucoup au Romain actuel. Antiennes et Répons propres. Psaumes d'un Martyr. Oraisons propres et distinctes à Sexte et à None ; il en est souvent de même. Celle de Laudes sert à Tierce.

27. St Jean l'Evangéliste. — 1. *Natali* : expression fréquente pour dire la mort et qui exprime l'idée de naissance à la gloire éternelle.

28. SS. Innocents. — 1. L'Antienne de None est magnifique : *Clamant, clamant, clamant Domino Innocentes*. C'est un suprême cri de triomphe qui se mêle aux gémissements douloureux des mères ; *resonat luctus multis matribus*. Les leçons ont été tirées d'un sermon de St Léon.

29. St Thomas de Cantorbéry. — 1. L'Oraison « Deus pro cujus Ecclesia » est la même que dans le Romain actuel ; on l'a adoptée pour l'office de St Galactoire, un des patrons de Lescar. — 2. *Karissimi*. Le k se substitue souvent au ch dans les mss. et les textes imprimés aux xve et xvie siècles. — 3. Il est assez fréquent de trouver, pendant les octaves, les trois leçons intermédiaires s'appliquant à la fête dont on célèbre l'octave. — 4. Formule qui signifie : Continuation du même sujet, *ou* : Extrait de la même source que plus haut. — 5. On ne trouve jamais l'indication de la « Lectio VII » ; nous l'avons ici ajoutée. Pour l'évangile, on lit ordinairement [*Evang.*] sec. — 6. *Ille*, p. *illœ* ; toujours é pour æ.

31. St Silvestre. — 1. *Tentus*. Participe passé de *teneo*, forme usitée au moyen âge. — 2. Tradition vague du baptême de Constantin par St Silvestre.

4 Janvier. St Galactoire. — 1. Cette antienne unique de vêpres est un vieux reste gallican. — 2. *Protensans*, locution obscure : manifestant. — 3. L'Invitatoire est rimé. — 4. *Erario* p. *ærario*. — 5. *Burdegalensis*: Mimizan faisait partie de l'ancien diocèse de Bordeaux. — 6. Nous avons déjà fait remarquer la singularité de ces antiennes finissant de la même manière que le commencement du Psaume qui suit. Elles sont rimées. — 7. *Emisperium* p. *hemispherium*, contrée. — 8. *Feces* p. *faces*. — 9. Courses des Goths à travers la *Méditerranée*. Ce récit est totalement contredit par l'histoire. — 10. *Jocundus* p. *jucundus*. — 11. Obscur.

Octave de St Galactoire. — 1. *Itur, committitur, bellatur*, etc. Le récit est ici vif comme l'action. — 2. Le cadavre de St Galactoire, au milieu des morts, est comparé à une rose entourée d'épines. — 3. La tête du saint était séparée du tronc. — 4. *Adoratur*, expression signifiant : est vénéré.

Dimanches après l'Épiphanie. — Les leçons se tirent de St Paul et des Pères. Rien de particulier. Les oraisons incomplètes sont celles de notre bréviaire actuel.

1er Dimanche de Carême. — La 9e leçon est suivie de huit Répons et Versets évangéliques : *Ductus est Jesus in desertum*, etc. Dans les fériés pour les Heures, on prenait les capitules et les oraisons du dimanche. Jusqu'au mercredi saint on récitait les Psaumes pénitentiaux.

Lundi. — Après None, cette Rubrique : *Hic dicantur vespere immediate post missam majorem et singulis diebus usque ad Pascha, nisi Dominicis*. Après l'ant. du *Nunc dimittis*, on récitait 3 versets : *Ne projicias nos in tempore senectutis*, etc. *Qui cognoscis omnia. Noli claudere aures*.

Hymne de la Passion. — Bien que l'hymne *Vexilla Regis* soit de Fortunat, évêque de Poitiers (v. 565), elle offre ici quelques différences avec celle que nous chantons actuellement.

Semaine Sainte. — Rubrique curieuse, le lundi. On doit réciter tout le Psautier dans la semaine, sans s'astreindre à l'ordre observé dans la Bible.

Jour de Pâques. — Après vêpres, on allait en procession aux fonts baptismaux. A l'aller, on chantait l'Antienne : *Præ timore* et le Ps. *Laudate Dominum, omnes gentes* ; au retour l'Ant. *Respondens* et le Ps. *In exitu*.

Cette touchante coutume s'est conservée encore à Paris. Après l'antienne de Benedictus, le lundi, la Rubrique fait remarquer que les offices sont doubles ces deux jours (lundi et mardi) ; et à raison de la fête de Pâques, il faut observer les mêmes sonneries et les encensements : *Hec duo festa sub duplici officio celebrantur et ratione festi precedentis servantur eadem cerimonie quoad campane bordonos* (le bourdon) *et incensum, sicut in die Pasche, et idem fit feria II et tertia post Penthecosten*. — Le samedi, mêmes psaumes et antiennes que le jour de Pâques, mais on ne va pas aux fonts : *sed non eatur ad fontes*. On ne trouve pas ici le chant : *O filii et filiæ* ; mais l'hymne *Aurora lucis* de Laudes offre le même ton joyeux.

1er Dimanche après l'Oct. de Pâques. — Trois leçons ; après la dernière, sept Répons et autant de Versets : *Audivi vocem in celo angelorum*, etc.

Ascension. — *Invitatorium* : « Alleluia. Christum Dominum ascendentem in celum. Venite, adoremus, alleluia. » 3 leçons ; antiennes à Laudes, comme aujourd'hui : *Videntibus illis—Cumque intuerentur — Viri Galilei — Exaltate regem — Sic veniet*. Le lundi *(feria II)*, la 1re leçon débute par ce texte, si fréquent dans les légendes : *Post beatam et gloriosam Resurrectionem Domini Jesu Christi*.

Pentecote. — Invitat. comme aujourd'hui. A Tierce, l'hymne « Veni Creator » se disait également pendant toute l'Octave.

Trinité. — *Invitatorium* : « *Deum verum unum in Trinitate et Trinitatem in unitate. Venite adoremus.* » Les six premières leçons sont à reproduire. « *Lectio I. Credimus sanctam Trinitatem, Patrem et Filium et Spiritum Sanctum, unum, omnipotentem, unius substantie, unius essentie, unius potestatis, creatorem omnium creaturarum, a quo omnia, per quem omnia, in quo omnia.* — *II. Credimus Patrem a seipso, Filium a Patre genitum, Deum verum de Deo vero, lumen verum de lumine vero, non tamen duo lumina, sed unum lumen. Credimus Spiritum Sanctum a Patre et Filio equaliter procedentem, consubstantialem, coeternumque Patri et Filio.* — *III. Pater in se, plenus Deus, Filius plenus Deus, a Patre genitus, Spiritus Sanctus plenus Deus a Patre et Filio procedens. Non tres Deos dicimus, sed unum Deum omnipotentem, eternum, invisibilem, incommutabilem.* — *IIII. Credimus unum Deum qui totus ubique est, totus ubique presens, non per partes divisus, sed totus in omnibus, non localiter, sed potentialiter, qui sine commutatione sui mutabilia creavit, et creata gubernat, semper manens quod est.* — *V. Cui nihil accidens esse poterit, quia simplici divinitatis nature nihil addi vel minui potest, quia semper est quod est, cui proprium est, cui sempiternum est, cui idem est, esse, vivere et intelligere, et hec tria unus Deus.* — *VI. Idem ergo Deus et*

Dominus vera et sempiterna Trinitas in personis, vera et sempiterna unitas in substantia, quia vera substantia est Pater et Filius et Spiritus Sanctus. » On ne nomme pas l'auteur de cette magnifique théologie. Après la 9ᵉ leçon, six Répons avec leurs versets : *Benedictio et claritas*, etc. Les leçons de la 5ᵉ et de la 4ᵉ férie continuent la magistrale exposition du dogme de la Trinité :

Feria III. — *Lect. I.* Hec igitur sancta Trinitas nihil majus est in tribus personis simul nominatis quam in unaquaque persona simul dicta, quia unaquaque persona plena est substantia in se, non tamen tres substantie, quia unus Deus, una substantia, una eternitas, una essentia, una potestas, una magnitudo, una bonitas Patris et Filii et Spiritus Sancti. — *II.* Igitur nec aliud est Pater in natura quam Filius vel Spiritus Sanctus, nec aliud est Filius vel Spiritus Sanctus quam Pater in natura, quibus est una natura, sed alius est Pater in persona, alius Filius in persona, alius Spiritus Sanctus in persona. — *III.* In Patre est eternitas, in Filio equalitas, in Spiritu Sancto eternitatis equalitatisque connexio, una omnino substantia et essentia, et omnipotentia in Deitate. — *IIII.* Sic ergo sancta Trinitas inseparabilis est in operibus, quamvis quedam opera Dei quibusdam personis specialiter conveniant, sicut Patris vox illa que de celo sonuit super Christum et ad Filii personam humanitatis tantum pertinet susceptio. — *V.* Congruit itaque proprie Spiritus Sancti persone illa columba in cujus specie idem Spiritus Sanctus descendit super eundem Filium Dei secundum hominem baptizatum, tamen absque dubitatione illam vocem et illam columbam, et Christi humanitatem, tota sancta Trinitas operata est, cujus inseparabilia sunt opera. — *VI.* Credimus Filium Dei verum Deum eternaliter natum de Patre, consubstantialem Patri per omnia, temporaliter autem natum ex Maria Virgine, conceptum ex Spiritu Sancto.

Feria IIII. — *Lect. I.* Credimus eundem Filium Dei duas habere nativitates, unum ex Patre eternaliter, alteram ex Matre temporaliter, qui etiam sue carnis conceptione est conceptus, et sue carnis nativitate est natus. — *II.* Teneamus igitur firmissime Patrem et Filium et Spiritum Sanctum unum esse naturaliter Deum, neque tamen ipsum Patrem esse qui Filius est, nec Filium ipsum esse qui Pater est, nec Spiritum Sanctum esse qui Pater est. — *III.* Credimus in unum Deum Patrem omnipotentem, et in unum Dominum Jesum Christum, Filium ejus, et in Spiritum Sanctum ; non Deos tres, sed Patrem et Filium et Spiritum Sanctum unum Deum colimus et confitemur, non sic unum quasi solitarium, nec eundem qui Pater sit ipse sit Filius, sed Patrem esse qui genuit Filium, Filium esse qui genitus sit, Spiritum Sanctum nec genitum nec ingenitum, nec creatum, nec factum, sed de Patre procedentem, Patri et Filio coeternum et coequalem et cooperatorem, quia scriptum est : Verbo Domini celi firmati sunt, id est a Filio Dei et Spiritu oris ejus omnis virtus eorum. — *IIII.* Teneamus igitur firmissime Patrem et Filium et Spiritum Sanctum, unum Deum naturaliter esse ; neque tamen ipsum Patrem esse qui Filius est, nec Filium ipsum esse qui est Pater, nec Spiritum Sanctum qui Pater aut Filius est. — *V.* Una est enim Patris et Filii ac Spiritus Sancti essentia : in qua non est aliud Pater, aliud Filius, aliud Spiritus Sanctus. Quamvis personaliter sit alius Pater, alius Filius, alius Spiritus Sanctus, quod nobis maxime in ipso Sanctarum Scripturarum initio demonstratur, ubi Deus dicit : Faciamus hominem ad imaginem et similitudinem nostram. — *VI.* Cum enim singulari numero dixit imaginem, ostendit unam naturam esse ad cujus imaginem homo fiebat, non unam esse personam. »

Fête-Dieu. — *Invitatorium* : « Christum Regem adoremus dominantem gentibus. Qui se manducantibus dat spiritus pinguedinem. » Après la 9ᵉ leçon, il y a quatre longs Répons avec leurs versets : *Unus panis et unum corpus multi sumus*, etc. La 6ᵉ leçon du lendemain s'exprime ainsi : « Romanus itaque Pontifex Urbanus quartus hujus sacramenti devotione affectus, pie statuit prefate institutionis memoriam prima feria quinta post octavas Penthecostis a cunctis fidelibus celebrari... » Les leçons du samedi énumèrent les indulgences accordées par le pape Urbain IV à ceux qui assisteraient aux divers offices de l'Octave de la Fête-Dieu.

Des dimanches historiques. — Ils sont ainsi appelés parce qu'on prend ordinairement les leçons des livres historiques de l'Ancien Testament. Ils sont désignés sous les noms de *Dominica* **Deus omnium**, **Peto Domine**, etc., parce que le premier Répons du 1ᵉʳ Nocturne commence par ces mots. Ce sont les dimanches après la Pentecôte. Les oraisons sont ordinairement les mêmes qu'aujourd'hui.

PROPRE DES SAINTS

NOVEMBRE

29. St Saturnin. — 1. Invit. semblable à celui du vieux Toulousain. *Mém. du P. Carles.* Les belles hymnes *Nunc Saturninum*, *Lux Mundi* et *Tunc plebs sæva* ne se trouvent pas ici. — 2. Ant, comme à Toulouse. La formule « *Post Salvatoris* ...*adventum* est très fréquente dans les anciennes légendes, et ne peut servir de preuve en faveur de l'Apostolicité des Eglises des Gaules. V. Celle de St Martial, dans les Bollandistes. — 3. Comparez ce texte avec celui de D. Ruinart dans les *Acta sincera*. Nos leçons remontent à une antiquité plus vénérable que celles données par le P. Carles. — 4. *Ante annos satis plurimos, id est, sub Decio et Grato consulibus*. D. Ruinart dit : *Ante annos L*. Ces textes ont donné lieu à d'interminables controverses. — 5. *Equidicus* (æquum dicere ?) juste. Ce mot ne se trouve pas dans du Cange. — 6. *Prothopresul* : Premier évêque ; *Almificus* : qui rend doux. — 7. Cette antienne est différente dans le *Proprium SS*. de Toulouse. — 8. Antiennes identiques. — 9. *Luciflua* : qui répand la lumière. — 10. Les leçons ne donnent pas le récit de la mort de St Saturnin ; ce Répons nous la fait connaître. — 11. Ant. de Laudes identiques. Les Antiennes des Petites Heures sont propres dans le Brév. de Lescar. — 12. *In Vesp*. Régulièrement l'office de St André commence ici. — 13. Le Capitole, en souvenir de celui de Rome. V. sur St Saturnin notre Introduction.

30. St André. — 1. Ce récit semble emprunté à un texte fort ancien, bien que ce ne soit pas, très probablement, une relation de témoins oculaires. — 2. Bel exposé de la doctrine chrétienne. — 3. Ce magnifique office de St André ressemble beaucoup à celui que nous récitons.

DÉCEMBRE

4. Ste Barbe. — 1. Oraison très curieuse. On la trouve aussi dans Missel de Bayonne de 1543, avec cette variante : *fieri in die judicii*. — 2. Nous pensons que cette tradition est erronée : personne ne peut se baptiser soi-même. Cette légende a des traits de ressemblance avec celle de Ste Quitterie. — 3. Un berger délateur, maudit par Ste Barbe est converti en pierre *avec ses brebis*. — 4. Supplice de Ste Agathe. — 5. Trait de ressemblance avec la légende de Ste Agnès. Il ne serait pas impossible que le légendaire se fût inspiré de tous ces souvenirs.

6. St Nicolas. — 1. *Quatinus* pour *quatenus*. — 2. *Convicaneus*, compatriote. Toutes les Antiennes propres. — 3. De son tombeau de marbre coule un huile qui guérit les aveugles. — 4. Les peuples vont en foule l'implorer. — 5. Les anciens offices contiennent plusieurs oraisons différentes.

8. La Conception de la Ste Vierge. — 1. Unique Antienne à vêpres, office rimé. — 2. *Assit*, p. *adsit*. — 3. Le mot d'*immaculata* ne se trouve nulle part. V. notre *Introduction*, sur le Missel de Bayonne de 1543. — 4. Remarquer : *Conceptum dignum*. — 5. Leçon intéressante, comme entrée en matière. — 6. L'*Immaculée Conception* est ici clairement affirmée : « Voluit eum Spiritus Sanctus [conceptum] *speciali privilegio honorare*. — 7. *Inviscere* du verbe *inviscero* (?) produire dans le sein. Phrase obscure ; à moins qu'il ne faille *invisere* ; dans les deux sens c'est un barbarisme ; *in viscere* est inintelligible. — 8. Autre assertion *a contrario* en faveur de l'Immaculée Conception de Marie. Cette leçon a quelque chose d'original. — 9. *Fulcra*, soutiens, secours. Antiennes rimées. — 10. *Prosa*. Les Proses entre Matines et Laudes sont excessivement rares ; on ne les trouve que dans quatre fêtes solennelles. — 11. *Conscio*, p. *concio*, peuple, foule. — 12. *Poli*, du ciel. Le privilège de l'Immaculée Conception de Marie est clairement affirmé le 20 mars, fête de St Joachim. — 13. On a dû remarquer que, d'après l'oraison, cette faveur accordée à la Sainte Vierge a été révélée par un ange.

9. St Girons. — 1. Un des meilleurs travaux sur St Girons vient d'être publié dans le *Bulletin de la Société de Borda*, 1889-90, sous ce titre : *St Girons, son Culte, sa Crypte, sa Collégiale*, par M. l'abbé Meyranx, curé de Cazères. Le savant auteur de cette intéressante monographie essaie de prouver que St Girons fut évêque parce que « sur la clef centrale de la clef de la voûte de la crypte romane est gravée *l'image en pied* d'un évêque crossé et mitré », p. 311. Nous avouons que nous ne sommes pas convaincu. La tradition ecclésiastique n'est guère favorable à cette opinion ; au reste, si St Girons, Wisigoth (ou Vandale, comme dit notre légende) vint dans ce pays avec sept compagnons, on ne voit pas pourquoi il aurait eu un caractère épiscopal. Il semble d'ailleurs n'être qu'au second plan : St Sever sera son modèle. Toutefois, il n'est pas impossible qu'étant missionnaire « per civitates et castella ibat » il fût évêque, comme l'étaient les missionnaires des temps les plus reculés. Mais il faudrait avoir de meilleurs arguments. — 2. *Palestrion*. Château des rois Wisigoths à St-Sever, Cap-de-Gascogne, où ils faisaient leur résidence. — 3. Cette persécution des Wisigoths, car les Vandales ne firent que passer en dévastant tout, expliquerait peut-être la mort de St Galactoire. — 4. Tradition peu vraisemblable. — 5. St Girons était en grand honneur parmi nous. Les églises de Moncin, de Bassillon, de Géronce, d'Abos, de Sauvagnon lui sont dédiées ; dans les Landes : Hagetmau, Carcarès, Vielle-St-Girons, Luglon, etc. Son culte était célébré dans les diocèses de Bordeaux, Bazas, Bayonne, Tolède, et à Roncevaux en Espagne. La fête est souvent reportée au mois de juin, dans plusieurs martyrologes. — 6. Cette latitude accordée au prêtre de partager lui-même en deux ou

trois cette unique leçon est assez curieuse. — V. *Etude historique et critique sur les sept martyrs du Midi. Sever, Géronce*, etc. *Petite Rev. d'Aire*, mai, juin 1871 (R. P. Labat. S. J.), *Rev. de Gasc.*, 1878, p. 322.

10. Ste **E**ulalie. — 1. Sainte espagnole, dont le tombeau est à Barcelone et dont le culte s'était répandu dans le midi de la France. — 2. Le démon. — 3. Mérida en Estramadure. — 4. Bourreaux. — 5. Cette affirmation publique de la foi est assez fréquente dans nos légendes.

11. St **D**amase. — 1. *Episcopi*, p. *Pape*. — 2. *Conchilia*, ossements. — 3. Il ordonna de dire le *Gloria* à la fin des psaumes. — 4. *Diacones*, p. *diaconos*.

12. Translation de **S**t **G**alactoire. — 1. Les offices de translation étaient fréquents au moyen âge. La translation de St Etienne était célébrée presque dans toutes les Cathédrales de l'Aquitaine (Carles, p. 45). On faisait à Toulouse la Translation de St Augustin, de St Benoît, de St Martin, de St Exupère; à Lescar, celle de St Galactoire et de St Augustin. Ces offices finirent par disparaître. Néanmoins on célèbre aujourd'hui la Translation du chef de St Louis, roi de France, le 17 mai, à l'Université Catholique de Lille où St Louis est patron de la Faculté de droit *(Ibid.,* p. 45). — 2. *Galactorii*, toujours. — 3. Les Wisigoths étaient depuis longtemps en possession de l'Aquitaine en 406. — 4. *Dissequebatur*, p. *dissecabatur*. — 5. Il y avait une Vie complète et détaillée de St Galactoire ; ces récits se sont perdus en 1569 sous le protestantisme, comme nous l'apprend le poète Fondeville. — 6. Mimizan, chef-lieu de canton, aujourd'hui dans les Landes, jadis au diocèse de Bordeaux. — 7. V. l'Introduction ; invraisemblable. — 8. *Perfidis* ; cette expression nous ferait croire que St Galactoire ne fut pas mis à mort par les Wisigoths, mais par des traîtres. — 9. Les corps de St Galactoire et de ses compagnons furent déposés en divers lieux. — 10. *Campi ductor*. Chef d'armée (naguère maréchal-de-camp). — 11. Remarquez ce mot : la translation du corps de St Galactoire était en 1541 considérée comme très récente. On l'appelle ensuite intercesseur et patron.

13. Ste **L**ucie. — 1. Aujourd'hui *affecta*. — 2. Entrée en matière assez fréquente, empruntée du Martyrologe. — 3. Comparer les Antiennes et les Répons avec ceux du Romain actuel. — 4. Pour *fugiet*.

14. Dédicace de la **C**athédrale de **L**escar. — 1. Fête solennelle. — 2. Cette hymne est partagée dans les *Hymni Ecclesiastici* de Gryphe, 1543. La seconde partie commence à la 7ᵉ strophe : *Hoc in templo*. — 3. On récite encore cette oraison. — 4. Quelques hymnaires en font deux ; la seconde commence à la 7ᵉ strophe : *Hic locus*.

JANVIER

12. St **M**acaire. — 1. Omis dans le calendrier. L'Eglise en célèbre une fête, le 15 janvier. Il y a deux St Macaire, l'un d'Egypte, l'autre d'Alexandrie. A ce sujet, Baillet dit (11 janvier) : « Quelques auteurs de martyrologes semblent insinuer qu'on aurait rendu à Auch en Gascogne quelque culte singulier à St Macaire d'Alexandrie, mais on a lieu de croire qu'ils en disent regarde plutôt St Macaire que nous appelons St Macary, que quelques-uns font évêque de Comminge, élève et disciple de St Martin de Tours, mais qui pourroit bien avoir été simplement évêque régionnaire, employé aux missions évangéliques avec caractère épiscopal dans la troisième Aquitaine, appelée Novempopulanie, et depuis Gascogne, sans assignation ou fixation de siège particulier... A moins qu'on ne veuille l'entendre d'un autre saint Macaire, abbé au territoire d'Acqs en Gascogne, que d'autres prennent pour le diocèse d'Aix en Provence et dont la mémoire se célèbre le 12 du même mois. » Ce serait bien là notre St Macaire, bien que la légende y contredise.

13. St **H**ilaire. — 1. *Depositio* : mort. — 2. Le titre de Docteur de l'Eglise lui a été décerné par Pie IX, sur les instances du Concile Provincial de Bordeaux. Aujourd'hui honoré le 14.

15. St **M**aur. — 1. Ces leçons semblent avoir été tirées d'Actes écrits par des témoins oculaires.

17. St **A**ntoine. — 1. Les offices des saints ermites sont ordinairement très beaux dans notre bréviaire ; il semble que les anciens patriarches du désert, St Antoine, St Benoît, St Jérôme furent les patrons des chanoines réguliers de St Augustin. « *Fratres... festum patris agite*. » — 2. Antiennes et Répons rimés. — 3. La 7ᵉ leçon est la continuation de la légende ; ces exemples ne sont pas rares. — 4. *Felix*, mot répété 7 fois dans le ℟. et le ℣. — 5. *Lezati*, expression étrange dont nous ne connaissons pas la signification. Du Cange donne *leza* avec le sens problématique de tribut. Plus bas : *lesatam decoravit*. — 6. *Morbidus ignis*, la fièvre. St Antoine était invoqué contre cette maladie. Dans l'ant. du Magnif. on dit aussi : « *Egros carne cura*. »

20. SS. Fabien et **S**ébastien. — 1. Deux oraisons distinctes sous une même conclusion pour une seule fête ; chose peut-être sans exemple. — 2. Nous mettons les ℟. du dernier Nocturne à la suite. Lorsqu'il n'y a pas de 9ᵉ Répons, on dit le *Te Deum*, récité moins fréquemment alors qu'aujourd'hui.

21. Ste Agnès. — 1. Cet office ressemble beaucoup au nôtre, sauf pour les leçons. Les *etc.* signifient que le texte est le même que dans le Romain actuel.

22. St Vincent. — 1. *Diachonium*, p. *diaconatus*. — 2. Un peu de critique historique : notre légendaire pense que les Actes de St Vincent ont été perdus. — 3. *Osca*, c'est-à-dire *Huesca* en Aragon. — 4. Saragosse. — 5. Cette Antienne de Magnificat est une apostrophe sublime.

25. Conversion de St Paul. — 1. On a parfois appelé cette fête la Translation de St Paul, nous dit l'abbé Duchesne dans les *Origines du culte*, au chapitre des fêtes. Cet office ressemble au nôtre actuel.

27. St Jean Chrysostome. — 1. Etymologie du nom de Chrysostome : bouche d'or. Une seule leçon historique dans cette fête ; on y vante ses beaux ouvrages.

29. Octave de St Vincent. — 1. Fin de la légende ; elle ressemble en partie à celle que nous récitons.

FÉVRIER

1. St Ignace d'Antioche. — 1. *Cachodemon* : mauvais génie. — 2. *Theoforum* : qui porte Dieu. Il déclare qu'il porte le Christ dans son cœur. — 3. *Pro advocatione* : devant la foule. — 4. Notre office actuel est plus beau. Ici le légendaire a omis ces paroles sublimes : « *Frumentum Christi sum, dentibus bestiarum molar, ut panis mundus inveniar*. »

1. Vigile de la Purification. — 1. *Quod chorus*, vieille hymne absolument Romaine.

2. Purification de la B. V. M. — 1. Nous avons dû séparer les Vigiles des Matines. Hymne *Quem pontus* avec des variantes. Antiennes, Leçons, Répons, sont tirés souvent du Nouveau Testament. — 2. Vêpres de St Blaise. L'expression *vera salvatio* fut censurée dans le vieil office de St Grat par Mgr de Révol en 1712. V. l'*Introduction générale*.

3. St Blaise. — 1. Très populaire dans notre pays ; fête de précepte dans le diocèse de Bayonne en 1543, d'après le Missel de la Mazarine. — 2. *Ereas*, p. *œreas*, de bronze. — Un spectacle nouveau : Les animaux féroces vivant avec St Blaise ; pour s'emparer du saint on lui envoie des « *comprehensores bestiarum* ». Il y a dans cette légende quelques traits de communs avec celle de Ste Quitterie. — 3. *Presigne*, insigne. — 4. *Thabe*, p. *tabe*, corruption. — 5. *Letifere*, p. *lætiferæ*, qui porte la joie. — 6. *Absconsos*, part. passé, rarement employé de *abscondo*. — 7. *Congregationis*. Ce verset doit faire allusion aux confréries de St Blaise. — 8. Ant. et ℟. rimés. — 9. Oraison remarquable. Tous ceux qui invoquent St Blaise sont préservés des tribulations, de la maladie et des adversités. — 10. D'après ce texte, St Blaise, né à Sébaste en Cappadoce, aurait fait ses premières armes chez les Eduens (Autun et Châlons).

5. Ste Agathe. — 1. Nous avons séparé la Vigile de la fête. Cet office, l'un des plus beaux, ressemble à celui que nous disons encore. — 2. Pendant les Octaves, les leçons du second Nocturne sont ordinairement de la fête. — 3. *Bertarii*. Le Bréviaire Romain ne cite jamais Bertaire et c'est la seule fois d'ailleurs qu'il paraît dans celui de Lescar. D'après Feller, St Bertaire fut abbé du Mont-Cassin en 856 et fut mis à mort par les Sarrasins en 884 ; il a laissé des *Sermons* et des *Homélies*.

9. Ste Apollonie. — 1. Invoquée contre les maux de dents, parce qu'on le lui arracha. — 2. Le texte porte *linguis*, ce qui n'a pas de sens. — 3. Ste Apollonie se jeta volontairement dans les flammes par une inspiration de Dieu.

22. Chaire de St Pierre. — 1. Cette strophe est la 3ᵉ de l'hymne *Aurea luce* qui commence ainsi : « Jam bone Pastor, Petre, clemens. » — 2. Cet office et cette oraison montrent l'union intime qui existait au moyen âge entre nos Eglises de France et la Chaire de St Pierre. Ces traditions ne s'affaiblirent qu'aux XVIᵉ et XVIIᵉ siècles. Antiennes de Laudes rimées. Cet office ressemble au nôtre.

24. St Mathias. — 1. Oraison du Bréviaire Romain. — 2. *Binos*. Les premiers disciples allaient prêcher l'évangile deux par deux.

27. Deuxième Translation de St Augustin. — 1. V. dans l'*Introduction* le culte rendu à St Augustin. A propos de St Galactoire, nous avons déjà dit que les fêtes de Translation étaient jadis fréquentes. Il s'agit ici de la Translation du corps de St Augustin, de Sardaigne à Pavie. — 2. *Linthprandus* ou *Luitprandus*, roi des Lombards, 713-743. Prince pieux et zélé, il acheta pour une somme considérable le corps du saint Docteur. La superstition faisait faire des sacrifices immondes sur le tombeau de St Augustin en Sardaigne.

MARS

7. St Thomas d'Aquin. — 1. L'oraison est du Bréviaire Romain. — 2. Erreur : Clément IV, français, né à St-Gilles-sur-le-Rhône (Guy de Foulques), militaire, jurisconsulte, secrétaire de St Louis, archevêque de

Narbonne, cardinal-évêque de Ste-Sabine, élu en 1265, il mourut en 1268. Il avait été marié et eut plusieurs enfants ; il ne connut pas le népotisme et fut d'une grande vertu ; après lui le Saint-Siège resta vacant pendant trois années. — 3. Erreur : Urbain IV, né à Troyes, en Champagne, fils d'un savetier, Jacques Pantaléon, devint par son mérite archidiacre de Liège, évêque de Verdun, patriarche de Jérusalem, et succéda à Alexandre IV, le 29 août 1261. Il institua la fête du St-Sacrement en 1263, qu'il fit célébrer la première fois le jeudi après l'Octave de la Pentecôte en 1264. C'est à ce sujet qu'il demanda un office pour cette solennité à St Bonaventure et à St Thomas. C'est celui du bienheureux et illustre enfant de l'Ordre de St Dominique que l'Eglise récite. Remarquons en passant que le rédacteur des légendes du Bréviaire de Lescar n'est pas bien fort en chronologie. — 4. Cette légende est sans doute plus pieuse que celle du Romain actuel ; mais on y a omis la parole célèbre de N. S. à St Thomas : *Bene scripsisti de me*.

12. St Grégoire-le-Grand. — 1. Docteur de l'Eglise et auteur du Chant dit Grégorien. — 2. L'Angleterre lui doit sa conversion au Christianisme. — 3. *Presulatum*, l'Episcopat ou la Papauté. — 4. Rép. et Ant. rimés. — 5. Il n'est nulle part fait mention du chant ecclésiastique.

15. St Longin. — 1. On croit que c'est le soldat qui de sa lance perça le côté de Notre Seigneur sur la Croix.

18. St Gabriel. — 1. *Ve*, p. *vœ*, malédiction. Antiennes rimées. — 2. *Diminute* : la nature humaine est en soi inférieure à la nature angélique. — 3. Le *Paranymphe* était celui qui jadis conduisait la fiancée. On voit le sens de ce mot ici : Gabriel annonçait le mariage mystérieux de Marie et le Fils qui devait naître de son sein virginal. — 4. Obscur. — 5. *Christifera*, qui porte le Christ. — 6. *Bajulus*. Gabriel *porteur* d'un grand amour.

19. St Joseph. — 1. Les Vêpres ne se détachent pas, dans le texte, de l'office de St Gabriel. Avant l'Invitatoire de Matines seulement, on lit ce titre : *In festivitate sancti Joseph confesso*. — 2. Belle hymne en l'honneur du Père nourricier de N. S. Les offices de l'Immaculée Conception et de St Joseph forment deux des plus précieux monuments du culte parmi nous. — 3. Les Antiennes des Nocturnes sont parfois une imitation du premier Verset du Psaume qui suit. Rép. rimés. — 4. *Theotice* ou *theoticæ* qui a donné naissance à Dieu. — 5. *Ingenite*, p. *non genite*. — 6. *Flamen*, plus haut, *Pneuma*, souffle : le St-Esprit. — 7. Réception de St Joseph par les Anges et les Justes de l'Ancien Testament. — 8. Les documents les plus sérieux sur l'institution d'une fête en l'honneur de St Joseph dans l'Eglise se trouvent dans les œuvres de Gerson. Nous avons la bonne fortune de pouvoir en dire quelque chose d'après la première édition de 1494, imprimée à Strasbourg « *ex officina Martinis Flacci junioris. Argen. exactissima Mathie Schurer Seetstatini consobrini ejus opera*. III *kal. Martii Anno. 1502* ». Dans le 4e et dernier vol. de cette édition, f. xiv, il y a une lettre de Gerson ainsi intitulée : « *Epistola ejusdem doctoris ad quendam, ut celebratur festum Sancti Joseph, virginis, conjugis Sancte Dei Genitricis et Virginis Marie* ». Elle est adressée à D., sous-chantre de la cathédrale de Chartres et professeur de théologie. Gerson y parle de Henri Chiqueti, chanoine de cette église, qui, après avoir durant sa vie écrit à la louange de St Joseph, avait laissé une somme d'argent pour célébrer un service pour le repos de son âme en l'honneur du même saint ; mais craignant que ses intentions ne fussent pas respectées, à cause de la nouveauté du fait, il chargea de ce soin le pieux docteur : *Sentiens forte quod preventus morte, non posset commode* novitatem hanc servitii *(prout optabat) ordinare, dignatus est opus hoc ad exiguitatis mee qualemcumque dispositionem remittere*. Ce souvenir, ajoute-t-il, lui inspira un discours au Concile de Constance le jour de la Nativité (8 septembre) sur les louanges de Marie et de St Joseph. Gerson propose trois manières de célébrer la fête de St Joseph. L'une de l'honorer par un chant solennel (*decantatio solennis*) à Matines et à la Messe, le jeudi des Quatre-Temps de l'Avent, parce que la veille se lit l'évangile : *Missus est Gabriel*. Ce jour, on dira l'Evangile : *Exurgens autem Joseph*, avec 3 leçons et des répons appropriés à Matines. La seconde manière d'honorer St Joseph serait de lui assigner l'office de confesseur avec des leçons et des hymnes propres, le jour de l'Octave de la Purification. En troisième lieu, on pourrait faire tout l'office propre, mais changer le jour, comme on le fait chez les religieux Augustins de Milan et en Allemagne. *Hoc apud Mediolanenses fratres Augustinenses* XIX *Marcii fit et in multis partibus Alemanie, sed nescio si sint omnino similes dies et conforme servitium*. Cette lettre est datée de Constance, le 7 septembre 1416. On trouve encore une autre lettre sur le même sujet adressée par Gerson à toutes les églises et surtout à celles qui sont dédiées à la Sainte Vierge « *presertim dedicatis in memoriam beatissime et gloriose semper Virginis Marie* ». Il dit que dans ces derniers temps plusieurs saints personnages ont été portés par la sagesse divine à honorer le patriarche Joseph. Ce n'est pas une nouveauté qu'il demande et conseille ; « Nous avons l'office de la messe dans les paroles de la Sainte Ecriture. » Il les exhorte à célébrer le mariage de la Sainte Vierge et de St Joseph (l'Eglise honore aujourd'hui leurs Fiançailles). Cette lettre est datée de Paris, 17 Août 1413. Viennent après les leçons et les répons composés par Gerson pour la solennité fixée au jeudi des Quatre-Temps de l'Avent d'après l'Evangile : *Exurgens autem Joseph.*

Messe pour la fête du Mariage de la Sainte Vierge et de St Joseph. — OFFICIUM MISSE, etc. *Introitus* : Gaudeamus in Domino diem festum celebrantes sub honore Joseph et Marie de quorum conjugio gaudent Angeli et collaudant Filium Dei. ℣. Sacramentum hoc magnum est, etc. Gloria. — Gloria in excelsis.

Collecta. Deus qui Unigenito tuo temporales absque carnali commertio parentes justum Joseph et Mariam conjuges virgines tribuisti : fac nos, quesumus, eorum intercessione celestium participes nuptiarum. Per eund. *Epist.* Esaie lxij. Propter Syon non tacebo... gaudebit super te Deus meus. *Graduale.* Tu scis, Domine, quia nunquam concupivi virum et munda servavi animam meam ab omni concupiscentia. ℣. Virum autem cum timore tuo, non cum libidine mea, consensi suscipere. All. *Sub melodia* : *Sicut dulce lignum* : Joseph, fili David, noli timere. *Prosa* (3ᵉ vol. des œuvres de Gerson, fol. LIX, à la fin du poème de *Josephina*).

Ista Prosa canitur conformiter ad istam : Mittit ad Virginem non quemvis nuncium.

PRIMUM	QUARTUM	SEPTIMUM
Ad Joseph mittitur	Virgo, suscipias	En, Joseph, Parvulum
In somnis nuncius	Dei dispositum	Decorum aspice,
Justum alloquitur,	In quo proficiat	Da, Joseph, osculum
Spirans interius	Voti propositum :	Fer, fove, refice.
Assensum Numini.	Cum Prolis gratia	Qualis o gloria !
Noli metuere,	Volo quod nuncias,	En tibi subditur
Proles Davitica,	Refert humiliter	Qui celis imperat,
Sponsam accipere,	Virgo, dans gratias.	Servit, obsequitur,
Jussa te celica	Ergo solenniter	Qui mundum temperat,
Nubunt huic Virgini.	Jungunt connubia.	O mirabilia !

SECUNDUM	QUINTUM	OCTAVUM
Tibi Rex glorie	Nubunt, angelicis	Tuum dic filium
Mariam copulat,	Choris canentibus,	Jam juris corpore.
Mira vis gratie	Plaudunt sanctificis	Jus habes proprium
Pudicum postulat	Parentes lusibus,	Consensus robore
Hoc matrimonium,	Caste tripudiant,	Dati conjugio,
Crede magnanimis	Dulce canentium	Sanctus te Spiritus
Audi, nil hesites,	Hymen inseritur,	Dedit vicarium,
Hec sunt magna nimis	Vehens ad gaudium	Fecundans celitus
Cur novum cantites	Quod celo geritur	Uxoris gremium,
Epithalamium.	Et illis inhiant.	Te voluntario.

TERCIUM	SEXTUM	NONUM
Sis licet conscius	Cognatam visita,	Virgo Verbigena,
Quod habet Filium,	Virgo, celeriter,	Virgo, fons gratie,
Fac jussa citius	Visne Joseph ita ?	Nos, nos, gens advena,
Dum scis mysterium,	Vult et dat pariter.	Pleni miserie
Noli hoc prodere,	Fideles comites !	Plenique vicio,
Exurge, nuncia,	Clamat Elizabeth,	Te, Virgo, petimus,
Dic, sponse, protinus,	Plausum infans edit,	Te, Joseph inclite,
Tibi, me, Maria,	Prophetat quelibet,	Vester quem colimus
Nam vult hoc Dominus,	Virgo tandem redit,	Jesus nos placite
Virum do propere.	Parit, neu dubites.	Locet in gaudio. — *Finit.*

Evang. sec. Matth. Exurgens autem Joseph..... et vocant nomen ejus Jesum. *Offertorium.* Tulerunt puerum. *Aliud offertorium.* Unusquisque uxorem suam diligat. *Oratio secreta.* Veneramur conjugium, Domine, illud virgineum, in quo natum credimus illum qui pro nobis circuncisus et in templo presentatus et in ara crucis immolatus et Dominus noster Jesus Christus Filius tuus. Qui tecum. *Prefatio.* Et te in Desponsatione. *Communio.* Erant pater et mater mirantes, etc. *Alia Communio.* Quem scripsit Moyses in lege et prophetis, invenimus Jesum, Filium Joseph a Nazareth. *Alia Communio* Fili, quid fecisti nobis sic, etc. *Oratio post Communionem*. Gratias agimus tibi, Domine, pro virginali conjugio justi Joseph et Marie, postulantes ut benedictus fructus in eo nati perpetua suavitate fruamur. Qui tecum vivit. »

Nous ne savons pas si cette messe fut adoptée quelque part ; la première Oraison du Missel de Bayonne de 1543 ressemble un peu à la première de celle-ci. Gerson prononça sur le même sujet un grand discours ainsi intitulé au tom. 3 de ses Œuvres, f. LVIII v° : « *Sermo de Nativitate gloriose Virginis Marie, et de commendatione virginei sponsi ejus Joseph.* » Enfin, Gerson a composé, à la gloire de St Joseph, un poëme héroïque de près de quatre mille vers, traduit pour la première fois par le P. Avignon du S.-C. de Toulouse *(Josephina, ou Vie légendaire et poétique de St Joseph par Jean Gerson.* Paris, Enault et Mas. 1874. In-18 de IV-430 p.) Ce poëme est trop peu connu. Ce serait une pieuse et intéressante étude de rééditer à part tout ce que Gerson a dit de beau sur notre glorieux Patriarche. — Jean Charlier, dit *Gerson*, né dans un village de ce nom, près de Reims en 1363, chancelier de l'Université de Paris, s'illustra au Concile de Constance. Son discours *de auferibilitate Papæ ab Ecclesia* semble peser sur sa mémoire ; mais il faut se rappeler que l'on vivait alors sous le grand schisme d'Occident. Ce savant docteur aura l'éternelle gloire d'avoir exposé magnifiquement le privilège de l'Immaculée Conception de Marie et contribué à la diffusion du culte de St Joseph. Il mourut en 1429, à Lyon, où son tombeau conservé dans l'église St-Paul a été illustré, dit-on, par de nombreux miracles. Dans un ouvrage intitulé : *Le bienheureux Jean Gerson, Chancelier de Paris, par Jean Darche, bibliophile* (Périsse, in-12), tout un chapitre donne les plus curieux renseignements « sur le culte immémorial » rendu à l'illustre Docteur.

20. St Joachim. — 1. C'est une délicate pensée de mettre St Joachim à côté de St Joseph : le Père et l'Epoux de Marie. — 2. L'Immaculée Conception de la Sainte Vierge ne saurait être plus clairement affirmée : *Virginem Mariam* **sine contagio originalis peccati** *mirabiliter procreasti.* — 3. Cette prérogative est encore ici admirablement exprimée : *Concepit Anna ex ipso sancto Joachim Mariam* **ab omni prorsus originalis labe immunem** *(originalis,* p. *originali).* Ce sont les propres expressions dont s'est servi Pie IX pour définir ce dogme de foi dans sa Bulle du 8 Décembre 1854. Et comme les termes théologiques sont exacts ! *Et revera quamvis secundum ordinem nature, tamen preter nature consuetudinem, concepta est.* — 4. Souvenir historique peut-être susceptible de réserves.

21. St Benoît. — 1. *Transitus.* Passage de la vie à la mort. — 2. Antithèse : *scienter nescius et sapienter indoctus.* Nous l'avons déjà vu ailleurs.

25. Annonciation de la S. V. — 1. Dans cette Antienne, sauf le premier, tous les mots commencent par une *m* ; c'est un singulier tour de force. Cet office ressemble extrêmement au nôtre ; aussi n'avons-nous souvent mis que le commencement des phrases.

AVRIL

2. Ste Marie l'Egyptienne. — 1. Le Bréviaire Romain est plus discret. — 2. *Sceno,* p. *ceno,* boue. — 3. *Doctrix.* rarement employé. — 4. *Prothinus,* p. *protinus.* — 5. Ce récit abrégé a certainement été tiré de quelque martyrologe.

4. St Ambroise. — 1. Ce prodige est également raconté dans le Romain actuel. — 2. D'après l'abbé Duchesne, Auxence, de Cappadoce, prédécesseur de St Ambroise, aurait importé ou proposé la liturgie Orientale, laquelle devint plus tard la Gallicane, sauf les erreurs que les catholiques orthodoxes en éliminèrent. V. *Origines du culte chrétien* et notre *Introduction.* — 3. C'est un défaut assez commun aux légendaires du moyen âge de ne pas terminer le récit.

11. St Léon le Grand. — 1. Ce grand Docteur méritait assurément un plus bel office. La légende résume bien cependant la vie du saint.

Offices pendant le Temps Pascal. — 1. Ainsi, avant comme après la réforme du bréviaire, en 1568, le Temps Pascal apportait quelques modifications à la récitation de l'office. A Laudes, les Antiennes sont à peu près les mêmes qu'aujourd'hui. Comme on le voit aux Rubriques générales et plus loin, avant la légende de St Georges, aux fêtes des saints, on dit d'abord l'homélie puis les deux autres leçons historiques.

23. St Georges. — 1. Oraison comme aujourd'hui. — 2. Un peu de critique : le légendaire regarde comme apocryphes les actes du martyre de St Georges.

25. St Marc. — 1. D'autres l'appellent le livre des *Récognitions.* V. dans Feller les ouvrages attribués au Pape St Clément. — 2. Obscur. — 3. Sur les processions de St Marc, lire un très curieux chapitre dans *l'Etat des Eglises,* de Bordenave, p. 687.

28. St Vital. — 1. Oraison, comme aujourd'hui au commun des Martyrs. — 2. *Penitudo :* supplice.
29. St Pierre. — 1. Cette oraison se dit encore. Notre bréviaire contient beaucoup de saints des XII⁰ et XIII⁰ siècles. — 2. *Mansiparat.* p. *mancipaverat.* — 3. Ce portrait du saint martyr est très gracieux. Notre légende actuelle n'est pas aussi personnelle, pour ainsi dire, mais elle est plus historique. — 4. Répétition : « Firmus *Petrus in petra* fidei, *petra* demum passionis allisus, ad *petram* Christum... ascendit. » Plus bas : *Proteruit :* barbarisme? p. *protrivit,* a macéré ; *proterruit,* a épouvanté, n'offre guère de sens. La ponctuation, semblable à celle du texte original, est peut-être défectueuse.
30. St Eutrope. — 1. Patron de Saintes. V. à ce sujet les nombreux travaux de M. Audiat, publiés dans les différents recueils savants de cette ville. — 2. On ne comprend pas le « singulier privilège d'effacer les péchés », à moins qu'il n'eût le don de ramener et de convertir les pécheurs. — 3. Notre bréviaire accepte toujours les légendes favorables à l'Apostolicité des Eglises des Gaules. — 4. On l'appelait aussi *Mediolanum Santonum.* Le vénérable F. Bitoz, compagnon du P. Colom, fondateur du Collège des Barnabites de Lescar, alla au monastère de Notre-Dame de cette ville, vers 1613, et prouva sa sainteté par les secrets qu'il révéla à la prieure de ce couvent, Madeleine du Faur. V. la *Vie du Serviteur de Dieu, L. Bitoz.* 1887. — 5. *Particis ;* nous ne savons pas la signification de ce mot. Il est d'ailleurs impossible d'admettre que St Eutrope ait été brûlé vif, puis exilé. — 6. Ainsi St Eutrope envoyé d'abord par St Pierre serait revenu à Rome d'où il aurait été délégué une seconde fois par St Clément avec St Denys et ses compagnons. — 7. Le corps de St Eutrope a été découvert, le 19 mai 1843. V. *Saint Eutrope, dans l'histoire, la légende et l'archéologie,* p. M. L. Audiat, Saintes, 1887, p. 415, et la *Procédure sur les reliques.*

MAI

1. St Philippe et St Jacques. — 1. Même oraison qu'aujourd'hui. — 2. *Diachonibus,* p. *diaconis.* — 3. Ce privilège de la sanctification avant la naissance aurait été commun à St Jacques de Jérusalem avec Jérémie, St Jean-Baptiste et probablement St Joseph. — 4. Perche ou bâton de manœuvre. — 5. Antiennes assez semblables aux nôtres.
1. St Orens. — 1. Simple mémoire de St Orens, archevêque d'Auch. Autrefois très honoré à Toulouse, ville qu'il avait délivrée (Mém. du P. Carles, p. 36). Né près de Huesca en Aragon, il se retira dans une montagne de la Bigorre, d'où il fut appelé au siège d'Auch par le peuple, et gouverna admirablement son diocèse ; il mourut vers 440 dans sa ville épiscopale. Une partie de ses reliques furent données à Toulouse en 1354. Outre les Bollandistes. V. *le Prieuré de St Orens.* p. M. Canéto, *Rev. de Gasc.,* 1870, p. 73. *Translation de ses reliques* à Huesca, sous l'épiscopat du vénérable Léonard de Trappes, le 13 septembre 1605, p. M. Léonce Couture, *Rev. de Gasc.,* 1875, p. 249, et le chapitre qui lui est consacré dans *l'Histoire religieuse de la Bigorre,* p. 276.
3. Invention de la Ste-Croix. — 1. Un peu de critique : le légendaire veut donner le récit exact de l'événement *non illa* (historia) *quæ a multis legitur, funditus apocrypha.* — 2. *F* et *Ph* se confondent souvent. — 3. Remarquer cette gradation. — 4. Ce Judas était un ouvrier. C'est Judas-Cyriaque. V. l'abbé Duchesne, *Orig. du culte,* p. 264. Cette fête semble exister en France depuis le VII⁰ siècle.
4. Ste Monique. — 1. Le Chapitre de Lescar honorait spécialement Ste Monique, mère de St Augustin, patron des Chanoines-Réguliers. — 2. Strophe obscure. — 3. Le chapitre s'appelle le « troupeau » de St-Augustin : « *Pro grege tui filii.* » Cet office est très beau. On a mis à la suite la fête de la Conversion de St Augustin ; elle ne saurait être mieux placée.
6. St Alexandre. — 1. Au calendrier le 3, sous le rit simple; de même aujourd'hui, sauf pour ceux qui ont le Propre de Rome.
6. St Jean devant la Porte Latine. — 1. Même oraison qu'aujourd'hui. — 2. Nous avons déjà vu cette forme empruntée du Martyrologe. Cette fête est mentionnée pour la première fois dans le *Liber Pontificalis* (772-795) sous Hadrien I.
8. Révélation de St Michel. — 1. C'est-à-dire son Apparition au mont Gargan. — 2. Oraison propre. — 3. Les six leçons sur St Michel ne sont qu'une homélie sur l'office de St Michel, guide des âmes au Paradis. — 3. *Dextrali,* inusité. — 4. *Flamivomus,* qui vomit des flammes. Notre office actuel, incomparablement plus beau, ne dit rien de ce dragon. En revanche, le bréviaire Lescarien ne parle pas de l'Apparition au Mont Gargan. — 5. Cette légende est symbolique. C'est le seul ange dont on rencontre la fête avant le IX⁰ siècle. Cette fête rappelle une dédicace d'église.

9. Ste Confesse. — 1. Nous avons insisté tout particulièrement sur cette sainte, à plusieurs reprises, parce que le nouveau Propre provincial n'en fait même pas mention. C'est un oubli regrettable. On objecte sans doute qu'elle n'a pas d'histoire. A cela, nous répondrons par cette liste de *Saints inconnus* donnée par le P. Carles dans son mémoire sur le *Proprium Sanctorum* de Toulouse, p. 41 : Ste Gabelle, à Toulouse, Ste Matrone à Mazères, Ste Flore à St Martory, St Généreux et St Victorien dans la même ville, Ste Blanche, St Mein à Nailloux, St Saturnin à Suze, St Macaire à Bordeaux, Ste Camelle « la perle du Lauragais », St Béranger, un moine de St-Papoul, St Luperce à Vernet, St Audit, patron de Croûte en Gascogne, qui guérit les sourds, St Maffre à Castelmayran, St Chaffre à Moissac, St Majan, patron de Lombez, Ste Innocente et Ste Jucondive dont les reliques trouvées récemment dans un mur de la sacristie d'Aurignac avec celles de St Urbain, par M. l'abbé Andrieux, curé de cette paroisse, ont été l'objet d'une translation solennelle, au mois de septembre 1878. V. Simon Peyronet dans son *Catalogus Sanctarum et Sanctorum*. Notre sainte Confesse a, autant que n'importe quel saint de la Province, la notoriété du culte. Jusqu'en 1789, elle fut honorée sous le rit *double majeur* à la cathédrale de Lescar. Jusqu'au XVIe siècle, elle était fêtée avec le rit double *dans tout le diocèse* (V. les Rub. génér. pour les off. doubles). — 2. *Virginis*. Rien n'indique qu'elle fût martyre, sauf peut-être son nom. V. l'*Introduction*. Ces deux oraisons propres auraient suffi pour que l'on insérât au moins la mémoire de cette Vierge, illustre jadis parmi nous, dans les nouveaux offices approuvés à Rome.

22. Ste Quitterie. — 1. Un des plus beaux Offices de notre Bréviaire. — 2. *Suffragatricem*, suppliante. — 3. Cette oraison propre est plus belle que celle que proposait le P. Carles pour Toulouse : *Indulgentiam*. — 4. Invitat. rimé. Les Antiennes sont formées en partie de paroles de l'Ecriture Sainte. — 5. Légende tirée des bréviaires espagnols. Nous regrettons de ne pouvoir donner celle du Bréviaire de Dax, mss. du Grand Séminaire d'Aire. D'après le P. Carles : « Il n'y a pas de légende plus merveilleuse que celle des neuf sœurs dont Ste Quitterie est la première. Elles obtinrent toutes la palme de la virginité et du martyre : Quitterie, Livrade, Gemme, Marciane, Eumélie, Victoire, Genivère, Germaine et Bazcille. V. le Martyrologe espagnol de Tamayo de Sanazar. » Nous avons dit que Ste Quitterie était honorée en Espagne, dans le Midi de la France, jusqu'à Toulouse et Narbonne, jusqu'à Poitiers, où nous en avons trouvé la mention. « L'Eglise de Cazères, près Toulouse, avait autrefois de belles boiseries dorées où se déroulaient la légende et l'apothéose de Ste Quitterie ; dans un panneau, on voyait une femme tenant une corbeille, dans laquelle étaient neuf petits enfants de naissance (?) ; ce qui confirme la légende que les neuf sœurs étaient jumelles et nées *ex uno partu*. » Carles, p. 39, en note. Il aurait dû dire plutôt que ces boiseries avaient été faites d'après la légende, qu'elles ne confirment nullement. Outre les brochures si intéressantes de M. l'abbé Dudon, *Ste Quitterie du Mas et sa crypte*, *Ste Quitterie gasconne*, Aire, Dehez, 1883-1885. V. aussi le *Tombeau de Ste Quitterie*, *Rev. de Gasc.*, 1861, p. 62. La bibliographie de travaux parus sur cette sainte serait à faire. — 6. *Conscio*, p. *concio*. — 7. A remarquer : une eau bienfaisante coulait du tombeau de la bienheureuse vierge. Aujourd'hui, il y a au Mas quelques tombeaux en marbre où l'on met les enfants malades ; ils y sont souvent guéris. Une source existe dans la crypte même. A Doumy, une source jaillissait de l'autel qui lui était consacré. — 8. On montre encore au Mas la chaîne à laquelle on attachait les malheureux, atteints de la rage et conduits à Ste Quitterie. — 9. Où insérât ce mont *Orian* ? — 10. Les légendes de Ste Barbe et de St Blaise ont quelques traits de communs avec celle-ci. — 11. Les Répons complètent la légende peu historique. Ils ne sont pas rares les saints qui, d'après la tradition, auraient porté leur tête jusqu'au lieu de leur sépulture. Chez nous, le plus connu est St Léon, patron de Bayonne. — 12. Antienne magnifique. Celles des petites Heures sont très belles. — 13. Gradation très belle. *non felix.* — 14. *Mane nobiscum*. Ses reliques furent conservées à Aire jusqu'aux désastres du Protestantisme en 1569. Ste Quitterie est honorée à Lescar, Doumy, Aubous, Uzan. On trouve dans les *Souvenirs de la fête de Sainte Quitterie à Aire-sur-l'Adour (28 et 29 Mai 1876)* par Hilarion Barthety, Pau, Léon Ribaut, 1876, les lignes suivantes, à la p. 5 : « Disons ici que, si cette légende intéresse le diocèse d'Aire, la tradition gratifie le Béarn de quelques souvenirs particuliers. Lescar, ancien siège d'un évêché, Doumy, village du canton de Thèze, et Aubous, commune du canton de Garlin, possèdent des sources et des fontaines, consacrées à Ste Quitterie, dont les eaux ont la réputation de faire des cures miraculeuses et où les habitants des campagnes vont boire et se laver, en pèlerinage, le 22 mai de chaque année, avant le lever du soleil. La fontaine d'Aubous aurait jailli, sur la prière de la vierge fugitive, qui ne trouvait pas où se désaltérer et qui eut la pensée de battre le sol avec une branche de genêt. A Lescar, on nous dit que Quitterie, frappée d'un coup d'épée, perdit un bras à l'endroit de la source que l'on montre ; et à Doumy on nous apprend également que la sainte, frappée de nouveau par ses persécuteurs, laissa tomber l'autre bras, près de la fontaine située dans ce lieu. » Et M. Barthety ajoute : « Privée de ses bras, comment fit-elle, après avoir eu la tête tranchée, pour la porter dans ses mains ? » On peut consulter, sur les martyrs *céphalophores*, Henschenius, *Acta SS.* (Bollandistes), mai, tome VI, p. 38 ; les *Acta SS. Belgii* de Ghesquière, t. II, p. 212 ; l'article *Tête coupée* dans le P. Cahier, *Caractéristique des saints dans l'art populaire* ; enfin les *Principes de critique historique* du P. de Smedt, p. 191. V. encore sur Ste Quitterie, *Rev. de Gasc.*, 1877, p. 218 ; 1888, pp. 181 et 322 ; 1881, p. 390.

25. St Urbain. — 1. *Confessor* : Confesseur de la foi, interrogé et tourmenté pour ce motif. — 2. Leçons très courtes, mais qui ne négligent pas les détails les plus importants : le martyre de Ste Cécile, de St Valérien et de St Tiburce.

28. St Germain d'Auxerre. — 1. Au IVe siècle, 380-448 ; il mourut à Ravenne. — 2. Cette assemblée d'évêques eut lieu en 429. — 3. Sa fête se trouvait dans le vieux Bréviaire Toulousain, 1553.

31. Ste Pétronille. — 1. Notre légendaire aime les gradations : *devota, devotior*. — 2. Ces leçons ont été tirées de quelque ancien document (contemporain ?) plus ou moins authentique.

JUIN

1. St Nicomède. — 1. *Dominicum* : l'Eucharistie. — 2. *Tipo*, pour *typo*, étau, moule.

5. St Boniface. — 1. Description d'un instrument de supplice : une claie à quatre bois.

8. St Médard. — 1. Ce saint évêque a donné son nom à une paroisse de l'ancien diocèse de Lescar. — 2. *Suasionis civitate* : Soissons. — 3. *Convexa celi*, expression poétique pour dire le ciel. Maigre légende.

11. St Barnabé. — 1. Origine du nom de *Chrétien*. La légende de St Barnabé est formée des Actes des Apôtres et de quelques notions historiques.

12. St Onuphre. — 1. Il y avait jadis une prébende sous le vocable de St Onuphre à Cescau, près d'Orthez. Il est curieux de voir un saint hongrois honoré parmi nous. Quelque fait prodigieux est sans doute le motif pour lequel on lui a rendu ces hommages publics.

15. St Antoine de Padoue. — 1. Son culte était fort répandu en France et on allait beaucoup en pèlerinage à Brives. — 2. Notre légendaire n'est peut-être pas grand géographe ; il place Lisbonne en Espagne et non en Portugal. — 3. La préposition *ad* demanderait *limina*. Plus bas, *Fernandus*, p. *Fernandum*. — 4. C'est un défaut assez ordinaire au chroniqueur de laisser deviner le reste.

15. SS. Vite et Modeste. — 1. Le *catomium* était une machine où l'on attachait ceux que l'on voulait fustiger. D'où vient le mot *cathomis* ? — 2. *Fervefactam* rendue chaude. — 3. *Catasta* : instrument de torture, dans lequel on mettait les pieds du patient.

16. SS. Quirice et Julite. — 1. Leur culte était universellement répandu, peut-être à cause du martyre de Quirice, un enfant de trois ans. — 2. Le légendaire fait ici de la critique ; aussi dit-il : *Apocrypha resecabuntur*. — 3. *Parvipendens* : estimant peu. — 4. Deux gracieux diminutifs : *in tantilla etatala*. — 5. C'est à peu près la parole de St Pierre à Simon le Magicien.

19. SS. Gervais et Prothais. — 1. Nous avons déjà dit que ce mot *tentus* est fréquemment employé. On l'a remarqué à la 2e leçon de l'office précédent. — 2. Les corps ont été retrouvés à Milan en ce siècle, et le pape Pie IX, nous ne savons plus en quelle année, a annoncé par une bulle cette découverte au monde chrétien. — 3. Les ossements seuls ont été découverts ; les corps n'étaient plus intacts.

22. SS. Acace et ses comp. — 1. Anastase, le bibliothécaire, est surtout consulté pour sa *Vie des Papes* jusqu'au IXe siècle. Il mourut, vers 882. — 2. *Capitaneus*, d'où est venu le nom de capitaine. — 3. Cette légende est si gracieuse qu'elle désarme la critique.

24. St Jean-Baptiste. — 1. Nous avons séparé la vigile de la fête. Célébrée avec pompe jadis à Lescar. V. *Les feux de St Jean à Lescar aux derniers siècles*, p. M. Barthety, *Mémorial des Pyrénées*, 22 juin 1882. Marca dit que la Cathédrale de Lescar actuelle fut élevée sur l'emplacement d'une ancienne chapelle dédiée à St Jean-Baptiste, 1037. Nous avons dit dans l'*Introduction* que le docte chanoine Bordenave nous apprend l'existence d'une chapelle de St Jean, même au XVIIe siècle. — 2. Cet office ressemble extrêmement à celui que nous récitons. Antiennes et légendes sont les mêmes. — 3. Les mots commençant par les voyelles *e, i, o, u*, sont souvent précédés d'une *h* : *Helizabeth*, et plus bas, *heremo*. En Orient cette fête fut d'abord célébrée, aux environs de la Nativité de N. S. Le calendrier de l'évêque de Tours, Perpetuus (460-470) place le *Natale S. Johannis* entre l'Epiphanie et la Chaire de St Pierre. Les vieux livres gallicans, non les romains, célébraient la fête de la Passion de St Jean, bien vite après celle du 24 juin (V. Duch., *Orig. du culte*, p. 260).

26. SS. Jean et Paul. — 1. Pendant les Octaves, les 3 leçons intermédiaires se disent de l'Octave. Les

Répons sont identiques à ceux d'aujourd'hui. Nous insistons sur les ressemblances pour montrer l'uniformité essentielle de la prière publique d'autrefois et celle d'aujourd'hui dans la sainte Eglise Romaine.

28. Vigile des SS. Apôtres. — 1. Encore la Vigile unie à la fête. — 2. Vieille hymne Romaine que l'on trouve dans l'édition des *Psalmi* de Gryphe, 1543. Elle est partagée au vers *Doctor egregie Paule*. Il n'y a pas cette 3ᵉ strophe que l'on voit dans certaines éditions :

> O felix Roma quæ tantorum principum
> Es purpurata pretioso sanguine !
> Non laude tua sed ipsorum meritis.
> Excellis omnem mundi pulchritudinem.

L'hymne nouvelle, corrigée par ordre d'Urbain VIII, commence ainsi : *Decora lux æternitatis.*

29. St Pierre et St Paul. — 1. L'Invitatoire ne fait pas mention de St Paul. La tradition catholique proteste énergiquement contre l'hérésie des *deux Chefs*. — 2. Cette hymne est propre ; nous n'osons dire qu'elle est spéciale au Bréviaire de Lescar. Les strophes de 5 vers sont bien rares. — 3. « Paul n'est pas inférieur à Pierre » en gloires'entend, non en primauté ici-bas. Aussi le nomme-t-on toujours après St Pierre. — 4. Antiennes propres, historiques, ou tirées de la Sainte Ecriture. — 5. *Simon Johanna*, et plus loin l'expression connue *Barjona*, fils de Jean. — 6. Quand les leçons ne sont pas indiquées, c'est toujours la suite de celles qu'on lit au Nocturne précédent. — 7. Prose. Fort rare avant les Laudes ; jusqu'ici nous n'en avons vu qu'à la fête de l'Immaculée Conception. Les rimes y sont très fréquentes, mais impossible d'y trouver même une mesure syllabique. Le texte original n'indique pas de division. Cependant, pour le chant, comment faisait-on ? L'office n'est pas rimé. — 8. Ainsi l'hymne, *O felix Roma*, transportée à Laudes, diffère en bien des points de la strophe donnée plus haut. — 9. Oraison, comme aujourd'hui.

30. Commémoraison de St Paul. — 1. Office qui ressemble beaucoup au nôtre. Rien à noter. — 2. Fête de St Martial renvoyée.

JUILLET

2. Visitation de la Ste Vierge. — 1. Cette antienne est peu intelligible ; *beatam Elizabeth* à l'accusati doit être le régime d'un verbe omis. Office non rimé, mais intéressant. — 2. L'auteur des leçons n'est pas indiqué dans l'original. — 3. Très ingénieux. Ne pouvant saluer à son tour (*resalutare*), et de vive voix, son divin visiteur, St Jean tressaille de joie dans le sein de sa mère. — 4. *Baptista*, celui qui avait baptisé. — 5. Gradation favorite et que nous avons déjà remarquée : *beata, beatior*. — 4ᵉ Férié. 1. Sixte IV imposa cette fête au monde entier et accorda même des indulgences.

11. St Benoît. — 1. Les fêtes de translations étaient fréquentes, comme nous l'avons déjà dit. Dans le texte, le titre *In translatione* se trouve avant l'Invitatoire. On faisait l'office de Ste Elisabeth jusqu'à Capitule. — 2. Peu intelligible. — 3. *Signifer* : porte-étendard. — 4. Nous avons trouvé déjà cette antithèse : *scienter nescius et sapienter indoctus*. — 5. Ce sont des Chanoines-Réguliers de St Augustin, presque moines, qui louent un « père ». — 6. Il y avait plusieurs fêtes en l'honneur de St Benoît. Notre Bréviaire en indique deux. — 7. *Capisterium*, crible. — 8. *Artis*, p. *arctis*. — 9. *Pensilem*, adj. suspendu ou qui suspend. Nous n'en voyons pas ici le sens.

18. Octave de St Benoît. — 1. *Munimenta*, p. *Monumenta*, faute d'impression sans doute. C'est un peu de critique. Notre légendaire y pense quelquefois. — 2. *Nursie*, p. *Murcie*, province du sud de l'Espagne. — 3. *Spectoris*, Dieu. — 4. Ce petit noir, *niger parvulus*, était le démon.

19. St Martial. — 1. Evêque et apôtre de Limoges ; sa fête renvoyée du 30 juin au premier jour libre. Un des plus beaux offices de notre Bréviaire. — 2. Antienne absolument semblable à celle de l'antique Propre de Limoges, sauf le dernier membre de phrase : *obtineat meritis ut consortes ipsius efficiamur in celestibus*. On y affirme l'Apostolicité de l'Eglise de Limoges. Oraison différente de celle qu'adopte le P. Carles. — 3. Notre Invitatoire ne donne pas à St Martial le titre d'Apôtre comme celui du *Proprium Sanctorum* de Toulouse. Le Bréviaire de Lescar ne donne pas non plus l'évangile *Designavit*, fixé par l'Eglise Romaine aux missionnaires, aux apôtres du second rang, comme le remarque le P. Carles, p. 28. Le culte de St Martial était très répandu, car, d'après une tradition, il parcourut toute l'Aquitaine et une partie de la France. Une bulle de Clément VI lui donne le titre d'*Apôtre* : « Auctoritate apostolica, presentium tenore statuimus B. Martialis festum amodo fore duplex et *tanquam Apostoli de cœtero in tota Aquitania celebrandum*. » D'après la légende, Martial serait l'enfant qui avait porté à N. S. les cinq pains et deux poissons. V. sur St Martial les travaux du chanoine Arbellot de Limoges publiés depuis 1855. Ses conclusions ne sont pas encore acceptées par tout le monde et la question est loin d'être tranchée. — 4. Nos antiennes sont plus belles que celles que donne le P. Carles, p. 102. Les répons sont les mêmes. Les légendes diffèrent. Celles de Limoges, de Bordeaux, de Toulouse, de Narbonne, d'Agen (V. les *livres liturgiques d'Agen* par Magen, p. 41) racontent la vie de St Martial depuis son enfance, et le font venir de Judée. Celle de Lescar ne dit que sa vie de missionnaire. Toutefois au 2ᵉ Répons du 1ᵉʳ noct. notre office accepte la légende d'après laquelle Martial viendrait de la Judée : « *Salvator noster... predicando apud Judeam puerum Martialem ad sacri baptismatis perduxit gratiam.* » — 5. On assimile St Martial aux Apôtres : c'est là un argument en faveur de l'apostolicité de nos Eglises. — 6. On peut s'étonner que le légendaire ne se soit pas aperçu de l'identité qu'il y a entre ce récit et celui de la mission de St Julien de Lescar. — 7. Baptisé par St Pierre avec ses parents. — 8. Arrive à Rome avec St Pierre. — 9. Même miracle que celui attribué à St Julien. V. notre *Introduction* et les remarques de Mgr Freppel sur des légendes semblables, *Etude sur St Irénée*. — 10. Austrilien et Alpinien, compagnons de St Martial (et de St Julien), d'après le Bréviaire de Lescar. — 11. *Primatem*. C'est le souvenir du grand prestige dont jouissait le nom de St Martial dans nos contrées. — 12. St Martial vint, d'après le P. Carles, p. 29, à Toulouse, avant St Saturnin « et y fonda l'église de St Etienne en y laissant des reliques de ce premier martyr, qui était son parent, dit la légende ». Une autre église, dédiée à St Etienne, aurait donc été élevée par Martial à Limoges, d'après ce récit. — 13. Les leçons de notre Bréviaire sont faibles au point de vue historique et légendaire ; mais ce défaut est largement compensé par la magnificence des antiennes et des répons.

20. Sᵗᵉ Marguerite. — 1. *Margaretam*, p. *Margaritam*. — 2. Réponse attribuée à d'autres vierges nobles, martyres. — 3. Rarement la victime dit à son bourreau : « Chien impudent et lion insatiable. » Les actes des martyrs nous représentent ordinairement les plus jeunes filles mourant heureuses et bénissant ceux qui les font mourir. Ste Agathe reproche à son juge la cruauté qu'il déploie contre elle. Ces manières de parler ne prouvent pas que ces saintes et douces victimes n'aient pas prié pour leurs persécuteurs. *Au titre, lire : Margarete*, p. *Margareta*.

21. Sᵗᵉ Praxède. — 1. *Manumissos*, affranchis. — 2. Pie I, successeur de St Hygin (142-150).

22. Sᵗᵉ Madeleine. — 1. Sainte dont le culte était très répandu ; sa fête fut longtemps de précepte, comme on le voit dans notre *Introduction*, au Chapitre des fêtes commandées. — 2. *Usie*, p. *Usiæ*, mot grec, Essence. — 3. *Deifice*, se rapportant à *Usie*, l'essence divine. — 4. Allusion à son culte célébré par les foules. — 5. Ce vers a une signification difficile à saisir ; *satrapas*, maîtres... aimant les âmes pures. *Supprimer le point du texte*. — 6. *Politica*, adj. de *Polus*, le ciel. Donc ici, célestes. — 7. Il est probable que la Sainte Vierge a vu, la première, N. S. après sa résurrection. — 8. *Luridam*, pâle. Description poétique. La strophe précédente n'est pas claire. — 9. *Tinnulis organis*, mélodies retentissantes. — 10. *Fulcris splendidis* : lits magnifiques, où l'on prenait ses repas. *Dapsilis conviva* : hôte généreux. — 11. Nous trouvons dans les *Hymni ecclesiastici* romains publiés par Séb. Gryphe de Lyon, en 1543, les deux hymnes suivantes en l'honneur de Ste Madeleine :

Lauda, mater Ecclesia,
Lauda Christi clementiam,
Qui septem purgat vitia,
Per septiformem gratiam.

Maria, soror Lazari,
Quæ tot commisit crimina,
Ab ipsa fauce Tartari,
Rediit ad vitæ lumina.

Post fluxa carnis scandala,
Fit ex lebete phiala,
In vas translata gloriæ
De valle contumeliæ.

Ægra currit ad medicum,
Vas ferens aromaticum,
Et a morbo multiplici,
Verbo curatur medici.

Surgentem cum victoria,
Jesum vidit ab inferis,
Prima meretur gaudia,
Quæ plus ardebat cæteris.

Cui Deo sit gloria,
Pro multiformi gratia,
Qui culpas et supplicia
Remittit et dat præmia. Amen.

Æterne Patris Unice,
Nos pio vultu respice,
Qui Magdalenam hodie
Vocas ad thronum gloriæ.

In thesauro reposita,
Regis est drachma perdita,
Gemmaque lucet inclita,
De luto luci reddita.

Jesu, dulce refugium,
Spes viva pœnitentium,
Per peccatris meritum,
Peccati solve debitum.

Nos vitiorum stimuli,
Jugi vexant instantia,
Et blandientis sæculi
Corrumpunt desideria.

Libet nec licet libere
Tibi pro voto psallere,
Dum mens ægra sub miseræ
Carnis gemiscit offensa.

Pia mater et humilis,
Naturæ memor fragilis,
Nos rege tuis precibus
In hujus vitæ precibus.

Même doxologie. — 12. L'école de Launoy et les compositeurs de légendes du xviie et du xviiie siècles ont fait deux personnages de Ste Marie-Madeleine, la pécheresse, et de Marie, sœur de Marthe et de Lazare. Toute la tradition proteste contre ces conclusions. V. les travaux de M. l'abbé Faillon, *Monum. inédits sur l'Apostolat de Ste Madeleine en Provence*, Paris, 1858. Notre Bréviaire de Lescar ne dit ici rien de l'arrivée de Madeleine et de Lazare sur les côtes de Provence. V. la légende de Ste Marthe plus bas, le 29.

24. Ste Christine. — 1. Son culte se répandit dans notre pays sans doute à cause des nombreux hôpitaux qui s'y trouvaient et dont plusieurs dépendaient de l'hôpital général de Ste-Christine, fondé en Aragon, par Gaston IV, Vicomte de Béarn, au xie siècle, vers 1110. — 2. Le fait du baptême administré par N. S. lui-même à Ste Christine n'est pas une vérité historique, quoiqu'il soit possible. — 3. Un trait de ressemblance avec Ste Quitterie, qui fut enfermée par son père, dit la légende, et entourée de compagnes. V. de même ce qui concerne Ste Barbe, persécutée par son père. — 4. Cette réponse de la sainte peut assurément être révoquée en doute.

25. St Jacques. — 1. Pas de vigile. L'antienne *super Psalmos* est magnifique. — 2. Au Thabor, le jour de la Transfiguration. — 3. *Cassibus* : aux pièges. — 4. Même oraison qu'aujourd'hui. — 5. A St-Jacques-de-Compostelle en Galice. Ce pèlerinage, autrefois si célèbre, commença vers le ixe siècle. V. *Les chemins de St Jacques en Gascogne*, par M. Lavergne, *Revue de Gasc.*, 1887. Le corps de St Jacques a été découvert naguère, comme nous l'avons dit dans notre *Introduction*, au Ch. III. — 6. D'après l'abbé Duchesne, la prédication de St Jacques en Espagne serait très problématique. « Aucun auteur sensé, dit-il, ne le prétend maintenant. » V. *Les Origines chrétiennes*, p. 443. Dans les Bollandistes cette opinion est largement exposée et soutenue par plusieurs savants. — 7. Cet office est remarquable.

26. Ste Anne. — 1. Hymne gracieuse, mais ici d'un goût douteux. — 2. *Mater Matris* ; même genre que plus haut. — 3. *Matris et filie* ; même forme. — 4. *Poli* : du Ciel. — 5. *Matris Matris*. Nous retrouverons encore cette manière de dire. — 6. V. sa fête le 20 mars. — 7. *Encœnia*. « Le jour où l'Église fut consacrée à Dieu sur le Golgotha. » Duch., *Orig. du culte*, p. 663. — 8. Prière des Suffrages de la Sainte Vierge, aujourd'hui. — 9. *Presago*, inusité : j'annonce. N. B. Lire *vobis*, p. *nobis*. — 10. Paroles adressées à la Sainte Vierge par l'Ange Gabriel, appliquées à Ste Anne. — 11. *Matris Mater*, comme plus haut. — 12. Hymne un peu faible ; la 1re strophe difficile à comprendre. — 13. Très bel office. Antiennes rimées.

27. St Christophe. — 1. Le 25 au Calendrier ; transféré au jour libre. — 2. On remarquera que le martyr reproche leur cruauté aux bourreaux. Rares exemples dans les Actes des Saints. — 3. Peu vraisemblable. — 4. Ce récit est-il acceptable ? La réponse des soldats est curieuse : Si tu ne veux pas venir, va-t-en n'importe où.

29. Ste Marthe. — 1. La vieille tradition est vigoureusement affirmée : Lazare, Marie-Madeleine, Marthe. — 2. Toute la famille aborde à Marseille. — 3. Tarascon (Bouches-du-Rhône). — 4. Œuvres et ministère de Ste Marthe dans les contrées de la Provence. — 5. *Dapifera*, qui porte les mets. — 6. *Anniculum*, enfant d'un an. — 7. Très bel office et bien complet.

AOUT

1. St Pierre aux Liens. — 1. Même oraison qu'aujourd'hui. — 2. Les antiennes ressemblent aux nôtres. — 3. *Calcia*, chausse ; moins usité que *calcea*.

2. St Etienne, Pape. — 1. *Diachones*, p. *diaconos* ; barbarisme fréquent. — 2. *Criptas martyrum* ; catacombes. — 3. *Diachonorum* ; le légendaire met ce mot à sa fantaisie.

3. Invention de St Etienne. — 1. *Revelatione* : découverte de son corps. Elle eut lieu en 415 et donna un grand élan à son culte. « C'est sans doute, dit M. l'abbé Duchesne, à l'homonymie du pape et du diacre que la fête de l'Invention du corps de St Etienne doit son origine. Cette fête a été marquée dans le Martyrologe hiéronymien, mais pas dans tous les manuscrits... Aucun ancien livre liturgique latin, gallican ou romain (sauf le sacramentaire léonien) ne contient une fête de St Etienne, diacre, au mois d'août. En revanche, elle figure au 2 août dans les calendriers byzantins, au moins depuis la fin du dixième siècle ; elle est célébrée aussi par les Arméniens. » *Orig. du culte*, p. 256 ; note. — 2. *Didascalus*, disciple. — 3. *Excessus mentis*, extase. — 4. *Ascivi, adscivi,* de *adscisco*, j'ai réuni.

4. St Dominique. — 1. Même oraison qu'aujourd'hui. — 2. Le légendaire confond sans doute l'an 1000 avec le xiie siècle. — 3. A quoi fait allusion le récit ? Lucifer, est-ce le soleil matériel ? C'est sans doute l'étoile messagère du jour ou du soleil. Plus bas, St Jean-Baptiste, Précurseur de Notre Seigneur, est assimilé à Lucifer « velut Lucifer ». — 4. St Dominique, d'après une croyance généralement répandue au moyen âge, venait annoncer l'approche du Jugement dernier. — 5. *Faculam*, petit flambeau. — 6. La marraine de Dominique eut une vision : le saint avait au front une étoile qui illuminait la terre entière.

6. Transfiguration de N. S. — 1. Oraison propre. Antiennes assez semblables aux nôtres.

6. St Sixte, Pape. — 1. Cette fête est avancée dans le Bréviaire Lescarien. Il est plus conséquent que l'office Romain qui la célèbre après St Laurent, tandis que l'héroïque martyr a vu mourir son bienheureux Père et Pontife avant lui. — 2. Oraison romaine bien connue. — 3. *Demoniis*, p. *demonibus*, souvent employé. Puis, *diachones*, tandis qu'à la 4ᵉ leçon, on lit *diachonus* et *subdiachonus*.

7. St Donat. — 1. Avec lui fut élevé et ordonné *sous-diacre* Julien l'Apostat, qui oublia ses devoirs envers l'Église. St Pigmenius les forma tous deux. La suite du récit montre comment se comporta l'ingrat empereur.

8. St Sever, *prêtre*. — 1. Il n'est nullement question de St Sever, martyr, si célèbre dans nos contrées, mais de St Sever, missionnaire, qui convertit la ville de Vienne en Dauphiné. Comment a-t-on pu célébrer cette fête parmi nous ? Il est très vraisemblable qu'il y a eu confusion et qu'on aura d'abord cru honorer le compagnon de St Girons et le patron de Cap-de-Gascogne. V. sur notre St Sever des Landes : *Historia monasterii S. Severi* de D. Du Buisson.

10. St Laurent. — 1. La Vigile, comme à l'ordinaire, n'est pas séparée des Matines dans le texte. Cet office ressemble beaucoup à celui que nous récitons. Les leçons du Bréviaire Romain sont plus nourries. Quelques oraisons propres, plus les leçons des féries complètent bien l'office de notre Bréviaire de Lescar.

13. St Hippolyte. — 1. *Vicarium*, lieutenant. — 2. Il délivra ses esclaves. — 3. *Magus*. Nous aurions dû faire voir combien la magie tenait de place dans les préoccupations des païens. Ils sont très nombreux les Actes des martyrs où il en est question. — 4. Pendant les octaves, avons-nous dit, les leçons intermédiaires se disaient ordinairement de la fête principale. — 5. L'Espagne est à bon droit fière de ses saints ; mais on l'accuse de vouloir accaparer ceux des autres nations. St François Xavier était Navarrais, c'est-à-dire ni Espagnol, ni Français ; on le fait Espagnol. V. à ce sujet l'Étude de M. Soubielle, curé de St-Jacques de Pau, *Revue des Quest. hist.*, Juillet 1880-1881 : « Origine française de St François Xavier. » Ste Quitterie est Gasconne sans doute ; les Espagnols la revendiquent ; et naguère, n'ont-ils pas, à propos de St Vincent de Paul, prétendu qu'il était un de leurs compatriotes ? M. Pémartin, supérieur du Berceau à Pouy (Landes) a dû écrire à ce sujet une vigoureuse et irréfutable brochure : *St Vincent de Paul est né en France*, Paris, Dumoulin, 1889. — 6. Cette phrase viole toutes les règles de la langue latine. La 6ᵉ Férie donne la fin de l'office de St Laurent, où l'héroïque martyr dit ironiquement à son bourreau : Malheureux, tu as brûlé une partie de mon corps, tourne l'autre et dévore-la : *gira aliam* (non *versa*) *et manduca*. V. dans la *Revue des Quest. hist.*, 1ᵉʳ avril 1885, une Étude sur l'*Hagiographie au IVᵉ siècle. Martyre de St Hippolyte, de St Laurent, de Ste Agnès, de St Cassien, d'après les Poèmes de Prudence*.

15. L'Assomption de la Ste Vierge. — 1. Encore la Vigile unie dans le texte aux Matines. — 2. Les antiennes sont souvent des vers hexamètres. — 3. L'Assomption corporelle de Marie est-elle ici clairement exprimée ? Les expressions *evecta est, celos ascendit terrasque perosa reliquit, collocat in solio, regnat cum Christo*, semblent le prouver. — 4. Impossible de donner à ces vers une mesure. Le dernier verset *O quam beata* continue jusqu'à *permansisti*. Jusqu'ici nous n'avons trouvé de Proses que pour l'Immaculée Conception et les SS. Pierre et Paul. — 5. L'Assomption corporelle est ici formellement exprimée : *Sancta Dei Genitrix mortem subiit temporalem nec tamen mortis nexibus deprimi potuit*. — 6. Les cinq oraisons qui suivent pour les féries n'ont rien de spécial à la fête.

16. St Roch. — 1. En très grand honneur à Bayonne et à Oloron (fêtes de précepte) et dans tout le midi de la France ; son office est dans le Bréviaire de Toulouse, 1553. — 2. On l'invoquait contre la peste. — 3. *Deposuerat*, p. *disposuerat*. — 4. *Floccipendens* : méprisant. — 5. *Exploratorem*, un espion. — 6. Légende touchante, d'après laquelle tous ceux qui invoqueront St Roch, seront préservés du choléra.

17. Octave de St Laurent. — 1. Deux oraisons propres à remarquer.

18. Ste Hélène. — 1. Opinion de St Ambroise sur l'origine de Ste Hélène : elle gardait les troupeaux. Plus loin, d'autres croient qu'elle était fille de Choel, roi de Bretagne. — 2. Ce récit complète celui de l'Invention de la Ste Croix. — 3. Constantin abolit le supplice de la croix ; et cet objet devint dès lors un signe d'honneur.

20. Férie 4ᵉ après l'Assomption. — 1. La 2ᵉ et la 3ᵉ leçons affirment l'Assomption corporelle de Marie « In regni solio sublimata, post Christum... resedit... quod de nullo alio sanctorum fas est credere. »

20. St Léonce. — 1. V. notre *Introduction*. Oraison propre à Vêpres. — 2. Tout cela sent la fable. — 3. *Sceno*, p. *cœno*, boue. — 4. Le pèlerinage a commencé 400 ans plus tard. — 5. En cherchant un peu, on trouverait trace de cette légende, empruntée sûrement à quelque autre saint. Cette phrase est dans une leçon de St Roch. — 6. Encore dans la légende du même saint. — 7. A en croire ce récit, St Léonce aurait été enseveli sous le maître-autel de la cathédrale. Dans l'un des 3 reliquaires trouvés en 1780 (V. *Introduction*), y aurait-il quelques ossements de St Léonce ? Notre auteur dit qu'il s'opérait des miracles à son tombeau. — 8. On a placé ici, à dessein, dans le Bréviaire, les vêpres de St Julien. Belle oraison.

20. St Bernard. — 1. Office toujours transféré. Oraison propre. — 2. Cette vision ressemble à celle qu'eut la mère de St Dominique.

21. St Julien. — 1. Invitatoire rimé. — 2. *Post Domini... Resurrectionem*. Nous avons trouvé cette forme pour St Saturnin, St Girons, St Sever dans l'Histoire de Du Buisson, St Martial, etc. Elle ne décide rien, touchant l'Apostolicité de nos églises, et la preuve en est dans ce fait qu'on l'a adoptée pour St Julien, qu'une date incontestable fixe à 441. Cette formule paraît empruntée à un sermon de St Léon (V. Brév. Rom. 4ᵉ leçon de l'Ascension) : *Post beatam et gloriosam Resurrectionem Domini nostri J. C.* — 3. Les compagnons de St Martial ont le même nom et notre légendaire ne s'en aperçoit pas. — 4. *Stelligeratus* : étincelant d'étoiles. Répons magnifiques. — 5. *Vera salvatio*. Ces expressions furent censurées en 1712 par Mgr de Révol, évêque d'Oloron, dans le vieil office de St Grat. — 6. Rimes nombreuses. — 7. Ce verset est un hexamètre. — 8. *Almificus*, qui répand la douceur. — 9. Très belle oraison. V. pour les miracles, notre *Introduction*. Les actes de St Julien sont apocryphes ou falsifiés. *A la 6ᵉ leçon, page 171, après les mots* in carcerem, *ajoutez* : DONEC IPSE REVERTERETUR.

24. St Barthélemy. — 1. Nous avons séparé la Vigile de la fête. — 2. Dieu a permis souvent que les démons avouassent leurs souffrances. — 3. *Demonio*, plus haut *demon*. — 4. Portrait curieux du saint.

25. St Louis. — 1. Cette fête était renvoyée, sans doute, à cause de l'Octave de St Julien. — 2. Ces belles et généreuses paroles de Blanche de Castille, mère de St Louis, ne se trouvent pas dans le Romain actuel.

25. Vᵉ Férie de St Julien. — 1. Ste Valérie est honorée à Limoges. Ce récit est tiré des Actes de St Martial. — 2. V. notre *Introduction* sur Lescar.

27. St Lizier. — 1. Evêque de Conserans au vıᵉ siècle ; disciple de St Fauste, de Tarbes, dont il gouverna le diocèse. Le Bréviaire de Toulouse de 1553 en fait mention. Il y a encore un pèlerinage en son honneur à Robigue dans la Haute-Garonne. V. d'intéressants détails sur l'hagiographie Bigorraise dans l'« Essai géographique sur la Cité et le diocèse de Tarbes, p. M. Lejosne » *Rev. d'Aquit.*, tome II, p. 100. — 2. La ville de St-Lizier était une pauvre bicoque déjà en 1541. — 3. Rodez, sans doute. — 4. Il administra le diocèse de Tarbes pendant longtemps. — 5. Dernières leçons pauvres ; elles sont l'amplification et la répétition des premières.

28. Vigile de St Augustin. — 1. Nous avons encore séparé la Vigile, c'est-à-dire les 1ʳᵉˢ vêpres, de Matines. L'antienne *super Psalmos* est fort obscure. — 2. Cette hymne est absolument romaine. On la trouve dans l'édition de Gryphe, 1543, avec quelques légères modifications. — 3. Nous avons publié la Règle de St Augustin dans une Etude sur Roncevaux, *Bulletin de la Société des Sciences, Lettres et Arts de Pau (1889)*. V. aussi notre *Introduction*. — 4. Cette oraison ressemble à celle que l'on récite pour St Jérôme dans le Bréviaire Romain.

29. St Augustin. — 1. Vieille hymne romaine, dans le Recueil de Gryphe. — 2. *Patris nostri*. St Augustin était toujours le Patron du Chapitre. V. l'*Introduction*. — 3. *Cathezizatus*, pour *cathechizatus*. On n'était pas difficile, au xvᵉ siècle, du moins chez Colomiès, pour la pureté du texte. — 4. Prose de St Augustin. C'est la 4ᵉ que nous avons trouvée jusqu'ici. Pas de mesure dans ces vers. Le texte donne pour commencements de phrase : *Deposcens, Robur, Sicut, Discutiens, Deposcimus*. — 5. Beaucoup de rimes irrégulières. — 6. *Arrio* ? Est-ce Arien ? Nous n'y trouvons pas de sens.

29. Décollation de St Jean-Baptiste. — 1. *Baptiste* : baptiseur. — 2. D'après M. l'abbé Duchesne, *Orig. du culte*, p. 259, la fête du 24 juin a été précédée, en Orient du moins, par une autre commémoration placée aux environs des fêtes de la Nativité de N. S. L'église Nestorienne la faisait le 1ᵉʳ vendredi après l'Epiphanie. En Arménie, la fête du précurseur était la première après l'Epiphanie. « Le calendrier de l'évêque de Tours Perpetuus, 460-490, place le *Natale S. Johannis* entre l'Epiphanie et la Chaire de St Pierre, précisément à la même époque de l'année. Cette fête fut remplacée plus tard par une autre, celle de la *Passion* ou *Décollation* de St Jean, le 29 août, *qui fut adoptée dans les pays gallicans* et à Constantinople, avant de l'être à Rome. Les livres liturgiques gallicans ont tous une messe de la Passion de St Jean, qu'ils placent après celle de la Nativité du même saint, à une distance plus ou moins grande, mais sans noter la date précise. Les livres romains purs n'ont pas cette fête *(Note)*. » La fête du 24 juin, comme celle du 25 décembre, paraît être occidentale, p. 260. On ne lui connaît pas d'attestation plus ancienne que le sermon de St Augustin. Dès le v⁰ siècle, elle existe dans les livres occidentaux. — 3. Ant. et Rép. semblables aux nôtres.

30. Oct. St Augustin. — 1. Quatre qualificatifs au mode comparatif. Toutes les leçons suivantes racontent la vie et la conversion du saint.

SEPTEMBRE

1. St Egide. — 1. *Evo*. p. *avo*. âge. — 2. Dans les octaves, avons-nous dit, les 3 leçons intermédiaires sont de la solennité principale.

2. St Antonin de Pamiers. — 1. Son culte était fort répandu dans nos contrées. « Propres d'Espagne, de Rodez, de Montauban, bréviaire de Pamiers, *BreviariumFontisebraldi*, Paris, 1586, » Carles, p. 36. Nous en avons trouvé mention dans le martyrologe de Roncevaux du xv⁰ siècle. « On voit encore à Toulouse sur la porte de sa chapelle abandonnée, touchant les Jacobins, dans un écusson, la barque miraculeuse qui porta ses reliques de l'Ariège dans le Rouergue. » *Ibid*. — 2. Oraison commune aux vieux bréviaires cités. V. *St Antonin*, par l'abbé Vaissière, Montauban, 1872 ; et le *Proprium sanctorum* de Toulouse, p. 133.

3. Férie vii de l'Oct. de St Augustin. — 1. Cette expression : être suspendu aux lèvres d'un orateur se trouve ici : *Verbis ejus suspendebatur in suavitate sermonis ejus*.

4. Octave de St Augustin. — 1. *Ammonebant*. p. *Admonebant*.

7. Vigile de la Nativité. — 1. Nous avons encore séparé la Vigile des Matines. — 2. C'est à peu près la prière actuelle des Suffrages : *Sancta Maria, succurre miseris*.

8. Nativité de la Ste Vierge. — 1. Les antiennes sont bien composées et très gracieuses. Les répons sont les mêmes qu'aujourd'hui sauf pour le rang où ils se trouvent. D'après D. Guéranger, ils sont admirables : c'est l'œuvre de Fulbert, évêque de Chartres, sous Robert le Pieux. *Instit. lit.*, tome I, p. 302. — 2. A la 5⁰ férie, homélie de Fulbert, qu'on ne récite plus. C'était en souvenir de l'auteur d'une partie de ce magnifique office. L'Église Romaine a-t-elle ici emprunté Répons et Antiennes au vieux Gallican ?

Vers le temps du Concile *in Trullo* (692) on trouve un document sur la fête de la Nativité. Cette fête est marquée dans le sacramentaire gélasien du commencement du vii⁰ siècle. Elle était donc observée dès le vii⁰ siècle : il est sûr qu'elle n'existait pas encore du temps de St Grégoire, car il n'en parle jamais ; « mais ce qui est tout à fait concluant, c'est que ces fêtes étaient encore inconnues de l'église anglo-saxonne au commencement du viii⁰ siècle. » *Orig. du culte*, p. 261.

14. Exaltation de la Ste Croix. — 1. *Foca*, p. *Phoca*, et plus loin *Chosdroe*, p. *Chosroe*. — 2. Répons rimé avec quelques irrégularités. En général les antiennes se retrouvent dans notre office actuel. — 3. *Circumacte*, p. *Circumactæ*. L'*n* se substitue très souvent à l'*m* dans le texte. — 4. *Repedans*, revenant sur ses pas. — 5. Oraison que l'on dit aujourd'hui, sauf une légère modification, dans tout l'office. « La fête de la Croix, le 14 septembre, est d'origine palestinienne. C'est l'anniversaire de la dédicace des basiliques constantiniennes élevées sur le Calvaire et le Saint-Sépulcre. Cette dédicace fut célébrée en 335 par les évêques du Concile de Tyr... On y rattachait aussi le souvenir de la découverte de la vraie Croix. A Jérusalem, c'était dès le déclin du iv⁰ siècle, une très grande solennité, celle qui attirait le plus grand concours d'évêques, de moines et de pèlerins. Elle durait huit jours, comme celle de Pâques et de l'Épiphanie. De Jérusalem, elle passa à Constantinople et à Rome ; c'est au vii⁰ siècle seulement qu'elle fut introduite à Rome. » Duchesne, *Orig. du culte*, p. 263.

17. SS. Corneille et Cyprien. — 1. Dans le calendrier, le 14. Dans l'office romain, le 16, avec mémoire des saints Euphémie, Lucie et Géminien. — 2. C'est en 1852 que la crypte de St Corneille a été retrouvée. Ce fragment d'inscription .. NELIVS MARTYR, jeté dans un amas de décombres, suffit au génie sagace de M. le commandeur de Rossi pour lui faire découvrir le cimetière de St Calixte, le sanctuaire orné par le pape St Damase, le vrai tombeau de Ste Cécile, celui du pape CORNELIVS MARTYR EPIscopus, des inscriptions relatives à St Cyprien, CIPRIANI, et aux papes SS. Anthère, Fabien, Lucius, Eutychien. On a pu reconstituer avec des débris ce touchant désir du pape St Damase : « J'aurais souhaité, je l'avoue, que mon corps fût enseveli en ce lieu ; mais j'ai craint d'outrager les restes saints qui y reposent. » V. la *Roma sotteranea cristiana*.

19. St Janvier. — 1. Les leçons du Bréviaire Romain sont moins personnelles, en ce sens qu'elles ne rapportent pas les prières du saint ; mais elles sont plus historiques et racontent le fait, qui se renouvelle encore, du sang bouillonnant chaque année, lorsqu'on l'approche de la tête du martyr.

21. St Matthieu. — 1. Tout son office est pris du commun, sauf les leçons qui sont empruntées à St Ambroise et à St Jérôme. L'oraison des vêpres est bien connue, elle sert encore pour la vigile de

St Matthieu. En réalité, bien qu'elle ne soit pas marquée, l'on faisait à Lescar vigile de cet apôtre et évangéliste, car l'autre oraison est pour le jour, *in die*; et c'est celle que nous récitons actuellement. La troisième oraison de Sexte et None est propre.

22. St Maurice et ses compagnons. — 1. Expression énergique : *Des peuples de martyrs* furent immolés. — 2. *Baccatione*, p. *bacchatione* (de Bacchus) orgie, débauche. — 3. *Octodoram ?* — 4. Même oraison qu'aujourd'hui, sauf les noms ajoutés au texte de Lescar.

26. Ste Justine. — 1. Nous avons déjà fait remarquer avec quelle facilité notre légendaire accepte les récits où il est question de magie. — 2. La légende est incomplète ; c'est un défaut de nos vieux hagiographes.

27. SS. Côme et Damien. — 1. Même oraison qu'aujourd'hui. — 2. *Ilári*, p. *hilari*. Devant *e, i, o, u*, l'*h* est souvent supprimée. Nous l'avons déjà dit. — 3. Les détails du Bréviaire Romain actuel ne sont pas absolument les mêmes.

28. St Exupère. — 1. Le P. Carles dit dans son Mémoire, p. 33 : « St Exupère a été loué, on le sait, par St Jérôme qui proclamait bien haut son zèle, sa grande doctrine et les merveilles de sa charité. Il délivra miraculeusement la ville de Toulouse. Son ancienne légende dit qu'on ne peut le comparer qu'à St Saturnin. *Non solum ulli secundus, verum etiam B. martyri Saturnino virtutum meritis comparandus.* » C'est le texte même du Bréviaire de Lescar et celui du Bréviaire de Toulouse, 1553. La caractéristique de ce saint est un goupillon. « Au siège de Toulouse, la mort frappait immédiatement tous les assiégeants qu'il touchait de l'eau bénite. » *Ib.*, p. 34, note. — 2. Eloge de St Exupère par St Jérôme. — 3. Ainsi ce saint évêque se servait d'un panier d'osier pour patène et de verre pour calice. Cette tradition rapportée par St Jérôme est-elle exacte ? — 4. La vieille oraison du Bréviaire Toulousain était celle-ci : *Omnipotens, sempiterne Deus, qui beatum Exuperium, confessorem tuum atque pontificem, doctrinis ac virtutibus clarere fecisti ; concede Ecclesie tue, ut ejus assidua intercessione, participes fiat celestis glorie.* L'Ant. de *Benedictus* au Propre de St Sernin (1672) confirme les dernières paroles de la VIe leçon de notre bréviaire : *Sacerdos egregius et Christi signifer Exuperius, qui avaritiam de domo Domini stirpitus eliminavit.* Citons aussi l'Ant. de *Magnif.* du Bréviaire Toulousain. *O consors celestis glorie perennis, presentem catervam, sanctissime presul Exuperi, exorantem impetra tecum regnare : fidelium quoque vota populorum ad summum bonum dirige, eosque coherere obtine sedula pace.* Le P. Carles donne la Messe d'après le *Missale Tolosanum* et les légendes du Bréviaire de Comminges (1734), pp. 135, 136.

28. Vigile de St Michel. — 1. Nous avons, comme à l'ordinaire, séparé la Vigile des Matines. — 2. Vieille hymne romaine. — 3. Allusion au combat où St Michel lutta dans les cieux contre Lucifer et les anges rebelles. — 4. *Zabulum*, le démon.

29. St Michel. — 1. Vieille hymne romaine, corrigée par Urbain VIII. — 2. Antiennes et répons actuels, mais dans un ordre différent. — 3. A Sexte, oraison propre ; celle de Laudes, comme aujourd'hui. « C'est le seul ange dont on rencontre la fête avant le IXe siècle. Ce sont des fêtes de dédicaces d'église. Celle du 29 septembre est relative à une église (détruite depuis longtemps) de la banlieue romaine. Cette fête est la seule qui figure dans les anciens livres liturgiques romains... dès le VIe siècle. » *Orig. du culte*, p. 265, citée.

30. St Jérôme. — 1. Ce magnifique office en l'honneur de St Jérôme s'explique surtout parce qu'il était un des patrons de la vie cénobitique. L'hymne *Celesti doctus* dit la vie studieuse, pénitente et pure du grand docteur. — 2. Oraison comme aujourd'hui. — 3. Ant. et Rép. rimés. L'antienne de *Magnificat* est très remarquable.

OCTOBRE

1. St Remi. — 1. L'oraison est celle que nous récitons actuellement pour les fêtes des docteurs. — 2. Cette légende a un cachet de naïveté intéressante. — 3. Entra dans un cloître. — 4. Remarquer l'origine de la Ste Ampoule. — 5. Phrase incorrecte et inachevée ; *se* est répété. — 6. *Laudunensem*, évêque de *Laon*.

2. St Léger. — 1. Evêque d'Autun, très célèbre dans les fastes de l'histoire de France. Notre légende est bien pauvre.

4. St François d'Assise. — 1. Même oraison qu'aujourd'hui. — 2. Cette conjonction *igitur* marque la suite d'un récit. — 3. Les trois dernières leçons nous donnent une description complète des sacrés stigmates de St François. Une fête sous le titre : *Impressionis SS. Stigmatum in corpore S. Francisci*, instituée au XIIIe siècle par le pape Benoît XI, fut étendue à l'Eglise Universelle par Paul V, au XVIIe. Elle se célèbre le 17 décembre dans le Bréviaire Romain.

5. Ste Foy. — 1. Une des saintes les plus populaires dans nos pays et probablement dans toute l'ancienne Aquitaine, le midi de la France et une partie de l'Espagne. Nous avons trouvé son culte dans le *Missale Pictaviense* de 1526, *Revue du Bas-Poitou*, 1889, 3ᵉ livr., au 6 octobre, p. 264 et dans le Calendrier de Roncevaux, *Bull. de la Soc. des Sciences, Lettres et Arts de Pau*, 1889, 3ᵉ livr. Ste Foy et St Caprais étaient spécialement honorés dans le diocèse de Toulouse, *Brév. de 1553*, et de Bayonne, *Miss. de 1543*. — 2. Oraison, comme au vieux Toulousain et sans doute la même que dans le Bréviaire Agenais de Bilhonis, de 1526. Dans le *Proprium Sanctorum* de Toulouse, le P. Carles propose pour la messe, outre celle de notre bréviaire, la secrète et la postcommunion suivantes : « Suscipe, Domine, preces et hostias meritis beatæ Fidis, virginis et martyris, tibi dicatas, et concede, ut ejus nobis sint supplicatione salutares, cujus sunt veneratione solemnes. — Quos refecisti, Domine, celesti convivio, beatæ Fidis, virginis et martyris, juvante patrocinio, supernorum civium fac dignos collegio, » p. 137. Il faut nécessairement lire sur les saints d'Agen la brochure très bien faite et si nourrie, intitulée : *Les livres liturgiques de l'Eglise d'Agen*, par M. Adolphe Magen, 1861. Dans une note de la p. 16, on cite la traduction par Fauriel d'un poème gascon sur Ste Foy, composé sous Henri Iᵉʳ en 1060, Nous y remarquons cette phrase : « *Toute la terre Basque, l'Aragon et le Pays des Gascons* savent bien qu'elle est cette chanson et que l'histoire en est véritable. » — 3. Antiennes et Répons rimés. — 4. La légende du Brév. d'Agen de 1526 (Magen, p. 44), est à peu près la même, sauf de légères modifications de texte. Elle continue ainsi : « Preses dixit : Audi consilium puchritudini atque juventutui tue necessarium, et cessa ab hac confessione et sacratissime Dyane sacrifica, qui est ipsa sexui tuo consimilis, et multis te faciam muneribus ditiorem. Sancta Fides, Spiritu Sancto repleta, dixit : A patrum traditionibus cognovi quod omnes dii gentium demonia sunt, et tu michi persuadere vis ut eis sacrificare debeam ! Hoc audito preses ira commotus, ait ad eam : Deos nostros, nobis presentibus, demonia esse dicere presumsisti ! Aut sacrifica eisdem, aut diversis te faciam interire tormentis. Sancta Fides audiens Datiani minas, desiderans de terrena vita ad eternam migrare gloriam, in hac vociferatione perrupit dicens : Ego pro nomine Dei mei Jesu Christi non solum pati diversa sum parata tormenta, sed et mortem in ejus confessione subire desidero. Tunc preses, magis furore succensus, jussit satellitibus suis ut sanctam virginem mitterent in lectum ereum et suppositam per quatuor partes extendi ignemque supponi precepit, ut ejus tenera membra tam crudeli disrumperentur supplicio. Eo itaque tempore cum hec agerentur, a Deo electus futurusque martyr Caprasius, cum ceteris Christicolis, persecutionem sacrilegi presidis declinans, ad septentrionalem urbis plagam, sub foramine cujusdam rupis positus, latebat et cuncta, que intra murorum ambitus gerebantur, clara oculorum acie prospiciebat. Sub ejusdem quippe diei articulo, ab ipso spelunce foramine, ad urbis propugnacula aspectum dirigens, vidit sanctam martyrem super carbonum incendia, impiorum immanitate terreri. Elevatis igitur oculis, intuens in celum, orationes Domino, profusis precibus, effundebat, ut famulam suam in presenti certamine faceret esse victoriosam. Rursusque athleta Christi, elevatis oculis, celum tota mentis aviditate prospexit, et, iterum humo prostratus, petebat a Domine ut ei celestem concederet virtutem. Sicque petitioni sue desideratum assecutus effectum, vidit de nubibus columbam, ut nivem candidam, descendere, et coronam, interlucentibus gemmis, supra solis splendorem rutilantem, celestibusque margaritis refulgentem, super caput gloriose martyris ponere. Denique ipsam Dei famulam niveo colobio, ne saucii ejus artus a vaporibus incendii ultra cremarentur, contegere ita ut intelligeret ipse Caprasius eam coronam martyrii fuisse decenter consecutam. » V. l'hymne dans notre *Introduction* et aussi le *Catalogus codicum hagiographicorum latinorum bibliothecæ publicæ civitatis Carnotensis, excerptus ex Analectis Bollandianis*, Bruxelles, 1889. In-8º, pp. 6485, 152, 179, 192, 199, 207. On retrouve ces documents dans les *Analecta Bollandiana* que nous avons cités dans l'*Introduction générale*. Ste Foy (d'autres écrivent simplement Ste Foi) était spécialement honorée chez nous à Morlàas, canton actuel du département des B.-P., où il existait un prieuré dépendant de l'abbaye de Cluny. La plus importante publication sur cette ville est le *Cartulaire de Sainte Foi*, par Léon Cadier, élève de l'Ecole des Chartes, trop tôt enlevé aux sciences historiques. Pau, Ribaut, 1884. In-4º. On y voit le relevé de la plupart des travaux faits sur Ste Foi jusqu'à cette année. A la page XII, nous lisons que dans son introduction au *Cartulaire de l'abbaye de Conques en Rouergue*, où avaient été transportées par fraude les reliques de la sainte, M. G. Desjardins « détermine le caractère particulier et l'extension rapide du culte de Sainte Foi » depuis le XIᵉ siècle. Les moines de Conques possédaient des terres jusqu'en Béarn.

Le prieuré de Ste Foi de Morlàas fut fondé par le Vicomte Centulle qui le donna à l'abbaye de Cluny vers 1079.

7. St Marc, Pape. — 1. Même oraison qu'aujourd'hui. — 2. Tradition du sacre du Souverain Pontife par le Cardinal-Evêque d'Ostie. — 3. Il ordonna le chant, *alta voce et magna*, du *Credo*, après l'Evangile.

9. St Denys, de Paris. — 1. Texte favorable à l'Apostolicité des Eglises des Gaules. — 2. *Parisius*, nominatif indéclinable toujours usité dans les anciens documents. — 3. Description fort curieuse, malgré sa brièveté, de la cité et de la ville qui prend de l'extension. — 4. « *Insulæ potius quam urbis spatium* » Ile plutôt que ville.

10. St Savin. — 1. Sur ce saint ermite bigorrais, on peut consulter l'*Essai géographique sur la Cité et le diocèse de Tarbes* par M. Lejosne, *Rev. d'Aquit.*, tom. II, travail intéressant aussi sur St Lizier, St Sever de Tursan, etc. On y voit que St Savin avait séjourné 3 ans en Poitou, avant de venir en Bigorre. A titre de renseignement, lire le Ch. XIV de l'*Histoire religieuse de la Bigorre par G. Bascle de Lagrèze*, Paris, Hachette, 1863. Cette monographie, fort bien rédigée, a le grand tort, comme d'ailleurs la plupart des ouvrages du même auteur, de ne pas se référer aux sources. Ce sont des travaux de vulgarisation plutôt que d'érudition sérieuse. A la p. 216, en note, M. de Lagrèze cite un manuscrit, où il a puisé ses documents, appartenant à M. l'abbé Duffourc et intitulé : *La Vie de St Savin, patron des Pyrénées*. Nous regrettons qu'il n'ait pas publié « l'office du saint, d'après les Bréviaires du Moyen Age ». La description des 18 compartiments de deux tableaux historiés conservés dans la vieille église de St-Savin, contenant les principaux évènements de la vie du saint, est particulièrement intéressante. Il paraît qu'il y avait des reliques de St Sabin, évêque et martyr, venu d'Italie et massacré par les Sarrasins dans le Cominge sur la Save, (Carles, p. 111) à l'abbaye de St-Savin des Pyrénées : « Extat in ecclesia Sabinea, celebre sodalitium jam ab anno millesimo trecentesimo vigesimo quarto, quod summi Pontifices maximis peccatorum remissionibus et indulgentiis decoravere. Præterea ejus reliquiæ variæ in loco asportatæ sunt Caseras, in vallem Caprarum, Lactorens (?) *et in monasterium Savinianum diœcesis Tarbensis.* » — 2. *Reicula ?* ; nous n'avons pu trouver ce mot nulle part. Il est vrai que la première lettre *r* est illisible ; c'est une *r* surmontée d'une abréviation ou une *f* ou une *s*. Serait-ce *sedicula ?* Le *d* a été dans ce cas omis par l'imprimeur. — 3. *Gunna, gunella*, manteau de peau, d'après Du Cange.

11. Première Translation du corps de St Augustin. — 1. Phrase incorrecte. — 2. Ces six leçons forment un récit succinct de la mort de St Augustin et de la translation de ses restes à l'Hippone en Sardaigne. V. sur les Translations, le Mémoire du P. Carles, p. 451, et surtout l'abbé Duchesne, *Orig. du culte*, p. 273.

13. St Géraud. — 1. Se trouve dans le Brév. de Toulouse, 1553. — 2. Belle oraison. — 3. Il y a dans cette leçon et dans la suivante des choses intraduisibles et tout à fait invraisemblables. — 4. Légende inachevée, comme cela arrive souvent.

14. St Callixte. — 1. Ce pape succéda au pape St Zéphirin en 219 et souffrit le martyre, le 14 octobre 222, ou suivant d'autres, 223 et 224. Il fit construire le célèbre cimetière qui porte son nom sur la voie Appienne. Quelques Martyrologes ne lui donnent que le nom de *Confesseur*, parce qu'il est difficile d'admettre qu'il ait été mis à mort sous Alexandre Sévère, ami des chrétiens. Feller répond que cette difficulté s'évanouit, si l'on fait attention qu'il fut tué dans une émeute populaire. Notre récit ne le dit pas. On ne croit pas d'ailleurs que les Actes de ce martyr soient authentiques.

16. St Bertrand. — 1. C'est peut-être le plus bel office de notre Bréviaire. Il y manque des hymnes. Ce saint était fort honoré dans le midi de la France. V. en particulier les Bréviaires de Toulouse 1553, et ceux, plus modernes, de Cominges, 1734, 1770. Il eut un épiscopat de cinquante ans environ, et avait été archidiacre de Toulouse où il laissa des regrets universels à son départ : *Hunc sibi ministrum eripuit Tolosa*, dit la légende. — 2. Cette antienne est en vers léonins et hexamètres à la fois. Celle de *Magnificat* est aussi composée d'hexamètres. — 3. Cette oraison ressemble beaucoup à celle du vieux Toulousain ; il n'y a que de légères modifications. L'office est aussi semblable à celui donné par le P. Carles. — 4. Antiennes rimées et en vers hexamètres. — 5. Athon Raymond. — 6. Répons rimés et hexamètres. — 7. *Castellum Ictium* ou *Castrum Ictium* : l'Isle-en-Jourdain, dans le diocèse de Toulouse. — 8. Ces leçons n'ont pas une grande richesse ; heureusement les Antiennes et les Répons y suppléent largement. — 9. *Convenarum civitas*, ancienne contrée indiquée par Ptolémée et Strabon ; la ville principale était sur l'emplacement actuel de la ville de St Bertrand de Cominges. St Grégoire disait d'elle : « *Est enim urbs in cacumine montis posita, nullique monti contigua.* » *Notice de la Gaule*, p. d'Anville. On y a trouvé de nombreuses antiquités. St Bertrand est aujourd'hui un chef-lieu de canton dans la Haute-Garonne. La vieille cathédrale est très remarquable. — 10. Remarquez surtout que les Antiennes sont composées des premiers mots des Psaumes à réciter : *Dominus regnavit, Jubilate Deo*, etc. On célébrait jadis la Translation des reliques du saint (16 Janvier) ; son apparition (2 mai) ; sa mort le 16. V. Carles, p. 138.

18. St Luc. — 1. *Luchas*, forme un peu singulière et très ancienne. — 2. Même oraison qu'aujourd'hui. — 3. *Almificos*, mot forgé au moyen âge *almum facere*, rendre doux. — 4. Les Actes des Apôtres. — 5. C'est encore l'Evangile du Commun des saints Evangélistes : *Designavit*, adopté dans le Bréviaire de St Pie V.

20. St Caprais. — 1. Les plus vives controverses se sont élevées à propos de ce saint personnage. Etait-il évêque ? Etait-ce un simple martyr ? Le docte Labrunie, chanoine d'Agen, écrivait en 1773 : « Voici les vers qui servent à Lescazes [chanoine en 1619] et à Labénazie [autre chanoine] pour étayer l'épiscopat de St Caprais. Ils étaient dans le Bréviaire manuscrit de la collégiale dont elle commença de se servir à la fin du xiv° siècle...

> Cultu clarent christiano
> Primus cum Feliciano,
> Ad exemplum monitoris
> *Caprasii tunc pastoris*
> Urbis Agennensium.

... Comme dans la légende, il n'y a pas un seul mot relatif à cet épiscopat, nous pouvons assurer qu'un poète et un peintre (auxquels il est permis de tout oser) en sont les premiers témoins. Quelque chose que disent les défenseurs de cet épiscopat, ils ne peuvent remonter plus loin que la date de ces vers ou de ces enluminures. En est-ce assez, surtout avec de pareils garants, pour donner un démenti à des actes formels, à un silence de plus de mille ans, qui constate bien mieux notre ancienne tradition qui ne fait de St Caprais qu'un simple martyr, que n'étayent la moderne qui l'a créé évêque, les faibles raisons de Lescazes, adoptées par son écho, l'inconséquent Labénazie ? » *Les livres liturgiques de l'Eglise d'Agen*, p. 21. V. en détail cette excellente dissertation. C'est en 1621 que s'éleva la fameuse dispute sur l'épiscopat de St Caprais. Pierre Sauveur, vicaire-général et chanoine théologal d'Agen, ayant publié un *Brief recueil de l'histoire de St Caprais* (1623) le chanoine Antoine de Lescazes lui opposa une *Réponse apologétique* où le fait de l'épiscopat était soutenu. V. à la p. 25, toutes les transformations et interpolations qu'ont subi les vieilles légendes. Ce qu'il y a de certain, c'est que St Caprais était un jeune homme, d'après les actes de Ste Foy. Notre bréviaire n'accepte pas la tradition de l'épiscopat de St Caprais. — 2. Fontaine miraculeuse de St Caprais. — 3. « Vous êtes un très beau jeune homme, » dit le juge à St Caprais. *Video te decorissimum juvenem*. Le Bréviaire d'Agen, de Bilhonis, 1526, porte ce titre : In natali sanctissimi Caprasii, martyris atque episcopi Agenni, p. 45. M. Magen a eu le tort de ne pas séparer les antiennes et les répons. Il aurait dû donner aussi les différentes oraisons de cet antique bréviaire. — 4. A la page 49, M. Magen publie la légende de SS. Prime et Félicien, frères et martyrs, qui moururent avec St Caprais et Ste Foy. Plus loin, p. 50, il édite la légende de St Vincent, *ordonné par St Caprais*, diacre et martyr, comme St Etienne. « Ipse Vincentius eodem ordine fuit ordinatus ab ipso beato Caprasio quo beatus Stephanus ab apostolorum principe beato Petro. » On comprend que nous n'avons qu'à rappeler cette controverse. Néanmoins les livres de Bayonne, de Lescar et le Calendrier de Roncevaux (*Bulletin de la Société des Sciences, Lettres et Arts de Pau*, 1889. V. notre *Etude sur Roncevaux*) regardent St Caprais comme un simple martyr.

21. St Séverin. — 1. Il s'agit sans doute de St Séverin, évêque de Cologne et de Bordeaux. Les Bollandistes disent que ce ne fut pas le même personnage. Dans les vieux martyrologes, ajoute Feller, on ne les distingue pas ; mais Feller n'est pas une autorité sur la matière. Au *Congrès Scientifique de France* (Bordeaux, 1861, tome 1, p. 82) Mgr Cirot de la Ville a publié une *Notice sur un Eucologue manuscrit du xiii° siècle, conservé dans l'église St-Seurin de Bordeaux*. Fervent adepte de l'opinion favorable à l'Apostolicité des églises des Gaules, cet auteur croit que St Séverin (ou Seurin) avait été évêque de Cologne ; il mourut au commencement du iv° siècle. Le manuscrit de St Seurin est curieux à cause des formules gallicanes qu'il contient. Nous y retrouvons des prières du Missel de Bayonne de 1543.

25. SS. Crépin et Crépinien. — 1. Belle oraison. — 2. *Furciferos*, pendards, dignes de la potence. — 3. *Troclea* ou *trochlea*, poulie, claie ? — 4. *Sabulas*, alènes de cordonnier. C'est pour cela assurément que ces martyrs sont devenus les patrons de ce corps de métier.

28. SS. Simon et Jude. — 1. Cette oraison est de la Vigile, quoique celle-ci ne soit pas marquée dans le texte original. La fête de ces saints apôtres n'est pas indiquée dans les livres liturgiques primitifs. — 2. Mélange des rêveries des Manichéens et des Gnostiques. — 3. *In die*, par opposition à l'oraison de la Vigile. C'est l'oraison du Romain actuel.

31. St Quentin. — 1. Aujourd'hui St Quentin dans l'Aisne. — 2. D'après cette légende, le préfet Rictiovarus (Rictius Varus) serait le même qui fit mourir à Soissons SS. Crépin et Crépinien. On remarquera que ces saints martyrs, d'après leurs actes, étaient tous venus de Rome pour convertir les Gaules. Cela ne se concilie guère avec l'opinion qui prétend que nos églises sont d'origine apostolique, car St Quentin fut mis à mort le 31 octobre 287. On ne comprend guère que la lumière de la foi ne se soit pas répandue de Paris jusqu'à Soissons et Amiens, depuis St Denis, le premier évêque qui aurait été envoyé à Lutèce par St Pierre ou St Clément. — 3. Son corps fut découvert par St Eloi de Noyon en 643 avec les clous dont le saint avait été transpercé. On fit une nouvelle translation de ses reliques le 25 octobre 825. Ce saint était honoré à Lescar et à Toulouse (Carles, p. 40) ; notre Bréviaire de 1541 ressemble à celui de Toulouse, 1553.

31. Vigile de la Toussaint. — 1. Cette antienne *super Psalmos* se retrouve dans le Romain actuel. Ici la Vigile est séparée, mais non dans le texte. On voit que la Vigile se confondait avec les 1ʳᵉˢ Vêpres. — 2. Cette hymne se trouve dans la collection romaine des *Hymni ecclesiastici*. Elle a été modifiée dans l'hymne actuelle des Vêpres *Placare, Christe, servulis*. — 3. *Prevenimus*. C'est donc la Vigile de la fête.

NOVEMBRE

1. Toussaint. — 1. Même Invitatoire qu'aujourd'hui. — 2. Ces antiennes sont bien connues ; elles sont légèrement modifiées dans le Bréviaire de S. Pie V. La seconde, *Beata Dei Genitrix*, n'est en partie que celle des suffrages que nous récitons actuellement. — 3. *Teranensis? Thera*, Sanctorin, île, mer Egée ; ou *Therapne*. V. de Laconie, de Lacédémone, de Tarente ? On connaît aussi *Teanum* dans le Samnium (Abruzze) et *Tiano* dans la terre de Labour. — 4. Il y a treize répons et versets. Le répons *O constantia martyrum* fut composé par le roi Robert. — 5. Cette hymne ancienne se trouve modifiée, dans l'actuelle *Salutis æternæ dator*. — 6. Même oraison qu'aujourd'hui.

10. Vigile de St Martin. — 1. Un des plus beaux offices de notre Bréviaire. Les antiennes et les répons sont dans le Romain actuel. — 2. Oraison d'aujourd'hui.

11. St Martin. — 1. Bel Invitatoire avec cette antithèse : *Hic pauper, celo dives*. — 2. *Scalares alas*, troupes qui montent à l'assaut avec des échelles. — 3. *Cathecuminum, p. cathecumenum*. — 4. L'évangile étant du Commun, sept répons se suivent y compris ceux de la 7ᵉ et de la 8ᵉ leçon. — 5. Cette antienne de Prime est celle des secondes Vêpres pour les papes confesseurs dans le Romain actuel.

13. St Brice. — 1. Beaucoup d'enfants portaient jadis ce nom en Béarn. Son culte était fort en honneur en France ; nous avons donné dans l'*Introduction* les oraisons du Missel de Bayonne de 1543. On trouve aussi sa fête à Toulouse, 1553. — 2. Pendant les octaves, les 3 leçons intermédiaires se disaient de la fête principale. — 3. *Obiatus*, peut-être pour *objactus*, part. passé inusité de *objaceo* : étendu devant. — 4. Les antiennes se répétant, nous avons mis des *etc*.

14. Quatrième jour de l'Octave de St Martin. — 1. Les *Vangiones* étaient un peuple cantonné dans le Haut-Rhin et le Bas-Rhin. La *Civitas Vangionum* était Worms, d'après quelques auteurs.

17. St Aignan. — 1. Le Bréviaire Toulousain portait sa fête à la même date. — 2. Cette leçon nous rappelle l'antique usage, d'après lequel l'évêque d'Orléans délivrait tous les prisonniers, le jour de son entrée solennelle dans la ville épiscopale. Cette coutume a subsisté jusqu'à la Révolution. Dans son *Voyage liturgique de France*, Paris, 1781, le Sʳ de Moléon s'exprime ainsi, à la page 180 : « L'évêque d'Orléans, en faisant sa première entrée solennelle et prise de possession de son église, délivre tous les prisonniers pour crimes, qui se trouvent alors dans les prisons d'Orléans, quelquefois au nombre de 3 ou 400, et même jusqu'à 500, en l'an 1707. » — 3. Son prédécesseur était St Euverte. — 4. Les Huns étaient conduits par Attila, v. 451. — 5. *Efera*, p. *effera*. — 6. Il mourut en 453 après un épiscopat d'environ 62 ans. — 7. *Michi*, vieille forme, assez fréquente pour *mihi*.

18. Octave de St Martin. — 1. *Condatensem diocesim*, diocèse de Rennes. — 2. La légende de St Martin a été empruntée à la vie de ce grand évêque écrite par Sulpice Sévère.

21. Présentation de la Ste Vierge. — 1. L'hymne est propre ; elle est fort ancienne. Ces versets et répons sont bien connus. L'oraison est plus expressive que celle d'aujourd'hui. L'antienne de *Magnificat* est rimée ; de même l'invitatoire, les antiennes et les répons des nocturnes. — 2. Il y avait 15 degrés à monter au temple de Jérusalem ; d'après quelques auteurs, on récitait en les montant les 15 psaumes graduels. — 3. Nous avons tenu à reproduire ces curieuses leçons. Remarquez ce règlement de la vie de la Sainte Vierge ; l'auteur anonyme nous montre Marie priant et travaillant durant les diverses heures de la journée. — 4. Dans ces trois gracieuses antiennes, le mot *flos* revient *neuf* fois.

22. Ste Cécile. — 1. Sauf les leçons, cet office est à peu près le même qu'aujourd'hui. V. sur Ste Cécile le grand et magnifique ouvrage de D. Guéranger. Son tombeau primitif a été découvert par M. de Rossi en 1854, dans le cimetière de St Calixte, près des tombeaux de St Corneille et de St Cyprien.

23. St Clément. — 1. Même oraison qu'aujourd'hui. Les répons ressemblent à ceux que nous récitons. Sauf les légendes, c'est du vieux Romain tout pur. — 2. St Clément fut le quatrième successeur de St Pierre.

24. St Chrysogone. — 1. Même oraison que dans le Romain actuel : *Adesto, Domine*. La légende du Bréviaire de Lescar est plus développée que celle que nous lisons. On trouve *Zoilus*, p. *Zelus* dans l'office Romain. Ce saint figure dans le canon de la messe.

24. Vigile de Ste Catherine. — 1. Comme nous l'avons souvent dit, ce sont les premières Vêpres qui servent de Vigile. L'Ant. *super Psalm.* est rimée. L'hymne est un résumé de la vie, de la mort et de l'ensevelissement de Ste Catherine. — 2. Même oraison qu'aujourd'hui ; dans le Bréviaire Lescarien on a ajouté « ad montem *virtutum* ». Voici deux oraisons expressives qui se disaient d'après le Missel de Bayonne de 1543 : « *Oratio.* Omnipotens, sempiterne Deus, qui corpus beate Catharine, virginis et martyris tue, in montem Synai ab angelis deferri et sepeliri voluisti, tribue, quesumus, ejus obtentu nos ad arcem virtutum provehi, quo visionis tue claritatem mereamur intueri. Per. *Postcommunio.* Sumptis, Domine, salutis eterne mysteriis, suppliciter deprecamur : ut sicut liquor de membris beate Catharine virginis jugiter manat languidorum corpora sanat : sic ejus oratio cunctas a nobis iniquitates expellat. Per. »

25. Ste Catherine. — 1. Antiennes rimées ; il en est de même pour plusieurs répons. — 2. Cette manière de parler rappelle la scolastique du moyen âge. Ces Actes ne sont pas bien authentiques. On sait que Ste Catherine est la patronne des philosophes et des savants. Son nom en grec signifie : *Pure.* — 3. Ces hymnes en l'honneur de Ste Catherine sont très gracieuses. Le lecteur sera heureux d'en trouver ici trois autres que Sébastien Gryphe a insérées dans ses *Hymni ecclesiastici* de 1543. Elles sont fort belles et nous croyons qu'elles étaient chantées partout où se disait le pur Office Romain.

Catharinæ collaudemus
Virtutum insignia ;
Cordis ei presentemus
Et oris obsequia,
Ut ab ipsa reportemus
Æqua laudi præmia.

Fulta fide Catharina
Judicem Maxentium
Non formidat ; lex divina
Sic firmat eloquium,
Quod confutat ex doctrina
Doctores gentilium.

Victi Christum confitentur,
Relictis erroribus,
Judex jubet ut crementur
Nec pilis, nec vestibus

Nocet ignis, ut torrentur
Inustis corporibus.

Velut aurum comprobavit
Fornacis adustio ;
Nam quos Christus conservavit
Foris ab incendio,
Coxit intus et purgavit
Fides et confessio.

Post hæc blandis rex molitur
Virginem seducere,
Nec promissis emollitur
Nec terretur verbere,
Compeditur, custoditur
Tetro clausa carcere.

Hinc rex furit et tabescit,
Nec intra se capitur,

Quod nox ibi noctem nescit,
Nox in diem vertitur ;
Soli multa turba credit,
Jejuna reficitur.

Clausæ lumen ne claudatur,
Illucet Porphyrio ;
Qui reginæ federatur
Fidei collegio,
Quorum fidem imitatur
Ducentena concio.

Hujus ergo concionis
Concordes constantia,
Vim mundanæ passionis
Pari patientia
Superemus, ut cum bonis
Lætemur in gloria. Amen.

L'hymne suivante se chantait sans doute à Matines. Elle est aussi vivante.

Pange, lingua, gloriosæ
Virginis martyrium,
Gemmæ jubar pretiosæ
Descendat in medium,
Ut illustret tenebrosæ
Mentis domicilium.

Virgo pœnis jam attrita,
Rotarum patibulo
Præsentatur premunita
Fidei signaculo,
Genuflectit, orat ita,
Circumstante populo.

Ut confirmes spem tuorum
Et honorem nominis,

Et clidas superborum
Vim, virtute Numinis,
Struem Deus hanc lignorum
Ictu frange fulminis.

Vox completur, mox junctura
Rotarum dissolvitur,
Adstans molis ex pressura
Populi pars teritur,
Pars baptismum suscepta
Virgini conjungitur.

Fide fidens occultata
Regis uxor emicat,
Deos regis detestata
Christum regem predicat,

Tortis mammis cruciata
Spe constanti dimicat.

Decollari cum jubetur,
Caput offert gladio,
Petit sibi suffragari
Virginis oratio,
Ex defectu ne fraudetur
Palmæ suæ præmio.

Hujus et nos imploremus
Devote suffragia,
Mentes ita confirmemus
Catharinæ gratia,
Ut reginæ conregnemus
In celesti patria. Amen.

Voici enfin une hymne qui n'est pas moins belle que les deux autres :

Præsens dies expendatur	Imminente passione,	Hoc declarat, hoc explanat
In ejus præconium,	Virgo hæc interscrit :	Meritum virgineum,
Cujus virtus dilatatur	« Assequatur, Jesu bone,	Quod ex ejus tumba manat
In ore laudantium,	Quod a te petierit,	Incessanter oleum,
Si gestorum teneatur	Suo quisquis in agone	Cujus virtus omnis sanat
Finis et initium.	Mei memor fuerit. »	Doloris aculeum.
Verbo vitæ solidatus	In hoc caput amputatur,	Vim doloris corporalis
Prosiliit Porphyrius,	Fluit lac pro sanguine,	Sanat ut hæc unctio,
Cum ducentis decollatus	Angelorum sublevatur	Sic liquoris spiritalis
Migrat palmæ socius,	Corpus multitudine,	Mundet nos infusio,
Catharinæ cruciatus	Et Sinaï collocatur	Æterno [que] temporalis
Maturat Maxentius.	In supremo culmine.	Dolor cedat gaudio. Amen.

Cette hymne rappelle, comme la légende du Bréviaire de Lescar, qu'il s'écoulait sans cesse de la tombe de cette sainte martyre une huile merveilleuse qui opérait les plus grands miracles. Voir dans le *Congrès scientifique de France, Sess. de Pau*, 1873, la description d'une fresque très curieuse de Villeneuve-de-Marsan, sur Ste Catherine, p. 214.

26. St Lin. — 1. C'est dans cette leçon que notre légendaire montre le plus de sens critique. « Il y en a, dit-il, qui donnent St Clément comme successeur de St Pierre, et omettent St Lin et St Clet. Mais l'histoire et l'autorité de St Jérôme repoussent cette opinion... »

COMMUN DES SAINTS

Commun des Évangélistes. — 1. *In Natali*. Cette expression, familière dans les Actes des Saints, signifie qu'ils sont nés, en pareil jour, à la gloire des cieux. On remarquera que les répons sont pris ordinairement de l'Apocalypse. — 2. Ces Antiennes des Laudes ne sont pas composées de textes de l'Ecriture. — 3. L'Antienne de *Magnificat* aux IIe Vêpres est très belle.

Commun des Apôtres. — 1. Nous ne voyons pas ici la distinction *in tempore Paschali*. Toutefois il faut se rappeler qu'elle existait réellement, comme on l'a pu voir au Propre des Saints, avant le 23 Avril. Pendant ce temps privilégié, les offices n'étaient que de trois leçons : l'homélie et la légende ordinairement en deux leçons.

Commun d'un Martyr. — 1. Les hymnes différaient à Vêpres et à Matines, comme on peut le voir. L'hymne des Vêpres est, sauf des modifications, celle que l'on dit aujourd'hui à Laudes au Commun d'un Martyr, pendant le Temps Pascal. — 2. Cette oraison commune, nous la retrouvons à la fête de St Chrysogone, martyr (24 novembre) et aujourd'hui encore on la récite.

Commun de plusieurs Martyrs. — 1. Ces deux hymnes sont aujourd'hui légèrement modifiées et se disent à Vêpres et à Matines.

Commun d'un Confesseur Pontife. — 1. Cette hymne *Iste Confessor* est telle quelle, dans les éditions françaises du Bréviaire Romain du XVIIIe siècle. V. sur les difficultés que souleva l'acceptation des Hymnes corrigées par Urbain VIII les *Instit. lit.* de D. Guéranger, tom. II, p. 21. En France, on continua à chanter les anciennes ; il n'y a pas encore longtemps que cette hymne *Iste confessor* avec la terminaison *Domini sacratus* était dans toutes les mémoires, partout où l'on avait conservé quelques vestiges du Romain. — 2. L'hymne de Laudes : *Hujus, ô Christe* n'était pas connue ; nous ne la trouvons même pas dans le recueil déjà cité : *Hymni ecclesiastici* de Gryphe (Lyon, 1543). A sa place, nous voyons l'hymne : *Jesu, Redemptor omnium*, modifiée par Urbain VIII.

Commun d'un Confesseur non Pontife ou Abbé. — 1. Cet office ressemble beaucoup à celui des Confesseurs Pontifes ; aussi y renvoie-t-on assez souvent. La 1re leçon n'est pas indiquée, et la IIe est tirée d'un auteur inconnu. On a déjà remarqué qu'une N remplace le *nom* des saints, dans les oraisons, et même, ici, dans un répons et un verset. Pas d'oraison propre pour les abbés.

Commun d'une Vierge Martyre. — 1. Hymnes connues. L'Antienne du *Magnificat* est formée de paroles qu'on applique aujourd'hui exclusivement à la Sainte Vierge. Les Psaumes ne sont pas les mêmes qu'au

Bréviaire Romain actuel. Pour les saintes femmes, l'Invitatoire disait *Laudemus... in solemnitate sanctæ* N, au lieu de *in confessione beatæ* N, que l'on dit à présent. Presque tout le reste est emprunté au Commun des Vierges.

PETIT OFFICE DE LA SAINTE VIERGE. — 1. *Servitium*. Du Cange nous apprend que ce mot a été employé depuis le moyen âge dans le sens d'office ecclésiastique. — 2. D'après Gavanti (*Thes. Sacr. Rit. Sect. IX. De Append. Breviarii*.) le petit office de la Sainte Vierge remonte au moins au VIIIe siècle ; les papes Grégoire III et Zacharie prescrivirent à la Congrégation du Mont-Cassin de le réciter tous les jours avec le grand office divin. Par un décret du mois de novembre de l'an 1096, le Pape Urbain II, se trouvant au Concile de Clermont, étendit cette obligation à toute l'Église. Si la loi ne fut pas communément reçue, il est certain néanmoins que cet usage s'introduisit en bien des diocèses ; celui de Lescar en fut du nombre. On le récitait au chœur ou en son particulier ; depuis la bulle de S. Pie V, cette obligation n'est plus en vigueur, en dehors du chœur ; là où cette coutume existait pour le chœur, avant la réformation de 1568, l'obligation subsiste encore. Nous pensons qu'aujourd'hui cet usage est rare, surtout en France. — 3. Gavanti nous dit qu'autrefois, il fallait, à toutes les Heures, faire mémoire des apôtres et des saints, ce qui n'a lieu à présent qu'à Vêpres et à Laudes. — 4. L'usage de Lescar consistait à dire une Heure du grand office, puis une Heure de l'office de la Sainte Vierge. V. Gavanti no 13 du chap. cité. — 5. L'Hymne *Regina cæli* a été imitée de celle-là. — 6. *Suffrages des Saints*. A remarquer les noms de ces saints patrons du diocèse de Lescar et l'ordre dans lequel ils se trouvent à l'oraison : St Michel, St Jean-Baptiste, SS. Pierre et Paul, St Etienne, St Galactoire *(avant St Julien)* St Augustin, St Julien, St Léonce, Ste Madeleine, Ste Catherine et *Ste Confesse* ; nous soulignons à dessein ce nom trop oublié. — 7. Cette antienne est magnifique. Nous avons reproduit d'autres antiennes, aujourd'hui un peu modifiées. — 8. Vieille hymne romaine des Vêpres de la Nativité de la Sainte Vierge. — 9. Nous donnons intégralement les oraisons peu connues. — 10. Cette hymne est une partie de l'*Ave, maris stella*. — 11. Cette rubrique, très longue dans le texte, a trait aux jours où l'on doit réciter le petit office de la Sainte Vierge. Nous y voyons que les chanoines étaient tenus de réciter parfois l'office de St Augustin : « Similiter a predictis octavis Epiph. usque ad Dominic. Quinquag. et ab Octava Corporis Christi usque ad Aventum, feriis V, fiat officium sancti Augustini sub simplici officio, sumendo VI lectiones per ordinem de ipsius legenda, prout est in festivitate et per octav. Et hoc, si nullum eveniat festum, feria V, sive octava aliqua, quum, si sic, etiam si fuerit festum simplex, fit de festo aut de octava et tunc pro illa ebdomada non fit tale officium, quia in sola feria V habet fieri... » — La plupart des abréviations que nous avons mises se retrouvent dans le texte. Ceux qui connaissent l'office ecclésiastique y suppléeront facilement.

OFFICE DE LA STE VIERGE POUR LES SAMEDIS. — 1. Le Pape Urbain II ordonna de le réciter, au Concile de Clermont, 1096. Ce n'est donc pas à proprement parler un office votif, mais préceptif, comme dit Gavanti. Il était du rit simple ; d'ailleurs il ne se trouve pas fixé au samedi dans les manuscrits, sans doute parce qu'avant St Pie V le clergé devait réciter le petit office de la Sainte Vierge tous les jours. C'est le Pape St Pie V qui le fit composer dans sa teneur actuelle. Cela s'entend du Bréviaire Romain pur puisque celui de Lescar nous donne, bien avant ce grand Pape, un magnifique office. L'office du samedi prend le titre de *grand office* en comparaison du *petit* qui se disait quotidiennement. — 2. Cette antienne est très belle. — 3. Il est assez remarquable qu'on laisse le prêtre libre, selon ses occupations ou sa dévotion, d'abréger des légendes un peu longues. — 4. Nous ne savons pas d'où sont tirées ces leçons qui se trouvent être d'admirables prières et de gracieuses louanges. Plus bas. *Virgo homo*. Expression curieuse ; plus haut, à la Ve leçon, on lit : « Satis novimus quis Filius hominis, vel *cujus hominis* Filius venit. » — 5. Nous avons donné en entier les trois oraisons suivantes parce que les nécessités typographiques nous ont obligé de remplir un peu la dernière page et lui donner une physionomie convenable. — 6. Cette IXe leçon est la suite de l'Homélie de St Augustin. A partir de l'étoile ★ c'est la reproduction ou plutôt la traduction, en lecture courante, de la dernière page du Bréviaire de Lescar de 1541. — 7. IX, c'est-à-dire *Nona* (None) ; de même plus haut *VI*, *Sexta* (Sexte). Tout ce qui est souligné dans notre copie est en rouge dans le texte.

FIN DES NOTES

CORRECTIONS ET ADDITIONS

INTRODUCTION. — P. XXI, ligne 38, lisez : Sur le marchepied du *maître-autel* de l'église actuelle.

P. XXV. On croyait également que les reliques de St Eutrope avaient été brûlées par les protestants, lorsque la Providence les fit découvrir dans la crypte de l'église souterraine, qui lui est dédiée, le 19 mai 1843.

P. XXVII, ligne 3, lisez : *est* au lieu de *ouest*.

P. XXXV, ligne 23, lire *à laquelle* au lieu de *à qui*.

P. XXXV. Rien ne fait mieux connaître l'antiquité vénérable de notre liturgie que l'ouvrage que publia Durand, évêque de Mende, sous le titre de *Rationale divinorum officiorum* (1287).

P. XLI. A propos du *Gloria* et de l'*Agnus* interpolés, nous devons ajouter que certains auteurs les ont appelés des textes *farcis*.

P. LI. Le *Missale mixtum* est simplement le missel complet, tel que nous l'avons ; le *plénier* ne contenait que les épîtres et évangiles. V. le commencement du Missel de Bayonne de 1543 : *Incipit missale* MIXTUM. V. aussi p. LVIII, note 1.

P. LII. DIOCÈSE DE TARBES. — M. l'abbé Cazauran vient de découvrir un Bréviaire manuscrit de Tarbes dans la bibliothèque de cette ville.

P. LVII. Note. *L'archiprêtre de la Chambre*, curé de St-Julien, figure déjà en 1552.

P. LXIX. Note : *Arexxo*, p. *Arezzo*.

P. LXXVII, ligne 39, lisez comme le *dit* et non le *disent*.

P. LXXVIII. Il est très probable qu'il n'y eut pas d'église de Ste-Quitterie. Ainsi, la cathédrale était l'une des *sept* églises de Lescar.

P. XC. Il y a peut-être quelques erreurs dans cette description du Missel de Bayonne. Elles seront corrigées dans un ouvrage spécial. Par exemple le titre porte *Baiocensis* et non *Bajocensis*.

P. XCII, 1re ligne, lisez : Oblata *munera* sanctifica. Dans l'oraison pour le roi, lisez : Isaas *ex Sara* et non *et Sarœ*, puis *Mannœ*, au lieu de *Mannæ*. En note, nous rapportons ces prières à Henri III. L'écriture originale nous fait croire qu'il s'agit ici plutôt de Henri IV.

P. XCV. Au 1er de chaque mois, il faut ajouter le mot *Kalendas*.

P. XCVIII lisez : Augustus *habet* spicas.

P. CV. En examinant le Missel de Bayonne nous avons vu qu'il y a des oraisons propres pour les saints dont on ne faisait que mémoire.

P. CV. A la secrète de St Martial, lisez : Vitæ presentis *nos* conversatione sanctificet.

P. CXI. La messe de la *Sanctification* de la S. V. reléguée au rang des messes votives devait être *ad libitum*. Cela ne prouve pas qu'un Dominicain ait rédigé notre vieux missel. (V. note, p. CXII.)

P. CXXXI. Nous avons cependant trouvé un *Ordinaire* ou Rituel de Barcelone, imprimé en 1569, où, sauf pour la messe, toutes les rubriques sont en *catalan*.

P. CCXVII. DIOCÈSE D'OLORON. Le bréviaire gothique d'Oloron fut imprimé en *1525* et non en 1625.

P. CCXXXVIII. Le Bréviaire de M. le baron de Prinsac provenant de l'abbaye de Berdoues (Gers) est du diocèse de Rodez. Il date de la fin du XVe siècle ; nous espérons le prouver amplement.

Nous espérons que nos lecteurs rectifieront eux-mêmes les autres fautes qui nous ont échappé. Nous signalons dans les *Notes*, celles qui ont pu se glisser dans le texte latin.

TABLE DES MATIÈRES

Dédicace a la Sainte Eglise Romaine... ii.
Fac-simile du titre de l'édition originale du Bréviaire de Lescar de 1541............... v.
Liste des Souscripteurs.. v.

INTRODUCTION

PAGES

I. — Lescar. — Son Origine. — Bencharnum. — La Cathédrale. — Mosaïques et Inscriptions. I.

II. — Commencements du Christianisme dans nos contrées. — L'Apostolicité des Églises des Gaules. — St Léonce, St Julien, St Galactoire. — Discussion critique de leurs vieilles légendes. — Leurs Reliques. — Etendue de l'ancien diocèse de Lescar. — Ses Évêques. IX.

III. — L'Ancien Chapitre de Lescar. — Il est soumis à la règle de St Augustin, 1101. — Bulle de Paul III. — Sécularisation des Chanoines-Réguliers en 1537. — Le Protestantisme. — Réorganisation du Culte. — Statuts de 1627.................................... XXIX.

IV. — De la Liturgie en général. — Origine et suppression de l'antique Liturgie Gallicane. — De l'Office divin. — Phases diverses de la Liturgie Romaine-Française jusqu'au XVIIe siècle. — Manuscrits et Livres liturgiques des anciens Diocèses de Bayonne, de Dax (Orthez, Salies, Sauveterre, St-Palais), d'Oloron et de Lescar. — Le Graduel de Bayonne du XVe siècle avec ses curieux *Gloria in excelsis*, *Agnus Dei*, et ses Proses en l'honneur de la Ste-Vierge. — Tableau de chœur de la Cathédrale de Bayonne. — Textes liturgiques Latins et Gascons inédits, tirés d'un Livre d'obits. — Calendrier. — Bréviaire Bayonnais avec la vieille Légende de St Léon. — Statuts synodaux de 1534. — Analyse de ce livre précieux. — Diocèse de Dax : une Boutique de livres d'Église à Orthez au XVIe siècle. — Diocèse d'Oloron. — Manuscrits perdus. — Le Bréviaire de 1525. — Diocèse de Lescar. — Manuscrits et Missel de 1496. — Analyse du *Liber constitutionum Ecclesie et diocesis Lascurrensis, 1552*.................. XXXV.

V. — Le Bréviaire de Lescar de 1541. — Description de cet exemplaire *unique*. — L'imprimeur Jacques Colomiès de Toulouse. — L'évêque Jacques de Foix...................... LIX.

VI. — Le Bréviaire de Lescar considéré au point de vue liturgique et littéraire. — Offices rimés du moyen âge. — Tropes, Hymnes, Proses et Poésie liturgique................ LXVI.

VII. — De quelques saints locaux et régionaux, d'après le Bréviaire de 1541. — Patrons et Titulaires des sept églises de Lescar. — De Ste Confesse, titulaire de la Cathédrale, jadis fort honorée, et omise dans le nouveau Propre provincial. — Documents sur

	PAGES
Ste Quitterie d'Aire : Office, Légendes, Litanies. — St Augustin. — Saints régionaux et nationaux : St Eutrope, St Martial, Ste Christine, St Lizier, St Exupère, Ste Foy, St Denys de Paris, St Savin, St Saturnin, St Girons, etc....................	LXXIII.
VIII. — Le Missel de Bayonne de 1543. — Comment on fait une découverte. — Description de l'exemplaire *unique* de la Bibliothèque Mazarine de Paris. — Calendrier. — Particularités liturgiques. — Bénédiction des Navires et Ordinaire de la Messe. — Messes ou Oraisons de St Léon, St Joseph, Ste Quitterie, St Exupère de Toulouse, St Martial, l'Assomption, St Vincent de Dax, Ste Foy, St Denys, St Caprais, St Brice de Tours, St Saturnin, Ste Barbe, la Conception, St Girons, la *Sanctification de la Ste Vierge*. — Proses curieuses.............	LXXXVI.
IX. — Réforme du Bréviaire Romain par le Pape St Pie V en 1568. — Le Protestantisme en Béarn. — Suppression du Bréviaire de Lescar et adoption du Romain, vers 1635. — Intéressante discussion rapportée à ce sujet par le chanoine Bordenave............	CXIV.
X. — De la Célébration des Fêtes solennelles et de Précepte dans les anciens Diocèses de Bayonne, de Lescar et d'Oloron jusqu'au XIXe siècle. — Calendriers. — Ordonnances d'Etienne de Ponchier, de Jean d'Olce et de G. d'Arche (Bayonne), de Jacques de Foix et de H. de Chalon (Lescar), d'A. F. de Maytie et des Révol (Oloron).........	CXX.
XI. — De la Liturgie Romaine en France et en particulier dans la Province d'Auch pendant le XVIIe siècle. — Tentatives jansénistes pour former une nouvelle Liturgie faussement appelée Gallicane. — Débats au sujet d'un nouvel Office de St Grat à Oloron (1712). — Documents inédits sur cette question. — Censure des vieilles Antiennes de St Grat. — Ordonnance de Mgr Joseph de Révol. — Office complet et Litanies de St Grat...........	CXXX.
XII. — Liturgie Auscitaine. — Rituel d'Oloron, 1679. — Rituel de Mgr de la Baume, archevêque d'Auch, 1701. — Rituel de Bayonne, 1701. — Rituel d'Aire, 1720. — Rituel de Mgr de Montillet, 1751. — Ordonnances de ce Prélat et des Evêques de Bayonne et de Lescar...........	CXLIII.
XIII. — Liturgie Auscitaine. — Coup d'œil sur la Révolution liturgique du XVIIe siècle. — Bréviaires Parisiens. — Bréviaire d'Auch de 1753, adopté par G. d'Arche, évêque de Bayonne. — Délibérations du Chapitre à ce sujet. — Diocèses fidèles au Rit Romain. — Le Parisien adopté à Dax en 1779, permis à Lescar depuis 1786..............	CLIII.
XIV. — Liturgie Auscitaine. — Le Bréviaire Auscitain-Bayonnais. — Mandements. — Calendrier. — Classification des Offices. — Etude sur le Bréviaire Auscitain. — Conjectures sur ses Auteurs. — Comparaison avec le Parisien. — Hymnes Bayonnaises de St Léon............	CLVIII.
XV. — Liturgie Auscitaine. — Missels et autres Livres liturgiques. — Mandements. — Analyse de ces Livres. — Du Plain-Chant. — Etude rétrospective sur cet important sujet. — Chant à Bayonne et à Lescar : un Chapitre du Chanoine Bordenave. — Le Chant Auscitain-Bayonnais. — Auteur des Mélodies de nos Hymnes de St Léon. — Livres d'Eglise pour les Fidèles. — Extraits d'Offices de nos Saints locaux, d'après le Rit Auscitain : St Léon, St Grat, St Girons, St Vincent-de-Paul, St Vincent de Xaintes, Ste Foy, etc.............	CLXXVI.
XVI. — De notre Liturgie jusqu'au XIXe siècle. — Ancien cérémonial de Lescar dans les solennités pontificales. — Office du Sacré-Cœur de Jésus dans nos Diocèses. — Mgr Lequien de la Neufville, évêque de Dax, abandonne le Rit Romain. Extrait de son Mandement. — Le Rit *Romain-Français* à Tours et à Cambrai. — Diocèses voisins. — La Révolution. — Période de confusion. — Des Reliques de St Léon et de St Grat. — Réapparition de la Liturgie Auscitaine (Auch, Tarbes et Bayonne). — Liturgie Aturine. — Institutions liturgiques de D. Guéranger. — Concile provincial d'Auch de 1851. — Rétablissement de la Liturgie Romaine à Bayonne (1858). — Nouveau Propre provincial...........	CXCVIII.
XVII. — Essai de Bibliographie sur les Livres liturgiques et quelques autres Livres de piété ou d'hagiographie de nos trois anciens Diocèses. — Liturgie Auscitaine (Auch, Tarbes et Bayonne)............	CCXIV.
XVIII. — Transcription du Bréviaire de Lescar. — Méthode suivie dans la reproduction du texte original. — Observations importantes. — Conclusion............	CCXXXVI.

TEXTE LATIN

	Pages
Du Calendrier	3
Des Rubriques Générales	11
Generales Rubricæ	13
Du Psautier	19
De Psalterio	20
Dominica ad Matutinas	20
Ad Primam. Ad Tertiam. Ad Sextam. Ad Nonam. Feriæ	21
Ad Vesperas. In Completorio	22
Preces. Psalmi Penitentiales. Letania SS.	23
Officium defunctorum	26
Propre du Temps	27
Proprium de Tempore	28
Dominica i, ii, iii, iv, Adventus	28
25 Decembris. De Nativitate Domini	29
26. — S. Stephani	30
27. — S. Johannis evangelistæ	32
28. — SS. Innocentium	33
29. — S. Thomæ	34
31. — S. Silvestris	35
1. Jan. De Circumcisione Domini	35
— Oct. S. Stephani, S. Johannis, SS. Innocentium	35
5. — S. Galectorii	35
6. — In Epiphania Domini	38
12. — Octava S. Galectorii	39
Orationes Dominicarum post Epiphaniam	39
Dominica in Septuagesima, in Sexagesima, in Quinquagesima	40
Dominica i, ii, iii, iv, in Quadragesima	41
Dominica in Passione	42
Dominica in Ramis Palmarum	43
Feria V in Cena Domini	43
In die sancto Paschæ	43
Dominica in Oct. Paschæ	44
Dominicæ post Oct. Paschæ	45
In die Ascensionis Domini	47
In die Penthecostis	47
Dominica de Trinitate	49
Feria V. De Corpore Christi	49
In Dominicis historicis	49
Homiliæ et orationes in Dominicis a Dom. ii post octav. Penthec. usque ad xxvi post Penthecosten	50

PROPRE DES SAINTS

Festa Novembris

Du Propre des Saints	51
Proprium Sanctorum	53
28. In Vigilia S. Saturnini, episc. et mart	53
29. S. Saturnini	53
30. S. Andreæ, apost	55

Festa Decembris

4. S. Barbaræ, virg. et mart	58
6. S. Nicholai, episc	58
7. Oct. S. Andreæ	60
8. Conceptionis B. M. V	61
9. S. Gerontii, mart	63
10. S. Eulaliæ, virg. et mart	63
11. S. Damasi, papæ et conf	64
12. In Translatione S. Galectorii	64
13. S. Luciæ, virg et mart	65
14. In Dedicatione Ecclesiæ Lascurrensis	66
21. S. Thomæ, apost	69
25. S. Anastasiæ, virg. et mart	70

Festa Januarii

12. S. Macharii, abbatis	70
13. S. Hilarii, episc	70
15. S. Mauri, abb	71
16. S. Marcelli, papæ et conf	71
17. S. Anthonii, abb	72
20. SS. Fabiani et Sebastiani, mart	74
21. S. Agnetis, virg. et mart	76
22. S. Vincentii, mart	77
25. In Conversione S. Pauli	79
26. S. Policarpi, episc. et mart	81
27. S. Johannis Chrysostomi, episc. et conf	81
29. Octav. S. Vincentii	82

Festa Februarii

1. S. Ignacii, mart	82
1. Vigilia Purificationis B. M. V	83
2. In Purificatione B. M. V	83
3. S. Blasii, episc. et mart	85
4. Vigilia S. Agathæ	87
5. S. Agathæ, virg. et mart	87
9. S. Apolloniæ, virg. et mart	89
10. S. Scolasticæ, virg	89
14. S. Valentini, mart	89
22. In Cathedra S. Petri, apost	90
24. S. Mathiæ, apost	90
28. In secunda Translatione S. Augustini	91

Festa Martii

7. SS. Perpetuæ et Felicitatis, Satyri, Saturni et Revocati, mart	92
7. S. Thomæ de Aquino, conf	92
12. S. Gregorii, papæ et conf	93
15. S. Longini, mart	94
18. S. Gabrielis, archang	95
19. S. Joseph, confess	97
20. S. Joachim, patris Virginis Mariæ	99
21. In Transitu S. Benedicti, abbatis	100
25. In Annuntiatione B. M. V	100

Festa Aprilis

2. S. Mariæ Egyptiacæ, peccatricis olim	101

	PAGES
4. S. Ambrosii, episc...............	102
11. S. Leonis, papæ et conf...........	102
14. SS. Tyburtii, Valeriani, et Maximi, mart.	103
De Sanctis tempore Resurrectionis.....	103
23. S. Georgii, mart.................	104
25. S. Marci, evang.................	104
26. S. Cleti, papæ et mart...........	104
28. S. Vitalis, mart.................	105
29. S. Petri, mart...................	105
30. S. Eutropii, mart................	106

Festa Maii

1. SS. Philippi et Jacobi, apost., S. Orientii, episc..........	106
2. S. Athanasii, episc. et conf.........	108
3. In Inventione S. Crucis.............	108
4. S. Monicæ........................	109
5. In Conversione S. Augustini........	112
6. S. Alexandri, papæ et mart.........	112
6. S. Johannis ante Portam Latinam....	113
8. In Revelatione S. Michaelis.........	113
9. S. Confessæ, virg.................	114
14. SS. Victoris et Coronæ, mart........	114
19. S. Potentianæ, virg...............	114
22. S. Quitheriæ, virg. et mart.........	115
25. S. Urbani, papæ et mart...........	117
28. S. Germani, episc. et conf..........	117
31. S. Petronillæ, virg................	118

Festa Junii

1. S. Nicomedis, mart...............	118
2. SS. Marcellini et Petri, mart........	118
5. S. Bonifacii, mart.................	119
8. S. Medardi, episc. et conf..........	119
11. S. Barnabæ, apost., S. Onofrei, conf. non pont.................	120
13. S. Anthonii (de Padua), non pont....	121
11. SS. Viti et Modesti, mart..........	121
16. SS. Quirici et Julitæ, mart.........	122
18. SS. Marchi et Marcelliani, mart.....	122
15. SS. Gervasii et Prothasii, mart.....	123
22. SS. Achacii et decem millium, ac Albini et soc. ejus mart...........	123
23. Vigilia S. Johannis Baptistæ........	124
24. S. Johannis Baptistæ..............	124
26. SS. Johannis et Pauli, mart........	126
28. Vigilia SS. Petri et Pauli, apost.....	127
29. SS. Petri et Pauli, apost..........	127
30. In Commemoratione S. Pauli, apost...	129

Festa Julii

2. In Visitatione B. M. V.............	130
10. S. Elisabeth......................	132
11. In Translatione S. Benedicti, abbatis...	133
18. Oct. S. Benedicti.................	135
19. S. Martialis, episc. et conf.........	136
20. S. Margaritæ, virg...............	138

	PAGES
21. S. Praxedis, virg.................	139
22. S. Mariæ Magdalenæ..............	139
23. S. Apollinaris, mart..............	141
24. S. Christinæ, virg. et mart........	142
25. S. Jacobi, apost.................	142
26. S. Annæ, matris B. M. V..........	144
27. S. Christophori, mart.............	147
28. SS. Celsi, Nazarii et Pantaleonis, mart..	147
29. S. Marthæ, virg..................	148

Festa Augusti

1. Ad vincula S. Petri...............	150
2. S. Stephani, papæ et mart.........	151
3. In Revelatione S. Stephani.........	152
4. S. Dominici, conf................	154
6. In Transfiguratione Domini. S. Sixti, papæ et mart.............	154
7. S. Donati, episc. et mart..........	155
8. S. Severi, conf. presbyt...........	156
9. Vigilia S. Laurentii...............	156
10. S. Laurentii, mart................	156
13. S. Ipoliti, mart..................	158
14. Vigilia Assumptionis B. M.........	160
15. In Assumptione B. M.............	160
16. S. Rochi, conf. non pont..........	162
17. Oct. S. Laurentii.................	163
18. S. Helenæ, matris Constantini Magni...	163
20. S. Leontii, episcopi..............	164
20. S. Bernardi, abbatis..............	165
21. S. Juliani, conf. pont............	165
23. Vigilia S. Bartholomei, apost.......	168
24. S. Bartholomei, apost............	168
25. S. Ludovici, regis Francorum......	170
27. S. Licerii, conf. pont.............	172
27. Vigilia S. Augustini..............	172
28. S. Augustini, episc..............	173
29. In Decollatione S. Johannis Baptistæ...	175

Festa Septembris

1. S. Egidii, conf. non pont..........	177
2. S. Anthonini Apamiensis, mart......	178
4. Oct. S. Augustini................	178
7. Vigilia Nativitatis B. M. V.........	179
8. In Nativitate B. M. V............	179
14. In Exaltatione S. Crucis...........	181
15. Oct. Nativitatis B. M. V..........	183
16. S. Eufemiæ, virg. et mart.........	183
17. SS. Cornelii et Cypriani, mart......	183
19. S. Januarii, mart................	184
21. S. Matthei, apost. et evang........	184
22. S. Mauricii, mart. et soc..........	185
26. S. Justinæ, virg. et mart.........	185
27. SS. Cosmæ et Damiani...........	186
28. S. Exuperii, episc. et conf........	186
28. Vigilia S. Michaelis..............	187
29. S. Michaelis, archang............	187
30. S. Hieronimi, conf...............	188

Festa Octobris

	Pages
1. S. Remigii, episc. et conf.	191
2. S. Leodegarii, episc. et mart.	192
4. S. Francisci, conf. non pont.	192
6. S. Fidis, virg. et mart.	193
7. S. Marchi, papæ et conf.	194
9. SS. Dionisii, Rustici et Eleutherii, mart.	195
10. S. Savini, conf. non pont.	195
11. Primæ Translationis S. Augustini.	196
13. S. Geraldi, conf. non pont.	196
14. S. Calixti, papæ et mart.	197
16. S. Bertrandi, conf. pont.	197
18. S. Lucæ, evang.	199
20. S. Caprasii, mart.	199
21. S. Severini, episc. et conf.	200
25. SS. Crispini et Crispiniani, mart.	200
28. SS. Symonis et Judæ, apost.	200
31. S. Quintini, mart. Vigilia SS. omnium.	201

Festa Novembris

1. Omnium Sanctorum	202
8. Octava omnium SS.	205
10. Vigilia S. Martini	205
11. S. Martini, episc. et conf.	206
13. S. Bricii, conf. pont.	208
17. S. Aniani, episc. et conf.	211
18. Oct. S. Martini	211
21. In Presentatione B. M. V.	212
22. S. Ceciliæ, virg. et mart.	214
23. S. Clementis, papæ et mart.	215
24. S. Grisogoni, mart. Vig. S. Katherinæ.	216
25. S. Katherinæ, virg. et mart.	218
26. S. Lini, papæ et mart.	220

Du Commun des Saints

In Communi Evangelistarum	222
In Communi Apostolorum	223
In Communi Unius Martyris	224
In Communi Plurimorum Martyrum	225
In Communi Unius Confessoris Episcopi	226
In Communi Unius Confessoris non Pontificis, vel etiam Abbatis	227
In Communi Virginis et Martyris	227
Officium Parvum de Beata Maria	228
Suffragia Sanctorum	230
Officium B. M. in diebus Sabbatis	232

Hymni

Ad cenam Agni providi	44
Adesto Pater Domini	49
Ad festum sanctæ virginis	219
Audi, benigne Conditor	40
Aurea luce et decore roseo polum	127
Aurora jam spargit	22
Aurora lucis rutilat	45
Aurora noctem terminat	109
Ave, dies letitiæ	110
Ave, maris stella	85
Beata nobis gaudia	47
Celesti doctus lumine	188
Celi cives applaudite	173
Celi Deus sanctissime	22
Christe cunctorum Dominator alme	67
Christe, qui lux es et dies	40
Christe, Redemptor gentium	30
Christe, Redemptor omnium	102
Christe sanctorum decus Angelorum	187
Christe sanctorum decus atque virtus	133
Collaudemus toto corde	97
Conditor alme siderum	28
Congaudentes cum Angelis	218
Deus tuorum martyrum	224
Ecce jam noctis tenuatur umbra	21
Eterna Christi munera	223
Eterne Rex Altissime	46
Eterni Patris ordine	213
Exultet celum laudibus	223
Felix per omnes festum mundi cardines	127
Hymnum canamus gloriæ	47
Hujus, ô Christe, meritis precamur	226
Imbuit post hinc hominum beatus	135
In cœlestis ærario	36
Iste confessor Domini sacratus	226
Jam Christe, sol justitiæ	41
Jam Christus ascenderat	48
Jesu, corona virginum	228
Jesu, nostra Redemptio	47
Jesu, Salvator sæculi	204
Joseph stirpis Davidicæ	98
Katherina mirabilis	217
Lustris sex qui jam peractis	42
Magne pater Augustine	172
Martine, par Apostolis	206
Martyr Dei qui unicum	224
Memento salutis auctor	230
Nocte surgentes vigilemus omnes	20
O benedicta Trinitas	49
O gloriosa Dei Genitrix	230
O lux beata Trinitas	23
Omnes fideles plaudite	212
O Pater sancte, mitis atque pie	49
O quam glorifica luce coruscas	160
Ordo ut juris postulat	95
O Roma felix quæ tantorum principum	129
Plaude polorum laudibus	129
Preclara Dei gaudia	144
Prenunciatrix Usiæ	139
Primo dierum omnium	139
Quem terra, pontus, ethera	93
Quibus exultans celebret hoc festum	146
Quod chorus vatum venerandus olim	83
Rex Christe, Martini decus	205
Rex eterne Domine	44

	Pages		Pages
Rex gloriose martyrum.	225	Virginis Proles Opifexque Matris	227
Sanctorum meritis inclita gaudia	225	Virtus patens prodigiis	36
Splendent cœli sedilia	190	Votiva cunctis orbita	139
Summe Deus clementiæ	22	Vox clara ecce intonat	28
Summi largitor præmii	41		
Te lucis ante terminum	23		

PROSÆ

	Pages
Tibi Christe, splendor Patris	187
Urbs beata Hierusalem	66
Veni, Creator, Spiritus	48
Veni, Redemptor gentium	29
Verbum supernum prodiens	28
Vexilla Regis prodeunt	42

	Pages
Cœlestis aulæ januas, janitor egregie	128
Deposcens pro concesso sibi perpetim premio	174
Inviolata Maria, intacta permanens alma	161
Stella maris, ô Maria, tibi presens concio	62
NOTES	237
CORRECTIONS ET ADDITIONS	265

IMPRIMERIE-STÉRÉOTYPE CADET
RUE DES COLOMBIERS, 11
PAU

www.ingramcontent.com/pod-product-compliance
Lightning Source LLC
Chambersburg PA
CBHW071615230426
43669CB00012B/1944